Studien und Beiträge
zum Öffentlichen Recht

Band 52

Lukas Wolfgang Lübben

Ursprünge der richterlichen Normenkontrolle im Verfassungsrecht der Vereinigten Staaten, 1761–1803

Mohr Siebeck

Lukas Wolfgang Lübben, geboren 1985; Studium der Rechtswissenschaft an der Ruhr-Universität Bochum; dort von 2011 bis 2019 Wissenschaftlicher Mitarbeiter; 2016 Promotion; 2017–2019 Referendar am Landgericht Leipzig; seit 2019 Richter in der nordrhein-westfälischen Verwaltungsgerichtsbarkeit.
orcid.org/0000-0002-8833-8297

ISBN 978-3-16-155078-2/ eISBN 978-3-16-156032-3
DOI 10.1628/978-3-16-156032-3

ISSN 1867-8912 / eISSN 2568-745X (Studien und Beiträge zum Öffentlichen Recht)

Die Deutsche Nationalbibliothek verzeichnet diese Publikation in der Deutschen Nationalbibliographie; detaillierte bibliographische Daten sind über *http://dnb.dnb.de* abrufbar.

© 2021 Mohr Siebeck Tübingen. www.mohrsiebeck.com

Das Werk einschließlich aller seiner Teile ist urheberrechtlich geschützt. Jede Verwertung außerhalb der engen Grenzen des Urheberrechtsgesetzes ist ohne Zustimmung des Verlags unzulässig und strafbar. Das gilt insbesondere für die Verbreitung, Vervielfältigung, Übersetzung und die Einspeicherung und Verarbeitung in elektronischen Systemen.

Das Buch wurde von Gulde Druck in Tübingen auf alterungsbeständiges Werkdruckpapier gedruckt und gebunden.

Printed in Germany.

Vorwort

Die vorliegende Studie wurde im Sommersemester 2016 von der Juristischen Fakultät der Ruhr-Universität Bochum als Dissertation angenommen. Ihr Hauptteil ist im Wesentlichen in den Jahren 2012 bis 2016 entstanden. Neu erschienene Literatur konnte nachträglich bis zum Frühjahr 2020 berücksichtigt werden.

Größter Dank gilt meinem Doktorvater, Herrn Professor Markus Kaltenborn. Neben einer Menge Zuspruch habe ich an seinem Lehrstuhl die notwendigen wissenschaftlichen Freiheiten vorgefunden, die die Entstehung dieser Arbeit überhaupt erst ermöglicht haben. Herzlicher Dank gebührt außerdem Herrn Professor Julian Krüper, der nicht nur das Zweitgutachten erstattet, sondern die Entstehung dieser Arbeit mit großem Interesse begleitet und zahlreiche wertvolle Anregungen gegeben hat. Großer Dank gilt schließlich Herrn Professor Sebastian Unger, an dessen Lehrstuhl ich das Manuskript im Frühjahr 2016 fertiggestellt habe. Er hat mich nicht lediglich an seinem Lehrstuhl beherbergt; vielmehr er hat mir noch während der Schlussphase des Schreibprozesses neue wissenschaftliche Perspektiven aufgezeigt.

Die weitere Danksagung muss mit meinem geschätzten Kollegen Jan-Marcel Drossel beginnen. Er hat das Manuskript in unterschiedlichen Stadien seiner Entstehung durchgesehen und mir für die Endfassung kritische Anregungen gegeben, die mich zu Anfang nicht unbedingt und ausschließlich glücklich gemacht, sich im Nachhinein aber als überaus hilfreich erwiesen haben. Dafür sei ihm herzlich gedankt. Alle verbleibenden Unzulänglichkeiten der Arbeit gehen selbstverständlich auf meine Rechnung.

Gedankt sei an dieser Stelle außerdem all denjenigen Kolleginnen und Kollegen, die dafür gesorgt haben, dass ich die Zeit an der Bochumer Fakultät als so großartig in Erinnerung behalten werde – insbesondere Annika Engelbert, Volker Herbolsheimer, Anna-Maria Kipphardt, Ruth Körsgen, Eva Ricarda Lautsch, Johannes Norpoth und Nina Reit.

Dank gilt schließlich meinen Eltern. Ihnen ist diese Arbeit gewidmet.

Breitbrunn, im Sommer 2020   Lukas Wolfgang Lübben

Inhaltsverzeichnis

Vorwort V

Vorbemerkung 1

Erster Teil: Zur Einführung 7

Kapitel 1: Demokratie und Konstitutionalismus.
Transatlantische Perspektiven 9
- A. *Verfassungsgerichtsbarkeit und politischer Prozess* 11
- B. *Gesetzgebungsstaat und Richterstaat* 33
- C. *Grenzen der Verfassungsgerichtsbarkeit* 42
- D. *Die ‚ewige' Frage nach den Grenzen der Verfassungsgerichtsbarkeit in Amerika* 45
- E. *Der Argumentationstopos der richterlichen Zurückhaltung* 50

Zweiter Teil: Genese und Entwicklung der amerikanischen
Judicial Review-Doktrin, 1761–1803 59

Kapitel 2: „Judicial Review" 61
- A. *Normenkontrolle als Verfassungsdoktrin* 62
- B. *Ideengeschichtliche Entwicklungslinien der richterlichen Normenkontrolle* 77
- I. Richterliche Normenkontrolle als Ausdruck ideengeschichtlicher Kontinuität 77
- II. Kontextualisierung im anglo-amerikanischen Konstitutionalismus 83
- III. Geschichte, Theorie und Praxis 97

Kapitel 3: Theoretische Grundlegung des richterlichen
Prüfungsrechts in der (post-)revolutionären Ära 103

A. Gewaltenteilung und rechtsprechende Gewalt in der politischen
    Theorie der amerikanischen Gründung 104
I. Das britische Erbe: Parlamentssouveränität 106
II. Föderalismus und rechtsprechende Gewalt in der
    Verfassungsdiskussion 116
III. Repräsentation, Deliberation und republikanische
    Mischverfassung 122
IV. Dezentralisierung und Selbstregierung; Geschworenenprozess   142

B. Die verfassungspolitische Grundsatzkontroverse über das
    richterliche Prüfungsrecht 159
I. James Otis und James Iredell als frühe amerikanische Theoretiker
    der richterlichen Normenkontrolle 164
    1. Otis – richterliche Normenkontrolle zwischen Common Law,
       Natur- und Verfassungsrecht 165
    2. Iredell – richterliche Normenkontrolle als Remedur gegen
       legislative Exzesse in der frühen amerikanischen Republik ... 176
II. The Federalist – Judicial Review in der Verfassungsdebatte
    1787/88 189
    1. Publius' (Alexander Hamiltons) Lehre vom richterlichen
       Prüfungsrecht 193
    2. „Fiktion" und „irreführende Vereinfachung" 211
III. Die Kritik der richterlichen Normenkontrolle bei den Anti-
    Federalists 230
    1. Anti-Federalists und die richterliche Gewalt der Vereinigten
       Staaten 230
    2. Stellungnahmen der Anti-Federalists „Brutus" und „Federal
       Farmer" 235
       a) Brutus XI: „A certain degree of latitude of explanation"   237
       b) Brutus XV: Über die ‚Suprematie' der Justiz 242
       c) Insbesondere Brutus als Dissident zwischen Prophezeiung
          und Abwegen 248

Kapitel 4: Judicial Review in der gerichtlichen Praxis der
postrevolutionären Ära und in der frühen amerikanischen
Republik 261

A. Entscheidungen durch Gerichte der Bundesstaaten 263
I. Commonwealth v. Caton, et al. (Virginia, 1782) 268
II. Trevett v. Weeden (Rhode Island, 1786) 275

III.	Bayard & Wife v. Singleton (North Carolina, 1787)	286
B.	*Frühe Präjudizien aus der Rechtsprechung des U.S. Supreme Court*	292
I.	Hylton v. United States (1796)	295
II.	Calder v. Bull (1798)	301
III.	Cooper v. Telfair (1800)	330

Kapitel 5: Marbury v. Madison 341

A.	*Die Entscheidung*	345
I.	Der politische Marbury: Die ‚Revolution' von 1800	348
II.	Der doktrinäre Marbury: Das richterliche Prüfungsrecht	359
III.	Marbury und die Lehre von der richterlichen Zurückhaltung ...	379
	1. Marbury und die Doubtful Case Rule	382
	a) Nur implizite Inkorporation in Marbury	382
	b) Doubtful Case Rule und Verfassungsinterpretation	398
	2. Marbury und die Trennung zwischen Recht und Politik	415
B.	*Marbury als „Law of the Land"*	428
I.	Marbury und das Ausmaß der richterlichen Normenkontrolle	429
II.	Marbury und richterliche Interpretationshoheit	435

Schlussbetrachtung 461

Literaturverzeichnis 465

Register 521

Vorbemerkung

Dass Gerichte verfassungswidrige Gesetze je nach Rechtsordnung entweder für nichtig erklären oder ihnen jedenfalls die Anwendung versagen dürfen, muss man, außer vielleicht den Engländern[1], heutzutage niemandem mehr verständlich machen. Mein Eindruck ist, dass man heute vielmehr erklären muss, warum es sich bei der richterlichen Normenkontrolle um ein in vielerlei Hinsicht hochproblematisches Rechtsinstitut handelt. Mittlerweile nehmen die meisten Studenten und auch viele Wissenschaftler und Praktiker die richterliche Normenkontrolle schulterzuckend als eine normative Gegebenheit hin, die es sich nicht weiter zu hinterfragen lohnt. Und das, obwohl sich eine ganze Reihe schwieriger Fragen geradezu aufdrängt. Um nur einige zu nennen: Sollen die Gerichte in den politischen Prozess eingreifen und gesellschaftlichen Wandel initiieren? Auch gegen den Willen der Mehrheit? Was bedeutet das für die Demokratie, für die Gewaltenteilung? Ist die Verfassungsinterpretation nicht (auch) Sache der Bürger – oder jedenfalls ihrer gewählten Repräsentanten?

In dieser Arbeit geht es allerdings nicht darum, sämtliche der eingangs angedeuteten Problempunkte rund um die (Funktions-)Grenzen der Verfassungsgerichtsbarkeit ein weiteres Mal aufzuarbeiten. Schließlich ist bereits eine kaum mehr überschaubare Fülle an Literatur erschienen, die sich aus den unterschiedlichsten disziplinären Blickwinkeln – Rechtsdogmatik, Verfassungstheorie, Rechtssoziologie, Politikwissenschaft – damit beschäftigt hat. Jedoch gibt es eine Disziplin, die zumal in der jüngeren deutschen Diskussion um die Grenzen der Verfassungsgerichtsbarkeit seltsam unterrepräsentiert zu sein scheint, nämlich die Verfassungsgeschichte.

Nun ist die Verfassungsgeschichte der Bundesrepublik Deutschland vergleichsweise kurz. Die ‚Erfindung' der richterlichen Normenkontrolle war längst abgeschlossen, als das Grundgesetz mitsamt seiner Artikel 93 und 100 in Kraft trat. Wenn man darüber hinaus die deutsche Verfassungsgeschichte des ‚langen' 19. Jahrhunderts auf die Ursprünge der richterlichen Normenkontrolle hin befragt, stellt man rasch fest, dass sich deutsche Juristen vor

---

[1] Obwohl – Ironie der Geschichte – vermutlich zu allererst ein englischer Richter den Vorstoß gewagt hatte, sich gegen das Gesetz aufzulehnen (unten, insbes. Text bei Kapitel 2, Fn. 102 ff.).

allem oder jedenfalls auch bei den Amerikanern umgesehen haben[2,3], um herauszufinden, ob es eine gute Idee ist, die Entscheidung über die Gültigkeit von Rechtsakten der Legislative den Richtern anzuvertrauen[4]. Besonders viele Vergleichsrechtsordnungen, in denen sie um Auskunft hätten nachsuchen können, standen ihnen auch nicht zur Verfügung. Waren es doch die Amerikaner, die das Projekt des modernen Verfassungsstaates in den 1760er Jahren begründet[5] und im Zuge dessen damit begonnen haben, in Verfassungstheorie und gerichtlicher Praxis mit dem Prototyp eines Rechtsinstituts herumzuexperimentieren, das wir heute als richterliche Normenkontrolle bezeichnen. Die deutsche Verfassungsgerichtsbarkeit steht – transfer- bzw. ‚verflechtungsgeschichtlich'[6] gesehen – über einige Umwege (Paulskirche,

---

[2] Siehe *R. von Mohl*, Das Bundes-Staatsrecht der Vereinigten Staaten von Nord-Amerika, Bd. 1, 1824, S. 298 ff.; *ders.*, in: Staatsrecht, Völkerrecht, Politik, Bd. 1, 1860, S. 67 (69); Beitrag des Abgeordneten der Frankfurter Nationalversammlung Carl Mittermaier vom 27.11.1848, in: F. Wigard (Hrsg.), Stenographischer Bericht, Bd. 5, 1848, S. 3614 („Was ist es, was als Zierde der amerikanischen Verfassung angesehen wird? Das oberste Gericht … An die Erfahrungen Amerika's, meine Herren, bitte ich Sie, sich zu wenden. … [Durch dieses Gericht wird] [i]n den Entscheidungsgründen … ausgesprochen, dass das Gesetz nicht der Verfassung gemäß sei" [Robert von Mohl zitierend]); vgl. ferner den stenographischen Bericht der ersten Plenarversammlung des Dritten Deutschen Juristentages vom 25.8.1862, DJT (Hrsg.), Verhandlungen des 3. DJT, Bd. II, 1863, S. 3 (10 ff.) (Bericht von Rudolph von Jhering, siehe auch die Diskussion, dort, S. 26 [30], etwa den Beitrag von August Reichensperger); auf dem folgenden Juristentag gab es Gutachten von Moritz von Stubenrauch, Rudolf von Gneist und Heinrich Jaques dazu, „ob der Richter auch über die Frage zu befinden hat, ob ein Gesetz verfassungsmäßig zu Stande gekommen" sei, siehe hier vor allem *H. Jaques*, in: DJT (Hrsg.), Verhandlungen des 4. DJT, Bd. I, 1863, S. 240 (242), mit Nachweisen aus der US-Literatur; für eine kritische Beurteilung der amerikanischen Verfassungspraxis aus der Weimarer Zeit etwa *G. Radbruch*, Die Justiz 1925/1, S. 12 (14); *R. Thoma*, AöR 43 (1922), S. 267 (275).

[3] Zur zeitgenössischen deutschen Diskussion näher *Ch. Gusy*, Richterliches Prüfungsrecht, 1985, S. 29 ff.; *R. Ogorek*, ZNR 11 (1989), S. 12 ff., m. w. N. Im deutschen Konstitutionalismus scheint sich die Diskussion vor allem um die Frage danach gedreht zu haben, ob die Richter an durch die monarchische Exekutive in kompetenzwidriger Weise erlassene Verordnungen gebunden sind. Über eine solche richterliche Bindung an kompetenzwidrige Verordnungen hätte der Monarch den Gesetzesvorbehalt für Eingriffe in Freiheit und Eigentum und so die – für den Konstitutionalismus ja kennzeichnende – Mitwirkungsbefugnis der Landstände an der Gesetzgebung unterlaufen können (siehe unten, Kapitel 2).

[4] Vgl. *H. Steinberger*, 200 Jahre amerikanische Bundesverfassung, 1987, S. 13 ff., 16 ff.

[5] Jedenfalls haben sie – an die englische Tradition seit 1688/89 anknüpfend – den modernen Konstitutionalismus unter der positivrechtlichen Verfassung begründet (unten, Kapitel 2).

[6] Zum Transfer- bzw. Verflechtungstopos *J. Kocka/H.-G. Haupt*, in: H.-G. Haupt/J. Kocka (Hrsg.), Comparative and Transnational History, 2009, S. 1 (2); *M. Werner/B. Zimmermann*, Geschichte und Gesellschaft 28 (2002), S. 607 (612 ff., 618 ff.); speziell mit Blick auf die „Migration" ausländischer Verfassungsideen nach Deutschland *H. Dippel*, Giornale di Storia Costituzionale, Bd. 37 (2019), S. 27 ff.

Weimar, Bonn) zumindest mittelbar in dieser Tradition[7,8]. Allein deshalb erscheint es wünschenswert, mehr[9] über die ideen- und dogmengeschichtlichen Ursprünge der richterlichen Normenkontrolle im Verfassungsrecht der Vereinigten Staaten zu erfahren. In den Kapiteln zwei bis fünf habe ich, natürlich auch unter Rückgriff auf die umfangreiche US-amerikanische Sekundärliteratur, versucht, diese Geschichte, so weit und so gut es mir eben möglich war, zu rekonstruieren[10].

---

[7] *H. Steinberger*, 200 Jahre amerikanische Bundesverfassung, 1987, S. 28 („Mittelbar freilich war amerikanisches Verfassungsdenken wiederum am Werk, nämlich über die weitgehenden Anknüpfungen der Weimarer Verfassung an wesentliche Strukturelemente der Verfassung von 1849."); zur Amerikaorientierung des deutschen Liberalismus allgemein *G. Moltmann*, Jahrbuch für Amerikastudien 12 (1967), S. 206–210, m. w. N.; vgl. aus der jüngeren Literatur ferner *C. Lerg*, Amerika als Argument, 2011, S. 13; siehe aber auch *M. Berg*, Amerikastudien 54 (2009), S. 405 (412) ("[C]onsensus has emerged that American influences on German constitutional history before 1945 must not be exaggerated.").

[8] Damit ist natürlich nicht gesagt, die deutsche Verfassungsgerichtsbarkeit gehe ausschließlich auf die Amerikaner zurück. Die Ansätze einer Verfassungs- oder Staatsgerichtsbarkeit, die von einigen Autoren auch im Verfassungsrecht des Alten Reichs ausgemacht worden sind – siehe dazu näher *B. Wulffen*, Richterliches Prüfungsrecht, 1968, S. 93 ff., et passim; außerdem *U. Scheuner*, FG 25 Jahre BVerfG, hrsg. von Ch. Starck, Bd. 1, 1976, S. 1 (3, 10, 13 ff.); *H. Boldt*, in: U. Müßig (Hrsg.), Konstitutionalismus und Verfassungskonflikt, 2006, S. 230, m. w. N. –, dienen sicherlich dazu, die deutsche Verfassungsgerichtsbarkeit als traditionskompatible Institution zu erklären. Jedoch scheint diese narrative Verbindungslinie, die zwischen der Gerichtsbarkeit des Alten Reiches und der Verfassungsgerichtsbarkeit unter dem Grundgesetz gezogen wird, eher als nostalgische Stilisierung, wenn man die konstitutionellen Umstände berücksichtigt, unter denen das Alte Reich politisch operiert hatte. Das Reich war als ein durch das Lehensrecht zusammengehaltener Personenverbandsstaat organisiert, der einen anderen Typus an politischen Konflikten heraufbeschwört als der liberale Rechts- und Nationalstaat des 19. Jahrhunderts. Vielleicht noch entscheidender: Eine – nicht föderativ veranlasste – richterliche Normenkontrolle findet eigentlich nur dort statt, wo Akte der Legislative auf ihre materielle Verfassungsmäßigkeit hin überprüft werden und wo es überhaupt kodifiziertes Verfassungsrecht gibt, das als Maßstab der Prüfung herangezogen werden kann. Will man im Hinblick auf die Verfassungsgerichtsbarkeit eine gemeinsame Tradition des Alten Reichs und der Bundesrepublik erkennen, dann wird man sich auf einem eher hohen Abstraktionsgrad auf die Feststellung beschränken müssen, dass politische Streitigkeiten hier wie dort vor den Gerichten ausgetragen und durch Richterspruch beigelegt worden sind – in diese Richtung auch *G. Roellecke*, in: J. Isensee/P. Kirchhof (Hrsg.), HStR III, 3. Aufl. 2005, § 67 Rn. 5 f.

[9] Es gibt bereits deutschsprachige (Aufsatz-)Literatur, siehe *R. Alleweldt*, ZaöRV 56 (1996), S. 205 ff.; *W. Brugger*, Grundrechte und Verfassungsgerichtsbarkeit, 1987, S. 5 ff.; ders., Jus 2003, S. 320 ff.; *W. Heun*, Der Staat 42 (2003), S. 267 ff.; *F. Hofer*, Ideengeschichtliche Quellen, 2005, S. 75 ff.; jüngst *A. Heusch*, in: W. Kluth/G. Krings (Hrsg.), Gesetzgebung, 2014, § 36 Rn. 4; weitere Nachweise im Text. Eine Monographie ist – meines Wissens – noch nicht erschienen.

[10] Zum Rekonstruktionstopos vgl. *M. Stolleis*, Rechtsgeschichte schreiben, 2008, S. 33 ff.

Die Darstellung erstreckt bzw. beschränkt sich im Wesentlichen auf die Jahre 1761 bis 1803. Sie beginnt noch zu Kolonialzeiten mit renitenten Kaufleuten in Boston, die vor den Gerichten des englischen Königs um Rechtsschutz nachsuchten, weil sie sich den vermeintlich willkürlichen Anordnungen der Krone nicht beugen wollten; sie endet am Obersten Bundesgericht der Vereinigten Staaten (das damals noch, nach kurzen Zwischenstationen in New York und Philadelphia – nicht unbedingt glanzvoll – in einer Besenkammer des Kapitols untergebracht war). Nach klassischer Lesart gilt: Im Jahr 1803 zauberte John Marshall, weiland oberster Richter der Vereinigten Staaten, das richterliche Prüfungsrecht aus dem Hut. Nicht einfach so, sondern aus Anlass einer politisch hochbrisanten Entscheidung[11], in der sich das Gericht mit den Nachwirkungen der „Zweiten Amerikanischen Revolution", der Präsidentschaftswahl von 1800, auseinandersetzen musste.

Ziel der Arbeit ist es, wie gesagt, nicht, die gegenwärtige wissenschaftliche Diskussion über das richterliche Prüfungsrecht systematisch aufzuarbeiten. Nahezu unvermeidlich greife ich jedoch dort, wo der historische Betrachtungsgegenstand dazu entsprechenden Anlass gibt, die in der gegenwärtigen theoretischen und rechtsdogmatischen Kontroverse über die richterliche Normenkontrolle ständig wiederkehrenden Themen auch im Verlauf dieser Studie immer wieder auf; mal vertieft, mal eher im Vorübergehen. Für den mit der aktuellen Debatte weniger vertrauten Leser habe ich vorab und zur Einführung im ersten Kapitel versucht, dasjenige normative Spannungsfeld jedenfalls in den Grundzügen zu erläutern, das in modernen Verfassungsstaaten zwangsläufig dann angelegt ist, wenn bzw. soweit die Justiz über eine Kompetenz zur Nullifikation von Rechtssetzungsakten der Gesetzgebung verfügt. Gemeint ist das Spannungsfeld – andere würden vielleicht nicht zu Unrecht sagen: die Kollision – zwischen dem Prinzip der demokratischen Selbstbestimmung und dem Prinzip des Konstitutionalismus. Dabei habe ich die verschiedenen rechtsdogmatischen und verfassungstheoretischen Ansätze, die in Deutschland und in Amerika im Zusammenhang mit der Auflösung oder jedenfalls der Einhegung des andauernden Kompetenzkonflikts zwischen gesetzgebender und rechtsprechender Gewalt diskutiert werden, nur angerissen. Diese Ansätze waren bereits Gegenstand mehrerer (auch) rechtsvergleichender deutschsprachiger Arbeiten, auf die für eine vertiefte Darstellung verwiesen werden kann[12].

---

[11] *Marbury v. Madison*, 5 U.S. (1 Cranch) 137 (1803).
[12] Aus der Vielzahl der Arbeiten etwa *U. Haltern*, Verfassungsgerichtsbarkeit, Demokratie und Mißtrauen, 1998; *W. Heun*, Funktionell-rechtliche Schranken, 1992; siehe aus der älteren Literatur z.B. *H. Ehmke*, Wirtschaft und Verfassung, 1961; *Ch. Gusy*, Parlamentarischer Gesetzgeber und Bundesverfassungsgericht, 1985, *F. Scharpf*, Grenzen, 1965; *H. Steinberger*, Konzeption und Grenzen, 1974; siehe außerdem die Arbeiten von *D. Burchardt*, Grenzen, 2004; *M. Eberl*, Verfassung und Richterspruch, 2006; *S.-P.*

Nähert man sich der richterlichen Normenkontrolle historisch, greifen Vergangenheits- und Gegenwartsinteresse notwendigerweise ineinander[13]. Verfassungsgeschichtliche Forschung wird kaum einmal aus reinem Erkenntnisinteresse heraus betrieben[14]; hinter ihr kommt regelmäßig eine mehr oder weniger offen auf der Hand liegende verfassungspolitische Agenda zum Vorschein. So auch hier: Die richterliche Normenkontrolle ist im Verfassungsstaat gewiss nicht fehl am Platz, aber sie ist ein scharfes Schwert, das, falsch eingesetzt, zu einer dauerhaften Kompetenzverschiebung im gewaltenteiligen Verhältnis zwischen Gesetzgebung und Verfassungsrechtsprechung führen kann[15]. Hier ist alles eine Frage der Dosis.

Bei der Auswertung der Primärquellen und bei der Durchsicht der Sekundärliteratur habe ich deshalb besonderes Augenmerk darauf gerichtet, welche Konzepte die zeitgenössischen Theoretiker und Praktiker entwickelt haben, um die der Gesetzgebung und den Gerichten jeweils zugewiesenen und nicht selten miteinander konkurrierenden Entscheidungsräume gegeneinander abzugrenzen. Dabei ist mir aufgefallen, dass schon die Genese des Instituts der richterlichen Normenkontrolle in den Vereinigten Staaten von zwei Bedingungen abhängig gewesen ist, die heutzutage nicht nur nicht mehr gegeben sind, sondern bedauerlicherweise auch dem Vergessen anheimgefallen zu sein scheinen: Erstens konnten die Zeitgenossen das Institut der Normenkontrolle mehrheitlich nur akzeptieren, solange sich die Gerichte auf die Nullifikation eindeutig verfassungswidriger Gesetze beschränkten. Zweite Bedingung war, dass es keine unanfechtbare Interpretationshoheit über die Verfassung geben durfte, weil man die Verfassungsauslegung (noch) nicht als spezifisch judikative Funktion begriff, sondern als gemeinsame Aufgabe aller drei Teilgewalten. Mit anderen Worten: Bei der ersten Bedingung handelt es sich um die Beachtung des dereinst freilich noch nicht so bezeichneten Gebots richterlicher Zurückhaltung. Zweite notwendige Bedingung war die Abwesenheit eines gerichtlichen Interpretationsmonopols. Während das Gebot richterlicher Zurückhaltung in der einen oder anderen Sonntagsrede

---

Hwang, Verfassungsgerichtlicher Jurisdiktionsstaat?, 2005; *M. Kau*, United States Supreme Court, 2007; *Ch. Rau*, Selbst entwickelte Grenzen, 1996; *J. Riecken*, Verfassungsgerichtsbarkeit in der Demokratie, 2003; *C. Simons*, Grundrechte und Gestaltungsspielraum, 1999; *M. Stoevesandt*, Aktivismus und Zurückhaltung, 1999.

[13] Vgl. – in anderem Zusammenhang – *O. Lepsius*, ZNR 29 (2007), S. 47 (48); zur Kritik an der Gegenwartsferne der ‚alten' Rechtsgeschichte *D. Grimm*, Rechtswissenschaft und Geschichte, 1976, in: Recht und Staat der bürgerlichen Gesellschaft, 1987, S. 399.

[14] Siehe *O. Lepsius*, Rg 19 (2011), S. 190 (193); vgl. näher unten, Text bei Kapitel 4, Fn. 27 ff.

[15] BVerfGE 93, 121 (151) (Sondervotum Böckenförde) – Einheitswerte II; *H. Kelsen*, VVDStRL 5 (1929), S. 30 (70); vgl. *G. Casper*, 1989 Sup. Ct. Rev. 330; *E. Haas*, FS Landwehr, hrsg. von F. Drecktrah u. D. Willoweit, 2016, S. 429 f.; *G. Lübbe-Wolff*, Bundesverfassungsgericht, 2015, S. 33 f.

noch immer beschworen wird[16], sorgt das verfassungsgerichtliche Interpretationsmonopol hierzulande kaum mehr für hochgezogene Augenbrauen[17], obwohl es im gegenwärtigen deutschen Verfassungsrecht eigentlich nicht – jedenfalls nicht ausdrücklich – vorgesehen ist[18].

---

[16] Zum Beispiel von Gerhard Casper aus Anlass des Staatsakts zum 50-jährigen Bestehen des Bundesverfassungsgerichts; siehe *G. Casper*, ZRP 2002, S. 214 (217).

[17] In jüngerer Zeit hat sich aber etwa *M. Borowski*, in: J. Isensee/P. Kirchhof (Hrsg.), HStR XII, 3. Aufl. 2014, § 274 Rn. 10 ff. mit einiger Emphase kritisch zu Begriff und Idee des verfassungsgerichtlichen Interpretationsmonopols positioniert; vgl. auch *U. Kischel*, AöR 131 (2006), S. 219 (223, 229, et passim); weitere Nachweise unten, Kapitel 5, Fn. 529.

[18] Siehe etwa *Ch. Hillgruber*, AöR 127 (2002), S. 460 (472).

Erster Teil

Zur Einführung

Kapitel 1

Demokratie und Konstitutionalismus. Transatlantische Perspektiven

„Je weiter wir uns von der historischen Situation des Jahres 1949 entfernen, und je mehr das politische Selbstbewusstsein von Regierung, Parlament und Wählerschaft zunimmt, desto ... mehr mag auch der *judicial self-restraint* des amerikanischen Gerichts für uns an Relevanz gewinnen."[1]

Im Jahr 1965 hat Fritz Scharpf diese verfassungspolitische Entwicklung in Aussicht gestellt; gerade einmal – oder schon – eineinhalb Jahrzehnte nach Inkrafttreten des Grundgesetzes. Gut 50 Jahre sind seither vergangen. Hinterher ist man für gewöhnlich immer klüger. Jedenfalls bezogen auf den zweiten Teil der Vorhersage Scharpfs wird man auf die Frage, ob er mit seinem Blick in die imaginäre Kristallkugel Recht behalten sollte, wohl antworten müssen: eher nicht.

Vergleichsweise selten ist dieser Tage in der Presse oder in der wissenschaftlichen Literatur Kritik an der Institution der Verfassungsrechtsprechung als solcher zu vernehmen. Wenn allerdings leise oder einzelfallbezogen auch deutliche Kritik aufkommt, dann geht der Tenor in aller Regel jedenfalls nicht dahin, dass insbesondere das Bundesverfassungsgericht seine Befugnisse mit übertriebener Zurückhaltung ausübe[2]. Im Gegenteil. Es ist hinlänglich bekannt, dass das Bundesverfassungsgericht, wie eigentlich jedes mit dem richterlichen Prüfungsrecht ausgestatte Verfassungsgericht, im Bereich der Normenkontrolle dazu neigt, durch seine Entscheidungen in teils ureigene Kompetenzbereiche der Gesetzgebung überzugreifen. Jene – zugegeben: abgedroschene – Kritik ist auch innerhalb des Gerichts zur Kenntnis genommen worden. Einige Richter des Bundesverfassungsgerichts haben sie sich in teils scharf formulierten Sondervoten sogar zu Eigen gemacht[3]. Den-

---

[1] *F. Scharpf*, Grenzen, 1965, S. 3 (Hervorhebung ebd.).

[2] Siehe aber etwa *Ch. Hillgruber*, JZ 2011, S. 861 ff., der die „freihändige" Kompetenzausübung des Bundesverfassungsgerichts kritisiert, die teils „exzessiv", teils zu „restriktiv" erfolge; aus der umfangreichen älteren Literatur etwa *M. Kriele*, NJW 1976, S. 777 ff.; *N. Achterberg*, DÖV 1977, S. 649 ff.

[3] Aus der jüngeren Vergangenheit etwa das Sondervotum von *G. Lübbe-Wolff*, BVerfGE 134, 366 (419) – OMT-Beschluss („In dem Bemühen, die Herrschaft des Rechts zu sichern, kann ein Gericht die Grenzen richterlicher Kompetenz überschreiten. Das ist meiner Meinung nach hier geschehen."); ferner das Sondervotum von *U. Di Fabio/R. Mel-*

noch: Dass in der Rechtsprechung des Bundesverfassungsgerichts insgesamt eine Tendenz zur richterlichen Zurückhaltung zu erkennen wäre, lässt sich anderslautenden Beteuerungen zum Trotz nicht ernsthaft behaupten. Sollte Scharpf also mit seiner Prognose gleichzeitig eine rechtspolitische Hoffnung geäußert haben, wird man nicht umhinkommen, festzuhalten, dass sie weitgehend enttäuscht worden ist. Im Übrigen hat es nicht den Anschein, als würde das in der (Fach-)Öffentlichkeit auf breiter Front besonders bedauert. In einem juristischen Onlinemagazin war Anfang des Jahres 2016 etwa zu lesen, dass

„[d]ie Rolle des Verfassungsgerichts als systemstabilisierendes Instrument [sic] dafür [sprechen dürfte], dass die Richter im Zweifel einen Weg finden, eine nach ihren bisherigen Vorgaben eigentlich unzulässige Klage doch zuzulassen. Eine Verfassungskontrolle mit offensichtlichen Lücken dürfte in Deutschland auf wenig Verständnis stoßen."[4]

Auch wenn es sich hier nicht zwingend um die wissenschaftliche Lehrmeinung, sondern lediglich um eine vereinzelte journalistische Stellungnahme handelt, so scheint sie doch irgendwie paradigmatisch für den konstitutionalistischen Zeitgeist der Gegenwart: „[R]echts- und verfassungstaatliche" Politik verdient ihren Namen nur, insofern sie auch unter gehörige „gerichtliche Vormundschaft" gestellt ist[5].

---

linghoff, BVerfGE 129, 300 (351) – Fünfprozenthürde Europawahlrecht („Wahlrechtsfragen sind der politischen Gestaltung des Gesetzgebers unterworfen, dessen Regelungsauftrag angesichts der Allgemeinheit der Wahlgrundsätze dem Gericht Zurückhaltung auferlegt."); außerdem das Sondervotum von *B.-O. Bryde*, BVerfGE 121, 317 (380 f.) – Nichtraucherschutz („Das Bundesverfassungsgericht darf keine Folgerichtigkeit und Systemreinheit einfordern, die kein demokratischer Gesetzgeber leisten kann."); vgl. aus der älteren Rechtsprechung das Sondervotum *E.-W. Böckenfördes*, BVerfGE 93, 121 (151) – Einheitswerte II („Vor allem greift der Senat mit seinen breit ausgeführten ... Darlegungen in den Kompetenzbereich des Gesetzgebers über, er läßt den gebotenen judicial self-restraint außer acht, der dem Verfassungsgericht gegenüber dem Gesetzgeber obliegt und leistet der Veränderung des vom Grundgesetz festgelegten gewaltenteiligen Verhältnisses zwischen Gesetzgeber und Verfassungsgericht weiter Vorschub.").

[4] *Ch. Rath*, Streit um Bundestagsmandat für Syrien. Verschlungene Pfade zum Verfassungsgericht, in: Legal Tribune Online vom 6. Januar 2016, online: lto.de/recht/hintergruende/h/bundeswehr-einsatz-syrien-tuerkei-verfassungsrecht/; letzter Abruf am 23. September 2020.

[5] Vgl. die Einschätzung bei *M. Höreth*, Verfassungsgerichtsbarkeit, 2014, S. 89.

A. Verfassungsgerichtsbarkeit und politischer Prozess[6]

Noch einmal zurück zu Fritz Scharpf: Dessen Anspielung auf das Jahr 1949 ist geradezu ein Wink mit dem Zaunpfahl. Er verweist auf das bewusst oder unbewusst empfundene Misstrauen der unter dem Eindruck der Katastrophe der Jahre 1933 bis 1945 stehenden Verfassungsväter gegenüber Machtkonzentrationen in Händen politischer Institutionen, ja gegenüber der Ausübung vermeintlich ungebändigter Staatsgewalt insgesamt[7]. Frei nach einer bereits über einhundert Jahre zuvor von Alexis de Tocqueville verbreiteten Weisheit[8] bemerkte Konrad Adenauer im Jahr 1947, in der Frühphase der Diskussion um die staatliche Neuordnung:

„Es gibt nicht nur eine Diktatur des Einzelnen, es kann auch eine Diktatur der parlamentarischen Mehrheit geben, und davor wollen wir einen Schutz haben in der Form des Staatsgerichtshofes."[9]

Adenauer, dessen auf die Institution der Verfassungsrechtsprechung bezogener Enthusiasmus in späteren Jahren ja ein wenig nachlassen sollte[10], fügte noch hinzu: „Auch darin wollen wir aus den Erfahrungen lernen, die wir 1933 gemacht haben." Aus Sicht der Gründergeneration lag es offenbar nahe, eine starke Verfassungsgerichtsbarkeit zu institutionalisieren, um diese den Kompetenzprätendenten unter den staatsleitenden Verfassungsorganen als Kontrollinstanz zu dem Zweck entgegenzusetzen, Willkür und Machtmissbrauch

---

[6] Siehe bereits die Arbeiten von *H. Laufer*, Verfassungsgerichtsbarkeit und politischer Prozeß, 1968; *Ch. Starck*, Bundesverfassungsgericht im politischen Prozeß, 1976.

[7] Siehe z.B. *U. Herbert*, Geschichte Deutschlands im 20. Jahrhundert, 2014, S. 610; ähnlich *C. J. Friedrich*, Verfassungsstaat der Neuzeit, 1953, S. 272; *B. Grzeszick*, in: Th. Maunz/G. Dürig (Begr.), GG, Stand Aug. 2019, Art. 20, II. Abschn. Rn. 64; sowie *W. Henke*, Der Staat 3 (1964), S. 433 (453); *H. Laufer*, Verfassungsgerichtsbarkeit und politischer Prozeß, 1968, S. 20 f.; im Hinblick auf das zeitgenössische Verlangen nach einer starken Verfassungsgerichtsbarkeit aus Sorge vor einer „neue[n] deutsche[n] Diktatur" *G. Roellecke*, in: J. Isensee/P. Kirchhof (Hrsg.), HStR III, 3. Aufl. 2005, §67 Rn. 10.

[8] Siehe *A. de Tocqueville*, Über die Demokratie in Amerika, 1835, hrsg. von J. P. Mayer, 1985, S. 139 ff., hier insbes. S. 145 ff.

[9] Siehe Protokoll der 17. Sitzung des Zonenbeirats der britisch besetzen Zone vom 14.11.1947, in: Bundesarchiv/Institut für Zeitgeschichte (Hrsg.), Akten zur Vorgeschichte der Bundesrepublik Deutschland, Bd. 3, 1982, S. 850 (870).

[10] Adenauers Sentenz, wonach man sich das mit dem Gericht „so nicht vorgestellt" habe, wird etwa im Spiegel zitiert (*N. N.*, Der Spiegel Nr. 44 vom 30.10.1978, S. 38 [49]); siehe dazu insbesondere *U. Wesel*, Gang nach Karlsruhe, 2004, S. 76 f.

künftig wirksamer vorzubeugen[11,12]. Andere posttotalitäre Staaten, etwa Italien, Spanien und Österreich, in jüngerer Vergangenheit auch Südafrika und mit Abstrichen einige Staaten Ost- und Mitteleuropas, haben aus ihren geschichtlichen Erfahrungen ähnliche Schlüsse gezogen und mit mehr oder weniger weitreichenden Kompetenzen ausgestattete Verfassungsgerichte geschaffen beziehungsweise – im Falle Österreichs – wiedererrichtet[13].

Nichtsdestoweniger und unabhängig davon, wie man sich zu der nicht unproblematischen These positioniert, die Institution der Verfassungsgerichtsbarkeit verhindere nicht nur Machtmissbrauch, sondern sie schütze gar vor totalitären Abgründen[14], ist nunmehr, im Verlauf der letzten sechs Jahrzehnte, ein Prozess der Konsolidierung des deutschen politischen Systems zu beobachten gewesen[15]. Man wird sagen können, dass dieser Prozess im Eindruck der Normalisierung des alltäglichen (innen-)politischen Geschehens in der Berliner Republik zu einem vorläufigen Abschluss gekommen ist[16]. Es scheint jedenfalls nicht vermessen, die Frage zu stellen, ob das auf dem ge-

---

[11] Vgl. *H. Säcker*, FS Zeidler I, hrsg. von W. Fürst u. a., 1987, S. 265; *H. Simon*, in: E. Benda/W. Maihofer/H. J. Vogel (Hrsg.), HVerfR, 2. Aufl. 1994, § 34 Rn. 46; kritisch, und mit guten Argumenten dafür, von diesem einseitigen Erklärungsansatz für den raschen Aufstieg des Bundesverfassungsgerichts unter der neuen Ordnung abzurücken, etwa *M. Hailbronner*, 12 Int'l J. Const. L. 626–649 (2014).

[12] Die starke Position des Bundesverfassungsgerichts in der Institutionenordnung des Grundgesetzes ist allerdings auch in der Gründungsphase nicht mit ungeteilter Zustimmung aufgenommen worden, vgl. etwa *R. Schiffers*, in: L. Albertin/W. Link (Hrsg.), Politische Parteien, 1981, S. 277 (283); *M. Stolleis*, Geschichte des Öffentlichen Rechts in Deutschland, Bd. IV, 2012, S. 156, beide m. w. N.

[13] Siehe *P. Graf Kielmansegg*, Instanz des letzten Wortes, 2005, S. 14; näher auch *A. von Arnauld*, in: O. Depenheuer/Ch. Grabenwarter (Hrsg.), Verfassungstheorie, 2010, § 21 Rn. 48; *M. Höreth*, Selbstautorisierung des Agenten, 2008, S. 152 f.; *A. Tschentscher*, in: T. Simon/J. Kalwoda (Hrsg.), Schutz der Verfassung, 2014, S. 187 f.

[14] Vgl. *Ch. Gusy*, ZNR 32 (2010), S. 205 (216) („Ob eine stärkere Justiz allerdings die Republik hätte erhalten können, ist zumindest nicht sicher."); *B. Rüthers* u. a., Rechtstheorie, 11. Aufl. 2020, S. 315 („Der richterliche ... Widerstand gegen Unrechtsregimes kommt in aller Regel zu spät."); siehe bereits *L. Hand*, Independent Judiciary, 1944, in: I. Dillard (Hrsg.), Spirit of Liberty, 1952, S. 172 (181) ("[T]his much I think I do know – that a society so riven that the spirit of moderation is gone, no court *can* save; that a society where that spirit flourishes, no court *need* save; that in a society which evades its responsibility by thrusting upon the courts the nurture of that spirit, that spirit in the end will perish." [Hervorhebungen ebd.]); etwas nüchterner: *R. Thoma*, AöR 43 (1922), S. 267 (276).

[15] Zu dem das Bundesverfassungsgericht mit seiner Rechtsprechung natürlich beigetragen hat, siehe *U. Volkmann*, FS Bryde, hrsg. von M. Bäuerle u. a., 2013, S. 131, der anmerkt, das Bundesverfassungsgericht habe eine „weithin noch autoritären Denkstrukturen verhaftete Gesellschaft" mit Demokratie und Pluralismus „versöhnt".

[16] Zur Berliner Republik als „Epochenbegriff" *J. Krüper*, Verfassung der Berliner Republik, 2015, S. 10.

schichtlich bedingten Misstrauen der Gründergeneration aufgebaute Argumentationsmuster heutzutage noch hinreichend tragfähig ist, um die – auch im internationalen Vergleich – teils spektakulären Eingriffe der deutschen Verfassungsgerichtsbarkeit in den politischen Prozess zu rechtfertigen.

Nun mag man eine strenge – bisweilen autoritär[17] anmutende – richterliche Normenkontrollpraxis auch ganz unabhängig von historischen Begründungen für die „Krönung des Rechts- und Verfassungsstaates" halten[18]. Denjenigen Beobachtern, die eine aktive Rolle der Verfassungsgerichtsbarkeit befürworten[19], lässt sich freilich eine bisweilen irrationale Furcht vor, zumindest aber eine Überbetonung des – zugestandenermaßen auch nicht immer vollkommen unangebrachten[20] – Misstrauens gegenüber den kontingenten Ergebnissen demokratisch organisierter Entscheidungsfindung vorwerfen[21]. Dieser Vorwurf ist indirekt auch an die Gründergeneration gerichtet. Mit der gut gemeinten Schaffung einer Vorkehrung zur Machtmissbrauchsprävention hat sie eine Institution errichtet, die ihrerseits zumindest potentiell imstande ist, Macht zu missbrauchen, gleichviel, ob in gutem oder in bösem Glauben[22]. Das ist die zwangsläufige Folge der Verfassungsarchitektur. Man hat das Bundesverfassungsgericht einerseits mit weitreichenden Kompetenzen ausgestattet[23], und man hat andererseits davon abgesehen, das Handeln

---

[17] Vgl. aus der jüngeren US-Literatur *O. Varol*, 100 Iowa L. Rev. 1687–1693 (2015) (gegenwärtige Normenkontrollpraxis als Ausprägung eines „stealth authoritarianism"); siehe auch *B.-O. Bryde*, in: J. Hesse u. a. (Hrsg.), Verfassungsrecht und Verfassungspolitik in Umbruchsituationen, 1999, S. 197 (201).

[18] *G. Roellecke*, in: J. Isensee/P. Kirchhof (Hrsg.), HStR III, 3. Aufl. 2005, § 67 Rn. 10; *H. Säcker*, FS Zeidler I, hrsg. von W. Fürst u. a., 1987, S. 265; vgl. *O. Depenheuer*, in: ders./Ch. Grabenwarter (Hrsg.), Verfassungstheorie, 2010, § 16 Rn. 25; *W. Heun*, Funktionell-rechtliche Schranken, 1992, S. 83; *J. Isensee*, JZ 1996, S. 1085 (1093) (Das Bundesverfassungsgericht „bildet den Schlussstein im Bau der auf das Recht gegründeten Republik."); *K. Stern*, Staatsrecht, Bd. II, 1980, S. 951 ff.; *R. Wahl*, Der Staat 20 (1981), S. 485 (499).

[19] Etwa: *A. von Brünneck*, Verfassungsgerichtsbarkeit, 1992, insbes. S. 133 ff.

[20] Vgl. *Ch. Gusy*, ZNR 32 (2010), S. 205 (223) („unbegründetes Misstrauen gegen das Volk ist in der Demokratie ebenso schlecht wie naiver Glaube an Identitätsmodelle").

[21] Siehe etwa *J. Limbach*, FS Dieterich, hrsg. von P. Hanau u. a., 1999, S. 344 („Indiziert das ungebrochen große Vertrauen in die Verfassungsgerichtsbarkeit etwa ein politisches Misstrauen gegen die Demokratie?"). Ähnlich äußert sich *P. Graf Kielmansegg*, Die Instanz des letzten Wortes, 2005, S. 33 f. – Ausgewogener etwa *Ch. Möllers*, Legalität, Legitimität und Legitimation, in: M. Jestaedt u. a., Das entgrenzte Gericht, 2011, S. 297 f.

[22] Vgl. bereits *B. Cardozo*, The Nature of the Judicial Process, 1921, S. 136; siehe in diesem Zusammenhang auch die Bemerkung des US-Bundesrichters *J. Clifford Wallace*, Whose Constitution?, 1987, S. 8 ("A benevolent judicial tyranny is nonetheless a tyranny.").

[23] Der mit Abstand häufigste und wichtigste verfassungsprozessuale Rechtsbehelf, die Verfassungsbeschwerde, war zwar im Entwurf von Herrenchiemsee enthalten, wurde dann

des Verfassungsorgans Bundesverfassungsgericht einer effektiven demokratischen Kontrolle zu unterwerfen[24]. Diese Kritik an den Gründern ist freilich wohlfeil. Denn seine Allzuständigkeit – juristisch-juridische Letztentscheidungskompetenz und politisches Mandat – hat sich das Gericht, wenn man Gerd Roellecke insoweit zustimmen will, selbst und zwar „gegen den Text des Grundgesetzes geschaffen"[25].

Scharpfs auf das gesteigerte politische Selbstbewusstsein von Wählerschaft und Staatsleitung bezogene Aussage lässt sich dahin verstehen, dass die Validität des in den Gründerjahren für eine starke Verfassungsgerichtsbarkeit in Stellung gebrachte Argument ‚Weimar'[26] mit der Gewöhnung an die Allgegenwart demokratisch verfasster und leidlich stabiler Staatlichkeit vermehrt in Zweifel gerät. Nicht umsonst wird die These vertreten, ein besonderes Verfassungsgericht stelle die angemessene Lösung insbesondere für solche staatlichen Ordnungen dar, deren politische Kultur und ‚konstitutionelle Moral'[27] noch nicht so weit entwickelt ist, dass der Vorrang der Verfassung etablierten Institutionen, zum Beispiel der Legislative selbst oder etwa dem (unmittelbar demokratisch legitimierten) Staatsoberhaupt anvertraut werden könne[28]. Wenn das zutrifft, spricht nicht wenig dafür, dass der Bedarf nach einer richterlichen Kontrolle der Gesetzgebung in wechselseitiger Abhängigkeit zur Herausbildung einer demokratischen politischen Kultur zu sinken beginnt: Der verfassungsrechtlich gebundene Souverän, repräsentiert durch seine unmittelbar demokratisch legitimierten Vertretungskörperschaften, könnte, vorausgesetzt, die demokratische politische Kultur ist hinreichend entwickelt, einen Verantwortungszuwachs für sich reklamie-

---

aber vom Parlamentarischen Rat aus Furcht vor einer „Überjuridifizierung" gestrichen (*H. Meyer*, in: I. von Münch/Ph. Kunig (Hrsg.), GG, Bd. II, 6. Aufl. 2012, Art. 93 Rn. 52). Die Verfassungsbeschwerde, seit 1951 im BVerfGG geregelt, ist erst durch verfassungsänderndes Gesetz vom 29.1.1969 (BGBl. I, S. 97) konstitutionalisiert worden.

[24] Siehe statt vieler etwa *S. Broß*, ZParl 2000, S. 424 (426) („Das Bundesverfassungsgericht ist ein aristokratisches Element ... Es unterliegt ... keiner Kontrolle.").

[25] *G. Roellecke*, Der Staat 35 (1996), S. 599 (611).

[26] Siehe *Ch. Gusy*, ZNR 32 (2010), S. 205 (216); *K. Stern*, Staatsrecht, Bd. V, 2000, S. 1075; *F. Scharpf*, Grenzen, 1965, S. 2; *J. Wieland*, Der Staat 29 (1990), S. 333 (349).

[27] Begriff: *J. St. Mill*, Betrachtungen über die Repräsentativ-Regierung, 1861, in: Th. Gomperz (Übers./Hrsg.), John Stuart Mills Gesammelte Werke, Bd. VIII, 1873, S. 63.

[28] So *W. Hoffmann-Riem*, JZ 2003, S. 269 (273); vgl. bereits *C. J. Friedrich*, Verfassungsstaat der Neuzeit, 1953, S. 272; jüngst wieder *A. Tschentscher*, in: T. Simon/J. Kalwoda (Hrsg.), Schutz der Verfassung, 2014, S. 187 (189 f.), m. w. N. – Zur Herausbildung einer demokratischen politischen Kultur als „reale" Voraussetzung der Normativität der Verfassung vgl. allgemein etwa *Ch. Starck*, in: J. Isensee/P. Kirchhof (Hrsg.), HStR XII, 3. Aufl. 2014, § 271 Rn. 3.

ren²⁹. Dafür müssten im Gegenzug Abstriche bei der verfassungsgerichtlichen Normenkontrollkompetenz hingenommen werden³⁰.

Allerdings kann man sich, den Blick auf das geltende Recht gerichtet, den Aufwand einer Suche nach Kriterien, anhand derer sich Entwicklungsgrad und Qualität einer politischen Kultur sinnvoll beurteilen ließen, getrost sparen. Das deutsche Verfassungsrecht kennt keine *clausula rebus sic stantibus*, die Bestehen und Ausmaß verfassungsgerichtlicher Kompetenzen vom Entwicklungsgrad der politischen Kultur abhängig machte; allein die Verfassungsrichter entscheiden, ob sie von der ihnen positivrechtlich zugewiesenen, wenngleich in Inhalt, Ausmaß und Umfang nicht eindeutig umrissenen Kompetenzen freihändigen oder eben zurückhaltenden Gebrauch machen³¹.

Davon abgesehen erscheint es reichlich ungewiss, ob ein Zuwachs an Letztentscheidungskompetenzen für die gesetzgebende Gewalt verfassungspolitisch überhaupt gewollt ist. Es ist bereits angeklungen, dass die Forderung nach einer Reduktion der verfassungsgerichtlichen Kontrolle politischer Entscheidungen derzeit nicht unbedingt überwältigenden Zuspruch findet. Zudem haben die Deutschen mit Weimar und der sich anschließenden Katastrophe des Nationalsozialismus eben „eine traumatische Erfahrung gemacht, die sich nach wie vor negativ auf die Legitimationsleistungen auswirkt, die wir vom politischen Prozess erwarten"³² oder zumindest realistischer Weise erwarten dürfen. Lässt man den – in seinen Einzelheiten durchaus nicht unumstrittenen³³ – historischen Befund einmal beiseite, könnte man außerdem den Eindruck gewinnen, der politische Prozess habe sich einigermaßen bequem in der Lage eingerichtet, in der er die demokratische Letztverantwortung in schwierigen (rechts-)politischen Fragen nicht selbst tragen muss, weil sich die Verantwortung im Zweifel auf die Verfassungsgerichtsbarkeit abwälzen lässt³⁴. Pessimisten werden dazu neigen, diese mutmaßliche

---

²⁹ Vgl. *Ch. Hillgruber/Ch. Goos*, Verfassungsprozessrecht, 4. Aufl. 2015, S. 16, die sich die Frage stellen, wie der „Souverän wieder in sein Recht gesetzt" werden kann; kritisch gegenüber dem auf die politische Kultur bezogenen Argument etwa *M. Hailbronner*, 12 Int'l J. Const. L. 649 (2014).

³⁰ Diese Konsequenz zieht auch etwa *K. Doehring*, Der Staat 3 (1964), S. 201 (218 f.).

³¹ Das räumen einige Richter auch offen ein. Siehe zum Beispiel das Zitat aus einem von *U. Kranenpohl* mit einem namentlich nicht genannten Verfassungsrichter geführte Interview, in: Der Staat 48 (2009), S. 387 (407).

³² Siehe *E.-W. Böckenförde*, Gesetz und gesetzgebende Gewalt, 2. Aufl. 1981, S. 402; *W. Brugger*, AöR 126 (2001), S. 337 (401) („[A]ber muß das immer so bleiben?").

³³ *A. Rinken*, in: Alternativkommentar GG, 2. Aufl. 1989, vor Art. 93 Rn. 40 (zur „Fehlinterpretation der Weimarer Misere").

³⁴ *H. Abromeit*, PVS 36 (1995), S. 49 (61); *W. Hoffmann-Riem*, DVBl. 1999, S. 657 (667); in diese Richtung auch *S. Broß*, ZParl 2000, S. 424 f.; ferner *G. Roellecke*, in: J. Isensee/P. Kirchhof (Hrsg.), HStR III, 3. Aufl. 2005, § 67 Rn. 30, m. w. N.

Tendenz zur „Flucht aus der [legislativen] Verantwortung"[35] – wiederum mit Blick auf die Historie – als geradezu paradigmatischen Ausdruck eines „Selbstverständnisses der die verfasste Gemeinschaft prägenden Geschichte"[36] zu deuten. Diese Tendenz ist jedoch keine spezifisch deutsche oder durch die deutsche Geschichte bedingte: In den Vereinigten Staaten ist schon gegen Ende des 19. Jahrhunderts beobachtet worden, dass die schiere Existenz der richterlichen Normenkontrolle dafür sorgt, dass die Bereitschaft der an der Gesetzgebung beteiligten Staatsorgane nachlässt, eigenständige, also von der Rechtsprechung unabhängige Überlegungen hinsichtlich der Verfassungsmäßigkeit ihrer Rechtsakte anzustellen[37]. Je aggressiver die Gerichte also bei der Kontrolle der Gesetzgebung vorgehen, desto weniger darf auf gediegene legislative Deliberation im Hinblick auf die verfassungsrechtlichen Vorgaben für die Normsetzung gehofft werden.

In dieser Gemengelage einer Rückbesinnung auf die gerade angedeuteten Legitimationsleistungen des Parlamentarismus das Wort zu reden, muss aber nicht unbedingt heißen, Eulen nach Athen zu tragen. Betrachtet man die Diskussion genauer, fällt auf, dass der Blickwinkel mittlerweile nicht mehr so einseitig auf die Vergangenheit und die Frage der ‚Wiederholungsgefahr' verengt ist, das heißt, ob effektivere Mechanismen gegen Machtmissbrauch in der Weimarer Reichsverfassung die nationalsozialistische Diktatur hätten verhindern können und welche Lehren daraus für die Verfassungsordnung des Grundgesetzes zu ziehen sind. Schon seit geraumer Zeit wenden sich Rechts- und Politikwissenschaftler verstärkt ausländischen Verfassungsordnungen zu, um die dortige Theorie und Praxis der Verfassungsgerichtsbarkeit im Allgemeinen, sowie die dort vorherrschenden Konzeptionen einer gericht-

---

[35] *S. Korioth*, Der Staat 30 (1991), S. 549 (564); *Th. von Danwitz*, JZ 1996, S. 481 (489).

[36] So *M. Herdegen*, JZ 2004, S. 873 (879). Herdegen weist darauf hin, dass der Ableitung normativer Argumente aus der Geschichte dort die größte Überzeugungskraft zukommt, wo es gilt, sich der (vermeintlich drohenden) Wiederkehr „traumatischer Vorgänge" entgegenzustellen. Zur „Verfassungsgestaltung aus Vergangenheitserfahrung" allgemein auch *M. Kloepfer*, Verfassungsrecht, Bd. I, 2011, § 17 Rn. 11.

[37] *J. B. Thayer*, 7 Harv. L. Rev. 155–156 (1893); dazu etwa *Th. Halper*, 7 Brit. J. Am. Legal Stud. 119 (2018); außerdem *R. H. Fallon*, 121 Harv. L. Rev. 1704–1705 (2008) (der wohl nicht zu Unrecht darauf hinweist, dass eine – infolge einer aggressiven gerichtlichen Normenkontrollpraxis – gegenüber den Vorgaben des Verfassungsrechts indifferent gewordene Legislative ihre Arbeitsweise nach der Abschaffung des richterlichen Prüfungsrechts kaum ändern wird); siehe aber auch *R. A. Posner*, The Federal Courts, 1985, S. 210; *N. Williams*, 57 Stan. L. Rev. 285 (2004); ferner *M. Tushnet*, Taking the Constitution Away from the Courts, 1999, S. 57 ff. ("Legislatures actually felt little responsibilty to consider constitutional questions because they relied on the courts to bail them out of any difficulties they got into."); zu den Konsequenzen dieses „judicial overhang" *ders.*, 94 Mich. L. Rev. 247 (1995) („democratic debilitation" und „policy distortion"); für *W. Brugger*, Der Staat 39 (2000), S. 137, ist „judicial overhang" die US-amerikanische Spielart des „Karlsruhe wird es schon richten".

A. Verfassungsgerichtsbarkeit und politischer Prozess

lichen Kontrolle der Gesetzgebung im Besonderen näher zu untersuchen[38]. Derartige Untersuchungen laufen regelmäßig auf den Schluss hinaus, „dass es auch anders geht"[39]: Normenkontrollierende Gerichte gehören demnach „nicht zu jenen politischen Institutionen, die man zur gleichsam selbstverständlichen Grundausstattung liberal-demokratischer Systeme zählen könnte"[40].

Eine – bereits seit den 1970er Jahren diskutierte – „Demokratisierung der Verfassungsinterpretation"[41] ist natürlich nicht ohne gewisse Abstriche bei der Normenkontrolle zu haben. Diese Abstriche müssen aber nicht unweigerlich und zwangsläufig rechtsstaatliche Instabilität nach sich ziehen[42]. So stehen – bei aller Überspitzung – solche Staaten, die keine oder allenfalls eine in Ansätzen ausgebaute Verfassungsgerichtsbarkeit kennen, etwa Finnland[43], Großbritannien[44], die Niederlande[45], Schweden[46] oder die Schweiz[47], nicht im Verdacht, Menschen- und Grundrechte notorisch zu missachten[48]. Eine nach außen gerichtete Perspektive ist, so kann die – zugegeben eher banale – erste Einsicht lauten, nicht nur dazu geeignet, Zusammenhänge aufzudecken, sondern auch dazu, Selbstverständlichkeiten wie etwa die richterliche Normenkontrolle grundsätzlich in Frage zu stellen[49]:

---

[38] Vgl. H. Mosler (Hrsg.), Verfassungsgerichtsbarkeit in der Gegenwart. Länderberichte und Rechtsvergleichung, 1962; M. Cappelletti/Th. Ritterspach, JöR N.F. 20 (1971), S. 65 ff.

[39] Vgl. Ch. Möllers, Gewaltengliederung, 2005, S. 7.

[40] So L. Helms, ZfP 53 (2006), S. 50; ähnlich aus amerikanischer Sicht M. Graber, New Introduction to American Constitutionalism, 2013, S. 119 ("Practice in other countries indicates that constitutionalism entails neither judicial review nor judicial supremacy."); in der Grundtendenz anders aber etwa K. Schlaich/S. Korioth, Bundesverfassungsgericht, 11. Aufl. 2018, S. 94.

[41] Siehe P. Häberle, JZ 1975, S. 297.

[42] In diese Richtung auch M. Hailbronner, Der Staat 53 (2014), S. 425 (440).

[43] Siehe A. Dyevre, Technocracy and Distrust, 2012, S. 40, dort mit Fn. 22.

[44] Vgl. zum britischen Konzept der Parlamentssouveränität unten, Text bei Kapitel 3, Fn. 63 f.

[45] Siehe Art. 120 Verfassung des Königreichs der Niederlande („Der Richter beurteilt nicht die Verfassungsmäßigkeit von Gesetzen und Verträgen."); näher G. van der Schyff, 11 German L.J. 275 (2010).

[46] Die Ausübung der Normenkontrollkompetenz ist den Gerichten in Schweden gemäß dem Wortlaut der Verfassung angeblich allein bei „offensichtlichen" Verstößen gegen Verfassungsrecht gestattet, siehe S. Moeller, Kontrollen, 2004, S. 205.

[47] Eine gerichtliche Verwerfungskompetenz ist in der Schweiz nur gegenüber kantonaler Gesetzgebung anerkannt, siehe A. Tschentscher, in: T. Simon/J. Kalwoda (Hrsg.), Schutz der Verfassung, 2014, S. 187 (191).

[48] W. W. Van Alstyne, 1969 Duke L.J. 17; E.-W. Böckenförde, NJW 1999, S. 9; W. Brugger, Jus 2003, S. 320 (324); G. Casper, 1989 Sup. Ct. Rev. 311; M. Troper, 1 Int'l J. Const. L. 109 (2003); M. Tushnet, Taking the Constitution Away from the Courts, 1999, S. 163.

[49] Vgl. M. Morlok, Verfassungstheorie, 1988, S. 32.

„Der Umstand, daß weiterhin einige entwickelte Verfassungsstaaten, die theoretisch den Vorrang der Verfassung anerkennen, von der Einrichtung der verfassungsgerichtlichen Normenkontrolle absehen, zeigt, daß die Argumente gegen die Normenkontrolle ernster Natur sind."[50]

Für die deutsche Verfassungsordnung und deren fest etablierte Normenkontrollpraxis scheint dennoch der Oberste Gerichtshof der Vereinigten Staaten der faszinierendste und wohl auch vielversprechendste Referenzpunkt zu sein. Zum einen erfüllt der US-amerikanische Konstitutionalismus traditionsgemäß eine gewisse Vorbildfunktion für die deutsche Verfassungs- bzw. Staatsrechtswissenschaft[51], zum anderen hat neben dem österreichischen Verfassungsgerichtshof insbesondere der U.S. Supreme Court dem Parlamentarischen Rat als institutionelles Vorbild in der Diskussion um das Bundesverfassungsgericht Modell gestanden[52], auch wenn man sich letztlich für das „zentralisierte" österreichische Grundkonzept entschieden hat[53]. Die Bedeutung des U.S. Supreme Court wird vor allem in historischer Perspektive sichtbar. Er gilt als Wegbereiter der modernen Verfassungsgerichtsbarkeit und hat, so will es jedenfalls die traditionelle Erzählung, dem richterlichen Prüfungsrecht – amerikanisch: „power of judicial review"[54] – in der Ent-

---

[50] *Ch. Starck*, in: ders./A. Weber (Hrsg.), Verfassungsgerichtsbarkeit in Westeuropa, 1986, S. 11 (35).

[51] *B. Pieroth*, NJW 1989, S. 1333 (US-Bundesverfassung als „Inspirationsquelle moderner Verfassungstheorie und -praxis in der westlichen Welt"); mit Blick auf die Rezeptionsgeschichte *H. Steinberger*, 200 Jahre amerikanische Bundesverfassung, 1987, S. 28; siehe ferner *M. Berg*, Amerikastudien 54 (2009), S. 405 (412); *W. Brugger*, AöR 126 (2001), S. 337 (339); *O. Lepsius*, in: H. Schulze-Fielitz (Hrsg.), Staatsrechtslehre als Wissenschaft, 2007, S. 319 ff.

[52] Das wird man zumindest in Bezug auf das richterliche Prüfungsrecht behaupten können. Siehe etwa die Stellungnahme des Abgeordneten Rudolf Katz im Kombinierten Ausschuss vom 23.9.1948 („Das [= der gerichtliche Grundrechtsschutz gegen die Legislative] ist etwas, was im amerikanischen Recht immer gegolten hat"), in: Dt. Bundestag/Bundesarchiv (Hrsg.), Der Parlamentarische Rat, Akten und Protokolle, Bd. 13/I, 2002, S. 146. Siehe aus der Literatur *M. Berg*, Amerikastudien 54 (2009), S. 405 (413); *W. Brugger*, in: J. Isensee/P. Kirchhof (Hrsg.), HStR IX, 3. Aufl. 2011, § 186 Rn. 11; *B. Pieroth*, NJW 1989, S. 1333 (1337). Für den Supreme Court nach „positiven" und „negativen" Einflüssen auf die Beratungen des Parlamentarischen Rates differenzierend *M. Kau*, United States Supreme Court, 2007, S. 143 ff. – Insgesamt zurückhaltender bezogen auf die „Vorbildfunktion" des Supreme Court *W. Heun*, Verfassungsordnung, 2012, S. 196; auch in: W. Heun/Ch. Starck/T. Tsai (Hrsg.), Rezeption und Paradigmenwechsel, 2009, S. 58, dort mit Fn. 27.

[53] *H. Schäffer*, in: Ch. Starck (Hrsg.), Grundgesetz und Verfassungsrechtsprechung, 1990, S. 41 (55); ferner *W. Heun*, in: ders./Ch. Starck/T. Tsai (Hrsg.), Rezeption und Paradigmenwechsel, 2009, S. 55 (64 f.); ähnlich *W. Heun*, Verfassungsordnung, 2012, S. 196; *A. Stone Sweet*, in: M. Rosenfeld/A. Sajó (Hrsg.), Comparative Constitutional Law, 2012, S. 816 (818) ("constructed ... from the template Kelsen laid down").

[54] So die Übersetzung bei *E. Fraenkel*, Das richterliche Prüfungsrecht in den Vereinig-

scheidung *Marbury v. Madison*[55] im Jahr 1803 den vermeintlich „entscheidenden Entwicklungsschub" gegeben[56]. Das US-amerikanische Gericht ragt im Vergleich zu den Höchstgerichten anderer entwickelter Verfassungsstaaten nicht nur deshalb besonders heraus, weil es gemeinhin als Urheber der Doktrin vom richterlichen Prüfungsrecht angesehen wird, sondern – aus Sicht eines deutschen Beobachters – eben auch deshalb, weil sich unter den verfassungsrechtsprechenden Gerichten in den (insoweit bedeutsamen[57]) Vergleichsrechtsordnungen wohl nur dessen Bereitschaft, aktiv in den politischen Prozess einzugreifen, ansatzweise an derjenigen des Bundesverfassungsgerichts messen kann. Seiner grundsätzlichen Bereitschaft zur Intervention zum Trotz hat der U.S. Supreme Court in seiner vergleichsweise langen und wechselvollen Historie immer wieder nach neuen Wegen gesucht[58] – und teils auch suchen müssen –, um das Spannungsfeld zwischen politischer Rechtssetzungsmacht und verfassungsgerichtlicher Normenkontrollkompetenz aufzulösen[59]. Etwas pathetischer formuliert: Es hat versucht, die durch parlamentarische Repräsentation eingehegte Volkssouveränität und den justizstaatlich bewehrten Ordnungsanspruch[60] der Verfassung zu harmonisieren[61]. Denn, um das Offensichtliche auf den Punkt zu bringen, eine

---

ten Staaten, 1953, S. 50; vgl. auch *K. Loewenstein,* Verfassungsrecht und Verfassungspraxis, 1959, S. 418; *M. Stolleis,* Ratio Juris 16 (2003), S. 266; differenzierend nach judicial review in einem engeren und in einem weiteren Sinne *W. Brugger,* Jus 2003, S. 320. *C. Egerer,* ZVglRWiss 88 (1989), S. 416 (424) beschreibt judicial review als ein Rechtsinstitut, das den U.S. Supreme Court ermächtigt, „Handlungen der anderen beiden Gewalten für verfassungswidrig" zu erklären; ähnlich auch *H. J. Abraham,* The Judicial Process, 7. Aufl. 1998, S. 300. – *W. E. Nelson,* Marbury v. Madison, 2000, S. 1, definiert judicial review als „jurisdiction to examine whether legislation enacted by Congress is consistent with the Constitution". *R. G. McCloskey,* American Supreme Court, 6. Aufl. 2018, S. 18, beschreibt den normativen Gehalt der judicial review-Kompetenz als „power to refuse to enforce an unconstitutional act of either the state or national government". Siehe zur Kritik am überkommenen Begriff des judicial review *Ph. Hamburger,* 78 Geo. Wash. L. Rev. 1162 (2010); dazu auch unten Kapitel 3, Fn. 460, Kapitel 4, Fn. 159.
[55] *Marbury v. Madison,* 5 U.S. (1 Cranch) 137 (1803).
[56] So jedenfalls die Einschätzung bei *Ch. Schmidt,* Vorrang der Verfassung, 2000, S. 40; vgl. in diesem Zusammenhang auch *E. Fraenkel,* Das richterliche Prüfungsrecht in den Vereinigten Staaten, 1953, S. 50 ff. – *W. Brugger,* Grundrechte und Verfassungsgerichtsbarkeit, 1987, S. 5, bezeichnet die Entscheidung als „Inthronisation der Verfassungsgerichtsbarkeit als Hüter der Verfassung"; ähnlich auch *W. Heun,* Der Staat 42 (2003), S. 267; *W. Hoffmann-Riem,* JZ 2003, S. 269 (270).
[57] Vgl. *K. Lachmeyer,* JRP 18 (2010), S. 166 (170); *R. Glensy,* 45 Va. J. Int'l L. 357 (2005).
[58] *E. V. Rostow,* 66 Harv. L. Rev 193 (1952) ("The Court's power has been exercised differently at different times.").
[59] Vgl. *Ch. Hillgruber/Ch. Goos,* Verfassungsprozessrecht, 4. Aufl. 2015, S. 15 f.
[60] Zum Ordnungsanspruch der Verfassung *Ch. Hillgruber,* VVDStRL 67 (2008), S. 7 (14); *S. Unger,* DVBl. 2015, S. 1069 (1070), beide m. w. N.
[61] Vgl. *W. Hoffmann-Riem,* JZ 2003, S. 269 (270); *D. Kommers/R. Miller,* Constituti-

allzu aggressive normenkontrollierende Justiz droht letztlich die demokratische Prärogative der gesetzgebenden Gewalt – oder gar: das ‚Recht auf Selbstregierung'[62] – auszuhebeln[63].

Terminologisch lässt sich das Spannungsfeld als ein solches zwischen Demokratie und Konstitutionalismus beschreiben[64]. Gleichwohl ist der (hier nicht im historischen Sinne verstandene[65]) Begriff des Konstitutionalismus, anders als der der Demokratie[66], weder in der grundgesetzlichen noch in der US-amerikanischen Verfassungsordnung ein normativer. Vielmehr handelt es sich um einen deskriptiven Begriff. ‚Konstitutionalismus' kann als Sammelbegriff für sämtliche aus dem Vorrang der Verfassung folgenden materiell-inhaltlichen und prozeduralen Beschränkungen des politischen Prozesses verstanden und inso-

---

onal Jurisprudence, 3. Aufl. 2012, S. 33; *H. Vorländer*, in: W. Leidhold (Hrsg.), Politik und Politeia, 2000, S. 373 ff.; vgl. auch die Einschätzungen bei *E.-W. Böckenförde*, in: J. Isensee/P. Kirchhof (Hrsg.), HStR II, 3. Aufl. 2004, § 24 Rn. 83 (Böckenförde beobachtet „eine – begrenzte – Affinität von Demokratie und Rechtsstaat"); *W. Kägi*, Rechtsstaat und Demokratie, 1953, S. 107 ff. („Antinomie und Synthese" der beiden Strukturprinzipien); *H. A. Wolff*, Das Verhältnis von und Rechtsstaats- und Demokratieprinzip, 1998, S. 19 ff.

[62] Siehe *J. Waldron*, Law and Disagreement, 1999, S. 213, 282 ff. (der von einem „Recht auf Partizipation" spricht); vgl. auch *K. Roosevelt III*, 91 Va. L. Rev. 1662 (2005); skeptisch gegenüber der Annahme eines mit den individuellen Freiheitsrechten gleichrangigen Rechts auf Selbstregierung etwa *R. H. Fallon*, 121 Harv. L. Rev. 1713 (2008). Im deutschen Verfassungsrecht bestehen keine Zweifel an der subjektiv-rechtlichen Qualität des Art. 38 Abs. 1 Satz 1 GG. Unklar sind jedoch Reichweite und Ausmaß der dort enthaltenen Garantie. Während sich seit der „Maastricht"-Rechtsprechung des Bundesverfassungsgerichts ein Verständnis der Norm aufzudrängen scheint, wonach dem Repräsentationsorgan des Volkes „Befugnisse von substantiellem Gewicht" zustehen müssen (BVerfGE 89, 155 [186]; deutlicher noch BVerfGE 129, 124 [168] [„Grundrecht auf Mitwirkung an der demokratischen Selbstherrschaft des Volkes"]), neigen nicht wenige Autoren dazu, in Art. 38 Abs. 1 Satz 1 GG vor allem oder ausschließlich eine Verfahrensgarantie sehen zu wollen, vgl. *S. Magiera*, in: M. Sachs (Hrsg.), GG, 8. Aufl. 2018, Art. 38 Rn. 110, m. w. N. zu den in der Literatur vertrenen Ansichten.

[63] Deutlich: *Ch. Möllers*, Die Drei Gewalten, 2. Aufl. 2015, S. 147; vgl. auch *H. Boldt*, in: U. Müßig (Hrsg.), Konstitutionalismus und Verfassungskonflikt, 2006, S. 227 (253).

[64] So etwa *J. E. Fleming*, 48 Stan. L. Rev. 25 (1995) ("our scheme of government as a hybrid of the competing traditions of constitutionalism and democracy"); *R. Post*, 86 Calif. L. Rev. 429, et passim (1998); vgl. auch *W. Murphy*, 48 Rev. Pol. 402–403, 413 (1986).

[65] Siehe zum – nicht historisch besetzten – Konstitutionalismusbegriff *C. J. Friedrich*, Verfassungsstaat der Neuzeit, 1953, S. 1 ff., 26 ff.; aus der jüngeren Literatur *M. Graber*, New Introduction to American Constitutionalism, 2013, insbes. S. 24 ff.; *L. Lacchè*, History & Constitution, 2016, S. 2 ff.; kritisch zur Verwendung des Konstitutionalismusbegriffs außerhalb des geschichtlichen Kontexts *W. Heun*, Verfassung und Verfassungsgerichtsbarkeit, 2014, S. 19 f.

[66] Im Unterschied zum deutschen Grundgesetz, in dem mehrfach in adjektivischer Form von Demokratie die Rede ist, taucht der Begriff „Demokratie" in der US-Verfassung nicht auf, wird dort aber wohl unter anderem durch Art. I, § 1–2, 4 stillschweigend vorausgesetzt.

weit mit einiger Trennschärfe von dem Strukturprinzip der Demokratie abgegegrenzt werden. Im vorliegenden Zusammenhang ist der Demokratiebegriff der Einfachheit halber im ‚primitiven' Sinne[67] zu verstehen: Wenn Demokratie im Hinblick auf die Verfassungsrechtsprechung als Argumentationstopos herangezogen wird, ist er nur mit den unbestrittenen normativen Kerngehalten des Demokratieprinzips besetzt – der Mehrheitsherrschaft auf Zeit[68] („rein dezisionistisches Modell der Demokratie"[69]). Hinter dem normativen Demokratiebegriff der Verfassung steht, wenn man die Ergebnisse einer Untersuchung Ernst-Wolfgang Böckenfördes in dieser Hinsicht für richtig hält, ein „organisatorisch-formales Formprinzip", zumal Demokratie (in ihrer rein juristischen begrifflichen Ausprägung) nicht auf den „Inhalt der staatlichen Herrschaftsgewalt" ausgerichtet, sondern auf ihren „Träger und Inhaber" bezogen ist[70]. Der ‚nur' demokratischen, von materiellen Bindungen zunächst befreiten Herrschaftsgewalt Inhalte und Grenzen vorzugeben, ist vielmehr die Funktion derjenigen Strukturprinzipien, die dem Konstitutionalismus zuzurechnen sind. Dazu gehören insbesondere der Rechtsstaat und die Grundrechte. Allerdings ist die Konstruktion einer solchen dichotomischen und spannungsgeladenen Beziehung zwischen Demokratie und Konstitutionalismus dem Anschein nach nicht mehr sehr weit verbreitet. Anstatt das Kollisionsverhalten von Demokratie und konstitutionalistischen Strukturprinzipien in den analytischen Mittelpunkt zu rücken, wird ein integrierendes Verständnis des Konstitutionalismus zugrunde gelegt, in dem sämtliche verfassungsrechtlichen Strukturbestimmungen von vorneherein eine konstitutionalistische Synthese[71] eingehen und so

---

[67] Ein anspruchsvolleres demokratietheoretisches Konzept, wie etwa dasjenige des (staatszentrierten) Pluralismus, kann das behauptete Spannungsfeld natürlich anders verarbeiten, etwa in der Weise, dass Verfassungsgerichtsbarkeit der Demokratie nicht entgegengesetzt, sondern „geradezu ihr spezifischer Ausdruck" sei. So jedenfalls *R. Ch. von Ooyen*, in: ders./M. H. W. Möllers (Hrsg.), Das Bundesverfassungsgericht im politischen System, 2006, S. 99 (102); aus der (älteren) US-Literatur mit vergleichbarem Ansatz etwa *E. V. Rostow*, 66 Harv. L. Rev 193 (1952); vgl. in diesem Zusammenhang auch *Ch. Gusy*, Parlamentarischer Gesetzgeber und Bundesverfassungsgericht, 1985, S. 32. Das Problem wäre also anscheinend dann gelöst, wenn der Pluralismus nicht nur theoretisches Konzept, sondern ein durch die Verfassung in einen normativen Stand erhobenes Prinzip wäre (vgl. auch Fn. 68); zu einem neueren Legitimationsansatz der Verfassungsrechtsprechung in der postmodernen („reflexiven") Demokratietheorie *P. Rosanvallon*, Demokratische Legitimität, 2010, S. 171 ff.

[68] Siehe etwa *H. Dreier*, in: ders. (Hrsg.), GG, Bd. II, 3. Aufl. 2015, Art. 20 (Demokratie) dort Rn. 60 ff. zur Unterscheidung zwischen Demokratie als „juristische[r] Kategorie" und „politische[m] Ideal", Rn. 67 ff. zum Mehrheitsprinzip, und Rn. 73 ff. zur Herrschaft auf Zeit als juristischen Strukturelementen der Demokratie; *F. Schnapp*, in: I. von Münch/ Ph. Kunig (Hrsg.), GG, Bd. I, 6. Aufl. 2012, Art. 20 Rn. 18 f., differenziert zwischen einem „Typuskern" und „Randzonen" des juristischen Demokratiebegriffs und positioniert sich im Übrigen kritisch gegenüber Versuchen, „dem [juristischen] Demokratiebegriff mit theoretischen Modellen der allgemeinen Staatslehre zu begegnen".

[69] So die Bezeichnung bei *R. Alexy*, Der Staat 54 (2015), S. 201 (210); vgl. auch *U. Volkmann*, AöR 134 (2009), S. 157 (162 f.) („formaler Demokratiebegriff").

[70] *E.-W. Böckenförde*, in: J. Isensee/P. Kirchhof (Hrsg.), HStR II, 3. Aufl. 2004, § 24 Rn. 83 (dort auch teilweise im Folgenden); vgl. außerdem *Ch. Hillgruber*, AöR 127 (2002), S. 460 (467) („Das demokratische Prinzip bestimmt lediglich, auf welchem Wege die Normen erzeugt, aber nicht, was durch die Normen statuiert werden soll.").

[71] Ein vergleichbarer Ansatz findet sich bei *U. Di Fabio*, in: J. Isensee/P. Kirchhof

als – je nach Sichtweise liberale oder autoritäre – „Grundrechtsdemokratie"[72] oder ähnliches[73] eine höhere Einheit bilden. So jedenfalls ließe sich der in Deutschland vorherrschende Grundkonsens beschreiben[74]. Stellt man sich auf einen kritischeren Standpunkt, dann wird man feststellen müssen, dass mit der Demokratie und dem Konstitutionalismus zwei „Ordnungsprinzipien unterschiedlicher, ja gegensätzlicher Provenienz" zu einer gemischten Verfassung verknüpft werden, um sich jeweils wechselseitig auszubalancieren[75].

Im Unterschied zu der in Deutschland wohl vorherrschenden Auffassung setzt die US-amerikanische Verfassungstheorie hinsichtlich des Kollisionsverhaltens von demokratischem und nomokratischem[76] Prinzip traditionell konfrontativere Akzente[77,78]. Schon im

---

(Hrsg.), HStR II, 3. Aufl. 2004, § 27 Rn. 29. Historisch verfehlt wäre es hingegen, pauschal von einem „gemeinsame[n] Ursprung von von Volkssouveränität und Menschenrechten" auszugehen (so aber *D. Burchardt*, in: R. Ch. van Ooyen/M. H. W. Möllers (Hrsg.), Bundesverfassungsgericht im politischen System, 2006, S. 497 (510)).

[72] Siehe zum Begriff der „Grundrechtsdemokratie" *G. Stourzh*, Grundrechtsdemokratie, 1989, S. XI ff., der sich seinerseits bezieht auf *W. Fikentscher*, Methoden des Rechts, Bd. IV, 1977, S. 509 f., 617.

[73] Etwa als „moderne", „westliche", „liberale", „konstitutionelle" oder als „rechtsstaatliche" Demokratie, vgl. nochmals *G. Stourzh*, Grundrechtsdemokratie, 1989, S. XI f. Der Begriff der „rechtsstaatlichen" Demokratie wird auch in der Rechtsprechung verwendet, siehe etwa BVerfGE 68, 1 (87) – Atomwaffenstationierung.

[74] Siehe dazu auch *D. Murswiek*, JZ 2017, S. 53 (53, 56). – *U. Haltern*, Verfassungsgerichtsbarkeit, Demokratie und Mißtrauen, 1998, S. 185, beobachtet, dass die wohl herrschende Staatsrechtslehre um die Herstellung einer Kompatibilität der beiden Strukturbestimmungen bemüht ist. Er befürwortet es aber, ein dichotomisches Verständnis von Demokratie und Konstitutionalismus (Rechtsstaat) zu analytischen Zwecken „zunächst offen anzunehmen, anstatt von vorneherein ein harmonisierendes Verfassungsbild zu erzeugen". In dieselbe Richtung *Ch. Hillgruber*, AöR 127 (2002), S. 460 (468); *S. Unger*, Verfassungsprinzip der Demokratie, 2008, S. 236 f.; differenziert auch *P. Graf Kielmansegg*, Die Instanz des letzten Wortes, 2005, S. 9, 26 ff., der von einer „Synthese zweier verschiedener Grundprinzipien [,...] zwischen denen keine prästabilierte Harmonie herrscht", spricht); vgl. außerdem *K. Meßerschmidt*, Gesetzgebungsermessen, 2000, S. 650, der wohl zutreffend feststellt, die deutsche Staatsrechtslehre habe bezogen auf das Spannungsfeld zwischen Demokratie und Konstitutionalismus „einem polarisierenden Denken weitgehend abgeschworen".

[75] *P. Graf Kielmansegg*, Die Instanz des letzten Wortes, 2005, S. 35; vgl. *D. Murswiek*, JZ 2017, S. 53.

[76] Begriff etwa bei *A. von Arnauld*, in: O. Depenheuer/Ch. Grabenwarter (Hrsg.), Verfassungstheorie, 2010, § 21 Rn. 48.

[77] Die Einschätzung bei *H. A. Wolff*, Das Verhältnis von und Rechtsstaats- und Demokratieprinzip, 1998, S. 9 f., wonach die „angelsächsische Demokratietheorie" von vorneherein „demokratische Herrschaftsbegründung mit liberalen, an den Rechten des einzelnen orientierten Gedanken" verbinde, ist deshalb nicht unbedingt unzutreffend, sie neigt aber in dieser generalisierenden Form dazu, den Befund zu überspielen, dass bereits die US-amerikanische Gründergeneration von einer Wechselbezüglichkeit – um nicht zu sagen: Gegensätzlichkeit – zwischen Demokratie und Konstitutionalismus ausgegangen ist; vgl. dazu auch *H. Dreier*, Dimensionen der Grundrechte, 1993, S. 31; *B. Friedman*, Will of the People, 2009, S. 5, 9; *K. Meßerschmidt*, Gesetzgebungsermessen, 2000, S. 616 f.

[78] Vgl. etwa *R. G. McCloskey*, American Supreme Court, 6. Aufl. 2016, S. 7 ff.; siehe

historischen Gründungsakt der Verfassungsgebung von 1787/89 soll das sog. „Madisonian Dilemma"[79] enthalten gewesen sein. Danach gründet sich die amerikanische Republik auf einen inhärenten und unauflösbar erscheinenden Widerspruch in sich: Die Verfassung soll Selbstregierung durch das Volk auf der einen, und individuelle Freiheitsentfaltung auf der anderen Seite gleichermaßen realisieren. Da sich beide Positionen bekanntlich nicht gleichzeitig als Maximalforderungen umsetzen lassen[80], lautet die Antwort auf die Frage, wie der Widerspruch aufgelöst werden kann, dass die US-amerikanische Verfassung keine rein demokratische, sondern eine – in der Terminologie der politischen Theorie des ausgehenden 18. Jahrhunderts – republikanische Ordnung errichtet hat[81]. Wie die Gewichte zwischen Majoritarismus und Republikanismus ausbalanciert werden sollen, ist indes bis heute umstritten[82]. In der jüngeren Diskussion taucht der Madisonian Dilemma-Gedanke seit der vielzitierten Monographie Alexander M. Bickels, „The Least Dangerous Branch" aus dem Jahr 1962, in Gestalt der sog. „counter-majoritarian difficulty" erneut auf[83]. Verfechter der „counter-majoritarian difficulty" beschreiben die Verfassungsrechtsprechung als antimajoritäres und damit eigentlich apokryphes Element im ansonsten, so die – durchaus angreifbare[84] – Prämisse, am Mehrheitsprinzip ausgerichteten politischen Prozess[85].

Einerseits will der U.S. Supreme Court „mit seinen Kompetenzen zurückhaltend umgehen und den politischen Prozess, wann immer möglich, die Konflikte demokratisch entscheiden lassen. Andererseits will [er] das Verfassungsrecht auch gegen den Gesetzgeber verbindlich durchsetzen, wenn es

---

auch *M. S. Bilder*, 116 Yale L.J. 564 (2006); *B. Friedman*, Will of the People, 2009, S. 4 ff.; *G. S. Wood*, Creation, 1969, S. 455.

[79] *J. H. Wilkinson III*, Cosmic Constitutional Theory, 2012, S. 36 f. – Eher distanziert etwa *R. H. Bork*, 47 Ind. L.J. 2–3 (1971); vgl. aus der deutschen Literatur *K. Meßerschmidt*, Gesetzgebungsermessen, 2000, S. 601.

[80] Vgl. *J. M. Bessette*, in: R. Goldwin/W. Schambra (Hrsg.), How Democratic Is the Constitution?, 1980, S. 102; *R. Dahl*, Preface to Democratic Theory, 1956, S. 22 ff.

[81] Siehe dazu James Madisons Gegenüberstellung von Demokratie und Republik im Federalist #10, 1787, in: A. Adams/W. P. Adams (Hrsg./Übers.), Die Federalist-Artikel, 1994, S. 50 ff., 54 f.; vgl. in diesem Zusammenhang *R. Dahl*, Preface to Democratic Theory, 1956 (Afterword 2006), S. 155 ff.; *M. Graber*, in: D. J. Galligan (Hrsg.), Constitutions and the Classics, 2014, S. 327 (328 f.); *R. Gröschner*, in: J. Isensee/P. Kirchhof (Hrsg.), HStR II, 3. Aufl. 2004, § 23 Rn. 32.

[82] Vgl. etwa *A. M. Kornhauser*, Debating the American State, 2015, S. 9 ("Modern democracy has been conceived of in many different ways – as government by majority rule; as a system that ensures political and legal freedom and equality by securing rights; as an arena of bargaining among interest groups; or as popular sovereignty, a political arrangement in which the people as much as possible have the final word ...").

[83] Siehe nur *A. Bickel*, Least Dangerous Branch, 1962, S. 16.

[84] Vgl. *R. W. Bennett*, 95 Nw. U. L. Rev. 846–847 (2001); *D. Luban*, 44 Duke L.J. 456–457 (1994).

[85] *A. Bickel*, 75 Harv. L. Rev. 47 (1961); *ders.*, Least Dangerous Branch, 1962, S. 18 ("judicial review is a deviant institution in the American democracy"); etwas zurückhaltender *W. H. Rehnquist*, 54 Tex. L. Rev. 695–696 (1976) ("the ideal of judicial review has basically antidemocratic and antimajoritarian facets that require some justification in this Nation, which prides itself on being a self-governing representative democracy.").

denn der einigermaßen deutliche Verfassungstext (oder die offene Verfassungsstruktur) erzwingt (oder auch erlaubt)."[86] Es ist genau dieses Spannungsfeld zwischen Demokratie und Konstitutionalismus[87], in dem sich seit nunmehr annähernd sieben Jahrzehnten auch das Bundesverfassungsgericht bewegt[88,89].

Mit Blick auf Scharpfs Vorhersage zeichnet sich ein Bild ab, in dem das – wie er das formuliert – „Selbstvertrauen" der genuin[90] politischen Akteure insgesamt zugenommen hat, ohne dass damit allerdings ein irgendwie gearteter Bedeutungsverlust der Verfassungsrechtsprechung einhergegangen wäre, lässt man die Entwicklungen auf supra- und internationaler Ebene,

---

[86] W. Brugger, Öffentliches Recht der USA, 2. Aufl. 2001, S. 25.

[87] Siehe bereits Fn. 64; außerdem P. Graf Kielmansegg, Die Instanz des letzten Wortes, 2005, S. 10; H. Vorländer, in: W. Leidhold (Hrsg.), Politik und Politeia, 2000, S. 373 f.; E.-W. Böckenförde, Gesetz und gesetzgebende Gewalt, 2. Aufl. 1981, S. 402 (der „keinen Zweifel" daran hat, dass durch die nunmehr in Händen der Gerichte statt der Gesetzgebung liegende „Rechtsgewähr" das „demokratische Prinzip in der Verfassung ... eingeschränkt und zurückgedrängt wird"); siehe außerdem Ch. Hillgruber, AöR 127 (2002), S. 460 (472 f.); U. Haltern, Verfassungsgerichtsbarkeit, Demokratie und Mißtrauen, 1998, S. 169 ff. (nach dessen Einschätzung (S. 176 f.), man die Spannung zwischen Demokratie und Konstitutionalismus in Deutschland zwar erkannt, „nicht aber als paradigmatisch angenommen" habe). Diese letztgenannte Einschätzung wird eindrucksvoll etwa durch eine Aussage bei R. Wahl, FS Stern, hrsg. von M. Sachs u. a., 2012, S. 252, dort mit Fn. 58, bestätigt; anders wohl H. A. Wolff, Das Verhältnis von und Rechtsstaats- und Demokratieprinzip, 1998, S. 23 („Die Hauptfunktion der Verbindung von Demokratie mit rechtsstaatlichem Prinzip wird heute in der Begrenzung des demokratischen Prinzips durch das rechtsstaatliche gesehen."). Auch J.-M. Drossel, in: D. Elser u. a. (Hrsg.), Das letzte Wort – Rechtssetzung und Rechtskontrolle in der Demokratie, 2014, S. 255 ff., legt seinem Beitrag einen Gegensatz zwischen Demokratie und Verfassungsrechtsprechung zu Grunde, um abschließend darzulegen, die Verfassungsgerichtsbarkeit sei mit dem demokratischen Prinzip nicht nur vereinbar, sondern sie trage zu dessen „Vollendung" bei und bilde „den Schlussstein des demokratischen Staates" (S. 274). Drossel erkennt den Gegensatz also immerhin zu analytischen Zwecken an, um sich dann letztlich doch zu einer allzu axiomatischen Schlussfolgerung hinreißen zu lassen.

[88] Ähnlich F. Scharpf, Grenzen, 1965, S. 2, der eine „wenigstens grobe Parallelität der Grundbedingungen, unter denen sowohl der Supreme Court wie unser Bundesverfassungsgericht operieren", beobachtet.

[89] Bundesverfassungsgericht und U.S. Supreme Court unterscheiden sich natürlich dadurch erheblich voneinander, dass das Bundesverfassungsgericht in einem System „zentralisierter", der U.S. Supreme Court in einem System „dezentralisierter" gerichtlicher Kontrolle der Gesetzgebung operiert (zur Unterscheidung zwischen dezentralisierter und zentralisierter Verfassungsgerichtsbarkeit unten, Kapitel 2, Fn. 13 mit begleitendem Text).

[90] Nach Lesart der klassischen Gewaltenteilungsdoktrin ist die Rechtsprechung jedenfalls nicht als politischer Akteur konzipiert – deshalb wird sie trotz ihres „Aufstiegs" (H. von Arnim, Staatslehre, 1984, S. 377) zur politischen Gewalt hier aus dem Kreis der genuin politischen Akteure ausgesondert.

namentlich die Einbindung des Bundesverfassungsgerichts in einen „europäischen Verfassungsgerichtsverbund"[91], einmal außer Betracht. Die Verfassungswirklichkeit hat sich verglichen mit der Ausgangssituation Mitte des vorigen Jahrhunderts nicht unwesentlich in Scharpfs Sinne gewandelt. Nur das Bundesverfassungsgericht hat seine Kompetenzen eher ausgebaut, statt sich in Reaktion auf die im Umbruch begriffenen Verhältnisse, wie von Scharpf vorhergesehen oder erhofft, fortan in vornehmer Zurückhaltung zu üben. Stattdessen hat es seinem amerikanischen Pendant, will man dem Urteil mancher US-Juristen Glauben schenken, sogar den Rang als „mächtigstes Verfassungsgericht der Welt"[92] abgelaufen[93].

Einer eher kleinen, aber durchaus wahrnehmbaren Gruppe an Publizisten bereitet das ein gewisses Unbehagen. Bei diesen Autoren herrscht Verdruss über „weltfremde Gutmenschen in Richterroben"[94], über einen „republikanischen Großinquisitor", oder – ganz klassisch – über eine „Aristokratie der Robe"[95]. Während in der Presse unlängst die „Karlsruher Republik" ausgerufen worden ist[96], erscheint der „oligarchische Richterstaat"[97] in der wissenschaftlichen Literatur nunmehr nicht allein als düsteres Menetekel, sondern

---

[91] Begriff: *A. Voßkuhle*, NVwZ 2010, S. 1.

[92] Dieser inoffizielle Titel wurde dem U.S. Supreme Court von Alexander Bickel verliehen (Least Dangerous Branch, 1962, S. 1), der damit auf Alexander Hamiltons These aus dem Federalist #78 anspielt, wonach die rechtsprechende Gewalt als die „am wenigsten gefährliche" der drei Staatsfunktionen anzusehen sei (näher unten, Kapitel 3).

[93] Etwa *P. Quint*, 65 Md. L. Rev. 153 (2006). *B. Pieroth*, NJW 1989, S. 1333 (1337) beobachtete noch eine „Annäherung" des Bundesverfassungsgerichts an die „Rolle" des U.S. Supreme Court im politischen Prozess; zurückhaltender auch etwa *D. Kommers*, 26 Comp. Pol. Stud. 470 (1994) ("most active and powerful constitutional court in Europe"). *S. Paulson*, Ratio Juris 16 (2003), S. 223 (224 mit Fn. 2) bezeichnet das Bundesverfassungsgericht als „most prominent system of centralized constitutional review in the world". *D. Kommers/R. Miller*, Constitutional Jurisprudence, 3. Aufl. 2012, S. 1, meinen, das Bundesverfassungsgericht sei „along with the Supreme Court of the United States, one of the world's most influential constitutional courts". *H. Schulze-Fielitz*, AöR 122 (1997), S. 1 (2), beobachtet eine im „weltweiten Vergleich einzigartige Stellung" des Bundesverfassungsgerichts; ähnlich sieht es das Gericht selbst, vgl. BVerfGE 114, 121 (159 f.); siehe ferner *Ch. Gusy*, Parlamentarischer Gesetzgeber und Bundesverfassungsgericht, 1985, S. 1, der eine „im internationalen Vergleich ungewöhnlich[e] Kompetenzfülle" des Gerichts feststellt, um hinterherzuschieben: „Schon deshalb verspricht eine Konkretisierung seiner Zuständigkeiten auf rechtsvergleichender Ebene wenig Ertrag."

[94] *J. Jahn* in seinem FAZ-Blog „Das letzte Wort" vom 2. April 2014, online: http://blogs.faz.net/wort/2014/04/02/weltfremde-gutmenschen-richterrobe-171/, letzter Abruf am 23. September 2020.

[95] Nachweise bei *W.-R. Schenke*, NJW 1979, S. 1321.

[96] *R. Müller*, Karlsruher Republik im Wandel, FAZ Nr. 117 vom 23. Mai 2013, S. 1; Begriff bereits bei *G. Casper*, ZRP 2002, S. 214 ff.

[97] *B. Rüthers*, Unbegrenzte Auslegung, 7. Aufl. 2012, S. 507.

als gelebtes Unheil. An melodramatischen Sentenzen und wilder Rhetorik herrscht jedenfalls kein Mangel[98]. Der ‚oppositionellen' Krawallpublizistik zur Verfassungsrechtsprechung soll mit dieser Arbeit nicht ein weiterer Beitrag hinzugefügt werden. Allerdings wird man den Kritikern einen wichtigen Punkt zuzugestehen haben: In der Tat ist es nicht angebracht (und war auch ursprünglich nicht beabsichtigt[99]), jeden erdenklichen politischen (Werte- oder Verteilungs-)Konflikt, der – politisch – durch parlamentarische Mehrheitsentscheidung aufgelöst werden könnte, „in einen verfassungsrechtlichen Diskurs zu übersetzen"[100]. Kaum ein politischer Streit ist noch vorstellbar, der „nicht irgendwie ein Freiheits- oder Gleichheitsproblem ist", zumal sich den Konfliktparteien stets die Möglichkeit einer Berufung auf subjektivverfassungsrechtliche Positionen eröffnet. Wenn ein spezielles Freiheits- oder Gleichheitsrecht einmal nicht einschlägig ist, stehen die Generalklauseln aus Art. 2 Abs. 1 und Art. 3 Abs. 1 GG in Reserve bereit[101]. Es lassen sich demnach nahezu alle erdenklichen Interessenkonflikte als Grundrechtskollisionen rekonstruieren, die durch juristische Entscheidungen aufgelöst werden müssen, gleichviel, ob nun von großer oder zu vernachlässigender politisch-gesellschaftlicher Bedeutung[102] (bekanntes Beispiel: Reiten im Walde[103]). Funktionell-rechtliche Folge der umfassenden[104] verfassungsrechtlichen Ver-

---

[98] Siehe etwa – teils referierend – *B. Rüthers*, Wer herrscht über das Grundgesetz?, FAZ Nr. 268 vom 18. November 2013, S. 7 (im Grundgesetz „nicht vorgesehenes Organ zur Verfassungsänderung"); *B. Großfeldt*, NJW 1995, S. 1719 („Götterdämmerung"); *R. Scholz*, FS Stern, hrsg. von J. Burmeister u. a., 1997, S. 1202 („Wohlfahrtsausschuss"); *R. Neukirch/R. Pfister*, Der Spiegel Nr. 40 v. 26.9.2009, S. 28 („Politiker in Roben"); *G. Wewer*, in: B. Blanke/H. Wollmann (Hrsg.), Alte Bundesrepublik, 1991, S. 310 („Gegenregierung").

[99] Siehe nur BVerfGE 114, 121 (160) – Bundestagsauflösung III. In dieser (offensichtlich nicht-normenkontrollierenden) Entscheidung zum Staatsorganisationsrecht führt das Gericht aus, das Grundgesetz habe „nur die Kontrolle politischer Herrschaft", nicht aber die „Verrechtlichung des politischen Prozesses" „gewollt".

[100] Vgl. *A. Scherzberg*, DVBl. 1999, S. 356 (357); ähnliche *A. Rinken*, in: Alternativkommentar GG, 2. Aufl. 1989, vor Art. 93 Rn. 40 („Verstaatlichung sozialer Auseinandersetzungen und Verrechtlichung politischer Konflikte"); siehe bereits *H. Kelsen*, Wer soll der Hüter der Verfassung sein?, 1931, hrsg. von R. Ch. van Ooyen, 2008, S. 58 (67 f.).

[101] Siehe BVerfGE 80, 137 (168) (Sondervotum Grimm) (Durch Art. 2 Abs. 1 GG „weitet sich die auf dieses Grundrecht gestützte Verfassungsbeschwerde tendenziell zur allgemeinen Normenkontrolle aus".); vgl. auch *W. Brugger*, StWStP 4 (1993), S. 319 (332).

[102] Siehe *R. Camilo de Oliveira*, Kritik der Abwägung, 2013, S. 221 f., deren Schlussfolgerung, dass ein struktureller Unterschied zwischen den Aufgaben der Politik und Verfassungsgerichtsbarkeit nicht mehr erkennbar sei, dann vielleicht doch ein wenig zu alarmistisch daherkommt.

[103] BVerfGE 80, 137.

[104] *R. Wahl*, FS Stern, hrsg. von M. Sachs u. a., 2012, S. 241 („Ubiquität der Verfassungsgerichtsbarkeit").

argumentierung politischer Konflikte ist – jedenfalls potentiell – die autoritative[105] Beilegung des Streits im Wege verfassungsgerichtlicher Dezision[106]. Das heißt: Beendigung des Streits durch reine Entscheidung. Dabei lässt sich das zugrundeliegende Entscheidungsprogramm – Stichwort „Abwägung" – weder vollständig aus dem Inhalt der einschlägigen Normen herleiten noch sonst überzeugend rationalisieren[107]. Nicht wenig spricht also für die Annahme, dass jene Befugnis zur ‚reinen', weil nicht (ausschließlich) normangeleiteten Entscheidung[108] im pluralistisch organisierten demokratischen politischen Prozess deutlich besser aufgehoben wäre als im Gerichtssaal. Den politischen Prozess, und nicht die Verfassungsgerichte, hat das Grundgesetz ja vorrangig mit der Lösung politischer Konflikte betraut[109]. Die verfassungsrechtliche Verargumentierung darf derweil nicht darüber hinwegtäuschen, dass *im Kern* juristisch überlagerte politische Fragen zur Entscheidung anstehen[110].

Angesprochen ist in diesem Zusammenhang die gerade für den grundgesetzlichen Verfassungsstaat vielfach beklagte Tendenz zu einer „expansive[n] Konstitutionalisierung"[111] der gesamten Rechtsordnung, die „jede Form von Politik im Keim erstickt", und, das beobachtet Andreas Voßkuhle, „das Problemlösungspotential der Gesellschaft nicht hinreichend zur Entfaltung kommen lässt"[112]. Eine Rückbesinnung auf den formal-rechtsstaatlich ver-

---

[105] Siehe etwa *E.-W. Böckenförde*, EuGRZ 2004, S. 598 (603); *M. Jestaedt*, Grundrechtsentfaltung im Gesetz, 1999, S. 374.

[106] *C. Schmitt*, Hüter der Verfassung, 1931, S. 45 f.; auch *ders.*, Politische Theologie, 8. Aufl. 2004, S. 13.

[107] Das betont jüngst wieder *E. Haas*, FS Landwehr, hrsg. von F. Drecktrah u. D. Willoweit, 2016, S. 441; siehe bereits *B. Schlink*, Abwägung im Verfassungsrecht, 1976.

[108] Vgl. *D. Grimm*, ZfP 66 (2019), S. 86 (95).

[109] Siehe *A. Scherzberg*, DVBl. 1999, S. 356 (363); vgl. die Kritik bei *G. Roellecke*, Der Staat 35 (1996), S. 599 (611); ferner *M. Brenner*, AöR 120 (1995), S. 248 (266); *M. Herdegen*, JZ 2004, S. 873 (874 f.).

[110] *B. Schlink*, FS BVerfG, Bd. II, hrsg. von P. Badura und H. Dreier, 2001, S. 464 f. („Ohne Übertreibung lässt sich sagen, dass jede politische Kontroverse des Gesetzgebers als Problem des Verhältnismäßigkeitsgrundsatzes, d.h. als rechtliches Problem rekonstruiert werden kann. ... Im Rahmen des ausgreifenden Verhältnismäßigkeitsgrundsatzes lässt es sich alles als rechtliches Problem erörtern."); vgl. bereits *A. de Tocqueville*, Über die Demokratie in Amerika, 1835, hrsg. von J. P. Mayer, 1985, S. 171, der für die amerikanischen Verhältnisse beobachtet: „Es gibt ... kaum ein politisches Problem, das nicht früher oder später zu einem rechtlichen Problem wird."

[111] *R. Camilo de Oliveira*, Kritik der Abwägung, 2013, S. 218; *O. Lepsius*, in: R. Scholz u. a. (Hrsg.), Realitätsprägung durch Verfassungsrecht, 2008, S. 103 (114 f.); siehe bereits *G. F. Schuppert/C. Bumke*, Konstitutionalisierung der Rechtsordnung, 2000, insbes. S. 26, et passim; aus der US-Diskussion *R. F. Nagel*, 38 Wake Forest L. Rev. 628 (2003).

[112] So jedenfalls *A. Voßkuhle*, in: Ch. Hillgruber/Ch. Waldhoff (Hrsg.), 60 Jahre Grundgesetz, 2010, S. 97 (113); vgl. ferner *W. Hoffmann-Riem*, DVBl. 1999, S. 657 (667); *O. Lepsius*, in: H. Schulze-Fielitz (Hrsg.), Staatsrechtslehre als Wissenschaft, 2007, S. 319 (355).

standenen ‚Rahmencharakter' der Verfassung wäre der passende theoretische Ansatz, die stets voranschreitende und vielen Beobachtern wohl bereits als unumkehrbar erscheinende Konstitutionalisierungstendenz aufzuhalten. Die Verfassung als Rahmenordnung zu begreifen bedeutet, die Normativität der kompetenz- und verfahrensrechtlichen Regelungen für die politische Entscheidungsfindung hervorzuheben und gleichzeitig Konzepte wie dasjenige der Verfassung als „Gerechtigkeitsordnung"[113] zurückzuweisen. Kurz gesagt steht das Rahmenordnungsmodell unter der Prämisse, dass die Verfassung Entscheidungsprozesse reguliert, nicht aber Entscheidungsergbnisse determiniert[114]. Für die Justitiabilität der Verfassung hat das beträchtliche Konsequenzen. So, wie es hier verstanden wird, diktiert das Rahmenordnungsmodell dem richterlichen Verfassungsrechtsanwender, dass er sich in materiellen Fragen Zurückhaltung auferlegt. Es sieht die methodische Entgrenzung der Verfassungsauslegung kritisch[115] – de minimis non curat constitutio –, in methodischer Hinsicht beschränkt es den Zugriff des Richters im Wesentlichen auf die Interpretation der Entstehungsgeschichte, des Wortlauts und der Systematik der Verfassung[116]. Es sieht die Aufgabe der Verfassungsrechtsprechung in der Gewähr der zentralen, strikt bindenden Grundentscheidungen der Verfassung[117]. Die Richter sollen einerseits die Integrität der verfassungsmäßigen Kompetenzordnung sichern und die Beachtung der vorgesehenen Entscheidungsverfahren überwachen[118]. Andererseits sollen sie in materieller Hinsicht für die Durchsetzung der Grundrechte in ihrer Abwehrdimension auch gegenüber der Gesetzgebung sorgen. Um dem juristisch nur schwer rationalisierbaren Abwägungsvorgang auf der

---

[113] Siehe dazu die Schilderung bei *U. Volkmann*, Der Staat 54 (2015), S. 35 (54 ff.), m. w. N.

[114] *P. Kirchhof*, DVBl. 2009, S. 541 (542); vgl. *P. Unruh*, Verfassungsbegriff, 2002, S. 85.

[115] Siehe noch Text bei Fn. 162 f.

[116] Vgl. zur Kritik an der objektiv-teleologischen Verfassungsauslegung unten, Kapitel 3, Fn. 846.

[117] Zum Rahmenordnungsmodell siehe *E.-W. Böckenförde*, Der Staat 42 (2003), S. 165 (187); *ders.*, NJW 1976, S. 2089 (2091, 2099); außerdem *H. Dreier*, RW 1 (2010), S. 11 (17 f.) (kein „umfassende[r] Regelungs- und Steuerungsanspruch" der Verfassung"); referierend *G. F. Schuppert/C. Bumke*, Konstitutionalisierung, 2000, S. 25 f., 32 ff.; *U. Volkmann*, Der Staat 54 (2015), S. 35 (42); vgl. aus der US-Literatur *G. Casper*, 1989 Sup. Ct. Rev. 331 ("No one theory can resolve disputes about the appropriate scope of government. Which is precisely why we should be reluctant to make constitutions carry more weight than they can bear."); siehe auch *ders.*, ZRP 2002, S. 214 (216 f.).

[118] Siehe *H.-J. Mengel*, ZG 1990, S. 193 (204, 207 f.), der die Inhaltskontrolle der Gesetzgebung zugunsten einer stärkeren Verfahrenskontrolle reduzieren will. Das ist ein interessanter Ansatz; aus Sicht des Rahmenordnungsmodells stellt sich natürlich die Frage, woher die Kontrollstandards stammen sollen. Das Grundgesetz selbst statuiert jedenfalls kaum „materiell demokratisch-rechtsstaatliche" (*Mengel*, ebd.) prozedurale Pflichten, die eine gerichtliche Qualitätskontrolle des Gesetzgebungsverfahrens ermöglichen könnten.

Rechtfertigungsebene der Grundrechtsprüfung aus dem Weg zu gehen, liegt es aus Sicht des Rahmenordnungsmodells nahe, die Voraussetzungen des Übermaßverbots als *gerichtlichem* Kontrollstandard auf die Geeignetheit und Erforderlichkeit des staatlichen Grundrechtseingriffs zurückzuführen und die verhältnismäßige Rechtsgüterzuordnung wieder dem politischen Prozess zu überlassen[119].

Stellt man sich bei der Verfassungsinterpretation also auf den Standpunkt, dass die Verfassung nicht mit einem kodifikationsgleichen Entscheidungsprogramm verwechselt werden darf, sondern vielmehr als Rahmenordnung zu begreifen ist, kommt man nicht umhin, anzuerkennen, dass es so etwas wie verfassungsrechtsfreie Räume gibt, die durch das Grundgesetz (bewusst) nicht, oder jedenfalls nicht abschließend durchnormiert worden sind[120]. Das Rahmenordnungsverständnis gibt „weite Bereiche des Verfassungslebens zur autonomen [politischen] Gestaltung" frei[121]. Ein „Weniger an Verfassungsrecht" kann dem politischen Prozess also ein „Mehr an Flexibilität" zurückgeben, was nach einer Einschätzung Winfried Bruggers, und hier lässt sich ein Bogen zu der in den Blick genommenen US-Verfassungsrechtsordnung schlagen, „im Rahmen des amerikanischen Pragmatismus eher als Tugend denn als Verführung zum Laster angesehen wird"[122].

Allerdings, das sollte in diesem Zusammenhang nicht unerwähnt bleiben, macht das Grundgesetz der Politik, verglichen mit der US-amerikanischen Verfassung, erkennbar mehr inhaltliche Vorgaben, insbesondere im Hinblick auf die Sozialpolitik. Die US-amerikanische Verfassung ist gegenüber der Sozialpolitik nicht unbedingt indifferent, aber doch in der Grundanlage „flexibler" als die deutsche; sie ähnelt verglichen mit der deutschen Verfassung eher einem wertneutralen Organisationsstatut[123]. Ihr materiell-inhaltlicher Steuerungsanspruch ist jedenfalls *vergleichsweise* schwach. Umgekehrt ist das Grundgesetz, zumal im Bereich der Sozialpolitik, programmatischer und „verfassungsgerichtsfreundlicher", da es in diesem Politikressort, wenn man so will, „justitiablere" Standards (etwa das Sozialstaatsprinzip, ggf. versubjektiviert in Verbindung mit der Menschenwürdegarantie[124]) bereitstellt als die US-Bundesverfassung. Diese Standards erscheinen von vorneherein eher geeignet, gerichtliche Interventionen in den politischen Prozess zu legi-

---

[119] Zu entsprechenden Überlegungen *B. Schlink*, FS BVerfG, Bd. II, hrsg. von P. Badura und H. Dreier, 2001, S. 461 ff.; siehe ferner etwa *Ch. Hillgruber*, JZ 2011, S. 861 (862).

[120] *Ch. Gusy*, JöR N.F. 33 (1984), S. 105 (120).

[121] Siehe *U. Volkmann*, Der Staat 54 (2015), S. 35 (42).

[122] *W. Brugger*, AöR 126 (2001), S. 337 (345, 354).

[123] Siehe *W. Brugger*, StWStP 4 (1993), S. 319 (323); *ders.*, in J. Isensee/P. Kirchhof (Hrsg.), HStR IX, 3. Aufl. 2011, § 186 Rn. 43 f. Diese Lesart reflektiert eine Aussage des Richters Oliver Wendell Holmes in der Entscheidung *Lochner v. New York*, 198 U.S. 45, 76 (1905) (Holmes, J., dissenting) ("[The Constitution] is made for people of fundamentally differing views."). Zur Kritik an diesem relativistischen Verfassungsverständnis, das weitgehend ohne normativ abgesicherte Wertvorstellungen auskommt, siehe etwa *T. Sandefur*, 35 Harv. J. L. & Pub. Pol'y 322 n. 153 (2012), m. w. N.

[124] Siehe etwa BVerfGE 125, 175 (222, m. w. N.) – Hartz IV.

timieren oder für solche zumindest einen verfassungstextlichen Anhaltspunkt zu bieten[125]. Im Unterschied zum Bundesverfassungsgericht kann der U.S. Supreme Court, und das ist letztlich der springende Punkt, eigentlich nur über die „equal protection clause"[126] (U.S. Const., Am. XIV) aktiven Einfluss auf die Sozialpolitik nehmen, und dies auch erst dann, wenn der Kongress überhaupt ein Sozialprogramm legiferiert hat. Erst wenn ein solcher Akt der Gesetzgebung etwa Minderheiten diskriminiert, dann besteht die Möglichkeit einer gerichtlichen Korrektur, während das Bundesverfassungsgericht, zumindest theoretisch, unter Rückgriff etwa auf verfassungsnormative Schutzpflichten auch ein legislatives Unterlassen auf dessen Vereinbarkeit mit dem sozialstaatsgerichteten Normen des Grundgesetzes hin überprüfen könnte.

Ohne das an dieser Stelle im Hinblick auf die US-amerikanische politische Kultur im Einzelnen bewerten zu wollen[127], wird man aus vergleichender Perspektive behaupten können, dass sich die Berliner Republik – immer mit einem Auge nach Karlsruhe schielend – eher durch eine legalistische politische Kultur[128] (oder: den Wunsch nach einer möglichst „unpolitischen Politik") als durch überbordenden Pragmatismus auszeichnet[129]. Der von Brugger gepriesene amerikanische Polit-Pragmatismus sucht seinesgleichen in Deutschland vergebens und unabhängig davon, ob man Bruggers Lob des spezifisch US-amerikanischen Pragmatismus teilen will, scheint eine andere, ebenfalls von Brugger stammende Beobachtung im Hinblick auf die Unterschiede der politischen Kulturen in den Vereinigten Staaten und in Deutschland ohne weiteres konsensfähig zu sein. Brugger geht davon aus, dass die Zielsetzung von Staat und Verfassung in der Realisierung des Gemeinwohls bestehe; diese Zielsetzung sei in der US-Bundesverfassung in der Präambel textlich fixiert[130], für die deutsche Verfassungsordnung lasse sich die Gemeinwohlverpflichtung des Staates derweil nur „implizit" bestimmen. Das solle aber – und hier wird man Brugger unbedingt zuzustimmen haben – keines-

---

[125] Nochmals *W. Brugger*, StWStP 4 (1993), S. 319 ff. (323), der wohl zu Recht relativierend darauf hinweist, dass verfassungsunmittelbare soziale Ansprüche auch im deutschen Recht eher die Ausnahme als die Regel darstellen.

[126] Zur Anwendbarkeit der equal protection clause auf Hoheitsakte des Bundes siehe *E. Chemerinsky*, Principles and Policies, 5. Aufl. 2015, S. 696 f.

[127] Angesichts der jüngeren Entwicklungen der US-amerikanischen Innenpolitik kommen Zweifel an der Berechtigung des bei Brugger durchscheinenden Optimismus auf, nicht nur mit Blick auf den Wahlkampf 2016 und dessen Ausgang. Hingewiesen sei auch etwa auf den mittlerweile fast alljährlich wiederkehrenden Haushaltsstreit im Kongress.

[128] *W. Heun*, Verfassung und Verfassungsgerichtsbarkeit, 2014, S. 309.

[129] Vgl. *H. Abromeit*, PVS 36 (1995), S. 49 (60), nach deren Einschätzung die Fokussierung der deutschen Politik auf Karlsruhe zu „genereller Entscheidungsschwäche und Innovationsscheue" führe; siehe auch *I. Ebsen*, Bundesverfassungsgericht, 1985, S. 11; *Ch. Landfried*, Bundesverfassungsgericht und Gesetzgeber, 1984, S. 51 ff.; *W. Heun*, Verfassung und Verfassungsgerichtsbarkeit, 2014, S. 309 („verfassungsrechtliche Angststarre").

[130] "We the People of the United States ... promote the general Welfare ...".

wegs bedeuten, dass dem Gemeinwohl im deutschen Verfassungsrecht ein geringerer Stellenwert für das staatliche Handeln beigemessen würde als in den Vereinigten Staaten. Zur Umsetzung des verfassungsrechtlich begründeten Auftrags zur Förderung des Gemeinwohls stehen dies- und jenseits des Atlantiks unterschiedliche Ansätze bereit. Brugger stellt der Prozessorientierung der US-amerikanischen Politik die Bindung des deutschen politischen Prozesses an materiell-inhaltliche Politikziele und an substantielle, auch für die Politik indisponible Werte[131] gegenüber und schlussfolgert:

„Will man diesen Unterschied überspitzt ausdrücken, könnte man sagen: Während die Amerikaner eher der organisierten Staatsgewalt mißtrauen, mißtrauen die Deutschen eher dem politischen Prozess; während die Amerikaner eher dem politischen Prozess trauen, trauen die Deutschen eher der materiellen Bindung der Politik durch Verfassung und Verfassungsgerichtsbarkeit."[132]

Zur weiteren Erklärung verweist Brugger auf grundlegend verschiedene Staats(vor-)verständnisse. Danach sei die traditionelle deutsche Staatsideologie insbesondere durch das im Rechtsstaatsdenken verwurzelte Verteilungsprinzip[133] bzw. durch die Idee von der Trennung von Staat und Gesellschaft gekennzeichnet[134], wohingegen die Amerikaner die in der Unabhängigkeitserklärung von 1776 postulierte Idee der Selbstregierung („self-government") betonten[135]. Bürgerliche Freiheit gibt es einer gängigen Beobachtung zufolge im amerikanischen Denken nicht nur im Privaten, sondern

---

[131] Dass das Grundgesetz „keine wertneutrale Ordnung" sein wolle, hat das Bundesverfassungsgericht bereits 1958 entschieden (E 7, 198 [204 f.] – Lüth). Eben jene über die Lüth-Doktrin vermittelte Bindung an übergeordnete *Werte* war, zumindest nach *J. H. Ely*, Democracy and Distrust, 1980, S. 92, gerade nicht das (Haupt-)Anliegen US-amerikanischen Gründergeneration. Vielmehr ging es den Gründern nach Ely um die Strukturierung des politischen Prozesses; die Gründer waren angeblich „overwhelmingly dedicated to process and structure and not to the preservation of specific substantive values". – Ely betont hier also die wertrelativistische Tendenz der US-Bundesverfassung; vgl. dazu auch *J. Goebel, Jr.*, History, Bd. I, 1971, S. 320 ("the Constitution was designed merely to regulate the political interests of the nation"); *K. L. Hall*, 35 U. Fla. L. Rev. 283 (1983) ("[The Constitution] sketched a process of government."); kritisch etwa *E. T. Lee*, Judicial Restraint in America, 2011, S. 204 f.; *E. Foley*, 59 Ohio St. L.J. 1623 n. 103 (1998).
[132] *W. Brugger*, StWStP 4 (1993), S. 319 (324).
[133] Vgl. klassisch *C. Schmitt*, Verfassungslehre, 1928, S. 125 ff., 158, et passim.
[134] Siehe *E.-W. Böckenförde*, Unterscheidung von Staat und Gesellschaft, 1972, in: Recht, Staat, Freiheit, 1991, S. 209 ff.; außerdem *H. A. Wolff*, Das Verhältnis von Rechtsstaats- und Demokratieprinzip, 1998, S. 17 („Trennung [von Staat und Gesellschaft] ist durch die Einführung der Demokratie nicht überflüssig geworden.").
[135] Siehe Absatz 7 der US-Unabhängigkeitserklärung von 1776. Dort wird dem britischen Monarchen vorgeworfen, er habe, indem er die Repräsentativkörperschaften der Kolonien wiederholt auflöste, die verfassungsmäßigen Rechte der Amerikaner verletzt; zum Topos „Selbstregierung" in der Unabhängigkeitserklärung etwa *A. Tsesis*, 97 Cornell L. Rev. 696, 751 (2012).

auch im Staat und seinen Institutionen[136]. Bei den Amerikanern bleibt weder in konzeptioneller noch in historischer Hinsicht größerer Raum für eine klare Unterscheidung zwischen Staat und Gesellschaft[137], derweil es aber sehr wohl eine mit großer Emphase verfochtene Trennung zwischen öffentlich und privat gibt. Eine der Unterscheidung von Staat und Gesellschaft zugrundeliegende klare Differenzierung zwischen (klassisch-liberaler) bürgerlicher Freiheit auf der einen und (partizipatorischer) ‚staatsbürgerlicher' Freiheit auf der anderen Seite kommt in den Ursprüngen des amerikanischen konstitutionellen Denkens nicht so deutlich zum Vorschein wie etwa in Deutschland[138]. Damit erklärt Brugger, dass man in den Vereinigten Staaten weniger auf feststehende, verfassungsrechtlich fundamentierte Werte und vorformulierte Politikziele angewiesen sei; bei der Definition des Gemeinwohls wachse dem gesamtgesellschaftlich-politischen Prozess umso stärkeres Gewicht zu[139]. Kritiker[140] werden ein solches minimalistisches Verständnis von der Verfassung als ein lediglich den Gemeinwohlfindungsprozess regulierendes Statut[141] als unbefriedigend empfinden. Aus Sicht des seit Mitte des 20. Jahrhunderts tradierten deutschen Verfassungsdenkens, das ja großen Wert auf die Normativität (und Justitiabilität) materieller Verfassungswerte legt[142], mag es

---

[136] *H. Dreier*, Dimensionen der Grundrechte, 1993, S. 31.

[137] *W. Reinhard*, Geschichte der Staatsgewalt, 1999, S. 407; vgl. *B. Ackerman*, 93 Yale L.J. 1043 (1984) ("As Americans, we are neither perfectly public citizens nor perfectly private persons. The Constitution of the United States constitutes us as private citizens equipped with a language and process that may, if intelligently used, allow for liberal democratic self-government."); vgl. auch *A. Jakab*, Kommentar, in: Ch. Schönberger, Der „German Approach", 2015, S. 75 (103).

[138] So jedenfalls *W. P. Adams*, Republikanische Verfassung, 1973, S. 7.

[139] *W. Brugger*, StWStP 4 (1993), S. 319 (322); vgl. auch *G. Casper*, 1989 Sup. Ct. Rev. 315.

[140] Siehe etwa *U. Volkmann*, FS Bryde, hrsg. von M. Bäuerle u. a., 2013, S. 124 ff., 127 ff.

[141] *H. Vorländer*, JöR N.F. 36 (1987), S. 451 (456).

[142] Das sieht auch *D. Rennert*, Der Staat 54 (2014), S. 31 (56 ff.), der die – seines Erachtens für Deutschland typische – „distanzierende Skepsis gegenüber dem politischen Prozess" mit der in der deutschen Verfassungstheorie dominanten „Grundordnungslehre" begründet. Für die Vertreter jener Grundordnungslehre seien die wesentlichen politischen „Entscheidungen oft in den Grundrechten vorgeformt", ihr „Organ" sei die „Rechtserkenntnis", und nicht der „(Willens-)Entschluss", ihr „Ort" sei der „rationale Diskurs im Gerichtssaal, nicht der oft polemische Schlagabtausch im Parlament". Die Annahme, dass sich der politische Prozess tatsächlich über einen „Schlagabtausch im Parlament" vollziehe, ist allerdings – auch für potentielle Vergleichsdemokratien wie England, Frankreich, oder die USA – fragwürdig. Siehe zur „Entparlamentarisierungsthese" mit jeweils unterschiedlichen Schlussfolgerungen *A. von Bogdandy*, AöR 130 (2005), S. 445 (457, et passim); *Ch. Möllers*, Die Drei Gewalten, 2. Aufl. 2015, etwa S. 95; *Ch. Schönberger*, JZ 2016, S. 486 (490 ff.).

den Anschein haben, als werde die normative Kraft der Verfassung im amerikanischen Konstitutionalismus gewissermaßen an die politischen und sozialen Kräfte „ausgeliefert"[143].

B. Gesetzgebungsstaat und Richterstaat

Dass ein gewichtiger Unterschied besteht zwischen der Ausübung alltäglicher – „konventioneller" – rechtsprechender Gewalt durch die ordentlichen Gerichte einerseits und der Rechtsprechung eines Verfassungsgerichts andererseits, liegt auf der Hand[144]. Vor allem das deutsche Bundesverfassungsgericht setzt sich schon auf den ersten Blick deutlich von der gewöhnlichen rechtsprechenden Gewalt ab, etwa durch seine herausgehobene protokollarische und staatsorganisationsrechtliche Stellung als Verfassungsorgan[145], außerdem durch die Normenkontroll- und Letztentscheidungskompetenz[146] (das zentralisierte richterliche Prüfungsrecht), ein besonderes Verfahrensregime, genuin politische Akteure als Verfahrensbeteiligte (mit der Ausnahme der Verfahren nach Art. 93 Abs. 1 Nr. 4 a und Art. 100 GG) und vor allem durch die jedenfalls in tatsächlicher Hinsicht[147] zu beobachtenden Teilhabe des Gerichts an der Staatsleitung[148]. Das muss nicht heißen, die Verfassungsgerichtsbarkeit sei der dritten Gewalt strukturell gleichsam entwachsen und bilde eine eigenständige Staatsfunktion – ihr rechtsprechender Charakter und ihre Zugehörigkeit zur Judikative werden durch diese Feststellungen nicht grundsätzlich infrage gestellt[149]. Schließlich ist auch etwa der Amtsrich-

---

[143] Vgl. *H. Vorländer*, JöR N.F. 36 (1987), S. 451 (456).

[144] Vgl. *A. Heusch*, in: W. Kluth/G. Krings (Hrsg.), Gesetzgebung, 2014, § 36 Rn. 20; *G. F. Schuppert*, Verfassungsgerichtliche Kontrolle, 1973, S. 207 ff.; *P. Graf Kielmansegg*, Die Instanz des letzten Wortes, 2005, S. 15; *E. McWhinney*, JöR N.F. 7 (1958), S. 155 (156).

[145] *H. Vorländer*, in: ders. (Hrsg.), Deutungsmacht, 2006, S. 9 (12).

[146] Die Abwesenheit einer positiv-verfassungsrechtlichen Letztentscheidungskompetenz betont z. B. *Ch. Hillgruber*, AöR 127 (2002), S. 460 (472); vgl. die Nachweise in Kapitel 5, Fn. 529.

[147] Nach *M. Jestaedt*, FS Isensee, hrsg. von O. Depenheuer u. a., 2002, S. 183 (184 mit Fn. 4) handelt es sich um eine „rechtssoziologisch-deskriptive Kennzeichnung von Verschiebungsprozessen in der sogenannten Verfassungswirklichkeit", deshalb ziehe der „Übergang" vom Gesetzgebungs- zum Jurisdiktionsstaat keinerlei Veränderungen im positiven (Verfassungs-)Recht nach sich.

[148] *K. Hesse*, Grundzüge, 20. Aufl. 1999, S. 278; *H. Säcker*, BayVBl. 1979, S. 193 (199); vgl. auch *S. Broß*, ZParl 2000, S. 424; *M. Herdegen*, ZaöRV 69 (2009), S. 257 (260 f.), mit Hinweis auf *K. Doehring*, Der Staat 3 (1964), S. 201 (216 f.).

[149] Siehe etwa *W. Heun*, FS BVerfG, Bd. I, hrsg. von P. Badura und H. Dreier, 2001, S. 615 (617); vgl. auch *Ch. Möllers*, Staat als Argument, 2000, S. 185; *I. Ebsen*, Bundesverfassungsgericht, 1985, S. 105 ff.; zur Gegenansicht bereits *C. Schmitt*, Hüter der Verfassung, 1931, S. 45 („in der Sache Gesetzgebung"); ferner *W. Henke*, Der Staat 3 (1964)

ter ein „politischer Richter"¹⁵⁰, wenn er die Generalklauseln des bürgerlichen Rechts auslegt und anwendet. Das Bundesverfassungsgericht ist „Rechtsprechungsorgan mit „besondere[r] Funktionsstruktur"¹⁵¹, oder, wenn man so will, eine „judikative Institution sui generis"¹⁵², nicht aber eigenständige neutrale Gewalt („pouvoir neutre")¹⁵³ – es ist keine klandestine vierte Staatsgewalt¹⁵⁴. Selbst wenn man das Gericht als neutrale Gewalt bezeichnen wollte, ist nicht ersichtlich, welche juristisch erheblichen Konsequenzen daraus erwachsen könnten. Die mit dem pouvoir neutre gemeinhin assoziierte ‚Schiedsrichterfunktion' (was auch immer damit in concreto gemeint sein soll) ist dem Bundesverfassungsgericht durch das Grundgesetz ohnehin zugewiesen, wenn man dem Wortlaut des Art. 93 Abs. 1 Nr. 1 und Nr. 2 GG entsprechende Andeutungen entnehmen will.

Dass jedes (verfassungsrechtsprechende) Gericht immer auch ein hochgradig politischer – und eben kein neutraler – Akteur ist, wird, soweit ersichtlich, von niemandem¹⁵⁵ ernsthaft abgestritten und kann eigentlich schon seit der berühmten Predigt des Bischofs Benjamin Hoadly aus dem Jahr 1717¹⁵⁶ als konstitutionalistischer Ur-Gemeinplatz¹⁵⁷ gelten¹⁵⁸. Die Offensichtlichkeit

---

S. 433 (S. 448 ff.) („Normenkontrolle ist ... keine Gerichtsbarkeit ... sie ist Teil der Gesetzgebung").

¹⁵⁰ Begriff: *R. Wassermann*, Der politische Richter, 1972; dazu *A. Voßkuhle*, in: H. von Mangoldt/F. Klein/Ch. Starck (Begr.), GG, Bd. III, 7. Aufl. 2018, Art. 93 Rn. 31, dort mit Fn. 127 („[N]icht mehr als die weitgehend konsentierte Erkenntnis, dass dem Richter auf Grund der Teilrationalität richterlicher Entscheidungsprozesse auch Macht zukommt.").

¹⁵¹ *H. Säcker*, BayVBl. 1979, S. 193 (194); ähnlich auch *S. Broß*, ZParl 2000, S. 424.

¹⁵² So bereits *E. Forsthoff*, Umbildung des Verfassungsgesetzes, 1959, in: Die juristische Methode im Staatsrecht, hrsg. von H.-J. Koch, 1977, S. 423 (448); siehe ferner *H. Vorländer*, in: ders. (Hrsg.), Die Deutungsmacht der Verfassungsgerichtsbarkeit, 2006, S. 9 (12); vgl. auch *Ch. Möllers*, Legalität, Legitimität und Legitimation, in: M. Jestaedt u. a., Das entgrenzte Gericht, 2011, S. 304, der die Verfassungsgerichtsbarkeit als einen „im System einzigartige[n] Akteur" bezeichnet.

¹⁵³ Grundsätzlich: *B. Constant*, Betrachtungen über Constitutionen, hrsg. und übers. von J. Stolz, 1814, S. 2, et passim; *C. Schmitt*, Hüter der Verfassung, 1931, S. 133 ff., greift diese „staatsrechtliche Lehre von der neutralen Gewalt" auf, und identifiziert das Staatsoberhaupt als pouvoir neutre („pouvoir neutre, intermédiaire und régulateur"). Schmitt hielt den pouvoir neutre offenbar für erforderlich, um das „Eskalieren des Interessenwiderstreits ... zu einer Freund-Feind Gruppierung" zu verhindern (so *E.-W. Böckenförde*, Der Begriff des Politischen, 1988, in: Recht, Staat, Freiheit, 1991, S. 344 [362]).

¹⁵⁴ *C. J. Friedrich*, Verfassungsstaat der Neuzeit, 1953, S. 214; siehe zu solchen Überlegungen näher *M. Herdegen*, ZaöRV 69 (2009), S. 257 ff.

¹⁵⁵ Über die „naive" Theorie des richterlichen Prüfungsrechts berichtet *I. Ebsen*, Bundesverfassungsgericht, 1985, S. 105 ff.

¹⁵⁶ Siehe unten, Kapitel 3, Fn. 850 und Kapitel 5, Fn. 443 mit begleitendem Text.

¹⁵⁷ *E. Denninger*, JZ 1975, S. 545.

¹⁵⁸ Siehe etwa *W. Hassemer*, JZ 2008, S. 1 ff.; *W. Heun*, FS BVerfG, Bd. I, hrsg. von P. Badura und H. Dreier, 2001, S. 615 (617); *H. Steinberger*, Konzeption und Grenzen,

dieses Befundes macht den Hinweis auf die Konfrontation des Verfassungsrichters mit einer fortwährenden Gratwanderung zwischen verfassungsnormativ gesollter Kompetenzausübung und den Verlockungen einer richterlichen Hybris, speziell sich der Realisierung einer eigenen gesinnungsethischen Agenda hinzugeben, nicht überflüssig[159]. Es sei denn, man will die Verfassungsgerichtsbarkeit von vorneherein (auch) als „moralische Führungsinstanz"[160] anerkennen und für legitim halten, dass normenkontrollierende Gerichte bei der Überprüfung der Gesetzgebung gewissermaßen unter „falscher Flagge segeln"[161], und dass sie dabei über die methodische ‚Entgrenzung'[162] der Verfassungsauslegung mittles eines vom Willen des historischen (Verfassungs-)Gesetzgebers losgelösten ‚objektiv-teleologischen'[163] Interpretationsmodus auf außerjuristische Maßstäbe, also auf „sittliche Postulate"[164] oder auf die natürliche Vernunft („ius gentium"[165]), zugreifen können. Sie sind dann von vorneherein nicht auf im engeren Sinne verstandene ‚harte' juristische Argumente beschränkt[166]. Thomas von Danwitz etwa meint – und

---

1974, S. 128. Aus der Tagespresse etwa *R. Müller*, Der Karlsruher Blick, FAZ Nr. 90 vom 16. April 2014, S. 1 („uralter Vorwurf", dort auch mit Hinweis auf die nicht zitierfähigen Tiraden eines ehemaligen Vorsitzenden der SPD-Bundestagsfraktion). – Siehe für den U.S. Supreme Court etwa *R. A. Posner*, 119 Harv. L. Rev. 102 (2005) ("If the Supreme Court is inescapably a political court when it is deciding constitutional cases, let it at least be restrained in the exercise of its power, recognizing the subjective character, the insecure foundations, of its constitutional jurisprudence.").

[159] Siehe *Obergefell v. Hodges*, 576 U.S. __, __ (2015) (Scalia, J., dissenting) ("[W]hat really astounds is the hubris reflected in today's judicial Putsch.") (slip. op., at 6); vgl. außerdem *H. Dreier*, Dimensionen der Grundrechte, 1993, S. 63 („Daß hier verführerische Möglichkeiten zu alternativer Politikgestaltung liegen, ist evident."); siehe aus der US-Literatur etwa *A. V. Baker*, 39 Duq. L. Rev. 732 (2001) ("Apart from human errors, there is the more sinister danger of the Court deliberately listing toward mundane, partisan politics, and taking the Constitution captive along the way.").

[160] *U. Volkmann*, FS Bryde, hrsg. von M. Bäuerle u. a., 2013, S. 131.

[161] *Th. C. Grey*, 27 Stan. L. Rev. 714 (1975).

[162] *Ch. Starck*, in: ders. (Hrsg.), Rangordnung der Gesetze, 1995, S. 29 (33); siehe bereits *E. Forsthoff*, Umbildung des Verfassungsgesetzes, 1959, in: Die juristische Methode im Staatsrecht, hrsg. von H.-J. Koch, 1977, S. 423 (432, 439, et passim).

[163] Siehe etwa *B. Rüthers*, Unbegrenzte Auslegung, 7. Aufl. 2012, S. 510, 518 ff., et passim.

[164] *E. Forsthoff*, Umbildung des Verfassungsgesetzes, 1959, in: Die juristische Methode im Staatsrecht, hrsg. von H.-J. Koch, 1977, S. 423 (442, 429, et passim); siehe ferner *C. Schmitt*, Tyrannei der Werte, 3. Aufl. 2011, Einleitung, S. 26, auch im Hauptteil, S. 46 (objektive Wertlehren als „Vehikel der Rechthaberei").

[165] Vgl. *H. Dreier*, in: W. Härle/B. Vogel (Hrsg.), Aktuelle Probleme des Naturrechts, 2007, S. 128.

[166] Siehe bereits oben, Kapitel 1, Text bei Fn. 112 ff., sowie näher *U. Neumann*, in: W. Brugger u. a. (Hrsg.), Rechtsphilosophie im 21. Jahrhundert, 2008, S. 233 ff. – dort zu der Frage, was eine „Entscheidung als spezifisch ‚rechtliche' konstituiert"; vgl. ferner die

er dürfte für die überwältigende Mehrheit der (Verfassungs-)Juristen sprechen –, dass bei einer Erörterung der Grenzen der verfassungsgerichtlichen Jurisdiktionsgewalt zu allererst die Einsicht gefordert sei, dass jeder Form von Verfassungsinterpretation „ein mehr oder minder großer Rest richterlicher Dezision" anhafte, der „eo ipso zugleich verfassungsrechtlicher und politischer Natur ist"[167]. Ihre Grundlage hat die oben angedeutete Gefahr „abenteuerlicher richterlicher Exkursionen in den Bereich des Politischen"/Moralischen/Ethischen[168] in der verfassungsgerichtlichen Befugnis zur autoritativen[169] Letztentscheidung über den normativen Gehalt (auch) der deutungsoffenen[170] Vorschriften der Verfassung[171].

Die deutungsoffenen Verfassungsnormen werden – in der Terminologie insbesondere Konrad Hesses – nicht im Sinne der klassischen Hermeneutik (der sog. „juristischen Methode") ausgelegt bzw. interpretiert; sie werden

---

grundsätzliche Kritik an einer wertphilosophisch orientierten Jurisprudenz bei *C. Schmitt*, Tyrannei der Werte, 3. Aufl. 2011, S. 53 f.

[167] *Th. von Danwitz*, JZ 1996, S. 481 (484).

[168] *W. Haller*, Supreme Court und Politik, 1972, S. 132.

[169] Nochmals *A. Scherzberg*, DVBl. 1999, S. 356 (357).

[170] Siehe nur *K. Stern*, Staatsrecht, Bd. I, 2. Aufl. 1984, S. 128. Damit sind insbesondere die Verfassungsprinzipien (Grundrechte und die Staatsstrukturpinzipien) und implizit auch die Kontroverse um die Verfassung als Rahmenordnung oder als Werte- bzw. einer Staat und Gesellschaft erfassenden Grundordnung angesprochen. Siehe zur Wertordnung grundsätzlich BVerfGE 7, 198 ff. (insbes. S. 204 f.) – Lüth. Aus der Literatur etwa *H. Dreier*, Dimensionen der Grundrechte, 1993, S. 10 ff.; *E.-W. Böckenförde*, Der Staat 29 (1990), S. 1 ff.; *ders.*, Der Staat 42 (2003); S. 165 (187); vgl. außerdem *K. Hesse*, FS Mahrenholz, hrsg. von H. Däubler-Gmelin u. a., 1994, S. 542. – Die Kritik an der Lehre von den objektiven Grundrechtsgehalten unter dem Gesichtspunkt der Ablehnung des aus dieser Lehre in funktioneller Hinsicht folgenden Kompetenzzuwachses des Bundesverfassungsgerichts ist im Kern sicherlich zutreffend, nur neigen die Kritiker dazu, den Befund zu überspielen, dass dem Gericht die interpretatorische Deutungsmacht nicht allein aufgrund der objektiven Grundrechtsgehalte zuwächst. Interpretationsmacht kann das Gericht auch dann ausüben, wenn es die Grundrechte als Abwehrrechte konzeptualisiert. „Die Furcht vor einem unkontrollierbaren Machtzuwachs des Bundesverfassungsgerichts" sollte sich also nicht auf die objektiv-rechtlichen Funktionen der Grundrechte, sondern ganz allgemein auf die gerichtliche Ausdeutung unklarer Verfassungsnormen beziehen, siehe nochmals *H. Dreier*, Dimensionen der Grundrechte, 1993, S. 53, 56, 60 ff.; zu einem Vergleich der Wirkungsweise der Theorie der Grundrechte als objektiver Wertordnung nach Lesart des Bundesverfassungsgerichts mit der aktivistischen Rechtsprechung des U.S. Supreme Court, die auch ohne Wertordnungsdoktrin auskommt: *A. Kulick*, JZ 2016, S. 67 (73 ff.).

[171] Vgl. *E.-W. Böckenförde*, NJW 1999, S. 9 (13); *R. Grawert*, Der Staat 52 (2013), S. 503 (509 f.); kritisch etwa *W. Heun*, FS BVerfG, Bd. I, hrsg. von P. Badura und H. Dreier, 2001, S. 615 (616 f.), der wohl nicht zu Unrecht darauf hinweist, dass dem Gericht bei rein juristischer Betrachtung allein die Kompetenz zur Entscheidung über die Gültigkeit eines Gesetzes, nicht aber zur „authentischen Verfassungsinterpretation" zugewiesen sei.

B. Gesetzgebungsstaat und Richterstaat 37

vielmehr „konkretisiert"[172]. Will man dieser Unterscheidung zu analytischen Zwecken folgen, setzt sich der Vorgang der ‚Konkretisierung' wohl dadurch von der schieren ‚Auslegung' ab, dass aus den durch ein besonderes Maß an Vagheit[173] gekennzeichneten generalklauselartigen Rechtssätzen der Verfassung nicht nur dasjenige hergeleitet wird, das in ihnen und durch sie bereits entschieden ist, „vielmehr wird in der Konkretisierung der Verfassungsrechtssätze gerade das entschieden, was durch sie noch nicht entschieden ist"[174]. Der Verfassungsrichter erkennt also nicht lediglich auf ein in der einschlägigen deutungsoffenen Verfassungsnorm bereits enthaltenes hypothetisches Urteil des historischen Verfassungsgesetzgebers, betreibt also nicht nur Rechtsanwendung[175]; vielmehr nimmt er die Norm zum Anlass, einen eigenen Entscheidungsmaßstab zu erarbeiten, der Richter betreibt also – als der Rechtsanwendung vorgeschalteten Arbeitsschritt – zunächst einmal Rechtserzeugung[176]. In der Verfassung bzw. in ihren bruchstückhaften[177] und eben konkretisierungsbedürftigen Rechtssätzen befindet sich demnach allenfalls ein normatives Potential[178], das sich mit juristischen Mitteln allein[179] kaum in vollem Umfang ausschöpfen lässt[180,181]. Nur die Wertungsjurispru-

---

[172] *K. Hesse*, Grundzüge, 20. Aufl. 1999, S. 24 ff.; siehe bereits *H. Kelsen*, VVDStRL 5 (1929), S. 30 (32); ferner *E.-W. Böckenförde*, NJW 1976, S. 2089 (2097) (Konkretisierung, die über die Interpretation im „herkömmlichen Sinne" hinausgeht); aus der jüngeren Literatur etwa *D. Grimm*, ZfP 66 (2019), S. 86 (94); *G. F. Schuppert/C. Bumke*, Konstitutionalisierung, 2000, S. 28; *U. Volkmann*, AöR 134 (2009), S. 157 (158), m. w. N.; zur amerikanischen Paralleldiskussion *L. Solum*, 27 Const. Comment. 95 (2010).

[173] Zur Unterscheidung zwischen Mehrdeutigkeit (ambiguity) und Deutungsoffenheit (vagueness) etwa *R. E. Barnett*, 34 Harv. J. L. & Pub. Pol'y 67 (2011).

[174] *P. Graf Kielmansegg*, Instanz des letzten Wortes, 2005, S. 17; aus juristischer Sicht ferner *K. Hesse*, Grundzüge, 20. Aufl. 1999, S. 22; *F. Müller*, Arbeitsmethoden, 1972, in: Die juristische Methode im Staatsrecht, hrsg. von H.-J. Koch, 1977, S. 508 (518 f.); *H. Säcker*, BayVBl. 1979, S. 193 (197).

[175] Siehe Gerhard Leibholz' Argumente in der „Status-Denkschrift" des Bundesverfassungsgerichts, JöR N.F. 6 (1957), S. 109 (111); *G. F. Schuppert*, Verfassungsgerichtliche Kontrolle, 1973, S. 217; *D. Grimm*, ZfP 66 (2019), S. 86 (94).

[176] Vgl. *A. Merkl*, Die Lehre von der Rechtskraft, 1923, S. 217 f.; siehe BVerfGE 131, 316 (370) – Landeslisten.

[177] *E.-W. Böckenförde*, NJW 1976, S. 2089 (2091).

[178] *P. Graf Kielmansegg*, Instanz des letzten Wortes, 2005, S. 17.

[179] Vgl. dazu auch *N. Achterberg*, DÖV 1977, S. 649 (652) („metajuristischer In-/Output" bei Verfassungsgerichten sei erheblich größer als bei „anderen Gerichten").

[180] Deshalb ist fraglich, ob es wirklich richtig ist, dass „ein Weniger an sprachlicher Dichte und juristischer Eindeutigkeit [zu] einem Mehr an Normativität" führt (siehe *A. Voßkuhle*, AöR 119 (1994), S. 35 [54]), wenn man bedenkt, dass die Verfassung dort, wo sie einen inhaltlich offenen Maßstab vorgibt, nicht mit voller (textlicher) Autorität hinter den Richterspruch tritt (vgl. *G. Radbruch*, Die Justiz 1925/1, S. 12 [14]; siehe dazu noch unten, Text bei Kapitel 5, Fn. 360 ff.).

[181] Allgemein zum schöpferisch-wertenden Moment bei der Rechtsanwendung

denz wäre wohl in der Lage, das – eminent – politische Verfahren der Normkonkretisierung als rein juristischen Ablauf zu rekonstruieren.

Der naheliegende Einwand, dass insoweit kein wesentlicher Unterschied zwischen rechtsprechender und verfassungsrechtsprechender Jurisdiktionsgewalt zu beobachten sei, ist sicherlich berechtigt. Schließlich gehört es, wie oben erwähnt, zum Alltagsgeschäft der ordentlichen Gerichte, die zahlreichen Generalklauseln des einfachen Rechts zu konkretisieren und für die Rechtspraxis handhabbar zu machen. Bei genauerem Hinsehen ist es also weniger eine methodische Eigenheit des Verfassungsrechts, als vielmehr ein kompetentieller Aspekt, der den entscheidenden Unterscheid ausmacht, liegt es doch auf der Hand, dass die Rechtsprechung der ordentlichen Gerichte im Unterschied zu derjenigen der Verfassungsgerichte durch eine schlichte Gesetzesänderung korrigiert werden kann. Dauerhaft können die ordentlichen Gerichte legislative Gestaltungskompetenzen also ohne den Willen der Gesetzgebung nicht an sich ziehen[182]. Hingegen lässt sich die Korrektur missliebiger verfassungsgerichtlicher Entscheidungen ausschließlich durch die – bekanntlich wesentlich höhere Hürden als das Gesetzgebungsverfahren aufrichtende – Prozedur der Verfassungsänderung bewerkstelligen.

Nach alledem ist es kaum überraschend, dass bisweilen behauptet wird, über die Letztentscheidungskompetenz, die der Verfassungsgerichtsbarkeit zur Aktivierung des in der Verfassung angelegten ‚normativen Potentials' zugewiesen ist, vollziehe sich, auch über die immer mitgedachte ‚Entgrenzung' der Verfassungsauslegung, eine gleitende Verschiebung der Machtbalance innerhalb der gewaltenteilenden Verfassungsordnung weg vom ‚parlamentarischen Gesetzgebungsstaat'[183] hin zu einem durch ‚[V]erfassungsgerichtspositivismus'[184] gekennzeichneten „Justiz'-[185] bzw ‚Jurisdiktions-

---

H. Dreier, in: ders. (Hrsg.), GG, Bd. II, 3. Aufl. 2015, Art. 20 (Demokratie) Rn. 140, m. w. N.

[182] Näher *G. F. Schuppert*, Verfassungsgerichtliche Kontrolle, 1973, S. 207 ff.; siehe auch *D. Murswiek*, JZ 2017, S. 53 (59).

[183] Siehe bereits *C. Schmitt*, Hüter der Verfassung, 1931, S. 75. – Aus der jüngeren Literatur etwa *Ch. Möllers*, Staat als Argument, 2000, S. 70 f.; vgl. ferner *H. Maier*, NJW 1989, S. 3202 ff.

[184] *B. Schlink*, Der Staat 28 (1989), S. 161 (insbes. 168 f., et passim).

[185] Vgl. *C. Schmitt*, Hüter der Verfassung, 1931, S. 13 f.; *R. Marcic*, Vom Gesetzesstaat zum Richterstaat, 1957; *E. Forsthoff*, Umbildung des Verfassungsgesetzes, 1959, in: Die juristische Methode im Staatsrecht, hrsg. von H.-J. Koch, 1977, S. 423 (435, 442, 448) (Der „Entformalisierung des Verfassungsrechts ist die *Entfaltung des Justizstaates*, wie sie sich insbesondere in der Institution Verfassungsgerichtsbarkeit zeigt, kongruent." [Hervorhebung ebd.]); ferner *G. Casper*, 1989 Sup. Ct. Rev. 330 ("What the French call 'le gouvernement de juges' and the Germans highlight as 'Justizstaat' is indeed a common characteristic of 20th century constitutionalism on both sides of the Atlantic."); *B. Rüthers*, Unbegrenzte Auslegung, 7. Aufl. 2012, S. 506.

staat'[186]. Sicherlich ist es richtig, dass ein normenkontrollierendes Gericht mit jeder Einzelfallentscheidung, die es trifft, zugleich die ihm selbst und den kontrollierten Organen zugewiesenen Kompetenzen bestimmt und so an der verfassungsrechtlichen Funktionenordnung insgesamt herumhantiert[187]. Die beiden vorgenannten Begriffe vom Gesetzgebungs- und vom Jurisdiktionsstaat haben in dieser Hinsicht eine gewisse strukturbildende Kraft und sie eignen sich auch als deskriptive Kriterien, gleichwohl sie zu plakativ und zu kontrastreich sind, um die Grundlage für seriöse und kleinteilige Ableitungen im Hinblick auf Fragen rund um die ‚Grenzen' der Verfassungsgerichtsbarkeit[188] bilden zu können, – eben weil sie den Blick auf die in diesem Zusammenhang notwendigerweise zu beachtenden Graustufen verstellen. Sie beschreiben den Idealtypus zweier Extreme, die in dieser Form gegenwärtig wohl nur in der Theorie existieren. Das Grundgesetz hat jedenfalls weder einen reinen „Gesetzgebungsstaat" noch einen „Jurisdiktionsstaat", sondern einen Verfassungsstaat konstituiert. Eine Ordnung also, die sich irgendwo zwischen den beiden genannten Polen des parlamentarischen Gesetzgebungsstaats auf der einen und des verfassungsgerichtlichen Jurisdiktionsstaats auf der anderen Seite einpendelt[189]. Zweifelsohne gibt es eine ganze Reihe an Möglichkeiten, um insoweit einen Ausgleich herzustellen[190]. Das Pendel kann, um im Bild zu bleiben, mal mehr in die eine, mal mehr in die andere Richtung ausschlagen. Welche Richtung man bevorzugt, dürfte nicht unwesentlich durch das verfassungspolitische, rechts- und staatsideologische Vorverständnis bestimmt sein[191], zumal sich das Grundgesetz, wie oben angedeutet, darauf beschränkt, der Legislative und der Verfassungsrechtspre-

---

[186] *C. Schmitt*, Hüter der Verfassung, 1931, S. 75; siehe auch *E.-W. Böckenförde*, Gesetz und gesetzgebende Gewalt, 2. Aufl. 1981, S. 402; *ders.*, Der Staat 29 (1990), S. 1 (25, et passim); *ders.*, EuGRZ 2004, S. 598 (603); *S. Korioth*, Der Staat 30 (1991), S. 549 (558); referierend und kritisch *G. F. Schuppert/C. Bumke*, Konstitutionalisierung, 2000, S. 79 ff.

[187] Siehe *K. Hesse*, Funktionelle Grenzen der Verfassungsgerichtsbarkeit, in: Gesammelte Schriften, hrsg. von P. Häberle u. a., 1984, S. 311 ff.; *G. F. Schuppert*, DVBl. 1988, S. 1191 (1192).

[188] Siehe etwa *K. Hesse*, FS Mahrenholz, hrsg. von H. Däubler-Gmelin u. a., 1994, S. 541.

[189] Vgl. *U. Haltern*, Verfassungsgerichtsbarkeit, Demokratie und Mißtrauen, 1998, S. 185.

[190] Vgl. *P. Graf Kielmansegg*, Die Instanz des letzten Wortes, 2005, S. 9.

[191] Verfassungspolitisch beispielsweise durch die oben kritisierte umfassende verfassungsrechtliche Verargumentierung politischer Konflikte, verfassungstheoretisch etwa durch die oben Fn. 170 nachgewiesenen Positionen des Verständnisses der Verfassung als Rahmenordnung auf der einen oder der Konzeptualisierung der Grundrechte als Werteordnung auf der anderen Seite; vgl. auch – freilich mit etwas anderer Akzentuierung („Strategie[n] der Vermeidung demokratischer Politik") – *Ch. Möllers*, Der vermisste Leviathan, 2008, S. 106.

chung Entscheidungskompetenzen zuzuweisen, ohne diese bis ins letzte Detail gegeneinander abzugrenzen[192]. Allgemeiner Konsens ist, dass die Verfassungsgerichtsbarkeit konzeptionell als ausbalancierendes Gegengewicht zur Politik und nicht als Bestandteil des politischen Prozesses verstanden werden muss, und dass sie ihre Kompetenzausübung an dieser Standortbestimmung auszurichten hat[193]. Eine über diese Selbstverständlichkeit hinausreichende, detailscharfe und praxistaugliche Zuteilung der Entscheidungskompetenzen an Politik und Justiz ist mit einer solchen abstrakten organisationssoziologischen Betrachtungsweise indes kaum möglich.

Ähnliches gilt für ‚philosophische' Ansätze, wie publizistisch etwa von Luis Barroso vertreten.[194] Diesem Autor zufolge sollen die Verfassungsgerichte drei zentrale „Rollen" wahrnehmen, nämlich erstens eine kontramajoritäre – wenn die Verfassungsgerichte Entscheidungen der demokratisch legitimierten Teilgewalten aufheben –, zweitens eine repräsentative, wenn sie soziale Probleme lösen, die der politische Prozess nicht angehen kann oder nicht angehen will und drittens eine „aufgeklärte"[195], wenn die Gerichte „den" sozialen Fortschritt befördern, ohne, dass es dabei auf die politischen Gesamtumstände ankäme. Diesem Ansatz kann hier, unabhängig davon, wie man ihn politikwissenschaftlich beurteilen will, nicht gefolgt werden, weil er sich nicht normativ an das (Organisations-)Recht der Verfassung anbinden lässt. Barrosos Standortbestimmung ist nicht das Ergebnis von Verfassungsinterpretation, sie ist eine – mit beachtlichen theoretischen und historischen Argumenten unterfütterte – verfassungspolitische Forderung.

Die Standortfrage verlagert sich nach alledem vom Organisationsrecht in das im konkreten Streitfall anwendbare materielle Recht. Bei der einzelfallbezogenen, trennscharfen Grenzziehung zwischen legislativem Gestaltungsanspruch und gerichtlicher Normenkontrollkompetenz entsteht das unter anderem von Winfried Brugger und Hans Vorländer beschriebene[196], sich einer näheren normativen Durchdringung anscheinend entziehende „Beziehungsmuster"[197] zwischen Demokratie und Konstitutionalismus, das ganz wesentlich durch den richterlichen Verfassungsrechtsanwender gestaltet

---

[192] Vgl. *J. Riecken*, Verfassungsgerichtsbarkeit in der Demokratie, 2003, S. 277 („Wo die Grenzen der Verfassungsgerichtsbarkeit liegen, läßt sich aus dem Grundgesetz nicht einfach ‚ablesen'.").

[193] Siehe *B. Schlink*, FS BVerfG, Bd. II, hrsg. von P. Badura und H. Dreier, 2001, S. 462.

[194] *L. Barroso*, 67 Am. J. Comp. L. 143 (2019).

[195] Zu diesem Begriff erläutert *L. Barroso*, 67 Am. J. Comp. L. 134 (2019): "The term "enlightenment" is used in this Article to describe humanist reason that drives the civilizing process and pushes history toward social progress and the liberation of women and men."

[196] Siehe die Zitate oben Fn. 86, 87 und begleitenden Text.

[197] *W. Höfling*, Der Staat 33 (1994), S. 493.

wird. Denn die Kompetenz-Kompetenz liegt, zumindest de facto, bei demjenigen, der die Letztentscheidungsbefugnis ausübt, also bei demjenigen, der bei der Norminterpretation die Deutungshoheit innehat[198].

Die Handhabung desjenigen Bestimmungsfaktors, der in der Theorie die Kompetenzverteilung zwischen Politik und normenkontrollierender Justiz reguliert, bereitet auf einer rein analytischen Ebene zunächst kaum Schwierigkeiten. Die Bestimmung der sogenannten Kontrolldichte dient dem Gericht aus der Innenperspektive zur Entscheidungsfindung, von außen betrachtet sorgt die Definition der Kontrolldichte für die notwendige Kompetenzabgrenzung gegenüber dem politischen Prozess. Wenn nun die Kontrolldichte wesentlich durch den Kontrollmaßstab – die im Einzelfall entscheidungserheblichen Normen der Verfassung – gesteuert wird, sollte daraus eigentlich folgen, dass der Prüfungsumfang von der Regelungsdichte der Verfassung abhängt, einer inhaltlich offenen Maßstabsnorm also ein weiter legislativer Entscheidungsspielraum entspricht und umgekehrt dort, wo die Maßstabsnormen eine hohe Regelungsdichte aufweisen, der Entscheidungsspielraum der Gesetzgebung sich entsprechend verringert. Dem ist in der Praxis bekanntlich nicht so, jedenfalls soweit der Blick auf die inhaltlich offenen Normen fällt. Die Grenzen der Justitiabilität der Verfassung sind eben nicht dort erreicht, wo ihre Normativität infolge der Vagheit einzelner Vorschriften ‚prekär'[199] zu werden droht. Nach dem oben zur Entgrenzung der Verfassungsauslegung Gesagten lassen sich die deutungsoffenen Vorschriften der Verfassung im Wege der Interpretation inhaltlich anreichern oder ‚konkretisieren', normativ verdichten, mit der Folge, dass ein – bei Betrachtung allein des Maßstabs – bestehender legislativer Gestaltungsspielraum erheblich schrumpfen kann. „Eine geringe Normdichte zieht also nicht zwingend eine verminderte Kontrolldichte nach sich."[200] Hat man dieses inzwischen offenkundige Problem des Auseinanderfallens von Norm- und Kontrolldichte[201] auf einer analytischen Ebene erkannt, muss man es allerdings auf einer normativen Ebene auflösen, und man begegnet dabei wiederum dem bereits angesprochenen Spannungsfeld zwischen Demokratie und Konstitutionalismus.

---

[198] *Ch. Hillgruber*, AöR 127 (2002), S. 460 (472).
[199] Begriff der „prekären Normativität" in anderem Zusammenhang bei *U. Haltern*, Was be-deutet Souveränität?, 2007, S. 77 ff.
[200] *W. Heun*, FS BVerfG, Bd. I, hrsg. von P. Badura und H. Dreier, 2001, S. 615 (630 f.); *M. Brenner*, AöR 120 (1995), S. 248 (255 f.) („Die verfassungsgesetzliche Normdichte wird gleichsam von der verfassungsgerichtlichen Interpretationsprärogative überlagert.").
[201] Siehe etwa *M. Raabe*, Grundrechte und Erkenntnis, 1998, S. 147 ff.; *J. Riecken*, Verfassungsgerichtsbarkeit in der Demokratie, 2003, S. 439.

C. Grenzen der Verfassungsgerichtsbarkeit

Über die Kompetenzgrenzen der Verfassungsgerichtsbarkeit ist bereits ausgiebig diskutiert worden. Nicht weniger als dreimal haben sich die Staatsrechtslehrer auf ihren Jahrestagungen mit der Thematik befasst[202], unzählige Monographien und Aufsätze aus allen Epochen der jüngeren deutschen Verfassungsgeschichte dokumentieren historische Tragweite, Bedeutung und Brisanz der traditionell unter dem Stichwort des richterlichen Prüfungsrechts erörterten Problemstellung[203]. Die „Kompetenzverteilung zwischen dem parlamentarischen Gesetzgeber und dem Bundesverfassungsgericht ist in der Bundesrepublik stets unsicher gewesen"[204]. Mag die Kontroverse über die Grenzen der Verfassungsgerichtsbarkeit in den letzten Jahren vergleichsweise ruhig verlaufen sein, hat sie durch eine Reihe spektakulärer Entscheidungen des Bundesverfassungsgerichts aus der jüngeren Vergangenheit erneut an Fahrt aufgenommen. In einigen mehr oder weniger bedeutsamen Fällen hat das Gericht die oben ausgeführte Kritik, wonach es bisweilen dazu neigt, in Kompetenzbereiche der Gesetzgebung überzugreifen, ein um das andere Mal bestätigt, indem es Akte der Bundes- und Landesgesetzgebung mit plausiblen Argumenten für verfassungswidrig erklärt hat, ohne dass sich diese Entscheidungen in ihrer Begründung als wirklich zwingend erwiesen hätten. Beispiele sind die Entscheidungen zum landesrechtlichen Nichtraucherschutz[205], zur Pendlerpauschale[206], zur Grundsicherung für Arbeitssuchende[207] („Hartz IV") und zur einkommensteuerrechtlichen Gleichstellung von eingetrage-

---

[202] Wien 1928 („Wesen und Entwicklung der Staatsgerichtsbarkeit"), München 1950 („Die Grenzen der Verfassungsgerichtsbarkeit"), Innsbruck 1980 („Die Verfassungsgerichtsbarkeit im Gefüge der Staatsfunktionen") – implizit neben anderen auch etwa Freiburg 1961 („Prinzipien der Verfassungsinterpretation").

[203] Vgl. bereits oben, Vorbemerkung, Fn. 2 f. – Der Begriff des richterlichen Prüfungsrechts ist historisch gewachsen, siehe aus der zeitgenössischen deutschen Literatur *E. von Hippel*, Das richterliche Prüfungsrecht, in: G. Anschütz/R. Thoma (Hrsg.), Handbuch des Deutschen Staatsrechts, Bd. II, 1932, § 99; *W. Jellinek*, FS Laun, hrsg. von C. Hernmarck, 1948, S. 269; vgl. Reichsgericht, Urteil vom 4. November 1925 – V 621/24 –, RGZ 111, 320 (323); siehe aus der Sekundärliteratur *H.-G. Dederer*, in: Th. Maunz/G. Dürig (Begr.), GG, Stand Aug. 2019, Art. 100 Rn. 1; *Ch. Gusy*, Richterliches Prüfungsrecht, 1985, S. 7 ff.; *H. Maurer*, DÖV 1963, S. 683 (684); *R. Ogorek*, ZNR 11 (1989), S. 12 (14 f.); zur Kritik an der „Unschärfe" des Begriffs *N. Herrmann*, Entstehung, Legitimation und Zukunft, 2001, S. 15, dort mit Fn. 4. Aus heutiger Sicht wäre es sicherlich angebracht, von richterlicher Prüfungs- und Verwerfungskompetenz oder von gerichtlicher Normenkontrollkompetenz zu sprechen. Dass es sich bei der richterlichen Normenkontrolle um eine Befugnis – und nicht um ein subjektives Recht – handelt, liegt auf der Hand.

[204] *Ch. Gusy*, Parlamentarischer Gesetzgeber und Bundesverfassungsgericht, 1985, S. 1.

[205] BVerfGE 121, 317.

[206] BVerfGE 122, 210.

[207] BVerfGE 125, 175.

nen Lebenspartnerschaften mit der Ehe[208]. Diese Entscheidungen haben dem Gericht teils heftige Kritik eingebracht – nicht nur aus politischer Frustration bezogen auf die entschiedene Sachfrage heraus, sondern aufgrund handfester kompetenzrechtlicher Bedenken[209]. Die Forderung, das Gericht möge sich wieder mehr Zurückhaltung auferlegen, erscheint vor dem Hintergrund der genannten Entscheidungen nur allzu nachvollziehbar[210].

Über die schlichte Forderung nach einem Mehr an richterlicher Zurückhaltung hinaus sind bereits zahlreiche theoretische Modelle in der Absicht entwickelt worden, eine schärfere Grenze zwischen den Kompetenzsphären der Gesetzgebung und der Verfassungsgerichtsbarkeit einzuziehen. Am bekanntesten sind die sog. „funktionell-rechtlichen" und „materiell-rechtlichen" Ansätze. Während der funktionell-rechtliche Ansatz die Grenzen aus der staatsorganisationsrechtlichen Stellung eines Verfassungsgerichts als Gericht im gewaltenteiligen System heraus definieren will, beschränkt sich der materielle Erklärungsansatz – vereinfacht ausgedrückt – auf die (zweifelhafte) Einsicht, dass verfassungsgerichtliches Entscheiden nur, und nur durch die einschlägigen Verfassungsnormen determiniert werde. Mit anderen Worten hängen die Grenzen der Verfassungsgerichtsbarkeit nach dem materiell-rechtlichen Ansatz von der Regelungsdichte der Verfassung ab[211]. Darauf, dass dieser Ansatz rasch an Grenzen stößt, ist oben bereits hingewiesen worden[212].

Vielfach werden die hinter den genannten Ansätzen stehenden Gedanken miteinander kombiniert. Die heute in der wissenschaftlichen Literatur wohl überwiegende Meinung hat sich auf einen Kompromiss verständigt und will das kompetentielle Beziehungsmuster zwischen Gesetzgebung und Verfassungsrechtsprechung, mal mehr zum funktionell-rechtlichen, mal mehr zum materiell-rechtlichen Ansatz tendierend, in seiner Gesamtheit als „offenes System"[213] begreifen. Dabei sind die Überlegungen, die in Rechtsprechung

---

[208] BVerfGE 133, 377.
[209] *E. Haas*, FS Landwehr, hrsg. von F. Drecktrah u. D. Willoweit, 2016, S. 443; *B. Rüthers*, Wer herrscht über das Grundgesetz?, FAZ Nr. 268 vom 18. November 2013, S. 7, der sich, bezogen auf BVerfGE 133, 377 ff., die Frage stellt: „Wer hat die politische Gestaltungs- und Normsetzungsmacht im demokratischen Rechtsstaat? Das Parlament oder das Bundesverfassungsgericht?".
[210] Vgl. aus der Literatur etwa *Ph. Dann*, Der Staat 49 (2010), S. 630 (642); *B. Grzeszick*, VVDStRL 71 (2012), S. 49 (63); *O. Lepsius*, JZ 2009, S. 260 (261); *Ch. Möllers*, Legalität, Legitimität und Legitimation, in: M. Jestaedt u. a., Das entgrenzte Gericht, 2011, S. 386; deutlich bereits *W. Hoffmann-Riem*, DVBl. 1999, S. 657 (667); *A. Scherzberg*, DVBl. 1999, S. 356 (366).
[211] Siehe zur Diskussion näher *K. Schlaich/S. Korioth*, Bundesverfassungsgericht, 11. Aufl. 2018, S. 385 ff., m. w. N.
[212] Siehe oben, Text bei Kapitel 1, Fn. 197 ff.
[213] *H.-P. Schneider*, NJW 1980, S. 2111; *K. Schlaich/S. Korioth*, Bundesverfassungsge-

und Literatur zur näheren Entfaltung der Beschaffenheit dieses – möglicherweise euphemistisch so bezeichneten – offenen „Systems" angestellt werden, rechtsvergleichend informiert. Die deutsche Literatur kennt die einschlägigen Topoi, die in der amerikanischen Debatte diskutiert werden. Gemeint sind die aus der US-amerikanischen Verfassungsrechtslehre überlieferten Begriffe des judicial restraint[214] und – damit nahezu untrennbar verknüpft[215] – der political question doctrine[216]. Nicht nur die Spezialliteratur hat sie zur Kenntnis genommen, auch in vielen Standardwerken werden sie zumindest beiläufig angesprochen[217]. Sogar das Bundesverfassungsgericht hat sich in den 1970er Jahren aus Anlass der Grundlagenvertrags-Entscheidung des zweiten Senats ausdrücklich zum judicial (self-)[218] restraint be-

---

richt, 11. Aufl. 2018, S. 387; *A. Voßkuhle*, in: H. von Mangoldt/F. Klein/Ch. Starck (Begr.), GG, Bd. III, 7. Aufl. 2018, Art. 93 Rn. 42.

[214] *J. Nowak/R. Rotunda*, Constitutional Law, 8. Aufl. 2010, S. 13; siehe ferner *H. J. Abraham*, The Judicial Process, 7. Aufl. 1998, S. 385 ff.; *J. Daley*, in: T. Campbell/J. Goldsworthy (Hrsg.), Judicial Power, Democracy and Legal Positivism, 2000, S. 279 ff.; *M. A. Graber*, New Introduction to American Constitutionalism, 2013, S. 104 ff.; *E. T. Lee*, Judicial Restraint in America, 2011; *D. Luban*, 44 Duke L.J. 450–461 (1994); *S. A. Lindquist/F. B. Cross*, Measuring Judicial Activism, 2009, S. 141 ff.; *R. A. Posner*, 59 Ind. L.J. 1–24 (1983); *ders.*, The Federal Courts, 1985, S. 198–222; *ders.*, 100 Calif. L. Rev. 520–521 (2012); *Z. Shemtob*, 21 B.U. Int. L.J. 61–84 (2011); *J. C. Wallace*, 50 Geo. Wash. L. Rev. 1–16 (1981); *J. H. Wilkinson III*, Cosmic Constitutional Theory, 2012, S. 104 ff.; *J. E. Wyszynski, Jr.*, 1989 Det. C.L. Rev. 121–129; siehe außerdem die Beiträge bei S. C. Halpern/C. M Lamb (Hrsg.), Supreme Court Activism and Restraint, 1982.

[215] *G. F. Schuppert*, DVBl. 1988, S. 1191; siehe außerdem *Th. Millet*, 23 Santa Clara L. Rev. 759 (1983); *D. Novak*, in: S. C. Halpern/C. M Lamb (Hrsg.), Supreme Court Activism and Restraint, 1982, S. 77 f., der die gerichtliche Vermeidung solcher „politischer" Fragen, die besser durch den demokratischen Prozess zu entscheiden seien, als eines von vier Kernelementen des judicial restraint-Gedankens bezeichnet.

[216] Siehe *R. E. Barkow*, 102 Colum. L. Rev. 237–336 (2002); *J. Nowak/R. Rotunda*, Constitutional Law, 8. Aufl. 2010, S. 125 ff.; *N. Feldman/K. M. Sullivan*, Constitutional Law, 20. Aufl. 2019, S. 59 ff.; *L. Tribe*, American Constitutional Law, 3. Aufl. 2001, S. 365 ff.; kritisch bis ablehnend *E. Chemerinsky*, Principles and Policies, 5. Aufl. 2015, S. 135 ff.; *R. B. Jackson*, 44 U. Colo L. Rev. 501 (1973) ("fundamentally at odds with the notion of checks and balances"); *M. S. Paulsen*, 83 Minn. L. Rev. 1377–1378 (1999) ("free-form principle of pseudo-restraint"); *M. H. Redish*, 79 Nw. U. L. Rev. 1059–1061 (1985).

[217] Siehe die Nachweise unten, Fn. 252.

[218] In der deutschen Verfassungsrechtsprechung (siehe nachf. Fn. 219) und „Rezeptionsliteratur" (vgl. etwa *K. Schlaich/S. Korioth*, Bundesverfassungsgericht, 11. Aufl. 2018, S. 385) ist überwiegend von judicial „self"-restraint die Rede. Das birgt insoweit die Gefahr eines Missverständnisses, als „self"-restraint statt auf eine heteronome, d.h. verfassungsrechtlich gesollte, auf eine autonom auferlegte Zurückhaltung hindeutet (vgl. *K. Lange*, Jus 1978, S. 1 f. [„Zurückhaltung des BVerfG gegenüber dem Spiel der politischen Kräfte ist ... verfassungsrechtlich geboten; sie ist darüber hinaus ein Gebot der Klugheit, wenn die Autorität des Gerichts nicht zerschlissen werden soll."]; aus der US-Literatur siehe etwa *J. C. Wallace*, 50 Geo. Wash. L. Rev 1 [1981] ["judicial restraint is dictated by the Con-

kannt[219], wenngleich zeitgenössische Kommentatoren eher dazu geneigt haben, die Grundlagenvertragsentscheidung als Ergebnis richterlichen Aktivismus zu beurteilen[220].

D. Die ‚ewige' Frage nach den Grenzen der Verfassungsgerichtsbarkeit in Amerika

Der in Amerika vor allem unter Juristen und Politikern über die Grenzen der Verfassungsgerichtsbarkeit geführte Streit dauert mittlerweile über mehr als zwei Jahrhunderte an. Die schiere Dauer der Kontroverse verkompliziert die Sache. Überlegungen zur Reichweite des richterlichen Prüfungsrechts und zum judicial restraint-Gedanken können sich nicht allein auf den gegenwärtigen Diskussionsstand im amerikanischen Verfassungsrecht beschränken. Sie kommen, schon aufgrund der Vielzahl an historischen Referenzen im gegenwärtigen amerikanischen Diskurs, ohne die Verfassungsgeschichte nicht aus:

"The role-specific norm dictating that Justices entertaining constitutional challenges to federal statutes should accord *some* degree of deference to those statutes or their underlying legislative judgments has a rich historical pedigree, extending back to the roots of judicial review within the American constitutional scheme."[221]

---

stitution"]). – Die Kritik bei *K. Chryssogonos*, Verfassungsgerichtsbarkeit, 1987, S. 174; *K. Hesse*, JöR N.F. 46 (1998), S. 1 (14); *Ch. Starck*, in: J. Isensee/P. Kirchhof (Hrsg.), HStR XII, 3. Aufl. 2014, § 271 Rn. 16; *G. F. Schuppert*, DVBl. 1988, S. 1191 ff.; *R. Zuck*, JZ 1974, S. 361 (365 f.) zielt u. a. in diese Richtung. Um das Missverständnis zu vermeiden, wird hier ausschließlich der Begriff „judicial restraint" verwendet. Das entspricht wohl auch eher dem (allerdings auch nicht einheitlichen) Sprachgebrauch in der US-Literatur (siehe oben Fn. 214).

[219] BVerfGE 35, 257 (262); BVerfGE 36, 1 (14) – Grundlagenvertrag („Der Grundsatz des judicial self-restraint, den sich das Bundesverfassungsgericht auferlegt..."). Außerdem wird judicial (self-)restraint nicht selten in Sondervoten als Argumentationstopos herangezogen; siehe Sondervotum *W. Rupp-von Brüneck/H. Simon*, BVerfGE 39, 1 (68 [69 f.]) – Schwangerschaftsabbruch I; Sondervotum *M. Hirsch*, BVerfGE 48, 127 (185 [201]) – Wehrpflichtnovelle; Sondervotum *E.-W. Böckenförde*, BVerfGE 93, 121 (149 [151]) – Einheitswerte II; Sondervotum *E. Haas*, BVerfGE 115, 320 (371 [381]) – Rasterfahndung II; Sondervotum *W. Schluckebier*, BVerfGE 125, 260 (364 [373]) – Vorratsdatenspeicherung; Sondervotum *U. Di Fabio/R. Mellinghoff*, BVerfGE 129, 300 (346 [351]) – Fünfprozenthürde Europawahlrecht.

[220] So jedenfalls *S. Fischbach*, Verfassungsgerichtliche Kontrolle der Bundesregierung, 2011, S. 135; vgl. *A. Rinken*, in: Alternativkommentar GG, 2. Aufl. 1989, vor Art. 93 Rn. 92; zu einer zeitgenössischen Beurteilung siehe *M. Kriele*, NJW 1976, S. 777 (780).

[221] *E. H. Caminker*, 78 Ind. L.J. 80 (2003) (Hervorhebung dort); vgl. auch *Th. C. Grey*, 27 Stan. L. Rev. 705 (1975); ähnlich *Ch. M. Lamb*, in: S. C. Halpern/Ch. M. Lamb (Hrsg.), Supreme Court Activism and Restraint, 1982, S. 7 ("[J]udicial restraint on the U.S. Su-

US-amerikanische Juristen haben sich mit der für sie praxisrelevanten Frage nach den Grenzen der Verfassungsrechtsprechung bereits seit mehr als zwei Jahrhunderten auseinandergesetzt. Streng genommen reicht die Diskussion über die Normenkontrollkompetenzen der amerikanischen Gerichte sogar noch weiter zurück, nämlich bis in die Zeit vor der Amerikanischen Revolution. Jedoch erst mit der wegweisenden *Marbury*-Entscheidung des U.S. Supreme Court ist das (ungeschriebene) richterliche Prüfungsrecht – wenn man der wohl überwiegenden Lehrmeinung an dieser Stelle zunächst einmal folgen will – integraler Bestandteil der US-amerikanischen Verfassungsordnung geworden. *Marbury* hat die „große verfassungsrechtliche Frage"[222] nach dem Bestehen der richterlichen Normenkontrollkompetenz im Jahre 1803 vermeintlich[223] geklärt. Jedoch wurde postwendend die nächste und ungleich schwieriger, weil nicht einfach mit ‚ja' oder ‚nein' zu beantwortende Frage danach aufgeworfen, wie das richterliche Prüfungsrecht denn überhaupt praktisch zu handhaben sei:[224] *Marbury* hat demnach nicht nur das

---

preme Court is no ephemeral development. Indeed, it is practically as old as the nation itself."); *Z. Shemtob*, 21 B.U. Pub. Int. L.J. 62 (2011) ("long political and academic pedigree"). – Vgl. aus der frühen Rechtsprechung der US-Bundesgerichte etwa *Hylton v. United States*, 3 U.S. (3 Dall.) 171, 174 (1796) (Chase, J.) (zu diesem Fall unten Kapitel 3, Fn. 588, Kapitel 4, 206 ff., und begleitenden Text); *United States v. Ravara*, 2 U.S. (2 Dall.) 297, 298 (C.C.D. Pa. [= United States Circuit Court for the District of Pennsylvania] 1793) (Wilson, J.); *Calder v. Bull*, 3 U.S. (3 Dall.) 386, 399 (1798) (Iredell, J.) (dazu unten Kapitel 4, Fn. 235 ff. und begleitenden Text); *Cooper v. Telfair*, 4 U.S. (4 Dall.) 14, 18 (1800) (Washington, J.) (zu diesem Fall siehe unten Kapitel 4, Text bei Fn. 405 ff.).

[222] *S. Breyer*, America's Supreme Court, 2010, S. 20 ("great constitutional question of judicial review"). Die Kennzeichnung als ‚the great constitutional question' lässt sich schon in einem Briefwechsel zwischen einem gewissen Edmund Pendleton (zu Pendleton noch unten Kapitel 4, Fn. 36 ff. und begleitenden Text) und James Madison aus dem Jahr 1782 (bezogen auf das Verfassungsrecht des Staates Virginia) nachweisen. Siehe Brief von Edmund Pendleton an James Madison vom 8. November 1782, in: D. Mays (Hrsg.), The Letters and Papers of Edmund Pendleton, Bd. II, 1967, S. 428.

[223] In den letzten Jahrzehnten sind einige Arbeiten erschienen, die die traditionelle Ansicht in Zweifel ziehen, wonach die *Marbury*-Entscheidung judicial review in der Form legitimiere, wie es heute durch den U.S. Supreme Court praktiziert wird; siehe dazu *R. L. Clinton*, Marbury v. Madison, 1989, S. 48 ff., 166 ff., *J. M. Sosin,* Aristocracy, 1989; *Ch. Wolfe*, Rise of Modern Judicial Review, 2. Aufl. 1994; *J. M. O'Fallon*, 44 Stan. L. Rev. 219 (1992); *L. D. Kramer*, 115 Harv. L. Rev. 5–169 (2001); *ders.*, People Themselves, 2004. Die teils durchaus beachtlichen Thesen dieser „revisionistischen" (so *J. N. Rakove*, 49 Stan. L. Rev. 1037 [1997]; *G. S. Wood*, 56 Wash. & Lee L. Rev. 788 [1999]; vgl. *D. Alfange*, 1993 Sup. Ct. Rev. 329–330; *K. E. Whitthington*, 97 Geo. L.J. 1286 [2009]) Autoren laufen in jeweils unterschiedlichen Abstufungen darauf hinaus, dass es weder die Schöpfer der US-Bundesverfassung, noch John Marshall, Berichterstatter in *Marbury*, im Sinn gehabt hätten, ein richterliches Prüfungsrecht moderner Prägung im Verfassungsrecht zu verankern.

[224] Vgl. hierzu auch *K. Roosevelt III/H. Khan*, 34 Const. Comment. 266 (2019).

richterliche Prüfungsrecht erschaffen. Die Entscheidung markiert zudem den Anbeginn der Auseinandersetzung über die ‚richtige' Methode der Verfassungsinterpretation. Das ist das eigentlich Historische an der Entscheidung.[225] Will man Bernd Rüthers zustimmen, wenn er feststellt, juristische Methodenfragen seien Machtfragen, seien Verfassungsfragen[226], dann hat *Marbury* aus heutiger Sicht zugleich den Anstoß gegeben für die Kontroverse über die aus der Methodendiskussion sich zwangsläufig ergebenden funktionell-rechtlichen Anschlussfragen[227]. Seither ist in dieser Sache keine Einigung erzielt worden.

Geradezu typisch für die amerikanische Verfassungspraxis des 20. und beginnenden 21. Jahrhunderts und in klarem Widerspruch zur amerikanischen Verfassungsgeschichte des späten 18. und frühen 19. Jahrhunderts (Kapitel 2–5) erscheint die vielzitierte und gleichermaßen apodiktisch wie anmaßend daherkommende, wenn auch nicht ganz unzutreffende Bemerkung des Gouverneurs des Staates New York und späteren Vorsitzenden Richters am U.S. Supreme Court Charles Evan Hughes aus dem Jahr 1907:

"We are under a constitution, but the constitution is what the judges say it is."[228]

In der gleichen Epoche sind aber auch – bis heute rezipierte – Arbeiten entstanden, die sich mit einem derart schlichten Verständnis von Verfassung, Normativität und Justitiabilität nicht begnügen mochten. Hervorzuheben sind an dieser Stelle zwei Autoren: der Rechtswissenschaftler James Bradley

---

[225] Ähnlich *B.-O. Bryde*, in: J. Hesse u. a. (Hrsg.), Verfassungsrecht und Verfassungspolitik in Umbruchsituationen, 1999, S. 197 (198).

[226] *B. Rüthers*, NJW 2005, S. 2759 (2761); siehe noch unten, Text bei Kapitel 3, Fn. 849.

[227] Vgl. *E. T. Lee*, Judicial Restraint in America, 2011, S. 1 ("Marbury v. Madison is widely regarded as the case that established judicial review in the United States. But it is also the case that established judicial restraint, and its author, Chief Justice John Marshall, accomplished both with a single stroke."); ähnlich *J. E. Wyszynski, Jr.*, 1989 Det. C.L. Rev. 122 ("The debate then [post Marbury] shifted to what constituted the proper limits of judicial interpretation."); *R. Berger*, Congress v. The Supreme Court, 1969, S. 337 ("Today the battleground has moved away from the existence of the power [of judicial review] to the criteria of its exercise."). Siehe auch, wenngleich in anderem historischen Kontext als Berger, Lee und Wyszynski, *L. D. Kramer*, 100 Calif. L. Rev. 632 (2012) ("But now, with the argument over who had interpretive authority settled in favor of the judges, the question how to interpret gained new significance."). Bezogen auf die Entstehung der Normenkontrolle in Deutschland kommt Hans Boldt zu einer ganz ähnlichen Einschätzung wie Raoul Berger, siehe *H. Boldt*, in: U. Müßig (Hrsg.), Konstitutionalismus und Verfassungskonflikt, 2006, S. 227 (252).

[228] *Ch. E. Hughes*, Speech Before the Elmira Chamber of Commerce, May 3, 1907, in: Papers of Charles Evan Hughes, hrsg. von J. G. Schurman, 1908, S. 133 (139).

Thayer[229] und der Richter Learned Hand[230], die den judicial restraint-Gedanken in ihren Schriften wirkmächtig verbreitet haben[231]. Handfest und praktisch wurde die Lehre von der richterlichen Zurückhaltung zu Beginn des 20. Jahrhunderts in (Sonder-)Voten der Richter Oliver Wendell Holmes, Jr.[232], Louis D. Brandeis[233] und Felix Frankfurter[234], wobei insbesondere Frankfurters Doktrin von dem Gedanken getragen war, dass das Demokratieprinzip und eine aktive Rolle der Justiz bei der Normenkontrolle inkompatibel seien[235]. Begrifflich abgebildet wird judicial restraint in der Rechtsprechung des U.S. Supreme Court als terminus technicus zum ersten Mal[236] in einer abweichenden Meinung des Richters Harlan Fiske Stone aus

---

[229] *J. B. Thayer*, The Origin and Scope of the American Doctrine of Constitutional Law, 7 Harv. L. Rev. 129, 144–148 (1893) ("The judicial function is merely that of fixing the outside border of reasonable legislative action... The Constitution does not impose upon the legislature any one specific opinion, but leaves open this range of choice; ... whatever choice is rational is constitutional.").

[230] Insbesondere *L. Hand*, The Bill of Rights, 1958, S. 56 ff.; vgl. *G. Gunther*, Learned Hand. The Man and the Judge, 1994, S. 51.

[231] Siehe zu Thayer bzw. zur „Thayer-Schule" etwa *M. Tushnet*, Taking the Constitution Away from the Courts, 1999, S. 57 ("Thayer advocated what we now would call a theory of judicial restraint"); außerdem *M. Kriele*, Der Staat 4 (1965), S. 195 (208); *H. P. Monaghan*, 83 Colum. L. Rev. 7 n. 35 (1983); *W. Mendelson*, 31 Vand. L. Rev. 71–87 (1978); *R. A. Posner*, 100 Calif. L. Rev. 519–556 (2012); *G. E. White*, 88 Nw. U. L. Rev. 48–49 (1993) ("[Thayer was] applauded as a prescient exemplar of judicial self-restraint"); *H. Steinberger*, Konzeption und Grenzen, 1974, S. 358; *J. H. Wilkinson III*, 95 Va. L. Rev. 323 (2009); kritisch vor allem zu Posners Einschätzung *L. D. Kramer*, 100 Calif. L. Rev. 621–634 (2012); aus der älteren Literatur *S. Gabin*, 3 Hastings Const. L.Q. 961–1014 (1976); *A. Mason*, 81 Pol. Sci. Q. 540 (1966), der Thayer als „Paten" der judicial restraint-Doktrin bezeichnet.

[232] Etwa *Lochner v. New York*, 198 U.S. 45, 75–76 (1905) (Holmes, J., dissenting); *Adkins v. Children's Hospital*, 261 U.S. 525, 567–571 (1923) (Holmes, J., dissenting); siehe zum judicial restraint bei Holmes *E. R. Kidwell*, 62 Alb. L. Rev. 118–124 (1998); *Z. Shemtob*, 21 B.U. Pub. Int. L.J. 70 (2011); *F. Kellog*, 36 J. Marshall L. Rev. 457, et passim (2003).

[233] Siehe etwa *New State Ice Co. v. Liebman*, 285 U.S. 262, 310–311 (1932) (Brandeis, J., dissenting); vgl. auch die Hinweise bei *E. Fraenkel*, Louis Brandeis – Reformator der Demokratie, 1957, S. 260 ff.

[234] Vgl. aus Frankfurters Voten *West Virginia v. Barnette*, 319 U.S. 624, 646–671 (1943) (Frankfurter, J., dissenting); *Dennis v. United States*, 341 U.S. 494, 525, 539 (1951) (Frankfurter, J., concurring) ("Primary responsibility for adjusting the interests which compete in the situation before us of necessity belongs to the Congress... [W]e are not legislators."); zur Charakterisierung Frankfurters als „restrainist" siehe *B. Friedman*, Will of the People, 2009, S. 239 f.; *Ph. B. Kurland*, Frankfurter and the Constitution, 1971, S. 5; *H. J. Spaeth*, Midwest Journal of Political Science 8 (1964), S. 22 (23) ("Synonymous with the concept of judicial restraint is the name of Justice Frankfurter").

[235] *Th. Halper*, 7 Brit. J. Am. Legal Stud. 133 (2018).

[236] So *S. C. Brubaker*, in: K. L. Hall u. a. (Hrsg.), Supreme Court, 1992, S. 470 (471).

D. Die ‚ewige' Frage nach den Grenzen der Verfassungsgerichtsbarkeit 49

dem Jahr 1936[237]. In ‚jüngerer' Vergangenheit – das heißt: nach der New Deal-Epoche – haben insbesondere Alexander Bickel[238,239] (ein Schüler des Richters Frankfurter[240]) und John Hart Ely[241] die Diskussion um das Ausmaß der verfassungsgerichtlichen Normenkontrollkompetenz des U.S. Supreme Court mit ihren vielzitierten Monographien „The Least Dangerous Branch" (1962) und „Democracy and Distrust" (1980) bestimmt[242]. In ihren Schriften haben sie sich um die Entwicklung einer demokratierechtlich reflektierten Theorie des richterlichen Prüfungsrechts bemüht. Bickel hat das Problem auf die oben bereits erwähnte sog. „counter-majoritarian difficulty"[243] heruntergebrochen; er meint mit diesem etwas sperrigen Begriff das undemokratische, in der ‚gegenmehrheitlichen' Aufhebung eines Legislativakts durch die Justiz sich äußernde Wesen des richterlichen Prüfungsrechts. Während Bickel insgesamt für mehr Zurückhaltung bei der Handhabung des richterlichen Prüfungsrechts plädiert[244,245], dabei aber angesichts der für ihn tagesaktuellen Rassentrennungsdebatte der 50er und 60er Jahre den radikalen[246] Nihilismus eines James Bradley Thayer überwinden will[247], arbeitet Ely in seiner Abhandlung einen prozeduralen Ansatz für die Verfassungsinterpretation her-

---

[237] *United States v. Butler*, 297 U.S. 1, 79 (1936) (Stone, J., dissenting).

[238] *A. Bickel*, The Least Dangerous Branch. The Supreme Court at the Bar of Politics, 1962.

[239] *B. Ackerman*, 93 Yale L.J. 1014 (1984) bezeichnet Bickel als „spokesman-in-chief for a school of thought that emphasizes the importance of judicial restraint".

[240] Siehe zu den engen persönlichen Beziehungen der judicial restraint-Theoretiker der ersten Hälfte des 20. Jahrhunderts *D. Luban*, 44 Duke L.J. 451–452 (1994), der berichtet, das klassische judicial restraint-Konzept entstamme einer „intellectual *Gemeinschaft* almost unparalleled in the history of juridical ideas".

[241] *J. H. Ely*, Democracy and Distrust. A Theory of Judicial Review, 1980.

[242] Nach der Einschätzung *K. Meßerschmidts*, Gesetzgebungsermessen, 2000, S. 635, handelt es sich bei den Arbeiten Bickels und Elys um die in den USA „meistdiskutierten Monographien über die Verfassungsgerichtsbarkeit".

[243] Siehe *A. Bickel*, Least Dangerous Branch, 1962, S. 16–23; und oben, Fn. 83 mit begleitendem Text; nach *B. Friedman*, 73 N.Y.U. L. Rev. 334 (1998), ist die countermajoritarian difficulty „the central obsession of modern constitutional scholarship". Aus dem jüngeren US-Schrifttum *E. T. Lee*, Judicial Restraint in America, 2011, S. 196 ff.; *S. B. Prakash/J. C. Yoo*, 70 U. Chi. L. Rev. 894 (2003); kritisch zur Argumentationsfigur der countermajoriatrian difficulty etwa *R. W. Bennett*, 95 Nw. U. L. Rev. 845 (2001); *D. Luban*, 44 Duke L.J. 456 (1994); aus der deutschen Literatur *W. Brugger*, Öffentliches Recht der USA, 2. Aufl. 2001, S. 12; *ders.*, Der Staat 39 (2000), S. 425 (426); *K. Meßerschmidt*, Gesetzgebungsermessen, 2000, S. 611 ff., 632 ff.

[244] Vgl. *A. Bickel*, Least Dangerous Branch, 1962, S. 23 f., 68 ff., et passim.

[245] So die Einschätzung bei *M. D. Adler*, 145 U. Pa. L. Rev. 760 (1997); *N. Feldman/K. M. Sullivan*, Constitutional Law, 20. Aufl. 2019, S. 27 ("overarching commitment to judicial restraint"); siehe aber auch *G. E. White*, 89 Va. L. Rev. 1565 (2003).

[246] *J. McGinnis*, 84 Geo. Wash. L. Rev. 843 (2016).

[247] Vgl. *A. Bickel*, Least Dangerous Branch, 1962, S. 35 ff., 69.

aus. Er tritt für ein Konzept namens „representation reinforcement"[248] ein. Dieses Konzept gestattet den Gerichten dort, wo der politische Prozess durch Repräsentationsdefizite gestört ist, eine aktivistischere Ausübung der Normenkontrollkompetenz – allerdings nur, um die festgestellten Repräsentationsdefizite wieder auszugleichen[249]. Bickel und Ely sind und waren die bekanntesten Vertreter einer judicial review-kritischen Verfassungstheorie. Die amerikanische akademische Diskussion über das richterliche Prüfungsrecht tendiert daher, nachhaltig durch Bickel und Ely beeinflusst, insgesamt eher in Richtung des Ziels der „Demokratieoptimierung". Ergebnis oder auch nur Korollarium dieser Bemühungen ist ein minimalistisches Verfassungsverständnis[250]. Berücksichtigt man den enorm hohen Stellenwert, der der US-amerikanischen Bundesverfassung in der politischen Debatte und auch als nationales Symbol zukommt, mag dieser Befund zunächst verwunderlich erscheinen. Allerdings wäre es ein Fehler, von dem gewaltigen symbolischen Wert der Verfassung auf deren normativen Steuerungsanspruch zu schließen: Die Beobachtung, dass „Verfassungskult" und „Unbehagen an der Verfassungsgerichtsbarkeit" in den Vereinigten Staaten „zum Teil unvermittelt nebeneinander" stehen[251], trifft den Punkt ziemlich genau.

E. Der Argumentationstopos der richterlichen Zurückhaltung

Die US-amerikanische Diskussion über die Lehre von der richterlichen Zurückhaltung scheint eine gewisse Faszination auf deutsche Autoren auszuüben. Nichtsdestoweniger stößt das Leitbild der richterlichen Zurückhaltung in der deutschen Literatur nahezu durchgängig auf kategorische Ablehnung[252]. Das gilt in nochmals erhöhtem Maße für die political question doc-

---

[248] *J. H. Ely*, 37 Md. L. Rev. 451–487 (1978); *ders.*, Democracy and Distrust, 1980, S. 88.

[249] *J. H. Ely*, Democracy and Distrust, 1980, S. 73 ff., 87 ff., et passim; siehe zu Elys Ansatz auch etwa *S. Snowiss*, Judicial Review, 1990, S. 10 f.; *E. T. Lee*, Judicial Restraint in America, 2011, S. 201 ff., insbes. S. 204; *W. Brugger*, StWStP 4 (1993), S. 319 (333); *ders.*, Grundrechte und Verfassungsgerichtsbarkeit, 1987, S. 367 ff.

[250] *K. Meßerschmidt*, Gesetzgebungsermessen, 2000, S. 601.

[251] Siehe nochmals *K. Meßerschmidt*, Gesetzgebungsermessen, 2000, S. 601; vgl. *B. Ackerman*, 93 Yale L.J. 1014 (1984) ("the modern constitutional lawyer's ironical relationship to the Constitution"); anschaulich *E. Young*, in: M. Tushnet u. a. (Hrsg.), The Oxford Handbook of the U.S. Constitution, 2015, S. 843 ("one can love the constitution deeply while questioning nearly everything about it").

[252] Siehe etwa *E. Benda/E. Klein*, Verfassungsprozessrecht, 3. Aufl. 2012, Rn. 27; *H. Bethge*, in: Th. Maunz/B. Schmidt-Bleibtreu u. a. (Begr./Hrsg.), BVerfGG, Stand Juni 2019, § 31, Rn. 15, § 35 Rn. 42 („Kompetenzanmaßung", „Justizverweigerung",

E. Der Argumentationstopos der richterlichen Zurückhaltung

trine[253]. Dass die US-Ansätze in der deutschen Literatur nicht unbedingt wohlgelitten sind, lässt sich womöglich auf eine Überschätzung des normativen Leistungsanspruchs und vor allem der Bedeutung der beiden Kate-

---

„unbrauchbar"); *E.-W. Böckenförde,* Der Staat 29 (1990), S. 1 (26); *ders.,* NJW 1999, S. 9 (12 mit Fn. 9); *M. Brenner,* AöR 120 (1995), S. 248 (257) („konturlos"); *D. Burchardt,* Grenzen, 2004, S. 63 ff.; *K. Chryssogonos,* Verfassungsgerichtsbarkeit, 1987, S. 175; *H. Dreier,* Dimensionen der Grundrechte, 1993, S. 61; *U. Haltern,* Verfassungsgerichtsbarkeit, 1998, S. 215 f. („naiv"); *K. Hesse,* Funktionelle Grenzen, in: Gesammelte Schriften, 1984, S. 311 (314 f.) („ungeeignet") (bekräftigt bei *ders.,* FS Mahrenholz, hrsg. von H. Däubler-Gmelin u. a., 1994, S. 541 f.); *R. Herzog,* ZG 2 (1987), S. 290 (292) („keine operationalisierbaren Maßstäbe"); *W. Heun,* Funktionell-rechtliche Schranken, 1992, S. 11 f., *F. von der Heydte,* FS Geiger, hrsg. von G. Leibholz u. a., 1974, S. 909 (924), *J. Isensee,* in: ders./P. Kirchhof (Hrsg.), HStR XII, 3. Aufl. 2014, § 268 Rn. 110 („inkompatibel"); *O. Lembcke,* Hüter der Verfassung, 2007, S. 196 (Judicial restraint könne keinen „Grundsatz" darstellen, weil „keine normativen Kriterien, nach denen der Regelcharakter bestimmt werden könnte", in Sicht seien); *K. Meßerschmidt,* Gesetzgebungsermessen, 2000, S. 59 ff., 67 („Floskel"), S. 696 („ebenso attraktiv wie inhaltsarm"); *I. Maus,* Aufklärung der Demokratietheorie, 1994, S. 175; *F. Ossenbühl,* in: P. Badura/R. Scholz (Hrsg.), Verfassungsgerichtsbarkeit und Gesetzgebung, 1998, S. 75 (86) („mit Verlaub und bei allem Respekt ... Banalitäten"); *R. Ch. van Ooyen,* Begriff des Politischen, 2005, S. 196 ff. („Mythos"); *M. Raabe,* Grundrechte und Erkenntnis, 1998, S. 294 („überflüssig und verwirrend"); *Ch. Rau,* Selbst entwickelte Grenzen, 1996, S. 133, 227 f. („[k]eine nennenswerte normative Kraft"); *J. Riecken,* Verfassungsgerichtsbarkeit in der Demokratie, 2003, S. 434; *A. Rinken,* in: Alternativkommentar GG, 2. Aufl. 1989, vor Art. 93 Rn. 91 f.; *K. Schlaich/S. Korioth,* Bundesverfassungsgericht, 11. Aufl. 2018, S. 385 f.; *H.-P. Schneider,* NJW 1980, S. 2104 („nichtssagend"); *H. Simon,* in: E. Benda/W. Maihofer/H. J. Vogel (Hrsg.), HVerfR, 2. Aufl. 1994, § 34 Rn. 47; *K. Stern,* Staatsrecht, Bd. II, 1980, S. 961 f.; *ders.,* NWVBl. 1994, S. 241 (244); *A. Voßkuhle,* in: H. von Mangoldt/F. Klein/Ch. Starck (Begr.), GG, Bd. III, 7. Aufl. 2018, Art. 93 Rn. 22, 36; *R. Wahl,* Der Staat 20 (1981), S. 485 (505). – Zweifelnd *W. Brugger,* AöR 126 (2001), S. 337 (349). – Eher zurückhaltend *Ch. Bickenbach,* Einschätzungsprärogative des Gesetzgebers, 2014, S. 508 f.; *Ch. Hillgruber/ Ch. Goos,* Verfassungsprozessrecht, 4. Aufl. 2015, S. 18 ff.; *H. Schulze-Fielitz,* AöR 122 (1997), S. 1 (30). – Insgesamt eher optimistisch wohl *B.-O. Bryde,* Verfassungsentwicklung, 1982, S. 299 ff.; *R. Camilo de Oliveira,* Kritik der Abwägung, 2013, S. 227; *Th. von Danwitz,* JZ 1996, S. 481 (489); *W. Hassemer,* JZ 2008, S. 1 (9); *A. Heusch,* in: W. Kluth/G. Krings (Hrsg.), Gesetzgebung, 2014, § 36 Rn. 20; *Ch. Hillgruber,* AöR 127 (2002), S. 460 (473); *W. Hoffmann-Riem,* JZ 2003, S. 269 (274); *H. H. Klein,* FS Stern, hrsg. von J. Burmeister u. a., 1997, S. 1145; *M. Kloepfer,* Verfassungsrecht, Bd. I, 2011, S. 639, 658 ff.; *H. Lechner/ R. Zuck,* BVerfGG, 8. Aufl. 2019, Einl. Rn. 212; *W. Rupp-von Brünneck,* AöR 102 (1977), S. 1 (17 f.); *H. Säcker,* BayVBl. 1979, S. 193 (196); *W.-R. Schenke,* Die Verfassungsorgantreue, 1977, S. 120 ff.; *ders.,* in: W. Kahl u. a. (Hrsg.), Bonner Kommentar, Art. 19 IV, Zweitbearb., Stand Dez. 1982, Rn. 225 (für Regierungsakte); *W.-R. Schenke,* in: W. Kahl u. a. (Hrsg.), Bonner Kommentar, Art. 68, Viertbearb., Stand Nov. 2017, Rn. 260; *G. F. Schuppert,* Verfassungsgerichtliche Kontrolle, 1973, S. 210 (tendenziell anders *ders.,* DVBl. 1988, S. 1191); *G. F. Schuppert/C. Bumke,* Konstitutionalisierung, 2000, S. 81.

[253] *A. Fischer-Lescano/O. Eberl,* Grenzen demokratischen Rechts?, 2005, S. I („Die po-

gorien zurückführen. Dass das judicial restraint-Konzept bisweilen kritisiert wird, weil es keinen „sich selbst tragende[n] Entscheidungstopos"[254] liefert, bestätigt diese Vermutung und wirft zudem ganz beiläufig die Frage auf, was man sich unter einem „sich selbst tragenden Entscheidungstopos" eigentlich vorzustellen hat. Richtet man den Blick nun auf die amerikanische Diskussion, gewinnt man den Eindruck, dass judicial restraint dort ein eminent wichtiges, aber bei weitem nicht so beherrschendes Thema ist, wie deutsche Autoren gelegentlich annehmen oder unterstellen[255]. Judicial restraint taucht jenseits des Atlantiks in (mindestens) zwei verschiedenen Erscheinungsformen auf: Zum einen als verfassungspolitischer Lehrsatz; und zum anderen als verfassungsrechtliche Doktrin oder als ‚rechtsprechungsrechtliche'[256] Entscheidungsregel.

Aus verfassungspolitischer Sicht gilt judicial restraint als erster Anhalts- und Orientierungspunkt, als allgemeiner theoretischer Leitgedanke für die Bestimmung von Ausmaß und Reichweite der gerichtlichen Normenkontrolle („scope of judicial review"[257]) im Einzelfall[258]. Dieses Verständnis erscheint noch nicht besonders kontrovers. Einige US-Autoren gehen jedoch einen gehörigen Schritt weiter und entnehmen dem judicial restraint-Gedanken ein normatives Gebot. Danach beinhaltet judicial restraint die für den Verfassungsrichter verbindliche Regel, bei der Ausübung der Normenkontrollkompetenz einem Gesetz ausschließlich dann die Anwendung zu versagen, wenn jede vernünftige – letztlich: „vertretbare" – Auslegung der maßstäblichen Verfassungsnorm zur Nichtigkeit des angefochtenen Legislativakts führt. Der Legislativakt ist damit durch den entscheidenden Richter so zu behandeln, als ob er gültig wäre, solange sich der richterlichen Interpretationsentscheidung auch nur eine vertretbare bzw. vernünftige Auffassung entgegenhalten lässt. Das soll gerade dann gelten, wenn das angegriffene Gesetz gemäß der persönlichen Überzeugung des Richters eigentlich als verfassungswidrig anzusehen wäre[259].

---

litical questions-Doktrin verbunden mit der Verpflichtung zu judicial self restraint räumt den Staatsgewalten … Rechtsfreiräume ein, die demokratischen und rechtlichen Anforderungen nicht genügen, da sie den Geltungsbereich des demokratischen Rechts beschneiden.").

[254] *D. Murswiek*, DÖV 1982, S. 529 (535).
[255] So auch *Ch. Rau*, Selbst entwickelte Grenzen, 1996, S. 125; *J. Riecken*, Verfassungsgerichtsbarkeit in der Demokratie, 2003, S. 433.
[256] Begriff: *U. Volkmann*, Der Staat 54 (2015), S. 35 (38, dort mit Fn. 13).
[257] Siehe *R. Berger*, 6 Hastings Const. L.Q. 527 (1979); ferner etwa *L. Alexander*, 20 Const. Comment. 370 (2003); *H. P. Monaghan*, 83 Colum. L. Rev. 7, 9 (1983).
[258] Vgl. die Analysen bei *C. Simons*, Grundrechte und Gestaltungsspielraum, 1999, S. 53 ff.; *H. Steinberger*, Konzeption und Grenzen, 1974, S. 303.
[259] Siehe *S. C. Brubaker*, JOP 46 (1984), S. 503 (504 f.).

E. Der Argumentationstopos der richterlichen Zurückhaltung

Diese Regel kommt einem „sich selbst tragenden Entscheidungstopos" wohl noch am Nächsten, führt aber – strikt gehandhabt – sicherlich zu einem gewissen juristischen Nihilismus[260]. Der Hang zum Nihilismus ist, wenn nicht schon durch ontologische[261], dann jedenfalls durch die fällige epistemische[262] Skepsis bedingt: Einmal mehr stellen sich die teils uralten Fragen, ob – und falls ja: wie – man überhaupt zu einer richtigen Entscheidung über die Bedeutung des Verfassungstexts gelangen kann bzw. wie zu beurteilen ist, welche Interpretation sich noch im Rahmen des Vertretbaren bewegt und welche nicht; und wessen[263] Beurteilungen dabei eigentlich maßgeblich oder jedenfalls zu berücksichtigen sind[264].

Nun gibt es einige Autoren, die das Prinzip der richterlichen Zurückhaltung im Grundsatz befürworten, aber die praktischen Konsequenzen des strikten – ‚nichtinterventionistischen'[265] – Modells scheuen, nämlich die weitgehende Abdankung der Gerichte in Bezug auf die Interpretation inhaltlich offener Verfassungsvorschriften. Jene Autoren neigen einem moderateren normativen Verständnis des judicial restraint zu[266]. So begrüßenswert vermittelnde Ansichten im Allgemeinen auch sein mögen, einen ‚moderaten' Zugang zum judicial restraint kann es streng genommen nicht geben. Jedenfalls ließe sich ein solcher moderater Zugang theoretisch nur schwer begründen. Sobald man den Gerichten hier nämlich Zugeständnisse machen will, kann man dem Kernargument derjenigen Kritiker nichts mehr entgegensetzen, die das judicial restraint-Prinzip deshalb ablehnen, weil es die Entschei-

---

[260] Etwas optimistischer: *S. Gabin*, Judicial Review, 1980, S. 104.

[261] *R. Alexy*, Theorie der juristischen Argumentation, 2. Aufl. 1991, S. 413; siehe außerdem etwa *T. Herbst*, JZ 2012, S. 891 (892); *L. Leitmeier*, DRiZ 2013, S. 334 (335) („Objektiv ist die Behauptung einer ontologisch, unabhängig vom erkennenden Richter bestehenden richtigen Entscheidung nicht zu halten.").

[262] Vgl. hier *H. P. Monaghan*, 83 Colum. L. Rev. 30 n. 177 (1983).

[263] Eine Maximalforderung stellt etwa *P. Häberle*, JZ 1975, S. 297 („Jeder, der in und mit dem von der Norm geregelten Sachverhalt lebt, ist indirekt und ggf. auch direkt Norminterpret."); anders z. B. *H. Ehmke*, VVDStRL 20 (1963), S. 53 (71 f.); vgl. auch *M. Borowski*, in: J. Isensee/P. Kirchhof (Hrsg.), HStR XII, 3. Aufl. 2014, § 274; *M. Hailbronner*, Der Staat 53 (2014), S. 425 (429): „Ob ein Argument vertretbar ist, hängt davon ab, ob es von den Teilnehmern der Interpretationsgemeinschaft als solches akzeptiert wird." Das setzt natürlich einen einigermaßen belastbaren Konsens über die Zusammensetzung des Kreises der maßgeblichen Interpreten voraus.

[264] Siehe nochmals *S. C. Brubaker*, JOP 46 (1984), S. 503 (511).

[265] Vgl. *F. R. Kellog*, 36 J. Marshall L. Rev. 458 (2003).

[266] Siehe etwa *Th. Benditt*, 18 Law & Phil. 243–270 (1999) ("modest judicial restraint"); außerdem *H. J. Abraham*, in: S. C. Halpern/C. M Lamb (Hrsg.), Supreme Court Activism and Restraint, 1982, S. 201 ff. ("centrist approach"); in seinem Judicial Process, 7. Aufl. 1998, S. 326 ff., entfaltet Abraham einen (wohl nicht abschließenden und keinesfalls von allgemeinem wissenschaftlichem Konsens getragenen) Kanon an präskriptiven Gehalten der judicial restraint-Doktrin in ihrer moderateren Gestalt.

dung über das notwendige Maß an Zurückhaltung in das mehr oder weniger freie Ermessen des Richters stellt. Dann tritt judicial restraint in der Tat als ‚absolutistische Kategorie' (Ingeborg Maus) in Erscheinung[267].

Lässt man den rigorosen Zugang zum Prinzip der richterlichen Zurückhaltung einmal beiseite, bleibt die Einsicht, dass sich der Argumentationstopos judicial restraint auch in der US-Debatte an der Sollbruchstelle rechtspolitischer Desiderate, verfassungstheoretischer Konzeptionen und „harter" normativer Sollensanordnungen schwer auf eine griffige und zugleich anspruchsvolle Formel zuspitzen lässt, die über die banale Forderung hinausgeht, dass sich (Verfassungs-[268])Richter gegenüber demokratisch legitimierten Entscheidungen so weit als irgendmöglich zurückzuhalten haben. Hinzu tritt, dass judicial restraint im Verlauf der unterschiedlichen Epochen der US-amerikanischen Verfassungsgeschichte hinsichtlich seiner Voraussetzungen und seiner normativen und politischen Gehalte einen Bedeutungswandel vollzogen hat[269]. Mal wird judicial restraint etwa als methodisches Bekenntnis zum Textualismus („interpretivism" bzw. „strict construction") genannt[270], oder ganz allgemein als Gegenbegriff zu „judicial activism" in Stellung gebracht[271], dann wieder als eine Doktrin bemüht, um den Vorrang der demokratisch legitimierten politischen Teilgewalten gegenüber der Justiz zu begründen[272]. Judicial restraint konnte im eben beschriebenen nichtinterventionistischen – Thayerschen[273] oder auch Holmes'schen[274] – Sinne so verstanden werden, dass Akte der Gesetzgebung, die gegen die Verfassung zu verstoßen scheinen, durch die (Verfassungs-)Gerichte immer dann unangetastet bleiben sollen, wenn bei verständiger Würdigung des Falles „vernünftige" (*reasonable*) Argumente für die Verfassungsmäßigkeit der angegriffenen Regelung denkbar sind[275]. Mit anderen Worten ist eine gerichtliche Intervention nach der rigorosen Theorie der richterlichen Zurückhaltung nur dann legi-

---

[267] *I. Maus*, Aufklärung der Demokratietheorie, 1994, S. 175; ganz ähnlich argumentiert vom gegenüberliegenden Ende des ideologischen Spektrums *J. Isensee*, in: ders./ P. Kirchhof (Hrsg.), HStR XII, 3. Aufl. 2014, § 268 Rn. 113 („Selbstbescheidung wäre Selbstermächtigung").

[268] Für die Verwaltungsgerichtsbarkeit siehe *Th. Elsner*, Das Ermessen im Lichte der Reinen Rechtslehre, 2011, S. 203 ff.; *J. Wittmann*, in: B. Rill (Hrsg.), Fünfzig Jahre freiheitlich-demokratischer Rechtsstaat, 1999, S. 109 (114).

[269] *D. Luban*, 44 Duke L.J. 450 n. 1 (1994); *E. T. Lee*, Judicial Restraint, 2011, S. 195.

[270] Siehe *J. H. Ely*, Democracy and Distrust, 1980, S. 1; *J. E. Wyszynski, Jr.*, 1989 Det. C.L. Rev. 124.

[271] *J. C. Wallace*, 50 Geo. Wash. L. Rev. 1 (1981).

[272] Vgl. *J. Fruchtman, Jr.*, 31 Journal of the Early Republic 313–314 (2011).

[273] *J. B. Thayer*, 7 Harv. L. Rev. 144 (1893).

[274] Siehe oben, Fn. 232.

[275] Vgl. *R. A Posner*, 100 Calif. L. Rev. 529, 536 (2012); *D. Luban*, 44 Duke L.J. 453 (1994).

tim, wenn der Legislative ein „sehr klarer" Fehler unterlaufen ist[276]. Im Anschluss an die von Thayer wiederbelebte Tradition spricht die US-amerikanische Literatur von einem „clear mistake standard of review" (auch „clear error" oder – aus anderem Winkel betrachtet – „reasonable doubt"-Kontrollstandard)[277].

Zumeist überschneiden sich die politischen und normativen Verständnisse des judicial restraint-Prinzips. Eine klare Begriffsbestimmung fällt gerade aufgrund der vielfältigen Verwendungszusammenhänge – insbesondere: juristische Methodenlehre und Demokratietheorie – schwer. Der US-Bundesrichter Richard Posner hat den Topos judicial restraint deshalb vielleicht nicht ganz zu Unrecht als Chamäleon bezeichnet[278]. Statt von einem Chamäleon zu sprechen könnte man judicial restraint auch der Kategorie der ‚Schleusenbegriffe'[279] zuordnen. Judicial restraint ist, das wird man festhalten müssen, aus Sicht der US-Lehre kein von allgemeinem Konsens getragenes und in sich geschlossenes Konzept, mit dem sich verfassungsgerichtliche Kompetenzen abstrakt definieren ließen. Und er ist jedenfalls in seiner moderaten Spielart nicht annähernd ein „sich selbst tragender Entscheidungstopos". Judicial restraint, dieses „aus demokratietheoretischer Sicht so sympathisch erscheinende" Leitbild[280], gibt im ersten Zugriff eine Tendenz zu erkennen. Wer sich also in der Hoffnung, sämtliche Probleme und Zweifelsfragen rund um die Kompetenzabgrenzung zwischen Politik und Justiz auf einen Schlag zu lösen diesseits der ‚strikten' Theorie dem judicial restraint nähert, wird zwangsläufig enttäuscht sein.

Die deutsche Staatsrechtslehre hat in Kenntnis der US-Diskussion eine eigene Antwort auf die Frage nach den Grenzen der Verfassungsgerichtsbarkeit zu geben versucht, indem sie die oben angesprochenen materiell-recht-

---

[276] *A. Bickel*, Least Dangerous Branch, 1962, S. 35 f.; vgl. auch die kritische Darstellung bei *R. Dworkin*, Taking Rights Seriously, 1977, S. 170 ("The program of judicial restraint ... argues that courts should allow the decisions of other branches of government to stand, even when they offend the judge's own sense of principles required by the broad constitutional doctrines, except when these doctrines are so offensive to political morality that they would violate the provisions on any plausible interpretation ...").

[277] *R. Berger*, Congress v. The Supreme Court, 1969, S. 337 ff.; *E. H. Caminker*, 78 Ind. L.J. 84 (2003); *D. Luban*, 44 Duke L.J. 453 (1994).

[278] *R. A Posner*, 100 Calif. L. Rev. 520 (2012).

[279] Siehe *E.-W. Böckenförde*, FS Arndt, hrsg. von H. Ehmke u. a., 1969, S. 53 f., der von Schleusenbegriffen (wie etwa dem deutschen Rechtsstaatsbegriff oder „der freiheitlich demokratischen Grundordnung") berichtet, „die sich ‚objektiv', aus sich heraus, niemals abschließend definieren lassen, vielmehr offen sind für das Einströmen sich wandelnder staats- und verfassungstheoretischer Vorstellungen und damit auch verschiedenartiger Konkretisierungen, ohne sich dabei indessen inhaltlich völlig zu verändern, d.h. ihre Kontinuität zu verlieren, und zu einer bloßen Leerformel herabzusinken.").

[280] *M. Höreth*, Selbstautorisierung des Agenten, 2008, S. 142.

lichen und funktionell-rechtlichen Ansätze entwickelt hat. Ein wirklich nennenswerter Durchbruch ist ihr dabei jedoch nicht gelungen[281]. Man muss sich vorerst mit dem oben in Bezug genommenen offenen System begnügen oder anerkennen, dass sich die „Gefahr weit ausgreifender verfassungsgerichtlicher Regulierung zu Lasten demokratisch-parlamentarischer Gestaltung" „weder methodologisch noch verfassungstheoretisch" vollständig bannen lässt[282]. Umso bedauernswerter ist dann die Ignoranz, die einige deutsche Autoren gegenüber dem judicial restraint-Gedanken an den Tag legen[283]. Der Topos der richterlichen Zurückhaltung wird kaum aufmerksam untersucht, eher beiläufig erwähnt, ohne dass der Frage, was sich denn hinter dieser Argumentationsfigur im Einzelnen verbirgt, vertieft nachgegangen würde[284]. Umso verblüffender ist die teils überzogen harsche Kritik, die sich das Konzept, über dessen Inhalt alles andere als Klarheit herrscht, regelmäßig gefallen lassen muss. So wird in der Literatur immer wieder eine Lesart des judicial restraint kolportiert, die im Wesentlichen darauf hinausläuft, judicial (self-)restraint beinhalte nicht mehr und nichts anderes als einen „kategorischen Imperativ"[285], eine Direktive an die „emotionale Ebene richterlichen Verhaltens"[286], einen Appell an „staatspolitisches Verantwortungsbewusstsein"[287],

---

[281] *K. Hesse*, FS Mahrenholz, hrsg. von H. Däubler-Gmelin u. a., 1994, S. 541 („über Ansätze einer Lösung bislang kaum hinausgelangt"); *H. Simon*, in: E. Benda/W. Maihofer/H. J. Vogel (Hrsg.), HVerfR, 2. Aufl. 1994, § 34 Rn. 46 („gewisse Hilflosigkeit"); *A. Voßkuhle*, in: H. von Mangoldt/F. Klein/Ch. Starck (Begr.), GG, Bd. III, 7. Aufl. 2018, Art. 93 Rn. 39, 41, m. w. N.

[282] *H. Dreier*, Dimensionen der Grundrechte, 1993, S. 62.

[283] Vgl. die in Fn. 252 bereits genannten judicial restraint-kritischen Autoren; siehe insbesondere *F. Ossenbühl*, in: P. Badura/R. Scholz (Hrsg.), Verfassungsgerichtsbarkeit und Gesetzgebung, 1998, S. 75 (86).

[284] Siehe aber *K. Heller*, ÖZöR 39 (1988), S. 89 ff.; *F. Zeitler*, JöR N.F. 25 (1976), S. 621 ff.; eine etwas eingehendere, allerdings nur den „psychologischen" und verfassungsideologischen *self*-restraint behandelnde Darstellung findet sich zudem bei *K. Meßerschmidt*, Gesetzgebungsermessen, 2000, S. 60 ff.; auch *R. A. Lorz*, Interorganrespekt, 2001, S. 424 ff.; *I. Ebsen*, Bundesverfassungsgericht, 1985, S. 112 ff.; *C. Simons*, Grundrechte und Gestaltungsspielraum, 1999, S. 53 ff., S. 76 ff.; *S.-P. Hwang*, Verfassungsgerichtlicher Jurisdiktionsstaat?, 2005, S. 71 ff., widmen dem judicial (self-)restraint einige Seiten. In den späten siebziger Jahren haben *N. Achterberg*, DÖV 1977, S. 649 ff.; *M. Kriele*, NJW 1976, S. 777 ff.; *W.-R. Schenke*, NJW 1979, S. 1321 ff. Aufsätze zu judicial (self-)restraint veröffentlicht; vgl. aus den Achtzigern *G. F. Schuppert*, DVBl. 1988, S. 1191 ff.

[285] Vgl. *Th. von Danwitz*, JZ 1996, S. 481 (484).

[286] So tatsächlich *J. Wittmann*, in: B. Rill (Hrsg.), Fünfzig Jahre freiheitlich-demokratischer Rechtsstaat, 1999, S. 109.

[287] *Ch. Hillgruber/Ch. Goos*, Verfassungsprozessrecht, 4. Aufl. 2015, S. 19; für die Verwaltungsgerichtsbarkeit *F. Kopp*, in: V. Götz u. a. (Hrsg.), Öffentliche Verwaltung zwischen Gesetzgebung und Kontrolle, 1985, S. 146 (162) (kritisiert „kleinliche Besserwisserei", „Freude am Gebrauch richterlicher Macht" und fordert mehr „Bewusstseinsbildung").

E. Der Argumentationstopos der richterlichen Zurückhaltung 57

richterliches Ethos[288], und richterliche Tugendhaftigkeit[289]. Eine Tugendhaftigkeit, die ohnehin schon im traditionellen und überkommen – etwa in Titel I, §§ 15 ff. der Reichshofratsordnung von 1654 nachzulesenden – Anforderungsprofil der Richterschaft inbegriffen ist: Die Richter sollen unbestechlich, neutral, unabhängig, unparteiisch, fair bzw. gerecht, weise, selbstlos und eben im besten Sinne unpolitisch sein[290]. Es ist hier nicht abzustreiten, dass der vielschichtige judicial restraint-Begriff bei den Amerikanern bisweilen auch in der eben beschriebenen Weise verwendet wird; wenn die Kategorie des judicial restraint in diesem Zusammenhang bemüht wird, dann handelt es sich in der Tat um nicht viel mehr als um eine Platitüde, deren juristischer Erklärungswert gegen Null tendiert. Judicial restraint beinhaltet jedoch nicht nur einen überflüssigen „Appell"[291] an richterliche Tugendhaftigkeit[292]. Solcherlei Zuschreibungen verkennen den normativen Status des Prinzips der richterlichen Zurückhaltung. Judicial restraint ist Ausdruck des normativen ‚Ideals'[293] (des Sollens) verfassungsrichterlicher Kompetenzausübung und findet seinen Geltungsgrund – wie oben beschrieben – juristisch im Demokratieprinzip und methodisch in den Grenzen richterlicher Erkenntnis[294]:

"Judges should interpret the Constitution, not expand it. If the constitutional text or history did not condemn a certain law or practice, the judges should let it alone."[295]

Damit ist die Trennung von Recht und Politik unmittelbar angesprochen. In diesem Trennungsgedanken kommt ein liberales Staats- bzw. Grundrechtsideal in Gestalt der Annahme zum Tragen, dass das Verfassungsrecht insbe-

---

[288] So jedenfalls *E.-W. Böckenförde*, Der Staat 29 (1990), S. 1 (26); vgl. aber dessen Sondervotum in BVerfGE 93, 121 (151); ferner *N. Achterberg*, DÖV 1977, S. 649; *H. Boldt*, in: U. Müßig (Hrsg.), Konstitutionalismus und Verfassungskonflikt, 2006, S. 254; *M. Kriele*, NJW 1976, S. 777; *H. Schulze-Fielitz*, AöR 122 (1997), S. 1 (30).

[289] Zur Appellfunktion des judicial restraint insbesondere *A. Rinken*, in: Alternativkommentar GG, 2. Aufl. 1989, vor Art. 93 Rn. 92 a. E.

[290] Vgl. *D. Luban*, 44 Duke L.J. 450 (1994).

[291] So aber etwa *Ch. Bickenbach*, Einschätzungsprärogative des Gesetzgebers, 2014, S. 508, nach dessen Beobachtungen judicial restraint im Unterschied zu den „Großprinzipien" Demokratie und Gewaltenteilung, in deren Nähe der judicial restraint-Gedanke zu verorten sei, keine rechtliche Substanz aufweisen könne; bei judicial (self-)restraint handele es sich vielmehr um einen (normativen? politischen?) Appell, der von der „rechtlichen Substanz" der Prinzipien der Gewaltenteilung und der Demokratie zurückgewiesen werde. Bickenbach fährt fort (S. 511): „Der Topos judicial self-restraint nimmt [die Einschätzungsprärogative der Gesetzgebung] auf, wirkt aber nur deskriptiv, nicht präskriptiv."

[292] *D. Luban*, 44 Duke L.J. 450 (1994).

[293] Vgl. *Z. Shemtob*, 21 B.U. Int. L.J. 82 (2011); *J. Jeffries, Jr.*, Justice Powell, 1994, S. 425.

[294] Siehe nochmals *F. Scharpf*, Grenzen, 1965.

[295] *J. Jeffries, Jr.*, Justice Powell, 1994, S. 425.

sondere die Legislative begrenzen[296], nicht aber im Gegenzug die Justiz (übermäßig) ermächtigen soll[297]. Die Forderung nach einer Trennung zwischen Recht und Politik ist alt und unbestreitbar richtig, doch klare Abgrenzungskriterien stehen kaum zur Verfügung[298]. Das Problem wird nur verlagert: Recht und Politik sollen getrennt sein, Verfassungsrichter einzig am Maßstab des Verfassungsrechts urteilen. Es ist bis heute wohl niemandem gelungen, eine allgemeingültige und brauchbare Formel für eine trennscharfe Abgrenzung zwischen der Hoheit des Verfassungsrechts auf der einen und dem Bereich der Politik auf der anderen Seite zu definieren. Sich dem judicial restraint-Gedanken allein aus dieser verengten Perspektive zu nähern, scheint nicht besonders vielversprechend[299]. Ausgangspunkt einer ernsthaften Auseinandersetzung mit dem Argumentationstopos des judicial restraint muss die Einsicht sein, dass der Begriff der richterlichen Zurückhaltung

"in its most cogent usage designates ... a structural relationship between the judiciary and other branches of government"[300].

---

[296] Siehe etwa *Ch. Starck*, in: ders. (Hrsg.), Rangordnung der Gesetze, 1995, S. 29 f.
[297] Vgl. *Ch. Möllers*, Staat als Argument, 2000, S. 236.
[298] Siehe *Th. von Danwitz*, JZ 1996, S. 481 (483) („begriffsjuristisches Labyrinth des Politischen"); *A. Voßkuhle*, in: H. Schulze-Fielitz (Hrsg.), Staatsrechtslehre als Wissenschaft, 2007, S. 135 f., 137 f., dem es angesichts der „Konturschwäche" des Politikbegriffs „sinnvoller" erscheint, „einen weiten Politikbegriff zugrunde zu legen und mit Skalierungen zu arbeiten".
[299] *W.-R. Schenke*, NJW 1979, S. 1321 (1323), siehe aber zur Historie näher unten, Kapitel 5.
[300] *D. Luban*, 44 Duke L.J. 450 (1994); vgl. auch *R. A. Posner*, The Federal Courts, 1985, S. 208 ("separation-of-powers judicial self-restraint" bzw. "structural restraint").

Zweiter Teil

Genese und Entwicklung der amerikanischen Judicial Review-Doktrin, 1761–1803

Kapitel 2

„Judicial Review"

Die Behauptung, im richterlichen Prüfungsrecht[1] werde ein wichtiges, wenn nicht gar das identitätsstiftende Konstruktionselement sowohl der deutschen als auch der US-amerikanischen Verfassungsordnung sichtbar, dürfte ohne weiteres konsensfähig sein[2]. Genese und Entwicklung des Rechtsinstituts der richterlichen Normenkontrolle hätten in beiden Staaten allerdings kaum unterschiedlicher verlaufen können[3].

Richtet man den Blick auf die normativ vergleichsweise gut geordneten Verhältnisse im deutschen Verfassungsrecht, gelangt man schnell zu der Feststellung, dass das Grundgesetz das auf die Kontrolle und Verwerfung von Parlamentsgesetzen gerichtete richterliche Prüfungsrecht in Art. 93 und 100 umfassend[4] positiviert hat – regelungstechnisch entweder als Ausnahme oder als lex specialis zu den Grundsätzen aus Art. 20 Abs. 3 und Art. 97 Abs. 1 Alt. 2 GG. Einer besonderen theoretischen oder rechtsdogmatischen Begründung der Normativität des richterlichen Prüfungsrechts bedarf es demnach – eigentlich[5] – nicht. Der Ausgangsbefund für jegliche Auseinanderset-

---

[1] Siehe bereits die Nachweise oben Kapitel 1, Fn. 203.

[2] Vgl. für das US-Verfassungsrecht etwa *M. Brandon*, in: M. Tushnet u. a. (Hrsg.), The Oxford Handbook of the U.S. Constitution, 2015, S. 763 (769); *K. L. Hall*, Supreme Court and Judicial Review, 1985, S. 1 ("American constitutional order's most distinctive feature"); *W. Zimmerman*, 16 N.C. St. B.J. 23 (2011) ("a monumental power ... Without exaggeration, the power of judicial review forever resculpted our nation's political landscape by elevating the judiciary to a commensurate position among its fellow, coequal branches of government"); aus deutschsprachiger Sicht *G. Dietze*, ZgS 113 (1957), S. 301 (302); *E. Wolf*, Verfassungsgerichtsbarkeit und Verfassungstreue, 1961, S. 1 (nach dessen Einschätzung das richterliche Prüfungsrecht dasjenige Institut sei, das dem amerikanischen Verfassungsrecht „sein eigentliches Gepräge" gegeben habe).

[3] Zur geschichtlichen Entwicklung in Deutschland unten, Text und Nachweise bei Fn. 76.

[4] Hingewiesen sei nur auf die Stichworte „förmliche und sachliche Vereinbarkeit", „Bundes- oder Landesrecht", jeder Akt der „öffentlichen Gewalt".

[5] Vgl. aber die Kritik bei *Ch. Möllers*, Der vermisste Leviathan, 2008, S. 109; *ders.*, Legalität, Legitimität und Legitimation, in: M. Jestaedt u. a., Das entgrenzte Gericht, 2011, S. 284 („Eine Rechtswissenschaft, die sich an dieser Stelle [bei der Frage nach der Legitimation der Verfassungsgerichtsbarkeit] auf das positive Recht beschränkt, verkennt ihre Aufgabe – sie leidet an einer falschen Selbstidentifikation mit der richterlichen Tätigkeit, sie verwechselt Recht und Rechtswissenschaft.").

zung mit der deutschen Verfassungsgerichtsbarkeit unter dem Grundgesetz muss stets lauten, dass kein irgendwie gearteter Zweifel daran bestehen kann, dass das Bundesverfassungsgericht mit einer Prüfungskompetenz gegenüber Akten der Gesetzgebung am Maßstab der Verfassung[6,7] ausgestattet ist[8], und dass es dazu befugt sein soll, den Vorrang der Verfassung im Ernstfall gegen die gesetzgebende Gewalt durchzusetzen[9]. Für den U.S. Supreme Court und dessen Stellung in der Verfassungsordnung der Vereinigten Staaten kann man das – jedenfalls in dieser apodiktischen Form – nicht behaupten.

A. Normenkontrolle als Verfassungsdoktrin

Manchem europäischen Beobachter mögen die sich teilweise überlagernden Probleme der Legitimation und der Grenzen der Verfassungsgerichtsbarkeit als die zentralen Fragen der US-amerikanischen Verfassungspraxis schlechthin erscheinen[10]. Ein solcher Eindruck entsteht aus gutem Grund.

Der U.S. Supreme Court ist bekanntlich nicht als spezialisiertes Verfassungsgericht nach kontinentaleuropäischem Muster organisiert. Vielmehr folgt die amerikanische Verfassungsgerichtsbarkeit dem sog. dezentralen Modell[11]. Danach lässt sich Verfassungsrechtsprechung nicht im engeren Sinne als Institution, sondern treffender als Funktion – als „Akzessorium" der ordentlichen Gerichtsbarkeit[12] – beschreiben[13]. Wenn eine verfassungs-

---

[6] Beziehungsweise am jeweils normativ ausgewiesenen Kontrollmaßstab, siehe nur Art. 93 Abs. 1 Nr. 4 a GG.

[7] Siehe grundsätzlich *H. Kelsen*, VVDStRL 5 (1929), S. 30 (32) („Indem die Verfassung im wesentlichen bestimmt, auf welche Weise Gesetze zustande kommen, bedeutet die Gesetzgebung dieser Verfassung gegenüber Rechtsanwendung."); vgl. aus der jüngeren Literatur etwa *Ch. Starck*, in: ders./A. Weber (Hrsg.), Verfassungsgerichtsbarkeit in Westeuropa, 1986, S. 11 (35).

[8] Siehe *W. Brugger*, AöR 126 (2001), S. 337 (346); *K. Stern*, Grundideen, 1984, S. 35 f.

[9] Vgl. z.B. *W. Heun*, FS BVerfG, Bd. I, hrsg. von P. Badura und H. Dreier, 2001, S. 615 f., der meint, das Grundgesetz habe sich mit „besonderer Emphase" für den Vorrang der Verfassung und für dessen gerichtliche Durchsetzbarkeit auch gegenüber dem Gesetzgeber entschieden.

[10] Siehe *Ch. Möllers*, Der vermisste Leviathan, 2008, S. 109. Die Amerikaner selbst scheinen es ähnlich einzuschätzen, vgl. etwa *J. Lee Malcolm*, 26 J.L. & Pol. 1, 4 (2010); vergleichbar auch *S. B. Prakash/J. C. Yoo*, 72 Geo. Wash. L. Rev 354 (2003) ("Judicial review remains one of the American Constitution's most controversial features.").

[11] *M. Tushnet*, Constitution of the United States, 2. Aufl. 2015, S. 122; vgl. bereits Erläuterung und Nachweis oben Kapitel 1, Fn. 89.

[12] *H. Triepel*, VVDStRL 5 (1929), S. 2 (16).

[13] Siehe zu „integrierter Verfassungsgerichtsbarkeit" und „diffuser" Normenkontrolle näher *M. Cappelletti/Th. Ritterspach*, JöR N.F. 20 (1971), S. 65 (82); *A. Heusch*, in: W. Kluth/G. Krings (Hrsg.), Gesetzgebung, 2014, § 36 Rn. 25; *M. Jestaedt*, in: ders. u. a.,

rechtliche Frage, etwa diejenige, ob ein Legislativakt mit der Verfassung vereinbar ist, in einer privatrechtlichen Streitigkeit, in einem Straf- oder Verwaltungsprozess aufgeworfen wird[14], dann erfüllen die ordentlichen Gerichte auch eine verfassungsrechtsprechende Funktion. Sie verfügen über die Befugnis, einem für verfassungswidrig gehaltenen Legislativakt im Einzelfall die Anwendung zu versagen[15]. In deutscher Terminologie haben die amerikanischen Gerichte ausschließlich eine Kompetenz zur inzidenten Normenkontrolle.

Wo allerdings diese verfassungsgerichtlichen Kompetenzen der amerikanischen Bundesjustiz im Allgemeinen und diejenigen des U.S. Supreme Court im Besonderen herrühren, ist alles andere als ausgemacht:

"The Constitutional authority for judicial review has been an open question."[16]

In der US-Bundesverfassung findet sich jedenfalls kein geschriebener Kompetenztitel, der die (Bundes-)Gerichte ausdrücklich zur Überprüfung der Gültigkeit von Legislativakten des Kongresses am Maßstab des höherrangigen Bundesverfassungsrechts ermächtigte[17,18]. Allerdings bedeutet der Umstand, dass etwas ungeschrieben ist, ja noch nicht zwangsläufig, dass es nicht im Wege etwa der historischen, funktionellen oder systematischen Interpre-

---

Das entgrenzte Gericht, 2011, S. 105; *A. Tschentscher*, in: T. Simon/J. Kalwoda (Hrsg.), Schutz der Verfassung, 2014, S. 187 (190 ff.).

[14] Vgl. die sog. „Case or Controversy Clause", U.S. Const., Art. III, § 2.

[15] *W. Haller*, Supreme Court und Politik, 1972, S. 133.

[16] *Ph. Hamburger*, 78 Geo. Wash. L. Rev. 1163 (2010).

[17] Zweifel bestehen jedoch nicht hinsichtlich der Überprüfbarkeit von Legislativakten der Bundesstaaten durch die Bundesgerichtsbarkeit. Eine solche Kompetenz ergibt sich nach wohl ganz überwiegender Ansicht in der US-Lehre im Wege der Auslegung aus der Supremacy Clause (U.S. Const., Art. VI), die ja anordnet, dass die Richter an den Einzelstaatsgerichten bei ihrer Entscheidungsfindung an die Bundesverfassung gebunden sind („judges in every state shall be bound", siehe sogleich im Text bei Fn. 29). Der U.S. Supreme Court hat das richterliche Prüfungsrecht gegenüber Gesetzen der Bundesstaaten bereits vor *Marbury v. Madison* im Fall *Ware v. Hylton*, 3 U.S. (3 Dall.) 199 (1796) in Anspruch genommen, siehe *D. P. Currie*, The Constitution in the Supreme Court, 1985, S. 37 ff., insbes. S. 40. Zu „judicial review of state law" siehe *E. Chemerinsky*, Principles and Policies, 5. Aufl. 2015, S. 47; näher zur verfassungstextlichen Verankerung *S. B. Prakash/J. C. Yoo*, 70 U. Chi. L. Rev. 910–913 (2003).

[18] Siehe etwa *A. Bickel*, Least Dangerous Branch, 1962, S. 1 („[the power of judicial review] cannot be found there"); *S. Breyer*, America's Supreme Court, 2010, S. 3 ("The Constitution says nothing about it."); siehe außerdem etwa *W. M. Treanor*, 58 Stan. L. Rev. 460 (2005); *L. Tribe*, American Constitutional Law, 3. Aufl. 2001, S. 207 f.; *S. B. Prakash/J. C. Yoo*, 70 U. Chi. L. Rev. 898 (2003); vgl. aus der deutschsprachigen Literatur nur *F. Scharpf*, Grenzen, 1965, S. 2 (dem richterlichen Prüfungsrecht fehle „die ausdrückliche Grundlegung im Verfassungstext").

tation in den Normenbestand der Verfassung hineingelesen, oder, in Anlehnung an eine Formulierung Alexander Bickels, dort „platziert" werden könnte[19].

Für die gerichtliche Praxis ist die Normenkontrollkompetenz dann auch spätestens – auf den genauen Zeitpunkt wird noch einzugehen sein – seit der Wende vom 19. zum 20. Jahrhundert allgemein anerkannte und nahezu unumstößliche Verfassungsdoktrin[20]. Ihre rechtsdogmatische Grundlage soll sie nach nicht unumstrittener Ansicht in einer Zusammenschau zweier grundlegender Prinzipien finden: In der allgemeinen Gesetzesbindung der Staatsorgane („rule of law") einerseits und im Vorrang der Verfassung („supremacy of the constitution") andererseits[21].

Sich darüber hinaus bezogen auf die grundsätzliche Legitimität der Normenkontrolle mit Überlegungen zu ihrer normtextlichen Fundierung aufzuhalten, ist bei einem pragmatischen Blick auf die Dinge angesichts der eingespielten amerikanischen Staatspraxis überflüssig geworden. Die Lehre vom richterlichen Prüfungsrecht scheint deshalb unumstößlich, weil man sich schlicht an die Normenkontrollpraxis der amerikanischen Bundesjustiz gewöhnt oder zumindest weitgehend mit ihr abgefunden hat. Zwar wird die Legitimität der richterlichen Normenkontrolle sowohl in der Politik als auch in der wissenschaftlichen Diskussion bisweilen in Frage gestellt[22]. Das ändert aber nichts am grundsätzlichen Befund. Larry Kramer etwa, US-amerikanischer Jurist und in seiner Heimat ein bekannter Kritiker der gegenwärtigen Normenkontrollpraxis der US-Gerichte, beobachtet:

---

[19] *A. Bickel*, Least Dangerous Branch, 1962, S. 1 ("This is not to say that the power of judicial review cannot be placed in the Constitution, merely that it cannot be found there."); *W. Brugger*, Grundrechte und Verfassungsgerichtsbarkeit, 1987, S. 8; vgl. auch *W. Haller*, Supreme Court und Politik, 1972, S. 127.

[20] *J. Nowak/R. Rotunda*, Constitutional Law, 8. Aufl. 2010, S. 1 (bezeichnen die gerichtliche Normenkontrolle als „firmly established and basic component of the American system of Government."); siehe auch etwa *K. Hopt*, Die Dritte Gewalt als politischer Faktor, 1969, S. 194 f.; ähnlich *E. Wolf*, Verfassungsgerichtsbarkeit und Verfassungstreue, 1961, S. 35, der meint, es sei in den USA ein „unerschütterliches Axiom" geworden, dass „geschriebene Verfassung und richterliches Prüfungsrecht ein notwendiges Korrelat" bildeten; vgl. ferner *B. Friedman*, 91 Mich. L. Rev. 578 (1993); *W. Heun*, Der Staat 42 (2003), S. 267 (280); *C. Simons*, Grundrechte und Gestaltungsspielraum, 1999, S. 32.

[21] *A. Tschentscher*, in: T. Simon/J. Kalwoda (Hrsg.), Schutz der Verfassung, 2014, S. 187 (192).

[22] Vgl. etwa *M. Tushnet*, Taking the Constitution Away from the Courts, 1999; *J. Waldron*, The Core of the Case Against Judicial Review, 115 Yale L.J. 1346–1406 (2006).

A. Normenkontrolle als Verfassungsdoktrin
65

"It seems fair to say that, as a descriptive matter, judges, lawyers, politicians, and the general public today accept the principle of judicial supremacy[23] – indeed, they assume it as a matter of course."[24]

„Nahezu" unumstößlich ist die judicial review-Doktrin deshalb, weil es allein der U.S. Supreme Court selbst durch eine Änderung seiner Rechtsprechung in der Hand hat, sich derjenigen Kompetenz wieder zu entledigen, die das Gericht – jedenfalls gemäß der dem Gericht eigenen Lesart der Geschichte[25] – seit der Entscheidung *Marbury v. Madison* im Jahr 1803 als Letztinterpret der US-amerikanischen Bundesverfassung („ultimate interpreter of the Constitution"[26]) für sich in Anspruch genommen hat. Dass ein freiwilliger Rückzug der US-Gerichte aus dem Normenkontrollgeschäft allenfalls als theoretische Option in Betracht kommen dürfte, liegt auf der Hand[27].

Auch wenn – oder gerade weil – durch die Entwicklung der Staatspraxis im Hinblick auf die Normenkontrollbefugnis der Justiz unverrückbare Tatsachen geschaffen worden sind, hat es immer wieder Versuche gegeben, die judicial review-Kompetenzen der US-Bundesgerichte mit dem Wortlaut des Normtexts der US-Bundesverfassung zu rechtfertigen oder den Wortlaut der Verfassung gegen gelegentliche politische Angriffe auf das richterliche Prü-

---

[23] Siehe zum Topos „judicial supremacy" bereits *Ch. G. Haines*, American Doctrine, 2. Aufl. 1959 (Ndr.) (1. Aufl. 1914), S. 1 ff., 27 f., et passim. „Judicial supremacy" bezeichnet eine Ordnung, in der die Entscheidungen der (normenkontrollierenden) Justiz Bindungswirkung (etwa im Sinne des § 31 BVerfGG) gegenüber den übrigen, eigentlich als gleichrangig („coordinate") konzipierten Teilgewalten entfalten. Die Gerichte beschränken sich also nicht darauf, angegriffenen und für rechts- bzw. verfassungswidrig befundenen Akten die Anwendung im Einzelfall zu versagen. Vgl. *K. Roosevelt III/H. Khan*, 34 Const. Comment. 282 n. 178 (2019); *K. E. Whittington*, Political Foundations, 2007, S. 5 ff.; *J. C. Livingston/R. G. Thompson*, The Consent of the Governed, 1963, S. 367 ("The institution of judicial review has been termed judicial supremacy since the decisions of the court on constitutional matters are binding on the other branches of government."); siehe auch Kapitel 3, Fn. 756, 830 und begleitenden Text; außerdem unten Kapitel 5, B. II.

[24] *L. D. Kramer*, 115 Harv. L. Rev. 6–7 (2001); siehe statt vieler noch *E. V. Rostow*, 66 Harv. L. Rev 193 (1952) ("The argument over the constitutionality of judicial review has long since been settled by history."); *K. Roosevelt III/H. Khan*, 34 Const. Comment. 282 (2019).

[25] Siehe *United States v. Morrison*, 529 U.S. 598, 616–617 n. 7 (2000) ("ever since Marbury..."); ferner *Cooper v. Aaron*, 358 U.S. 1, 17–18 (1958); *Baker v. Carr*, 369 U.S. 186, 211 (1962); *Powell v. McCormack*, 395 U.S. 486, 549 (1969); *United States v. Nixon*, 418 U.S. 683, 704-705 (1974); *City of Boerne v. Flores*, 521 U.S. 507, 536 (1997).

[26] Siehe die Nachweise in Fn. 25.

[27] *R. A. Posner*, The Federal Courts, 1985, S. 210 ("A decision overruling *Marbury v. Madison* would be pretty wild stuff."). – Ebenso unwahrscheinlich ist eine Verfassungsänderung, die die gerichtliche Überprüfung der (Bundes-)Gesetze ausdrücklich untersagt (wie etwa in den Niederlanden, siehe oben Kapitel 1, Fn. 45); vgl. *D. P. Currie*, Verfassung der Vereinigten Staaten, 1987, S. 22.

fungsrecht in Stellung zu bringen[28]. Ein entsprechender Ansatz ist oben bereits angedeutet worden. Von der sog. Supremacy Clause aus U.S. Const., Art. VI, Cl. 2, die den Vorrang der Verfassung statuiert[29], lässt sich auf die Maßstabsfunktion der Verfassung in ihrer Eigenschaft als höchstrangiges Recht – und damit auf die Pflicht der Gerichte, sie bei ihrer Entscheidungsfindung einzubeziehen – schließen. Ein solcher Schluss erscheint vordergründig betrachtet durchaus plausibel, er ist aber nicht zwingend. Die Supremacy Clause beinhaltet allenfalls einen Hinweis auf das richterliche Prüfungsrecht; ausdrücklich normiert wird in ihr allein die Maßstäblichkeit der Bundesverfassung und der Gesetze des Bundes für die Entscheidungen der Einzelstaatsgerichte:

"This Constitution, and the laws of the United States which shall be made in pursuance thereof ... shall be the supreme law of the land; and the *judges in every state* shall be bound thereby ... ."

Abstrahiert vom Wortlaut dieser Norm lässt sich dem Prinzip vom Verfassungsvorrang allein keine eindeutige Aussage darüber entnehmen, ob überhaupt irgendeinem – und falls ja: welchem – Staatsorgan die (Letzt-)Entscheidungskompetenz über die Verfassungsmäßigkeit der Bundesgesetze zugewiesen ist[30]. Anstelle der Gerichte könnte ebenso gut der Präsident (mittels seines durch qualifizierte Mehrheit überwindbaren aufschiebenden Vetos) oder die Legislative selbst (durch den Erlass verfassungsgemäßer Gesetze

---

[28] Siehe insbesondere *H. Wechsler*, 73 Harv. L. Rev. 3–5 (1959); dagegen *A. Bickel*, Least Dangerous Branch, 1962, S. 8 ff.

[29] *R. Grawert*, Der Staat 52 (2013), S. 503 (507); siehe zur rein prozeduralen Deutung der Klausel im Hinblick auf Normenkontrollen *W. W. Van Alstyne*, 1969 Duke L.J. 20–22; *W. Heun*, Der Staat 42 (2003), S. 267 (272 f.); *W. Brugger*, Grundrechte und Verfassungsgerichtsbarkeit, 1987, S. 9; *ders.*, Öffentliches Recht der USA, 2. Aufl. 2001, S. 10. *S. B. Prakash/J. C. Yoo*, 70 U. Chi. L. Rev. 903 (2003), weisen darauf hin, dass die Supremacy Clause entweder dahin ausgelegt werden könne, dass sich die dort statuierte „in Pursuance of"-Klausel in der Einhaltung der Verfahrens- und Formvorschriften der Gesetzgebung erschöpfe, oder auch so ausgelegt werden könne, dass sie dem Bundesrecht im Falle einer Kollision mit dem Recht der Bundesstaaten den Vorrang einräumt. Prakash und Yoo treten dieser Lesart (S. 907) vehement entgegen und nehmen den Standpunkt ein, die „in Pursuance of"-Klausel müsse im Sinne prozeduraler *und* substantieller Verfassungsmäßigkeit der Bundesgesetze interpretiert werden.

[30] Siehe auch *Ch. Möllers*, Legalität, Legitimität und Legitimation, in: M. Jestaedt u. a., Das entgrenzte Gericht, 2011, S. 285; *Ch. Möllers.*, Gewaltengliederung, 2005, S. 138, mit dem Hinweis, dass aus dem Vorrang der Verfassung allein noch keine Kompetenzzuweisung zur Letztentscheidung über die Verfassungsmäßigkeit der Gesetze an die Gerichtsbarkeit folge. Ebenso wenig erwachse aus dem Vorrang der Verfassung eine Verpflichtung zur Schaffung einer Verfassungsgerichtsbarkeit; vgl. in diesem Zusammenhang auch *O. Lepsius*, Maßstabsetzende Gewalt, in: M. Jestaedt u. a., Das entgrenzte Gericht, 2011, S. 163 f.

und durch die Aufhebung verfassungswidriger Gesetze) zuständig sein. Vielleicht ist es gar das Wahlvolk, das im Wege seiner Willensbekundung darüber entscheidet, ob sich Legislative und Exekutive insgesamt verfassungskonform verhalten haben. Bei isolierter Betrachtung ist das Supremacy Clause-Argument, kurz gesagt, nicht überzeugend; es konnte sich in der wissenschaftlichen Diskussion dann auch nicht nachhaltig durchsetzen[31].

Neben der Supremacy Clause bildet die Vorschrift aus U.S. Const., Art. III, § 1, einen Anhaltspunkt für die verfassungstextliche Autorisierung des richterlichen Prüfungsrechts. Das sog. „arising under jurisdiction"-Argument, wonach die Normenkontrollbefugnis der Bundesgerichte schon daraus folgen soll, dass der Wortlaut dieser Vorschrift anordnet, dass sich die richterliche Gewalt der Vereinigten Staaten unter anderem auf solche „nach Gesetz oder Billigkeit" zu entscheidenden Streitigkeiten erstreckt, die „unter dieser Verfassung" entstehen[32]. Gleichwohl wird auch dieser Erklärungsansatz in Zweifel gezogen, weil unklar bleibt, ob mit der Wendung „Streitigkeiten unter dieser Verfassung" auch die Verfassungsmäßigkeit der Gesetzgebung gemeint sein sollte[33].

Der Status des US-amerikanischen richterlichen Prüfungsrechts verbleibt nach Auffassung der wohl überwiegenden Lehrmeinung in der US-Rechtswissenschaft im Aggregatzustand einer richterrechtlich entwickelten Verfassungsdoktrin. Es handelt sich um eine ungeschriebene – und allenfalls axiomatisch begründete, aber weder theoretisch noch normtextlich logisch zwingend begründbare[34] – Kompetenz. Mit Blick auf den deutungsoffenen Wortlaut der US-Bundesverfassung allein erscheint es demnach nicht von vorneherein abwegig, das Bestehen einer judicial review-Kompetenz der US-Bundesgerichte ganz grundsätzlich zu bestreiten[35] und zu behaupten, bei *Marbury v. Madison*, der vermeintlich wegweisenden Entscheidung für das richterliche Prüfungsrecht, handele es sich bestenfalls um einen historischen

---

[31] Vgl. *L. Tribe*, American Constitutional Law, 3. Aufl. 2001, S. 207 f., Fn. 4; ausführliche Diskussion bei *S. B. Prakash/J. C. Yoo*, 70 U. Chi. L. Rev. 887, 894–913 (2003).

[32] So argumentierte auch John Marshall, siehe *Marbury v. Madison*, 5 U.S. (1 Cranch) 137, 178–179 (1803) ("The judicial power of the United States is extended to all cases arising under the constitution. Could it be the intention of those who gave this power, to say that, in using it, the constitution should not be looked into? That a case arising under the constitution should be decided without examining the instrument under which it arises? This is too extravagant to be maintained."); vgl. *S. B. Prakash/J. C. Yoo*, 70 U. Chi. L. Rev. 894, 899–903 (2003); zum „arising under"-Argument noch unten Kapitel 5, Text bei Fn. 133 ff.

[33] Siehe etwa *W. W. Van Alstyne*, 1969 Duke L.J. 26–29; *A. Bickel*, Least Dangerous Branch, 1962, S. 5 f.

[34] Näher unten Kapitel 5, Text bei Fn. 128, 148 ff.

[35] Siehe die umfangreichen Nachweise bei *K. Stern*, Grundideen, 1984, S. 32, Fn. 89.

Unfall[36], schlimmstenfalls um einen kühnen[37], wenn nicht gar illegitimen Handstreich[38], vielleicht um ein Fehlurteil, das aufgrund der gerichtlichen Präjudizienbindung („stare decisis"-Doktrin bzw. „doctrine of precedent"[39]) im common law nicht mehr ohne weiteres aus der Welt zu schaffen ist[40], auch wenn, und das wird bisweilen übersehen, den Instituten des stare decisis und der Präjudizienbindung selbst kein verfassungsrechtlicher Status zuerkannt wird[41].

Will man die Normativität des richterlichen Prüfungsrechts unter der US-Bundesverfassung nicht grundsätzlich bestreiten, kann man sich jedenfalls mit guten Argumenten auf den Standpunkt stellen, das richterliche Prüfungsrecht sei „lediglich" infolge einer „Interpolation"[42] des Normenbestands der US-Bundesverfassung entdeckt worden – und es beruhe daher auf einer „Selbstautorisierung"[43] bzw. auf einem Akt „judikativer Usurpation"[44].

Diese oder vergleichbare Argumente sind zwar kaum geeignet, den aktuellen Stand der Entwicklung der Staatspraxis rückgängig zu machen. Sie legen den Finger nichtsdestoweniger in eine offene Wunde, wenn beharrlich darauf hingewiesen wird, dass die eingefahrene Staatspraxis an einem nicht

---

[36] *A. Bickel*, The Least Dangerous Branch, 1962, S. 14.

[37] *H. Vorländer*, JöR N.F. 36 (1987), S. 451 (478).

[38] *A. J. Beveridge*, The Life of John Marshall, Bd. III, 1919, S. 142 ("[B]y a coup as bold in design and as daring in execution as that by which the Constitution had been framed, John Marshall set up a landmark in American history ... ."); vgl. zu dieser „Handstreichthese" *F. Scharpf*, Grenzen, 1965, S. 2; ferner *A. von Arnauld*, in: O. Depenheuer/Ch. Grabenwarter (Hrsg.), Verfassungstheorie, 2010, § 21 Rn. 48 („revolutionärer Akt der Usurpation" in der „mystischen Entscheidung des US-Verfassungsrechts, *Marbury v. Madison*").

[39] Vgl. etwa *J. M. Burns*, Packing the Court, 2009, S. 3; *O. Lepsius*, in: H. Schulze-Fielitz (Hrsg.), Staatsrechtslehre als Wissenschaft, 2007, S. 319 (321 f.); *J. Wieland*, Der Staat 29 (1990), S. 333 (348); siehe außerdem *W. Brugger*, Grundrechte und Verfassungsgerichtsbarkeit, 1987, S. 20 f., Fn. 57; *W. Haller*, Supreme Court und Politik, 1972, S. 77 ff.; vergleichend *Th. Lundmark*, Rechtstheorie 28 (1997), S. 315 ff.; *M. Kriele*, Theorie der Rechtsgewinnung, 2. Aufl. 1976, S. 243 ff.

[40] Siehe *W. Hoffmann-Riem*, JZ 2003, S. 269; *S. L. Paulson*, Ratio Juris 16 (2003), S. 223 (237) ("The Jury is still out on the question whether the rule of *Marbury v. Madison* was understood by the Constitutional Framers in Philadelphia as inevitable, or whether it was a fluke, prompted by an extraordinary political constellation."); zu „revisionistischen" Interpretationen der *Marbury*-Rechtsprechung siehe bereits die Nachweise oben Kapitel 1, Fn. 223.

[41] Siehe *M. S. Paulsen*, 101 Mich. L. Rev. 2731–2732 (2003); ders., 109 Yale L.J. 1537 n. 1 (2000), m. w. N. aus der Rechtsprechung.

[42] *H. Wechsler*, 73 Harv. L. Rev. 3 (1959) ("I believe the power of the courts is grounded in the language of the Constitution and is not a mere interpolation.").

[43] So *M. Höreth*, Amerikastudien 54 (2009), S. 211 f., 219.

[44] *P. Graf Kielmansegg*, Die Instanz des letzten Wortes, 2005, S. 12; siehe bereits *E. Corwin*, 12 Mich. L. Rev. 538 (1914).

A. Normenkontrolle als Verfassungsdoktrin

unerheblichen Makel leidet – sie ist eben Praxis, und normativ kaum zweifelsfrei begründbar[45]. Dieser Makel schlägt auf die Legitimität der Ausübung des richterlichen Prüfungsrechts durch. Der U.S. Supreme Court (und mit ihm die gesamte normenkontrollierende US-Justiz) ist anfälliger für Kritik als etwa das deutsche Bundesverfassungsgericht. Das letztinstanzliche US-Gericht muss einer grundsätzlichen Kritik an seiner Kompetenzausübung in einem sehr viel höheren Maße entgegentreten als sein deutsches Pendant; der U.S. Supreme Court steht wohl auch gerade deshalb „unmittelbarer ... unter dem Zwang, die Grenzen seiner Legitimation immer wieder neu zu durchdenken und zu respektieren" als das Bundesverfassungsgericht[46], weil die Ausübung der Normenkontrollkompetenz durch den U.S. Supreme Court im Unterschied zur deutschen Verfassungsrechtsprechung eben auf einer unklaren normativen Grundlage erfolgt[47].

Neben diesen Befund tritt der bereits oben angesprochene Skeptizismus[48], der dem Gericht als vermeintlich einziger ‚kontramajoritärer' Institution unter den Staatsorganen entgegebracht wird. Drastisch ausgedrückt: In den Augen vieler US-amerikanischer Beobachter stellt jede Aufhebung eines Legislativakts durch die Justiz auch eine potentielle Souveränitätsanmaßung dar[49] – jedenfalls dann, wenn sich der betreffende Beobachter nach der gerichtlichen Entscheidung, politisch gesehen, auf der Verliererseite wiederfindet[50]. Ein normenkontrollierendes Gericht, das innerhalb eines so beschaffenen verfassungspolitischen Umfelds operiert, ist in der Tat nicht allzu schlecht beraten, eher behutsam als forsch mit der – vermeintlich im Wege einer „Usurpation" erlangten – Normenkontrollkompetenz umzugehen.

Ein letzter Strohhalm, nach dem man greifen könnte, wollte man den normativen Status des richterlichen Prüfungsrechts nachweisen, besteht in der Behauptung, dass die Schöpfer der US-Bundesverfassung, die sog. „Framers", ein richterliches Prüfungsrecht womöglich stillschweigend vorausgesetzt oder gar für selbstverständlich erachtet haben. Historische Studien, die jene oder vergleichbare Behauptungen überprüft haben, ergeben keinen ein-

---

[45] Siehe auch *M. S. Paulsen*, 101 Mich. L. Rev. 2710, 2724, et passim (2003), der Marshalls Argumentation nicht grundsätzlich in Frage stellt, aber mit Nachdruck darauf hinweist, dass die Entscheidung – infolge fehlerhafter Rezeption – durch die gegenwärtige Staatspraxis ihres ursprünglichen Sinns (nämlich des sog. „departmentalistischen" Ansatzes [unten, Kapitel 5, B. II.]) enthoben worden sei.
[46] So *F. Scharpf*, Grenzen, 1965, S. 2.
[47] Vgl. auch *F. V. Lange*, Grundrechtsbindung des Gesetzgebers, 2010, S. 259 f.; siehe bereits oben, Text und Nachweise bei Fn. 17 ff.
[48] Siehe oben Kapitel 1, Text bei Fn. 63 ff.
[49] *W. Brugger*, Grundrechte und Verfassungsgerichtsbarkeit, 1987, S. 16; *C. Simons*, Grundrechte und Gestaltungsspielraum, 1999, S. 53 f.
[50] *P. C. Hoffer*, 47 Wm. & Mary Q. 467 (1990) ("Judicial review is favored when it allows one's position to triumph and assaulted when one's position is trashed.").

deutigen Befund[51]. Mit Sicherheit lässt sich aus den Protokollen des Verfassungskonvents von Philadelphia wohl nur der Schluss ziehen, dass einige Delegierte ein richterliches Prüfungsrecht befürworteten[52], während andere es ausdrücklich ablehnten[53]; ein Beschluss jedenfalls ist über das richterliche Prüfungsrecht nicht gefasst worden[54]. Will man dem sog. „Beard's Tally"[55], einer nicht ganz unumstrittenen[56] Bestandsaufnahme des Historikers Charles Beard aus dem Jahr 1913 Glauben schenken, dann war die Mehrheit der

---

[51] Siehe *L. W. Levy*, Original Intent and the Framers' Constitution, 1988, S. 100 f.; *R. Dahl*, How Democratic is the American Constitution?, 2. Aufl. 2003, S. 18 ("What the delegates intended in the way of judicial review will remain forever unclear."); siehe außerdem etwa *M. Marcus*, in: R. Hoffman/P. J. Albert (Hrsg.), Launching the "Extended Republic", 1996, S. 25 ("evidence is inconclusive"); *C. M. Kenyon*, 12 Wm. & Mary Q. 29–30 (1955); *W. Heun*, Der Staat 42 (2003), S. 267 (273); *E. Klein*, ZaöRV 34 (1974), S. 83 (97 ff.). – Nach *M. Farrand*, The Framing of the Constitution, 1913, S. 157 und *J. Lee Malcolm*, 26 J.L. & Pol. 30 (2010), waren sich die Framer über das Bestehen einer irgendwie gearteten Normenkontrollkompetenz weitgehend einig; siehe auch *L. Alexander*, 20 Const. Comment. 371 (2003) ("more probable than not"); *R. N. Clinton*, 75 Iowa L. Rev. 907 (1990); *S. Sherry*, 54 U. Chi. L. Rev. 1129 (1987) ("[I]n 1787 the men in Philadelphia could uniformly assume that the federal courts would exercise the power of judicial review, although a few disapproved of the practice."). – Nach *M. J. Klarman*, 87 Va. L. Rev. 1114 (2001) gab es während der Verfassungsdiskussion mehr Befürworter als Gegner des judicial review; zustimmend etwa *D. M. Douglas*, 38 Wake Forest L. Rev. 379 (2003); *P. Dionisopoulos/P. Peterson*, 18 J. Marshall L. Rev. 62 (1984); *H. J. Abraham*, The Judicial Process, 7. Aufl. 1998, S. 335 ff., m. w. N. dort in Fn. 134. – Anders *J. M. Sosin*, Aristocracy, 1989, S. 251, nach dessen Ansicht sich in den Berichten über die Philadelphia Convention weder Konsens noch eine Mehrheit pro judicial review unter den Delegierten erkennbar sei; siehe im Übrigen die Kritik von *R. L. Clinton*, Marbury v. Madison and Judicial Review, 1989, S. 67, nach dessen Ansicht Ableitungen aus den Debatten der Framers keinen Aufschluss über deren Absichten bieten könnten, solange man judicial review mit einem modernen – „aktivistischen" – Verständnis unterlegt; ähnlich *Ph. Hamburger*, Law and Judicial Duty, 2008, S. 2.

[52] Siehe z. B. den Beitrag des Delegierten Rufus King, in: M. Farrand (Hrsg.), Records of the Federal Convention of 1787, Bd. 1, 1911, S. 109 ("Mr. King was of opinion that … the Judges will have the expounding of … Laws when they come before them; and they will no doubt stop the operation of such as shall appear repugnant to the constitution.").

[53] Sie die bei M. Farrand (Hrsg.), Records of the Federal Convention of 1787, Bd. 2, 1911, S. 298, nachgewiesene Aussage des Delegierten des Verfassungskonvents John Mercer, der sich gegen eine „Doctrine that the Judges as Expositors of the Constitution should have authority to declare a law void" ausspricht; siehe auch die Stellungnahme von John Dickinson, S. 299 ("Mr Dickenson was strongly impressed with the remark of Mr. Mercer as to the power of the Judges to set aside the law. He thought no such power ought to exist.").

[54] *Ch. Beard*, The Supreme Court and the Constitution, 1912, S. 15.

[55] So bezeichnet etwa bei *S. D. Gerber*, Distinct Judicial Power, 2011, S. 332.

[56] *L. W. Levy*, Original Intent and the Framers' Constitution, 1988, S. 103 ("Beard, to sum up charitably, saw what he wanted to see").

A. Normenkontrolle als Verfassungsdoktrin 71

wichtigsten und regelmäßig teilnehmenden Delegierten des Verfassungskonvents gegenüber einer – im Einzelnen nicht näher definierten – „gerichtlichen Kontrolle" (*judicial control*) der Gesetzgebung durchaus aufgeschlossen[57].

Der US-Wissenschaftler Edward Corwin, ein Gegenspieler Beards, entgegnete dessen umstrittener These anlässlich einer Anhörung vor dem Justizausschuss des US-Senats im Jahre 1937, in der über Präsident Franklin D. Roosevelts umstrittenen „Court Packing Plan"[58] beraten worden war, dass man so pauschal nicht über die Absichten der Gründer urteilen könne:

"The people who say the framers intended it are talking nonsense, and the people who say they did not intend it are talking nonsense. There is evidence on both sides."[59]

Ein plausibler Standpunkt geht dahin, dass die umstrittene Kompetenzfrage im Konvent bewusst offengehalten wurde, um den Ratifikationsprozess nicht unnötig in Gefahr zu bringen. Gleichwohl hätten zumindest die Befürworter des richterlichen Prüfungsrechts insgeheim darauf gehofft, dass sich das Rechtsinstitut des judicial review in der gerichtlichen Praxis schon herausbilden werde[60]. Man kann davon ausgehen, dass die unter den Delegierten befindlichen Skeptiker[61] des richterlichen Prüfungsrechts ihre Hoffnungen auf eine gegenläufige Entwicklung gesetzt hatten. Ebenfalls nicht unwahrscheinlich ist, dass die überwiegende Mehrheit der Mitglieder der Gründergeneration noch nie etwas von einem Rechtsinstitut gehört hatte, das den Gerichten die Nullifkation von Legislativakten (im Unterschied zur Nullifikation von Satzungen[62]) ermöglicht, lässt man den in seinem konkreten Be-

---

[57] *Ch. Beard*, The Supreme Court and the Constitution, 1912, S. 16 f., 51 mit Fn. 1 (insgesamt 55 Delegierte, 25 Befürworter, 3 Gegner, Rest unbekannt) ("We are justified in asserting that twenty-five members of the Convention favored or at least accepted some form of judicial control."); zu ganz ähnlichen Ergebnissen kam einige Jahrzehnte später eine Studie Raoul Bergers, siehe *R. Berger*, Congress v. The Supreme Court, 1969, S. 47–120, insbes. S. 104 (insgesamt 55 Delegierte, 26 Befürworter, 6 Gegner, Rest unbekannt).

[58] Siehe näher *J. M. Burns*, Packing the Court, 2009, S. 145 ff. ("FDR's boldest gamble").

[59] Zitiert nach *D. Alfange, Jr.*, 1993 Sup. Ct. Rev. 419 n. 398.

[60] Siehe *K. Lehnig*, Der verfassungsgerichtliche Schutz der Würde des Menschen, 2003, S. 147 (mit Nachweis); entsprechende Andeutungen findet sich bei *R. G. McCloskey*, American Supreme Court, 6. Aufl. 2016, S. 4; *S. L. Paulson*, Ratio Juris 16 (2003), S. 223 (237); siehe auch *M. P. Harrington*, 72 Geo. Wash. L. Rev. 92 (2003) ("debate still unresolved"); *E. Klein*, ZaöRV 34 (1974), S. 83 (102) („der weiteren Entwicklung überlassen").

[61] Nach *L. W. Levy*, Original Intent and the Framers' Constitution, 1988, S. 4, haben sich, anders als nach Beards (Fn. 57) und Bergers (Fn. 57) Studien, vier Delegierte ausdrücklich gegen judicial review ausgesprochen. Einer von ihnen, und das ist unumstritten, war Richard Spaight, dessen auf das richterliche Prüfungsrecht bezogenen Ansichten in einem Briefwechsel mit James Iredell überliefert sind (siehe unten, Text und Nachweise Kapitel 3, bei Fn. 445 ff.).

[62] Siehe *M. S. Bilder*, Yale L.J. 508–509, 565, et passim (2006), die damit argumentiert,

deutungsgehalt bis heute umstrittenen, aber auch den kolonialamerikanischen Juristen schon gewissermaßen als moderner Klassiker geläufigen *Bonham's Case*[63] einmal außer Betracht. Diejenigen, die mit dem Gedanken einer richterlichen Kontrolle der Gesetzgebung vertraut waren, wie etwa der Delegierte des Verfassungskonvents David Brearley, der als Vorsitzender Richter des obersten Gerichts von New Jersey bereits im Jahr 1780 ein Gesetz seines Heimatstaates für verfassungswidrig erklärt hatte[64], haben sich darunter mit an Sicherheit grenzender Wahrscheinlichkeit jedenfalls nicht die gegenwärtige Normenkontrollpraxis der US-amerikanischen Bundesgerichte vorgestellt[65]. Was die Gründer tatsächlich beabsichtigt haben, bleibt Spekulation.

Wie auch immer also die Absichten der Gründer beschaffen waren, die richterliche Normenkontrolle hat nichtsdestoweniger reale verfassungspraktische Gestalt angenommen. Wie es dazu kommen konnte, dem soll in der Folge nachgegangen werden – nicht nur aus rein historischem Erkenntnisinteresse: Der Umstand, dass die Frage nach den Grenzen der verfassungsgerichtlichen Kontrollkompetenz gegenüber der Gesetzgebung sowohl in den Vereinigten Staaten als auch hier in Deutschland bis heute nicht abschließend beantwortet ist, legt es nahe, sich der historisch gewachsenen theoretischen

---

das richterliche Prüfungsrecht sei für die amerikanische Gründergeneration eine Selbstverständlichkeit gewesen, weil Rechtssetzungsakte („ordinances" oder „bylaws" – kurz: Satzungen) von juristischen Personen, insbesondere Gesellschaften (*corporations*) und („öffentlich-rechtlichen") Selbstverwaltungskörperschaften – als solche kann man in einem weiteren Sinne auch die amerikanischen Kolonien einstufen – in England schon immer Gegenstand gerichtlicher Überprüfung am Maßstab der „laws of the nation" gewesen seien. Auch wenn Bilders Erklärungsansatz durchaus nachvollziehbar erscheint, kann er doch nicht vollständig überzeugen, weil die amerikanischen Zeitgenossen nach der Unabhängigkeit völlig andere verfassungspolitische Bedingungen vorgefunden haben als noch zur Kolonialzeit. Kurz gesagt erscheint es kaum plausibel, dass die Amerikaner auf der einen Seite die Volkssouveränität postuliert haben, um auf der anderen Seite von einem Gesetzesbegriff auszugehen, der sich in den Merkmalen einer einfachen Satzung im Wesentlichen erschöpft. Die gerichtliche Kontrolle von Rechtsakten einer Selbstverwaltungskörperschaft geht von anderen Prämissen aus und liegt auf einer anderen Ebene als die gerichtliche Kontrolle der Gesetzgebung (vgl. zur Kritik auch *L. Kramer*, People Themselves, 2004, S. 23 f.).

[63] *Dr. Bonham's Case*, 8 Coke Rep. 107, 77 Eng. Rep. 638 (1610); näher unten, Text bei Fn. 103 f., Kapitel 3 Fn. 379 f., Kapitel 5 Fn. 269 f., und öfter.

[64] *Holmes v. Walton* (New Jersey, 1780) (siehe zu diesem Fall unten Kapitel 4, Fn. 8); zu Brearley siehe *A. Scott*, 4 Am. Hist. Rev. 467 (1899).

[65] So *L. D. Kramer*, 20 Const. Commentary 209 (2003); *ders.*, 148 Proc. Am. Phil. Soc'y 20 (2004); vgl. *M. P. Harrington*, 72 Geo. Wash. L. Rev. 88 (2003) („[T]he concept of judicial review which underlies the federal Constitution was originally a very limited one.").

A. Normenkontrolle als Verfassungsdoktrin 73

Begründungen des richterlichen Prüfungsrechts zu vergewissern[66]. In der Retrospektive wird sichtbar, dass diejenigen Argumente, die bereits vor über 200 Jahren in Theorie und Praxis für und wider richterliches Prüfungsrecht vorgetragen worden sind, im Wesentlichen auch die gegenwärtige Diskussion über die Handhabung der Prüfungskompetenz durch die Gerichte bestimmen[67]. Schon im Laufe der späten 80er Jahre des 18. Jahrhunderts haben einige der wichtigsten Denker und Praktiker des frühen US-amerikanischen Konstitutionalismus, darunter James Iredell und Alexander Hamilton, Theorien des richterlichen Prüfungsrechts entwickelt und veröffentlicht. Bereits jene Autoren waren um eine Grenzziehung zwischen den Kompetenzen der Gesetzgebung einerseits und den Kontrollbefugnissen der Justiz andererseits bemüht. Sie sahen sich zu diesen publizistischen Mühewaltungen veranlasst, gerade weil sie sich der verfassungspolitischen Brisanz bewusst waren, die der schieren Existenz eines tendenziell ‚aristokratischen', jedenfalls nicht durch demokratische Responsivität hervorstechenden Justizapparates innewohnt. Die Vorstellung von einem solchen aristokratischen Justizapparat, der Mehrheitsentscheidungen der legislativen Repräsentationskörperschaften aufzuheben und damit den mutmaßlichen Willen des Volkes zu durchkreuzen imstande ist, erschien manch einem skeptischen Zeitgenossen als geradezu grotesk[68].

In *Marbury*, derjenigen Entscheidung des U.S. Supreme Court also, die das richterliche Prüfungsrecht nach der wohl vorherrschenden Lehrmeinung[69] im Verfassungsrecht der Vereinigten Staaten etabliert hat[70], ist das gedankliche Fundament des oben im Zusammenhang mit den Grenzen der Verfassungsgerichtsbarkeit bereits thematisierten judicial restraint-Prinzips vielleicht schon deshalb in Ansätzen erkennbar[71]. Das Gericht argumentierte

---

[66] Vgl. *Ch. Möllers*, Legalität, Legitimität und Legitimation, in: M. Jestaedt u. a., Das entgrenzte Gericht, 2011, S. 281 (283 f.); *M. Troper*, 1 Int'l J. Const. L. 99–121 (2003).

[67] Siehe dazu auch die Einschätzung bei *Th. von Danwitz*, JZ 1996, S. 481 (482) („[D]ie heutige Debatte [wird], wenngleich in aktualisierter Form, maßgeblich von dem klassischen Für und Wider geprägt, das die Verfassungsgerichtsbarkeit seit der berühmten Entscheidung des U.S.-amerikanischen Supreme Court in Sachen Marbury vs. Madison begleitet hat."); eine ähnliche Einschätzung, bezogen auf die Diskussion um die Normenkontrolle in der Paulskirchenverfassung, findet sich bei *H. Wendenburg*, Verfassungsgerichtsbarkeit und Methodenstreit, 1984, S. 19.

[68] Brief von Richard Dobbs Spaight an James Iredell vom 12. August 1787, in: D. Kelly/L. Baradell (Hrsg.), The Papers of James Iredell, Bd. III, 2003, S. 297 f.

[69] Jedenfalls nach der außerhalb der spezialisierten Verfassungsgeschichtsschreibung vorherrschenden Lehrmeinung, siehe noch unten, Text bei Fn. 201 ff.

[70] Siehe etwa *R. Lambert*, 43 N.H. B.J. 37 (2002) ("Conventional wisdom holds that the doctrine of judicial review originated with the case of *Marbury v. Madison*."); *M. S. Paulsen*, 101 Mich. L. Rev. 2706 (2003).

[71] Siehe näher unten, Kapitel 5; vgl. *W. Brugger*, Jus 2003, S. 320; *D. P. Currie*, Verfas-

damals, dass Recht und Politik[72] auseinanderzuhalten seien[73]. Damit verkündete es eine wesentliche – und auch heute aus Sicht vieler Juristen noch gültige[74] – verfassungsideologische Prämisse für die Herausbildung der berühmt-berüchtigten „political question doctrine"[75], die nicht wenigen gegenwärtigen Beobachtern als Inbegriff der richterlichen Zurückhaltung gilt. Will man die Ursprünge des Instituts der richterlichen Normenkontrolle untersuchen, kommt man ohne eine nähere Analyse auch der geschichtlichen Entstehensbedingungen des judicial restraint-Gedankens nicht aus. Denn: Wie zu sehen sein wird, sind Kompetenzbegründung („judicial review") und Kompetenzbegrenzung („judicial restraint") dogmengeschichtlich untrennbar miteinander verbunden.

Bevor die ideengeschichtlichen Entwicklungslinien der spezifisch amerikanischen Lehre vom richterlichen Prüfungsrecht behandelt werden (nachf., B.), scheinen einige kurze Bemerkungen zur ‚vergleichenden Verfassungsgeschichte'[76] (oder auch nur: zum historischen ‚Uhrenvergleich') angebracht. Die Diskussion um das Institut der richterlichen Normenkontrolle ist in den Vereinigten Staaten und in Deutschland mit einiger zeitlicher Verzögerung geführt worden. Das heißt nicht, dass die Deutschen seinerzeit in der konstitutionellen Steinzeit gelebt hätten[77]. Man wird eben die abweichenden verfassungspolitischen Bedingungen in Rechnung stellen müssen, die dies- und jenseits des Atlantiks vorherrschten. Die deutsche konstitutionalistische

---

sung der Vereinigten Staaten, 1987, S. 20; *W. Heun*, Der Staat 42 (2003), S. 267 (270); *R. E. Barkow*, 102 Colum. L. Rev. 248 (2002); etwas konfus *R. Allewelt*, ZaöRV 56 (1996), S. 205 (226).

[72] Vgl. *W. E. Nelson*, Marbury v. Madison, 2000, S. 7; *M. Marcus*, in: R. Hoffman/P. J. Albert (Hrsg.), Launching the "Extended Republic", 1996, S. 25 (51).

[73] *Marbury v. Madison*, 5 U.S. (1 Cranch) 137, 170 (1803).

[74] Vgl. statt vieler etwa *W. Hassemer*, JZ 2008, S. 1 ff.

[75] Siehe etwa *D. P. Currie*, The Constitution in the Supreme Court, 1985, S. 67. Allerdings: Bei strenger Auslegung des Wortlauts der Entscheidung gilt das Trennungsgebot nur bezogen auf das Verhältnis der Justiz gegenüber der Exekutive (näher unten, Kapitel 5.). – *W. Heun*, Der Staat 42 (2003), S. 267 (270 mit Fn. 20), weist m. w. N. darauf hin, dass die Kontrolle der Exekutivspitze durch die Gerichte von den Zeitgenossen als wesentlich problematischer empfunden worden sei als die richterliche Normenkontrolle; ähnlich *S. Sherry*, in: M. Tushnet (Hrsg.), Arguing Marbury, 2005, S. 47 (57 f.); *W. M. Treanor*, in: V. C. Jackson/J. Resnik (Hrsg.), Federal Courts Stories, 2010, S. 29 (30, 39 f.).

[76] Siehe insbesondere *J. Collings*, 2017 U. Ill. L. Rev. 475–496; außerdem *M. Berg*, Amerikastudien 54 (2009), S. 405 (414); *Ch. Gusy*, in: K. Waechter (Hrsg.), Grundrechtsdemokratie und Verfassungsgeschichte, 2009, S. 39 ff.; *L. Lacchè*, History & Constitution, 2016, S. 6 ("comparative constitutional history in a global perspective"); *M. Stolleis*, Giornale di Storia Costituzionale, Bd. 19 (2010), S. 45 (49 ff.).

[77] Vgl. die Beurteilungen bei *E.-W. Böckenförde*, Der deutsche Typ der konstitutionellen Monarchie, 1967, in: Recht, Staat, Freiheit, 1991, S. 273 (304 f.); *M. Stolleis*, Geschichte des Öffentlichen Rechts in Deutschland, Bd. II, 1992, S. 99 ff., 119 f.

A. Normenkontrolle als Verfassungsdoktrin

Staatsrechtslehre des Vormärz diskutierte das richterliche Prüfungsrecht unter dem Vorzeichen des monarchischen Prinzips, und zwar als – mögliche – Option zur Gewährleistung der Unverbrüchlichkeit der verfassungsmäßigen Kompetenzordnung. Mithilfe des Prüfungsrechts konnten die Richter jedenfalls in der Theorie[78] darüber wachen, dass sich die exekutive Verordnungsgewalt nicht über ihre kompetentiellen Grenzen hinwegsetzte. Griff der Monarch mit einer Verordnung in eine Sachmaterie über, die einer Regelung durch den Gesetzgeber vorbehalten war, konnten die Richter das im Wege der inzidenten Normenkontrolle feststellen und dem kompetenzwidrigen monarchischen Dekret die Anwendung versagen. Ideologisch gesehen war das Prüfungsrecht Ausdruck des liberal-rechtsstaatlichen Verfassungsdenkens. Sein Sinn und Zweck sollte in der Wahrung von ‚Freyheit und Eigenthum'[79] der Untertanen und in der Sicherung der hinter der Doktrin vom Vorbehalt des Gesetzes sich verbergenden Mitwirkungsbefugnisse der Landstände an der Rechtssetzung bestehen[80,81]. Wohl erst in der Verfassungsdebatte der Märzrevolution haben die deutschen Zeitgenossen das richterliche Prüfungsrecht ernsthaft als Instrument zur Inhaltskontrolle des (förmlichen) Gesetzesrechts in Erwägung gezogen[82]. Nach einer in der wissenschaftlichen Literatur freilich nicht unangefochten gebliebenen Auffassung war das auf die materielle Gesetzeskontrolle bezogene richterliche Prüfungsrecht in der Paulskirchenverfassung in § 126 lit. g) – der Vorschrift über die Individualverfassungsklage beim Reichsgericht – stillschweigend vorausgesetzt oder sogar positiviert[83]. Ungeachtet dieser historiographischen Streitfrage, die

---

[78] Und bisweilen auch in der Praxis, siehe etwa Oberappellationsgericht Kassel, Beschl. vom 12.9.1850, in: E. R. Huber (Hrsg.), Dokumente, Bd. I, 3. Aufl. 1978, S. 618 f.; *W. Heun*, Verfassung und Verfassungsgerichtsbarkeit, 2014, S. 80 ff.

[79] Z. B. Titel VII, § 2 der Bayerischen Verfassung von 1818, in: E. R. Huber (Hrsg.), Dokumente, Bd. I, 3. Aufl. 1978, S. 166; vgl. *D. Grimm*, Verfassungsgeschichte, 1988, S. 117.

[80] Siehe bereits oben Vorbemerkung, Fn. 2 f.; näher *R. Ogorek*, ZNR 11 (1989), S. 12 (37, et passim), die überzeugend darlegt, dass dieses – ‚nur' formelle, auf die Kontrolle der Kompetenzgemäßheit beschränkte – richterliche Prüfungsrecht gegenüber exekutiver Rechtssetzung „genau das Instrument war, mit dem das intendierte Ziel – Schutz der bürgerlichen Rechtssphäre vor Übergriffen der Verordnungsgewalt – optimal erreichbar schien".

[81] Zur landständischen Verfassung i.S.d. Art. 13 der Deutschen Bundesakte von 1815 und zur Mitwirkung der Landstandschaft an der Gesetzgebung im Vormärz *D. Grimm*, Verfassungsgeschichte, 1988, S. 68; *E. R. Huber*, Verfassungsgeschichte, Bd. I, 1957, S. 640 ff.; *T. Linke*, Untersuchungsrecht, 2015, S. 70 ff.; näher *H. Brandt*, Landständische Repräsentation, 1968, S. 39 ff.; *B. Wunder*, ZHF 5 (1978), S. 139 (148 ff. [Theorie], 178 ff. [Praxis]).

[82] Vgl. den Debattenbeitrag Carl Mittermaiers vom 27.11.1848 (Nachweis oben, Vorbemerkung, Fn. 2).

[83] *H. Steinberger*, in: K. Stern (Hrsg.), 40 Jahre Grundgesetz, 1990, S. 41 (67) („Reichs-

hier dahinstehen mag, bleibt für die zeitgenössische deutsche Diskussion folgender Befund: Die Stoßrichtung des richterlichen Prüfungsrechts ist im (Früh-)Konstitutionalismus und in der Verfassungsdiskussion 1848/49 jeweils eine andere. Ging es im Vormärz um ein formelles Prüfungsrecht gegenüber exekutiver Rechtssetzung, war es jedenfalls für einige Achtundvierziger denkbar, die richterliche Prüfungsbefugnis auf die materiell-inhaltliche Kongruenz von Gesetz und Verfassung auszuweiten. In konzeptioneller Hinsicht erscheint diese Entwicklung nur konsequent: Unter dem monarchischen Prinzip wurden Freiheit und Eigentum der Untertanen durch die landstandschaftliche Beteiligung an der Gesetzgebung gesichert. Also genügte zumindest in der Theorie die formelle Prüfung der exekutiven Rechtssetzung, um die bürgerliche Rechtssphäre vor ungerechtfertigter staatlicher Ingerenz zu schützen. Unter der echten – einer Volksherrschaft i. w. S. angenäherten[84] – Repräsentativverfassung[85] verschwimmt die vormals klare Trennlinie zwischen Staat und Gesellschaft[86]. Nunmehr ist nicht allein der Monarch „potentieller Verletzer"[87] der Verfassung. Jedenfalls in dem Maße, in dem politische Gestaltungskompetenzen auf sie verlagert wurden, rückte die Volksvertretung an diejenige Stelle, die der Monarch unter der landständischen Verfassung eingenommen hatte. Soweit mit dieser Kompetenzverschiebung die politische Einsicht verbunden war, dass auch Legislativakte einer Volksvertretung gegen die Verfassung verstoßen können, entstand ein neues Kontrollbedürfnis, das wiederum die Richter auf den Plan rief.

---

gericht sollte die Befugnis zur Prüfung auch der inhaltlichen Verfassungsmäßigkeit von Gesetzen haben") auf der einen und *W. Heun*, in: ders./Ch. Starck/T. Tsai (Hrsg.), Rezeption und Paradigmenwechsel, 2009, S. 55 (58, 62, 65) (richterliches Prüfungsrecht nach Paulskirchenverfassung durch Reichsgericht nur gegenüber Legislativakten der Gliedstaaten), auf der anderen Seite; außerdem *G. Roellecke*, in: J. Isensee/P. Kirchhof (Hrsg.), HStR III, 3. Aufl. 2005, § 67 Rn. 8 („Die Paulskirchenverfassung kennt keine Normenkontrolle."). Zu dieser etwas unübersichtlichen Diskussion aus der jüngeren Literatur auch *N. Herrmann*, Entstehung, Legitimation und Zukunft, 2001, S. 79 ff.; *S. Kempny*, Staatsfinanzierung nach der Paulskirchenverfassung, 2011, S. 45 ff. – Einige Abgeordnete schienen jedenfalls zu einer „diffusen" – inzidenten – Normenkontrolle nach amerikanischem Vorbild geneigt zu haben, siehe *H. Wendenburg*, Verfassungsgerichtsbarkeit und Methodenstreit, 1984, S. 18.

[84] Zu einer Typologie der verschiedenen Erscheinungsformen des Konstitutionalismus im Europa des 19. Jahrhunderts siehe *M. Kirsch*, Monarch und Parlament, 1999, S. 66 ff.

[85] Siehe zur Abgrenzung zwischen landständischer Verfassung und Repräsentativverfassung *E. R. Huber*, Verfassungsgeschichte, Bd. I, 1957, S. 643 ff.; ferner *M. Stolleis*, Geschichte des Öffentlichen Rechts in Deutschland, Bd. II, 1992, S. 109 ff. (bemerkt zu „dieser Kernfrage" in der zeitgenöissschen Diskussion: „Schon die Semantik war umkämpft."); vgl. auch *L. Lacchè*, History & Constitution, 2016, S. 237 ff.

[86] Vgl. etwa *C. Schmitt*, Der Begriff des Politischen, 9. Aufl. 2015, S. 22 f. („[D]ie Gleichung Staatlich = Politisch [wird] in demselben Maße irreführend, in welchem Staat und Gesellschaft sich gegenseitig durchdringen.").

[87] *F.-J. Peine*, Der Staat 22 (1983), S. 521 (536).

Unterdessen stand die Diskussion auf der anderen Seite des Atlantiks schon seit den 1760er Jahren unter dem Vorzeichen der Doktrin von der Volkssouveränität. Hier hatte die Auseinandersetzung um die gerichtliche Durchsetzbarkeit des materiellen Verfassungsrechts gegen die Gesetzgebung verglichen mit Deutschland bereits gut 80 Jahre zuvor eingesetzt, nämlich im Vorfeld der Amerikanischen Revolution (unten, Kapitel 3–5).

B. Ideengeschichtliche Entwicklungslinien der richterlichen Normenkontrolle

In der deutschsprachigen Literatur zur Geschichte des richterlichen Prüfungsrechts wird zuweilen beklagt, dass US-amerikanische Autoren mitunter etwas unreflektiert der Ansicht zuneigten, die gerichtliche Kontrolle der Verfassungsmäßigkeit der Gesetze sei ein „Beitrag Amerikas zur politischen Wissenschaft"; ebenso nähmen die Amerikaner für sich in Anspruch, ihre Landsleute hätten das richterliche Prüfungsrecht gleichsam „erfunden"[88].

I. Richterliche Normenkontrolle als Ausdruck ideengeschichtlicher Kontinuität

Der These von der US-amerikanischen Urheberschaft in Sachen judicial review ist entgegengehalten worden, dass die materialen Grundgedanken, die sich hinter dem richterlichen Prüfungsrecht verbergen, allesamt viel älter seien als der US-amerikanische Konstitutionalismus und dessen monumentale „konstituierende politische Grundentscheidung"[89] für die richterliche Normenkontrolle in der Streitsache *Marbury v. Madison*[90].

Dass dieser Einwand seine Berechtigung hat, lässt sich nicht von der Hand weisen. In der Tat wird man anzuerkennen haben, dass die ideengeschichtlichen Wurzeln und politiktheoretischen Grundelemente der Lehre von der

---

[88] Siehe *M. Cappelletti/Th. Rritterspach*, JöR N.F. 20 (1971), S. 65 (73); vgl. aus der amerikanischen Literatur *B. A. Black*, 49 U. Pitt. L. Rev. 697 (1988) ("the world had never seen anything like [judicial review] before"); *R. Dworkin*, Freedom's Law, 1996, S. 71 ("our most distinctive and valuable contribution to democratic theory"); *L. Henkin*, 148 Proc. Am. Phil. Soc'y 53 (2004) ("[T]he United States can properly claim that it 'invented', or established, and disseminated, one institution – 'judicial review'."); *J. C. Livingston/R. G. Thompson*, Consent of the Governed, 1963, S. 367 ("unique American contribution to political institutions"); siehe ferner *R. C. van Canegem*, Historical Considerations on Judicial Review, 2003, S. 10 ("an American innovation"); in diese Richtung auch *W. Brugger*, Jus 2003, S. 320 („genuiner Beitrag Amerikas zum modernen Verfassungsstaat".).

[89] *H. Laufer*, Verfassungsgerichtsbarkeit und politischer Prozeß, 1968, S. 1.

[90] *Marbury v. Madison*, 5 U.S. (1 Cranch) 137 (1803).

richterlichen Normenkontrolle bis in die Antike zurückverfolgbar sind und daher schwerlich als spezifisch amerikanische Erfindungen gelten können.

Neben der Herausbildung der Prämisse vom normenhierarchischen Vorrang eines höherrangigen (Verfassungs-)Rechts müssen im Hinblick auf die Entstehung der judicial review-Doktrin mindestens zwei weitere wichtige politiktheoretische Annahmen in den Blick genommen werden. Zum einen ist die der Anerkennung des Verfassungsvorrangs bereits vorausliegende Unterscheidung zwischen souveräner und gesetzgebender Gewalt angesprochen. In einer breiter angelegten historischen Perspektive kann man bis auf die Zeit der römischen Republik zurückblicken und bereits dort – jedenfalls in der staatstheoretischen Diskussion – eine Unterscheidung zwischen originärer Macht und abgeleiteter institutionalisierter Herrschaft erkennen („potestas in populo, auctoritas in senatu")[91]. Zum anderen sollte, mit der vorgenannten Unterscheidung in engem Zusammenhang stehend, die Bedeutung der Lehre von der Mischverfassung für die Enstehung der judicial review-Doktrin keinesfalls unterschätzt werden.

Das Prinzip der Mischverfassung („regimen commixtum"[92]), das schon von den alten Philosophen, etwa bei Polybios[93], diskutiert worden ist, kann durchaus entweder als Vorläufer oder auch als Ursprung der funktionalen Gewaltenteilungsdoktrin angesehen werden[94]. Ohne Gewaltengliederung ließe sich die Ausübung der Normenkontrollkompetenz jedenfalls kaum sinnvoll als Funktion der rechtsprechenden Gewalt erklären. Sieht man von dem wesentlichen Grundgedanken der Aufteilung staatlicher Machtbefugnisse einmal ab, der in der modernen Gewaltenteilungslehre mehr oder we-

---

[91] Cicero, De Legibus III 28; vgl. *V. Arena*, in: R. Bourke/Q. Skinner (Hrsg.), Popular Sovereignty, 2016, S. 73 (78 f., 82 ff.); *J. von Ungern-Sternberg*, in: Griechische Studien, 2009, S. 171 (186); *Ch. McIlwain*, Constitutionalism, 2. Aufl. 1947, S. 47.

[92] *M. Imboden*, Montesquieu und die Lehre der Gewaltentrennung, 1959, S. 16; *V. Wember*, Verfassungsmischung und Verfassungsmitte, 1977, S. 45.

[93] Siehe Polybios, Historien VI, 3, 5–7; 10, 6–12; 11, 11–13; 18, 1–8, hrsg. und übers. von K. Brodersen/K. F. Eisen, 2012, S. 15 („Denn es ist klar, dass man als die beste Verfassung die ansehen muss, die aus all den eben genannten Einzelverfassungen [Königtum, Aristokratie und Demokratie] besteht."), S. 35 ff., 49 ff., 63 ff.; vgl. aus der Sekundärliteratur etwa *S. Calabresi/M. Berghausen/S. Albertson*, 106 Nw. U. L. Rev. 530–531 (2012); *G. Casper*, 30 Wm. & Mary L. Rev. 214 (1989); *M. Imboden*, Montesquieu und die Lehre der Gewaltentrennung, 1959, S. 15; *M. J. C. Vile*, Constitutionalism and Separation of Powers, 2. Aufl. 1998, S. 39 f. ("In the ancient world the theory of mixed government figured principally in the work of Aristotle, Plato, and Polybius."); *H. A. Winkler*, Geschichte des Westens, Bd. I, 4. Aufl. 2015, S. 179, 300 (Polybios als „eigentliche[r] Vater der Theorie der Mischverfassung").

[94] Jedenfalls scheint sich diese Sichtweise mehr oder weniger durchgesetzt zu haben. Kritisch etwa *H. Seiler*, Gewaltenteilung, 1994, S. 13 ff.; siehe zu den affirmativen Stimmen aus der Literatur noch Kapitel 3, Fn. 123; zur englischen Mischverfassung Kapitel 3, Text bei Fn. 104 ff.

B. Ideengeschichtliche Entwicklungslinien der richterlichen Normenkontrolle

niger aufgegangen ist, blieb von der alten Mischverfassungslehre vor allem die verbreitete Neigung, die Verfassungsrechtsprechung – nunmehr anstelle des Oberhauses der Legislative – als das aristokratische[95] Element in der Verfassungsordnung zu beschreiben.

Unter den genannten ideengeschichtlichen Wurzeln der richterlichen Normenkontrolle betonen die meisten Autoren wohl zu Recht die Zentralität der Normenhierarchie[96]. Die höherrangigen Rechtsnormen, an denen sich Akte der Rechtssetzung seit der Antike in der einen oder anderen Weise messen lassen mussten, waren keine positivierten Verfassungsrechtssätze, sondern etwa in der athenischen Polis die „Nomoi"[97], die sich wohl wiederum am Naturrecht bzw. der „natürlichen Ordnung" (der „Physis") messen lassen mussten[98]; in der Folge entweder die überpositiven Sätze des (alten, europäischen, theologisch-transzendentalen) Naturrechts[99] oder die teils geschriebenen, teils ungeschriebenen[100], einem systematischen Zugriff sich freilich entziehenden frühneuzeitlichen „Grundgesetze" oder „leges fundamentales"[101]. In der Anerkennung solcher der normalen Rechtssetzung über- oder vorgeordneter Rechtsgrundätze („Fundamentalia") werden die ideengeschichtlichen Ursprünge des modernen konstitutionellen Denkens gesehen[102].

---

[95] Vgl. etwa *S. Broß*, ZParl 2000, S. 424 (426); *P. Häberle*, Verfassungslehre als Kulturwissenschaft, 2. Aufl. 1998, S. 1016 („aristokratische[s] Element"); *B. Rüthers* u. a., Rechtstheorie, 11. Aufl. 2020, S. 381.

[96] Vgl. *R. Alleweldt*, ZaöRV 56 (1996), S. 205 (214); *K. Meßerschmidt*, Gesetzgebungsermessen, 2000, S. 598; *Ch. Starck*, in: ders./A. Weber (Hrsg.), Verfassungsgerichtsbarkeit in Westeuropa, 1986, S. 11 (14).

[97] *M. Cappelletti/Th. Ritterspach*, JöR N.F. 20 (1971), S. 65 (75). Cappelletti und Ritterspach weisen darauf hin, dass die den sog. „Psephisma" (Dekreten) vorrangigen „Nomoi" den Verfassungsgesetzen im modernen Sinne vergleichbar seien.

[98] Siehe etwa *O. Höffe*, Der Staat 58 (2019), S. 275 (277); *B. Rüthers* u. a., Rechtstheorie, 11. Aufl. 2020, S. 269.

[99] Vgl. *H. Dreier*, in: W. Härle/B. Vogel (Hrsg.), Aktuelle Probleme des Naturrechts, 2007, S. 130 ff.; siehe außerdem etwa *R. Helmholz*, 1 J. Legal Analysis 345–346 (2009); *E.-W. Böckenförde*, Geschichte der Rechts- und Staatsphilosophie, 2. Aufl. 2006, S. 241 ff. (zu Thomas von Aquin); *G. Schmitt*, Die Richterregeln des Olavus Petri, 1966, S. 116 f.

[100] Siehe *R. Grawert*, in: O. Brunner u. a. (Hrsg.), Geschichtliche Grundbegriffe, Bd. 2, 1975, S. 863 (888).

[101] Zu den „leges fundamentales" näher *G. Stourzh*, in: Ch. Starck (Hrsg.), Rangordnung der Gesetze, 1995, S. 13 (17 ff.); *H. Hofmann*, in: ders., Recht – Politik – Verfassung, 1986, S. 261 (275 ff.); *H. Mohnhaupt*, in: ders./D. Grimm, Verfassung, 2. Aufl. 2002, S. 44 ff., 62 ff.; *Th. Würtenberger*, AUFKLÄRUNG 3/2 (1988), S. 53 (56, 78 f.); zu „fundamental laws" im angelsächsischen Rechtsdenken *J. W. Gough*, Fundamental Law, 1961, S. 7 ff., et passim; *J. P. Reid*, Constitutional History, Bd. I, 1986, S. 76; *S. Sherry*, 54 U. Chi. L. Rev. 1129 (1987).

[102] *Ch. Starck*, in: ders./A. Weber (Hrsg.), Verfassungsgerichtsbarkeit in Westeuropa,

Mit einiger Tragweite hat sich dieses konstitutionelle Denken im Hinblick auf die Normenkontrolle wohl zum ersten Mal Anfang des 17. Jahrhunderts Ausdruck verschafft. Im Jahr 1610 hatte der englische Richter Sir Edward Coke (1552–1634)[103] einen gerichtlich durchsetzbaren Vorrang des common law vor den Statuten des englischen Parlaments behauptet. In seiner Funktion als Chief Justice of the Common Pleas verkündete er, dass common law- oder naturrechtswidrige Akte des englischen Parlaments nichtig seien – und dass die Nichtigkeit solcher Akte durch die Gerichte festgestellt werden könne[104]. Bei den Engländern hinterließ dieser Einfall bekanntlich keinen bleibenden Eindruck[105]. Die Ereignisse von 1688/89 und das folgende 18. Jahrhundert hatten Cokes Doktrin vom gerichtlich durchsetzbaren Vorrang des höherrangigen Rechts überholt. Fortan wurde die ungeschriebene englische ‚Verfassung' nicht mehr als Grund, sondern als Konsequenz der geltenden Ordnung angesehen[106]. Sie war und ist im eigentlichen Wortsinne mehr Zustandsbeschreibung als normative Anordnung; sie verkörpert eher ein Sein als ein Sollen[107].

Spätestens im Nachgang der ‚Glorreichen' Revolution hatte England seinen konstitutionellen Sonderweg eingeschlagen. So blieb es mit Emmerich de Vattel (1714–1767)[108] in der Mitte des 18. Jahrhunderts einem nichtenglischen

---

1986, S. 11 (18 f.); relativierend (kein „rechtssatzmäßiger Charakter" der leges fundamentales) *R. Grawert*, in: O. Brunner u. a. (Hrsg.), Geschichtliche Grundbegriffe, Bd. 2, 1975, S. 863 (887); vgl. *G. Jellinek*, Allgemeine Staatslehre, 3. Aufl. 1914, S. 505 ff.; *M. Cappelletti/Th. Ritterspach*, JöR N.F. 20 (1971), S. 65 (76 f.); *D. Grimm*, in: J. Isensee/P. Kirchhof (Hrsg.), HStR I, 3. Aufl. 2003, § 1 Rn. 27 f.; *Ch. Gusy*, Richterliches Prüfungsrecht, 1985, S. 7; *Ph. Hamburger*, Law and Judicial Duty, 2008, S. 21 ff.; *W. Hoffmann-Riem*, JZ 2003, S. 269 (271); *W. Löwer*, in: J. Isensee/P. Kirchhof (Hrsg.), HStR III, 3. Aufl. 2005, § 70 Rn. 56; *G. Robbers*, JuS 1990, S. 257 (258); *K. Stern*, Grundideen, 1984, S. 10 f.; *H. Vorländer*, in: W. Leidhold (Hrsg.), Politik und Politeia, 2000, S. 373 (377).

[103] Einen kurzen biographischen Überblick zu Sir Edward Coke gibt *R. Vollmer*, Gesetzeskontrolle, 1969, S. 84 ff.

[104] *Dr. Bonham's Case*, 8 Coke Rep. 107, 118a; 77 Eng. Rep. 638, 652 (1610); auch in *E. Coke*, Selected Writings, Bd. 1, hrsg. von S. Sheppard, 2003, S. 264 ff., hier S. 275; siehe näher unten, insbes. Text bei Kapitel 3, Fn. 378 ff., Kapitel 5, Fn. 273 ff.

[105] *M. Walters*, 51 U. Toronto L.J. 114 (2001) etwa meint, in England habe man Cokes Doktrin als „historische Kuriosität" betrachtet; siehe noch die Nachweise unten Kapitel 3, Fn. 39.

[106] *A. V. Dicey*, Introduction to the Study of the Law of the Constitution, 8. Aufl. 1915, S. 199.

[107] „The Earl of Clarendon" (*John Adams*), The Earl of Clarendon to William Pym, 1766, in: Ch. F. Adams (Hrsg.), The Works of John Adams, Bd. III, 1851, S. 477 (478 f.); ("constitution of the human body"); vgl. *W. Reinhard*, Geschichte der Staatsgewalt, 1999, S. 410; siehe *B. Bailyn*, Ideological Origins, 1969, S. 68; *S. Sherry*, 5 Const. Comment. 324, 325 (1988); *C. Smith*, Giornale di Storia Costituzionale, Bd. 20 (2010), S. 121 (131, Fn. 6).

[108] Zu Vattels Biographie etwa *Ch. Good*, Emer de Vattel, 2011, S. 11 ff.

Autor überlassen, den Gedanken einer „scharfen"[109] Unterscheidung zwischen verfassungsgebender und gesetzgebender Gewalt einigermaßen klar auf den Punkt zu bringen[110]. Die insbesondere in Kontinentaleuropa einflussreiche, bei Emmanuel Joseph „Abbé" Sieyès (1748–1836) vorgenommene begriffliche Unterscheidung zwischen „pouvoir constituant" und „pouvoir constitué"[111] kam für die amerikanische Gründergeneration etwas zu spät[112]. Allerdings gingen die Amerikaner – nicht in derselben Terminologie, aber doch in der Sache – bekanntlich auch von einer trennscharfen Unterscheidung zwischen verfassungsgebender Gewalt auf der einen und verfasster Herrschaft auf der anderen Seite aus[113]. Sie entwickelten das Konzept der geschriebenen Verfassung, wie wir es heute kennen[114].

Das richterliche Prüfungsrecht lässt sich nach dieser überschlägigen Rekapitulation seiner politiktheoretischen Prämissen durchaus als Schlusspunkt einer ideengeschichtlichen Kontinuität begreifen, deren Ursprünge bereits lange vor dem Zeitalter der geschriebenen Verfassung zu suchen sind. Ob man die richterliche Normenkontrolle nun als spezifisch amerikanische Institution deuten kann, hängt davon ab, ob sich mehr hinter ihr verbirgt als nur die schiere Summe ihrer quer über die politische Ideengeschiche verstreuten Einzelteile.

Man wird den amerikanischen Ursprung wohl mit Einschränkungen bejahen können. Die erste nicht ganz unwesentliche Einschränkung muss lauten, dass die materiell-rechtliche Vorrangregel (die „materielle Komponente" des richterlichen Prüfungsrechts) nach dem Gesagten keine Neuerung markiert. Als neu ist hingegen die funktionell-rechtliche Konsequenz anzusehen, die man in Amerika aus dem Vorrang des höherrangigen Rechts gezogen hat: die Zuweisung der der materiellen Vorrangregel entsprechenden Entscheidungskompetenz an die Justiz. Lässt man die „Erfindung" der geschriebenen

---

[109] *G. Jellinek*, Allgemeine Staatslehre, 3. Aufl. 1914, S. 514; *Th. Würtenberger*, AUFKLÄRUNG 3/2 (1988), S. 53 (60).

[110] *E. de Vattel*, The Law of Nations, 1758, übers. und hrsg. von J. Chitty/E. Ingraham, 1852, Buch I, Kap. III, §§ 27, 29 (näher unten Kapitel 3, Text und Nachweise bei Fn. 355 ff.).

[111] *E. J. Sieyès*, Was ist der Dritte Stand?, 1788/89, hrsg. von O. Lembcke/F. Weber, 2010, S. 111 (150 ff., insbes. S. 153 f.) (siehe noch unten Kapitel 3, Fn. 358).

[112] Siehe aber *H. Dreier*, RW 1 (2010), S. 11 (15 mit Fn. 14) („In den nordamerikanischen Kolonien hatte man zuvor schon von ‚constituent power' gesprochen.").

[113] Siehe unten, insbesondere Text bei Kapitel 3, Fn. 604 ff., und öfter.

[114] Erst ab dem späten 18. Jahrhundert, der Zeit der amerikanischen Gründung, ist es überhaupt sinnvoll, von einer geschriebenen Verfassung nach heutigem Verständnis zu sprechen, vgl. etwa *D. Grimm*, Zukunft der Verfassung I, 1991, S. 31 ff.; *ders.*, Souveränität, 2009, S. 36; *M. Loughlin*, MLR 78 (2015), S. 1 (2, 16); *N. Luhmann*, Rechtshistorisches Journal, Bd. 9 (1990), S. 176 (180).

Verfassung, die an die Stelle der lex fundamentalis getreten ist[115], einmal beiseite, ist das Amerikanische am richterlichen Prüfungsrecht dessen formellrechtliche Komponente[116]. Da jene formell-rechtliche Komponente für das *richterliche* Prüfungsrecht konstitutiv, also so wesentlich ist, dass sie es überhaupt erst entstehen lässt, wird man den oben genannten europäischen Autoren, die bezogen auf die Genese der richterlichen Normenkontrolle offenbar zu einer These der allzu gradualistischen Innovation neigen, nicht folgen können. Allerdings, und hier liegt die zweite der angekündigten Einschränkungen, zeigt nicht zuletzt Edward Cokes Behauptung vom Anfang des 17. Jahrhunderts, dass eine richterliche Normverwerfung oder zumindest eine durch den Vorrang eines höherrangigen Rechts begründete korrigierende richterliche Gesetzesauslegung in der Verfassungsgeschichte keineswegs beispiellos gewesen ist. Wenn man Coke in die Rechnung einbeziehen will, wird man streng genommen nicht von einer amerikanischen, sondern von einer angelsächsischen Erfindung sprechen müssen. In der Gesamtbilanz, in der man etwa einen Emmerich de Vattel auch nicht ganz unberücksichtigt lassen sollte, kann man Klaus Stern zustimmen, wenn er schlussfolgert:

„Trotz gewisser früherer Ansätze war [die Lehre vom richterlichen Prüfungsrecht] alles in allem ein Produkt des ausgehenden 18. Jahrhunderts und erst in den Vereinigten Staaten durchgesetzt, ohne dass die europäischen Ingredienzien [= die materielle Vorrangregel] geleugnet wurden."[117]

Dass sich die amerikanische Gründergeneration im Übrigen bewusst in eine bis in die Antike zurückreichende ideengeschichtliche Traditionslinie einreihen wollte[118], erscheint nicht vollkommen unplausibel, wenn man sich die im

---

[115] Vgl. zur Entwicklung der Begriffe im 18. Jahrhundert *J. P. Reid*, Constitutional History, Bd. I, 1986, S. 76 ("when eighteenth-century people wished to describe an immutable constitutional law, as the term is now understood in the United States, they did not speak of constitutional law, but of fundamental law."); zur „Neuprägung des Verfassungsbegriffs" in Amerika auch etwa *Th. Würtenberger*, AUFKLÄRUNG 3/2 (1988), S. 53 (59).

[116] Mit einer Aufspaltung der Normenkontrollkompetenz in eine materielle und eine formelle Komponente argumentieren etwa *Ch. Gusy*, Richterliches Prüfungsrecht, 1985, S. 7; *S. Mückl*, in: D. Ehlers/F. Schoch (Hrsg.), Rechtsschutz im Öffentlichen Recht, 2009, § 15 Rn. 1; ähnlich *F. Scharpf*, Grenzen, 1965, S. 8 (differenzierend nach einer „materiellrechtlichen und einer funktionell-rechtlichen Säule"). In den USA wird auch nach vergleichbaren Kriterien unterschieden, vgl. etwa *B. A. Black*, 49 U. Pitt. L. Rev. 692 (1988), die zwischen einem „substantive aspect" und einem „remedial aspect" des richterlichen Prüfungsrechts differenziert.

[117] *K. Stern*, Grundideen, 1984, S. 29; vgl. aber auch etwa *Ch. McIlwain*, High Court of Parliament, 1910, S. 6 ("In short, the idea of a judicial review of legislation, and of a constituent law as well, are in origin English ideas.").

[118] Vgl. etwa *J. Adams*, Thoughts on Government, 1776, in: Ch. F. Adams (Hrsg.), Works of John Adams, Bd. IV, 1856, S. 193 (200) ("You and I, my dear friend, have been sent into life at a time when the greatest lawgivers of antiquity would have wished to live.").

Nordamerika des ausgehenden 18. und beginnenden 19. Jahrhundert durchaus verbreitete Neigung zur klassischen Antike vergegenwärtigt. Es wird jedoch ebenfalls – und wohl zu Recht – darauf hingewiesen, dass sich diese Affinität in der folkloristischen Übernahme antiker Symbolik im Wesentlichen erschöpft und sich eher weniger in der Eins-zu-eins-Rezeption antiker Denkmuster geäußert haben dürfte[119]. Coke und Vattel haben jedenfalls weitaus stärkeren praktischen Einfluss auf die amerikanische Lehre vom Verfassungsvorrang ausgeübt als irgendeine antike Autorität[120].

II. Kontextualisierung im anglo-amerikanischen Konstitutionalismus

Hat man den Vorrang der Verfassung einmal anerkannt, stellt sich fast zwangsläufig die Frage nach dem Modus seiner Durchsetzung. Die Wahl ist, wie bereits mehrfach erwähnt, im Amerika des ausgehenden 18. Jahrhunderts auf die richterliche Normenkontrolle gefallen. Allerdings hat dieser gerichtliche Durchsetzungsmechanismus die klassischen, aus dem angelsächsischen Konstitutionalismus überlieferten ‚Rechtsbehelfe' zur Durchsetzung des höherrangigen Rechts keineswegs verdrängt. Vielmehr ist die Normenkontrolle neben diese klassischen ‚Rechtsbehelfe' getreten. Zu nennen sind insbesondere die Petition[121], die durch Ausübung des Wahlrechts zu verhängende „demokratische Sanktion"[122] und als ultima ratio das Widerstandsrecht[123]. Diese klassischen Mittel und Wege werden von manchen Autoren unter dem Stichwort des „popular constitutionalism" zusammengefasst und auf diese Weise von der gerichtlichen (in diesem Sinne „unpopulären", weil elitären und expertokratischen) Normenkontrolle abgegrenzt[124].

---

[119] Siehe *H. A. Winkler*, Geschichte des Westens, Bd. I, 4. Aufl. 2015, S. 301; vgl. *B. Bailyn*, Ideological Origins, 1967, S. 24 ff.; *W. Heun,* Historische Zeitschrift, Beiheft, N.F. 55 (2011), S. 65 (83); *M. Hanses*, Historische Zeitschrift, Beiheft, N.F. 55 (2011), S. 85 (insbes. S. 90 ff.); vgl. auch *F. Muß*, Ersatzmonarch, 2013, S. 88 f., der den Rekurs vieler Autoren der post-revolutionären Ära bei der Auswahl ihrer Pseudonyme auf antike Vorbilder als Legitimationsstrategie deutet (siehe dazu unten Kapitel 3, Fn. 352).

[120] Vgl. *Th. Plucknett*, 40 Harv. L. Rev. 68 (1926); siehe zu Coke noch bei Kapitel 3, Fn. 37 f., 380 ff., 410 f., Kapitel 4, Fn. 100; zu Vattel bei Kapitel 3, Fn. 355 ff., 451, Kapitel 4, Fn. 96, teilweise mit begleitendem Text.

[121] Siehe U.S. Const., Am. I ("Congress shall make no law ... abridging ... the right of the people ... to petition the government for a redress of grievances").

[122] Siehe unten Kapitel 3, Fn. 445, 808 ff. mit begleitendem Text.

[123] Zur Petition und zum Widerstand als „Rechtsbehelf" (*remedy*) siehe „An Elector" (*J. Iredell*), To The Public, 1786, in: G. J. McRee (Hrsg.), Life and Correspondence of James Iredell, Bd. 2, 1858, S. 147 (zu Iredell näher unten, Kapitel 3).

[124] Vgl. *L. D. Kramer*, People Themselves, 2004, S. 29 ("voting, mobbing, petitioning, and the rest"); unten Kapitel 4, Fn. 30; referierend *C. Brettschneider*, 30 Const. Comment. 81 (2015).

Nicht wenige Autoren vertreten den Standpunkt, dass es sich bei der richterlichen Normenkontrolle um ein funktionales Äquivalent oder gar um einen vollständigen Ersatz des Widerstandsrechts handelt[125]. Um ein Substitut handelt es sich nach dem Gesagten ganz gewiss nicht. Die überkommenen Durchsetzungsmechanismen, insbesondere das Widerstandsrecht, sind, um es noch einmal zu betonen, lediglich um die Normenkontrolle ergänzt worden[126]. Das Widerstandsrecht spielte in der amerikanischen politischen Theorie auch in den auf die Unabhängigkeit folgenden Jahren eine nicht zu unterschätzende Rolle[127]. Das wird deutlich, da das Widerstandsrecht – im Un-

---

[125] *R. Wahl*, Der Staat 20 (1981), S. 485 (491) („Verfassungsgerichtsbarkeit als Ersatz des Widerstandsrechts"); ebenso *B. Enzmann*, Der demokratische Verfassungsstaat, 2009, S. 366; vgl. auch *M. Eberl*, Verfassung und Richterspruch, 2006, S. 242 f.; *L. D. Kramer*, 115 Harv. L. Rev. 53–54 (2001); *ders.*, People Themselves, 2004, S. 98 f. ("Judicial review was a substitute for popular action, a device to maintain popular sovereignty without the need for civil unrest."); *L. W. Levy*, in: ders. (Hrsg.), Judicial Review and the Supreme Court, 1967, S. 6; *R. Marcic*, Verfassung und Verfassungsgericht, 1963, S. 61; *S. Snowiss*, Judicial Review, 1990, S. 74 ("substitute for revolution"); *dies.*, 20 Const. Comment. 242–243 (2003); *H. Steinberger*, Konzeption und Grenzen, 1974, S. 126; *G. Stourzh*, Grundrechtsdemokratie, 1989, S. 37 ff.; *G. S. Wood*, 56 Wash. & Lee L. Rev. 796 (1999). – Kritisch zu diesem Standpunkt *C. F. Hobson*, The Great Chief Justice, 1996, S. 59; *G. Leonard*, 81 Chi.-Kent L. Rev. 867, 882 (2006); *D. J. Hulsebosch*, 81 Chi.-Kent L. Rev. 825 (2006). Hulsebosch argumentiert (insbesondere S. 828–833, vgl. auch *D. M. Golove/D. J. Hulsebosch* 85 N.Y.U. L. Rev. 948, 961–962 [2010]) durchaus überzeugend, dass das Rechtsinstitut des richterlichen Prüfungsrechts in der frühen amerikanischen Republik durch die Richter vor allem dazu eingesetzt worden sei, die Vereinigten Staaten in die „atlantische Welt" zu (re-)integrieren. Unmittelbar nach der Revolution hatten viele Bundesstaaten zur Sanierung ihrer notleidenden Haushalte, aber wohl auch aus Revanche, Gesetze erlassen, mit denen das Eigentum britischer Loyalisten und britischer Untertanen, die vor der Revolution (Grund-)Eigentum in den Kolonien erworben hatten – wohl in „ungerechter" Weise – konfisziert worden ist (siehe auch unten Kapitel 3, Fn. 180 f.). Diese Gesetze wurden teilweise für verfassungswidrig erklärt, um ein Signal an die europäischen „Imperien" (England, Frankreich und Spanien) zu senden, dass die Vereinigten Staaten ein verlässlicher Schuldner und Handelspartner seien. Judicial review diente nach dieser Lesart also nicht zur Fortsetzung bzw. inkrementellen ideologischen Rückabwicklung der Revolution mit anderen Mitteln, sondern einem eher profanen Zweck: Investitionssicherheit (vgl. *D. J. Hulsebosch*, Constituting Empire, 2005, S. 241).

[126] Siehe *J. Wilson*, Lectures on Law, Kap. V, 1791, in: Collected Works of James Wilson, Bd. I, hrsg. von K. L. Hall/M. D. Hall, 2007, S. 572 ("The effects of [the legislature's] extravagancies may be prevented, sometimes by the executive, sometimes by the judicial authority of the governments; sometimes even by a private citizen, and, at all times, by the superintending power of the people at large.").

[127] Siehe *S. Cornell*, 81 Chi.-Kent L. Rev. 890, 893, et passim (2006); vgl. auch *Ch. G. Fritz*, Pacific Historical Review 63 (1994), S. 39 (41 f.) ("The more revolutionary ideas articulated in the first state constitutions and generated by the American Revolution did not ... simply disappear."); *M. E. Kornhauser*, 50 Buff. L. Rev. 844 (2002) ("[T]he right of revolution had only been trimmed, not uprooted.").

terschied zum richterlichen Prüfungsrecht – in einigen wichtigen Verfassungsdokumenten der amerikanischen Gründung, etwa der Unabhängigkeitserklärung, der Virginia Declaration of Rights oder den Einzelstaatsverfassungen ausdrücklich geschrieben steht[128]. Nun wird man vor allem die entsprechende Passage in der Unabhängigkeitserklärung nicht unbedingt als eine für die Zukunft wirkende und nach innen gerichtete normative Gewährleistung, sondern eher als juristische Rechtfertigung des bewaffneten Konflikts mit England und der Sezession zu verstehen haben[129]. Das ändert aber nichts an der Beobachtung, dass der Widerstand in der Rebellion von 1786/87 („Shays' Rebellion"), und in den 1790er Jahren sowohl im sog. „Whiskey-Aufstand" als auch in der „Fries Rebellion" wieder handfest praktisch geworden ist. Legitimiert wurden diese Aufstände durch den (erst durch die Historiographie so bezeichneten) „popular constitutionalism"-Gedanken; politisch waren sie – wieder einmal – durch die Ablehnung einer als ungerecht empfunden Besteuerung motiviert[130].

Die Amerikaner hatten das von Algernon Sidney und John Locke gelehrte und in der englischen Revolution von 1688/89 unter Berufung auf die „Fundamentalgesetze" und die „Verfassung des Königreichs" gegen das Haus

---

[128] Die entscheidende Passage der Unabhängigkeitserklärung lautet: „That to secure these rights, Governments are instituted among Men, deriving their just powers from the consent of the governed, That whenever any Form of Government becomes destructive of these ends, it is the Right of the People to alter or to abolish it ...". – § 3 der Virginia Declaration lautet: „That government is, or ought to be, instituted for the common benefit, protection, and security of the people, nation, or community; of all the various modes and forms of government, that is best which is capable of producing the greatest degree of happiness and safety and is most effectually secured against the danger of maladministration. And that, when any government shall be found inadequate or contrary to these purposes, a majority of the community has an indubitable, inalienable, and indefeasible right to reform, alter, or abolish it, in such manner as shall be judged most conducive to the public weal." – Vgl. Teil I, Art. VII der Verfassung von Massachusetts (1780) ("... the people alone have an incontestable, unalienable, and indefeasible right to institute government, and to reform, alter, or totally change the same when their protection, safety, prospertiy, and happiness require it.").

[129] Vgl. *W. Heun*, Historische Zeitschrift, Bd. 258 (1994), S. 359 (363 f.). – *W. P. Adams*, Republikanische Verfassung, 1973, S. 130, interpretiert auch die in den Einzelstaatsverfassungen enthaltenen Gewährleistungen des Widerstandsrechts als nachträgliche Rechtfertigung des Unabhängigkeitskriegs. Das ist nicht vollkommen überzeugend. New Hampshire etwa hatte das Widerstandsrecht noch im Jahr 1784 als „Right of Revolution" in Teil I, Art. 10 seiner Verfassung positiviert; zu einem Zeitpunkt, in dem eine besondere Rechtfertigung des (bereits seit 1781 entschiedenen) Revolutionskriegs eigentlich gar nicht mehr notwendig erscheinen musste (vgl. in diesem Zusammenhang *R. R. Palmer*, Zeitalter der demokratischen Revolution, 1970, S. 250 [Amerikanische Revolution bereits „weniger revolutionär und mehr anerkannte Routine, eine Art Institution"]).

[130] Näher *M. E. Kornhauser*, 50 Buff. L. Rev. 842–852 (2002).

Stuart mobilisierte Widerstandsrecht[131] vor Augen[132], als sie es in ihre Verfassungen hineingeschrieben haben. Danach steht das Recht zum Widerstand allen staatlicher Herrschaftsgewalt unterworfenen Personen zu, falls sich die staatliche Herrschaftsgewalt über die (im Einzelnen wie auch immer beschaffene) Verfassung hinwegsetzt, dem Staatszweck zuwiderhandelt, oder, kontrakutalistisch gesprochen, wenn der Besitzer der politischen Entscheidungsgewalt die Legitimationsgrundlage seiner Regentschaft teilweise oder vollständig beseitigt, indem er den mit seinen Untertanen abgeschlossenen Herrschaftsvertrag bricht, die Grenzen der ihm im Gesellschaftsvertrag übertragenen Befugnisse überschreitet, oder das zwischen Regierenden und Regierten bestehende Vertrauensverhältnis („trust") zerstört[133]. Auf den ersten

---

[131] In der offiziellen Lesart war der Thron „vakant", weil Jakob II. „abgedankt" hatte. Diese Sprachregelung hatte ihren guten Sinn. Man wollte mit Blick auf die Zukunft keinen Präzendenzfall schaffen. Schließlich war hier eine Koalition aus konservativen Revolutionären am Werk, die die alte Ordnung gegen die Souveränitätsanmaßungen der Stuarts verteidigt haben wollte. Siehe die – etwas doppeldeutige, da aus einem zwischen Politikern der „Whig"- und „Tory"-Fraktionen ausgehandelten Kompromiss hervorgegangene – „Resolution that the Throne is vacant" des Unterhauses vom 28. Januar 1689, in: House of Commons Journal, Bd. 10, 1688–1693, London: His Majesty's Stationery Office, 1802, S. 14, online: www.british-history.ac.uk/commons-jrnl/vol10/p14, letzter Abruf am 23. September 2020 (*"Resolved, That King James the Second, having endeavoured to subvert the Constitution of this Kingdom, by breaking the Original Contract between King and People; and, by the Advice of Jesuits, and other wicked Persons, having violated the fundamental Laws; and having withdrawn himself out of the Kingdom; has abdicated the Government; and that the Throne is thereby vacant."* [Die ersten beiden Hervorhebungen ebd.]). Zum revolutionären Charakter dieser ‚Abdankung' siehe *F. W. Maitland*, The Constitutional History of England, 1908, S. 284 ("Now certainly it was very difficult for any lawyer to argue that there had not been a revolution."); vgl. *M. Brocker*, in: ders. (Hrsg.), Geschichte des politischen Denkens, 2006, S. 258 (270 f.) („Kaum jemand war willens, in diesem Zusammenhang von einem ‚Widerstandsrecht' ... zu sprechen."); tendenziell anders *K. Kluxen*, Parlamentarismus, 1983, S. 77.

[132] *J. M. Kang*, 18 Wm. & Mary Bill Rts. J. 307 (2009) ("Americans, in their own hour of political need, found guidance from Locke and Sidney in shaping arguments about the right of peoples to alter or abolish government.").

[133] *A. Sidney*, Discourses Concerning Government, 1698, S. 15 (Ch. 1, §6), S. 413 (Ch. III, §36); *J. Locke*, Two Treatises of Government, 1689, hrsg. von P. Laslett, 1964, S. 433 (Second Treatise, Ch. XIX, §225) ("long train of Abuses"); dort auch öfter zum Widerstandsrecht insbes. S. 430–432, 444 ff. (Second Treatise, Ch. XIX, §§ 222, 240 ff.), et passim. Zu den Tatbestandsvoraussetzungen des Widerstandsrechts bei Locke *M. Brocker*, Grundlegung, 1995, S. 259 ff.; vgl. außerdem *E. S. De Beer*, in: J. S. Bromley (Hrsg.), New Cambridge Modern History, Bd. VI, 1970, S. 193 (219); jüngst wieder *K.-P. Sommermann*, Der Staat 54 (2015), S. 575 (577 f.). Zur Unterscheidung zwischen Herrschafts- und Gesellschaftsvertrag und deren Bedeutung für das Widerstandsrecht siehe *M. E. Kornhauser*, 50 Buff. L. Rev. 840 (2002); ausführlich *I. Maus*, Aufklärung der Demokratietheorie, 1994, S. 47 ff.

Blick scheint die richterliche Normenkontrolle also in der Tat die gewaltfreie und zivilisiertere Alternative zum Widerstand zu sein[134].

In ideengeschichtlicher Perspektive wird man die Normenkontrolle gewiss als funktionalen Nachfolger des Widerstandsrechts deuten können, etwa in der etwas pathetisch daherkommenden Wendung, dass nunmehr

„an die Stelle des im Widerstandsrecht angerufenen Gottesurteils [‚appeal to Heaven'[135], d. V.] das richterliche Urteil jener trat, die zur Messung der Gesetze am Maßstab der Verfassung berufen waren"[136].

Allerdings sollten zwei Dinge nicht unerwähnt bleiben. Erstens hat die narrative Verbindungslinie, die zwischen Widerstandsrecht und Normenkontrolle gezogen wird, allein in ideengeschichtlicher Hinsicht eine gewisse Plausibilität. Richtet man den Blick auf die Verfassungswirklichkeit, kommt man nicht umhin, eine eklatante Asynchronität[137] von Ideengeschichte und politischer Praxis festzustellen. Die Behauptung, dass der „Durchbruch zur liberalen Grundrechtsdemokratie" in den Vereinigten Staaten bereits 1791 mit der Ratifikation der ersten acht bzw. zehn Zusatzartikel, der Bill of Rights[138], gelungen sei[139], ist jedenfalls in dieser Pauschalität nicht mehr und nicht weniger als ein historiographisches Klischee, das von überzogenem Optimismus getragen ist. Aus differenzierterer Perspektive[140] muss man davon einige Ab-

---

[134] Nochmals „An Elector" (*J. Iredell*), To The Public, 1786, in: G. J. McRee (Hrsg.), Life and Correspondence of James Iredell, Bd. 2, 1858, S. 145 (147); vgl. auch *J. W. Gough*, Fundamental Law, 1961, S. 206, 223.

[135] *J. Locke*, Two Treatises of Government, 1689, hrsg. von P. Laslett, 1964, S. 397 (Second Treatise, Ch. XIV, § 168).

[136] *G. Stourzh*, Grundrechtsdemokratie, 1989, S. XIII; auch in diese Richtung, aber zurückhaltender *K.-P. Sommermann*, Der Staat 54 (2015), S. 575 (581).

[137] Vgl. – in anderem Zusammenhang – *J. Krüper*, ZJS 2012, S. 9 (18).

[138] *A. R. Amar*, The Bill of Rights, 1998, S. 284 f. (vgl. auch *P. Maier*, Ratification, 2010, S. 459 f.), weist darauf hin, dass die „Bill of Rights" erst nach der Ratifikation des 14. Zusatzartikels (1868) vom Supreme Court als solche bezeichnet worden ist. James Madison hatte 1789 schon – wohl die konzeptionell grundsätzlich anders beschaffene englische Bill of Rights von 1689 vor Augen – von „etwas, das man ‚bill of rights' nennen kann" gespochen, siehe *J. Madison*, Speech in Congress Proposing Constitutional Amendments vom 8. Juni 1789, in: Writings of James Madison, hrsg. von J. N. Rakove, 1999, S. 437 (444); zudem ist nicht klar, ob die ersten zehn, oder nur die ersten acht oder neun Zusatzartikel zur „Bill of Rights" gehören.

[139] *J. Heideking/P. Sterzel*, in: W. Jäger/C. M. Haas/W. Welz (Hrsg.), Regierungssystem der USA, 3. Aufl. 2007, S. 45; vgl. auch *G. Stourzh*, Grundrechtsdemokratie, 1989, S. 37–74. Dort beschreibt Stourzh den Weg „Vom Widerstandsrecht zur Verfassungsgerichtsbarkeit" im 18 Jahrhundert.

[140] Vgl. in diesem Zusammenhang auch *H. Dreier*, Idee und Gestalt, 2014, S. 50 f., der beobachtet, dass die Amerikaner (und Franzosen) im 18. Jahrhundert durchaus von einer „Pluralität" der Grundrechtsfunktionen ausgegangen seien; Dreier zweifelt indes – wohl zu Recht –, ob die Abwehrfunktion der Grundrechte (ihre subjektiv-rechtliche Qualität),

striche machen. An der Wende vom 18. zum 19. Jahrhundert war es – gemessen an den Standards des späten 20. und frühen 21. Jahrhunderts – auch in den Vereinigten Staaten ein ziemlich weiter (und durch zahlreiche Rückschläge gezeichneter) Weg bis hin zur voll ausgebauten „liberalen Grundrechtsdemokratie". Das wird man zumindest dann behaupten können, wenn man unter einer „Grundrechtsdemokratie" eine demokratische politische Ordnung verstehen will, die sich nicht darauf beschränkt, dem Einzelnen subjektive Rechtspositionen zuzuweisen, sondern ihm auch eine entsprechende Rechtsmacht einräumt, um diese Rechte durchzusetzen und so einen effektiven und justizförmig institutionalisierten Rechtsschutz gegen hoheitliches Handeln gewährleistet[141]. Die wesentlichen verfassungs- und grundrechtspolitischen Konflikte sind seinerzeit jedoch weiterhin nach dem überkommenen „Freund/Feind"-Schema (in dessen brutaler Ausprägung) gelöst worden. Grundlegende Entscheidungen über Recht und Unrecht wurden entweder per Dezision durch den politischen Prozess getroffen oder auch auf den Schlachtfeldern herbeigeführt („trial by battle"[142], vor allem zwischen 1861 und 1865[143]) – und nicht, jedenfalls nicht endgültig[144], im Gerichtssaal.

Die aus Sicht der Gegenwart, aber wohl auch nach dem Empfinden der Zeitgenossen eher untergeordnete verfassungspolitische Bedeutung der richterlichen Normenkontrolle im späten 18. und frühen 19. Jahrhundert lässt sich außerdem anhand der vergleichweise geringen Anzahl an Fällen ermessen, die tatsächlich unter Heranziehung der damals freilich noch nicht so

---

also der „liberale" grundrechtstheoretische Kernbestand, dabei tatsächlich im Vordergrund gestanden hat. Vor allem dann, wenn man die zeitgenössische französische Verfassungsideologie zum Vergleich heranzieht, wird die subjektiv-rechtliche Stoßrichtung der amerikanischen Grundrechteerklärungen deutlich sichtbar; verglichen mit der gegenwärtigen Theorie bleibt sie eher blass. – Deutlich: *R. Poscher*, Grundrechte als Abwehrrechte, 2003, S. 18 ff. („Die Suche nach Vorstellungen im 18. oder 19. Jahrhundert, die unsere Vorstellungen eines grundrechtlichen Abwehrrechts treffen, würde entweder ergebnislos verlaufen oder den historischen Tatsachen Gewalt antun müssen.").

[141] So etwa auch *B. Rüthers* u. a., Rechtstheorie, 11. Aufl. 2020, S. 286.

[142] Siehe dazu näher *C. Nicoletti*, 28 Law & Hist. Rev. 71, 110 (2010) ("The experience of armed conflict on such a massive scale forced Americans to confront the harsh realization that they had resorted to the irrationality of violence in order to settle the most contentious legal issue of their time."); vgl. auch *Obergefell v. Hodges*, 576 U.S. __, __ (2015) (Roberts, C.J., dissenting) (slip. op., at 12).

[143] Dabei ging es nicht nur um die (grundrechtspolitische) Frage der Sklaverei; sondern auch um die (verfassungspolitische) Frage der (Einzelstaaten-)Souveränität, vgl. hier *M. Graber*, New Introduction to American Constitutionalism, 2013, S. 21 ("The Civil War was arguably fought over whether the *United States* is a singular or plural noun.").

[144] *Dred Scott v. Sandford*, 60 U.S. (19 How.) 393 (1857) (siehe sogleich, Fn. 147).

bezeichneten[145] judicial review-Doktrin entschieden worden sind[146]. Die ohnehin rar gesäten Anwendungsfälle des richterlichen Prüfungsrechts haben im Übrigen selten einmal zur Durchsetzung der Grund- und Menschenrechte geführt; bisweilen haben die Gerichte den durch die übrigen staatlichen Teilgewalten vorangetriebenen grundrechtspolitischen Fortschritt mit Hilfe des richterlichen Prüfungsrechts sogar zu behindern versucht. Man denke nur an die rassistische Entscheidung in der Sache *Dred Scott v. Sandford*, die, auch gemessen an den zeitgenössischen moralischen Standards jedenfalls der Nordstaatler, als Sündenfall gelten musste[147].

Auch die Frage, ob von normverwerfenden Gerichtsentscheidungen überhaupt irgendeine Verbindlichkeit für die politischen Teilgewalten ausgeht und, falls ja, wie eine solche Bindungswirkung verfassungsgerichtlicher Entscheidungen denn eigentlich beschaffen sein sollte, verblieb im Unklaren[148]. Die verfassungspolitische Umgebung, in der sich die richterliche Normenkontrolle in der gesamten Epoche des amerikanischen *antebellum*-Konstitutionalismus behaupten musste, lässt sich etwa[149] durch eine (womöglich apokryphe, aber oft zitierte) Bemerkung des US-Präsidenten Andrew Ja-

---

[145] Als „Erfinder" gilt nach *K. I. Kersch*, 23 Journal of Policy History 592 (2011) und *R. L. Clinton*, Marbury v. Madison, 1989, S. 7, der oben (in Fn. 59) bereits zitierte Edward Corwin. Während z. B. Austin Scott Ende des 19. Jahrhunderts noch von einem „principle of judicial invalidation of laws on the ground of unconstitutionality" gesprochen hatte (*A. Scott*, 4 Am. Hist. Rev. 464 [1899]), tauchte bei Corwin einige Jahre später der Begriff „judicial review" auf, siehe *E. Corwin*, 7 Mich. L. Rev. 643, et passim (1909); *ders.*, 9 Mich. L. Rev. 102–125 (1910), *ders.*, 9 Mich. L. Rev. 283–316 (1911); *ders.*, 12 Mich. L. Rev. 538–572 (1914). Dennoch war das Rechtsinstitut des judicial review bzw. dessen normativer Kerngehalt ja bereits in der Gründungszeit bekannt – es hatte nur noch keinen Namen. Vgl. die bei M. Farrand (Hrsg.), Records of the Federal Convention of 1787, Bd. 2, 1911, S. 298, nachgewiesene Aussage des Delegierten des Verfassungskonvents John Mercer (Zitat oben, Fn. 53); zur Entwicklung der Terminologie näher *M. S. Bilder*, 116 Yale L.J. 505 n. 5 (2006), m. w. N.

[146] Vgl. auch *N. R. Williams*, 57 Stan L Rev 265 (2004) ("It is not clear what is more significant: that so few state courts announced the power of judicial review or that a few did.").

[147] *Dred Scott v. Sandford*, 60 U.S. (19 How.) 393 (1857). In *Dred Scott* hatte der Supreme Court unter seinem Vorsitzenden Richter Roger Taney den sog. „Missouri Compromise" in Teilen annulliert (näher *G. E. White*, 89 Va. L. Rev. 1506–1512 [2003]). Deshalb gilt *Dred Scott* vielen Historikern auch als Mitauslöser des Amerikanischen Bürgerkriegs, siehe etwa *W. Ehrlich*, in: K. L. Hall/J. W. Ely, Jr. (Hrsg.), United States Supreme Court Decisions, 2. Aufl. 2009, S. 323; *K. Heller*, ÖZöR 39 (1988), S. 89 (96 f.).

[148] Ausführliche Diskussion unten, Kapitel 5, B.II.

[149] Siehe dazu auch *K. Newmyer*, 56 Wash. & Lee L. Rev. 848 (1999), m. w. N. ("Jefferson, Jackson, and the American people who elected them taught [Chief Justice] Marshall the most painful constitutional lesson of his life: namely, that the decisions of the Supreme Court are not necessarily final.").

ckson verdeutlichen. In Reaktion auf die ihm unliebsame Entscheidung des U.S. Supreme Court in der Sache *Worcester v. Georgia*[150] aus dem Jahr 1832 soll Jackson gesagt haben:

"Well. [Chief Justice] John Marshall has made his decision: *now let him enforce it.*"[151]

Das häufig bemühte Beispiel des mit dem ersten Verfassungszusatz wohl kaum zu vereinbarenden[152] „Sedition Act" (1798)[153] zeigt außerdem, dass sich für die US-Bundesgerichte bereits in den 1790er Jahren durchaus günstige Gelegenheiten eröffnet haben, Grundrechtsschutz gegen legislatives Unrecht zu gewähren. Vereinfacht ausgedrückt erklärte dieses Kongressgesetz verleumderische Aussagen oder ehrverletzende Veröffentlichungen gegen Regierungsorgane der Vereinigten Staaten zu einem „Bundesverbrechen" („federal crime')[154]. Ausgenutzt haben die Gerichte diese sich bietende Gelegenheit nicht. Im Gegenteil: Die Richter haben sich bereitwillig als Erfül-

---

[150] *Worcester v. Georgia*, 31 U.S. (6 Pet.) 515 (1832).

[151] Zitiert nach *H. Greeley*, The American Conflict, Bd. 1, 1866, S. 106 (Hervorhebung ebd.); siehe zu dieser Episode etwa *Th. Donovan*, The Federal Lawyer, September 2012, S. 4 (6); *M. J. Gerhardt*, 43 Wm. & Mary L. Rev. 1400 n. 7 (2002); *W. Heun*, Der Staat 42 (2003), S. 267 (270 f. mit Fn. 22); zu Jacksons nicht eben unproblematischen Verhältnis zum U.S. Supreme Court noch unten Kapitel 3, Fn. 535.

[152] *New York Times Co. v. Sullivan*, 376 U.S. 254, 305 (1964) (Goldberg, J., concurring). Ob das auch gemessen an zeitgenössischen Überzeugungen so gesehen werden muss, ist umstritten. Einige Historiker meinen, die Regeln des englischen common law über „seditious libel" seien in den Augen der Gründergeneration mit dem ersten Verfassungszusatz vereinbar gewesen; denn jedenfalls nach Blackstone beschränkte sich der normative Gehalt der Pressefreiheit auf die Garantie der Abwesenheit einer Vorzensur (Commentaries on the Laws of England, Bd. IV, 1769, hrsg. von S. Katz, 1979, S. 151: „The liberty of the press is indeed essential to the nature of a free state: but this consists in laying no *previous* restraints upon publications, and not in freedom from censure for criminal matter when published." [Hervorhebung ebd.]); gleichwohl gab es in Amerika auch liberale Konzeptionen der Pressfreiheit, die sich insbesondere in den von James Madison und Thomas Jefferson verfassten Virginia- und Kentucky-Resolutions von 1798/99 Ausdruck verschafften (abgedruckt bei J. Elliot [Hrsg.], The Debates in the Several State Conventions, Bd. IV, 2. Aufl. 1836, S. 528 f., 540 f.; vgl. auch die Zitate unten, Kapitel 4, Fn. 453); siehe dazu *W. Bird*, 34 Law & Hist. Rev. 542 (2016); *D. Jenkins*, 45 Am. J. Legal. Hist. 157–158, 167–171 (2001); deutschsprachig *G. Schild*, Der Staat 58 (2019), S. 535 (539).

[153] "An Act in Addition to the act, entitled 'An act for the punishment of certain crimes against the United States'," July 14, 1798, 1 Stat. 596 (U.S. Statutes at Large, Bd. 1, hrsg. von R. Peters, Boston, 1845, S. 596–597); näher unten, Kapitel 3, Fn. 271, Kapitel 4, Fn. 452, Kapitel 5, Fn. 383 ff. und begleitenden Text.

[154] „Sedition Act" (oben, Fn. 153), § 2; zusammenfassend *D. Jenkins*, 45 Am. J. Legal. Hist. 154 (2001) ("This Act, codifying the substantive English common law of seditious libel, made it a federal crime to publish defamatory matter against the Congress, President, or government of the United States."); die interessanten (außen-)politischen Hintergründe des Gesetzes erläutert *W. Bird*, Press and Speech under Assault, 2016, S. 248 ff.

lungsgehilfen der politischen Teilgewalten instrumentalisieren lassen und die in den Sedition Acts enthaltenen Strafnormen unter – erstaunlicher[155] – Kooperation der Jurys durchgesetzt[156]. Erst der „Gerichtshof der Geschichte", so der U.S. Supreme Court in den 1970er Jahren, habe den (gemäß dessen §4 allerdings auch auf drei Jahre befristeten) Sedition Act nachträglich für verfassungswidrig erklärt[157].

Gerichtliche Normenkontrollen sind in den 1780er und 1790er Jahren vor allem im Staatsorganisationsrecht zu beobachten. Noch am ehesten grundrechtsrelevant erscheinen immerhin diejenigen Fälle, die in den 1780er Jahren am Maßstab des Rechts auf einen Geschworenprozess entschieden worden sind[158]. In anderen frühen amerikanischen Anwendungsfällen des richterlichen Prüfungsrechts ging es jedoch etwa um die Abgrenzung der Kompetenzen zwischen Ober- und Unterhaus in der Legislative des Staates Virginia[159], die Kompetenz zur Steuererhebung durch den Bund[160], oder um die Frage, ob der Kongress im Rahmen von Art. III der Bundesverfassung dazu befugt ist, den bereits bestehenden Zuständigkeiten des U.S. Supreme Court weitere erstinstanzliche Entscheidungskompetenzen hinzuzufügen[161].

Außerdem ist zweitens auch in theoretischer Perspektive ein kategorialer Unterschied zwischen klassischem Widerstandsrecht und judicial review zu beachten. Mag unter dem Widerstandsrecht zunächst in der Tat „nur die moralische Befugnis" zu verstehen sein, den „Vollzug einer dem vorpositiven Recht widersprechenden Anordnung gegebenenfalls sogar gewaltsam zu verhindern"[162], so sind die Grenzen zur Revolution doch fließend[163]. Das zeigt nicht zuletzt die Amerikanische Revolution, die sich ja ausdrücklich auf den Rechtfertigungstitel des Widerstandsrechts berufen hatte. Der Rebellion der

---

[155] Siehe zur Bedeutung des Geschworenenprozesses näher unten, Text bei Kapitel 3, Fn. 254 ff.

[156] *J. M. O'Fallon*, 44 Stan. L. Rev. 221 (1992); *L. Kramer*, People Themselves, 2004, S. 95.

[157] *New York Times Co. v. Sullivan*, 376 U.S. 254, 276 (1964) ("Although the Sedition Act was never tested in this Court, the attack upon its validity has carried the day in the court of history.").

[158] *Trevett v. Weeden* (nicht offiziell dokumentiert, 1786) und *Bayard v. Singleton*, 1 N.C. (Mart.) 5 (1787). Näher unten, Kapitel 4, A.

[159] *Commonwealth v. Caton*, 8 Va. (4 Call) 5 (1782). Näher unten, Kapitel 4, A.

[160] *Hylton v. United States*, 3 U.S. (3 Dall.) 171 (1796). Näher unten, Kapitel 4, B.

[161] *Marbury v. Madison*, 5 U.S. (1 Cranch) 137 (1803); näher unten, Kapitel 5.

[162] *B. Enzmann*, Der demokratische Verfassungsstaat, 2009, S. 99.

[163] Näher *K. Stern*, Staatsrecht, Bd. II, 1980, S. 1500 ff.; in der englischsprachigen Literatur scheint sich ohnehin keine strikte terminologische Unterscheidung zwischen „right of resistance" und „right of revolution" durchgesetzt zu haben; zur Charakterisierung des Widerstandsrechts bei Locke als „ein echtes ‚ius revolutionis'" siehe *M. Brocker*, in: ders. (Hrsg.), Geschichte des politischen Denkens, 2006, S. 258 (270).

1760er und frühen 1770er Jahre ging es allein darum, die „natürlichen Rechte der Engländer" innerhalb der bestehenden Ordnung – intrakonstitutionell – durchzusetzen. Sie strebte die Wiederherstellung eines verfassungsgemäßen Zustands an und verfolgte gerade nicht das Ziel der Sezession und damit der (wahrhaft revolutionären[164]) Abschaffung der Monarchie. Erst nachdem die Rebellion in eine Revolution ausgewachsen war, wurden die Ziele von den Anführern des Aufstands 1776 mittels der Unabhängigkeitserklärung ganz offiziell ausgetauscht[165]. Die Rechtfertigunsstrategie blieb jedoch im Wesentlichen bestehen. Über den Umweg der konservierenden „Abwehrfunktion" dient das Widerstandsrecht dann doch der Legitimation einer eigentlich ja illegalen[166] fundamentalen Umwälzung einer solchen staatlichen Ordnung, die jedenfalls der Wahrnehmung nach notorisch auf den Rechten der in ihr lebenden Bürger herumtrampelt. Man kommt kaum um die Feststellung herum, dass die Schwelle für eine Aktivierung von judicial review-Kompetenzen im Vergleich zu den Voraussetzungen des Widerstandsrechts doch deutlich niedriger anzusetzen ist. Außerdem ist judicial review gerade nicht auf die Legitimation einer post-revolutionären Herrschaft[167], sondern auf die Erhaltung des status quo gerichtet. Das im engeren Sinne verstandene, (also nur) „konservierende" Widerstandsrecht, wie es etwa das Grundgesetz in Art. 20 Abs. 4 positiviert hat, bildet so gesehen doch eher ein Minus zum normativen Gehalt des klassischen Widerstandsrechts (im weiteren Sinne des „alter or abolish"[168]). So bleibt das „konservierende" Widerstandsrecht Legitimationstitel für Konterrevolutionäre[169] und ist eher als eine praktisch irrelevante normative Kuriosität einzustufen. Gemeinsam ist den Rechtsinstituten des klassischen Widerstandsrechts und des richterlichen Prüfungs-

---

[164] Vgl. nur *Th. Paine*, Common Sense, 1776, in: M. D. Conway (Hrsg.), The Writings of Thomas Paine, Bd. I, 1894, S. 67 ff. (etwa S. 99, 118, et passim) ("We have it in our power to begin the world over again.").

[165] *Ch. McIlwain*, The American Revolution, 1924, S. 1 ("The moment [American opposition to Britain] became revolutionary, it ceased to be constitutional."); vgl. auch *C. Becker*, The Declaration of Independence, 1922, S. 30; *J. P. Greene*, in: M. Grossberg/ Ch. Tomlins (Hrsg.), The Cambridge History of Law in America, Bd. I, 2008, S. 447 ("unintended consequence").

[166] *R. R. Palmer*, Zeitalter der demokratischen Revolution, 1970, S. 216 („ungesetzliche Änderung der gesetzmäßigen Zustände"); *K. Stern*, Staatsrecht, Bd. II, 1980, S. 1501; *R. Zippelius*, Allgemeine Staatslehre, 17. Aufl. 2017, S. 129.

[167] *G. Stourzh*, Grundrechtsdemokratie, 1989, S. 57.

[168] Siehe nochmals die Unabhängigkeitserklärung (Zitat in Fn. 128); vgl. für die Einzelstaatsverfassungen außerdem *J. Kang*, 18 Wm. & Mary Bill Rts. J. 323–324 (2009). – *J. Locke*, Two Treatises of Government, 1689, hrsg. von P. Laslett, 1964, S. 385 (Second Treatise, Ch. XIII, § 149) spricht von „remove or alter".

[169] Vgl. *R. Gröschner*, in: J. Isensee/P. Kirchhof (Hrsg.), HStR II, 3. Aufl. 2004, § 23 Rn. 49.

rechts allen ansonsten festzustellenden Unterschieden zum Trotz jedenfalls die funktionale Ausrichtung: Sie sollen als Rechtsbehelf zur Durchsetzung der lex fundamentalis und damit als ultima ratio gegen (behauptete) Souveränitätsanmaßungen dienen.

Neben den oben geschilderten größeren ideengeschichtlichen Zusammenhängen dürften vor allem einige rechtspraktische Entwicklungen im angelsächsischen Konstitutionalismus des 18. Jahrhunderts die Herausbildung der richterlichen Normenkontrolle in Amerika nicht unwesentlich begünstigt haben: Zum einen kann die Handhabung des Instituts des Geschworenenprozesses in der anglo-amerikanischen Rechtspraxis des 17. und 18. Jahrhunderts eine gewisse Erklärung für die Ursprünge eines Prinzips „der extralegislativen Feststellbarkeit der Nichtigkeit legislativer Akte"[170] liefern. Der Geschworenenprozess ist nicht so sehr wegen seiner Bedeutung für die Herausbildung der materiellen Vorrangregel von Interesse, denn diese war, wie noch genauer zu sehen sein wird, in Amerika spätestens seit den 1760er Jahren von breitem Konsens getragen. Vielmehr ist die Bedeutung des Geschworenenprozesses für die funktionell-rechtliche Konsequenz aus der materiellen Vorrangregel hervorzuheben. Die Juroren haben sich – und darauf ist unten näher einzugehen – die Befugnis vorbehalten, für „ungerecht" erachtete Rechtsnormen bei ihrer Entscheidungsfindung unberücksichtigt zu lassen[171].

Zum anderen sehen einige Autoren den englischen Kron- bzw. Staatsrat („Privy Council")[172] als treibende Kraft bei der Herausbildung der amerikanischen judicial review-Doktrin[173]. Ursprünglich war der in London ansässige Kronrat, ein Überbleibsel der *curia regis*[174], als Beraterstab für den Monarchen eingesetzt worden. Spätestens mit dem anbrechenden 18. Jahrhundert ließ seine Bedeutung in dem Maße nach, in welchem es dem Parlament gelang, solche Kompetenzen an sich zu ziehen, die die Krone einst exklusiv beansprucht und mittels der „royal prerogative" als „King-in-Council" im Benehmen mit den Kronräten („Privy Councillors") wahrgenommen hatte. Allerdings verblieb dem Kronrat, auch nach den Ereignissen von 1642–1651

---

[170] Siehe unten, Kapitel 3, Text bei Fn. 327.
[171] Siehe unten, Kapitel 3, Text bei Fn. 254 ff.
[172] *K. Loewenstein*, Staatsrecht und Staatspraxis, Bd. II, 1967, S. 42 („königlicher Staatsrat").
[173] Vgl. *E. Russell*, Review of American Colonial Legislation, 1915; ferner *Ch. G. Haines*, American Doctrine, 2. Aufl., 1959, S. 44 ff.; *L. P. Beth*, 24 Am. J. Comp. L. 22–42 (1976); aus der jüngeren Literatur *M. S. Bilder*, 116 Yale L.J. 509, 535, 538, et passim (2006); *dies.*, Relevance of Colonial Appeals, 2017, S. 415 f.; *B. Enzmann*, Der demokratische Verfassungsstaat, 2009, S. 227 f., 401; *P. Dionisopoulos/P. Peterson*, 18 J. Marshall L. Rev. 55–56 (1984); *Ph. Hamburger*, Law and Judicial Duty, 2008, S. 261 ff., et passim.
[174] *P. Shears/G. Stephenson*, James' Introduction to English Law, 13. Aufl. 1996, S. 121.

und 1688/89, ein nicht unbeachtliches Aufgabenprofil in Angelegenheiten der Kolonialadministration[175]. Nunmehr als „Lords Commissioners for Trade and Plantations" – kurz: „Board of Trade" – formal aus dem Privy Council ausgegliedert, trat die Institution als imperiale Aufsichtsbehörde in Erscheinung[176]. Sie war unter anderem damit betraut, sowohl im Wege der Rechtsaufsicht als auch in ihrer Eigenschaft als höchstes Revisionsgericht für die koloniale Justiz über die Kompetenzgemäßheit derjenigen Legislativakte zu entscheiden, die durch koloniale Vertretungskörperschaften im Rahmen ihrer begrenzten Selbstverwaltungsbefugnisse erlassen worden waren („power of disallowance"[177])[178]. Den Maßstab der Überprüfung bildeten die Gesetze des englischen Mutterlandes. Eine im 18. Jahrhundert immer wieder auftauchende, das Rangverhältnis zwischen den englischen Gesetzen und den Akten kolonialer Rechtsetzung verdeutlichende Wendung lautet:

> "We have also given Power to ... the People ... to make, constitute, and ordain Laws, Statutes, and Ordinances for the Public Peace, Welfare, and good Government of our said Colonies, and of the People and Inhabitants thereof, *as near as may be agreeable to the Laws of England.*"[179]

Ohne im Einzelnen auf den Privy Council und dessen – wohl nicht überragend wichtige – Rolle bei der Herausbildung der amerikanischen judicial review-Doktrin eingehen zu wollen, wird man festhalten können, dass die Praxis der Londoner Behörde eher die Blaupause für eine ultra vires-Kontrolle gliedstaatlicher Hoheitsakte am Maßstab eines höherrangigen Bundes(verfassungs-)rechts geliefert haben dürfte, als argumentativen Modell-

---

[175] Vgl. *S. H. O'Connor/M. S. Bilder*, 104 Law Libr. J. 84–85 (2012); *L. Tribe*, American Constitutional Law, 3. Aufl. 2001, S. 265; näher *M. S. Bilder*, in: M. Grossberg/Ch. Tomlins (Hrsg.), Cambridge History of Law in America, Bd. I, 2008, S. 63 (88 ff.).

[176] Zur Unterscheidung zwischen „Board of Trade" und „Lords of Trade" *H. Brogan*, History of the United States, 1985, S. 82; siehe ferner *N. N.*, Eintrag „Board of Trade", in: Britannica Academic, online, Stand Dezember 2008, http://academic.eb.com/levels/collegiate/article/73132, Zugriff am 8. August 2016 (Zugangslizenz erforderlich): Das Board of Trade, 1696 geschaffen, war mit 16 Amtswaltern besetzt, acht von ihnen waren gleichzeitig Mitglieder des Privy Council.

[177] *Th. Halper*, 6 Brit. J. Am. Legal Stud. 156 (2017).

[178] Siehe *Ph. Hamburger*, Law and Judicial Duty, 2008, S. 261; *S. H. O'Connor/M. S. Bilder*, 104 Law Libr. J. 85 (2012); *P. Shears/G. Stephenson*, James' Introduction to English Law, 13. Aufl. 1996, S. 39; zu den Selbstverwaltungsbefugnissen der Kolonien unten Kapitel 3, Fn. 227.

[179] So etwa die „Royal Proclamation of 1763", abgedruckt im Anhang bei *R. N. Clinton*, 69 B.U. L. Rev. 383 (1989); ähnlich „Commission for Robert Hunter, Esq., to be ... Governor in Chief", 1709, in: J. R. Brodhead/E. B. O'Callaghan (Hrsg.), Documents Relative to the Colonial History of New-York, Bd. V, 1855, S. 92 (94) ("said Laws, Statutes and Ordinances are not to be Repugnant, but as near as may be agreeable to the Laws and Statutes of this our Kingdom of Great Britain.").

charakter für eine theoretische Begründung (oder: Rechtfertigung) der bundesgerichtlichen Kassation von Akten einer Bundeslegislative abzugeben[180].
Auf einer höheren Abstraktionsebene wird in der Kontrollpraxis des Privy Council dennoch ein dem richterlichen Prüfungsrecht vorausliegender Gedanke erkennbar, nämlich, dass die Ausübung von vornehrein begrenzter politischer Rechtssetzungsmacht grundsätzlich Gegenstand einer nachträglichen (gerichtlichen) Normenkontrolle am Maßstab höherrangigen Rechts sein kann; gleichviel, ob die Einschränkung der Rechtssetzungsbefugnis durch Verfassungs- oder durch anderes höherrangiges Recht erfolgt[181].

Will man die Organisationsstatuten der einzelnen Kolonien (sog. „colonial charters"), an deren Maßstab der Privy Council unter anderem über die Rechtmäßigkeit der kolonialen Normsetzung entschieden hatte[182], nicht nur als Bestandteil der Rechtsordnung des englischen Mutterlandes – und so aus amerikanischer Sicht als Oktroi – deuten, sondern auch als Bestätigung der kolonialen Selbstverwaltungsbefugnisse und damit als inhärenten und von den Amerikanern gern gesehenen Bestandteil der kolonialen Rechtsordnung[183], dann lässt sich auch eine direkte Verbindung zur nicht föderativ veranlassten Normenkontrolle herstellen, wie sie dann später unter einigen amerikanischen Einzelstaatsverfassungen und unter der Bundesverfassung praktiziert werden sollte. Die „charters" haben den Rechtssetzungskompetenzen der kolonialen Legislativorgane Grenzen gesetzt und in dieser Hinsicht jedenfalls eine gewisse verfassungsähnliche Funktion erfüllt; man könnte auch von „Proto"- oder „Miniaturverfassungen" sprechen[184]. Nicht zuletzt die spezifisch kolonialamerikanische politische Praxis („charter constitutionalism"[185]), die sich unter den kolonialen Organisationsstatuten herausbilden konnte, liefert eine Erklärung dafür, dass sich das Verfassungsdenken in den Kolonien unter zwei wichtigen Gesichtspunkten anders entwickeln konnte als im Mutterland[186]. Erstens im Hinblick auf das Prinzip der

---

[180] Siehe *W. M. Treanor*, 58 Stan. L. Rev. 468 n. 45 (2005); *E. Corwin*, 4 Mich. L. Rev. 619 (1906).

[181] *L. P. Beth*, 24 Am. J. Comp. L. 41 (1976); *Th. C. Grey*, 30 Stan. L. Rev 868 (1978) ("kind of judicial review"); *E. Russell*, Review of American Colonial Legislation, 1915, S. 227.

[182] Siehe *D. J. Hulsebosch*, Constituting Empire, 2005, S. 44; vgl. *M. S. Bilder*, 116 Yale L.J. 538 (2006).

[183] Vgl. *Ch. McIlwain*, Transfer of the Charter to New England, 1929, in: *ders.*, Constitutionalism & the Changing World, 1939, S. 231 (241).

[184] Vgl. *L. P. Beth*, 24 Am. J. Comp. L. 22 (1976); siehe auch *B. Bailyn*, Ideological Origins, 1967, S. 190 ff.

[185] So jedenfalls die Bezeichnung bei *M. S. Bilder*, 94 N.C. L. Rev. 1545 (2016).

[186] Vgl. *R. R. Palmer*, Zeitalter der demokratischen Revolution, 1970, S. 255; zur politischen Praxis in den Kolonien *M. S. Bilder*, 116 Yale L.J. 538–541 (2006); *Ph. Hamburger*, 102 Yale L.J. 939 (1993).

Schriftlichkeit der Verfassung und insbesondere zweitens im Hinblick auf den rigiden normenhierarchischen Vorrang der Verfassung. Ihr innerkoloniales, anhand der „charters" entwickeltes Verfassungsverständnis haben die Amerikaner in den 1760er Jahren auch auf die konstitutionellen Verhältnisse in der imperialen Ordnung übertragen[187]. Die Amerikaner haben die Autorität von Krone und Parlament nicht grundsätzlich bestritten, aber sie waren der Auffassung, dass Rechtsakte der ‚Krone im Parlament' nur so lange als gültig anzusehen seien, als sie nicht aus denjenigen Grenzen ausbrächen, die der parlamentarischen Rechtssetzungsgewalt durch die englische Verfassung gezogen sind. In einem an die übrigen kolonialen Vertretungskörperschaften gerichteten Rundschreiben des Abgeordnetenhauses von Massachusetts, das zum Protest gegen die englische Amerikapolitik aufruft, heißt es im Jahr 1768 sowohl zur politischen Begründung als auch zur verfassungsrechtlichen Rechtfertigung des Widerstands gegen das Mutterland:

"The House have humbly represented to the ministry their own sentiments, that his Majesty's high court of Parliament is the supreme legislative power over the whole empire; that in all free states the constitution is fixed; and as the supreme legislative derives its power and authority from the constitution, it cannot overleap the bounds of it, without destroying its own foundation ..."[188]

So einleuchtend diese Argumentation den zeitgenössischen amerikanischen Akteuren erscheinen mochte und so selbstverständlich sie heutigen Beobachtern auch vorkommen mag, sie entsprach nicht der englischen Staatspraxis – auch wenn der ein oder andere englische Oppositionspolitiker durchaus Sympathien für eine solche Sicht der Dinge aufbringen konnte[189]. Festzuhalten bleibt, dass der strikte normenhierarchische Vorrang der Verfassung – die materielle Komponente des richterlichen Prüfungsrechts – in den Vereinigten Staaten nicht mehr erfunden werden musste. Dieser Gedanke ist, wie gerade gesehen, bereits von den amerikanischen Kolonialengländern aufgegriffen und zu einem halbwegs geschlossenen Konzept ausgearbeitet worden. Wo auch immer ihre Ur-Wurzeln nun liegen mögen, ob in der Antike, der frühen Neuzeit oder der kolonialen politischen Praxis, spätestens[190] im Jahr 1768 haben die Amerikaner ein einigermaßen klares Bild von der Normenhierarchie vor Augen. In der englischen politischen Theorie tritt der Verfassungs-

---

[187] Siehe *D. Grimm*, in: O. Brunner u. a. (Hrsg.), Geschichtliche Grundbegriffe, Bd. 6, 1990, S. 863 (866); vgl. auch *W. P. Adams*, Republikanische Verfassung, 1973, S. 31 („Die Kolonisten sahen jede Verfassung in Analogie zu den ihnen nahestehendsten Verfassungsdokumenten, den Charters."); *B. Bailyn*, Ideological Origins, 1967, S. 193.

[188] „Massachusetts Circular Letter ... to ... the Speakers of the Respective Houses of Representatives and Burgesses on this Continent", 11.2.1768, in: [A. Bradford, Hrsg.], Speeches of the Governors of Massachusetts from 1765 to 1775, 1818, S. 134.

[189] Siehe *S. Sherry*, 54 U. Chi. L. Rev. 1128–1129 (1987).

[190] Siehe noch unten Kapitel 3, Text bei Fn. 355 ff.

vorrang zwar auch immer wieder, aber vergleichsweise unklar hervor. Er kommt implizit in der wohl seit dem 18. Jahrhundert langsam nachlassenden[191] Anerkennung der überwiegend ungeschriebenen Fundamentalgesetze („fundamental laws") zum Vorschein, welche als Summe ihrer Teile die englische Verfassung bilden. Aus heutiger Sicht erinnern die englischen leges fundamentales mehr an ‚konstitutionelles soft law' als an eine strikte normative Anordnung[192]. Unter dem Strich ist höherrangiges Recht im prädominanten englischen Verfassungsdenken gegen Ende des 18. Jahrhunderts nicht so sehr Juristenrecht[193], sondern eher kritischer Maßstab für die reale Rechts- und Staatsordnung[194]. Durchsetzbar war es in seiner obskuren und dauerhaft prekären Normativität vor allem mittels politischer Rhetorik; oder eben mittels – bisweilen gewaltsamen – Widerstands.

III. Geschichte, Theorie und Praxis

Vor dem oben geschilderten erweiterten verfassungsgeschichtlichen Hintergrund mag die amerikanische ‚Entdeckung' des richterlichen Prüfungsrechts in den Augen mancher Beobachter nun keine allzu herausragende Innovation gewesen sein. Richtet man den Blick nach vorn, kann jedenfalls kein Zweifel daran bestehen, dass Chief Justice John Marshall, der Verfasser der *Marbury*-Entscheidung, nicht gewissermaßen aus einer spontanen Laune heraus auf die Idee gekommen war, das richterliche Prüfungsrecht in die US-Bundesverfassung hineinzulesen[195]. Vielmehr konnte er auf einen beträchtli-

---

[191] Vgl. *J. W. Gough*, Fundamental Law, 1961, S. vi, 174 ("The seventeenth century was the heyday of fundamental law in this country.").

[192] Vgl. auch *M. Jestaedt*, in: ders. u. a., Das entgrenzte Gericht, 2011, S. 99 (Verfassung als „Gentlemen's Agreement zwischen den Mächtigen", als „politisch sanktionsbewehrter code of conduct" oder „soft law für souveränitätsbezogene Fragen").

[193] Siehe *C. F. Hobson*, Great Chief Justice, 1996, S. 60; vgl. auch *L. D. Kramer*, 115 Harv. L. Rev. 26 (2001); *ders.*, People Themselves, 2004, S. 91 f., wonach Verfassungen in der Gründungsphase der amerikanischen Republik – im Anschluss an die englische Tradition – als „political-legal acts", also sowohl politische Ziele und Prinzipien als auch eher vage normative Aussagen in sich aufnehmende Programme verstanden worden seien.

[194] So die Wendung bei *H. Dreier*, in: W. Härle/B. Vogel (Hrsg.), Aktuelle Probleme des Naturrechts, 2007, S. 127 (136), allerdings nicht für England, sondern für die späte deutsche Naturrechtslehre, die einem solchen Denken nach Dreiers Beobachtungen abgeschworen haben soll; vgl. außerdem *J. W. Gough*, Fundamental Law, 1961, S. 184 f.; *D. J. Hulsebosch*, Constituting Empire, 2005, S. 40 ("The English constitution was ... a customary repository of rhetorical strategies"); siehe ferner *G. S. Wood*, 22 Suffolk U. L. Rev. 1297 (1988); *ders.* 56 Wash. & Lee L. Rev. 795 (1999); vgl. auch *ders.*, Creation, 1969, S. 274 (Vollzitat unten Kapitel 3, Text bei Fn. 390 f.).

[195] *W. E. Nelson*, Marbury v. Madison, 2000, S. 65; ferner *K. Heller*, ÖZöR 39 (1988), S. 89 (94); *ders.*, in: W. Zacharasiewicz (Hrsg.), Transatlantische Differenzen, 2004, S. 227; *W. Heun*, Der Staat 42 (2003), S. 267 (283); *G.-U. von Unruh*, BayVBl. 1999, S. 11 (13).

chen Fundus an ideengeschichtlichen Anregungen zurückgreifen. Wenn nun oft darauf verwiesen wird, dass Marshall die judicial review-Doktrin nicht einfach per Handstreich aus dem theoretischen Nichts kreiert hat, ist damit allerdings nicht so sehr die politische Ideengeschichte gemeint. Entscheidender noch als die ‚große' Ideengeschichte sind die zeitgenössischen theoretischen Vorarbeiten, die in der frühen traditionellen Ära[196] des amerikanischen Verfassungsdenkens bereits vor 1803 geleistet worden sind[197]. Neben einem Beitrag von James Otis, der schon in der Frühphase der Rebellion in den Jahren 1761 und 1764 für ein richterliches Prüfungsrecht unter der britischen Verfassung eingetreten war, liefern insbesondere die publizistischen Kontroversen um die Ratifikation der US-Bundesverfassung Argumente sowie für aber auch gegen das Institut einer gerichtlichen Normenkontrolle. Schon 1786 hat sich der spätere Richter am U.S. Supreme Court James Iredell für das richterliche Prüfungsrecht ausgesprochen, nachdem er es bereits 1783 etwas verklausuliert angedeutet hatte[198]. Auf diese Argumente hat Alexander Hamilton („Publius"[199]) gut zwei Jahre später aufbauen können. Hamilton debattierte im Zuge der Verfassungsdikussion mit seinem wohl erbittertsten ideologischen Widersacher, einem gewissen „Brutus", ob man den Bundesgerichten eine Normenkontrollkompetenz anvertrauen solle oder nicht. In den 1790er Jahren, also in der letzten prä-*Marbury*-Dekade, haben mit James Kent und James Wilson außerdem zwei weitere einflussreiche Juristen für die richterliche Normenkontrolle Position bezogen[200]. Neben diesen sowohl in

---

[196] Vgl. *Ch. Wolfe*, Rise of Modern Judicial Review, 2. Aufl. 1994, S. 3.

[197] Siehe *R. Lambert*, 43 N.H. B.J. 50 (2002) ("[J]udicial review was the natural outgrowth of ideas that were taking shape about the same time as the drafting of the Constitution."); vgl. *N. Feldman/K. M. Sullivan*, Constitutional Law, 20. Aufl. 2019, S. 1; *M. J. Klarman*, 87 Va. L. Rev. 1113–1114 (2001); *W. M. Treanor*, 58 Stan. L. Rev. 458 (2005); *R. L. Clinton*, 27 J. Sup. Ct. Hist. 223 (2002); ferner *R. Reinstein/M. Rahdert*, 57 Ark. L. Rev. 796 (2005); *R. P. Frankel, Jr.*, 28 J. Sup. Ct. Hist. 1 (2003) ("Marbury was not quite as towering a landmark as it is sometimes depicted."); *G. Stourzh*, Grundrechtsdemokratie, 1989, S. 69, meint, Marbury enthalte „nichts, was nicht schon innerhalb der vorhergehenden 17 Jahre … gesagt worden wäre".

[198] Vgl. *J. Iredell*, Instructions to Chowan County Representatives …, 1783, in: D. Higginbotham (Hrsg.), Papers of James Iredell, Bd. II, 1768–1783, 1976, S. 446 (449) ("[The independence of the judiciary] is a point of the utmost moment in a Republic where the Law is superior to any or all the Individuals, and the Constitution superior even to the Legislature, and of which the Judges are the guardians and protectors.").

[199] Unter dem Pseudonym Publius haben Alexander Hamilton, James Madison und John Jay seit dem Jahr 1787 85 Abhandlungen über die – sich zu jener Zeit im Ratifikationsprozess befindliche – US-Bundesverfassung geschrieben. Die Artikelserie ist erstmals 1788 in Gesamtausgabe als „The Federalist" erschienen.

[200] Siehe *J. Kent*, Introductory Lecture to a Course of Law Lectures, 1794, in: 3 Colum. L. Rev. 334–338 (1903); Wilson legte seine Auffassung in seinen Lectures on Law, 1791, K. L. Hall/M. D. Hall (Hrsg.), Collected Works of James Wilson, Bd. I, 2007, S. 741 ff.,

der Argumentation als auch in der Terminologie zum Teil erstaunlich modern wirkenden theoretischen Arbeiten ist eine ganze Reihe an Gerichtsentscheidungen sowohl aus der post-revolutionären Zeit als auch aus der frühen amerikanischen Republik überliefert, in denen die Gerichte bereits mit dem richterlichen Prüfungsrecht – oder jedenfalls: einem diesem Rechtsinstitut vergleichbaren Prototyp – herumexperimentiert hatten.

Das theoretische Grundgerüst war also schon errichtet und in der Praxis in Ansätzen erprobt worden. Der von manchen Beobachtern als Urvater des judicial review angesehene Chief Justice John Marshall musste im Jahre 1803 – so will es jedenfalls die zu einem Herunterspielen der eben beschriebenen zeitgenössischen Vorarbeiten neigende konventionelle Lehre[201] – gewissermaßen nur noch zur Tat schreiten, und das richterliche Prüfungsrecht durch die Entscheidung in der Sache *Marbury v. Madison* in der Rechtsprechung des U.S. Supreme Court zur vollen Entfaltung bringen.

Will man diesem traditionellen Narrativ Glauben schenken, dann muss *Marbury* als der ‚locus classicus'[202] des judicial review schlechthin angesehen werden. Die Entscheidung begründet nach der klassischen Lesart den Anbeginn der Ära eines richterlichen Prüfungsrechts im modernen Sinne[203]. In *Marbury* eine solche einschneidende Zäsur zu sehen, ist, worauf viele amerikanische Verfassungshistoriker bereits seit langem hingewiesen haben und wie unten näher darzulegen sein wird, historisch nicht unbedingt (eigentlich keinesfalls) zwingend[204]. Es handelt sich um eine Orthodoxie oder um einen historiographischen Konsens, der vor allem in der US-amerikanischen Lehrbuchliteratur zum geltenden Verfassungsrecht gepflegt und an die Rechts-

---

dar. Er hat den Stellungnahmen Iredells und Hamiltons aber keine nennenswerten Argumente hinzugefügt (vergleichbare Einschätzungen bei *L. D. Kramer*, People Themselves, 2004, S. 99; *W. M. Treanor*, 143 U. Pa. L. Rev. 515 [1994]; anders *S. Snowiss*, Judicial Review, 1990, S. 72 f., die darauf hinweist, Wilson habe im Unterschied zu Hamilton auch naturrechtliche Prinzipien als Maßstab der richterlichen Kontrolle ausgemacht.).

[201] Siehe insbesondere *A. Bickel*, Least Dangerous Branch, 1962, S. 1 ("If any social process can be said to have been 'done' at a given time and by a given act, it is Marshall's achievement. The time was 1803; the act was the decision of *Marbury v. Madison*."); zu einer jedenfalls in der Grundtendenz eher idealisierenden Schilderung der Ereignisse siehe auch etwa *R. G. McCloskey*, American Supreme Court, 6. Aufl. 2016, S. 17 ff.; kritisch zu einer solchen „big bang theory of the establishment of judicial review" etwa *K. E. Whittington*, 97 Geo. L.J. 1258, 1325 (2009); *S. D. Gerber*, 14 U. St. Thomas L.J. 29 (2018).

[202] *B. Ackerman*, Failure of the Founding Fathers, 2005, S. 189; siehe noch unten, Kapitel 5.

[203] Im „modernen Sinne" meint ein richterliches Prüfungsrecht, das sich unter den Bedingungen des seit dem ausgehenden 18. Jahrhundert prävalenten Verfassungsdenkens herausgebildet hat; erst ab diesem Zeitpunkt ist es überhaupt sinnvoll, von einer Verfassung nach heutigem Verständnis zu sprechen, siehe oben, Fn. 114.

[204] Unten, Kapitel 4–5.

praxis vermittelt wird²⁰⁵. In einem der unzähligen, anlässlich des 200-jährigen Jubiläums der *Marbury*-Entscheidung erschienenen Aufsätze schreibt ein sichtlich frustrierter Michael Stokes Paulsen unter dem Titel „Der ununterdrückbare Mythos von Marbury":

"Nearly all of American constitutional law today rests on a myth. The myth, presented as standard history both in junior high civics texts and in advanced law school courses on constitutional law, runs something like this: A long, long time ago – 1803, if the storyteller is trying to be precise – in the famous case of *Marbury v. Madison*, the Supreme Court of the United States created the doctrine of 'judicial review.' Judicial review is the power of the Supreme Court to decide the meaning of the Constitution and to strike down laws that the Court finds unconstitutional."²⁰⁶

Durch diesen einseitig verengten Fokus ist *Marbury* zur allgegenwärtigen Standardreferenz für judicial review geworden und so in das Zentrum der Aufmerksamkeit gerückt. Alles, was insbesondere vor 1789, bis zu einem gewissen Grad auch vor 1803, über den Vorrang höherrangigen Rechts und dessen Durchsetzung gedacht, gesagt und geschrieben worden ist, erscheint dann vernachlässigbar.

Währenddessen entfalten auf judicial review bezogene Stellungnahmen, die aus der Zeit des Inkrafttretens der US-Bundesverfassung oder der frühen Republik stammen, unmittelbare Bedeutung für das heute noch gültige Verfassungsrecht²⁰⁷. In welchem Ausmaß allerdings die Ansichten der Gründergeneration und insbesondere der „Framers" von 1787 oder der „Ratifiers" der folgenden Jahre bei der Verfassungsinterpretation beachtet werden müssen, ist innerhalb der US-amerikanischen Rechtswissenschaft bekanntlich nicht unumstritten. Insbesondere seit den 1980er Jahren²⁰⁸ vertritt eine nicht zu unterschätzende Anzahl an überwiegend konservativen Autoren eine – an die österreichische „Versteinerungstheorie"²⁰⁹ erinnernde – originalistische Interpretationslehre, wonach die gegenwärtige Bedeutung des Verfassungswortlauts mit derjenigen von 1787/91 bzw. demjenigen Zeitpunkt, in dem ein Verfassungszusatz ratifiziert worden ist, identisch sei²¹⁰. Auf wessen „ur-

---

²⁰⁵ Vgl. *E. Chemerinsky*, Principles and Policies, 5. Aufl. 2015, S. 37 ff.; *J. Nowak/R. Rotunda*, Constitutional Law, 8. Aufl. 2010, S. 1 ff.; *N. Feldman/K. M. Sullivan*, Constitutional Law, 20. Aufl. 2019, S. 1 ff.; *L. Tribe*, Constitutional Law, 3. Aufl. 2001, S. 207 ff.

²⁰⁶ *M. S. Paulsen*, 101 Mich. L. Rev. 2706 (2003); etwas diplomatischer *K. Newmyer*, 56 Wash. & Lee L. Rev. 842 (1999) ("story is much more complicated").

²⁰⁷ Siehe auch *J. McGinnis*, 84 Geo. Wash. L. Rev. 858, 918, et passim (2016).

²⁰⁸ Zu den Ursprüngen des Originalismus *C. R Sunstein*, 93 Notre Dame L. Rev. 1673 (2018).

²⁰⁹ Vgl. dazu *U. Volkmann*, Der Staat 54 (2015), S. 35 (49), m. w. N.

²¹⁰ Siehe etwa *A. Scalia*, 57 U. Cinn. L. Rev. 849–865 (1989); *R. H. Bork*, The Tempting of America, 1990, hier S. 159 f.; kritisch z. B. *B. Schwartz*, The New Right and the Constitution*, 1990, S. 7 ff. (Originalismus als „unausführbarer Traum"). – *D. A. Strauss*, Living Constitution, 2010, S. 7 ff., sieht den Rückgriff auf die originalistische Interpretati-

sprüngliche Absicht" (*original intent*) es dabei ankommt, wird nicht einheitlich beantwortet. Innerhalb des Originalismus gibt es im Wesentlichen drei Strömungen[211]. Es kann entweder auf die Absicht der Verfassungsväter (sog. „Framers' intent"), auf die Absicht derjenigen, die die Verfassung ratifiziert haben, also auf die Absicht der Abgeordneten der Ratifikationskonvente[212] („Ratifiers' intent") oder auf das Verständnis der zeitgenössischen Öffentlichkeit („original objective meaning") abgestellt werden[213], wobei die überwiegende Anzahl der Originalisten inzwischen die Position des original objective meaning vertritt[214]. Eher liberal orientierte Wissenschaftler und Richter favorisieren währenddessen ein Auslegungskonzept, das gegenüber einer „Historisierung"[215] des Willens der Gründergeneration durchaus aufgeschlossen ist und so den Wandel der Zeit bei der Verfassungsinterpretation berücksichtigen kann. Das progressivste dieser Konzepte dürfte die sog. Lehre von der „lebendigen Verfassung" (*living constitution*) sein[216].

Es geht hier indes nicht darum, über Für und Wider des Originalismus zu debattieren[217]. Vielmehr soll verdeutlicht werden, dass den geschichtlichen

---

onstheorie als konstitutionellen Sündenfall; vgl. zur Kritik am Orginalismus auch etwa *T. B. Colby/P. J. Smith*, 59 Duke L.J. 239–307 (2009); aus deutscher Sicht *H. Bungert*, AöR 117 (1992), S. 71 ff. (insbes. S. 74–80); *W. Heun*, AöR 116 (1991), S. 185 ff.

[211] Einen festen Kanon gibt es nicht. Siehe etwa die tabellarische Übersicht bei *L. B Solum*, 113 Nw. U. L. Rev. 1254 (2019).

[212] Siehe unten Kapitel 3, Fn. 605 mit begleitendem Text.

[213] *G. E. Maggs*, 87 B.U. L. Rev. 803, 820–825 (2007); vgl. auch *D. Farber/S. Sherry*, History of the American Constitution, 3. Aufl. 2013, S. 568; zur konservativen „politischen Psychologie" des Originalismus siehe *P. W. Kahn*, JöR N.F. 49 (2001), S. 571 (575 ff.).

[214] So jedenfalls die Einschätzung bei *C. R Sunstein*, 93 Notre Dame L. Rev. 1674 (2018), dort auch zu den verschiedenen Spielarten („semantic originalism" und „historical context originalism").

[215] Zum Historisierungstopos *O. Lepsius*, in: M. Jestaedt u. a., Das entgrenzte Gericht, 2011, S. 259.

[216] Vgl. *Michael H. v. Gerald D.*, 491 U.S. 110, 141 (1989) (Brennan, J., dissenting) ("The document that the plurality construes today is unfamiliar to me. It is not the living charter that I have taken to be our Constitution; it is instead a stagnant, archaic, hidebound document steeped in the prejudices and superstitions of a time long past. This Constitution does not recognize that times change, does not see that sometimes a practice or rule outlives its foundations. I cannot accept an interpretive method that does such violence to the charter that I am bound by oath to uphold."); *Th. C. Grey*, 27 Stan. L. Rev. 709 (1975); ferner *B. Schwartz*, The New Right and the Constitution, 1990, S. 264 ff. ("[The Constitution] must be construed to meet the changing needs of different periods"); *D. A. Strauss*, The Living Constitution, 2010, S. 1 ("A *living constitution* is one that evolves, changes over time, and adapts to new circumstances, without being formally amended."); zur Kritik etwa *W. H. Rehnquist*, 54 Tex. L. Rev. 699–706 (1976) ("genuinely corrosive of the fundamental values of our democratic society"); *J. H. Wilkinson III*, Cosmic Constitutional Theory, 2012, S. 11 ff. ("activism unleashed").

[217] Zu einer kompakten Darstellung siehe *D. Farber/S. Sherry*, History of the American Constitution, 3. Aufl. 2013, S. 567 ff.; vgl. außerdem bereits die Nachweise oben, Fn. 210.

Ursprüngen des richterlichen Prüfungsrechts in der amerikanischen Diskussion in demjenigen Maße auch für die Legitimität der Normenkontrolle in der Gegenwart eine ansteigende verfassungspolitische Bedeutung zuwächst, in dem der Originalismus – auch unter den amtierenden und zukünftigen Richtern des U.S. Supreme Court – weitere Anhänger hinzugewinnt[218]. Ein Beispiel aus der jüngeren Rechtsprechung des Gerichts scheint das zu bestätigen. In der stark polarisierenden Entscheidung *Obergefell v. Hodges* – ergangen mit fünf zu vier Stimmen – bemüht der in der Minderheit sich befindende Vorsitzende Richter am U.S. Supreme Court in seinem Sondervotum historische Argumente für das Gebot richterlicher Zurückhaltung bei der Interpretation deutungsoffener Verfassungsnormen (sedes materiae: die „due process"-Klausel des XIV. Verfassungszusatzes). Dazu beruft sich der Vorsitzende Richter John Roberts unter anderem auf den Willen der „Ratifiers" der amerikanischen Kernverfassung – und zitiert berühmte Passagen aus John Marshalls Votum in der Sache *Marbury v. Madison* und aus Alexander Hamiltons Abhandlung über die richterliche Gewalt der Vereinigten Staaten unter der neuen Bundesverfassung im Federalist #78[219]:

"[T]his Court is not a legislature ... Under the Constitution, judges have power to say what the law is[220], not what it should be. The people who ratified the Constitution authorized courts to exercise 'neither force nor will but merely judgment.'[221]"[222]

Man wird Roberts in seiner aus der Geschichte heraus begründeten Auffassung zuzustimmen haben. Die besseren historischen Argumente scheinen in der Tat eher für ein zurückhaltendes Gebrauchmachen vom richterlichen Prüfungsrecht zu sprechen (siehe nachf., Kap. 3–5).

---

[218] Siehe noch unten Kapitel 4, Text bei Fn. 27 ff.

[219] Sowohl Alexander Hamilton als auch der spätere Vorsitzende Richter am U.S. Supreme Court John Marshall waren Abgeordnete der Ratifikationskonvente; Hamilton in New York (siehe Kapitel 3, Fn. 487); Marshall in Virginia (siehe Kapitel 3, Fn. 731).

[220] *Marbury v. Madison*, 5 U.S. (1 Cranch) 137, 177 (1803) (Nachweis von mir).

[221] *A. Hamilton*, The Federalist #78, 1788, in: C. Rossiter (Hrsg.), The Federalist Papers, 1961, S. 463 (464) (ohne Hervorhebungen, Nachweis von mir).

[222] *Obergefell v. Hodges*, 576 U.S. __, __ (2015) (Roberts, C.J., dissenting) (slip. op., at 2).

Kapitel 3

Theoretische Grundlegung des richterlichen Prüfungsrechts in der (post-)revolutionären Ära

Mehrfach ist bereits angedeutet worden, dass die Debatte um das richterliche Prüfungsrecht in den Vereinigten Staaten älter ist als die US-Bundesverfassung selbst. Bereits vor[1], während[2] und im Umfeld[3] des sog. Konvents von Philadelphia haben die Amerikaner über Organisation und (Normenkontroll-)Kompetenzen der Justiz diskutiert. Delegierte aus allen Bundesstaaten mit der Ausnahme Rhode Islands hatten sich, wohl in Überschreitung eines durch den Konföderationskongress erteilten Mandats[4], 1787 in Philadephia versammelt, um einen Verfassungentwurf auszuarbeiten, der die Konföderationsartikel von 1777/81[5] einer Revision unterziehen und dieses erste Organisationsstatut der Vereinigten Staaten schließlich ersetzen sollte.

---

[1] Bereits in den 1760er Jahren hatte die Kontroverse um die sog. „Writs of Assistance" Anlass zu Überlegungen gegeben, ob nicht die kolonialamerikanischen Gerichte eine Kompetenz zur Überprüfung von Akten des britischen Parlaments in Anspruch nehmen sollten; siehe unten, Text bei Fn. 358 ff.

[2] Siehe z. B. die Beiträge der Delegierten John Mercer und James Madison, in: M. Farrand (Hrsg.), Records of the Federal Convention of 1787, Bd. 2, 1911, S. 298 (Mercer), S. 430 (Madison).

[3] Nachweisbar etwa im Briefwechsel zwischen James Iredell und dem Delegierten Richard Dobbs Spaight, näher unten, Text bei Fn. 471 ff.

[4] "Resolution of Congress, 1787, February 21", in: M. Farrand (Hrsg.), Records of the Federal Convention of 1787, Bd. 3, 1911, S. 13 (14) ("Convention of delegates who shall have been appointed by the several states be held at Philadelphia for the sole and express purpose of revising the Articles of Confederation"); zur Beurteilung der Legalität des Konvents siehe die zeitgenössische Stellungnahme von Patrick Henry, Debattenbeitrag, Ratifikationskonvent von Virginia, 4. Juni 1788, in: J. Elliot (Hrsg.), The Debates in the Several State Conventions, Bd. III, 2. Aufl. 1836, S. 21 f., hier S. 22 ("That they exceeded their power is perfectly clear."); vgl. aus der Sekundärliteratur *B. Ackerman*, 93 Yale L.J. 1017 n. 6 (1984); *J. Heideking*, Historische Zeitschrift, Bd. 246 (1988), S. 47 (48 f.) („Sie hatten sich aus eigener Machtvollkommenheit hinter verschlossenen Türen als verfassungsgebende Versammlung installiert und damit den Vorwurf der Kompetenzüberschreitung oder sogar des Verfassungsbruchs auf sich gezogen."); *R. R. Palmer*, Zeitalter der demokratischen Revolution, 1970, S. 250 ff.

[5] Die Konföderationsartikel wurden noch während des Revolutionskriegs durch den Kontinentalkongress beschlossen und bis 1781 von allen 13 Staaten ratifiziert.

Bevor näher auf die Grundsatzdebatte über die richterliche Normenkontrolle im Umfeld der Verfassungsdiskussion einzugehen sein wird (unten, B.), sind zunächst die grundlegenden politiktheoretischen Prämissen der amerikanischen Gründung zu erläutern, die den äußeren Rahmen für eben jene Grundsatzdebatte abstecken (nachf., A.).

A. Gewaltenteilung und rechtsprechende Gewalt in der politischen Theorie der amerikanischen Gründung

Vergleichsweise breiter Konsens bestand unter den Autoren des Verfassungsentwurfs über die Agenda des Konvents. Es ging ihnen um die „Vervollkommnung der Union", oder, technischer formuliert, um die Transformation der Vereinigten Staaten von dem durch die Konföderationsartikel unmittelbar nach der Unabhängigkeit konstituierten Staatenbund in einen Bundesstaat[6] auf der Grundlage einer geschriebenen Verfassung als Garant für die im Revolutionskrieg errungene Freiheit[7] von der als Usurpator[8] wahrgenommenen ehemaligen Kolonialmacht Großbritannien[9]. Dennoch zeich-

---

[6] Siehe die Präambel der US-Bundesverfassung ("in Order to form a more perfect Union").

[7] Siehe nochmals die Präambel der US-Bundesverfassung ("[T]o secure the Blessings of Liberty to ourselves and our Posterity.").

[8] In der Unabhängigkeitserklärung der amerikanischen Kolonien von 1776 ist von „wiederholtem Unrecht und wiederholten Übergriffen" die Rede ("The history of the present King of Great Britain is a history of repeated injuries and usurpations, all having in direct object the establishment of an absolute Tyranny over these States."); vgl. dazu die Einschätzungen bei *W. Brugger*, AöR 126 (2001), S. 337 (362) („autoritäres Regime ... [, das] historisch noch vor der Erfahrung des politischen Totalitarismus steht"); wohl noch etwas zurückhaltender *W. P. Adams*, Die USA vor 1900, 2. Aufl. 2009, S. 164.

[9] Die – von den Kolonisten so empfundene – politische Unterdrückung und ökonomische Ausbeutung durch das Mutterland erreichte in einer Reihe von Maßnahmen aus dem Jahr 1764 (darunter der „American Revenue Act"; auch als „Sugar Act" bezeichnet) einen vorläufigen Höhepunkt. Als bei weitem bekannteste Maßnahme der britischen Kolonialpolitik der 1760er Jahre kann der „Stamp Act" von 1765 gelten, siehe näher *H. Dippel*, Die Amerikanische Revolution, 1985, S. 44 ff.; *R. R. Palmer*, Zeitalter der demokratischen Revolution, 1970, S. 168 ff. – *K. Loewenstein*, Verfassungsrecht und Verfassungspraxis, 1959, S. 5, zählt weitere britische Maßnahmen gegen die Kolonisten auf, darunter das sog. Massaker von Boston („Boston Massacre") von 1770, aber auch wirtschaftliche Sanktionen wie den „Tea Act", der als Anlass für die bekannte „Boston Tea Party" im Jahr 1773 gilt. Das britische Parlament beantwortete die wachsenden amerikanischen Proteste gegen die Kolonialpolitik mit Repressalien, etwa den – von den Siedlern so bezeichneten – „Intolerable Acts" von 1774. Loewenstein kommt zu dem Schluss (S. 6), dass die Summe all jener Maßnahmen eine unaufhaltsame „Lawine" in Gang gesetzt habe, die schließlich zur Unabhängigkeitserklärung der 13 Kolonien im Jahre 1776 und damit zum Höhepunkt der amerikanischen Revolution führen musste.

net sich das post-revolutionäre amerikanische Verfassungsdenken nicht durch eine scharfe Abgrenzung von den englischen Traditionen aus. Im Gegenteil: Neben der vielfach beschworenen Aufklärung[10] im Allgemeinen wurde die amerikanische politische Theorie insbesondere durch den englischen bzw. britischen[11] Konstitutionalismus (mit-)beeinflusst[12]. Die ablehnende Haltung der amerikanischen Kolonisten gegenüber dem Mutterland beruhte nicht darauf, dass man das britische Regierungssystem als solches als tyrannisch einstufte[13], sondern darauf, dass die Kolonisten in ein – als ausbeuterisch empfundenes – von der imperialen Entscheidungszentrale in London gesteuerters Handelssystem eingebunden waren, das die ihnen als Untertanen der englischen Krone zustehenden verfassungsmäßigen Rechte nicht ausreichend garantieren konnte oder nicht garantieren wollte. Der US-Historiker Robert Palmer meint in der Gemengelage eine „seltsame Ironie" erkannt zu haben:

---

[10] Siehe für die amerikanische Revolution insgesamt *R. R. Palmer*, Zeitalter der demokratischen Revolution, 1970, S. 257 a. E. (amerikanische Revolution als „Produkt der Epoche" der Aufklärung); *B. Ackerman*, We the People I, 1993, S. 160; *T. Helfman*, 128 Harv. L. Rev. 2239–2240 (2015); vgl. speziell für die Bundesverfassung von 1787 *P. Kahn*, JöR N.F. 49 (2001), S. 571 (572); *K. Loewenstein*, Verfassungsrecht und Verfassungspraxis, 1959, S. 8; *H. Steinberger*, 200 Jahre amerikanische Bundesverfassung, 1987, S. 9.

[11] Zum vorherrschenden Demonym *D. J. Hulsebosch*, Constituting Empire, 2005, S. 20 ("Because English culture dominated within the empire, British liberty was defined in English terms.").

[12] *W. P. Adams*, Republikanische Verfassung, 1973, S. 30 ff.; *B. Bailyn*, Ideological Origins, 1969, S. 31 a. E.; *C. Yirush*, in: E. Gray/J. Kamensky (Hrsg.), Handbook of the American Revolution, 2013, S. 85 (88 f.); vielleicht etwas zu deutlich *W. Reinhard*, Geschichte der Staatsgewalt, 1999, S. 487. – *J. Heideking*, Historische Zeitschrift, Bd. 246 (1988), S. 47 (74) meint hingegen, die britische Staatspraxis sei im Verfassungskonvent von Philadelphia zwar häufig zitiert worden, habe aber insbesondere in der Presseberichterstattung als Negativbeispiel herhalten müssen; *K. Loewenstein*, Verfassungsrecht und Verfassungspraxis, 1959, S. 8, meint, bei dem aus England rezipierten Rechtsstoff handele es sich insbesondere um das common law, die Magna Carta (unten Kapitel 5, Text bei Fn. 176 f.), die postrevolutionäre englische Mischverfassung, und ganz allgemein die Maximen der Naturrechtslehre aus John Lockes Zwei Abhandlungen über die Regierung (siehe in diesem Kapitel, tlw. mit begleitendem Text bei Fn. 186, 237 und öfter). Man kann dieser Aufzählung wohl den Grundsatz des rule of law hinzufügen. Auch die kontinentaleuropäische politische Theorie war den Framers geläufig. Loewenstein weist unter anderem auf Vattel (vgl. in diesem Kapitel, Fn. 355 ff. und begleitenden Text) und Montesquieu (vgl. in diesem Kapitel, Text bei Fn. 503 ff., 793) hin.

[13] Das wird man immerhin für die konservative Elite der Revolution behaupten können (näher unten, Text bei Fn. 482 ff.). Noch vor der Stamp-Act Krise hat etwa James Otis die Vorzüge der englischen Verfassung gepriesen, siehe *J. Otis*, The Rights of the British Colonies Asserted and Proved, 1764, in: B. Bailyn (Hrsg.), Pamphlets of the American Revolution, Bd. I, 1965, S. 419 (442) ("best national civil constitution in the world").

„Der gleiche amerikanische Kongreß, der die Affäre der Urkunden-Stempelsteuer (*Stamp Act Congress*) behandeln sollte, bekundete seine Befriedigung darüber, daß man ‚unter der vollkommensten Regierungsform'[14] lebe."[15]

Was sich bereits in den 1760er Jahren anbahnte, war (zunächst nicht mehr, aber auch nicht weniger als) ein handfester Verfassungskonflikt[16]. „No taxation without representation" ist, das beobachtet Willi Paul Adams, kein „Vive la république"[17].

I. Das britische Erbe: Parlamentssouveränität

Nicht die britische (Kern-)Verfassung an sich, sondern das imperiale System, in das die Kolonialamerikaner eingegliedert waren[18] und insbesondere die Politik des Monarchen Georg III. und seines Parlaments, die die ungeschriebene britische Verfassung nach dem Dafürhalten der amerikanischen Untertanen durch zahlreiche Treubrüche in kollusivem Zusammenwirken korrum-

---

[14] Vgl. *J. Adams*, Defence of the Constitutions of Governments of the United States, Bd. I, 1787, in: Ch. F. Adams (Hrsg.), The Works of John Adams, Bd. IV, 1851, S. 271 (358) ("I only contend that the English constitution is, in theory, both for the adjustment of the balance and the prevention of its vibrations, the most stupendous fabric of human invention; and that the Americans ought to be applauded instead of censured, for imitating it as far as they have done."). Alexander Hamilton (unten Fn. 338; außerdem Text bei Fn. 490 ff.) gilt als großer Anhänger der politischen Ordnung Englands (vgl. *G. Stourzh*, Alexander Hamilton and the Idea of Republican Government, 1970, S. 46); *J. Heideking*, Historische Zeitschrift, Bd. 246 (1988), S. 47 (76), meint, Hamilton sei weniger von den „konstitutionellen Zuständen[n]" als vielmehr von der wirtschaftlichen Aktivität, dem leistungsfähigen Finanzsystem und der mächtigen Flotte Großbritanniens „fasziniert" gewesen. An dieser Relativierung kann man zweifeln, wenn man berücksichtigt, was Madison über Hamilton berichtet hat, siehe James Madisons Erinnerungen an Alexander Hamiltons ersten Auftritt auf dem Konvent, in: M. Farrand (Hrsg.), Records of the Federal Convention of 1787, Bd. 1, 1911, S. 288 ("[Hamilton] had no scruple in declaring ... that the British Govt. was the best in the world: and that he doubted much whether any thing short of it would do in America."). Dann wiederum kann man diese Rede Hamiltons als taktisches Manöver interpretieren – gemessen an Hamiltons überzogenen Forderungen sollte das konservative Programm der Federalists als überaus moderat erscheinen.

[15] *R. R. Palmer*, Zeitalter der demokratischen Revolution, 1970, S. 157.

[16] *W. P. Adams*, Republikanische Verfassung, 1973, S. 22; *Ch. McIlwain*, The American Revolution, 1924, S. 1 f.; *L. D. Kramer*, 115 Harv. L. Rev. 34 (2001) ("The triggering events [of the revolution] in the eyes of the Americans themselves consisted of Great Britain's repeated and persistent efforts to deprive them of what they viewed as their constitutional rights.").

[17] *W. P. Adams*, Republikanische Verfassung, 1973, S. 27.

[18] Zur Unterscheidung zwischen „British Constitution" und „Imperial Constitution" siehe *J. P. Greene*, in: M. Grossberg/Ch. Tomlins (Hrsg.), Cambridge History of Law in America, Bd. I, 2008, S. 447 (457 ff., 478 f.).

piert hatten[19], gaben also Anlass zunächst für einen Aufstand der Kolonisten und schließlich für die Lossagung der 13 streitlustigen nordamerikanischen Kolonien von Britannien[20]. Die Ursprünge der imperialen Verfassungskrise, die der Lossagung vorangegangen war, lassen sich wohl auf unterschiedliche Interpretationen der politischen Ordnung zurückführen, unter der das britische Reich bis dato operiert hatte. Während man in London dazu neigte, das ‚Empire' als einheitlichen Staat unter der Kontrolle der „Krone im Parlament" zu begreifen, interpretierten die Amerikaner die imperiale Ordnung als einen dezentral organisierten Zusammenschluss mehr oder weniger selbstständiger Gemeinwesen oder teilsouveräner Gliedstaaten[21], zusammengehalten unter der Ägide (und Prärogative[22]) des britischen Monarchen als ein „empire of communities"[23]. Im Verlauf dieser imperialen Verfassungskrise der 1760er und 1770er Jahre wurde seitens der Bewohner der 13 Kolonien, die ihrem Selbstverständnis gemäß ja noch Engländer beziehungsweise Briten waren[24], insbesondere – und mit einiger Beharrlichkeit – moniert, nicht im

---

[19] Siehe dazu nochmals die einschlägige Passage aus der Unabhängigkeitserklärung (oben, Fn. 8; zur Vorgeschichte bereits Fn. 9); vgl. auch *S. Sherry*, 5 Const. Comment. 328–329 (1988), m. w. N. zur zeitgenössischen Pamphletistik. Die Kritik war in den 1760er und frühen 1770er Jahren noch nicht so sehr gegen den Monarchen (vgl. *T. Helfman*, 128 Harv. L. Rev. 2235, 2242 [2015]; *E. Nelson*, Royalist Revolution, 2014, S. 7, 22 f.), sondern vor allem gegen das Parlament gerichtet (*Ch. McIlwain*, Transfer of the Charter, 1929, in: ders., Constitutionalism & the Changing World, 1939, S. 231 [236 f.]), dessen Gesetzgebungskompetenzen im Bereich der Besteuerung von den Amerikanern ja vehement bestritten worden waren. James Wilson meinte auf dem Verfassungskonvent: „The people of Amer. did not oppose the British King but the parliament", zitiert nach M. Farrand (Hrsg.), Records of the Federal Convention of 1787, Bd. 1, 1911, S. 71. Nach der Einschätzung von Nelson (S. 64) kippte die Stimmung erst 1775, nachdem Georg III. die sog. Palmzweigpetition zurückgewiesen hatte.
[20] *G. S. Wood*, Creation, 1969, S. 10 ("[The colonists] revolted not against the English constitution, but on behalf of it."); *W. P. Adams*, Republikanische Verfassung, 1973, S. 23; *L. D. Kramer*, 20 Const. Comment. 207 (2003); vgl. auch *G. Dietze*, ZgS 113 (1957), S. 301 (304).
[21] Siehe *C. Becker*, The Declaration of Independence, 1922, S. 80 f.; *C. Tomlins*, in: E. Gray/J. Kamensky (Hrsg.), Oxford Handbook of the American Revolution, 2013, S. 541 f.
[22] *T. Helfman*, 128 Harv. L. Rev. 2245 (2015); *E. Nelson*, Royalist Revolution, 2014, S. 52, 57 f., et passim; siehe aber auch *J. P. Reid*, Constitutional History, Bd. IV, 1993, S. 158 f., nach dessen Einschätzung die Treueschwüre und Appelle der Kolonisten an die Krone, dass sie mit ihrer Prärogative gegen die Gesetzgebung des Parlaments vorgehen möge, ein aus „verfassungspolitischer Hilflosigkeit" heraus eingesetzes taktisches Mittel gewesen seien.
[23] *B. Bailyn*, Ideological Origins, 1969, S. 75; vgl. aus der jüngeren Literatur *K. Gutzman*, 14 U. St. Thomas L.J. 57 (2018).
[24] Siehe *C. Becker*, The Declaration of Independence, 1922, S. 80.

Londoner Parlament repräsentiert zu sein[25]. Das „Englischsein" war den Kolonisten nicht unbedingt, jedenfalls nicht ausschließlich, ein sentimentales Anliegen; aus dem „Englischsein" ließ sich vor allem der Anspruch auf die Achtung der verfassungsmäßigen Rechte und Freiheiten aller Untertanen der englischen Krone ableiten:

"[W]e claim all the benefits secured to the subject by the English constitution."[26]

Dazu gehörte auch das Recht des (weißen und einigermaßen begüterten) erwachsenen Mannes, im Unterhaus des Parlaments repräsentiert zu sein. Die Briten hielten den amerikanischen Monita die bekannte und bewährte Argumentationsfigur der sog. „virtuellen Repräsentation" entgegen, mit der auch schon die Forderungen der innerbritischen Oppositionsbewegung („Real Whigs" oder „Commonwealthmen") nach gerechterer Repräsentation – oder zumindest: die Forderung nach einer an die Verhältnisse der Zeit

---

[25] Siehe bereits *J. Otis*, The Rights of the British Colonies Asserted and Proved, 1764, in: B. Bailyn (Hrsg.), Pamphlets of the American Revolution, Bd. I, 1965, S. 419 (447) ("The very act of taxing, exercised over those who are not represented, appears to me to be depriving them of one of their most essential rights"); (*J. Dickinson*), Letters from a Farmer, Letter VII, 1767, in: F. McDonald (Hrsg.), Empire and Nation, 2. Aufl. 1999, S. 38 (44) ("*Those* who are *taxed* without their own consent, expressed by themselves or their representatives, are *slaves*. We are taxed without our own consent, expressed by ourselves or our representatives. We are therefore – SLAVES."); außerdem etwa den Text des pro-amerikanischen britischen Autors *R. Price*, Observations on the Nature of Civil Liberty, 9. Aufl. 1776, S. 11 ("[N]o one community can have any power over the property or legislation of another community, that is not incorporated with it by a just and adequate representation ... [A] country that is subject to the legislature of another country, in which it has no voice, and over which it has no controul, cannot be said to be governed by its own will. Such a country therefore, is in a state of slavery."); aus der Literatur *W. P. Adams*, Die USA vor 1900, 2. Aufl. 2009, S. 38 f.

[26] "Adress to the People of Great Britain" vom 21. Oktober 1774, in: Library of Congress (Hrsg.), Journals of the Continental Congress, 1774–1789, 1904, Bd. I, S. 81 (83); vgl. bereits die „Declarations of the Stamp Act Congress" vom 24. Oktober 1765, in: B. Frohnen (Hrsg.), The American Republic. Primary Sources, 2002, S. 117 (118) ("[H]is Majesty's Liege Subjects in these Colonies, are entitled to all the inherent Rights and Liberties of his Natural born Subjects, within the Kingdom of Great-Britain."); ferner die „Declaration and Resolves of the First Continental Congress" vom 14. Oktober 1774, in: Journals of the Continental Congress, Bd. I, S. 63 (68) ("*Resolved*, ... That our ancestors, who first settled these Colonies, were at the time of their emigration from the mother country, entitled to all the rights, liberties, and immunities of free and natural born subjects, within the Realm of England ... [and] by such emigration they by no means forfeited, surrendered, or lost any of those rights, but ... they were, and their descendants now are, entitled to the exercise and enjoyment of all such of them, as their local and other circumstances enable them to exercise and enjoy.").

angepassten Wahlkreiseinteilung[27] – zurückgewiesen worden waren[28]. Die Theorie der virtuellen Repräsentation hatte zum Inhalt, dass alle Untertanen der britischen Krone unabhängig davon, ob sie über das Wahlrecht zum Unterhaus verfügen oder nicht, durch das Parlament in London repräsentiert seien[29]. Mit solcherlei theoretischen Winkelzügen wollten sich die Amerikaner offenbar nicht abspeisen lassen[30]. Schließlich, so kann man ihre Position wohl zusammenfassen, sei eine parlamentarische Repräsentation, selbst wenn man sie ihnen zugestehen wollte, aus logistischen Gründen kaum zu realisieren[31]. Deshalb deuteten sie den Anspruch auf Repräsentation in einen Anspruch auf (finanzpolitische) Selbstverwaltung um. Sie begründeten das mit den oben angesprochenen verfassungsmäßigen Rechten und Freiheiten der Untertanen der englischen Krone („Rights of Englishmen"): Ein Kolonialamerikaner müsse sich genauso wie ein Engländer nur von seinen „gewählten Vertretern Steuern auferlegen und Gesetze geben"[32] lassen[33].

---

[27] Zur bemerkenswerten, weil teils absurd anmutenden Geschichte der Einteilung der Wahlkreise in England in den Grafschaften und in den Städten und insbesondere zu den sog. „rotten boroughs" *K. Loewenstein*, Staatsrecht und Staatspraxis, Bd. I, 1967, S. 91 ff.; vgl. *H.-Ch. Kraus*, Englische Verfassung, 2006, S. 46 f.

[28] Siehe *M. Benedict*, 42 Ohio St. L.J. 81 (1981) ("radical Whigs and alienated Tories, who in the eighteenth century suggested that a King-corrupted Parliament, in which whole cities were unrepresented and for which only a tiny fraction of the people voted, could hardly give consent for the entire people."); *D. Mayer*, 70 Wash. U. L. Q. 162 (1992), beide m. w. N.; ferner *T. Helfman*, 128 Harv. L. Rev. 2240 (2015); *I. Kramnick*, 87 Am. Hist. Rev. 635, 637–638, 655–657, et passim (1982); *S. Sherry*, 5 Const. Comment. 327 (1988).

[29] *Th. Whately*, Regulations Lately Made, 1765, S. 109, 111; vgl. *E. S. Morgan*, Inventing the People, 1988, S. 240. Näher zu den unterschiedlichen Repräsentationskonzeptionen in England und im kolonialen Amerika *R. Raphael*, in: E. Gray/J. Kamensky (Hrsg.), Oxford Handbook of the American Revolution, 2013, S. 121 (122 f.); ferner *W. P. Adams*, Republikanische Verfassung, 1973, S. 237 f.; *B. Bailyn*, Ideological Origins, 1969, S. 161 ff.; *I. R. Christie*, English Historical Review, Bd. 113 (1998), S. 304; *J. P. Greene*, Constitutional Origins, 2011, S. 69; *B. Haller*, Repräsentation, 1987, S. 97 ff.

[30] Siehe *D. Dulany*, Considerations on the Propriety of Imposing Taxes in the British Colonies, 1765, in: B. Bailyn (Hrsg.), Pamphlets of the American Revolution, 1965, S. 610 ff.

[31] Siehe etwa Brief von Samuel Adams an Reverend „G. W." vom 11. November 1765, in: H. Cushing (Hrsg.), The Writings of Samuel Adams, Bd. I, 1904, S. 26 (29) ("impracticable"); außerdem „Declarations of the Stamp Act Congress" vom 24. Oktober 1765, in: B. Frohnen (Hrsg.), The American Republic. Primary Sources, 2002, S. 117 (118) ("The People of these Colonies are not, and from their local Circumstances cannot be, Represented in the House of Commons in Great-Britain.").

[32] So *W. P. Adams*, Republikanische Verfassung, 1973, S. 27.

[33] Vgl. das „Boston Pamphlet", 1772, in: H. A. Cushing (Hrsg.), Writings of Samuel Adams, Bd. II, 1906, S. 350 (357); und die Nachweise in Fn. 25; näher *C. Yirush*, in: E. Gray/J. Kamensky (Hrsg.), Oxford Handbook of the American Revolution, 2013, S. 85 (87 f.).

Gemäß einer verbreiteten Deutung der Ereignisse der 1760er und 1770er Jahre haben die Kolonisten in der politischen Auseinandersetzung mit London die bittere Erfahrung machen müssen, dass auch[34] ein Parlament – zumindest als solches empfundenes – Unrecht tun kann[35]. Die Schöpfer der US-Bundesverfassung haben diese Einsicht, die sie am Beispiel des für die Kolonisten in Ermangelung einer Repräsentanz an sich fremden britischen Parlaments[36] gewonnen hatten, auf die eigene Verfassungsordnung übertragen, indem sie (durchaus in der Tradition der englischen Mischverfassungslehre stehende) institutionelle Sicherungen im Gesamtgefüge der Staatsorganisation in der Absicht errichtet haben, legislativen Exzessen künftig effektiver begegnen zu können[37]. Die richterliche Normenkontrolle, die dem heutigen Beobachter in diesem Zusammenhang als erstes in den Sinn kommen mag, konnte allerdings nicht an die englische Mischverfassungslehre anknüpfen. Sie hatte spätestens seit Anfang des 18. Jahrhunderts keinen Platz mehr in dem auf dem englischen (Kern-)Verfassungsrecht aufbauenden Kanon an organisationalen und prozeduralen Vorkehrungen gegen Machtmissbrauch.

Trotz des vielzitierten *Bonham's Case* aus dem Jahr 1610, in dem der Vorsitzende Richter Sir Edward Coke behauptete, dass Gesetze, die gegen „Recht und Vernunft" verstießen, „manchmal gänzlich unwirksam" seien[38], konnte das richterliche Prüfungsrecht in der englischen Theorie und Praxis des Verfassungsrechts nicht Platz greifen[39]. Oder es vermochte keine praktische Wirkung zu entfalten, solange das Parlament nicht allein als gesetzge-

---

[34] Vgl. *U. Scheuner*, FG 25 Jahre BVerfG, hrsg. von Ch. Starck, Bd. 1, 1976, S. 18 („Wesentlich war jedenfalls, daß hier im Unterschied zu Europa ... die unbeschränkte Macht der Gesetzgebung bekämpft wurde."); siehe für den deutschen Konstitutionalismus *F.-J. Peine*, Der Staat 22 (1983), S. 521 (536) („Der Monarch galt als potentieller Verletzer der Verfassung, das Parlament als ihr Schützer"); vgl. auch *R. Wahl*, Der Staat 20 (1981), S. 485 (490).

[35] Der amerikanische Widerstand speziell gegen das Parlament (und nicht gegen die Krone) wird jüngst wieder betont bei *E. Nelson*, Royalist Revolution, 2014.

[36] Vgl. *R. Wahl*, Der Staat 20 (1981), S. 485 (490); siehe auch *R. F. Boden*, 60 Marq. L. Rev. 7 (1976); *D. Grimm*, Souveränität, 2009, S. 36.

[37] *J. Lee Malcolm*, 26 J.L. & Pol. 5 (2010); *R. Wahl*, Der Staat 20 (1981), S. 485 (490).

[38] *Dr. Bonham's Case*, 8 Coke Rep. 107 (1610); näher unten, Fn. 376 ff. und begleitenden Text; zu Cokes Doktrin auch *W. Heun*, Der Staat 42 (2003), S. 267 (275 f.); *ders.*, VVDStRL 61 (2002), S. 81 ff.; *E. E. Slotnick*, 71 Judicature 72 (1987); *Ch. Starck*, in: ders./A. Weber (Hrsg.), Verfassungsgerichtsbarkeit in Westeuropa, 1986, S. 11 (17, 21).

[39] *A. D. Boyer*, 39 B.C. L. Rev. 89 (1997); *W. M. Treanor*, 58 Stan. L. Rev. 468–469 (2005). Die von Coke vertretene These vom Vorrang des common law war in den Kolonien bekannt, und dort – im Unterschied zu England –, einigermaßen akzeptiert, wenn sie auch nicht von jedermann befürwortet wurde (vgl. *W. W. Crosskey*, Politics and the Constitution, Bd. II, 1953, S. 941, 943, aus der jüngeren Literatur etwa *A. V. Baker*, 39 Duq. L. Rev. 735 [2001]); siehe noch unten, Text bei Fn. 410 f.

bende Körperschaft, sondern gemäß der traditionellen Sichtweise, die sich während der Regentschaft des Hauses Tudor im 16. Jahrhundert und bereits zuvor herausgebildet hatte[40], auch und vor allem als letztinstanzlicher Gerichtshof begriffen wurde („High Court of Parliament")[41]. Nachdem die judikative Funktion des Parlaments gegenüber der gesetzgebenden Funktion schließlich in den Hintergrund getreten war[42], war es im späten 18. und frühen 19. Jahrundert das parlamentarische Souveränitätsdogma, das den richterlichen Zugriff auf die Gesetzeskontrolle derart blockierte, dass Cokes notorische Lehre manch einem Beobachter des 19. Jahrhunderts geradezu lächerlich vorkommen musste[43].

Bei William Blackstone (1723–1780)[44], dessen „Commentaries on the Laws of England" das Rechtswesen auch in den amerikanischen Kolonien maßgeblich beeinflusst hatten[45], heißt es einen Bürgerkrieg, ein Interregnum und eine Revolution nach Coke, – etwas mehr als eineinhalb Jahrhunderte nach der Entscheidung im *Bonham's Case* und unter völlig anderen konstitutionellen Umständen[46] – ebenfalls, dass solche Akte des Parlaments, die zu

---

[40] *K. Kluxen*, Parlamentarismus, 1983, S. 33; *Ch. McIlwain*, High Court of Parliament, 1910, S. 109 ("Parliament, up to the time of the Tudors, was hardly thought of primarily or principally as a legislature: it was still in reality 'The High Court of Parliament'."); anders wohl *S. Vogenauer*, Auslegung von Gesetzen, Bd. 2, 2001, S. 740 f.

[41] Vgl. *Ch. McIlwain*, High Court of Parliament, 1910, S. 109 ff.; siehe auch *B. Bailyn*, Ideological Origins, 1967, S. 179; *M. Brandon*, in: M. Tushnet u. a. (Hrsg.), The Oxford Handbook of the U.S. Constitution, 2015, S. 763 (766); *R. Edwards*, 11 Denning L.J. 67 (1996) ("Parliament was at Coke's time, and indeed up until the civil war, more a court than a legislature"); *Ph. Hamburger*, Law and Judicial Duty, 2008, S. 396, 610 ("[English judges] could not hold acts of Parliament unlawful, for Parliament was the highest court in the land."); *W. Heun*, VVDStRL 61 (2002), S. 81; *H. K. Michael*, 69 N.C. L. Rev. 425–426 (1991); *K. Loewenstein*, Staatsrecht und Staatspraxis, Bd. II, 1967, S. 3 f.; *M. Walters*, 51 U. Toronto L.J. 109–110 n. 84, 111 (2001).

[42] Vgl. *B. Bailyn*, Introduction Pamphlet 7, in: ders. (Hrsg.), Pamphlets of the American Re-volution, 1965, S. 409 (412) ("[I]t was, consequently, the great historic shift in the understanding of Parliament's role that took place in the mid- and later seventeenth century that gave a new meaning to Coke's doctrine.").

[43] *J. Campbell*, Lives of the Chief Justices of England, Bd. I, 3. Aufl. 1874, S. 341 ("foolish doctrine ... ought to have been laughed at"); vgl. *J. Orth*, 16 Const. Comment. 37 (1999).

[44] Zur Biographie: *W. Prest*, Eintrag „Blackstone, Sir William", in: Oxford Dictionary of National Biography, Oxford: OUP, 2004, Online-Ausgabe, Stand September 2015, online: www.oxforddnb.com/view/article/2536 (Zugangslizenz erforderlich), letzter Abruf am 23. September 2020.

[45] *J. Lee Malcolm*, 26 J.L. & Pol. 5 (2010) ("Blackstone's Commentaries was a runaway best-seller and immediately regarded as authoritative on both sides of the Atlantic"); vgl. auch *N. Feldman*, 148 Proc. Am. Phil. Soc'y 32 (2004).

[46] Die völlig unterschiedlichen „Verfassungswirklichkeiten" in den Jahren 1610 und 1765 betont auch etwa *J. Orth*, 16 Const. Comment. 36 (1999); vgl. für den Wandel der

den Regeln der Vernunft in Widerspruch stünden, nichtig seien. Blackstones Kommentierung fügt aber, abweichend von Coke, der scheinbar noch eine richterliche Verwerfungskompetenz in Betracht gezogen hatte[47], hinzu, dass ihm keine Instanz bekannt sei, die die Nichtigkeit eines Legislativakts feststellen könne:

> "If the parliament will positively enact a thing to be done which is unreasonable, *I know of no power that can control it*[48]: and the examples usually alleged in support of this sense of the rule [that acts of parliament contrary to reason are void] do none of them prove, that where the main object of a statute is unreasonable the judges are at liberty to reject it; for that were to set the judicial power above that of the legislature, which would be *subversive of all government*."[49]

Obwohl Blackstone wegen der von ihm mit großer Emphase postulierten Allmacht des Parlaments landläufig als Positivist gehandelt wird, ist ihm die Kategorie ungeschriebenen höherrangigen Rechts keineswegs fremd[50]. Al-

---

konstitutionellen Umstände im 17. Jahrhundert *A. E. Howard*, 94 N.C. L. Rev. 1415 (2016).

[47] *E. Corwin*, 42 Harv. L. Rev. 379 (1929) ("most important single source of the notion of judicial review"); in diese Richtung oder ähnlich auch *F. W. Maitland*, The Constitutional History of England, 1908, S. 301; *R. Vollmer*, Gesetzeskontrolle, 1969, S. 108 f.; zurückhaltend *J. H. Baker*, English Legal History, 4. Aufl. 2011, S. 210 ("It is better to view it as an overstatement than as a statement of orthodox doctrine."); *W. Heun*, VVDStRL 61 (2002), S. 81 („Ausgangspunkt"). – Anders *B. Bailyn*, Ideological Origins, 1967, S. 177; *J. W. Gough*, Fundamental Law, 1961, S. 40. 46 ("He was not propounding a theory of unconstitutional legislation, but only one of strict statutory construction."; Coke als Vorreiter der Normenkontrolle zu bezeichnen, sei ein Anachronismus); *Ph. Hamburger*, Law and Judicial Duty, 2008, S. 274 ("argument for ... equitable interpretation"); *R. H. Helmholz*, 1 J. Legal Analysis 325, et passim (2009) ("Coke ... stopped short of judicial review in the modern sense."); *I. Williams*, 27 J. Legal. Hist. 112, 128, et passim (2006); siehe bereits *S. E. Thorne*, 54 L. Q. Rev. 545, 549 (1938) ("statutory construction").

[48] Ab der achten Auflage (1778) findet sich eine etwas andere Formulierung ("I know of no power *in the ordinary forms of the Constitution that is vested with the authority* to control it."); siehe *J. B. Thayer*, Cases on Constitutional Law, Bd. I, 1895, S. 51 f. mit Fn. 1; *Th. Plucknett*, 40 Harv. L. Rev. 60 (1926).

[49] *W. Blackstone*, Commentaries on the Laws of England, Bd. I, 1765, hrsg. von S. Katz, 1979, S. 91 (meine Hervorhebung).

[50] *W. Blackstone*, Commentaries on the Laws of England, Bd. I, 1765, hrsg. von S. Katz, 1979, S. 38 ff., insbes. S. 41. Dort findet sich die Aussage, dass sich (gottgegebenes) Naturrecht im Kollisionsfalle „selbstverständlich" gegen von Menschen erlassene Gesetze durchsetzen müsse ("This law of nature, being co-eval with mankind and dictated by God himself, is of course superior in obligation to any other. It is binding all over the globe, in all countries, and at all times: no human laws are of any validity if contrary to this..."). Zu dieser (seiner übrigen Lehre scheinbar widersprechenden) Äußerung *J. W. Gough*, Fundamental Law, 1961, S. 188 ff.; *L. D. Kramer*, People Themselves, 2004, S. 11; *W. Prest*, in: D. J. Galligan (Hrsg.), Constitutions and the Classics, 2014, S. 210 (223, 227 ff.); *H. Steinberger*, Konzeption und Grenzen, 1974, S. 53 f.; *W. Teubner*, Kodifikation und Rechtsre-

lein, die fundamentalen Prinzipien göttlicher bzw. natürlicher Gerechtigkeit sind nach Blackstone, anders als es Coke anscheinend noch in Betracht gezogen hatte, nicht im Wege des gerichtlichen Verfahrens, sondern – ganz in lockeanischer Lesart des englischen Verfassungsrechts[51] – einzig mit Hilfe des im „Widerstandsrecht angerufenen Gottesurteils"[52] gegen Krone und Parlament durchsetzbar[53].

Wirkliche Sympathie für die Idee des Widerstands kann Blackstone allerdings nicht aufbringen[54]. Eine moralische Verpflichtung, verfassungs- bzw. naturrechtswidrige Hoheitsakte zu befolgen, sei den Untertanen zwar nicht auferlegt; sollte ihr Ungehorsam allerdings Sanktionen nach sich ziehen, würden sie diese wohl oder übel hinzunehmen haben[55]. Blackstone scheint hier die sog. „passive obedience"-Doktrin[56], die eigentlich für die durch das Gottesgnadentum oder die Hobbesianische Lehre legitimierte absolute Herrschaft des Monarchen entwickelt worden war, in leicht abgewandelter Form eines sehr restriktiv ausgeformten Rechts auf passiven Widerstand auf die konstitutionellen Verhältnisse einer absoluten parlamentarischen Herrschaft zu übertragen, die unter dem Regime der Mischverfassung operiert.

Auch gegenüber der naheliegenden und in der angelsächsischen Rechtstradition fest verwurzelten schonenderen Alternative zum Widerstand, einer gerichtlichen Korrektur legislativen Unrechts mithilfe einer billigkeitsrechtlich angeleiteten Interpretation der im konkreten Rechtsstreit entscheidungserheblichen Normen[57], erweist sich Blackstones Lehre als ambivalent. Gene-

---

form, 1974, S. 71; *S. Vogenauer*, Auslegung von Gesetzen, Bd. 2, 2001, S. 743; *M. Walters*, 51 U. Toronto L.J. 112–113 (2001); *G. S. Wood*, 22 Suffolk U. L. Rev. 1297 (1988); ders., 56 Wash. & Lee L. Rev. 794 (1999).

[51] *J. Locke*, Two Treatises of Government, 1689, hrsg. von P. Laslett, 1964, insbes. S. 430–432, 444 ff. (Second Treatise, Ch. XIX, §§ 222, 240 ff.), et passim.

[52] *G. Stourzh*, Grundrechtsdemokratie, 1989, S. XIII.

[53] Siehe *G. S. Wood*, 22 Suffolk U. L. Rev. 1297 (1988).

[54] *W. Blackstone*, Commentaries on the Laws of England, Bd. I, 1765, hrsg. von S. Katz, 1979, S. 157 ("But however just this conclusion [according to which 'there remains still inherent in the people a supreme power to remove or alter the legislative, when they find the legislative act contrary to the trust reposed in them: for when such trust is abused, it is thereby forfeited, and devolves to those who gave it', Blackstone zitiert Locke, d. V.] may be in theory, we cannot adopt it, nor argue from it, under any dispensation of government at present actually existing.").

[55] So jedenfalls die Einschätzung bei *W. Prest*, in: D. J. Galligan (Hrsg.), Constitutions and the Classics, 2014, S. 210 (223).

[56] Siehe *E. De Beer*, in: J. Bromley (Hrsg.), New Cambridge Modern History, Bd. VI, 1970, S. 193 (216 a. E.)

[57] Siehe *Earl of Oxford's Case*, 21 Eng. Rep. 485, 488 (1615, Court of Chancery) ("Judges ... making Construction of [statutes] according to Equity, varying from the Rules and Grounds of Law, and enlarging them pro bono publico, against the Letter and Intent of the Makers, whereof our Books have many Hundreds of Cases.") (*Ellesmere, Chancellor*); vgl.

rell ausgeschlossen sei eine korrigierende Auslegung unter Billigkeitsgesichtspunkten zwar nicht, aber, so muss man die einschlägige Passage in den „Commentaries" wohl verstehen[58], eine klare Grenze für die am Kriterium der Billigkeit ausgerichtete Auslegung des Gesetzesrechts („expound the statute by equity") sei jedenfalls dort erreicht, wo ein entgegenstehender und klarer Wille des Parlaments erkennbar werde – gleichviel, ob dieser nun vernünftig („reasonable") erscheinen möge oder nicht[59]. Denn, so erläutert Blackstone an anderer Stelle:

„[L]aw, without equity, tho' hard and disagreeable, is much more desirable for the public good, than equity without law; which would make every judge a legislator, and introduce most infinite confusion; as there would then be almost as many different rules of action laid down in our courts, as there are differences of capacity and sentiment in the human mind."[60]

Für Befürworter einer uneingeschränkten Suprematie der Gesetzgebung ist es natürlich nur konsequent, neben einer gerichtlichen Nullifikationskompetenz auch eine allzu freihändige richterliche Korrektur legislativen Unrechts durch eine common law- oder billigkeitskonforme Auslegung abzulehnen, wenn man bedenkt, dass die Grenzen zwischen offen ausgeübter Normenkontrolle und ergänzend-korrigierender Gesetzesauslegung letztlich nicht klar bestimmbar sind[61]. Für einen geschickten Richter wird es sich nur um eine Frage der Formulierung handeln. In der praktischen Konsequenz ist es unerheblich, ob ein Gericht eine streitentscheidende Norm für nichtig erklärt, unangewendet lässt oder entgegen dem eindeutigen Wortlaut auslegt[62] – die Willensäußerung der Legislative läuft in jedem Fall ins Leere.

M. Plasencia, 68 U. Miami L. Rev. 741–755 (2014) ("Earl of Oxford's Case ... has long been hailed as the leading case addressing the relationship between English common law and equity."); zum Verhältnis der common law-Gerichte und der Billigkeitsrechtsprechung des „Court of Chancery" siehe *J. H. Baker*, English Legal History, 4. Aufl. 2011, S. 99 ff., hier 105 f.; *ders.*, Irish Jurist, N.F., Bd. 4 (1969), S. 368 (371, 377) ("Parties would try their luck at common law, and if unsuccessful could re-open the whole case in Chancery.").

[58] *W. Blackstone*, Commentaries on the Laws of England, Bd. I, 1765, hrsg. von S. Katz, 1979, S. 91 ("There is no court that has the power to defeat the intent of the legislature."); vgl. etwa *D. J. Hulsebosch*, Constituting Empire, 2005, S. 40.

[59] *W. Blackstone*, Commentaries on the Laws of England, Bd. I, 1765, hrsg. von S. Katz, 1979, S. 91.

[60] *W. Blackstone*, Commentaries on the Laws of England, Bd. I, 1765, hrsg. von S. Katz, 1979, S. 62; ganz ähnlich zwanzig Jahre später auch Brief von Thomas Jefferson an Philip Mazzei vom November 1785, in: The Works of Thomas Jefferson, Bd. IV, hrsg. von P. L. Ford, 1905, S. 473 (478) ("Relieve the judges from the rigour of text law, and permit them, with prætorian discretion, to wander into its equity, & the whole legal system becomes uncertain."); vgl. *W. Eskridge, Jr.*, 101 Colum. L. Rev. 1010 (2001).

[61] Ähnlich auch *Ch. M. Gray*, 116 Proc. Am. Phil. Soc'y 42 (1972).

[62] Vgl. auch *J. Lee Malcolm*, 26 J.L. & Pol. 13–14 (2010).

A. Gewaltenteilung und rechtsprechende Gewalt in der politischen Theorie 115

Ein richterliches Prüfungsrecht – so es sich denn im Wege der Auslegung der US-Bundesverfassung ermitteln lässt – steht also ganz offenkundig in Widerspruch zu dem schon bei Blackstone deutlich anklingenden[63] „Grundaxio[m] britischen Verfassungsdenkens"[64] schlechthin, – der Souveränität des Parlaments[65]. Der oft im Zusammenhang mit der Parlamentssouveränität zitierte englische Jurist Albert Venn Dicey schreibt in seinem Lehrbuch „Introduction to the Study of the Law of the Constitution" über diese seit dem Verfassungskompromiss von 1688/89[66] für das englische (und später auch für das britische) Staatsrecht so zentrale Doktrin[67]:

"The sovereignty of Parliament is (from a legal point of view) the dominant characteristic of our political institutions. ... Parliament has ... the right to make or unmake any law whatever; and, further, no person or body is recognised by the law of England as having a right to override or set aside the legislation of Parliament."[68]

An dieser Stelle bleibt zunächst einmal die – zugegeben eher banale – Einsicht festzuhalten, dass die amerikanische Neigung zur richterlichen Normenkontrolle neben dem Streben nach einer geschriebenen Verfassung[69] eine zweite

---

[63] Unzweideutig kommt die „Blackstonian theory of legislative sovereignty" (*G. S. Wood*, Creation, 1969, S. 455) neben einigen anderen Passagen etwa in *W. Blackstone*, Commentaries on the Laws of England, Bd. I, 1765, hrsg. von S. Katz, 1979, S. 46, 156 zum Ausdruck ("Sovereignty and legislature are indeed convertible terms; one cannot subsist without the other ... [Parliament] can, in short, do every thing that is not naturally impossible; and therefore some have not scrupled to call it's [sic] power ... the omnipotence of parliament. True it is, that what they do, no authority upon earth can undo.").

[64] *M. Jestaedt*, Die Verfassung hinter der Verfassung, 2009, S. 103.

[65] *A. V. Dicey*, Introduction to the Study of the Law of the Constitution, 8. Aufl. 1915, S. 141 ff.; siehe dazu *O. Lepsius*, ZNR 29 (2007), S. 47 (49); *A. M. Fröhlich*, Parlamentssouveränität, 2009, insbes. S. 44–60; *G. Sydow*, Parlamentssuprematie und Rule of Law, 2005; vgl. auch die differenzierenden Beurteilungen bei *B. Haller*, Repräsentation, 1987, S. 99; *K. Meßerschmidt*, Gesetzgebungsermessen, 2000, S. 550–577; ferner *M. Loughlin*, in: A. von Bogdandy/P. C. Villalón/P. M. Huber (Hrsg.), Handbuch IPE I, 2007, §4 Rn. 75; die ‚Souveränität' des britischen Parlaments relativierend *A. von Arnauld*, in: O. Depenheuer/Ch. Grabenwarter (Hrsg.), Verfassungstheorie, 2010, §21 Rn. 48.

[66] Siehe näher *H.-Ch. Kraus*, Englische Verfassung, 2006, S. 41 ff.

[67] *R. R. Palmer*, Zeitalter der demokratischen Revolution, 1970, S. 214; vgl. *British Railways Board v. Pickin*, [1974] 1 All ER 609, 614 ("In earlier times many learned lawyers seem to have believed that an Act of Parliament could be disregarded insofar as it was contrary to the law of God or the law of nature or natural justice but since the supremacy of Parliament was finally demonstrated by the revolution of 1688 any such idea has become obsolete.") (Lord Reid); siehe noch unten Fn. 375.

[68] *A. V. Dicey*, Introduction to the Study of the Law of the Constitution, 8. Aufl. 1915, S. 37 f.; jüngst von der englischen Justiz als „still the leading account" zitiert in *R. (Miller) v. Secretary of State for Exiting the EU*, [2016] EWHC 2786, online: https://www.judiciary.uk/wp-content/uploads/2016/11/r-miller-v-secretary-of-state-for-exiting-eu-amended-20161122.pdf, letzter Abruf am 23. Sept. 2020, Dicey-Zitat Rn. 22.

[69] Siehe *G. Stourzh*, Grundrechtsdemokratie, 1989, S. 2, 56, nach dessen Ansicht die

deutlich sichtbare Abkehr des jungen amerikanischen politischen Systems von der konstitutionellen Tradition des Mutterlandes markiert[70].

II. Föderalismus und rechtsprechende Gewalt in der Verfassungsdiskussion

Innerhalb der Grenzen eines auf der Anerkennung der Werte der Aufklärung basierten Grundkonsenses wurden – für eine Verfassungsdebatte eigentlich selbstverständlich und fast zwangsläufig[71] – teils stark voneinander abweichende Positionen hinsichtlich der Frage vertreten, wie die Staatsorganisation im Einzelnen beschaffen sein soll[72]. Die politische Ausgangslage in der Dekade nach dem Revolutionskrieg war insgesamt heikel, um nicht zu sagen: chaotisch[73]. Die Union befand sich in der sogenannten – wohl auch durch Exzesse der Einzelstaatslegislativen während der post-revolutionären Zeit mitverursachten[74] – „kritischen Periode"[75]. Sie war in eine wirtschaftliche Krise geraten und steuerte wegen der immensen Schuldenlast, die während der militärischen Auseinandersetzung mit den Briten aufgelaufen war, geradewegs einem Bankrott entgegen[76]. An diesem Punkt der Geschichte der amerikanisichen Gründung steht die reale Gefahr im Raum, dass die jungen, staatenbündisch (und noch nicht: bundesstaatlich) organisierten Vereinigten Staaten in die Abhängigkeit europäischer Mächte zurückfallen würden. Obwohl – oder gerade weil – die schwache Stellung des Bundes im Verhältnis zu

---

geschriebene Verfassung zu „einem entscheidenden Charakteristikum des amerikanischen Konstitutionalismus im Gegensatz zum englischen geworden" sei; ähnlich *W. R. Casto*, 27 Conn. L. Rev. 334 (1995). Auch in der Rechtsprechung der frühen amerikanischen Republik ist dieser Unterschied betont worden, siehe *Van Horne's Lessee v. Dorrance*, 2 U.S. (2 Dall.) 304, 308 (C.C.D. Pa. [= United States Circuit Court for the District of Pennsylvania] 1795) (Paterson, J.). Zu den Folgen eines „Fehlen[s] einer formalisierten Verfassungsurkunde" für das britische Verfassungsrecht *A. M. Fröhlich*, Parlamentssouveränität, 2009, S. 36–42.

[70] *W. R. Casto*, Supreme Court in the Early Republic, 1995, S. 214 ("radically inconsistent with the unwritten English constitution").
[71] Vgl. *P. Häberle*, in: D. Merten/H.-J. Papier (Hrsg.), HGRe I, 2004, §7 Rn. 14.
[72] Siehe etwa *D. T. Coenen*, 56 Duke L.J. 486–487 n. 77–78 (2006), m. w. N.
[73] *S. Mihm*, in: E. Gray/J. Kamensky (Hrsg.), Oxford Handbook of the American Revolution, 2013, S. 327 (341); siehe auch *R. N. Clinton*, 75 Iowa L. Rev. 892–897 (1990); *K. Loewenstein*, Verfassungsrecht und Verfassungspraxis, 1959, S. 7 f., der insbesondere die Fiskal-, Geld- und Handelspolitik als zwischen den nunmehr 13 Staaten aufflammende Konfliktherde benennt.
[74] Siehe *G. Dietze*, ZgS 113 (1957), S. 301 (309); *L. F. Goldstein*, JOP 48 (1986), S. 51 (61); *D. Grimm*, Souveränität, 2009, S. 38; *C. F. Hobson*, The Great Chief Justice, 1996, S. 61; *J. M. O'Fallon*, 44 Stan. L. Rev. 230–231 (1992).
[75] *J. Fiske*, The Critical Period of American History, 1888.
[76] Siehe *J. Heideking/Ch. Mauch*, Geschichte der USA, 5. Aufl. 2007, S. 54 f.

den Staaten unter den Konföderationsartikeln offenkundig Quell vieler Übel war[77], lag der größte Streitpunkt in der Diskussion um die Verfassungsreform in der Neuordnung des Föderalismus[78]. Der Bund war unter den Konföderationsartikeln innenpolitisch weitgehend handlungsunfähig gewesen, er galt in den Augen potentieller Kreditgeber nicht als zuverlässiger Schuldner; zudem verfügte der durch die Konföderationsartikel konstituierte Bund weder über nennenswerte Gesetzgebungskompetenzen noch über eine wirksame Exekutivgewalt, um Maßnahmen zu ergreifen, der misslichen Lage Herr zu werden[79]. Im Wesentlichen ging es jetzt also um die Frage, ob eine starke Bundesgewalt, eine „nationale Regierung", errichtet werden, oder ob das Gros staatlicher Souveränität bei den Bundesstaaten verbleiben sollte.

Eine solche Grundentscheidung wirkt sich zwangsläufig auf die Beschaffenheit der Kompetenzprofile der künftigen Bundesorgane aus. Und zwar nicht nur auf die Organe der Gesetzgebung und der vollziehenden Gewalt, sondern auch auf die Rechtsprechung.

Bezogen auf den Status der prospektiven rechtsprechenden Gewalt des Bundes herrschte alles andere als Einigkeit[80]. Der auf die Ausgestaltung der Judikative bezogene Dissens kommt unter anderem darin zum Ausdruck, dass die US-Bundesverfassung die Organisation der Bundesgerichtsbarkeit mit Ausnahme der Errichtung eines obersten Bundesgerichts und der Bestimmung eines festen Kerns seiner Zuständigkeit keiner verbindlichen Regelung

---

[77] Jedenfalls aus Sicht der Federalists, vgl. Publius (*A. Hamilton*), The Federalist #15, 1787, in: C. Rossiter (Hrsg.), The Federalist Papers, 1961, S. 100 (102) ("imbecility of our government"); siehe im Übrigen bereits die Titel der Federalist Papers ##15–20 (1787, *A. Hamilton/J. Madison*) („The Insufficiency of the Present Confederation to Preserve the Union"), sowie #21 (ebenfalls 1787, *A. Hamilton*) („Other Defects of the Present Confederation"). Hier handelt es sich nach *P. Graf Kielmansegg*, in: M. Brocker (Hrsg.), Geschichte des politischen Denkens, 2006, S. 349 (352), um eine „vernichtende Kritik der Konföderation".

[78] *H. J. Storing*, What the Anti-Federalists Were For, in: ders. (Hrsg.), The Complete Anti-Federalist, Bd. 1, 1981, S. 9; vgl. auch *J. Heideking/Ch. Mauch*, Geschichte der USA, 5. Aufl. 2007, S. 56 f., die insgesamt vier „Problemkreise" benennen. Neben dem Föderalismus im engeren Sinne (d. h. insbesondere auch auf die Finanzverfassung bezogen, vgl. *D. E. Narret*, New York History 69 [1988], S. 285 [301, 303]), ging es um den Modus der Repräsentation von großen und kleinen Staaten auf Bundesebene, außerdem um die Machtverteilung innerhalb der Bundesregierung und nicht zuletzt um den Interessengegensatz zwischen Nord- und Südstaaten, der unter anderem die Sklaverei betraf.

[79] Vgl. etwa *M. Edling*, in: E. Gray/J. Kamensky (Hrsg.), Oxford Handbook of the American Revolution, 2013, S. 388 (389 ff.).

[80] Siehe etwa *K. Turner*, 22 Wm. & Mary Q. 3–4 (1965); *R. E. Ellis*, The Jeffersonian Crisis, 1971, Kapitel 1 ("An Unsettled Problem: The Judiciary and the American Revolution, 1776–1801"), insbes. S. 4 ("[N]o branch of government presented as many problems that took as long to resolve, or were as complex, as the judiciary.").

unterwirft (siehe U.S. Const., Art. III, § 2)[81]. Das Problem wurde dilatorisch umgangen. Die Bundesverfassung von 1787 behält die nähere Ausgestaltung der „judicial branch of government" einer Entscheidung des nachkonstitutionellen Bundesgesetzgebers vor (siehe U.S. Const., Art. III, § 1)[82]. Die Kompetenz- und Machtfülle der Bundesgerichte ist damit nur implizit durch die Verfassung selbst geregelt und hängt von dem Ausmaß an Macht und an Kompetenzen ab, über das die Organe verfügen, die durch die Bundesgerichte kontrolliert werden sollen. Sind Präsident und Kongress schwach, wandern die Kompetenzen inklusive gerichtlicher Kontrollbefugnisse auf die Ebene der Bundesstaaten, die ein eigenes Justizsystem unterhalten, ab, und in der umgekehrten Konstellation einer eher starken Stellung des Bundes nehmen die Kontrollkompetenzen der Bundesgerichte reziprok zur Kompetenzfülle der übrigen Bundesorgane zu. Die kompetenzrechtliche Bedeutung des Prinzips der Bundesstaatlichkeit für die rechtsprechende Gewalt kann also in einem dualen judikativen System, in dem der Bund und die Bundesstaaten, anders als etwa nach dem deutschen Grundgesetz, jeweils eigene, prinzipiell[83]

---

[81] Zu den teils sehr pragmatischen Beweggründen der Framers, es bei einer fragmentarischen Reglementierung der Gerichtsbarkeit zu belassen, siehe *W. E. Nelson*, in: K. L Hall/K. T. McGuire (Hrsg.), The Judicial Branch, 2005, S. 4.

[82] Im Wortlaut: „The judicial Power of the United States, shall be vested in one supreme Court, and in such inferior Courts as the Congress may from time to time ordain and establish." Diese Gesetzgebungskompetenz ist dann auch durch den ersten US-Kongress ausgeübt worden, der den Judiciary Act of 1789 ("An Act to establish the Judicial Courts of the United States," Sept. 1, 1789, 1 Stat. 73–93 [U.S. Statutes at Large, Bd. 1, hrsg. von R. Peters, Boston, 1845, S. 73–92]) legifieriert hat (vgl. dazu auch *D. P. Currie*, The Constitution in Congress I, 1997, S. 47 ff.). Durch dieses Regelungswerk wurden U.S. District Courts (Bundesgerichte erster Instanz) und U.S. Circuit Courts (Bundes[berufungs]gerichte mit einigen erstinstanzlichen Zuständigkeiten) errichtet; diese dreizügige Organisationsstruktur mit dem Supreme Court an der Spitze liegt der US-amerikanischen Bundesgerichtsbarkeit bis in die Gegenwart zu Grunde; 1891 wurden als Zwischeninstanz die „Courts of Appeal" eingerichtet; die „Circuit Courts" wurden 1911 aufgelöst. Siehe zum Judiciary Act (1789) und zur Organisation der amerikanischen Bundesgerichte im späten 18. Jahrhundert und zur weiteren Entwicklung der Gerichtsverfassung *K. L. Hall*, in: M. Grossberg/Ch. Tomlins (Hrsg.), Cambridge History of Law in America, Bd. II, 2008, S. 106 (122 ff.); bündig: *B. Schwartz*, History of the Supreme Court, 1993, S. 14.

[83] Vgl. *W. Brugger*, StWStP 4 (1993), S. 319 (321); eine Verzahnung der rechtsprechenden Gewalt des Bundes mit derjenigen der Bundesstaaten fand schon 1789 insoweit statt, als der U.S. Supreme Court auch über Rechtsmittel gegen Entscheidungen der (obersten) Gerichte der Bundesstaaten entscheiden konnte. Diese Befugnis des U.S. Supreme Court, über Revisionen gegen (letztinstanzliche) einzelstaatliche Urteile zu entscheiden, ist nicht zwingend durch die Verfassung selbst vorgegeben, sondern für die Konstellation, in der das Bundesrecht den Entscheidungsmaßstab des einzelstaatlichen Gerichts bildet, in § 25 des Gerichtsverfassungsgesetzes (Judiciary Act) von 1789 geregelt (siehe *K. L. Hall*, in: M. Grossberg/Ch. Tomlins [Hrsg.], Cambridge History of Law in America, Bd. II, 2008, S. 106 [122]).

voneinander getrennt operierende Gerichtsbarkeiten unterhalten, gar nicht unterschätzt werden.

Die Ratifikation des durch den Konvent verabschiedeten Verfassungsentwurfs geriet denn auch über den Streitpunkt Föderalismus ins Stocken. Neun Staaten hatten die neue Verfassung im Frühjahr 1788 bereits angenommen, was für ein Inkrafttreten jedenfalls in denjenigen Staaten, die bereits ratifiziert hatten, nach U.S. Const., Art. VII, eigentlich ausreichend gewesen wäre – allerdings fehlten so bedeutende Bundesstaaten wie Virginia und New York, von deren positiven Votum es letztlich abhing, ob die US-Bundesverfassung überhaupt politische Realität werden sollte[84].

Insbesondere die New Yorker Ratifikationsdebatte wurde von Befürwortern und Gegnern der neuen Verfassung in aller Schärfe ausgetragen. Zwar standen sich die Meinungen von Befürwortern und Gegnern nicht wie monolithische Blöcke gegenüber. Dennoch lassen sich zwei Grundströmungen deutlich unterscheiden. In der New Yorker Diskussion wetteiferten – wie im Rest des Landes – die sog. Federalists auf der einen und die sog. Anti-Federalists, die sich selbst wohl eher als Republikaner oder als „wahre Föderalisten" bezeichnet hätten, auf der anderen Seite[85].

Einige Autoren haben die Federalists als Koalition „handelsorientierter Weltbürger" (*commercial cosmopolitans*) beschrieben. Ihr gemeinsames Ziel bestand darin, die Ratifikation der neuen Verfassung durchzusetzen und so den angepeilten Ausbau eines unitarischen Bundesstaates voranzutreiben. Die oppositionellen Anti-Federalists waren entschiedene Gegner des Verfassungsprojekts. In der wissenschaftlichen Literatur werden sie – dem historischen Schicksal des Unterlegenen entsprechend – etwas abfällig und wahrscheinlich auch zu pauschal als eine Gruppierung „landwirtschaftsorientierter Regionalisten" (*agrarian localists*) bezeichnet[86]. Sie sind in der histo-

---

[84] So die übliche Deutung, siehe *K. Loewenstein*, Verfassungsrecht und Verfassungspraxis, 1959, S. 10; vgl. auch *D. Farber/S. Sherry*, History of the American Constitution, 3. Aufl. 2013, S. 266; *M. Edling*, in: E. Gray/J. Kamensky (Hrsg.), Oxford Handbook of the American Revolution, 2013, S. 388 (402).

[85] *D. Farber/S. Sherry*, History of the American Constitution, 3. Aufl. 2013, S. 265 ff.; Farber und Sherry weisen dort auf einen verbitterten Anti-Federalist namens Elbridge Gerry aus Massachusetts hin, der gesagt hat, man solle statt von „Federalists" und „Anti-Federalists" besser von „Ratten" und „Anti-Ratten" sprechen – siehe 1 Annals of Cong. 759 (1789) (hrsg. von J. Gales, 1834; von den ersten beiden Bänden der „Annals" gibt es jeweils zwei verschiedene Ausgaben mit abweichender Paginierung. Die hier zitierte Ausgabe ist abrufbar auf der Website der Library of Congress unter https://memory.loc.gov/ammem/amlaw/lwaclink.html, letzter Zugriff am 23. September 2020).

[86] *J. T. Main*, Political Parties, 1973, S. 388; aufgegriffen von *M. G. Schmidt*, Demokratietheorien, 5. Aufl. 2010, S. 100. Die Unterscheidung der politischen Strömungen nach sozioökonomischen Kriterien hat sich im Anschluss an die Lehre der sog. progressiven Historiker des frühen 20. Jahrhunderts in der Literatur festgesetzt; als Leittext des pro-

rischen Erinnerung neben ihrer oppositionellen Haltung vor allem als Fürsprecher der Aufrechterhaltung der post-revolutionären staatenbündischen und dezentralen Ordnung präsent (und sie waren in diesem Sinne buchstäblich die eigentlichen „Föderalisten"). Im Laufe der letzten 200 Jahre ist ihre Rolle verschieden und zumeist eher kritisch beurteilt worden. Vor allem die Historiographie im Nachgang des Amerikanischen Bürgerkrieges meint es nicht gut mit den Anti-Federalists. Ihr Eintreten für die Rechte der Bundesstaaten lässt sich in der Tat sehr leicht als Ursprung der verfassungsideologischen Triebfeder für die Sezession der Südstaaten – „state sovereignty" – identifizieren[87]. Um die Wende vom 19. zum 20. Jahrhundert allerdings wurden die Anti-Federalists in einer Zeit des ultraliberalen Kapitalismus, der ja durch die regulierungsfeindliche Rechtsprechung des U.S. Supreme Court während der sog. „Lochner-Ära" nicht unwesentlich mitgestaltet worden war[88], als Vorkämpfer des Widerstands gegen Großkapital und Hochfinanz rehabilitiert[89].

Federalists und Anti-Federalists spalteten die Bevölkerung der jungen Nation zu Beginn der Verfassungsdebatte in zwei nahezu gleichstarke Meinungslager[90]. Zwischen den beiden parteiähnlichen Gruppen bestand – jedenfalls nach einer häufig vertretenen Auffassung – durchaus ein gewisser republikanischer Grundkonsens[91]. Man sollte die integrative Kraft dieses

---

gressiven Ansatzes gilt *Ch. Beard*, Economic Interpretation, 1913, etwa S. 292, 324, et passim ("[T]here was a deep-seated conflict between a popular party based on paper money and agrarian interests, and a conservative party centred in the towns and resting on financial, mercantile, and personal property interests generally."); referierend *J. É. Viator*, 43 Loy. L. Rev. 315–316 (1997). In der jüngeren Literatur finden sich Residuen des progressiven Ansatzes etwa bei *H. Vorländer*, JöR N.F. 36 (1987), S. 451 (476); siehe zu einer konsensorientierten Interpretation *I. Kramnick*, 87 Am. Hist. Rev. 645 (1982) ("The market was not the villain, hierarchy and dependence were."); *G. S. Wood*, Creation, 1969, S. 483 f., 627, der die sozioökonomischen Gegensätze zwischen Federalists und Anti-Federalists relativiert und dafür eintritt, die Ratifikationsdebatte nicht schwerpunktmäßig vom Motiv des Klassenkampfes ausgehend zu analysieren ("commercial-noncommercial division … does not account for the obvious commercial character of many of the Antifederalists").

[87] *J. H. Hutson*, 38 Wm. & Mary Q. 340–341, 342 (1981) ("The post-Civil War writers declared open season on them and showered them with contempt." "Anti-Federalists would be the whipping boys of historians.").

[88] Siehe unten Kapitel 4, Fn. 371; *P. Kens*, 1 N.Y.U. J.L. & Liberty 404 (2005) ("[Some observers charge] that the Court had usurped power … in order to turn a controversial political philosophy [laissez-faire economics] into the fundamental law of the land. Thus, Lochner [v. New York, 198 U.S. 45 [1905]] became the ultimate symbol of judicial overreaching.").

[89] Vgl. *D. Farber/S. Sherry*, History of the American Constitution, 3. Aufl. 2013, S. 270.

[90] *J. Heideking*, Historische Zeitschrift, Bd. 246 (1988), S. 47.

[91] Vgl. *C. M. Kenyon*, 12 Wm. & Mary Q. 37–38 (1955); *J. H. Hutson*, 38 Wm. & Mary

A. Gewaltenteilung und rechtsprechende Gewalt in der politischen Theorie 121

Konsenses allerdings nicht überschätzen, eröffnete er doch, wie sogleich anhand der Auseinandersetzung über die rechtsprechende Gewalt deutlich werden wird, „weite Spielräume für alternative Interpretationen und Denkmuster"[92]. Immerhin: Auf einer abstrakteren Ebene waren sich die meisten – oder jedenfalls: viele – Amerikaner etwa in dem zentralen Punkt einig, dass die Anfälligkeit für Machtmissbrauch eine „menschliche Konstante" sei[93,94]. Uneinigkeit herrschte derweil hinsichtlich der Frage, wie die ubiquitäre Gefahr des Machtmissbrauchs, den man sich als zwangsläufige Folge einer Überhand nehmenden und einseitigen Interessen- und Klientelpolitik („factional politics") vorstellte, am wirksamsten einzudämmen sei – James Madison und die Federalists gaben sich keinen Illusionen hin. „Faktionen" lassen sich nicht „beseitigen" ohne gleichzeitig die Freiheit zu „zerstören". Anzusetzen sei vielmehr bei der „Beherrschung der Konsequenzen", die aus eigennützig betriebener Interessenpolitik erwüchsen[95].

Q. 364 (1981); aus der deutschen Literatur *J. Heideking*, Historische Zeitschrift, Bd. 246 (1988), S. 47 (50, 70 ff., et passim); *P. Graf Kielmansegg*, in: M. Brocker (Hrsg.), Geschichte des politischen Denkens, 2006, S. 349 (360 f.); *H. Steinberger*, 200 Jahre amerikanische Bundesverfassung, 1987, S. 6; *ders.*, Konzeption und Grenzen, 1974, S. 83 ff. („amerikanischer Konsensus am Vorabend der Bundesverfassung"); *H. Vorländer*, JöR N.F. 36 (1987), S. 451 (462); *ders.*, Hegemonialer Liberalismus, 1997, S. 45 ff.; zurückhaltend bis kritisch zu einem „American Consensus" (bezogen auf die Revolution als Ganzes) *R. R. Palmer*, Zeitalter der demokratischen Revolution, 1970, S. 202, 207, 213, m. w. N.

[92] *J. Heideking*, Verfassung vor dem Richterstuhl, 1988, S. 259 ff., hier S. 260 f.; vgl. auch *D. E. Narret*, New York History 69 (1988), S. 285 (314); *H. J. Powell*, 53 Alb. L. Rev. 284 (1989) (bezogen auf die Diskussion über die Verfassung Pennsylvanias: "radically different views of what republicanism might be"); *M. N. S. Sellers*, in: D. J. Galligan (Hrsg.), Constitutions and the Classics, 2014, S. 354 (356) ("Almost all participants in the Revolution shared a commitment to what they called 'republican principles'."); *H. J. Storing*, What the Anti-Federalists Were For, in: ders. (Hrsg.), The Complete Anti-Federalist, Bd. 1, 1981, S. 5 f.

[93] Vgl. *A. Adams/W. P. Adams*, in: dies. (Hrsg.), Die Federalist-Artikel, 1994, Einleitung, S. lxxxiii; *A. Diamond*, 6 Pol. Sci. Rev. 257 (1976); *J. H. Hutson*, 38 Wm. & Mary Q. 364 (1981); *C. M. Kenyon*, 12 Wm. & Mary Q. 38 (1955); *D. Tyler*, 50 Wm. & Mary L. Rev. 2218 (2009) ("anxiety toward overzealous government ... is manifest within the Founding documents"); siehe ferner *D. Herz*, Die wohlerwogene Republik, 1999, S. 187 ff.; *J. M. O'Fallon*, 44 Stan. L. Rev. 230 (1992); *H. Steinberger*, 200 Jahre amerikanische Bundesverfassung, 1987, S. 10; siehe aber auch *H. Vorländer*, JöR N.F. 36 (1987), S. 451 (476), der darauf hinweist, dass die „anthropologischen Grundannahmen" der Anti-Federalists insoweit optimistischer gewesen seien.

[94] Diese Einsicht haben sie wohl nicht nur aus ihrer eigenen praktischen Erfahrung gezogen, sondern auch aus der europäischen Aufklärung, siehe *R. Zippelius*, Allgemeine Staatslehre, 17. Aufl. 2017, S. 263 f.

[95] Vgl. *J. Madison*, Federalist #10, in: A. Adams/W. P. Adams (Hrsg./Übers.), Die Federalist-Artikel, 1994, S. 50 (51 ff.); siehe aus der Literatur *J. N. Rakove*, 43 Wm. & Mary L. Rev. 1515 (2002); *H. Seiler*, Gewaltenteilung, 1994, S. 28.

III. Repräsentation, Deliberation und republikanische Mischverfassung

Die Grundposition der Federalists ging dahin, die Bundesgewalt in Abkehr von dem hinter den Konföderationsartikeln stehenden staatenbündischen Konzept insgesamt stärken zu wollen[96]. Sie hatten sich dem Ziel verschrieben, dem losen und zudem kriselnden Staatenbund eine gemeinsame politische Ordnung zu geben und ihn in eine „echte" amerikanische Nation, in einen „republikanischen Großflächenstaat" zu überführen[97]. Nur so könnten die innere Ordnung, der materielle Wohlstand und die äußere Sicherheit dauerhaft gewährleistet werden[98]. Die Antwort auf die Frage, wie die durch die neu zu errichtende Bundesregierung auszuübende Staatsgewalt zu legitimieren und zu kontrollieren sei, liefert – in Ermangelung eines umfassenderen Begriffs – eine Art deliberative[99], „prozedurale"[100] oder ausbalancierende Verfassungslehre[101]. Der vermeintlich ‚deliberative' Ansatz kommt in der Institutionenordnung der von den Federalists befürworteten US-Bundesverfas-

---

[96] *W. Brugger*, FS Hollerbach, hrsg. von J. Bohnert u. a., 2001, S. 517.

[97] *J. Madison*, The Federalist #10, 1787, in: C. Rossiter (Hrsg.), The Federalist Papers, 1961, S. 71 (76); siehe auch *A. Hamilton*, The Federalist #9, a. a. O., S. 66 („firm union"); aus der Literatur *P. Graf Kielmansegg*, in: M. Brocker (Hrsg.), Geschichte des politischen Denkens, 2006, S. 349, 354.

[98] *J. Heideking*, Historische Zeitschrift, Bd. 246 (1988), S. 47.

[99] *J. M. Bessette*, in: R. Goldwin/W. Schambra (Hrsg.), How Democratic Is the Constitution?, 1980, S. 102 (104 ff.). – Die modernen Deliberationisten fordern neben dem institutionalistisch gedachten Element der „gediegenen Beratschlagung" insbesondere ein egalitäres oder partizipatorisches Element, das in der repräsentationsorientierten Demokratie- bzw. Republikanismustheorie der Federalists nicht so entschieden betont wird. Vgl. zur modernen deliberativen Demokratietheorie aus der deutschsprachigen Literatur *J. Habermas*, Faktizität und Geltung, 5. Aufl. 2014, S. 349 ff.; vgl. aus der rechtswissenschaftlichen Literatur *R. Alexy*, Der Staat 54 (2015), S. 201 (210); siehe auch *Ch. Möllers*, Gewaltengliederung, 2005, S. 60 ff., 274 f.

[100] Vgl. nochmals *Ch. Möllers*, Gewaltengliederung, 2005, S. 79.

[101] *W. E. Nelson*, in: K. L Hall/K. T McGuire (Hrsg.), The Judicial Branch, 2005, S. 8, bezeichnet den Ansatz der Federalists als „deliberative"; ebenso *G. Leonard*, in: D. J. Galligan (Hrsg.), Constitutions and the Classics, 2014, S. 369; ähnlich auch *P. Graf Kielmansegg*, in: M. Brocker (Hrsg.), Geschichte des politischen Denkens, 2006, S. 349 (358 f.); *H. Dreier*, AöR 113 (1988), S. 450 (461 ff.). *K. F. Walling*, in: B.-P. Frost/J. Sikkenga (Hrsg.), History of American Political Thought, 2003, S. 167 (180), spricht, bezogen auf Alexander Hamilton und dessen politische Theorie von „energetic yet stable and deliberative political institutions". Eine etwas andere Akzentsetzung findet sich bei *L. D. Kramer*, People Themselves, 2004, S. 80 („to slow politics down, to force greater deliberation by complicating the lawmaking process with a system of checks and balances"). Mit erkennbar kritischem Unterton ist der Ansatz der Federalists etwa von *U. Thiele*, Der Staat 39 (2000), S. 397 (418), als „extrem institutionalistisch" und „expertokratisch" bezeichnet worden.

sung, im Jahre 1787 ja noch ein Entwurf, durch die (terminologisch seinerzeit wohl noch nicht vollends etablierten) „checks and balances"[102] zum Ausdruck[103]: Bundesstaatlichkeit, Gewaltenteilung, ein Zwei-Kammern-System der Gesetzgebung, die bis 1913 übliche indirekte Wahl der Senatoren durch die Repräsentativkörperschaften der Bundesstaaten, das qualifizierte Vetorecht des Präsidenten, das Zusammenwirken zwischen Präsident und Senat bei Beamten- und Richterernennungen und das Wahlmännergremium („electoral college"), das bis zum heutigen Tage den US-Präsidenten wählt; diese teils organisatorischen, teils verfahrensmäßigen Vorkehrungen dienen den Federalists der Depotenzierung einer als ungezügelte populäre Mehrheitsherrschaft gedachten Volkssouveränität[104].

Wie sich schon aus dieser kurzen Aufzählung ergibt, setzten die Federalists aller Gewaltenteilungsrhetorik zum Trotz nicht auf eine strikte Trennung der staatlichen Funktionen, sondern auf Gewaltenverschränkung[105]. Gesetzgebende, vollziehende und rechtsprechende Gewalt bilden in ihrer Verfassungslehre eine (in der Literatur bisweilen so bezeichnete) „Polykratie von Teilsouveränen", die sich nach Möglichkeit „gegenseitig in Schach halten" sollen[106]. Dabei handelt es sich um eine Idee, die dem Grunde nach bereits dem post-revolutionären englischen (bzw. seit 1707 britischen[107]) Konstitu-

---

[102] Vgl. *J. Madison*, The Federalist #51, 1788, in: C. Rossiter (Hrsg.), The Federalist Papers, 1961, S. 317 ("The Structure of the Government Must Furnish the Proper Checks and Balances Between the Different Departments"); *J. Adams*, Defence of the Constitutions of Governments of the United States, Bd. I, 1787, in: Ch. F. Adams (Hrsg.), The Works of John Adams, Bd. IV, 1851, S. 271 (282). – Bei *A. Hamilton*, The Federalist #9, 1787, in: C. Rossiter (Hrsg.), The Federalist Papers, 1961, S. 67, ist in erster Linie die bikamerale Organisation des Kongresses angesprochen ("introduction of legislative balances and checks" – bei A. Adams/W. P Adams [Hrsg.], Die Federalist-Artikel, 1994, S. 45, mit „gegenseitiger Kontrolle in der Legislative" übersetzt); vgl. zur Begriffsgeschichte *H. A. Winkler*, Geschichte des Westens, Bd. I, 4. Aufl. 2015, S. 300 f.

[103] Vgl. *C. J. Friedrich*, Verfassungsstaat der Neuzeit, 1953, S. 211; *M. J. C. Vile*, Constitutionalism and Separation of Powers, 2. Aufl. 1998, S. 37 f.; siehe ferner *K. L. Hall*, 35 U. Fla. L. Rev. 283 (1983); *D. Herz*, Die wohlerwogene Republik, 1999, S. 155; *H. Steinberger*, 200 Jahre amerikanische Bundesverfassung, 1987, S. 10.

[104] *W. E. Nelson*, in: K. L Hall/K. T. McGuire (Hrsg.), The Judicial Branch, 2005, S. 8; vgl. auch *W. Brugger*, FS Hollerbach, hrsg. von J. Bohnert u. a., 2001, S. 516 f. („ausgeklügelte Konzeption von Gewaltenverschränkung und Gewaltenbeschränkung"); *H. Steinberger*, 200 Jahre amerikanische Bundesverfassung, 1987, S. 12; ähnlich *W. Heun*, Mehrheitsprinzip in der Demokratie, 1984, S. 73 f.

[105] Vgl. *J. Madison*, The Federalist #47, 1788, in: A. Adams/W. P. Adams (Hrsg./Übers.), Die Federalist-Artikel, 1994, S. 291 (292 f.); siehe *M. Imboden*, Montesquieu und die Lehre der Gewaltentrennung, 1959, S. 9 (Gewaltenteilung „blieb [in den USA] freilich mehr Deklamation als konsequent befolgtes Gestaltungsprinzip".).

[106] *U. Thiele*, Der Staat 39 (2000), S. 397 (412).

[107] Vgl. aber *C. Smith*, Giornale di Storia Costituzionale, Bd. 20 (2010), S. 121 (125) (Mischverfassung „not absolutely central to the Scots' thought").

tionalismus bekannt gewesen ist[108]. Der Ansatz findet seinen ideengeschichtlichen Anknüpfungspunkt in der englischen bzw. britischen Lesart des oben im zweiten Kapitel bereits angerissenen Konzepts der Mischverfassung („mixed government")[109]. In einer oft zitierten Passage seiner „Dissertation upon Parties" beschreibt Henry St. John („Lord Bolingbroke") die Mischverfassung – freilich etwas distanziert – als

"this mixture of monarchical, aristocratical and democratical power, blended together in one system."[110]

Bolingbroke, Mitglied der oppositionellen „Country Party" und in dieser Position weniger als Befürworter der klassischen, weil korruptionsanfälligen[111] Mischverfassung, sondern eher als Fürsprecher einer strikteren Gewaltentrennung („division of power") bekannt[112], führt weiter aus, dass der Zweck der Mischverfassung darin gesehen werde, dass sich die verschiedenen politischen Kräfte (Stände – „estates") gegenseitig ausbalancieren („balancing one another"). Ganz ähnlich sah es William Blackstone etwa eine Generation später, als die Rebellion in Amerika schon weit vorangeschritten war. Im Unterschied zu Bolingbroke rückt er die Mischverfassung in ein günstiges Licht. 1765 notiert Blackstone in seinen „Commentaries":

"And herein indeed consists the true excellence of the English government, that all the parts of it form a mutual check upon each other."[113]

Allgemein gesprochen sollte die Mischverfassung – also die Aufteilung und Balancierung staatlicher Macht sowohl unter verschiedenen Institutionen als

---

[108] Vgl. *J. H. Ely*, 16 Const. Comment. 283 (1999); *G. S. Wood*, Creation, 1969, S. 10 f.; *G. Stourzh*, Grundrechtsdemokratie, 1989, S. 19, 40; *D. Herz*, Die wohlerwogene Republik, 1999, S. 155 (für die Gewaltenteilungskonzeption in der politischen Theorie des Federalist sei die englische Verfassung „mit ihrer Verzahnung von Pflichten der Krone, des Oberhauses und des Unterhauses" das Vorbild gewesen.).

[109] *A. Adams/W. P. Adams*, in: dies. (Hrsg.), Die Federalist-Artikel, 1994, Einleitung, S. lxi f.

[110] *H. St. John* (Lord Bolingbroke), A Dissertation Upon Parties, Letter XIII, 1734, in: Political Writings, hrsg. von D. Armitage, 1997, S. 122 (125 f.).

[111] Siehe die Darstellung des englischen politischen Systems unter den Monarchen aus dem Haus Hannover bei *H. Brogan*, History of the United States, 1985, S. 76 ff.

[112] „Humphry Oldcastle, Esq." (H. St. John [Lord Bolingbroke]), Remarks on the History of England, 2. Aufl. 1747, S. 82 ff., insbes. S. 84; siehe aus der Sekundärliteratur *D. Castiglione*, in: J. A. Harris (Hrsg.), Oxford Handbook of British Philosophy in the Eighteenth Century, 2013, S. 491 (498); siehe außerdem *H. Fenske*, in: O. Brunner u. a. (Hrsg.), Geschichtliche Grundbegriffe, Bd. 2, 1975, S. 923 (928 f.); *J. G. A. Pocock*, 22 Wm. & Mary Q. 571 (1965); *S. Sherry*, 5 Const. Comment. 330–331 (1988); *M. J. C. Vile*, Constitutionalism and Separation of Powers, 2. Aufl. 1998, S. 80 f.

[113] *W. Blackstone*, Commentaries on the Laws of England, Bd. I, 1765, hrsg. von S. Katz, 1979, S. 150.

A. Gewaltenteilung und rechtsprechende Gewalt in der politischen Theorie   125

auch unter mehreren Gruppen innerhalb derselben Institution – genau wie schon bei Polybios dem Zweck der Stabilisierung der politischen Ordnung dienen[114]. Während der alte Polybios an die Lehre vom Verfassungskreislauf gedacht haben dürfte und deshalb in der Hauptsache die Stabilität der staatlichen Ordnung im Blick hatte[115], tritt nach Einschätzung einiger Autoren im angelsächsischen Denken mit der Absicherung individueller Freiheit ein weiterer wesentlicher Zweck hinzu.

> "Mixed government reflected the idea that the balance between power and liberty could be struck through governmental structure."[116]

Ob die primäre Bedeutung der Mischverfassung im englischen Denken tatsächlich in der Freiheitsgewähr zu sehen ist, oder ob es sich dabei nicht doch eher um eine akzidentielle oder sekundäre – und in der Folge: propagandistisch ausgeschlachtete – Implikation handelt, sei hier dahingestellt[117]. In ihrer Grundsätzlichkeit jedenfalls stimmt die Verfassungsdoktrin der Federalists mit der auch in England vorherrschenden Lehre überein[118]. Es wird allerdings ein Umdenken weg von der traditionellen englischen „ständebezogenen" hin zu einer frühamerikanischen, republikanischen[119] oder bürgerlichen und vor allem funktionalen Gewaltenteilungsdoktrin erkennbar[120]. Im Unterschied

---

[114] Polybios, Historien VI, 10, 6–7, hrsg. und übers. von K. Brodersen/K. F. Eisen, 2012, S. 35 („[D]amit der Staat, durch einen gegenseitigen Kräfteausgleich im Gleichgewicht und ausgewogen, lange bestehen bleibe."); siehe bereits oben Kapitel 2, Fn. 93.

[115] Vgl. *G. Casper*, 30 Wm. & Mary L. Rev. 214 (1989); *W. Heun*, EvStL, 2006, Eintrag Gewaltenteilung, Sp. 801; siehe aber auch Polybios, Historien VI, 10, 11, hrsg. und übers. von K. Brodersen/K. F. Eisen, 2012, S. 37.

[116] *M. S. Flaherty*, 105 Yale L.J. 1757 (1996); ähnlich (Freiheitsgewähr durch Mischverfassung) *S. Sherry*, 5 Const. Comment. 324 (1988); *C. Smith*, Giornale di Storia Costituzionale, Bd. 20 (2010), S. 121 (122); vgl. *M. Benedict*, 42 Ohio St. L.J. 80–81 (1981). Näher, auch zu den antiken Ursprüngen der „Mischverfassung" bzw. der „Theorie der gemischten Staatsformen", *C. J. Friedrich*, Verfassungsstaat der Neuzeit, 1953, S. 197 ff., *M. J. C. Vile*, Constitutionalism and Separation of Powers, 2. Aufl. 1998, S. 36 ff., et passim; *D. Herz*, Die wohlerwogene Republik, 1999, S. 56 ff.; bezogen auf die Rezeption des „mixed government"-Konzepts in Amerika siehe *G. S. Wood*, Creation, 1969, S. 197 ff.

[117] Zur analytischen Unterscheidung zwischen „primary meaning" und „secondary implication" siehe *J. G. A. Pocock*, 22 Wm. & Mary Q. 550 (1965).

[118] Vgl. *M. S. Paulsen*, 83 Geo. L.J. 230 (1994) ("a republican government that would, like the old mixed-government models, 'divide' and 'balance' powers").

[119] Vgl. *H. von Bose*, Republik und Mischverfassung, 1989.

[120] Siehe etwa *A. L. Tyler*, 90 Notre Dame L. Rev. 1741 (2015) ("the separation of powers framework was, at the least, a transformation of the British model, if not a dramatic departure from it."); *W. Heun*, Historische Zeitschrift, Bd. 258 (1994), S. 359 (380), der darauf hinweist, dass das „Gewaltenteilungskonzept erst in der amerikanischen Revolution aus seiner Verbindung mit der Mischverfassungslehre gelöst wird"; siehe ferner *J. H. Ely*, 16 Const. Comment. 283 (1999); *H. von Bose*, Republik und Mischverfassung, 1989, S. 67 f.; einige Autoren, etwa *J. Semmler*, House of Representatives, 2002, S. 38;

zum englischen Konzept der Mischverfassung beziehen die „Teilsouveräne" ihre Legitimation im sich abzeichnenden amerikanischen Denken nicht aus so unterschiedlichen Quellen wie dem monarchischen Prinzip („der Krone"), dem Adel („Lords") und dem (Besitz-[121])Bürgertum („Commons"), die den Handlungen des britischen Parlaments unbeschränkte Autorität verliehen[122], sondern aus der Verfassung, die sich auf den Willen eines nurmehr einheitlichen Legitimationssubjekts, denjenigen des Volkes, zurückführen ließ. Diese frühamerikanische Abwandlung[123] der Mischverfassung bildet im Zusammenwirken mit dem neuentdeckten legimationstheoretischen Monismus den Ausgangspunkt für die weitere Entwicklung des sich bereits abzeichnenden und oben angedeuteten funktionenordnenden „checks and balances"-Prinzips[124].

ähnlich auch *H. Seiler*, Gewaltenteilung, 1994, S. 28 f.; *H. Winkler*, Geschichte des Westens, Bd. I, 2009, S. 301, weisen darauf hin, dass sich die US-Verfassung durchaus als klassische Mischverfassung begreifen lasse. Semmler ordnet den legislativen und exekutiven Staatsorganen die aus der Mischverfassungslehre überlieferten Kriterien der Staatformenlehre zu: Repräsentantenhaus als demokratisches, Senat als aristokratisches, und Präsident als monarchisches Element. Die rechtsprechende Gewalt – in England ja Teil der monarchischen Exekutive – berücksichtigt er nicht, obwohl das aristokratische Element in der Justiz, gerade in den Vereinigten Staaten, wo die Richter auch des U.S. Supreme Court auf Lebenszeit ernannt werden, wohl am deutlichsten hervorscheint. Hervorgehoben werden die aristokratischen Eigenschaften der dritten Gewalt bei *W. Berns*, 1982 Sup. Ct. Rev. 79; *S. Calabresi/M. Berghausen/S. Albertson*, 106 Nw. U. L. Rev. 544 (2012); *M. Imboden*, Montesquieu und die Lehre der Gewaltentrennung, 1959, S. 16, 17 f.

[121] Siehe etwa *R. R. Palmer*, Zeitalter der demokratischen Revolution, 1970, S. 228.

[122] Vgl. *M. P. Harrington*, 72 Geo. Wash. L. Rev. 55, 58 n. 31, 61 (2003).

[123] Ganz allgemein zum Zusammenhang von Mischverfassung und Gewaltenteilung *M. Imboden*, Montesquieu und die Lehre der Gewaltentrennung, 1959, S. 16 („In den ,trois puissances' wird die Vorstellung dreier zum ,regimen commixtum' verbundener Strukturformen abgewandelt und fortgesetzt."); siehe aber auch *H. Seiler*, Gewaltenteilung, 1994, S. 13 ff., nach dessen Einschätzung die Konzepte von der Mischverfassung und von der Funktionentrennung „auf völlig verschiedenen Ebenen liegen"; ähnlich *H. Fenske*, in: O. Brunner u. a. (Hrsg.), Geschichtliche Grundbegriffe, Bd. 2, 1975, S. 923. Der Einwand ist sicherlich berechtigt; allerdings lässt sich eine spezifische Gemeinsamkeit dieser beiden staatstheoretischen ,Prinzipien' kaum leugnen, nämlich, dass sie der Aufteilung und Balancierung staatlicher Macht dienen sollen (in diese Richtung auch die Stellungnahmen bei *W. P. Adams*, Republikanische Verfassung, 1973, S. 261 ff.; *M. J. C. Vile*, Constitutionalism and Separation of Powers, 2. Aufl. 1998, S. 36 f.; *R. Poscher*, in: W. Hoffmann-Riem u. a. [Hrsg.], Grundlagen des Verwaltungsrechts, Bd. I., 2. Aufl. 2012, § 8 Rn. 2; siehe außerdem oben, Text bei Fn. 116 f.).

[124] Vgl. *M. J. C. Vile*, Constitutionalism and Separation of Powers, 2. Aufl. 1998, S. 19; *W. Heun*, in: Ch. Starck (Hrsg.), Staat und Individuum, 2000, S. 95 (103) („einerseits funktionell, organisatorisch und personell voneinander getrennt, andererseits aber durch vielfältige Verschränkungen, checks and balances, untereinander ausbalanciert und effektuiert").

So wird ganz nebenebei, ob beabsichtigt oder zufällig, der Weg geebnet für den sagenhaften Aufstieg der amerikanischen Justiz zu einem echten *pouvoir* unter den staatlichen Teilgewalten[125]. Diese Entwicklung hatte Charles Grove Haines zu Beginn des 20. Jahrhunderts vor Augen, als er in seiner vielbeachteten verfassungshistorischen Studie die „American Doctrine of Judicial Supremacy"[126] postulierte. An Superlativen mangelt es nicht; einige gegenüber den Bundesgerichten kritisch eingestellte Beobachter sprechen etwa polemisch vom Ausbau einer „imperialen Justiz"[127]. Unabhängig davon, wie man den historisch betrachtet unbestreitbar enormen Machtzuwachs der US-Gerichte verfassungspolitisch bewerten will, bleibt auf einer analytischen Ebene der Befund, dass die Doktrin von der judikativen Suprematie in der amerikanischen Gründung bereits angelegt ist. Zurückzuführen ist sie – wie bereits angedeutet – auf die Transformation der alten Mischverfassung in das frühkonstitutionelle funktionale Gewaltenteilungsprinzip: Der Gedanke einer funktionalen Gewaltengliederung schafft ja, wie gerade angedeutet, überhaupt erst die Voraussetzung dafür, sich von der bis dato unangefochtenen Oberhoheit der Legislative zu verabschieden und die Gesetzgebung nunmehr als mit Exekutive und Rechtsprechung gleichgeordnete Teilgewalt („coordinate branch of government") zu begreifen. Der im britischen Konstitutionalismus dominierende und ganz wesentlich über die Mischverfassungskonzeption vermittelte Begründungszusammenhang für die Souveränität des Parlaments, wonach „keine weltliche Macht" imstande sei, den Geltungsanspruch derjenigen Gesetze infrage zu stellen, die im Zusammenwirken der drei Stände („three estates of the realm"[128]) erlassen worden sind[129], wird in der politischen Theorie der amerikanischen Gründung hinfällig. Er lässt sich mit der republikanischen Staatsorganisation kaum in Einklang bringen, weil jene Ordnung aller real existierenden Ungleichheit

---

[125] Vgl. *K. Stern*, Staatsrecht, Bd. II, 1980, S. 951.

[126] *Ch. G. Haines*, The American Doctrine of Judicial Supremacy, 2. Aufl. 1959 (1. Aufl. 1914).

[127] Siehe *N. Glazer*, Public Interest, Fall 1975, S. 104 ff.; *M. Franck*, Imperial Judiciary, 1996; vgl. auch *P. Kens*, 1 N.Y.U. J.L. & Liberty 412 (2005); zur Entstehung des Begriffs (Anspielung auf die „Imperial Presidency", dazu *A. M. Schlesinger*, Imperial Presidency, 1973) siehe *M. Kozlowski*, The Myth of the Imperial Judiciary, 2003, S. 16.

[128] *W. Blackstone*, Commentaries on the Laws of England, Bd. I, 1765, hrsg. von S. Katz, 1979, S. 153 ff. (nach Blackstone steht der Monarch über den drei Ständen, die sich aus geistlichem Adel, weltlichem Adel und dem Bürgertum zusammensetzen); siehe aber *S. Calabresi/M. Berghausen/S. Albertson*, 106 Nw. U. L. Rev. 532 (2012); *H. Seiler*, Gewaltenteilung, 1994, S. 18; *M. Steilen*, 61 Buff. L. Rev. 357 (2013).

[129] *W. Blackstone*, Commentaries on the Laws of England, Bd. I, 1765, hrsg. von S. Katz, 1979, S. 156 (Originalzitat oben, Fn. 63); siehe aus der Sekundärliteratur *M. P. Harrington*, 72 Geo. Wash. L. Rev. 55 (2003); *G. S. Wood*, Creation, 1969, S. 346 a. E.

zum Trotz jedenfalls keine formale Ständeordnung vorsieht[130]. Die Idee einer richterlichen Normenkontrolle muss vor diesem Hintergrund einer in Auflösung begriffenen legislativzentrierten (Misch-)Verfassungslehre – Gerald Stourzh spricht von einer Dissoziierung des Begriffs der gesetzgebenden Gewalt vom Begriff der souveränen Gewalt[131] – nicht mehr zwangsläufig als „subversive of all government" (William Blackstone)[132] erscheinen.

Ungeachtet der amerikanischen Dissoziierungstendenz wird im Hinblick auf den Repräsentationsgedanken erkennbar, dass jedenfalls die konservativeren Federalists einem bisweilen restaurativen Verständnis zuneigten, das weniger Ausdruck der revolutionären Ideale zu sein scheint, sondern eher an die konstitutionellen Zustände in England erinnert[133]. Dass dem Repräsentationsgedanken in der Konzeption der Federalists eine Mischung aus „anthropologische[m] Skeptizismus und antidemokratischem Ressentiment" zugrundegelegen habe[134], ist gewiss ein harsches und angesichts der unscharfen Konturen des Demokratiebegriffs auch nicht unbedingt durch besondere Differenziertheit bestechendes Urteil; völlig unplausibel erscheint es aber nicht[135]. Der Repräsentationsgedanke war – entsprechend jener (sicherlich auch nicht völlig unangebrachten) Skepsis im Hinblick auf die menschliche Verfassung im Allgemeinen[136] und angesichts der ab den 1790er Jahren er-

---

[130] Vgl. auch *G. Casper*, 30 Wm. & Mary L. Rev. 216 (1989) ("If the separation of powers was a necessary condition of liberty, the task was to reconcile it to the notion of popular sovereignty, which was invoked explicitly and dramatically in the majority of the new state constitutions and was the foremost expression of that liberty.").

[131] *G. Stourzh*, in: Ch. Starck (Hrsg.), Rangordnung der Gesetze, 1995, S. 13 (20 a. E.).

[132] Siehe oben, Text bei Fn. 49.

[133] Siehe auch *H.-Ch. Schröder*, Amerikanische Revolution, 1982, S. 143, der „restaurative Züge" im Verfassungsdenken der Federalists beobachtet.

[134] *H. Vorländer*, Hegemonialer Liberalismus, 1997, S. 75; noch deutlicher *J. Miller*, Political Theory, Bd. 16 (1988), S. 99 (104, 115 a. E., et passim). Andeutungen eines von den Federalists gehegten „antidemokratischen Ressentiments" finden sich auch bei *E. E. Slotnick*, 71 Judicature 75 (1987); zu antidemokratischen Tendenzen im post-revolutionären Amerika allgemein *G. S. Wood*, Radicalism of the American Revolution, 1991, S. 325.

[135] Vgl. die Beiträge der Delegierten Edmund Randolph aus Virginia und Elbridge Gerry aus Massachusetts auf dem Verfassungskonvent, in: M. Farrand (Hrsg.), Records of the Federal Convention of 1787, Bd. 1, 1911, S. 26 f., 48 ("Our chief danger arises from the democratic parts of our constitutions ... None of the constitutions have provided sufficient checks against the democracy." (Randolph); "The evils we experience flow from the excess of democracy. The people do not want virtue; but are the dupes of pretended patriots." (Gerry)).

[136] Siehe etwa Publius (*A. Hamilton*), The Federalist #6, 1787, in: A. Adams/W. P. Adams (Hrsg./Übers.), Die Federalist-Artikel, 1994, S. 24 (27); siehe auch Publius (*A. Hamilton*), The Federalist #15 (1787), #76 (1788), dort S. 80 (87), 458 (462) („[Die] Liebe zur Macht ... folgt aus dem Wesen des Menschen"; „Die Annahme einer universellen Käuf-

A. Gewaltenteilung und rechtsprechende Gewalt in der politischen Theorie 129

kennbar werdenden Exzesse der französischen Revolution im Besonderen[137] – nicht maßgeblich durch das Mehrheitsprinzip und den dahinter sich verbergenden Gedanken der Selbstregierung geprägt[138], jedenfalls nicht im Sinne einer ideologischen Überhöhung des Prinzips als „egalitärer Teilhabe aller an der staatlichen Herrschaftsausübung"[139]. Das Mehrheitsprinzip war in der politischen Theorie der Federalists in Abwesenheit halbwegs akzeptabler Alternativen vor allem als Organisationsgrundsatz und Entscheidungsregel präsent[140]. Es verschafft sich Geltung weniger durch eine positive Überzeugung von der egalitären Staatsbürgergesellschaft[141], als vielmehr über eine negative Begründung[142]: Alles andere, etwa eine Herrschaft der Minderheit, erscheint kaum vermittelbar, wenn nicht gar absurd.

lichkeit und Korruptheit der menschlichen Natur ist in der politischen Theorie nicht weniger falsch als die Annahme einer universellen Aufrichtigkeit."); vgl. aus der Literatur *W. P. Adams*, Republikanische Verfassung, 1973, S. 35 („skeptische Beurteilung der menschlichen Natur"); *B. Ackerman*, 93 Yale L.J. 1024–1025, 1031 (1984) ("not an optimistic spirit"); ferner *D. T. Coenen*, 56 Duke L.J. 492–493 (2006); ausführliche Diskussion des ambivalenten Menschenbildes des Federalist bei *C. Wawrzinek*, „Wahre Republik", 2009, S. 178 ff.

[137] Siehe *L. D. Kramer*, 100 Calif. L. Rev. 623 (2012); *N. Williams*, 57 Stan. L. Rev. 276 (2004).

[138] Siehe die Einschätzungen bei *W. Brugger*, FS Hollerbach, hrsg. von J. Bohnert u. a., 2001, S. 520 f.; *L. D. Kramer*, 20 Const. Comment. 217–218 (2003); *J. Martin*, 66 U. Chi. L. Rev. 166 (1999) ("Federalist insistence that [the people's] political muscle could be flexed only through elections"); *H.-Ch. Schröder*, Amerikanische Revolution, 1982, S. 143.

[139] So für die Demokratitheorie allgemein *J. Krüper*, ZJS 2009, S. 477 (478).

[140] Vgl. *H. Seiler*, Gewaltenteilung, 1994, S. 28 („Mehrheitsentscheid nicht der richtige, oder jedenfalls nicht der einzig richtige Entscheidungsmechanismus"); zum Mehrheitsprinzip in diesem Sinne auch *Ch. Gusy*, AöR 106 (1981), S. 329 (337); *O. Lepsius*, Der Staat 52 (2013), S. 157 (169).

[141] Vgl. *S. Sherry*, 5 Const. Comment. 338 (1988) ("Despite its apparent breadth, eighteenth-century egalitarianism was extremely limited."). Wann immer im Federalist von dem „Volk" die Rede ist, sind damit hauptsächlich weiße wohlhabende und/oder grundbesitzende Männer („Euro-Amerikaner") angesprochen. Darin kommt sicherlich eine gewisse republikanische Doppelmoral im Hinblick insbesondere, aber nicht nur, auf die Sklaverei zum Vorschein, vgl. etwa *A. V. Baker*, 39 Duq. L. Rev. 754 (2001) („Sklaverei im Schatten der revolutionären Aufklärungs- und Gleichheitsrhetorik"). Die – im Kontext des 18. Jahrhunderts zu begreifende – politische Theorie des Federalist sieht für Sklaven, Indianer, Frauen und besitzlose weiße Männer keine politischen (Partizipations-)Rechte vor. Siehe zu den sog., nach englischem Vorbild aufgestellten (*K. Loewenstein*, Staatsrecht und Staatspraxis, Bd. I, 1967, S. 93, *H.-Ch. Kraus*, Englische Verfassung, 2006, S. 46 f.) wahlrechtlichen Eigentumsqualifikationen *W. P. Adams*, Die USA vor 1900, 2. Aufl. 2009, S. 46, 64. Diese auch als „Mindestbesitzklauseln" bezeichneten Eigentumsqualifikationen nicht nur für das passive, sondern auch für das aktive Wahlrecht wurden in den 1820er Jahren aus den Wahlgesetzen der Bundesstaaten gestrichen. Das geschah im Wesentlichen während der etwa 30 Jahre nach der Verfassungsdiskussion einsetzenden Öffnung und Demokratisierung des politischen Systems („Jacksonian Democracy").

[142] Siehe *H. Dreier*, ZParl 1986, S. 94 (94, 99 ff.); vgl. *D. Murswiek*, JZ 2017, S. 53 (54).

Anhand einer Aussage des Gründervaters, Federalists[143] und späteren Senators Gouverneur[144] Morris lässt sich verdeutlichen, wie sich die durchaus nicht schwach ausgeprägte anti-majoritäre (oder: aristokratische[145]) Grundtendenz im Denken der Federalists in der ersten Dekade der frühen Republik entwickelt hatte. In einer Debatte, die 1802 im Kongress über die Rücknahme einer erst kurz zuvor ergangenen Justizreform geführt worden war[146], setzt – ausgerechnet – Morris, der die Präambel der Verfassung entworfen hatte („We the People")[147], die wesentlichen anthropologischen Grundannahmen, auf denen die Federalist-Theorie eines repräsentativ-demokratischen, republikanischen Gemeinwesens aufzubauen scheint, zu deren antimajoritärer Stoßrichtung in Beziehung:

"If mankind were reasonable, they would want no Government[148]. Hence, checks are required in the distribution of power among those who are to exercise it for the benefit of the people. Did the people of America vest all power in the Legislature? No ...
Look into the records of time, see what has been the ruin of every Republic. The vile love of popularity. Why are we here? To save the people from their most dangerous enemy, to save them from themselves."[149]

Bezugspunkt des Repräsentationsgedankens ist eine Art Treuhandverhältnis[150] oder Vollmacht[151], die den durch einen Wahlakt legitimierten Repräsen-

---

[143] Eine Einladung Alexander Hamiltons, an den Federalist Papers mitzuarbeiten, lehnte Morris, der als einer der wichtigsten Delegierten des Verfassungskonvents gilt, allerdings ab, siehe *D. Adair*, 1 Wm. & Mary Q. 245 (1944).

[144] Bei „Gouverneur" handelt es sich in der Tat um den Vornamen, nicht um eine Amtsbezeichnung.

[145] Federal Farmer I, 1787, in: H. J. Storing (Hrsg.), The Complete Anti-Federalist, Bd. 2, 1981, S. 223 (228); siehe noch die übrigen Nachweise unten, Fn. 284.

[146] Siehe näher unten Kapitel 5, Fn. 24 ff. und begleitenden Text.

[147] Siehe etwa *P. C. Hoffer*, Rutgers v. Waddington, 2016, S. 108.

[148] Vgl. bereits *J. Madison*, The Federalist #51, 1788, in: A. Adams/W. P. Adams (Hrsg./Übers.), Die Federalist-Artikel, 1994, S. 313 (314) („Wenn die Menschen Engel wären, so bräuchten sie keine Regierung.").

[149] 11 Annals of Cong. 38, 41 (1802) (hrsg. von J. Gales, 1851).

[150] *J. Madison*, The Federalist #14, 1787, 46, 1788, in: A. Adams/W. P. Adams (Hrsg./Übers.), Die Federalist-Artikel, 1994, S. 75 („Repräsentanten und Beauftragte", engl. *representatives and agents*), S. 284 („Makler und Treuhänder", engl. *agents and trustees*); vgl. dazu bereits *J. Locke*, Two Treatises of Government, 1689, hrsg. von P. Laslett, 1964, S. 384 f. (Second Treatise, Ch. XIII, § 149) (Regierungsgewalt als „Fiduciary Power"); aus der Sekundärliteratur *W. Kersting*, in: O. Brunner u. a. (Hrsg.), Geschichtliche Grundbegriffe, Bd. 6, 1990, S. 928 f.; *C. Wawrzinek*, „Wahre Republik", 2009, S. 280 ff.

[151] Siehe Rede des Delegierten James Iredell im Ratifikationskonvent von North Carolina vom 28.7.1788, in: J. Elliot (Hrsg.), Debates in the Several State Conventions, Bd. IV, 2. Aufl. 1836, S. 144 (148) ("power of attorney"); *A. Hamilton*, The Federalist #78, 1788, in: A. Adams/W. P. Adams (Hrsg./Übers.), Die Federalist-Artikel, 1994, S. 472; aus

tanten durch die Verfassung zur Realisierung des – in der Federalist-Theorie keineswegs präexistenten[152] – Gemeinwohls erteilt, aber durch eben jene Vollmacht auch begrenzt ist („limited government"[153]). Legislativakte, die zwar von der Mehrheit der Repräsentanten getragen sind, aber gegen Gewährleistungen der Verfassung verstoßen, ergehen nach dieser Lesart von repräsentativer (oder: verfassungsstaatlich gebundener) Mehrheitsherrschaft[154] ultra vires[155]. Die Gesetzgebung ist in der – die Lehre vom Gesellschaftsvertrag wohl mehr oder weniger stillschweigend voraussetzenden[156] – Theorie des Federalist ausschließlich pouvoir constitué[157]. Um in der Terminologie des Stellvertretungsrechts zu verharren: Die Vertreter handeln im Falle der Über-

---

der Sekundärliteratur B. *Haller*, Repräsentation, 1987, S. 149 („treuhänderische Delegation").

[152] Vgl. W. P. *Adams*, Republikanische Verfassung, 1973, S. 238 a. E.; B. *Brunhöber*, Repräsentation, 2010, S. 260; P. *Graf Kielmansegg*, in: M. Brocker (Hrsg.), Geschichte des politischen Denkens, 2006, S. 349 (354, 358 ff.).

[153] M. *Graber*, New Introduction to American Constitutionalism, 2013, S. 32 ff.; siehe außerdem S. *Snowiss*, 20 Const. Comment. 233 (2003); H. *Vorländer*, JöR N.F. 36 (1987), S. 451 (475). – H. *Dippel*, Amerikanische Revolution, 1985, S. 93 f.; *ders.*, Amerikanische Verfassung, 1994, S. 21; *ders.*, in: G. Birtsch (Hrsg.), Grund- und Freiheitsrechte, 1987, S. 135 (146), benennt als Kernelement der frühen, zumal konservativen US-Verfassungstheorie eine Verbindung zwischen „der liberalen englischen Auffassung von limited government" und dem „revolutionären Prinzip der Volkssouveränität".

[154] Die Federalists bezeichnen ihren Ansatz selbst nicht als demokratisch, sondern als republikanisch, siehe J. *Madison*, Federalist #10, 1787, in: A. Adams/W. P. Adams (Hrsg./Übers.), Die Federalist-Artikel, 1994, S. 50 (55). Der zeitgenössische Demokratiebegriff war in der Tat noch im Sinne der Anti-Federalists besetzt (vgl. G. *Dietze*, ZgS 113 [1957], S. 301 [306 a. E.]), nämlich mit Direktdemokratie, oder zumindest einer souveränen Legislative in kleinräumigen Gemeinwesen (vgl. nochmals Madisons Federalist #10, S. 54 f.). Deshalb betreiben die Federalists die Realisierung ihres Projekts der „Demokratisierung des Großstaates" (M. G. *Schmidt*, Demokratietheorien, 6. Auflage 2019, S. 89) unter dem Vorzeichen des Republikanismus (vgl. näher R. *Dahl*, Preface to Democratic Theory, 1956 [Afterword 2006], S. 155 ff.). Dieser von den Federalists verwendete Begriff scheint dem heute vorherrschenden Konzept von repräsentativer Demokratie in guten Teilen zu entsprechen. So zu den Wandlungen des Demokratiebegriffs im späten 18. und frühen 19. Jahrhundert M. G. *Schmidt*, Demokratietheorien, 6. Auflage 2019, S. 101; ausführlich diskutiert bei M. *Diamond*, APSR 53 (1959), S. 52 (insbes. S. 54 f.); vgl. außerdem unten, Text bei Fn. 188 ff.

[155] L. D. *Kramer*, 115 Harv. L. Rev. 51 (2001).

[156] Vgl. J. *Madison*, Speech in Congress, 8. Juni 1789, in: Writings of James Madison, hrsg. von J. N. Rakove, 1999, S. 437 (445 f.) („social compact"); siehe A. *Adams/ W. P. Adams*, in: dies. (Hrsg.), Die Federalist-Artikel, 1994, Einleitung, S. lxxxvi f. („Es bestand 1787/88 kein Bedarf mehr für eine Erklärung der Vertragslehre, die spätestens seit der Entscheidung zur Unabhängigkeit … dem amerikanischen politischen Denken unangefochten zugrunde lag.").

[157] U. *Thiele*, Der Staat 39 (2000), S. 397 (399).

schreitung des durch die Verfassung erteilten Mandats ohne Vertretungsmacht, ihr Mandat ist durch den in der Verfassung – angeblich – verkörperten Willen des Volkes begrenzt[158]. Ein richterliches Prüfungsrecht fügt sich seiner ihm von dem Federalist Alexander Hamilton zugewiesenen Funktion nach, nämlich der Kontrolle der Einhaltung verfassungsrechtlicher Grenzen legislativen Handelns im Dienste der Volkssouveränität, zwang- und bruchlos als Strukturelement[159] einer politischen Theorie der Federalists in das beschriebene, tendenziell anti-majoritäre System an solchen Instrumenten und Mechanismen ein, die dem Aufkommen einer Pöbelherrschaft („Tyrannei der

---

[158] *R. Alleweldt*, ZaöRV 56 (1996), S. 205 (212); näher unten, B.

[159] Es ist aber zuzugestehen, dass es auch zwischen den Autoren der Federalist Papers und innerhalb der Fraktion der Federalists unterschiedliche Auffassungen hinsichtlich der Rolle der rechtsprechenden Gewalt in der neuen Verfassungsordnung gab. Waren sich Madison und Hamilton, beide Autoren der Federalist Papers, ursprünglich noch einig, dass es keine richterliche Kontrollinstanz oberhalb des Kongresses geben soll (so *W. Gellner/M. Kleiber*, Regierungssystem der USA, 2007, S. 114), wandte sich Hamilton der Ansicht zu, dass es zur Effektuierung des Verfassungsvorrangs eine judicial review-Kompetenz geben müsse, während Madison eher ein Skeptiker des judicial review blieb (vgl. *J. Madison*, Observations on the "Draught of a Constitution for Virginia", c. Oct. 15, 1788, in: Writings of James Madison, hrsg. von J. N. Rakove, 1999, S. 409 (417), Zitat unten Kapitel 5, Text bei Fn. 579). Madisons Zurückhaltung gegenüber der richterlichen Normenkontrolle zeichnet sich bereits auf dem Konvent von Philadelphia ab, siehe dessen bei M. Farrand (Hrsg.), Records of the Federal Convention, Bd. II, 1911, S. 430 dokumentierte Äußerung ("Mr Madison doubted whether it was not going too far to extend the jurisdiction of the Court generally to cases arising Under the Constitution, & whether it ought not to be limited to cases of a Judiciary Nature. The right of expounding the Constitution in cases not of this nature ought not to be given to that [judicial] Department."). Siehe zur Rolle der Justiz in Madisons Verfassungslehre *J. N. Rakove*, 43 Wm. & Mary L. Rev. 1513–1547 (2002); *M. J. Klarman*, 87 Va. L. Rev. 1114–1115 (2001) ("Madison ... was genuinely ambivalent about judicial review"). Über John Jay, der hauptsächlich außenpolitische Abhandlungen zu den Federalist Papers beigesteuert hat, ist keine Äußerung zu judicial review überliefert, obwohl er zwischen 1789 und 1795 das Amt des Vorsitzenden Richters am U.S. Supreme Court innehatte. Er weist aber darauf hin, dass eine eigens zu errichtende Bundesgerichtsbarkeit im Hinblick auf die Einheitlichkeit der Rechtsauslegung für den Fortbestand der Union von hoher Bedeutung sei, siehe *J. Jay*, The Federalist #3, in: A. Adams/W. P. Adams (Hrsg./Übers.), Die Federalist-Artikel, 1994, S. 12 f.

[besitzlosen[160]] Mehrheit"[161]) oder einem „elective despotism"[162] von vorneherein entgegenwirken sollen[163].

Repräsentation ist also die Schlüsselkategorie überhaupt in der politischen Theorie der Federalists[164]. Sie dient ihnen dazu, das populistische Element (die ‚kochende Volksseele') aus dem politischen Deliberationsprozess so weit als möglich herauszudrängen. Populäre Mehrheiten sollen daran gehindert werden, die politischen Institutionen, insbesondere die Legislative, zu erobern und das Mehrheitsprinzip für destruktive und unrepublikanische, durch schiere „Leidenschaft" hervorgerufene Exzesse zu pervertieren[165]. Die Federalists in Person von James Madison fürchteten sich vor der öffent-

---

[160] Vgl. Madison über Hamilton, in: M. Farrand (Hrsg.), Records of the Federal Convention of 1787, Bd. 1, 1911, S. 288 ("Give all power to the many, they will oppress the few.").

[161] Diese Wendung wird heutzutage vor allem mit Alexis de Tocqueville in Verbindung gebracht, siehe *A. de Tocqueville*, Über die Demokratie in Amerika, 1835, hrsg. von J. P. Mayer, 1985, S. 145; außerdem bereits oben, Text oben, Kapitel 1, Fn. 7 f. – Diesen gängigen Topos greifen viele Autoren auf. Siehe etwa *R. Dahl*, Preface to Democratic Theory, 1956, S. 9, 22, et passim („idea of majority tyranny against which the Madisonian system is erected"); *C. J. Friedrich*, Verfassungsstaat der Neuzeit, 1953, S. 255; *W. Heun*, Mehrheitsprinzip in der Demokratie, 1984, S. 73; *G. S. Wood*, 56 Wash. & Lee L. Rev. 792 (1999) ("majoritarian tyranny").

[162] *J. Madison*, The Federalist #48, 1788, in: A. Adams/W. P. Adams (Hrsg./Übers.), Die Federalist-Artikel, 1994, S. 302; siehe bereits *Th. Jefferson*, Notes on Virginia, Query XIII ("The constitution of the State and its several charters?"), 1782, in: Works of Thomas Jefferson, Bd. IV, hrsg. von P. L. Ford, 1905, S. 5 (20) ("An elective despotism was not the government we fought for, but one which should not only be founded on free principles, but in which the powers of government should be so divided and balanced among several bodies of magistracy, as that no one could transcend their legal limits, without being effectually checked and restrained by the others."). Zur Unterscheidung zwischen Tyrannei der Volksmehrheit (Madison) und der Tyrannei der Gesetzgebungsorgane (Jefferson), siehe *P. Rosanvallon*, Demokratische Legitimität, 2010, S. 173 f.

[163] Vgl. *S. R. Olken*, 37 J. Marshall L. Rev. 394 (2004); *D. Luban*, 44 Duke L.J. 457 (1994); siehe auch etwa *L. W. Levy*, in: ders. (Hrsg.), Judicial Review and the Supreme Court, 1967, S. 3. Besonders deutlich wird der Zusammenhang zwischen Minderheitenschutz (bzw. Schutz der besitzenden Minderheit) und judicial review Mitte der 1790er Jahre von James Kent in dessen „Introductory Lecture to a Course of Law Lectures" (1794) herausgestellt, siehe *J. Kent*, 3 Colum. L. Rev. 335–336 (1903).

[164] *J. Madison*, The Federalist #63, 1788, in: A. Adams/W. P. Adams (Hrsg./Übers.), Die Federalist-Artikel, 1994, S. 380 (384) („Angelpunkt"); vgl. auch *B. Ackerman*, 93 Yale L.J. 1025 (1984); näher zur Repräsentationstheorie der Federalists *B. Brunhöber*, Repräsentation, 2010, insbes. S. 106 ff.; *H. Dreier*, AöR 113 (1988), S. 450 (458); *D. F. Epstein*, Political Theory, 1984, S. 93 ff., 147 ff.; *B. Haller*, Repräsentation, 1987, S. 128–149.

[165] Vgl. *J. Madison*, The Federalist #10, 1787, in: A. Adams/W. P. Adams (Hrsg./Übers.), Die Federalist-Artikel, 1994, S. 50 (58); vgl. *W. Berns*, 1982 Sup. Ct. Rev. 54.

lichen Meinung insbesondere wegen „wilder Forderungen nach Papiergeld, nach Annullierung der Schulden, nach gleicher Eigentumsverteilung" und wegen anderer „schlimmer Vorhaben"[166] – Maßnahmen, wie sie in den 1780er Jahren etwa von den Abgeordneten in Rhode Island („Rogue Island") ergriffen worden waren, um der angespannten wirtschaftlichen und finanziellen Lage zu begegnen[167]. Nicht nur das Repräsentationsprinzip, auch extralegislative institutionelle Sicherungen innerhalb des politischen Prozesses („auxiliary precautions"[168]), wie das präsidiale Veto oder auch etwa die gerichtliche Normenkontrolle, können dafür Sorge tragen, dass Maßlosigkeiten einer zur Mehrheit gewordenen „Parteiung" (‚faction') wirksam eingedämmt werden.

In der Theorie des Federalist soll die öffentliche Meinung zunächst durch den deliberativen Filter „eines gewählten [= repräsentativen] Gremiums von Bürgern" geschleust und dadurch – in den Worten James Madisons – „veredelt und ausdifferenziert" (‚refined and enlarged') werden[169]. Anstelle eines „ephemeren Volkswillens"[170] sollen im legislativen Entscheidungsprozess die viel beschworenen republikanischen Primärtugenden die Oberhand behaupten. Verglichen mit einem rein demokratischen System, in dem die Legislative frei von materiellen verfassungsrechtlichen Bindungen und insbesondere frei von organisationalen und prozeduralen Drosselungen agieren kann, so das Kalkül bei Madison, steige die Wahrscheinlichkeit, dass dem Individuum ein Höchstmaß an persönlicher Freiheit zu Gute kommt. Dies zum einen, weil der deliberative Ansatz denjenigen Hang zum Unreflektierten und Extremen zurückdrängt, der sich in der öffentlichen Meinung bisweilen Ausdruck zu verschaffen pflegt[171]; und zum anderen, weil die extralegislativen Sicherungen bereitstehen, falls der deliberative Filter seine Funktion einmal nicht ordnungsgemäß erfüllt haben sollte. Hier greifen die Prinzipien der Repräsentation (die Repräsentanten üben keine souveräne Entscheidungsgewalt aus) und der Gewaltenteilung (in seiner machtbegrenzenden[172] und kontrollieren-

---

[166] *J. Madison*, The Federalist #10, 1787, in: A. Adams/W. P. Adams (Hrsg./Übers.), Die Federalist-Artikel, 1994, S. 50 (58).

[167] Siehe *S. Sherry*, 5 Const. Comment. 341 (1988); vgl. noch unten Kapitel 4, Text bei Fn. 77 ff.

[168] Siehe *J. Madison*, The Federalist #51, in: C. Rossiter (Hrsg.), The Federalist Papers, 1961, S. 317 (319); vgl. *W. R. Casto*, 35 Harv. J. L. & Pub. Pol'y 663 (2012).

[169] *J. Madison*, The Federalist #10, 1787, in: A. Adams/W. P. Adams (Hrsg./Übers.), Die Federalist-Artikel, 1994, S. 50 (55); engl. Original bei C. Rossiter (Hrsg.), The Federalist Papers, 1961, S. 71 (76).

[170] *P. Graf Kielmansegg*, Die Instanz des letzten Wortes, 2005, S. 27; vgl. *A. Hamilton*, The Federalist #27, in: C. Rossiter (Hrsg.), The Federalist Papers, 1961, S. 171 ("momentary inclinations").

[171] Vgl. zu diesem Aspekt auch *P. Unruh*, Verfassungsbegriff, 2002, S. 100.

[172] *J. Madison*, The Federalist #47, 1788, in: A. Adams/W. P. Adams (Hrsg./Übers.),

den Funktion) ineinander. Mit einem viel zitierten, eigentlich bereits auf Montesquieu zurückgehenden Gemeinplatz fasst Madison zusammen: „Machtstreben muß Machtstreben entgegenwirken"[173].

Ein solcher, ideologisch in einem weiteren Sinne als liberal einzustufender Begründungszusammenhang des Schutzes individueller Freiheit im Allgemeinen und des richterlichen Prüfungsrechts im Besonderen[174] hat auch einen pragmatischen und interessengeleiteten Hintergrund, der oben bereits angeklungen ist, als davon die Rede war, dass die Federalists in der Geschichtsschreibung von einigen Autoren als „handelsorientierte Weltbürger" charakterisiert werden. Die freie, auch von demokratisch legitimierter Reglementierung unbehelligte, durch individuelle „Präferenzregeln"[175] bestimmte Entfaltung der Persönlichkeit diente auch und insbesondere dazu, um es mit der Standardformel des Bundesverfassungsgerichts auszudrücken, dem Einzelnen einen „Freiheitsraum im vermögensrechtlichen Bereich sicherzustellen und ihm damit eine eigenverantwortliche Gestaltung des Lebens zu ermöglichen"[176]. In Madisons Worten:

„Der Schutz dieser Fähigkeiten [in denen die Eigentumsrechte ihren Ursprung haben] ist die vornehmste Aufgabe von Staaten."[177]

Die Federalist-Artikel, 1994, S. 291 f.; siehe zur machtbegrenzenden und machtkonstituierenden Funktion der Gewaltenteilung im Federalist näher *C. Wawrzinek*, „Wahre Republik", 2009, S. 373.

[173] *J. Madison*, The Federalist #51, 1788, in: C. Rossiter (Hrsg.), The Federalist Papers, 1961, S. 317 (319) (engl. „ambition must be made to counteract ambition"); vgl. *Ch. de Montesquieu*, Vom Geist der Gesetze, 1748, hrsg. von K. Weigand, 2. Aufl. 1994, Buch XI, Kap. 4, S. 215 („Damit Macht nicht missbraucht werden kann, ist es nötig ... dass die Macht die Macht bremse.").

[174] Vgl. aber auch *B. Enzmann*, Der demokratische Verfassungsstaat, 2009, S. 366, die darauf hinweist, dass es dem generellen Misstrauen des Liberalismus gegenüber aller Staatsgewalt widerspreche, einer nicht kontrollierbaren Instanz die Letztentscheidung über die Verfassung einzuräumen. Dass ein richterliches Prüfungsrecht allerdings auch ohne eine gewaltenübergreifend verbindliche Letztentscheidung auskommen kann – und dann auch nach Enzmanns Maßstäben liberalismuskompatibel erscheint –, wird in Kapitel 5 erörtert.

[175] Siehe *Ch. Gusy*, AöR 106 (1981), S. 329 f., der zwischen autonomen („der Einzelne entscheidet selbst in relativer Autonomie nach den für ihn selbst bestehenden Präferenzregeln") und heteronomen („für alle verbindlichen"), das heißt durch demokratische Mehrheitsentscheidung festgesetzen Präferenzregeln unterscheidet.

[176] BVerfGE 30, 292 (334); 123, 186 (258).

[177] *J. Madison*, The Federalist #10, 1787, in: A. Adams/W. P. Adams (Hrsg./Übers.), Die Federalist-Artikel, 1994, S. 50 (52); vgl. *J. Locke*, Two Treatises of Government, 1689, hrsg. von P. Laslett, 1964, S. 368 f. (Second Treatise, Ch. IX, § 124) („The great and *chief end* therefore, of Mens [sic] uniting into Commonwealths, and putting themselves under Government, *is the Preservation of their Property*." [Hervorhebungen ebd.]) (zu Lockes Eigentumsbegriff siehe die Erläuterung unten, Fn. 186).

Die Verbindung von Verfassungsvorrang (einschließlich seiner gerichtlichen Durchsetzbarkeit), Repräsentation und Gewaltenteilung bietet bei den Federalists also auch und gerade Schutz vor solchen – durch Leidenschaft oder Opportunismus statt durch vernunftangeleitete Deliberation hervorgerufenen – flüchtigen Affekten („momentary inclinations")[178], die den politischen Prozess bisweilen überkommen, und ihn im schlimmsten Falle sogar dazu veranlassen können, das Privateigentum zu „plündern"[179]. Sei es, dass die Repräsentativkörperschaften der Staaten und des Bundes überzogene legislative Umverteilungszugriffe dekretieren, sei es, dass sie – etwa durch Papiergeldemissionen – Rechte von Gläubigern („creditors' rights"[180]) beschneiden oder gar vollständig beseitigen[181]. Den Federalists scheint hier die theoretische Integration zweier verfassungspolitischer Kernanliegen zu gelingen: Die Sicherstellung (proto-)demokratischer Legitimität der Staatsgewalt auf der einen, und der Schutz privatwirtschaftlicher Interessen vor dem Zugriff eines „ephemeren Volkswillens"[182] auf der anderen Seite[183].

---

[178] *A. Hamilton*, The Federalist #27, in: C. Rossiter (Hrsg.), The Federalist Papers, 1961, S. 171. Dieses Motiv taucht später auch in der Rechtsprechung des U.S. Supreme Court auf. Chief Justice Marshall erklärt in *Fletcher v. Peck*, 10 U.S. (6 Cranch) 87, 138 (1810), dass die sog. „Contract Clause" (U.S. Const., Art. I, § 10, Cl. 1) nach Ansicht der Framers Schutz vor „sudden and strong passions to which men [= legislators] are exposed", bieten soll.

[179] So *R. R. Palmer*, Zeitalter der demokratischen Revolution, 1970, S. 241; siehe ferner *G. Dietze*, ZgS 113 (1957), S. 301 (306); vgl. *J. Madison*, The Federalist #10, 1787, in: A. Adams/W. P. Adams (Hrsg./Übers.), Die Federalist-Artikel, 1994, S. 50 (58). Nach einer Einschätzung von *E. E. Slotnick*, 71 Judicature 74 (1987), unterstützten Federalists wie Hamilton das Rechtsinstitut des judicial review insbesondere wegen dessen Schutzfunktion für das Privateigentum ("In its utility for the preservation of property rights, judicial review became a primary Federalist doctrine."); vgl. auch die Beurteilungen bei *R. L. Clinton*, 27 J. Sup. Ct. Hist. 231 (2002); *R. Grossmann*, Grundlagen, 1948, S. 18 ff., 21 f.; *E. T. Lee*, Judicial Restraint in America, 2011, S. 207; *R. A. Posner*, The Federal Courts, 1985, S. 200; *H. Vorländer*, JöR N.F. 36 (1987), S. 451 (462, 473) („[L]imitierung des Prinzips der Volkssouveränität im Namen bürgerlicher Besitzinteressen durch Repräsentations- und Gewaltenteilungsprinzip, die beide eine radikal-demokratische Tyrannei der Mehrheit vorbeugend brechen sollten.").

[180] Solche Gesetzgebung, die Forderungen und andere Eigentumspositionen in- oder ausländischer Gläubiger (dazu *D. J. Hulsebosch*, 81 Chi.-Kent L. Rev. 835–838 [2006]) beeinträchtigte, ist von den Amerikanern – wohl etwas beschönigend – auch als „debtor relief legislation" bezeichnet worden (siehe etwa *R. Lambert*, 43 N.H. B.J. 38, 51 [2002]; *J. T. Main*, Political Parties, 1973, S. 388 a. E., ausführlich S. 62 ff.).

[181] Vgl. *J. M. O'Fallon*, 44 Stan. L. Rev. 230–231 (1992); *B. Friedman*, Will of the People, 2009, S. 20, S. 24; *E. Klein*, ZaöRV 34 (1974), S. 83 (94); *G. S. Wood*, Creation, 1969, S. 406; *ders.*, Radicalism of the American Revolution, 1991, S. 323.

[182] *P. Graf Kielmansegg*, Instanz des letzten Wortes, 2005, S. 27; vgl. auch *S. R. Olken*, 37 J. Marshall L. Rev. 394 (2004).

[183] *K. L. Hall*, 35 U. Fla. L. Rev. 283 (1983) ("While providing that government derive

Wie auch immer man die politische Theorie der Federalists vor dem womöglich missverstandenen oder marxistisch überbetonten[184] lockeanisch-besitzindividualistischen[185] Hintergrund beurteilen will[186], eher kritisch oder affirmativ – es sollte immerhin zugestanden werden, dass die durchaus beeindruckende Verfassungstheorie der Federalists „Anspruch auf Gehör [hat], [sie] mag [bisweilen] interessengeleitet argumentieren oder auch nicht"[187]. Im Übrigen kann die Behauptung, dass Anhänger liberaler Ideale dazu neigten, „ihre ökonomischen Interessen im Gewand ethischer Rhetorik"[188] zu verfechten, mittlerweile als Totschlagargument gelten. Sie ist ein überaus gängiges und bisweilen etwas einfallsloses Argumentationsmuster, das sich eigentlich schon standardmäßig heranziehen lässt, um die Befürworter liberaler Freiheitsideologien unter den Generalverdacht der rücksichtslosen Verfolgung eigener Besitzstandswahrungsinteressen zu stellen[189,190].

Potentielle Ideologiekritiker sollten behutsam vorgehen. Attackiert man die politiktheoretischen Prämissen der Federalists wegen ihrer wirtschafts-

---

its legitimacy from the will of the people, the framers [die mehrheitlich Federalists waren –, d. V.] viewed unchecked popular government as a threat to the rights of minorities, especially property owners, merchants, investors, and slave holders.").

[184] Vgl. *K. Marx*, Zur Kritik der politischen Ökonomie, 1859, MEW, Bd. 13, S. 8.

[185] Grundlegend: *C. B. Macpherson*, The Political Theory of Possessive Individualism, 1962, S. 257, et passim ("It becomes possible to see [Locke's constitutionalism] for what it is, a defence of the rights of expanding property rather than of the rights of the individual against the state."); vgl. aus der jüngeren Literatur *E. Slauter*, in: E. Gray/J. Kamensky (Hrsg.), Oxford Handbook of the American Revolution, 2013, S. 447 (455, 457) (Locke als Philosoph des „possessive individualism").

[186] Vgl. *J. Locke*, Two Treatises of Government, 1689, hrsg. von P. Laslett, 1964, S. 368 f. (Second Treatise, Ch. IX, § 124). Manche Autoren interpretieren diese Passage (Zitat oben, Fn. 177) nicht besitzindividualistisch, sondern sie verstehen „property" in einem weiteren Sinne als die von Locke im vorherigen Absatz selbst eingeführte Kurzformel für „Lives, Liberties and Estates" (Second Treatise, Ch. IX, § 123 a. E.), die im Naturzustand allesamt erheblichen Gefahren ausgesetzt seien (vgl. dazu auch die Hinweise des Herausgebers, a. a. O., S. 368 f.); vgl. zum Verständnis bei den amerikanischen Gründern näher *Ch. J. Antieau*, 17 Wash. & Lee L. Rev. 66 (1960) ("The term 'property' as a natural right had many diverse meanings to the Founding Fathers.").

[187] *P. Graf Kielmansegg*, in: M. Brocker (Hrsg.), Geschichte des politischen Denkens, 2006, S. 349 (362).

[188] *R. Mehring*, in M. Brocker (Hrsg.), Geschichte des politischen Denkens, 2006, S. 520 f.

[189] Vgl. *U. Volkmann*, Der Staat 58 (2019), S. 643 (652).

[190] Siehe etwa die Kritik bei *L. Miliopoulos*, Atlantische Zivilisation, 2007, S. 312 („Ideen sollten wieder so verstanden werden, wie sie gemeint sind, und nicht unter der ständigen marxistischen Prämisse, dass sie etwas ‚anderes' kaschieren."); vgl. auch *T. Helfman*, 128 Harv. L. Rev. 2239 (2015) ("Ideas *mattered* to the revolutionary generation, and not just as a disguise for crude self-interest.").

liberalen Elemente[191], wird man sich schnell den Vorwurf einer präsentistischen Geschichtsdeutung einhandeln und zudem leicht den größeren ideengeschichtlichen Zusammenhang übersehen, in dem sie steht: Leicht übersehen wird dann die Bedeutung der kontraktualistischen Naturrechtslehre, an deren progressiven – lockeanischen – Ende nicht nur die Federalists, sondern die meisten zeitgenössischen Amerikaner angeknüpft haben.

Deutlich wird die verfassungsideologische Progressivität der amerikanischen Gründer bei einem Vergleich der Kernthesen von Thomas Hobbes' „Leviathan" (1651) und John Lockes „Zwei Abhandlungen über die Regierung" (1689). Vor allem Lockes in der zweiten Abhandlung dargelegte Lehre hatte ja einen ganz wesentlichen, wenn auch im konkreten Ausmaß nicht unumstrittenen[192] Einfluss auf die politische Theorie der amerikanischen Gründung ausgeübt – es sei hier nur auf Madisons Überzeugung verwiesen, dass der Schutz des Privateigentums als „vornehmste Aufgabe" des Staates anzusehen sei[193].

Beide Autoren – Hobbes und Locke – sind sich in dem Punkt mehr oder weniger einig, dass die Menschen den ‚gewaltaffinen'[194] Naturzustand aufheben und auf ihr ius in omnia bzw. auf die Freiheit von institutionalisierter Herrschaft verzichten müssen[195], um gedeihlich miteinander leben zu können[196]. Indem die Menschen einen (Gesellschafts-)Vertrag („covenant" bzw. „original compact"[197]) abschließen, begeben sie sich unter den Schutz der

---

[191] Beispiel: *A. Rinken*, in: Alternativkommentar GG, 2. Aufl. 1989, vor Art. 93 Rn. 12.

[192] Vgl. nur *C. Becker*, The Declaration of Independence, 1922, S. 27 ("Most Americans had absorbed Locke's works as a kind of political gospel."). Kritisch zur „Locke et praeterea nihil"-Interpretation der zeitgenössischen politischen Theorie etwa *R. Shalhope*, 29 Wm. & Mary Q. 49–80 (1972). Zur Diskussion siehe *Ph. Hamburger*, 102 Yale L.J. 914 n. 23 (1993); *I. Kramnick*, 87 Am. Hist. Rev. 629–630, et passim (1982), beide m. w. N.; auch *S. Sherry*, 5 Const. Comment. 325–326, 327–328 (1988) ("He [Locke] has been hailed as the spirit of 1776 but not of 1787, as the spirit of 1787 in contrast to 1776, of both and neither."); ferner *H. Vorländer*, Hegemonialer Liberalismus, 1997, S. 45 ff.

[193] Siehe oben, Fn. 177.

[194] *J. Isensee*, AöR 140 (2015), S. 169 (180).

[195] Siehe *W. Kersting*, in: O. Brunner u. a. (Hrsg.), Geschichtliche Grundbegriffe, Bd. 6, 1990, S. 901 (919); zur Konstruktion des status naturalis bei Locke, der insgesamt zu optimistischeren anthropologischen Prämissen neigt als Hobbes, siehe *J. Locke*, Two Treatises of Government, 1689, hrsg. von P. Laslett, 1964, S. 298 f. (Second Treatise, Ch. III, § 19); vgl. dazu näher *Kersting*, S. 927 f.; *M. Brocker*, in: ders. (Hrsg.), Geschichte des politischen Denkens, 2006, S. 258 (265 f.) (Menschen „nicht von Natur aus bösartig"); siehe auch *M. Brocker*, Grundlegung, 1995, S. 215 f., dort mit Fn. 64 (Naturzustand bei Locke nicht „Zustand der Willkür und Zügellosigkeit", sondern durch Abwesenheit einer „äußeren institutionalisierten Herrschaftsinstanz" gekennzeichnet).

[196] *J. Locke*, Two Treatises of Government, 1689, hrsg. von P. Laslett, 1964, S. 368, 377 (Second Treatise, Ch. IX, § 123, Ch. XI, § 136) ("to avoid these Inconveniences").

[197] *Th. Hobbes*, Leviathan, 1651, hrsg. von Th. Morley, 2. Aufl. 1886, S. 83 (Kap.

konstituierten Ordnung („commonwealth" bzw. „civil society"[198]). Dazu müssen die Menschen ihre natürlichen Rechte – ihre unbegrenzte Handlungsfreiheit – ganz oder jedenfalls bis zu einem gewissen Grad[199] aufgeben und auf einen Souverän (Hobbes) oder Treuhänder (Locke) übertragen. Uneinig sind sich Hobbes und Locke in der Frage, auf welche Weise der Souverän / Treuhänder den nunmehr aufgehobenen Naturzustand befrieden kann. Mit anderen Worten ist unklar, wie die eingesetzte Ordnungsmacht den Schutz der Untertanen bzw. den Schutz der den Untertanen verbliebenen natürlichen Rechte gegen Übergriffe der Mitbürger garantieren soll.

In der Beantwortung dieser Frage spiegelt sich der politiktheoretische Fortschritt von (gerade einmal) vier Jahrzehnten Ideengeschichte. Hobbes' Souverän verfügt über absolute Macht. Überspitzt formuliert will Hobbes einen übermächtigen und „bis an die Zähne bewaffneten Polizisten"[200] für Recht und Ordnung sorgen lassen. Locke ist nicht so martialisch[201]. Bei ihm werden die Aggressionspotentiale des Menschen durch ökonomische Aktivität kanalisiert. Die Menschen verhalten sich friedlich, so seine Überlegung, weil sie innerhalb des durch die Gesetze der „Supream Power"[202] konstituierten Ordnungsrahmens – der im Übrigen aufgrund der Zustimmung der Bürger errichtet worden ist („doctrine of consent"[203]) – ihren Geschäften nachgehen[204]. Darüber sollen sie alles das aus dem Blick verlieren, das die

---

XVII), et passim; *J. Locke*, Two Treatises of Government, 1689, hrsg. von P. Laslett, 1964, S. 350, (Second Treatise, Ch. VIII, § 97); vgl. zur Terminologie und den Unterschieden im Einzelnen *J. Corson*, 44 Jurid. Rev. 316 (1932); *W. Kersting*, in: O. Brunner u. a. (Hrsg.), Geschichtliche Grundbegriffe, Bd. 6, 1990, S. 901 (920 f., 928 f.).

[198] *Th. Hobbes*, Leviathan, 1651, hrsg. von Th. Morley, 2. Aufl. 1886, S. 84 (Kap. XVII); *J. Locke*, Two Treatises of Government, 1689, hrsg. von P. Laslett, 1964, S. 294 f., 336 ff., 349 (Second Treatise, Ch. II, § 13, Ch. VII, §§ 77 ff., Ch. VIII, § 95).

[199] Siehe *M. Loughlin*, MLR 78 (2015), S. 1 (7); speziell zur amerikanischen Rezeption der kontraktualistischen Naturrechtsdoktrinen *J. Jay*, The Federalist #2, 1787, in: A. Adams/W. P. Adams (Hrsg./Übers.), Die Federalist-Artikel, 1994, S. 5 f. (Volk muss „einige seiner Naturrechte abtreten"); vgl. dazu auch *Ph. Hamburger*, 102 Yale L.J. 930 (1993) ("In accordance with their understanding of natural law, Americans assumed that, under civil government, individuals retained only a portion of their natural liberty.").

[200] *W. Berns*, 1982 Sup. Ct. Rev. 65.

[201] Vgl. *M. Brandon*, in: M. Tushnet u. a. (Hrsg.), The Oxford Handbook of the U.S. Constitution, 2015, S. 763 (766).

[202] *J. Locke*, Two Treatises of Government, 1689, hrsg. von P. Laslett, 1964, S. 385 (Second Treatise, Ch. XIII, § 150).

[203] Vgl. *J. Locke*, Two Treatises of Government, 1689, hrsg. von P. Laslett, 1964, S. 348, 365, 380 (Second Treatise, Ch. VIII, §§ 95, 119; Ch. XI, § 140). – Die Bezeichnung „*doctrine of consent*" stammt aus der Sekundärliteratur, siehe etwa *I. Kramnick*, 87 Am. Hist. Rev. 630 (1982).

[204] *J. Locke*, Two Treatises of Government, 1689, hrsg. von P. Laslett, 1964, S. 324 (Second Treatise, Ch. VI, § 57) ("[A] *Liberty* to dispose, and order, as he lists, his Person,

Menschen gegenüber ihren Mitmenschen für gewöhnlich intolerant werden lässt[205]. So verdichtet sich das kontraktualistische Denken von der Unterwerfung unter die absolute Herrschaft des „one Man" oder der „one Assembly of men, that may reduce all their Wills, by plurality of voices, unto one Will"[206] über den engeren Besitzindividualismus (der status civilis dient bei Locke dem „besseren" Schutz der verbliebenen natürlichen Rechte[207]) zu einem weiter gefassten „normativen" Konzept des Individualismus[208] – und so zu einer insgesamt liberalen Gesellschaftsordnung[209]. Man kann die Theorie der Federalists also für ihren Besitzindividualismus kritisieren, wenn man das will. Dabei sollte aber nicht vergessen werden, auch die beeindruckende Modernität einiger ihrer politiktheoretischen Prämissen in die Gesamtbeurteilung einfließen zu lassen.

Statt besitzindividualistische Beweggründe bei der Interpretation des Federalist in den analytischen Mittelpunkt zu rücken, will eine ganze Reihe an Autoren andere Aspekte hervorheben, um die republikanische Aufrichtigkeit freizulegen, mit der die Federalists ihre Staatslehre gestaltet und verbreitet haben[210]. Einige US-Historiker führen dazu die sog. „Republikanismus-(Syn-)These"[211] an. Mit dieser These, die ihnen insbesondere von Rezensenten und späteren Autoren unter diesem Namen zugeschrieben worden ist, begründen sie, dass das frühamerikanische Ordnungsmodell nicht allein am Schutz individueller Rechte (lies: am Schutz des Privateigentums) ausgerichtet, sondern in beachtlichem Umfang auch durch eine an Tugendhaftigkeit und dem Gemeinwohl orientierte Tendenz, ein den besitzindividualistischen Liberalismus ausgleichendes kommunitäres Element gekennzeichnet war[212].

Actions, Possessions, and his whole Property, within the Allowance of those Laws under which he is; and therein not to be subject to the arbitrary Will of another, but to freely follow his own." [Hervorhebung ebd.]).

[205] Siehe *W. Berns*, 1982 Sup. Ct. Rev. 65; zur Toleranz als „Bürgertugend" und Voraussetzung des Individualismus (ohne Bezug zu Locke) *H. Dreier*, RW 1 (2010), S. 11 (37 f.).

[206] *Th. Hobbes*, Leviathan, 1651, hrsg. von Th. Morley, 2. Aufl. 1886, S. 84 (Kap. XVII).

[207] *M. Loughlin*, MLR 78 (2015), S. 1 (7).

[208] Vgl. *D. von der Pfordten*, JZ 2005, S. 1069 ff., hier insbes. S. 1079.

[209] Siehe *M. Loughlin*, MLR 78 (2015), S. 1 (7 f.) ("Locke provides an account not only of government according to law, but also of government subject to law. This is the template of the modern liberal constitutional settlement."); siehe zum „liberale[n] Erbe Lockes" auch *S. Unger*, in: I. Augsberg/S. Unger (Hrsg.), Basistexte Grundrechtstheorie, Erläuterungen, S. 57, dort mit Fn. 18.

[210] Siehe *B. Brunhöber*, Repräsentation, 2010, S. 255 ff. (dort auch teilweise im Folgenden).

[211] Vgl. *J. N. Rakove*, 44 Wm. & Mary Q. 617, 619 (1987).

[212] Als wichtige Vertreter dieser Position gelten etwa *B. Bailyn*, Ideological Origins, 1967, S. vi ff., 27 ff., 34 ff., et passim und *G. S. Wood*, Creation, 1969, S. 6 ff., et passim; aus der jüngeren Literatur *M. Graber*, in: D. J. Galligan (Hrsg.), Constitutions and the Clas-

Ideengeschichtlich lässt sich dieses kommunitäre Element wohl vor allem auf die Rezeption des klassischen Republikanismus-Ideals durch die oppositionelle englische „Country-Ideologie"[213] zurückführen.

"Republican revisionism, or the 'republican synthesis,' de-emphasizes the influence of Locke and natural rights theory on the intellectual leaders of the Revolution and points to the influence of classical republicanism, the importance of the concept of virtue, and the contributions of British Whig, Scottish, and Continental political thought to the Revolutionaries' political outlook."[214]

Es werden also durchaus alternative Interpretationsansätze[215] gehandelt, mit denen sich die theoretischen Grundannahmen der mehrheitlich den Federalists anhängenden Schöpfer der US-Bundesverfassung eher in einen repräsentativdemokratisch-republikanisch denn besitzindividualistisch-liberal besetzten Gesamtzusammenhang einordnen lassen.

Man kann die Konzeption der Federalists also – wie übrigens die politische Theorie der amerikanischen Gründung insgesamt[216] – verschieden beurteilen. Entweder als demokratietheoretischen Meilenstein, mit dem die Idee von der Herrschaft des Volkes mit Hilfe des Repräsentationsgedankens „vom Himmel auf die Erde"[217] geholt worden sei, oder als frühes Beispiel

---

sics, 2014, S. 327; *I. Kramnick*, 87 Am. Hist. Rev. 630 (1982). Eher kritische Stellungnahme zur Republikanismus-These bei *J. Appleby*, 43 Wm. & Mary Q. 20–34 (1986); vgl. im Übrigen die Schilderung der klassischen Republikanismus-These bei *R. Shalhope*, 39 Wm. & Mary Q. 335 (1982) ("[R]epublicanism meant maintaining public and private virtue, internal unity, social solidarity, and vigilance against the corruptions of power. United in this frame of mind, Americans set out to gain their independence and then to establish a new republic."); ähnlich bereits *ders.*, 29 Wm. & Mary Q. 72 (1972); deutschsprachig *H. Dippel*, Die Amerikanische Revolution, 1985, S. 14 f.

[213] Dazu näher *J. H. Hutson*, 38 Wm. & Mary Q. 356–357 (1981) (der die Country-Ideologie allerdings allein bei den Anti-Federalists verorten will); *D. Mayer*, 70 Wash. U. L. Q. 135 n. 14, 165 (1992); *S. Sherry*, 5 Const. Comment. 333–336, 339, et passim (1988). Zum Einfluss der von James Harringtgon überlieferten Republikanismuskonzeption auf die „Country"-Ideologie des 18. Jahrhunderts siehe *J. G. A. Pocock*, 22 Wm. & Mary Q. 570 et passim (1965); siehe zum Ganzen außerdem oben, Text bei Fn. 26 f., 110 f.

[214] *W. A. Semel*, 105 Yale L.J. 1428 n. 4 (1996).

[215] Vgl. näher *D. Herz*, Die wohlerwogene Republik, 1999, S. 127 ff.; nochmals *B. Brunhöber*, Repräsentation, 2010, S. 256 f.

[216] Vgl. *R. R. Palmer*, Zeitalter der demokratischen Revolution, 1970, S. 201 ff.; *T. Helfman*, 128 Harv. L. Rev. 2238–2242 (2015).

[217] So die Anspielung bei *B. Brunhöber*, Repräsentation, 2010, S. 255; kritisch zu einer demokratiefreundlichen Lesart der Verfassungslehre der Federalists etwa *B. Enzmann*, Der demokratische Verfassungsstaat, 2009, S. 411; *J. Martin*, 66 U. Chi. L. Rev. 166 (1999) ("There is a conflict between what the evidence indicates the Federalists believed and what modern understandings of democratic theory suggest they should have believed."); *J. Miller*, Political Theory, Bd. 16 (1988), S. 99 (100, et passim) („In short, the Federalists' great accomplishment in political theory was to establish a direct relationship between the national government and the people, which would discourage democracy.").

eines interessengeleiteten Versuchs der staatstheoretischen Legitimation des Primats der Ökonomie – die Wahrheit wird vermutlich irgendwo zwischen den (in dieser Zuspitzung kaum mehr vertretenen) Extremen liegen[218]. Der US-Wissenschaftler Cass Sunstein greift den Gedanken auf, dass eine Republik – im Sinne von: Nichtmonarchie – sowohl liberale als auch im klassischen Sinne verstandene republikanische Elemente in sich aufnehmen kann[219] – und beschreibt die ideologischen Prämissen der amerikanischen Gründergeneration, geschichtspolitisch wohl für alle Seiten halbwegs annehmbar, als „liberal-republikanisch"[220]. Am Ende des Tages kommt man kaum umhin, auf eine schlagwortartige Einordnung insgesamt zu verzichten. Die politische Theorie des Federalist ist durch eine ganze Reihe von Widersprüchen gekennzeichnet. Sie ist irgendwie liberal, aber auch irgendwie autoritär; sie scheint überwiegend besitzindividualistisch aber auch kommunitär und republikanisch; sie verlangt Tugendhaftigkeit, betont aber das rücksichtslose Machtstreben der Politik; sie ist föderalistisch, aber auch zentralistisch; sie ist bisweilen demokratisch (im Sinne von Volkssouveränität und demokratischer Repräsentation), aber auch antipartizipatorisch[221] und elitär.

Unabhängig davon, ob man das alles für richtig halten will, ist jedenfalls ein Punkt unumstritten: Nämlich, dass das gesellschaftliche Ordnungsmodell der Federalists in einigen wichtigen Aspekten kaum mit den verfassungspolitischen Positionen der Anti-Federalists in Einklang zu bringen ist.

IV. Dezentralisierung und Selbstregierung; Geschworenenprozess

Verallgemeinernd lässt sich sagen – ohne dabei die Abstufungen im Detail beiseite schieben zu wollen –, dass die Anti-Federalists von einer eher utili-

---

[218] Vgl. *G. S. Wood*, Creation, 1969 [Preface to the 1998 Edition, S. xi]; siehe aber aus jüngerer Vergangenheit die Kontroverse zwischen Herbert Hovenkamp (Inventing the Classical Constitution, 101 Iowa L. Rev. 1–54 [2015]) und Richard Eptstein (Rediscovering the Classical Liberal Constitution. A Reply to Professor Hovenkamp, 101 Iowa L. Rev. 55–90 [2015]).

[219] Vgl. *S. Sherry*, 5 Const. Comment. 335–336 (1988); die Vielschichtigkeit des Republikbegriffs sowohl im zeitgenössischen europäischen als auch im amerikanischen Verwendungskontext betont jüngst wieder *E. Nelson*, Royalist Revolution, 2014, S. 115 f. ("Republicanism ... was no one, single thing.").

[220] *C. R. Sunstein*, 97 Yale L.J. 1541, et passim (1988); siehe auch *A. Adams/ W. P. Adams*, in: dies. (Hrsg.), Die Federalist-Artikel, 1994, Einleitung, S. lxxxvii („Was wir in der Rückschau als Republikanismus und Liberalismus zu trennen versuchen, bildete in der historischen Situation der Verfassung des amerikanischen Bundesstaates ein Ganzes.").

[221] *J. Miller*, Political Theory, Bd. 16 (1988), S. 99 (114) ("not participatory").

taristischen²²², im Hinblick auf den Topos der Selbstregierung vielleicht auch tendenziell identitären²²³, die Unteilbarkeit der Volkssouveränität und das Mehrheitsprinzip als zentrale Entscheidungsregel betonenden²²⁴ Demokratietheorie ausgegangen sind. Vor allem lehnten sie eine starke Bundesregierung²²⁵ ab²²⁶, weil sie jedenfalls im Grundsatz der Auffassung waren, dass Hoheitsgewalt, wie noch aus Kolonialzeiten und der formativen Phase des US-amerikanischen Konstitutionalismus gewohnt²²⁷, hauptsächlich in Form bürgerschaftlicher Selbstverwaltung auszuüben und nur soweit unbedingt notwendig überhaupt in die Hände solcher Institutionen zu legen sei, die auf dem gesamten Territorium der einzelnen Bundesstaaten agierten²²⁸. Berücksichtigt man die den Anti-Federalists in ihrem Republikanismus-Ideal zugeschriebenen „kommunitär-homogenen" und anti-etatistischen Tendenzen²²⁹, wird ihr bisweilen als überzogen erscheinendes, geradezu intrinsisches²³⁰ Misstrauen gegenüber allem, was auch nur im Ansatz den Anschein einer

---

²²² Über Utilitarismus und Mehrheitsprinzip *M. Troper*, 1 Int'l J. Const. L. 109 (2003); vgl. auch *U. Haltern*, Verfassungsgerichtsbarkeit, Demokratie und Mißtrauen, 1998, S. 174 f., *W. Heun*, Mehrheitsprinzip in der Demokratie, 1984, S. 25, m. w. N.

²²³ Siehe zur identitären Begründung der Demokratie (allesamt distanziert) *E.-W. Böckenförde*, in: J. Isensee/P. Kirchhof (Hrsg.), HStR II, 3. Aufl. 2004, § 24 Rn. 49; *E. Fraenkel*, Deutschland und die westlichen Demokratien, 9. Aufl. 2011, S. 264 f.; *H. Kelsen*, Wesen und Wert, 2. Aufl. 1929, S. 14 f.

²²⁴ *G. Dietze*, ZgS 113 (1957), S. 301 (309), beschreibt das Demokratieverständnis der Anti-Federalists mit dem „Recht der Majorität, die Minorität zu unterdrücken".

²²⁵ Der Begriff „Regierung" hat im englischen Sprachgebrauch eine weitere Bedeutung als im Deutschen, in dem mit „Regierung" nur die Exekutivspitze oder „Gubernative" bezeichnet wird. *A. Adams/W. P. Adams*, in: dies. (Hrsg.), Die Federalist-Artikel, 1994, Einleitung, S. lxxxix, schlagen vor, „government" mit „Regierungssystem" zu übersetzen. Je nach Kontext bietet sich auch eine Übersetzung mit „Staat", „Staatsorgan(en)" oder sogar „Staatsgewalt" an. *K. Heller*, ÖZöR 39 (1988), S. 89 (123, dort mit Fn. 95), hält den angelsächsischen Regierungsbegriff für „unübersetzbar".

²²⁶ *M. G. Schmidt*, Demokratietheorien, 6. Aufl. 2019, S. 90.

²²⁷ Siehe etwa *H. Dippel*, Die Amerikanische Revolution, 1985, S. 19 ff.; Organisationsstrukturen und politische Kultur hatten sich in den 13 Kolonien allerdings unterschiedlich entwickelt. Im Übrigen sind viele Bereiche des kolonialen Gemeinwesens – teils absichtlich – nicht durch Westminster und die Krone reglementiert worden („salutary neglect"). In den verbliebenen Freiräumen verfügten die Kolonisten (zumindest de facto, vgl. *R. N. Clinton*, 75 Iowa L. Rev. 892 (1990); *L. F. Goldstein*, JOP 48 (1986), S. 51 (56)) über das Recht, sich selbst zu verwalten. Nach *K. Loewenstein*, Verfassungsrecht und Verfassungspraxis, 1959, S. 2 f., waren die Selbstverwaltungsbefugnisse insbesondere in den sog. Freibriefkolonien auf dem Gebiet der heutigen Neu England-Staaten am weitreichendsten, daher befinde sich dort die „Wiege der amerikanischen Freiheit".

²²⁸ *W. E. Nelson*, in: K. L Hall/K. T McGuire (Hrsg.), The Judicial Branch, 2005, S. 8.

²²⁹ *H. Vorländer*, JöR N.F. 36 (1987), S. 451 (476).

²³⁰ Vgl. auch *J. N. Rakove*, 49 Stan. L. Rev. 1064 (1997) ("paranoiac excesses to which Anti-Federalist rhetoric was prone").

Zentralregierung erweckt, einigermaßen nachvollziehbar[231]. Die moderaten Kräfte in Reihen der Anti-Federalists konnten sich allenfalls mit einem „dosierten Mehr an zentralstaatlicher Kompetenz" arrangieren[232], während die radikaldemokratisch[233] denkenden Anti-Federalists unbeirrt für ein Maximum an Dezentralisierung eintraten[234]. Der demokratisch-republikanische Gedanke wird in der Konzeption der Anti-Federalists am ehesten in der örtlichen Gemeinschaft wirksam[235]. Je größer eine Gemeinschaft (nach der Personenanzahl aber auch nach der geographischen Ausdehnung) sei, desto eher geriete die Einheit von Regierten und Regierenden und auch das in der Diskussion immer wiederkehrende Motiv von [,actual' statt ,virtual'[236]] „consent of the governed"[237] zu einer schieren Fiktion. Genau deshalb kritisieren

---

[231] *D. Narret*, New York History 69 (1988), S. 285 f.; *W. Brugger*, FS Hollerbach, hrsg. von J. Bohnert u. a., 2001, S. 517; *K. Heller*, in: W. Zacharasiewicz (Hrsg.), Transatlantische Differenzen, 2004, S. 224; auch *H. von Bose*, Republik und Mischverfassung, 1989, S. 14.

[232] *M. G. Schmidt*, Demokratietheorien, 6. Aufl. 2019, S. 90; *J. T. Main*, The Antifederalists, 1961, S. 119. *W. Brugger*, FS Hollerbach, hrsg. von J. Bohnert u. a., 2001, S. 517, meint, die Anti-Federalists „wollten eine Republik errichten, die in Anlehnung an antike Modelle eine direkte Demokratie in kleinen, überschaubaren, agrarischen Gemeinschaften vorsah und auf der Tugend der Bürger aufbauen sollte".

[233] Vgl. zu radikaldemokratischen „Elementen" in der postrevolutionären Ära *G. Dietze*, ZgS 113 (1957), S. 301 (306). Zu der Frage, ob die basisdemokratischen Forderungen der Anti-Federalists vorgeschoben oder aufrichtig waren ausführlich *C. M. Kenyon*, 12 Wm. & Mary Q. 6–43 (1955) (Kenyon ist skeptisch bezogen auf die Motive der Anti-Federalists; sie spricht von „men of little faith"); optimistischer *G. S. Wood*, Creation, 1969, S. 516.

[234] Vgl. *J. Heideking*, Historische Zeitschrift, Bd. 246 (1988), S. 47 (71); zurückhaltender *G. S. Wood*, in: R. Hoffman/P. J. Albert (Hrsg.), Launching the "Extended Republic", 1996, S. 1 ("[I]n fact, *none* of the Antifederalists in 1787 had been opposed to some sort of strengthening of the national government; they simply had not anticipated as strong a central government as the Constitution had created." [meine Hervorhebung]).

[235] Vgl. etwa *A. Diamond*, 6 Pol. Sci. Rev. 257 (1976); *D. Herz*, Die wohlerwogene Republik, 1999, S. 197; *J. T. Main*, The Antifederalists, 1961, S. 129; *J. Miller*, Political Theory, Bd. 16 (1988), S. 99 (104), *D. E. Narret*, New York History 69 (1988), S. 285 (292 f.); *M. G. Schmidt*, Demokratietheorien, 6. Aufl. 2019, S. 90; *P. Graf Kielmansegg*, in: M. Brocker (Hrsg.), Geschichte des politischen Denkens, 2006, S. 349 (353).

[236] Vgl. bereits oben, Fn. 25.

[237] Siehe *J. Locke*, Two Treatises of Government, 1689, hrsg. von P. Laslett, 1964, insbes. S. 301 f. (Second Treatise, Ch. IV, § 22) et passim; *A. Sidney*, Discourses Concerning Government, 1698, S. 24 (Ch. 1, § 11); vgl. auch Brief von John Adams an James Sullivan vom 26. Mai 1776, in: Ch. F. Adams (Hrsg.), The Works of John Adams, Bd. IX, 1856, S. 375 ("It is certain, in theory, that the only moral foundation of government is, the consent of the people. But to what an extent shall we carry this principle?"); aus der jüngeren Literatur *L. F. Goldstein*, JOP 48 (1986), S. 51 (54 ff.); *M. P. Harrington*, 72 Geo. Wash. L. Rev. 56–57 (2003); *M. E. Kornhauser*, 50 Buff. L. Rev. 840 (2002).

die Anti-Federalists die Zentralisierungsbestrebungen der Federalists; sie untermauern ihre Kritik mit dem sog. „small republic"-Argument[238], das sie sich bei Montesquieu geborgt haben. Danach könne allein ein kleines Territorium der Natur der Republik gerecht werden. Im republikanischen Großenflächensstaat hingegen fiele das „allgemeine Beste tausenderlei Erwägungen" zum Opfer[239]. Übersetzt in die Sprache der Gegenwart: Der „relative Anteil des Einzelnen an der Bildung des gemeinschaftlichen Willens [fällt] umso kleiner [aus], je größer eine Gemeinschaft ist"[240].

Neben diesem verfassungspolitischen Einwand weisen die Anti-Federalists auf die Schwierigkeiten hin, die aus der nicht zu unterschätzenden wirtschaftlichen und kulturellen Inhomogenität der 13 Gründungsstaaten für ein großes, kontinentales Gemeinwesen – Madisons „extended republic"[241] – entstehen werden[242]. In der Tat erstreckten sich die vormaligen Kolonien nicht nur über ein für europäische Maßstäbe riesiges Gebiet, sondern sie waren auch weit davon entfernt, gemeinsame innenpolitische Interessen zu verfolgen oder gar einen gemeinsamen innenpolitischen Willen zu bilden; die Sklaverei und das damit assoziierte Nord-Süd-Gefälle ist dabei nur ein wichtiges unter vielen Beispielen. Nicht nur zwischen den einzelnen Staaten bestanden Interessengegensätze, auch innerhalb der ehemaligen Kolonien sind deutliche Spannungen, nicht zuletzt zwischen ländlichen Regionen und (einigen wenigen, aber umso dominanteren) städtischen Zentren erkennbar[243]. Während die Anti-Federalists diesen Herausforderungen mit einer Dezentralisierung des politischen Systems begegnen wollten, drehten die Federalists den Spieß um. Nur ein „starkes Regierungssystem", so Alexander Hamilton,

---

[238] Cato III, 1787, in: H. J. Storing (Hrsg.), The Complete Anti-Federalist, Bd. 2, 1981, S. 109 (111) ("The extent of many of the states of the Union, is at this time almost too great for the superintendence of a republican form of government"). Storing bezeichnet diese Stelle in seiner Einleitung (S. 101) als „standard Anti-Federalist defense of the small republic"; zum „small republic"-Argument auch *A. Diamond*, 6 Pol. Sci. Rev. 257 (1976); *C. M. Kenyon*, 12 Wm. & Mary Q. 6–7 (1955).
[239] *Ch. de Montesquieu*, Vom Geist der Gesetze, 1748, hrsg. von K. Weigand, 2. Aufl. 1994, Buch VIII, Kap. 16, S. 197; dazu auch *H.-Ch. Kraus*, Englische Verfassung, 2006, S. 174.
[240] *R. Zippelius*, Allgemeine Staatslehre, 17. Aufl. 2017, S. 107.
[241] Publius (*J. Madison*), The Federalist #10, 1787, in: C. Rossiter (Hrsg.), The Federalist Papers, 1961, S. 71 (76).
[242] Siehe etwa Cato III, 1787 und Brutus I, 1787, in: H. J. Storing (Hrsg.), The Complete Anti-Federalist, Bd. 2, 1981, S. 109 (110), S. 363 (368) ("variety of its climates, productions, and commerce, the difference of extent, and number of inhabitants in all" (Cato); "a free republic cannot succeed over a country of such immense extent" (Brutus)).
[243] Siehe näher *D. Farber/S. Sherry*, History of the American Constitution, 3. Aufl. 2013, S. 270; vgl. *P. C. Hoffer*, Rutgers v. Waddington, 2016, S. 100.

könne „die Einheit eines so großen Landes auf Dauer bewahren"[244]. Damit konnte er die Skeptiker nicht überzeugen. Das, was Hamilton als „starkes Regierungssystem" bezeichnet, ist aus Sicht der Anti-Federalists nichts anderes als der erste Schritt in Richtung einer Militärdiktatur[245].

Die Anti-Federalists mussten wohl oder übel eingestehen, dass eigentlich schon einige der damals bestehenden Bundesstaaten als zu groß anzusehen waren, um nach dem von ihnen propagierten Ausbund des antiken, tugendhaften und republikanischen Idealstaats[246] regiert zu werden[247]. Die Anti-Federalists, die sich ja auch und vor allem als Bewahrer der revolutionären Ideale betrachteten[248], argumentierten, eine weitere Machtkonzentration auf Bundesebene sei im Hinblick auf die Aufrechterhaltung der post-revolutionären Ordnung und ihrer Prinzipien eben noch risikoreicher als der status quo und allein deshalb nicht erstrebenswert[249].

Hier tritt der Unterschied zu der auf den republikanischen Großflächenstaat bezogenen Repräsentationskonzeption der Federalists besonders deutlich zu Tage. Das Postulat der Identität von Regierenden und Regierten ist mit dem Repräsentationsgedanken, jedenfalls dann, wenn man ihn beim Wort nimmt und auf den Großflächenstaat bezieht, nur schwer in Einklang zu bringen[250]. Ein wesentlicher Kritikpunkt vieler gemäßigter, eine gewisse Zentralisierung nicht grundsätzlich ablehnender Anti-Federalists ging dann

---

[244] Publius (*A. Hamilton*), The Federalist #23, 1787, in: A. Adams/W. P. Adams (Hrsg./Übers.), Die Federalist-Artikel, 1994, S. 132 (137).

[245] Siehe Federal Farmer II, 1787, in: H. J. Storing (Hrsg.), The Complete Anti-Federalist, Bd. 2, 1981, S. 230 (233 f.), nach dessen Einschätzung die Zentralregierung nur Bestand haben könne, sofern sie ihre Autorität mit Befehl und Zwang unter Beweis stelle ("[T]he general government ... will be forgot, ... unless a multitude of officers and military force be ... employed to enforce the execution of the laws, and to make the government feared and respected ... [A] military execution of laws is only a shorter way to the same point – despotic government.").

[246] Siehe Brutus I, 1787, in: H. J. Storing (Hrsg.), The Complete Anti-Federalist, Bd. 2, 1981, S. 363 (369) ("This kind of [republican] government ... must be confined to a single city, or at least limited to souch bounds as that the people can conveniently assemble."); siehe aus der Literatur *R. N. Clinton*, 75 Iowa L. Rev. 897 (1990); *H. Vorländer*, JöR N.F. 36 (1987), S. 451 (474).

[247] Vgl. Cato III, 1787, in: H. J. Storing (Hrsg.), The Complete Anti-Federalist, Bd. 2, 1981, S. 109 (111) ("The extent of many of the states of the Union, is at this time almost too great for the superintendence of a republican form of government").

[248] *H. J. Storing*, What the Anti-Federalists Were For, in: ders. (Hrsg.), The Complete Anti-Federalist, Bd. 1, 1981, S. 8; siehe ferner *J. Heideking*, Historische Zeitschrift, Bd. 246 (1988), S. 47; *J. Miller*, Political Theory, Bd. 16 (1988), S. 99 (100); *D. E. Narret*, New York History 69 (1988), S. 285 (286, 308).

[249] Vgl. auch *A. Adams/W. P. Adams*, in: dies. (Hrsg.), Die Federalist-Artikel, 1994, Einleitung, S. lxxx f.

[250] *Ch. Gusy*, AöR 106 (1981), S. 329 (337).

A. Gewaltenteilung und rechtsprechende Gewalt in der politischen Theorie 147

auch dahin, dass eine gerechte Repräsentation durch die neue Verfassung nicht gewährleistet sei, denn dafür sei die Anzahl der im Unterhaus der Bundeslegislative versammelten Repräsentanten schlicht zu gering[251]. Gemäß Art. I, § 2, Cl. 3 des – später unverändert in Kraft getretenen – Verfassungsentwurfs war für jeden Staat ein Grundmandat garantiert; im Übrigen sah der Verteilungsmodus höchstens einen Abgeordneten des Repräsentantenhauses auf 30.000 Wähler vor[252].

Am Ende des Tages blieb den Anti-Federalists, die in der Verfassungsdiskussion schließlich unterlegen waren[253], nichts anderes übrig, als der Errichtung einer neuen, zentralisierten staatlichen Ordnung zuzusehen, die ihnen als Anhängern des „Geistes von 1776" vielleicht sogar als „Konterrevolution der besitzenden und handelskapitalistischen Schichten" erscheinen musste[254].

Um die Bedeutung der von den Anti-Federalists vertretenen Demokratietheorie für die Kompetenzen der rechtsprechenden Gewalt besser nachvollziehen zu können, muss man sich die Entwicklung der Gerichtsbarkeit auf dem amerikanischen Kontinent im ausgehenden 18. Jahrhundert etwas näher vergegenwärtigen. Die Jusitz war nach heutigen Maßstäben weit entfernt von der Idealvorstellung einer in einen starren Instanzenzug eingegliederten, hochprofessionalisierten und ausschließlich nach der Maxime der strikten Gesetzesbindung operierenden Berufsrichterschaft[255]. Man wird sich insbesondere den zeitgenössischen erstinstanzlichen Prozess, das streitige Verfahren vor den sog. „trial courts", eher in Gestalt von Bürgerversammlungen

---

[251] Siehe näher *A. R. Amar*, The Bill of Rights, 1998, S. 10 ff., m. w. N.

[252] „The number of Representatives shall not exceed one for every thirty thousand, but each State shall have at Least one Representative." Zum Hintergrund der Diskussion über das „representational reapportionment" *R. N. Clinton*, 75 Iowa L. Rev. 900–901, 905 (1990).

[253] Näher *J. Heideking*, Historische Zeitschrift, Bd. 246 (1988), S. 47 (67 f.).

[254] So jedenfalls ein – sichtlich von der ökonomischen Interpretation der Entstehungsgeschichte der amerikanischen Bundesverfassungs beeinflusster – *H. Vorländer*, JöR N.F. 36 (1987), S. 451 (468 f.); zum Topos der Gegenrevolution – allerdings ohne marxistische Rhetorik – *G. S. Wood*, Creation, 1969, S. 516 (neue Verfassung aus Sicht der Anti-Federalists eine „Lossagung" von den revolutionären Prinzipien); siehe außerdem *G. Dietze*, ZgS 113 (1957), S. 301 (307 f.); *R. R. Palmer*, Zeitalter der demokratischen Revolution, 1970, S. 248 f.

[255] *W. E. Nelson*, 71 Ohio St. L.J. 1003 (2010); zur kolonialen Gerichtsverfassung siehe *R. Lambert*, 43 N.H. B.J. 40 (2002) ("most states at the time [of the 1780s] merely carried over the pre-Constitution court structure until the legislature acted to revise it"); vgl. zur Gerichtsverfassung in den einzelnen Staaten *W. P. Adams*, Republikanische Verfassung, 1973, S. 280 („Bei der Fülle an Varianten ist es … unmöglich, auch nur einen Überblick über das Gerichtswesen in den Einzelstaaten zu geben."); *K. L. Hall*, in: M. Grossberg/C. Tomlins (Hrsg.), Cambridge History of Law in America, Bd. II, 2008, S. 106 (110 ff.), unternimmt den Versuch, einen solchen Überblick zu geben.

vorzustellen haben²⁵⁶. Vieles erscheint aus heutiger Sicht chaotisch und improvisiert²⁵⁷. Es gab durchaus hauptamtliche, allerdings überwiegend der Exekutive zugeordnete²⁵⁸ (und auch mit der Erledigung von Verwaltungsaufgaben betraute²⁵⁹) Richter („magistrates")²⁶⁰, zu Kolonialzeiten unmittelbar oder mittelbar durch die Krone eingesetzt²⁶¹, nach 1776/1789 als gewählte bzw. von einzelstaatlichen oder US-Organen berufene Amtsträger²⁶², doch lag die Entscheidungsgewalt – der Urteilsspruch – jedenfalls im ersten Rechtszug nicht allein in ihrer Hand. Unangefochten scheint nur die richterliche Kompetenz, die Verhandlung zu leiten und ihren ordnungsgemäßen Ablauf sicherzustellen. Die endgültige Entscheidungsgewalt übten die Geschworenenbänke aus²⁶³; besetzt waren sie mit Vertretern der Mittelschicht aus der lokalen Bevölkerung²⁶⁴. Ihre „endgültige" Entscheidungsgewalt

---

²⁵⁶ Vgl. *L. D. Kramer*, 148 Proc. Am. Phil. Soc'y 16 (2004); siehe auch *S. Stern*, Forensic Oratory and the Jury Trial in Nineteenth-Century America, 2015, S. 1 ("At the beginning of the [19th] century, the jury trial was a form of popular amusement, rivalling the theater and often likened to it.").

²⁵⁷ Vgl. *G. S. Wood*, 56 Wash. & Lee L. Rev. 803 (1999).

²⁵⁸ Siehe *Th. Halper*, 6 Brit. J. Am. Legal Stud. 153 (2017); vgl. *F. Aul*, 17 Geo. J.L. & Pub. Pol'y 294 (2019), der darauf hinweist, dass der Act of Settlement keine Geltung für die Kolonien beanspruchte; der Autor spricht mit Blick auf die Zustände in der kolonialen Justiz von einem „pre–14th-century throwback".

²⁵⁹ Siehe *D. Farber/S. Sherry*, History of the American Constitution, 3. Aufl. 2013, S. 72.

²⁶⁰ *A.-H. Chroust*, 33 Notre Dame Law. 71 (1957) etwa spricht von „magistrates, cast in the role of judge, prosecutor and attorney".

²⁶¹ Oft durch die Gouverneure als (weisungsgebundene) Repräsentanten der Krone; die Besoldung der Richter war bis 1766 grundsätzlich aus dem Budget der Kolonien zu finanzieren. So konnten die zu den kolonialen Repräsentativkörperschaften wahlberechtigten Bürger wohl eine gewisse Kontrolle über die Justiz ausüben (siehe *R. F. Boden*, 60 Marq. L. Rev. 21–22 [1976]; *J. H. Smith*, 124 U. Pa. L. Rev. 1112, 1146–1147 [1976]); *R. E. Ellis*, The Jeffersonian Crisis, 1971, S. 6, weist darauf hin, dass die Richter in den sog. „charter colonies" (Rhode Island und Connecticut) nicht ernannt, sondern jährlich gewählt worden sind; vgl. zur Ernennung der Richter auch *B. Friedman*, Will of the People, 2009, S. 22; *P. C. Hoffer*, Rutgers v. Waddington, 2016, S. 7.

²⁶² Zur Regelung der Richterernennung/Richterentlassung bzw. zur Richterwahl/Richterabwahl in den frühen Einzelstaatsverfassungen nochmals *J. H. Smith*, 124 U. Pa. L. Rev. 1153–1155 (1976).

²⁶³ Vgl. auch – mit leichter Einschränkung – § 3 des „Sedition Act" von 1798 (oben Kapitel 2, Fn. 153) ("[T]he jury who shall try the cause, shall have a right to determine the law and the fact, under the direction of the court, as in other cases."); ähnlich bereits die Staatsverfassung von Pennsylvania von 1790 (Constitution of the Commonwealth of Pennsylvania, 1790), Art. IX, § 7 ("in all indictments for libels the jury shall have a right to determine the law and the facts, under the direction of the court, as in other cases").

²⁶⁴ *W. E. Nelson*, in: K. L Hall/K. T McGuire (Hrsg.), The Judicial Branch, 2005, S. 7 ("middling people"). Für die Jurys des späten 18. und frühen 19. Jahrhunderts gilt, ähnlich

folgte nun daraus, dass die Geschworenen für die Findung ihrer Entscheidungen („Verdikte") durch die Richter in rechtlicher Hinsicht nicht mit verbindlicher Wirkung instruiert werden konnten. Den Juroren oblag nicht nur – entsprechend der gegenwärtigen amerikanischen straf- und zivilgerichtlichen Praxis[265] – die Beweiswürdigung und der Schuld- und Rechtsfolgenausspruch, sie konnten auch die Befugnis zur eigentlichen Rechtsanwendung, das heißt zur Gesetzesauslegung und zur Subsumtion, an sich ziehen[266]. Und sie taten das dem Anschein nach auch mit einiger Regelmäßigkeit[267]. Es lassen sich Beispiele nachweisen, in denen Geschworene ihre eigenen rechtspolitischen Präferenzen an die Stelle der für die Entscheidung des Rechtsstreits eigentlich maßstäblichen Rechtsnormen gesetzt haben[268]. Nicht nur aus heutiger – zumal kontinentaleuropäischer – Sicht erscheint die so beschaffene Schwurgerichtsbarkeit eher sonderbar[269]. Zeitgenössische Juristen, vor allem solche, die Anhänger der Federalist Party waren, gaben sich alle Mühe, mit dieser Praxis aufzuräumen. William Paterson, von 1793 bis 1806 Richter am U.S. Supreme Court, wies die Juroren in seiner Funktion als umherreisender[270] Bundesrichter 1798 in einem Strafprozess an, unter keinen Umständen

---

wie für das aktive Wahlrecht (vgl. oben, Fn. 141), dass sie nicht vor dem Hintergrund der egalitären Staatsbürgergesellschaft des ausgehenden 20. Jahrhunderts eingeordnet werden dürfen. Grundsätzlich (die Regelungen sind je nach Region im Detail unterschiedlich) kam als Geschworener nur ein erwachsener weißer Mann infrage, der als Steuerzahler über ein Mindestmaß an Vermögen oder Grundeigentum verfügen musste (siehe näher etwa *A. W. Alschuler/A. G. Deiss*, 61 U. Chi. L. Rev. 877 [1994]).

[265] Siehe zu der einfachen, aber wohl oft missverstandenen Faustregel, der zufolge Richter über das Recht, und Geschworene über Tatsachen entscheiden, näher *U. Kischel*, FS Riedel, hrsg. von D. Hanschel u. a., 2013, S. 632 ff.; vgl. auch *C. S. Conrad*, Jury Nullification, 1998, S. 4 ff.

[266] *A. R. Amar*, The Bill of Rights, 1998, S. 100 f.; *S. Stern*, Jury Trial in Nineteenth-Century America, 2015, S. 1.

[267] Vgl. *J. Wilson*, Lectures on Law, Kap. I, 1791, in: Collected Works of James Wilson, Bd. I, hrsg. von K. L. Hall/M. Hall, 2007, S. 437; aus der Sekundärliteratur *D. Engdahl*, 42 Duke L.J. 291 (1992); *B. Friedman*, Will of the People, 2009, S. 22; *J. P. McClanahan*, 111 W. Va. L. Rev. 808–809, et passim (2009); *W. E. Nelson*, Marbury v. Madison, 2000, S. 16–19; *ders.*, 37 J. Marshall L. Rev. 325–328 (2004); *Ch. Tomlins*, in: E. Gray/J. Kamensky (Hrsg.), Oxford Handbook of the American Revolution, 2013, S. 540 (544).

[268] Siehe z. B. *Moore v. Cherry*, 1 S.C.L. (1 Bay) 269 (1792); näher dazu *W. E. Nelson*, in: K. L Hall/K. T McGuire (Hrsg.), The Judicial Branch, 2005, S. 7, 15 ff.; vgl. auch *S. B. Prakash/J. C. Yoo*, 103 Mich. L. Rev. 1557 (2005).

[269] *A. R. Amar*, The Bill of Rights, 1998, S. 97 a. E. ("the present-day jury is only a shadow of its former self"); vgl. auch *P. Butler*, 105 Yale L.J. 705 (1995) ("The idea that jury nullification undermines the rule of law is the most common criticism of the doctrine.").

[270] Zu diesem sog. „circuit riding" noch unten Kapitel 4, Fn. 208, Kapitel 5, Fn. 28.

Überlegungen hinsichtlich der Verfassungsmäßigkeit der anzuwenden Strafnorm – § 2 des berüchtigten Sedition Act[271] – anzustellen:

> "Congress has said that the author and publisher of seditious libels is to be punished; and until this law is declared null and void by a tribunal competent for the purpose, its validity cannot be disputed. Great would be the abuses were the constitutionality of every statute to be submitted to a jury, in each case where the statute is to be applied. The only question you are to determine is, that which the record submits to you. Did Mr. Lyon publish the writing given in the indictment?"[272]

Mit einem „zuständigen Tribunal" meint Paterson natürlich ausschließlich die Richter – nicht die Juroren –, und spricht sich damit implizit für die richterliche Normenkontrolle aus[273]. Auch der amerikanische Jurist und Richter am U.S. Supreme Court Samuel Chase, ein (in späteren Lebensjahren) überzeugter Verfechter der Zentralisierungsidee und Anhänger der Federalist Party[274], äußerte im Jahr 1800 seine Sorge über die längerfristigen Folgen einer dauerhaften Usurpation der Rechtsfindungsgewalt duch die Jurys: Dass eine solche darauf ausgerichtet oder zumindest geeignet sei, die in der Bundesrechtsordnung verkörperte nationalstaatliche Einheit der Union insgesamt zu beeinträchtigen.

> "If this power be once admitted, ... jurors will be superior to the national legislature, and its laws, and its laws will be subject to their control. ... The evident consequences of this right in juries will be, that a law of congress will be in operation in one state and not in another ... It appears to me that the right now claimed has a direct tendency to dissolve the union of the United States."[275]

In historischer Perspektive kann die zeitgenössische Praxis einer – keineswegs auf die Strafjustiz beschränkten – Normverwerfung durch Geschworene („jury nullification"[276]) aber auch so bewertet werden, dass die Jurys, gemes-

---

[271] Siehe bereits oben Kapitel 2, Fn. 151 ff. und den begleitenden Text.

[272] *Trial of Matthew Lyon* (U.S. Circuit Court for the Vermont District, 1798), in: F. Wharton (Hrsg.), State Trials of the United States, 1849, S. 333 (336); vgl. dazu etwa *K. Gutzman*, 14 U. St. Thomas L.J. 76–77 (2018).

[273] Siehe noch unten Kapitel 4, Text bei Fn. 220

[274] Vgl. *W. E. Nelson*, Marbury v. Madison, 2000, S. 59; siehe zu Chase und dessen Sinneswandel *R. E. Ellis*, The Jeffersonian Crisis, 1971, S. 76; näher *H. J. Abraham*, 27 J. Sup. Ct. Hist. 289 (2002); *W. Bird*, Press and Speech under Assault, 2016, S. 221; *G. L. Haskins*, in: ders./H. A. Johnson, History of the Supreme Court, Bd. II, 1981, S. 91 ff.

[275] *Trial of James Thompson Callender* (U.S. Circuit Court for the Virginia District, 1800), in: F. Wharton (Hrsg.), State Trials of the United States, 1849, S. 688 (714); dazu etwa *K. Gutzman*, 14 U. St. Thomas L.J. 80–81 (2018).

[276] Vgl. Brief von Thomas Jefferson an Monsieur L'Abbé Arnoud vom 19. Juli 1789, in: A. E. Bergh (Hrsg.), The Writings of Thomas Jefferson, Bd. VII, 1904, S. 422 ("It is in the power of the juries ... if they think permanent judges are under any bias whatever ... to take on themselves to judge the law as well as the fact."); siehe aus der Literatur *C. S. Conrad*, Jury Nullification, 1998, S. 6 ("When jurors decide not to enforce the written law and 'do

A. Gewaltenteilung und rechtsprechende Gewalt in der politischen Theorie 151

sen an den für das aktive Wahlrecht geltenden Standards des 18. Jahrhunderts[277], eine demokratische Komponente in die Gerichtsverhandlung eingebracht haben[278]. Das kann man jedenfalls dann so sehen, wenn man unter „demokratisch" ganz puristisch die strikte Befolgung des Mehrheitsprinzips (im Falle der Jurys sogar des Einstimmigkeitsprinzips) im Rahmen bürgerschaftlicher Selbstverwaltung[279] verstehen will[280]. Den Richtern allein traute man eine unparteiische Entscheidungsfindung nicht zu[281]. Während der Ratifikationsdebatte notierte ein unter dem Pseudonym „An Old Whig" schreibender Anti-Federalist aus Pennsylvania in einer seiner Streitschriften:

"Judges, unincumbered by juries, have been ever found much better friends to government than to the people."[282]

Aus Sicht der Anti-Federalists war eine starke Beteiligung der Jurys also vor allem erforderlich, weil mit den Geschworenen ein partizipatives oder demokratisches[283] Gegengewicht bereitstand, das sich mit mehr oder weniger

---

justice' instead, we say they have 'nullified' the law."); *D. K. Brown*, 81 Minn. L. Rev. 1149 (1997); *R. Lempert*, The American Jury System, 2015, S. 8ff.; *W. E. Nelson*, 55 Wm. & Mary L. Rev. 1150 (2014); *A. Parmenter*, 46 Washburn L.J. 379 (2007) ("Jury nullification occurs when a jury or juror finds a ... defendant not guilty despite their belief that there is no reasonable doubt that a violation of a criminal statute has occurred.").

[277] Siehe oben, Fn. 264.

[278] Vgl. insbesondere Federal Farmer IV, 1787 und Federal Farmer XV, 1788, in H. J. Storing (Hrsg.), The Complete Anti-Federalist, Bd. 2, 1981, S. 249 f., S. 319 ff. ("It is essential in every free country, that common people should have a part and share of influence, in the judicial as well as in the legislative department"; "The jury trial, especially politically considered, is by far the most important feature in the judicial department in a free country."); siehe auch die Einschätzung bei *W. E. Nelson*, 37 J. Marshall L. Rev. 326–327, 350 (2004) ("eighteenth-century juries ... were a democratic force").

[279] *S. Stern*, Jury Trial in Nineteenth-Century America, 2015, S. 4, spricht von „communal function" der Jury und den Geschworenen als „representative of the community".

[280] Zur demokratischen Funktion der jury im common law im Allgemeinen näher *U. Kischel*, FS Riedel, hrsg. von D. Hanschel u. a., 2013, S. 632, 637 f., m. w. N.

[281] Siehe Brief von Thomas Jefferson an Monsieur L'Abbé Arnoud vom 19. Juli 1789, in: A. E. Bergh (Hrsg.), The Writings of Thomas Jefferson, Bd. VII, 1904, S. 422 (423) ("[W]e all know that permanent judges acquire an *Esprit de corps*; that being known, they are liable to be tempted by bribery; that they are misled by favor, by a spirit of party, by a devotion to the executive or legislative power ... and that the opinion of twelve honest jurymen gives still a better hope of right, than cross and pile does.").

[282] An Old Whig VIII, 1788, in: H. J. Storing (Hrsg.), The Complete Anti-Federalist, Bd. 3, 1981, S. 46 (49).

[283] Siehe Brief von Thomas Jefferson an Colonel David Humphreys vom 18. März 1789, in: A. E. Bergh (Hrsg.), The Writings of Thomas Jefferson, Bd. VII, 1904, S. 319 (323) ("It [the Constitution of 1787/89] should have established *trials by the people themselves*, that is to say, by jury." [meine Hervorhebung]); vgl. auch die Überlegungen im Tagebuch des John Adams aus dem Jahr 1771, in: Ch. F. Adams (Hrsg.), The Works of John Adams,

großem Erfolg in die Waagschale werfen ließ, um die Autorität der „Aristokraten auf der Richterbank"[284] zu untergraben. Das verdeutlicht die Stellungnahme eines gewissen „Federal Farmer", der sich mit folgendem Beitrag über die Rolle der Geschworenen in die Verfassungsdiskussion eingeschaltet hatte:

"Juries are constantly and frequently drawn from the body of the people, and freemen of the country; and by holding the jury's right to return a general verdict in all cases sacred, we secure to the people at large, their just and rightful controul in the judicial department."[285]

Es liegt nahe, die frühamerikanische Jury nicht nur als justitielle, d.h. den individuellen Rechtsschutz im Einzelfall garantierende, sondern auch und insbesondere als politische, im öffentlichen Interesse handelnde Institution zu begreifen[286]. Der US-Wissenschaftler Akhil Amar hat die Geschworenen bzw. die Institution der Jury vor diesem Hintergrund (auch wenn man sicherlich über die Terminologie streiten kann, so in der Sache doch nicht unzutreffend) als „Unterhaus der Justiz" und als (Quasi-)Repräsentationsorgan beschrieben[287]. Eigentlich kann man die herausragende Bedeutung des Geschworenenprozesses für das republikanische Verfassungsdenken der

---

Bd. II, 1856, S. 253 ("Juries are taken, by lot or by suffrage, from the mass of the people, and no man can be condemned of life, or limb, or property, or reputation, without the concurrence of the *voice of the people*" [meine Hervorhebung]); siehe aus der Literatur *Ch. Tomlins*, in: E. Gray/J. Kamensky (Hrsg.), Oxford Handbook of the American Revolution, 2013, S. 540 (544) ("localized democracy in action").

[284] A Federal Republican, A Review of the Constitution Proposed by the Late Convention, 1787, in: H. J. Storing (Hrsg.), The Complete Anti-Federalist, Bd. 3, 1981, S. 67 (77 f.); vgl. *H. J. Storing*, What the Anti-Federalists Were For, in: ders. (Hrsg.), The Complete Anti-Federalist, Bd. 1, 1981, S. 50; vgl. auch den Titel von *J. M. Sosins* Arbeit über „The Aristocracy of the Long Robe – The Origins of Judicial Review in America", 1989. – Der Argumentationstopos „Aristokratie" zieht sich wie ein roter Faden durch die Anti-Federalist-Publizistik in der Verfassungsdebatte und die verfassungspolitische Diskussion der frühen Republik; schon während der Revolution wurde er von den Amerikanern als Kennwort für ‚Korruption' (Machtmissbrauch) verwendet, siehe *S. Sherry*, 5 Const. Comment. 329 (1988); zu einer zeitgenössischen Stellungnahme Federal Farmer I, 1787, in: H. J. Storing (Hrsg.), The Complete Anti-Federalist, Bd. 2, 1981, S. 228 ("strong tendency to aristocracy now discernable in every part of the plan"); vgl. auch *J. Taylor*, Inquiry into the Principles and Policy of Government, 1814, S. 35 ff.; aus der Sekundärliteratur *D. E. Narret*, New York History 69 (1988), S. 285 (296); *G. S. Wood*, Creation, 1969, S. 562; ders., 44 Wm. & Mary Q. 631–632 (1987).

[285] Federal Farmer XV, 1788, in H. J. Storing (Hrsg.), The Complete Anti-Federalist, Bd. 2, 1981, S. 319 f.

[286] Siehe bereits *A. de Tocqueville*, Über die Demokratie in Amerika, 1835, hrsg. von J. P. Mayer, 1985, S. 172 („die Geschworenenbank als politische Institution"); aus der neueren Literatur *R. Lempert*, The American Jury System, 2015, S. 5 ff.

[287] *A. R. Amar*, The Bill of Rights, 1998, S. 100; ähnlich *J. N. Rakove*, 49 Stan. L. Rev. 1062 (1997) ("representative assemblies and juries were regarded as parallel institutions").

1770er und 1780er Jahre vor diesem Hintergrund gar nicht hoch genug einschätzen[288]. Der enorme verfassungspolitische Wert, der in den Augen der Zeitgenossen durch die Garantie des „trial by jury" verkörpert wurde[289], verschafft sich schon in der Unabhängigkeitserklärung[290], in den Einzelstaatsverfassungen[291] und auch im normativen Gehalt der – mit besonderem Nachdruck von den Anti-Federalists geforderten[292] – Bill of Rights in den Verfassungszusätzen fünf, sechs und sieben entsprechenden Ausdruck[293].

Es waren allerdings nicht nur Anti-Federalists, die der Institution des Geschworenenprozesses einen hohen Stellenwert einräumten. Neben John Adams, der die Jury bereits 1771 als „Stimme des Volkes" gepriesen hatte[294], äußerten sich in der Verfassungsdiskussion auch einige andere Federalists wohlwollend über den Geschworenenprozess. Ob es sich dabei um aufrichtige Bekundungen oder eher um taktische Manöver handelte, um die gegenüber dem Verfassungsprojekt nach wie vor skeptisch eingestellten Anti-Federalists zu beschwichtigen, wie es die oben zitierte Jury-kritische Äußerung des (allerdings auch eher dem extremen Flügel der Federalists zuzurechnenden) Richters Chase aus den 1790er Jahren vielleicht nahelegen könnte, lässt sich nicht mit Sicherheit sagen. Amerikanische Historiker sehen in der Anerkennung der politischen Notwendigkeit der Institution des Geschworenenprozesses jedenfalls einen der wenigen zwischen Federalists und Anti-Federalists

---

[288] Vgl. nochmals Brief von Thomas Jefferson an Monsieur L'Abbé Arnoud vom 19. Juli 1789, in: A. E. Bergh (Hrsg.), The Writings of Thomas Jefferson, Bd. VII, 1904, S. 422 ("With respect to the value of this institution [of trial by jury] I must make a general observation. We think, in America, that it is necessary to introduce the people into every department of government..."); siehe ferner *J. Story*, Commentaries on the Constitution, Bd. II, 4. Aufl. 1873 (1. Aufl. 1833), S. 540 ff. ("trial by jury ... as the great bulwark of ... civil and political liberties.").

[289] Siehe ausführlich und mit zahlreichen Nachweisen *J. P. Reid*, Constitutional History, Bd. I, 1986, S. 47 ff.

[290] Im „Rechtfertigungsteil" der Unabhängigkeitserklärung schreiben die Unterzeichner: „To prove [the usurpations of King George III], let Facts be submitted to a candid world ... He has combined with others to subject us to a jurisdiction foreign to our constitution, and unacknowledged by our laws; giving his Assent to their Acts of pretended Legislation: ... For depriving us in many cases, of the benefits of Trial by Jury."

[291] Siehe *A. R. Amar*, The Bill of Rights, 1998, S. 83, m. w. N. („trial by jury" sei das einzige Recht, das in sämtlichen zwischen 1776 und 1787 erlassenen Verfassungen garantiert ist).

[292] *W. Brugger*, AöR 126 (2001), S. 337 (352); *R. N. Clinton*, 75 Iowa L. Rev. 912 (1990).

[293] Für den bundesgerichtlichen Strafprozess ist trial by jury bereits in der Kernverfassung garantiert, U.S. Const. Art. III, § 2, Cl. 3, eine allgemeine strafgerichtliche jury trial-Garantie befindet sich zudem im sechsten Verfassungszusatz („public trial, by an impartial jury of the State"); der siebte Verfassungszusatz enthält eine Garantie für trial by jury auch für den Zivilprozess bei Streitwerten, die den Betrag von 20 Dollar überschreiten.

[294] Siehe oben, Nachweis und Zitat in Fn. 283.

im Wesentlichen unumstrittenen Punkte[295]. Sie stützen sich dabei auf eine Aussage Alexander Hamiltons aus dem Federalist #83. „Freunde und Gegner des [Verfassungs-]Entwurfs", so Hamilton, „stimmen, wenn schon in nichts anderem, so doch zumindest in ihrer Wertschätzung des Geschworenengerichts überein"[296]. Hamilton bemerkt aber auch, dass die Wertschätzung, die dem Institut des „trial by jury" allerorten entgegengebracht wird, keinesfalls auf einer einheitlichen Begründung beruhte. Während die Federalists die freiheitsschützende Funktion der Geschworenenbank betonten, legten die Anti-Federalists besonderen Wert auf die politische Kontrollfunktion der Jurys, oder, in den Worten Hamiltons: Sie betrachteten den Geschworenenprozess als „wahres Bollwerk eines freien Regierungssystems"[297].

Im Januar 1788, in einem Zeitpunkt, in dem das Schicksal des Verfassungsentwurfs noch offen war, fasste der Federalist und spätere Vorsitzende Richter des Obersten Gerichtshofs von Massachusetts, Theophilius Parsons, die je nach Standpunkt entweder freiheitssichernde oder politische Kontrollfunktion des Geschworenenprozesses während der Debatten im Ratifikationskonvent von Massachusetts folgendermaßen zusammen:

> "[T]he people themselves have it in their power effectually to resist usurpation ... An act of usurpation is not obligatory; it is not law; and any man may be justified in his resistance. Let him be considered as a criminal by the general government, yet only his fellow-citizens can convict him; they are his jury, and if they pronounce him innocent, not all the powers of Congress can hurt him; and innocent they will certainly pronounce him, if the supposed law he resisted was an act of usurpation."[298]

Historisch lässt sich die starke Bedeutung der Jury im Verfassungsdenken der 1780er Jahre wohl als Nachwirkung der Kolonialjustiz erklären. Die sich vor allem in weiten Ermessensspielräumen manifestierende Macht der Richter Seiner Majestät[299] konnte durch eine einflussreiche Jury, besetzt mit amerikanischen Siedlern, zumindest einigermaßen begrenzt werden[300]. Damit erscheint die oben beschriebene frühamerikanische Schwurgerichtspraxis (und insbesondere die „jury nullification") nach 1776 im Übrigen auch nicht mehr als originär US-amerikanische Erfindung, sondern als bereits aus der Kolo-

---

[295] Siehe etwa *A. W. Alschuler/A. G. Deiss*, 61 U. Chi. L. Rev. 871 (1994).

[296] *A. Hamilton*, The Federalist #83, 1788, in: A. Adams/W. P. Adams (Hrsg./Übers.), Die Federalist-Artikel, 1994, S. 503 (507).

[297] *A. Hamilton*, The Federalist #83, 1788, in: A. Adams/W. P. Adams (Hrsg./Übers.), Die Federalist-Artikel, 1994, S. 503 (507); diesen Punkt unterstreicht etwa der Federal Farmer, siehe das Zitat oben, Fn. 278.

[298] Rede des Delegierten Theophilius Parsons vom 23. Januar 1788, in: J. Elliot (Hrsg.), The Debates in the Several State Conventions, Bd. II, 2. Aufl. 1836, S. 88 (94).

[299] Zu den sog. „vice-admiralty courts" unten, Fn. 304 f. und begleitenden Text.

[300] *G. S. Wood*, 56 Wash. & Lee L. Rev. 790 (1999); *S. R. Olken*, 37 J. Marshall L. Rev. 403–404 (2004); zur Wahrnehmung der Justiz in der vorrevolutionären Zeit siehe *K. Hall*, in: M. Grossberg/Ch. Tomlins (Hrsg.), Cambridge History of Law in America, Bd. II, 2008, S. 106 (113 a. E.) ("arbitrary and coercive").

nialzeit – dem Grunde nach, wie etwa der „Fall der sieben Bischöfe" zeigt, auch in England[301] – bekanntes und nunmehr wiederkehrendes Muster.

Als klassische Referenz für eine aufsässige koloniale Jury wird häufig der Fall des John Peter Zenger genannt[302]. Der Deutschamerikaner Zenger arbeitete als Drucker in New York und verlegte auch eine Zeitung. Die Zeitung war den Briten ein Dorn im Auge, weil sie immer wieder kritisch über den von der Krone eingesetzten Gouverneur der Provinz New York berichtet hatte. 1735 wurde Zenger wegen staatsgefährdender Verleumdung („seditious libel") angeklagt. Während die kolonialen Justizbehörden auf eine Verurteilung drängten, hatten die Geschworenen anderes im Sinn. Die mit Kolonialamerikanern besetzte Jury erkannte auf „nicht schuldig" und sprach Zenger mittels dieses Verdikts de facto von dem erhobenen Tatvorwurf frei. Nicht aus Mangel an Beweisen – dass Zenger die verleumderischen Artikel in seiner Zeitung gedruckt hatte, stand außer Zweifel –, sondern weil die Geschworenen die von der Anklage vertretene Auslegung der einschlägigen Strafvorschrift (der „seditious libel"-Doktrin des common law[303]) offenbar für mit der Pressefreiheit unvereinbar gehalten hatten[304].

Nicht zuletzt solche und vergleichbare Erfahrungen mit Obstruktionen des Gesetzesvollzuges durch koloniale Jurys dürften die Briten in den 1760er und 1770er Jahren dazu veranlasst haben, Entscheidungszuständigkeiten in handelsrechtlichen und abgaben- bzw. zollrechtlichen Streitigkeiten von den regulären kolonialen common law-Gerichten, die über eine konkurrierende

---

[301] *J. Lee Malcolm*, 26 J.L. & Pol. 15–17 (2010) ("ancient strategy to keep both king and Parliament within reasonable bounds"); siehe zum sog. „Trial of the Seven Bishops" aus dem Jahr 1688 etwa *Ch. L. Babcock*, 47 S. Tex. L. Rev. 329–330 (2005) ("The Seven Bishops case became precedent for jury nullification of the law."); *C. S. Conrad*, Jury Nullification, 1998, S. 31 ("[The] acquittal verdict [in that case] was considered by many to be a vindication of the right of jurors to judge the law and to return a general vedict.").

[302] Der Fall ist durch einige zeitgenössische Quellen dokumentiert, siehe unter anderen „The tryal of John Peter Zenger, of New-York, printer, who was lately try'd and acquitted for printing and publishing a libel against the government. With the pleadings and arguments on both sides", London: 4. Aufl. 1738.

[303] Siehe näher *D. Jenkins*, 45 Am. J. Legal. Hist. 160–164 (2001) ("The legal definition of libels encompassed a wide range of criticisms against the established political, religious, and social order."). Im Unterschied zur gewöhnlichen Verleumdung setzte die staatsgefährdende Verleumdung nach klassischer englischer Lesart keine unwahre Tatsachenbehauptung voraus; allein die „Provokation", und nicht die Falschheit, begründet die Strafbarkeit, siehe *W. Blackstone*, Commentaries on the Laws of England, Bd. IV, 1769, hrsg. von Th. Green, 1979, S. 150 ("[T]he provocation, and not the falsehood, is the thing to be punished criminally.").

[304] *L. D. Kramer*, People Themselves, 2004, S. 29; näher *A. W. Alschuler/A. G. Deiss*, 61 U. Chi. L. Rev. 871–875 (1994); *J. Marke*, 6 Litigation 41–44, 54–55 (Issue 4, 1980); unter dem Blickwinkel der Pressefreiheit wird der Fall bei *G. Schild*, Der Staat 58 (2019), S. 535 (537) besprochen.

Zuständigkeit verfügt hatten, auf mutmaßlich loyalere Seegerichte (sog. „vice-admiralty courts") zu verlagern[305]. Diese Spruchkörper existierten schon seit dem späten 17. Jahrhundert und unterschieden sich vor allem dadurch von den ordentlichen Gerichten, dass sie ohne Geschworene verhandelten[306]. Dass solcherlei Maßnahmen in den Kolonien als Akte der Tyrannei wahrgenommen wurden[307], überrascht nicht und liefert im Übrigen eine zusätzliche Erklärung dafür, dass das Institut des Geschworenenprozesses in der politischen Theorie der amerikanischen Gründung eine so zentrale Rolle einnimmt[308].

Lange sollte es nicht dauern, bis sich der Zenger-Prozess von einem das aktuelle Tagesgeschehen bestimmenden Politikum[309] zu einem amerikanischen Mythos[310] entwickelt haben würde. Der oben bereits erwähnte amerikanische Revolutionär, Gründervater und konservative Politiker Gouverneur[311] Morris soll in der Rückschau über das Strafverfahren gegen Zenger gesagt haben:

---

[305] *A. Alschuler/A. G. Deiss*, 61 U. Chi. L. Rev. 875 (1994); *A. R. Amar*, The Bill of Rights, 1998, S. 110; *B. Bailyn*, Ideological Origins, 1967, S. 108 f.; zu den sog. „vice-admiralty courts" näher *E. C. Surrency*, 11 Am. J. Legal. Hist 353–360 (1967), dort S. 357 ff. zur Ausweitung der Befugnisse der Seegerichte während der Eskalation der imperialen Krise (zur Amerikapolitik der Briten bereits oben, Fn. 9); zu den Seegerichten und zu deren Bedeutung für die zeitgenössiche verfassungspolitische Diskussion *C. Ubbelohde*, Vice-Admiralty Courts and the American Revolution, 1960, S. 63, 206 ff., et passim.

[306] *E. S. Morgan/H. M. Morgan*, Stamp Act Crisis, 1953, S. 24; außerdem oben, Fn. 305.

[307] Siehe „Declarations of the Stamp Act Congress" vom 24. Oktober 1765, in: B. Frohnen (Hrsg.), The American Republic. Primary Sources, 2002, S. 117 (118, unter VIII.); John Adams, „Braintree Instructions" vom 14. Oktober 1765, in: Ch. F. Adams (Hrsg.), The Works of John Adams, Bd. III, 1851, S. 465 (466) ("But the most grievous innovation of all, is the alarming extension of the power of courts of admiralty. In these courts, one judge presides alone!"); aus der Literatur *J. P. Reid*, Constitutional History, Bd. I, 1986, S. 177 ff., m. w. N.

[308] *A. W. Alschuler/A. G. Deiss*, 61 U. Chi. L. Rev. 871 (1994) ("The framers' enthusiastic support for the jury stemmed in large measure from the role that juries had played in resisting English authority before the Revolution.").

[309] *J. Marke*, 6 Litigation 55 (Issue 4, 1980) ("It became the common topic of conversation in all the coffee houses, and was commented on by the leaders of the bar.").

[310] *R. Lempert*, The American Jury System, 2015, S. 3 ("[T]he trial of John Peter Zenger ... cemented the image of the jury as an icon of liberty in the colonies."); siehe zur historischen und politischen Bedeutung des Zenger-Falles auch *A. W. Alschuler/A. G. Deiss*, 61 U. Chi. L. Rev. 874 (1994) ("More than any formal law book, [the Zenger Case] became the American primer on the role and duties of jurors"); *L. Eldridge*, 39 Am. J. Legal Hist. 337 (1995) ("very special status in the history of free speech in America"); *D. Jenkins*, 45 Am. J. Legal. Hist. 154 (2001) ("Zenger case ... established a new standard for the freedom of the press in America"); *L. W. Levy*, 17 Wm. & Mary Q. 36 (1960) ("Zenger case had no appreciable effect").

[311] Siehe oben, Fn. 144.

"The trial of Zenger in 1735 was the germ of American Freedom, the morning star of that liberty which subsequently revolutionized America."[312]

Aufgrund von Fällen wie dem des John Peter Zenger waren es in der historischen Erinnerung der amerikanischen Gründergeneration gerade nicht die Richter der Krone, sondern die Geschworenen, deren Entscheidungsbefugnis als „Inbegriff des fairen Verfahrens"[313] angesehen wurde – und es waren die Geschworenen, die in der Wahrnehmung der Amerikaner das „Rückgrat" des kolonialen Justizsystems bildeten[314].

Je stärker der Einfluss des Bundes auf die Rechtsprechung im Gefolge einer neuen Verfassung zunähme, so lassen sich die Überlegungen der Anti-Federalists wohl rekonstruieren, desto eher würde die auf dem Prinzip der Selbstverwaltung aufbauende und jedenfalls in der Tradition der (vor allem von den Anti-Federalists favorisierten) klassischen kolonialamerikanischen „Verfassungspraxis" stehende Rechtsprechungskonzeption zurückgedrängt[315]. Die Befürchtungen der Anti-Federalists scheinen auch in der Betrachtung ex post nicht völlig unbegründet. Schon bald sollte der dominante Einfluss der Jurys merklich nachlassen[316]. Die „jury nullification" war vor allem in der frühen Republik ein nützliches politisches Instrument, um den in der Bundesgesetzgebung sich äußernden Machtanspruch des für die Union handelnden Kongresses einzudämmen. Missliebiges geschriebenes (Bundes-) Recht oder common law konnte durch lokale Juroren schlicht ignoriert werden. Der Nachteil daran liegt auf der Hand. Der machtpolitische Nutzen, der sich aus der Errichtung dieser „wahren Bollwerke des freien Regierungssystems"[317] (Hamilton) ziehen ließ, war teuer, nämlich um den Preis der Rechtssicherheit erkauft. Insbesondere die aufstrebenden Unternehmer Neuenglands schlugen sich, vielleicht nicht ausschließlich aufgrund politischer Präferenzen[318], so doch aufgrund handfester ökonomischer Interessen, auf die Seite der Federalists. Sie sahen ihren unternehmerischen Erfolg durch die uneinheitliche und kaum berechenbare Spruchpraxis der Jurys im Bereich des Wirtschafts- und Kreditrechts gefährdet[319]. Zum Ende der ersten Dekade des 19. Jahrhunderts begannen die Richter allmählich damit, die Kompetenz,

---

[312] Zitiert nach *J. Marke*, 6 Litigation 55 (Issue 4, 1980).
[313] *U. Kischel*, FS Riedel, hrsg. von D. Hanschel u. a., 2013, S. 638.
[314] *J. N. Rakove*, 72 Geo. Wash. L. Rev. 384–385 (2003); ähnlich *J. Lee Malcolm*, 26 J.L. & Pol. 1, 22 (2010) ("all regarded juries, not judges, as the ultimate protection for liberty.").
[315] *R. Lempert*, The American Jury System, 2015, S. 5 (trial by jury als „venue for citizen self-government"); vgl. auch *A. Diamond*, 6 Pol. Sci. Rev. 259 (1976).
[316] Siehe näher etwa *R. B. Lettow*, 71 Notre Dame L. Rev. 506 et passim (1996).
[317] Siehe oben, Fn. 296 f.
[318] *A. Adams/W. P. Adams*, in: dies. (Hrsg.), Die Federalist-Artikel, 1994, Einleitung S. lxxxi; *H. Vorländer*, JöR N.F. 36 (1987), S. 451 (476).
[319] *W. E. Nelson*, 37 J. Marshall L. Rev. 340 (2004).

allein über das Recht zu entscheiden, an sich zu ziehen. Die von William Nelson so bezeichnete „richterliche Ergreifung der Rechtsfindungsgewalt"[320] war ein langwieriger Prozess, der auch nicht in allen Bundesstaaten gleichmäßig verlief – und im Übrigen bis heute nicht vollständig abgeschlossen zu sein scheint.

Bezogen auf das Institut des Geschworenenprozesses lassen sich zwei wichtige Punkte festhalten: Erstens gab es neben der durch den Privy Council von London aus ausgeübten Aufsicht über die koloniale Rechtssetzung[321] auch in den Kolonien eine Art gerichtlicher Normenkontrolle, wenn auch (überwiegend[322]) nicht im technischen Sinne. Die „quasi-Normenkontroll-" bzw. „Nullifikationskompetenz" wurde nicht durch Richter, sondern durch Juroren ausgeübt[323]. Als Beurteilungsmaßstab ist auch nicht höherrangiges „Juristenrecht"[324] herangezogen worden. Dem Anschein nach kam – und kommt es, soweit „jury nullification" in der Gegenwart praktiziert wird – vor allem auf das Naturrechts- bzw. Gerechtigkeitsverständnis oder die rechtspolitischen Überzeugungen der jeweiligen Jurys an[325]. Das räumte, vielleicht etwas widerwillig, auch der oben bereits zitierte Federal Farmer ein, der das Gerede von der ‚Technizität' des Rechts wiederum für eine eher alberne Kulturattitüde gehalten zu haben scheint:

"It is true, the freemen of a country are not always minutely skilled in the laws, but they have common sense in its purity, which seldom or never errs in making and applying laws to the condition of the people, or in determining judicial causes."[326]

Die Frage, inwieweit neben dem geschriebenen Verfassungsrecht auch andere Rechtsquellen bei der Interpretation der Verfassung zu berücksichtigen sind, wird auch die Akteure der unten (B.) geschilderten verfassungspolitischen Grundsatzkontroverse über das richterliche Prüfungsrecht im technischen Sinne beschäftigen – und bleibt darüber hinaus auch in der Praxis der nachkonstitutionellen und mittlerweile professionalisierten rechtsprechenden Gewalt des Bundes umstritten (unten, Kapitel 4).

---

[320] *W. E. Nelson*, 71 Ohio St. L.J. 1003 (2010) ("judicial seizure of lawfinding power"); *ders.*, in: K. L Hall/K. T McGuire (Hrsg.), The Judicial Branch, 2005, S. 15.
[321] Zum Privy Council bereits oben, Text und Nachweise Kapitel 2, Fn. 171 ff.
[322] Siehe zu den englischen und kolonialamerikanischen Ursprüngen des richterlichen Prüfungsrechts im technischen Sinne die Nachweise oben Kapitel 2, Fn. 181 ff.
[323] Zum Zusammenhang zwischen „lawfinding power" der Geschworenen und judicial review-Doktrin siehe auch *J. N. Rakove*, 49 Stan. L. Rev. 1064 (1997).
[324] Vgl. *A. R. Amar*, The Bill of Rights, 1998, S. 102 ("lawyer's law").
[325] Siehe *D. K. Brown*, 81 Minn. L. Rev. 1151–1152 (1997); *J. P. McClanahan*, 111 W. Va. L. Rev. 794 (2009).
[326] Federal Farmer XV, 1788, in H. J. Storing (Hrsg.), The Complete Anti-Federalist, Bd. 2, 1981, S. 320.

Anhand der den Geschworenen zugewiesenen „Nullifikationskompetenz" wird zweitens erkennbar, dass eine Normenkontrolle oder zumindest ein „Prinzip der [extralegislativen Feststellbarkeit der] Nichtigkeit legislativer Akte"[327] auch mit der radikaleren Demokratietheorie der Revolutionszeit, die ja durch die von Thomas Jefferson angeführte Republikanische Partei in das frühe 19. Jahrhundert hineinwirkte, nicht aus sich heraus unvereinbar ist[328] – hier ist alles eine Frage der Entscheidungszuständigkeit in der Organisation der Rechtsprechung im bundesstaatlichen Gefüge und nicht zuletzt auch eine Frage der Entscheidungsmaßstäbe.

B. Die verfassungspolitische Grundsatzkontroverse über das richterliche Prüfungsrecht

Die ideengeschichtlichen und theoretischen Ursprünge der spezifisch US-amerikanischen Lehre vom richterlichen Prüfungsrecht sind durch einige Schriften, verfasst von Autoren, die während der Revolutionsära und in der frühen Republik tätig waren, einigermaßen gut dokumentiert. Die Qualität der Stellungnahmen schwankt zuweilen. Es ist nicht ganz leicht, die Texte einem bestimmten Typus eindeutig zuzuordnen. Teils haben die Autoren polemische Kampfschriften, teils annähernd ausgewogene staatsphilosophische Traktate verfasst. Auch wenn sich die Texte einer bestimmten Gattung nicht zuordnen lassen, tut das ihrer Verwertbarkeit jedenfalls solange keinen Abbruch, als man bei ihrer Analyse berücksichtigt, dass sich hinter den Pamphleten keine zeitgenössischen Wissenschaftler verbergen, die um eine möglichst objektive Sicht der Dinge bemüht sind, sondern Parteigänger mit handfesten politischen Interessen. Denjenigen Autoren, die um das Jahr 1787 publiziert haben, ging es ja eher darum, Unterstützer bzw. Gegner des Verfassungsprojekts zu mobilisieren, als mit einer wissenschaftlich profunden Theorie des richterlichen Prüfungsrechts aufzuwarten[329]. Berücksichtigt man also die Entstehungsbedingungen der Texte, können sie Aufschluss nicht nur über die wesentlichen verfassungspolitischen, sondern *cum grano salis* auch über die juristischen Argumente geben, die in der historischen Kontroverse für und gegen das richterliche Prüfungsrecht vorgetragen worden sind. Versucht man, die Auseinandersetzung in ihren wesentlichen Grundzügen zu rekonstruieren, bleibt gleichwohl die Schwierigkeit, dass man von einem Begriff des richterlichen Prüfungsrechts bzw. des judicial review ausgeht, der „heute zwar intensional festlieg[t]", dessen „Klärung aber [unter anderem]

---
[327] *W. Heun*, Der Staat 42 (2003), S. 267 (278).
[328] Siehe auch *M. Eberl*, Verfassung und Richterspruch, 2006, S. 212.
[329] Vgl. *A. V. Baker*, 39 Duq. L. Rev. 743–744 n. 61 (2001).

eine Funktion eben jener Debatte war, die es zu rekonstruieren gilt"[330]. Nicht umsonst ist der Streit um judicial review älter als der Name des in Rede stehenden Rechtsinstituts selbst[331]. Bei vorschnellen, auf einem heutigen Vorverständnis beruhenden Ableitungen aus den Argumenten, die die zeitgenössischen Akteure in ihren Schriften vorgebracht haben, ist also zumindest an denjenigen Stellen eine gewisse Vorsicht geboten, an denen sich klare Schlüsse nicht unbedingt aufdrängen[332]. Außerdem wird man immer auch mit der Gefahr leben müssen, dass das Herstellen von Bezügen zur Gegenwart „nicht selten" dazu führt, dass „Kategorien der jeweiligen Gegenwart auf die Vergangenheit" übertragen werden, „die dieser nicht gemäß sind"[333]. Im Anschluss an ein Zitat von Frederic Maitland, dessen verfassungsgeschichtliche Arbeiten aus dem späten 19. und frühen 20. Jahrhundert im angelsächsischen Schrifttum noch immer als Autorität angesehen werden, erinnert auch der amerikanische Rechtshistoriker Richard Helmholz an die Notwendigkeit, eine allzu präsentistische Deutung der Geschichte – so gut es eben geht – zu vermeiden:

"To understand the history of those who made early law, said Maitland, we have to be able to think *their* common thoughts, not ours."[334]

Aus der Sicht des heutigen Betrachters fällt es natürlich schwer, der Versuchung zu widerstehen, die Vergangenheit am Maßstab der Gegenwart zu beurteilen und die Geschichte des richterlichen Prüfungsrechts als eine gleichsam zwangsläufige, lineare Entwicklung zu begreifen. Mit anderen Worten muss sich eine Analyse der zeitgenössischen publizistischen Stellungnahmen zum richterlichen Prüfungsrecht (und auch der Gerichtsentscheidungen in den Kaptieln vier und fünf) stets der „Kontingenz historischer Prozesse"[335] bewusst sein. Übersetzt in die Terminologie der angelsächsischen Methodendiskussion heißt das, den Appell des US-Historikers Gordon Wood ernstzunehmen, der davor warnt, gewissermaßen in die teleologisch-intentionalistische Falle zu tappen und die Geschichte in der Tradition der

---

[330] So, bezogen auf Deutschland, *R. Ogorek*, ZNR 11 (1989), S. 12 (15); vgl. für die amerikanische Diskussion *R. L. Clinton*, Marbury v. Madison, 1989, S. 67.

[331] Siehe unten, Fn. 354.

[332] *J. N. Rakove*, 72 Geo. Wash. L. Rev. 381–382 (2003) ("the difficulties of deriving unequivocal answers from equivocal sources").

[333] *O. Brunner*, Historische Zeitschrift, Bd. 209 (1969), S. 1 (7); vgl. *L. Lacchè*, History & Constitution, 2016, S. 10; *M. Stolleis*, Rechtsgeschichte schreiben, 2008, S. 27, 41 f.; bezogen auf die amerikanische Gründung und mit weiteren Nachweisen zu den „großen" amerikanischen Historikern *J. Gienapp*, 84 Fordham L. Rev. 942 (2015).

[334] *R. H. Helmholz*, 1 J. Legal Analysis 333 (2009); vgl. *F. W. Maitland*, Domesday Book and Beyond, 1897 (Ndr. 1907), S. 520.

[335] *J. Krüper*, ZJS 2012, S. 9.

sog. Whig-Historiker als „zielgerichtete Erwartung der [womöglich gar nicht so] glorreichen Gegenwart" zu lesen[336]:

"[N]o one meant to establish what eventually became judicial review; it could scarcely have been imagined. Like most developments in history, judicial review was unplanned and unintended."[337]

Der – wohl auch im deutschen Sprachraum – bekannteste unter den zeitgenössischen amerikanischen Texten über die richterliche Normenkontrolle, veröffentlicht auf dem Höhepunkt der New Yorker Ratifikationsdebatte im Frühjahr 1788, stammt aus der Feder des Revolutionärs, Framers und ersten Finanzstaatsekretärs der Vereinigten Staaten, Alexander Hamilton[338]. Hamilton bezog gemeinsam mit zwei weiteren bekannten Befürwortern des Verfassungsprojekts, James Madison und John Jay, unter dem Kollektivpseudonym Publius für die Anerkennung eines richterlichen Prüfungsrechts unter der neuen Verfassung Position. Es lohnt sich, einen genaueren Blick auf Hamiltons Text zu werfen (unten, II.). Nicht nur, weil dessen Argumente für das richterliche Prüfungsrecht als Bestandteil des Urtexts[339] der Verfassungstheorie der Vereinigten Staaten – der Federalist Papers[340] – gelten können, sondern auch, weil der Federalist und die in ihm enthaltene „kompromisslose Juristenprosa"[341] in der US-amerikanischen Wissenschaft und Praxis auch heute noch einige Beachtung finden. Aus den Federalist Papers hergeleitete Argumente werden in manchen Gerichtsentscheidungen und in einigen wissen-

---

[336] Klassisch *H. Butterfield*, The Whig Interpretation of History, 1931 (Ndr. 1963), S. 11 f.; vgl. aus der jüngeren Literatur *J. W. F. Allison*, 28 J. Legal Hist. 271–272 (2007) ("Whig history is a vehicle for expressing a fervour for something in the present and demonstrating the developing appreciation of its value in the past.").

[337] *G. S. Wood*, 22 Suffolk U. L. Rev. 1294–1295 (1988); vgl. im Zusammenhang mit der Historiographie des amerikanischen Frühkonstitutionalismus auch *J. B. Freeman*, 108 Yale L.J. 1959 (1999) ("detachment of hindsight"); vgl. zur deutschen Methodendiskussion *N. Herrmann*, Entstehung, Legitimation und Zukunft, 2001, S. 18 f., m. w. N.

[338] Kurzbiographien Hamiltons finden sich z. B. bei *J. Gebhardt*, in: H. Maier/ H. Rausch/H. Denzer (Hrsg.), Klassiker des politischen Denkens, Bd. II, 3. Aufl. 1974, S. 75 (78); *P. C. Hoffer*, Rutgers v. Waddington, 2016, S. 36 ff.; monographisch *R. Chernow*, Alexander Hamilton, 2004. – Alexander Hamilton ist bis heute eine umstrittene Figur geblieben. Im Unterschied zu den übrigen bekannten Gründervätern begegnen die US-Amerikaner ihm und seinem politischen Erbe, anders als etwa einem James Madison oder einem Thomas Jefferson (siehe zur Jefferson heutzutage über die Parteigrenzen hinweg entgegengebrachten Sympathie *W. Heun*, Historische Zeitschrift Bd. 258 [1994], S. 359 [395]), wohl quer durch das politische Spektrum eher distanziert. Siehe näher bei *K. F. Walling*, in: B.-P. Frost/J. Sikkenga (Hrsg.), History of American Political Thought, 2003, S. 167 ff.

[339] *B. Brunhöber*, Repräsentation, 2010, S. 36; *L. D. Kramer*, 112 Harv. L. Rev. 611 (1999).

[340] Siehe bereits oben Kapitel 2, Fn. 199.

[341] *W. P. Adams*, Die USA vor 1900, 2. Aufl. 2009, S. 50.

schaftlichen Arbeiten als maßgebend angesehen[342]. Als „Klassiker der Staatsphilosophie"[343] aber dient der Federalist insbesondere als eine Art politiktheoretischer oder gar zivilreligiöser[344] Kompass[345], der zur verfassungsideologischen Rückversicherung in ganz grundlegenden Fragen von Verfassung, Staat und Gesellschaft bereitsteht[346]. Das ist es, was Robert von Mohl meinte,

---

[342] Siehe z. B. *C. Savage*, Judge Questions Legality of N.S.A. Phone Records, New York Times Online vom 16. Dezember 2013, online: www.nytimes.com/2013/12/17/us/politics/federal-judge-rules-against-nsa-phone-data-program.html?_r=0, letzter Zugriff am 23. September 2020 ("A federal district judge ruled on Monday ... suggesting that James Madison would be 'aghast' to learn that the government was encroaching on liberty in such a way."). Zur Bedeutung des Federalist für Entscheidungen insbesondere des U.S. Supreme Court vgl. *G. E. Maggs*, 87 B.U. L. Rev. 802, 818–820 (2007) ("Although the Federalist Papers may not have determined the results of all these cases or even very many of them, judges unmistakably have viewed the essays as important authority to consider.").

[343] Vgl. *P. Häberle*, in: D. Merten/H.-J. Papier (Hrsg.), HGRe I, 2004, §7 Rn. 8, 14; *D. Herz*, Die wohlerwogene Republik, 1999, S. 145; *M. Jestaedt*, Die Verfassung hinter der Verfassung, 2009, S. 101 („Man übertreibt kaum, die ‚Federalist Papers' als den verfassungstheoretischen Klassiker schlechthin zu bezeichnen.").

[344] *J. Heideking*, Historische Zeitschrift, Bd. 246 (1988), S. 47 (60), nach dessen Beobachtungen sich im Gefolge des Verfassungsgebungsprozesses – der ja durch den Federalist wie durch kaum ein anderes Dokument der Geschichte der amerikanischen Gründung verkörpert wird – „auf ganz natürliche Weise" eine „von antiken und christlichen Motiven durchsetzte republikanische Volkskultur, eine ‚civil religion', die alle Einzelinteressen transzendieren und dem Staat Identität und inneren Zusammenhalt geben sollte", entwickelte; vgl. *H. Arendt*, Über die Revolution, 1965, S. 256 (‚Heiligsprechung' der Verfassung); *W. Brugger*, in J. Isensee/P. Kirchhof (Hrsg.), HStR IX, 3. Aufl. 2011, § 186 Rn. 7; *R. C. van Canegem*, Historical Considerations on Judicial Review, 2003, S. 6f., 9f.

[345] Siehe etwa *D. T. Coenen*, 56 Duke L.J. 471 (2006) ("The Federalist stands, head and shoulders above all else, as the most significant book in the history of American law and political theory.").

[346] *J. Goebel, Jr.*, History, Bd. I, 1971, S. 320 (Federalist als „heritage of enduring vitality"); siehe im Übrigen etwa *E. Chemerinsky*, Principles and Policies, 5. Aufl. 2015, S. 11; *R. N. Clinton*, 75 Iowa L. Rev. 911 (1990). Zu weit dürfte es gehen, den Federalist mit *W. P. Adams*, Die USA vor 1900, 2. Aufl. 2009, S. 50f., und im Anschluss an Adams *F. Muß*, Ersatzmonarch, 2013, S. 77, als „authentischen Verfassungskommentar" zu bezeichnen; siehe bereits *McCulloch v. Maryland*, 17 U.S. (4 Wheat.) 316, 433 (1819) (Marshall, C.J.) ("In the course of the argument, the Federalist has been quoted, and the opinions expressed by the authors of that work have been justly supposed to be entitled to great respect in expounding the Constitution. No tribute can be paid to them which exceeds their merit; but in applying their opinions to the cases which may arise in the progress of our Government, a right to judge of their correctness must be retained."). Der Federalist ist in erster Linie eine politische Kampfschrift (siehe unten, Text und Nachweise bei Fn. 671 f.) und kann deshalb wohl keine letztverbindliche Deutungshoheit über die Absichten der Framers oder gar der „ratifiers" (die den Federalist aus verschiedenen Gründen so gut wie gar nicht zur Kenntnis genommen haben; siehe zum eher begrenzten unmittelbaren Einfluss der Federalist Papers auf den Ratifikationsprozess etwa *W. Jeffrey, Jr.*, 40

als er den von ihm sog. „Föderalist[en]" nicht ohne überschwängliches Pathos als „politische[s] Evangelium"[347] aller Amerikaner bezeichnete. Die Frage nach der verfassungspolitischen Notwendigkeit des richterlichen Prüfungsrechts ist ganz gewiss von so grundsätzlicher Natur, dass es sich allemal lohnt, diesbezüglich im Federalist nachzusehen.

Bereits einige Jahre vor der Veröffentlichung von Hamiltons Aufsatz waren James Otis und James Iredell als Vordenker des judicial review in Erscheinung getreten. Otis versuchte schon während der imperialen Verfassungkrise der 1760er Jahre[348], die Macht des auch in den amerikanischen Kolonien umfassende (vor allem steuergesetzliche) Normsetzungsbefugnisse beanspruchenden britischen Parlaments zu erschüttern[349]. Iredells Abhandlung ist etwa ein Jahrzehnt nach dem Bruch mit der englischen Krone, am Vorabend des Verfassungskonvents von Philadelphia und also nur kurz vor den Federalist Papers erschienen. Die Arbeit Iredells kann daher in zeitlicher Hinsicht schon der frühen konstitutionellen Ära zugerechnet werden (zu Otis und Iredell nachf., I.).

Publius' Widersacher in der Verfassungsdiskussion, der Anti-Federalist „Brutus", dessen wahre Identität bis heute nicht zweifelsfrei geklärt ist[350], hatte in einer Serie von Aufsätzen, die im Winter und Frühjahr des Jahres 1788 erschienen waren, gegen die Zuweisung einer Normenkontrollkompetenz an die rechtsprechende Gewalt Stellung bezogen. Nach Brutus' Dafürhalten erscheint die normenkontrollierende Justiz in der neuen Verfassungsordnung als nachgerade reaktionäre Institution[351]. Auch andere Anti-Federalists, darunter ein gewisser „Federal Farmer", konnten der Vorstellung von einer Oberhoheit („Suprematie") der Justiz kaum etwas abgewinnen. Obwohl sie im Unterschied zu Hamilton, Madison und Jay nicht kollaboriert

---

U. Cin. L. Rev. 662 [1971]) für sich in Anspruch nehmen. Allerdings scheinen einige Gerichtsentscheidungen den Federalist in der Tat als „authentischen" Verfassungskommentar behandelt zu haben (siehe *G. E. Maggs*, 87 B.U. L. Rev. 824–825 [2007]). Relativierend aber auch etwa *D. McGowan*, 85 Minn. L. Rev. 755 (2001) ("Arguments using *The Federalist* as learned commentary do not treat the essays as the last word on any question."); *J. R. Stoner, Jr.*, in: B.-P. Frost/J. Sikkenga (Hrsg.), History of American Political Thought, 2003, S. 230.

[347] *R. von Mohl*, Geschichte und Literatur, Bd. I, 1855, S. 549; von Mohl („die Wirkung war ausserordentlich") überschätzte jedoch den unmittelbaren Einfluss des Federalist auf die Ratifikationsdebatte.

[348] Oben, Text bei Fn. 15 ff.

[349] Siehe näher *W. P. Adams*, Die USA vor 1900, 2. Aufl. 2009, S. 40.

[350] Zu den Spekulationen über seine Identität siehe *A. Diamond*, 6 Pol. Sci. Rev. 249 n. 2, 252 (1976); *W. Jeffrey, Jr.*, 40 U. Cin. L. Rev. 645 (1971); *D. E. Narret*, New York History 69 (1988), S. 285 (291, dort mit Fn. 9).

[351] Vgl. *R. Reinstein/M. Rahdert*, 57 Ark. L. Rev. 825 (2005) (für die ‚Revolution' von 1800).

haben, liegt es nahe, Brutus und den Federal Farmer hier umständehalber gewissermaßen als oppositionellen Publius zu behandeln[352]. Am Übergang von der post-revolutionären Ära zur frühen amerikanischen Republik handelte es sich keineswegs um eine nur theoretische Frage, ob und inwieweit ein richterliches Prüfungsrecht anzuerkennen sei. Ansätze eines praktizierten judicial review im technischen Sinne lassen sich sowohl in der post-revolutionären Rechtsprechung einzelner Bundesstaaten als auch in (einigen wenigen) Judikaten der Bundesgerichte während der frühen Republik auffinden (unten, Kapitel 4). Die Entwicklung in der vorkonstitutionellen Rechtsprechung der Gerichte der einzelnen Bundesstaaten ist den Framers nicht verborgen geblieben[353].

I. James Otis und James Iredell als frühe amerikanische Theoretiker der richterlichen Normenkontrolle

Die Wurzeln der US-amerikanischen Lehre vom richterlichen Prüfungsrecht lassen sich bis in die 1760er Jahre zurückverfolgen. War die zentrale Prämisse, die diesem erst seit dem frühen 20. Jahrhundert als judicial review bezeichneten[354] Rechtsinstitut zugrunde liegt, nämlich der Vorrang des höherrangigen Rechts, in jener Zeit noch eine eher politisch-ideologisch besetzte Kategorie, die vor allem als theoretisches Begründungselement zur Einhegung der Souveränität des britischen Parlaments eingesetzt worden war (nachf., 1.), wurden die juristischen Konturen des richterlichen Prüfungsrechts – frühe Forderungen nach richterlicher Zurückhaltung bei der Ausübung der Normenkontrollkompetenz eingeschlossen – im Konstitutionalismus der frühen amerikanischen Republik allmählich sichtbar (unten, 2.).

---

[352] Vgl. *M. Dry*, in: B.-P. Frost/J. Sikkenga (Hrsg.), History of American Political Thought, 2003, S. 216. Gleichwohl gehört der Federal Farmer, der sich offensichtlich nicht auf einen antiken Namenspatron beruft und zudem nicht aus New York, sondern aus Maryland stammt, nicht zu den sog. ‚New York Romans' (*J. Goebel, Jr.*, History, Bd. I, 1971, S. 304); zu „Zeitungsschreibern und Pseudonymen" in der Verfassungsdiskussion *J. Heideking*, Verfassung vor dem Richterstuhl, 1988, S. 202 ff.

[353] Beitrag des Delegierten Elbridge Gerry, in: M. Farrand (Hrsg.), Records of the Federal Convention of 1787, Bd. 1, 1911, S. 97 ("In some States the Judges had [actually] set aside laws as being agst. the Constitution. This was done too with general approbation.").

[354] Siehe bereits oben Kapitel 2, Fn. 145.

1. Otis – richterliche Normenkontrolle zwischen Common Law, Natur- und Verfassungsrecht

1759 erinnerte der bereits mehrfach erwähnte Emmerich de Vattel an die „scharfe"[355] Unterscheidung zwischen gesetzgebender und verfassungsgebender Gewalt. Vattel schreibt in seinem zuerst auf Französisch erschienenen „Le Droit de Gens", hier zitiert aus einer amerikanischen Ausgabe („The Law of Nations"):

> "The fundamental regulation that determines the manner in which the public authority is to be executed, is what forms the *constitution of the state*. In this is seen the form in which the nation acts in quality of a body politic, – how and by whom the people are to be governed, – and what are the rights and duties of the governors. ...
> [T]hose [laws], in a word, which together form the *constitution* of the state, are the *fundamental laws*."[356]

Aus der – für die Naturrechtslehre keineswegs innovativen[357] – Unterscheidung zwischen solchen Gesetzen, die aufgrund ihrer Fundamentalität für das Gemeinwesen die Verfassung des Staates bilden auf der einen und solchen, denen eben keine fundamentale Bedeutung beigemessen wird, auf der anderen Seite, hat Vattel die Schlussfolgerung gezogen, dass die Verfassung als Grundordnung bzw. Fundamentalgesetz des Staates („reglement fondamental" / „fundamental regulation") dem Zugriff durch die gesetzgebende Gewalt entzogen sei[358].

---

[355] *G. Jellinek*, Allgemeine Staatslehre, 3. Aufl. 1914, S. 514; *Ch. G. Haines*, American Doctrine, 2. Aufl. 1959 (Ndr.), S. 41; siehe auch *R. Alleweldt*, ZaöRV 56 (1996), S. 205 (217).

[356] *E. de Vattel*, The Law of Nations, 1758, übers. und hrsg. von J. Chitty/E. Ingraham, 1852, Buch I, Kap. III, §§ 27, 29 (S. 8 f.) (Hervorhebungen ebd.); vgl. *B. Enzmann*, Der demokratische Verfassungsstaat, 2009, S. 192 ff.; *R. Grossmann*, Grundlagen, 1948, S. 30 f.; *H. Hofmann*, in: ders., Recht – Politik – Verfassung, 1986, S. 261 (277 f.); *J. Isensee*, in: ders./P. Kirchhof (Hrsg.), HStR II, 3. Aufl. 2004, § 15 Rn. 187; *G. Stourzh*, Constitution: Changing Meanings, 2007, S. 80; *G.-U. von Unruh*, BayVBl. 1999, S. 11 (12).

[357] Siehe etwa *Th. Hobbes*, Leviathan, 1651, hrsg. von Th. Morley, 2. Aufl. 1886, S. 133 (II, Kap. XXVI) und *Ch. Wolff*, Grundsaetze des Natur- und Voelckerrechts, 1754, § 984 (S. 704 f.). – Hobbes unterscheidet zwischen „fundamentalen" (öffentlich-rechtlichen) Normen, von denen der Bestand des Gemeinwesens abhänge, und „nichtfundamentalen" (privatrechtlichen) Normen. Eine hierarchische Stufung zwischen diesen Gesetzestypen erkennt Hobbes allerdings nicht an. Hobbes' Differenzierung erfolgt nicht anhand normativer, sondern aufgrund funktionaler Kriterien. Anders sieht es ein Jahrhundert später bei Wolff aus, der ja wiederum Vattel beeinflusst hatte. Bei Wolff scheint die Verfassungsqualität der „leges fundamentales" in ihrer erschwerten Abänderbarkeit („der Regent" kann die Grundgesetze „nicht nach seinem Gefallen ändern") begründet zu sein (siehe *G. Stourzh*, in: Ch. Starck [Hrsg.], Rangordnung der Gesetze, 1995, S. 15, 23 f.; näher *Th. Würtenberger*, AUFKLÄRUNG 3/2 (1988), S. 53 (61 f.).

[358] *E. de Vattel*, The Law of Nations, 1758, übers. und hrsg. von J. Chitty/E. Ingraham, 1852, Buch I, Kap. III, § 34 (S. 11) ("[T]he *fundamental* laws are excepted from [the legis-

Diese Überlegungen kamen für James Otis, Jr. (1725–1783[359]), Rechtsanwalt in Massachusetts, im Jahr 1761 gerade rechtzeitig[360] und gelegen, als er gemeinsam mit seinem Kollegen Oxenbridge Thacher[361] amerikanische Kaufleute in einer Gerichtsverhandlung gegen die englische Krone verteidigte[362]. Gestritten wurde über den Erlass einer besonderen Art von verdachtsunabhängigen und weder personen- noch ortsbezogenen Hausdurchsuchungsbefehlen (sog. „writs of assistance")[363,364]. Die Ermächtigungsgrund-

---

lators'] commission" [Hervorhebung ebd.]); siehe aus der Literatur *G. Stourzh*, Grundrechtsdemokratie, 1989, S. 59; außerdem *Ch. G. Haines*, American Doctrine, 2. Aufl. 1959 (Ndr.), S. 41; *H. Mohnhaupt* in: ders./D. Grimm, Verfassung, 2. Aufl. 2002, S. 92; *E. Wolf*, Verfassungsgerichtsbarkeit und Verfassungstreue, 1961, S. 28; *G. S. Wood*, Creation, 1969, S. 274; *Th. Würtenberger*, AUFKLÄRUNG 3/2 (1988), S. 53 (59 f.). – Die (ausdrücklich so bezeichnete) Lehre von pouvoir constituant und pouvoir constitué geht allerdings auf Emanuel Joseph Sieyès zurück, siehe *E. J. Sieyès*, Was ist der Dritte Stand?, 1788/89, hrsg. von O. Lembcke/F. Weber, 2010, S. 111 (150 ff., S. 153 f.); vgl. auch *D. Grimm*, Souveränität, 2009, S. 42 f.; *A. Kley/G. Seferovic*, in: T. Simon/J. Kalwoda (Hrsg.), Schutz der Verfassung, 2014, S. 87 (93 f.); *G. Robbers*, FS Zeidler, Bd. I, hrsg. von W. Fürst u. a., 1987, S. 247 f.; *M. Polzin*, Der Staat 53 (2014), S. 61 (76 f.); *U. Thiele*, Der Staat 39 (2000), S. 397 ff.

[359] Zur Biographie etwa *J. W. Purcell*, 5 Mass. Legal Hist. 147–153, et passim (1999).

[360] *B. Enzmann*, Der demokratische Verfassungsstaat, 2009, S. 402.

[361] Siehe *J. Quincy*, Reports of Cases, hrsg. von S. M. Quincy, 1865, Appendix I, S. 395 (414); *D. Konig*, 8 Dalhousie L.J. 32 (1984).

[362] Der Fall ist nicht amtlich dokumentiert. John Adams war bei der mündlichen Verhandlung anwesend und hat aus seinen Aufzeichnungen ein stichpunktartiges Protokoll („abstract") hinterlassen, das bei Ch. F. Adams (Hrsg.), Works of John Adams, Bd. II, 1856, im Anhang A, S. 521–525, abgedruckt ist; zum Versuch einer detaillierten Rekonstruktion der Verhandlung vom Februar 1761 siehe *J. W. Purcell*, 5 Mass. Legal Hist. 154–159 (1999) ("An exact rendition of the writs of assistance argument is impossible to reconstruct.").

[363] *S. J. Wasserstrom*, 26 Am. Crim. L. Rev. 1393 n. 19 (1989) („kein Durchsuchungsbefehl im eigentlichen Sinne, aber funktionales Äquivalent"); siehe zur Rechtsnatur der writs of assistance näher (die wohl noch immer autoritative Studie von) *O. M. Dickerson*, in: R. Morris (Hrsg.), Era of the Revolution, 1939, S. 40 ff., hier S. 45 (writ of assistance als Konkretisierung der ohnehin bestehenden abstrakten gesetzlichen Befugnis zur Durchführung von Hausdurchsuchungen für einen näher benannten Amtswalter).

[364] Ein sog. writ of assistance autorisierte (vgl. oben, Fn. 363) Hausdurchsuchungen auch ohne den konkreten Anfangsverdacht, dass eine Straftat verübt worden sei („probable cause"). Die „writs of assistance" dienten vor allem dazu, Vollzugsdefizite des englischen Handels-, Schiffahrts- und Zollrechts in den Kolonien zu beheben, vgl. *B. Bailyn*, Introduction Pamphlet 7, in: ders. (Hrsg.), Pamphlets of the American Revolution, 1965, S. 411; *H. Dippel*, Amerikanische Revolution, 1985, S. 37; näher *J. M. Farrell*, 79 New Engl. Quart. 535 (2006); siehe außerdem *C. N. Long*, 11 Insights on L. & Soc'y 4 (2/2011); *Th. K. Clancy*, 81 Miss. L.J. 1357 (2012) ("The writs were general search warrants that permitted the authorities to search anywhere they pleased for any reason – or for no reason.").

lage zum Erlass dieser „writs of assistance" war noch während der Regentschaft Wilhelms III. durch einen Akt des englischen Parlaments geschaffen worden[365]. Neben der flächendeckenden Autorisierung von Hausdurchsuchungen verfügten die ‚writs' über die perfide Eigenschaft praktisch unbefristeter Gültigkeit, standen aber unter einer auflösenden Bedingung: Ihre Wirksamkeit war auf die Dauer der Regentschaft desjenigen Monarchen beschränkt, unter dessen Ägide sie erlassen worden waren[366]. Nach dem Tod Georgs II. im Jahr 1760 mussten also neue Durchsuchungsbefehle ausgestellt werden. Um gegen den in Neuengland weit verbreiteten Warenschmuggel vorzugehen, hatte die koloniale Zollverwaltung einen entsprechenden Antrag beim Superior Court of Massachusetts gestellt[367]. Otis, ursprünglich Kronanwalt beim Seegericht, war überzeugt, dass die Praxis der Autorisierung von Hausdurchsuchungen mittels der „writs of assistance" rechtswidrig sei. Er hielt die Ausstellung eines „writ of assistance" schlichtweg für einen Akt staatlicher Willkür:

"It appears to me the worst instrument of arbitrary power, the most destructive of English liberty and the fundamental principles of law, that ever was found in an English lawbook."[368]

Das veranlasste ihn offenbar dazu, die Seiten zu wechseln. Statt seiner Amtspflicht nachzukommen – es wäre wohl seine Aufgabe gewesen, den Antrag auf Erlass der Durchsuchungsbefehle beim Gericht zu stellen –, trat Otis von seinem Posten zurück und übernahm die Verteidigung der Kaufleute[369]. Er griff Vattels Kernthese auf[370] und argumentierte, die parlamentsgesetzliche

---

[365] „An Act for prevention of Frauds and regulating Abuses in the Plantation Trade", 1696, 7 & 8 Will. 3 c. 22, § 6; vgl. bereits den „Navigation Act", 1660, 12 Cha. 2. c. 18, § 5, siehe *J. Quincy*, Reports of Cases, hrsg. von S. M. Quincy, 1865, Appendix I, S. 395 (419); vgl. *J. Mansell*, Flag State Responsibility, 2009, S. 26, 241; zu den einschlägigen britischen Rechtsgrundlagen näher *O. M. Dickerson*, in: R. Morris (Hrsg.), Era of the Revolution, 1939, S. 40 (43 ff.).

[366] *S. J. Wasserstrom*, 26 Am. Crim. L. Rev. 1393 (1989); das „Verfallsdatum" trat sechs Monate nach dem Tod des Monarchen ein.

[367] Siehe *Ch. G. Haines*, American Doctrine, 2. Aufl. 1959 (Ndr.), S. 59.

[368] *Writs of Assistance Case*, 1761, in: Ch. F. Adams (Hrsg.), The Works of John Adams, Bd. II, 1856, S. 521 (523).

[369] So jedenfalls die Schilderung von John Adams, siehe Brief an William Tudor vom 25. Februar 1818, in: Ch. F. Adams (Hrsg.), The Works of John Adams, Bd. X, 1856, S. 289 (291) ("He was called upon in his official capacity as Advocate-General by the customhouse officers, to argue their cause in favor of writs of assistance ... [H]e scorned to hold an office which could compel him or tempt him to be [a tool]. He therefore resigned it.").

[370] Siehe vor allem *J. Otis*, The Rights of the British Colonies Asserted and Proved, Appendix, 1764, in: B. Bailyn (Hrsg.), Pamphlets of the American Revolution, 1965, S. 471 (476), der Vattels § 34 (oben, Fn. 358) auf einer halben Seite direkt zitiert (Otis verwendete eine Übersetzung von 1759, siehe Anmerkung 45 des Herausgebers, a. a. O., S. 724).

Ermächtigung zur Durchführung der streitgegenständlichen Hausdurchsuchungen auf der Grundlage sog. „writs of assistance" verstoße nicht nur gegen „fundamentale Prinzipien des Rechts", sie sei ein „Act against the Constitution" – und könne daher keine Wirksamkeit beanspruchen[371]. Er sah in den Hausdurchsuchungen beziehungsweise in dem zur Ausstellung der „writs of assistance" ermächtigenden Rechtsakt eine Verletzung des Rechts der Unverletzlichkeit der Wohnung („privilege of house"), das jedem friedlichen Untertanen der englischen Krone derart zustehe, wie einem „Fürsten in seiner Burg"[372]. Deshalb, so Otis, müsse das Gericht dem infrage stehenden Gesetz die Anwendung versagen. In seinen eigenen – markigen – Worten:

"[C]ourts must pass such acts into disuse."[373]

Allerdings, das erläutert Otis drei Jahre später, dürfe diese Kompetenz nur dann durch die Gerichte in Anspruch genommen werden, wenn ein Verstoß gegen höherrangiges Recht offen zu Tage liegt. In Otis' eigener Phrasierung: In der Regel heben die Parlamente ihre rechtswidrigen Akte selbst auf, sobald sie zu der Einsicht gelangen, dass ihnen bei der Interpretation des höherrangigen Rechts ein „Fehler" unterlaufen sei. Dann, und nur dann, wenn die Fehlerhaftigkeit der legislativen Interpretation des höherrangigen Rechts „offenkundig und greifbar" (*evident and palpable*) sei, dürften die Gerichte intervenieren, und den rechtswidrigen Akt – wohl: anstelle des Parlaments – aufheben bzw. für „nichtig" (*void*) erklären[374].

Neben dem – für zeitgenössische Begriffe im Angesicht der Souveränität des britischen Parlaments[375] doch eher gewagten[376] – verfassungsrechtlichen

---

[371] *Writs of Assistance Case*, 1761, in: Ch. F. Adams (Hrsg.), The Works of John Adams, Bd. II, 1856, S. 521 ("fundamental principles of law"), 522, 525 ("An act against the Constitution is void".).

[372] *Writs of Assistance Case*, 1761, in: Ch. F. Adams (Hrsg.), The Works of John Adams, Bd. II, 1856, S. 521, 524 ("as secure in his house as a prince in his castle").

[373] *Writs of Assistance Case* 1761, in: Ch. F. Adams (Hrsg.), The Works of John Adams, Bd. II, 1856, S. 522.

[374] *J. Otis*, The Rights of the British Colonies Asserted and Proved, 1764, in: B. Bailyn (Hrsg.), Pamphlets of the American Revolution, 1965, S. 419 (454f.).

[375] Die Lehre von der Parlamentssouveränität (oben, Fn. 65) ist wohl spätestens seit der englischen (,Glorreichen') Revolution von 1688/89 unumstößliche englische Verfassungsdoktrin; vgl. aber auch *L. D. Kramer*, People Themselves, 2004, S. 19 ("Parliamentary supremacy was not fully established in England before the nineteenth century."); zurückhaltend auch *S. Vogenauer*, Auslegung von Gesetzen, Bd. 2, 2001, S. 742f. Manche Autoren weisen zur Veranschaulichung der nahezu unbeschränkten Macht des Parlaments bereits im 18. Jahrhundert auf das sog. „Septennatsgesetz" von 1717 hin, mit dem das Parlament die laufende Legislaturperiode auf insgesamt sieben Jahre verlängert hatte, siehe etwa *A. V. Dicey*, Introduction to the Study of the Law of the Constitution, 8. Aufl. 1915, S. 42 ff., hier insbes. S. 46 ("Septennial Act is at once the result and the standing proof of ... Parliamentary sovereignty."); siehe auch *H. Dippel*, in: G. Birtsch (Hrsg.), Freiheits-

Argument verweist er auf die normativen Gehalte des Naturrechts bzw.[377] des common law[378] und macht so auf die zumindest diesseits des Atlantiks in Vergessenheit geratene, von Sir Edward Coke entwickelte und von dessen Nachfolgern auf den englischen Richterbänken allenfalls halbherzig tradierte Doktrin[379] aus dem *Bonham's Case*[380] von 1610 aufmerksam[381]. Coke hatte ja eine Art verfassungsrechtlichen Status[382] oder jedenfalls einen Anwendungsvorrang des common law angenommen und behauptet, dass Akte der Legislative, die gegen das common law oder die natürliche Billigkeit verstießen, unwirksam seien. Die einschlägige und häufig zitierte Passage in Cokes Urteil lautet:

„Und es ergibt sich aus unseren Büchern, dass das Common Law in vielen Fällen Gesetze [= acts of Parliament] beeinflußt und sie manchmal als gänzlich unwirksam beurteilt. Denn wenn ein Gesetz zu Recht und Vernunft [= common right and reason] in Widerspruch steht oder unausführbar ist, wird es vom common law beeinflußt und als unwirksam beurteilt."[383]

Der Verfassungsbegriff, der Otis' Argumentation zugrunde liegt, bleibt aber diffus[384]: Er bedient sich einerseits bei Cokes common law-Doktrin und hebt als Prüfungsmaßstab auf das Gewohnheitsrecht ab, in dessen normativen

---

rechte, 1987, S. 135 (138); *J. W. Gough*, Fundamental Law, 1961, S. 180 ff.; *J. P. Reid*, Constitutional History, Bd. I, 1986, S. 76.

[376] Siehe *G. Stourzh*, Grundrechtsdemokratie, 1989, S. 50 f.; *Th. C. Grey*, 30 Stan. L. Rev. 864 (1978).

[377] Vgl. *J. P. Greene*, in: M. Grossberg/Ch. Tomlins (Hrsg.), Cambridge History of Law in America, Bd. I, 2008, S. 447 (456) ("James Otis made extensive use of natural rights theory, [and] tended to equate natural rights with English rights.").

[378] Siehe *J. Otis*, The Rights of the British Colonies Asserted and Proved, Appendix, 1764, in: B. Bailyn (Hrsg.), Pamphlets of the American Revolution, 1965, S. 471 (477).

[379] Otis zitiert a. a. O., S. 476 (in der Fußnote) die Fälle *Day v. Savadge* (1614, siehe unten Kapitel 5, Fn. 289), *City of London v. Wood* (1701, siehe unten Kapitel 5, Fn. 288) und *Thornby, on the Demise of the Duchess of Hamilton v. Fleetwood* (1712, siehe unten Kapitel 5, Fn. 291).

[380] *Dr. Bonham's Case*, 8 Coke Rep. 107 (1610).

[381] Siehe *Writs of Assistance Case*, 1761, in: Ch. F. Adams (Hrsg.), The Works of John Adams, Bd. II, 1856, S. 522; *J. Otis*, The Rights of the British Colonies Asserted and Proved, 1764, in: B. Bailyn (Hrsg.), Pamphlets of the American Revolution, 1965, S. 419 (454 f.), und Appendix, a. a. O., S. 471 (476 f.).

[382] *S. Vogenauer*, Auslegung von Gesetzen, Bd. 2, 2001, S. 742.

[383] *Dr. Bonham's Case*, 8 Coke Rep. 107, 118a; 77 Eng. Rep. 638, 652 (1610) („when an Act of Parliament is against Common right and reason, or repugnant, or impossible to be performed, the Common Law will controll it, and adjudge such Act to be void"); deutsche Übersetzung und Erläuterungen in Parenthese nach *Ch. Starck*, in: ders./A. Weber (Hrsg.), Verfassungsgerichtsbarkeit in Westeuropa, 1986, S. 11 (17).

[384] Vgl. *B. Bailyn*, Ideological Origins, 1967, S. 176; *W. J. Cuddihy*, The Fourth Amendment, 2009, S. 766.

Gehalt er das fundamentale Recht der Unverletzlichkeit der Wohnung verortet[385]. Otis' Rekurs auf Vattel zielt andererseits auf den Vorrang der Verfassung gegenüber Akten der Gesetzgebung ab, ist also – zumindest aus der Perspektive der Gegenwart – auf von menschlicher Hand autoritativ[386] gesetztes höherrangiges Recht bezogen. Das Vattel-Zitat sorgt deshalb für Irritationen, weil das in Stellung gebrachte Recht der Unverletzlichkeit der Wohnung ja gerade nicht im geschriebenen Recht, sondern im common law bzw. im nichtkodifizierten, womöglich gottgegebenen[387] Naturrecht normiert sein soll[388].

Allerdings wird man Otis zu Gute zu halten müssen, dass auch der von Vattel verwendete Verfassungsbegriff in Andeutungen stecken bleibt und klare Konturen vermissen lässt. Vattels Verfassungsbegriff beruht dem Anschein nach auf einer Synthese von naturrechtlich-kontraktualistischen Prämissen einerseits und proto-positivistisch eingefärbten Überlegungen zur Volkssouveränität andererseits. Besondere Aufmerksamkeit schenkt Vattel dem Gedanken der Fundamentalität, während er auf die Frage danach, woher die Legitimationsquelle eigentlich ihrerseits die Legitimation bezieht, nicht oder jedenfalls nicht näher eingeht. Otis' Rekurs auf Vattel überzeugt – wiederum: aus der Perspektive der Gegenwart – erst dann, wenn es gelänge, nachzuweisen, dass das Recht der Unverletzlichkeit der Wohnung mit Verfassungsrang ausgestattet ist. Diesen Nachweis bleibt Otis aber schuldig. Er begnügt sich mit der Feststellung, dass es sich bei dem „privilege of house" um ein grundlegendes oder eben fundamentales Recht eines britischen Untertanen handle. Eine wie auch immer geartete verfassungsrechtliche Fundierung dieser (Grund-)Rechtsposition ist darin noch nicht unmittelbar zu erkennen, eben weil die „wahre Natur" der ungeschriebenen britischen Verfassung, ihr normenhierarchischer Vorrang[389] im Allgemeinen und der verfassungsrechtliche Status der fundamentalen Rechte im Besonderen, zu jener Zeit entweder nicht in einem umfassenden Sinne anerkannt waren oder jedenfalls noch in einem Zustand des Ungefähren festhingen[390]. Der US-His-

---

[385] Vgl. *W. Heun*, Der Staat 42 (2003), S. 267 (275 f.).

[386] Vgl. *O. Lepsius*, Verwaltungsrecht unter dem Common Law, 1997, S. 31 (common law als Recht, das auf keinerlei autoritative Setzung zurückgeht).

[387] Vgl. *J. Otis*, The Rights of the British Colonies Asserted and Proved, 1764, in: B. Bailyn (Hrsg.), Pamphlets of the American Revolution, 1965, S. 419 (454) ("The supreme power in a state is *jus dicere* only: *jus dare*, strictly speaking, belongs alone to God.").

[388] Vgl. aber *Ch. McIlwain*, Constitutionalism, 2. Aufl., 1947, S. 17 ("The essential principles to which ... Otis appealed were no less constitutional because they were 'unwritten'.")

[389] Siehe *L. D. Kramer*, People Themselves, 2004, S. 10 ("it [was] possible to speak of a law being unconstitutional without it also being illegal."); ähnlich *J. P. Reid*, Constitutional History, Bd. I, 1986, S. 76.

[390] Siehe zur „Substitution des Naturrechts durch die positivrechtliche Verfassung" all-

toriker Gordon Wood beobachtet zur Vagheit der Vorstellungen vom höherrangigen Recht bei Otis' Zeitgenossen:

"Eighteenth-century Englishmen talked about fundamental or natural law, invoked it constantly in their rhetoric, but despite the efforts of some jurists, they had difficulty calling upon this fundamental law in their everyday political and legal business."[391]

Das von Otis in Bezug genommene Recht der Unverletzlichkeit der Wohnung kommt zumindest aus heutiger Sicht, so kann die Schlussfolgerung lauten, in seiner bloß natur- oder gemeinrechtlichen Fundierung über den Status eines Gerechtigkeitspostulats[392] nicht hinaus. Immerhin benennt Otis das grundlegende Prinzip der Nichtigkeit ‚verfassungswidriger' Legislativakte[393], jedoch ohne das wesentliche dogmatische Strukturelement dieses Prinzips – die Beschaffenheit dessen, was unter dem Begriff der „Verfassung" zu verstehen ist –, so präzise auf den Punkt zu bringen, wie es etwa denjenigen Autoren gelungen ist, die in den 1780er Jahren zur richterlichen Normenkontrolle publiziert haben. Das ist jedenfalls die Sicht aus der heutigen Perspektive. Historisch betrachtet ist Otis' Argumentation dennoch beachtlich: Bemüht man sich, das Handeln der Akteure nicht am Maßstab der Gegenwart zu beurteilen, sondern die Gedanken der historischen Figuren nachzuvollziehen, hat Otis den Versuch unternommen, den subjektiv-rechtlichen Gehalt der „rights of Englishmen" zu operationalisieren. Die juristisch-normative Substanz dieser Rechte war – wie bereits erwähnt – bis dato überschaubar. Otis war einer der von Wood genannten Juristen, die die Konstitutionalisierung oder „Fundamentalisierung"[394] der Grundrechte vorange-

---

gemein *J. Isensee*, in: D. Merten/H.-J. Papier (Hrsg.), HGRe II, 2006, § 26 Rn. 23 ff. – Es ist aber kaum zu leugnen, dass die „fundamentalen" Grundsätze des Naturrechts von manchen Juristen im frühen amerikanischen Konstitutionalismus durchaus als übergeordnete Bestandteile der Rechtsordnung angesehen wurden, im Einzelnen bleibt in der historischen Diskussion aber vieles umstritten; siehe zur Normativität des Naturrechts in der amerikanischen Lehre des 18. Jahrhunderts etwa *Th. C. Grey*, 30 Stan. L. Rev. 865–891 (1978); *R. Grossmann*, Grundlagen, 1948, S. 8; *S. Sherry*, 54 U. Chi. L. Rev. 1129–1131, et passim (1987); näher unten Kapitel 4, Text bei Fn. 258 ff.

[391] *G. S. Wood*, 56 Wash. & Lee L. Rev. 795 (1999); vgl. *ders.*, Creation, 1969, S. 274; *J. W. Gough*, Fundamental Law, 1961, S. 184 f., et passim.

[392] Begriff im Zusammenhang mit dem Naturrecht bei *R. Zippelius*, Allgemeine Staatslehre, 17. Aufl. 2017, S. 130; siehe aber *D. Konig*, 8 Dalhousie L.J. 34 (1984) ("[I]t is correct to refer to Otis' ... position as including natural or higher law philosophy, it is much less accurate to refer to his 1761 pleadings as 'higher law' in ... the sense used by modern constitutional theorists.").

[393] Siehe dazu *W. Heun*, Der Staat 42 (2003), S. 267 (278).

[394] Vgl. *G. Stourzh*, Grundrechtsdemokratie, 1989, S. 29 („Ich möchte hier eine Unterscheidung zwischen *Fundamentalisierung* und *Konstitutionalisierung* vorschlagen. Diese terminologische Unterscheidung, wenngleich etwas schwerfällig wirkend, scheint mir am ehesten angebracht, um eine verfassungsgeschichtlich bedeutsame Unterscheidung der

trieben haben. Dass er dabei einen inkonsistenten oder jedenfalls eklektischen theoretischen Ansatz verfolgt hat, liegt auf der Hand[395]. Wahrscheinlich ging es ihm gar nicht so sehr um theoretische Konsistenz. Er war Anwalt, und er wollte das bestmögliche Ergebnis für seine Mandantschaft herausholen, mit der er aus politischen Gründen sympathisierte. Otis' Argumentation war eine pragmatische, nicht im eigentlichen Sinne eine dogmatische. Er ist im konkreten Fall gescheitert. Das Gericht ist ihm und seinem Vortrag letztlich nicht gefolgt[396]. Es konnte ihm auch nicht folgen: Otis hat es, gemessen an dem, was nach der zu jener Zeit vorherrschenden englischen Meinung möglich war, mit seiner Forderung, das Gericht möge nicht nur die Ausstellung der „writs of assistance" verweigern, sondern bei dieser Gelegenheit auch gleich die Ermächtigungsgrundlage für nichtig erklären, auf die Spitze getrieben. Er war dabei insoweit ‚modern', progressiv oder gar ‚visionär'[397], als er die Durchsetzung subjektiver Rechtspositionen gegen den Staat mit besonderer Emphase als Funktion der rechtsprechenden Gewalt beschrieben hat, die sich bis hierhin noch nicht unbedingt den Ruf einer Bastion des Individualrechtsschutzes gegen staatliches Handeln hatte erarbeiten können[398].

Seine Gedanken verbreitete Otis drei Jahre, nachdem er den Prozess um den *Writs of Assistance Case* geführt hatte, im Anhang zu einer Streitschrift[399], die vielleicht auch Hamilton und anderen Zeitgenossen, die sich

---

Entwicklung des Individualrechtsschutzes im englischen Mutterland und in Nordamerika zu kennzeichnen." [Hervorhebungen ebd.]).

[395] Das ist für die amerikanische Publizistik der Revolutionszeit und der vorkonstitutionellen Ära nicht untypisch, vgl. für die Revolutionszeit *A. E. Howard*, 94 N.C. L. Rev. 1417 (2016); siehe bezogen auf die vorkonstitutionelle Ära die Ausführungen zu James Varnum unten im Text Kapitel 4, bei Fn. 99 ff.

[396] Zunächst schien das Gericht dazu zu neigen, Otis' Argumentation zu folgen (siehe *J. H. Frese*, 30 New Engl. Quart. 497 [1957]; *J. W. Purcell*, 5 Mass. Legal Hist. 157–159 [1999]). Im Anschluss an die mündliche Verhandlung wurde aber keine Entscheidung verkündet; Verkündungstermin wurde für den Herbst desselben Jahres bestimmt. Erst am 23. November 1761 taucht in der Presse eine Meldung über die Entscheidung des Gerichts auf: „The Justices were unanimously of Opinion that this Writ might be granted, and some Time after, out of Term, it was granted.", siehe *J. Quincy*, Reports of Cases, hrsg. von S. M. Quincy, 1865, S. 51 (57), der aus der Boston Gazette vom 23.11.1761 zitiert.

[397] *J. W. Purcell*, 5 Mass. Legal Hist. 177 (1999).

[398] Vgl. *P. C. Hoffer*, Rutgers v. Waddington, 2016, S. 90 ("One has to look very hard indeed to find [an American] revolutionary who extolled the courts as the first line of defense of the rights of the people.").

[399] *J. Otis*, The Rights of the British Colonies Asserted and Proved, Appendix, 1764, in: B. Bailyn (Hrsg.), Pamphlets of the American Revolution, 1965, S. 471 (475 f.). Bernard Bailyn meint (dort, S. 723 f.), die hier zitierte Passage unter der Überschrift „Substance of a Memorial Presented the Assembly in Pursuance of the Above Instructions..." stamme jedenfalls „mit an Sicherheit grenzender Wahrscheinlichkeit" von James Otis.

später mit der Frage nach dem richterlichen Prüfungsrecht beschäftigt hatten, bekannt gewesen ist. Einflussreich war Otis' auf dem Gedanken eines ‚common law-Konstitutionalismus' aufbauende Argumentation allemal, wenn es auch schwerfällt, ihren Einfluss genau zu ermessen[400]. Eine Rezeption von Otis' Argumenten lässt sich für die Diskussion der 1780er Jahre jedenfalls nicht durch direkte Zitate nachweisen. John Adams, der zwar schwerlich als neutraler Chronist gelten kann[401], aber immerhin bei der Verhandlung des *Writs of Assistance Case* im Februar 1761 anwesend war, hielt über 50 Jahre nach den Ereignissen im Bostoner Gerichtssal fest:

"Otis was a flame of fire! ... Then and there was the first scene of the first act of opposition to the arbitrary claims of Great Britain. Then and there the child Independence was born."[402]

Otis' bleibendes Verdienst ist es also weniger, das rechtsdogmatische Profil des Instituts der richterlichen Normenkontrolle insgesamt geschärft zu haben. Vielmehr hat er ein wesentliches dogmatisches Element der Normenkontrolle – den Begriff der Verfassungswidrigkeit[403] – im politischen Diskurs etabliert und die Zeitgenossen unabhängig von der konkreten Frage nach der Zulässigkeit der berüchtigten „writs of assistance" an die Existenz gewisser Grenzen parlamentarischer Autorität erinnert[404]. Otis selbst appelliert in seiner Flugschrift aus dem Jahr 1764:

"'Tis hoped it will not be considered as a new doctrine that even the authority of the Parliament of Great Britain is cirumscribed by certain bounds which if exceeded their acts become those of mere *power* without *right*, and consequently void."[405]

---

[400] Zum Einfluss auf die Behandlung der writs of assistance in der Kolonialjustiz siehe *C. N. Long*, 11 Insights on L. & Soc'y 6 (2/2011).

[401] Vgl. *A. R. Amar*, 30 Suffolk U. L. Rev. 76 (1996) ("Surely, the first act of the Revolution, in Adams' mind, had to take place in Boston, with Adams in the room."); zu den Versuchen des alten John Adams, die Historiker der Revolution in seinem Sinne zu beeinflussen, siehe *J. M. Farrell*, 79 New Engl. Quart. 536–556 (2006).

[402] Brief von John Adams an William Tudor vom 29. März 1817, in: Ch. F. Adams (Hrsg.), The Works of John Adams, Bd. X, 1856, S. 244 (247 f.).

[403] Vgl. zur Begriffsgeschichte *G. Stourzh*, Grundrechtsdemokratie, 1989, S. 52 ff.; *N. Luhmann*, Rechtshistorisches Journal, Bd. 9 (1990), S. 176 (179).

[404] *B. Bailyn*, Introduction Pamphlet 7, in: ders. (Hrsg.), Pamphlets of the American Revolution, 1965, S. 411 ("Otis' speech before the court soared beyond these technicalities [concerning the writs of assistance] into the realm of political and social theory and the principles of British constitutionalism."); *R. F. Boden*, 60 Marq. L. Rev. 9 (1976) ("Otis lost his case but gave America a legal foundation for the Revolution."); siehe auch *H. Dippel*, in: G. Birtsch (Hrsg.), Grund- und Freiheitsrechte, 1987, S. 135 (139); *H. L. Lubert*, in: B.-P. Frost/J. Sikkenga (Hrsg.), History of American Political Thought, 2003, S. 44 (45).

[405] *J. Otis*, The Rights of the British Colonies Asserted and Proved, Appendix, 1764, in: B. Bailyn (Hrsg.), Pamphlets of the American Revolution, 1965, S. 471 (476) (Hervorhebungen ebd.); vgl. zu den gedanklichen Parallelen dieser Ausführungen zu dem oben zitier-

Die von Otis verbreitete Lehre von der Nichtigkeit verfassungswidriger Hoheitsakte erfreute sich gerade deshalb bei den von der britischen Herrschaft geplagten Kolonisten einiger Beliebtheit, weil sie ihnen „eine quasilegale Ablehnung von Entscheidungen des ‚souveränen' Londoner Gesetzgebers"[406] ermöglichte. Unter anderem die Agitation gegen das sog. Stempelgebührengesetz („Stamp Act"[407]), das von einem kolonialen Gericht in Virginia sogar für nichtig erklärt worden sein soll[408], wurde durch diesen mutmaßlich von Otis gesetzten und durch den Zeitgeist bereitwillig aufgenommenen Impuls ganz maßgeblich beeinflusst[409]. Der Argumentationstopos „Verfassungswidrigkeit" stieg in jener Zeit angeblich sogar zur politischen Kampfparole schlechthin empor[410]. Laut einem Bericht aus dem Jahr 1765, verfasst von Thomas Hutchinson, dem englandtreuen Vizegouverneur von Massachussetts und weiland Vorsitzendem Richter am hiesigen Superior Court, sahen die patriotischen Abgeordneten der Repräsentativkörperschaft von Massachusetts („our friends to liberty") den Stamp Act als

"against the Magna Carta and the natural rights of Englishmen, and therefore, according to Lord Coke[411], null and void."[412]

---

ten Postulat aus dem „Massachusetts Circular Letter" (oben Kapitel 2, Text bei Fn. 188) *Ch. G. Haines*, American Doctrine, 2. Aufl. 1959 (Ndr.), S. 60 ("It is likely that Otis and Samuel Adams were responsible for the statement on fundamental law.").

[406] *N. Luhmann*, Rechtshistorisches Journal, Bd. 9 (1990), S. 176 (188) (Hervorhebung ebd.); vgl. auch *M. Höreth*, Amerikastudien 54 (2009), S. 211 (213 f.); *S. Sherry*, in: M. Tushnet (Hrsg.), Arguing Marbury, 2005, S. 47 (51 a. E.).

[407] Siehe oben, Fn. 9.

[408] Siehe *Ch. G. Haines*, American Doctrine, 2. Aufl. 1959 (Ndr.), S. 60; allerdings in einem außergewöhnlichen Verfahren, siehe *R. Pound*, 20 Notre Dame Law. 369 (1945); aus der jüngeren Literatur *M. P. Harrington*, 72 Geo. Wash. L. Rev. 64 (2003) ("Virginia's Edmund Pendleton, then a justice in Caroline County and soon to become one of Virginia's most prominent jurists, declared the Stamp Act void. The Act, he said, violated the rights of the colonists granted by both the English Constitution and Virginia's colonial charter and so the court should ignore it.").

[409] *R. Alleweldt*, ZaöRV 56 (1996), S. 205 (218); *G. Stourzh*, Grundrechtsdemokratie, 1989, S. 51; ferner *E. Corwin*, 9 Mich. L. Rev. 106 (1910); *B. Friedman*, Will of the People, 2009, S. 28 f.; *M. Höreth*, Amerikastudien 54 (2009), S. 211 (214); *W. E. Nelson*, Marbury v. Madison, 2000, S. 35 f.; *Th. Plucknett*, 40 Harv. L. Rev. 63 (1926).

[410] *E. Corwin*, 42 Harv. L. Rev. 398 (1929); vgl. *R. Alleweldt*, ZaöRV 56 (1996), S. 205 (218); *G. Stourzh*, Grundrechtsdemokratie, 1989, S. 51 f.

[411] Zu Coke bereits oben, Text bei Fn. 37, 376 ff.

[412] Siehe R. Kemp (Hrsg.), Documents of American Democracy, 2010, S. 13 (Nachweis der Originalfundstelle bei *J. B. Thayer*, Cases on Constitutional Law, Bd. I, 1895, S. 52 mit Fn. 2); siehe – geringfügig abweichend in Syntax und Diktion – auch Brief von Thomas Hutchinson an Richard Jackson vom 12. September 1765, in: *J. Quincy*, Reports of Cases, hrsg. von S. M. Quincy, 1865, Appendix I, S. 395 (441).

„Besteuerung ohne Repräsentation"[413] war aus Sicht der Amerikaner nicht nur ein politisches Unding und Ausdruck der Tyrannei, sondern insbesondere und vor allem eine verfassungswidrige – und damit vermeintlich nichtige – Souveränitätsanmaßung[414].

Otis' juristische Schlussfolgerung, dass Gerichte eine verfassungswidrige Norm entweder unangewendet lassen oder gar für nichtig erklären dürfen (Otis spricht etwas doppeldeutig von „pass into disuse", s.o.), konnte sich trotz ihrer politischen Popularität vorerst noch nicht als juristischer Lehrsatz durchsetzen[415]. Wie bereits erwähnt drang Otis weder bei dem Gericht, das den *Writs of Assistance Case* zu entscheiden hatte, noch bei den kolonialen Repräsentativkörperschaften durch. Die kolonialen Legislativorgane waren einer Begrenzung ihrer für den Fall eines britischen Nachgebens angepeilten Souveränität, die ja mit der allgemeinen Anerkennung einer judicial review-Doktrin unweigerlich beeinträchtigt gewesen wäre, nicht eben zugeneigt, auch wenn die von Otis befürwortete Doktrin im konkreten Fall natürlich gegen das britische Parlament – den notorischen konstitutionellen Bösewicht – gerichtet war[416]. Dass es allerdings überhaupt verfassungswidrige oder gegen höherrangiges Recht verstoßende – und sohin: unwirksame – Staatshandlungen gibt oder geben kann, war fortan ein Gemeinplatz in der politischen Diskussion[417]. Es fehlte indes noch an zwei notwendigen und miteinander in Zusammenhang stehenden Bedingungen für die halbwegs konsistente Begründung einer Theorie, die die gerichtliche Befugnis zur Aufhebung verfassungswidriger Hoheitsakte erklären konnte. Was fehlte, war erstens eine geschriebene Verfassung, deren Geltung zweitens auf den Willen des Volkes zurückführbar ist[418]. Diese Voraussetzungen sollten allerdings erst nach dem Bruch mit dem Mutterland vorliegen (siehe nachf., 2.). Kurioser-

---

[413] Siehe zu „No taxation without Representation" etwa *Th. C. Grey*, 30 Stan. L. Rev 870 (1978); *G. Dietze*, ZgS 113 (1957), S. 301 (304).

[414] *J. Otis*, The Rights of the British Colonies Asserted and Proved, Appendix, 1764, in: B. Bailyn (Hrsg.), Pamphlets of the American Revolution, 1965, S. 419 (447); siehe – mit Bezug zu Otis – *W. Brugger*, in: J. Isensee/P. Kirchhof (Hrsg.), HStR IX, 3. Aufl. 2011, § 186 Rn. 5; vgl. auch *Th. C. Grey*, 30 Stan. L. Rev 870 (1978); *L. D. Kramer*, 115 Harv. L. Rev. 35, 73–74 (2001); *K. Stern*, Grundideen, 1984, S. 28 mit Fn. 72.

[415] *Th. C. Grey*, 30 Stan. L. Rev 869 (1978).

[416] Vgl. *H. Dippel*, in: G. Birtsch (Hrsg.), Grund- und Freiheitsrechte, 1987, S. 135 (139 ff.); *S. B. Prakash/J. C. Yoo*, 70 U. Chi. L. Rev. 936 (2003).

[417] Siehe *A. V. Baker*, 39 Duq. L. Rev. 738–739 (2001); *H. L. Lubert*, in: B.-P. Frost/J. Sikkenga (Hrsg.), History of American Political Thought, 2003, S. 44 (48); *S. Snowiss*, 20 Const. Comment. 234 (2003); *B. Schwartz*, History of the Supreme Court, 1993, S. 41 f.

[418] Vgl. *D. Grimm*, in: O. Brunner u. a. (Hrsg.), Geschichtliche Grundbegriffe, Bd. 6, 1990, S. 863 (866); näher zum Zusammenhang der verfassungsgebenden Gewalt des Volkes und der richterlichen Normenkontrolle unten, insbes. Text bei Fn. 645 ff., Kapitel 5, Fn. 173 ff.

weise schienen Otis seine eigenen Argumente in der Folge selbst nicht mehr geheuer gewesen zu sein. Jedenfalls rückte er sehr bald von seinem maßgeblich durch Edward Cokes common law-Konstitutionalismus beeinflussten Standpunkt ab. In einer 1765 veröffentlichten Schrift vollzog er die Kehrtwende und schwenkte offenbar auf den von William Blackstone in dessen gerade neu erschienenen „Commentaries" propagierten Kurs (oben, A.) ein[419].

2. Iredell – richterliche Normenkontrolle als Remedur gegen legislative Exzesse in der frühen amerikanischen Republik

James Iredell, Federalist aus North Carolina, 1750 in England zur Welt gekommen, ebenfalls Rechtsanwalt und ab 1790 bis zu seinem Tod im Jahr 1799 Richter am U.S. Supreme Court[420], wählte etwa zwei Jahrzehnte nach Otis einen überzeugenderen Ansatz. Die politischen Rahmenbedingungen, die Iredell vorfand, als er seine Konzeption einer Doktrin vom richterlichen Prüfungsrecht 1786 in einem Zeitungsartikel unter dem Pseudonym „An Elector" veröffentlichte[421], hatten sich seit Otis' Stellungnahme aus den 1760er Jahren nicht unwesentlich gewandelt: Der Revolutionskrieg war seit einigen Jahren vorüber und der Konvent von Philadelphia und die sich anschließende Ratifikationsdebatte um die US-Bundesverfassung standen unmittelbar bevor. Iredell hatte es im Vergleich zu Otis insofern deutlich leichter, als er keinen größeren theoretischen Begründungsaufwand hinsichtlich Bestehen und Inhalt der Verfassung betreiben musste; alles andere als klar auf der Hand lag indessen die konkrete Gestalt des normativen (Ordnungs-)Anspruchs der Verfassung. Die ‚materielle Vorrangregel'[422] als solche stand nicht zur Disposition. Es musste aber die Frage beantwortet werden, auf welche Weise sich der Vorrang der Verfassung mit dem Prinzip der legislativen Suprematie in Einklang bringen lässt.

---

[419] Vgl. *J. Otis*, A Vindication of the British Colonies, 1765, in: B. Bailyn (Hrsg.), Pamphlets of the American Revolution, Bd. I, 1965, S. 554 ff.; zu Otis' Sinneswandel die Anmerkungen von *B. Bailyn*, in: ders. (Hrsg.), Pamphlets of the American Revolution, Bd. I, 1965, S. 546 ff.; *Ph. Hamburger*, Law and Judicial Duty, 2008, S. 278; *J. W. Purcell*, 5 Mass. Legal Hist. 172 (1999).

[420] Zur Biographie Iredells („lawyer, statesman, judge"), der im Alter von 17 Jahren nach Amerika gekommen war, siehe *H. G. Connor*, 60 U. Pa. L. Rev. 225–253 (1912); ferner *W. Bird*, Press and Speech under Assault, 2016, S. 191 ff.; *W. R. Casto*, Supreme Court in the Early Republic, 1995, S. 61 f.; *C. F. Hickox III/A. C. Laviano*, 23 Anglo-Am. L. Rev. 100–112 (1994); monographisch *W. P. Whichard*, Justice James Iredell, 2000.

[421] „An Elector" (*J. Iredell*), To The Public, 1786, in: G. J. McRee (Hrsg.), Life and Correspondence of James Iredell, Bd. II, 1858, S. 145–149; und D. Kelly/L. Baradell (Hrsg.), The Papers of James Iredell, Bd. III, 2003, S. 227–231.

[422] Siehe oben, Text Kapitel 2, Fn. 114 f., 181 ff.

"The great argument is, that though the Assembly [= legislature] have not a *right* to violate the constitution, yet if they *in fact* do so ... their act, whatever it is, is to be obeyed as a law; for the judicial power is not to presume to question the power of an act of Assembly."[423]

Bereits ein halbes Jahr nach der Sezession von Großbritannien hatte sich der Staat North Carolina im Dezember 1776 eine eigene – und vor allem: geschriebene – Verfassung gegeben[424]. Iredell beschreibt die rechtliche Bedeutung und Verbindlichkeit dieser Verfassung ganz im Vattelschen Sinne dahin, dass sie als fundamentale Grundordnung des Staates anzusehen sei, und dass sie durch die gesetzgebende Gewalt nicht angetastet werden dürfe[425]. Iredell gehörte dem zur Entscheidung über die Annahme des Verfassungsentwurfs einberufenen Konvent von North Carolina an und erinnerte während der Ratifikationsdebatte noch einmal daran, dass es sich bei einer Verfassung um ein „Treuhandverhältnis" zwischen den Inhabern und den Unterworfenen der Staatsgewalt handele[426]. Mit anderen Worten: Es besteht ein durch den Akt der Verfassungebung vermittelter Legitimationszusammenhang zwischen dem Volk und den zur Ausübung der Hoheitsgewalt eingesetzten Treuhändern. Iredell, der offenbar gründliche Locke-Studien betrieben hatte, verortete die Hoheitsgewalt insbesondere in der Legislative. Mit Blick auf – und aus Sorge über – die „Supream Power"[427] der gesetzgebenden Gewalt lockeanisch-englischer Prägung schien sich Iredell allerdings nicht auf das in der

---

[423] „An Elector" (*J. Iredell*), To The Public, 1786, in: G. J. McRee (Hrsg.), Life and Correspondence of James Iredell, Bd. II, 1858, S. 147 (Hervorhebungen ebd.).

[424] *W. P. Adams*, Republikanische Verfassung, 1973, S. 80 f. – North Carolina folgte bereits ansatzweise dem Modell eines für den Erlass einer Verfassung besonders mandatierten Konvents, während die ersten Verfassungen in anderen Bundesstaaten noch durch gewöhnliches („einfaches") Statut der jeweiligen Legislativen erlassen worden waren (*L. F. Goldstein*, JOP 48 [1986], S. 51 [58]); allerdings fungierte der fünfte sog. „Provinzialkongress", der die Verfassung ausgearbeitet hatte, nicht ausschließlich als verfassungsgebende Versammlung, sondern auch als gewöhnliche Legislative. Vor den Wahlen zu diesem fünften Provinzialkongress wurde jedoch auf dessen verfassungsgebende Funktion hingewiesen (vgl. nochmals *W. P. Adams* Republikanische Verfassung, 1973, S. 80 f., mit Nachweis); zur Verfassungsgebung im „Konventmodus" noch unten, Text bei Fn. 605 ff.

[425] „An Elector" (*J. Iredell*), To The Public, 1786, in: G. J. McRee (Hrsg.), Life and Correspondence of James Iredell, Bd. 2, 1858, S. 145 ("[A] constitution which we considered as the fundamental basis of our government, unalterable, but by the same high power which established it."); nach *S. Sherry*, 54 U. Chi. L. Rev. 1143 (1987) sah Iredell die geschriebene Verfassung noch als Ergänzung des Naturrechts und nicht als dessen „Ersatz".

[426] Siehe Rede des Delegierten James Iredell im Ratifikationskonvent von North Carolina vom 28. Juli 1788, in: J. Elliot (Hrsg.), The Debates in the Several State Conventions, Bd. IV, 2. Aufl. 1836, S. 144 (148); vgl. bereits oben Text bei Fn. 143 ff.

[427] *J. Locke*, Two Treatises of Government, 1689, hrsg. von P. Laslett, 1964, S. 385 (Second Treatise, Ch. XIII, § 150).

Kapitel 3: Theoretische Grundlegung des richterlichen Prüfungsrechts

„doctrine of consent"[428] enthaltene Rationalitätsversprechen verlassen zu wollen. Die Erfahrungen der letzten Jahrzehnte hatten ihn eines Besseren belehrt. Er begab sich auf die Suche nach einem Rechtsinstitut –

"to impose restrictions on the legislature, that might still leave it free to all useful purposes, but at the same time guard against the abuse of unlimited power"[429]

– und er hatte dabei ein den strikten normenhierarchischen Vorrang der Verfassung flankierendes richterliches Prüfungsrecht im Sinn. Vorab sei bemerkt: Iredells Konzept taugt keinesfalls als Referenzpunkt für richterliche Interpretationsmachtsphantasien[430]. *Sein* richterliches Prüfungsrecht war zur wohl dosierten Anwendung bestimmt. Weder als Theoretiker noch als Richter hat sich Iredell je für eine ‚Entgrenzung'[431] der Verfassungsauslegung ausgesprochen – im Gegenteil. Sein beiläufiger Hinweis auf die Wahrung gesetzgeberischer Gestaltungsspielräume lässt sich bereits als Andeutung des judicial restraint-Gedankens beurteilen. Diese Andeutung ist weder Zufall noch zierendes Beiwerk. Iredell widmet der Argumentationsfigur der richterlichen Zurückhaltung besondere Aufmerksamkeit, dabei gewissermaßen den Faden von Otis aufnehmend, der sich ja diesbezüglich auf einen eher kurzen Hinweis beschränkt hatte[432]. Auf Iredells – übrigens bis in die jüngste Vergangenheit nachwirkenden[433] – Aufruf zur richterlichen Zurückhaltung wird unten zurückzukommen sein[434].

Die Staatsverfassung von 1776 enthielt keine Kompetenznorm, die den Gerichten des Staates North Carolina die Befugnis zur Normenkontrolle ausdrücklich zugewiesen hätte[435]. Iredell musste entgegen den vorherrschenden staatstheoretischen Prämissen der Zeit – die Rolle der Justiz als Hüter und Bewahrer der verfassungsmäßigen Ordnung war in den 1780er Jahren bekanntlich nicht allgemein akzeptiert[436] – begründen, dass im Verfassungs-

---

[428] Siehe Text und Nachweise oben bei Fn. 193 ff.
[429] „An Elector" (*J. Iredell*), To The Public, 1786, in: G. J. McRee (Hrsg.), Life and Correspondence of James Iredell, Bd. 2, 1858, S. 145 f.
[430] Vgl. zum Topos der Interpretationsmacht unten, Text bei Fn. 689 ff.
[431] Siehe oben Kapitel 1, Text bei Fn. 162 ff.
[432] Siehe oben, Text bei Fn. 373 f.
[433] *Plaut v. Spendthrift Farm, Inc.*, 514 U.S. 211, 267 (1995) (Stevens, J., dissenting) (unten, Fn. 474); vgl. auch *Adamson v. California*, 332 U.S. 46, 91 n. 18 (1947) (Black, J., dissenting) (unten Kapitel 4, Fn. 341).
[434] Text bei Fn. 471 ff., und Kapitel 4, Fn. 342 ff.
[435] *P. Dionisopoulos/P. Peterson*, 18 J. Marshall L. Rev. 55–56 (1984); *J. Lee Malcolm*, 26 J.L. & Pol. 22 (2010) ("general silence on judicial review [in early state constitutions]").
[436] Vgl. *M. P. Harrington*, 72 Geo. Wash. L. Rev. 53, 65–68 (2003) ("Up to this point, most Americans were deeply commited to the idea of legislative supremacy."); ähnlich *W. P. Adams*, Republikanische Verfassung, 1973, S. 280; *R. E. Ellis*, The Jeffersonian Crisis, 1971, S. 9; *J. Goebel, Jr.*, History, Bd. I, 1971, S. 95; *W. M. Treanor*, 143 U. Pa. L. Rev. 518 (1994); *W. P. Whichard*, James Iredell, 2000, S. 15; zur zeitgenössischen Debatte

recht des Staates North Carolina dennoch von einem ungeschriebenen richterlichen Prüfungsrecht auszugehen sei.

Der teils polemische und ideologisch aufgeladene Duktus seiner Ausführungen erinnert dabei eher an politische Publizistik als an eine juristische Abhandlung. Streng genommen argumentiert Iredell über weite Strecken nicht mit den Normen der Verfassung des Staates North Carolina, sondern mit allgemeinen Begriffen der politischen Theorie. Dadurch verliert Iredells Argumentation allerdings auch ihren regionalen Bezug. Seine Thesen sind nicht auf den Mikrokosmos North Carolina beschränkt, sondern auf das große Ganze bezogen; sie beanspruchen umfassende Gültigkeit. Iredell legt es offenbar geradezu darauf an, dass seine Konzeption – von den Verhältnissen in North Carolina abstrahiert – mit Blick entweder auf die Verfassungen der übrigen Staaten oder ein zukünftiges Verfassungsrecht des Bundes in Gestalt einer allgemeinen Theorie des richterlichen Prüfungsrechts diskutiert werden wird[437].

Iredells Argumentation knüpft zunächst an drei aus dem englischen Konstitutionalismus bestens bekannte[438] Rechtsbehelfe („remedies") gegen legislative Kompetenzüberschreitungen an.

Zuallererst ruft Iredell das aus der englischen Verfassungspraxis überlieferte Petitionsrecht in Erinnerung. Lange will er sich nicht damit aufhalten. In einer verfassungsmäßigen Ordnung, in der die Staatsgewalt durch das Volk legitimiert werden müsse, sei das Petitionsrecht – die *„humble* petition"[439] – fehl am Platz. Schließlich liege die Souveränität in letzter Konsequenz beim Volk und nicht bei der Gesetzgebung, die ja im Auftrag des Souveräns handele und diesen lediglich repräsentiere. Deshalb könne es nicht angehen, dass das Volk seine „Rechte aus der Gunst [seiner] Repräsentanten" herleiten müsse, vielmehr verhalte es sich umgekehrt. Die Repräsentanten seien Rechenschaft schuldig und müssten ihre Handlungen den Wählern gegenüber rechtfertigen[440]. Mit dem Petitionsrecht allein, so wird man Iredell zu verstehen haben, ist also kein republikanischer (Verfassungs-)Staat zu machen.

---

um die Rechtsnatur der Verfassung als höherrangiges Recht auch *G. S. Wood*, Creation, 1969, S. 273–282.

[437] Vgl. *W. R. Casto*, 62 Vand. L. Rev. 379 (2009) ("his theory is equally applicable to ... the U.S. Constitution"); ähnlich *S. B. Prakash/J. C. Yoo*, 70 U. Chi. L. Rev. 932 (2003).

[438] *G. Leonard*, 81 Chi.-Kent L. Rev. 874 (2006) ("leftovers of British Whig constitutionalism"); siehe bereits oben, Kapitel 2.

[439] „An Elector" (*J. Iredell*), To The Public, 1786, in: G. J. McRee (Hrsg.), Life and Correspondence of James Iredell, Bd. 2, 1858, S. 147 (meine Hervorhebung).

[440] „An Elector" (*J. Iredell*), To The Public, 1786, in: G. J. McRee (Hrsg.), Life and Correspondence of James Iredell, Bd. 2, 1858, S. 147; vgl. *G. Stourzh*, Grundrechtsdemokratie, 1989, S. 62.

Zweitens werde im Zusammenhang mit der Kontrolle der kompetentiellen Grenzen der Gesetzgebung immer wieder über das – vor allem in der kontraktualistischen Staatslehre postulierte[441] – Widerstandsrecht diskutiert[442]. Iredell wendet ein: „Wir alle können uns noch gut daran erinnern, wie schwierig es war, den Widerstand eines ganzen Volkes zu organisieren." Ganz zu schweigen von den chaotischen Zuständen und der Ungewissheit („calamitous contingency"), in die sich das Land durch Rebellion und Revolution versetzt habe. Weder im kollektiven noch im individuellen Modus sei das Widerstandsrecht hinreichend wirksam. Bemüht man sich um einen nüchternen Blick auf die Dinge, wird man Iredell zuzustimmen haben, wenn er argumentiert, das Widerstandsrecht greife jedenfalls unter dem Aspekt der Mobilisierbarkeit der Masse erst im Falle „allgemeiner" und permanenter „Unterdrückung" ein – eben unter der Voraussetzung eines „long train of abuses"[443] –, so dass nur einzelne oder auch notorische, die Grenze zur allgemeinen Unterdrückung noch unterschreitende Souveränitätsanmaßungen des Staates nicht durch das Widerstandsrecht abgewehrt werden könnten[444]. Denselben Einwand macht Iredell gegen den – von nicht wenigen Zeitgenossen favorisierten[445] – Durchsetzungsmechanismus der „demokratischen Sanktion" geltend[446]. Diesem Ansatz liegt der Gedanke zu Grunde, das Volk müsse in möglichst kurzen Intervallen in den Stand gesetzt werden, mittels

---

[441] Siehe nochmals die Nachweise oben Kapitel 2, Fn. 133; außerdem *H. Steinberger*, Konzeption und Grenzen, 1974, S. 57; *K. Stern*, Staatsrecht, Bd. II, 1980, S. 1492, 1495 f.

[442] „An Elector" (*J. Iredell*), To The Public, 1786, in: G. J. McRee (Hrsg.), Life and Correspondence of James Iredell, Bd. 2, 1858, S. 147 f. (auch im Folgenden).

[443] *J. Locke*, Two Treatises of Government, 1689, hrsg. von P. Laslett, 1964, S. 433 (Second Treatise, Ch. XIX, § 225).

[444] *G. Leonard*, 81 Chi.-Kent L. Rev. 875 (2006) ("certainly the people had not chosen an enforcement mechanism that must necessarily leave a thousand usurpations unadressed"); siehe auch *D. F. Epstein*, Political Theory, 1984, S. 187; *G. Stourzh*, Grundrechtsdemokratie, 1989, S. 62; *S. B. Prakash/J. C. Yoo*, 70 U. Chi. L. Rev. 938 (2003).

[445] Vgl. Brief von Richard Spaight an James Iredell vom 12. August 1787, in: G. J. McRee (Hrsg.), Life and Correspondence of James Iredell, Bd. 2, 1858, S. 169 f. – Spaight fordert dort alljährliche Parlamentswahlen anstelle einer gerichtlichen Kontrolle der Gesetzgebung; siehe auch *J. Taylor*, Inquiry into the Principles and Policy of Government, 1814, S. 203 ("A sovereignty over the constitution, objectionable as it would still be, would be safer in the legislature, than in the judiciary, because of its duennial responsibility.").

[446] Siehe den Antwortbrief von James Iredell an Richard Dobbs Spaight vom 26. August 1787, in: G. J. McRee (Hrsg.), Life and Correspondence of James Iredell, Bd. 2, 1858, S. 172 (175) ("I conceive the remedy by a new election to be of very little consequence, because this would only secure the views of a majority."); vgl. *W. R. Casto*, 27 Conn. L. Rev. 334–335 (1995); *Ch. G. Haines*, American Doctrine, 2. Aufl. 1959 (Ndr.), S. 119; allgemein zur Kontrolle der Repräsentanten durch kurze Amtszeiten in der post-revolutionären amerikanischen politischen Theorie und Praxis *W. P. Adams*, Republikanische Verfassung, 1973, S. 247–249.

seines Votums an der Wahlurne über Weisheit und Verfassungstreue der Repräsentanten befinden zu können[447].

Nach den gerade referierten Ausführungen Iredells kaum mehr überraschend, verwirft er die vorgenannten Ansätze. Auch eine Art Selbstkontrolle der Legislative kommt für Iredell offenbar nicht in Betracht. Er bezieht klar und deutlich als entschiedener Gegner der britischen Theorie und Praxis der Parlamentssouveränität Position:

> "We had not only been sickened and disgusted for years with the high and almost impious language from Great Britain, of the omnipotent power of the British Parliament, but had severely smarted under its effects. We felt in all its rigor the mischiefs of an absolute and unbounded authority claimed by so weak a creature as man, and should have been guilty of ... the grossest folly, if in the same moment we spurned at the *insolent despotism* of Great Britain, we had established a *despotic* power among ourselves."[448]

Als letzte Option zur Harmonisierung von materieller Vorrangregel und demokratischer Selbstbestimmung bringt Iredell ein Szenario ins Spiel, in dem der Schutz der Verfassung der rechtsprechenden Gewalt anvertraut ist. Er argumentiert – dabei vieles von Alexander Hamiltons Thesen vorwegnehmend[449] – der Staat North Carolina sei durch eine wohlerwogene Willensbekundung des Volkes konstituiert worden[450]. Das übergreifende Prinzip, das hinter diesem Akt der verfassungsgebenden Gewalt des Volkes stehe, sei der Schutz des Individuums und seiner Freiheit[451]. Wohl auch unter dem Eindruck der Prämisse, dass die Anfälligkeit für Machtmissbrauch eine

---

[447] Siehe etwa *United States v. Butler*, 297 U.S. 1, 79 (1936) (Stone, J., dissenting) ("For the removal of unwise laws from the statute books appeal lies not to the courts, but to the ballot and to the processes of democratic government."); *M. P. Harrington*, 72 Geo. Wash. L. Rev. 85 (2003); vgl. *B. Friedman*, Will of the People, 2009, S. 23, 40; *L. D. Kramer*, 115 Harv. L. Rev. 49 (2001); *G. S. Wood*, Creation, 1969, S. 273.

[448] „An Elector" (*J. Iredell*), To The Public, 1786, in: G. J. McRee (Hrsg.), Life and Correspondence of James Iredell, Bd. 2, 1858, S. 146 (Hervorhebung ebd.); auf S. 147 f. bemüht Iredell das abschreckende Beispiel des englischen Septennatsgesetzes (siehe bereits oben, Fn. 375), und meint, das Volk von North Carolina sei freier als das englische, denn legislative Exzesse wie in England seien unter der Verfassung des Staates North Carolina nicht denkbar; vgfl. außerdem bereits *J. Iredell*, To the Inhabitants of Great Britain, in: D. Higginbotham (Hrsg.), Papers of James Iredell, Bd. I, 1767–1777, 1976, S. 251–268. Zu Iredells ablehender Haltung gegenüber dem Prinzip der Parlamentssouveränität auch *R. E. Ellis*, The Jeffersonian Crisis, 1971, S. 8 f.; *G. S. Wood*, Creation, 1969, S. 462.

[449] *L. D. Kramer*, 115 Harv. L. Rev. 68 (2001) meint, Hamilton habe Iredells Argumentation einfach „nachgeplappert"; freundlicher *S. Snowiss*, Judicial Review, 1990, S. 46, 77.

[450] „An Elector" (*J. Iredell*), To The Public, 1786, in: G. J. McRee (Hrsg.), Life and Correspondence of James Iredell, Bd. 2, 1858, S. 146 ("Our [government], thank God, sprang from the deliberate voice of the people.").

[451] „An Elector" (*J. Iredell*), To The Public, 1786, in: G. J. McRee (Hrsg.), Life and Correspondence of James Iredell, Bd. 2, 1858, S. 146.

"menschliche Konstante" sei[452], schlussfolgert Iredell, an dieser Stelle offenbar wiederum in Anlehnung an Vattel[453]:

"I have therefore no doubt, but that the power of the Assembly is limited and defined by the constitution. It is a *creature* of the constitution."[454]

Anders als in England ist die Legislative des Staates North Carolina nicht omnipotent, also nicht mit der Verfassung identisch oder zumindest annäherungsweise deckungsgleich, sondern ihre Schöpfung[455], mit der Folge, dass die Legislative nicht in, über oder neben, sondern unter der Verfassung steht. Sie ist im Unterschied zum überkommenen britischen Verständnis Ursprung und nicht Konsequenz der bestehenden Ordnung[456].

Im Angesicht der begrenzten Wirksamkeit der tradierten Rechtsbehelfe, des Petitions- und Widerstandsrechts, müsse die Durchsetzung des Vorrangs der Verfassung, beziehungsweise: die Effektuierung des Nachrangs der Gesetzgebung[457], in die Hände der Gerichte gelegt werden[458]. Ohnehin bestehe die Pflicht der Richter darin, Fälle nach Maßgabe der Gesetze des Staates North Carolina zu entscheiden. Die Verfassung, so Iredell, sei ein Gesetz, ebenso sehr wie das durch das Parlament gesetzte Recht, jedoch mit dem Unterschied, dass es sich bei der Verfassung um das Grundgesetz, die lex

---

[452] Siehe zu diesem zentralen Gedanken in der politischen Theorie der amerikanischen Gründung *A. Adams/W. P. Adams*, in: dies. (Hrsg.), Die Federalist-Artikel, 1994, Einleitung, S. lxxxiii; außerdem bereits oben, Text bei Fn. 90 ff.

[453] *E. de Vattel*, The Law of Nations, 1758, übers. und hrsg. von J. Chitty/E. Ingraham, 1852, Buch I, Kap. III, § 34 (S. 11 f.).

[454] „An Elector" (*J. Iredell*), To The Public, 1786, in: G. J. McRee (Hrsg.), Life and Correspondence of James Iredell, Bd. 2, 1858, S. 146 (Hervorhebung ebd.); eine ähnliche Formulierung („government is only the creature of the Constitution") findet sich auch schon bei Thomas Paine, siehe *Th. Paine*, Rights of Man, 1791, S. 53. – Auch in der Rechtsprechung des späten 18. Jahrhunderts ist das Bild von der Legislative als „Kreatur der Verfassung" präsent, siehe *Van Horne's Lessee v. Dorrance*, 2 U.S. (2 Dall.) 304, 308 (C.C. D. Pa. [= United States Circuit Court for the District of Pennsylvania] 1795) (Paterson, J.); Anfang des 19. Jahrhunderts auch in *State v. Parkhurst*, 4 Halsted 427, 443 (Supreme Court of Judicature, New Jersey 1802/04) (Kirkpatrick, C.J.).

[455] Vgl. *B. Bailyn*, Ideological Origins, 1967, S. 179.

[456] *J. P. Reid*, Constitutional History, Bd. I, 1986, S. 74 f.; siehe zum britischen Verfassungsdenken *A. V. Dicey*, Introduction to the Study of the Law of the Constitution, 8. Aufl. 1915, S. 199 ("[W]ith us the law of the constitution, the rules which in foreign countries naturally form a part of a constitutional code, are not the source but the consequence of the rights of individuals.").

[457] *M. Eberl*, Verfassung und Richterspruch, 2006, S. 273; *G. Stourzh*, Grundrechtsdemokratie, 1989, S. 58.

[458] „An Elector" (*J. Iredell*), To The Public, 1786, in: G. J. McRee (Hrsg.), Life and Correspondence of James Iredell, Bd. 2, 1858, S. 148 (dort auch im Folgenden).

fundamentalis, handele⁴⁵⁹. Akte der Gesetzgebung, welche die verfassungsrechtlich festgelegten legislativen Normsetzungsbefugnisse überschritten, seien nichtig, und könnten nicht befolgt werden, ohne gleichzeitig das höherrangige Verfassungsrecht zu missachten, an das man sich, jedenfalls nahezu, unwiderruflich gebunden habe. Die Gerichte seien daher gehalten, diejenigen Gesetze, die sie durch ihre Entscheidungen vollziehen, auf ihre Verfassungsmäßigkeit hin zu überprüfen. Sollte ein Gericht diese Prüfung unterlassen, und stellte sich heraus, dass das angewendete Gesetz verfassungswidrig ist, handelte das Gericht auf illegitime Weise. In den Worten Iredells: Es fehlte dem Gericht an der notwendigen gesetzmäßigen Autorität („lawful authority").

Es ergibt sich für Iredell demnach eine „Pflicht" der Gerichte, verfassungswidrigen Akten der Gesetzgebung die Anwendung zu versagen. Potentiellen Kritikern hält er entgegen, dass die so beschaffene Pflicht weder auf eine Kompetenzusurpation gegründet sei, noch eine für die Gerichte frei verfügbare Machtposition entstehen lasse. Die Pflicht zur Normenkontrolle ergebe sich bereits schlechthin aus der Natur des Richteramtes⁴⁶⁰. Die Gerichte seien nicht Knechte des Parlaments, sie verfügten über einen eigenen Auftrag zur Wahrung des Gemeinwohls, den sie unmittelbar und namens des Souveräns ausführten. An dieser Stelle kommt Iredell implizit auf die der funktionalen Gewaltenteilung innewohnenden machtbegrenzenden und machtkonstituierenden Komponenten⁴⁶¹ zu sprechen: Dass mit der von ihm sog. ‚Pflicht' die Gefahr des Kompetenzmissbrauchs durch die Richter einhergeht, räumt Iredell unumwunden ein und meint das aber aus zwei Gründen hinnehmen zu können:

Erstens bestehe jene Gefahr ganz grundsätzlich auch im Zusammenhang mit anderen Ämtern und Posten in Gesetzgebung und Verwaltung⁴⁶². Damit liegt Iredell auf der Linie der Grundannahmen des in den jungen Vereinigten Staaten vorherrschenden weltanschaulichen und republikanischen Grundkonsenses⁴⁶³; die Neigung zur Kompetenzüberschreitung – lies: zum Macht-

---

⁴⁵⁹ Siehe Brief von James Iredell and Richard Dobbs Spaight vom 26. August 1786, in: G. J. McRee (Hrsg.), Life and Correspondence of James Iredell, Bd. 2, 1858, S. 172.

⁴⁶⁰ Vgl. dazu insbesondere *Ph. Hamburger*, Law and Judicial Duty, 2008, S. 8, 17 f., 101 ff., 283 ff., et passim, der diesen zentralen Gedanken aufgreift. Die These Hamburgers, dass die Überprüfung der Vereinbarkeit der Gesetze mit höherrangigem Recht eine in der Tradition der common law-Gerichte verwurzelte „richterliche Pflicht" sei, ist allerdings nicht unbestritten; vgl. bereits *J. Goebel, Jr.*, History, Bd. I, 1971, S. 109 ("defense of the supremacy of the constitution was not an obvious incident of judicial duty"). Eine Anleihe beim „judicial duty"-Gedanken lässt sich auch in *Marbury* nachweisen; siehe *Marbury v. Madison*, 5 U.S. (1 Cranch) 137, 177–178 (1803).

⁴⁶¹ Vgl. bereits oben, Text bei Fn. 172.
⁴⁶² Siehe auch *S. Snowiss*, 20 Const. Comment. 238 (2003).
⁴⁶³ Siehe oben bei Fn. 91 und den begleitenden Text.

missbrauch – beschreibt also aus Sicht der Zeitgenossen kein besonders aufsehenerregendes Distinktionsmerkmal des normenkontrollierenden Richters.

Zweitens – und hier greift Iredell auf eine im zukünftigen Bundesverfassungsrecht in dieser Form nicht angelegte[464] verfassungsstrukturelle Eigenheit in den politischen Ordnungen einiger Bundesstaaten zurück – bestehe immer auch eine gewisse Abhängigkeit der Richter gegenüber der Gesetzgebung: Die Abgeordneten hätten es nach dem Verfassungsrecht des Staates North Carolina in der Hand, auf das Verhalten der Richter einzuwirken, indem sie die Gehälter der Richter kürzten oder schlicht ihre Stellen streichen. Dass die richterliche Unabhängigkeit auf diese Weise nicht unwesentlich relativiert, wenn nicht gar ausgehöhlt werden kann, liegt auf der Hand. Warum sich Iredell, der eine überaus gute Meinung von der richterlichen Unabhängigkeit zu haben vorgibt, dazu hinreißen lässt, auf dieses für ihn untypische Argument zurückzugreifen, erschließt sich nicht ohne weiteres. Vielleicht tat er das, weil die Justizverfassung in North Carolina es hergab, eventuell aber auch, weil ihm eine Konzession an potentielle Kritiker angebracht erschien. Wie dem auch sei, er kommt zu dem Schluss, dass die Vorteile der richterlichen Normenkontrolle die Nachteile dieses Rechtsinstituts ausgleichen könnten, wenn die Vorteile in der Gesamtbetrachtung nicht sogar überwögen.

"That such a power in the Judge may be abused is very certain; that it will be, is not very probable."[465]

Schon diese kurze Beschäftigung mit der Iredellschen Normenkontrollkonzeption – vielleicht die erste publizistische Stellungnahme für das richterliche Prüfungsrecht im post-revolutionären Amerika überhaupt[466] – fördert vor allem zwei wichtige Einsichten zu Tage. Erstens: Will man die Errungenschaften der Revolution nicht preisgeben und die bitteren Erfahrungen, die man mit den Briten und deren Willkür einst gemacht hat[467], im nunmehr eigenen Land nicht noch einmal durchleben[468], sollten neuartige Mechanismen geschaffen werden, um Machtmissbrauch durch ein omnipotentes Par-

---

[464] Zu legislativen und exekutiven Einflussmöglichkeiten auf die Justiz nach der Bundesverfassung etwa *F. V. Lange*, Grundrechtsbindung des Gesetzgebers, 2010, S. 259 f. („court packing" und „jurisdiction stripping"); zum sog. Impeachment siehe unten, Text und Nachweise bei Fn. 700 ff.

[465] Brief von James Iredell an Richard Dobbs Spaight vom 26. August 1787, in: G. J. McRee (Hrsg.), Life and Correspondence of James Iredell, Bd. 2, 1858, S. 172 (175).

[466] Siehe *G. Stourzh*, Grundrechtsdemokratie, 1989, S. 63; *Ph. Hamburger*, Law and Judicial Duty, 2008, S. 463.

[467] Vgl. Text und Nachweise oben in Fn. 9.

[468] Siehe *L. D. Kramer*, 115 Harv. L. Rev. 34 (2001); ferner bereits oben Fn. 35.

B. Grundsatzkontroverse über das richterliche Prüfungsrecht 185

lament zu verhindern[469]. Die tradierten „remedies", namentlich das Widerstands- und Petitionsrecht, haben sich, so die Ansicht Iredells, als unzureichend erwiesen. Dass ordentliche Rechtsbehelfe, insbesondere die Petititon, gegen legislatives Unrecht nicht wirksam sind, hatte schon die Erfahrung aus jüngster Vergangenheit gezeigt[470]. Die sog. „Palmzweigpetition" des Kontinentalkongresses an Georg III. aus dem Jahr 1775 war jedenfalls dann ein ziemlicher Misserfolg, wenn sie nicht darauf ausgelegt war, eine weitere Eskalation in der Auseinandersetzung mit England herbeizuführen, sondern aus der aufrichtigen Absicht heraus entstanden ist, einen Ausgleich mit dem Mutterland herzustellen. Und: Dass sich die Amerikanische Revolution, die ja dereinst mit dem von Iredell jedenfalls in geordneten konstitutionellen Bahnen für untauglich erachteten Widerstandsrecht legitimiert worden war, auf Dauer in einer stabilen Ordnung konsolidieren würde, war 1786 noch keine ausgemachte Sache.

Das die gewaltenteilende Staatsorganisation grundlegend umgestaltende Strukturprinzip des judicial review lässt sich also auch als eine Idee begreifen, die aus politischer Erfahrung heraus entstanden ist. Dieser Erfahrung zufolge ist weder der Widerstand, die Petition noch die alljährliche Wahl geeignet, legislativen Kompetenzüberschreiungen Einhalt zu gebieten. Die Hoffnungen ruhen, jedenfalls bei Iredell, einzig auf der rechtsprechenden Gewalt, die er zumindest potentiell in der Position sieht, einen wirksamen Schutz der Verfassung gegenüber Exzessen der Legislative zu gewährleisten. Allerdings, das deutet Iredell an und spricht insoweit die zweite wichtige Erkenntnis an, bestehe durchaus die Gefahr, dass die Zuweisung der Letztentscheidungsbefugnis über die Gültigkeit von Legislativakten an die Gerichte zu einer in der gewaltenteilenden Verfassungsordnung nicht vorgesehenen de facto-Suprematie der Justiz führen könne[471]. Deshalb tue es not, dass die Gerichte nur nach Maßgabe des (Verfassungs-)Rechts entscheiden, und im Übrigen die politische Prärogative der Gesetzgebung respektierten. Diesen Standpunkt bekräftigte Iredell in privater Korrespondenz aus dem August des Jahres 1787, die er mit Richard Dobbs Spaight geführt hatte, einem Delegierten des Verfassungskonvents von Philadelphia und zugleich einem erklärten Gegner des richterlichen Prüfungsrechts[472]. Dort schreibt

---
[469] Vgl. zu den entsprechenden Überlegungen der Delegierten in der Philadelphia Convention *R. N. Clinton*, 75 Iowa L. Rev. 902 (1990).
[470] *L. D. Kramer*, 115 Harv. L. Rev. 52 (2001); *ders.*, People Themselves, 2004, S. 61; vgl. zum Widerstandsrecht in diesem Zusammenhang auch die Ausführungen des Bundesverfassungsgerichts im KPD-Verbotsurteil (BVerfGE 5, 85 (376)); das Argumentationsmuster dort weist einige Parallelen zu Iredell auf.
[471] Siehe noch die zeitgenössische Kritik des Anti-Federalist „Brutus", Text bei Fn. 748 ff.
[472] Spaight, später Gouverneur von North Carolina, hatte sich im Zuge des Briefwech-

Iredell, dass es eine Vermutung zugunsten der Verfassungsmäßigkeit legislativer Handlungen geben müsse. Dem Verdikt der Verfassungswidrigkeit dürfe ein Gesetz nur dann preisgegeben werden, wenn es ohne jeden Zweifel verfassungswidrig sei („unconstitutional beyond dispute")[473].

Mit dieser bis in die Gegenwart nachwirkenden[474] Forderung war Iredell nicht allein. James Wilson etwa, im Grundsatz ein Befürworter des richter-

---

sels zwischen den beiden – vorsichtig ausgedrückt – skeptisch zur richterlichen Normenkontrolle geäußert, siehe Brief von Richard Spaight an James Iredell vom 12. August 1787, in: G. J. McRee (Hrsg.), Life and Correspondence of James Iredell, Bd. 2, 1858, S. 169 (richterliche Normenkontrolle sei „absurd, and contrary to the practice of all the world."). – Siehe zu Spaight und dessen Ablehnung des richterlichen Prüfungsrechts *G. Leonard*, 81 Chi.-Kent L. Rev. 875 (2006); *J. M. Sosin,* Aristocracy, 1989, S. 219 ff.

[473] Brief von James Iredell and Richard Dobbs Spaight vom 26. August 1786, in: G. J. McRee (Hrsg.), Life and Correspondence of James Iredell, Bd. 2, 1858, S. 172 (175). In seiner Funktion als Richter am U.S. Supreme Court bezeichnet Iredell die Ausübung der judicial review-Kompetenz in der Entscheidung *Calder v. Bull*, 3 U.S. (3 Dall.) 386, 399 (1798), als von einer „delicate and awful nature". Iredell führte weiter aus: „the Court will never resort to that authority, but in a clear and urgent case". – Siehe zur doubtful case rule bei Iredell *W. R. Casto*, 27 Conn. L. Rev. 341–348 (1995); *ders.*, Supreme Court in the Early Republic, 1995, S. 222, mit dem Hinweis, dass dieser Regel kein gleichsam „mechanistisches" Verständnis zugrunde gelegen habe; siehe ferner *S. Snowiss*, Judicial Review, 1990, S. 34 ff., Snowiss stellt für die frühe amerikanische Republik im Zeitraum zwischen 1787 und 1803 fest (S. 60): „legislation could be overturned only if there was no doubt about its unconstitutionality." Ähnlich auch *E. H. Caminker*, 78 Ind. L.J. 80 (2003) ("extremely deferential original stance"); *Ch. G. Haines*, American Doctrine, 2. Aufl. 1959 (Ndr.), S. 228 ff.; *G. Stourzh*, Grundrechtsdemokratie, 1989, S. 63; *L. D. Kramer*, 115 Harv. L. Rev. 56 (2001).

[474] Das Bekenntnis zur richterlichen Zurückhaltung bei der Normenkontrolle, das Iredell in *Calder v. Bull* (s. o., Fn. 473) abgelegt hatte, griff der Richter am U.S. Supreme Court John Paul Stevens gut 200 Jahre später wieder auf ("I would heed Justice Iredell's admonition in *Calder v. Bull* ... that 'the Court will never resort to that authority, but in a clear and urgent case'."); *Plaut v. Spendthrift Farm, Inc.*, 514 U.S. 211, 267 (1995) (Stevens, J., dissenting); ganz ähnlich äußerten sich Justice Hugo Black in *Griswold v. Connecticut*, 381 U.S. 479, 525 (1965) (Black, J., dissenting) ("I would adhere to [Iredell's] constitutional philosophy in passing on this Connecticut law today."); siehe ferner bereits Justice Henry Brown in *Pollock v. Farmers' Loan & Trust Co.*, 157 U.S. 429 (1895), *affirmed on rehearing*, 158 U.S. 601, 686, 695 (1895) (Brown, J., dissenting) ("It is never a light thing to set aside the deliberate will of the legislature, and in my opinion it should never be done, except upon the clearest proof of its conflict with the fundamental law. Respect for the constitution will not be inspired by a narrow and technical construction which shall limit or impair the necessary powers of congress."); aus jüngerer Vergangenheit etwa *National Federation of Independent Business v. Sebelius*, 567 U.S. __, __ (2012) (Roberts, C.J.) (slip. op., at 6) ("Proper respect for a co-ordinate branch of the government requires that we strike down an Act of Congress only if the lack of constitutional authority to pass the act in question is clearly demonstrated." [ohne internes Zitat]).

lichen Prüfungsrechts⁴⁷⁵, außerdem hochangesehener Gründervater und Supreme Court-Richter der ersten Stunde, wies im Verlauf der Diskussion im Konvent von Philadelphia auf die – Iredells Forderung bereits vorausliegende – Prämisse hin, dass Fälle denkbar sind, in denen die Verfassungsauslegung der Legislative nicht eindeutig falsch, und diejenige des kontrollierenden Gerichts nicht eindeutig richtig ist⁴⁷⁶:

"Laws may be unjust, may be unwise, may be dangerous, may be destructive; and yet be not *so* unconstitutional as to justify the judges in refusing to give them effect."⁴⁷⁷

Der von Iredell postulierte Grundsatz, wonach Gesetze von den Gerichten nur unter der Voraussetzung ignoriert werden dürften, dass sie unzweifelhaft als verfassungswidrig anzusehen seien, ist in der US-amerikanischen Literatur auch als „doubtful case rule", als Lehre vom „concededly unconstitutional act" oder auch als „clear beyond doubt standard of review" bekannt⁴⁷⁸. Übersetzt in unsere zeitgenössische Terminologie verbirgt sich dahinter die Forderung nach richterlicher Zurückhaltung⁴⁷⁹.

Der unten näher zu erläuternde und in der Gegenwart weitaus bekanntere, obwohl knapp zwei Jahre nach Iredells „To the Public" veröffentlichte Text Alexander Hamiltons aus dem Federalist ist demjenigen Iredells in der Argumentationsstruktur vergleichbar. Das gilt jedenfalls insoweit, als beide Autoren die Volkssouveränität als theoretischen Angelpunkt des richterli-

---

⁴⁷⁵ Siehe *J. Wilson*, Lectures on Law, 1791, Kap. XI, in K. L. Hall/M. D. Hall (Hrsg.), Collected Works of James Wilson, Bd. I, 2007, S. 742 f.

⁴⁷⁶ Vgl. *D. Alfange, Jr.*, 1993 Sup. Ct. Rev. 428–429.

⁴⁷⁷ James Wilson, zitiert nach M. Farrand (Hrsg.), Records of the Federal Convention, Bd. II, 1911, S. 73 (meine Hervorhebung). – Siehe zu Wilson und dessen Standpunkt hinsichtlich des richterlichen Prüfungsrechts bereits oben Kapitel 2, Fn. 200.

⁴⁷⁸ Siehe vor allem *S. Snowiss*, Judicial Review, 1990, S. 34, 36, 50 f.; vgl. auch *D. Alfange, Jr.*, 1993 Sup. Ct. Rev. 342; *R. Berger*, Congress v. The Supreme Court, 1969, S. 337 ff.; *E. H. Caminker*, 78 Ind. L.J. 81 (2003); *S. Gabin*, Judicial Review and the Reasonable Doubt Test, 1980; *M. P. Harrington*, 72 Geo. Wash. L. Rev. 84 (2003); *L. D. Kramer*, People Themselves, 2004, S. 103; *ders.*, 115 Harv. L. Rev. 79 (2001); *Ch. Wolfe*, Rise of Modern Judicial Review, 2. Aufl. 1994, S. 104.

⁴⁷⁹ *E. Foley*, 59 Ohio St. L.J. 1604 (1998) ("[U]sing modem terms, we would call Iredell a champion of judicial restraint."); vgl. *T. Sandefur*, 35 Harv. J. L. & Pub. Pol'y 322 (2012); nach *W. M. Treanor*, 58 Stan. L. Rev. 471 (2005), habe Iredell trotz der Aussage in seinem Brief an Spaight eine eher „aggressive Konzeption" von judicial review vertreten; ähnlich *G. Leonard*, 81 Chi.-Kent L. Rev. 877 (2006) ("fairly broad scope for judicial review"). Leonard beurteilt die Äußerung in Iredells Brief an Spaight als Konzession, als einen Versuch „to win over an opponent" (S. 881); wie hier aber *W. R. Casto*, 27 Conn. L. Rev. 331 (1995); *ders.*, 62 Vand. L. Rev. 386 n. 81 (2009) (mit Kritik an Leonards Einschätzung); *M. P. Harrington*, 72 Geo. Wash. L. Rev. 83–84 (2003); *L. D. Kramer*, 115 Harv. L. Rev. 56 (2001); *S. Snowiss*, Judicial Review, 1990, S. 34; *N. Williams*, 57 Stan. L. Rev. 263 (2004) ("very modest defense of judicial review").

chen Prüfungsrechts identifizieren[480]. Die Gegenläufigkeit von der in der Gesetzgebung sich äußernden Volkssouveränität und der mit Kassationskompetenzen ausgestatteten Verfassungsgerichtsbarkeit, der in der Diskussion um die politische Neuordnung insbesondere von den Anti-Federalists angedeutet worden ist (siehe unten, III.) und auch in der Gegenwart häufig und wohl unabhängig von ideologischer Neigung[481] betont wird, tritt bei Iredell (und bei Hamilton, vgl. nachf., II.) als ausgewiesen konservativen Publizisten in dieser Deutlichkeit nicht in den Vordergrund. Sie stellen ihre Forderung nach richterlicher Zurückhaltung, weil sie es auf eine intakte Funktionenordnung[482] abgesehen haben und nicht so sehr, wie viele historische und aktuelle Kritiker, aus Sorge um das kontramajoritäre Wirkungsvermögen der normenkontrollierenden Justiz.

Die Bezeichnung der Federalists und ihrer Anhänger als politisch konservativ bedarf einer kurzen Erläuterung. Im Hinblick auf ihre Opposition gegen das Verfassungsprojekt können eigentlich die Anti-Federalists als konservativ gelten, wollten sie die post-revolutionäre Ordnung unter den Konföderationsartikeln doch im Wesentlichen aufrechterhalten wissen[483]. Allerdings: Die Anti-Federalists vertraten eine sich teilweise in radikaldemokratischen[484] und antietatistischen Positionen äußernde Oppositionsideologie, während die Federalists von solchen während und unmittelbar nach der Revolution postulierten Idealen (dem „einheitlichen Republikanismus", „Wertsystem"[485] oder „Spirit of '76") Abstand

---

[480] Vgl. *W. R. Casto*, 62 Vand. L. Rev. 379–385 (2009); *ders.*, 27 Conn. L. Rev. 330–331, et passim (1995); siehe aber auch *N. Williams*, 57 Stan. L. Rev. 264 (2004).

[481] Siehe aber *M. Tushnet*, Taking the Constitution Away from the Courts, 1999, S. 185 ff., der die Forderung nach judicial restraint, zumal für die Verfassungspolitik der USA, als konservative Position kennzeichnet (siehe dazu die Rezension bei *W. Brugger*, Der Staat 39 [2000], S. 135 ff., nach Brugger schreibt Tushnet als liberaler Verfassungsrechtler gegen seine eigenen „politischen Freunde" an); vgl. für die USA auch *B. Friedman*, Will of the People, 2009, S. 9; *P. C. Hoffer*, 47 Wm. & Mary Q. 467 (1990); *W. Brugger*, JöR N.F. 42 (1994), S. 571 (572); siehe zur Zuordnung der Forderung nach judicial restraint zu ideologischen Grundströmungen in historischer Sicht *L. D. Kramer*, 100 Calif. L. Rev. 631-632 (2012). – In Deutschland, so der Anschein (vgl. *M. Kriele*, NJW 1976, S. 777), werden Forderungen nach verfassungsgerichtlicher Zurückhaltung eher von pragmatischen Erwägungen oder machtpolitischem Kalkül getragen, soll heißen, entsprechende Forderungen werden zumeist von der amtierenden Regierung beziehungsweise der die Regierung tragenden parlamentarischen Mehrheit erhoben; ähnlich *J. Daley*, in: T. Campbell/J. Goldsworthy (Hrsg.), Judicial Power, Democracy and Legal Positivism, 2000, S. 279 (280) ("Restraint ... is different from conventional political categories.").

[482] Vgl. *D. Luban*, 44 Duke L.J. 450 (1994); siehe auch *R. A. Posner*, The Federal Courts, 1985, S. 208 ("separation-of-powers judicial self-restraint" bzw. "structural restraint").

[483] Vgl. *G. S. Wood*, Creation, 1969, S. 519 ff.

[484] Kritisch im Hinblick auf die demokratischen Gehalte der Ideologie der Anti-Federalists etwa *C. M. Kenyon*, 12 Wm. & Mary Q. 42–43 (1955) ("The Anti-Federalists were not latter-day democrats.").

[485] *W. P. Adams*, Republikanische Verfassung, 1973, S. 37.

nahmen[486] und sich in der Folge um die Schaffung von Mechanismen zur Eindämmung der unkontrollierten demokratischen Mehrheitsherrschaft sowie um eine stärkere Zentralisierung des politischen Systems bemühten[487]. Wegen ihres Strebens nach einer zumindest partiellen Rückkehr zur alten Ordnung kann man ihren Ansatz als tendenziell restaurativ[488] und insofern als konservativ oder gar reaktionär beurteilen[489].

II. The Federalist – Judicial Review in der Verfassungsdebatte 1787/88

"[T]he records of the Constitutional Convention itself suggest to at least some scholars that the Framers did not explicitly grant federal courts the power of judicial review because they took that power for granted."[490]

Einer der hier angesprochenen Verfassungsväter ist Alexander Hamilton. Während der Debatten in Philadelphia hatte Hamilton sich zum richterli-

---

[486] Vgl. *D. E. Narret*, New York History 69 (1988), S. 285 (286 f.) (bezogen auf den konservativen ‚Chefideologen' Alexander Hamilton).

[487] Vgl. etwa die Beiträge der Delegierten Richard Morris und Alexander Hamilton auf dem New Yorker Ratifikationskonvent im Jahr 1788, in: J. Elliot (Hrsg.), The Debates in the Several State Conventions, Bd. II, 2. Aufl. 1836, S. 297, 301 (Morris: „The gentlemen, in all their zeal for liberty, do not seem to see the danger to be apprehended from foreign power; they consider that all the danger is derived from a fancied tyrannical propensity in their rulers; and against this they are content to provide."; Hamilton: „[B]ut, sir, there is another object, equally important [as ‚the zeal for liberty'], and which our enthusiasm rendered us little capable of regarding: I mean a principle of strength and stability in the organization of our government, and vigor in its operations.").

[488] Vgl. *H.-Ch. Schröder*, Amerikanische Revolution, 1982, S. 143.

[489] Siehe die Diskussion bei *J. H. Hutson*, 38 Wm. & Mary Q. 342 (1981), m. w. n. aus der amerikanischen Historiographie; vgl. aus der deutschsprachigen Literatur *J. Heideking*, Historische Zeitschrift, Bd. 246 (1988), S. 47 (80); *H. Vorländer*, Hegemonialer Liberalismus, 1997, S. 76; außerdem *G. Dietze*, ZgS 113 (1957), S. 301 (307 f.) („konservative Gegenrevolution"); *R. R. Palmer*, Zeitalter der demokratischen Revolution, 1970, S. 249 („konservative Reaktion"); zurückhaltender *H.-Ch. Schröder*, Amerikanische Revolution, 1982, S. 141 ff. – In der in den 1790er Jahren sich formierenden Federalist Party waren keineswegs ausschließlich überzeugte Republikaner versammelt. Zur Jahrhundertwende wurde die Federalist Party nach Einschätzung des amerikanischen Rechtshistorikers William Nelson gar zu einer Ansammlung antidemokratischer Reaktionäre (*W. E. Nelson*, in: K. L Hall/K. T McGuire (Hrsg.), The Judicial Branch, 2005, S. 3 (24)), die ihre Gesinnung hinter einer Überhöhung des Repräsentationsideals zu verstecken versuchten. Der USamerikanische Historiker Jackson Turner Main (The Antifederalists, 1961, S. 127) meint in diesem Zusammenhang, man müsse, um die allenfalls vordergründig nobel erscheinenden Motive der Federalists richtig verstehen zu können, nicht nur deren „published apologia", sondern auch deren private Korrespondenz in den Blick nehmen.

[490] *L. Tribe*, American Constitutional Law, 3. Aufl. 2001, S. 212.

chen Prüfungsrecht nicht geäußert[491]. Im Federalist #78 vom 28. Mai 1788 legt „Publius" alias Hamilton jedoch dar, warum es sich bei der gerichtlichen Normenkontrollkompetenz, verstanden als die judikative Befugnis, verfassungswidrigen Akten der Legislative die Anwendung zu versagen, um eine verfassungspolitische Notwendigkeit handelt[492].

Der Titel des Artikels lautet im englischen Original schlicht: „The Judiciary Department"[493]. Nicht ganz zu Unrecht haben sich die Herausgeber der deutschsprachigen Übersetzung die Freiheit genommen, den Titel zu präzisieren. Bei Adams und Adams steht über der #78: „Zur Gestaltung der rechtsprechenden Gewalt, insbesondere der Amtsdauer auf Lebenszeit."[494] Eigentliches Hauptanliegen des Federalist #78 ist in der Tat die Amtszeit der Bundesrichter. Hamilton erläutert – wie es der deutsche Titel bereits nahelegt – warum die Regelung in U.S. Const., Art. III, § 1, Cl. 2 für die praktische Wirksamkeit des Gewaltenteilungsprinzips zwingend erforderlich sei. Die Norm bestimmt, dass Bundesrichter auf Lebenszeit zu ernennen sind, und dass eine vorzeitige Abberufung (vgl. U.S. Const., Art. II, § 4) nur in Betracht kommt, falls ein Richter nachweislich gegen die Grundsätze untadeliger Amtsführung („good behavior") verstoßen hat.

Nachdem Hamilton dem Leser versichert hat, dass die Einführung der Amtsdauer *quamdiu se bene gesserint* „eine der wertvollsten Verbesserungen der modernen Verfassungspraxis" gewesen sei[495], schlägt er einen Bogen und geht näher auf das richterliche Prüfungsrecht ein. Hamilton führt das Rechtsinstitut der richterlichen Normenkontrolle als Begründungselement für die Berufung der Bundesrichter auf Lebenszeit an. Denn, so Hamilton, die unbegrenzte Verweildauer bei untadeliger Amtsführung sichere die sachliche und persönliche Unabhängigkeit der Richter gegenüber denjenigen Staatsorganen, die durch die Gerichte kontrolliert werden sollen. Nichts trage so sehr zur Standhaftigkeit und Unabhängigkeit der Richter bei wie die

---

[491] Dafür haben sich andere Delegierte während der Debatte für die richterliche Normenkontrolle ausgesprochen, siehe etwa die Beiträge von Luther Martin und Rufus King, in: M. Farrand (Hrsg.), Records of the Federal Convention of 1787, Bd. 1, 1911, S. 76, S. 109; vgl. auch *S. B. Prakash/J. C. Yoo*, 79 Tex. L. Rev. 1497–1505 (2000), m. w. N.

[492] Siehe zum Hintergrund auch *R. Chernow*, Alexander Hamilton, 2004, S. 259.

[493] *A. Hamilton*, in: C. Rossiter (Hrsg.), The Federalist Papers, 1961, S. 463.

[494] Siehe *A. Hamilton*, The Federalist #78, 1788, in: A. Adams/W. P. Adams (Hrsg./Übers.), Die Federalist-Artikel, 1994, S. 469.

[495] Siehe *A. Hamilton*, The Federalist #78, 1788, in: A. Adams/W. P. Adams (Hrsg./Übers.), Die Federalist-Artikel, 1994, S. 469 (470). Hamilton führt aus, dass es „keine hervorragendere Barriere gegen Übergriffe und Willkürmaßnahmen der Volksvertretung" gibt als die Amtszeit der Richter „quamdiu se bene gesserint" („during good behavior"); zu den englischen Ursprüngen der Amtsdauer während untadeligen Verhaltens unten, Fn. 789, m. w. N.

"Permanenz" ihres Amtes[496]. Da die Richter eben auch Akte der Bundeslegislative überprüfen könnten, müsse die richterliche Unabhängigkeit auch und gerade gegenüber dem politischen Prozess, also insbesondere gegenüber der Gesetzgebung, abgesichert sein[497]. Hamilton handelt das Thema judicial review, dem ja nicht weniger verfassungspolitische Brisanz innewohnt als der in #78 aufgeworfenen Hauptfrage nach der Dauer der Amtszeit der Richter[498], gewissermaßen im Vorübergehen ab, obwohl – wie bereits oben erwähnt[499] – weder von den Framers noch von den Federalists ein einhelliger Standpunkt darüber vertreten worden war, ob die Richter unter der US-Bundesverfassung in Gestalt des Philadelphia-Entwurfs über die Kompetenz zur Normenkontrolle verfügen sollten oder nicht. Über die Motive der argumentativen Strategie Hamiltons kann hier allenfalls spekuliert werden. Er wird jedenfalls nicht so naiv gewesen sein, zu glauben, er könne seine Position anderen Befürwortern des Verfassungsprojekts gewissermaßen unterschieben, wenn er sie nur gut genug in anderem Kontext versteckte[500]. Man kann die eher beiläufige Behandlung des Themas nicht zuletzt damit erklären, dass die Differenzen zwischen Befürwortern und Kritikern des judicial review in der Übergangsphase zwischen post-revolutionärer Ära und früher amerikanischer Republik vielleicht doch geringer gewesen sind, als bisweilen angenommen wird[501]. Wahrscheinlich aber handelt es sich um eine ad hoc getroffene und nicht überzubewertende redaktionelle Entscheidung.

Bezogen auf die judicial review-Kompetenzen der Bundesgerichtsbarkeit argumentiert Hamilton mit den bekannten – und je für sich genommen: unverfänglichen – Topoi Gewaltenteilung, "limited government", Repräsentation, Volkssouveränität und Vorrang der Verfassung. In Stil und Duktus wirkt die Abhandlung teilweise defensiv und beschwichtigend, nahezu apo-

---

[496] *A. Hamilton*, The Federalist #78, 1788, in: A. Adams/W. P. Adams (Hrsg./Übers.), Die Federalist-Artikel, 1994, S. 469 (471); vgl. *J. Goebel, Jr.*, History, Bd. I, 1971, S. 314.

[497] Vgl. *S. D. Gerber*, 61 Vand. L. Rev. 1116–1117 (2008) ("[J]udicial review is the ultimate expression of judicial independence, because without judicial independence no court could safely void an act of a coordinate political branch."); *W. Haller*, Supreme Court und Politik, 1972, S. 130; *S. Snowiss*, Judicial Review, 1990, S. 77 f.

[498] *R. N. Clinton*, 75 Iowa L. Rev. 902 (1990); ähnlich *J. R. Stoner, Jr.*, in: B.-P. Frost/J. Sikkenga (Hrsg.), History of American Political Thought, 2003, S. 230 (242) ("A doctrine as bold as the thing being defended.").

[499] Siehe Nachweis Fn. 159, außerdem oben Kapitel 2, Text bei Fn. 51 ff.

[500] Anders *P. C. Hoffer*, Rutgers v. Waddington, 2016, S. 119 ("Ingeniously, Hamilton had introduced judicial review by hiding it in the middle of ... an entirely different subject.").

[501] So *S. Snowiss*, Judicial Review, 1990, S. 78; noch deutlicher *S. B. Prakash/J. C. Yoo*, 70 U. Chi. L. Rev. 928 (2003); vgl. aber auch *N. Williams*, 57 Stan. L. Rev. 269 (2004) ("undeniable fact that Hamilton was speaking only for himself (and a few other diehard Federalists)".).

logetisch, wenn er den berühmt gewordenen Satz schreibt, bei der Justiz handele es sich um diejenige staatliche Gewalt, die den „verfassungsmäßig gesicherten politischen Rechten am wenigsten gefährlich" werden könne. Gut 200 Jahre später hat Alexander Bickel diese Textpassage aufgegriffen und die Rechtsprechung nicht ohne zynischen Unterton als die „am wenigsten gefährliche Gewalt" (*least dangerous branch*) bezeichnet[502]. Die Formulierung ist zwar kein exaktes Hamilton-Zitat – Hamilton spricht nicht von „branch" –, aber sie trifft Hamiltons Punkt ziemlich genau. Hamilton zitiert[503] Montesquieu und spielt auf die häufig mit diesem in Verbindung gebrachte Gewaltenteilungsdoktrin an, der zufolge die Richter gewissermaßen als „Sprachrohr des Gesetzes" anzusehen seien. Getreu Montesquieus berühmter Sentenz ist die richterliche Gewalt „gewissermaßen gar keine"[504]. Das kann man so sehen, wenn die Urteile der Gerichte tatsächlich „in ihrem Inhalt bis zu einem solchen Grad feststehen, daß sie stets nur Wiedergabe des genauen Wortlauts der Gesetze sind"[505]. Eben die hinter dieser Annahme sich verbergende Lehre vom „unpolitischen Subsumtionsmechanismus"[506], wonach in jedem abstrakt-generellen Rechtssatz bereits ein hypothetisches richterliches Urteil enthalten sei, macht Hamilton zur Prämisse jeglicher Verfassungsrechtsprechung, wenn er zur Besänftigung seiner potentiellen Kritiker schreibt, die Justiz besitze weder Macht noch Willen, sondern allein Urteilsvermögen. Gemeint ist damit die Fähigkeit, das im jeweils anwendbaren Rechtssatz vorformulierte Urteil durch einen willenlosen Akt juristischer Erkenntnis aufzufinden:

"Whoever attentively considers the different departments of power must perceive, that, in a government in which they are separated from each other, the judiciary, from the nature of its functions, will always be the least dangerous to the political rights of the constitution; because it will be least in a capacity to annoy or injure them ... [The judiciary] may truly be said to have neither FORCE nor WILL, but merely judgment."[507]

---

[502] *A. Bickel*, The Least Dangerous Branch, 1962.

[503] *A. Hamilton*, The Federalist #78, 1788, in: C. Rossiter (Hrsg.), The Federalist Papers, 1961, S. 463 (464) ("The celebrated Montesquieu, speaking of [the judges], says: 'Of the three powers above mentioned, the judiciary is next to nothing'.")

[504] *Ch. de Montesquieu*, Vom Geist der Gesetze, 1748, hrsg. von K. Weigand, 2. Aufl. 1994, Buch XI, Kap. 6, S. 221 a. E.; vgl. dazu auch etwa *H.-Ch. Kraus*, Englische Verfassung, 2006, S. 176.

[505] So jedenfalls die Übersetzung nach der Ausgabe von von der Heydte, siehe *Ch. de Montesquieu*, Vom Geist der Gesetze, 1748, hrsg. von F. von der Heydte, 1950, Buch XI, Kap. 6, S. 131; vgl. *A. Brodocz*, Die Macht der Judikative, 2009, S. 32 („Der Wortlaut des Gesetzes ist für Montesquieu die entscheidende Schranke, um einem Missbrauch judikativer Macht entgegenzuwirken.").

[506] *H. Kelsen*, Reine Rechtslehre, 2. Aufl. 1960, S. 240; vgl. außerdem *N. Achterberg*, DÖV 1977, S. 649 (650); *I. Ebsen*, Bundesverfassungsgericht, 1985, S. 107 ff.; *J. Goebel, Jr.*, History, Bd. I, 1971, S. 313; *K. Stern*, Staatsrecht II, 1980, S. 889.

[507] *A. Hamilton*, The Federalist #78, 1788, in: C. Rossiter (Hrsg.), The Federalist Pa-

Die unten (nachf., 1.) näher zu erläuternde Argumentation Hamiltons ist auf den ersten Blick genauso schlicht wie einleuchtend. Bei genauerem Hinsehen werden allerdings einige Unstimmigkeiten erkennbar, auf die es sich etwas ausführlicher einzugehen lohnt (unten, 2.).

1. Publius' (Alexander Hamiltons) Lehre vom richterlichen Prüfungsrecht

Ausgangspunkt der Argumentation Hamiltons ist das Prinzip des „limited government"[508]. Er schreibt:

„Unter einer Verfassung mit eingeschränkter Regierungsgewalt verstehe ich eine mit bestimmten, genau benannten Einschränkungen der Kompetenz der Legislative, so zum Beispiel dem Verbot von Ausnahmegesetzen, die eine Verurteilung ohne Gerichtsverfahren beinhalten [*bills of attainder*[509]], von rückwirkenden Gesetzen und ähnlichem. Einschränkungen dieser Art können in der Praxis auf keinem anderen Weg als durch Gerichte durchgesetzt werden, deren Pflicht es ist, alle Gesetze, die gegen den manifesten Sinn der Verfassung verstoßen, für nichtig zu erklären."[510]

Die Funktion des Rechtsinstituts der richterlichen Normenkontrolle bestehe darin, die Einhaltung derjenigen Grenzen zu sichern, die der Legislative bei der Ausübung ihrer Kompetenzen durch die Verfassung gezogen sind.

In diesem Zusammenhang ist, um Missverständnissen vorzubeugen, darauf hinzuweisen, dass Hamilton noch davon ausging, oder darauf hoffte, der Philadelphia-Entwurf der Verfassung werde unverändert ratifiziert. Ein Grundrechtskatalog war zu jener Zeit noch nicht vorgesehen. Die Bill of Rights wurde 1789/1791 erst nachträglich als Zugeständnis an

---

pers, 1961, S. 463 (464) (Hervorhebung ebd.); deutschsprachig bei A. Adams/W. P. Adams (Hrsg./Übers.), Die Federalist-Artikel, 1994, S. 470; siehe zur zitierten Passage aus #78 die Kommentare von *G. S. Wood*, 56 Wash. & Lee L. Rev. 787 (1999) ("today we know better"); *A. Mason*, 81 Pol. Sci. Q. 523–524 (1966); *M. Schor*, 46 Osgoode Hall L.J. 540 (2008) ("[T]hat courts neither exercise force nor will is a charming fairytale."); vgl. aber auch *A. Hamilton*, Federalist #22, 1787, in: A. Adams/W. P. Adams (Hrsg./Übers.), Die Federalist-Artikel, 1994, S. 130 („Gesetze sind tote Buchstaben ohne Gerichte, die sie auslegen, ihren wahren Sinn und Geltungsbereich definieren.").

[508] Hamilton verwendet anstelle des heute gebräuchlichen „limited government" synonym den Begriff „limited constitution". Das kann den unbefangenen Leser zu Missverständnissen verleiten. Gemeint ist nicht eine (materiell) begrenzte, sondern eine (die Staatsgewalt) begrenzende Verfassung, vgl. *J. Goebel, Jr.*, History, Bd. I, 1971, S. 313; außerdem *H. von Bose*, Republik und Mischverfassung, 1989, S. 196; *E. Klein*, ZaöRV 34 (1974), S. 84 (89); *W. Löwer*, in: J. Isensee/P. Kirchhof (Hrsg.), HStR III, 3. Aufl. 2005, § 70 Rn. 57.

[509] Unter einer „bill of attainder" kann man ein Gesetz verstehen, durch das die Legislative (kraft ihrer Stellung als Gerichtshof) im Einzelfall Strafen gegen Individuen oder Personengruppen verhängt; zu den sog. bills of attainder näher etwa *E. Chemerinsky*, Principles and Policies, 5. Aufl. 2015, S. 505 ff.; *K. Loewenstein*, Staatsrecht und Staatspraxis, Bd. II, 1967, S. 5 f.

[510] *A. Hamilton*, The Federalist #78, in: A. Adams/W. P. Adams (Hrsg./Übers.), Die Federalist-Artikel, 1994, S. 471 f.

die Ratifikationsskeptiker, allen voran an die Anti-Federalists, in Gestalt von Zusätzen („amendments") in die Verfassung aufgenommen[511]. Hamilton meinte, dass geschriebene Grundrechte in einem republikanischen Gemeinwesen im Unterschied zur Monarchie nicht nur nicht notwendig seien, sondern unter Umständen gar schädlich sein könnten[512]. Es ist deshalb nicht angebracht, aus Hamiltons Ausführungen vorschnell ein in sich geschlossenes Konzept des gerichtlichen Grundrechtsschutzes gegen legislatives Unrecht abzuleiten[513]. Dennoch: Neben der Summe der prozeduralen und kompetentiellen Regelungen des „limited government" scheinen ihm als gerichtliche Kontrollmaßstäbe nicht nur die auch im Ursprungstext der Verfassung bereits enthaltenen Freiheitsgarantien (habeas corpus, Rückwirkungsverbot, usw.[514]) vorzuschweben. Es deutet einiges darauf hin, dass er im Falle der Beeinträchtigung individueller Freiheiten[515] durch hoheitliches Handeln Rechtsschutz auf der Grundlage entweder des Naturrechts oder einer korrigierenden Auslegung des Gesetzesrechts unter Billigkeitsgesichtspunkten, wie sie ja auch etwa in William Blackstones „Commentaries" diskutiert worden ist[516], gewährt wissen wollte, oder dass er sich einen solchen (Individual-)Rechtsschutz zumindest vorstellen konnte[517].

---

[511] Siehe dazu bereits die Nachweise oben, Fn. 292.

[512] *A. Hamilton*, The Federalist #84, in: A. Adams/W. P. Adams (Hrsg./Übers.), Die Federalist-Artikel, 1994, S. 522 ff.; vgl. dort auch die Einleitung der Herausgeber, S. lxxviii; *W. Brugger*, AöR 126 (2001), S. 337 (352 f.); *A. Diamond*, 6 Pol. Sci. Rev. 261 (1976); *J. Heideking*, Historische Zeitschrift, Bd. 246 (1988), S. 47 (81 ff.).

[513] Vgl. *M. Schor*, 7 Wash. U. Global Stud. L. Rev. 262 (2008); *ders.*, 87 Tex. L. Rev. 1467 (2009), der m. E. zu Recht darauf hinweist, dass die US-Bundesgerichte erst in der zweiten Hälfte des 20. Jahrhunderts dazu übergegangen sind, effektiven Grundrechtsschutz gegen die Legislative zu gewähren ("[T]he courts would limit power, not effecuate rights, in the nineteenth century."); ähnlich *M. Hailbronner*, 12 Int'l J. Const. L. 631 (2014); *L. Fisher*, 25 Suffolk U. L. Rev. 112–113 (1991); *W. M. Treanor*, 58 Stan. L. Rev. 561–562 (2005); vgl. bereits oben Kapitel 2, Text bei Fn. 137 ff.

[514] Siehe *A. Hamilton*, The Federalist #84, in: A. Adams/W. P. Adams (Hrsg.), Die Federalist-Artikel, 1994, S. 520.

[515] Insbesondere: Eingriffe in das Privateigentum (vgl. *R. A. Posner*, The Federal Courts, 1985, S. 212), soweit es nicht ausdrücklich durch den Wortlaut der Kernverfassung garantiert ist, wie etwa in der „Contract Clause", U.S. Const., Art. I, § 10, Cl. 1

[516] *W. Blackstone*, Commentaries on the Laws of England, Bd. I, 1765, hrsg. von S. Katz, 1979, S. 91 („expound the statute by equity"); vgl. bereits oben, Fn. 53 f. mit begleitendem Text; zu „equity" als Argumentationstopos U.S. Const., Art. III, § 2, Cl. 1; aus der Literatur *Ph. Hamburger*, Law and Judicial Duty, 2008, S. 338 ff.

[517] Vgl. *A. Hamilton*, The Federalist #78, in: A. Adams/W. P. Adams (Hrsg./Übers.), Die Federalist-Artikel, 1994, S. 475. Dort ist von der Verletzung von unbenannten „Individualrechte[n] bestimmter Gruppierungen der Mitbürger durch ungerechte und einseitige Gesetze" die Rede; im Federalist #80 bezieht Hamilton „equity" allerdings überwiegend auf privatrechtliche Streitigkeiten (Adams/Adams, S. 485 f.). – Eine andere Erklärung liefert *J. F. Hart*, 45 San Diego L. Rev 831 (2008), nach dessen Einschätzung die Judikative in Hamiltons Konzeption Verstößen gegen nicht-positivierte allgemeine Gerechtigkeitspostulate nur durch korrigierende Auslegung, etwa im Wege der (teleologischen) Reduktion, abhelfen könne; eine Kassation komme insoweit nicht in Betracht. – Zur aus England überlieferten Lehre ungeschriebener, aber gleichwohl fundamentaler Individualrechte („rights" bzw. „liberties of every Englishman", siehe *W. Blackstone*, Commentaries on the Laws of England, Bd. I, 1765, hrsg. von S. Katz, 1979, S. 123 ff.), die Hamilton selbstver-

Ungeachtet der Frage nach den konkreten Entscheidungsmaßstäben ist das richterliche Prüfungsrecht in Hamiltons theoretischer Konzeption ein wichtiger Garant des limited government. Es ist mittlerweile ein Gemeinplatz, dass die Legislative ihre Kompetenzen in Abwesenheit einer Kontrollinstanz nach Belieben überschreiten könnte. Verfassungsdurchbrechungen[518] wären Tür und Tor geöffnet und der Vorrang der Verfassung würde in nicht unerheblichem Ausmaß entwertet. In der Tat stellte sich die Frage, was von der Rigidität der Verfassung übrigbliebe, wenn sie ihre justizstaatliche Bewehrung einbüßte[519]. Der ein oder andere Pessimist würde vielleicht sogar so weit gehen, zu behaupten, das Prinzip vom Vorrang der Verfassung würde vollständig preisgegeben[520]. Nichtsdestoweniger, und das kann eigentlich gar nicht oft genug betont werden, folgt allein aus der Anerkennung des Vorrangs der Verfassung unmittelbar und theoretisch zwingend kein richterliches Prüfungsrecht[521].

Die bei Hamilton angesprochene – und bereits von Iredell postulierte – „Pflicht" der Gerichte, verfassungswidrige Gesetze für nichtig zu erklären, muss sich aus dem positiven Verfassungsrecht heraus begründen lassen, ansonsten bliebe die Forderung nach der richterlichen Normenkontrolle, ungeachtet dessen, wie sinnvoll und nützlich sie auch sein mag, ein rechtspolitisches Desideratum[522]. Vergegenwärtigt man sich die oben angesprochene Dif-

---

ständlich bekannt war (*S. Sherry*, in: M. Tushnet (Hrsg.), Arguing Marbury, 2005, S. 47 (54); *G. Stourzh*, Grundrechtsdemokratie, 1989, S. 30, 56; *K. Stern*, Grundideen, 1984, S. 18; *W. R. Casto*, 27 Conn. L. Rev. 338 (1995)).

[518] *R. Thoma*, AöR 43 (1922), S. 267 mit Fn. 1; vgl. *P. Badura*, Staatsrecht, 7. Aufl. 2018, S. 752 f.; *W. Heun*, Verfassungsordnung, 2012, S. 23.

[519] Zur „Rigidität" der Verfassung *C. Schmitt*, Verfassungslehre, 1928, S. 17; *M. Cappelletti/Th. Ritterspach*, JöR N.F. 20 (1971), S. 65 (73 f.) weisen im Anschluss an Schmitt auf die Abgrenzung zwischen „starren", nur im Wege eines förmlichen Änderungsverfahrens modifizierbaren, und „flexiblen", das heißt von der Legislative durch einfaches Gesetz änderbaren Verfassungen hin. Die US-Bundesverfassung sei der „Archetypus" der starren Verfassung, die britische Verfassung sei ein Beispiel für eine flexible Verfassung; siehe noch unten Kapitel 5, Text bei Fn. 172 ff.

[520] Vgl. *H. Dreier*, Idee und Gestalt, 2014, S. 14 f.; *R. Wahl*, Der Staat 20 (1981), S. 485 (489, 493); *Ch. Starck*, in: ders. (Hrsg.), Rangordnung der Gesetze, 1995, S. 29 (30); *Ch. Starck*, in: ders./A. Weber (Hrsg.), Verfassungsgerichtsbarkeit in Westeuropa, 1986, S. 11 (24) („der Vorrang der Verfassung fiele in sich zusammen, wenn die Gesetzgebung befugt wäre, auf dem Weg normaler Gesetzgebung die Verfassung zu ändern.").

[521] So oder so ähnlich auch die Einschätzungen bei *W. W. Van Alstyne*, 1969 Duke L.J. 17–18; *W. Brugger*, Grundrechte und Verfassungsgerichtsbarkeit, 1987, S. 7 f.; *W. Heun*, FS BVerfG, Bd. I, hrsg. von P. Badura und H. Dreier, 2001, S. 615; *W. Haller*, Supreme Court und Politik, 1972, S. 126; *Ch. Hillgruber/Ch. Goos*, Verfassungsprozessrecht, 4. Aufl. 2015, S. 20; *L. D. Kramer*, 115 Harv. L. Rev. 48 (2001); *Ch. Möllers*, Gewaltengliederung, 2005, S. 138; *ders.*, Legalität, Legitimität und Legitimation, in: M. Jestaedt u. a., Das entgrenzte Gericht, 2011, S. 285.

[522] Das räumt *A. Hamilton*, The Federalist #81, in: A. Adams/W. P. Adams

ferenzierung zwischen formeller und materieller Komponente des richterlichen Prüfungsrechts, ist die Struktur der Argumentation vorgezeichnet. Zuerst muss der Vorrang der Verfassung, die materielle Komponente, begründet werden, bevor überhaupt auf die Kompetenzzuweisung (‚formelle' oder ‚funktionell-rechtliche' Komponente) eingegangen werden kann. Obwohl die Vorrangdoktrin in den 1780er Jahren als weitgehend unumstritten gelten konnte, wendet Hamilton einige Mühe auf, um sie noch einmal zu begründen. Das scheint auch nicht gänzlich unangebracht, ist der Verfassungsvorrang für die Erklärung eines „Prinzips der Nichtigkeit [verfassungswidriger] legislativer Akte"[523] doch gewissermaßen die Prämisse schlechthin.

Hamilton begründet den Vorrang der Verfassung ebenso wie Iredell mit dem Prinzip der Volkssouveränität[524]. Das Volk habe sich die Verfassung gegeben, in ihr sei der Wille des Volkes solange dokumentiert, als es sich nicht „durch eine feierliche und autoritative Rechtshandlung" dazu entscheide, die Verfassung zu ändern oder zu erneuern[525]. Die Verfassung verkörpert nach Hamilton also den unmittelbaren Willen des Volkes, sie kann nur durch das Volk selbst – das heißt, mittels des eigens zu diesem Zweck geschaffenen Verfahrens – geändert oder beseitigt werden. In Hamiltons Lehre nehmen die Abgeordneten der legislativen Repräsentativkörperschaften lediglich die Stellung von Delegierten ein. Sie erhalten ihr Mandat nicht erst durch den konkreten Wahlakt, ihre Vollmacht entsteht bereits durch den Akt der Verfassungsgebung. Legislative Handlungsmacht beruht gewissermaßen schon auf institutioneller demokratischer Legitimation[526]. Diese institutionelle Le-

---

(Hrsg./Übers.), Die Federalist-Artikel, 1994, S. 489, verblüffender Weise ein („Zwar kann man diese Doktrin aus keinem Umstand herleiten, der für den Entwurf des Konvents spezifisch wäre, wohl aber aus einer allgemeinen Theorie einer Verfassung mit eingeschränkter Regierungsgewalt"). Judicial review wird also bei Hamilton juristisch mit der wie auch immer gearteten normativen Kraft einer vermeintlich allgemein gültigen, auf gesunden Menschenverstand sich gründenden politischen Theorie gerechtfertigt; siehe zu diesem Aspekt auch *J. M. Sosin,* Aristocracy, 1989, S. 264 a. E.

[523] Siehe näher *F.-J. Peine,* Der Staat 22 (1983), S. 521 (529 f.); *W. Heun,* Der Staat 42 (2003), S. 267 (278); vgl. etwa *J. Wieland,* in: H. Dreier (Hrsg.), GG, Bd. III, 3. Aufl. 2018, Art. 93 Rn. 2; *B. A. Black,* 49 U. Pitt. L. Rev. 692 (1988).

[524] Vgl. *R. N. Clinton,* 75 Iowa L. Rev. 909 (1990) ("'We the People of the United States' ... as the ultimate repository of sovereignty"); *R. J. Pushaw, Jr.,* 81 Cornell L. Rev. 413 (1996); *E. E. Slotnick,* 71 Judicature 77 (1987).

[525] *A. Hamilton,* The Federalist #78, in: A. Adams/W. P. Adams (Hrsg./Übers.), Die Federalist-Artikel, 1994, S. 475.

[526] Begriff: BVerfGE 49, 89 (125) – Kalkar I („Die Organe der gesetzgebenden, der vollziehenden und der rechtsprechenden Gewalt beziehen ihre institutionelle und funktionelle demokratische Legitimation aus der ... Entscheidung des Verfassungsgebers."); siehe BVerfGE 68, 1 (89) – Atomwaffenstationierung; vgl. *E.-W. Böckenförde,* in: J. Isensee/P. Kirchhof (Hrsg.), HStR II, 3. Aufl. 2004, § 24 Rn. 15; *A. Tschentscher,* Demokratische Legitimation, 2006, S. 142.

gitimation, so wird man Hamilton wohl zu verstehen haben, liegt der personellen Legitimation des einzelnen Abgeordneten, die sich über den konkreten Wahlakt vollzieht, bereits voraus. Sofern also der mit dem normativen Gehalt der Verfassung identische Wille des Demos mit demjenigen der gesetzgebenden Repräsentativkörperschaften kollidiert, muss sich der unmittelbarere Wille des Volkes im Zweifel gegen denjenigen der Repräsentanten durchsetzen[527] – „die Verfassung ... ist also für Hamilton eine höherrangige Verkörperung der Volkssouveränität als die gesetzgebende Gewalt"[528]. Die Gesetzgebung kommt über den Status eines Delegatars der Verfassung nicht hinaus[529]. Hamilton differenziert zwischen „originärer" und derivativer („abgeleiteter") Handlungsmacht[530]:

> „Es gibt keinen Lehrsatz, der auf eindeutigeren Grundsätzen beruht, als den, daß jede Handlung einer delegierten Autorität nichtig ist, die dem Sinn der ursprünglichen Vollmacht widerspricht. Kein Gesetz der Legislative, das im Widerspruch zur Verfassung steht, kann deshalb gültig sein. Dies zu bestreiten, hieße behaupten, daß der Vertreter höherrangig als sein Vorgesetzter ist, daß der Bedienstete über seinem Herrn steht und die Vertreter des Volkes höherstehend als das Volk selbst sind, daß Männer, die aufgrund von Vollmachten handeln, nicht nur das tun dürfen, wozu ihre Vollmacht sie autorisiert, sondern auch das, was sie verbietet."[531]

Anschließend wendet er sich der formellen Komponente des richterlichen Prüfungsrechts zu. Den – mit dem Prinzip der legislativen Suprematie am ehesten in Einklang zu bringenden – Gedanken, der Kongress selbst könne über die Verfassungsmäßigkeit seiner Handlungen entscheiden, weist Hamilton zurück. Er führt zwei Argumente an.

Erstens könne weder aus dem Wortlaut der Verfassung noch aus der Verfassungsstruktur gefolgert werden, dass das Urteil der Abgeordneten über die Verfassungsmäßigkeit eines erlassenen Gesetzes auch für die übrigen Verfassungsorgane bindend sei[532]. Hier spielt Hamilton auf das sog. Konzept der „departmentalistischen"[533] Verfassungsinterpretation an. Dieses Konzept

---

[527] Vgl. dazu auch *H. Hofmann*, JZ 2014, S. 861 (862) („So gesehen bedeutet Volkssouveränität nichts anderes als die verfassunggebende Gewalt des Volkes.").
[528] *G. Stourzh*, Grundrechtsdemokratie, 1989, S. 66; vgl. auch *G. S. Wood*, 56 Wash. & Lee L. Rev. 793–794 (1999); *Ch. Schmidt*, Vorrang der Verfassung, 2000, S. 38.
[529] *Th. von Danwitz*, JZ 1996, S. 481 (483).
[530] *A. Hamilton*, The Federalist #78, in: A. Adams/W. P. Adams (Hrsg./Übers.), Die Federalist-Artikel, 1994, S. 474; vgl. auch *M. Höreth*, Amerikastudien 54 (2009), S. 211 (215).
[531] *A. Hamilton*, The Federalist #78, in: A. Adams/W. P. Adams (Hrsg./Übers.), Die Federalist-Artikel, 1994, S. 472 f.
[532] *A. Hamilton*, The Federalist #78, in: A. Adams/W. P. Adams (Hrsg./Übers.), Die Federalist-Artikel, 1994, S. 472.
[533] Siehe *E. T. Lee*, Judicial Restraint in America, 2011, S. 207; *K. L. Hall*, Supreme Court and Judicial Review, 1985, S. 4 ("departmentalism"); vgl. *M. Tushnet*, in: ders.

war zu unterschiedlichen Zeitpunkten in der amerikanischen Verfassungsgeschichte durchaus gängig und wurde in jeweils unterschiedlicher Ausrichtung im Detail von vielen wichtigen politischen Akteuren vertreten, darunter Thomas Jefferson und James Madison. Eigentlich wird die Position der gesamten Republikanischen Partei während der Gründungsphase zugeschrieben[534]. Später wurde die ‚Theorie' der departmentalistischen Verfassungsinterpretation etwa von den Präsidenten Andrew Jackson, Abraham Lincoln und Franklin D. Roosevelt aufgegriffen[535]. Departmentalistische Verfassungsinterpretation bedeutet im Grundsatz nicht mehr und nicht weniger, als dass „jede der drei Gewalten befugt [ist], die Verfassung innerhalb ihres Kompetenzbereichs eigenständig zu interpretieren"[536]. Hamilton scheint die-

---

(Hrsg.), Arguing Marbury, 2005, S. 1 (6 ff.); *L. D. Kramer*, People Themselves, 2004, S. 106 ff. – *W. M. Treanor*, in: V. C. Jackson/J. Resnik (Hrsg.), Federal Courts Stories, 2010, S. 29 (46), spricht von „co-ordinate review"; *W. Mendelson*, 29 U. Chi. L. Rev. 327, 330 (1962); *S. Snowiss*, 20 Const. Comment. 239–240 (2003) bezeichnen den Ansatz als „concurrent review"; siehe auch *S. B. Prakash/J. C. Yoo*, 70 U. Chi. L. Rev. 891, 921–927 (2003); *G. S. Wood*, 56 Wash. & Lee L. Rev. 796 (1999) (allen Verfassungsorganen sei ein „concurrent right to expound the constitution" zugewiesen).

[534] Siehe zu Thomas Jeffersons ablehnender Haltung gegenüber einer judikativen Letztentscheidungskompetenz bei der Überprüfung von Handlungen der übrigen Teilgewalten unten, Text und Nachweise unten Kapitel 5, Fn. 585 ff.; *J. Madison*, Observations on the "Draught of a Constitution for Virginia", 1788, in: Writings of James Madison, hrsg. von J. N. Rakove, 1999, S. 409 (417); näher unten Kapitel 5, Text bei Fn. 578 ff.; *E. T. Lee*, Judicial Restraint in America, 2011, S. 207; zur Meinung innerhalb der Federalist Party vgl. Text und Nachweise unten Kapitel 5, bei Fn. 595 ff.

[535] Vgl. allgemein *K. E. Whittington*, Political Foundations, 2007, S. 31 ff.; siehe zum Verhältnis zwischen Exekutive und Supreme Court während Jacksons Präsidentschaft *M. Graber*, 72 Ark. L. Rev. 83–89 (2019); *G. E. White*, 89 Va. L. Rev. 1495–1497 (2003), m. w. N. – Jackson machte von seinem Vetorecht gegen ein Gesetz zur Erneuerung der Satzung der Bank der Vereinigten Staaten Gebrauch, obwohl die Errichtung der Bank in der Rechtsprechung des U.S. Supreme Court in *McCulloch v. Maryland* (siehe unten Kapitel 5, Fn. 311 ff. und Text) als verfassungsgemäß beurteilt worden war; Jackson meinte, er sei trotz der Entscheidung des Supreme Court aus 1819 nicht davon überzeugt, dass die Errichtung der Bank von der Verfassung autorisiert sei; zu Jacksons Reaktion auf *Worcester v. Georgia* siehe oben Kapitel 2, Text bei Fn. 151; *A. Lincoln*, First Inaugural Address, in: Messages and Papers of the Presidents, hrsg. von J. Richardson, Bd. VI, 1897, S. 5 (9); zu Roosevelt siehe „A ‚Fireside Chat' Discussing the Plan for Reorganization of the Judiciary" vom 9. März 1937, in: S. Rosenman (Hrsg.), Public Papers and Addresses of Franklin D. Roosevelt, Ausgabe 1937, 1941, S. 122 ff., hier insbes. S. 133; vgl. zum sog. „court packing plan" bereits oben Kapitel 2, Fn. 58.

[536] So referiert bei *W. Heun*, Der Staat 42 (2003), S. 267 (280); siehe auch *R. E. Ellis*, The Jeffersonian Crisis, 1971, S. 66; *L. Tribe*, American Constitutional Law, 3. Aufl. 2001, S. 264 f.; *G. E. White*, 89 Va. L. Rev. 1490–1491 (2003). Der Knackpunkt des Departmentalismus liegt natürlich in der Definition des jeweils „eigenen" Kompetenzprofils; näher unten Kapitel 5, Text bei Fn. 564 ff.

ser auch heutzutage noch vertretenen[537] Ansicht zuzuneigen. Dabei bestreitet er eine irgendwie geartete Bindungswirkung des Ergebnisses der legislativen Selbstkontrolle für die Rechtsprechung. Konsistent weitergedacht hieße das aber auch, dass normenkontrollierende Entscheidungen der Justiz keinerlei Bindungswirkung gegenüber der Legislative entfalteten. Mit der bis heute heftig umstrittenen Frage, wie die Bindungswirkung verfassungsgerichtlicher Judikate gegenüber den politischen Teilgewalten („force of judicial review") im Einzelnen beschaffen sein soll, beschäftigen sich US-amerikanische Juristen bis heute, ohne dass insoweit ein Konsens auch nur annäherungsweise in Sicht wäre (näher unten, Kapitel 5).

Zweitens – auch das ist nicht erst seit gestern ein Gemeinplatz[538] – würden die Abgeordneten bei der Durchführung der Selbstkontrolle gewissermaßen als Richter in eigener Sache aktiv, oder in Hamiltons eigener Phrasierung, sie würden zu „Verfassungsrichtern über ihre eigenen Kompetenzen"[539]. In der Tat: *Nemo iudex in sua causa* ist seit jeher fester Bestandteil des common law. Daran zu erinnern ist aber nicht Hamiltons Kernanliegen; er beurteilt die legislative Selbstkontrolle aus einem anderen Grund als Gift für die Volkssouveränität. Er meint, an dieser Stelle etwas verklausuliert, dass die Delegatare, ausgestattet mit einer Letztentscheidungskompetenz bezogen auf die Verfassungsmäßigkeit ihrer Rechtssetzungsakte, den eigenen Willen an die Stelle des Willens der Auftraggeber setzen könnten[540].

Es sei doch, so Hamilton, viel „rationaler", anzunehmen, dass die Gerichte als „intermediäre Körperschaft zwischen Volk und Legislative" die Aufgabe übernehmen sollten, die Einhaltung der der Gesetzgebung durch die Verfassung gezogenen Grenzen zu kontrollieren[541]. Dass eine solche Annahme auch juristisch geboten ist, begründet er vor allem teleologisch und funktionell-rechtlich. Er rekurriert zunächst auf die Gewaltenteilung, und stellt nahezu wortgleich mit Iredell fest, dass die „Interpretation der Gesetze die richtige und eigentliche Domäne der Gerichte" sei[542]. Als Gesetze seien

---

[537] *M. S. Paulsen*, 83 Geo. L.J. 343 (1994) ("[N]o branch of government is bound by the views of another on matters of legal interpretation."); zurückhaltender *S. B. Prakash/ J. C. Yoo*, 103 Mich. L. Rev. 1557 (2005) ("restore departmentalism in constitutional interpretation"); näher unten Kapitel 5, B.II.
[538] Bereits etwa *H. Kelsen*, VVDStRL 5 (1929), S. 30 (55) („selbstverständlich").
[539] *A. Hamilton*, The Federalist #78, in: A. Adams/W. P. Adams (Hrsg./Übers.), Die Federalist-Artikel, 1994, S. 472 (engl. „constitutional judges of their own powers", siehe C. Rossiter [Hrsg.], The Federalist Papers, 1961, S. 466).
[540] *A. Hamilton*, The Federalist #78, in: A. Adams/W. P. Adams (Hrsg./Übers.), Die Federalist-Artikel, 1994, S. 472; siehe dort (S. 490) auch die Passage im Federalist #81.
[541] *A. Hamilton*, The Federalist #78, in: A. Adams/W. P. Adams (Hrsg./Übers.), Die Federalist-Artikel, 1994, S. 472.
[542] *A. Hamilton*, The Federalist #78, in: A. Adams/W. P. Adams (Hrsg./Übers.), Die Federalist-Artikel, 1994, S. 472; vgl. zu Iredell oben, Text bei Fn. 456 ff.

aber nicht nur Akte der Legislative, also einfache Gesetze, anzusehen, auch die Verfassung sei Gesetz, und zwar nicht nur irgendein Gesetz, sondern „ein grundlegendes Gesetz [*a fundamental law*]"[543]. Diese Feststellung ist aus heutiger Sicht so banal[544], dass sie eigentlich keiner näheren Begründung bedürfte. Unter den Umständen der Zeit war das jedenfalls im Hinblick auf den Gesetzes- bzw. Rechtssatzcharakter der Verfassung nicht der Fall.

Die Transformation der geschriebenen Verfassung in anwendbares Recht, ihre Normativität, also die Anerkennung der Verfassung nicht nur als Grund, sondern als integraler Bestandteil der allgemeinen Rechtsordnung, griff erst allmählich in Theorie und Praxis um sich. Dieser Vorgang einer – bei Werner Heun und Sylvia Snowiss so genannten – Verrechtlichung („legalization")[545] der Verfassung war zu jener Zeit in der Entwicklung begriffen[546]. So lautet jedenfalls der vage Befund in der Historiographie. Hamilton schien die Zeichen der Zeit erkannt zu haben. Er hat die Gelegenheit dazu genutzt, die Entwicklung maßgeblich voranzutreiben. Konsequenz dieser Entwicklung musste es für Hamilton sein, dass die Gerichte dazu übergehen, die Bedeutung der Verfassung „ebenso wie die Bedeutung jedes einzelnen von der Legislative verabschiedeten Gesetze zu ermitteln"[547]. Anders gewendet: Wenn

---

[543] *A. Hamilton*, The Federalist #78, in: A. Adams/W. P. Adams (Hrsg./Übers.), Die Federalist-Artikel, 1994, S. 472.

[544] Vgl. *M. Jestaedt*, in: ders. u. a., Das entgrenzte Gericht, 2011, S. 99; siehe aus der klassischen deutschsprachigen staatsrechtlichen Literatur des 20. Jahrhunderts etwa *W. Kägi*, Die Verfassung als rechtliche Grundordnung des Staates, 1945, S. 39 ff.

[545] *W. Heun*, Der Staat 42 (2003), S. 267 (280); *S. Snowiss*, Judicial Review, 1990, S. 4, 64; siehe auch *R. L. Clinton*, 27 J. Sup. Ct. Hist. 226 (2002); *N. Feldman*, 148 Proc. Am. Phil. Soc'y 35 (2004); *D. J. Hulsebosch*, Constituting Empire, 2005, S. 239 ("Federalists took constitutions out of the political sphere and tried to insulate them within the legal sphere"); *U. K. Preuß*, Revolution, 2. Aufl. 1994, S. 20; ähnlich *K. L. Hall*, Supreme Court and Judicial Review, 1985, S. 4; siehe ferner *D. Grimm*, in: J. Isensee/P. Kirchhof (Hrsg.), HStR I, 3. Aufl. 2003, § 1 Rn. 2, nach dessen Einschätzung es sich streng genommen nicht nur um eine „Verrechtlichung", sondern eben auch und vor allem um eine „Konstitutionalisierung" gehandelt habe. Rechtliche Bindungen der Ausübung von Herrschaftsgewalt habe es auch vor dem amerikanischen und französischen Konstitutionalismus gegeben.

[546] *B. Bailyn*, Ideological Origins, 1967, S. 175 ff.; siehe auch etwa *L. D. Kramer*, 148 Proc. Am. Phil. Soc'y 14–15 (2004); *H. A. Johnson*, Chief Justiceship of John Marshall, 1997, S. 60; *S. B. Prakash/J. C. Yoo*, 70 U. Chi. L. Rev. 904 (2003); *G. S. Wood*, 56 Wash. & Lee L. Rev. 801–802 (1999) ("momentous transformation."); *ders.*, Empire of Liberty, 2009, S. 447 ff. – Aus der deutschsprachigen Literatur *R. Wahl*, Der Staat 20 (1981), S. 485 (489 ff.); *G. Stourzh*, Grundrechtsdemokratie, 1989, S. 57 f., dort mit Fn. 64. – Dabei handelt es sich um eine Entwicklung, die nach Ansicht einiger Autoren in der jüngeren (zumal deutschen) Vergangenheit über das Ziel hinausgeschossen ist, siehe etwa *P. Lerche*, BayVBl. 2002, S. 649 (651).

[547] *A. Hamilton*, The Federalist #78, in: A. Adams/W. P. Adams (Hrsg./Übers.), Die Federalist-Artikel, 1994, S. 473.

Gesetze justitiabel sind und die Verfassung ein Gesetz ist, dann folgt daraus die Justitiabilität der Verfassung. Die Funktion des Verfassungsrechts erschöpft sich in Hamiltons Überlegungen nicht in politischer Programmatik[548], sondern geht weit darüber hinaus. Nunmehr liefert die Verfassung – jedenfalls aus Hamiltons Sicht – Kontrollmaßstäbe für gerichtliches Entscheiden[549].

Im Übrigen löst sich das traditionale naturrechtliche Rechtsdenken bei Hamilton zusehends auf. Er bezeichnet die Verfassung in Übereinstimmung mit der auch in der Naturrechtslehre gebräuchlichen Terminologie[550] als „fundamental law" – allerdings in Form von „gesetztem", oder präziser ausgedrückt: konstitutionalisiertem – Naturrecht[551]. Eine ergänzende Argumentation mit Vernunft- oder Billigkeitskategorien findet sich bei Hamilton allenfalls in zaghaften Ansätzen[552]. In den vorangegangenen, durch Rebellion

---

[548] Vgl. *G. Casper*, 1989 Sup. Ct. Rev. 324; zur Abgrenzung zwischen einer programmatischen und einer „streng verrechtlichten Verfassung" etwa *Ch. Starck*, in: ders./ A. Weber (Hrsg.), Verfassungsgerichtsbarkeit in Westeuropa, 1986, S. 11 (35 f.).

[549] Vgl. *R. Wahl*, Der Staat 20 (1981), S. 485 (514 f.).

[550] Vgl. *J. P. Reid*, Constitutional History, Bd. I, 1986, S. 76, der darauf hinweist, dass der Begriff „fundamental law" nicht eindeutig bestimmbar ist; siehe auch *L. D. Kramer*, People Themselves, 2004, S. 10, mit dem Hinweis, dass der Begriff „fundamental law" bereits von den Zeitgenossen als Synonym für „constitutional law" im heutigen Sinne gebraucht worden sei, nämlich verstanden als „a body of immutable principles beyond the reach of any institution of government". Damit ist zunächst einmal nur der normenhierarchische Rang der Verfassung angesprochen. Die entscheidende Frage nach dem Legitimationssubjekt, der Rechtsquelle und Rechtsnatur der als „fundamental law" bezeichneten Verfassung bleibt aber unbeantwortet. Siehe zur Abgrenzung von positivem und Naturrecht in diesem Sinne näher *Kramer* People Themselves, 2004, S. 11 ff.; *B. A. Black*, 49 U. Pitt. L. Rev. 694 (1988); außerdem die Zitate bei *P. W. Kahn*, The Reign of Law, 1997, S. 1 ("Neither the tradition of the common law nor that of natural law filled the American legal imagination. Americans thought that they had created their political identity in a positive act of law making."); *G. S. Wood*, Creation, 1969, S. 295 ("basic ambiguity in the American mind about the nature of the law"); vgl. in diesem Zusammenhang auch *N. Luhmann*, Rechtshistorisches Journal, Bd. 9 (1990), S. 176 (178, 199), der bezogen auf den Verfassungsbegriff begriffsgeschichtlich zwischen einem „juristischen" und einem „politisch-ethischen bzw. naturrechtlichen Sprachgebrauch" unterscheidet.

[551] Siehe zu den sowohl unter Juristen als auch unter Historikern weit verbreiteten Topoi Positivierung/Kodifikation/Konstitutionalisierung des Naturrechts während der Revolutionen des 18. Jahrhunderts zum Beispiel die Arbeit von *R. R. Palmer*, Zeitalter der demokratischen Revolution, 1970, S. 255; ferner *N. Luhmann*, Rechtshistorisches Journal, Bd. 9 (1990), S. 176 (177); *G. F. Schuppert/C. Bumke*, Konstitutionalisierung, 2000, S. 24; *Ch. Starck*, in: ders./A. Weber (Hrsg.), Verfassungsgerichtsbarkeit in Westeuropa, 1986, S. 11 (16); *Th. Würtenberger*, AUFKLÄRUNG 3/2 (1988), S. 53 (81); vgl. auch *R. Grossmann*, Grundlagen, 1948, S. 62 f.; *G. Stourzh*, Alexander Hamilton and the Idea of Republican Government, 1970, S. 60; *ders.*, in: Ch. Starck (Hrsg.), Rangordnung der Gesetze, 1995, S. 13 (26 a. E.); *ders.*, Grundrechtsdemokratie, 1989, S. 89.

[552] Drei Jahre zuvor, als Hamilton den Fall *Rutgers v. Waddington* (siehe unten Kapi-

und Revolution gekennzeichneten Dekaden war der konstitutionelle Diskurs ja im Wesentlichen durch naturrechtliche Argumentationsmuster bestimmt[553]. Hamilton selbst war noch in jüngeren Jahren, mehr in der Rolle des Revolutionärs als in derjenigen des Staatsmannes, energisch für das Naturrecht eingetreten[554]. Zehn weitere Jahre zuvor findet man Appelle an die natürliche Gerechtigkeit in der Pamphletistik zuhauf, unter anderem in James Otis' natur-, gemein- und verfassungsrechtlich fundiertem juristischen Frontalangriff auf die sog. „writs of assistance" (vgl. oben, I.). Man war im Amerika dieser Zeit mehr denn je überzeugt, dass die vorfindlichen, manchmal auch als „natürlich"[555] bezeichneten Rechte der Engländer bzw. (Anglo-)Amerikaner ihre normative Wirkung ohnehin entfalteten, unabhängig davon, ob sie in einer geschriebenen Verfassung kodifiziert waren oder nicht[556]. Ab den 1780er Jahren beginnt dieses Naturrechtsdenken einem eher positivistisch orientierten Konstitutionalismus zu weichen, allerdings ohne dass sich die naturrechtlichen Argumentationsmuster vollständig und gewissermaßen schlagartig in Wohlgefallen aufgelöst hätten[557].

Ausgehend von den Prämissen, dass es aus gewaltenteiliger Sicht nur die Gerichte seien, die abschließend über die Auslegung der Gesetze entscheiden könnten, und dass die Verfassung als positivierter Normenkomplex ein solches justitiables Gesetz sei, wendet sich Hamilton der Frage zu, wie die Gerichte im Falle eines Widerspruchs zwischen Verfassungs- und Gesetzesrecht

---

tel 4, Fn. 7) als Anwalt verhandelte, klang das anders. Dort hat er unter anderem argumentiert, das in jenem Fall entscheidungserhebliche Gesetz verstoße gegen Naturrecht (natural justice).

[553] Vgl. *J. H. Ely*, Democracy and Distrust, 1980, S. 48 ff. (Zitat unten Kapitel 4, Fn. 324).

[554] Siehe etwa *A. Hamilton*, The Farmer Refuted, 1775, in: The Works of Alexander Hamilton, Bd. I, 1904, hrsg. von H. C. Lodge, S. 55 (113) ("The sacred rights of mankind are not to be rummaged for among old parchments or musty records. They are written, as with a sunbeam, in the whole volume of human nature, by the hand of the divinity itself, and can never be erased or obscured by mortal power." [im Original mit Hervorhebung in Versalien]); vgl dazu *J. P. Reid*, Constitutional History, Bd. I, 1986, S. 88, der meint, es handele sich hier um ein für Hamilton untypisches, weil extremes Argument ("uncharacteristically extreme argument").

[555] Vgl. *R. R. Palmer*, Zeitalter der demokratischen Revolution, 1970, S. 191 ff., hier S. 255 und auch S. 200 a. E („[Die Amerikaner] meinten, ihre Rechte unter der britischen Verfassung seien fast die gleichen wie ihre natürlichen Menschenrechte.").

[556] Siehe noch unten Kapitel 4, Text bei Fn. 235 ff., insbes. Fn. 313 ff.; für die Diskussion in der jüngeren Vergangenheit *I. Maus*, Aufklärung der Demokratietheorie, 1994, S. 298 ff., hier S. 300 (Freiheitsrechte als „positivrechtliche Anerkennung eines vorpositiven, präexistenten Rechts").

[557] *L. F. Goldstein*, JOP 48 (1986), S. 51 (59 f.); vgl. auch *Th. C. Grey*, 27 Stan. L. Rev. 716 (1975) („[I]t was generally recognized that written constitutions could not completely codify the higher law."); siehe näher unten, insbesondere Kapitel 4, B.II.

zu entscheiden haben. Nachdem er sich ja bereits für den Vorrang der Verfassung ausgesprochen hatte, ist kaum überraschend, dass er meint, es

„sollte selbstverständlich das, was die höherrangige Verpflichtung und Gültigkeit hat, den Vorzug haben, anders ausgedrückt, der Verfassung sollte der Vorzug gegenüber einem einfachen Gesetz gegeben werden, der Absicht des Volkes der Vorzug gegenüber der Absicht seiner Beauftragten."[558]

Hamilton hält sich nicht lange mit dem antizipierten Einwand auf, Normenkollisionen seien – einer vermeintlich überkommenen Praxis gemäß – durch die *lex posterior*-Regel[559] („last in time, first in line"[560]) aufzulösen[561]. Er akzeptiert die lex posterior-Regel ausschließlich für solche Normenkollisionen, die sich auf einfachrechtlicher Ebene zutragen. Im Übrigen, also bei Widersprüchen zwischen Vorschriften unterschiedlicher normenhierarchischer Rangstufe, will er die *lex superior*-Regel[562] angewendet wissen. Im England des 18. Jahrhunderts galt der Vorrang des statutarischen Rechts gegenüber dem common law – jedenfalls nach Blackstone – nicht (nur) aufgrund dessen höherer Rangstufe, sondern bereits aufgrund der *lex posterior*-Regel. Das statutarische Recht ist immer jünger als das common law, (schon) deshalb hat es Vorrang:

"WHERE the common law and a statute differ, the common law gives place to the statute ... and this upon the general principle ... that '*leges posteriores priores contrarias abrogant*'."[563]

---

[558] *A. Hamilton*, The Federalist #78, in: A. Adams/W. P. Adams (Hrsg./Übers.), Die Federalist-Artikel, 1994, S. 473.

[559] *W. Blackstone*, Commentaries on the Laws of England, Bd. I, 1765, hrsg. von S. Katz, 1979, S. 59 („leges posteriores priores contrarias abrogant"); siehe auch etwa *A. Hensel*, Die Rangordnung der Rechtsquellen, in: G. Anschütz/R. Thoma (Hrsg.), Handbuch des Deutschen Staatsrechts, Bd. II, 1932, § 83 (S. 314). Siehe zur Historie der lex posterior-Regel *W. Heun*, Verfassung und Verfassungsgerichtsbarkeit, 2014, S. 77 f.; zu ihrem Verhältnis zum Vorrang der Verfassung etwa *P. Unruh*, Verfassungsbegriff, 2002, S. 84; *N. Luhmann*, Rechtshistorisches Journal, Bd. 9 (1990), S. 176 (182 f.). Der Ansatz, wonach eine Kollision zwischen rangverschiedenen Rechtssätzen mit dem lex posterior-Prinzip aufzulösen sei, erscheint aus heutiger Sicht wenig überzeugend, nichtsdestoweniger entspricht sie auch der überkommenen deutschen Verfassungstradition, siehe *J. Isensee*, in: D. Merten/H.-J. Papier (Hrsg.), HGRe II, 2006, § 26 Rn. 33; mit zahlreichen Nachweisen *R. Wahl*, Der Staat 20 (1981), S. 485 (492 f.).

[560] *M. Graber*, New Introduction to American Constitutionalism, 2013, S. 25.

[561] Vgl. *B. Friedman*, Will of the People, 2009, S. 25; *Ph. Hamburger*, 72 Geo. Wash. L. Rev. 9–12 (2003); *ders.*, Law and Judicial Duty, 2008, S. 21 ff., nach deren Einschätzung von einer solchen ‚überkommenen Praxis' nicht, jedenfalls nicht ohne weiteres, die Rede sein könne.

[562] „Lex superior derogat legi inferiori", siehe nochmals *A. Hensel*, Die Rangordnung der Rechtsquellen, in: G. Anschütz/R. Thoma (Hrsg.), Handbuch des Deutschen Staatsrechts, Bd. II, 1932, § 83 (S. 314).

[563] *W. Blackstone*, Commentaries on the Laws of England, Bd. I, 1765, hrsg. von S. Katz, 1979, S. 89 (Hervorhebung ebd.).

Hamilton musste sich also etwas einfallen lassen. Unter einer geschriebenen Verfassung funktioniert dieser Modus der Durchsetzung des höherrangigen Rechts schlicht und ergreifend nicht. Statutarisches Recht ist – abgesehen natürlich von vorkonstitutionellen Normen – stets jünger als das Vorrang beanspruchende Verfassungsrecht. Hamilton verweist auf die weiter oben angesprochene Differenzierung zwischen originärer und abgeleiteter Handlungsmacht und fährt die oben angekündigten teleologischen Argumente auf. Bereits aus „Natur und Logik der Sache" ergibt sich für Hamilton, dass ein „vorangegangenes Gesetz einer höherrangigen Gewalt dem späteren Gesetz einer untergeordneten Gewalt vorzuziehen" sei[564]. „Demzufolge", schlussfolgert er, sei es „die Pflicht der Gerichte, wann immer ein bestimmtes Gesetz im Widerspruch zur Verfassung steht, letzterer zu folgen und ersteres zu ignorieren"[565]. Normenkollisionen sollen also nicht (mehr) ausschließlich anhand der zeitlichen Abfolge der sich widersprechenden Rechtsetzungsakte aufgelöst werden, vielmehr soll die Einheit der Rechtsordnung durch eine klare hierarchische Stufung der Rechtsquellen hergestellt werden[566]. Rechtsfolge eines Widerspruchs zwischen Gesetz und vorrangiger Verfassung ist Derogation; die Feststellung eines Widerspruchs und die deklaratorische Aktivierung der Rechtsfolge obliegen den Richtern. Dahinter steht der Schluss von den allgemeinen richterlichen Amtspflichten, die ja den Auftrag zur Bereinigung von Normwidersprüchen umfassen, auf die spezifisch richterliche Befugnis zur Nullifikation verfassungswidriger Gesetze („conflict of laws"-Analogie)[567].

Zieht man die Analogie heran, um das Bestehen eines umfassenden, breit angelegten richterlichen Prüfungsrechts nachzuweisen, führt das in eine Sackgasse („non sequitur"): Aus der zutreffenden Prämisse, dass Richter die Pflicht haben, solche Normenkollisionen aufzulösen, die sich auf einfachrechtlicher Ebene zutragen, kann nicht der zwingende Schluss abgeleitet werden, dass sie auch die Pflicht haben, zu überprüfen, ob ein Gesetz gemessen

---

[564] *A. Hamilton,* The Federalist #78, in: A. Adams/W. P. Adams (Hrsg./Übers.), Die Federalist-Artikel, 1994, S. 474; vgl. auch *J. Wilson,* Lectures on Law, 1791, Kap. XI, in K. L. Hall/M. D. Hall (Hrsg.), Collected Works of James Wilson, Bd. I, 2007, S. 742: „According to two contradictory rules, justice, in the nature of things, cannot possibly be administered. One of them must, of necessity, give place to the other." Dass sich das höherrangige Recht – die Bundesverfassung – im Konfliktfall gegen das einfache Recht durchsetzen müsse, so Wilson weiter, sei notwendige Konsequenz der in der Verfassung angelegten Kompetenzverteilung.

[565] *A. Hamilton,* The Federalist #78, in: A. Adams/W. P. Adams (Hrsg./Übers.), Die Federalist-Artikel, 1994, S. 474.

[566] Vgl. *Ch. Schmidt,* Vorrang der Verfassung, 2000, S. 13.

[567] *S. Snowiss,* Judicial Review, 1990, S. 65, 78; *dies.,* 20 Const. Comment. 236 (2003); vgl. *A. Hamilton,* The Federalist #78, in: A. Adams/W. P. Adams (Hrsg./Übers.), Die Federalist-Artikel, 1994, S. 473 f.

an den Direktiven des Verfassungsrechts ordnungsgemäß zustande gekommen ist. Die Analogie geht jedenfalls dann fehl, wenn man den Begriff des Normwiderspruchs im eigentlichen, engeren Sinne verstehen will (näher unten, Kapitel 5).

Die „conflict of laws"-Analogie dient Hamilton allerdings insbesondere dazu, das – vor allem durch den Anti-Federalist „Brutus" beschworene – Gespenst von der interpretatorischen Oberhoheit der Justiz auszutreiben. Entgegen seiner eingangs definierten methodischen Prämissen räumt Hamilton ein, dass bei der Auslegung von Verfassungsrechtssätzen bisweilen erhebliche Interpretationsspielräume freigesetzt werden. Zur Relativierung dieses sowohl demokratie- als auch gewaltenteilungsrechtlich relevanten Befundes führt er wiederum den Vergleich an zwischen der Konstellation eines Widerspruchs von einfachem Gesetz und Verfassungsrecht und einer Normen- oder Interessenkollision, die sich auf einfachrechtlicher Ebene zuträgt. Hamilton gelangt zu dem Schluss, dass hier wie dort richterliches „Ermessen" betätigt werden müsse, um den Widerspruch aufzulösen. Der einzige Unterschied bestehe in den Entscheidungsmaßstäben. In der erstgenannten Konstellation sei die höherrangige Verfassungsnorm maßstäblich, in der letztgenannten Konstellation komme es auf eine Güterabwägung oder den *lex posterior*-Auslegungsgrundsatz an. Die praktischen Konsequenzen einer Überschreitung der Grenzen richterlichen Ermessens seien allerdings in beiden Konstellationen identisch:

„Kein Gegenargument kann die Behauptung sein, die Gerichte könnten dann [wenn sie über eine Normenkontrollkompetenz verfügen] unter dem Vorwand einer inneren Unvereinbarkeit ihr eigenes Ermessen an die Stelle der sehr wohl verfassungsmäßigen Absichten der Legislative setzen. Das könnte im Fall zweier widersprüchlicher Gesetze genauso passieren."[568]

Aus der Normenkontrollkompetenz der Bundesgerichte ergebe sich keineswegs eine inakzeptable „Höherrangigkeit der rechtsprechenden gegenüber der gesetzgebenden Gewalt", so, wie es Blackstone angenommen hatte[569], sondern vielmehr die Höherrangigkeit der „Macht des Volkes" gegenüber Legislative und Judikative[570]. Die Richter sind, so kann man Hamiltons Aussage wohl paraphrasieren, Erfüllungsgehilfen, Treuhänder[571] oder Vollstrecker der in der Verfassung verkörperten Volkssouveränität. Das setzt in Hamiltons theoretischer Konzeption voraus, dass sich die Gerichte bei der Entscheidungsfindung im Zweifel nicht vom Willen der Legislative, sondern von

---

[568] *A. Hamilton*, The Federalist #78, in: A. Adams/W. P. Adams (Hrsg./Übers.), Die Federalist-Artikel, 1994, S. 474 (Hervorhebungen ebd.).

[569] Siehe oben, Fn. 49 und begleitenden Text.

[570] *A. Hamilton*, The Federalist #78, in: A. Adams/W. P. Adams (Hrsg./Übers.), Die Federalist-Artikel, 1994, S. 473; vgl. *S. B. Prakash/J. C. Yoo*, 79 Tex. L. Rev. 1519 (2000).

[571] *U. Thiele*, Der Staat 39 (2000), S. 397 (414).

den grundlegenden normativen Festlegungen des Verfassungsgesetzes anleiten lassen[572]. Die Grenze zur Kompetenzüberschreitung sei erst erreicht, wenn die Richter „ihren WILLEN [WILL] an die Stelle ihres URTEILSVERMÖGENS [JUDGEMENT]" setzten[573]. Innerhalb der Grenzen richterlichen Ermessens bewegen sich die Richter jedoch, solange sie sich darauf beschränkten, den „Sinn von Gesetz und Recht [zu] bestimmen"[574].

Hamilton antizipiert also die Kritik seines Widersachers Brutus (vgl. unten), der ihm vorwerfen wird, unter seiner – Hamiltons – Doktrin vom richterlichen Prüfungsrecht werde die Justiz legislative Kompetenzen unter dem Deckmantel der Verfassungsinterpretation im Handumdrehen an sich ziehen[575]. Hamilton versucht derlei Einwände zu entkräften. Schließlich könnten die Richter ihre Interpretationskompetenz auch im Rahmen nichtverfassungsrechtlicher Streitigkeiten missbräuchlich dazu einsetzen, ihren Willen an die Stelle der Gesetzgebung zu setzen. Judicial review allein aus dem Grund abzulehnen, es ermögliche die Usurpation legislativer Kompetenzen durch die Justiz, implizierte, so muss man Hamilton hier wohl verstehen, der Rechtsprechung die Bereitschaft zur Anerkennung ihrer Gesetzesbindung – und ihr damit die Legitimität insgesamt – abzusprechen. Die Gefahr einer Überschreitung der Grenzen des richterlichen Ermessens sei allgegenwärtig, sie bestehe, wie Iredell bereits festgestellt hatte, nicht ausschließlich in Bezug auf die Normenkontrolle[576].

Bezogen auf die Einhaltung der Grenzen des „richterlichen Ermessens" bei der Ausübung der Normenkontrollkompetenz scheint Hamilton vergleichsweise optimistisch gewesen zu sein. Programmatische Aufrufe zur richterlichen Zurückhaltung springen, anders als bei Iredell, nicht ins Auge. Jedoch lassen sich bei genauerem Hinsehen subtile Andeutungen auffinden.

---

[572] *A. Hamilton*, The Federalist #78, in: A. Adams/W. P. Adams (Hrsg./Übers.), Die Federalist-Artikel, 1994, S. 473.

[573] *A. Hamilton*, The Federalist #78, in: A. Adams/W. P. Adams (Hrsg./Übers.), Die Federalist-Artikel, 1994, S. 473.

[574] *A. Hamilton*, The Federalist #78, in: A. Adams/W. P. Adams (Hrsg./Übers.), Die Federalist-Artikel, 1994, S. 473.

[575] Vgl. zu diesem weit verbreiteten Argumentationsmuster aus Sicht eines unter der Doktrin von der Parlamentssouveränität operierenden Richters *Magor and St. Mellons Rural District Council v. Newport Corp.* [1951] 2 All ER 839, 841 (Lord Simonds) ("usurpation of the legislative function under the thin disguise of interpretation"); aus deutscher Perspektive *Ch. Hillgruber/Ch. Goos*, Verfassungsprozessrecht, 4. Aufl. 2015, S. 20; *Ch. Starck*, in: ders./A. Weber (Hrsg.), Verfassungsgerichtsbarkeit in Westeuropa, 1986, S. 11 (36) („die rechtspolitische Argumentation wird in das Gewand der Verfassungsrechtsdogmatik gekleidet").

[576] Vgl. *Ch. Starck*, in: ders./A. Weber (Hrsg.), Verfassungsgerichtsbarkeit in Westeuropa, 1986, S. 11 (34); ferner *D. Alfange, Jr.*, 1993 Sup. Ct. Rev. 429; *S. Snowiss*, 20 Const. Comment. 238 (2003); zu Iredell oben, Text bei Fn. 461 ff.

Hamiltons Feststellung, dass Richter den „Sinn" von Recht und Gesetz zu ermitteln hätten und keinesfalls ihren „Willen" an die Stelle ihres „Urteilsvermögens" setzen dürften, lässt sich als Anzeichen dafür werten, dass er der Richterschaft zwar grundsätzliches Vertrauen entgegenbringt, gleichwohl aber nicht darauf verzichten will, ihnen einen Appell des Inhalts ins Stammbuch zu schreiben, dass sie, auch wenn sie die „am wenigsten gefährliche" Gewalt im Staate bildeten, den Willen der Repräsentanten solange zu respektieren haben, als er nicht mit dem durch die Verfassung verkörperten Willen des Souveräns in Widerspruch gerät.

Ein weiterer, eher versteckter Hinweis auf das judicial restraint-Prinzip ergibt sich aus dem oben bereits wiedergegebenen Zitat, dem zufolge nur solche Hoheitsakte („acts") für nichtig erklärt werden dürften, die gegen den „manifesten Sinn der Verfassung" verstießen[577]. Übersetzt man das Attribut „manifest" mit „offenkundig"[578], tritt zu Tage, dass wohl auch Hamilton, wie bereits Iredell, einer Doktrin des Inhalts zuneigte, dass im Grundsatz eine Vermutung zugunsten der Verfassungsmäßigkeit legislativer Akte anzuerkennen sei, widerlegbar nur, soweit ein deutlich sichtbarer Verstoß gegen klar erkennbare verfassungsrechtliche Standards in Rede steht[579]. Allein im Falle eines „unüberbrückbaren" Widerspruchs (*irreconcilable variance*) zwischen Verfassung und Statut sei die Justiz zur Intervention berechtigt[580]. Hier lassen sich Verbindungslinien sowohl zu dem von Iredell befürworteten ‚rechtsprechungsrechtlichen'[581] Institut der „doubtful case rule"[582] als auch zu dem

---

[577] *A. Hamilton*, The Federalist #78, in: A. Adams/W. P. Adams (Hrsg./Übers.), Die Federalist-Artikel, 1994, S. 471 f. (engl. "courts of justice, whose duty it must be to declare all acts contrary to the manifest tenor of the Constitution void").

[578] Vgl. *Ph. Hamburger*, Law and Judicial Duty, 2008, S. 309 ff., 312 ("apparently meaning a manifest or *strongly evident opposition*" [meine Hervorhebung]); siehe ferner *W. R. Casto*, 27 Conn. L. Rev. 363 (1995) ("obvious will of the people."); *J. Goebel, Jr.*, History, Bd. I, 1971, S. 314; *M. P. Harrington*, 72 Geo. Wash. L. Rev. 84 (2003); mit etwas anderer Akzentsetzung *M. S. Bilder*, 116 Yale L.J. 554–555 (2006); allgemein zur Verwendung des Begriffs „manifest" im Zusammenhang mit der richterlichen Verfassungsinterpretation bei der Normenkontrolle *J. B. Thayer*, 7 Harv. L. Rev. 134, 140 (1893).

[579] Siehe auch die Einschätzung bei *Ch. Green*, Clarity and Reasonable Doubt, 2015, S. 5; vgl. *R. E. Barkow*, 102 Colum. L. Rev. 251 (2002); *A. Diamond*, 6 Pol. Sci. Rev. 278 (1976); *D. Engdahl*, 42 Duke L.J. 289–294 (1992); *S. D. Griffin*, in: M. Graber/M. Perhac (Hrsg.), Marbury v. Madison, 2002, S. 61 (64); nochmals *Griffin*, in: M. Tushnet (Hrsg.), Arguing Marbury, 2005, S. 104 (111); zum sog. „clear beyond doubt"-Kontrollstandard siehe bereits oben, Fn. 473 ff. und begleitenden Text.

[580] *A. Hamilton*, The Federalist #78, in: A. Adams/W. P. Adams (Hrsg./Übers.), Die Federalist-Artikel, 1994, S. 473.

[581] Begriff: *U. Volkmann*, Der Staat 54 (2015), S. 35 (38, dort mit Fn. 13).

[582] Siehe oben Fn. 473 ff. und begleitenden Text.

etwas jüngeren Konzept der „Deferenz gegenüber dem Gesetzgeber"[583] (*judicial deference*)[584] ziehen.

Eine solche, der Forderung nach richterlicher Zurückhaltung insgesamt aufgeschlossene Lesart des Federalist #78[585] scheint sich zu bestätigen, wenn man eine Äußerung Hamiltons aus dem Federalist #81 hinzuzieht[586]. Dort führt Hamilton, an die vorhergehenden Darlegungen aus der #78 anknüpfend, aus, dass judicial review-Kompetenzen nur dort ausgeübt werden dürften, wo ein „deutlicher Widerspruch" (*evident opposition*) zwischen einem Akt der Gesetzgebung und dem normativen Gehalt der Verfassung erkennbar werde[587]. Eine vergleichbare Bemerkung ist aus einem Prozess überliefert, den Hamilton zehn Jahre nach Erscheinen des Federalist geführt hatte. In der Sache *Hylton v. United States*[588] trat Hamilton als Anwalt der Bundesregierung auf. Er bekam es dort mit einem alten Bekannten zu tun: Dem erkennenden Gericht gehörte als Associate Justice ein gewisser James Iredell an. In *Hylton* wurde im Revisionsverfahren vor dem U.S. Supreme Court über die Verfassungsmäßigkeit eines durch den Kongress erlassenen Steuergesetzes gestritten. Zur Befugnis des Gerichts, Legislativakte des Bundes für verfassungswidrig zu erklären, bemerkte Hamilton – so ergibt es sich aus den Aufzeichnungen des Richters Iredell –, dass von dem Bestehen einer solchen Kompetenz grundsätzlich auszugehen sei. Sie dürfe aber nur „sehr maßvoll" (*with great moderation*) ausgeübt werden[589].

Zur Trennung von Recht und Politik, einem Topos, dem John Marshall in seinem Votum in der Sache *Marbury v. Madison* später besondere Aufmerk-

---

[583] *M. Herdegen*, JZ 2004, S. 873 (874).

[584] So die Interpretation bei *S. C. Brubaker*, in: K. L. Hall u. a. (Hrsg.), Supreme Court of the United States, 1992, S. 470 (471); vgl. dazu auch etwa *E. H. Caminker*, 78 Ind. L.J. 73, 80–81 (2003); *J. Daley*, in: T. Campbell/J. Goldsworthy (Hrsg.), Judicial Power, Democracy and Legal Positivism, 2000, S. 279 (286 ff.); außerdem unten Kapitel 4, Fn. 63 ff. mit begleitendem Text.

[585] Siehe aber *W. M. Treanor*, 58 Stan. L. Rev. 472 (2005), der vor weitreichenden interpretatorischen Ableitungen aus dem Federalist #78 warnt: „Its text can be parsed in radically different ways."; ähnlich *J. Gebhardt*, in: H. Maier/H. Rausch/H. Denzer (Hrsg.), Klassiker des politischen Denkens, Bd. II, 3. Aufl. 1974, S. 75 (76), der anmahnt, man müsse den Text des Federalist „immer im historisch-politischen Kontext betrachten."

[586] Vgl. *W. R. Casto*, 27 Conn. L. Rev. 339 (1995).

[587] *A. Hamilton*, The Federalist #81, in: A. Adams/W. P. Adams (Hrsg./Übers.), Die Federalist-Artikel, 1994, S. 489. Ähnliche Einschätzung wie hier bei *E. Wolf*, Verfassungsgerichtsbarkeit und Verfassungstreue, 1961, S. 14.

[588] *Hylton v. United States*, 3 U.S. (3 Dall.) 171 (1796); näher unten Kapitel 4, Text bei Fn. 206 ff.

[589] Siehe James Iredell's Notes of Arguments in the Supreme Court, February 23–25, 1796, in: M. Marcus (Hrsg.), The Documentary History of the Supreme Court, Bd. VII, 2004, S. 468 (476 f.) („Mr. Hamilton, for the Defendant_. / Admits a Law inconsistent with the Constitution void / Power to be excercised with great moderation").

samkeit widmen sollte[590], äußert sich Hamilton nur implizit, wenn er auf die Unterscheidung zwischen „judgment" und „will" zu sprechen kommt. Einige US-amerikanische Autoren, darunter Rachel Barkow und Robert Pushaw, wollen bei Hamilton darüber hinaus eine erste „Andeutung" der political question doctrine erkannt haben. Sie verweisen dazu auf Hamiltons eher beiläufige Bemerkung, das richterliche Prüfungsrecht sei als Grundsatz anzusehen, von dem durchaus Ausnahmen gelten, sofern diese Ausnahmen aus einer „bestimmten Verfassungsbestimmung gefolgert" werden könnten[591]. In der Tat beinhaltet die political question doctrine in derjenigen Gestalt, die ihr der U.S. Supreme Court in der Entscheidung *Baker v. Carr*[592] gegeben hat, die normative Aussage, dass eine nichtjustitiable „politische Frage" unter anderem dann vorliegen soll, wenn und soweit eine Verweisung der Entscheidungskompetenz über die Gültigkeit eines Hoheitsakts an einen von der Justiz verschiedenen Zweig der Staatsgewalt entweder aus dem Verfassungstext oder aus der Verfassungsstruktur gefolgert werden kann[593]. Jedoch scheint es schon noch ein weiter Weg zu sein von der soeben zitierten Aussage Hamiltons, die von Barkow und Pushaw zudem ein wenig aus dem Kontext gerissen scheint[594], bis hin zur political question doctrine in derjenigen Fassung, die der U.S. Supreme Court in der bekannten *Baker*-Entscheidung ausbuchstabiert hat. Klare Schlüsse drängen sich jedenfalls nicht auf, wenn man allein den historischen Zusammenhang berücksichtigt, in dem der Text steht. Will man die Interpretation der Passage teleologisch und vom Ende her, das heißt in Kenntnis der *Baker*-Dogmatik, betreiben, dann sind die Parallelen in der Tat unübersehbar.

Hamilton geht in den letzten Absätzen der #78 nochmals auf die Gefahr einer willkürlichen Ermessensbetätigung durch die Gerichte ein. Die Aussagen sind allerdings nicht spezifisch auf das richterliche Prüfungsrecht bezogen, sondern auf die rechtsprechende Gewalt im Allgemeinen. Er meint, eine strikte Bindung an „Regeln und Präzedenzfälle" reiche aus, um eine willkürliche Ermessensbetätigung durch die Gerichte in hinreichendem Maße einzudämmen[595]. Außerdem sei bei der Auswahl des Richterpersonals

---

[590] *Marbury v. Madison*, 5 U.S. (1 Cranch) 137, 170 (1803); vgl. unten Kapitel 5, Text bei Fn. 413.

[591] *A. Hamilton*, The Federalist #78, in: A. Adams/W. P. Adams (Hrsg./Übers.), Die Federalist-Artikel, 1994, S. 472; vgl. die Analyse bei *R. E. Barkow*, 102 Colum. L. Rev. 246–248 (2002) im Anschluss an *R. J. Pushaw, Jr.*, 81 Cornell L. Rev. 424 (1996).

[592] *Baker v. Carr*, 369 U.S. 186, 217 (1962).

[593] *L. Tribe*, American Constitutional Law, 3. Aufl. 2001, S. 366; *W. Brugger*, Grundrechte und Verfassungsgerichtsbarkeit, 1987, S. 18; *ders.*, AöR 126 (2001), S. 337 (350).

[594] Zum Kontext oben, Text bei Fn. 537 ff.

[595] *A. Hamilton*, The Federalist #78, in: A. Adams/W. P. Adams (Hrsg./Übers.), Die Federalist-Artikel, 1994, S. 477.

große Sorgfalt geboten. Beobachtete man eine entsprechende Sorgfalt bei der Personalauswahl, könne man den Richtern im Hinblick auf Integrität und Qualifikation gewissermaßen einen Vertrauensvorschuss gewähren[596]. Am Ende eines strengen Auswahlprozesses würde dann, wenn man so will, eine ‚expertokratische' Legitimation wirksam.

Wilde Rhetorik hat sich Hamilton für den Schluss aufgehoben. In #81 bezeichnet er die „vorgebliche Gefahr richterlicher Übergriffe auf die Kompetenzen der gesetzgebenden Gewalt" als „Hirngespinst"[597]. Auch hier bezieht sich Hamilton nicht ausdrücklich auf die richterliche Normenkontrolle, sondern ganz allgemein auf richterliche Obstruktionen des Gesetzesvollzugs, auf Entscheidungen, die *contra legem* ergehen[598]. Er räumt ein, dass es im Einzelfall durchaus zu „Umgehungen des Willens der Legislative" kommen könne, aber niemals in einem „solchen Ausmaß, dass sie die Gesamtordnung des politischen Systems empfindlich beeinträchtigen würde[n]"[599]. Er begründet diese Behauptung mit der im gewaltenteilenden Institutionengefüge der US-Bundesverfassung angelegten relativen Schwäche der Gerichtsbarkeit[600]. Die Schwäche der Justiz folgert er insbesondere aus dem verfassungsrechtlich fundierten „case or controversy"-Erfordernis (U.S. Const., Art. III, § 2), das die Zuständigkeit der Gerichte in der Tat von vorneherein auf adversatorische und konkrete Rechtsstreitigkeiten festlegt. Schon über die „case or controversy"-Klausel würden die Befassungskompetenz und also auch die politischen Gestaltungsoptionen der Gerichte auf den konkret vorliegenden Rechtsstreit beschränkt. Außerdem erinnert Hamilton an die mangelnde Fähigkeit der Justiz, Entscheidungen eigenständig mit Befehl und Zwang durchzusetzen. Zur Vollstreckung ihrer Entscheidungen sei die Justiz auf die Kooperationsbereitschaft des exekutiven Machtapparats angewiesen. Nicht zuletzt sorge die Verfassung durch Art. II, § 4 für einen Anreiz zur richterlichen Zurückhaltung. Danach bestehe die Möglichkeit eines Amtsenthe-

---

[596] *A. Hamilton* The Federalist #78, in: A. Adams/W. P. Adams (Hrsg./Übers.), Die Federalist-Artikel, 1994, S. 477; vgl. noch *B. Brunhöber*, Repräsentation, 2010, S. 181.

[597] *A. Hamilton*, The Federalist #81, in: A. Adams/W. P. Adams (Hrsg./Übers.), Die Federalist-Artikel, 1994, S. 491; im englischen Original spricht Hamilton – etwas deutungsoffener – von „phantom", siehe C. Rossiter (Hrsg.), The Federalist Papers, 1961, S. 484.

[598] Deshalb scheint das Zitat bei *W. Heun*, Der Staat 42 (2003), S. 267 (275, dort mit Fn. 52) m. E. ein wenig ‚schief'. Allerdings wird man Heun zugute halten können, dass Hamilton auch die Verfassung als durch die Gerichte anzuwendendes „Gesetz" verstehen will.

[599] *A. Hamilton*, The Federalist #81, in: A. Adams/W. P. Adams (Hrsg./Übers.), Die Federalist-Artikel, 1994, S. 491 f.

[600] Vgl. *A. Hamilton*, The Federalist #81, in: A. Adams/W. P. Adams (Hrsg./Übers.), Die Federalist-Artikel, 1994, S. 492; man kann hier erste Andeutungen des heute sog. funktionell-rechtlichen Ansatzes (oben Kapitel 1, Text bei Fn. 212 ff.) erkennen.

bungsverfahrens („impeachment") gegen Bundesrichter, das im Zusammenwirken der beiden Kammern des Kongresses durchgeführt werden könne und der Legislative so ein Mittel der Selbstverteidigung gegen Souveränitätsanmaßungen der Justiz an die Hand gebe[601].

Wirklich und restlos überzeugend ist Vieles von dem, was Hamilton schreibt, nicht (näher nachf., 2.). Aber, nimmt man die Ausführungen in ihrer Gesamtheit in den Blick, kann der sich aufdrängende erste Anschein einer breit angelegten, aggressiven Normenkontrollkonzeption bei genauerem Hinsehen keinen Bestand haben[602]. Unter dem Strich postuliert die „Hamiltonian Doctrine of Judicial Review"[603] eine Interventionsbefugnis der Gerichte allein für den Fall einer klar erkennbaren legislativen Souveränitätsanmaßung.

2. „Fiktion" und „irreführende Vereinfachung"

Hamilton hat diejenigen seiner Zeitgenossen, die noch überzeugt werden mussten, nicht für seine Konzeption der richterlichen Normenkontrolle gewinnen können. Dafür spricht jedenfalls der Diskussionsbedarf, den die Anti-Federalists „Brutus" und „A Federal Farmer" während des Ratifikationsprozesses angemeldet haben (unten, III.). Nicht zu vernachlässigen ist im Übrigen die teils harsche Kritik, die Hamilton posthum von einer ganzen Reihe von namhaften und weniger namhaften Autoren des 20. und 21. Jahrhunderts hat einstecken müssen. Gegenwärtige Skeptiker kritisieren, dass die Argumentation im Federalist #78 zu guten Teilen wahlweise auf einer Fiktion oder auf einer irreführenden Vereinfachung beruhe[604]. Dass insbesondere die Begründung, die Hamilton für den Vorrang der Verfassung liefert, recht dürftig ausfällt, und dass sie zudem auf einer Fiktion aufgebaut ist, liegt allerdings auch mehr oder weniger offen auf der Hand.

Wenn die Kritiker mit Blick auf Hamiltons Begründung der Vorrangdoktrin hervorheben, dass die US-Bundesverfassung in den Jahren 1787 bis 1789

---

[601] *A. Hamilton*, The Federalist #81, in: A. Adams/W. P. Adams (Hrsg./Übers.), Die Federalist-Artikel, 1994, S. 492; vgl. auch *P. G. Kauper*, Judicial Review, 1962, S. 571 f.
[602] So aber etwa das Ergebnis bei *C. Wawrzinek*, „Wahre Republik", 2009, S. 392 f.
[603] *S. Gabin*, Judicial Review and the Reasonable Doubt Test, 1980, S. 7.
[604] *A. Bickel*, Least Dangerous Branch, 1962, S. 16 f. ("[T]he word 'people' so used is an abstraction ... – an abstraction obscuring the reality that when the Supreme Court declares unconstitutional a legislative act, ... it thwarts the will of the representatives of the actual people of the here and now."); *F. Scharpf*, 75 Yale L.J. 588 (1966) ("[I]t is surely no longer enough to merely postulate the identity of the Court's interpretation with ... community consensus, or to refer to it in the purely fictitious sense in which Hamilton referred to the people in No. 78 of the Federalist."); kritisch auch *R. Allewelt*, ZaöRV 56 (1996), S. 205 (220); *M. Eberl*, Verfassung und Richterspruch, 2006, S. 256; vgl. ferner *B. Enzmann*, Der demokratische Verfassungsstaat, 2009, S. 408; *H. Seiler*, Gewaltenteilung, 1994, S. 31.

nicht durch eine unmittelbare Volksabstimmung, sondern durch Ratifikationskonvente der einzelnen Bundesstaaten, also ebenfalls durch Repräsentanten, angenommen worden ist[605], haben sie damit natürlich Recht. Wir erinnern uns:

„[Es] sollte selbstverständlich das, was die höherrangige Verpflichtung und Gültigkeit hat, den Vorzug haben, anders ausgedrückt, der Verfassung sollte der Vorzug gegenüber einem einfachen Gesetz gegeben werden, der Absicht des Volkes der Vorzug gegenüber der Absicht seiner Beauftragten."[606]

Übersetzt in die Terminolgie der Gegenwart: Die Verfassung weist eine höhere demokratische Legitimation auf als das Gesetz. Diese Behauptung ist nicht unproblematisch. Jedenfalls im ersten Zugriff lässt sich in Bezug auf den Grad der demokratischen Legitimation ein qualitativer Unterschied zwischen den Abgeordneten der gesetzgebenden Repräsentativkörperschaften und den Delegierten der Ratifikationskonvente nicht ausmachen. Eine Art „Legitimationsvorsprung"[607] der Konvente gegenüber den Legislativen der Einzelstaaten – maßgebliche Prämisse für Hamiltons Argumentation – ließe sich allenfalls an dem besonderen ‚extralegislativen' Verfahren festmachen, das nach der Verabschiedung des Verfassungsentwurfs in Philadelphia 1787 zur Ausübung der verfassungsgebenden Gewalt des Volkes in Gang gesetzt worden ist. Dass den Konventen durch die nur verfahrensmäßige Unterscheidung[608] zwischen verfassungsgebender und gesetzgebender Gewalt eine signifikant höhere demokratische Dignität zu Teil würde als der gewöhnli-

---

[605] Siehe etwa *W. Brugger*, AöR 126 (2001), S. 337 (341); *R. N. Clinton*, 75 Iowa L. Rev. 909 (1990); *N. Luhmann*, Rechtshistorisches Journal 9 (1990), S. 176 (189); vgl. näher zur ‚Ratifikation im Konventmodus' (durch sog. „ratifying conventions") *G. S. Wood*, Creation, 1969, S. 306 ff. – Allerdings sollte immer berücksichtigt werden, dass die Verfassung laut der Präambel eben von „We the People of the United States" (und nicht: „We the States", vgl. dazu Patrick Henry, Debattenbeitrag, Ratifikationskonvent von Virginia, 3. Juni 1788, in: J. Elliot [Hrsg.], The Debates in the Several State Conventions, Bd. III, 2. Aufl. 1836, S. 22) stammt. Nun handelt es sich um die Präambel, in die man allerhand hineinschreiben kann, dennoch: Die Verfassung nimmt anders als die Konföderationsartikel, die ja gemeinsam mit der Unabhängigkeitserklärung als bis hierhin wichtigstes Verfassungsdokument der Nation gelten konnte, nicht die Gestalt eines völkerrechtlichen Vertrags an. Sie ist, worauf etwa *D. Grimm*, Souveränität, 2009, S. 40 f., hinweist, (jedenfalls in der Theorie) die Willensbekundung des souveränen – zur Wahl der Konvente berechtigten – „Bundesstaatsvolks".
[606] *A. Hamilton*, The Federalist #78, in: A. Adams/W. P. Adams (Hrsg./Übers.), Die Federalist-Artikel, 1994, S. 473.
[607] Begriff etwa bei *H. Dreier*, in: ders. (Hrsg.), GG, Bd. II, 3. Aufl. 2015, Art. 20 (Demokratie) Rn. 116; *Th. Puhl*, in: J. Isensee/P. Kirchhof (Hrsg.), HStR III, 3. Aufl. 2005, § 48 Rn. 7.
[608] Vgl. näher *U. Thiele*, Der Staat 39 (2000), S. 397 (insbes. S. 404, et passim).

chen legislativen Gewalt, mag man, zumal in der Rückschau, in der Tat anzweifeln⁶⁰⁹. Entscheidend für die Berechtigung der jeweiligen Vertretungskörperschaften ist nicht der Grad an substantieller oder materieller demokratischer Legitimation. Ihre Legitimation beziehen die Konvente aus dem Mandat, das ihnen erteilt worden ist und im Sommer 1787 wurde ihnen die spezifische Befugnis zur Ausübung der verfassungsgebenden Gewalt verliehen⁶¹⁰. Die zu den Konventen wahlberechtigten Amerikaner – die Inhaber der verfassungsgebenden Gewalt – waren sich, als sie ihre Stimmen abgaben, darüber im Klaren. Wären sie nicht einverstanden gewesen, hätten sie eine Mehrheit an Ratifikationsgegnern in die Konvente wählen müssen. Auf dieser Grundlage ließe sich durchaus argumentieren, die Ratifikation der Verfassung im „Konventmodus" generierte eine besondere, die verfassungsgebende von der gesetzgebenden Gewalt absetzende prozedurale Legitimation⁶¹¹. Da man Hamilton aber tatsächlich so verstehen kann, dass er die seiner Lehre vom Verfassungsvorrang zugrunde liegende Identitätsthese mit einem substantiellen oder materiellen ‚Legitimationsvorsprung' der Ratifikationskonvente gegenüber den legislativen Repräsentativkörperschaften begründen will⁶¹², ist der Einwand jedenfalls nicht völlig abwegig, es handele sich bei der Identitätsthese, diesem integralen Bestandteil der Hamiltonschen Argumentationskette, um eine Irreführung.

Den Kritikern ist außerdem zuzugestehen, dass eben jene Identitätsthese, der zufolge der Wille des Volkes mit der verfassungsgebenden Gewalt beziehungsweise dem Resultat ihrer Ausübung, dem normativen Gehalt der Verfassung, identisch sei, bestenfalls als regulative Idee⁶¹³ akzeptiert werden

---

⁶⁰⁹ Siehe aber *G. Stourzh*, Grundrechtsdemokratie, 1989, S. 55, der, bezogen auf die Verfassungsgebung in den Einzelstaaten, feststellt, diese (verfahrensmäßige) Differenzierung sei deshalb so bedeutsam, weil sie der Vorstellung von der „Identität von gesetzgebender und souveräner Gewalt einen entscheidenden Schlag versetzt" habe; zustimmend wohl *Ch. Schmidt*, Vorrang der Verfassung, 2000, S. 23.

⁶¹⁰ Streng genommen wird jedem einzelnen Konvent das Mandat zur Teilhabe an der verfassungsgebenden Gewalt im Namen der Bevölkerung des jeweiligen Bundesstaates erteilt.

⁶¹¹ Vgl. *Ch. Schmidt*, Vorrang der Verfassung, 2000, S. 25; *M. Graber*, New Introduction to American Constitutionalism, 2013, S. 27; *W. Heun*, in: Ch. Starck (Hrsg.), Staat und Individuum, 2000, S. 95 (103) („scharfe" legitimatorische Abgrenzung von Verfassung und Gesetz); *ders.*, VVDStRL 61 (2002), S. 81 (84); *R. R. Palmer*, Zeitalter der demokratischen Revolution, 1970, S. 232 f.

⁶¹² Siehe *A. Hamilton*, The Federalist #78, in: A. Adams/W. P. Adams (Hrsg./Übers.), Die Federalist-Artikel, 1994, S. 473.

⁶¹³ Siehe *A. Tschentscher*, Demokratische Legitimation, 2006, S. 25 („Einen einheitlichen Volkswillen kann das Demokratieprinzip nur als regulative Idee, nicht als tatsächliche Gegebenheit voraussetzen.").

kann. Einer schonungslos betriebenen „Realbereichsanalyse"[614] – wenn und soweit dabei die gängigen normativen Axiome konsequent ausgeblendet werden – kann die Identitätsthese beim besten Willen nicht standhalten. Hamiltons theoretische Vorbedingung, die Verfassung sei gleichsam „materialisierter Volkswille"[615], ist aus mindestens zwei praktischen Gründen angreifbar. Erstens ist die Verfassung, wie soeben geschildert, gerade nicht durch eine Volksabstimmung sanktioniert[616]. Zweitens bestand weder unter den Delegierten des Konvents von Philadelphia, sofern deren Handlungen überhaupt legitimiert und damit demokratierechtlich relevant waren[617], noch unter den Abgeordneten der Ratifikationskonvente auch nur annähernd Konsens über die Annahme der Verfassung[618]. Von einem im Verfassungstext sich „materialisierenden Volkswillen", der uneingeschränkten Vorrang vor der gesetzgebenden Gewalt beanspruchen muss, kann also, um das Offensichtliche auf den Punkt zu bringen, in der Tat nicht ansatzweise die Rede sein. Man könnte dem noch hinzufügen, dass die im Einzelnen wie auch immer beschaffene Legitimation, zumindest aber die Legitimität[619] der Verfassung mit zunehmender Geltungsdauer zu schrumpfen beginnt[620]. Kalkuliert man diesen – in

---

[614] Dazu *A. Voßkuhle*, in: W. Hoffmann-Riem u. a. (Hrsg.), Grundlagen des Verwaltungsrechts, Bd. I, 2. Aufl. 2012, § 1 Rn. 29 ff.

[615] *M. Eberl*, Verfassung und Richterspruch, 2006, S. 256.

[616] Siehe aber *Ch. Waldhoff*, in: O. Depenheuer/Ch. Grabenwarter (Hrsg.), Verfassungstheorie, 2010, § 8 Rn. 43.

[617] Siehe etwa *E. Chemerinsky*, Principles and Policies, 5. Aufl. 2015, S. 10; *H. Dippel*, in: G. Birtsch (Hrsg.), Grund- und Freiheitsrechte, 1987, S. 135; vgl. bereits oben, Text und Nachweise bei Fn. 4.

[618] Der Ratifikationskonvent etwa in Massachusetts votierte nach *E. Chemerinsky*, Principles and Policies, 5. Aufl. 2015, S. 12, mit der nicht eben überwältigenden Mehrheit von 187 zu 168 Stimmen für die Annahme.

[619] Zum Legitimitätsbegriff *E. Emde*, Demokratische Legitimation, 1991, S. 30; *H. Trute*, in: W. Hoffmann-Riem u. a. (Hrsg.), Grundlagen des Verwaltungsrechts, Bd. I., 2. Aufl. 2012, § 6 Rn. 2; *R. Zippelius*, Allgemeine Staatslehre, 17. Aufl. 2017, S. 130 f.; aus der US-amerikanischen Literatur *A. M. Kornhauser*, Debating the American State, 2015, S. 11 ("By legitimacy, I mean that the state is perceived as having a moral right to excercise power over its citizens.").

[620] *P. W. Kahn*, JöR N.F. 49 (2001), S. 571 (575); vgl. zur US-amerikanischen Diskussion auch *W. Brugger*, Der Staat 39 (2000), S. 425 („Wie ist es möglich, daß wir – das meint: wir Amerikaner der Gegenwart – an Direktiven gebunden sind, die vor mehr als 200 Jahren von Personen beschlossen worden sind, deren Verbindung mit den heute Lebenden höchst entfernt, wenn überhaupt vorhanden ist?"); ähnlich *S. Sherry*, 54 U. Chi. L. Rev. 1127 (1987); dazu auch *H. Vorländer*, JöR N.F. 36 (1987), S. 451 ff.; *P. Rosanvallon*, Demokratische Legitimität, 2010, S. 177 f.; vgl. bezogen auf das Grundgesetz *Ch. Möllers*, Legalität, Legitimität und Legitimation, in: M. Jestaedt u. a., Das entgrenzte Gericht, 2011, S. 331, der meint, dass „[d]er Bindungsanspruch der Gründergeneration der heutigen noch überzeugend [e]rscheint."

der amerikanischen Literatur mittlerweile als „geläufige Platitüde"[621] bezeichneten – Aspekt ein, dürfte die gesetzgebende Gewalt das Legitimationsniveau der Verfassung alsbald übertroffen haben[622], erneuert sich die Legitimation der Legislative doch ständig[623], während die Legitimation der Verfassung gewissermaßen statisch auf den im Gründungsakt sich äußernden Willen einer nicht mehr lebenden Generation fixiert bleibt. – Dass Hamiltons Identitätsthese unter empirischen Gesichtspunkten nicht haltbar ist, dass sie auf eine schiere Fiktion hinausläuft, ist demnach unbestreitbar[624]. Die eigentliche Frage, die sich die Kritiker stellen müssen, lautet: Wenn man derart hohe Begründungsanforderungen an sie stellt, lassen sich Volkssouveränität und Verfassungsvorrang dann überhaupt ohne Rekurs auf Axiome oder Fiktionen begründen[625]?

Da vorerst nicht mit einer letztgültigen Antwort auf diese Frage zu rechnen ist, erscheint die teils harsche Kritik an Hamiltons theoretischem Souveränitätskonstrukt wohlfeil. Als Hamilton, Madison und Jay ihre Aufsätze 1787/88 geschrieben haben, war die Idee der Volkssouveränität ja keine Neuheit mehr[626]. Dass das Volk als Verfassungsgeber und mit ihm sein Willen „keine reale[en] Größe[n], sondern eine juristische [und politiktheoretische] Hypostase, Kunstfigur[en] der Legitimation"[627] sind, dürfte schon den zeitgenössischen Skeptikern in Gestalt eines Gemeinplatzes geläufig gewesen sein, ebenso sehr wie den heutigen Kritikern[628]. Juristische Fiktionen sind ja gerade dazu geschaffen, komplexe Tatbestände greifbar zu machen. Sie eröffnen und legitimieren die Möglichkeit eines ‚demonstrativen' Bruchs mit der Realität[629].

Freilich kann man Hamilton für seine (pessimistischen) demokratietheoretischen Prämissen kritisieren. Der amerikanische Wissenschaftler Joshua Miller etwa meint, dadurch, dass die Federalists alle Macht im Staat einer amorphen, geradezu „mystischen" Einheit zugeordnet hätten, die sich nie-

---

[621] *B. Ackerman*, 93 Yale L.J. 1046 (1984).
[622] Siehe Brief von Thomas Jefferson an James Madison vom 6. September 1789, in: A. E. Bergh (Hrsg.), The Writings of Thomas Jefferson, Bd. VII, 1907, S. 454 (459) ("Every constitution then, and every law, naturally expires at the end of thirty-four [in anderen Sammlungen: "19"] years. If it be enforced longer, it is an act of force, and not of right."); vgl. *A. Bickel*, Least Dangerous Branch, 1962, S. 16f.; siehe aber *Ch. Waldhoff*, in: O. Depenheuer/Ch. Grabenwarter (Hrsg.), Verfassungstheorie, 2010, § 8 Rn. 14, 43.
[623] Vgl. etwa *H. Dreier*, AöR 113 (1988), S. 450 (457).
[624] Siehe *F. Scharpf*, 75 Yale L.J. 588 (1966); vgl. die übrigen Nachweise oben in Fn. 604.
[625] Vgl. *E. S. Morgan*, Inventing the People, 1988, S. 38, et passim.
[626] Vgl. auch *H. Fenske*, Der moderne Verfassungsstaat, 2001, S. 125 f.; *L. D. Kramer*, 115 Harv. L. Rev. 47 (2001).
[627] *J. Isensee*, in: D. Merten/H.-J. Papier (Hrsg.), HGRe II, 2006, § 26 Rn. 24.
[628] Vgl. *W. R. Casto*, 27 Conn. L. Rev. 330 (1995).
[629] *P. Rosanvallon*, Demokratische Legitimität, 2010, S. 23.

mals treffen, beraten oder gar effektiv handeln könne, sei die volle Entfaltung der demokratischen Idee – etwa durch das von einigen Anti-Federalists befürwortete imperative Mandat[630] – absichtlich blockiert worden. Miller schreibt:

"The doctrine of popular sovereignty transformed the body politic into a specter."[631]

Wenn man das so sehen will, dann müsste der Vorwurf lauten, dass Hamilton den Gedanken der demokratischen Selbstbestimmung nicht radikal genug verfochten hat. Das ist jedoch – nur – eine Ideologiekritik, die es allein noch nicht rechtfertigt, den Vorwurf der Irreführung oder gar der Demagogie Hamilton und seiner Argumentation gegenüber zu erheben.

Die übrigen Einwände lassen sich relativieren, wenn man Hamiltons Ausführungen zur Volkssouveränität genauer untersucht. Sie kommen nicht immer so überzeugend daher, wie etwa der für heutige Begriffe theoretisch und argumentativ etwas konsistenter wirkende[632] Ansatz John Marshalls in dessen Votum für den U.S. Supreme Court in der Sache *Marbury v. Madison*. Vielleicht verleiten Hamiltons Argumente deshalb zu Missverständnissen. Dass ihm seine These von der Identität von normativem Gehalt der Verfassung und Volkswillen selbst nicht – jedenfalls nicht ganz – geheuer ist[633], wird anhand des folgenden Zitats deutlich:

„Bis das Volk durch eine feierliche und autoritative Rechtshandlung die geltende Verfassung annulliert oder verändert hat, ist es selbst kollektiv und individuell daran *gebunden*, und keine Vermutung noch Kenntnis seiner Stimmung kann seine Vertreter zu einer Abweichung von der Verfassung ermächtigen."[634]

Hamilton gibt klar zu verstehen, dass der Wille des Souveräns keineswegs zwingend mit dem Verfassungsinhalt übereinstimmen muss. Das ergibt sich mit einiger Deutlichkeit aus der von ihm gewählten Wendung des „Gebundenseins" an den einstmals geäußerten Willen[635] – heißt: Der Wille kann sich in der Zwischenzeit ändern. Im zweiten Halbsatz des Zitats räumt er die Möglichkeit offen ein, dass die „Stimmung" im – oder der „empirische Wille"[636] des – Volkes gegen die geltende Verfassungsordnung gerichtet sein

---

[630] Siehe *R. Raphael*, in: E. Gray/J. Kamensky (Hrsg.), Oxford Handbook of the American Revolution, 2013, S. 121 (133 ff., m. w. N.).

[631] *J. Miller*, Political Theory, Bd. 16 (1988), S. 99 (104, 115).

[632] Vgl. auch die Beurteilung bei *B. Schwartz*, History of the Supreme Court, 1993, S. 42.

[633] Vgl. dazu auch *P. Graf Kielmansegg*, Instanz des letzten Wortes, 2005, S. 27.

[634] *A. Hamilton*, The Federalist #78, in: A. Adams/W. P. Adams (Hrsg./Übers.), Die Federalist-Artikel, 1994, S. 475 (meine Hervorhebung).

[635] Siehe auch *R. Wahl*, Der Staat 20 (1981), S. 485 (490 f.) („Verfassung als Selbstbindung des Volkes.").

[636] *H. Dreier*, AöR 113 (1988), S. 450 (459).

könne[637]. Hamilton geht also doch von den auch heute noch häufig in dieser Form vertretenen[638] dogmatischen Grundlagen des Vorrangs der Verfassung aus, freilich ohne sie eigens kenntlich zu machen. Volkssouveränität äußert sich demnach nicht zwangsläufig im normativen Gehalt der Verfassung, sondern bedeutet das Recht des Souveräns, mit verbindlicher Wirkung eine staatliche Grundordnung zu errichten[639] und zwar durch eine geschriebene Verfassung, die in einem besonderen Verfassungsgebungsprozess in Kraft gesetzt wird. Die hiernach gültige Verfassung hat solange Bestand, als sie nicht durch ein besonderes Verfahren geändert oder abgeschafft wird. Das Volk bleibt souverän, aber es versetzt seine Souveränität in einen Zustand der Inaktivität[640]. So rekonstruiert erscheint Hamiltons Theorie deutlich plausibler, als in der eher plumpen Gestalt, die sich dem Leser auf den ersten Blick präsentiert.

Es bleibt an dieser Stelle festzuhalten, dass sich der Vorrang der Verfassung auch bei Hamilton nicht auf die Identität von Volkswillen und Verfassungsinhalt gründet, sondern – eher kontraktualistisch[641], vielleicht auch

---

[637] Siehe auch *U. Thiele*, Der Staat 39 (2000), S. 397 (400); *D. F. Epstein*, Political Theory, 1984, S. 188.

[638] Siehe zu den „drei essentiellen Voraussetzungen eines Verfassungsvorranges" *W. Heun*, Der Staat 42 (2003), S. 267 (276).

[639] Vgl. *E.-W. Böckenförde*, in: J. Isensee/P. Kirchhof (Hrsg.), HStR II, 3. Aufl. 2004, § 24 Rn. 5.

[640] *R. R. Palmer*, Zeitalter der demokratischen Revolution, 1970, S. 234.

[641] *A. Hamilton*, Letter from Phocion II, 1784, in: The Works of Alexander Hamilton, Bd. IV, hrsg. von H. C. Lodge, 1904, S. 250 (297 f.) ("The Constitution is the compact made between the society at large and each individual."). – *W. M. Treanor*, 143 U. Pa. L. Rev. 514 (1994), hebt die Bedeutung des Wandels im politischen Denken der Zeit vom Herrschaftsvertrag als Vertrag zwischen Herrscher und Beherrschten im Sinne der englischen „Whig"-Doktrin hin zum eigentlichen Gesellschaftsvertrag (*social compact*) für das richterliche Prüfungsrecht hervor. Erst dieser Wandel hat nach Meinung Treanors die theoretische Grundlage für judicial review geschaffen; zum Gesellschaftsvertrag im politischen Denken Hamiltons näher *G. Stourzh*, Alexander Hamilton and the Idea of Republican Government, 1970, S. 24 ff.; siehe auch *W. Heun*, Historische Zeitschrift, Bd. 258 (1994), S. 359 (370 f.), nach dessen Einschätzung – allerdings auf Thomas Jefferson bezogen – die Sozialvertragslehre im politischen Denken keine „dominante Rolle mehr" spielt, denn es tritt, so Heun (S. 371), nunmehr „die Verfassung an die Stelle des Sozialvertrags"; vgl. aber *State v. Parkhurst*, 4 Halsted 427, 443 (Supreme Court of Judicature, New Jersey 1802/04) (Kirkpatrick, C.J.) ("What is a constitution? According to the common acceptation of the word in these United States, it may be said to be an agreement of the people ... reduced to writing, establishing and fixing certain principles for the government of themselves.").

(proto-)positivistisch[642] – auf ein nomokratisches[643], in der Supremacy Clause, U.S. Const., Art. VI Cl. 2[644], sich äußerndes Prinzip, das durch den Willensakt der Verfassungsgebung seitens des Volkes Anerkennung erfährt, und dessen Bindungswirkung sich intrakonstitutionell nur unter erschwerten Bedingungen beseitigen lässt, namentlich unter den Voraussetzungen des Verfahrens der Verfassungsänderung[645].

Deshalb sind die normenkontrollierenden Gerichte aus Hamiltons Sicht nicht nur mit dem Prinzip repräsentativ-demokratischer Staatsorganisation kompatibel; er fasst die mit judicial review-Kompetenzen ausgestatteten Gerichte über eine bloße Systemkompatibilität hinaus als Mittler des Volkswillens auf. Sie sollen als Korrektiv gegenüber der Kontingenz des legislativen Entscheidungsprozesses zur Stabilisierung und Moderation der durch politischen Interessenpluralismus und -partikularismus („factional politics"[646]) latent gefährdeten parlamentarischen Repräsentation beitragen[647]. Der

---

[642] Vgl. *G. Stourzh*, Grundrechtsdemokratie, 1989, S. 70 f., der die Theoretiker des frühen amerikanischen Konstitutionalismus sogar als Vordenker des Rechtspositivismus der Wiener Schule ansieht. Wie auch immer man sich zu dieser eher gewagten These positioniert: Hamilton argumentiert nicht mit Naturrecht, beschwört also nicht den „vernünftigen", präexistenten Inhalt der Verfassungsnormen, um ihren Vorrang zu begründen, sondern begnügt sich – insoweit auch im Gegensatz zu William Blackstone, der noch mit Vernunftkategorien operiert, mit der Feststellung, dass die Verfassung gesetztes (eben positives) Recht sei, das – legitimiert durch den pouvoir constituant – als fundamentales Recht Vorrang vor dem durch die legislative Gewalt gesetzten Recht beansprucht; vgl. auch *K. Stern*, Grundideen, 1984, S. 13 f.

[643] Begriff: *A. von Arnauld*, in: O. Depenheuer/Ch. Grabenwarter (Hrsg.), Verfassungstheorie, 2010, § 21 Rn. 48.

[644] Vgl. *K. Loewenstein*, Verfassungsrecht und Verfassungspraxis, 1959, S. 418 ff.

[645] Siehe allgemein *Th. Millet*, 23 Santa Clara L. Rev. 746 (1983). – *U. Thiele*, Der Staat 39 (2000), S. 397 (401 f.) sieht den „Aktionsmodus" des pouvoir constituant in der Souveränitätskonzeption der Federalists auf das Widerstandsrecht beschränkt; eine Abschaffung oder Änderung der Verfassung erfolge demnach stets „extralegal" und „extraprozedural". M. E. ist diese Interpretation in Ansehung des Hamilton-Zitats (oben) unzutreffend: Hamilton benennt die Option der Verfassungsänderung bzw. -Erneuerung ausdrücklich (The Federalist #78, in: A. Adams/W. P. Adams [Hrsg./Übers.], Die Federalist-Artikel, 1994, S. 475), ohne sie mit dem Widerstandsrecht in Bezug zu setzen. Er verweist stattdessen auf die „amending power", die in einem speziellen Verfahren im Zusammenwirken der Bundes- und Einzelstaatslegislativen ausgeübt wird. Hamilton spricht insoweit von einer „autoritativen *Rechts*handlung". Ob die Federalists (plebiszitäre) Verfassungsrevisionen für erstrebenswert hielten, ist indes eine andere – und ihm Ergebnis wohl zu verneinende – Frage, vgl. *B. Ackerman*, 93 Yale L.J. 1030 (1984); *G. Stourzh*, Grundrechtsdemokratie, 1989, S. 57.

[646] Siehe bereits oben, Text bei Fn. 93 f.

[647] Vgl. *A. Diamond*, 6 Pol. Sci. Rev. 278 (1976); *E. E. Slotnick*, 71 Judicature 77 (1987); *J. M. Sosin*, Aristocracy, 1989, S. 265.

Standpunkt, auch die Gerichte seien „Agenten" des Volkes[648], deren vornehme Aufgabe bezogen auf judicial review darin bestehe, dem Willen des Volkes Folge zu leisten und diesem durch richterliches Urteil im Namen von „We the People" Ausdruck zu verschaffen[649], scheint dem weiter oben angesprochenen US-amerikanischen republikanischen Grundkonsens am Vorabend des Verfassungskonvents jedenfalls nicht diametral zuwiderzulaufen:

"The Constitution was the instrument the People chose to endow with their sovereignty. When a court refused to enforce an unconstitutional enactment, it was upholding true popular sovereignty against an imposter."[650]

Die Anerkennung der Gerichte als Agenten des Volkes ist vielleicht sogar die notwendige Begleiterscheinung eines gravierenden Paradigmenwechsels, der sich auf noch höherer Ebene vollzogen hat: Sie markiert den Umschwung weg von der Vorherrschaft einer britischen (Misch-[651])Verfassungslehre, die das Parlament (genauer: die „Krone im Parlament"[652]) als Träger der Souveränität bestimmt, hin zu einer republikanischen Verfassungstheorie, die allein das Volk – und nicht: die Legislative – als Souverän anerkennt[653]. In

---

[648] Zu einer Rekonstruktion der Argumente unter Rückgriff auf das „Prinzipal-Agenten Theorem" *M. Höreth*, Amerikastudien 54 (2009), S. 211 (215 f.).

[649] Vgl. *K. L. Hall*, in: ders./M. D. Hall (Hrsg.), Collected Works of James Wilson, Bd. I, 2007, S. xxiii; *W. R Casto*, 62 Vand L. Rev. 397 (2009) ("[T]he founding generation saw judicial review as giving effect to the people's sovereign will."); ähnlich *G. Leonard*, 81 Chi.-Kent L. Rev. 868 (2006) ("judiciary ... as the people's agent"); ferner *L. D. Kramer*, 100 Calif. L. Rev. 625 (2012); ders., People Themselves, 2004, S. 63; *G. S. Wood*, 22 Suffolk U. L. Rev. 1305-1306 (1988); siehe im Übrigen das bei *G. S. Wood*, Creation, 1969, S. 456, dort mit Fn. 41, nachgewiesene Zitat eines namentlich unbekannten Redakteurs der Providence Gazette vom 12. Mai 1787 (Akte der Gesetzgebung seien „liable to examination and scrutiny by the people, that is, by the Supreme Judiciary, their servants for that purpose").

[650] *E. T. Lee*, Judicial Restraint in America, 2011, S. 6 f.

[651] Siehe zum Konzept der Mischverfassung bereits oben, Text bei Fn. 108 ff.

[652] Zur sog. „crown-in-parliament"-Souveränitätsdoktrin siehe grundsätzlich *A. V. Dicey*, Introduction to the Study of the Law of the Constitution, 8. Aufl. 1915, S. 37; zur Begriffsgeschichte *K. Kluxen*, Parlamentarismus, 1983, S. 30 ff., 42 ff.; vgl. ferner *M. P. Harrington*, 72 Geo. Wash. L. Rev. 55-56 (2003); *M. Loughlin*, in: A. von Bogdandy/P. C. Villalón/P. M. Huber (Hrsg.), Handbuch IPE I, 2007, § 4 Rn. 74 f.; zur Lehre von der Mischverfassung bereits oben, Text bei Fn. 106 ff.

[653] Siehe bereits oben Fn. 641 und *Van Horne's Lessee v. Dorrance*, 2 U.S. (2 Dall.) 304, 308 (C.C.D. Pa. [= United States Circuit Court for the District of Pennsylvania] 1795) (Paterson, J.) ("The Constitution is the work or will of the People themselves, in their original, sovereign, and unlimited capacity."); siehe ferner die Einschätzung bei *G. Leonard*, 81 Chi.-Kent L. Rev. 874, 881 (2006) ("The transition from British, Lockean, Whig constitutional theory, locating sovereignty in the legislature, to American constitutional theory, locating sovereignty in the people, impelled a shift in the relations between legislative and judicial power."); ähnlich *C. F. Hobson*, The Great Chief Justice, 1996, S. 58, 61

seiner ideologischen Grundsätzlichkeit fand dieses theoretische Fundamentalprinzip Anerkennung über die Parteigrenzen hinweg. Richter Spencer Roane aus Virginia, der nicht als Anhänger der Federalist-Bewegung bekannt ist[654], schrieb 1793:

"I consider the people of this country as the only sovereign power. – I consider the legislature as not sovereign but subordinate; they are subordinate to the great constitutional charter, which the people have established as a fundamental law, and which alone has given existence and authority to the legislature."[655]

Obgleich auf die Verfassung des Bundestaates Virginia bezogen, ist die Argumentation mit derjenigen Hamiltons identisch. Ausdruck verschafft sich die Volkssouveränität, zumal in der konservativen Theorie der Federalists, nicht in der Suprematie des Parlaments (denn dieses ist in der Terminoligie des 18. Jahrhunderts ‚korrupt'; es betreibt schnöde ‚Interessenpolitik'[656]), sondern im Vorrang der Verfassung. Einzig in der Verfassung, so der Gedanke, sind die auf Dauer angelegten Ideale der Amerikanischen Revolution gleichsam abgespeichert. Bruce Ackerman bringt die gedankliche Verschränkung von Verfassung, Volkssouveränität, Repräsentanz und richterlicher Normenkontrolle in der politischen Theorie des Federalist folgendermaßen auf den Punkt:

"When normal representatives respond to special interests in ways that jeopardize the fundamental principles for which the Revolutionaries fought and died, the judge's duty is to expose them for what they are: merely 'stand-ins' for the People themselves."[657]

Auffällig ist auch, dass die Federalists mit der theoretischen Überhöhung der im normativen Gehalt der Verfassung verkörperten Volkssouveränität offenbar einen Weg gefunden haben, um den Richtern diejenige Kontrollfunktion und Kompetenz zur „Auflehnung gegen das Gesetz"[658] zuzuweisen, die ja im

---

("Acceptance of judicial review in America hinged on the perception that it offered a practical means of preserving and enforcing the permanent will of the people."); vgl. insoweit auch *L. F. Goldstein*, JOP 48 (1986), S. 51 (61); *W. R. Casto*, Supreme Court in the Early Republic, 1995, S. 215 f., 220, 232; *G. L. Haskins*, in: ders./H. A. Johnson, History of the Supreme Court, Bd. II, 1981, S. 188; *W. E. Nelson*, 120 U. Pa. L. Rev. 1170–1171 (1972); *K. Newmyer*, Heroic Age of the Supreme Court, 2001, S. 174 f.; *G. S. Wood*, Empire of Liberty, 2009, S. 450. Kritisch zu dem Standpunkt, die Volkssouveränität sei der zentrale theoretische Angelpunkt, um die Grenzen des legislativen Normsetzungsanspruchs zu begründen, siehe etwa *H. Dippel*, in: G. Birtsch (Hrsg.), Grund- und Freiheitsrechte, 1987, S. 135 ff., nach dessen Einschätzung (S. 157) nicht die Volkssouveränität, sondern die „Idee des limited government zur Basis des amerikanischen Konstitutionalismus geworden" sei.

[654] Vgl. *J. Radabaugh*, 6 Am. J. Legal Hist. 65 (1962).
[655] *Kamper v. Hawkins*, 1 Va. Cas. (3 Va.) 20, 36 (Gen. Ct. 1793) (Roane, J.).
[656] Siehe bereits oben, Fn. 93 f. und begleitenden Text.
[657] *B. Ackerman*, 93 Yale L.J. 1030 (1984); ders., We the People, Bd. I, 1993, S. 192.
[658] *K. Roth-Stielow*, Die Auflehnung des Richters gegen das Gesetz, 1963.

Denken insbesondere der Anti-Federalists den Jurys als eigentlicher „Stimme des Volkes" vorbehalten war[659]. Schon bei Iredell bildet die in der Verfassung sich äußernde Volkssouveränität das Kernelement der Rechtfertigung des richterlichen Prüfungsrechts[660]; eineinhalb Dekaden später wird John Marshall diesen Gedanken in den tragenden Gründen seiner *Marbury*-Entscheidung aufgreifen[661]. Hamilton tanzt also gewiss nicht aus der Reihe. Im Gegenteil. Seine Argumentation, die die Justiz als Sprachrohr der Verfassung und nicht als „Knecht"[662] der Legislative konzipiert[663], ist, gemessen an den Äußerungen anderer Autoren, schon beinahe sinnbildlich für die zeitgenössische herrschende Meinung, um nicht zu sagen: ein Gemeinplatz[664].

Sowohl aus der Perspektive der Gegenwart als auch vom Standpunkt der zeitgenössischen Opposition betrachtet, ist es unbefriedigend, dass Hamilton keine Argumente liefert, um den durch seine Konzeption aufgeworfenen Legitimationskonflikt aufzulösen. Eine ernsthafte Auseinandersetzung findet weder mit der Idee der gesetzgebenden Gewalt als verfassungsimmanenter Artikulation der Volkssouveränität[665] noch mit dem Problem der mangelnden oder allenfalls geringen demokratischen Responsivität der rechtsprechenden Gewalt[666,667] statt[668]. Weil er diesen Fragen ausweicht, besteht für

---

[659] Siehe näher oben, Text bei Fn. 254, insbes. bei Fn. 281 ff.

[660] Siehe oben, Fn. 480.

[661] *Marbury v. Madison*, 5 U.S. (1 Cranch) 137, 176–177 (1803).

[662] Vgl. *A. Stone Sweet/J. Matthews*, 47 Colum. J. Transnat'l L. 85 (2008) ("Under the classic [today virtually defunct] 'legislative sovereignty' constitution, one can portray courts as agents [or slaves] of the legislature.").

[663] Siehe *M. Höreth*, Amerikastudien 54 (2009), S. 211 (216); *ders.*, Selbstautorisierung des Agenten, 2008, S. 129; vgl. ferner *S. R. Olken*, 37 J. Marshall L. Rev. 404, 408 (2004); *P. Graf Kielmansegg*, Die Instanz des letzten Wortes, 2005, S. 27.

[664] So wohl auch die Beurteilung bei *L. F. Goldstein*, JOP 48 (1986), S. 51 (52).

[665] *U. Thiele*, Der Staat 39 (2000), S. 397 (405); vgl. auch etwa *Ch. Hillgruber*, AöR 127 (2002), S. 460 (472).

[666] Hamilton geht im Unterschied zu seinem Gegenspieler Brutus nicht ausdrücklich auf die Frage nach der demokratischen Verantwortlichkeit der Richter ein (vgl. *M. Eberl*, Verfassung und Richterspruch, 2006, S. 256); gleichwohl deutet Hamilton zwei Lösungsansätze an. Zum einen verweist er auf die Rechtsbindung der rechtsprechenden Gewalt (*A. Hamilton*, The Federalist #78, in: A. Adams/W. P. Adams (Hrsg./Übers.), Die Federalist-Artikel, 1994, S. 477) und macht damit auf das dogmatische Kernelement eines Legitimationsmodus aufmerksam, der heute – zumal in Deutschland – unter dem Begriff der sachlich-inhaltlichen demokratischen Legitimation allgemein be- und anerkannt ist (siehe nur *E.-W. Böckenförde*, in: J. Isensee/P. Kirchhof (Hrsg.), HStR II, 3. Aufl. 2004, § 24 Rn. 21 f.). Zum anderen benennt Hamilton die Möglichkeit eines Impeachment-Verfahrens gegen Bundesrichter, das in Gang gesetzt werden könne, um solche Richter, die sich Kompetenzüberschreitungen anmaßen, aus dem Amt zu entfernen (*A. Hamilton*, The Federalist #81, in: A. Adams/W. P. Adams (Hrsg./Übers.), Die Federalist-Artikel, 1994,

Hamilton auch keine Veranlassung, näher auf das mittlerweile so weit verbreitete konzeptionelle Leitbild der kontramajoritären Stoßrichtung der richterlichen Normenkontrolle[669] einzugehen. Das ist aus heutiger Sicht bedauerlich, weil es ja dieses Leitbild gewesen ist, das den in den letzten Jahrzehnten über die Legitimität der Verfassungsgerichtsbarkeit geführten Diskurs im Wesentlichen beherrscht hat[670].

Die Gründe, die Hamilton zur Wahl eines eher niedrigschwelligen Erklärungsansatzes bewegt haben – von manchen Beobachtern ja als „irreführende Vereinfachung" beurteilt –, dürften vor allem strategischer Natur gewesen sein[671]. Berücksichtigt man, dass der Federalist, wie es James Madison später offen eingeräumt hat, ursprünglich nicht als in sich geschlossene staatsphilosophische Abhandlung konzipiert war, sondern mehr als Ergebnis „hastig zusammengeschriebener"[672] politischer Publizistik anzusehen ist, deren eigentlicher Zweck darin bestand, Unterstützer für das Verfassungsprojekt zu mobilisieren[673],

– "it must never be forgotten that the Federalist Papers were polemical and propagandistic writing, reflecting a highly partisan viewpoint"[674] –,

---

S. 492). Die Gretchenfrage nach ‚quis custodiet custodes' muss also nicht zwingend mit ‚nemo' beantwortet werden (so *W. Haller*, Supreme Court und Politik, 1972, S. 131; kritischer insoweit etwa *J. M. Sosin,* Aristocracy, 1989, S. 266).

[667] Siehe oben Kapitel 1, Text bei Fn. 81 ff. Für eine – wenngleich schwach ausgeprägte – demokratische Responsivität der US-Bundesgerichte etwa *D. Farber/S. Sherry*, A History of the American Constitution, 3. Aufl. 2013, S. 589, siehe außerdem die Nachweise unten, Fn. 868.

[668] In dieser Hinsicht treffen die von *R. Alleweldt*, ZaöRV 56 (1996), S. 205 (220) erhobenen Einwände teilweise zu; vgl. zum Ganzen auch *J. Harrison*, 84 Va. L. Rev. 347 (1998).

[669] *A. Bickel*, Least Dangerous Branch, 1962, S. 16 f.: „counter-majoritarian difficulty".

[670] Siehe etwa *R. W. Bennett*, 95 Nw. U. L. Rev. 846 (2001); *U. Haltern*, Verfassungsgerichtsbarkeit, Demokratie und Mißtrauen, 1998, S. 186.

[671] Siehe *G. Stourzh*, Alexander Hamilton and the Idea of Republican Government, 1970, S. 59, nach dessen Ansicht Hamiltons Lehre vom Verfassungsvorrang im Federalist #78 „doubtless for rhetorical reasons, somewhat obscured" sei.

[672] *J. Madison*, "Detached Memoranda", hrsg. von E. Fleet, 3 Wm. & Mary Q. 565 (1946).

[673] Siehe Brief von James Madison an James K. Paulding vom 23. Juli 1818, in: G. Hunt (Hrsg.), The Writings of James Madison, Bd. VIII, 1908, S. 410 ("The immediate object of [the Federalist] was to vindicate & recommend the new Constitution to the State of N. Y. whose ratification of the instrument, was doubtful, as well as important."); vgl. dazu *G. E. Maggs*, 87 B.U. L. Rev. 802, 829 et passim (2007); *N. Williams*, 37 U.C. Davis L. Rev. 809–810, 830 (2004); *C. Wawrzinek*, „Wahre Republik", 2009, S. 81–86.

[674] *R. Dahl*, Preface to Democratic Theory, 1956, S. 9, ebd. mit Fn. 12; ferner *D. Adair*, 1 Wm. & Mary Q. 245 (1944) ("electioneering pamphlet"); *H. Dreier*, AöR 113 (1988), S. 450 (458); *J. Gebhardt*, in: H. Maier u. a. (Hrsg.), Klassiker des politischen Denkens, Bd. II, 3. Aufl. 1974, S. 75 (76, 79); *S. Kernell*, in: ders. (Hrsg.), Theory and Practice of Republican

dann dürfte Hamilton die Entscheidung zwischen einer öffentlichkeitswirksamen, Detailfragen vernachlässigenden und tendenziell eher feuilletonistischen Darstellung auf der einen und einer wissenschaftlich profunden, aber langatmigen und technokratischen Abhandlung auf der anderen Seite nicht allzu schwer gefallen sein: „Natürlich" müsse sich der unmittelbare Wille des Volkes gegen denjenigen der Volksvertreter im Konfliktfall durchsetzen. Von den Repräsentanten selbst sei keine Abhilfe zu erwarten, sie agierten als Richter in eigener Sache und würden ihren Willen als denjenigen des Volkes ausweisen. Daher müsse zwingend eine neutrale Instanz entscheiden[675] – wer wäre da besser geeignet als die Justiz, die ja weder über „Macht" (*force*) noch „Willen" (*will*), sondern schieres „Urteilsvermögen" (*judgment*) verfügt, und die unter den drei Teilgewalten ohnehin die am wenigsten gefährliche sei? Eine programmatische und apodiktisch daherkommende Streitschrift eignet sich zur Umsetzung des oben beschriebenen Zwecks zweifelsohne besser als ein wissenschaftlich ausdifferenzierter, aber eben auch weniger publikumswirksamer Fachartikel. Zur Verteidigung Hamiltons gegen den Vorwurf der „irreführenden Vereinfachung" ließe sich jedenfalls anführen, dass er die für eine wissenschaftliche Abhandlung notwendige Präzision – beurteilt nach politischer Handlungsrationalität: in nachvollziehbarer Weise – geopfert hat, um seine potentielle Zielgruppe, nämlich „das Volk des Staates New York"[676] und die Delegierten des New Yorker Ratifikationskonvents besser erreichen zu können[677]. Allerdings, das sollte nicht verschwiegen werden, waren Hamilton und seine Co-Autoren keine überragenden *spin doctors*[678]. Einer besonders großen Leserschaft erfreute sich der Federalist seinerzeit weder in New York noch in den übrigen Staaten[679]. Zyniker werden sagen, die Verfassung sei nicht wegen, sondern trotz des Federalist ratifiziert worden.

Hat sich der Vorwurf der irreführenden Vereinfachung danach als haltlos erwiesen, so bleibt dennoch der grundsätzliche Befund, dass sich Hamiltons Standpunkte in #78 teilweise widersprechen. Er bezeichnet die rechtspre-

---

Government, 2003, S. 92 (114) ("campaign rhetoric"); *S. Levinson*, An Argument, 2015, S. 2 f. ("one of the great campaign documents of all times").

[675] Siehe *R. Alleweldt*, ZaöRV 56 (1996), S. 205 (220).

[676] Die Eingangsformel zu jedem der Federalist-Artikel lautet „To the People of the State of New York".

[677] Deshalb ist es m. E. auch verfehlt, die Ausführungen Hamiltons anhand allzu rigider wissenschaftlicher Standards zu beurteilen. Heute käme niemand auf die Idee, das zu Wahlkampfzwecken erstellte Programm einer politischen Partei an solchen Kriterien zu messen; in diese Richtung *S. Levinson*, An Argument, 2015, S. 2; vgl. *J. Harrison*, 84 Va. L. Rev. 347 n. 57 (1998), der betont, Hamilton sei „es primär um eine politische Rechtfertigung des richterlichen Prüfungsrechts gegangen".

[678] *N. R. Williams*, 37 U.C. Davis L. Rev. 809 (2004).

[679] *L. D. Kramer*, 112 Harv. L. Rev. 665 n. 237 (1999); *G. E. Maggs*, 87 B.U. L. Rev. 828 (2007).

chende Gewalt an einer Stelle als ein „Bollwerk einer Verfassung mit eingeschränkter Regierungsgewalt"[680] gegen Souveränitätsanmaßungen der Legislative. Diese grimmige semantische Anleihe ist mit seinen apologetischen Ausführungen zu Anfang der #78 kaum zu vereinbaren: Die Justiz, die er einerseits als „ungefährlichste" (*least dangerous*) unter den staatlichen Teilgewalten bezeichnet, soll andererseits doch über hinreichende Machtoptionen verfügen, um bei Bedarf eine Bastion der Verfassungsstaatlichkeit gegen legislative Übergriffe auf Minderheiten (lies: Eigentümer) etwa durch „ungerechte und einseitige Gesetze" errichten zu können[681].

Bewegen sich die Inkonsistenzen an dieser Stelle womöglich (nur) auf der Ebene der terminologischen Verständigung, werden auch in inhaltlicher Hinsicht Unstimmigkeiten erkennbar. Besonders dann, wenn Hamilton die Rolle der mit judicial review-Kompetenzen ausgestatten Justiz als „Bremse" des politischen Prozesses herausstellt[682]. Die in der Verfassungsrechtsprechung entwickelten Konkretisierungen des normativen Gehalts der Verfassung wirken nach Hamilton als retardierendes Moment auf Gesetzgebungsvorhaben; die Legislative sei im Angesicht der hereinragenden Gefahr einer gerichtlichen Kontrolle gehalten, Gesetzgebungsvorhaben einer eingehenden verfassungsrechtlichen Prüfung zu unterziehen. Befürworter einer ‚offensiven' Normenkontrollkonzeption werden daran nichts auszusetzen haben, sie mögen diese Präventivwirkung[683] der Verfassungsrechtsprechung auf die gesetzgebende Gewalt womöglich sogar gutheißen. Hamilton beschreibt hier – nahezu prophetisch – einen Effekt, den Christine Landfried auch in den gegenwärtigen konstitutionellen Verhältnissen in Deutschland beobachtet und unmumwunden als gesetzgeberische „Karlsruhe-Astrologie" gegeißelt hat[684]. Mit Karlsruhe-Astrologie meint Landfried die „übertriebene Vorsicht"[685], die die Legislative aus Sorge vor eventuellen verfassungsrechtlichen Schwierigkeiten bei der Gesetzgebung an den Tag legt[686]. Dabei, so die Be-

---

[680] *A. Hamilton*, The Federalist #78, in: A. Adams/W. P. Adams (Hrsg./Übers.), Die Federalist-Artikel, 1994, S. 474.

[681] *A. Hamilton*, The Federalist #78, in: A. Adams/W. P. Adams (Hrsg./Übers.), Die Federalist-Artikel, 1994, S. 475.

[682] *A. Hamilton*, The Federalist #78, in: A. Adams/W. P. Adams (Hrsg./Übers.), Die Federalist-Artikel, 1994, S. 476.

[683] *W. Haller*, Supreme Court und Politik, 1972, S. 136.

[684] *Ch. Landfried*, Jedem das Seine, FAZ Online vom 25. Juli 2012, online: faz.net/aktuell/politik/staat-und-recht/gastbeitrag-jedem-das-seine-11831929.html, letzter Zugriff am 23. September 2020; siehe bereits *dies.*, Bundesverfassungsgericht und Gesetzgeber, 1984, S. 51 ff. (dort bemerkt Landfried eine „Vorwirkung" der Verfassungsrechtsprechung auf die Gesetzgebung).

[685] So etwa *M. Hailbronner*, Der Staat 53 (2014), S. 425 (441 f.) (meine Hervorhebung).

[686] Zustimmend *J. Limbach*, FS Dieterich, hrsg. von P. Hanau u. a., 1999, S. 343 f.; ebenso *G. Casper*, ZRP 2002, S. 214 (216 f.).

fürchtung, drohten die Abgeordneten die wesentlichen politischen Fragen wegen der Fokussierung auf das Rechtliche aus dem Blick zu verlieren – am Ende stehen nicht selten unbefriedigende politische Lösungen[687].

Wenn Hamilton die Justiz als Bremse des politischen Prozesses beschreibt, erkennt er deren Fähigkeit zur politischen Gestaltung („active resolution") an – dieselbe Fähigkeit, die er den Gerichten eingangs noch abgesprochen hatte[688]. Dieser Widerspruch lässt sich jedoch relativieren, wenn man „active resolution" im Gesamtzusammenhang des Textes darauf bezieht, dass die Justiz weder über „purse" (Staatssäckel) noch „sword" (physisches Gewaltpotential) verfügen könne, und deshalb außer Stande sei, Entscheidungen ohne Mitwirkung der übrigen Teilgewalten mit Befehl und Zwang durchzusetzen. Proaktiven Einfluss auf die Gestaltung des Gemeinwesens können die Gerichte in Hamiltons Überlegungen also nicht ausüben[689]. Nichtsdestoweniger ist die dritte Gewalt, das kann man an dieser Stelle wohl festhalten, in der Gesamtbetrachtung der Argumentation Hamiltons doch nicht so „harmlos", wie er noch am Anfang der #78 Glauben machen will.

Ein zentraler Kritikpunkt an Hamiltons judicial review-Konzeption verbleibt. Es gelingt ihm nicht, diejenigen Einwände seiner zeitgenössischen und gegenwärtigen Kritiker in überzeugender Weise zu entkräften, die die Möglichkeit eines Übergreifens der Judikative in Kompetenzbereiche der Legislative[690] oder gar die Gefahr einer Suprematie der Justiz beschwören[691]. Dass Verfassungsgerichten aufgrund ihrer Letztentscheidungsbefugnis eine einzigartige „Interpretationsmacht" (Helmut Simon[692]) – oder: Deutungshoheit

---

[687] So bereits *J. B. Thayer*, 7 Harv. L. Rev. 155–156 (1893) ("No doubt our doctrine of constitutional law has had a tendency to drive out questions of justice and right, and to fill the mind of legislators with thoughts of mere legality, of what the constitution allows."); vgl. *M. Tushnet*, Taking the Constitution Away from the Courts, 1999, S. 58 ff. ("distorting legislation/legislative discussion"; "misleading legislators").

[688] Die deutsche Übersetzung von „active resolution" bleibt mit „aktive Beschlüsse" eher noch unklarer, vgl. *A. Hamilton*, The Federalist #78, in: A. Adams/W. P. Adams (Hrsg./Übers.), Die Federalist-Artikel, 1994, S. 471.

[689] So die Interpretation bei *K. L. Hall*, Supreme Court and Judicial Review, 1985, S. 8.

[690] Siehe nochmals *K. L. Hall*, Supreme Court and Judicial Review, 1985, S. 10 ("Each generation had to come to terms with the questions Hamilton raised, but could not answer in Federalist 78: What was the scope of judicial review? How, in practice, were will and judgement, politics and law to be distinguished?").

[691] Brutus XV; Letters from a Federal Farmer XV, in: H. J. Storing (Hrsg.), The Complete Anti-Federalist, Bd. 2, 1981, S. 437 f., 440 (Brutus), S. 315 f. (Farmer).

[692] *H. Simon*, in: E. Benda/W. Maihofer/H. J. Vogel (Hrsg.), HVerfR, 2. Aufl. 1994, § 34 Rn. 56; vgl. *E.-W. Böckenförde*, NJW 1999, S. 9 (12); ferner *M. Brenner*, AöR 120 (1995), S. 248 (257); *H. Dreier*, in: ders. (Hrsg.), GG, Bd. II, 3. Aufl. 2015, Art. 79 I Rn. 40; *E. Haas*, FS Landwehr, hrsg. von F. Drecktrah u. D. Willoweit, 2016, S. 430; *W. Heun*, AöR 116 (1991), S. 185 (207); *U. Kranenpohl*, Der Staat 48 (2009), S. 387 (389); *H. Vorländer*, in: ders. (Hrsg.), Die Deutungsmacht der Verfassungsgerichtsbarkeit, 2006, S. 9 (15).

über den normativen Gehalt insbesondere der inhaltlich unbestimmten[693] Vorschriften der Verfassung – zuwächst, die je nach Handhabung dazu geeignet ist, funktionswidrig in originäre Kompetenzbereiche und Prärogativen[694] der Legislative einzubrechen, schiebt er unter Verweis auf die institutionellen Defekte der rechtsprechenden Gewalt im Allgemeinen beiseite, ohne sich angemessen mit den durchaus gewichtigen Argumenten der Skeptiker auseinanderzusetzen. Dass sich der von Hamilton gezogene Vergleich zwischen ordentlicher und Verfassungsgerichtsbarkeit verbietet, liegt auf der Hand. Zu unterschiedlich sind die Umstände, unter denen ordentliche und Verfassungsgerichte operieren. Im Federalist #84 erkennt Hamilton das kompetentielle Spannungsverhältnis an, das bei der gerichtlichen Interpretation deutungsoffener Verfassungsnormen zwischen der Justiz und den politischen Teilgewalten entsteht. Hatte er das im Federalist #78 noch abzustreiten versucht, räumt er es hier, wenngleich in anderem Zusammenhang, offen ein. Argumentativ dient ihm das kompetentielle Spannungsverhältnis in #84 dazu, seine Vorbehalte gegen den von vielen Anti-Federalists geforderten Grundrechtskatalog zu begründen. Hamilton meint, dass geschriebene Grundrechte aufgrund ihrer Vagheit nicht justitiabel seien und deshalb nichts in der Verfassung zu suchen hätten:

„Was ist das Pressefreiheit? Wer kann sie so definieren, daß nicht breitester Raum für ausweichende Interpretationen bliebe? Eine solche Interpretation gibt es nicht."[695]

Das ist natürlich nicht überzeugend. Denn nicht die Grundrechtsqualität einer Norm führt den Kompetenzkonflikt herbei, sondern ihre Deutungsoffenheit. Unter dem Gesichtspunkt der Justitiabilität scheint Hamilton die Vagheit der in der Kernverfassung enthaltenen Vorschriften, anders als im Zusammenhang mit den Grundrechten, jedoch nicht weiter zu stören.

Als Argument gegen die richterliche Normenkontrolle ist die hereinragende Gefahr einer Kompetenzusurpation allein nicht tragfähig. Kompetenzen sind Handlungsermächtigungen des Staates beziehungsweise seiner Organe[696]; mit jeder Kompetenzzuweisung geht die Gefahr der Kompetenzüberschreitung – wenn nicht gar des Kompetenzmissbrauchs – einher[697]. In der Regel werden deshalb Vorkehrungen geschaffen, um dieser Gefahr ent-

---

[693] Vgl. zu diesem Aspekt *Ch. Starck*, in: ders./A. Weber (Hrsg.), Verfassungsgerichtsbarkeit in Westeuropa, 1986, S. 11 (35); *I. Ebsen*, Bundesverfassungsgericht, 1985, S. 117.

[694] Siehe jüngst wieder *Ch. Bickenbach*, Einschätzungsprärogative des Gesetzgebers, 2014; vgl. ferner etwa *F. V. Lange*, Grundrechtsbindung des Gesetzgebers, 2010, S. 218 ff.

[695] *A. Hamilton*, The Federalist #84, in: A. Adams/W. P. Adams (Hrsg./Übers.), Die Federalist-Artikel, 1994, S. 522 (524)); vgl. dazu *A. Brodocz*, Die Macht der Judikative, 2009, S. 46 f.

[696] Statt vieler etwa *K. Hesse*, Grundzüge, 20. Aufl. 1999, S. 12.

[697] Siehe *W. R. Casto*, 27 Conn. L. Rev. 337 (1995) (zu Iredell).

gegenzuwirken.⁶⁹⁸ Im Bereich der dritten Gewalt sind das die mit Devolutiveffekt ausgestatteten Rechtsmittel, die gegen gerichtliche Entscheidungen eingelegt werden können, um eine justitielle Eigenkontrolle in Gang zu setzen und so die Gefahr des Kompetenzmissbrauchs wirksam zu begrenzen oder fehlerhafte Kompetenzausübung nachträglich zu korrigieren. Verfassungsgerichtliche Entscheidungen zeichnen sich jedoch gerade dadurch aus und setzen sich insoweit von Entscheidungen der ordentlichen Gerichtsbarkeit ab, dass sie unanfechtbar sind. Der beschriebene Sicherungsmechanismus fällt fort und die Gefahr des Kompetenzmissbrauchs steigt⁶⁹⁹. Während Fehlleistungen der ordentlichen Gerichtsbarkeit in der Regel vom „Gesamtsystem aufgefangen" werden können⁷⁰⁰, steht das normenkontrollierende, letztinstanzlich entscheidende Gericht allein auf weiter Flur.

In diesem Zusammenhang eignet sich das von Hamilton ins Spiel gebrachte „impeachment"-Verfahren nur sehr bedingt als funktionale Entsprechung der klassischen Vorkehrung gegen gerichtlichen Kompetenzmissbrauch, des Rechtsmittels. Mit dem Institut des impeachment halten die Kongressabgeordneten ein zweischneidiges Schwert in Händen: Je nach dem, wie man die von der Verfassung für eine Entfernung aus dem Amt aufgestellte materiell-rechtliche Anforderung eines Abweichens von „untadeligem Verhalten"⁷⁰¹ auslegt, wirkt sie sich, wenn man sie extensiv handhabt, nachteilig auf die Unabhängigkeit der Richter aus, eine restriktive Auslegung hingegen zeitigte eine nur marginale Präventivwirkung⁷⁰². Wie man es also dreht und wendet – bis zum heutigen Tage ist im Übrigen noch kein Richter des Supreme Court im Wege des impeachment aus dem Amt entfernt worden⁷⁰³ –,

---

⁶⁹⁸ Vgl. die Sentenz des StGH Bremen, DVBl. 1989, S. 453 (455): „Die demokratische Verfassungsordnung zeichnet sich nicht dadurch aus, dass ihr Machtmissbrauch fremd ist, sondern dadurch, dass sie Vorkehrungen zur Selbstreinigung trifft."

⁶⁹⁹ Vgl. *J. Isensee*, in: D. Merten/H.-J. Papier (Hrsg.), HGRe II, 2006, § 26 Rn. 32.

⁷⁰⁰ *Ch. Möllers*, Legalität, Legitimität und Legitimation, in: M. Jestaedt u. a., Das entgrenzte Gericht, 2011, S. 303.

⁷⁰¹ Zur sog. „Good Behavior Clause" aus U.S. Const., Art. III, § 1, Cl. 2. siehe *M. H. Redish*, 116 Yale L.J. 139 (2006); *Ph. B. Kurland*, 55 U. Cin. L. Rev. 735–736 (1987).

⁷⁰² Siehe auch *S. B. Prakash/J. C. Yoo*, 70 U. Chi. L. Rev. 957 (2003).

⁷⁰³ Gegen Richter Samuel Chase ist durch das Repräsentantenhaus das bislang einzige Impeachment-Verfahren in der Geschichte des Gerichts in Gang gesetzt worden. Chase hatte sich als umherreisender Richter in mehreren Sedition Act-Prozessen danebenbenommen, sich aktiv in den Wahlkampf eingeschaltet und war durch diverse Invektiven auf Jefferson und dessen Republikanische Partei unangenehm aufgefallen. Der Senat sprach Chase aber frei; er durfte daher im Amt bleiben, siehe *K. Gutzman*, 14 U. St. Thomas L.J. 86–87 (2018); ferner *W. Bird*, Press and Speech under Assault, 2016, S. 299 ff.; *S. B. Presser*, in: K. L. Hall u. a. (Hrsg.), Supreme Court of the United States, 1992, S. 137 (138); vgl. näher *H. J. Abraham*, 27 J. Sup. Ct. Hist. 289 (2002); *B. Friedman*, Will of the People, 2009, S. 64–71; *B. Schwartz*, History of the Supreme Court, 1993, S. 57 f.; *G. S. Wood*, Empire of Liberty, 2009, S. 423 f. – Das Fehlschlagen des Chase-Impeachment hat als quasi-Präze-

die durch vielfache Spannungen belastete Machtbeziehung zwischen Gesetzgebung und normenkontrollierender Justiz muss in anderer Weise ins Gleichgewicht gebracht werden. Hamiltons Ausführungen überzeugen in dieser Hinsicht nicht.

Statt den ernsthaften Versuch einer Begründung zu unternehmen, warum der Nutzen und die Vorteile des judicial review die damit verbundenen Risiken und Nachteile überwiegen[704], stellt Hamilton die Behauptung auf, dass es „niemals" in einem solchen Ausmaß zu Kompetenzüberschreitungen der Gerichte kommen könne, dass „sie die Gesamtordnung des politischen Systems empfindlich beeinträchtigen würde[n]"[705,706]. Er leugnet diejenige Machtverschiebung zu Lasten der Gesetzgebung, die sich in der gewaltenteiligen Staatsorganisation unumgänglich dann vollzieht, wenn die Justiz über die Letztentscheidungskompetenz zur Beurteilung der Gültigkeit von Akten der Legislative verfügt[707]. Es kann heutzutage als Gemeinplatz[708] gelten, dass die Gerichte so in die Lage versetzt werden, „Politik mit anderen Mitteln, dem Mittel der Verfassungsinterpretation" zu betreiben[709]. Sei es, dass sie den normativen Gehalt der Verfassung durch ihre Interpretation absichtlich verfälschen oder dessen Durchsetzung in böser Absicht vereiteln, sei es, dass sie gezwungen sind, eine mehrdeutige, inhaltlich offene Verfassungsnorm – durch schiere, normativ weitgehend ungebundene Dezision[710] – letztverbind-

---

denzfall wohl maßgeblich dazu beigetragen, dass für Amtsenthebungsverfahren gegen Supreme Court-Richter derart hohe Hürden zu überwinden sind, dass die erfolgreiche Durchführung eines solchen Verfahrens de facto unmöglich geworden ist, vgl. *N. Feldman/K. M. Sullivan*, Constitutional Law, 20. Aufl. 2019, S. 31; *K. L. Hall*, 35 U. Fla. L. Rev. 285 (1983); *K. Hopt*, Die Dritte Gewalt als politischer Faktor, 1969, S. 203; *H. A. Johnson*, Chief Justiceship of John Marshall, 1997, S. 64. Man kann das entweder bedauern (der Anti-Federalist Brutus hätte auf das Fehlschlagen des Chase-Impeachment sicherlich mit einiger Indignation reagiert, vgl. unten, Fn. 762) oder aber gewissermaßen als Zementierung richterlicher Unabhängigkeit begrüßen.

[704] Vgl. *M. Eberl*, Verfassung und Richterspruch, 2006, S. 255.

[705] *A. Hamilton*, The Federalist #81, in: A. Adams/W. P. Adams (Hrsg./Übers.), Die Federalist-Artikel, 1994, S. 491 f.

[706] Das Gegenteil hat der U.S. Supreme Court in *Dred Scott v. Sandford*, 60 U.S. (19 How.) 393 (1857) bewiesen; siehe bereits oben Kapitel 2, Fn. 147.

[707] Dezidiert *M. Herdegen*, ZaöRV 69 (2009), S. 257 (261); vgl. *B. Schlink*, FS BVerfG, Bd. II, hrsg. von P. Badura und H. Dreier, 2001, S. 460 ff.; *M. Jestaedt*, FS Isensee, hrsg. von O. Depenheuer u. a., 2002, S. 183 (184 mit Fn. 4); aus der neueren Literatur *R. Camilo de Oliveira*, Kritik der Abwägung, 2013, S. 217 ff., m. w. N.; vgl. für die USA etwa *L. D. Kramer*, 115 Harv. L. Rev. 48–49 (2001).

[708] Siehe *M. Droege*, Der Staat 45 (2006), S. 456 („Evidenz").

[709] *E.-W. Böckenförde*, NJW 1999, S. 9 (17).

[710] Siehe allgemein *C. Schmitt*, Politische Theologie, 8. Aufl. 2004, S. 13, 18; bezogen auf die Verfassungsrechtsprechung etwa *U. Kranenpohl*, Der Staat 48 (2009), S. 387 (407); vgl. auch *I. Maus*, Aufklärung der Demokratietheorie, 1994, S. 60, die kaum ein gutes Haar an

lich in die eine oder die andere Richtung auszulegen[711]. Sie haben darin „einen Zipfel der Souveränität" (Ernst-Wolfgang Böckenförde)[712], gegen den auch der verfassungsändernde Gesetzgeber im Angesicht der schwierigen Abgrenzbarkeit „substanzrekonstruierender und substanzmodifizierender Verfassungsexegese" nur bedingt etwas ausrichten kann[713]. Man wird Hamilton zu Gute halten müssen, dass eine Bestimmung der „Grenzen" der Verfassungsgerichtsbarkeit bis zum heutigen Tag niemandem so recht gelungen ist. Nicht überzeugend ist, dass er das zugrunde liegende Problem insgesamt leugnet und die erhobenen Einwände schlicht ignoriert oder vorbehaltlich etwaiger abstimmungskampftaktisch bedingter geheimer Vorbehalte zu ignorieren vorgibt[714], statt sich gegen entsprechende Einwände ernsthaft zu verteidigen.

Nach alledem ist es sicherlich angebracht, Hamiltons Argumente kritisch zu beurteilen. Seine Funktionsbeschreibung der Verfassungsgerichtsbarkeit und die damit in Verbindung stehende Legitimationsstrategie insgesamt als „naiv" bezeichnen zu wollen[715], ginge aber ein Stück zu weit. Ein solches Urteil verkennt die auch von Hamilton – zugestandenermaßen: bisweilen etwas halbherzig – aufgestellte Forderung nach einer methodischen Engführung der Verfassungsinterpretation am Leitbild der richterlichen Zurückhaltung[716].

Den Vorwurf der Naivität kann man den Rechtsprechungsexperten unter den Publizisten der Anti-Federalist-Bewegung gewiss nicht machen. Insbesondere dem Aspekt des politischen Gestaltungspotentials einer mit dem richterlichen Prüfungsrecht aufgerüsteten rechtsprechenden Gewalt, so viel sei hier vorweggenommen, haben sich die Beiträge des „Brutus" und des „Federal Farmer" sehr viel unverblümter angenommen als Hamiltons Federalist #78[717].

---

dem von ihr sog. „Dezisionismus einer Gerechtigkeitsexpertokratie" lässt; siehe außerdem bereits oben Kapitel 1, Fn. 105 f. mit begleitendem Text.

[711] So *W. R. Casto*, 27 Conn. L. Rev. 337 (1995); vgl. auch *A. Brodocz*, Die Macht der Judikative, 2009, S. 43 f.

[712] *E.-W. Böckenförde*, NJW 1999, S. 9 (13); ähnlich, wenngleich zurückhaltender *E. Haas*, FS Landwehr, hrsg. von F. Drecktrah u. D. Willoweit, 2016, S. 429; kritisch zur Verwendung des Souveränitätsbegriffs im intrakonstitutionellen Kontext *O. Lepsius*, Der Staat 52 (2013), S. 157 (167).

[713] *U. Thiele*, Der Staat 39 (2000), S. 397 (422).

[714] Zum Taktieren der Federalists im Ratifikationsprozess siehe *J. M. Sosin*, Aristocracy, 1989, S. 256.

[715] *I. Ebsen*, Bundesverfassungsgericht, 1985, S. 107 f.; Ebsen bezeichnet Hamiltons Ansatz als „naiv", weil Hamilton unter anderem – so jedenfalls die Einschätzung bei Ebsen – das „Problem der Auslegung vager Verfassungsbestimmungen" nicht hinreichend beachtet habe.

[716] Siehe oben, Text bei Fn. 576 ff.

[717] Vgl. *A. Diamond*, 6 Pol. Sci. Rev. 253 (1976); *H. Dippel*, in: G. Birtsch (Hrsg.), Grund-

III. Die Kritik der richterlichen Normenkontrolle bei den Anti-Federalists

Ebenso sehr wie die Federalists haben sich die Anti-Federalists publizistisch in die Verfassungsdiskussion eingeschaltet, um die Wahlen zu und die Abstimmungen in den Ratifikationskonventen in ihrem Sinne zu beeinflussen. Die Bedenken der Anti-Federalists gegenüber der im Verfassungsentwurf vorgesehenen Neuordnung des politischen Systems bezogen sich nicht allein auf die geplante Kompetenzverteilung zwischen Legislative und Exekutive des Bundes im Verhältnis zu den Bundesstaaten. Auch die im Entwurf erkennbaren Konturen der rechtsprechenden Gewalt des Bundes wurden mit Argwohn und Sorge betrachtet. So stand die Befürchtung im Raum, dass die Bundesjustiz ihre Befugnisse dazu einsetzen werde, den durch die Revolution angestoßenen verfassungspolitischen Reformprozess wieder rückgängig zu machen. Und zwar, so die Annahme, indem die Gerichte die – von den Anti-Federalists als reaktionär-restaurativ[718] identifizierte – politische Agenda Alexander Hamiltons und seiner Gefolgschaft im Rahmen ihrer kompetentiellen Möglichkeiten tatkräftig vorantreiben, nämlich mit den Mitteln der Gesetzes- und Verfassungsauslegung (1.). Idealtypisch kommen diese und weitere Bedenken der Anti-Federalists in den Aufsätzen der beiden Autoren „Brutus" aus New York und „A Federal Farmer"[719] aus Maryland zum Ausdruck (2.).

1. Anti-Federalists und die richterliche Gewalt der Vereinigten Staaten

Allen inneren Unstimmigkeiten zum Trotz waren die Anti-Federalists in der Ansicht geeint, dass die in Philadelphia entworfene Verfassung eine zentralstaatliche, nationale Ordnung errichtet, die die Keimzellen des Republikanismus und der individuellen Freiheit – die örtlichen Gemeinschaften und die Bundesstaaten – zu ersticken und die Souveränität der einzelnen Staaten gleichsam zu zerstören drohe[720]. Die rechtsprechende Gewalt des Bundes stand unter Generalverdacht, von den Framers als Instrument zur schieren Kompetenzerweiterung der Union konzipiert zu sein[721]. Die Anti-Federalists

---

und Freiheitsrechte, 1987, S. 135 (151); *M. Eberl*, Verfassung und Richterspruch, 2006, S. 233 f.; *B. Enzmann*, Der demokratische Verfassungsstaat, 2009, S. 425; *W. Heun*, Der Staat 42 (2003), S. 267 (274); *J. Lee Malcolm*, 26 J.L. & Pol. 34 (2010), *G. Stourzh*, Grundrechtsdemokratie, 1989, S. 65; *W. M. Treanor*, 58 Stan. L. Rev. 478 n. 58 (2005).

[718] Vgl. *H. Vorländer*, JöR N.F. 36 (1987), S. 451 (468 f.).

[719] Siehe zum Federal Farmer die Einführung bei *H. J. Storing*, Letters from the Federal Farmer, in: H. J. Storing (Hrsg.), The Complete Anti-Federalist, Bd. 2, 1981, S. 214–217.

[720] Siehe exemplarisch Brutus VI, in: H. J. Storing (Hrsg.), The Complete Anti-Federalist, Bd. 2, 1981, S. 393 ff.; vgl. *J. T. Main*, The Antifederalists, 1961, S. 120.

[721] Siehe die eindringliche Warnung bei Brutus XI, in: H. J. Storing (Hrsg.), The Complete Anti-Federalist, Bd. 2, 1981, S. 420 f.

warnten davor, dass die Bundesrichter im Namen der nationalen Einheit regelrecht danach trachteten, Bauern und anderen einfachen Leuten die Freiheit zu entziehen[722].

"[B]y this [federal constitutional] system we lose our [state] judiciary, and they cannot help us, we must sit down quietly, and be oppressed."[723]

So jedenfalls lautete die fatalistische Vorahnung des – allerdings auch zu nicht unerheblichen Überdramatisierungen neigenden – Anti-Federalists Patrick Henry aus Virginia, der in der historischen Erinnerung vor allem durch einen Satz präsent ist, den er zehn Jahre zuvor gesagt haben soll („Give me liberty or give me death."). Nun konnte sich, wie oben erwähnt, auch der von den Federalists dominierte Verfassungskonvent nicht auf die konkrete Ausgestaltung der Gerichtsbarkeit des Bundes verständigen. Man beschränkte sich deshalb auf die Errichtung des U.S. Supreme Court; alles weitere über die künftige Gestalt der Bundesgerichte sollte der Kongress im Rahmen der Vorgaben aus U.S. Const., Art. III entscheiden[724].

Manch ein Bedenkenträger betrachtete das Staatsorganisationsrecht der neuen Verfassung als Manifestation einer unheiligen Allianz zwischen Gesetzgebung und Rechtsprechung. Eben weil die Verfassung die staatlichen Funktionen zuordnete, nicht aber die Gewalten im engeren Sinne der Montesquieu-Doktrin[725] – oder dem, was man dafür hielt – strikt voneinander trennte. Noch entscheidender aber war wohl der Umstand, dass die Bundesrichter ihren „Auftraggebern" (*constituents*) keinerlei Rechenschaft schuldig sein würden. Denn das Prinzip der (proto-)demokratischen Verantwortlichkeit gehörte, wie unten im Zusammenhang mit den Brutus-Briefen zu sehen sein wird, zum nicht verhandelbaren Kernbestand in der Verfassungsideologie der Anti-Federalists. In der Perspektive *ex ante* scheint es in der Tat nicht vollkommen unplausibel, anzunehmen, die Bundesgerichte würden bei der Konfliktbewältigung zwischen dem Bund und den Bundesstaaten kei-

---

[722] Vgl. *W. E. Nelson*, in: K. L Hall/K. T McGuire (Hrsg.), The Judicial Branch, 2005, S. 8; ferner *R. N. Clinton*, 75 Iowa L. Rev. 910 (1990); *J. M. Sosin*, Aristocracy, 1989, S. 260. Das Misstrauen der Anti-Federalists gegenüber einer zentralstaatlichen Justiz wird als Nachwirkung der Erfahrungen mit der kolonialen Gerichtsbarkeit (siehe bereits oben, Text bei Fn. 298 ff.) erklärt, und so unmittelbar auf die Exzesse der britischen Krone zurückgeführt – allerdings, so jedenfalls *S. B. Prakash/J. C. Yoo*, 70 U. Chi. L. Rev. 932 (2003), sei bereits für die Zeit zwischen 1776 und 1787 jedenfalls bei den Durchschnittsamerikanern ein grundlegender Sinneswandel bezogen auf die Einstellung gegenüber der Rechtsprechung zu beobachten.

[723] Patrick Henry, Debattenbeitrag, Ratifikationskonvent von Virginia, 20. Juni 1788, in: J. Elliot (Hrsg.), Debates in the Several State Conventions, Bd. III, 2. Aufl. 1836, S. 539.

[724] Siehe bereits oben, Text bei Fn. 80 ff.

[725] *Ch. de Montesquieu*, Vom Geist der Gesetze, 1748, hrsg. von K. Weigand, 2. Aufl. 1994, Buch XI, Kap. 6, S. 216 ff.

neswegs unparteiisch, sondern grundsätzlich, wenn nicht gar ausnahmslos, zugunsten unionaler Interessen entscheiden. Die Skeptiker trugen ihre Argumente dann auch in der Erwartung vor, die Gerichte würden die Legislativakte des Kongresses ohnehin unbeanstandet lassen, soweit sie mit der Begründung angegriffen würden, dass sie kompetenzwidrig zustandegekommen seien[726]. Gemäßigtere Kritiker zweifelten zumindest an der Entschlossenheit der Bundesrichter, gegen verfassungswidrige Handlungen des Kongresses einzuschreiten. Schließlich seien die Bundesrichter von der gesetzgebenden Gewalt des Bundes nicht in hinreichendem Maße unabhängig[727].

Damit ließe sich auch erklären, warum Hamilton in seiner oben besprochenen Abhandlung auf ein an sich naheliegendes Argument verzichtet: Angesichts der durch den Verfassungstext selbst abschließend definierten Gesetzgebungskompetenzen des Kongresses („enumerated powers")[728], so könnte man meinen, ließe sich eine Verfassungsgerichtsbarkeit, welche die Einhaltung jener enumerierten Befugnisse kontrolliert, doch ohne weiteres als Garant prävalenter einzelstaatlicher (Regulierungs-)Interessen in Stellung bringen. Berücksichtigt man jedoch das sich abzeichnende Vertrauensdefizit zwischen den Anti-Federalists und den (zukünftigen) Bundesrichtern[729], musste eine derartige Argumentation auf manch einen aufrichtig besorgten Anti-Federalists außerordentlich zynisch wirken. Einem obersten Bundesgericht die einzelfallbezogene Zuteilung der konkurrierenden normativen Regelungsansprüche in der bundesstaatlichen Ordnung zu überantworten[730], hieße – vom verfassungsideologischen Standpunkt der Anti-Fe-

---

[726] Vgl. die zeitgenössische Stellungnahme von Luther Martin, The Genuine Information Delivered to the Legislature of the State of Maryland Relative to the Proceedings of the General Convention Lately Held at Philadelphia, 1788, in: H. J. Storing (Hrsg.), The Complete Anti-Federalist, Bd. 2, 1981, S. 69; siehe dort (S. 426 f.) auch Brutus XII; aus der Sekundärliteratur *J. N. Rakove*, 43 Wm. & Mary L. Rev. 1527 (2002); ferner *J. T. Main*, The Antifederalists, 1961, S. 125; *S. B. Prakash/J. C. Yoo*, 79 Tex. L. Rev. 1509, 1511–1515 (2000).

[727] Siehe Patrick Henry, Debattenbeitrag, Ratifikationskonvent von Virginia, 12. Juni 1788, in: J. Elliot (Hrsg.), The Debates in the Several State Conventions, Bd. III, 2. Aufl. 1836, S. 324 f. ("Is that [federal] judiciary as well constructed, and as independent of the other branches, as our state judiciary?"); vgl. *S. B. Prakash/J. C. Yoo*, 70 U. Chi. L. Rev. 962, 970 (2003); dies., 79 Tex. L. Rev. 1518–1519 (2000); *J. M. Sosin,* Aristocracy, 1989, S. 258; vgl. aber Brutus XV, in: H. J. Storing (Hrsg.), The Complete Anti-Federalist, Bd. 2, 1981, S. 438 f.

[728] Zur sog. „doctrine of limited federal legislative authority", die der Regel aus Art. 70 Abs. 1 GG ähnelt, siehe etwa *E. Chemerinsky*, Principles and Policies, 5. Aufl. 2015, S. 240 ff.; vergleichend *W. Brugger*, AöR 126 (2001), S. 337 (375 f.).

[729] Siehe etwa *K. Turner*, 22 Wm. & Mary Q. 7–8 (1965) ("Republican distrust of the federal courts, which had mounted during the first decade of the national history, reached a peak with the prosecution of their partisans ... under the Sedition Acts.").

[730] Vgl. *W. Löwer*, in: J. Isensee/P. Kirchhof (Hrsg.), HStR III, 3. Aufl. 2005, § 70 Rn. 56.

deralists betrachtet – sprichwörtlich nichts anderes, als den Bock zum Gärtner zu machen⁷³¹.

Eine Art grundskeptischer Generalkonsens war den Anti-Federalists in der Breite im Hinblick auf die rechtsprechende Gewalt des Bundes zwar gemein, dieser bezog sich aber unter anderem eher darauf, dass man die Erwartung hegte, die Rechtsmittelgerichte des Bundes würden den erstinstanzlichen Geschworenenprozess durch eine sukzessive Ausweitung ihrer revisionsgerichtlichen Kontrollbefugnisse de facto abschaffen⁷³² und so die behauptete „aristokratische Grundtendenz" der Verfassung verstärken⁷³³. Im Übrigen trieb die „states' rights advocates"⁷³⁴ die allgemeine Sorge um, dass schon die schiere Existenz einer Bundesjustiz die Gerichte der Bundesstaaten letztlich in die Bedeutungslosigkeit werde abrutschen lassen⁷³⁵.

Es lässt sich allerdings nicht ohne weiteres behaupten, dass die Anti-Federalists das Rechtsinstitut der richterlichen Normenkontrolle geschlossen abgelehnt⁷³⁶ und diesen Standpunkt mit gleichartiger Vehemenz vertreten

---

⁷³¹ Vgl. *J. N. Rakove*, 49 Stan. L. Rev. 1050 (1997). – Andere Federalists haben die „Garantenstellung" der Verfassungsgerichtsbarkeit zur Aufrechterhaltung der bundesstaatlichen Ordnung in den Ratifikationsdebatten aber sehr wohl argumentativ zu verarbeiten versucht; vorsichtig angedeutet wird sie auch etwa bei *J. Madison*, The Federalist #44, in: A. Adams/W. P. Adams (Hrsg./Übers.), Die Federalist-Artikel, 1994, S. 275 f.; John Marshall hat während der Debatte auf dem Ratifikationskonvent von Virginia ebenfalls in diese Richtung argumentiert – siehe dessen Rede vom 20. Juni 1788, in: H. A. Johnson u. a. (Hrsg.), The Papers of John Marshall Bd. 1, 1974, S. 275 (276 f.); vgl. aus der Sekundärliteratur *J. M. Sosin,* Aristocracy, 1989, S. 256, 268.

⁷³² Vgl. *R. L. Clinton*, Marbury v. Madison and Judicial Review, 1989, S. 68 (dort auch zu weiteren Monita der Anti-Federalists); *P. Maier*, Ratification, 2010, S. 79, *W. E. Nelson*, 37 J. Marshall L. Rev. 326 (2004); *J. N. Rakove*, 49 Stan. L. Rev. 1064 (1997); zur Bedeutung des Geschworenenprozesses im Verfassungsdenken der Anti-Federalists bereits oben, Text bei Fn. 255 ff.

⁷³³ Siehe nochmals die Nachweise oben, Fn. 284. Eine interessante Randnotiz ist, dass Alexis de Tocqueville die Juristen in den Nordstaaten in der Mitte des 19. Jahrhunderts als Aristokraten Amerikas beschrieben hat, siehe *A. de Tocqueville*, Über die Demokratie in Amerika, 1835, hrsg. von J. P. Mayer, 1985, S. 162 ff. („der Juristengeist als Gegengewicht zur Demokratie"); vgl. dazu *P. Graf Kielmansegg*, Die Instanz des letzten Wortes, 2005, S. 34 f.; *G. S. Wood*, 56 Wash. & Lee L. Rev. 809 (1999); *P. W. Kahn*, The Reign of Law, 1997, S. 1.

⁷³⁴ Begriff: *R. N. Clinton*, 75 Iowa L. Rev. 901 (1990).

⁷³⁵ *A. Diamond*, 6 Pol. Sci. Rev. 277 (1976); auch *J. M. Sosin,* Aristocracy, 1989, S. 267.

⁷³⁶ Zur ambivalenten Haltung der Anti-Federalists gegenüber judicial review siehe ausführlich *S. B. Prakash/J. C. Yoo*, 70 U. Chi. L. Rev. 927–974 (2003); vgl. auch die Bewertungen bei *D. J. Hulsebosch*, Constituting Empire, 2005, S. 239 (judicial review als „attraktive Option ... für Anti-Federalists, die sich vor einer übergriffigen Zentralregierung fürchteten"); *B. Friedman*, Will of the People, 2009, S. 38 a. E. ("The Anti-Federalists, ironically, were led to argue both that the power might not be great enough and that it was dangerous nonetheless."). Zur weiteren Entwicklung der (eigentlich gar nicht existenten)

hätten[737]. Dass unter Juristen heutzutage neben der Forderung nach einem geschriebenen Grundrechtskatalog[738] ausgerechnet die Gegnerschaft zum Rechtsinstitut der richterlichen Normenkontrolle als die Anti-Federalist Position schlechthin gilt, dürfte dem Umstand zu verdanken sein, dass einer ihrer wohl fähigsten und bekanntesten Publizisten[739], Brutus, dagegen Stellung bezog. Zu spekulieren, ob Brutus' Texte mit Blick auf die Normenkontrolle tatsächlich als für die Position der Anti-Federalists repräsentativ angesehen werden können, oder ob nicht besser davon auszugehen ist, dass er schlicht einen eigenen Standpunkt vertreten hat und ihm erst die Historiographie die Rolle des Chefideologen zugewiesen hat, ist ein müßiges Unterfangen. Die Argumente des Brutus und diejenigen seines Mitstreiters, des Federal Farmer, können jedenfalls nicht ohne weiteres als für die Anti-Federalists insgesamt charakteristisch angesehen werden[740]. Stellungnahmen der Anti-Federalists zur richterlichen Normenkontrolle während und im Vorfeld der Ratifikationsdebatte blieben zunächst eher vereinzelt[741] und geben, wie gesagt, kein einheitliches Bild zu erkennen[742]. Die Stellungnahmen sind möglicherweise deshalb rar gesät, weil Hamilton sein Plädoyer für das richterliche Prüfungsrecht erst in der Schlussphase der Diskussion – womöglich als Reaktion auf die Einwände des Brutus[743] – veröffentlicht hat.

Festzuhalten ist, dass die Anti-Federalists die sich abzeichnende Gestalt der Bundesgerichtsbarkeit nicht nur deshalb ablehnten, weil sie die aus dem richterlichen Prüfungsrecht mutmaßlich folgende Oberhoheit (,Suprematie') der dritten Gewalt zum Nachteil der Bundesstaaten und deren Gerichtsbarkeiten befürchteten, sondern aus einer ganzen Reihe von Gründen, die oben bereits mehrfach angeklungen sind: Die Skepsis gegenüber der Bundesgerichtsbarkeit beruhte ganz allgemein darauf, dass die Gerichte zumin-

---

„Beziehung" zwischen Anti-Federalists (Republikanern) und Bundesgerichtsbarkeit siehe *Ch. Warren*, Supreme Court in United States History, Bd. 1, 1922, S. 82 f., dem zufolge es insbesondere die Anti-Federalists (Republikaner) gewesen seien, die die gerichtliche Überprüfung der Kongressgesetze in den 1790er Jahren befürwortet hätten. Das ist insoweit plausibel, als die Staatsorgane des Bundes in jener Zeit nahezu vollständig unter der Kontrolle der Federalist Party standen.

[737] *R. L. Clinton*, Marbury v. Madison and Judicial Review, 1989, S. 68.
[738] Siehe *S. Slonim*, 20 Const. Comment. 151 (2003); *F. Muß*, Ersatzmonarch, 2013, S. 74.
[739] Vgl. *A. Diamond*, 6 Pol. Sci. Rev. 249, 253 (1976); *C. M. Kenyon*, in: dies. (Hrsg.), The Antifederalists, 1966, S. 323; siehe auch *W. Jeffrey, Jr.*, 40 U. Cin. L. Rev. 643 (1971).
[740] Vgl. *H. J. Abraham*, The Judicial Process, 7. Aufl. 1998, S. 335.
[741] *H. J. Storing*, What the Anti-Federalists Were For, in: ders. (Hrsg.), The Complete Anti-Federalist, Bd. 1, 1981, S. 50, m. w. N.
[742] *R. L. Clinton*, Marbury v. Madison and Judicial Review, 1989, S. 68.
[743] Siehe sogleich, Text bei Fn. 749 ff.

dest potentiell als Instrument zur Unterdrückung durch einen starken, zentralisierten Staatsapparat angesehen wurden[744]:

"[W]e are more in danger of sowing the seeds of arbitrary government in this [judicial] department than in any other."[745]

Die gerichtliche Normenkontrolle ist demnach nur ein Teilaspekt der Anti-Federalist Kritik an Art. III des Verfassungsentwurfs. Der US-Historiker Jack Sosin, der im Hinblick auf die Ursprünge des richterlichen Prüfungsrechts zugegebenermaßen eher als revisionistischer[746] Autor gelten muss, bemerkt zum Gewicht des judicial review in den Ratifikationsdebatten:

"In no state convention was judicial review itself a conspicuous issue; it was swallowed up by the larger question of states' rights."[747]

Nichtsdestoweniger bot die Normenkontrolle einigen der „states' rights advocates" anscheinend noch immer genügend Angriffsfläche, um sich daran in Verfolgung eines übergeordneten strategischen Ziels abzuarbeiten. Es ging ihnen nicht unbedingt um die richterliche Normenkontrolle an sich, sondern darum, den zur Ratifikation anstehenden Verfassungsentwurf in Verruf zu bringen[748].

2. Stellungnahmen der Anti-Federalists „Brutus" und „Federal Farmer"

Hamiltons Federalist #78 ist einige Wochen nach den Brutus-Briefen XI–XVI erschienen, die das hier interessierende Thema der Rechtsprechung des Bundes unter der neuen Verfassung zum Gegenstand haben[749]. Der Federalist #78 und Hamiltons übrige Artikel zur rechtsprechenden Gewalt können also durchaus als Reaktion auf Brutus' Schriften gelesen werden[750].

---

[744] Siehe *J. M. Sosin,* Aristocracy, 1989, S. 256; vgl. auch *J. Heideking*, Historische Zeitschrift, Bd. 246 (1988), S. 47 (73).

[745] Federal Farmer XV, in: H. J. Storing (Hrsg.), The Complete Anti-Federalist, Bd. 2, 1981, S. 316.

[746] Vgl. oben Kapitel 1, Fn. 223; außerdem *P. C. Hoffer*, 47 Wm. & Mary Q. 467–470 (1990).

[747] *J. M. Sosin*, Aristocracy, 1989, S. 257; ähnlich *N. Williams*, 57 Stan. L. Rev. 268–269 (2004) ("judicial review received only sporadic mention during the ratification debates"); andere Einschätzungen wohl bei *E. E. Slotnick*, 71 Judicature 71 (1987); *B. Friedman*, Will of the People, 2009, S. 37.

[748] Siehe – für Brutus – *J. M. Sosin,* Aristocracy, 1989, S. 260.

[749] Editiert von H. J. Storing, The Complete Anti-Federalist, Bd. 2, 1981, S. 417–452.

[750] Siehe *L. W. Levy*, Original Intent and the Framers' Constitution, 1988, S. 107; außerdem *W. R. Casto*, 27 Conn. L. Rev. 338 (1995); *A. Diamond*, 6 Pol. Sci. Rev. 277 (1976); *M. S. Paulsen*, 83 Geo. L.J. 247 (1994); *G. S. Wood*, 22 Suffolk U. L. Rev. 1295 (1988) ("Hamilton wrote that essay specifically to answer the charges of prominent Antifederalist Yates." [Yates = Brutus, siehe Fn. 350]); *S. B. Prakash/J. C. Yoo*, 70 U. Chi. L. Rev. 969 (2003); *dies.*, 79 Tex. L. Rev. 1519 (2000).

Dass Hamilton die „Brutus-Briefe" tatsächlich gekannt hat, gilt allerdings nur aufgrund der zeitlichen Abfolge der Veröffentlichungen und deshalb, weil Hamilton einige der Themen aufgreift, die den Brutus bereits umgetrieben hatten, als überwiegend wahrscheinlich. Zweifelsfrei belegen lässt es sich nicht[751]. William Jeffrey, derjenige US-Wissenschaftler, dem wohl ganz maßgeblich die „Wiederentdeckung" der Brutus-Briefe im US-amerikanischen verfassungshistorischen Diskurs der frühen 1970er Jahre zu verdanken ist, bemerkt zu der publizistischen Kontroverse, die Brutus und Hamilton über das richterliche Prüfungsrecht ausgetragen haben:

"Compelled by the Constitution's text to acknowledge judicial review, Hamilton was unable to do more than repeat the assertions of 'Brutus' and attempt to minimize their alarmist impact and to diminish their argumentative force."[752]

Dass sich eine solche Deutung wirklich aufdrängen muss, erscheint zweifelhaft. Davon, dass sich Hamilton durch den Verfassungswortlaut zur Anerkennung des richterlichen Prüfungsrechts „gezwungen sah", kann eigentlich nicht die Rede sein. Im Federalist #81 räumt Hamilton ja ein, dass man „diese Doktrin aus keinem Umstand herleiten" könne, „der für den Entwurf des Konvents spezifisch wäre, wohl aber aus einer allgemeinen Theorie einer Verfassung mit eingeschränkter Regierungsgewalt"[753]. Und das, nachdem er den Leser in #78 von der verfassungspolitischen Wünschbarkeit, wenn nicht gar von der Normativität der richterlichen Normenkontrolle zu überzeugen versucht hatte.

Bevor auf die in den Brutus-Briefen aufgestellten Behauptungen eingegangen wird, ist klarzustellen, dass Brutus nicht etwa mit juristischen Argumenten bestreitet, dass die US-Bundesverfassung judicial review autorisiere[754]; vielmehr findet er sich – womöglich aus taktischen Gründen – mit der normativen Existenz einer richterlichen Normenkontrollbefugnis ab. Statt juristische Gegenargumente vorzutragen, meldet er – gewissermaßen: nur – verfassungspolitische Bedenken an[755]. Unter diesen Bedenken befindet sich das zentrale Monitum, dass das Prüfungsrecht in den Händen der Bundesgerichtsbarkeit zwangsläufig zu einer Oberhoheit der Justiz („judicial supremacy"[756]) führen werde. Die Warnungen des Brutus wirken dabei ziemlich

---

[751] Siehe *J. Goebel, Jr.*, History, Bd. I, 1971, S. 308, dort mit Fn. 66; *W. Jeffrey, Jr.*, 40 U. Cin. L. Rev. 660 (1971).

[752] *W. Jeffrey, Jr.*, 40 U. Cin. L. Rev. 655 (1971).

[753] *A. Hamilton*, The Federalist #81, in: A. Adams/W. P. Adams (Hrsg./Übers.), Die Federalist-Artikel, 1994, S. 489; siehe bereits oben, Text bei Fn. 522.

[754] *S. B. Prakash/J. C. Yoo*, 79 Tex. L. Rev. 1518 (2000).

[755] *J. Roedel*, New York History 69 (1988), S. 261 (278); *P. Dionisopoulos/P. Peterson*, 18 J. Marshall L. Rev. 61 (1984).

[756] *L. D. Kramer*, 115 Harv. L. Rev. 6 (2001) ("notion that judges have the last word when it comes to constitutional interpretation and that their decisions determine the meaning of the Constitution for everyone."); siehe noch unten, Fn. 830.

B. Grundsatzkontroverse über das richterliche Prüfungsrecht

alarmistisch[757] – anders als die Texte des Federal Farmer, der ähnliche Sorgen äußert, aber vergleichsweise moderate Töne anschlägt. An denjenigen Stellen, an denen er die erwarteten Missstände anprangert, betreibt Brutus Fundamentalopposition.

a) Brutus XI: „A certain degree of latitude of explanation"

Brutus beobachtet, dass diejenigen Amtsträger, die unter der neuen Verfassung Aufgaben der rechtsprechenden Gewalt des Bundes wahrzunehmen haben, über eine in einem freien Land noch nie dagewesene – geradezu unerhörte – Machtfülle verfügen werden[758]. Deshalb, so Brutus, sei es vordringliches Gebot, „Natur und Ausmaß" der neu zu errichtenden rechtsprechenden Gewalt einer genaueren Betrachtung zu unterziehen[759]. Schließlich agiere die Rechtsprechung ganz und gar unabhängig von ihrem Auftraggeber, dem Volk selbst. Es gebe keine Instanz, die das Handeln der Richter effektiv kontrollieren – geschweige denn: korrigieren – könne[760].

Brutus wird durch eine enge Auslegung der Vorschriften über die Amtsenthebung (*impeachment*)[761] zu dieser Annahme verleitet. Er meint, die Richter könnten nur aus dem Amt entfernt werden, wenn sie nachweislich des Verrats, der Bestechlichkeit oder anderer – nicht näher definierter – „high crimes and misdemanors" schuldig seien (vgl. U.S. Const., Art. II, § 4)[762]. Soll

---

[757] Vgl. die Einschätzungen bei *J. M. Sosin,* Aristocracy, 1989, S. 260; *A. V. Baker,* 39 Duq. L. Rev. 748 (2001).

[758] Brutus XI, in: H. J. Storing (Hrsg.), The Complete Anti-Federalist, Bd. 2, 1981, S. 418 ("[T]hose who are vested with [judicial power], are to be placed in a situation altogether unprecedented in a free country."); vgl. dort (S. 438) auch Brutus XV; zustimmend etwa der Anti-Federalist „Centinel", siehe Letters of Centinel XV (1788), in: H. J. Storing (Hrsg.), The Complete Anti-Federalist, Bd. 2, 1981, S. 199.

[759] Brutus XI, in: H. J. Storing (Hrsg.), The Complete Anti-Federalist, Bd. 2, 1981, S. 418, dort auch im Folgenden.

[760] Brutus XI, in: H. J. Storing (Hrsg.), The Complete Anti-Federalist, Bd. 2, 1981, S. 419 f.

[761] Siehe oben Fn. 701 und begleitenden Text.

[762] Vgl. Brutus XV, in: H. J. Storing (Hrsg.), The Complete Anti-Federalist, Bd. 2, 1981, S. 440; Brutus' Auslegung scheint auch der gegenwärtigen US-amerikanischen Praxis zu entsprechen, siehe *M. H. Redish,* 116 Yale L.J. 141 (2006); *Ch. G. Geyh/E. F. Van Tassel,* 74 Chi.-Kent L. Rev 50 (1998); *M. J. Gerhardt,* 86 B.U. L. Rev 1290 (2006). Diese Autoren weisen darauf hin, dass Hamilton im Federalist #81 eingeräumt habe, dass mit einem Amtsenthebungsverfahren nicht einzelne Fehlentscheidungen sanktioniert werden könnten; für eine Entfernung aus dem Amt sei eine „series of deliberate usurpations" erforderlich. Brutus und Hamilton gehen also durchaus von ähnlichen Befunden aus. Während Hamilton für eine vergleichsweise großzügige Auslegung der Vorschrift einzutreten scheint, geht Brutus' verfassungspolitische Präferenz dahin, dass Richter mit Blick auf die Amtsenthebung auch für Fehlurteile einzustehen haben (oben, Fn. 703).

heißen: Solange sich die Richter bei ihren kompetenzwidrigen Ausflügen in die Politik einigermaßen geschickt anstellen – solange es den Richtern also gelingt, politische Gestaltung nach außen als in gutem Glauben betriebene Verfassungsinterpretation zu verkaufen –, können sie für Fehlurteile nicht aus dem Amt entfernt werden. Im Übrigen stimmt Brutus in den Chor derjenigen Anti-Federalists ein, die eine „totale Subversion" der rechtsprechenden und sogar der gesetzgebenden Gewalt der Bundesstaaten durch die Gerichtsbarkeit des Bundes befürchten[763].

Brutus orakelt – nicht unzutreffend –, dass die Gerichte die Verfassung wie ein normales Gesetz behandeln und den hergebrachten Kanon an Auslegungsmethoden demgemäß auch auf das Verfassungsrecht anwenden werden. Dieser zunächst eher unspektakuläre[764] Gedanke ist für Brutus Ausgangspunkt seiner Attacke auf die Lehre vom richterlichen Prüfungsrecht. Die überkommenen, für die Gesetzesinterpretation entwickelten Methoden eröffneten den Richtern in nicht zu unterschätzendem Maße Auslegungsspielräume. Brutus spricht von einem „certain degree of latitude of explanation". Übertragen auf die normative Ebene bedeutet das, dass die Gerichte aufgrund der ihnen zukommenden Interpretationsspielräume nicht – oder: nicht strikt genug – an den Wortlaut der Verfassung gebunden werden könnten. Anknüpfend an den von Blackstone für das einfache Recht gelehrten Auslegungskanon[765] eröffne sich den Richtern die Möglichkeit, neben dem Wortlaut auch den „Geist der Verfassung" (*spirit*) als Maßstab heranzuziehen und gegebenenfalls mit Sinn und Zweck entweder der einzelnen Verfassungsnorm oder des gesamten Regelungswerks zu operieren[766]. Dazu werden

---

[763] Brutus XI, in: H. J. Storing (Hrsg.), The Complete Anti-Federalist, Bd. 2, 1981, S. 419, dort auch im Folgenden.

[764] Vgl. für das Verfassungsverständnis in den USA etwa *L. D. Kramer*, 115 Harv. L. Rev. 8 (2001) ("shared understanding of the Constitution as ordinary law"); siehe zur gegenwärtigen deutschen Praxis *A. Scherzberg*, DVBl. 1999, S. 356 (361); beachte aber die Kritik bei *E.-W. Böckenförde*, NJW 1976, S. 2089 (2090 f.); *K. Hesse*, Grundzüge, 20. Aufl. 1999, S. 22 ff.; *F. Müller/R. Christensen*, Juristische Methodik I, 11. Aufl. 2013, S. 130 ff., die vor einer unreflektierten Anwendung der hergebrachten Auslegungsmethoden im Verfassungsrecht warnen. Zur wachsenden Skepsis gegenüber der Konzeption einer rechtsgebietsübergreifenden, „einheitlichen Methodenlehre" siehe auch *O. Lepsius*, in: H. Schulze-Fielitz (Hrsg.), Staatsrechtslehre als Wissenschaft, 2007, S. 319 (325); anders wohl *K. Larenz*, Methodenlehre, 6. Aufl. 1991, S. 360 ff.; differenzierend *W. Brugger*, AöR 126 (2001), S. 337 (345, dort mit Fn. 19).

[765] *W. Blackstone*, Commentaries on the Laws of England, Bd. I, 1765, hrsg. von S. Katz, 1979, S. 61 ("[T]he most universal and effectual way of discovering the true meaning of a law, when the words are dubious, is by considering the reason and spirit of it."); vgl. *R. L. Clinton*, 27 J. Sup. Ct. Hist. 228 (2002).

[766] Siehe zur Wendung vom „Geist der Verfassung" *W. Eskridge, Jr.*, 101 Colum. L. Rev. 1013 n. 96 (2001); speziell für das post-revolutionäre New York *J. Roedel*, New York History 69 (1988), S. 261 (266). Gemäß Art. III der Verfassung des Staates New York von

B. Grundsatzkontroverse über das richterliche Prüfungsrecht

sie – jedenfalls nach der Einschätzung des Brutus – zunächst durch eine in U.S. Const., Art. III, § 2, Cl. 1 normierte Öffnungsklausel ermächtigt[767]. Tatsächlich scheint jene Klausel den Zugriff des Rechtsanwenders auf allgemeine Gerechtigkeits- und Zweckmäßigkeitserwägungen freizugeben[768]. Das bemerkt auch der Federal Farmer, dem die Klausel ebenfalls suspekt vorkommt, oder, wie er es ausdrückt, als „Obskurität"[769] erscheint:

"The judges may decide the question on principles of equity as well as law."[770]

Außerdem, so Brutus unter Berufung auf Blackstone[771], ergebe sich die Notwendigkeit eines Rekurses auf Billigkeitskategorien und allgemeine Gerechtigkeitserwägungen schon aus den tradierten Auslegungsregeln. Das Recht als solches und insbesondere die durch notorische Vagheit gekennzeichneten normativen Aussagen der Verfassung seien unausweichlich in dem Sinne lückenhaft, dass sie nicht für jede erdenkliche Fallkonstellation eine Regelung

---

1777 (online: http://avalon.law.yale.edu/18th_century/ny01.asp) gehörte es ausdrücklich zu den Aufgaben des New Yorker Council of Revision (siehe noch unten, Fn. 861), ein (mit qualifzierter Mehrheit überwindbares) Veto gegen Gesetze einzulegen, die entweder dem „Geist der Verfassung" (*spirit of the constitution*) oder dem „Gemeinwohl" (*public good*) zuwiderliefen. Brutus' Rekurs auf den Geist der Verfassung beruht also scheinbar nicht nur auf einer theoretischen Überlegung, vielmehr ist der „Geist der Verfassung" ein in der Rechtspraxis des Staates New York (spätestens) seit 1777 bekannter Topos. Roedel entnimmt der Formulierung „Geist der Verfassung" dann auch einen Hinweis darauf, dass die New Yorker in der post-revolutionären Zeit davon ausgingen, die Rechtsverbürgungen der Verfassung seien nicht abschließend, sondern „transzendierten" (Roedel) den Textkorpus und hätten ihren Ursprung im überpositiven Recht, siehe dazu noch unten Kapitel 4, Fn. 324 und begleitenden Text.

[767] Sog. „law and equity clause". Die Billigkeitsklausel scheint in der modernen Verfassungspraxis der Vereinigten Staaten keine überragend wichtige verfassungsrechtsdogmatische Funktion zu erfüllen – das aber ändert nichts an der grundsätzlichen Richtigkeit der analytischen Feststellungen des Brutus. Das von ihm prognostizierte Phänomen der Interpretationsmacht der Verfassungsgerichtsbarkeit im Allgemeinen und des U.S. Supreme Court im Besonderen hat sich auf anderen Wegen herausgebildet. Zur Erklärung und Rechtfertigung der verfassungsgerichtlichen Interpretationsmacht werden nunmehr andere Strategien – vor allem methodischer Art (siehe *W. Brugger*, Grundrechte und Verfassungsgerichtsbarkeit, 1987, S. 345 ff.) – bemüht.

[768] Vgl. *J. Goebel, Jr.*, History, Bd. I, 1971, S. 309; *J. F. Hart*, 45 San Diego L. Rev 829 (2008).

[769] Federal Farmer XV, in: H. J. Storing (Hrsg.), The Complete Anti-Federalist, Bd. 2, 1981, S. 323.

[770] Federal Farmer XV, in: H. J. Storing (Hrsg.), The Complete Anti-Federalist, Bd. 2, 1981, S. 322.

[771] Siehe *W. Blackstone*, Commentaries on the Laws of England, Bd. I, 1765, hrsg. von S. Katz, 1979, S. 61 f. – Brutus bezieht sich auch auf Hugo Grotius. Zu Grotius als Vertreter einer „naturalistic interpretive tradition" siehe *R. L. Clinton*, 27 J. Sup. Ct. Hist. 228 (2002).

bereithielten. Deshalb sei der Rechtsanwender, mit einer Regelungslücke konfrontiert, nicht nur ermächtigt, sondern gezwungen, auf der Grundlage des *ius aequum* eine Entscheidung darüber zu treffen, wie ein fiktiver (Verfassungs-)Gesetzgeber die Lücke geschlossen, soll heißen, einen bestimmten Sachverhalt geregelt hätte, wäre er ihm bewusst gewesen[772]. Brutus weist darauf hin, dass sich das Billigkeitsrecht gerade durch seine von klaren Regeln („established rules") und festen Grundsätzen („fixed principles") losgelöste Einzelfallbezogenheit auszeichne[773]. Er deutet hier an, dass die Gerichte, wenn sie – durch die Öffnungsklausel und die Auslegungscanones legitimiert – bei der Norminterpretation mit „equity" hantierten, nicht nur über ein juristisches, sondern über ein politisches Ermessen verfügten; ein Maß an diskretionärer Entscheidungsmacht also, das man den Richtern in verfassungsrechtlichen Fragen der britischen Tradition gemäß bislang nicht zugestehen wollte[774]. Der Federal Farmer pflichtet Brutus an dieser Stelle bei:

"[J]udicial power is of such a nature, that when we have ascertained and fixed its limits, with all the caution and precision we can, it will yet be formidable, somewhat *arbitrary* and despotic – that is, after all our cares, we must leave a vast deal to the *discretion and interpretation* – to the wisdom, integrity and *politics* of the judges."[775]

Diejenigen Entscheidungen der Bundesgerichte und insbesondere des U.S. Supreme Court, die auf der Grundlage billigkeitsrechtlicher Erwägungen oder in Ausschöpfung der weitreichenden Auslegungsspielräume ergingen, hätten de facto Gesetzeskraft, kritisiert Brutus, und er verweist abermals darauf, dass die Richter in ihrer Stellung weitgehend unantastbar seien. Wichtiger noch: Ihre Entscheidungen seien, zumal in letzter Instanz, unanfechtbar. Die gesetzgebende Gewalt, die ja immerhin einem gewissen – und im Vergleich zu den Bundesgerichten: hohen – Maß an demokratischer Verantwortlichkeit ausgesetzt sei, könne Entscheidungen der Gerichte, die den Inhalt der Verfassung autoritativ festlegen, nicht rückgängig machen. Nicht selten, das sah Brutus sehr genau, beruhen verfassungsauslegende richterliche Entscheidungen auf allgemeinen Gerechtigkeits- und Zweckmäßigkeitserwägungen. Das heißt: Sie enthalten mehr oder weniger offensichtlich be-

---

[772] Brutus bezieht sich hier auf die – antizipierte – Verfassungsauslegung durch die Gerichte, nicht aber auf den Vollzug der einfachen Gesetze, also des common law und des statutarischen Rechts. Deshalb geht die Kritik bei *M. Eberl*, Verfassung und Richterspruch, 2006, S. 235, m. E. fehl.

[773] Brutus XI, in: H. J. Storing (Hrsg.), The Complete Anti-Federalist, Bd. 2, 1981, S. 420; siehe dazu *S. B. Prakash/J. C. Yoo*, 79 Tex. L. Rev. 1518 (2000).

[774] Vgl. *L. D. Kramer*, 115 Harv. L. Rev. 26 (2001) (siehe Text bei Kapitel 2, Fn. 193, Kapitel 4, Fn. 182).

[775] Federal Farmer XV, in: H. J. Storing (Hrsg.), The Complete Anti-Federalist, Bd. 2, 1981, S. 315 (meine Hervorhebungen).

stimmte „policy choices"[776], die idealerweise von einem solchen Staatsorgan zu treffen wären, das in echter demokratischer Verantwortung steht. Haben sich auf der Richterbank getroffene politische Entscheidungen erst einmal zu gerichtlichen Präjudizien verfestigt oder in normative Verfassungsdoktrinen verwandelt, bedürfte es zu ihrer Aufhebung der Ausübung der prozedural besonders aufwändig konzipierten Kompetenz zur Verfassungsänderung[777,778].

Brutus macht hier auf den zentralen Knackpunkt in der Debatte über die Legitimität des richterlichen Prüfungsrechts aufmerksam: Die allgegenwärtige Gefahr der Usurpation legislativer Kompetenzen durch die Justiz. Die Zerstreuung dieser von Brutus vorgebrachten Befürchtung hat nicht umsonst im Mittelpunkt der publizistischen Bemühungen Hamiltons gestanden, der sich ja als Apologet der richterlichen Normenkontrolle mit der Behauptung zu Wort gemeldet hatte, die Rechtsprechung sei die „am wenigsten gefährliche" der drei staatlichen Teilgewalten. Noch schwerer als die antizipierten Souveränitätsanmaßungen der Gerichtsbarkeit der Vereinigten Staaten gegenüber dem Kongress wiegt für den Anti-Federalist und „states' rights advocate" Brutus jedoch der Umstand, dass

"the judicial power will operate to effect, in the most certain, but yet silent an imperceptible manner, what is evidently the tendency of the constitution: – I mean, an entire subversion of the legislative, executive and judicial powers of the individual states."[779]

Bei dieser Entwicklung werde es insbesondere auf zwei Mechanismen ganz entscheidend ankommen. Zum einen werde die Bundesgerichtsbarkeit parteiisch zugunsten des sie einsetzenden Hoheitsverbands urteilen, also nationale Interessen grundsätzlich denjenigen der Bundesstaaten überordnen. Zum anderen würden die unionalen Gerichte das Verfassungsrecht auf Kosten der Befugnisse der *state judiciaries* in einer Weise auslegen, die den Bundesgerichten ein Maximum an Kompetenzen garantiere[780].

---

[776] Vgl. *E. H. Caminker*, 78 Ind. L.J. 83 (2003).

[777] Sog. „amending power", U.S. Const., Art. V; siehe oben, Fn. 645; zum XI. Verfassungszusatz von 1795, der zielgerichtet eine Entscheidung des U.S. Supreme Court (*Chisholm v. Georgia*, 2 U.S. [2 Dall.] 419 [1793]) rückgängig gemacht hat, siehe unten, Text und Nachweise unten Kapitel 4, Fn. 193 ff.

[778] Brutus XV, in: H. J. Storing (Hrsg.), The Complete Anti-Federalist, Bd. 2, 1981, S. 441.

[779] Brutus XI, in: H. J. Storing (Hrsg.), The Complete Anti-Federalist, Bd. 2, 1981, S. 420.

[780] Brutus XI, in: H. J. Storing (Hrsg.), The Complete Anti-Federalist, Bd. 2, 1981, S. 420.

Brutus selbst zieht aus den vorangegangenen Ausführungen[781] die vorläufige Schlussfolgerung, dass die Bundesgerichte in der antizipierten Verfassungsordnung die Befugnis haben werden, den Normtext der Verfassung nicht nur dem Wortlaut nach, sondern auch unter Berücksichtigung von Sinn und Zweck sowie des – wie auch immer gearteten[782] – Geistes der Verfassung auszulegen[783]. In Ausübung dieser Befugnis würden die Bundesrichter immer diejenige Auslegung bevorzugen, die die Kompetenzen der Union („general government") maximiere. Am Ende dieser Entwicklung stünde zunächst die Minimierung und schlussendlich die Vernichtung einzelstaatlicher Befugnisse[784].

b) Brutus XV: Über die ‚Suprematie' der Justiz

Brutus geht in den auf Nr. XI folgenden Aufsätzen vertieft auf mehrere Aspekte einiger seiner Thesen ein, die nicht unmittelbar oder jedenfalls nicht entscheidend mit der gerichtlichen Normenkontrolle in Zusammenhang stehen. In seinem XV. Aufsatz kommt Brutus schließlich wieder auf das richterliche Prüfungsrecht zu sprechen, dabei an seine Analyse der weitreichenden Interpretationsspielräume der Bundesgerichte bei der Verfassungsauslegung aus dem XI. Aufsatz anknüpfend[785]. Nr. XV beginnt mit einem Gedanken, den der Leser mittlerweile verinnerlicht haben dürfte, weil er sich wie ein roter Faden durch all diejenigen Brutus-Briefe zieht, die die Rechtsprechung behandeln[786]: Brutus wird nicht müde zu betonen, dass die Bundesgerichte mit dem U.S. Supreme Court an der Spitze über die anderen Staatsorgane erhaben seien. Es gebe schlicht und ergreifend niemanden, der die Kompetenzausübung der Gerichte effektiv zu kontrollieren im Stande

---

[781] Siehe zu weiteren, hier nicht weiter verfolgten Aspekten in Brutus' Argumentation die Arbeiten von *A. Diamond*, 6 Pol. Sci. Rev. 249 (1976); *M. Eberl*, Verfassung und Richterspruch, 2006, S. 216 ff.; *W. Jeffrey, Jr.*, 40 U. Cin. L. Rev. 643–663 (1971).

[782] Man kann Brutus so verstehen, dass er „Sinn und Zweck" (= *intentions*) und „Geist der Verfassung" (= *spirit*) tautologisch verwendet – beide Kriterien verweisen bei Brutus (vgl. Nr. XI, in: H. J. Storing [Hrsg.], Complete Anti-Federalist, Bd. 2, 1981, S. 421) auf den programmatischen Gehalt der Präambel, die ja unter anderem die Absicht des amerikanischen Volkes verkündet, die Union zu vervollkommnen.

[783] Vgl. auch *A. Diamond*, 6 Pol. Sci. Rev. 271 (1976); *M. Dry*, in: B.-P. Frost/J. Sikkenga (Hrsg.), History of American Political Thought, 2003, S. 216 (225); *M. Eberl*, Verfassung und Richterspruch, 2006, S. 224.

[784] Brutus XII, in: H. J. Storing (Hrsg.), The Complete Anti-Federalist, Bd. 2, 1981, S. 422–423; vgl. *A. Diamond*, 6 Pol. Sci. Rev. 254 (1976).

[785] Brutus XV, in: H. J. Storing (Hrsg.), The Complete Anti-Federalist, Bd. 2, 1981, S. 440.

[786] *M. Eberl*, Verfassung und Richterspruch, 2006, S. 221 f.; siehe auch *J. Goebel, Jr.*, History, Bd. I, 1971, S. 312 ("[Brutus] was repetitious.").

wäre[787]. Brutus fügt, auch insoweit im Hinblick auf die vorangegangenen Aufsätze wenig Neues berichtend, hinzu:

"I question whether the world ever saw, in any period of it, a court of justice invested with such immense powers, and yet placed in a situation so little responsible."[788]

Brutus weitet seine Analyse sodann auf eine vergleichende Perspektive aus. Er macht auf Gemeinsamkeiten und Unterschiede der verfassungsrechtlichen Stellung der Gerichte in England und in Amerika aufmerksam. Eine Parallele erkennt er in der Dauer des Richteramtes. Auf beiden Seiten des Atlantiks würden die Richter auf Lebenszeit ernannt und blieben solange im Amt, als sie sich untadelig verhielten (*quamdiu se bene gesserint*). Im Übrigen sei die richterliche Unabhängigkeit eine in den Verfassungen beider Staaten vorfindliche Maxime. Allerdings: Brutus meint, dass die richterliche Unabhängigkeit von den Framers im Unterschied zur englischen Tradition im „wahrsten Sinne des Wortes" (*in the fullest sense of the word*) konzipiert worden sei. Nach überliefertem Verständnis, so Brutus, bestehe richterliche Unabhängigkeit lediglich darin, dass die Richter bei untadeligem Verhalten nicht vorzeitig aus dem Amt entfernt werden könnten, und dass ihre Gehälter nicht gekürzt werden dürften. In England erfülle der Grundsatz richterlicher Unabhängigkeit seit dem Act of Settlement vor allem die Funktion, die Gerichte bei ihrer Arbeit vor Übergriffen oder Repressalien durch den Monarchen zu schützen[789]. Für Brutus entfällt die Berechtigung einer so verstandenen richterlichen Unabhängigkeit in einem dezidiert antimonarchischen, republikanischen Gemeinwesen[790] wie den Vereinigten Staaten. Es hat an dieser Stelle den Anschein, als könne sich Brutus mit dem Gedanken einer Interventionsbefugnis des politischen Prozesses in eigentlich der Judikative vorbehaltene Aufgaben[791] besser arrangieren, als mit dem von Iredell und

---

[787] Siehe Brutus XV, in: H. J. Storing (Hrsg.), The Complete Anti-Federalist, Bd. 2, 1981, S. 437 f.

[788] Brutus XV, in: H. J. Storing (Hrsg.), The Complete Anti-Federalist, Bd. 2, 1981, S. 438, dort auch im Folgenden.

[789] *J. M. Burns*, Packing the Court, 2009, S. 12; siehe *C. J. Friedrich*, Verfassungsstaat der Neuzeit, 1953, S. 126 f. zur Entwicklung der richterlichen Unabhängigkeit in England nach der ‚Glorreichen' Revolution 1688/89 und dem Act of Settlement von 1701. – Näher *Ch. McIlwain*, Constitutionalism and the Changing World, 1939, S. 294 ff. (insbes. S. 302 ff.); *J. H. Smith*, 124 U. Pa. L. Rev. 1105–1112 (1976); *J. M. Sosin*, Aristocracy, 1989, S. 113 ff., insbes. S. 118 ff.; relativierend *D. Lemmings*, in: P. Birks (Hrsg.), The Life of the Law, 1993, S. 125 ff.

[790] Vgl. aber auch *T. Helfman*, 128 Harv. L. Rev. 2236 (2015) ("President George Washington had more in common with King Charles I than with King George III, and this was by design."); *E. Nelson*, Royalist Revolution, 2014, S. 7 ("[The Constitution] would assign its rechristened chief magistrate far more power than any English monarch had wielded since William of Orange landed at Torbay in 1688.").

[791] Solche Interventionen sollen sich im postrevolutionären Amerika der späten 1770er

Hamilton befürworteten Modell, in dem unabhängige Richter das letzte Wort über die Gültigkeit der Gesetze und womöglich auch über die Auslegung der Verfassung sprechen[792].

Den wesentlichen Unterschied zwischen den englischen und den amerikanischen Richtern erkennt Brutus dann auch darin, dass sich die englischen Richter, anders als die zukünftigen US-amerikanischen Bundesrichter, niemals anmaßen würden, ein bei der Entscheidungsfindung einschlägiges Parlamentsgesetz in einem Rechtsstreit mit der Begründung unangewendet zu lassen, das Gesetz – beziehungsweise: die einzelne entscheidungserhebliche Norm – verstoße gegen die Verfassung. Die englischen Richter wähnten sich in ganz puristischer Lesart der Gewaltenteilungsdoktrin Montesquieus[793] als an die „laws of the land" gebunden, es käme ihnen niemals in den Sinn, Parlamentsgesetze auf deren Vereinbarkeit mit höherrangigem Verfassungsrecht hin zu überprüfen[794]. Und dies schon gar nicht, wenn sich ein Widerspruch zwischen einfachem und höherrangigen Recht erst durch eine an „equity" orientierte, oder sonst wie vom Wortlaut entkoppelte Auslegung des maßstäblichen Verfassungsrechts offenbart.

Neben abweichenden Verständnissen von Gesetzesbindung und richterlicher Unabhängigkeit identifiziert Brutus einen weiteren wesentlichen Unterschied zwischen der englischen und der US-amerikanischen Justizverfassung. Letztinstanzliche gerichtliche Entscheidungen könnten in England durch das zur Legislative gehörige Oberhaus als einer Art Superrevisionsinstanz aufgehoben werden[795]. In den Vereinigten Staaten, das stellt Brutus zutreffend fest, sehe die Verfassung einen vergleichbaren Mechanismus nicht vor. Der U.S. Supreme Court entscheidet nach dem Dafürhalten des Brutus letztverbindlich[796] über die Auslegung der Verfassung und damit auch über die Grenzen der kongressionalen Gesetzgebungskompetenzen. Nach diesem kurzen Aus-

---

und frühen 1780er Jahre vor allem in Massachusetts und in New Hampshire regemäßig, in anderen Staaten zumindest zeitweilig ereignet haben (siehe *J. Goebel, Jr.*, History, Bd. I, 1971, S. 98 f., m. w. N.).

[792] Vgl. hierzu auch *J. B. Thayer*, 7 Harv. L. Rev. 133 (1893) ("Long after the period to which we have alluded [1785], the doctrine that the constitution is the supreme law of the land, and that the judiciary have authority to set aside ... Acts repugnant thereto, was considered *anti-republican*.") aus den Chipman's Reports für die Justiz in Vermont zitierend (meine Hervorhebung).

[793] Siehe bereits oben, insbesondere Text bei Fn. 503 ff.

[794] Vgl. *R. L. Clinton*, Marbury v. Madison and Judicial Review, 1989, S. 69 f.; *B. Friedman*, Will of the People, 2009, S. 20 f.; *M. P. Harrington*, 72 Geo. Wash. L. Rev. 59 (2003); *J. M. Sosin*, Aristocracy, 1989, S. 260.

[795] Vgl. nochmals *R. L. Clinton*, Marbury v. Madison and Judicial Review, 1989, S. 70; außerdem *J. Goebel, Jr.*, History, Bd. I, 1971, S. 311

[796] Siehe zur Diskussion um die Bindungswirkung verfassungsgerichtlicher Judikate näher unten, Kapitel 5, B.II.

flug in die Rechtsvergleichung bilanziert Brutus, dass die englische Justiz unter der Kontrolle der Legislative stehe, währenddessen es sich in Amerika genau umgekehrt verhalten werde: Hier seien es die Richter, die die Legislative kontrollierten. Daraus resultiere die oben angesprochene und von Brutus offenbar verabscheute richterliche Unabhängigkeit im „wahrsten Sinne des Wortes":

"In short they are independent of the people, of the legislature, and of every power under heaven. Men placed in this situation will generally soon feel themselves independent of heaven itself."[797]

Diese richterliche Unabhängigkeit im ‚wahrsten Sinne des Wortes' folgt in Brutus' Konzeption aus einem Zusammenwirken zweier bestimmender Faktoren: Der eine ergibt sich aus der Verfassungsstruktur, oder zumindest aus dem, was Brutus dafür hält[798]. Der andere besteht in seinen oben geschilderten rechtsdogmatischen und methodischen[799] Annahmen. In Summe folgt daraus Brutus' Theorie der staatsorganisationsrechtlichen Oberhoheit der Justiz.

Mit einiger Phantasie – und in zugegeben präsentistischer Betrachtung – lässt sich hier in Ansätzen bereits das Paradigma von der counter-majoritarian difficulty erkennen[800]. Brutus fasst zusammen:

"The supreme cort then have a right, independent of the legislature, to give a construction to the constitution and every part of it, and there is no power provided in this system to correct their construction or do it away. If, therefore, the legislature pass any laws, *inconsistent with the sense the judges put upon the constitution, they will declare it void*; and therefore in this respect their power is *superior* to that of the legislature."[801]

Eine so beschaffene Oberhoheit oder ‚Suprematie' der Gerichte im gewaltenteilenden und republikanischen Staat bereitet Brutus aus einem eher schlichten Grund Unbehagen. Legislative und Justiz beziehen ihre Legitimation aus ein und derselben Quelle, dem Volk; dabei unterscheidet Brutus nicht sauber nicht zwischen unmittelbarer und mittelbarer Legitimation. Da aus seiner

---

[797] Brutus XV, in: H. J. Storing (Hrsg.), The Complete Anti-Federalist, Bd. 2, 1981, S. 438; siehe die ‚Erwiderung' bei *A. Hamilton*, The Federalist #81, in: A. Adams/W. P. Adams (Hrsg./Übers.), Die Federalist-Artikel, 1994, S. 488 (489 f.).
[798] Die Unabhängigkeit der Richter und die (vermeintliche) Letztentscheidungskompetenz des U.S. Supreme Court.
[799] Der Rekurs auf teleologische Erwägungen und „equity" bei der Verfassungsauslegung.
[800] Ähnlich auch *B. Enzmann*, Der demokratische Verfassungsstaat, 2009, S. 238; vgl. auch *A. V. Baker*, 39 Duq. L. Rev. 745 (2001) ("criticisms ... centered on the notion of 'counter-majoritarianism' ... nowhere were these arguments more pristinely or forcefully advanced than in Brutus XV.").
[801] So die oft zitierte Aussage bei Brutus XV, in: H. J. Storing (Hrsg.), The Complete Anti-Federalist, Bd. 2, 1981, S. 440 (meine Hervorhebungen).

Sicht alle drei Gewalten unter legitimationstheoretischen Gesichtspunkten über ein gleichwertiges Mandat verfügen, beurteilt er die Überordnung der einen Teilgewalt über die andere als verfassungsarchitektonischen Missgriff[802]. Nach Überzeugung des Brutus – und zumindest im Grundsatz auch nach der Theorie des Federalist – ist der Idealtypus des gewaltenteilenden Staates durch eine Gleichordnung der Gewalten im Sinne von „co-ordinate" (oder: „co-equal")[803] „branches of government" gekennzeichnet[804].

Brutus' Kritik lässt sich am besten nachvollziehen, wenn man wiederum eine vergleichende Perspektive bemüht. Wäre der US-Kongress in gleichem Maße „souverän" wie das britische Parlament, dann entstünde laut Brutus weder eine Suprematie der Legislative noch der Judikative, sondern gewissermaßen eine Äquidistanz aller Teilgewalten zur letztverbindlichen (= souveränen[805]) Entscheidung, weil sich die Kongressabgeordneten einer wiederkehrenden Wahl stellen müssten[806]. Wäre der Kongress also souverän in dem Sinne, dass er letztverbindlich über die Auslegung der Verfassung und damit über seine eigenen Kompetenzen entscheiden könnte, würden grobe Fehler, die die Abgeordneten in Ausübung ihres Mandats begingen – Brutus schweben hier wohl vor allem Kompetenzanmaßungen durch eine zu weitgreifende Auslegung der sog. Necessary and Proper Clause[807] zu Lasten der Bundesstaaten vor[808] – spätestens zum nächsten Wahltermin durch eine Willensbekundung des Elektorats korrigiert. Dieser vielfach als „demokratische Sanktion"[809] evozierte und mit dem sog. „Stimmzettel-Argument"[810] erklärte Me-

---

[802] Brutus XV, in: H. J. Storing (Hrsg.), The Complete Anti-Federalist, Bd. 2, 1981, S. 440.

[803] Siehe The Federalist #49 (1788, J. Madison) ("The several departments being perfectly *co-ordinate* by the terms of their common commission, none of them, it is evident, can pretend to an exclusive or superior right of settling the boundaries between their respective powers." [meine Hervorhebung] – deutschsprachige Übersetzung bei A. Adams/W. P. Adams [Hrsg./Übers.], Die Federalist-Artikel, 1994, S. 306); vgl. außerdem *M. S. Paulsen*, 83 Geo. L.J. 228–229 (1994); *S. B. Prakash/J. C. Yoo*, 70 U. Chi. L. Rev. 921–927 (2003).

[804] Siehe Brutus XIII, in: H. J. Storing (Hrsg.), The Complete Anti-Federalist, Bd. 2, 1981, S. 428 ("I conceive that the judicial power should be commensurate with the legislative."); vgl. *J. M. Sosin*, Aristocracy, 1989, S. 260.

[805] Vgl. *H. Abromeit*, PVS 36 (1995), S. 49 (50, 53).

[806] Vgl. Brutus XV, in: H. J. Storing (Hrsg.), The Complete Anti-Federalist, Bd. 2, 1981, S. 442, dort auch im Folgenden.

[807] U.S. Const., Art. I, § 8, Cl. 18.

[808] Brutus XI, in: H. J. Storing (Hrsg.), The Complete Anti-Federalist, Bd. 2, 1981, S. 421; siehe bereits Brutus I (dort, S. 367). Dabei handelt es sich um einen unter den Anti-Federalists gebräuchlichen Argumentationstopos, vgl. *K. T. Lash*, 83 Tex. L. Rev. 351 (2004); *J. Heideking*, Historische Zeitschrift, Bd. 246 (1988), S. 47 (82).

[809] Vgl. etwa *E.-W. Böckenförde*, in: J. Isensee/P. Kirchhof (Hrsg.), HStR II, 3. Aufl. 2004, § 24 Rn. 21; *O. Depenheuer*, in: J. Isensee/P. Kirchhof (Hrsg.), HStR III, 3. Aufl.

chanismus[811] versagt aber unabhängig davon, ob er überhaupt funktioniert, jedenfalls gegenüber der Justiz. Die US-Bundesrichter sind ja nach Brutus' Feststellungen unabhängig im „wahrsten Sinne des Wortes". Sie stehen, einmal vom US-Präsidenten im verfahrensmäßigen Zusammenwirken mit dem US-Senat bestellt[812], nicht in derselben demokratischen Verantwortung wie die Abgeordneten, weil sich die Richter ihres *life tenure* wegen nicht vor den Folgen unpopulären Entscheidens fürchten müssen[813]. Grob paraphrasiert beruht Brutus' ablehnende Haltung gegenüber der von ihm selbst postulierten Suprematie der Justiz darauf, dass es weder mit dem Prinzip demokratischer Repräsentation im Allgemeinen, noch mit dem Grundsatz demokratischer Verantwortlichkeit[814] staatlicher Entscheidungsträger im Besonderen zu vereinbaren sei[815], dass die im Wege der mehr oder weniger kontingenten Interpretation zu bewerkstelligende autoritative Feststellung des normativen Gehalts der Verfassung in die Hände einer Institution gelegt wird, die sich ihrerseits nicht kontrollieren lassen muss. Anders gewendet dürfen demokratisch legitimierte Entscheidungsmacht und demokratische Verantwortlichkeit in Brutus' Überlegungen nicht voneinander getrennt werden[816].

Mit dieser Sicht der Dinge war Brutus keineswegs allein. Ganz ähnlich sah es einige Jahre später John Randolph, ein Kongressabgeordneter der Republikanischen Partei[817], die in der Zwischenzeit die Mehrheit im Kongress

---

2005, § 36 Rn. 78; siehe bereits Brief von Thomas Jefferson an William Charles Jarvis vom 28. September 1820, in: A. E. Bergh (Hrsg.), Writings of Thomas Jefferson, Bd. XV, 1907, S. 278 ("When the legislative or executive functionaries act unconstitutionally, they are responsible to the people in their elective capacity.").

[810] Siehe etwa *H. von Arnim*, Staatslehre, 1984, S. 391; vgl. *Williamson v. Lee Optical, Inc.*, 348 U.S. 483, 488 (1955) ("We emphasize again what Chief Justice Waite said in *Munn v. Illinois*, 94 U.S. 113 [,134] [1876], 'For protection against abuses by legislatures, the people must resort to the polls, not to the courts'."); siehe ferner *W. Murphy*, 48 Rev. Pol. 405–406 (1986); *K. Schlaich/S. Korioth*, Bundesverfassungsgericht, 11. Aufl. 2018, S. 408.

[811] Siehe aus kritischer US-amerikanischer Perspektive etwa *S. B. Prakash/J. C. Yoo*, 103 Mich. L. Rev. 1546 (2005).

[812] Siehe U.S. Const., Art. II, § 2, Cl. 2.

[813] Ähnliche Beurteilung bei *M. Eberl*, Verfassung und Richterspruch, 2006, S. 227 f.

[814] Siehe etwa *Ch. Möllers*, Gewaltengliederung, 2005, S. 48 ff., m. w. N.

[815] Vgl. auch *J. M. Sosin*, Aristocracy, 1989, S. 254 f., 260.

[816] Siehe Brutus XV, in: H. J. Storing (Hrsg.), The Complete Anti-Federalist, Bd. 2, 1981, S. 442; vgl. Brief von Richard Spaight an James Iredell vom 12. August 1787, in: G. J. McRee (Hrsg.), Life and Correspondence of James Iredell, Bd. 2, 1858, S. 169 ("What check or control would there be to their proceedings?"); zu Spaight oben, Text bei Fn. 471 ff.; vgl. ferner *B. Friedman*, Will of the People, 2009, S. 40 ("The real problem [with respect to judicial review] ... was of accountability to the popular will.").

[817] Die Republikaner des späten 18. und frühen 19. Jahrhunderts stehen ideologisch – mehr oder weniger – in der Tradition der Anti-Federalists.

von der Federalist Party übernommen hatte. Im Februar 1802, als im Repräsentantenhaus um die Rücknahme des (unten zu besprechenden[818]) „Judiciary Act of 1801" debattiert wurde, gestand er zu, dass es in der Tat irgendeine Instanz geben müsse, die verbindlich über Verfassungsfragen zu entscheiden befugt sei, um anschließend dieselbe grundlegende Frage in den Raum zu stellen, die ja bereits den Brutus während der Ratifikationsdebatte umgetrieben hatte:

"Shall [that authority] be confided to men immediately responsible to the people, or to those who are irresponsible?"[819]

c) Insbesondere Brutus als Dissident zwischen Prophezeiung und Abwegen

Die oben angesprochene Äquidistanz aller drei Teilgewalten zur souveränen Letztentscheidung wird bei Hamilton durch die Gerichte, und bei Brutus durch den Wähler sichergestellt. In normativer Hinsicht teilen Brutus und Publius den Befund, dass die Gerichte das letzte Wort über die Vereinbarkeit eines Gesetzes mit der Verfassung zu sprechen haben – die verfassungspolitischen Bewertungen könnten jedoch unterschiedlicher kaum ausfallen[820]. Das ist es wohl, was William Jeffrey mit seiner eingangs zitierten Bemerkung gemeint hat, wonach Hamilton schlicht nichts anderes übrig blieb, als Brutus' Feststellungen in rechtlicher Hinsicht zu folgen und ihre politischen Wirkungen gewissermaßen kleinzureden: Während Brutus die mangelnde demokratische Verantwortlichkeit der Richter offen kritisiert, preist Publius alias Hamilton die Kontrolle der Legislative durch unabhängige Gerichte im Federalist #78 als verfassungsimmanenten Aktionsmodus der Volkssouveränität. Publius behauptet, dass von einer „Höherrangigkeit der rechtsprechenden gegenüber der gesetzgebenden Gewalt" überhaupt nicht die Rede sein könne. Auszugehen sei vielmehr von einer Höherrangigkeit der „Macht des Volkes" gegenüber Legislative und Judikative. Zur Begründung führt Publius das – zumindest auf den ersten Blick bizarr anmutende – theoretische Konstrukt an, in dem die rechtlichen Aussagen der Verfassung mit dem Willen des Volkes gleichgesetzt werden[821]. Die Quintessenz aus Brutus' Überlegungen lautet demgegenüber, dass die Bundesgerichtsbarkeit der Gesetzgebung in einer mit dem Prinzip demokratischer Verantwortlichkeit staatlicher

---

[818] Siehe Text bei Kapitel 5, Fn. 24 ff., 92 ff.

[819] Rede des Repräsentanten John Randolph aus Virginia, 11 Annals of Cong. 661 (1802) (hrsg. von J. Gales, 1851).

[820] Vgl. auch etwa *K. Newmyer*, Heroic Age of the Supreme Court, 2001, S. 171 ("[T]hough they sharply disagreed as to its wisdom, both Federalists and Anti-Federalists agreed that judicial review was embodied in the new constitutional arrangement.").

[821] *A. Hamilton*, The Federalist #78, in: A. Adams/W. P. Adams (Hrsg./Übers.), Die Federalist-Artikel, 1994, S. 473.

B. Grundsatzkontroverse über das richterliche Prüfungsrecht 249

Entscheidungsträger nicht zu vereinbarenden Weise übergeordnet („superior") sei.

Es ist unschwer erkennbar, dass hier zwei grundverschiedene Idealvorstellungen vom Begriff des demokratischen bzw. republikanischen Konstitutionalismus aufeinanderprallen. Auf der einen Seite steht Publius mit seinem deliberativen Ansatz, dem ein eher moderates Verständnis des Mehrheitsprinzips zugrunde liegt; auf der anderen Seite das die „popular majority" beziehungsweise das Mehrheitsprinzip als zentrale Entscheidungsregel betonende Modell des Brutus.

Sowohl Publius als auch Brutus haben in ihren Abhandlungen bezogen auf das Rechtsinstitut der richterlichen Normenkontrolle wichtige Hinweise gegeben und zugleich die oben aufgestellte Behauptung bestätigt, dass viele der heute die Debatte über die Grenzen der Verfassungsgerichtsbarkeit bestimmenden Topoi bereits vor über 200 Jahren diskutiert worden sind. Publius legt das verfassungsstaatliche Grundaxiom dar, demnach eine Notwendigkeit der Einhegung unberechenbarer und unkontrollierbarer populärer Mehrheiten bestehe, etwa um Minderheiten, die im politischen Prozess unterrepräsentiert sind[822], vor Unterdrückung durch die von der Mehrheit bestimmte Gesetzgebung zu beschützen[823]. Wenn Hamilton behauptet, dass sich ein solcher Schutz am wirksamsten über die gerichtliche Kontrolle legislativer Entscheidungen am Maßstab des höherrangigen Verfassungsrechts umsetzen lasse, stimmt er nahezu exakt mit der heute vorherrschenden rechtswissenschaftlichen Lehrmeinung überein. Er beschreibt eine zumindest in dieser Allgemeinheit weitgehend unangefochtene und in vielen konstitutionalistisch ausgerichteten Rechtsordnungen anerkannte Verfassungsdoktrin[824].

---

[822] Es ist hier nochmals darauf hinzuweisen, dass Hamiltons Theorie nach modernen Maßstäben nicht ohne weiteres im Sinne des Schutzes unterrepräsentierter (mittelloser) Minderheiten verfassungsideologisch überhöht werden sollte. Es spricht einiges dafür, bei Hamilton Besitzstandswahrungsabsichten als entscheidendes handlungsanleitendes Motiv zu vermuten. Der hohe Grad an Deckungsgleichheit der Argumentation Hamiltons mit der heute vorherrschenden, insbesondere am Grundrechtsschutz ausgerichteten Lehre ist deshalb wohl eher akzidentiell, vgl. bereits oben Text bei Fn. 176 ff.

[823] Siehe zur Legitimation der Verfassungsgerichtsbarkeit durch das Prinzip „Minderheitenschutz" aus der jüngeren Literatur *Ch. Möllers*, in: M. Jestaedt u. a., Das entgrenzte Gericht, 2011, S. 341 ff., m. w. N.; allgemein und axiomatisch zum Erfordernis des Minderheitsschutzes im demokratischen Staat etwa *Ch. Gusy*, AöR 106 (1981), S. 329 (349), der meint (S. 350), der Mindeheitenschutz müsse vor allem durch das Bundesverfassungsgericht gewährleistet werden.

[824] *P. Graf Kielmansegg*, in: M. Brocker (Hrsg.), Geschichte des politischen Denkens, 2006, S. 349 (357 f.), nach dessen Einschätzung Publius die „konstitutiven Merkmale des Verfassungsstaates sehr genau" erfasst habe; *W. Brugger*, AöR 126 (2001), S. 337 (338 ff., 347) (Normenkontrolle als „Allgemeingut des modernen Konstitutionalismus").

Publius' Abhandlung im Federalist #78 offenbart indes Schwächen (die oben bereits behandelt worden sind); der schwerwiegendste Kritikpunkt geht dahin, dass er die durch die gerichtliche Normenkontrollkompetenz veranlasste Machtverschiebung in der gewaltenteilenden Staatsorganisation unzutreffend einordnet. Er leugnet die von Brutus so stark kritisierte (verfassungs-)gerichtliche Interpretationsmacht und die daraus sich ergebende Oberhoheit der Justiz weitgehend[825]; dort, wo er die beiden Phänomene implizit einräumt, kommen seine Versuche, die damit in Verbindung gebrachten Gefahren zu beschwichtigen, über eher krude und verklausulierte Ausreden selten hinaus[826]. Jack Sosin[827] macht es Hamilton dann auch zum Vorwurf, dass er die Möglichkeit der Herausbildung einer „aktivistischen Justiz" im 20. Jahrhundert genauso wenig vorhergesehen habe wie eine amerikanische Bevölkerung, die geradezu darauf abgerichtet („conditioned") sei, richterliche Souveränitätsanmaßungen ohne Widerrede zu akzeptieren[828]. Diese Kritik mag überzogen sein, dennoch enthält sie einen nicht ganz unwahren Kern[829].

Diese spezifische Schwäche in Hamiltons Argumentation teilen die Überlegungen des Brutus nicht. Er legt den Blick auf das Problem der verfassungsgerichtlichen Interpretationsmacht frei und er deckt die für ihn als Schreckgespenst erscheinende Suprematie der Justiz[830] schonungslos auf[831]. Seine pes-

---

[825] *J. M. Burns*, Packing the Court, 2009, S. 16.
[826] Siehe auch die Kritik bei *A. Diamond*, 6 Pol. Sci. Rev. 277 (1976) ("Hamilton is very slippery on a number of crucial points even editing the objections so that they can be answered, and at times his hands move faster than the eye can follow as he engages in a shell game"); *J. Lee Malcolm*, 26 J.L. & Pol. 30 (2010) ("side-stepping the issue").
[827] *J. M. Sosin*, Aristocracy, 1989, S. 267.
[828] Vgl. auch *K. Heller*, in: W. Zacharasiewicz (Hrsg.), Transatlantische Differenzen, 2004, S. 228, nach dessen Einschätzung die dritte Gewalt eine Entwicklung genommen habe, die sich die Framers nie hätten träumen lassen.
[829] Siehe *G. Stourzh*, Grundrechtsdemokratie, 1989, S. 65.
[830] Kritisch zur Verwendung des Begriffs der judikativen Suprematie („judicial supremacy") etwa *H. J. Abraham*, The Judicial Process, 7. Aufl. 1998, S. 371 a. E.; zur Kritik am Begriff der „judicial supremacy" und seiner Verwendung bezogen auf die deutsche Staatsorganisation siehe *A. M. Fröhlich*, Parlamentssouveränität, 2009, S. 33 f. Die zuletzt genannte Autorin ist sichtlich um die Verschleierung des Phänomens der Oberhoheit der Justiz bemüht; sie bevorzugt den Begriff der „Verfassungssouveränität". Ein Staatsorgan, dem, wie den Gerichten, keinerlei Initiativbefugnisse zuständen, so Fröhlich unter Berufung auf *K. Meßerschmidt*, Gesetzgebungsermessen, 2000, S. 538 f., könne keine „suprema potestas" – das heißt: keinen Vollbesitz der Herrschaftsrechte – für sich reklamieren. Eine im Ergebnis vergleichbare, allerdings weitaus sophistischere Argumentation findet sich etwa bei *D. Burchardt*, in: R. Ch. van Ooyen/M. H. W. Möllers (Hrsg.), Bundesverfassungsgericht im politischen System, 2006, S. 497 (512). Entsprechende Versuche, die Hoheit der Verfassungsinterpreten in eine Hoheit der Verfassung umzudeuten, haben schon bei Hamilton nicht überzeugt. Die Argumentation muss sich m. E. wahlweise den Vorwurf

simistische Prognose im Hinblick auf die Entwicklung der gerichtlichen Normenkontrolle im Allgemeinen ist, wie die nach wie vor nicht zur Ruhe gekommene Diskussion um die Grenzen der Verfassungsgerichtsbarkeit in den Vereinigten Staaten[832] und auch in Deutschland[833], zeigt, nicht nur ein alarmistischer Appell an die Wähler im Staat New York des Jahres 1788, sie zeichnet auch ein Szenario der Ausübung der judicial review-Kompetenz durch die Gerichte, das sich zu guten Teilen, insbesondere im Hinblick auf den Topos Interpretationsmacht, bewahrheitet hat. Deshalb ist seine Analyse

---

gefallen lassen, dass sie entweder allzu formalistisch gedacht ist, oder sich, vor allem in Hinblick auf das deutsche Verfassungsprozessrecht und seine Elfes-Doktrin (siehe BVerfGE 6, 32 [37 ff., insbes. 40 f.]) und die „Reiten im Walde"-Rechtsprechung des BVerfG (E 80, 137 ff.), hart an der Grenze zur Naivität bewegt. Selbstverständlich vereinigt die Justiz nicht sämtliche Herrschaftsrechte in einer Hand; selbstverständlich kann sie nicht aus eigener Initiative in den politischen Prozess eingreifen. Versteht man Souveränität nicht im antiquierten Bodinschen Sinne, sondern als Suprematie, als Oberhoheit, dann äußert sie sich in der Befugnis zur verbindlichen Letztentscheidung (siehe bereits *C. Schmitt*, Politische Theologie, 8. Aufl. 2004, S. 19; vgl. *H. Abromeit*, PVS 36 [1995], S. 49 [50, 53] [„Verfassungssouveränität ist kaum anders denkbar als in der Form der Gerichtssouveränität."]). Kritisch gegenüber dem etwa von Fröhlich bevorzugten Konzept der „Souveränität der Verfassung" auch *H. Vorländer*, in: W. Leidhold (Hrsg.), Politik und Politeia, 2000, S. 373 (378 f.); siehe auch *Ch. Möllers*, in: M. Jestaedt u. a., Das entgrenzte Gericht, 2011, S. 299; *W. Hoffmann-Riem*, DVBl. 1999, S. 657 (666) („Deutsche Gerichte haben grundsätzlich eine Kompetenz-Kompetenz und tendieren dazu, eine weitreichende Letztentscheidungsmacht zu reklamieren."). *W. Brugger*, AöR 126 (2001), S. 337 (364) spricht von einem „Institut einer Verfassungsbeschwerde, das im Prinzip einen Rechtsanspruch auf eine verfassungsgerichtliche Entscheidung eröffnet". Mit anderen Worten: Ein – zumindest potentiell – „justizfreier Legislativakt" bildet unter dem deutschen Verfassungsprozessrecht eine sich in engen Grenzen bewegende Ausnahme. Zu einer allgemeinen und m. E. zutreffenden Beschreibung einer „doctrine of judicial sovereignty" (*R. G. McCloskey*, American Supreme Court, 6. Aufl. 2016, S. 18 f.) – oder etwas abgeschwächt: „judicial supremacy" – siehe etwa *B. Friedman*, 73 N.Y.U. L. Rev. 354 (1998) ("[I]t is necessary to distinguish the power of judicial review [essentially judicial supremacy in a case] from the broader concept of judicial supremacy, meaning that a Supreme Court interpretation binds parties beyond those to the instant case, including other state and national governmental actors."); dezidiert *L. D. Kramer*, 115 Harv. L. Rev. 158 (2001) ("Politics begins where the Constitution leaves off, and what the Constitution allows the political branches to do is in all events to be decided by the Court. This is judicial sovereignty.").

[831] Vgl. *M. Eberl*, Verfassung und Richterspruch, 2006, S. 233 f., der meint, Brutus habe „vor allem das Problem der ‚Verfassung hinter der Verfassung'" vorweggenommen.

[832] *P. C. Hoffer*, 47 Wm. & Mary Q. 470 (1990) ("no one expects the debate over judicial review to end in the foreseeable future").

[833] Siehe nochmals *B. Rüthers*, Wer herrscht über das Grundgesetz?, FAZ Nr. 268 vom 18.11.2013, S. 7.

von einigen gegenwärtigen Autoren in jüngerer Zeit – nicht zu Unrecht – als „vorausschauend" gelobt worden[834].

Außerdem ist Brutus' Kritik an der – von ihm ja nur antizipierten – am ‚Geist' der Verfassung sowie an Sinn und Zweck der einzelnen Regelungen ausgerichteten Verfassungsinterpretation bemerkenswert, wenn man bedenkt, dass von den Teilnehmern des Verfassungskonvents, im Unterschied zu den Schöpfern der ersten zehn Verfassungszusätze[835], (klare) Vorstellungen über die Methoden der Verfassungsauslegung gerade nicht überliefert sind[836]:

"The members of the Philadelphia Convention were silent about how they expected the Constitution to be interpreted."[837]

Deshalb könnte man Brutus' kritisches Urteil über eine Auslegungspraxis, die sich am Geist der Verfassung orientiert, je nach Standpunkt als reine

---

[834] Siehe nochmals die Nachweise oben in Fn. 717.

[835] Vgl. nur den Wortlaut des neunten Verfassungszusatzes, der eine – allerdings in ihrem normativen Gehalt unterschiedlich interpretierte und grundrechtsspezifische, jedenfalls keine für die Verfassungsinterpretation insgesamt verbindliche bestimmte Methode vorschreibende – Auslegungsdirektive zu enthalten scheint ("The enumeration in the Constitution, of certain rights, shall not be *construed* to deny or disparage others retained by the people." [meine Hervorhebung]); zur Geschichte des neunten Verfassungszusatzes siehe etwa *K. T. Lash*, 83 Tex. L. Rev. 331–429 (2004).

[836] *W. M. Treanor*, 143 U. Pa. L. Rev. 495 (1994), m. w. N.

[837] *C. A. Lofgren*, 5 Const. Comment. 77 (1988); ebenso *G. Jacobsohn*, 1 Const. Comment. 22 (1984) ("at no time during the convention that framed the Constitution was there any mention of what the founders understood to be a jurisprudence fit for the interpretation of their creation"); siehe aber auch *H. J. Powell*, 98 Harv. L. Rev. 904 (1985) ("Although the Philadelphia framers did not discuss in detail how they intended their end product to be interpreted, they clearly assumed that future interpreters would adhere to then-prevalent methods of statutory construction"); ähnlich *L. D. Kramer*, 100 Calif. L. Rev. 632 (2012); *Ch. Wolfe*, Rise of Modern Judicial Review, 2. Aufl. 1994, S. 17 ff.; siehe außerdem *R. L. Clinton*, 33 J. Marshall L. Rev. 954 (2000). Nach Ansicht Clintons (S. 945 f.) steht die Interpretationstheorie der US-amerikanischen Juristen des ausgehenden 18. Jahrhunderts in der Tradition des „classical legal naturalism". Clinton fasst die Grundprinzipien der Interpretation nach der Lehre des „classical legal naturalism" in sechs Punkten zusammen (S. 957). In komprimierter Form lauten diese Grundprinzipien wie folgt: Zu Anfang der Auslegung steht die Ermittlung des Willens des Normgebers, der über den Text zu erschließen sei. Bei der Ermittlung dieses Willens anhand des Textes komme es auf den allgemein üblichen Wortsinn an. Falls eine solche Auslegung ein unzweideutiges Ergebnis nicht zu liefern vermag, könne auf den Regelungskontext oder den Regelungszweck abgestellt werden. Schließlich seien Folgeerwägungen bei der Gesetzesanwendung anerkannt gewesen, sofern die Normanwendung, legt man das zuvor ermittelte Auslegungsergebnis zu Grunde, zu einem absurden Ergebnis führen würde. Zur Berücksichtigung von „reason and spirit of the laws" in der Lehre Blackstones, die mit den Kategorien des Regelungszwecks und des Regelungskontextes übereinstimmen düften, bereits oben, Text bei Fn. 765.

Spekulation zurückweisen oder aber als zutreffende Prognose der Verfassungsentwicklung anerkennen[838,839]. Wie auch immer man sich hier positionieren will, Brutus' Kritik hat jedenfalls dann eine gewisse Berechtigung, wenn die Beobachtungen einiger Rechtshistoriker zutreffen[840], wonach ein Großteil der US-amerikanischen Juristen der amerikanischen Gründergeneration einem „anti-literalistischen" (*anti-literalist*[841]), also nicht auf den Wortlaut fixierten, gewissermaßen antipositivistischen Verfassungsverständnis zuneigten[842]. Durch dieses Verständnis wird bei der Norminterpretation der notwendige Raum geschaffen, in dem sich ein mit rationalen Kategorien nur schwer greifbarer, in naturrechtlichen und suprakonstitutionellen Postulaten Gestalt annehmender ‚Geist der Verfassung'[843] entfalten kann[844].

Brutus' Kritik ist insoweit gewissermaßen zeitlos, als auch in der Gegenwart nicht selten die These aufgestellt wird, dass die Heranziehung teleologischer Erwägungen[845] als Ableitungsinstanz bei der Normauslegung gerade im Verfassungsrecht in hohem Maße methodisch „verdächtig"[846] sei. Nun

---

[838] Vgl. etwa *A. Diamond*, 6 Pol. Sci. Rev. 270 (1976); *P. Dionisopoulos/P. Peterson*, 18 J. Marshall L. Rev. 60 (1984); siehe aber auch die ambivalente Einschätzungen bei *K. E. Whitthington*, 97 Geo. L.J. 1260 (2009) ("Though Brutus may have overestimated the ultimate significance of the judiciary to the process of constitutional drift and was too pessimistic about the immediate fate of the states in the proposed federal system, he foresaw important aspects of the dynamic by which judicial review of Congress would operate in the early republic.").

[839] Einigermaßen verblüffend im Hinblick auf die Beschwörung eines „Geistes" der Verfassung ist zweifellos die Materialisierung dieses Horrorszenarios des Brutus im Parlamentarischen Rat (siehe *K. B. v. Doemming/R. W. Füßlein/W. Matz*, JöR N.F. 1 [1951], S. 1 [84]) und später in der Lüth-Rechtsprechung des Bundesverfassungsgerichts (BVerfGE 7, 198 [205]).

[840] Zur zeitgenössischen Diskussion um die Rechtsquellen des Verfassungsrechts und die Methodik der Verfassungsinterpretation näher unten Kapitel 4, insbesondere Text bei Fn. 284 ff.

[841] *W. M. Treanor*, 143 U. Pa. L. Rev. 498 (1994); der Begriff geht laut Treanor zurück auf *M. J. Horowitz*, 107 Harv. L. Rev. 49 (1993).

[842] Näher unten, Kapitel 4, B.I.

[843] Siehe oben, Fn. 782.

[844] Nochmals *W. M. Treanor*, 143 U. Pa. L. Rev. 498 (1994), m. w. N.

[845] Nach *W. Brugger*, JöR N.F. 42 (1994), S. 571 (576), werden die nach deutscher Terminologie als teleologisch zu bezeichnenden Argumente in den USA als „value", „theory", „purposive", „pragmatic" oder „prudential arguments" gehandelt; vgl. auch *H. Bungert*, AöR 117 (1992), S. 71 (90 ff.).

[846] *Ch. Möllers*, in: W. Hoffmann-Riem u. a. (Hrsg.), Grundlagen des Verwaltungsrechts, Bd. I, 2. Aufl. 2012, § 3 Rn. 25; vgl. auch *R. A. Posner*, The Federal Courts, 1985, S. 202, der die überkommenen Auslegungsmethoden als „fig leaves covering decisions found on other grounds, often grounds of public policy" bezeichnet. Allgemein kritisch zur „klassisch-hermeneutischen" Interpretationsmethode bei der Verfassungsauslegung etwa *E.-W. Böckenförde*, NJW 1976, S. 2089 (2090 f.). Insbesondere bezogen auf die teleologi-

sind die Methoden der Verfassungsauslegung sowohl in den Vereinigten Staaten[847] als auch hierzulande elaborierter als noch vor zwei Jahrhunderten, doch sind die von Brutus beschriebenen grundlegenden Prinzipien nahezu unverändert[848]. Für den modernen Verfassungsstaat gilt unter leicht abgewandelten Vorzeichen wie für den US-amerikanischen Konstitutionalismus des ausgehenden 18. und beginnenden 19. Jahrhunderts: „Juristische Methodenfragen sind Machtfragen, sind Verfassungsfragen."[849] Eigentlich war das für die amerikanische Gründergeneration keine echte Neuigkeit mehr. Auch der anglikanische Bischof Benjamin Hoadly wusste schon Bescheid. In einer oft zitierten Predigt, die er 1717 vor seinem König, Georg I., gehalten hatte, ließ der Bischof den britischen Monarchen wissen:

"[W]hoever hath an *absolute Authority* to *interpret* any written, or spoken Laws; it is *He*, who is truly the *Law-giver*, to all Intents and Purposes; and not the Person who first wrote, or spoke them."[850]

Nach alledem hat Brutus in seinen Ausführungen einige für die Frage nach den Grenzen der Verfassungsgerichtsbarkeit zentrale Probleme präziser erfasst und beschrieben als Hamilton[851]. Bei Lobpreisungen der prognostischen Kraft der Texte des Brutus ist nichtsdestoweniger eine gewisse Zurückhaltung angebracht.

---

sche Auslegung siehe *F. Müller/R. Christensen*, Juristische Methodik I, 11. Aufl. 2013, S. 95, 131, die die an teleologischen Kriterien orientierte Normkonkretisierung im Verfassungsrecht nur unter der Bedingung, dass der Normzweck einwandfrei begründet wird, anerkennen, denn „‚Ratio', ‚telos', ‚Sinn und Zweck' sind in der Regel nicht mehr als eine Metapher für das, was als Resultat angestrebt wird". Das räumt auch etwa *J. Riecken*, Verfassungsgerichtsbarkeit in der Demokratie, 2003, S. 303, ein; er hält die teleologische Auslegung dennoch für einen „unverzichtbare[n] Bestandteil der Verfassungsinterpretation". Zur Kritk an einer fehlerhaften „Savigny-Rezeption" bezogen auf die teleologische Auslegung in der deutschen Methodenlehre zuletzt *Ch. Gröpl/Y. Georg*, AöR 139 (2014), S. 125 (133 f. m. w. N.).

[847] Zur Verfassungsinterpretation in den USA und zur teleologischen Verfassungsauslegung durch die Gerichte *W. Brugger*, JöR N.F. 42 (1994), S. 571 (571 ff., 583).

[848] Vgl. auch *N. Luhmann*, Rechtshistorisches Journal, Bd. 9 (1990), S. 176 (215 f.).

[849] *B. Rüthers*, NJW 2005, S. 2759 (2761); ähnlich *ders.*, Rechtstheorie 40 (2009), S. 253 (272); außerdem *Ch. Gusy*, JöR N.F. 33 (1984), S. 105 (109); *N. Luhmann*, Rechtshistorisches Journal, Bd. 9 (1990), S. 176 (216); *H. Vorländer*, in: ders. (Hrsg.), Die Deutungsmacht der Verfassungsgerichtsbarkeit, 2006, S. 9 (14); *ders.*, in: W. Leidhold (Hrsg.), Politik und Politeia, 2000, S. 373 (379) („Der Souveränitätsgewinner im Verfassungsstaat ist der Verfassungsinterpret"); *Ch. Starck*, in: ders./A. Weber (Hrsg.), Verfassungsgerichtsbarkeit in Westeuropa, 1986, S. 11 (38 f.).

[850] *B. Hoadly*, The Nature of the Kingdom, 3. Aufl. 1717, S. 12.

[851] Inwieweit die Autoren aus politischen Absichten heraus wider besseres Wissen argumentiert haben, lässt sich nur schwer beurteilen.

Einerseits verwickelt er sich in argumentative Widersprüche, wenn er auf der strikten Gleichordnung der staatlichen Gewalten beharrt, um sich anschließend über die von ihm sog. „richterliche Unabhängigkeit im wahrsten Sinne des Wortes" zu beschweren. Diese Positionen lassen sich schlechterdings nicht vereinbaren. Wenn die Richter *durante bene placito*[852] ernannt werden, wenn sie von der Legislative jederzeit, auch ohne sachlichen Grund, abberufen werden können, dann sind sie nicht mehr gleichgeordnete („coordinate"), sondern untergeordnete („sub-ordinate") Teilgewalt.

Andererseits können die auf die Rechtsprechung bezogenen Brutus-Briefe auch in ihrer Gesamtheit, speziell im Hinblick auf ihre „konstruktiven Beiträge", letztlich nicht überzeugen[853]: Anstatt einen in sich geschlossenen Gegenentwurf zur richterlichen Normenkontrolle vorzulegen oder jedenfalls Alternativen anzudeuten, zieht sich Brutus darauf zurück, die verfassungsrechtliche Stellung der Justiz im Allgemeinen und besonders die richterliche Interpretationshoheit in Bausch und Bogen zu verdammen[854]. Als Mittel gegen legislatives Unrecht hat Brutus nicht viel mehr anzubieten als die klassischen Doktrinen des vorrevolutionären anglo-amerikanischen Konstitutionalismus, das heißt vornehmlich die durch das Volk zu verhängende demokratische Sanktion und, dazu in einem engen argumentativen Zusammenhang stehend, Andeutungen des Widerstandsrechts[855]. Dass diese aus dem britischen Verfassungsrecht überlieferten ‚Rechtsbehelfe' gegen hoheitliche Souveränitätsanmaßungen in ihrer praktischen Wirksamkeit doch arg begrenzt sind, hatte James Iredell in seinem Beitrag „To the Public" bereits etwa zwei Jahre zuvor nicht zu Unrecht kritisiert[856].

Es finden sich bei Brutus zudem zaghafte Sympathiebekundungen für einen im „Virginia Plan"[857] ursprünglich erwogenen sog. Revisionsrat („Council of Revision")[858], der es aufgrund von gewaltenteilungsrechtlichen

---

[852] *K. Loewenstein*, Staatsrecht und Staatspraxis, Bd. II, 1967, S. 13 f.

[853] *M. Eberl*, Verfassung und Richterspruch, 2006, S. 284; vgl. *M. S. Bilder*, 116 Yale L.J. 553 (2006) ("Brutus was surprisingly reticent about an alternate solution").

[854] Vgl. aber *J. N. Rakove*, Original Meanings, 1997, S. 187 ("[T]here was nothing disingenuous or demagogic about the importance [Brutus] attached to …the potential scope of judicial power.").

[855] Brutus XV, in: H. J. Storing (Hrsg.), The Complete Anti-Federalist, Bd. 2, 1981, S. 442.

[856] Siehe oben Kapitel 2, Text bei Fn. 121 ff. und in diesem Kapitel, Text bei Fn. 437 ff.

[857] Der Virginia Plan diente dem Konvent als erster Entwurf und als Diskussionsgrundlage.

[858] 8. Resolution des „Virginia Plan", in: M. Farrand (Hrsg.), Records of the Federal Convention, Bd. I, 1911, S. 21 ("Resd. that the Executive and a convenient number of the National Judiciary, ought to compose a council of revision with authority to examine every act of the National Legislature before it shall operate …").

Bedenken der Mehrheit der Delegierten[859] dann doch nicht in den endgültigen Verfassungsentwurf geschafft hatte[860]. Dieser Revisionsrat, das – oder jedenfalls: ein – Lieblingsprojekt Madisons, hätte sich als mit Amtswaltern der Exekutive und mit obersten Richtern besetztes Staatsorgan des Bundes konstituieren sollen. Den verworfenen Planungen gemäß hätte der Revisionsrat über die Verfassungsmäßigkeit sowie über die politische Zweckmäßigkeit der Legislativakte des Kongresses zu entscheiden gehabt[861]. Allerdings sollte eine Negativentscheidung des Revisionsrats durch den Kongress mit einer – im Virginia Plan numerisch nicht festgelegten – qualifizierten Mehrheit zurückgewiesen werden können[862].

Im Kern bildet nichtsdestoweniger die demokratische Sanktion den argumentativen Hauptstrang in den Überlegungen des Brutus. Dass sich der Vorrang der Verfassung tatsächlich allein mit einer Willensbekundung der Wähler sichern lässt, mag man für eine richtige Annahme halten; sie ist indes bis heute zweifelhaft geblieben[863]. Hier hätte man von Brutus erwarten dürfen, dass er die demokratische Sanktion in einen größeren Zusammenhang mit Möglichkeiten der (Selbst-)Heilung[864] des politischen Prozesses einordnet, die auch ohne judikative Intervention wirksam werden können.

Lässt man den Kritikpunkt, dass Brutus kaum Alternativen zu Hamiltons Konzept anzubieten hat, beiseite, und betrachtet noch einmal die analytische Ebene der Briefe XI und XV, wird man zu befinden haben, dass Brutus die von der Oberhoheit der Justiz ja zweifelsohne ausgehenden Gefahren für die demokratische Selbstbestimmung letztlich überzeichnet. Brutus' Kernargu-

---

[859] Siehe Beitrag des Delegierten Elbridge Gerry aus Massachusetts, in: M. Farrand (Hrsg.), Records of the Federal Convention, Bd. II, 1911, S. 75. Nach Gerry handelt es sich bei dem vorgeschlagenen Revisionsrat um ein „combining & mixing together the Legislative & the other departments. It was establishing an improper coalition between the Executive & Judiciary departments".

[860] Zu den wichtigsten Argumenten, die von den Delegierten gegen den Revisionsrat angeführt worden sind, siehe *J. N. Rakove*, 49 Stan. L. Rev. 1058 (1997).

[861] *A. T. Knapp*, 29 J.L. & Pol. 279 (2014) spricht von „judicial preview". Ein ähnliches Organ mit demselben Namen gab es in Art. III der Verfassung des Staates New York von 1777 (dazu *J. Roedel*, New York History 69 [1988], S. 261–283). Zum „Council of Revision" *J. T. Barry III*, 56 U. Chi. L. Rev. 235–261 (1989); siehe auch *B. Enzmann*, Der demokratische Verfassungsstaat, 2009, S. 419 f.; *D. Herrmann*, in: A. Brodocz u. a. (Hrsg.), Institutionelle Macht, 2005, S. 105 (108–110, 113–115); *J. Lee Malcolm*, 26 J.L. & Pol. 30–32 (2010); *J. N. Rakove*, 49 Stan. L. Rev. 1056–1058 (1997).

[862] 8. Resolution des „Virginia Plan", in: M. Farrand (Hrsg.), Records of the Federal Convention, Bd. I, 1911, S. 21; siehe dazu *R. L. Jones*, 27 J.L. & Pol. 486 (2012).

[863] Vgl. nochmals die Nachweise oben in Fn. 810.

[864] *W. Brugger*, AöR 126 (2001), S. 337 (358) spricht von „Prozesskontrolle"; *ders.*, StWStP 4 (1993), S. 319 (322) von „process instead of substance"; vgl. auch die Einschätzung bei *G. Casper*, 1989 Sup. Ct. Rev. 315 ("process-orientation of American political thought").

ment, dem zufolge sich die Suprematie der Richter insbesondere auf deren Unabhängigkeit im „wahrsten Sinne des Wortes" gründet, relativiert sich, wenn man das – bei isolierter Betrachtung übrigens ebenso wenig überzeugende – Gegenargument Hamiltons berücksichtigt. Hamilton beschreibt die Judikative im Federalist #78 bekanntlich als die ungefährlichste der drei Gewalten, weil sie weder über eigenes Zwangspotential noch über hinreichende finanzielle Mittel verfüge, um Entscheidungen eigenständig, das heißt ohne Mitwirkung der übrigen Gewalten, durchsetzen zu können.

Beide Autoren tendieren hier jeweils ins entgegengesetzte Extrem, weil sie den eigentlich entscheidenden Aspekt nicht hinreichend deutlich machen: Die Autorität und Legitimität der normenkontrollierenden Gerichte bzw. des U.S. Supreme Court steht und fällt, wenn man einer hergebrachten Weisheit insoweit Glauben schenken will, mit der Anerkennung, die den Gerichten von den anderen Teilgewalten und/oder der Öffentlichkeit[865] entgegengebracht wird[866]. Die normenkontrollierenden Gerichte können ihre Autorität verspielen, wenn sie die „Leidensfähigkeit" von Legislative und Exekutive gleichsam über die Maßen beanspruchen[867]. Ist den Richtern an der Kooperationsbereitschaft der anderen Gewalten gelegen, werden sie sich also aus einer unjuristischen, ‚prudentiellen' Erwägung um möglichst moderate und konsensfähige, zumindest bei verständiger Würdigung anerkennungsfähige – letztlich: akzeptable – Entscheidungen bemühen[868]. Ansonsten liefen

---

[865] Das bemerkt auch Alexander Hamilton, siehe *ders.*, The Federalist #78, in: A. Adams/W. P. Adams (Hrsg./Übers.), Die Federalist-Artikel, 1994, S. 469 (476).

[866] Monographisch *O. Lembcke*, Hüter der Verfassung, 2007, S. 69, et passim („Anerkennung ist das Proprium der Autorität"). Der Supreme Court schätzt die Situation entsprechend ein, siehe *Planned Parenthood v. Casey*, 505 U.S. 833, 865 (1992); *Republican Party of Minnesota v. White*, 536 U. S. 765, 793 (2002) (Kennedy, J., concurring) ("The power and the prerogative of a court to perform [its] function rest, in the end, upon the respect accorded to its judgments."). Vgl. aus der Literatur *W. Brugger*, in J. Isensee/P. Kirchhof (Hrsg.), HStR IX, 3. Aufl. 2011, § 186 Rn. 48; *N. Devins/L. Fisher*, 84 Va. L. Rev. 94, 98, 104, et passim (1998); *R. Grawert*, Der Staat 52 (2013), S. 503 (531); *W. Heun*, Verfassungsordnung, 2012, S. 218; *Ch. Möllers*, in: M. Jestaedt u. a., Das entgrenzte Gericht, 2011, S. 303 ff.; *R. A. Posner*, The Federal Courts, 1985, S. 207 f.; *S. B. Prakash/J. C. Yoo*, 103 Mich. L. Rev. 1559 (2005); *B. Schlink*, Der Staat 28 (1989), S. 161 (169); *H. Vorländer*, in: ders. (Hrsg.), Die Deutungsmacht der Verfassungsgerichtsbarkeit, 2006, S. 15 ff., 22 ff.; *A. Voßkuhle*, in: H. von Mangoldt/F. Klein/Ch. Starck (Begr.), GG, Bd. III, 7. Aufl. 2018, Art. 93 Rn. 34.

[867] *A. Heusch*, in: W. Kluth/G. Krings (Hrsg.), Gesetzgebung, 2014, § 36 Rn. 21; *M. Höreth*, Verfassungsgerichtsbarkeit, 2014, S. 95; vgl. *E. Haas*, FS Landwehr, hrsg. von F. Drecktrah u. D. Willoweit, 2016, S. 429; *W. Haller*, Supreme Court und Politik, 1972, S. 131; *P. Graf Kielmansegg*, Instanz des letzten Wortes, 2005, S. 31 f.; *G. Roellecke*, in: J. Isensee/P. Kirchhof (Hrsg.), HStR III, 3. Aufl. 2005, § 67 Rn. 39.

[868] *H. Säcker*, BayVBl. 1979, S. 193 (199); vgl. auch *H. Dreier*, Dimensionen der Grundrechte, 1993, S. 62 (der allerdings nur von „in gesellschaftlicher Akzeptanz wurzelnde[r]

sie Gefahr, dass ihre Urteile aufgrund der praktisch begrenzten institutionellen Durchsetzungsfähigkeit der Justiz schlicht ignoriert würden. Solange die Entscheidungen der Gerichte aber befolgt werden, solange also ein „bestimmtes Minimum an Gehorchenwollen"[869] zu verzeichnen ist, bilden die Gerichte keineswegs die „harmloseste" unter den drei Staatsgewalten („the least dangerous branch"), wie von Hamilton behauptet, sondern sie verfügen, und hier liegt Brutus richtig, über nicht unerhebliche politische, unter dem Deckmantel der Verfassungsinterpretation ausgeübte Gestaltungsmacht[870]. Eine im Einzelnen wie auch immer beschaffene Suprematie der Justiz muss allerdings auch nach Lesart des Brutus immer unter der notwendigen verfassungspolitischen Bedingung stehen, dass es den Gerichten gelingt, die Anerkennung durch die übrigen Teilgewalten zu bewahren.

Genau das erscheint in Brutus' Szenario aber eher unwahrscheinlich. Eine der Lochner-Ära[871] vergleichbar aggressiv auftretende normenkontrollierende Justiz hätte aller Voraussicht nach Schwierigkeiten gehabt, sich in der Frühphase des amerikanischen Konstitutionalismus als echter ‚pouvoir' in der Verfassungsordnung zu etablieren. Die Schwierigkeiten, die die Bundesgerichte in den ersten nachkonstitutionellen Jahrzehnten damit gehabt haben, von der beanspruchten Autorität auch tatsächlich Gebrauch zu machen, kündigten sich nicht zuletzt etwa in John Marshalls Votum für den U.S. Supreme Court in der Sache *Marbury v. Madison* an[872].

Marshall ist der Beantwortung der im *Marbury*-Prozess eigentlich aufgeworfenen, politisch brisanten Rechtsfrage nach der Rechtsgültigkeit der Ernennung William Marburys zum Friedensrichter freilich nicht vollständig ausgewichen. Er hat sich aber – aus konsequentialistischen Erwägungen – auf ein *obiter dictum* zurückgezogen. Auf ausschweifende Erläuterungen der Rechtslage folgte im letzten Abschnitt des Votums die Feststellung, dass der U.S. Supreme Court im vorliegenden Fall nicht zuständig sei, man den Klägern daher leider nicht zu ihrem Recht verhelfen könne[873]. Nach der Über-

---

Autorität" spricht); ähnlich bereits *C. J. Friedrich*, Verfassungsstaat der Neuzeit, 1953, S. 265 („wahrhaft repräsentativer Charakter" des U.S. Supreme Court aufgrund des ihm entgegengebrachten Vertrauens). Die öffentliche Meinung als Fundament gerichtlicher Autorität betonen auch etwa *P. Kahn*, JöR N.F. 49 (2001), S. 571 (582 f.); *M. Schor*, 7 Wash. U. Global Stud. L. Rev. 275 (2008); *R. G. McCloskey*, American Supreme Court, 6. Aufl. 2016, S. 13; *W.-R. Schenke*, Die Verfassungsorgantreue, 1977, S. 119 ff.; *Ch. Starck*, Bundesverfassungsgericht im politischen Prozeß, 1976, S. 30.

[869] *M. Weber*, Wirtschaft und Gesellschaft, 1922, S. 122.

[870] *U. Kranenpohl*, Der Staat 48 (2009), S. 387 (389) spricht in diesem Zusammenhang von „weicher Steuerung".

[871] Siehe die Nachweise in Fn. 88.

[872] Vgl. auch *R. H. Fallon*, 91 Calif. L. Rev. 17 (2003) („[T]he Court must define for itself a democratically acceptable role.").

[873] Näher unten, Kapitel 5, A.

zeugung vieler Beobachter und einiger Historiker befürchtete Marshall, dass eine Entscheidung des Gerichts, die die erst zwei Jahre zuvor inaugurierte Jefferson-Administration[874,875] durch den Erlass einer einstweiligen Anordnung brüskiert hätte, schlicht und ergreifend ignoriert worden wäre[876]. Die Etablierung der Rechtsprechung als in der Funktionenordnung gegenüber Legislative und Exekutive übergeordneter Teilgewalt[877] konnte sich letztlich, um eine Wendung Wolfgang Hoffmann-Riems aufzugreifen, nur in Gestalt einer „Revolution auf Samtpfoten"[878] vollziehen. Die verfassungspolitische Umgebung, in der sich diese schleichende Umwälzung über mehrere Jahrzehnte ereignet hat, lässt sich mithilfe der oben bereits zitierten Bemerkung des US-Präsidenten Andrew Jackson aus dem Jahr 1832 veranschaulichen. Jackson hatte angeblich zu verstehen gegeben, die Gerichte könnten ja entscheiden, was sie wollten, ihn interessiere das jedenfalls nicht[879].

Im Hinblick auf den Topos judicial restraint fördert Brutus' Abhandlung wenig Substantielles zu Tage. Judicial review läuft bei ihm letztlich auf ein „alles oder nichts" hinaus – Brutus zieht das „nichts" offenkundig vor –, statt auf ein „sowohl als auch", das bei Iredell deutlich, und in Ansätzen bei Hamilton erkennbar geworden ist.

In einer Gesamtbilanz kommen Brutus' Darlegungen, teilweise das „Abwegige mit dem Prophetischen verbindend"[880], zu tendenziös und zu reißerisch daher, um wirklich überzeugen zu können; Brutus' Schriften sind über

---

[874] Mit Jefferson wurde erstmals ein Nicht-Federalist in das Amt des Präsidenten eingeführt. Zugleich verloren die Federalists ihre Mehrheit im Kongress an Jeffersons republikanische Partei (die mit den heutigen Republikanern nur den Namen gemein hat). Zu dieser von Thomas Jefferson selbst so bezeichneten (Brief an Spencer Roane vom 6. September 1819, in: A. E. Bergh [Hrsg.], Writings of Thomas Jefferson, Bd. XV, 1907, S. 212) „Revolution of 1800" *R. E. Ellis*, The Jeffersonian Crisis, 1971, S. 278 ff.; *G. S. Wood*, Empire of Liberty, 2009, S. 276 ff.; bündig *W. Heun*, Der Staat 42 (2003), S. 267 (268, m. w. N.); außerdem noch unten Kapitel 4, Text bei Fn. 203.

[875] Der Beklagte James Madison gehörte der Jefferson-Administration in der Funktion des Secretary of State an.

[876] Siehe etwa *R. L. Clinton*, 38 Am. J. Polit. Sci. 286 (1994); *K. L. Hall*, Supreme Court and Judicial Review, 1985, S. 12; *R. G. McCloskey*, American Supreme Court, 6. Aufl. 2016, S. 26; *K. Newmyer*, Heroic Age of the Supreme Court, 2001, S. 160; *W. M. Treanor*, in: V. C. Jackson/J. Resnik (Hrsg.), Federal Courts Stories, 2010, S. 29 (48); *G. S. Wood*, Empire of Liberty, 2009, S. 441; ebenso *D. Herrmann*, in: A. Brodocz u. a. (Hrsg.), Institutionelle Macht, 2005, S. 105 (116); *W. Heun*, Der Staat 42 (2003), S. 267 (270 f.); *S. Levinson*, 38 Wake Forest L. Rev. 573 (2003); *M. Marcus*, in: R. Hoffman/P. Albert (Hrsg.), Launching the "Extended Republic", 1996, S. 25 (51 f.).

[877] Siehe bereits oben, Fn. 830.

[878] *W. Hoffmann-Riem*, JZ 2003, S. 269.

[879] Siehe das Zitat oben Kapitel 2, Text bei Fn. 150.

[880] *L. D. Kramer*, 115 Harv. L. Rev. 67 (2001).

weite Strecken mehr Polemisierungen als politische Theorie[881]. In der Schlusssentenz des XV. Aufsatzes verschafft sich sein weiter oben angesprochener alarmistischer Grundton idealtypischen Ausdruck:

"Those who the people chuse at stated periods, should have the power in the last resort to determine the sense of the compact; if they determine contrary to the understanding of the people, an appeal will lie to the people at the period when the rulers are to be elected, and they will have it in their power to remedy the evil; but when this power is lodged in the hands of men independent of the people, and of their representatives, and who are not, constitutionally, accountable for their opinions, no way is left to controul them but *with a high hand and an outstretched arm.*"[882]

Was also bleibt in der Retrospektive von Brutus' Stellungnahme? Man wird darauf antworten können: Nicht viel, außer, dass er – aller Polemik zum Trotz – mit Recht die Grundsatzfrage danach aufgeworfen hat, wie die normenkontrollierende Rechtsprechung über den Tag hinaus „innerhalb der Grenzen der rechtsstaatlichen Gewaltenteilung operieren kann, ohne dass die Justiz auf gesetzgeberische Kompetenzen übergreift"[883]. Diese Frage ist bis heute nicht abschließend beantwortet worden. Ob es überhaupt gelingen kann? Brutus ist pessimistisch.

---

[881] *M. Eberl*, Verfassung und Richterspruch, 2006, S. 229, wirft Brutus zudem „rhetorische Taschenspielertricks" vor.

[882] Brutus XV, in: H. J. Storing (Hrsg.), The Complete Anti-Federalist, Bd. 2, 1981, S. 442 (Hervorhebung ebd.).

[883] *J. Habermas*, Faktizität und Geltung, 5. Aufl. 2014, S. 292.

Kapitel 4

Judicial Review in der gerichtlichen Praxis der postrevolutionären Ära und in der frühen amerikanischen Republik

Nachdem im vorangegangenen Kapitel die zeitgenössische verfassungspolitische Debatte über das richterliche Prüfungsrecht erläutert worden ist, stellt sich nunmehr die Frage, inwieweit die amerikanische Rechtsprechungspraxis des ausgehenden 18. und beginnenden 19. Jahrhunderts die aus jener Debatte ableitbaren ‚Theorieangebote' rezipiert hat.

Während der sog. (post-)revolutionären Ära, im Zeitraum zwischen der Unabhängigkeitserklärung der 13 Kolonien und dem Verfassungsgebungsprozess von 1787/89, war eine funktionstüchtige Bundesgerichtsbarkeit praktisch inexistent[1]. Maßgeblich vorangetrieben wurde die Entwicklung der richterlichen Normenkontrolle in jener Phase durch die Gerichte der Bundesstaaten. Unter den *state constitutions* haben die Gerichte der Bundesstaaten erste Entscheidungen über die Verfassungsmäßigkeit der Gesetze getroffen. Mit diesen Entscheidungen haben die Richter der *state courts* beachtliche Pionierarbeit geleistet. Ihre Judikate dürften die auf das richterliche Prüfungsrecht bezogene Rechtsprechung der nach 1789 errichteten Bundesgerichte wesentlich beeinflusst haben.

Es gibt eine ganze Reihe an mehr oder weniger gut dokumentierten Fällen, in denen sich Gerichte sowohl der einzelnen Staaten als auch des Bundes noch vor der berühmten Entscheidung *Marbury v. Madison*[2] mit der judicial review-Doktrin auseinandergesetzt haben. Abhängig davon, welche Studie man zu Rate zieht, um herauszufinden, wie hoch die Anzahl der einschlägigen Fälle tatsächlich liegt, schwanken die Angaben. William Winslow Crosskey hielt in seinem (freilich viel kritisierten) „Politics and the Constitution" 1953 bestenfalls „zwei oder drei" der vorkonstitutionellen Entscheidungen für taugliche Präjudizien[3]. Eine 2005 erschienene Arbeit William Michael Treanors identifiziert insgesamt 31 Fälle (bundesgerichtliche Präjudizien bis

---

[1] Siehe etwa *D. Farber/S. Sherry*, A History of the American Constitution, 3. Aufl. 2013, S. 74; *W. E. Nelson*, Marbury v. Madison, 2000, S. 54; vgl. bereits oben Kapitel 3, Fn. 81 ff. und begleitenden Text.

[2] *Marbury v. Madison*, 5 U.S. (1 Cranch) 137 (1803); siehe unten, Kapitel 5.

[3] *W. W. Crosskey*, Politics and the Constitution, Bd. II, 1953, S. 974.

1803, *Marbury* eingerechnet)⁴. Charles Grove Haines kam 1959 in der zweiten posthum erschienen Auflage seiner „American Doctrine of Judicial Supremacy" mit ungefähr 30 auf eine vergleichbar hohe Zahl. Anders als Treanor ist Haines jedoch skeptisch, ob auch wirklich alle Fälle tatsächlich als Präjudizien in Betracht kommen⁵.

Da nicht sämtliche der potentiell einschlägigen Fälle hier in allen Einzelheiten berücksichtigt werden konnten, musste eine Auswahl getroffen werden. Soweit es sich um vorkonstitutionelle Fälle aus der gerichtlichen Praxis der *state courts* handelt⁶, konzentriert sich die Darstellung auf die bekanntesten und in der US-amerikanischen Literatur im Zusammenhang mit den Ursprüngen der richterlichen Normenkontrolle am häufigsten zitierten Entscheidungen (nachf., A.)⁷,⁸. Eine vollständige und umfassende Aufarbeitung

---

⁴ *W. M. Treanor*, 58 Stan. L. Rev. 455–562 (2005).
⁵ *Ch. G. Haines*, American Doctrine, 2. Aufl. 1959 (Ndr.), S. 88 ff., 148 ff., 171 ff.
⁶ Der sog. „Writs of Assistance Case", der sich zur Kolonialzeit zugetragen hat, ist deshalb gemeinsam mit den ‚theoretischen' Arbeiten (oben, Kapitel 3) behandelt worden, weil er James Otis als Grundlage für seine publizistische Stellungnahme „The Rights of the British Colonies Asserted and Proved" (siehe oben Kapitel 3, Fn. 399) gedient hatte.
⁷ Siehe bereits *C. Patterson*, 13 Wash. L. Rev. & St. B. J. 77 (1938); aus der jüngeren Literatur etwa *W. M. Treanor*, 143 U. Pa. L. Rev. 557–558 (1994); *L. D. Kramer*, People Themselves, 2004, S. 65 ff.
⁸ Zu den hier nicht ausführlich behandelten Fällen zählt der obskure (vgl. *M. S. Bilder*, 78 Geo. Wash. L. Rev. 1134 n. 35 [2010]) *Josiah Philips's Case* (Virginia, 1778). Außerdem sind zu nennen: *Holmes v. Walton* (New Jersey, 1780), *Rutgers v. Waddington* (New York, 1784), der *Symsbury['s] Case* (1 Kirby 444, Connecticut, 1785) und die sog. „Ten Pound Act Cases" (New Hampshire, 1786). Vom *Josiah Philips's Case*, in dem das Gericht eine sog. „bill of attainder" (siehe oben Kapitel 3, Fn. 509) für unwirksam erklärt hatte (vgl. *S. B. Prakash/J. C. Yoo*, 70 U. Chi. L. Rev. 933 n. 169 (2003)), existiert eine Spur in *St. G. Tucker*, View of the Constitution, in: ders. (Hrsg.), Blackstone's Commentaries, Bd. I, 1803, Anhang, S. 293. Von *Holmes* gibt es keinen zeitgenössischen Bericht (siehe zu einer Rekonstruktion *A. Scott*, 4 Am. Hist. Rev. 456–469 (1899); aus der jüngeren Literatur *Ph. Hamburger*, Law and Judicial Duty, 2008, S. 407–422); es handelte sich bei *Holmes* um einen Fall, in dem die Legislative des Staates New Jersey in das (Grund-)Recht auf einen Geschworenenprozess eingegriffen hatte. Die im Fall entscheidungserhebliche einfachrechtliche Verfahrensregelung sah eine Besetzung der Geschworenenbank mit nur sechs statt der – gemäß dem (freilich nicht positivierten) „law of the land" vorgeschriebenen – zwölf Juroren vor (siehe *A. Scott*, 4 Am. Hist. Rev. 457–458 (1899)). – *Rutgers* ist ausführlich dokumentiert bei J. Goebel, Jr. (Hrsg.), The Law Practice of Alexander Hamilton, Bd. I, 1964, S. 282 ff.; siehe aus der jüngeren Literatur etwa *D. J. Hulsebosch*, Constituting Empire, 2005, S. 194–202. An *Rutgers* war Alexander Hamilton als Prozessbevollmächtigter der Beklagten beteiligt. Nachdem Hamiltons Argumente für das richterliche Prüfungsrecht bereits in Kapitel 3 ausführlich dargestellt worden sind, soll dieser – nicht unwichtige – Fall hier nicht näher diskutiert werden, auch wenn Hamiltons Argumentation in *Rutgers* eine andere ist als im Federalist #78 (vgl. oben Kapitel 3, Fn. 552). Im Übrigen gilt der Fall als „außenpolitisch belastet"; er ist angeblich ein „Musterfall" (*test case*, siehe J. Goebel,

der sog. frühen Präzedenzfälle („early precedents") muss ohnehin der US-amerikanischen rechtshistorischen Forschung überlassen bleiben⁹. Dasselbe gilt für diejenigen Entscheidungen des U.S. Supreme Court, in denen das Gericht – bereits vor *Marbury* – damit begonnen hatte, sich ernsthaft mit der Kontrolle der Verfassungsmäßigkeit der Gesetzgebung zu beschäftigen. Auch für diese Fälle hat sich in der US-Literatur im Laufe der Zeit ein fester Kanon an klassischen Referenzen herausgebildet. Auf diese frühen Normenkontrollentscheidungen des U.S. Supreme Court ist unten (B.¹⁰) einzugehen.

A. Entscheidungen durch Gerichte der Bundesstaaten

Gelegentlich wird die These vertreten, dass die Gerichte der Bundesstaaten Normenkontrollkompetenzen vor 1789 nur in eng begrenzten normativen Bereichen in Anspruch genommen hätten, nämlich in dem der Justizverfassung und demjenigen des gerichtlichen Verfahrens¹¹. In der Tat betreffen die

---

Jr. (Hrsg.), The Law Practice of Alexander Hamilton, Bd. I, 1964, S. 282), und zudem (auch) am Maßstab des Völkerrechts, namentlich des Pariser Friedensvertrags von 1783, entschieden worden (siehe *R. L. Clinton*, Marbury v. Madison and Judicial Review, 1989, S. 49); zu *Rutgers* als (dogmengeschichtlichem) Präjudiz siehe näher *P. C. Hoffer*, Rutgers v. Waddington, 2016, S. 81 ff., 143 f. – Beim *Symsbury['s] Case* handelte es sich um einen zwischen zwei Gemeinden ausgetragenen Streit über das Eigentumsrecht an einem Grundstück, das durch die Legislative des Staates Connecticut an eine der am Prozess beteiligten Gebietskörperschaften übertragen worden war, siehe *S. D. Gerber*, 61 Vand. L. Rev. 1121 (2008). Die „Ten Pound Act Cases" sind wie *Holmes v. Walton* in die Kategorie der „jury trial cases" einzuordnen. Das Staatsparlament von New Hampshire hatte sog. Friedensrichtern („justices of the peace") streitwertgebunden die sachliche Zuständigkeit zur Entscheidung über solche Zivilsachen übertragen, in denen um Forderungen in Höhe von zehn Pfund oder weniger gestritten wurde (daher der Name des Gesetzes – Ten Pound Act). Da das Verfahren vor den Friedensrichtern ohne Mitwirkung von Geschworenen stattfand, hat ein Revisionsgericht des Staates New Hampshire die einschlägige Zuständigkeitsnorm des „Ten Pound Act" wegen Verstoßes gegen die jury trial-Garantie der Staatsverfassung mehrfach für unwirksam erklärt (siehe näher *R. Lambert*, 43 N.H. B.J. 40–47 (2002)). Eine für die Normenkontrolle wichtige state court-Entscheidung aus der nachkonstitutionellen Zeit ist *Kamper v. Hawkins*, 1 Va. Cas. (3 Va.) 20 (Gen. Ct. 1793); siehe noch unten Kapitel 5, Text und Nachweise bei Fn. 169 f., 227.

⁹ Siehe aus der schieren Flut der englischsprachigen Literatur neben *W. M. Treanors* Aufsatz (58 Stan. L. Rev. 455–562 (2005)) und den übrigen im Text zitierten Arbeiten insbesondere die neuere Monographie *Ph. Hamburgers*, Law and Judicial Duty, 2008. Die eingehendste deutschsprachige Arbeit zu diesem Thema ist wohl *G. Stourzh*, Grundrechtsdemokratie, 1989, insbesondere Kapitel 2 („Vom Widerstandsrecht zur Verfassungsgerichtsbarkeit: Zum Problem der Verfassungswidrigkeit im 18. Jahrhundert").

¹⁰ Zu einer ‚Genealogie' der einschlägigen Präjudizien aus der Rechtsprechung der Bundesgerichte vor *Marbury* siehe auch die Nachweise unten Kapitel 5, Fn. 3 f.

¹¹ Siehe *L. B. Boudin*, Government by Judiciary, Bd. I, 1932, S. 64; aus der jüngeren

meisten normenkontrollierenden Entscheidungen aus jenen Tagen die Gerichtsorganisation oder grundlegende Verfahrensgarantien, insbesondere das Recht auf einen Geschworenenprozess[12] („trial by jury"), so etwa in *Trevett v. Weeden* (unten, II.) und in *Bayard v. Singleton* (unten, III.). Eine unumstößliche Regel lässt sich aus diesem Befund jedoch nicht ableiten, wie etwa der Fall *Commonwealth v. Caton* zeigt (nachf., I.).

In der verfassungsgeschichtlichen Debatte ist außerdem umstritten, ob die durch die Gerichte der Bundesstaaten entschiedenen Fälle überhaupt judicial review im eigentlichen Sinne betreffen, oder ob sie, das ist im Übrigen der Standpunkt einiger revisionistischer[13] Autoren, lediglich die Frage nach der verfassungs- oder gar nur common law-konformen Auslegung des einfachen Rechts zum Gegenstand haben[14]. Im historischen Rückblick auf die frühen Jahre des amerikanischen Konstitutionalismus eine klare Unterscheidung zwischen dem Rechtsinstitut des richterlichen Prüfungsrechts und dem hermeneutischen Instrument der verfassungskonformen Auslegung vornehmen zu wollen[15], hieße jedoch, einen entscheidenden Aspekt zu ignorieren: Der normative Gehalt der judicial review-Doktrin hat sich in Abwesenheit einer unzweideutigen positiv-rechtlichen Ermächtigung nicht schlagartig, sondern allmählich herausgebildet[16]. Es gilt demnach auch hier, die Kontingenz des historischen Prozesses im Auge zu behalten[17].

Literatur (teilweise referierend) *G. Leonard*, 81 Chi.-Kent L. Rev. 877 (2006); *M. J. Klarman*, 87 Va. L. Rev. 1120–1121 (2001) („purview of the judiciary"); *L. D. Kramer*, 115 Harv. L. Rev. 59–60 (2001); und unten, Text bei Fn. 59 f.

[12] Zur Bedeutung des Geschworenenprozesses bereits oben Kapitel 3, Text bei Fn. 254 ff.

[13] Siehe oben Kapitel 1, Fn. 223.

[14] *R. L. Clinton*, Marbury v. Madison and Judicial Review, 1989, S. 48 ff., meint, die Gerichte hätten während der postrevolutionären Phase lediglich die sog. „zehnte Auslegungsregel" (*Tenth Rule of Construction*) Blackstones (siehe zu Blackstone oben Kapitel 3, Fn. 49 und begleitenden Text) auf das Verfassungsrecht übertragen und Blackstone so gewissermaßen amerikanisiert; ähnlich wohl *J. M. Sosin*, Aristocracy, 1989, S. 203 ff.; vgl. zu dieser Frage auch *P. C. Hoffer*, 47 Wm. & Mary Q. 468–469 (1990); *Th. C. McAffee*, 36 Am. J. Legal Hist. 399 (1992); zu einer Gegenüberstellung von „judicial review" und „statutory construction" siehe näher *W. M. Treanor*, in: V. C. Jackson/J. Resnik (Hrsg.), Federal Courts Stories, 2010, S. 29 (44).

[15] *D. Alfange, Jr.*, 1993 Sup. Ct. Rev. 395–396, meint, die verfassungskonforme Auslegung sei, auch wenn die Verfassungsrechtsprechung noch in den Kinderschuhen gesteckt habe, bereits um 1800 „weitgehend akzeptiert und praktiziert worden"; er verweist dazu auf *Mossman v. Higginson*, 4 U.S. (4 Dall.) 12, 13 (1800) und auf eine Passage in Hamiltons Abhandlung über das richterliche Prüfungsrecht, siehe The Federalist #78, in: A. Adams/W. P. Adams (Hrsg./Übers.), Die Federalist-Artikel, 1994, S. 473.

[16] Vgl. *A. von Arnauld*, in: O. Depenheuer/Ch. Grabenwarter (Hrsg.), Verfassungstheorie, 2010, § 21 Rn. 48 („evolutionäre" Entwicklung).

[17] Siehe oben Kapitel 3, Text bei Fn. 334 ff.

Für die Transformation des Vorrangs der Verfassung von einem Element der amerikanischen politischen Theorie in ein in der Gerichtspraxis handhabbares Rechtsinstitut[18] gab es mehrere Optionen. Neben dem richterlichen Prüfungsrecht im engeren Sinne besteht die naheliegendste dieser Optionen, zumal aus Sicht des heutigen Beobachters, im Erwägen der geltungserhaltenden Reduktion eines für verfassungswidrig befundenen Legislativakts. Das Rechtsinstitut der inzidenten richterlichen Normenkontrolle, dessen dogmatische Strukturen[19] für die Zeitgenossen nur bruchstückhaft erkennbar waren, lässt sich in historischer Perspektive nicht ohne weiteres und vor allem nicht trennscharf von der richterlichen verfassungskonformen Auslegung der Gesetze abgrenzen[20]. Statt eine mühsame Abgrenzungsdiskussion zu führen, die ohnehin keinen besonderen Erkenntnisgewinn verspricht, ist es eher angebracht, die verfassungsideologische Gemeinsamkeit sowohl des richterlichen Prüfungsrechts als auch der richterlichen verfassungskonformen Auslegung zu betonen, denn hinter beiden Prinzipien steht die Prämisse von der gerichtlichen Durchsetzbarkeit des Vorrangs der Verfassung.

Es ist allerdings zuzugestehen, dass die hier für den Begriff „statutory construction" gewählte Übersetzung „verfassungskonforme Auslegung" in die Irre führen kann[21]. „Statutory construction" bedeutet – kontextgebunden – zunächst nichts anderes als „Gesetzesauslegung". Eine Auslegung des einfachen Gesetzesrechts gegen dessen vermeintlich eindeutigen Wortlaut kann durch normative Direktiven des (positiven) Verfassungsrechts angezeigt sein, so wie es der Richter am U.S. Supreme Court Louis Brandeis in der *Ashwander*-Entscheidung aus dem Jahr 1936 angedeutet hat[22]. Es ist aber auch vorstellbar, die

---

[18] *J. Goebel, Jr.*, History, Bd. I, 1971, S. 126.

[19] Stichworte: prozessrechtliche Anforderungen, Maßstäbe, Methode der Verfassungsinterpretation, Bindungswirkung.

[20] Vgl. bereits oben Kapitel 3, Text bei Fn. 60 ff. („In der praktischen Konsequenz ist es unerheblich, ob ein Gericht eine streitentscheidende Norm für nichtig erklärt, unangewendet lässt oder entgegen dem eindeutigen Wortlaut auslegt – die Willensäußerung der Legislative läuft in jedem Fall ins Leere").

[21] Vgl. auch *J. Daley*, in: T. Campbell/J. Goldsworthy (Hrsg.), Judicial Power, Democracy and Legal Positivism, 2000, S. 279 (281); siehe zur verfassungskonformen Auslegung des Gesetzesrechts in den USA *A. Scalia/B. Garner*, Reading Law, 2012, S. 66 ff.; ferner *E. Sherwin*, Legal Theory, Bd. 6 (2000), S. 299, et passim ("saving interpretation"); *A. Vermeule*, 85 Geo. L.J 1945 (1997) ("saving constructions"); außerdem etwa *E. Elhauge*, Statutory Default Rules, 2008, S. 237 ff. ("canon advising courts to interpret to avoid constitutional difficulties"). Nach *C. Egerer*, ZVglRWiss 88 (1989), S. 416 (421), ist bereits seit Anfang des 19. Jahrhunders „auch dem amerikanischen Recht ... der Grundsatz vertraut, im Zweifel verfassungskonform auszulegen"; ähnlich *D. P. Currie*, The Constitution in the Supreme Court, 1985, S. 55.

[22] *Ashwander v. Tennessee Valley Authority*, 297 U.S. 288, 347 (1936) (Brandeis, J., concurring); vgl. *M. Graber*, 82 Chi.-Kent L. Rev. 186–187 (2007); *K. E. Whitthington*, 97 Geo. L.J. 1264 (2009); aus der deutschen Literatur *M. Stoevesandt*, Aktivismus und Zurückhaltung, 1999, S. 92 f. – Siehe zu Brandeis' Ashwander-Votum noch noch unten Kapitel 5, Fn. 216 ff., und begleitenden Text.

geltungserhaltende Reduktion eines Rechtssatzes mit den allgemeinen Kategorien Vernunft und Billigkeit („common right and reason") oder, in angelsächsischen Rechtsordnungen, mit einem Vorrang des common law[23] und einer darin verwurzelten „doctrine of equitable construction"[24] zu begründen. Ein solcher Ansatz, von dem nach wohl zutreffender Interpretation auch Sir Edward Coke im *Bonham's Case* Gebrauch gemacht hatte[25], ist natur- oder gewohnheitsrechtlich fundiert und deshalb gerade nicht auf den argumentativen Rückgriff auf das positive Verfassungsrecht und dessen Vorrang angewiesen.

Diejenigen ‚Präjudizien' für das richterliche Prüfungsrecht, die aus der Rechtsprechung der Bundesstaaten aus der Zeit vor 1787/89 stammen, entfalten selbstverständlich keine juristisch relevante Bindung für Entscheidungen der später errichteten Bundesgerichtsbarkeit im Sinne der „precedent"-Doktrin. In der US-Literatur werden die präkonstitutionellen *state court*-Fälle in einem weiteren Sinne als dogmengeschichtliche Präjudizien diskutiert[26]. Dabei sind die amerikanischen Autoren um eine möglichst detailgetreue Rekonstruktion des verfassungspolitischen Umfelds bemüht, in dem die Gerichte seinerzeit operiert hatten. Diese Anstrengungen werden unternommen, um den Erfahrungshorizont, vor dem sich die Gründer ihre Meinungen über Rolle und Funktion der rechtsprechenden Gewalt gebildet haben, so konkret als eben möglich zu ermitteln. Vor dem so rekonstruierten Erfahrungshorizont der Framer will man dann besser auf deren Absichten schließen können[27]. Solche Schlüsse sind sicherlich bisweilen spekulativ. Ein gewisses Maß an Spekulation ist aber unerlässlich, weil die zeitgenössischen Quellen gerade kein stimmiges Gesamtbild zu erkennen geben.

Jene Ungewissheit über die genaue Beschaffenheit der Absichten der Gründergeneration sorgt dafür, dass die Ursprünge des judicial review in der US-amerikanischen akademischen Debatte noch immer ein so heikles, so umstrittenes Thema sind. Revisionistische[28] Rechtshistoriker, die versuchen, die Deutungshoheit über den geschichtlichen Diskurs zu gewinnen, verfolgen dabei natürlich nicht nur wissenschaftliche Zielsetzungen[29]. Sollten sie sich

---

[23] Vgl. *J. Goebel, Jr.*, History, Bd. I, 1971, S. 125 f.

[24] *M. P. Harrington*, 72 Geo. Wash. L. Rev. 81 (2003); näher oben Kapitel 3, Text bei Fn. 55 ff.

[25] Siehe Text und Nachweise oben Kapitel 3, bei Fn. 46 ff.

[26] *W. W. Crosskey*, Politics and the Constitution, Bd. II, 1953, S. 974, spricht von „pre-Constitutional precedents".

[27] Vgl. *R. Berger*, Congress v. The Supreme Court, 1969, S. 45 f.; *A. V. Baker*, 39 Duq. L. Rev. 766–767 (2001); *S. B. Prakash/J. C. Yoo*, 70 U. Chi. L. Rev. 938–939 (2003).

[28] Das Attribut „revisionistisch" ist im amerikanischen Diskurs politisch unbelastet; es bezeichnet – ganz im eigentlichen Wortsinne – solche Autoren, die überkommene Lehren in Frage stellen (siehe bereits oben Kapitel 1, Fn. 223). Ein Überblick zu den revisionistischen Strömungen in der US-amerikanischen verfassungsgeschichtlichen Debatte um die Ursprünge des judicial review findet sich etwa bei *J. O'Neill*, MLR 65 (2002), S. 792–802.

[29] Vgl. etwa *L. Weinberg*, 89 Va. L. Rev. 1407 (2003), die den revisionistischen Kritikern (siehe bereits oben Kapitel 1, Fn. 223) unterstellt, deren Angriffe auf die überkommene Lehrmeinung beruhten auf „vulgärer Feindseligkeit gegenüber dem Supreme Court".

mit ihrer Version der Geschichte durchsetzen – es sei an den Status des richterlichen Prüfungsrechts als ungeschriebene Verfassungsdoktrin erinnert – geriete die gerichtliche Normenkontrolle in eine veritable Legitimitätskrise[30]. Die Revisionisten haben dann auch beachtlichen argumentativen Aufwand betrieben, um zu begründen, warum die frühen Entscheidungen der state courts „Präjudizien für gar nichts" (*precedents for nothing*) seien[31]. Andere Historiker wollen an der Lehrmeinung, dem sog. „traditional wisdom", festhalten. Danach hat John Marshall die judicial review-Doktrin 1803 in Fortschreibung der frühen Präjudizien entweder erfunden oder jedenfalls endgültig im Verfassungsrecht etabliert[32]. Allerdings gilt das über die Revisio-

---

[30] Waren es im vergangenen Jahrhundert insbesondere konservative Wissenschaftler, die nach Wegen gesucht haben, die Legitimität der Kompetenzausübung durch den aktivistischen, „social justice"-orientierten U.S. Supreme Court unter Chief Justice Warren (auch) mit historischen Argumenten ins Wanken zu bringen (vgl. *W. W. Crosskey*, Politics and the Constitution, 2 Bde., 1953; *R. H. Bork*, The Tempting of America, 1990), sind es in der Gegenwart vor allem liberale, also im politischen Spektrum nach links tendierende Autoren, die sich kritisch bis ablehnend gegenüber judicial review-Kompetenzen eines mehrheitlich konservativen Supreme Court positionicren (so die Einschätzung bei *L. M. Seidman*, 37 J. Marshall L. Rev. 450–451 (2004); vgl. etwa die Arbeiten von *M. Tushnet*, Taking the Constitution Away from the Courts, 1999; *C. R. Sunstein*, One Case at a Time, 1999; *J. Waldron*, 115 Yale L.J. 1346–1406 (2006)). Diese politisch eher links orientierte judicial review-kritische Denkschule wird seit dem Erscheinen von Larry Kramers „The People Themselves" (2004) als „popular constitutionalism" bezeichnet (siehe in Kurzfassung auch *L. D. Kramer*, 148 Proc. Am. Phil. Soc'y 15 (2004)). Kramer ist derjenige Wissenschaftler unter den genannten Autoren, der am intensivsten mit historischen Argumenten arbeitet. Die gemeinsame, wenngleich in Umfang und Ausmaß variierende verfassungspolitische Forderung der „popular constitutionalists" besteht darin, dass an die Stelle einer vermeintlich undemokratischen richterlichen Durchsetzung des normativen Gehalts der Verfassung im wahrsten Sinne „populistische" Mechanismen treten sollen, etwa Wahlen, Demonstrationen und „legislative Agitation" (vgl. *J. R. Siegel*, 97 Iowa L. Rev. 1149 (2012); *M. Hailbronner*, Der Staat 53 (2014), S. 425 (428)) – im Ausgangspunkt weist eine solche Position sicherlich inhaltliche Überschneidungen mit Peter Häberles Forderung nach einer „Demokratisierung der Verfassungsinterpretation" (siehe *P. Häberle*, JZ 1975, S. 297) auf. Siehe zur Kritik an den popular constitutionalists nochmals den Beitrag von Siegel; aus konservativer Richtung etwa *S. D. Gerber*, Distinct Judicial Power, 2011, S. 345 ff., insbes. S. 356 (dort spricht Gerber von einer „jurisprudentiellen Breschnew-Doktrin" der popular constitutionalists, die zum Ziel habe, die etablierten progressiven Präjudizien insbesondere aus der Zeit des liberalen Warren Court vor dem Zugriff [einem „overruling"] durch die sich herausbildende konservative Mehrheit am U.S. Supreme Court zu schützen.).
[31] *R. L. Clinton*, Marbury v. Madison and Judicial Review, 1989, S. 49; siehe auch *W. W. Crosskey*, Politics and the Constitution, Bd. II, 1953, S. 974 f.
[32] Siehe *D. Alfange, Jr.*, Marbury v. Madison and Original Understandings of Judicial Review: In Defense of Traditional Wisdom, in: 1993 Sup. Ct. Rev. 329; *G. Leonard*, Iredell Reclaimed, Farewell to Snowiss's History of Judicial Review, in: 81 Chi.-Kent L. Rev. 867–882 (2006); *L. Weinberg*, Our Marbury, in: 89 Va. L. Rev. 1235–1412 (2003).

nisten Gesagte ebenso für die Verteidiger der Lehrmeinung. Auch ihre Arbeiten sind nicht ausschließlich wissenschaftlich motiviert. Zwischen Befürwortern und Gegnern des richterlichen Prüfungsrechts geht es letztlich darum, aus den historischen Quellen Argumente zu gewinnen, die sich entweder für oder gegen die aktuelle judicial review-Praxis der amerikanischen Gerichte in Stellung bringen lassen[33]. Anhänger der Lehrmeinung verweisen darauf, dass eine Reinterpretation der Vergangenheit zu ideologischen Zwecken nicht als redliche rechtshistorische Wissenschaft akzeptiert werden könne[34]. Der Vorwurf von Seiten der Revisionisten lautet, die Verteidiger der Lehrmeinung hätten den klaren Blick auf die Dinge eingebüßt, weil sie bezogen auf die Ursprünge des richterlichen Prüfungsrechts im Allgemeinen und im Besonderen mit Blick auf die Entscheidung *Marbury v. Madison* einem exzessiven „Doktrinarismus" verfallen seien:

"Chief Justice Marshall's concern with judicial review has been exaggerated by the desire of legal scholars for a strong foundation for this doctrine [of judicial review]."[35]

I. Commonwealth v. Caton, et al. (Virginia, 1782)

Commonwealth v. Caton[36] wurde 1782 in Virginia entschieden. Der Justizminister und Prozessbevollmächtigte des Commonwealth of Virginia, Edmund Randolph, betrieb den Vollzug einer Sanktion, die gegen John Caton und zwei weitere wegen Kollaboration mit den Briten während des Revolu-

---

[33] Siehe etwa *M. S. Bilder*, 116 Yale L.J. 510 (2006); *R. F. Nagel*, 38 Wake Forest L. Rev. 614 (2003), ("the revisionist view can work to de-legitimize contemporary practices"); *J. Nowak/R. Rotunda*, Constitutional Law, 8. Aufl. 2010, S. 6, 13 ("One's view of the judicial function relates to his or her view of the historical basis for judicial supremacy."); ähnlich auch *C. Simons*, Grundrechte und Gestaltungsspielraum, 1999, S. 38 f.; zu einer allgemeinen Einschätzung der Motive US-amerikanischer Rechtsgeschichtsschreibung bei *O. Lepsius*, Rg 19 (2011), S. 190 (193) („latent politisch").

[34] *D. Alfange, Jr.*, 1993 Sup. Ct. Rev. 445.

[35] *J. M. O'Fallon*, 44 Stan. L. Rev. 219 (1992).

[36] Von der Entscheidung ist keine zeitgenössische amtliche Dokumentation überliefert. Erst im Jahr 1827 ist ein aus verschiedenen Quellen zusammengesetzter Report von Daniel Call erschienen. Die Fundstelle lautet *Commonwealth v. Caton*, 8 Va. (4 Call) 5 (1782) (kommentierter Nachdruck bei J. B. Thayer [Hrsg.], Cases on Constitutional Law, Bd. 1, 1895, S. 55-62). – Aufgrund der annähernd 50 Jahre, die zwischen Verkündung und Erscheinen des Reports liegen, wird teilweise bezweifelt, ob das Urteil als historisch belastbare Quelle herangezogen werden kann, zumal einige Autoren Daniel Call tendenziöse Interpolationen unterstellen (siehe etwa *L. B. Boudin*, Government by Judiciary, Bd. I, 1932, S. 531 ff.; *W. W. Crosskey*, Politics and the Constitution, Bd. II, 1953, S. 952; *J. M. Sosin*, Aristocracy, 1989, S. 297 f., vgl. auch *R. L. Clinton*, Marbury v. Madison and Judicial Review, 1989, S. 49). Ausführliche Rekonstruktion und Analyse des Falles bei *W. M. Treanor*, 143 U. Pa. L. Rev. 491-570 (1994); in komprimierter Form auch *ders.*, 58 Stan. L. Rev. 489–496 (2005).

tionskriegs strafgerichtlich verurteilte Delinquenten verhängt worden war. Aus naheliegenden Gründen wollten die drei Übeltäter ihre Haut retten. Sie wandten sich mit der Begründung, sie seien in einem ordnungsgemäßen Verfahren durch das Unterhaus der Legislative des Staates Virginia begnadigt worden, gegen die drohende Strafvollstreckung[37].

Die für das Verfahren *Commonwealth v. Caton* entscheidungserhebliche Rechtsfrage lautete folgendermaßen: Ist die stattgebende Entscheidung über ein Gnadengesuch wirksam, wenn sie nur durch das Unterhaus der Gesetzgebungskörperschaft getroffen wird, und eine Zustimmung des Senats[38] unterbleibt[39]? Die einschlägige Vorschrift der Verfassung des Staates Virginia schien diese – von Caton und seinen Mitstreitern vertretene – Rechtsauffassung zu bestätigen[40]. Doch existierte ein einfachrechtliches Statut, der sog. Treason Act von 1776, der eine gemeinsame Entscheidung von Ober- und Unterhaus des Staates über Begnadigungen vorschrieb[41]. Der Justizminister argumentierte dann auch für das Commonwealth, dass die Mitwirkung des Oberhauses nach dem Gesetzeswortlaut als zwingend anzusehen sei. Die Gnadenbefugnis könne durch das Unterhaus allein nicht wirksam ausgeübt werden[42]. In Ermangelung einer wirksamen Begnadigung habe das strafgerichtliche Urteil Bestand[43].

In diesem Zusammenhang stellten sich dem erkennenden Gericht die Fragen, ob die einschlägige Regelung des Treason Act, die bei der Ausübung der Gnadenbefugnis eine Mitwirkung des Senats anordnet, gegen die Verfassung verstößt, und weiter, ob das Gericht eine Norm des einfachen Rechts für ungültig erklären kann, falls jene zu der Verfassung des Staates in Widerspruch gerät.

---

[37] *S. Sherry*, 54 U. Chi. L. Rev. 1144 (1987); *S. Snowiss*, Judicial Review, 1990, S. 17; siehe zur prozessualen Konstellation näher *Ph. Hamburger*, Law and Judicial Duty, 2008, S. 489 f., 537 ff.

[38] Der Senat verweigerte seine Zustimmung zu der Resolution des Unterhauses, mit der die Verurteilten begnadigt worden waren, siehe *Ch. G. Haines*, American Doctrine, 2. Aufl. 1959 (Ndr.), S. 96. - Laut *Ph. Hamburger*, Law and Judicial Duty, 2008, S. 488, der sich auf einen zeitgenössischen Bericht stützt, hatte der Senat die Resolution des Unterhauses nicht aus inhaltlichen Gründen zurückgewiesen, sondern anscheinend deshalb, weil sich der Senat nicht für zuständig hielt ("refusing to have any thing to do with it").

[39] *W. M. Treanor*, 58 Stan. L. Rev. 489 (2005); *J. M. Sosin*, Aristocracy, 1989, S. 208.

[40] Siehe *Ph. Hamburger*, Law and Judicial Duty, 2008, S. 488 ff., dort ist auch das Originalzitat der einschlägigen (und etwas umständlichen) Norm aus der Verfassung Virginias von 1776 nachgewiesen; vgl. dazu auch *W. M. Treanor*, 58 Stan. L. Rev. 490 (2005).

[41] *J. Goebel, Jr.*, History, Bd. I, 1971, S. 126 f.

[42] Siehe zu der Argumentationsstrategie des Attorney General Edmund Randolph näher *Ph. Hamburger*, Law and Judicial Duty, 2008, S. 490 ff.

[43] Siehe etwa *S. D. Gerber*, Distinct Judicial Power, 2011, S. 338.

Die Delinquenten hielten der Rechtsauffassung des Justizministers entgegen, der Treason Act sei verfassungswidrig und deshalb nichtig. Die unmittelbare Anwendung desjenigen Rechtssatzes der Verfassung, der dem Unterhaus im vorliegenden Fall die alleinige Gnadenbefugnis zuweist, führe zu dem Ergebnis, dass dem Gnadengesuch in formell rechtmäßiger Weise stattgegeben und das strafgerichtliche Urteil gegen Caton und dessen Mitstreiter daher wirkungslos geworden sei[44].

Bemerkenswert an *Commonwealth v. Caton* ist der Umstand, dass sechs der acht an der Entscheidung beteiligten Richter offenbar dahin neigten, die Frage nach dem Bestehen einer gerichtlichen Normenkontrollkompetenz zu bejahen[45], obgleich die Mehrheit der Richter einen Widerspruch zwischen Verfassung und Statut überhaupt nicht erkennen konnte. Der Wortlaut der einschlägigen Verfassungsnorm war nach der Auffassung des Gerichts so mehrdeutig, dass die Legislative die Sache nach ihrer rechtspolitischen Präferenz durch Gesetz zu regeln hatte.

"I am of opinion that the Treason Act is not contrary to the constitution, but a proper exercise of the Power reserved to the Legislature of directing the mode of Pardon."[46]

Auf den ersten Blick scheint die zuletzt genannte Frage also rein hypothetisch: Wenn ein Verfassungsverstoß schon nicht festgestellt werden kann, dann kommt es auf die Frage nach einer gerichtlichen Kontrollkompetenz gar nicht mehr an. Es handelte sich um eine sog. „moot question"[47,48] – und über eine solche ist nicht zu entscheiden, insoweit sie über den konkreten Streitgegenstand hinausreicht[49]. Dass das Gericht dennoch über das Bestehen

---

[44] Siehe *Commonwealth v. Caton*, 8 Va. (4 Call) 5, 7 (1782).

[45] *Commonwealth v. Caton*, 8 Va. (4 Call) 5 (1782); vgl. *J. Goebel, Jr.*, History, Bd. I, 1971, S. 127; *W. Mendelson*, 29 U. Chi. L. Rev. 333 (1962); siehe aber auch *S. Sherry*, 54 U. Chi. L. Rev. 1144 (1987); *L. D. Kramer*, 115 Harv. L. Rev 60 (2001), denen zufolge nur zwei der sechs Richter, die in der dritten Frage mit der Mehrheit votierten, zu der Frage nach einer judicial review-Kompetenz „in any detail" (Sherry) Stellung bezogen hätten; siehe zu den Voten der einzelnen Richter auch *W. M. Treanor*, 58 Stan. L. Rev. 492–493 (2005).

[46] "Edmund Pendleton's Account of the 'Case of the Prisoners'," 1782, in: D. Mays (Hrsg.), Letters and Papers of Edmund Pendleton, Bd. II, 1967, S. 416 (425); vgl. *J. M. Sosin*, Aristocracy, 1989, S. 210.

[47] So sah es nach *J. M. Sosin*, Aristocracy, 1989, S. 209, auch der an der Entscheidung beteiligte Richter John Blair ("Blair agreed that while the Court ... had jurisdiction, the question of its authority to declare a legislative enactment void as being at variance with the constitution was moot").

[48] *Th. Millet*, 23 Santa Clara L. Rev. 745 (1983); siehe zur Mootness-Justitiabilitätsdoktrin *E. Chemerinsky*, Principles and Policies, 5. Aufl. 2015, S. 118 ff.; *J. Nowak/R. Rotunda*, Constitutional Law, 8. Aufl. 2010, S. 71 ff.

[49] *Ex parte Baez*, 177 U.S. 378, 390 (1900) ("It is well settled that this Court will not proceed to adjudication where there is no subject matter on which the judgment of the court can operate.").

eines richterlichen Prüfungsrechts räsoniert hat, obwohl es zu der mehrheitlichen Überzeugung gelangt ist, dass das in Rede stehende Statut verfassungskonform sei[50], lässt sich wohl nur damit erklären, dass das Gericht, auch wenn es sich zur Feststellung eines Widerspruchs zwischen der Verfassung und dem angegriffenen Legislativakt schlussendlich nicht durchringen konnte, doch irgendwie begründen musste, warum es überhaupt Erwägungen zur Verfassungskonformität des Statuts und damit zu dessen Anwendbarkeit bzw. Gültigkeit angestellt hat. Die Existenz einer – im Einzelnen wie auch immer beschaffenen – judicial review-Kompetenz war in *Commonwealth v. Caton* eine notwendige normative Bedingung dafür, dass das Gericht die Überprüfung des Legislativakts am Maßstab der Verfassung überhaupt in legitimer Weise durchführen konnte. Hätte das Gericht eine verfassungsrechtliche Prüfung des Gesetzes unternommen, ohne sich zu der Frage des Bestehens eines richterlichen Prüfungsrechts zu positionieren, hätte das sicher die Frage danach aufgeworfen, woher das Gericht die Autorität nimmt, in Abwesenheit einer geschriebenen oder gewohnheitsrechtlich anerkannten Ermächtigung über die Gültigkeit oder Anwendbarkeit eines Legislativakts zu befinden. Denn letztlich verbirgt sich (auch) hinter jeder die Legislative im Ergebnis bestätigenden normenkontrollierenden Entscheidung die – wenigstens: implizite – Inanspruchnahme des richterlichen Prüfungsrechts[51]. Das Gericht hätte diejenigen Argumente Catons, mit denen der Treason Act wegen dessen vermeintlicher Verfassungswidrigkeit angegriffen worden war[52], ansonsten unter Hinweis auf die (aus der Kolonialzeit tradierte) Lehre von der Suprematie der Legislative zurückweisen müssen.

Das Gericht entschied den Fall zwar zu Ungunsten Catons und der anderen Übeltäter, aber es positionierte sich dabei auch gegen die Souveränität der Legislative. Es signalisierte, verfassungswidrigen Akten der Gesetzgebung in Zukunft die Anerkennung zu verweigern. Für den Fall, dass es künf-

---

[50] Vgl. *Ch. G. Haines*, American Doctrine, 2. Aufl. 1959 (Ndr.), S. 97 ("the opinions were in the nature of dicta"); *J. B. Thayer*, 7 Harv. L. Rev. 140 (1893).

[51] An dieser Argumentation zweifelt *M. P. Harrington*, 72 Geo. Wash. L. Rev. 75 (2003) bezogen auf *Caton*. Nach *W. M. Treanor*, 143 U. Pa. L. Rev. 531 (1994), sei *Commonwealth v. Caton* insoweit jedenfalls kein Präjudiz für judicial review; siehe aber zum hier vertretenen Standpunkt *K. E. Whitthington*, 97 Geo. L.J. 1262, 1277 (2009); *R. P. Frankel, Jr.*, 28 J. Sup. Ct. Hist. 1, 11 (2003) (bezogen auf die vergleichbare Konstellation in *Hylton v. United States* (dazu unten, Fn. 206 ff. und begleitender Text)); *S. R. Olken*, 37 J. Marshall L. Rev. 403 (2004) ("courts also review the constitutionality of statutes they uphold"); siehe auch *W. W. Van Alstyne*, 1969 Duke L.J. 14 ("If Acts of Congress are not judicially reviewable on grounds of constitutionality, by definition, the Court is not to consider the Constitutionality of [any] act.").

[52] Der Verteidiger Andrew Ronald argumentierte, der Treason Act sei „contrary to the plain declaration of the constitution; and therefore void", siehe *Commonwealth v. Caton*, 8 Va. (4 Call) 5, 7 (1782).

tig zum Schwur kommen sollte, notierte Richter Edmund Pendleton über seine grundsätzliche Bereitschaft, einen verfassungswidrigen Akt der Legislative nicht zu befolgen:

"[It] is a deep, important, and I will add, an awful question; from which I will not shrink if ever it shall become my duty to decide it."[53]

Als Maßstab der Prüfung kommt für Pendleton nur das geschriebene[54] Verfassungsrecht in Betracht[55]. Er hatte sich und den Prozessbeteiligten während der mündlichen Verhandlung die Frage gestellt,

"[w]hether a Court of Law could declare an Act of the Legislature void because it was repugnant to the Act for the Constitution of Government?"[56]

Von einem ergänzenden Rückgriff auf common law oder das Naturrecht ist nicht die Rede. Diese – freilich in Gestalt einer Frage formulierte – Aussage Pendletons spricht im Übrigen gegen die oben referierte Sichtweise, wonach die Gerichte in der Prä-*Marbury*-Epoche nicht mit judicial review, sondern allenfalls mit dem Instrument der verfassungs- bzw. common law-konformen Auslegung operiert hätten[57]. Die sprachliche Klarheit in Pendletons Ausführungen lässt für eine solche Interpretation wenig Spielraum: Die Wendungen „declare void" und „declare the nullity of a law"[58] lassen keine Anhaltspunkte dafür erkennen, dass er gemeint haben könnte, es gehe ihm lediglich um verfassungskonformes Auslegen.

---

[53] "Edmund Pendleton's Account of the 'Case of the Prisoners'," 1782, in: D. Mays (Hrsg.), Letters and Papers of Edmund Pendleton, Bd. II, 1967, S. 416 (422).

[54] Vgl. zur „geschriebenen" Verfassung in der Argumentation des Gerichts *S. Snowiss*, Judicial Review, 1990, S. 23 f. und *W. M. Treanor*, 58 Stan. L. Rev. 494 (2005). – Kritisch *S. Sherry*, 54 U. Chi. L. Rev. 1145 (1987), deren verfassungshistorische Kernthese – unabhängig von *Commonwealth v. Caton* – dahin geht, dass die US-Richter bei der Ausübung der judicial review-Kompetenz auf Naturrecht statt auf geschriebenes Verfassungsrecht rekurriert hätten (vgl. unten Fn. 301 ff. und begleitenden Text). Eine Ausnahme bestehe nach Sherry nur insoweit, als staatsorganisationsrechtliche Fragen entschieden werden mussten. In derartigen Fällen hätten die Richter auch das positivierte Verfassungsrecht näher berücksichtigt.

[55] Vgl. *B. Friedman*, Will of the People, 2009, S. 24 f., dort mit Fn. 44 ("The first case in which the issue [of judicial review] was raised may have been ... *Commonwealth v. Caton*."); siehe auch *S. Sherry*, 54 U. Chi. L. Rev. 1143-1144 (1987); *Ch. G. Haines*, American Doctrine, 2. Aufl. 1959 (Ndr.), S. 98; zu der problematischeren Konstellation des judicial review am Maßstab des ungeschriebenen Verfassungsrechts den Fall *Trevett v. Weeden* sogleich unten, II.

[56] "Edmund Pendleton's Account of the 'Case of the Prisoners'," 1782, in: D. Mays (Hrsg.), Letters and Papers of Edmund Pendleton, Bd. II, 1967, S. 416 (417).

[57] Siehe oben, Text bei Fn. 14 ff.

[58] *Commonwealth v. Caton*, 8 Va. (4 Call) 5, 17 (1782).

Commonwealth v. Caton sticht unter den frühen Präjudizien hervor, weil es sich um einen der wenigen Anwendungsfälle des richterlichen Prüfungsrechts vor 1787 handelt, in dem nicht über einen Akt der Legislative gestritten wurde, dessen Regelungsbereich auf die Justizverfassung beschränkt war[59]. Zwar berühren Fragen des Gnadenrechts auch den Funktionsbereich der Justiz. Hier wurde aber nicht über das Gnadenrecht als solches gestritten, sondern über die formelle Ordnungsgemäßheit des legislativinternen Entscheidungsprozesses. *Caton* lässt sich also auch denjenigen Beobachtern entgegenhalten, die behaupten, judicial review-Kompetenzen seien in der frühen Republik nur insoweit anerkannt gewesen, als die zu überprüfenden Gesetze den Funktionsbereich der Justiz („province of the judiciary") berührten[60].

Aus den relativ klaren Aussagen des Gerichts und der anderen Prozessbeteiligten (Justizminister, Catons Bevollmächtigter, amici curiae) in *Caton* kann man den Schluss ziehen, dass die judicial review-Doktrin jedenfalls in Virginia etwas mehr als ein Jahrzehnt vor *Marbury* eine gewisse Akzeptanz bei den praktizierenden Juristen gefunden hatte[61]. Nur eine interessante Randnotiz ist in diesem Zusammenhang der Umstand, dass – so will es jedenfalls die Legende – ein gewisser Rechtsanwalt namens John Marshall dem *Caton*-Prozess als Zaungast beigewohnt haben soll[62].

Commonwealth v. Caton ist schließlich auch deshalb eine klassische Referenz für die Ursprünge der richterlichen Normenkontrolle geworden, weil James Bradley Thayer den Richter Pendleton in seinem – Thayers – Harvard Law Review-Artikel von 1893 als Hauptreferenz für seine Theorie des normativen Gehalts der judicial restraint-Doktrin benannt hat[63]. Thayers Theo-

---

[59] Siehe *L. D. Kramer*, 115 Harv. L. Rev. 59–60 (2001); *W. M. Treanor*, 58 Stan. L. Rev. 493 (2005); zu *Rutgers v. Waddington* (1784) und dem *Symsbury's Case* (1785), die sich ja auch nicht in die Kategorie der „jury trial cases" einordnen lassen, siehe oben, Fn. 8; vgl. auch *Ph. Hamburger*, Law and Judicial Duty, 2008, S. 407; *G. Leonard*, 81 Chi.-Kent L. Rev. 877–878 (2006); siehe aber *J. Goebel, Jr.*, History, Bd. I, 1971, S. 131 a. E., der darauf aufmerksam macht, dass *Rutgers* wohl eher nicht als starkes Präjudiz für das richterliche Prüfungsrecht angesehen werden könne.

[60] Siehe *S. R. Olken*, 37 J. Marshall L. Rev. 406 (2004) ("virtually all of the judicial precedent for voiding ordinary laws involved regulations of judicial power"); ferner *L. B. Boudin*, Government by Judiciary, Bd. I, 1932, S. 114 f.; *W. W. Crosskey*, Politics and the Constitution, Bd. II, 1953, S. 955 ("prerogatives of the judiciary").

[61] Vgl. *Ph. Hamburger*, Law and Judicial Duty, 2008, S. 496; *W. M. Treanor*, in: V. C. Jackson/J. Resnik (Hrsg.), Federal Courts Stories, 2010, S. 29 (44 f.); zweifelnd *W. W. Crosskey*, Politics and the Constitution, Bd. II, 1953, S. 955.

[62] *W. M. Treanor*, 143 U. Pa. L. Rev. 497 (1994); *H. Dippel*, in: G. Birtsch (Hrsg.), Grund- und Freiheitsrechte, 1987, S. 135 (154).

[63] *J. B. Thayer*, 7 Harv. L. Rev. 140 (1893); kritisch zu diesem Argument Thayers *W. M. Treanor*, 58 Stan. L. Rev. 494–495 (2005) ("It is ... not a statement [siehe Text bei Fn. 66] of how courts should interpret the constitution."); vgl. zur Bedeutung des Thayer-Aufsatzes *M. Kriele*, Der Staat 4 (1965), S. 195 (208) (Thayers Beitrags als „eine Art Bibel für Ver-

rie besagt, dass Legislativakte durch die Gerichte solange unangetastet bleiben sollen, als eine vertretbare Auslegung des Verfassungsrechts zu dem Ergebnis führt, dass das Gesetz verfassungskonform sei. Anders gewendet darf ein Gesetz nach Thayers Ansatz nur dann für ungültig erklärt werden, wenn dessen Verfassungswidrigkeit so eindeutig erkennbar ist, dass sie in einer „rationalen Diskussion nicht angefochten werden kann" (‚not open to rational question')[64]. Thayer behauptet nicht, Pendleton habe seine – Thayers – Lesart des judicial restraint-Gedankens bereits vorweggenommen. Vielmehr meint Thayer, Pendleton habe einen entsprechenden Ansatz bereits „im Voraus angedeutet"[65]. Thayer bezieht sich auf folgende Textpassage:

"How far this court, in whom the judiciary powers may in some sort be said to be concentrated, shall have power to declare the nullity of a law passed in its forms by the legislative power, without excercising the power of that branch, contrary to the plain terms of that constitution, is indeed a deep, important, and, I will add, a tremendous question, the decision of which would involve consequences to which gentlemen may not ... have extended their ideas."[66]

Vieles spricht dafür, dass dieser Kommentar Pendletons in die von Thayer angedachte Richtung gedeutet werden muss. Allerdings lässt die in *Caton* geführte Diskussion über die ‚richtige' Handhabung der Normenkontrolle keinen eindeutigen Konsens erkennen: Catons Bevollmächtigter warb für einen textualistischen Ansatz. Der Normtext sei jedoch „im Zweifel für die Gnade" auszulegen[67]. Der Justizminister, der die Normenkontrollbefugnis ohnehin bloß zähneknirschend anerkennen wollte, meinte, nur dort, wo ein „unüberbrückbarer Widerspruch" (irreconcilable conflict) zwischen Verfassung und Statut bestehe, könne das Gericht judicial review-Kompetenzen aktivieren[68]. Der amicus curiae St. George Tucker, einer der bekannteren Rechtswissenschaftler jedenfalls der frühen Republik[69], stimmte der Einschätzung des Justizministers bezogen auf das Erfordernis eines „unüberbrückbaren Widerspruchs" grundsätzlich zu. Er vertrat jedoch zudem die

---

fechter der Lehre" der richterlichen Zurückhaltung); zu Thayer auch oben Kapitel 1, Fn. 229, 272 f. und begleitenden Text.

[64] *J. B. Thayer*, 7 Harv. L. Rev. 144 (1893); siehe dazu auch *E. H. Caminker*, 78 Ind. L.J. 82–83 (2003); *D. Luban*, 44 Duke L.J. 453 (1994); *H. P. Monaghan*, 83 Colum. L. Rev. 7 n. 35 (1983); *R. A Posner*, 100 Calif. L. Rev. 529, 536 (2012). In der aktuellen akademischen Debatte lebt dieser Ansatz im sog. „judicial deference"-Konzept fort; siehe nochmals *E. H. Caminker*, 78 Ind. L.J. 86 (2003) ("Contemporary scholars continue to justify deferential review on Thayerian ... grounds.").

[65] *J. B. Thayer*, 7 Harv. L. Rev. 140 (1893).

[66] *Commonwealth v. Caton*, 8 Va. (4 Call) 5, 17 (1782) (Pendleton, C.J.).

[67] Siehe *Commonwealth v. Caton*, 8 Va. (4 Call) 7 (1782).

[68] *W. M. Treanor*, 58 Stan. L. Rev. 490 (2005), der aus den Privataufzeichnungen des Generalstaatsanwalts zitiert.

[69] *P. D. Carrington*, 31 Wm. & Mary L. Rev. 540 (1990).

Auffassung, man dürfe bei der Prüfung, ob ein solcher Widerspruch vorliege, nicht nur den Wortlaut der Verfassungsnormen heranziehen, sondern man müsse auch den „Geist der Verfassung" (spirit[70]) bei deren Auslegung berücksichtigen[71,72]. Die beiden Richter Pendleton und George Wythe, von denen längere Ausführungen überliefert sind, beziehen nicht eindeutig Stellung. Wythe äußert ein unmissverständliches und „melodramatisches"[73] Plädoyer für das richterliche Prüfungsrecht[74], aber die entscheidende Frage, unter welchen Voraussetzungen die Gerichte Gesetze für nichtig erklären dürfen, lässt er offen[75]. Pendleton kann ebensowenig mit einer klaren Strategie aufwarten, und er ist von der Idee, einen Legislativakt für nichtig zu erklären, zudem deutlich weniger begeistert als sein Kollege Wythe[76]. Eindeutige Schlüsse drängen sich bezogen auf die Vorstellungen der an *Caton* beteiligten Akteure nicht unbedingt auf; eine Tendenz in Richtung richterlicher Zurückhaltung wird dennoch vor allem bei Pendleton relativ deutlich erkennbar.

II. Trevett v. Weeden (Rhode Island, 1786)

John Trevett, ein Tischler aus Rhode Island, suchte den Metzger seines Vertrauens namens John Weeden auf, um bei ihm einzukaufen. Diese alltägliche[77] Episode, die sich an der Zeitenwende zwischen post-revolutionärer Ära und früher Republik zugetragen hatte, lag einem weiteren häufig zitierten Präzedenzfall[78] für das richterliche Prüfungsrecht zu Grunde. Juristisch hei-

---

[70] Vgl. zum „Geist der Verfassung" bereits oben Kapitel 3, insbesondere Text bei Fn. 767, 841.

[71] Siehe *W. M. Treanor*, 143 U. Pa. L. Rev. 527 (1994) und *ders.*, 58 Stan. L. Rev. 491–492 (2005), der aus den Privataufzeichnungen Tuckers zitiert.

[72] Tucker wurde später selbst Richter in der Justiz des Staates Virginia und propagierte judicial review auch in dieser Funktion, siehe das Votum Tuckers in *Kamper v. Hawkins*, 1 Va. Cas. (3 Va.) 20, 66 (Gen. Ct. 1793).

[73] *L. D. Kramer*, People Themselves, 2004, S. 64; *ders.*, 115 Harv. L. Rev. 55 (2001).

[74] *Commonwealth v. Caton*, 8 Va. (4 Call) 5, 8 (1782) ("Nay more, if the whole legislature, an event to be deprecated, should attempt to overleap the bounds, prescribed to them by the people, I, in administering the public justice of the country, will meet the united powers, at my seat in this tribunal; and, pointing to the constitution, will say, to them, here is the limit of your authority; and, hither, shall you go, but no further.").

[75] Siehe "Edmund Pendleton's Account of the 'Case of the Prisoners'," 1782, in: D. Mays (Hrsg.), Letters and Papers of Edmund Pendleton, Bd. II, 1967, S. 416 (422).

[76] *W. M. Treanor*, 58 Stan. L. Rev. 495 (2005).

[77] Ganz so banal war die Episode dann vielleicht doch nicht, wenn man bedenkt, dass sie sich zu einer Zeit zugetragen hat, in der die Amerikaner mit einer starken Überschuldung infolge des Revolutionskrieges (siehe dazu *P. T. Conley*, Rhode Island History Bd. 30 [1971], S. 95 [96]) und zudem mit Inflation und Lebensmittelknappheit zu kämpfen hatten.

[78] *Ch. G. Haines*, American Doctrine, 2. Aufl. 1959 (Ndr.), S. 105 ("[Trevett is] one of the landmarks in the development of judicial control over legislation in the United Sta-

kel wurde der zwischen Trevett und Weeden abgeschlossene – und für sich genommen völlig unspektakuläre – Kaufvertrag wegen eines Gesetzes des Staates Rhode Island, mit dem Papiergeld zu einem gesetzlichen Zahlungsmittel (legal tender) erklärt worden war. Im Nachgang der Revolution war Papiergeld bei den Händlern wegen dessen schnellen Wertverlusts nicht gern gesehen[79]. Die Legislative des Staates Rhode Island steuerte dem mit einer drastischen[80] Maßnahme entgegen: Sollte sich ein Kaufmann weigern, Papiergeld zu akzeptieren, konnten seine Schuldner ein gerichtliches Eilverfahren (summary action) gegen diesen betreiben, an dessen Ende sie durch Richterspruch der Verbindlichkeit aus dem Kauf enthoben werden konnten. Zusätzlich wurde für dem Papiergeldgesetz Zuwiderhandelnde eine empfindliche Geldbuße fällig. Die fällige Geldbuße sollte zwischen dem Staat Rhode Island und dem Denunzianten aufgeteilt werden (sog. „qui tam"-Klageverfahren)[81]. So lag der Fall (wohl)[82] auch in *Trevett v. Weeden*: Weeden weigerte sich, Trevetts Papiergeld anzunehmen und wurde von diesem daraufhin bei den Justizbehörden angezeigt.

James Varnum, früher General der Kontinentalarmee, nunmehr Rechtsanwalt und Prozessbevollmächtigter des John Weeden, argumentierte vor dem Superior Court of Judicature of Rhode Island, die Klage müsse abgewiesen werden, weil der „Enforcing Act"[83], jenes Gesetz, das die die Annahme von Papiergeld verweigernden Gläubiger sanktioniert, verfassungswidrig sei.

---

tes."); ähnlich *B. Friedman*, Will of the People, 2009, S. 29 ("one of the earliest and most renowned cases of judicial review").

[79] *M. P. Harrington*, 72 Geo. Wash. L. Rev. 79 (2003); *S. D. Gerber*, Distinct Judicial Power, 2011, S. 340.

[80] *J. Goebel, Jr.*, History, Bd. I, 1971, S. 137 f.; *Ph. Hamburger*, Law and Judicial Duty, 2008, S. 437, kommentiert: „It was only the first of a series of laws that would make Rhode Island notorious." – Siehe zur Papiergeldpolitik Rhode Islands in den 1780er Jahren *J. Heideking*, Historische Zeitschrift, Bd. 246 (1988), S. 47 (66).

[81] Siehe *D. J. Hulsebosch*, 81 Chi.-Kent L. Rev. 855 (2006); *N. Chapman/M. McConnell*, 121 Yale L.J. 1710 (2012). Hinsichtlich des Verfahrens finden sich im Einzelnen widersprüchliche Angaben; eine ausführliche Schilderung des Verfahrensgangs findet sich etwa bei *P. T. Conley*, Rhode Island History, Bd. 30 (1971), S. 95 (98, 102); *L. B. Boudin*, Government by Judiciary, Bd. I, 1932, S. 58 f.

[82] Von der Entscheidung existiert keine amtliche Dokumentation. Zu einer ausführlichen Rekonstruktion siehe *Ph. Hamburger*, Law and Judicial Duty, 2008, S. 435–449. Eine (zumal tendenziöse) zeitgenössische Schilderung findet sich bei Weedens Anwalt James Varnum, der 1787 eine Flugschrift mit dem Titel „The Case Trevett Against Weeden" veröffentlicht hatte, in der er den Fall, den er verhandelt hatte, der breiten Öffentlichkeit präsentiert (gekürzter und kommentierter Nachdruck bei J. B. Thayer [Hrsg.], Cases on Constitutional Law, Bd. 1, 1895, S. 73–78).

[83] Zum „Enforcing Act" siehe *J. Goebel, Jr.*, History, Bd. I, 1971, S. 137 mit Nachweis; vgl. im Übrigen *P. T. Conley*, Rhode Island History Bd. 30 (1971), S. 95 (102).

A. Entscheidungen durch Gerichte der Bundesstaaten 277

Rhode Island hatte sich im Jahr 1786 noch keine eigene geschriebene Verfassung („express constitution"[84]) gegeben; das koloniale Organisationsstatut („colonial charter"), das 1663 von Karl II. erlassen worden war, war noch in Kraft[85].

Varnum begründete die Verfassungswidrigkeit des Enforcing Act nicht, wie man erwarten könnte, mit der Behauptung, die Regelungen seien unverhältnismäßige legislative Eingriffe etwa in die Eigentums- oder Berufsfreiheit. Varnum meinte, das Gesetz verstoße gegen die Justizverfassung. Sein Argument ging im Wesentlichen[86] dahin, dass der Metzger Weeden durch die Anwendung des Enforcing Act in seinem verfassungsmäßigen Recht auf einen Geschworenenprozess verletzt worden sei[87]. Tatsächlich ordnete das Gesetz eine gerichtliche Entscheidung im beschleunigten Verfahren ohne Mitwirkung von Geschworenen an[88].

Der Gesetzgeber entschied sich nicht ausschließlich aus prozessökonomischen Erwägungen für ein Verfahren ohne Geschworene. Man fürchtete, eine zur Entscheidung berufene Jury könnte sich gegen das weithin unpopuläre Papiergeldgesetz auflehnen und ihm die Anwendung versagen[89]. Rechtsmittel gegen Entscheidungen im gerichtlichen Verfahren nach dem Enforcing Act waren zudem nicht vorgesehen[90].

Anders als in Virginia, wo man sich eine eigene Verfassung gegeben hatte, konnte Varnum dem erkennenden Gericht eine geschriebene Verfassungsnorm, gegen die die Legislative des Staates Rhode Island durch den Erlass des Enforcing Act verstoßen haben könnte, nicht benennen. Das fortgeltende koloniale Organisationsstatut, dem womöglich ein verfassungsrechtlicher Status zuerkannt werden könnte, enthielt jedenfalls keine Garantie eines Geschworenenprozesses[91]. So lag es nahe, Varnum entgegenzuhalten, Rhode Island habe gar keine Verfassung. Diesen Einwand konterte Varnum wie folgt:

---

[84] *Ph. Hamburger*, Law and Judicial Duty, 2008, S. 436.
[85] *L. D. Kramer*, People Themselves, 2004, S. 41; *M. P. Harrington*, 72 Geo. Wash. L. Rev. 85 n. 114 (2003), spricht von weiteren „minor modifications".
[86] Siehe zu weiteren, allerdings für den hier zu behandelnden Zusammenhang uninteressanten Argumenten *L. B. Boudin*, Government by Judiciary, Bd. I, 1932, S. 59 f.
[87] Siehe *Ch. G. Haines*, American Doctrine, 2. Aufl. 1959 (Ndr.), S. 105, dem zufolge Varnum jury trial als „fundamental right, a part of our legal constitution" bezeichnet.
[88] Siehe *M. P. Harrington*, 72 Geo. Wash. L. Rev. 79 (2003); *R. L. Clinton*, Marbury v. Madison and Judicial Review, 1989, S. 51, mit Nachweis.
[89] So *S. Sherry*, 54 U. Chi. L. Rev. 1138 (1987). – Siehe zur Rolle der Geschworenen und insbesondere zur Praxis der sog. „jury nullification" in der amerikanischen Justiz während der Kolonialzeit und im post-revolutionären Ära oben Kapitel 3, Fn. 255 ff. und begleitenden Text.
[90] *J. Goebel, Jr.*, History, Bd. I, 1971, S. 137.
[91] Nochmals *J. Goebel, Jr.*, History, Bd. I, 1971, S. 138; außerdem *Ph. Hamburger*, Law and Judicial Duty, 2008, S. 442; *S. Sherry*, 54 U. Chi. L. Rev. 1139 (1987); *Ch. G. Haines*, American Doctrine, 2. Aufl. 1959 (Ndr.), S. 111.

"CONSTITUTION! – we have none: – Who dares to say that? – None but a British emissary, or a traitor to his country."[92]

In Abwesenheit einer geschriebenen Verfassung oder einer passenden Naturrechtsdoktrin – das Recht auf einen Geschworenenprozess gibt es nur unter der konstituierten Ordnung, nicht im status naturalis[93] – musste das etwas altmodische, aus dem britischen Konstitutionalismus bekannte Konzept der „customary constitution" für Varnums Plädoyer herhalten[94]. Varnum beschrieb den normativen Gehalt dieser gewohnheitsrechtlichen Verfassung dahin, dass in ihr und durch sie insbesondere die natürlichen Rechte der Engländer[95] gewährleistet würden[96]. Diese natürlichen Rechte der Engländer seien in Amerika qua traditionaler Überlieferung rezipiert bzw. „geerbt" worden[97].

Mit seinem Rekurs auf die „gotische" – auf die Praxis der Angeln und Sachsen in den Wäldern Germaniens in unvordenklich fernen Tagen zurückgehende – ancient constitution[98] hat er, auch wenn es zunächst einmal befremdlich erscheinen mag, ein beachtliches Argument auf seiner Seite. Varnum scheint sich hier, gemessen an den Vorstellungen seiner Zeitgenossen, auf durchaus gesichertem juristischem Terrain zu bewegen:

---

[92] *J. M. Varnum*, The Case Trevett Against Weeden, 1787, S. 25 (Hervorhebungen ebd.); *L. D Kramer*, People Themselves, 2004, S. 41.

[93] Siehe *J. Madison*, Speech in Congress Proposing Constitutional Amendments vom 8. Juni 1789, in: Writings of James Madison, hrsg. von J. Rakove, 1999, S. 437 (445 f.).

[94] *D. J. Hulsebosch*, 81 Chi.-Kent L. Rev. 855–856 (2006); *B. Friedman*, Will of the People, 2009, S. 29; vgl. zur customary constitution auch *J. F. Hart*, 45 San Diego L. Rev. 828–829 (2008) ("unwritten English constitution, as conceived by Americans, had been invoked by attorneys as grounds for holding statutes void in state courts."); *J. P. Reid*, Constitutional History, Bd. I, 1986, S. 74.

[95] Siehe bereits oben Kapitel 3, Fn. 517.

[96] *W. M. Treanor*, 58 Stan. L. Rev. 476–477 (2005).

[97] Vgl. *J. M. Varnum*, The Case Trevett Against Weeden, 1787, S. 14; dazu insbesondere *S. Sherry*, 54 U. Chi. L. Rev. 1139–1141 (1987); siehe auch *J. Goebel, Jr* History, Bd. I, 1971, S. 139; *Ch. G. Haines* American Doctrine, 2. Aufl. 1959 (Ndr.), S. 108; *D. J. Hulsebosch*, 81 Chi.-Kent L. Rev. 855 (2006); *W. M. Treanor*, 58 Stan. L. Rev. 477 (2005).

[98] Die Rede von der „ancient constitution" wird häufig mit Edmund Burke assoziiert, siehe etwa *E. Burke*, Reflections on the Revolution in France, 1790, in: The Works of Edmund Burke, Bd. I, 1834, S. 382 (393). Der Mythos wird auch von Montesquieu kolportiert, siehe *Ch. de Montesquieu*, Vom Geist der Gesetze, 1748, hrsg. von K. Weigand, 2. Aufl. 1994, Buch XI, Kap. 6, S. 229 („Dies herrliche System wurde in den Wäldern erfunden."); aus der Sekundärliteratur *J. G. A. Pocock*, Ancient Constitution, 2. Aufl. 1987, S. 56 f.; *D. J. Hulsebosch*, 21 Law & Hist. Rev. 445 (2003) (der Edward Coke als Paten der ancient constitution ins Spiel bringt); *J. Ph. Reid*, 27 Loy. L.A. L. Rev. 205–206 (1993); *S. Sherry*, 5 Const. Comment. 323 (1988) ("ancient constitution which had allegedly existed since time immemorial"); *C. Smith*, Giornale di Storia Costituzionale, Bd. 20 (2010), S. 121 (126).

"All the rights protected by the English common law and 'ancient constitution' – including jury trials and other procedural protections, and some freedom of speech – were held to be inalienable rights."[99]

Außerdem finden sich bei Varnum Hinweise auf Edward Coke[100], William Blackstone[101], Emmerich de Vattel[102] und andere Juristen und politische Theoretiker der Zeit[103]. Es handelt sich um eine bunte Mischung an Verweisen auf (proto)positivistische Rechtstheorien auf der einen und auf Kategorien wie Tradition und natürliche Gerechtigkeit auf der anderen Seite[104]. Varnum suchte sich aus einem breiten Spektrum verschiedenster theoretischer Ansätze diejenigen Ideen und Argumente heraus, mit denen sich sein Anliegen am besten untermauern ließ[105]. Den normativen Status der jury trial-Garantie konnte Varnum plausibel nachweisen, weil sie ein, wenn nicht gar der wichtigste Bestandteil der tradierten englischen Freiheit ist[106]. Schwierig war für ihn – ähnlich wie bereits für James Otis[107], anders als für die Richter etwa in Virginia (vgl. oben, I.) – überzeugend darzulegen, dass es sich bei dem von ihm behaupteten Anspruch auf einen Geschworenenprozess um gerichtlich gegen die Legislative durchsetzbares – höchstrangiges – Verfassungsrecht, und nicht lediglich um eine einfachrechtliche Garantie oder ein allgemeinpolitisches, wenngleich qua Überlieferung „fundamentales", letztlich jedoch zur Disposition der Legislative stehendes Gerechtigkeitspostulat oder Optimierungsgebot handelt[108].

Varnum begründete den normenhierarchischen Vorrang des in der customary constitution enthaltenen Rechts auf trial by jury, wie alle US-ame-

---

[99] *S. Sherry*, 5 Const. Comment. 332 (1988).

[100] Siehe oben Kapitel 3, Fn. 37, 376 ff. und begleitenden Text.

[101] Varnum zitiert Blackstones Aussage, dass „unvernünftige" bzw. „unbillige" Akte des Parlaments unwirksam seien, verschweigt aber den Zusatz „I know of no power that can control it" (*W. Blackstone*, Commentaries on the Laws of England, Bd. I, 1765, hrsg. von S. Katz, 1979, S. 91); siehe *S. Snowiss*, Judicial Review, 1990, S. 22; *M. P. Harrington*, 72 Geo. Wash. L. Rev. 79 (2003); zu Blackstone bereits oben Kapitel 3, Fn. 49 f., und begleitenden Text.

[102] Siehe oben Kapitel 3, insbes. Fn. 355 ff., und begleitenden Text.

[103] *J. M. Varnum*, The Case Trevett Against Weeden, 1787, S. 33; vgl. *S. Snowiss*, Judicial Review, 1990, S. 21.

[104] *Ch. G. Haines*, American Doctrine, 2. Aufl. 1959 (Ndr.), S. 112.

[105] Vgl. *G. S. Wood*, 22 Suffolk U. L. Rev. 1297–1298 (1988) ("They picked out from the wide variety of ideas available to them only what they needed.").

[106] Siehe *J. M. Varnum*, The Case Trevett Against Weeden, 1787, S. 28; zur Bedeutung des Geschworenenprozesses oben Kapitel 3, Text bei Fn. 254 ff.; zu den „rights of Englishmen" ebenfalls oben Kapitel 3, Fn. 517. Das Recht auf jury trial im Strafprozess ist nach *A. R. Amar*, The Bill of Rights, 1998, S. 83, in allen geschriebenen amerikanischen Staatsverfassungen garantiert, die zwischen 1776 und 1787 verabschiedet worden sind.

[107] Siehe oben Kapitel 3, Text nach Fn. 353.

[108] Vgl. oben Kapitel 3, Fn. 394.

rikanischen Juristen der Zeit, die in theoretischen Abhandlungen[109] oder in ähnlich gelagerten Fällen[110] für ein richterliches Prüfungsrecht eintraten, mit der Souveränität des Volkes[111]. Auch bei Varnum äußert sich der Wille des souveränen Volkes in der Verfassung. Ähnlich wie später bei Hamilton oder im gleichen Jahr bei Iredell, zieht Varnum den Schluss, dass sich Akte der Gesetzgebung an dieser souveränen Willensbekundung des Volkes messen lassen müssten, die Verfassung mithin Vorrang vor der Gesetzgebung habe. Wenn es ein verfassungsmäßiges Recht auf trial by jury gebe, dann, so Varnum, dürfe es nur durch das Volk selbst, und nicht durch dessen Repräsentanten eingeschränkt oder gar beseitigt werden:

"Have the citizens of this State ever entrusted their legislators with the power of altering their constitution? If they have, when and where was the solemn meeting of all the people for that purpose?"[112]

Ein bemerkenswertes Argument, bedenkt man, dass ebensowenig eine „feierliche Versammlung des Volkes" von Rhode Island bekannt ist, in deren Verlauf die customary constitution etwa durch Akklamation in Kraft gesetzt worden wäre. Varnum konstruiert für den verfassungspolitischen Mikrokosmos Rhode Island, in dem seinerzeit vieles für ein Fortdauern der aus dem britischen Staatsrecht bekannten Parlamentssouveränität[113] zu sprechen schien[114], einen Konsens des Volkes, dem zufolge das Recht auf einen Geschworenenprozess Bestandteil der mit Vorrang gegenüber der Gesetzgebung ausgestatteten customary constitution des Staates sei. Diese Annahme Varnums ist sicherlich nicht über jeden Zweifel erhaben, vor allem, wenn man in Rechnung stellt, dass ungeschriebene Verfassungen nach der traditionellen englischen Lesart zwar als fundamental im Sinne von „grundlegend" angesehen wurden, nicht aber als fundamental im engeren, normativen Sinne von höchstrangigem Recht. Erst unter dem letztgenannten Begriffsverständnis können die Lehren vom normenhierarchischen Vorrang der Verfassung und von ihrer derogierenden Kraft sinnvoll erklärt werden. Das gilt nicht nur aus heutiger Sicht, auch aus der Perspektive der Zeitgenossen musste Varnums

---

[109] Siehe zu Iredell oben Kapitel 3, Fn. 419 ff., und begleitenden Text; zu Hamilton oben Kapitel 3, insbesondere Fn. 508 ff. und begleitenden Text.

[110] Vgl. nochmals Otis und seine Argumentation im Writs of Assistance Case, oben Kapitel 3, Fn. 355 ff. und begleitenden Text.

[111] Zum Rekurs auf das Prinzip der Volkssouveränität als Legitimationsstrategie für das Rechtsinstitut des judicial review (normativer Gehalt der Verfassung als Ausdruck der Volkssouveränität), siehe mit Nachweisen oben Kapitel 3, insbesondere Fn. 653.

[112] *J. M. Varnum*, The Case Trevett Against Weeden, 1787, S. 25.

[113] Siehe oben Kapitel 3, Fn. 64 ff. und begleitenden Text.

[114] Vgl. *R. E. Ellis*, The Jeffersonian Crisis, 1971, S. 6; *J. Goebel, Jr.*, History, Bd. I, 1971, S. 142.

Ansatz vor dem Hintergrund der konstitutionellen Zustände in England zweifelhaft erscheinen.

Varnums etwas schiefe Argumentation zeigt, dass die urkundliche Fixierung der Verfassung für die gerichtliche Durchsetzbarkeit ihres normativen Gehalts von enormem Vorteil ist. Dennoch ist es Varnum in *Trevett* anscheinend auch ohne die Möglichkeit eines argumentativen Rückgriffs auf geschriebenes Verfassungrecht gelungen, den einen oder anderen Zeitgenossen von seiner Theorie des Vorrangs der ungeschriebenen, gewohnheitsrechtlichen Verfassung zu überzeugen. Der US-Rechtshistoriker Barry Friedman bemerkt hierzu:

"As Varnum's argument in *Trevett* demonstrated, a written constitution was not essential. Still, it plainly helped to have one's rights in writing."[115]

Lässt man den Einwand einmal beiseite, dass Varnums theoretische Annahme, wonach trial by jury Bestandteil der normenhierarchisch höchstrangigen customary constitution sei, auf einem brüchigen normativen Fundament aufgebaut ist[116], und akzeptiert seine Prämisse, dann erscheint seine weitere Argumentation nicht unplausibel:

"Have the Judges the power to repeal, to amend, to alter laws, or to make new laws? – God forbid! – In that case they would become Legislators. – Have the Legislators power to direct Judges how they shall determine upon the laws already made? – God forbid! – In that case they would become Judges. – The true distinction lies in this, that the *Legislative have the incontroulable power of making laws not repugnant to the constitution*: – The *Judiciary* have the sole power of judging of those laws, and are bound to execute them; but *cannot admit any act of the Legislative as law, which is against the constitution.*"[117]

Varnum legt hier eine Gewaltenteilungsdoktrin dar, die derjenigen Hamiltons im Wesentlichen entspricht[118], und die in ihrer abstrakten, wenig ausdifferenzierten Form auch heute noch, zumindest für den ersten Einstieg in die Materie, konsensfähig erscheint.

Zu den Fragen nach der konkreten Handhabung der Normenkontrolle und nach den Methoden der Verfassungsinterpretation gibt Varnums Argumentation wenig her. Das ist, anders als in der Konstellation in *Commonwealth v. Caton*, auch nicht weiter verwunderlich, weil die streitentscheidende Verfassungsnorm, das Recht auf einen Geschworenenprozess, eben ungeschrieben war und zudem kaum Interpretationsspielraum eröffnete: Ein Geschworenenprozess hat entweder stattzufinden, oder er hat, wie durch den angegriffenen Enforcing Act vorgeschrieben, nicht stattzufinden. Die Beant-

---

[115] *B. Friedman*, Will of the People, 2009, S. 30.
[116] Vgl. etwa *W. W. Crosskey*, Politics and the Constitution, Bd. II, 1953, S. 966 ("somewhat vague, if not wholly imaginary fundamental law.").
[117] *J. M. Varnum*, The Case Trevett Against Weeden, 1787, S. 27 (meine Hervorhebung).
[118] So auch *R. L. Clinton*, Marbury v. Madison and Judicial Review, 1989, S. 53.

wortung der konkreten, für den Fall entscheidungserheblichen Rechtsfrage war, nachdem Vorrang und normativer Gehalt der Verfassung zumal aus Varnums Sicht geklärt schienen, keine große juristische Herausforderung mehr.

Das Gericht scheint dem Vortrag Varnums im Wesentlichen gefolgt zu sein. Doch entschied es nicht ausdrücklich, dass der Enforcing Act gegen das Recht auf einen Geschworenenprozess verstoße, und so verfassungswidrig und nichtig sei, sondern es stellte sich, zumindest in der offiziellen Variante, auf den Standpunkt, dass es im vorliegenden Fall nicht zuständig sei:

"The plea of the defendant ... mentions the act of the General Assembly as 'unconstitutional, and so void;' but the judgment of the Court simply is, 'that the information in not cognizable before them'."[119]

Dieses etwas eigenwillige Vorgehen kann durchaus dahin interpretiert werden, dass das Gericht das infrage stehende Gesetz wegen dessen Verfassungswidrigkeit[120] nicht anwenden wollte[121]. Indem es den Fall nicht zur Entscheidung angenommen hat, verweigerte das Gericht den Ausspruch der im Enforcing Act enthaltenen Rechtsfolge.

Dessen ungeachtet haben sich je nach herangezogener Quelle – zwei[122], drei[123] oder vier[124] der fünf Richter in ihren mündlich vorgetragenen Voten laut zeitgenössischen Zeitungsberichten deutlich im Sinne der Verfassungswidrigkeit des Enforcing Act ausgesprochen[125]. Auch Varnum zeigte sich von dem Herumlavieren des Gerichts unbeeindruckt. Er verbuchte die Entscheidung als vollen Erfolg[126]. Im Stile eines Volkstribuns verkündete er, welche großartigen wirtschaftlichen Vorteile der von ihm erwirkte Urteilsspruch mit sich gebracht hatte:

"The markets, which had been illy supplied, were now amply furnished, and the spirit of industry was generally diffused. Every prospect teemed with returning happiness, and nothing appeared wanting to restore union and harmony among the contending parties."[127]

---

[119] Siehe *J. M. Varnum*, The Case Trevett Against Weeden, 1787, S. 38; vgl. *Ph. Hamburger*, Law and Judicial Duty, 2008, S. 443 ("the judges unanimously refused to take cognizance of the case"); *Ch. G. Haines*, American Doctrine, 2. Aufl. 1959 (Ndr.), S. 109.

[120] Vgl. *L. B. Boudin*, Government by Judiciary, Bd. I, 1932, S. 62; *P. T. Conley*, Rhode Island History Bd. 30 (1971), S. 95 (104); *L. D. Kramer*, People Themselves, 2004, S. 68.

[121] *R. Berger*, Congress v. The Supreme Court, 1969, S. 40; *S. Snowiss*, Judicial Review, 1990, S. 22; zweifelnd *M. P. Harrington*, 72 Geo. Wash. L. Rev. 80 (2003).

[122] *Ph. Hamburger*, Law and Judicial Duty, 2008, S. 444.

[123] Vgl. *W. M. Treanor*, 58 Stan. L. Rev. 478 (2005); *S. Sherry*, 54 U. Chi. L. Rev. 1139 (1987); *J. Goebel, Jr.*, History, Bd. I, 1971, S. 140.

[124] *G. Stourzh*, Grundrechtsdemokratie, 1989, S. 60.

[125] *Ph. Hamburger*, Law and Judicial Duty, 2008, S. 443, mit Zitat aus der "Providence Gazette" vom 7.10.1786.

[126] *D. J. Hulsebosch*, 81 Chi.-Kent L. Rev. 856 (2006).

[127] *J. M. Varnum*, The Case Trevett Against Weeden, 1787, S. 37.

Die Abgeordneten der Repräsentativkörperschaft des Staates Rhode Island waren über den Ausgang des Gerichtsverfahrens offenbar weniger erfreut[128]. Sie zitierten die an der Entscheidung in der Sache *Trevett* beteiligten Richter herbei, und forderten sie auf, sich zu ihrer Entscheidung zu erklären[129]. Die *Trevett*-Judikatur erschien den Abgeordneten unerhört, weil die Autorität der gesetzgebenden Gewalt durch die Entscheidung des Gerichts beschädigt worden sei[130]. Besonders überzeugend können die Einlassungen derjenigen Richter, die bei der Anhörung anwesend waren – zwei von ihnen waren indisponiert[131] – nicht gewirkt haben. Jedenfalls sind vier der fünf in Ungnade gefallenen Richter anschließend nicht für eine weitere Amtszeit berufen worden[132,133].

Trevett und *Commonwealth v. Caton* haben eine auffällige Gemeinsamkeit. In beiden Fällen handelt es sich um ein eher provisorisches bzw. zaghaftes Hantieren mit der judicial review-Kompetenz[134]: In *Caton* wurde – soweit das hier beurteilt werden kann – eine klar verfassungswidrige Norm aufrechterhalten; *Trevett* hat de facto eine Norm annulliert, ohne dass das Gericht bereit gewesen wäre, dies eindeutig kenntlich zu machen. Stattdessen zogen die Richter es vor, den Fall gar nicht erst zur Entscheidung anzunehmen.

---

[128] Siehe etwa *D. J. Hulsebosch*, 81 Chi.-Kent L. Rev. 856 (2006) ("Rhode Island's legislators were less happy"); *J. Goebel, Jr.*, History, Bd. I, 1971, S. 137 ("angry reaction"); *P. T. Conley*, Rhode Island History Bd. 30 (1971), S. 95 (104) ("infuriated"). Vergleichbares hatte sich in den Jahren 1786/87 auch in New Hampshire im Gefolge der Entscheidungen in den sog. „Ten Pound Act Cases" (oben, Fn. 8) ereignet. Allerdings wurde dort ganz offen über die Einleitung eines Amtsenthebungsverfahrens gegen die renitenten Richter diskutiert, siehe *R. Lambert*, 43 N.H. B.J. 49–50 (2002).

[129] *R. L. Clinton*, Marbury v. Madison and Judicial Review, 1989, S. 52; *L. D. Kramer*, People Themselves, 2004, S. 68.

[130] Vgl. die Resolution der General Assembly, in der es heißt: „The said judgement (…) may tend directly to abolish the legislative authority." Nachgewiesen bei *Ch. G. Haines*, American Doctrine, 2. Aufl. 1959 (Ndr.), S. 109 f.; siehe auch *G. Stourzh*, Grundrechtsdemokratie, 1989, S. 60.

[131] Siehe *Ph. Hamburger*, Law and Judicial Duty, 2008, S. 444 f.; vgl. auch *J. Goebel, Jr.*, History, Bd. I, 1971, S. 140; *P. T. Conley*, Rhode Island History Bd. 30 (1971), S. 95 (105) ("conveniently ill").

[132] *L. B. Boudin*, Government by Judiciary, Bd. I, 1932, S. 58; *Ch. G. Haines*, American Doctrine, 2. Aufl. 1959 (Ndr.), S. 111; *J. M. Sosin*, Aristocracy, 1989, S. 217 f.

[133] Siehe zum Verlauf der Anhörung und insbesondere zu den Stellungnahmen der Richter vor der Rhode Island General Assembly näher *Ph. Hamburger*, Law and Judicial Duty, 2008, S. 445 f.

[134] *M. P. Harrington*, 72 Geo. Wash. L. Rev. 75, 80 (2003) ("The decisions in *Caton* … and *Trevett* are representative of the rather tentative nature of judicial review in the years immediately following the Revolution.").

Ansonsten weist *Trevett* in mehrfacher Hinsicht beachtliche Unterschiede zu *Caton* auf. Während der vier Jahre früher in Virginia entschiedene Fall den Prozessbeteiligten Anlass gab, über die richtige Methode der Verfassungsinterpretation zu streiten, lagen die Dinge in *Trevett* anders: Es musste überhaupt erst über Bestehen, Inhalt und den normativen Anspruch der Verfassung diskutiert werden. Fast ironisch wirkt ein Kommentar William Treanors, wenn er schreibt, Varnums Argument sei wegen dessen nicht-textualistischen Ansatzes bemerkenswert („striking for its nontextualism")[135]. Die Beteiligten in *Commonwealth v. Caton* konnten textualistisch argumentieren, weil sie Zugriff auf den Normenbestand einer positivierten Verfassung hatten, einzig die Hinweise Tuckers auf den Geist der Verfassung sowie die von der Verteidigung vorgebrachte „in dubio pro gratia"-Auslegungsdirektive deuteten auf nicht-textualistische Tendenzen hin (vgl. oben, I.). Demgegenüber erscheint es im Zusammenhang mit *Trevett* in Abwesenheit eines auszulegenden Textes auf den ersten Blick eher abwegig, die Kategorien des Textualismus und des Nicht-Textualismus überhaupt zu diskutieren. Treanor spielt mit seinem Kommentar wohl darauf an, dass Varnum hauptsächlich – wenn auch nicht ausschließlich – mit einer nicht nur fundamentalen, sondern (auch) mit einer normativen Verfassung (legal constitution[136]) zu argumentieren versuchte. Teils implizit, teils ausdrücklich scheinen einige Verweise auf das Naturrecht bei Varnum zwar durch, aber sie bilden, im Unterschied etwa zu Otis in den 1760er Jahren, nicht den argumentativen Hauptstrang oder zumindest nicht das argumentative Fundament der Ausführungen: Das angegriffene Gesetz war nach Varnums Überlegungen nicht schon wegen dessen Unvereinbarkeit mit „common right and reason" (Coke) nichtig, sondern wegen eines Verstoßes gegen der gesetzgebenden Gewalt übergeordnete Prinzipien, die durch das souveräne Volk festgesetzt worden sein sollen[137].

---

[135] *W. M. Treanor*, 58 Stan. L. Rev. 478 (2005).

[136] *J. M. Varnum*, The Case Trevett Against Weeden, 1787, S. 11 („[T]he trial by jury is a fundamental right, a part of our legal constitution.").

[137] Andere Einschätzung bei *S. Sherry*, 54 U. Chi. L. Rev. 1141 (1987), die – ihrer Grundthese entsprechend (siehe oben, Fn. 54) – den naturrechtlichen Argumentationsstrang in den Vordergrund rückt. Varnums Überlegungen zur Volkssouveränität bleiben bei ihr im Wesentlichen unberücksichtigt. – Ähnlich, wenngleich differenzierter, fällt die Analyse bei *Ch. G. Haines*, American Doctrine, 2. Aufl. 1959 (Ndr.), S. 112, aus („[T]he opinion and argument of Varnum were based *largely* upon an overruling law of nature ... [meine Hervorhebung]). – Wie hier *G. S. Wood*, Creation, 1969, S. 460; siehe auch *B. Friedman*, Will of the People, 2009, S. 29 („[T]hat popular sovereignty actually required judicial review as a check on the legislature was central to the 1786 argument of James Varnum in *Trevett v. Weeden*."); zum Verhältnis von Naturrecht und positivem Recht in der späten post-revolutionären Ära und in der frühen Republik noch unten im Zusammenhang mit der Supreme Court-Entscheidung *Calder v. Bull* von 1798 (inbes. Text bei Fn. 292 ff.). Auch zehn Jahre nach Trevett bleibt das Verhältnis der beiden Rechtsquellen zueinander

A. Entscheidungen durch Gerichte der Bundesstaaten 285

Trevett wirft im historischen Rückblick bezogen auf die Suche nach der richtigen Handhabung der Normenkontrolle mehr Fragen auf, als der Fall Antworten liefert. Auch bezogen auf judicial review – genauer: die Folgen eines gerichtlich festgestellten legislativen Verfassungsverstoßes – bleiben Fragen offen: Zwar haben einige der beteiligten Richter die Papiergeldgesetzgebung in ihren Voten als verfassungswidrig eingestuft, daraus aber jedenfalls in ihrer Entscheidung nicht ausdrücklich den Schluss gezogen, die entsprechenden Normen seien nichtig. Stattdessen haben sie erklärt, sie besäßen keine Jurisdiktion über die Gültigkeit von Legislativakten. Trotzdem wurde die Entscheidung – zumal nach Varnums Berichten – auch in der Bevölkerung so verstanden, als habe das Gericht das Papiergeldgesetz bzw. die entsprechende Begleitgesetzgebung dem Verdikt der Verfassungswidrigkeit preisgegeben.

Eine gesicherte Erkenntnis aus *Trevett* ist, dass judicial review in Rhode Island im Jahr 1786 ein umstrittenes und bis dato beispielloses[138] Politikum[139] gewesen ist, während es im Virginia des Jahres 1782 mehr oder weniger fest etabliert schien[140]. Mag *Commonwealth v. Caton* in der historischen Betrachtung vor allem wegen des Vorhandenseins einer geschriebenen Verfassung eine stärkere Präjudizwirkung für *Marbury* und die judicial review-Doktrin entfalten[141], so ist *Trevett* vor allem aufgrund des Entscheidungszeitpunkts, 1786, besonders in den Fokus geraten. Das von Varnum über *Trevett* verfasste Traktat[142] zirkurlierte nicht nur in Rhode Island, sondern auch in den übrigen Staaten, und ist wohl fast allen Mitgliedern des Verfassungskonvents von 1787 mehr oder weniger bekannt gewesen[143].

---

unklar; manche Historiker meinen insoweit eine „eigenartige Verschmelzung" (so Sylvia Snowiss, siehe Zitat unten, Fn. 319) zu beobachten.
[138] Resolution der General Assembly, zitiert bei *Ch. G. Haines*, American Doctrine, 2. Aufl. 1959 (Ndr.), S. 109 f. ("The said judgement is unprecedented in this state ...").
[139] *G. Stourzh*, Grundrechtsdemokratie, 1989, S. 60.
[140] Siehe *S. D. Gerber*, Distinct Judicial Power, 2011, S. 338 f.; *C. F. Hobson*, Great Chief Justice, 1996, S. 64; *J. Radabaugh*, 6 Am. J. Legal Hist. 70 (1962). – *W. M. Treanor*, 143 U. Pa. L. Rev. 500 (1994), verweist insbesondere auf den seinerzeit vergleichsweise hohen Entwicklungsstand der politischen Kultur in Virginia. Nicht zuletzt eine „hochnotpeinliche" (*G. Stourzh*, Grundrechtsdemokratie, 1989, S. 60) Anhörung vor dem Parlament blieb den Richtern nach ihrer Entscheidung in *Commonwealth v. Caton* nach *L. D. Kramer*, People Themselves, 2004, S. 68, erspart. Die erste explizite Ausübung des richterlichen Prüfungsrechts ereignete sich ein gutes Jahrzehnt nach *Caton* in *Kamper v. Hawkins*, 1 Va. Cas. (3 Va.) 20 (Gen. Ct. 1793).
[141] Vgl. aber *S. D. Gerber*, Distinct Judicial Power, 2011, S. 340 ("landmark case in the development of judicial review").
[142] Siehe oben, Fn. 82.
[143] Siehe den etwa Beitrag des Delegierten Elbridge Gerry aus Massachusetts, in: M. Farrand (Hrsg.), Records of the Federal Convention of 1787, Bd. 1., 1911, S. 97 a. E. (Zitat oben Kapitel 3, Fn. 353); vgl. *R. Berger*, Congress v. The Supreme Court, 1969,

III. Bayard & Wife v. Singleton (North Carolina, 1787)

Eine publizistische Begleiterscheinung[144] des 1787 in North Carolina entschiedenen Falles *Bayard & Wife v. Singleton*[145] ist oben bereits diskutiert worden, nämlich die von James Iredell unter dem Pseudonym „An Elector" veröffentlichte Stellungnahme mit dem Titel „To the Public". Dort hatte Iredell seine Lesart der judicial review-Doktrin dargelegt[146].

In dem Verfahren von Bayard gegen Singleton, das häufig im Zusammenhang mit den Ursprüngen der richterlichen Normenkontrolle zitiert wird, war Iredell als Rechtsanwalt auf Seiten der Kläger beteiligt[147]. Die Rechtssache *Bayard* drehte sich um den Versuch eines Amerikaners, der im Revolutionskrieg auf Seiten der Briten gestanden hatte, mit juristischen Mitteln gegen die sog. „anti-loyalist legislation" des Staates North Carolina vorzugehen[148]. Viele Besitztümer englandtreuer Amerikaner, sog. Loyalisten, sind im Verlauf des Unabhängigkeitskrieges durch amerikanische Patrioten in Beschlag genommen bzw. enteignet worden. Konfisziertes Grundeigentum wurde über staatlich mandatierte Treuhänder[149] – wohl nicht unbedingt zu

---

S. 39 f. – *A. Scott*, 4 Am. Hist. Rev. 465 (1899) meint, Gerry habe (auch) *Holmes v. Walton* aus 1780 (siehe in diesem Kapitel, Fn. 8) im Sinn gehabt; *R. Lambert*, 43 N.H. B.J. 38 n. 6 (2002) meint, an demjenigen Tag, an dem der Konvent über die Bundesgerichte beraten hatte, seien in der lokalen Presse Berichte über die „Ten Pound Act Cases" (ebenfalls Fn. 8) erschienen. Nach Lamberts Einschätzung (S. 50, 51) handelte es sich bei den „Ten Pound Act Cases" „bei weitem" um die „stärksten und klarsten" Präjudizien für die richterliche Normenkontrolle in der präkonstitutionellen Ära.

[144] *G. Stourzh*, Grundrechtsdemokratie, 1989, S. 62; siehe auch *J. Goebel, Jr.*, History, Bd. I, 1971, S. 130; *D. J. Hulsebosch*, 81 Chi.-Kent L. Rev. 849 (2006); *B. Friedman*, Will of the People, 2009, S. 28. – Nach *R. L. Clinton*, Marbury v. Madison and Judicial Review, 1989, S. 53, gab es in der in Philadelphia erscheinenden Presse in dem Zeitraum, in dem der Verfassungskonvent tagte, ausführliche Berichte über *Bayard*; *L. B. Boudin*, Government by Judiciary, Bd. I, 1932, S. 63, zweifelt indes daran, dass die Framers Kenntnis von *Bayard* hatten.

[145] Die Fundstelle lautet Den on the Dem. of *Bayard & Wife v. Singleton*, 1 N.C. (Mart.) 5 (1787) (gekürzter und kommentierter Nachdruck bei J. B. Thayer (Hrsg.), Cases on Constitutional Law, Bd. 1, 1895, S. 78-80).

[146] Siehe oben, Kapitel 3..

[147] *D. J. Hulsebosch*, 81 Chi.-Kent L. Rev. 850 (2006); Iredell wird auch im Report von Martin (1 N.C. 5 [1787]) als Prozessbevollmächtigter der Kläger genannt. Allerdings geben zeitgenössische Dokumente Anlass zu Zweifeln, ob Iredell tatsächlich Anwalt der Kläger war. Eine Theorie geht dahin, dass Iredell nicht Klägeranwalt, sondern amicus curiae gewesen sei, siehe zum Ganzen *W. P. Whichard*, Justice James Iredell, 2000, S. 11 f.

[148] Siehe zu hier nicht weiter interessierenden Begleitumständen des Falles die Darstellung bei *Ph. Hamburger*, Law and Judicial Duty, 2008, S. 450 f.

[149] Sog. „Commissioners of forfeited estates", *Bayard & Wife v. Singleton*, 1 N.C. (Mart.) 5, 6 (1787).

marktüblichen Preisen[150] – auf interessierte patriotische Einwohner der nunmehr als Staaten firmierenden Kolonien übertragen. Nach Kriegsende bemühten sich viele englandtreue Amerikaner, und so auch die Eheleute Bayard, um die Restitution ihrer konfiszierten bzw. enteigneten Eigentumspositionen auf dem Rechtsweg. Besondere Erfolgsaussichten hatten derartige Klagen in der Regel nicht[151].

Juristisch betrifft *Bayard* indes nicht die Frage, ob die gegenüber britischen Staatsangehörigen nachteilig wirkende anti-loyalistische Gesetzgebung an sich materiell verfassungswidrig ist, etwa wegen eines ungerechtfertigten legislativen Zugriffs auf private Eigentumspositionen. Der Fall *Bayard* ist den sog. „jury trial cases" zuzuordnen[152]. Es wurde darüber gestritten, ob die Repräsentativkörperschaft des Staates North Carolina befugt ist, den Einwohnern das verfassungskräftige Recht auf jury trial durch einfachgesetzliches Statut zu entziehen: Um Herausgabeklagen (ejectment actions[153]) der Loyalisten endgültig einen Riegel vorzuschieben, hatte die Legislative des Staates North Carolina ein Gesetz erlassen, mit dem die Gerichte angewiesen worden waren, von Loyalisten erhobene Klagen, die auf Rückübertragung eingezogener Eigentumspositionen gerichtet waren, auf Antrag des Beklagten „ab initio" – also auch ohne Beteiligung von Geschworenen[154] – abzuweisen (dismiss the suit on motion[155]), wenn der Beklagte an Eides Statt (affidavit) versicherte, das Eigentum von einem staatlich anerkannten Treuhänder erworben zu haben[156]. Hiergegen wandte sich der Kläger Bayard unter Rekurs auf sein Recht auf einen Geschworenenprozess[157].

Die Konstellation in *Bayard* ist also mit derjenigen in dem oben diskutierten jury trial case *Trevett v. Weeden* vergleichbar. Im Unterschied zu Rhode Island hatte sich North Carolina allerdings bereits 1776 eine geschriebene Verfassung gegeben, die in Art. XIV auch eine jury trial-Garantie enthielt:

---

[150] Vgl. *W. P. Whichard*, Justice James Iredell, 2000, S. 10.

[151] Siehe *L. B. Boudin*, Government by Judiciary, Bd. I, 1932, S. 64; näher etwa *J. M. Sosin,* Aristocracy, 1989, S. 218.

[152] *W. M. Treanor*, 58 Stan. L. Rev. 478 (2005) ("final revolutionary-era case in which a statute was challenged on jury trial grounds").

[153] *W. R. Casto*, 27 Conn. L. Rev. 332 (1995).

[154] *M. P. Harrington*, 72 Geo. Wash. L. Rev. 81 (2003); *S. Sherry*, 54 U. Chi. L. Rev. 1143 (1987).

[155] *Bayard & Wife v. Singleton*, 1 N.C. (Mart.) 5, 6 (1787); siehe auch *J. Goebel, Jr.*, History, Bd. I, 1971, S. 129.

[156] *B. Friedman*, Will of the People, 2009, S. 28; *S. Snowiss*, Judicial Review, 1990, S. 45; *W. M. Treanor*, 58 Stan. L. Rev. 478 (2005); *G. Stourzh*, Grundrechtsdemokratie, 1989, S. 60 f.

[157] *W. M. Treanor*, 58 Stan. L. Rev. 478 (2005).

"In all controversies at law, respecting property, the ancient mode of trial, by jury, is one of the best securities of the rights of the people, and ought to remain sacred and inviolable."[158]

In Ansehung dieser eindeutigen normativen Aussage bestand in *Bayard* also, anders als in *Trevett*, keine Veranlassung, über den Inhalt der Verfassung zu streiten. Man konnte sich direkt den Problemen zuwenden, ob das Verfassungsrecht gegenüber der Gesetzgebung Vorrang hat, und ob dieser Vorrang gerichtlich durchsetzbar ist.

Iredells auf judicial review – oder historisch wohl genauer: „judicial duty"[159] – bezogener Standpunkt ist bekannt. Im Wesentlichen argumentierte er, wie unter den zeitgenössischen Juristen, die für das richterliche Prüfungsrecht eintraten, üblich, mit der Souveränität des Volkes. Er propagierte damit eine Abkehr von der britischen Souveränitätsdoktrin, in der das Parlament formal in verfassungsähnliche Kautelen eingebunden war, ohne dass dessen Handlungen allerdings irgendeiner wirksamen juristischen Kontrolle unterworfen gewesen wären. Die vagen rechtlichen Bindungen, denen die Gesetzgebung in der britischen Staatspraxis unterworfen war[160], reichten Iredell übertragen auf die nunmehr unabhängigen Kolonien nicht aus, um den effektiven Einfluss von „We the People" auf das politische Geschehen sicherzustellen[161]. In dem von Iredell befürworteten Konzept fiel der Justiz nicht nur die Aufgabe, sondern die Pflicht zu, legislatives Handeln am Maßstab der normenhierarchisch höchstrangigen Willensbekundung des Volkes, der Verfassung, zu überprüfen[162].

Der *Bayard Court* scheint diese Auffassung geteilt zu haben[163]. Das Gericht betonte zwar die unangenehme Natur und die Folgenschwere der Aufgabe, einen Widerspruch zwischen Verfassungs- und Gesetzesrecht auflösen zu

---

[158] Zitiert nach *D. J. Hulsebosch*, 81 Chi.-Kent L. Rev. 850 (2006).

[159] Vgl. *G. Leonard*, 81 Chi.-Kent L. Rev. 870–871 (2006); Philip Hamburger vertritt die These, den Juristen der frühen Republik sei es nicht um judicial review (im Sinne der modernen Terminologie) gegangen, sondern sie hätten die Überprüfung der Verfassungsmäßigkeit der Gesetze als Ausschnitt der allgemeinen richterlichen Pflichten („judicial duty") der common law-Richter angesehen, siehe bereits oben Kapitel 3, Fn. 460; ferner *Ph. Hamburger*, Law and Judicial Duty, 2008, passim, in komprimierter Form *ders.*, 78 Geo. Wash. L. Rev. 1162–1177 (2010); *J. McGinnis*, 84 Geo. Wash. L. Rev. 859 (2016).

[160] Siehe etwa *W. R. Casto*, Supreme Court in the Early Republic, 1995, S. 217; *M. P. Harrington*, 72 Geo. Wash. L. Rev. 68–70 (2003).

[161] Vgl. „An Elector" (*J. Iredell*), To The Public, 1786, in: G. J. McRee (Hrsg.), Life and Correspondence of James Iredell, Bd. 2, 1858, S. 145 f.

[162] Siehe im Einzelnen oben Kapitel 3, Fn. 456 ff. und begleitenden Text.

[163] Siehe *S. D. Gerber*, 87 N.C. L. Rev. 1817 (2009); *L. D. Kramer*, People Themselves, 2004, S. 60 ("The Court was evidently persuaded, for it ruled in [Iredell's] favor."); *Ch. G. Haines*, American Doctrine, 2. Aufl. 1959 (Ndr.), S. 118 ("The effect of Iredell's argument was evident in the court's decision."); ähnlich *W. P. Whichard*, Justice James Iredell, 2000, S. 13.

müssen, es ließ aber, nachdem sich jedes vernünftige Bemühen, einen offenen Konflikt mit der Legislative zu vermeiden, als zwecklos erwiesen hatte[164], keine Zweifel an seiner Entschlossenheit, einen verfassungswidrigen Akt der Gesetzgebung für nichtig zu erklären[165]. Aus ihrem Amtseid und ihren Amtspflichten ergebe sich[166], so die Richter, dass sie die Verfassung achten müssten, wie jeden anderen Rechtssatz auch[167], und gemäß der Verfassung des Staates North Carolina habe jeder Bürger „unzweifelhaft" ein Recht auf einen Geschworenenprozess. Das Gericht führt aus:

"No act [the legislature] could pass, could by any means repeal or alter the constitution, because if they could do this, they would at the same instant of time, destroy their own existence as a Legislature, and dissolve the government thereby established. Consequently the *constitution ... standing in full force as the fundamental law of the land*, notwithstanding the act on which the present motion [gemeint ist Singletons Antrag auf Klage-abweisung] was grounded, the same act must of course, in that instance, stand as *abrogated and without any effect.*"[168]

Bayard ist, verglichen mit den oben diskutierten Fällen, eine ziemlich gradlinige[169] Entscheidung[170,171]. Die Dinge lagen eindeutig: Die Verfassung garantierte einen Geschworenenprozess, das einschlägige Statut verletzte diese Garantie. Das Gericht musste also keine hermeneutische Meisterleistung am

---

[164] Siehe *Ph. Hamburger*, Law and Judicial Duty, 2008, S. 449; *Ch. G. Haines*, American Doctrine, 2. Aufl. 1959 (Ndr.), S. 113 dort mit Fn. 58.

[165] Siehe *Bayard & Wife v. Singleton*, 1 N.C. (Mart.) 5, 6 (1787) ("The Court then, after every reasonable endeavor had been used in vain for avoiding a disagreeable difference between the Legislature and the Judicial powers of the State, at length and with much apparent reluctance, but with great deliberation and firmness, gave their opinions ... unanimously overruling the aforementioned motion for dismission of the said suits.").

[166] *Ph. Hamburger*, 78 Geo. Wash. L. Rev. 1172 (2010) betont diesen Aspekt im Hinblick auf seine oben Kapitel 3, Fn. 460, und in diesem Kapitel bei Fn. 159 angesprochene „judicial duty"-Theorie.

[167] Vgl. dazu Hamiltons Argumentation; oben Kapitel 3, Text bei Fn. 542 ff.

[168] *Bayard & Wife v. Singleton*, 1 N.C. (Mart.) 5, 7 (1787) (meine Hervorhebung).

[169] *W. M. Treanor*, 58 Stan. L. Rev. 480 (2005); *G. Leonard*, 81 Chi.-Kent L. Rev. 872 (2006).

[170] *D. J. Hulsebosch*, 81 Chi.-Kent L. Rev. 849 (2006) ("In refusing to recognize the statute, the court placed much weight on the explicit guarantee."); ähnlich auch *H. K. Michael*, 69 N.C. L. Rev. 449 (1991); anders *S. Snowiss*, Judicial Review, 1990, S. 67. Snowiss meint in diesem Zusammenhang etwa, das Gericht habe die positiv-verfassungsrechtliche jury trial-Garantie nur indirekt zitiert, die Autorin betrachtet diesen (m. E. in dieser Form nur schwer nachvollziehbaren) Befund als Hinweis darauf, dass das Gericht nicht positivistisch, sondern hauptsächlich naturrechtlich argumentiert habe.

[171] In *Trevett* war die Rechtsanwendung, anders als die Rechtsdurchsetzung, ebenso gradlinig. Die Richter hatten anscheinend Skrupel, das Gesetz für verfassungswidrig zu erklären, siehe *M. P. Harrington*, 72 Geo. Wash. L. Rev. 80 (2003); außerdem oben Fn. 119 ff. mit begleitendem Text.

Verfassungstext vollbringen, um zu dem Ergebnis zu gelangen, dass das Gesetz verfassungswidrig sei. Wenn man nun die Präjudizwirkung von *Bayard* beurteilen will, drängen sich zwei Schlüsse auf:

Zunächst ist *Bayard* unter den hier diskutierten Fällen bezogen auf die Legitimität des judicial review das stärkste Präjudiz, weil das Gericht mit einer geschriebenen Verfassung operiert, und ohne Umschweife entscheidet, das Statut sei wegen Verstoßes gegen Verfassungsrecht („constitution standing in full force as the fundamental law of the land") „aufgehoben" („abrogated") und „ohne jede Wirkung" („without any effect"). Hier bleibt wenig Spielraum für die oben vorgestellten Thesen, denen zufolge sich die richterliche Kontrolle der Gesetzgebung in der frühen Republik auf statutory construction[172] beschränkt habe[173]. *Bayard* lässt sich nicht anders als dahin interpretieren, dass das Gericht die für verfassungswidrig gehaltene Norm für unwirksam erklärt hat[174].

Will man die Aussagen des Gerichts vom Einzelfall abstrahieren, lässt *Bayard* die Frage danach offen, welches Ausmaß die Kassationskompetenz – oder genauer: die der Kassationskompetenz vorausliegende Interpretationsbefugnis des Gerichts – haben soll. *Bayard* passt nämlich (genauso wie *Trevett v. Weeden*) unter die Voraussetzungen der oben dargestellten doubtful case rule[175], zumal es das Gericht hier mit einem offensichtlichen Verfassungsverstoß zu tun hatte. Und es handelt sich außerdem – gewissermaßen: nur – um einen der sog. jury trial cases.

Für Autoren, die gegenüber einer offensiven Handhabung der judicial review-Kompetenz eher kritisch eingestellt sind, liegt es also nahe, *Bayard* als Präjudiz nicht nur für judicial review zu zitieren, sondern auch als historisches Beispiel für judicial restraint anzuführen. Die Judikatur in *Bayard* liegt jedenfalls dem ersten Anschein nach auf der von Thayer bezogen auf *Commonwealth v. Caton* propagierten Linie[176]. Aber auch losgelöst von Thayers Theorie des judicial restraint liefert *Bayard* scheinbar eine Steilvorlage für strict constructionists, Textualisten und Verfechter des judicial deference[177]-Konzepts.

Für eine über die von Thayer entwickelte These, die gerichtliche Normverwerfungen nur im Falle eines „concededly unconstitutional act"[178] akzep-

---

[172] Siehe bereits oben, Fn. 20 ff. und begleitenden Text.

[173] *J. Goebel, Jr.*, History, Bd. I, 1971, S. 131; vgl. auch *M. P. Harrington*, 72 Geo. Wash. L. Rev. 83–84 (2003) (bezogen auf Iredells judicial review-Konzeption).

[174] Vgl. etwa *S. D. Gerber*, 87 N.C. L. Rev. 1818 (2009).

[175] Auch: „concededly unconstitutional act"; siehe oben Kapitel 3, Fn. 477 ff. und begleitenden Text.

[176] Siehe oben, Fn. 62 ff. und begleitenden Text.

[177] Siehe oben Kapitel 3, Fn. 584 f. und begleitenden Text.

[178] Siehe oben Kapitel 3, Fn. 477 f. und begleitenden Text.

tiert, hinausgreifende Präjudizwirkung *Bayards* könnte jedoch eine Passage aus den tragenden Erwägungen der Entscheidungsgründe sprechen. Das Gericht hatte sich, wie oben bereits angemerkt, auf den Standpunkt gestellt, es müsse das Verfassungsrecht genauso beachten wie das einfache Recht.

"[T]he Constitution, which the judicial power was bound to take notice of as much as of any law whatever."[179]

Man kann diese Aussage dahin deuten, dass das Gericht diejenigen Interpretationsmethoden, die für das einfache positive Recht und das common law anerkannt waren, auch auf die Auslegung der Verfassung angewendet wissen wollte[180]. Wenn diese Lesart zutrifft, hat sich das Gericht in der Tat zumindest eine Hintertür für eine über jury trial[181] und den concededly unconstitutional act hinausweisende Kontrollmöglichkeit offen gehalten. Ein solch klares Bekenntnis, das sollte nicht unerwähnt bleiben, enthält *Bayard* nicht. Im Übrigen läge eine solche Einschätzung mit der wohl überwiegenden verfassungshistoriographischen Lehrmeinung über Kreuz, die sich von der in *Bayard* angedeuteten methodischen Gleichung „Verfassungsrecht gleich einfaches Recht" unbeirrt zeigt, und für den frühen US-amerikanischen Konstitutionalismus am clear beyond doubt-Standard festhalten will[182].

Eine Randnotiz ist der Ausgang des Rechtsstreits. Bayard sollte seinen Jury-Prozess bekommen. Gleichwohl obsiegte letztlich Singleton. Er durfte

---

[179] Siehe oben, Text bei Fn. 167; *R. L. Clinton*, Marbury v. Madison and Judicial Review, 1989, S. 53; *B. Friedman*, Will of the People, 2009, S. 30.

[180] So jedenfalls *W. M. Treanor*, 58 Stan. L. Rev. 480 (2005); vgl. auch *G. Leonard*, 81 Chi.-Kent L. Rev. 872 (2006).

[181] *M. P. Harrington*, 72 Geo. Wash. L. Rev. 84 (2003) führt einen Verstoß gegen jury trial-Garantien explizit als Beispiel für einen „concededly unconstitutional act" an.

[182] *R. E. Barkow*, 102 Colum. L. Rev. 248 (2002) ("[T]he political branches enjoyed considerable, but no absolute deference."); vgl. außerdem *W. M. Treanor*, 58 Stan. L. Rev. 560 (2005); *D. Alfange, Jr.*, 1993 Sup. Ct. Rev. 348; siehe ferner bereits oben Kapitel 3, Fn. 477 f. und begleitenden Text. – Ob die Dominanz des „clear beyond doubt"-Standards allerdings darauf zurückzuführen ist, dass die ‚Verrechtlichung der Verfassung' („legalization" – siehe oben Kapitel 3, Text bei Fn. 544 ff.) noch nicht abgeschlossen war, erscheint nicht unbedingt zwingend, dafür aber wohl *E. H. Caminker*, 78 Ind. L.J. 80–81 (2003) ("At this early date, judges did not conceive of the Constitution as a species of ordinary law to be consulted, interpreted, and applied during adjudication as if it were a hierarchically superior form of statutory or common law."); nach *L. D. Kramer*, 115 Harv. L. Rev. 26, 74, et passim (2000); *ders.*, People Themselves, 2004, S. 91 f., et passim, war judicial review in der frühen Republik kein rein juristischer, sondern ein „politisch-juristischer" Vorgang (*political-legal act*). Diese Einschätzung steht in Zusammenhang mit der von ihm (und anderen, insbesondere auch *G. S. Wood*, 56 Wash. & Lee L. Rev. 796 n. 41 [1999]) vertretenen Ansicht, judicial review sei im frühen US-Konstitutionalismus als Ersatz für das tradierte Widerstandsrecht bzw. Revolution angesehen worden (oben Kapitel 2, Fn. 134, dort auch zur m. E. durchaus berechtigten Kritik).

das vormals den Bayards gehörende Grundeigentum behalten[183]. Das Gericht hatte die Geschworenen wie folgt instruiert:

"The Law of England, which we have adopted, allows them to purchase, but subjects them to forfeiture immediately; and does not allow an *alien* ENEMY any political rights at all."[184]

Im Rückblick mag *Bayard* ein Beispiel für proto-rechtsstaatlich gebändigte ‚Siegerjustiz'[185] sein. Die Bayards gewannen ihr verfassungsmäßiges Recht auf einen Geschworenenprozess. Und sie verloren ihr Eigentum durch das Verdikt einer patriotischen Jury, die – der Krieg war seit gerade einmal vier Jahren vorüber – für Loyalisten offenbar nicht besonders viel übrig hatte[186]. Juristisch gesehen markiert *Bayard* unter den vorkonstitutionellen Anwendungsfällen des richterlichen Prüfungsrechts das wohl stärkste[187] Präjudiz für die von John Marshall in *Marbury v. Madison* postulierte judicial review-Doktrin.

B. Frühe Präjudizien aus der Rechtsprechung des U.S. Supreme Court

Das Verfassungsrecht spielte in der Rechtsprechung des U.S. Supreme Court, der sich am 2. Februar 1790 als letztinstanzliches ordentliches Rechtsmittelgericht des Bundes konstituiert hatte, im ersten Jahrzehnt nach dessen Errichtung keine überragend wichtige Rolle[188]. Besonders verwundern kann das nicht, waren die obersten Bundesorgane der Vereinigten Staaten doch seinerzeit mit Amtsträgern besetzt, die politisch weitgehend[189] auf einer Linie

---

[183] *D. Kelly/L. Baradell*, in: dies. (Hrsg.), The Papers of James Iredell, Bd. III, 2003, Introduction, S. xxxvi; siehe auch *D. J. Hulsebosch*, 81 Chi.-Kent L. Rev. 851 (2006); *B. Friedman*, Will of the People, 2009, S. 30 a. E.

[184] *Bayard & Wife v. Singleton*, 1 N.C. (Mart.) 5, 9 (1787) (Hervorhebungen ebd.).

[185] *M. P. Harrington*, 72 Geo. Wash. L. Rev. 81 (2003) ("revolutionary justice").

[186] Vgl. *Ph. Hamburger*, Law and Judicial Duty, 2008, S. 460; *W. P. Whichard*, Justice James Iredell, 2000, S. 13.

[187] *B. Schwartz*, History of the Supreme Court, 1993, S. 10; vgl. *Ch. G. Haines*, American Doctrine, 2. Aufl. 1959 (Ndr.), S. 119 f. ("It is claimed to be the first reported state case in which an act was held void, as contrary to the terms of a written constitution."); *M. P. Harrington*, 72 Geo. Wash. L. Rev. 81 (2003).

[188] *W. R. Casto*, Supreme Court in the Early Republic, 1995, S. 213; siehe auch *R. L. Clinton*, 27 J. Sup. Ct. Hist. 222–224 (2002) ("The Court had not yet realized or embraced its full constitutional role."); ähnlich *R. G. McCloskey*, American Supreme Court, 6. Aufl. 2016, S. 19; zur verfassungspolitischen Rolle der Bundesgerichte während der 1790er Jahre auch *B. Friedman*, Will of the People, 2009, S. 48.

[189] Zur Rivalität zwischen Alexander Hamilton (Treasury) und Thomas Jefferson (State Department) während George Washingtons erster Amtszeit siehe *W. Heun*, Historische Zeitschrift, Bd. 258 (1994), S. 359 (385 f., m. w. N.).

B. Frühe Präjudizien aus der Rechtsprechung des U.S. Supreme Court

lagen. In den ersten Jahren der Republik dominierten die Federalists das politische Geschehen[190]. Aus ihren Reihen stammten die ersten US-Präsidenten George Washington und John Adams. Washington und Adams haben im Zusammenwirken mit dem überwiegend ebenfalls durch die Federalists kontrollierten Senat ausschließlich Parteifreunde auf die Richterbank des U.S. Supreme Court berufen[191]. Die Richter am U.S. Supreme Court trugen den nationalistischen bzw. zentralistischen Konsolidierungskurs der Bundesregierung im Großen und Ganzen mit[192]. Nennenswerte Meinungsverschiedenheiten zwischen der Bundespolitik und dem U.S. Supreme Court sind aus dieser Zeit kaum bekannt[193].

Ausnahmen stellen wohl die Kontroversen um den Invalid Pensions Act von 1792 und um die Entscheidung *Chisholm v. Georgia* dar. Am Invalid Pensions Act entzündete sich der sog. „Hayburn's Case". In diesem Fall weigerten sich die Richter unter Verweis auf die Justizverfassung und auf das Gewaltenteilungprinzip, als Vollzugsorgan der Exekutive an der Überprüfung von Pensionsansprüchen der Veteranen aus dem Unabhängigkeitskrieg mitzuwirken[194]. In *Chisholm*[195] ging es um die Frage, ob ein Bundesstaat vor einem Bundesgericht durch den Bürger eines anderen Bundesstaates verklagt werden kann, ohne dass der beklagte Staat in den Prozess einwilligt. Der Supreme Court bejahte das in *Chisholm*, sehr zum Missfallen der Bundesstaaten. In der Folge wurde der elfte Verfassungszusatz erlassen, der das Prinzip der „state sovereign immunity" festschreibt und die Entscheidung in *Chisholm* auf diese Weise praktisch rückgängig gemacht hat[196].

Judicial review wurde durch die Bundesgerichtsbarkeit vor allem gegenüber Legislativakten der Bundesstaaten erwogen und ausgeübt, so etwa in *Ware v.*

---

[190] Siehe etwa *B. Friedman*, Will of the People, 2009, S. 44.

[191] *W. R. Casto*, 62 Vand. L. Rev. 376 (2009); siehe zur „Politisierung der Justiz" in der frühen Republik *G. S. Wood*, The Radicalism of the American Revolution, 1991, S. 324.

[192] Vgl. *R. P. Frankel, Jr.*, 28 J. Sup. Ct. Hist. 11 (2003); *K. E. Whitthington*, 97 Geo. L.J. 1270 (2009); *B. Ackerman*, Failure of the Founding Fathers, 2005, S. 172.

[193] Siehe *W. R. Casto*, Supreme Court in the Early Republic, 1995, S. 213 f., 247 ff.; *ders.*, 62 Vand. L. Rev. 375–376 (2009); zustimmend *K. E. Whitthington*, 97 Geo. L.J. 1270 (2009); *W. P. Whichard*, Justice James Iredell, 2000, S. 109–117. Whichard spricht von „overt partisanship from the bench" und meint, die Bundesrichter seien in der Federalist-Ära (bis 1800, siehe sogleich Fn. 204, und begleitenden Text) als „Repräsentanten oder Verlängerung der Administration [der Präsidenten Washington und Adams]" wahrgenommen worden; *H. A. Johnson*, Chief Justiceship of John Marshall, 1997, S. 68, beobachtet, dass es die Bundesgerichte in der Zeit vor 1801 als ihre Pflicht angesehen hätten, die politischen Positionen der Exekutive und der Legislative mitzutragen.

[194] *Ch. Warren*, Supreme Court in United States History, Bd. 1, 1922, S. 69 ff.; *P. Dionisopoulos/P. Peterson*, 18 J. Marshall L. Rev. 63–68 (1984); unten, Fn. 208.

[195] *Chisholm v. Georgia*, 2 U.S. (2 Dall.) 419 (1793).

[196] Siehe etwa *D. P. Currie*, The Constitution in Congress I, 1997, S. 195 ff.; näher *C. Desan*, in: K. Bowling/D. Kennon (Hrsg.), House and Senate in the 1790s, 2002, S. 206 ff.; *E. Chemerinsky*, 53 Stan. L. Rev. 1201–1203, et passim (2001).

Hylton[197], *Calder v. Bull*[198] (siehe unten, II.) und *Cooper v. Telfair*[199] (unten, III.).

Der relativen politischen Homogenität des Personals, mit dem die obersten Bundesorgane besetzt waren, zum Trotz, findet sich in der zweiten Hälfte der letzten Dekade des 18. Jahrhunderts mit *Hylton v. United States*[200] (nachf., I.) eine erste Entscheidung[201] des U.S. Supreme Court, die sich schon mehr oder weniger zaghaft mit der richterlichen Prüfungsbefugnis gegenüber Kongressgesetzen beschäftigt – also letztlich mit der Frage nach der Kompetenzverteilung zwischen Politik und Justiz auf der Ebene des Bundes. Die *Hylton*-Entscheidung enthält jedoch nur ein halbherziges und eher unspektakuläres Bekenntnis zum richterlichen Prüfungsrecht. Unter anderem[202] deshalb steht *Hylton* im Schatten der monumentalen *Marbury*-Entscheidung aus dem Jahr 1803[203], die, obwohl zeitlich nahe an dieser ersten Entscheidung liegend, aus einer anderen Epoche der amerikanischen Geschichte stammt. *Marbury* ereignete sich nach der jedenfalls von Thomas Jefferson und ihm wohlgesonnen Historikern sog. „Zweiten Amerikanischen Revolution"[204] von 1800, die mit dem ersten Machtwechsel zwischen den konkurrierenden politischen Lagern, den Federalists und den Jeffersonian Republicans, einen

---

[197] *Ware v. Hylton*, 3 U.S. (3 Dall.) 199 (1796); näher *D. P. Currie*, The Constitution in the Supreme Court, 1985, S. 37 ff., insbes. S. 39; *W. M. Treanor*, 58 Stan. L. Rev. 549–554 (2005); vgl. auch *E. Klein*, ZaöRV 34 (1974), S. 83 (94 ff.).

[198] *Calder v. Bull*, 3 U.S. (3 Dall.) 386 (1798).

[199] *Cooper v. Telfair*, 4 U.S. (4 Dall.) 14 (1800).

[200] *Hylton v. United States*, 3 U.S. (3 Dall.) 171 (1796).

[201] Zum *Hayburn's Case*, der den U.S. Supreme Court zwar erreicht, sich aber vor einer Entscheidungsverkündung wegen einer Gesetzesänderung erledigt hatte (*Ch. Warren*, The Supreme Court in United States History, Bd. 1, 1922, S. 79); siehe noch unten, Fn. 208, 360. – Außerdem hinzuweisen ist auf die Entscheidungen *Chandler v. Secretary of War*, *United States v. Yale Todd* und *Penhallow v. Doane's Administrators*, 3 U.S. (3 Dall.) 54 (1795). *Yale Todd* und *Chandler*, beide entschieden 1794, sind allerdings seinerzeit nicht amtlich dokumentiert worden. Angeblich hat der U.S. Supreme Court in einer dieser Entscheidung zum ersten Mal ein Statut des Kongresses für nichtig erklärt. Ein Hinweis auf *Yale Todd* findet sich in *United States v. Ferreira*, 54 U.S. (1 How.) 40, 52–53 (1851); zu *Yale Todd* und *Penhallow* etwa *K. E. Whitthington*, 97 Geo. L.J. 1270–1271, 1274–1276 (2009); zu *Chandler* vgl. *P. Dionisopoulos/P. Peterson*, 18 J. Marshall L. Rev. 49 n. 2, 50 n. 6, 68–72 (1984), m. w. N.

[202] Siehe noch unten, Fn. 211.

[203] Siehe *D. P. Currie*, The Constitution in the Supreme Court, 1985, S. 3 ("The accomplishments of the Supreme Court during the long period when John Marshall was Chief Justice were so great that the modest record of his predecessors tends to be overlooked."); ähnlich *S. B. Presser*, 62 Vand. L. Rev. 369–370 (2009); siehe dazu auch *R. L. Clinton* 27 J. Sup. Ct. Hist. 223–224 (2002); *R. G. McCloskey*, American Supreme Court, 6. Aufl. 2016, S. 19.

[204] *P. W. Kahn*, The Reign of Law, 1997, S. 4; siehe bereits oben Kapitel 3, Fn. 874.

historischen Wendepunkt in der US-amerikanischen Bundespolitik markiert[205].

Eine Durchsicht ausgewählter früher Entscheidungen des U.S. Supreme Court – *Hylton*, *Calder* und *Cooper* – bestätigt im Wesentlichen die Konturen und den Entwicklungsstand des Rechtsinstituts der richterlichen Normenkontrolle in der Form, die sich schon in den Entscheidungen der *state courts* abgezeichnet hatte. Das gilt vor allem im Hinblick auf den sog. „clear beyond doubt standard of review" und bezogen auf die insbesondere im Zusammenhang mit *Trevett v. Weeden* diskutierte Unsicherheit darüber, wie sich die positiv-rechtlichen normativen Anordnungen der neuen Verfassungen zu den überkommenen, vor allem während der Revolution so oft beschworenen Prinzipien natürlicher Gerechtigkeit verhalten.

I. Hylton v. United States (1796)

Bei *Hylton v. United States*[206] handelt es sich zwar nicht um den (aller-)ersten Fall, in dem vor den Bundesgerichten über die Verfassungsmäßigkeit eines Legislativakts des Kongresses gestritten worden ist[207], wohl aber um einen der wichtigsten und bekanntesten Fälle aus der Prä-*Marbury*-Ära[208].

Der Kongress hatte eine Steuer auf Kutschen festgesetzt. Gemäß dem amerikanischen Finanzverfassungsrecht ist die Zulässigkeit der Erhebung sog. direkter Steuern (*direct taxes*) durch den Bund an eine Konnexitätsre-

---

[205] Siehe zu den Auswirkungen des politischen Konflikts zwischen Federalists und Jeffersonian Republicans im Gefolge „Revolution von 1800" auf die Bundesgerichtsbarkeit näher *W. M. Treanor*, in: V. C. Jackson/J. Resnik (Hrsg.), Federal Courts Stories, 2010, S. 29–43.

[206] *Hylton v. United States*, 3 U.S. (3 Dall.) 171 (1796).

[207] *R. P. Frankel, Jr.*, 28 J. Sup. Ct. Hist. 1 (2003); *J. Goebel, Jr.*, History, Bd. I, 1971, S. 778 ("first clear-cut challenge of the constitutionality of an Act of Congress to come before the Court"); *W. P. Whichard*, Justice James Iredell, 2000, S. 127; siehe aber auch unten Kapitel 5, Fn. 3.

[208] Der sog. *Hayburn's Case* von 1792, der auch oft als bundesrechtliches Präjudiz für judicial review genannt wird, ist nicht durch den U.S. Supreme Court, sondern durch den U.S. Circuit Court for the District of Pennsylvania entschieden worden (das Gericht war neben einem gewöhnlichen Bundesrichter mit zwei „umherreisenden" (*circuit riding*, dazu *S. Breyer*, America's Supreme Court, 2010, S. 12) Richtern des Supreme Court in der Funktion von einfachen Bundesrichtern besetzt). Hervorzuheben ist außerdem die Sache *Van Horne's Lessee v. Dorrance*, entschieden 1795 am Bundesbezirksgericht in Pennsylvania, die Fundstelle lautet 2 U.S. (2 Dall.) 304 (C.C.D. Pa. [= United States Circuit Court for the District of Pennsylvania] 1795). In dieser Entscheidung ging es um die Frage nach der Verfassungsmäßigkeit einer einzelstaatlichen Norm; siehe zu *Van Horne's Lessee v. Dorrance* und zum *Hayburn's Case* sowie zu den übrigen judicial review-Fällen, die durch untere Bundesgerichte entschieden worden sind *W. M. Treanor*, 58 Stan. L. Rev. 517–540 (2005).

gelung gekoppelt[209]. Diese Regelung zwingt den Kongress, die Steuerlast entsprechend dem Verhältnis der Einwohnerzahlen der Bundesstaaten unter den Staaten aufzuteilen (sog. apportionment[210]). Der Kläger Hylton, der seine unter dem Statut fällig gewordene Steuerschuld nicht begleichen wollte, griff das Gesetz mit dem Argument an[211], es handele sich um eine unzulässige direkte Besteuerung, denn die nach der einschlägigen Verfassungsnorm zwingend vorgeschriebene Quotierung der Steuerlast sei unterblieben. Die drei an der Entscheidung beteiligten Richter folgten der Argumentation des Klägers nicht.

Obwohl zwei der drei Richter in *Hylton v. United States*, James Iredell und William Paterson, in ihren Voten zu der judicial review-Kompetenz des Gerichts nicht eindeutig Stellung bezogen[212], ist der Fall unter dem Gesichtspunkt des richterlichen Prüfungsrechts bemerkenswert. Iredell und Paterson kamen zu der Überzeugung, die Kutschenabgabe sei eine indirekte Steuer und sie sei daher verfassungsrechtlich auch nicht zu beanstanden[213]. Der dritte an der Entscheidung beteiligte Richter, Samuel Chase, wies als einziger ausdrücklich auf die Kompetenzfrage hin, aber er meinte, hierüber müsse nicht entschieden werden, denn auch er hielt die Steuer im Ergebnis für verfassungsgemäß:

"As I do not think the tax on carriages is a direct tax, it is unnecessary, at this time, for me to determine, whether this court, constitutionally possesses the power to declare an act of Congress void, on the ground of its being made contrary to, and in violation of, the Constitution; but if the court have such power, I am free to declare, that I will never exercise it, but in a very clear case."[214]

In Zweifelsfällen, so Chase, werde er die Verfassungsauslegung, so, wie sie durch die Legislative erfolgt ist, wohl oder übel zu akzeptieren haben[215].

---

[209] U.S. Const., Art. I, § 2, Cl. 3.

[210] Vgl. die Fraenkel-Übersetzung der US-Bundesverfassung, abgedruckt bei *W. Brugger*, Grundrechte und Verfassungsgerichtsbarkeit, 1987, S. 454 ff. – Zur geringen praktischen Relevanz der „apportionment"-Regel siehe *E. Chemerinsky*, Principles and Policies, 5. Aufl. 2015, S. 283 f.; *Hylton* wird aus steuerrechtlicher Sicht etwa bei *J. M. Dodge*, 11 U. Pa. J. Const. L. 875–879 (2009) diskutiert.

[211] Bei *Hylton* handelt es sich, ähnlich wie bei *Rutgers v. Waddington* (siehe oben, Fn. 7), um einen Musterprozess (sog. test case). Zu den absurden Hintergründen des Falles etwa *D. P. Currie*, The Constitution in the Supreme Court, 1985, S. 32 ("that the court was willing to decide this case was extraordinary, for the controversy bristled with procedural obstacles"); *W. P. Whichard*, Justice James Iredell, 2000, S. 126 ff.; ausführlich *R. P. Frankel, Jr.*, 28 J. Sup. Ct. Hist. 1–13 (2003).

[212] *D. P. Currie*, The Constitution in the Supreme Court, 1985, S. 33.

[213] Siehe etwa *G. Dargo*, in: in: K. L. Hall/J. W. Ely, Jr. (Hrsg.), United States Supreme Court Decisions, 2. Aufl. 2009, S. 158.

[214] *Hylton v. United States*, 3 U.S. (3 Dall.), 171, 175 (1796).

[215] *Hylton v. United States*, 3 U.S. (3 Dall.), 171, 173 (1796) (Chase, J.) ("The deliberate

Chase lässt seinen Standpunkt bezogen auf judicial review letztlich offen, aber er gibt eine eindeutige Tendenz zu erkennen. Ein ausdrückliches Bekenntnis zu judicial review ist von ihm erst aus einer Entscheidung aus dem Jahr 1800 überliefert[216]. Große Rätsel gibt das Schweigen der übrigen Richter, zumal das des Richters Iredell, bezogen auf judicial review nicht auf. Dass Iredell ein Befürworter des richterlichen Prüfungsrechts gewesen ist, lässt sich seinem Zeitungsartikel, seiner Argumentation in *Bayard v. Singleton* und seinem Votum in *Calder v. Bull* (siehe sogleich, unten II.) unschwer entnehmen[217]. Paterson scheint Iredells Standpunkt gekannt zu haben, jedenfalls machte er sich dessen Argumentation, der zufolge die Legislative nur eine „Kreatur der Verfassung"[218] sei, deren Akte sich an der normenhierarchisch höchstrangigen Verfassung messen lassen müssten, in der Entscheidung *Van Horne's Lessee v. Dorrance*[219] zu eigen[220]. *Van Horne's Lessee* ist ein Jahr vor *Hylton* durch ein unteres Bundesgericht entschieden worden; allerdings wurde dort nicht über die Verfassungsmäßigkeit eines Bundesgesetzes, sondern über die Vereinbarkeit eines *state statutes* mit der Bundesverfassung gestritten[221]. Drei Jahre später bekannte sich auch Paterson eindeutig zur richterlichen Normenkontrolle gegenüber Legislativakten des Kongresses[222].

Nachdem judicial review – oder zumindest: ein diesem Rechtsinstitut eng verwandter Prototyp – schon in der post-revolutionären Zeit durch die Gerichte der Bundesstaaten praktiziert worden war, knüpfte der U.S. Supreme Court mit *Hylton* an diese Tradition an. Das Gericht hat das angegriffene Statut freilich aufrechterhalten, nichtsdestoweniger hat es Befugnisse beansprucht, die dem richterlichen Prüfungsrecht, wie wir es heute kennen, im

---

decision of the National Legislature, [who did not consider a tax on carriages a direct tax, but thought it was within the description of a duty] would determine me, if the case was doubtful, to receive the construction of the Legislature.").

[216] *Cooper v. Telfair*, 4. U.S. (4 Dall.) 14, 19 (1800) (Chase, J.) ("[T]he supreme court can declare an act of congress to be unconstitutional and therefore, invalid."); siehe noch unten, Text bei Fn. 426.

[217] *J. M. Dodge*, 11 U. Pa. J. Const. L. 876-877 n. 169 (2009); siehe zu Iredell näher oben Kapitel 3, Text bei Fn. 420 ff. ("To the Public"), in diesem Kapitel Fn. 144 ff. (*Bayard v. Singleton*) und Fn. 238 (*Calder v. Bull*).

[218] Siehe oben Kapitel 3, Text bei Fn. 454.

[219] *Van Horne's Lessee v. Dorrance*, 2 U.S. (2 Dall.) 304, 308 (C.C.D. Pa. [= United States Circuit Court for the District of Pennsylvania] 1795) (Paterson, J.); siehe bereits oben, Fn. 208.

[220] *W. R. Casto*, Supreme Court in the Early Republic, 1995, S. 221.

[221] Vgl. *M. Marcus*, in: R. Hoffman/P. J. Albert (Hrsg.), Launching the "Extended Republic", 1996, S. 25 (28 f.).

[222] *Trial of Matthew Lyon* (U.S. Circuit Court for the Vermont District, 1798), in: F. Wharton (Hrsg.), State Trials of the United States, 1849, S. 333 (336) ("[Congress has enacted this law and] until this law is declared null and void by a tribunal competent for the purpose, its validity cannot be disputed.").

Wesentlichen[223] entsprechen[224]. Bereits im Zusammenhang mit *Commonwealth v. Caton* ist darauf hingewiesen worden[225], dass eine Normenkontrollkompetenz auch dort in Anspruch genommen wird, wo die gerichtliche Prüfung letztlich zugunsten der angegriffenen Norm ausfällt[226]. In *Hylton* verhält es sich genau so: Die Entstehung der Steuerschuld unter dem Kutschengesetz ist durch den Kläger nicht bestritten worden. Die tatbestandlichen Voraussetzungen des Steueranspruchs lagen vor; das Gericht hätte dem Begehren des Klägers auf der einfachrechtlichen Ebene also nicht entsprechen können. Hätte sich das Gericht auf den Standpunkt gestellt, es habe keine Jurisdiktion über die Verfassungsmäßigkeit der Gesetzgebung des Kongresses, hätte es die Klage also abweisen müssen. Statt die Klage jedoch schon unter Rückriff auf diese oder eine vergleichbare Erwägung abzuweisen, ist das Gericht in eine inhaltliche Prüfung der Verfassungsmäßigkeit des angegriffenen Gesetzes eingestiegen. Es hat die Verfassung als Maßstab herangezogen, und es hat die einschlägige Verfassungsnorm (mehr oder weniger) ernsthaft zu interpretieren versucht, um letztlich zu dem Schluss zu gelangen, das in Rede stehende Statut sei mit der Bundesverfassung vereinbar.

Dass die Richter in ihren Voten nicht viele Worte über die ihnen zugewiesene Autorität, die Verfassungsmäßigkeit der Gesetze zu überprüfen, verlieren, wird von David Currie etwas unbefriedigend damit erklärt, die Amerikaner seien zu jener Zeit im Begriff gewesen, sich allmählich an die Existenz des richterlichen Prüfungsrechts zu gewöhnen[227]. Deshalb sahen die Richter offenbar keine Veranlassung, Überzeugungsarbeit in Sachen judicial review leisten zu müssen, zumal in einem Fall, an dessen Ende sich das infrage stehende Kongressgesetz ohnehin als verfassungskonform erweisen sollte.

In *Hylton* setzt sich nicht nur die bis dato überschaubare Tradition des judicial review fort, auch der „clear beyond doubt standard of review" wird durch Justice Chase höchstrichterlich, wenn auch in einem obiter dictum,

---

[223] Siehe allgemein *K. L. Hall*, 35 U. Fla. L. Rev. 282 (1983) ("The importance of the historical context of judicial review is that while the styles ... have changed, the functions ... have remained largely constant.").

[224] Vgl. *S. B. Prakash/J. C. Yoo*, 70 U. Chi. L. Rev. 977 (2003).

[225] Siehe oben, Text bei Fn. 51 und öfter.

[226] Bezogen auf *Hylton* siehe *L. Fisher*, 25 Suffolk U. L. Rev. 95 (1991) ("If the Court had the power to uphold a congressional statute, presumably it had the power to strike one down."); ähnlich *H. J. Abraham*, 27 J. Sup. Ct. Hist. 288–289 (2002); *D. Alfange, Jr.*, 1993 Sup. Ct. Rev. 420; *D. P. Currie*, The Constitution in the Supreme Court, 1985, S. 55; *M. J. Klarman*, 87 Va. L. Rev. 1115–1116 (2001); *E. Klein*, ZaöRV 34 (1974), S. 84 (91); *M. Marcus*, in: R. Hoffman/P. J. Albert (Hrsg.), Launching the "Extended Republic", 1996, S. 25 (45 f.); *J. N. Rakove*, 49 Stan. L. Rev. 1041 (1997); *B. Schwartz*, History of the Supreme Court, 1993, S. 24, 42; *W. P. Whichard*, Justice James Iredell, 2000, S. 127.

[227] *D. P. Currie*, The Constitution in the Supreme Court, 1985, S. 33.

B. Frühe Präjudizien aus der Rechtsprechung des U.S. Supreme Court 299

anerkannt („never excercise it ... but in a very clear case")[228]. Ähnliches war bereits in *Commonwealth v. Caton* von Justizminister Edmund Randolph und amicus curiae St. George Tucker zu vernehmen gewesen; im Übrigen hatten die *state courts* den „clear beyond doubt"-Kontrollstandard in den Fällen *Bayard v. Singleton* und *Trevett v. Weeden* ja auch schon angewandt.

Außerdem verdient der Umstand Beachtung, dass in *Hylton* über die Verfassungsmäßigkeit eines Gesetzes entschieden worden ist, dessen Regelungsbereich sich nicht auf das gerichtliche Verfahren beschränkte. Vielmehr ging es um die Reichweite der sog. taxing power des Bundes[229]. Das Gericht musste die Frage klären, ob dem Kongress durch die Verfassung eine Gesetzgebungskompetenz für die Festsetzung der Kutschensteuer zugewiesen ist. Die Klärung hing von der Auslegung des Begriffs der direkten Steuer ab. Mit anderen Worten drehte sich der Streit um allgemeine staatsorganisationsrechtliche Fragen[230]. Man kann Chases Votum in *Hylton* so deuten, als habe er den „clear beyond doubt"-Kontrollstandard auf sämtliche Fälle anwenden wollen, in denen über die Verfassungsmäßigkeit eines Legislativakts zu entscheiden ist. Das heißt, dass Chase den Anwendungsbereich des richterlichen Prüfungsrechts erstens nicht auf solche Legislativakte beschränkt hat, die in den ureigenen Kompetenzbereich der Justiz einbrechen („province of the judiciary"), und zweitens, dass, zumindest theoretisch, auch andere legislative Souveränitätsanmaßungen als die Entziehung des Rechts auf einen Geschworenenprozess als klare Verfassungsverstöße im Sinne der „doubtful case rule" in Betracht kommen können[231].

Schwierig zu beurteilen ist, ob *Hylton* auch als historische Referenz für die Lehre von der richterlichen Zurückhaltung in Stellung gebracht werden kann. Wenn Richter Chase der Auffassung beipflichtet, dass Gerichte ausschließlich unter Beachtung der doubtful case rule in den politischen Prozess eingreifen dürfen, spricht das zunächst einmal dafür. Bei näherem Hinsehen erscheint allerdings doch zweifelhaft, ob sich die doubtful case rule und das judicial restraint-Prinzip pauschal in eins setzen lassen. Will man den Ergebnissen einiger Studien, die sich mit *Hylton* befasst haben, Glauben schenken, dann haben sich die Richter bei der finanzverfassungsrechtlichen Beurteilung der Kutschenabgabe nicht durch den Normtext und die sich dahinter verbergenden Absichten der Verfassungsväter[232] anleiten lassen. Ihr Deferen-

---

[228] S. *Snowiss*, Judicial Review, 1990, S. 61 ("first reference to the doubtful case rule on the Supreme Court was in *Hylton v. United States*").
[229] Siehe etwa *G. S. Wood*, Empire of Liberty, 2009, S. 415.
[230] Vgl. *W. M. Treanor*, 58 Stan. L. Rev. 541 (2005) ("Court decided whether a substantive congressional statute [as opposed to a congressional statute concerned with jurisdiction] ran afoul of the Constitution").
[231] Siehe dazu auch *K. E. Whitthington*, 97 Geo. L.J. 1270 (2009) ("[T]he Court was not limited to such cases [concerning the judiciary's sphere of action].").
[232] Eindeutige Absichten der Framer sind bezogen auf die Auslegung des Begriffs der

tialismus, das heißt ihre Bereitschaft, den in *Hylton* angegriffenen Legislativakt zu akzeptieren, scheint nicht so sehr auf gewaltenteilungs- und demokratietheoretischen Prämissen beruht zu haben, als vielmehr auf rechtspolitischen Präferenzen[233]. Bedenkt man, dass der Kongress seinerzeit durch Parteifreunde der Richter kontrolliert worden ist, erscheint eine solche Interpretation wohl nicht gänzlich unplausibel. Wenn aber tatsächlich die rechtspolitische Präferenz der Richter, nämlich die Überzeugung, dass der Bund seinem Aufgabenbestand entsprechend auch die erforderlichen Einnahmen erwirtschaften können muss[234], für den Ausgang des Verfahrens ausschlaggebend gewesen sein sollte, dann hat das Gericht, statt richterliche Zurückhaltung obwalten zu lassen, eher ein Beispiel für eine vergleichsweise plumpe ergebnisorientierte Judikatur geliefert und zugleich einen der zentralen Schwachpunkte der doubtful case rule offenbart: Auch dieser unter dem Gesichtspunkt des judicial restraint so vielversprechende Kontrollstandard lässt sich bei Bedarf in den Dienst der politischen Präferenz des Verfassungsrichters stellen.

---

direkten Steuer nicht überliefert. Ausweislich der Anfang des 20. Jahrhunderts rekonstruierten Protokolle des Verfassungskonvents, auf den die Richter noch nicht zugreifen konnten, war keiner der in Philadelphia Anwesenden in der Lage, die Frage des Delegierten Rufus King zu beantworten, was genau unter dem Begriff der direkten Steuer zu verstehen sei. Siehe M. Farrand (Hrsg.), Records of the Federal Convention, Bd. II, 1911, S. 350. Die Richter waren also mit der schwierigen Aufgabe konfrontiert, den hypothetischen Willen des Verfassungsgebers ermitteln zu müssen. Die Richter Paterson und Wilson hätten die Absichten der Framer kennen sollen, denn sie waren Delegierte des Konvents von Philadelphia.

[233] *W. M. Treanor*, 58 Stan. L. Rev. 542–543, 546 (2005); *W. R. Casto*, Supreme Court in the Early Republic, 1995, S. 227; *D. P. Currie*, The Constitution in the Supreme Court, 1985, S. 33 f. ("The judges relied mostly on ... their own conception of sound policy, paying little heed to the Constitution's words." "Policy considerations dominated all three opinions." "Paterson made no effort to relate this policy preference to the Constitution"); vgl. auch *J. N. Rakove*, 49 Stan. L. Rev. 1040 (1997) ("To determine whether the tax was constitutional, the Court had to search for suitable definitions in the existing literature of political economy, a procedure which smacks of a a certain noninterpretivist leeway."); etwas freundlicher fällt die Analyse bei *W. P. Whichard*, Justice James Iredell, 2000, S. 127, aus, der insoweit von ‚teleologischer Auslegung' („functional application") spricht.

[234] Diese verfassungspolitische Präferenz scheint beim Lesen der einzelnen Voten durch, mal mehr, mal weniger deutlich, vgl. Hylton v. United States, 3 U.S. (3 Dall.) 171, 173 (Chase, J.), 178 (Paterson, J.), 182–183 (Iredell, J.) (1796).

II. Calder v. Bull (1798)

Calder v. Bull[235] bestätigte das in *Ware v. Hylton*[236] bereits zwei Jahre zuvor etablierte bundesrichterliche Prüfungsrecht gegenüber Legislativakten der Einzelstaaten (federal judicial review of state legislation[237]). Nicht der gesamte Spruchkörper, wohl aber die Richter Iredell[238] und Chase[239] positionierten sich zur Kompetenzfrage. Es handelt sich wie bereits in *Hylton* um eine nur implizite Inanspruchnahme des richterlichen Prüfungsrechts[240]. In *Calder* wurde darüber gestritten, ob die gesetzgebende Körperschaft des Staates Connecticut von Verfassungs wegen dazu befugt gewesen war, ein rechtskräftiges Gerichtsurteil in einer privatrechtlichen Streitigkeit aufzuheben und ein neues Verfahren anzuordnen. Der Prozess ging zunächst durch die Instanzen der Justiz des Staates Connecticut und erreichte im Rahmen der sog. „section 25-jurisdiction" schließlich den U.S. Supreme Court.

§ 25 des Judiciary Act von 1789[241] wies dem U.S. Supreme Court unter anderem die Kompetenz zu, über Rechtsmittel gegen letztinstanzliche Urteile der Jusitz der Bundesstaaten (sog. „writs of error") zu entscheiden, und – vereinfacht ausgedrückt – zu kontrollieren, ob die im Prozess entscheidungserheblichen Rechtsvorschriften der Bundesstaaten mit den Rechtsnormen des Bundes vereinbar sind[242]. Dass Legislativakte der Bundesstaaten, die in Widerspruch zur Bundesverfassung oder dem sonstigen Bundesrecht stehen, derogiert werden, ergibt sich schon aus dem eindeutigen Wortlaut der Supremacy Clause, U.S. Const., Art. VI, Cl. 2[243]. Während sich also die materielle Komponente des richterlichen Prüfungsrechts gegenüber Legislativakten der Bundesstaaten bereits unmittelbar aus dem geschriebenen Verfassungsrecht ergibt, besorgt der Judiciary Act die entsprechende positiv-rechtliche Klarstellung hinsichtlich der gerichtlichen Prüfungs- und Verwerfungsbefugnis[244]. Das richterliche Prüfungsrecht der state court judges gegenüber Einzelstaatsge-

---

[235] *Calder v. Bull*, 3 U.S. (3 Dall.) 386 (1798).

[236] *Ware v. Hylton*, 3 U.S. (3 Dall.) 199 (1796); siehe auch die Nachweise oben, Fn. 197.

[237] Siehe bereits oben Kapitel 2, Fn. 17.

[238] *Calder v. Bull*, 3 U.S. (3 Dall.) 386, 399 (1798); Iredell macht hier keinen Unterschied zwischen der Überprüfung von Legislativakten des Bundes und der Bundesstaaten; vgl. dazu auch *D. P. Currie*, The Constitution in the Supreme Court, 1985, S. 41.

[239] *Calder v. Bull*, 3 U.S. (3 Dall.) 386, 395 (1798); die Äußerung von Justice Chase ist allerdings mehrdeutig, siehe *D. P. Currie*, The Constitution in the Supreme Court, 1985, S. 42.

[240] Siehe bezogen auf *Calder v. Bull* etwa *B. Schwartz*, History of the Supreme Court, 1993, S. 23; vgl. im Übrigen oben, Fn. 51, 225 und begleitenden Text.

[241] Section 25 of 1789 Judiciary Act, 1 Stat. 85–87 (U.S. Statutes at Large, Bd. 1, hrsg. von R. Peters, Boston, 1845, S. 85–87).

[242] Siehe *K. Newmyer*, 56 Wash. & Lee L. Rev. 847 (1999); ferner etwa *K. L. Hall*, Supreme Court and Judicial Review, 1985, S. 7; *J. Lee Malcolm*, 26 J.L. & Pol. 34–35 (2010); *R. G. McCloskey*, American Supreme Court, 6. Aufl. 2016, S. 3; *E. Wolf*, Verfassungsgerichtsbarkeit und Verfassungstreue, 1961, S. 20 f.

[243] Siehe oben Kapitel 2, Text und Nachweise bei Fn. 27 ff.

[244] *M. Marcus*, in: R. Hoffman/P. J. Albert (Hrsg.), Launching the "Extended Repu-

setzen am Maßstab der Bundesverfassung ergibt sich im Übrigen, legt man die heute übliche Lesart der Vorschrift zu Grunde, unmittelbar aus dem Wortlaut der Supremacy Clause[245].

Der Kläger wandte sich gegen die Maßnahme des Gesetzgebers und argumentierte, die legislative Handlung verstoße gegen das an die Gesetzgebung der Bundesstaaten adressierte Rückwirkungsverbot („ex post facto law"-Klausel)[246,247]. Es ist unklar, ob es sich bei der Maßnahme um ein Statut oder um eine Resolution handelte, in der Entscheidung ist von „resolution or law"[248] die Rede. Das Gericht entschied, dass das in der Verfassung enthaltene Rückwirkungsverbot ausschließlich auf Strafgesetze anwendbar sei[249]. Mit der so festgelegten Auslegung des Rückwirkungsverbots fiel der zivilrechtliche Sachverhalt aus dem Anwendungsbereich der ex post facto law-Klausel heraus. Der Legislativakt war demnach verfassungsrechtlich unter dem Gesichtspunkt des Rückwirkungsverbots nicht zu beanstanden[250]. Folgerichtig wurde die Klage abgewiesen. Dass es sich bei der Maßnahme der Repräsentativkörperschaft des Staates Connecticut im Übrigen um einen gewaltenteilungsrechtlich problematischen Übergriff der Legislative in den Funktionsbereich der Justiz gehandelt haben könnte, findet in den tragenden Erwägungen der Entscheidungsgründe[251] nur am Rande Beachtung[252]. Ob die

---

blic", 1996, S. 25 (26 f.); siehe auch *B. Friedman*; Will of the People, 2009, S. 42; *J. F. Hart*, 45 San Diego L. Rev 832 (2008); zur Aufspaltung des richterlichen Prüfungsrechts in eine materiell-rechtliche („substantive") und eine formell- bzw. funktionell-rechtliche („remedial") Komponente siehe oben Kapitel 2, Fn. 115 f. und begleitenden Text.

[245] *S. D. Gerber*, Distinct Judicial Power, 2011, S. 332, weist darauf hin.

[246] U.S. Const., Art. I, § 10, Cl. 1 („No state shall ... pass any ... ex post facto law."); in U.S. Const., Art. I, § 9, findet sich auch ein an den Kongress gerichtetes ex post facto law-Verbot.

[247] *J. Goebel, Jr.*, History, Bd. I, 1971, S. 783.

[248] *Calder v. Bull*, 3 U.S. (3 Dall.) 386 (1798) (meine Hervorhebung).

[249] *Calder v. Bull*, 3 U.S. (3 Dall.) 386, 391, et passim (Chase, J.), 396–397 (Paterson, J.), 399-401 (Iredell & Cushing, JJ.) (1798).

[250] Vgl. *D. P. Currie*, The Constitution in the Supreme Court, 1985, S. 41.

[251] Von einer einheitlichen Entscheidungsbegründung zu sprechen, ist streng genommen nicht zutreffend. Erst unter dem Vorsitzenden Richter John Marshall wurde die englische Praxis der sog. *seriatim*-Entscheidungsverkündung, nach der jeder Richter ein eigenes Votum zur Entscheidung beisteuerte, zugunsten der heute in kollegialen Spruchkörpern üblichen *per curiam*-Verkündungspraxis aufgegeben, nach der sich die Entscheidungsgründe aus dem Votum des Berichterstatters zur Mehrheitsmeinung und gegebenenfalls aus abweichenden („dissenting") und im Ergebnis, nicht aber in der Begründung übereinstimmenden („concurring") Voten („opinions") zusammensetzen, siehe etwa *S. D. Gerber*, 14 U. St. Thomas L.J. 47 (2018); *K. ZoBell*, 44 Cornell L. Q. 192–193 (1959); außerdem *A. V. Baker*, 39 Duq. L. Rev. 751 n. 89 (2001); *W. E. Nelson*, 37 J. Marshall L. Rev. 345 (2004); *K. Newmyer*, 71 U. Colo. L. Rev. 1378–1379 (2001); *Th. G. Walker*, in: K. L. Hall u. a. (Hrsg.), Supreme Court of the United States, 1992, S. 779 f.

[252] Chase meint, die Aufhebung eines Gerichtsurteils durch die Legislative lasse sich mit

Entscheidung bezogen auf die Auslegung des Rückwirkungsverbots oder bezogen auf die Interpretation des Gewalteilungsprinzips letztlich richtig oder falsch gewesen ist, mag hier dahinstehen. Auch ist *Calder* als Anwendungsfall für die richterliche Kontrolle der Gesetzgebung der Bundesstaaten nicht unbedingt von gesteigertem Interesse – das Gericht hatte mit *Ware v. Hylton* ja bereits ein entsprechendes Präjudiz geschaffen[253].

Das Institut der vertikalen gerichtlichen Normenkontrolle („judicial review of state legislation") war bereits frühzeitig (zumal unter den Federalists[254]) als notwendige Bedingung funktionstüchtiger Bundesstaatlichkeit weithin akzeptiert[255]. Anfang des 20. Jahrhunderts meinte der Richter am Supreme Court Oliver Wendell Holmes, bekannter Kritiker der aktivisitischen Rechtsprechung seiner Kollegen während der Lochner-Ära[256]: „I do not think the United States would come to an end if we lost our power to declare an Act of Congress void. I do think the Union would be imperiled if we could not make the declaration as to the laws of the several states."[257]

Aufmerksamkeit ist der Entscheidung insbesondere deshalb zu Teil geworden, weil sie sich mit der bis in die Gegenwart nachwirkenden Frage[258] be-

---

dem Gewohnheitsrecht des Staates Connecticut begründen. Erst wenn die Legislative, statt eine Gerichtsentscheidung lediglich aufzuheben, anstelle der Justiz entscheidet, sieht Chase Veranlassung zu einer näheren Überprüfung, siehe *Calder v. Bull*, 3 U.S. (3 Dall.) 386, 387 (1798). Paterson und Iredell widmen der Frage mehr Aufmerksamkeit, kommen aber zu einer ähnlichen Schlussfolgerung wie Chase, siehe *Calder v. Bull*, 3 U.S. (3 Dall.) 386, 395–396, 398 (Paterson & Iredell, JJ.) (1798). Iredell meint, die Aufhebung des Urteils sei kein Legislativakt, sondern Ausübung rechtsprechender Gewalt, auf die die ex post facto law-Klausel nicht anwendbar sei. In der Tat hatte sich der Staat Connecticut noch keine neue Verfassung gegeben; er operierte noch unter dem kolonialen Organisationsstatut von 1662, das die sog. „General Assembly" der Kolonie nicht nur als Legislativorgan, sondern – offenbar nach dem englischen Vorbild des „High Court of Parliament" (siehe oben, Text bei Kapitel 3, Fn. 40 f.) – auch als höchsten Gerichtshof konstituiert hatte (*N. Chapman/M. McConnell*, 121 Yale L.J. 1744 (2012)).

[253] Siehe oben, Fn. 236.

[254] Siehe zur Kritik von Seiten der Anti-Federalists bzw. Republikaner Specer Roane und Thomas Jefferson *J. N. Rakove*, 43 Wm. & Mary L. Rev. 1533–1544 (2002); zu den sog. „Virginia and Kentucky Resolutions" siehe unten, Fn. 453.

[255] *M. S. Bilder*, 116 Yale L.J. 511 (2006); *M. Marcus*, in: R. Hoffman/P. J. Albert (Hrsg.), Launching the "Extended Republic", 1996, S. 25 (28); *K. Newmyer*, 56 Wash. & Lee L. Rev. 846–847 (1999); vgl. *M. P. Harrington*, 72 Geo. Wash. L. Rev. 54 (2003); *S. Levinson*, An Argument, 2015, S. 299; *J. N. Rakove*, 49 Stan. L. Rev. 1047 (1997); *ders.* 43 Wm. & Mary L. Rev. 1530 (2002).

[256] Siehe unten, Fn. 371.

[257] *O. W. Holmes*, Law and the Court, 1913, in: *ders.*, Collected Legal Papers, 1920 (Ndr. 1952), S. 291 (295 f.).

[258] *R. H. Bork*, The Tempting of America, 1990, S. 19 ff.; *L. F. Goldstein*, JOP 48 (1986), S. 51 ff. ("Although the modern Court has not dared to say it aloud, a good deal of the current scholarship on the Court maintains that unwritten law is a perfectly legitimate basis on which the Court may declare statutes void"); *Th. C. Grey*, 27 Stan. L. Rev. 703

schäftigt, ob neben dem geschriebenen Verfassungsrecht das Naturrecht als Ableitungsinstanz für die gerichtliche ‚Maßstabsbildung'[259] bei der Ausübung der Normenkontrollkompetenz in Betracht zu ziehen ist[260].
Seit der Entscheidung in *Calder* haben sich die terminologischen Vorzeichen gewandelt. In der aktuell geführten Debatte geht es nicht mehr um Naturrechtstheorien, sondern um die Lehre vom sog. „substantive due process"[261]. Allerdings: In der Sache unterscheidet sich der – so beiläufig angesprochen zugestandenermaßen konturlose – Naturrechtsbegriff nur unwesentlich von der rechtsdogmatischen Figur des substantive due process[262]. Dies gilt zumindest, insoweit man unter substantive due process ein vom Verfassungstext weitgehend entkoppeltes[263] materielles bzw. substantialisti-

---

(1975) („[M]ay they [the courts] also enforce principles of liberty and justice when the normative content of those principles is not to be found within the four corners of our founding document?"); siehe auch *Ph. B. Kurland*, 55 U. Cin. L. Rev. 738 (1987) („[T]he Constitution is the foundation on which constitutional law is built; but the two are not the same.").

[259] Siehe *O. Lepsius*, Die maßstabssetzende Gewalt in: M. Jestaedt u. a., Das entgrenzte Gericht, 2011, S. 170, et passim; *Ch. Hillgruber*, JZ 2011, S. 861; vgl. dazu auch *M. Jestaedt*, DVBl. 2001, S. 1309 (1315) (Kontrollmaßstab im Unterschied zur Kontrolldichte etwas im positiven Recht Vorgefundenes).

[260] Siehe *D. P. Currie*, The Constitution in the Supreme Court, 1985, S. 46 („The most noteworthy aspect of the *Calder* opinions, however, had nothing to do with the ex post facto clause; it was the famous controversy between Chase and Iredell over the role of natural law in constitutional litigation."); ferner *J. Orth*, 24 N.C.J. Int'l L. & Com. Reg. 74–75 (1998); *T. Sandefur*, 35 Harv. J. L. & Pub. Pol'y 320–321 (2012); *J. Harrison*, 83 Va. L. Rev. 530 (1997); *W. P. Whichard*, Justice James Iredell, 2000, S. 132.

[261] Zur Unterscheidung von „procedural" und „substantive" due process *J. Nowak/ R. Rotunda*, Constitutional Law, 8. Aufl. 2010, S. 425 ff. („Every form of review other than that involving procedural due process is a form of substantive review."); siehe dazu auch *E. Chemerinsky*, Principles and Policies, 5. Aufl. 2015, S. 569 ff., insbes. S. 571 ff. („the controversy over substantive due process"); zu „procedural due process" siehe aus der deutschen Literatur *M. Kaltenborn*, Streitvermeidung und Streitbeilegung, 2007, S. 238, m. w. N.; zu substantive due process näher *W. Brugger*, Grundrechte und Verfassungsgerichtsbarkeit, 1987, S. 104 ff., et passim; vgl. zur deutschsprachigen Diskussion allgemein etwa *J. Isensee*, in: D. Merten/H.-J. Papier (Hrsg.), HGRe II, 2006, § 26 Rn. 66, 74 („Die Frage drängt sich auf, ob das System der positiven Verfassung überhaupt den Rückgriff auf überpositives Recht zulässt."; „Das Bekenntnis des Grundgesetzes zum Naturrecht ermögliche dem Interpreten, auf ungeschriebenes Verfassungsrecht zurückzugreifen, um Lücken zu füllen und Auslegungszweifel zu beheben.").

[262] Siehe *D. P. Currie*, The Constitution in the Supreme Court, 1985, S. 48; vgl. außerdem *R. H. Bork*, The Tempting of America, 1990, S. 19 f., 31 f.; *J. E. Fleming*, 48 Stan. L. Rev. 26 (1995); *E. Foley*, 59 Ohio St. L.J. 1599–1600, 1605, et passim (1998); *J. Orth*, 24 N.C.J. Int'l L. & Com. Reg. 75 n. 27 (1998); *S. B. Presser*, 84 Nw. U. L. Rev. 116 n. 37 (1989); *ders.*, 62 Vand. L. Rev. 368 (2009); *W. P. Whichard*, Justice James Iredell, 2000, S. 134 f.

[263] Zur Kritik an der mangelnden Anbindung des substantive due process an den Wort-

B. Frühe Präjudizien aus der Rechtsprechung des U.S. Supreme Court

sches Rechtsstaatsdenken[264] oder etwa das Konzept der Verfassung als „Gerechtigkeitsreserve"[265] verstehen will[266,267]. Der US-Rechtswissenschaftler David Currie bezeichnet die Lehre vom substantive due process in rechtsvergleichender Perspektive zum deutschen Grundgesetz und zur Rechtsprechung des Bundesverfassungsgerichts als

"protecting additional substantive rights on the basis of general provisions that correspond to our Due Process and Equal Protection Clauses"[268].

Bezogen auf das Grundgesetz spricht der Autor insbesondere die Menschenwürdegarantie, den allgemeinen Gleichheitssatz und das Recht auf freie Persönlichkeitsentfaltung aus Art. 2 Abs. 1 des Grundgesetzes an.

Kritik entzündet sich an der US-amerikanischen substantive due process-Konzeption immer dann, wenn der U.S. Supreme Court sog. unbenannte (*unenumerated*) Freiheitsrechte[269] aus den due process-Klauseln des fünften und insbesondere des vierzehnten Verfassungszusatzes herleitet[270]. Im Grundsatz unproblematisch und unbestritten ist die Legitimität einer inhaltlichen Überprüfung (substantive review) staatlicher, insbesondere legislativer Maßnahmen am Maßstab geschriebener Rechtsnormen, etwa den in der Bill of Rights positivierten Freiheitsrechten[271]. „Substantive review" und

---

laut der US-Bundesverfassung *J. H. Ely*, Democracy and Distrust, 1980, S. 18; *J. Harrison*, 83 Va. L. Rev. 493–558 (1997).

[264] Vgl. *K. Loewenstein*, Verfassungsrecht und Verfassungspraxis, 1959, S. 513.

[265] Siehe *M. Morlok*, Verfassungstheorie, 1988, S. 91 ff.; *U. Volkmann*, Der Staat 54 (2015), S. 35 (54 ff.).

[266] *D. Kommers/R. Miller*, Constitutional Jurisprudence, 3. Aufl. 2012, S. 355, scheinen den amerikanischen Begriff des substantive due process aus vergleichender Perspektive eher mit der deutschen Dogmatik zur Menschenwürdegarantie und dem Ansatz „Grundrechte als Werteordnung" (oben Kapitel 1, Fn. 170, 191) in Verbindung zu setzen.

[267] Zu einer überblicksmäßigen Darstellung der Diskussion (mit umfangreichen Nachweisen) bei *N. Chapman/M. McConnell*, 121 Yale L.J. 1675–1676 (2012).

[268] *D. P. Currie*, 1989 Sup. Ct. Rev. 335.

[269] *S. Sherry*, in: M. Tushnet (Hrsg.), Arguing Marbury, 2005, S. 47 (56).

[270] Als klassisches Beispiel gilt die Abtreibungsentscheidung *Roe v. Wade*, 410 U.S. 113, 153 (1973), in der der Supreme Court ein Recht auf Privatsphäre aus dem 14. Verfassungszusatz hergeleitet hat, in das nach Auffassung der Mehrheit des Gerichts mit der Abtreibungsgesetzgebung des Staates Texas auf verfassungswidrige Weise eingegriffen worden sei. Auch der Fall *Lochner v. New York*, 198 U.S. 45, 53 (1905) wird im Zusammenhang mit substantive due process immer wieder genannt (vgl. etwa *P. Kens*, 1 N.Y.U. J.L. & Liberty 410 [2005]). In dieser Entscheidung hatte das Gericht aus dem vierzehnten Verfassungszusatz ein Recht auf Vertragsfreiheit abgeleitet. Nach Ansicht der Mehrheit der Richter verletzte der Staat New York jenes Recht, indem er ein Gesetz erlassen hatte, mit dem die Arbeitszeiten in Bäckereien reguliert worden waren, siehe zur *Lochner*-Entscheidung im Überblick *P. Kens*, in: K. L. Hall/J. W. Ely, Jr. (Hrsg.), United States Supreme Court Decisions, 2. Aufl. 2009, S. 189–192.

[271] *J. Nowak/R. Rotunda*, Constitutional Law, 8. Aufl. 2010, S. 425 f.

„substantive due process" überschneiden sich, die Begriffe sind aber nicht deckungsgleich. Die Legitimität der inhaltlichen Überprüfung (substantive review) staatlicher Handlungen hängt vom herangezogenen Maßstab ab. Handelt es sich bei dem einschlägigen Maßstab um eine geschriebene Norm, wird die Überprüfung nach ganz überwiegender Lehre nicht nur für zulässig gehalten, sie ist vielmehr geboten. Ist die Maßstabsnorm jedoch ungeschrieben und erst im Wege des substantive due process ‚generiert', ist die Legitimität einer gerichtlichen Inhaltskontrolle umstritten: Die Rechtsprechung hält sie für prinzipiell zulässig[272], Teile der Lehre halten sie für problematisch, wenn nicht gar für unzulässig[273].

Manche Kritiker wollen nur die prozedurale Ausdeutung der due process-Klauseln akzeptieren[274]: Erstens, weil eine Kompetenz zur materiellen Verfassungsrechtsfortbildung durch die Gerichte überhaupt nicht vorgesehen sei, und zweitens, weil die Ergebnisse der über die due process-Klauseln erfolgten Rechtsfortbildung eine belastbare Grundlage im Normtext regelmäßig nicht vorweisen könnten[275]. Der Richter am U.S. Supreme Court Hugo Black fasst die Position der substantive due process-kritischen US-Juristen in einem Sondervotum aus dem Jahr 1947 wie folgt zusammen:

---

[272] Vgl. *Snyder v. Massachusetts*, 291 U.S. 97, 105 (1934) (will nur „principle[s] of justice so rooted in the traditions and conscience of our people as to be ranked as fundamental" als ungeschriebene Grundrechtspositionen anerkennen); außerdem etwa *Reno v. Flores*, 507 U.S. 292, 301–303 (1993); zu besonderer Sorgfalt bei der Definition ungeschrie-ner Grundrechtspositionen mahnen etwa *Collins v. Harker Heights*, 503 U.S. 115, 125 (1992) ("[T]he Court has always been reluctant to expand the concept of substantive due process because guideposts for responsible decisionmaking in this unchartered area are scarce and open-ended."); *Washington v. Glucksberg*, 521 U.S. 702, 720 (1997), dort auch m. w. N. zu gerichtlich bereits anerkannten ungeschriebenen Grundrechtspositionen (darunter befinden sich das Recht auf körperliche Unversehrtheit, das Recht zu heiraten, das Recht, Kinder zu bekommen, das Recht auf Abtreibung, usw.).

[273] Siehe zur Kritik *E. Chemerinsky*, Principles and Policies, 5. Aufl. 2015, S. 573.

[274] Vgl. nochmals die Darstellung bei *E. Chemerinsky*, Principles and Policies, 5. Aufl. 2015, hier S. 572; siehe außerdem *A. J. Meese*, 41 Wm. & Mary L. Rev. 3 (1999); einen verfassungstextlichen Anhaltspunkt für die Autorisierung des substantive due process könnte allerdings der neunte Verfassungszusatz geben, siehe *Roe v. Wade*, 410 U.S. 113, 153 (1973); *L. D. Kramer*, People Themselves, 2004, S. 43 f.

[275] Vgl. *Obergefell v. Hodges*, 576 U. S. __, __ (2015) (Roberts, C.J., dissenting) (slip. op., at 10–11); *Moore v. East Cleveland*, 431 U.S. 494, 544 (1977) (White, J., dissenting) ("The Court is most vulnerable and comes nearest to illegitimacy when it deals with judge-made constitutional law having little or no cognizable roots in the language or design of the Constitution."); ebenso *Bowers v. Hardwick*, 478 U.S. 186, 194 (1986); siehe aus der Literatur *J. Harrison*, 83 Va. L. Rev. 558 (1997); *P. Brest*, 90 Yale L.J. 1063–1064 (1981); vgl. zu älteren kritischen Stimmen auch *R. H. Bork*, 47 Ind. L.J. 8 (1971); *H. Linde*, 82 Yale L.J. 253–255 (1972); *J. H. Ely*, Yale L.J. 948–949 (1973).

"[T]o pass upon the constitutionality of statutes by looking to the particular standards enumerated in the Bill of Rights and other parts of the Constitution is one thing; to invalidate statutes because of application of 'natural law,' deemed to be above and undefined by the Constitution, is another."[276]

Als Gegenpositionen zu substantive due process sind die rechtspositivistischen Interpretationsansätze des Textualismus und der „strict construction" zu nennen. Es liegt auf der Hand, dass sich diese Ansätze gegenüber textungebundenen Ableitungen aus der Verfassung deutlich restriktiver verhalten als die naturrechtsähnliche Konzeption vom substantive due process – als Befürworter dieser letztgenannten Konzeption wandelt man, so die Kritiker, abseits des tugendhaften Pfades der „Texttreue" (*textual fidelity*)[277], und, das wird man hinzufügen können, man öffnet dem Aktivismus einer gleichsam „entfesselten"[278] Justiz Tür und Tor. Substantive due process ist einigen im US-Sprachgebrauch liberalen, also im politischen Spektrum eher nach links tendierenden Rechtswissenschaftlern[279] in Zeiten eines mehrheitlich konservativen, zum Originalismus[280] neigenden U.S. Supreme Court gleichwohl ein wichtiges Anliegen, weil es sich um einen Interpretationsansatz handelt, mit dem sich das verfassungstheoretische Gegenkonzept zum Originalismus, die Lehre von der lebendigen Verfassung („living constitution")[281], als doktrinäre – und damit quasi-normative[282] – Lehre in Stellung bringen lässt[283].

In *Calder* also wird die längst überfällige[284] Diskussion über die ‚richtige' Methode der Verfassungsinterpretation – eigentlich: über die Rechtsquellen des Verfassungsrechts – auch am U.S. Supreme Court offen geführt. Die

---

[276] *Adamson v. California*, 332 U.S. 46, 91 (1947) (Black, J., dissenting); vgl. auch *Griswold v. Connecticut*, 381 U.S. 479, 510 (1965) (Black, J., dissenting) ("I like my privacy as well as the next one, but I am nevertheless compelled to admit that government has a right to invade it unless prohibited by some specific constitutional provision."); *Rochin v. California*, 342 U.S. 165, 177 (Black, J. concurring) ("accordion-like qualities of this philosophy [of substantive due process].").

[277] *A. Kozinski*, 1987 Utah Law Review 981 ("the first principle [of constitutional interpretation] is textual fidelity"); siehe dazu *B. Schwartz*, History of the Supreme Court, 1993, S. 357.

[278] Vgl. *J. H. Wilkinson III*, Cosmic Constitutional Theory, 2012, S. 11 ff. ("activism unleashed").

[279] Vgl. *J. R. Siegel*, 97 Iowa L. Rev. 1149 (2012); näher bereits oben Kapitel 3, Fn. 481.

[280] Siehe oben Kapitel 2, Fn. 210 und begleitenden Text.

[281] Siehe oben Kapitel 2, Fn. 216 und begleitenden Text.

[282] Vgl. zur Rechtsdogmatik als Rechts(inhalts)quelle etwa *F. Röhl/H.-Ch. Röhl*, Allgemeine Rechtslehre, 3. Aufl. 2008, S. 520 („herrschende Meinung" als „Rechtsquelle zweiten Grades").

[283] Siehe etwa *Th. C. Grey*, 27 Stan. L. Rev. 713–714 (1975).

[284] Siehe bereits oben Kapitel 3, Text bei Fn. 841 f. (Absicht der Framers; Brutus); in diesem Kapitel Fn. 66 ff. (*Commonwealth v. Caton*); Fn. 135 ff. (*Trevett v. Weeden*); Fn. 175 ff. (*Bayard v. Singleton*); Fn. 228 ff. (*Hylton v. United States*) und öfter.

Diskussion stellt sich insofern als methodische dar, als sie sich um die Bestimmung des richtigen Auslegungsansatzes dreht: Zur Wahl stehen – zumal in jüngerer Terminologie – der „Interpretivismus" („Textualismus") auf der einen, und der „Nicht-Interpretivismus" („Nicht-Textualismus") auf der anderen Seite[285]. Fällt die Wahl auf den nicht-textualistischen Ansatz, entsteht ein Legitimationsproblem: Aus Sicht der Rechtsquellenlehre begegnet der Rekurs auf überpositives Recht oder auf einen im geschriebenen Recht nicht ausdrücklich postulierten Wertekanon Schwierigkeiten, weil die Normativität des überpositiven ‚Rechts' in der Regel gerade nicht durch einen (eindeutigen[286]) positiv-verfassungsrechtlichen Geltungsbefehl abgesichert ist[287]. Die ursprünglich, wie etwa beim jungen Iredell, später auch bei Hamilton und Marshall gedachte „harmonische Beziehung"[288] zwischen nomokratischem und demokratischem Prinzip gerät zusehends unter Druck, je weiter sich die gerichtliche Verfassungsinterpretation vom Wortlaut der auszulegenden Norm entfernt[289]. Der US-Rechtswissenschaftler Thomas Grey, eigentlich ein Befürworter der textungebundenen Verfassungsinterpretation, räumt den Mangel des nicht-interpretivistischen Ansatzes nicht nur ein, er bringt ihn sogar deutlich auf den Punkt, wenn er schreibt:

"Once the [noninterpretive] model was adopted, the courts could no longer honestly defend an unpoular decision to a protesting public with the transfer of responsibility: 'We didn't do it – you did'."[290]

---

[285] Vgl. etwa *J. H. Ely*, Democracy and Distrust, 1980, S. 1; *Th. C. Grey*, 27 Stan. L. Rev. 705–706 (1975); siehe zu diesen beiden Interpretationsansätzen bezogen auf die Positionen Chases und Iredells *W. Brugger*, Grundrechte und Verfassungsgerichtsbarkeit, 1987, S. 346 f.; zu den genannten Auslegungsmaximen im allgemeinen etwa *G. F. Schuppert*, DVBl. 1988, S. 1191 (1196); *M. Stoevesandt*, Aktivismus und Zurückhaltung, 1999, S. 46 ff.; vgl. außerdem bereits oben Kapitel 1, Fn. 269 ff. und begleitenden Text.

[286] Der – etwas obskure – neunte Verfassungszusatz ("The enumeration in the Constitution, of certain rights, shall not be construed to deny or disparage others retained by the people.") wird hin und wieder als potentielles Einfallstor für Naturrechtsargumente ins Spiel gebracht, siehe *M. Stoevesandt*, Aktivismus und Zurückhaltung, 1999, S. 56 f., m. w. N.; außerdem oben, Fn. 274.

[287] Das erkannte auch Iredell; siehe dessen Votum für das Bezirksgericht in North Carolina *Minge v. Gilmour*, 17 F. Cas. 440, 444 (C.C.N.C. [= United States Circuit Court for the District of North Carolina] 1798); vgl. im Übrigen nochmals das Sondervotum des Richters Black in *Adamson v. California*, 332 U.S. 46, 91 (1947), Zitat oben, Fn. 276.

[288] Siehe *M. Höreth*, Verfassungsgerichtsbarkeit, 2014, S. 111.

[289] Vgl. *Obergefell v. Hodges*, 576 U.S. __, __ (2015) (Thomas, J., dissenting) ("By straying from the text of the Constitution, substantive due process exalts judges at the expense of the People from whom they derive their authority.") (slip. op, at 2); ähnlich *W. H. Rehnquist*, 54 Tex. L. Rev. 698 (1976).

[290] *Th. C. Grey*, 27 Stan. L. Rev. 710 (1975); vgl. auch *L. A. Graglia*, 44 Syracuse L. Rev. 631 (1993) ("When the Court nullifies a legislative or other official act, it does not say it does so because the Justices disapprove of the policy choice made; the Court says it does

Der interpretivistische Ansatz hat keine vergleichbaren Schwierigkeiten, zumal er sich, entsprechend der bereits mehrfach erläuterten theoretischen Grundannahmen des amerikanischen Frühkonstitutionalismus, durch den in der Verfassung verkörperten und eindeutig erkennbaren Willen des souveränen Volkes legitimiert bzw. legitimieren soll[291].

Die Richter Chase und Iredell nahmen sich der Rechtsquellen- und Methodenkontroverse anlässlich einer Erörterung der Legitimität des richterlichen Prüfungsrechts im Allgemeinen an und diskutierten die Frage, ob bei der gerichtlichen Kontrolle der Gesetzgebung neben dem geschriebenen Verfassungsrecht auch auf nichtpositivierte und „suprakonstitutionelle"[292], im Naturrecht fundierte Gerechtigkeitspostulate abzustellen sei.

In diesem Zusammenhang muss nicht zwangsläufig der rechtsphilosophische Gegensatz zwischen Postivismus und Anti-Positivismus den Ausschlag geben. Definiert man Rechtspositivismus ganz puristisch und „setzungsorientiert" als eine Auffassung, die einen notwendigen Zusammenhang zwischen Recht und Moral („Naturrecht") nicht anerkennt[293], die nur solche Rechtsnormen als gültig und damit für die Gerichte bindend ansehen will, die in einem ordnungsgemäßen (Gesetzgebungs-)Verfahren zustande gekommen sind, und nicht gegen den eindeutigen Wortlaut des geschriebenen höherrangigen Rechts verstoßen, schließt das die Anerkennung fundamentaler, obgleich ungeschriebener Normen nicht prinzipiell aus. Es schließt – bezogen auf die Verfassungsrechtsprechung – nur aus, dass Gerichte auf das ungeschriebene Recht zurückgreifen, um einen Entscheidungsmaßstab für die Frage zu erarbeiten, ob ein geschriebener Rechtssatz gültig ist oder nicht. Mit anderen Worten kann man als Positivist im vorgenannten Sinne durchaus für die Beachtung ungeschriebener, suprakonstituioneller Rechtsprinzipien eintreten; man tut das aber nicht in der Erwartung, dass die Gerichte sie durchsetzen werden[294]. Die Frage, ob Gesetze „gerecht", „klug" oder „weise" sind, ist aus Sicht des setzungsorientierten und ‚steuerungspessimistischen' Positivisten, wenn sie sich nicht auf der Grundlage autoritativer (gesetzter) und eindeutiger Standards beurteilen lässt, nicht justitiabel; sie muss auf einem anderen Weg, durch den politischen Prozess i. w. S., entschieden werden[295].

---

so because the policy choice is disallowed by the Constitution."); ganz ähnlich auch G. Radbruch, Die Justiz 1925/1, S. 12 (14).

[291] Siehe etwa oben Kapitel 3, Text bei Fn. 645 ff. und in diesem Kapitel Fn. 109.

[292] S. B. Presser, 84 Nw. U. L. Rev. 108, 169 (1989); ders., 62 Vand. L. Rev. 368 (2009); W. R. Casto, Supreme Court in the Early Republic, 1995, S. 236 ("supraconstitutional principles").

[293] Vgl. H. Kelsen, Reine Rechtslehre, 2. Aufl. 1960, etwa S. 198 a. E.; zur „Setzungsorientiertheit" R. Dreier, NJW 1986, S. 890; aus der jüngeren Literatur (referierend) U. Volkmann, Der Staat 54 (2015), S. 35 (45 f.), m. w. N.

[294] Siehe Calder v. Bull, 3 U.S. (3 Dall.) 386, 399 (1798) (Iredell, J.) ("[A]ll that the court could properly say ... would be that the legislature [possessed of an equal right of opinion] had passed an act which, in the opinion of the judges, was inconsistent with the abstract principles of natural justice.").

[295] Vgl. R. Barnett, 9 U. Pa. J. Const. L. 5–6 (2006); ähnlich wohl H. Dreier, in: W. Härle/B. Vogel (Hrsg.), Aktuelle Probleme des Naturrechts, 2007, S. 127 (140 f.) („kritische Dissoziation von Recht und Gerechtigkeit", „Disjunktion von Geltung und Gehorsam").

Chase positioniert sich, nachdem er eher abstrakt über die Theorie von der Verfassung als Gesellschaftsvertrag referiert und nachdem er sich diese Theorie als Prämisse zu Eigen gemacht hat, mit aller Entschiedenheit gegen das Prinzip der Souveränität der Legislative. Dass der Ausübung der gesetzgebenden Gewalt Grenzen gezogen seien, so Chase, sei ein fundamentales Prinzip, das unmittelbar aus den Idealen des Gesellschaftsvertrages und des Republikanismus abzuleiten sei: Es gebe Rechtsakte, die die Legislativen des Bundes oder der Staaten schlechterdings nicht erlassen könnten, ohne dass sie dabei die ihnen zugewiesene Autorität überschritten. Im Anschluss geht Chase dazu über, die Grenzen eben jener Autorität zu definieren. Er stellt sich dabei nicht ausdrücklich die Frage, ob es insoweit allein auf das geschriebene Verfassungsrecht ankomme, oder ob gegebenenfalls zusätzlich überpositive Rechtssätze in Betracht zu ziehen seien. Chases Schlussfolgerung (eigentlich: These) scheint nichtsdestoweniger darauf hinauszulaufen, dass die Grenzen legislativer Autorität auch über die im Verfassungstext klar erkennbaren normativen Gehalte hinaus durch einen Rekurs auf implizite „first principles"[296] bestimmt werden müssten[297]. Mit anderen Worten habe also ein – dem modernen „substantive due process" in gewisser Weise entsprechender – schöpferischer Akt[298] der Rechtserkenntnis stattzufinden[299]:

> "There are certain vital principles in our free republican governments, which will determine and overrule an apparent and flagrant abuse of legislative power ... An ACT of the Legislature (for I cannot call it a law) contrary to the great first principles of the social compact, cannot be considered a rightful exercise of legislative authority. The obligation of a law in governments established on express compact, *and* on republican principles, must be determined by the nature of the power, on which it is founded."[300]

In der verfassungsgeschichtlichen Literatur werden die Äußerungen des Richters Chase unterschiedlich beurteilt. Während manche Autoren in Chases Aussage ein Plädoyer für das Naturrecht erkennen wollen[301], argumentie-

---

[296] Siehe zur Kategorie der „first principles of the social compact" bereits The Federalist #44 (1788, J. Madison); aus der jüngeren Literatur siehe *S. Sherry*, 54 U. Chi. L. Rev. 1146 (1987), nach deren Einschätzung die Gründer von einem Verfassungsbegriff ausgegangen seien, der mit einer „declaration of first principles" gleichzusetzen ist.

[297] Siehe *Calder v. Bull*, 3 U.S. (3 Dall.) 386, 388 (1798) (Chase, J.).

[298] *W. Brugger*, Grundrechte und Verfassungsgerichtsbarkeit, 1987, S. 104, spricht bezogen auf „substantive due process" von „kreativer Verfassungskonkretisierung".

[299] *T. Sandefur*, 35 Harv. J. L. & Pub. Pol'y 322 (2012) ("Just as a ... reasonable person would have expected the wording to mean, so Chase and others working in the Substantive Due Process tradition often looked to whether a reasonable person would have wanted the Constitution to allow the legislature the discretion to act as it did.").

[300] *Calder v. Bull*, 3 U.S. (3 Dall.) 386, 388 (1798).

[301] *W. Brugger*, Grundrechte und Verfassungsgerichtsbarkeit, 1987, S. 346; *S. Sherry*, 54 U. Chi. L. Rev. 1172–1173 (1987) ("Justice Chase's justly celebrated opinion in Calder v. Bull contains numerous references to principles of natural law."); vgl. auch *R. Barnett*, 9

ren andere Autoren, es ließe sich auch eine restriktivere Lesart der Passage vertreten, etwa dergestalt, dass Chase mit „republican" und „first principles" auf die normativen Gehalte der gewohnheitsrechlichen Verfassung („customary constitution")[302] verweisen[303] oder die Bedeutung der Gewaltenteilung hervorheben will[304]. Eine weitere Ansicht geht dahin, dass Chase das ungeschriebene höherrangige Recht als Reserve für den Fall im Auge behalten will, dass der Wortlaut der Verfassung einmal keinen brauchbaren Maßstab bereitstellt[305]. Wenn man diesen Faden aufnehmen will, kann man Chases Rekurs auf die dem *compact* impliziten „first principles" womöglich auch als Legitimationsstrategie für eine naturrechtlich informierte Auslegung des positiven Verfassungsrechts deuten[306]. Das ist auf einer analytischen Ebene durchaus interessant, aber im Ergebnis vielleicht doch etwas zu spitzfindig: Chases Argumentation bleibt im Kern eine naturrechtliche, gleichviel, ob er nun mit einer in der geschriebenen Verfassung implizit enthaltenen Direktive oder mit einem unmittelbar aus der natürlichen Gerechtigkeit abgeleiteten Gebot operieren will.

John Hart Ely legt das Votum noch etwas restriktiver aus als die oben zitierten Autoren, und behauptet, dass Chase mit „first" bzw. „republican principles" nichts anderes meint als den Inhalt der geschriebenen Verfassung[307]. Diese Deutung ist nicht recht überzeugend, denn sie kann nicht erklären, warum Chase ausdrücklich zwischen „express compact" und impliziten „republican principles" unterscheidet. Wenn Elys Analyse zutreffen sollte, bliebe die Frage, welchen argumentativen Zweck Chase mit der be-

---

U. Pa. J. Const. L. 3 (2006) ("unenumerated rights"); *R. Berger*, 1990 BYU L. Rev. 877; *D. P. Currie*, The Constitution in the Supreme Court, 1985, S. 46; *ders.*, 1989 Sup. Ct. Rev. 333; *S. D. Gerber*, To Secure These Rights, 1995, S. 118; *H. K. Michael*, 69 N.C. L. Rev. 452 n. 182 (1991); *S. B. Presser*, 84 Nw. U. L. Rev. 169 (1989); *T. Sandefur*, 35 Harv. J. L. & Pub. Pol'y 321 (2012); *M. Stoevesandt*, Aktivismus und Zurückhaltung, 1999, S. 128 ff.; *J. M. Sosin*, Aristocracy, 1989, S. 290; *W. P. Whichard*, Justice James Iredell, 2000, S. 132.

[302] Siehe (im Zusammenhang mit James Varnum und *Trevett v. Weeden*) bereits oben, Text bei Fn. 94 ff.

[303] *L. D. Kramer*, People Themselves, 2004, S. 42 f. ("The arguments [...] remained grounded in a *kind of positive law*, albeit one *based on custom*, prescription, and implicit popular consent." [meine Hervorhebung]); vgl. auch *W. M. Treanor*, 58 Stan. L. Rev. 559 n. 541 (2005); ähnlich wohl *J. F. Hart*, 45 San Diego L. Rev 835–837 (2008); differenzierend *W. R. Casto*, Supreme Court in the Early Republic, 1995, S. 236 ff.

[304] *N. Chapman/M. McConnell*, 121 Yale L.J. 1744–1747 (2012)

[305] *G. Jacobsohn*, 1 Const. Comment. 35 (1984).

[306] In diese Richtung scheint *Ph. Hamburger*, 102 Yale L.J. 932–933 n. 76 (1993), zu tendieren.

[307] *J. H. Ely*, Democracy and Distrust, 1980, S. 50, mit Endnote 41 (auf S. 209 ff.) (allerdings vermeidet Ely dort m. E. eine Auseinandersetzung mit denjenigen Passagen des Votums, die seiner These auf den ersten Blick zu widersprechen scheinen).

grifflichen Unterscheidung zwischen geschriebener Verfassung auf der einen und republikanischen Prinzipien auf der anderen Seite verfolgt, zumal er einen Abschnitt weiter wieder von „the genius, the nature and the spirit of our state governments" und „allgemeinen Prinzipien des Rechts und der Vernunft" spricht[308]. Als positiv-rechtlicher Anknüpfungspunkt für „republikanische Prinzipien" käme immerhin die Homogenitäts- bzw. Garantieklausel aus U.S. Const., Art. IV, § 4, Cl. 1[309] in Betracht, in der von „republican form of government" die Rede ist. Diese Klausel erhebt den Republikanismus allerdings nicht in den Stand eines übergreifenden verfassungsrechtlichen Prinzips, das durch die Gesetzgebung der Bundesstaaten zu beachten und dessen Einhaltung gerichtlich zu überprüfen wäre. Es gilt als Homogenitätsklausel als (eingeschränkt[310] justitiable[311]) Begrenzung der verfassungsgebenden Gewalt der Völker der Bundesstaaten.

Nachvollziehbarer erscheint Larry Kramers bereits angesprochener Ansatz, dem zufolge Chase auf die überlieferten Prinzipien der customary constitution verweisen wollte. Aber auch diese Deutung muss sich einen Einwand gefallen lassen: Falls Chase sich tatsächlich auf die – aus England – überlieferte customary constitution berufen haben sollte, so ergeben sich Zweifel, inwieweit sich die von ihm angesprochenen republikanischen Prinzipien aus einer dezidiert monarchischen Verfassungsordnung herleiten lassen sollen. Nun ist der Republikbegriff ein schillernder, aber die republikanische Tradition in England ist, jedenfalls bezogen auf die Staatsform, am Ende des Tages doch eher überschaubar[312]. Dass Chase, jener Hardliner unter

---

[308] *Calder v. Bull*, 3 U.S. (3 Dall.) 386, 388 (1798); *D. E. Edlin*, Judges and Unjust Laws, 2008, S. 93, interpretiert diese Passage als Verweis auf die Regeln des common law.

[309] Im Wortlaut: „The United States shall guarantee to every State in this Union a Republican Form of Government ... ."

[310] Siehe *L. Tribe*, American Constitutional Law, 2000, S. 369.

[311] Das hat der U.S. Supreme Court unter Heranziehung der political question doctrine in der Sache *Luther v. Borden*, 48 U.S. (7 How.) 1 (1849) entschieden; vgl. zur Justitiabilität der Garantieklausel auch *Pacific States Telephone & Telegraph Co. v. Oregon*, 223 U.S. 118 (1912); zu *Luther v. Borden* näher etwa *G. E. White*, 89 Va. L. Rev. 1502–1505 (2003); *R. E. Barkow*, 102 Colum. L. Rev. 255–257 (2002).

[312] Zieht man die Pamphletistik der radikalen Whigs heran, dann wird man feststellen, dass sie bestrebt waren, die Leser zu überzeugen, England sei nicht nur während des Interregnums Republik gewesen, sondern auch nach dem auf die Vertreibung der Stuart-Dynastie folgenden Verfassungskompromiss der englischen Revolution von 1688/89. Siehe [J. Trenchard/Th. Gordon], Brief Nr. 37, 1721, in: Cato's Letters, Bd. II, 6. Aufl. 1755, S. 28 ("Our own Constitution, which is the best Republick in the World, with a Prince at the Head of it."). Eigentlich müsste man sagen: Die gemäßigten Whigs entwickelten sich nach 1688/89 von oppositionellen Außenseitern („country"-Fraktion) zum politischen Establishment („court"-Fraktion) und tauschten die Rollen mit den Tories. Deshalb ist es streng genommen präziser, statt von einem Whig/Tory-Gegensatz zu sprechen, von einer „Court" (regierungsnahe Gruppierung)/„Country" (Opposition)-Dichotomie auszuge-

den Federalists, die englischen „Real Whigs" oder „commonwealthmen"[313] als Bezugspunkt der republikanischen Prinzipien vor Augen hatte, ist nicht vollständig auszuschließen. Es drängt sich aber beim Lesen der Entscheidung nicht unbedingt auf; im Übrigen gelten die Federalists im Unterschied zu ihren Widersachern, den Anti-Federalists – bzw.: Jeffersonian Republicans –, nicht gerade als glühende Anhänger englischer Oppositionsideologien[314]. Dann wiederum ist Chases Wankelmut zu berücksichtigen. Es kann natürlich durchaus sein, dass Chase hier in alte (Argumentations-)Muster zurückfällt, war er doch gegen Ende der achtziger Jahre des 18. Jahrhunderts noch Anhänger der Anti-Federalists[315].

Sylvia Snowiss bietet einen weiteren Ansatz an. Nach ihrer Einschätzung ist das Verfassungsdenken in der späten post-revolutionären Ära und in der Zeit der frühen Republik gewissermaßen durch ein Neben- und Miteiander von Naturrecht und positivem Recht gekennzeichnet[316]. In Snowiss' Lesart der Geschichte des richterlichen Prüfungsrechts erkennt die normenkontrollierende Justiz die geschriebene Verfassung in den 1770er und 1780er Jahren als kompetenzbegründenden Ausgangspunkt an, zumal das Prinzip der Normenhierarchie, die „conflicting laws"-Analogie[317] eingeschlossen, und das Ende der legislativen Souveränität erst mit der geschriebenen Verfassung klar

---

hen. Das wirkt sich bei der Analyse der Zuordnung der ideologischen Referenzpunkte der amerikanischen politischen Akteure aus: Manche Autoren empfehlen, nicht nach Einflüssen durch Whigs und Tories, sondern nach „court" (= konservativ, regierungsnah, wirtschaftsfreundlich) und „country" (= oppositionell, regierungskritisch, überwiegend grundbesitzend) zu unterscheiden (siehe dazu etwa *I. Kramnick*, 87 Am. Hist. Rev. 630, et passim [1982]). Danach ist das Denken der Revolutionäre der 1770er und frühen 1780er Jahre durch die „country"-Ideologie beeinflusst; das Denken der Federalists während und nach der Verfassungsdebatte durch mit der „court"-Bewegung assoziierte Überzeugungen (*J. H. Hutson*, 38 Wm. & Mary Q. 365 [1981]). Allerdings: Dem Anschein nach herrscht unter den Historikern weder über diese Differenzierungskriterien im Allgemeinen noch über die Einzelheiten – vor allem: wie demokratisch ist die „country"-Ideologie wirklich? – ein belastbarer Konsens.

[313] Siehe etwa *J. Appleby*, 43 Wm. & Mary Q. 22 (1986) ("Americans had formed their ... grasp of political reality from the republicanism of the English commonwealthmen."); außerdem oben Kapitel 3, Text bei Fn. 28; vgl. *Calder v. Bull*, 3 U.S. (3 Dall.) 386, 390 (1798). Danach scheint Chase die praktischen Auswirkungen des Interregnums als eher abschreckendes Beispiel im Sinn gehabt zu haben. Allerdings muss die politische Praxis des Interregnums nicht zwangsläufig mit der politischen Theorie der „commonwealthmen" des 18. Jahrhunderts übereinstimmen.

[314] Vgl. *J. H. Hutson*, 38 Wm. & Mary Q. 356–357 (1981).

[315] Siehe oben Kapitel 3, Fn. 274; zu möglichen Motiven *J. H. Hutson*, 38 Wm. & Mary Q. 352 (1981).

[316] *S. Snowiss*, Judicial Review, 1990, S. 65 ff. ("judicial review contained elements of positive law and natural law but was not a direct manifestation of either tradition").

[317] Siehe oben Kapitel 3, Text bei Fn. 567.

erkennbar würden. Ihre Maßstäbe bezögen die Richter aber weiterhin, so Snowiss, primär aus den von Chase beschworenen „ersten Prinzipien des Gesellschaftsvertrags"[318]. Zusammengefasst geht Snowiss' Einschätzung in etwa dahin, dass das geschriebene Verfassungsrecht die überkommenen fundamentalen Rechtsprinzipien des englischen Konstitutionalismus – oder jedenfalls eine kolonialamerikanische Spielart desselben – in sich aufnimmt. Durch diese Synthese aus Natur-, Gewohnheits- und geschriebenem Recht werden die im Verfassungswortlaut positivierten normativen Gehalte überspielt und in den Hintergrund gedrängt. Snowiss selbst spricht von einer „eigenartigen Verschmelzung" („peculiar merger"[319]) oder Verschränkung von Natur- und positivem Recht[320].

Wenn diese Lesart zutrifft, liegt Chases Votum, in dem er ja sowohl den Verfassungswortlaut („express compact") als auch die sog. ersten Prinzipien („first principles") als potentielle Maßstäbe ins Spiel bringt, auf einer Linie mit den vorherrschenden angelsächsischen Überzeugungen der Epoche[321]. Zweifel an Snowiss' Sichtweise entstehen allerdings dann, wenn man das scheinbar dezidiert positivistische Votum des Richters Iredell zum Vergleich heranzieht[322,323].

Bei den US-Juristen des ausgehenden 18. und beginnenden 19. Jahrhunderts hatte sich die einigermaßen klare Unterscheidung zwischen dem Naturrecht als etwas Vorfindlichem und dem geschriebenem Recht als etwas von menschlicher Hand Geschaffenem selbstverständlich bereits herumgesprochen[324]. Die Amerikaner waren aber offenbar aufgrund der starken Na-

---

[318] *Calder v. Bull*, 3 U.S. (3 Dall.) 386, 388 (1798) (Chase, J.).

[319] *S. Snowiss*, Judicial Review, 1990, S. 66; dort S. 70 mit Blick auf Chase in *Calder v. Bull*; vgl. auch *S. Sherry*, 54 U. Chi. L. Rev. 1146 (1987); *K. L. Hall*, Supreme Court and Judicial Review, 1985, S. 5 ("[R]epublicanism emerged as the connective intellectual tissue between popular will and fundamental law.").

[320] Vgl. auch *K. L. Hall*, 35 U. Fla. L. Rev. 283 (1983) ("[T]he same document fused elements of both popular sovereignty and fundamental law."); zu einer Unterscheidung zwischen „higher-than-positive law" und „higher, positive law" siehe *E. E. Slotnick*, 71 Judicature 72–74 (1987) m. w. N.

[321] So wohl die Einschätzung bei *G. Jacobsohn*, 1 Const. Comment. 36 (1984).

[322] *S. Snowiss*, Judicial Review, 1990, S. 70 f., vermeidet diesen Widerspruch, indem sie Iredells Position, gemessen an modernen Standards, nicht als positivistisch anerkennen will. Nach ihrer Einschätzung gingen sämtliche Juristen der Zeit davon aus, dass (auch) das Naturrecht bei der Normenkontrolle als Maßstab heranzuziehen sei. Es habe aber im Rahmen dieses Konsenses zwei verschiedenene Strömungen gegeben. Snowiss identifiziert einen „natural law strand" (S. 72 ff.) und einen „positive law strand" (S. 77 ff.).

[323] Unten, Text bei Fn. 342 ff.

[324] Siehe etwa *J. Wilson*, Lectures on Law, Kap. III, V, 1791, in: Collected Works of James Wilson, Bd. I, hrsg. von K. L. Hall/M. D. Hall, 2007, S. 500 ff., 549 ff. und Bd. II, Kap. XII, S. 1053 ff., hier S. 1056 ("in a state of natural liberty, every one is allowed to act according to his own inclination, provided he transgress not those limits, which are assi-

turrechtstradition der amerikanischen Gründung[325] noch nicht bereit, das Naturrecht vollständig aufzugeben[326]. Vielmehr standen sie unter dem Eindruck der im angelsächsischen Raum fortwirkenden[327] Tradition der sog. „deklaratorischen" Rechtstheorie. In ihrer vermutlich zu revolutionären Zwecken in Amerika etwas aufgebauschten Variante erkennt die deklaratorische Rechtslehre allein das Naturrecht als Quelle aller Rechte und Freiheiten an und bestreitet die Autorität eines menschlichen (Verfassungs-)Gesetzgebers, der sich zu den Grundsätzen des von der Vorsehung geschaffenen Naturrechts in Widerspruch setzt. 1768 bezeichnete ein gewisser „Son of Liberty" seine natürlichen Freiheiten als „inhärentes" Privileg; ein Privileg, das durch das Verlassen des Naturzustands und das Eintreten in die konstituierte Ordnung nicht beseitigt werden könne:

"[It] cannot be *granted* by any but the Almighty. It is a natural right which no creature can give, or hath a right to take away The great charter of liberties, commonly called *Magna Charta*, doth not give the privileges therein mentioned, nor doth our *Charters*, but must be considered as only declaratory of our rights, and in affirmance of them."[328]

Ähnlich argumentierte bereits zwei Jahre zuvor ein bekannterer zeitgenössischer Autor. John Dickinson schrieb während der Stamp Act-Krise:

---

gned to him by the law of nature: in a state of civil liberty, he is allowed to act according to his inclination, provided he transgress not those limits, which are assigned to him by the municipal [= positive] law."); vgl. *Ph. Hamburger*, 102 Yale L.J. 907 (1993).

[325] Die starke Naturrechtstradition der amerikanischen Gründung betont jüngst und mit zahlreichen Nachweisen wieder etwa *J. Campbell*, 32 Const. Comment. 86 (2017).

[326] Siehe *W. R. Casto*, 62 Vand. L. Rev. 377 (2009) ("Two centuries ago, there were no legal positivists in the United States."); *G. S. Wood*, 22 Suffolk U. L. Rev. 1298–1299 (1988); vgl. in diesem Zusammenhang auch *J. H. Ely*, Democracy and Distrust, 1980, S. 48 ff. Ely argumentiert, unter Rekurs auf *J. R. Pole*, Pursuit of Equality, 1978, S. 11, dass die Amerikaner das Naturrecht in Ermangelung positivrechtlicher Normen, auf die sich hätten berufen können, zur juristischen Rechtfertigung ihrer Revolution „vom Himmel geholt" hätten, um sich in dem sich in der Folge herausbildenden Konstitutionalismus jedenfalls insoweit von naturrechtlichen Konzepten zu distanzieren, als die Frage danach zu beantworten war, welchen Regeln die neue innere politische Ordnung folgen sollte. Den vergleichsweise plötzlichen Schwenk weg vom Naturrecht hin zum positiven Recht erklärt Ely damit, dass man sich nunmehr eine Position geschaffen habe, in der man sich seine Normen selbst habe geben können, sodass der Rekurs auf überpositives Recht weitgehend überflüssig geworden sei. Vergleichbare Einschätzungen etwa bei *M. S. Bilder*, 116 Yale L.J. 511 (2006) ("[T]he Constitution – not free-floating natural law – limited ordinary legislation."); *L. F. Goldstein*, JOP 48 (1986), S. 51 (54 ff.); *Ph. Hamburger*, 102 Yale L.J. 930, 938–940, et passim (1993); *C. F. Hobson*, The Great Chief Justice, 1996, S. 60 f.

[327] *W. Heun*, Historische Zeitschrift, Bd. 258 (1994), S. 359 (383).

[328] „A Son of Liberty" (*Silas Downer*), A Discourse at the Dedication of the Tree of Liberty, 1768, in: B. Frohnen (Hrsg.), The American Republic. Primary Sources, 2002, S. 140 (141) (Hervorhebung ebd.).

"Kings or parliaments could not *give* the *rights essential to happiness* ... We claim them from a higher source – from the King of kings, and Lord of all the earth. They are not annexed to us by parchments and seals. They are created in us by the decrees of Providence, which establish the laws of our nature. They are born with us; exist with us; and cannot be taken from us by any human power, without taking our lives. In short, they are founded on the immutable maxims of reason and justice."[329]

Die genannten Autoren bestreiten nicht grundsätzlich die Legitimationsgrundlagen des positiven Rechts. Vielmehr stellen sie die Gültigkeit einer von menschlicher Hand geschaffenen Norm unter den Vorbehalt, dass sie nicht mit den „unabänderlichen Maximen von Vernunft und Gerechtigkeit" in Widerstreit gerät[330].

Eine vergleichsweise moderate, jedenfalls in der Rhetorik gemäßigte Ausformung der deklaratorischen Rechtslehre betont das ausdrücklich. Nach dieser Lesart gibt es neben geschriebenen Rechtssätzen, die das der staatlichen Ordnung und seiner Normsetzungsbefugnis vorausliegende Naturrecht lediglich deklaratorisch wiedergeben („declaratory of natural rights and duties") oder jedenfalls „konkretisieren"[331], auch solche Rechtssätze, die nicht

---

[329] „A North-American" (*John Dickinson*), An Adress, &c, 1766, in: The Writings of John Dickinson, Bd. I, hrsg. von P. F. Ford, 1895, S. 259 (262) (Hervorhebung ebd.).

[330] *Ph. Hamburger*, 102 Yale L.J. 940 (1993) relativiert die dergorierende Kraft des Naturrechts bzw. die rechtliche Maßstabsfunktion des Naturrechts für die Rechtssetzung und Verfassungsgebung von menschlicher Hand. Stattdessen scheint er eher von einer rechts- und verfassungs*politischen* Maßstabsfunktion des Naturrechts auszugehen ("Far from being a form of constitutional law, natural law typically was assumed to be the reasoning on the basis of which individuals adopted constitutions and a means by which the people could measure the adequacy of their constitutions. A failure of a constitution to reflect natural law was a ground for altering or abandoning the constitution rather than for making a claim in court."); in diese Richtung auch *J. H. Ely*, Democracy and Distrust, 1980, S. 50 ("[F]or early American lawyers, references to natural law and natural rights functioned as little more than signals for one's sense that the law was not as one felt it should be.").

[331] Diesen Standpunkt hat sowohl die mittelalterliche europäische als auch die neuzeitliche deutsche Naturrechtslehre in je unterschiedlicher, aber doch vergleichbarer Form vertreten, vgl. etwa *S. Pufendorf*, De iure naturae et gentium libri octo, 1672, Buch VIII, Kap. III, §§ 1 f. / Acht Bücher vom Natur- und Völcker-Rechte, hrsg. und übers. von J. N. Hertius/J. Barbeyrac u. a., Bd. II, 1711, S. 714 ff. („Wenn man auf den Ursprung eines Gesetzes sieht; kann nur dasjenige ‚bürgerlich' genannt werden, welches einzig und alleine von dem Willen höchster Bürgerlicher Obrigkeit herrührt und solche Dinge anordnet, welche vom natürlichen und göttlichen Rechte im Mittel geschaffen, das heißt: weder geboten noch verboten worden sind" [Anpassungen an zeitgemäße Orthographie und Interpunktion von mir]); siehe aber auch Kap. III, § 16 (S. 793), dort meint Pufendorf, dass das Naturrecht in Abwesenheit eines konkretisierenden positivrechtlichen Rechtssatzes als „natürliche Billigkeit" durch den (Straf-)Richter unmittelbar angewendet werden könne; vgl. zur Unterscheidung von Naturrecht positivem Recht auch die Schilderungen bei *Th. Würtenberger*, AUFKLÄRUNG 3/2 (1988), S. 53 (79); *R. Grawert*, in: O. Brunner

im Naturrecht fundiert sind – oder dort jedenfalls nicht klar erkennbar sind –, und deshalb aus sich heraus Recht setzen („determinative of things indifferent")[332]. Dieser letztgenannte Normtypus schließt in der deklaratorischen Rechtslehre, die ihrem Gehalt vielleicht eher unter dem Namen „semideklaratorische" Rechtslehre gerecht wird, die normativen Lücken, die das Naturrecht dort zurückgelassen hat, wo es keine oder keine klaren Maßstäbe für die menschliche Rechtssetzung bereitstellt. William Blackstone hat diese moderate Linie gelehrt. Sichtlich unbeeindruckt von dem rebellischen Zeitgeist, der seine Landsleute auf der anderen Seite des Atlantiks überkommen und zu einer Überbetonung des Naturrechts verleitet hatte, protokollierte er in seinen „Commentaries":

"There is ... a great number of indifferent points, in which both the divine law and the natural law leave a man at his own liberty; but which are found necessary for the benefit of society to be restrained in certain limits. And herein it is that human laws have their greatest force and efficacy; for, with regard to such points as are not indifferent, human laws are only *declaratory* of, and act in subordination to, the former."[333]

Wenn Blackstone betont, dass es eine „große Anzahl" an offenen, nicht durch das Naturrecht bereits entschiedenen Fragen gibt, grenzt er den Anwendungsbereich der deklaratorischen Theorie zu Gunsten der Rechtssetzungsbefugnis der Krone im Parlament merklich ein. An dieser Stelle liegen Blackstone und der oben zitierte „Son of Liberty" denkbar weit auseinander. Je enger man den Kreis der vorentschiedenen Fragen zieht – und Blackstone scheint ihn vergleichsweise eng konzipiert zu haben[334] –, desto weiter reicht natürlich die Prärogative des Londoner Parlaments[335].

---

u. a. (Hrsg.), Geschichtliche Grundbegriffe, Bd. 2, 1975, S. 863 (881). Zur Unterscheidung von Naturrecht und menschlichem Recht bei Martin Luther und Melanchton *G. Schmitt*, Die Richterregeln des Olavus Petri, 1966, S. 116f.; zur Unterscheidung zwischen göttlichem Gesetz und positivem Recht bei Christian Thomasius *H. Welzel*, Naturrecht, 4. Aufl. 1962, S. 164f.; zum Verhältnis von „lex naturalis" und „lex humana" bei Thomas von Aquin *E.-W. Böckenförde*, Geschichte der Rechts- und Staatsphilosophie, 2. Aufl. 2006, S. 241 ff.

[332] *R. L. Clinton*, 33 J. Marshall L. Rev. 950 (2000) (deklaratorische Lehre als „belief that the substance of the law pre-exists its immanent articulation or 'declaration' by courts or other authoritative interpreters"); siehe außerdem *B. Bailyn*, Ideological Origins, 1967, S. 187; *R. H. Helmholz*, 1 J. Legal Analysis 337 (2009); *W. Teubner*, Kodifikation und Rechtsreform, 1974, S. 71.

[333] *W. Blackstone*, Commentaries on the Laws of England, Bd. I, 1765, hrsg. von S. Katz, 1979, S. 42 (meine Hervorhebung); siehe auch S. 123 (die „zweite" Magna Carta von 1225 sei „for the most part declaratory of the principal grounds of the fundamental laws of England").

[334] Siehe *W. Blackstone*, Commentaries on the Laws of England, Bd. I, 1765, hrsg. von S. Katz, 1979, S. 42f.; vgl. *W. Teubner*, Kodifikation und Rechtsreform, 1974, S. 71.

[335] Allerdings will Blackstone die Bindung an höherrangiges Recht nur in der Theorie anerkennen. Wenn das Parlament naturrechtswidrige Gesetzgebung betreiben will, kann

Nachdem sich die Revolution in den Jahren 1787 bis 1789 durch den Verfassungsgebungsprozess langsam zu konsolidieren begonnen hatte, näherte sich die amerikanische politische Elite Blackstone wieder an. James Madison erklärte seinen Kollegen im Repräsentantenhaus am Beispiel des Rechts auf einen Geschworenenprozess, worin der Unterschied zwischen „natürlichen" und „positiven" Rechten bestehe. Ohne es allerdings genau auf den Punkt zu bringen, lautet Madisons implizite Erklärung, dass der Unterschied im jeweiligen Geltungsgrund zu finden sei:

"[T]hey [die vorgeschlagenen Verfassungszusätze] specify positive rights, which may seem to result from the nature of the compact. Trial by jury cannot be considered a natural right, but a right resulting from the social compact which regulates the action of the community, but is as essential to secure the liberty of the people as any one of the preexistent rights of nature."[336]

Vor dem Hintergrund der ‚(semi-)deklaratorischen' Rechtstheorie scheint es dann also auf einen historischen Anachronismus hinauszulaufen, die Positionen von Chase und Iredell entweder dem Positivismus oder dem Anti-Positivismus zuordnen zu wollen[337]. Die deklaratorische Theorie, die dem Anschein nach ja dominante „jurisprudentielle Weltanschauung" der Zeit[338], hatte ihren Platz genau in der Mitte zwischen den jeweils streng verstandenen modernen positivistischen und anti-positivistischen Rechtstheorien gefunden[339]. Allerdings geht es in der geschichtlichen Beurteilung weniger um Begrifflichkeiten, die ohnehin dem Wandel der Zeit unterliegen, als vielmehr darum, die rechtsphilosophischen Prämissen ans Tageslicht zu fördern, von denen die Akteure bei der Entwicklung ihrer Argumente ausgegangen sind. Dabei lohnt es sich durchaus zu fragen, ob sie, ausgehend von der wohl herrschenden, aber eben auch in verschiedenen Akzentuierungen vertretenen deklaratorischen Rechtslehre mehr in Richtung Positivismus oder eher in Richtung Anti-Positivismus tendiert haben[340].

---

es das tun, eben weil es souveräne Entscheidungsgewalt ausübt (oben Kapitel 3, Text bei Fn. 43 ff.).

[336] *J. Madison*, Speech in Congress Proposing Constitutional Amendments, 8. Juni 1789, in: Writings of James Madison, hrsg. von J. N. Rakove, 1999, S. 437 (445 f.); siehe zur Differenzierung zwischen „natural rights" (Rechten, die im Naturzustand existieren) und „acquired rights" (Rechten, die durch die konstituierte Ordnung überhaupt erst geschaffen werden) *Ph. Hamburger*, 102 Yale L.J. 908, 918, 920–922 n. 42 (1993), m. w. N.

[337] *D. Priel*, 101 Va. L. Rev. 992–993 (2015) ("The debate between legal positivism and natural law, in the form one finds in contemporary jurisprudence textbooks, is a twentieth-century debate that cannot be found in jurisprudential discussions of past centuries.").

[338] Siehe *R. L. Clinton*, 27 J. Sup. Ct. Hist. 227–229 (2002).

[339] Vgl. *S. Vogenauer*, Auslegung von Gesetzen, Bd. 2, 2001, S. 743, der bezogen auf Blackstone von einer „unklaren Position zwischen Naturrecht und Rechtspositivismus" spricht.

[340] Siehe oben, Fn. 322.

B. Frühe Präjudizien aus der Rechtsprechung des U.S. Supreme Court 319

Angesichts der Unstimmigkeiten, die sich vor allem aus Elys und Kramers Deutungsansätzen ergeben, ist es wohl am naheliegendsten, Chase beim Wort zu nehmen und seine Aussagen als Argumentation für die Anerkennung naturrechtlicher Prinzipien bei der Verfassungsinterpretation zu akzeptieren.

Auch wenn sich eine solche Lesart nicht recht in ein möglicherweise gewünschtes Geschichtsbild einpassen will. Viele judicial review-kritische Juristen, so der Anschein, würden das Naturrecht am liebsten vollständig aus der Verfassungsgeschichte verbannen. Sie wünschen sich stattdessen eine ausgeprägte, bis in die frühe Republik zurückreichende textualistische Auslegungstradition[341].

Wie Chases Äußerungen genau einzuordnen sind, kann jedoch kaum abschließend und mit Sicherheit beurteilt werden. Für die Lesart einer naturrechtlich fundierten Argumentation scheint aber jedenfalls die oben angekündigte Reaktion des Richters Iredell zu sprechen.

Iredell könnte sich gerade durch Chases Votum dazu veranlasst gesehen haben[342], scharfe Kritik an einer (vermeintlich aus Chases Ausführungen folgenden) Lehre des Inhalts zu formulieren, dass bei der Beurteilung der Verfassungsmäßigkeit eines Legislativakts neben dem geschriebenen Verfassungsrecht naturrechtliche oder anders geartete überpositive, „fundamentale", eben suprakonstitutionelle Rechtsquellen heranzuziehen seien:

"If ... the Legislature of the Union, or the Legislature of any member of the Union, shall pass a law, within the general scope of their constitutional power, the Court cannot pronounce it to be void, merely because it is, in their judgment, contrary to the principles of natural justice. The ideas of natural justice are regulated by no fixed standard."[343]

Iredell verfolgt bei der Verfassungsinterpretation einen auf das geschriebene Recht fokussierten, man könnte auch sagen: einen textualistischen Ansatz[344]. Der Unterschied zur anti-positivistisch eingefärbten Konzeption des Richters Chase könnte, jedenfalls auf der terminologischen Ebene, größer kaum

---

[341] Siehe etwa *Adamson v. California*, 332 U.S. 46, 91 n. 18 (1947) (Black, J., dissenting) ("An early and prescient expose of the inconsistency of the natural law formula with our constitutional form of government appears in the concurring opinion of Mr. Justice Iredell in *Calder v. Bull*.").

[342] Siehe etwa *H. J. Powell*, in: K. L. Hall u. a. (Hrsg.), Supreme Court of the United States, 1992, S. 114 f.

[343] *Calder v. Bull*, 3 U.S. (3 Dall.) 386, 399 (1798); eine noch deutlichere Aussage findet sich in einem Votum, das Iredell als umherreisender Richter (siehe zum sog. „circuit riding" oben in diesem Kapitel, Fn. 208 und unten, Kapitel 5, Fn. 28) verfasst hat, siehe *Minge v. Gilmour*, 17 F. Cas. 440, 443–444 (C.C.N.C. [= United States Circuit Court for the District of North Carolina] 1798).

[344] *H. K. Michael*, 69 N.C. L. Rev. 451 (1991); vgl. auch *G. Jacobsohn*, 1 Const. Comment. 22 (1984) ("Iredell was an early constitutional positivist, believing in a separation of natural and constitutional law").

sein. Iredell leitet die Grenzen legislativer Macht im Unterschied zu Chase nicht aus abstrakten republikanischen Grundsätzen her, sondern schlicht aus dem Prinzip der Schriftlichkeit der Verfassung[345]. Er gibt, den Blick nach England gerichtet, zu verstehen, dass die Legislative in solchen Staaten, die eine geschriebene Verfassung nicht kannten, zumindest de facto souverän sei. Zwar hätten einige „spekulative Juristen"[346] die Behauptung aufgestellt, dass Legislativakte, die gegen die Prinzipien natürlicher Gerechtigkeit verstießen, nichtig seien. Allerdings sei ihm unter jenen konstitutionellen Zuständen keine Instanz bekannt, die in der Lage wäre, die Inhalte dieser Prinzipien genau zu erkennen, geschweige denn, einen entsprechenden Verstoß auch festzustellen. Iredell beruft sich dabei, soweit es sich um die richterliche Kompetenz zur Aufhebung eines Legislativakts handelt, auf Blackstone und dessen Lehre von der Parlamentssouveränität[347]. Im Hinblick auf die Heterogenität der unterschiedlichen Naturrechtskonzeptionen[348], im Hinblick also auf seine epistemische Skepsis stimmt Iredell, wenn er ihn auch nicht ausdrücklich zitiert, mit Samuel Pufendorf überein. Pufendorf – für die Amerikaner des späten 18. Jahrhunderts alles andere als ein Exot[349] – hegte ebensowenig wie Iredell Zweifel an der Existenz eines überpositiven Rechts. Pufendorf benennt auch den Urheber des „Natürlichen Gesetzes": Gott. Es sei indes schlicht unmöglich, den normativen Gehalt des „Natürlichen Gesetzes" zweifelsfrei zu ermitteln. Mit anderen – Pufendorfs eigenen – Worten verbleibt es im Unklaren, wie

„man denn diesen Göttlichen Willen erkenne und woher man eigentlich wissen könne, daß GOTT dieses oder jenes unter dem Natürlichen Gesetze wolle begriffen haben?"[350]

---

[345] So auch die Einschätzung bei *W. R. Casto*, 62 Vand. L. Rev. 385 (2009).

[346] *Calder v. Bull*, 3 U.S. (3 Dall.) 386, 398 (1798); Iredell scheint hier den sog. oppositionellen britischen Konstitutionalismus im Sinn zu haben, siehe bereits oben Kapitel 2, Fn. 101 a. E.

[347] Siehe oben Kapitel 3, Fn. 49 f. und begleitenden Text.

[348] *W. Cremer*, Freiheitsgrundrechte, 2003, S. 257; siehe klassisch *H. Kelsen*, VVDStRL 5 (1929), S. 30 (69); vgl. aus der US-Literatur etwa *J. H. Ely*, Democracy and Distrust, 1980, S. 50 ff.; *Ph. Hamburger*, 102 Yale L.J. 907 (1993) ("Natural rights and natural law are ideas that frequently seem to have something in common with the elusive shapes of a Rorschach test. They are suggestive of well-defined, recognizable images, yet they are so indeterminate that they permit us to see in them what we are inclined to see.").

[349] *A. Augat*, Aufnahme der Lehren Pufendorfs, 1985, S. 4; *B. Bailyn*, Ideological Origins, 1969, S. 27; *Th. C. Grey*, 30 Stan. L. Rev 860 (1978); *Ph. Hamburger*, 102 Yale L.J. 914–916 n. 24–27 (1993); *H. K. Michael*, 69 N.C. L. Rev. 429 n. 43 (1991); *S. Sherry*, 5 Const. Comment. 327 (1988); *H. Welzel*, Naturrecht, 4. Aufl. 1962, S. 144.

[350] *S. Pufendorf*, De iure naturae et gentium libri octo, 1672, Buch II, Kap. III § 5 / Acht Bücher vom Natur- und Völcker-Rechte, hrsg. und übers. von J. N. Hertius/J. Barbeyrac u. a., Bd. I, 1711, S. 315 f. (Hervorhebungen ebd.).

Genau diese epistemische Skepsis hatte Iredell dazu bewogen, seine dem Naturrecht zugeneigten Kollegen etwas herablassend als „spekulative Juristen" zu bezeichnen.

Im Anschluss wendet sich Iredell von der englischen Verfassungslehre ab und richtet den Blick auf die amerikanische Praxis. In Amerika habe man die Verfassungen der Staaten und des Bundes in der Absicht erlassen, die Kompetenzen der Gesetzgebung „präzise" zu definieren, um sich gegen „bösartige" legislative Souveränitätsanmaßungen zu wappnen („to guard against so great an evil")[351]. Der Begriff der Kompetenz ist hier in einem weiteren Sinne zu verstehen. Iredell spricht nicht nur die im Bundesstaat gegeneinander abgegrenzten Gesetzgebungsbefugnisse an. Er bezieht sich auch auf – in der deutschen Rechtsdogmatik bisweilen sogenannte – negative Kompetenznormen[352]; allgemein gesprochen also auf nicht ausschließlich föderal bedingte Gesetzgebungsverbote wie etwa die ex post facto law-Klausel. Auch für die Maßstabsfunktion der Grundrechte in ihrer abwehrrechtlichen Dimension („Congress shall make no law") entsteht so zumindest eine gewisse theoretische Anschlussfähigkeit bei Iredell.

Aus den textlich fixierten Grenzen legislativer Befugnisse, so kann man Iredell paraphrasieren, ergibt sich überhaupt erst eine Kontrollmöglichkeit für die Gerichte – schließlich sind andere als die geschriebenen Kontrollmaßstäbe, insbesondere das Naturrecht, von Iredells Pufendorf-affinen Standpunkt aus ungeeignet, weil sie inhaltlich zu unbestimmt sind („regulated by no fixed standard"). Schließlich hätten bereits die „fähigsten Männer" vergeblich versucht, sich auf die normativen Gehalte eines wie auch immer begründeten Naturrechts zu verständigen[353]. Unter dem Strich ist festzuhalten: „Juristische Metaphysik"[354] ist nicht das Geschäft des Richters James Iredell.

Neben diesem pragmatischen Begründungselement liefert Iredell einen theoretischen Einwand gegen das Naturrecht als Maßstab für die Verfassungsrechtsprechung: Wenn die Verfassung Ausdruck der Volkssouveränität sein soll, und die Aufgabe der Gerichte darin besteht, den souveränen Willen des Volkes gegen die Legislative durchzusetzen, dann muss dieser souveräne Wille auch klar erkennbar sein. Eine Voraussetzung, die unter Heranziehung einer ungeschriebenen Rechtsquelle, sei es das Naturrecht, sei es die in abstrakten republikanischen Prinzipien sich äußernde customary constitution,

---

[351] *Calder v. Bull*, 3 U.S. (3 Dall.) 386, 399 (1798).
[352] *Th. Kingreen/R. Poscher*, Grundrechte, 35. Aufl. 2019, S. 40 f.; vgl. *H. Ehmke*, Wirtschaft und Verfassung, 1961, S. 30; Begriffskritik etwa bei *H. Dreier*, Dimensionen der Grundrechte, 1993, S. 36.
[353] *Calder v. Bull*, 3 U.S. (3 Dall.) 386, 399 (1798); *Minge v. Gilmour*, 17 F. Cas. 440, 444 (C.C.N.C. [= United States Circuit Court for the District of North Carolina] 1798).
[354] *H. Kelsen*, VVDStRL 3 (1927), S. 53 (Diskussionsbeitrag).

gerade nicht erfüllt ist. Solange die Gerichte dem klar erkennbaren Willen des Volkes zum Durchbruch verhelfen, lösen sie einen Konflikt zwischen Volk und irrlichternden, soll heißen, vom rechten, verfassungskonformen Weg abgekommenen Repräsentanten[355]. Falls die Verfassung jedoch keinen eindeutigen Maßstab zur Verfügung stellt, wird das Gericht selbst Konfliktpartei, wenn es die Verfassung allzu freihändig interpretiert – und zwar in einer Auseinandersetzung mit dem Gesetzgeber, dem eine solche Verfassungsauslegung als funktionswidriger judikativer Einbruch in seine Gestaltungskompetenz erscheinen muss. Denn auch die Legislative beansprucht für sich, bei der Verfassungsinterpretation ein gewichtiges Wort mitzusprechen. Sie steht in dieser Hinsicht in Konkurrenz zur Justiz[356]. Einer solchen Gemengelage zwischen Gesetzgebung und rechtsprechender Gewalt sucht Iredell aus dem Weg zu gehen, indem er klar erkennbare verfassungsrechtliche Standards für eine gerichtliche Intervention in den politischen Prozess einfordert: Ausschließlich in klaren Fällen handelt die normenkontrollierende Justiz als Agent des Volkes[357] und vollzieht dessen Willen gewissermaßen als gebundene Entscheidung („ministerial power")[358].

Das muss nicht bedeuten, Iredell habe einer unterkomplexen, auf den Wortlaut fixierten Interpretationslehre das Wort geredet. William Casto weist etwa darauf hin, dass Iredells methodischer Ansatz durchaus reflektiert gewesen sei. Er sei, ausgehend vom Wortlaut der Verfassung, zumindest dann gegenüber teleologischen Erwägungen aufgeschlossen gewesen, wenn der Regelungszweck der Norm sich seriös erforschen ließ[359]. Iredells Doktrin läuft nicht auf einen de facto-Kompetenzverzicht hinaus. Er errichtet allerdings hohe Hürden für die Aktivierung des richterlichen Prüfungsrechts – er war, soweit ersichtlich, überhaupt nur an einer einzigen Entscheidung beteiligt, in der ein Gesetz für verfassungswidrig erkärt worden ist[360].

---

[355] Siehe nochmals Iredells Votum in *Minge v. Gilmour*, 17 F. Cas. 440, 444 (C.C.N.C. [= United States Circuit Court for the District of North Carolina] 1798).

[356] Vgl. zum Ganzen *W. R. Casto*, 62 Vand. L. Rev. 385–387, 392 (2009).

[357] Siehe zur normenkontrollierenden Justiz als „Agent des Volkes" (people's agent) bereits oben Kapitel 3, Fn. 647 ff. mit begleitendem Text.

[358] *W. R. Casto*, 62 Vand. L. Rev. 397 (2009).

[359] *W. R. Casto*, 62 Vand. L. Rev. 387 (2009) ("His interpretations were nuanced and thoughtful. He typically sought to mesh the evident purpose of a constitutional provision with its text."); vgl. auch *J. McGinnis*, 84 Geo. Wash. L. Rev. 889 (2016).

[360] *Hayburn's Case*, 2 U.S. (2 Dall.) 408 n. * (1792); siehe auch *United States v. Ravara*, 2 U.S. (2 Dall.) 297, 298-299 (C.C.D. Pa. [= United States Circuit Court for the District of Pennsylvania] 1793) (Iredell, J., dissenting); siehe zu diesen Entscheidungen *W. M. Treanor*, 58 Stan. L. Rev. 533-540 (2005). Treanor kann sich einen Seitenhieb nicht verkneifen. Er schreibt (S. 540): „The author of the concededly unconstitutional test did not always practice what he preached.", weil Iredell in *Ravara* gegen seine eigenen Grundsätze verstoßen habe; anders *H. K. Michael*, 69 N.C. L. Rev. 451 (1991).

B. Frühe Präjudizien aus der Rechtsprechung des U.S. Supreme Court 323

Zwangsläufiges Korollarium aus Iredells Ansatz ist die Anerkennung einer legislativen Suprematie in denjenigen Regelungsbereichen, die einer näheren Normierung durch die Verfassung entzogen sind, sich also in den Worten Iredells in „the general scope of constitutional [legislative] power" befinden[361]. Ruft man sich in Erinnerung, wie harsch Iredell die Auswüchse einer unbegrenzten legislativen Rechtssetzungsgewalt zuvor noch kritisiert hatte, handelt es sich hier um eine durchaus bemerkenswerte, wenn auch nicht offen ausgesprochene Konzession Iredells an die vom englischen Theoretiker Blackstone und dessen Epigonen verbreitete Lehre von der Parlamentssouveränität[362].

Im Kern geht die Doktrin des Richters Iredell also in dieselbe Richtung wie diejenige des Publizisten Iredell. Nämlich dahin, dass das Vorhandensein klar erkennbarer verfassungsrechtlicher Standards die Grundbedingung einer jeden judikativen Nullifikation eines Gesetzes zu sein hat:

"[T]he authority to declare [legislation] void is of a delicate and awful nature, the court will never resort to that authority but in a clear and urgent case."[363]

Zumindest in diesem nicht ganz unwesentlichen Punkt sind sich Chase und Iredell einig. Chase bekräftigt in seinem Votum, anders als man das nach seinen vermeintlichen Lobpreisungen des überpositiven Rechts hätte erwarten können, sein bereits in *Hylton v. United States*[364] abgelegtes Bekenntnis zur doubtful case rule:

"But I will not go further than I feel myself bound to do, and if I ever exercise the jurisdiction, I will not decide any law to be void but in a very clear case."[365]

Versucht man eine Schlussfolgerung aus den von Chase und Iredell vorgetragenen Argumenten zu ziehen, wird man sich auf den kleinsten gemeinsamen Nenner beschränken müssen. Als gesichert kann gelten, dass beide Richter nur unter der Voraussetzung, dass ein klarer Verfassungsverstoß erkennbar ist, bereit sind, die Konsequenzen aus dem richterlichen Prüfungsrecht zu ziehen und einen Legislativakt für unanwendbar zu erklären. Unklarheit verbleibt hinsichtlich der Frage, welche Normen die Legislative missachten

---

[361] Vgl. *W. P. Whichard*, Justice James Iredell, 2000, S. 153.
[362] Siehe etwa Iredells Votum in *Minge v. Gilmour*, 17 F. Cas. 440, 443 (C.C.N.C. [= United States Circuit Court for the District of North Carolina] 1798) („The numerous acts of attainder in England, and other arbitrary parliamentary punishments, show how necessary it is for a wise people, forming a constitution for themselves, to guard against tyrannies like that."; siehe außerdem bereits Iredells „To the Public" von 1786 (oben Kapitel 3, insbesondere Text bei Fn. 453 f.) und Iredells Votum in *Calder*, oben in diesem Kapitel bei Fn. 351.
[363] *Calder v. Bull*, 3 U.S. (3 Dall.) 386, 399 (1798).
[364] Siehe *Hylton v. United States*, 3 U.S. (3 Dall.), 171, 175 (1796); näher oben, Fn. 214.
[365] *Calder v. Bull*, 3 U.S. (3 Dall.) 386, 395 (1798).

muss, damit ein „klarer" Verfassungsverstoß überhaupt gerichtlich feststellbar ist. Kurz gesagt: Chase und Iredell identifizieren unterschiedliche Rechtsquellen des Verfassungsrechts. Während Iredell auf einem strikt positivistischen Standpunkt zu verharren scheint[366], liebäugelt Chase zudem mit suprakonstitutionellen Maßstäben, den oben diskutierten, vom positiven Recht scheinbar entkoppelten „ersten Prinzipien".

Nichtsdestoweniger gibt sich Chase auch als Vertreter der „clear beyond doubt"-Doktrin zu erkennen. Anders als es seine anti-positivistische Beschwörung des Naturrechts hatte erwarten lassen, legt er seinem Votum – zumindest als Ausgangspunkt – einen in der Tendenz eher textualistischen Interpretationsansatz zu Grunde. Chase führt aus:

"I shall endeavor to show what law is to be considered an ex post facto law *within the words and meaning* of the prohibition in the federal Constitution."[367]

Am Ende desselben Absatzes kündigt er an, neben dem Wortlaut auch den Regelungszweck („intent") des Rückwirkungsverbots bei der Auslegung der ex post facto law-Klausel berücksichtigen zu wollen. Methodisch handelt es sich also um einen teleologischen, und unterstellt, Chase geht von den Absichten der Gründer[368] aus, um einen subjektiv-teleologischen bzw. originalistischen Ansatz. Außerdem operiert er mit Argumenten, die man durchaus als systematische Ableitungen lesen kann[369]. Von Chases Lob des Naturrechts bleibt – zumindest in *Calder* – unter dem Strich nicht viel mehr übrig als bloße Rhetorik.

Die Unsicherheiten über die Rechtsquellen des Verfassungrechts werden in *Calder* also nicht ausgeräumt. Iredell erklärt nüchtern, dass es ihm nur auf das geschriebene Recht ankomme, und Chase bauscht den naturrechtlichen Überbau der Verfassung theoretisch auf, ohne dass diesem (krypto-)naturrechtlichen Impetus in der praktischen Rechtsanwendung allerdings eine unmittelbar sich aufdrängende, das Votum tragende Funktion zukäme[370]. Der

---

[366] G. *Stourzh*, Grundrechtsdemokratie, 1989, S. 64, bezeichnet Iredells Ansatz als einen „frühen Vorläufer der Lehre vom Stufenbau der Rechtsordnung".

[367] *Calder v. Bull*, 3 U.S. (3 Dall.) 386, 390 (1798) (meine Hervorhebung).

[368] Also den Absichten der Verfassungsväter („framers' intent") und dem Willen derjenigen, die das Dokument ratifiziert haben (sog. „ratifiers' intent").

[369] W. R. *Casto*, Supreme Court in the Early Republic, 1995, S. 228 ("After his attempt to give a literal meaning to the clause, Chase turned to the context of the clause within the Constitution's other provisions.").

[370] David Currie argumentiert, Chase habe die legislative Maßnahme unter dem Gesichtspunkt der Vereinbarkeit mit den Prinzipien des Naturrechts deshalb nicht beanstandet, weil dem Kläger durch die Maßnahme kein sog. „wohlerworbenes Recht" (etwa eine Eigentumsposition - *vested right*) entzogen worden sei, siehe *D. P. Currie*, The Constitution in the Supreme Court, 1985, S. 46 (zu *Calder v. Bull*, 3 U.S. (3 Dall.) 386, 394–395 (1798) (Chase, J.)); ähnlich bereits *Ch. G. Haines*, American Doctrine, 2. Aufl. 1959 (Ndr.), S. 187.

B. Frühe Präjudizien aus der Rechtsprechung des U.S. Supreme Court 325

Anti-Federalist Brutus hatte am Ende des Tages wohl nicht ganz Unrecht, als er die Befürchtung äußerte, dass die Richter schon einen Weg finden würden, ihre eigenen politischen Überzeugungen und Vorstellungen in die Verfassung hineinzulesen. Brutus hätte aber zumindest nach der Verkündung des Urteils in der Sache *Calder v. Bull* aufatmen können. Die Richter, allen voran Justice Chase, sind in diesem Fall offenbar (noch) nicht bereit, aus einer von ihnen jedenfalls in der Theorie postulierten Machtposition auch praktische Konsequenzen zu ziehen.

Außerdem zeigt die Entscheidung, dass der seit der sog. „Lochner Ära"[371] an der Wende vom 19. zum 20. Jahrhundert geführte Streit über substantive

---

[371] Derjenige Fall, der namensgebend für die sog. „Lochner-Ära" steht („defining case", siehe *C. R. Sunstein*, 87 Colum. L. Rev. 873 [1987]), ist die Entscheidung *Lochner v. New York*, 198 U.S. 45 (1905), wenngleich die mit der Lochner-Ära bezeichnete Phase der Rechtsprechungsgeschichte wohl bereits 1877 mit der Entscheidung *Munn v. Illinois*, 94 U.S. 113 (1877) begonnen hat (siehe *B. Cushman*, 62 St. Louis U. L.J. 537 (2018)). Mit der Lochner-Ära wird eine Phase in der Rechtsprechung des Supreme Court bezeichnet, in der eine ganze Reihe von Gesetzen jeweils wegen eines Verstoßes gegen wirtschaftliche Grundrechte für verfassungswidrig erklärt worden waren. Der rechtsdogmatische Hebel, mit dem die intensive Inhaltskontrolle der Gesetze legitimiert wurde, war eine wirtschaftsfreundliche Spielart des substantive due process (auch „economic due process" genannt, siehe etwa *D. Novak*, in: S. C. Halpern/C. M Lamb [Hrsg.], Supreme Court Activism and Restraint, 1982, S. 77 (93); *H. Ehmke*, Wirtschaft und Verfassung, 1961, S. 310). Eine zeitgenössische verfassungstheoretische Rechtfertigung des (damals noch nicht so bezeichneten) economic due process findet sich bei *Ch. G. Tiedeman*, The Unwritten Constitution, 1890, S. 78–82. Auf der Grundlage dieser oder vergleichbarer Theorien wurde wirtschaftsregulierende Gesetzgebung, mit der Sozialreformen vorangetrieben werden sollten, durch den Supreme Court bisweilen blockiert. Die Richter waren neben Tiedemans „natural rights"-Konzept durch liberale ökonomische Theorien (insbes. den „laissez faire"-Gedanken) geprägt, und sie standen in der Mehrheit – insoweit kaum überraschend – politisch auf Seiten der Großunternehmen. – *Ch. M. Lamb*, in: S. C. Halpern/Ch. M. Lamb (Hrsg.), Supreme Court Activism and Restraint, 1982, S. 7, charakterisiert die Judikatur des Gerichts entsprechend als „conservative economic activism". Das Gericht hat die Lochner-Rechtsprechung erst drei Jahrzehnte später, in *West Coast Hotel Co. v. Parrish*, 300 U.S. 379 (1937), ausdrücklich zu Gunsten eines wirtschaftspolitisch eher neutralen Interpretationsansatzes aufgegeben – auch unter dem Druck des sog. „Court Packing-Plan" des Präsidenten Franklin D. Roosevelt (näher *J. Heideking*, Der Staat 23 (1984), S. 86 (100 f.)). Mit *West Coast Hotel Co. v. Parrish* wurde der Weg für Roosevelts New Deal frei. Siehe zu *Lochner v. New York* und der sich anschließenden Lochner-Ära im Überblick etwa *P. Kens*, in: K. L. Hall u. a. (Hrsg.), Supreme Court of the United States, 1992, S. 508–511; ausführlich *ders.*, 1 N.Y.U. J.L. & Liberty 404–431 (2005); *B. Cushman*, 62 St. Louis U. L.J. 537–567 (2018); *B. Friedman*, Will of the People, 2009, S. 166 ff., insbes. 177 ff.; aus der deutschsprachigen Literatur *H. Vorländer*, JöR N.F. 36 (1987), S. 451 (480 f.); *W. Brugger*, Grundrechte und Verfassungsgerichtsbarkeit, 1987, S. 54–58; siehe zur Rechtsprechung des U.S. Supreme Court *während* des New Deal nochmals *J. Heideking*, Der Staat 23 (1984), S. 86 ff.; ferner *K. Heller*, ÖZöR 39 (1988), S. 89 (97–103).

due process jedenfalls in seinen wesentlichen Grundpositionen auf eine weitaus längere, nämlich bis in das späte 18. Jahrhundert zurückreichende Geschichte verweisen kann[372]. Es ließe sich in noch allgemeineren Kategorien festhalten, dass Justice Iredell mit seinem Plädoyer für Texttreue bei der Verfassungsauslegung eine Tradition begründet hat, auf die sich Anhänger des judicial restraint auch zwei Jahrhunderte später noch berufen[373] – auch wenn Iredells Theorie des richterlichen Prüfungsrechts vielen Beobachtern übertragen auf die konstitutionellen Zustände der Gegenwart anachronistisch erscheinen mag[374].

Nichtsdestoweniger ist die aus seiner Lehre folgende Grundidee, dass das richterliche Prüfungsrecht nur in solchen Fällen auszuüben sei, in denen das Gericht auf einer soliden verfassungstextlichen Grundlage agiert, von vielen judicial review-kritischen US-Juristen, wie etwa James Bradley Thayer[375], in verschiedenen Varianten immer wieder aufgegriffen worden. Der Thayersche ‚Deferentialismus' ist jedoch nicht allein in der Theorie wirksam geworden. Im Jahr 1938 äußerte Justice Harlan Fiske Stone (ab 1941: Chief Justice) in der berühmten „Footnote 4" im Mehrheitsvotum in der Sache *United States v. Carolene Products Co.*[376] einen ähnlichen Gedanken. Gemäß der höchstrichterlichen Judikatur in *Carolene Products* sind – insbesondere wirtschaftsregulierende – legislative Maßnahmen verfassungsrechtlich so lange nicht zu beanstanden, als vernünftige Gründe des Gemeinwohls für das Gesetz sprechen[377]. Dieser sog. „rational basis test" gilt als „enorm" durchlässiger Kontrollstandard[378], „Paradigma des judicial restraint"[379] – und steht insoweit auch in der Tradition des aus der Rechtsprechungsgeschichte der frühen Republik überlieferten „clear beyond doubt"-Kriteriums[380]. Allerdings, so

---

[372] Vgl. *D. P. Currie*, The Constitution in the Supreme Court, 1985, S. 47 f.; *W. P. Whichard*, Justice James Iredell, 2000, S. 135; *W. Brugger*, Grundrechte und Verfassungsgerichtsbarkeit, 1987, S. 54.
[373] *Plaut v. Spendthrift Farm, Inc.*, 514 U.S. 211, 267 (1995) (Stevens, J., dissenting). Vgl. bereits oben, Fn. 474.
[374] *W. R. Casto*, 62 Vand. L. Rev. 398 (2009).
[375] Siehe bereits oben Kapitel 1, Text bei Fn. 271 ff.
[376] *United States v. Carolene Products Co.*, 304 U.S. 144 (1938).
[377] *United States v. Carolene Products Co.*, 304 U.S. 144, 152 n. 4 (1938); siehe aber *L. Lusky*, 82 Colum. L. Rev. 1098 (1982) („[Footnote 4] did not purport to decide anything; it merely made some suggestions for future consideration."); vgl. auch die Einschätzung bei *G. E. White*, 89 Va. L. Rev. 1569–1570 (2003).
[378] *E. Chemerinsky*, Principles and Policies, 5. Aufl. 2015, S. 566; vgl. auch *W. Brugger*, Grundrechte und Verfassungsgerichtsbarkeit, 1987, S. 42 f.
[379] *United States v. Lopez*, 514 U.S. 549, 604 (1995) (Souter, J., dissenting), im Anschluss an *Federal Communications Commission v. Beach Communications, Inc.*, 508 U.S. 307, 313–314 (1993).
[380] *M. S. Bilder*, 116 Yale L.J. 563 (2006) zum Zusammenhang zwischen dem in der doubtful case rule sich äußernden „deferentialism" und dem rational basis test. Die eigent-

Stone in „Fußnote 4", gäbe es von dem gegenüber der Legislative im Grundsatz deferentiellen, auf Normerhaltung gerichteten Ansatz (*favor legis*) Ausnahmen, in denen eine intensivere gerichtliche Kontrolle ausnahmsweise gerechtfertigt sei:

> "There may be narrower scope for operation of the presumption of constitutionality when legislation appears on its face to be within a specific prohibition of the Constitution, such as those of the first ten Amendments."[381]

Innerhalb dieser Fußnote befinden sich zwei weitere Absätze, in denen Stone die Grundlagen der später von John Hart Ely verbreiteten Lehre vom „representation reinforcement"[382] vorwegnimmt[383]. Das Gericht bestätigte in *Carolene Products* den schon in der Entscheidung *West Coast Hotel Co. v. Parrish* vollzogenen Kurswechsel weg vom ökonomisch motivierten substantive due process der Lochner-Ära hin zu einer in der Tendenz eher deferentiellen Vertretbarkeitskontrolle wirtschaftsregulierender Gesetzgebung[384]. Das Gericht ergänzte die judicial review-Doktrin fortan also um eine „gesunde Dosis judicial restraint"[385]. Wie Footnote 4, „die wohl berühmteste Fußnote der amerikanischen Verfassungsgeschichte"[386] in ihren Absätzen zwei und drei zeigt, bedeutete das aber keinen Kompetenzverzicht auf breiter Linie – der U.S. Supreme Court hielt sich eine Hintertür für eine intensivere gerichtliche Kontrolle in denjenigen Politikbereichen offen[387], in denen der institutionalisierte demokratische Entscheidungsprozess typischerweise durch Repräsentationsdefizite gestört ist, etwa weil ethnische oder religiöse Minderheiten ihre Interessen gegenüber der politischen Mehrheit nicht effektiv zu verteidigen im Stande sind[388].

---

lichen historischen Wurzeln des rational basis test liegen wohl in *McCulloch v. Maryland*, 17 U.S. (4 Wheat.) 316, 421 (1819) ("Let the end be legitimate, let it be within the scope of the constitution, and all means which are appropriate, which are plainly adapted to that end, which are not prohibited, but consist with the letter and spirit of the constitution, are constitutional.").

[381] *United States v. Carolene Products Co.*, 304 U.S. 144, 152 n. 4 (1938).
[382] Siehe bereits oben Kapitel 1, Fn. 248 mit begleitendem Text.
[383] *W. Brugger*, Grundrechte und Verfassungsgerichtsbarkeit, 1987, S. 363 f.
[384] *West Coast Hotel Co. v. Parrish*, 300 U.S. 379 (1937), siehe etwa *A. J. Meese*, 41 Wm. & Mary L. Rev. 5-6 (1999); außerdem bereits oben, Fn. 371.
[385] *K. L. Hall*, 35 U. Fla. L. Rev. 292 (1983).
[386] *W. Brugger*, Grundrechte und Verfassungsgerichtsbarkeit, 1987, S. 364.
[387] *E. Chemerinsky*, Principles and Policies, 5. Aufl. 2015, S. 565 ("It is a framework of general judicial deference to the legislature, but with particular areas of more intensive judicial review.").
[388] *United States v. Carolene Products Co.*, 304 U.S. 144, 152 n. 4 (1938) ("[P]rejudice against discrete and insular minorities may be a special condition, which tends seriously to curtail the operation of those political processes ordinarily to be relied upon to protect minorities, and which may call for a correspondingly more searching judicial inquiry.").

Dieser Kompromiss, der in etwa lautet, dass sich das Gericht auf dem Gebiet der Kontrolle ökonomischer Regulierung weitgehend zurückzieht, und sich Interventionen in den politischen Prozess insbesondere für legislative Eingriffe in nicht-wirtschaftliche Grundrechte vorbehält, wird auch als „New Deal Settlement"[389] bezeichnet. Im Grundsatz kann dieser zwischen der Justiz und den politischen Teilgewalten ausgehandelte ‚Vergleich', zumindest aber der aus diesem Vergleich herrührende Leitgedanke[390], Geltung über weite Strecken der Rechtsprechungsgeschichte der zweiten Hälfte des 20. Jahrhunderts beanspruchen[391]; es war der Rehnquist-Court, der mit dieser Tradition brach, als er in *United States v. Lopez*[392] zum ersten Mal seit sechs Jahrzehnten ein Bundesgesetz auf der Grundlage der sog. „interstate commerce clause"[393] wegen einer kongressionalen Kompetenzüberschreitung für nichtig erklärt hatte[394].

Auch wenn die inhaltliche Argumentation Stones von derjenigen Iredells abweicht – Iredell gibt sich in gegenwärtiger Terminologie als interpretivistischer „Deferentialist" zu erkennen, währenddessen Stone, diesen deferentiellen Ansatz grundsätzlich teilend, unter anderem auch dann intervenieren will, wenn die Interessen „abgrenzbarer und identifizierbarer Minderheiten"[395] vernachlässigt zu werden drohen, so handelt es sich in strukturell-argumentativer Hinsicht doch um ein wiederkehrendes Muster: Beide Rich-

---

[389] Siehe etwa *J. M. Balkin*, 85 B.U. L. Rev. 685 (2005); *L. B. Solum*, 127 Harv. L. Rev. 2496 (2014); *N. Williams*, 57 Stan. L. Rev. 281 (2004).

[390] Siehe dazu auch *K. M. Sullivan*, 63 U. Colo. L. Rev. 295–296 (1992); *dies.*, 106 Harv. L. Rev. 60 (1992) ("the Court's post-New Deal effort to establish a fixed two-tier system of judicial review: strict scrutiny for fundamental liberties and suspect classes; deferential rationality review for garden-variety socioeconomic legislation."); ferner *J. H. Wilkinson III*, 95 Va. L. Rev. 255 (2009) ("[I]f any one theme emerges when looking at the role of the courts in American history, it is this: when the channels of democracy are functioning properly, judges should be modest in their ambitions and overrule the results of the democratic process only where the constitution unambiguously commands it.").

[391] Siehe *L. D. Kramer*, People Themselves, 2004, S. 13, 122 ff., 128; vgl. außerdem *B. Friedman*, in: M. Tushnet (Hrsg.), Arguing Marbury, 2005, S. 65 (84); *R. E. Barkow*, 102 Colum. L. Rev. 258 (2002); zur Fortgeltung des in Carolene Products angelegten Regel-/Ausnahmeverhältnisses *F. V. Lange*, Grundrechtsbindung des Gesetzgebers, 2010, S. 324 f.; zu den teils großzügig bemessenen Gestaltungsspielräumen der Gesetzgebung im Rahmen der gegenwärtigen judicial review-Praxis des U.S. Supreme Court etwa *E. Garret/ A. Vermeule*, 50 Duke L.J. 1285 (2001).

[392] *United States v. Lopez*, 514 U.S. 549 (1995).

[393] U.S. Const., Art. I, § 8, Cl. 3.

[394] Siehe *A. Althouse*, 38 Ariz. L. Rev. 793 (1996); *J. M. Balkin/S. Levinson*, 87 Va. L. Rev. 1055 (2001); *L. D. Kramer*, 115 Harv. L. Rev. 138 (2001).

[395] *United States v. Carolene Products Co.*, 304 U.S. 144, 152 n. 4 (1938) ("discrete and insular minorities" (Übersetzung nach *W. Brugger*, Grundrechte und Verfassungsgerichtsbarkeit, 1987, S. 369)).

ter gehen vom Regel-/Ausnahme-Prinzip aus, um Thayers „rule of administration"[396] handhabbar zu machen. In der Regel hat die Justiz Entscheidungen des demokratischen Prozesses zu respektieren, es sei denn, eine der anerkannten Ausnahmen, die ein Abweichen vom Grundsatz und damit eine höhere Kontrollintensität (man könnte auch von „Kontrolldichte" sprechen – *level of scrutiny*[397]) notwendig werden lassen, greift ein. Iredell und Stone erkennen eine Ausnahme an, falls der durch grammatikalische Auslegung ermittelbare normative Gehalt der Verfassung der legislativen Entscheidung in offenkundiger Weise entgegensteht. Stone macht darüber hinaus eine weitere Ausnahme für den Fall, dass ein Repräsentationsdefizit zu entstehen droht.

Während Iredell also auf der positivistischen Prämisse der „autoritativen Gesetztheit"[398] der Entscheidungsmaßstäbe beharrt, und den Verfechtern des judicial restraint so historische Argumente liefert[399], entwickelt Justice Chase im maßstabsbildenden[400] Teil seines Votums eine Doktrin, mit deren Kerngehalt sich auch die sog. Idealisten[401], also die Anhänger einer „Moblisierung naturrechtlicher Vorstellungen"[402] bei der Verfassungsinterpretation – oder, etwas unfreundlicher formuliert, eines verfassungstextungebundenen richterlichen Aktivismus – wohl auch heutzutage noch recht gut identifizieren können[403]. Und das, obwohl Chase als Richterpersönlichkeit aufgrund seiner bisweilen schrulligen Attitüden[404] und vor allem aufgrund seiner auffälligen

---

[396] Vgl. *J. B. Thayer*, 7 Harv. L. Rev. 138, 140, 144, et passim (1893); näher unten Kapitel 5, Text bei Fn. 328.

[397] Siehe etwa *E. Chemerinsky*, Principles and Policies, 5. Aufl. 2015, S. 564; zur Bestimmung der Kontrolldichte aus der deutschen Literatur etwa *W. Heun*, FS BVerfG, Bd. I, hrsg. von P. Badura und H. Dreier, 2001, S. 630 ff.

[398] *R. Dreier*, NJW 1986, S. 890.

[399] *E. Foley*, 59 Ohio St. L.J. 1604 (1998) ("[U]sing modern terms, we would call Iredell a champion of judicial restraint."); *J. McGinnis*, 84 Geo. Wash. L. Rev. 848 (2016) ("Iredell is sometimes seen as the original poster boy for judicial deference.").

[400] Siehe bereits oben, Fn. 259 mit begleitendem Text.

[401] *E. Foley*, 59 Ohio St. L.J. 1600 (1998).

[402] *M. Herdegen*, JZ 2004, S. 873.

[403] Vgl. *D. P. Currie*, 1989 Sup. Ct. Rev. 333.

[404] Siehe etwa *H. A. Johnson*, Chief Justiceship of John Marshall, 1997, S. 29 f., m. w. N., der Chases Verhalten als bisweilen „proletenhaft" („boorish") beschreibt; siehe außerdem *W. Bird*, Press and Speech under Assault, 2016, S. 218 ff.; *W. R. Casto*, Supreme Court in the Early Republic, 1995, S. 97, 171, et passim ("not fit to be a judge"); *T. L. Hall*, Supreme Court Justices, 2001, S. 32 ("He had a disposition better suited to a prizefighter than a judge."); vgl. ferner die Aussage bei *K. Newmyer*, Heroic Age of the Supreme Court, 2001, S. 154 (Chase sei ein „Himmelhund" (stormy petrel)). Etwas freundlicher fällt die Beurteilung aus bei *H. J. Abraham*, 27 J. Sup. Ct. Hist. 289 (2002) ("acid-tongued, outspoken, cantankerous, but brilliant"); *S. B. Presser*, 62 Vand. L. Rev. 370 (2009) ("If Chase's personal shortcomings ... ought to deprive him of a place in the pantheon of truly great

parteipolitischen Voreingenommenheit[405] in der Geschichtsschreibung überwiegend eine eher gering ausgeprägte bis überhaupt gar keine Vorbildfunktion zuerkannt wird.

III. Cooper v. Telfair (1800)

Basil Cooper, ein Amerikaner, der sich während der Revolution auf die Seite der Tories geschlagen hatte, erhob eine Zahlungsklage gegen Edward Telfair, einen Bürger des Staates Georgia, um die Forderung aus einem Darlehensvertrag durchzusetzen, den die Prozessparteien 1774 geschlossen hatten. Die Legislative des Staates Georgia hatte im Jahr 1782 sog. „Confiscation Acts" erlassen, die Forderungen gegen Bürger aus Georgia an den Staat verfallen ließen, sofern es sich bei den Gläubigern um Loyalisten handelte, die in diesem Gesetz namentlich benannt waren[406]. Auch Cooper wurde durch diese (quasi-[407]) Bill of Attainder[408] der Legislative des Staates Georgia als Loyalist „verurteilt". Dementsprechend war seine Forderung auf den Staat übergegangen. Nachdem Cooper mit seiner Klage in erster Instanz gescheitert war, ging er ins Rechtsmittel; die Streitigkeit *Cooper v. Telfair*[409] erreichte den U.S. Supreme Court im Jahr 1800.

Cooper argumentierte im Wesentlichen, dass die entsprechenden Legislativakte verfassungswidrig und daher unwirksam seien. Deshalb sei er auch Inhaber der offenen Forderung gegen Telfair geblieben[410]. Die Anwälte des Beklagten Telfair teilten die Ansicht, dass ein verfassungswidriger Legislativakt grundsätzlich nichtig sei. Sie hielten dem Vorbringen des Klägers entgegen, die Legislative des Staates Georgia habe die Confiscation Acts in verfassungsgemäßer Weise erlassen, sodass hier keinerlei Veranlassung für das

---

American Justices, perhaps he still deserves to be classified as an astute, learned, principled, and wise one.").

[405] *R. E. Ellis*, The Jeffersonian Crisis, 1971, S. 76 ("Few members of the revolutionary generation were more bitterly partisan or more controversial than Chase."); *B. Friedman*, Will of the People, 2009, S. 65 ("the Republicans detested him"); vgl. auch etwa *D. P. Currie*, The Constitution in the Supreme Court, 1985, S. 453; siehe zum Impeachment-Verfahren gegen Justice Chase oben Kapitel 3, Fn. 703.

[406] Siehe *Cooper v. Telfair*, 4 U.S. (4 Dall.) 14–15 (1800).

[407] Siehe *S. Snowiss*, Judicial Review, 1990, S. 61, der zufolge der Confiscation Act allenfalls „freely conceded to be a bill of attainder" sei.

[408] Siehe zur verfassungsrechtlichen Beurteilung von solchen „Ausnahmegesetzen, die eine Verurteilung ohne Gerichtsverfahren beinhalten" bei Alexander Hamilton bereits das Zitat oben Kapitel 3, Fn. 509; dort auch zum Begriff der „bill of attainder".

[409] *Cooper v. Telfair*, 4 U.S. (4 Dall.) 14 (1800).

[410] *Cooper v. Telfair*, 4 U.S. (4 Dall.) 16 (1800).

B. Frühe Präjudizien aus der Rechtsprechung des U.S. Supreme Court

Gericht erkennbar sei, die aus dem richterlichen Prüfungsrecht folgende Nullifikationskompetenz auszuüben[411].

Nicht die US-Bundesverfassung mit ihrem Bill of Attainder-Verbot, sondern das Verfassungsrecht des Staates Georgia, das eine eindeutige Regelung diesbezüglich nicht kannte, bildete den Maßstab für die Beantwortung der aufgeworfenen Rechtsfrage, ob das Staatsparlament Loyalisten per Einzelfallgesetz „verurteilen" und ihnen gegenüber eine cessio legis anordnen durfte. Die Anwälte Coopers hatten wohl Zweifel, ob die US-Bundesverfassung überhaupt auf Sachverhalte anwendbar ist, die sich vor ihrem Inkrafttreten ereignet haben[412]. Jedenfalls bezogen auf das Bill of Attainder Verbot der US-Bundesverfassung erscheinen diese Zweifel nicht unbegründet. U.S. Const., Art. I, § 10, ordnet an: „No State ... shall ... pass any bill of attainder". Geht man allein vom Wortlaut aus, ist die Annahme, dass die Vorschrift ihre normative Wirkung ausschließlich pro futuro entfalte, jedenfalls nicht fernliegend[413].

Statt sich also auf die US-Bundesverfassung zu berufen, argumentierte der Kläger, bei seiner „Verurteilung" durch die Legislative handele es sich in Wahrheit um einen justiziellen Akt. Dieser sei ohne Beteiligung einer Jury zustandegekommen, obwohl die Verfassung Georgias eine explizite jury trial-Garantie enthalte. Zudem stehe der Erlass justizieller Akte durch die Legislative in offenem Widerspruch zur Gewaltenteilungsgarantie der Verfassung des Staates Georgia. Der Erlass sog. Bills of Attainder sei im Übrigen auch in Abwesenheit eines entsprechenden positiv-verfassungsrechtlichen Verbots schon aus allgemeinen Erwägungen unzulässig[414]. Das Gericht zeigte sich von diesen teils durchaus beachtlichen Argumenten unbeeindruckt, und wies die Klage ab. Die Entscheidung setzt sich aus Einzelvoten der Richter Washington, Chase, Paterson und Cushing zusammen.

Richter Bushrod Washington konnte einen Verfassungsverstoß weder unter dem Gesichtspunkt der expliziten verfassungsrechtlichen Garantie eines Geschworenenprozesses, noch bezogen auf die Bill of Attainder-Argumentation des Klägers erkennen. Ein verfassungsmäßiges Recht auf jury trial bestehe nach dem Wortlaut der einschlägigen Norm[415] nur für den Fall, dass eine Straftat auf dem Hoheitsgebiet des Staates Georgia verübt worden sei.

---

[411] *Cooper v. Telfair*, 4 U.S. (4 Dall.) 17–18 (1800).
[412] *W. R. Casto*, Supreme Court in the Early Republic, 1995, S. 225 f.; siehe dazu auch *D. P. Currie*, The Constitution in the Supreme Court, 1985, S. 52; bestätigt durch *Owings v. Speed*, 18 U.S. (5 Wheat.) 420 (1820).
[413] *D. P. Currie*, The Constitution in the Supreme Court, 1985, S. 52.
[414] *Cooper v. Telfair*, 4 U.S. (4 Dall.) 16–17 (1800).
[415] Artikel 39 der Verfassung des Staates Georgia von 1777, zitiert nach *Cooper v. Telfair*, 4 U.S. (4 Dall.) 16 (1800): „All matters of breach of the peace, felony, murder, and treason against the state, to be tried in the county where the crime was commited."

Zu der Frage, ob vorliegend der Gerichtsstand des Tatorts begründet sei, habe der Kläger jedoch nicht ausreichend vorgetragen. Das Gesetz sei auch nicht deshalb verfassungswidrig, weil es sich um eine sog. Bill of Attainder handeln könnte. Der Erlass solcher Legislativakte sei gemäß der Verfassung des Staates nicht, jedenfalls nicht ausdrücklich, untersagt. Größeren interpretatorischen Aufwand, insbesondere hinsichtlich des Gewaltenteilungsarguments, will Richter Washington nicht betreiben, stattdessen beruft er sich auf die doubtful case rule[416]:

> "The presumption, indeed, must always be in favor of the validity of laws, if the contrary is not clearly demonstrated."[417]

Washington akzentuiert die doubtful case rule ein wenig anders als Iredell und Chase in ihren Voten in *Hylton v. United States* bzw. in *Calder v. Bull*. Legt man das Zitat zu Grunde, scheint Washington die doubtful case rule in einem untechnischen Sinne als eine den (im angelsächsischen Rechtskreis freilich auch nicht fest verankerten) iura novit curia-Grundsatz aufweichende Darlegungs- und Beweislastregel[418] aufzufassen; er geht von einer Vermutung zugunsten der Verfassungsmäßigkeit der Gesetze aus. Eine Vermutung, die sich allerdings nur widerlegen lässt, sofern ein klarer Verfassungsverstoß durch den Beschwerten dargetan wird. Es dürfte sich hier bei näherem Hinsehen jedoch allenfalls um eine rhetorische Spielerei handeln: Dass derjenige, der vor Gericht einen legislativen Hoheitsakt angreift, hierfür die Argumentationslast zu tragen hat und zumindest die Möglichkeit einer durch den angefochtenen Hoheitsakt veranlassten Rechtsverletzung plausibel darlegen muss, leuchtet unmittelbar ein[419]. Bemerkenswert an Washingtons Formulierung der doubtful case rule ist allerdings die sprachliche Ähnlichkeit zu derjenigen Wendung, die Richter Stone in seine „Footnote 4" in *Carolene Products* eingebaut hatte („presumption of constitutionality")[420]. Möglicherweise besteht diese Parallele aus reinem Zufall. Stone brachte, anders als etwa Justice John Paul Stevens, der in seinem Sondervotum in *Plaut v. Spendthrift Farm, Inc.* mit einem Zitat ausdrücklich auf Justice Iredells

---

[416] Siehe zur doubtful case rule bereits oben Kapitel 3, Fn. 582 mit begleitendem Text; ausführlich noch unten, Kapitel 5 A. III. 1.

[417] *Cooper v. Telfair*, 4 U.S. (4 Dall.) 18 (1800).

[418] Vgl. zur materiellen bzw. objektiven Beweislast im technischen Sinne bei der Normenkontrolle etwa *M. Kriele*, NJW 1976, S. 777 (781).

[419] Vgl. im Übrigen – aus dem 20. Jahrhundert – *Ashwander v. Tennessee Valley Authority*, 297 U.S. 288, 347 (1936) (Brandeis, J., concurring) ("The Court will not pass upon the validity of a statute upon complaint of one who fails to show that he is injured by its operation."); siehe ferner *K. Loewenstein*, Verfassungsrecht und Verfassungspraxis, 1959, S. 434.

[420] *United States v. Carolene Products Co.*, 304 U.S. 144, 152 n. 4 (1938); näher oben, Fn. 381 ff. und begleitenden Text.

Darlegungen zur doubtful case rule aus *Calder v. Bull* verwiesen hatte[421], in *Carolene Products* keinerlei Hinweis auf Justice Washingtons Votum in *Cooper* an. Immerhin wird hier, Zufall oder nicht, die historische Kontinuität des hinter der doubtful case rule sich verbergenden Grundgedankens richterlicher Zurückhaltung gegenüber Akten der Gesetzgebung ein weiteres Mal deutlich sichtbar[422].

Richter Chase schloss sich dem Votum Washingtons an[423], stellte aber noch einige grundsätzliche Erwägungen hinsichtlich der Justitiabilität der Verfassung im Allgemeinen an. Dass der U.S. Supreme Court befugt sei, Gesetze für verfassungswidrig und nichtig zu erklären, sei herrschende Meinung („general opinion"), wenn hierzu auch noch keine einschlägige Rechtsprechung des U.S. Supreme Court ergangen sei[424]. Ungeachtet des Umstands, dass nach hier vertretener Auffassung mit *Hylton v. United States* bereits ein entsprechendes Präjudiz existierte[425], bejahte auch Chase die Kompetenzfrage, nachdem er sie in vorherigen Entscheidungen noch ausdrücklich offen gelassen hatte[426]. Nichtsdestoweniger meint Chase mit Blick auf das vorgetragene Gewaltenteilungsargument, dass die in der Verfassung enthaltenen „allgemeinen" Prinzipien nicht dazu bestimmt seien, der Gesetzgebung „Fesseln" anzulegen. Vielmehr handele es sich bei den „allgemeinen" Verfassungsprinzipien um „Leitlinien", die nicht mehr als präexistente und für sich genommen gesicherte staatsorganisatorische Lehrsätze zum Ausdruck brächten („rules declaratory and directory"). Die Verfassungsprinzipien seien jedoch nicht mit einer solchen theoretischen Stringenz verwirklicht worden, die es gerechtfertigt erscheinen ließe, sie als voll justitiable Maßstäbe

---

[421] *Plaut v. Spendthrift Farm, Inc.*, 514 U.S. 211, 267 (1995) (Stevens, J., dissenting); siehe bereits oben Kapitel 3, Fn. 473.

[422] Vgl. auch *G. Lawson/Ch. Moore*, 81 Iowa L. Rev. 1274–1275 (1996), denen zufolge die u. a. von Justice Stone in *Carolene Products* postulierte Vermutung zu Gunsten der Verfassungsmäßigkeit legislativer und exekutiver Akte (Zitat bei Fn. 381) auf die doubtful case rule der amerikanischen Gründungszeit zurückzuführen sei.

[423] *Cooper v. Telfair*, 4 U.S. (4 Dall.) 18–19 (1800).

[424] *Cooper v. Telfair*, 4 U.S. (4 Dall.) 19 (1800); siehe dazu auch *M. S. Bilder*, 116 Yale L.J. 559–560 (2006).

[425] In *Hylton v. United States* hat der U.S. Supreme Court das richterliche Prüfungsrecht gegenüber Gesetzen des Kongresses in Anspruch genommen, siehe näher oben Text bei Fn. 226.

[426] Siehe oben, Zitat und Text bei Fn. 214. Noch deutlicher wird Chase in einer anderen Entscheidung aus dem Jahr 1800, an der er als umherreisender Richter am Bundesbezirksgericht von Virgina beteiligt gewesen war. Siehe *Trial of James Thompson Callender* (U.S. Circuit Court for the Virginia District, 1800), in: F. Wharton (Hrsg.), State Trials of the United States, 1849, S. 688 (716) („[T]he judicial power of the United States is the only proper and competent authority to decide whether any statute made by Congress [or any of the state legislatures] is contrary to, or in violation of, the Federal Constitution.").

heranzuziehen – insbesondere das für die Entscheidung in *Cooper* ausschlaggebende Gewaltenteilungsprinzip sei einer Vielzahl an verfassungsimmanenten Durchbrechungen ausgesetzt[427]. Außerdem beobachtet Chase einen wesentlichen Unterschied zwischen denjenigen Gesetzen, die bereits während der Revolution erlassen worden waren und solchen – nachkonstitutionellen – Gesetzen, die zeitlich erst nach der US-Bundesverfassung in Kraft getreten sind. Viele der Legislativakte aus der Revolutionsära könnten den strengen Anforderungen, die nunmehr an nachkonstitutionelle Gesetze gestellt würden, schlicht nicht standhalten. Da es sich bei den Confiscation Acts um revolutionäre Gesetzgebung handelte, erschien es Chase angemessen, die Kontrolldichte zurückzunehmen, zumal er darauf hinwies, dass nicht geklärt sei, ob sich die seitens der „herrschenden Meinung" anerkannte Prüfungs- und Verwerfungskompetenz des U.S. Supreme Court überhaupt auf vorkonstitutionelle Gesetzgebung erstrecke.

Was ist in Chase gefahren? Diese Frage könnte man sich stellen, denkt man an dessen Votum in der Sache *Calder v. Bull*[428] zurück. Auch US-amerikanische Beobachter scheinen aus Chase nicht recht schlau zu werden[429]. Man könnte Chases Ausführungen als verklausulierte Spielart des clear beyond doubt-Gedankens[430] interpretieren – der Gewaltenteilungsgrundsatz wäre danach ein so offenes und in der Verfassungsordnung keinesfalls strikt umgesetztes Prinzip, dass entsprechende Verstöße kaum jemals zweifelsfrei festgestellt werden könnten. So verstanden ließe sich sein Votum in *Cooper* mit demjenigen in *Calder* halbwegs in Einklang bringen: In der letztgenannten Entscheidung schien er ja mit seinem (vermeintlichen) Lob des Naturrechts eine eher aggressiv-offensive Konzeption des judicial review verfolgt zu haben, um letztlich, gewissermaßen durch die Hintertür, doch eine erhebliche Einschränkung in Gestalt des clear beyond doubt-Kontrollstandards zu machen. Eindeutige Schlussfolgerungen drängen sich bezogen auf Chases Äußerungen in *Cooper* ebensowenig auf wie in *Calder*. „Vielleicht", so ein ebenfalls ratlos zurückgelassener David Currie, „dachte Chase, Verräter seien eben anders" zu behandeln als ‚unbescholtene' Bürger[431].

---

[427] *Cooper v. Telfair*, 4 U.S. (4 Dall.) 18–19 (1800) ("The general principles contained in the Constitution are not to be regarded as rules to fetter and controul; but as a matter merey declaratory and directory: for, even in the constitution itself, we may trace repeated derpartures from the theoretical doctrine, that the legislative, executive, and judicial powers, should be kept separate and distinct.").

[428] Siehe oben, Text bei Fn. 292 ff.

[429] Siehe *D. P. Currie*, The Constitution in the Supreme Court, 1985, S. 53 ("Was the aggressive advocate of judicial power to strike down laws that offended natural justice here rejecting the principle of ordinary judicial review?").

[430] Siehe dazu (bezogen auf Chase in *Calder v. Bull*) oben, Zitat und Text bei Fn. 214.

[431] *D. P. Currie*, The Constitution in the Supreme Court, 1985, S. 54 ("Perhaps he thought traitors were different.").

Chase kann sich offenbar nicht zwischen den verschiedenen Theorieangeboten entscheiden. Sein Interpretationsansatz ist zu inkonsistent, als dass man ihn ernsthaft einer bestimmten Strömung zuordnen könnte. Das Verfassungsrecht des Staates Georgia mit seiner geschriebenen Gewaltenteilungsgarantie hätte Chase jedenfalls die Möglichkeit eröffnet, die von ihm in *Calder* beschworenen „ersten Prinzipien des Gesellschaftsvertrags" direkt an den Verfassungstext anzubinden. Statt diese Gelegenheit zu nutzen, zweifelte er die Normativität der geschriebenen Gewaltenteilungsgarantie an, und weigert sich, möglicherweise, weil es sich bei der angegriffenen Vorschrift um revolutionäre Gesetzgebung handelte, jene verfassungstextliche Gewaltenteilungsgarantie als Entscheidungsmaßstab heranzuziehen.

Ernsthafte Zweifel an der Verfassungsgemäßheit des gesetzlich angeordneten Forderungsübergangs zum Nachteil des Klägers scheint als einziger der Richter William Paterson zu hegen. Paterson hilft sich mit einer aus heutiger Sicht kaum nachvollziehbaren Konstruktion über seine Zweifel hinweg. Danach könne eine Legislative wie diejenige des Staates Georgia, deren Kompetenzen durch die Verfassung „undefiniert" seien, auch Funktionen der Justiz und der Exekutive wahrnehmen – Paterson selbst bezeichnet diesen Ansatz als „staatspolitisch gut fundierte Prämisse" (*sound political proposition*)[432]. Das Gewaltenteilungsargument erschien Paterson vor diesem Hintergrund als zu vage[433]. Statt näher darauf einzugehen, zog auch er sich auf die doubtful case rule zurück:

"[T]o authorise this court to pronounce any law void, it must be a clear and unequivocal breach of the constitution, not a doubtful and argumentative implication."[434]

Patersons Version der doubtful case rule weicht ebenfalls nur in der sprachlichen Gestalt[435] von den Stellungnahmen der Richter Chase, Iredell und Washington ab. Im Unterschied zu Washington verzichtet Paterson darauf, eine Vermutung zu Gunsten der Gültigkeit der Gesetze ausdrücklich zu postulieren – im Kern stimmen aber alle Richter darin überein, dass ein klarer Verfassungsverstoß vorliegen müsse, damit die aus dem richterlichen Prüfungsrecht folgende „voiding power" ausgeübt werden könne. In der Forderung nach einem klar erkennbaren Verstoß ist die – allein von Washington ausdrücklich – formulierte Regel, der zufolge von einer Vermutung zu Gunsten der Gültigkeit der Gesetze auszugehen sei, jedenfalls implizit enthalten.

---

[432] *Cooper v. Telfair*, 4 U.S. (4 Dall.) 19 (1800).
[433] *W. R. Casto*, Supreme Court in the Early Republic, 1995, S. 226; *S. Snowiss*, Judicial Review, 1990, S. 62.
[434] *Cooper v. Telfair*, 4 U.S. (4 Dall.) 19 (1800).
[435] Siehe aber auch *Ch. Green*, Clarity and Reasonable Doubt, 2015, S. 5 f., der zwischen „doubt simpliciter" und „other standards" differenzieren will.

Einige eher bedeutungslose Zeilen steuert Justice William Cushing bei. Er bestätigt den allgemeinen Konsens, dass der U.S. Supreme Court Legislativakte eines Bundesstaates für nichtig erklären kann, meint aber, dass die Ausübung jener Kompetenz in *Cooper* nicht zwingend veranlasst sei, zumal das Recht der Legislative, Angehörige eines Feindstaates zu enteignen, von der Verfassung des Staates Georgia stillschweigend vorausgesetzt werde[436].

Abgesehen davon, dass es sich in *Cooper v. Telfair* um die eher ungewöhnlich erscheinende Konstellation handelt, in der ein Bundesgericht am Maßstab des Verfassungsrechts eines Bundesstaates entscheidet, ist die Judikatur in *Cooper* in zweifacher Hinsicht von besonderer Bedeutung.

Zum einen bestätigen die Richter Washington und Paterson die zuvor von Chase und Iredell in *Hylton v. United States*[437] und *Calder v. Bull*[438] postulierte doubtful case rule[439]. Hier wird das für die Normenkontrollpraxis der 1780er und insbesondere der 1790er Jahre so charakteristische Ineinandergreifen von Aktivismus (judicial review) und Zurückhaltung (in Gestalt der „doubtful case rule") einmal mehr deutlich sichtbar – in allgemeineren Kategorien gesprochen: Kompetenzgenese *und* Kompetenzbeschränkung sind bereits vor *Marbury v. Madison* über einen „bedeutsamen Zusammenhang"[440] untrennbar miteinander verbunden[441]. Das eine, die Normenkontrolle, scheint ohne das andere, den Grundsatz richterlicher Zurückhaltung, kaum denkbar.

Dass sich die obersten US-Richter vor der sog. Revolution von 1800 gegenüber Hoheitsakten des Kongresses wohl auch aus Gründen politischer Loyalität gegenüber ihren Parteifreunden, den Federalists, zurückgehalten haben, ist oben bereits angedeutet worden[442]. Die zögerliche Haltung bei der Überprüfung auch von Gesetzen der Bundesstaaten lässt sich so indes nicht erklären. Sowohl in *Calder v. Bull* als auch in *Cooper v. Telfair* haben die Parteien ernstzunehmende Argumente gegen die Verfassungsmäßigkeit der streitbefangenen Maßnahmen vorgebracht. Eine plausible Erklärung liefert William Treanor: Die Richter seien insbesondere darauf bedacht gewesen, die Integrität der bundesstaatlichen Ordnung zu wahren, also die Kompe-

---

[436] *Cooper v. Telfair*, 4 U.S. (4 Dall.) 19 (1800).
[437] *Hylton v. United States*, 3 U.S. (3 Dall.), 171, 175 (1796) (Chase, J.).
[438] *Calder v. Bull*, 3 U.S. (3 Dall.) 386, 395 (Chase, J.), 399 (Iredell, J.) (1798).
[439] *S. Snowiss*, Judicial Review, 1990, S. 62, meint, das Gericht habe die doubtful case rule in Cooper noch intensiver bemüht als in den übrigen frühen Entscheidungen.
[440] So *W. Haller*, Supreme Court und Politik, 1972, S. 121 („bedeutsamer Zusammenhang zwischen Prüfungsrecht und richterlicher Selbstbeschränkung").
[441] *S. Snowiss*, 20 Const. Comment. 239 (2003) ("The United States Supreme Court and state courts upheld practically all the legislation challenged on constitutional grounds, amid widespread invocation of the doubtful case rule."); vgl. auch, mit anderer Akzentuierung, *G. S. Wood*, Empire of Liberty, 2009, S. 447.
[442] Siehe oben, Text bei Fn. 188 ff.

tenzgrenzen, die insbesondere den Bundesstaaten durch die Bundesverfassung gezogen sind, effektiv durchzusetzen[443]. Solange ein verfassungsrechtlich zweifelhafter einzelstaatlicher Legislativakt weder Belange der bundesstaatlichen Ordnung berührte, noch wichtige bundespolitische Zielsetzungen antastete, so Treanor, hätten sich die Supreme Court-Richter – ihrem Selbstverständnis nach Garanten der kompetenzrechtlichen Interessen des Bundes – für das Treiben der *state governments* schlicht nicht sonderlich interessiert[444].

Zum anderen sind sich die Prozessparteien und das Gericht im Grundsatz darin einig, dass verfassungswidrige Gesetze nichtig seien, und dass es Aufgabe der Justiz im Allgemeinen und des U.S. Supreme Court im Besonderen sei, die Verfassungswidrigkeit im Einzelfall auch festzustellen. Einigkeit besteht auch darüber, dass es mit der Feststellung der Verfassungswidrigkeit als solcher noch nicht sein Bewenden hat, sondern dass die Gerichte mit der „voiding power" auch eine der Verfassungswidrigkeit des Legislativakts entsprechende Rechtsfolge aktivieren können[445]. Lässt man die im konkreten Fall bestehenden Unklarheiten rund um die Maßgeblichkeit des US-Bundesverfassungsrechts einmal beiseite, haben die beteiligten Juristen judicial review in der Gesamtbilanz als ein allgemeingültiges Rechtsinstitut betrach-

---

[443] W. M. *Treanor*, in: V. C. Jackson/J. Resnik (Hrsg.), Federal Courts Stories, 2010, S. 29 (45 f.); vgl. näher *J. N. Rakove*, 49 Stan. L. Rev. 1047–1050, 1064 (1997).

[444] W. M. *Treanor*, 58 Stan. L. Rev. 559 n. 541 (2005). Diese Interpretation steht jedoch in einem Spannungsverhältnis zu Daniel Hulseboschs These, judicial review sei durch die Gerichte der frühen Republik insbesondere dazu eingesetzt worden, die Reintegration der Vereinigten Staaten in die atlantische Welt voranzutreiben. Die gerichtlich sanktionierte Diskriminierung britischer Gläubiger (wie etwa in *Cooper*) ist diesem Vorhaben eher abträglich; siehe zu Hulseboschs These bereits oben Kapitel 2, Fn. 134, Kapitel 3, Fn. 180 f.

[445] Aus der frühen bundesgerichtlichen Judikatur ergibt sich nicht, ob die Nichtigkeit mit Wirkung inter partes, erga omnes, oder (etwa im Sinne des § 31 Abs. 1 BVerfGG) jedenfalls mit bindender Wirkung gegenüber der öffentlichen Gewalt erklärt werden soll – die besseren Gründe sprechen für eine Wirkung inter partes; zu den Argumenten siehe unten Kapitel 5, Text bei Fn. 519 ff. Im gegenwärtigen US-Recht wirken Normenkontrollentscheidungen in Ermangelung einer dem deutschen § 31 BVerfGG vergleichbaren Vorschrift – de jure – allein zwischen den Parteien; die Anwendung der stare decisis-Doktrin bewirkt allerdings eine Art Selbstbindung des Gerichts und führt mittelbar dazu, dass jedenfalls die höchstrichterlichen Entscheidungen Wirkung für und gegen jedermann entfalten. Als Präjudizien im Sinne der „doctrine of precedent" sind die höchstrichterlichen Judikate zudem für die unteren Gerichte verbindlich. Man kann also bei einer Gesamtbetrachtung der Wirkungen einer normverwerfenden gerichtlichen Entscheidung durchaus von einer jedenfalls „faktischen" Kassation sprechen, siehe *F. Scharpf*, 75 Yale L.J. 523–524 (1966); vgl. auch *A. Tschentscher*, in: T. Simon/J. Kalwoda (Hrsg.), Schutz der Verfassung, 2014, S. 187 (190 f.) (untere Gerichte an „ratio decidendi" gebunden); *R. A. Lorz*, Interorganrespekt im Verfassungsrecht, 2001, S. 404 (alle Staatsorgane haben von der Ungültigkeit auszugehen).

tet, dessen Anwendbarkeit insbesondere auch nicht davon abhängen sollte, welcher Hoheitsträger – Bund oder Einzelstaat – durch sein Handeln gegen die Verfassung verstoßen hat. Die Anwendbarkeit der judicial review-Doktrin auch auf Maßnahmen des Bundes scheint demnach bereits um 1800 von einem bemerkenswert breiten Konsens getragen gewesen zu sein:

"The courts of this era clearly considered themselves in the business of judging the constitutionality of federal and state statutes."[446]

In der Folge drohte der beschriebene Konsens allerdings brüchig zu werden[447]. Der Machtübernahme des republikanischen Präsidenten Thomas Jefferson im Jahre 1801 gingen diverse, durch den abtretenden Amtsinhaber Adams getroffene Personalentscheidungen im Bereich der Bundesgerichte voraus, deren Zweck nach der wohl herrschenden Meinung in der Geschichtsschreibung darin bestand, die Justiz im Sinne der Federalist Party zu „politisieren"[448]. Adams hatte damit allenfalls bescheidenen Erfolg. Ein bescheidener Erfolg, der im Übrigen in keinem Verhältnis zu dem Schaden stand, den er – Adams – damit angerichtet hatte. Die Bundesjustiz geriet durch sein Handeln in eine veritable Legitimitätskrise. Aus Sicht der Republikaner, die durch einen deutlichen Sieg bei den Wahlen im Jahr 1800 auch die Mehrheit im Repräsentantenhaus erringen sollten, trachteten die mit Federalist-Richtern besetzten Gerichte geradezu danach, die Umsetzung der neuen republikanischen politischen Agenda nach Kräften zu verhindern[449] (näher sogleich, Kapitel 5).

Es schien also im Angesicht des sich abzeichnenden Konflikts zwischen den republikanisch beherrschten politischen Teilgewalten auf der einen und der durch die Federalists dominierten rechtsprechenden Gewalt des Bundes auf der anderen Seite am Anfang des 19. Jahrhunderts höchste Zeit für den U.S. Supreme Court, die Lehre vom richterlichen Prüfungsrecht durch einen Präzedenzfall in einen normativen Stand zu erheben, um das Aufkommen einer verfassungspolitischen Debatte über die Erwünschtheit der richterli-

---

[446] *S. B. Prakash/J. C. Yoo*, 70 U. Chi. L. Rev. 977 (2003); vgl. bereits *Ch. G. Haines*, American Doctrine, 2. Aufl. 1959 (Ndr.), S. 189; siehe auch etwa *S. D. Gerber*, 14 U. St. Thomas L.J. 29, 39 et passim (2018); ferner *D. Alfange, Jr.*, 1993 Sup. Ct. Rev. 409; *M. J. Klarman*, 87 Va. L. Rev. 1115–1117 (2001); *L. D. Kramer*, People Themselves, 2004, S. 115; *S. B. Presser*, 62 Vand. L. Rev. 369 (2009).

[447] Siehe *L. D. Kramer*, 20 Const. Comment. 227–228 (2003); *ders.*, 148 Proc. Am. Phil. Soc'y 24 (2004).

[448] *J. O'Neill*, MLR 65 (2002), S. 792 (794).

[449] Siehe *R. Reinstein/M. Rahdert*, 57 Ark. L. Rev. 825 (2005) ("Republicans' distrust of the federal judiciary, which, in the control of Federalists such as John Marshall, appeared as a reactionary force that could obstruct their proclaimed Second American Revolution.").

chen Normenkontrolle gewissermaßen durch einen judikativen Präventivschlag ein für alle mal zu unterbinden⁴⁵⁰.

Neben der allgemeinen Einsicht, dass das Rechtsinstitut des judicial review bereits vor *Marbury* einigermaßen fest etabliert gewesen zu sein schien, ergibt sich aus den frühen Präjudizien in der Judikatur des obersten US-Bundesgerichts nach alledem folgender Befund: Der U.S. Supreme Court verfolgte bei der – freilich vereinzelt gebliebenen – Überprüfung kongressionaler Rechtssetzung vor dem Jahr 1800 einen (womöglich politisch motivierten) „deferentiellen"⁴⁵¹ Ansatz. Diesem zurückhaltenden Ansatz ist nicht zuletzt etwa durch die konsequente bundesrichterliche Weigerung Ausdruck verliehen worden, die von den Federalists befürworteten und bei den oppositionellen Republikanern verhassten „Alien and Sedition Acts"⁴⁵² von 1798 auf ihre Verfassungsmäßigkeit hin zu überprüfen⁴⁵³.

---

⁴⁵⁰ Siehe *L. D. Kramer*, 148 Proc. Am. Phil. Soc'y 25 (2004); *ders.*, People Themselves, 2004, S. 124; *S. R. Olken*, 37 J. Marshall L. Rev. 430 (2004); *N. Williams*, 57 Stan. L. Rev. 272–273 (2004) ("Marshall feared that the principle of judicial review – which had already gained broad, popular acceptance – would be lost if the Court did not expressly embrace it then and there."); eine entsprechende Andeutung findet sich auch bei *D. Engdahl*, 42 Duke L.J. 324 (1992).

⁴⁵¹ Siehe zum Begriff bereits oben etwa Kapitel 3, Text bei Fn. 584 und diesem Kapitel, Fn. 233.

⁴⁵² Der Sedition Act stellte mit der Absicht der „Verleumdung" geäußerte Kritik an der Bundesregierung unter Strafe (siehe zum Sedition Act bereits oben Kapitel 2, Fn. 151 ff. und unten Kapitel 5, Fn. 384, jeweils mit begleitendem Text).

⁴⁵³ *C. F. Hobson*, The Great Chief Justice, 1996, S. 49 f.; *J. M. O'Fallon*, 44 Stan. L. Rev. 221 (1992) ("The national judiciary had earned the enmity of Jeffersonian Republicans by aggressively favoring government in prosecutions under the Alien and Sedition Act."); siehe zur Kritik der Republikaner etwa die von James Madison verfassten „Virginia Resolutions Against the Alien and Sedition Acts", 1798, in: J. Elliot (Hrsg.), The Debates in the Several State Conventions, Bd. IV, 2. Aufl. 1836, S. 528 f. ("the acts aforesaid are unconstitutional"), und dort (S. 540 ff.) die – von Thomas Jefferson stammenden – „Kentucky Resolutions of 1798 and 1799"; dazu aus der Sekundärliteratur *D. P. Currie*, The Constitution in Congress I, 1997, S. 269 ff.

Kapitel 5

Marbury v. Madison

Marbury v. Madison gilt allgemein als diejenige Entscheidung des U.S. Supreme Court, mit der die richterliche Normenkontrolle im Verfassungsrecht der Vereinigten Staaten etabliert worden ist[1]. Allerdings handelt es sich bei *Marbury* nicht um die erste Entscheidung, in der das Gericht Normenkontrollkompetenzen gegenüber einem Kongressgesetz in Anspruch genommen hat. Auch wenn Chief Justice John Marshall in seiner Entscheidung den Eindruck erweckt, es handele sich um ein Novum, war das Rechtsinstitut des judicial review im Jahr 1803 alles andere als eine bahnbrechende Neuigkeit[2]. Bereits sieben Jahre zuvor hatte der U.S. Supreme Court in *Hylton v. United States* einen Legislativakt des Kongresses kontrolliert[3]. Damals hielt das Gesetz der gerichtlichen Überprüfung am Maßstab der US-Bundesverfas-

---

[1] *Marbury v. Madison*, 5 U.S. (1 Cranch) 137 (1803); zur Diskussion über die Bedeutung der *Marbury*-Entscheidung siehe bereits oben, Kapitel 2 B. III.
[2] Siehe *D. P. Currie*, The Constitution in the Supreme Court, 1985, S. 70; *S. R. Olken*, 37 J. Marshall L. Rev. 397–398, 403 (2004) ("calculated omission [of precedent]"); *S. Gerber*, in: M. Graber/M. Perhac (Hrsg.), Marbury v. Madison, 2002, S. 1 (13) ("The self-confident tone in which Marshall wrote Marbury suggests that he knew he was not breaking new ground with the decision."). – Marshall hatte bereits als Abgeordneter des Ratifikationskonventes von Virginia behauptet, dass die Gerichte über die Kompetenz verfügten, Akte der (zukünftigen) Bundeslegislative für nichtig zu erklären, siehe John Marshall, Speech at the Virginia Ratifying Convention (June 20, 1788), in: H. A. Johnson u. a. (Hrsg.), The Papers of John Marshall, Bd. 1, 1974, S. 275 (276 f.) ("If they [Congress] were to make a law not warranted by any of the powers enumerated, it would be considered by the Judges as an infringement of the Constitution which they are to guard: – They would not consider such a law as coming under their jurisdiction. – They would declare it void.").
[3] Siehe *Hylton v. United States*, 3 U.S. (3 Dall.) 171 (1796); vgl. *D. P. Currie*, The Constitution in the Supreme Court, 1985, S. 69; dazu bereits oben Kapitel 4, Text bei Fn. 206 ff. – Laut Keith Whittington ist *Marbury* bereits die dritte Entscheidung des U.S. Supreme Court, in der ein Statut des Kongresses aufgrund verfassungsrechtlicher Bedenken nicht oder nicht vollständig gemäß der gesetzgeberischen Intention angewendet worden ist. Der erste Fall war nach Whittington *United States v. Yale Todd* aus dem Jahr 1794 (nicht dokumentiert, siehe oben Kapitel 4, Fn. 201), der zweite *Mossmann v. Higginson*, 4 U.S. (4 Dall.) 12 (1800). Nach Whittingtons Recherchen handelt es sich bei *Marbury* insgesamt um den sechsten Fall, in dem der U.S. Supreme Court ein Kongressgesetz auf seine Verfassungsgemäßheit hin überprüft hat; siehe *K. E. Whitthington*, 97 Geo. L.J. 1285 (2009); und zu einem Index der vorangegangen Fälle dort im Anhang, S. 1330.

sung jedoch stand. Erste Andeutungen eines richterlichen Prüfungsrechts gegenüber Bundesgesetzen lassen sich sogar bis in das Jahr 1792 zurückverfolgen[4]. Es ist daher allein zutreffend, *Marbury* als eine Entscheidung zu bezeichnen, welche die Praxis der richterlichen Normenkontrolle gegenüber Bundesgesetzen bestätigt hat. Unzutreffend ist es hingegen, mit den Anhängern des (oben am Ende des 2. Kapitels) bereits referierten Irrglaubens[5] zu behaupten, das Rechtsinstitut des judicial review sei in *Marbury* erfunden worden[6]. Dennoch ragt *Marbury* aus den frühen Normenkontrollentscheidungen des U.S. Supreme Court heraus. Manche Beobachter meinen, erst mit *Marbury* sei überhaupt die konstituierende politische Grundentscheidung[7] zu Gunsten des richterlichen Prüfungsrechts gefallen. Der US-Rechtswissenschaftler Bernard Schwartz etwa stellt fest:

> "[T]here is no doubt that it was *Marbury v. Madison* that made judicial review positive constitutional doctrine. ... To be sure, Marshall in *Marbury* merely confirmed a doctrine that was part of the American legal tradition of the time, derived from both the colonial and Revolutionary experience."[8]

---

[4] *Hayburn's Case*, 2 U.S. (2 Dall.) 409 (1792); siehe bereits die Zitate oben Kapitel 4, Fn. 201.

[5] *M. S. Paulsen*, 101 Mich. L. Rev. 2706 (2003); Zitat oben Kapitel 2, Text bei Fn. 205.

[6] Siehe bereits oben, Fn. 3; vgl. aus der Literatur *P. Dionisopoulos/P. Peterson*, 18 J. Marshall L. Rev. 74–75 (1984); *W. M. Treanor*, 58 Stan. L. Rev. 554–555 (2005); ders., in: V. C. Jackson/J. Resnik (Hrsg.), Federal Courts Stories, 2010, S. 29 (45); *D. P. Currie*, The Constitution in the Supreme Court, 1985, S. 65 ("confirmed"); *L. D. Kramer*, 115 Harv. L. Rev. 87 (2001); ähnlich *M. Schor*, 7 Wash. U. Global Stud. L. Rev. 261–262 (2008); deutlicher wird *M. J. Klarman*, 87 Va. L. Rev. 1126 (2001) („In sum Marbury was not that important. It confirmed a power that already was widely assumed to exist."); siehe auch *W. Heun*, Der Staat 42 (2003), S. 267 (278) („Kulminationspunkt, aber kein revolutionärer Neubeginn"); *C. F. Hobson*, The Great Chief Justice, 1996, S. 58. – Vgl. aber auch *B. Friedman*, in: M. Tushnet (Hrsg.), Arguing Marbury, 2005, S. 65 (67) ("In one sense, judicial review preexisted Marshall, in another it did not become established for almost another one hundred years."). Friedman spielt hier darauf an, dass sich eine breit angelegte und aggressive judicial review-Praxis der Bundesgerichte erst gegen Ende des 19. Jahrhunderts Bahn gebrochen hat; vgl. dazu bereits oben Kapitel 3, Fn. 513, und unten in diesem Kapitel, Fn. 205.

[7] So *H. Laufer*, Verfassungsgerichtsbarkeit und politischer Prozeß, 1968, S. 1, dort mit Fn. 2; siehe auch *N. Feldman/K. M. Sullivan*, Constitutional Law, 20. Aufl. 2019, S. 1 ("foundational assertion of judicial review"); *Ch. Schmidt*, Vorrang der Verfassung, 2000, S. 40 („entscheidender Entwicklungsschub").

[8] *B. Schwartz*, History of the Supreme Court, 1993, S. 40 f.; ähnlich etwa *S. D. Gerber*, in: M. Graber/M. Perhac (Hrsg.), Marbury v. Madison, 2002, S. 1 (14); *W. M. Treanor*, in: V. C. Jackson/J. Resnik (Hrsg.), Federal Courts Stories, 2010, S. 29.

Der Status einer Grundsatzentscheidung (landmark decision[9]), wenn nicht gar die Wahrnehmung als wichtigster und prägendster historischer Referenzpunkt für das amerikanische Verfassungsrecht überhaupt[10], ist *Marbury* wohl deshalb zu Teil geworden, weil es sich um die erste Entscheidung handelt, in der das Gericht einen Legislativakt des Kongresses, eine Norm des Judiciary Act von 1789 – frei übersetzt: Gerichtsverfassungsgesetz –, für „verfassungswidrig" und „nichtig" (*void*) erklärt hat[11]. Der U.S. Supreme Court lieferte erstmals eine umfassende theoretische (und teilweise auch rechtsdogmatische) Begründung und Rechtfertigung des richterlichen Prüfungsrechts. Marshall entwickelt in *Marbury* die passende Doktrin für eine bislang auf unerforschtem rechtsdogmatischem Untergrund operierende Normenkontrollpraxis. Diejenigen Gerichte, die bereits vor *Marbury* mit judicial review herumexperimentiert hatten, waren nicht in der Lage oder hatten sich offenbar noch nicht dazu durchringen können, eine konzeptionelle Begründung für das richterliche Prüfungsrecht abzuliefern, sieht man von der Entscheidung in der Sache *Kamper v. Hawkins*[12] aus dem Jahr 1793, die von einem state court aus Virginia stammt, einmal ab. Das Gericht hat in *Marbury* jedoch nicht nur die aus der Normenkontrollkompetenz folgende Verwerfungsbefugnis ausgeübt, es hat, jedenfalls nach einer auf dem Rückzug sich befindlichen Interpretation der Entscheidung, zudem behauptet, als einziges Verfassungsorgan dazu berufen zu sein, verbindlich über die Auslegung der Verfassung zu entscheiden. Der U.S. Supreme Court hat in *Marbury* in der Tat eine Letztentscheidungskomptenz in Verfassungsfragen für sich beansprucht – nicht ausdrücklich zwar, wohl aber implizit. In welchem Ausmaß das Gericht seine Letztentscheidungskompetenz in *Marbury* konzipiert hat, inwieweit seine Urteile also Bindungswirkung gegenüber Legislative und Exekutive entfalten sollten, ergibt sich freilich nicht eindeutig aus dem Wort-

---

[9] So – bezogen auf *Marbury* – die Beurteilungen bei *D. Alfange, Jr.*, 1993 Sup. Ct. Rev. 379; *S. R. Olken*, 37 J. Marshall L. Rev. 392 (2004); *C. F. Hobson*, The Great Chief Justice, 1996, S. 47; *G. L. Haskins*, in: ders./H. A. Johnson, History of the Supreme Court, Bd. II, 1981, S. 182; vgl. auch *B. Ackerman*, Failure of the Founding Fathers, 2005, S. 189 ("locus classicus"); *R. H. Fallon*, 91 Calif. L. Rev. 4 (2003) ("unique status in the constitutional mind"); *J. N. Rakove*, 43 Wm. & Mary L. Rev. 1513 (2002) ("most celebrated case in the canon of American constitutional law").

[10] Siehe bereits *A. H. Putney*, United States Constitutional History, 1908, S. 308 ("among the most important [decisions] ever rendered by the Supreme Court"); ähnlich *P. W. Kahn*, The Reign of Law, 1997, S. 9; siehe ferner *M. J. Klarman*, 87 Va. L. Rev. 1113 (2001); *D. M. Douglas*, 38 Wake Forest L. Rev. 376 (2003) m. w. N.; aus der Rechtsprechung *Garcia v. San Antonio Metro. Transit Auth.*, 469 U.S. 528, 557, 567 (1985) (Powell, J., dissenting) ("the most famous case in our history").

[11] *Marbury v. Madison*, 5 U.S. (1 Cranch) 137, 177 (1803).

[12] *Kamper v. Hawkins*, 1 Va. Cas. (3 Va.) 20 (Gen. Ct. 1793); siehe noch unten Text bei Fn. 170 f.

laut der Entscheidungsgründe. Dieser Punkt ist bis heute umstritten geblieben (näher unten, B.).

Über *Marbury* ist in den letzten Jahrzehnten, insbesondere aus Anlass des „bicentennial", des zweihundertjährigen Jubiläums der Entscheidung im Jahr 2003, ausgiebig diskutiert worden. Die einschlägige US-amerikanische Literatur ist abundant[13]. Auch hierzulande ist die Entscheidung von nicht wenigen Autoren kommentiert worden[14]. *Marbury* ist daher alles andere als ein unbeschriebenes Blatt.

Gleichwohl[15] ist hier noch einmal kurz auf die Begleitumstände des Falles und auf die wichtigsten Argumente einzugehen, die Marshall seiner Entscheidung zu Grunde gelegt hat (siehe dazu nachf., A.). Hierzulande weniger bekannt als die Entscheidung selbst sind die unterschiedlichen Deutungen der Entscheidung, die in der amerikanischen politischen und akademischen Debatte diskutiert werden. Bis heute hat sich in der US-amerikanischen wissenschaftlichen Literatur insoweit kein einhelliger Standpunkt herausgebildet[16]. Während *Marbury* der wohl überwiegenden Lehrmeinung und nicht

---

[13] Siehe die Nachweise im Text; vgl. im Übrigen die Bemerkung der US-Rechtshistorikerin *M. S. Bilder*, 78 Geo. Wash. L . Rev. 1130 (2010) ("If one combines scholarship and commentary over the last two centuries on judicial review with the contemporary outpouring in law, history, and political science, there is an enormous amount written. Quite frankly, a mere mortal lawyer is unlikely to be able to keep up with it all. Increasingly, many scholars will probably find themselves partway into writing a new article only to discover that someone a century ago already wrote a shorter, less heavily footnoted version.").

[14] Siehe u. a. etwa *R. Alleweldt*, ZaöRV 56 (1996), S. 205 ff.; *W. Brugger*, Grundrechte und Verfassungsgerichtsbarkeit, 1987, S. 5 ff.; *W. Brugger*, Jus 2003, S. 320 ff.; *W. Brugger*, Öffentliches Recht der USA, 2. Aufl. 2001, S. 7 ff.; *C. Egerer*, ZVglRWiss 88 (1989), S. 416 (418 ff.); *B. Enzmann*, Der demokratische Verfassungsstaat, 2009, S. 233–236; *N. Herrmann*, Entstehung, Legitimation und Zukunft, 2001, S. 59 ff.; *W. Heun*, Der Staat 42 (2003), S. 267–283; *W. Hoffmann-Riem*, JZ 2003, S. 269–275; *M. Hong*, Menschenwürdegehalt, 2019, S. 54 ff.; *M. Höreth*, Selbstautorisierung des Agenten, 2008, S. 131 ff., *M. Höreth*, Amerikastudien 54 (2009), S. 211 ff.; *F. V. Lange*, Grundrechtsbindung des Gesetzgebers, 2010, S. 14 ff.; *Ch. Schmidt*, Vorrang der Verfassung, 2000, S. 38 ff.; *C. Simons*, Grundrechte und Gestaltungsspielraum, 1999, S. 31 ff.; *M. Stoevesandt*, Aktivismus und Zurückhaltung, 1999, S. 32 ff.; *A. Tschentscher*, in: T. Simon/J. Kalwoda (Hrsg.), Schutz der Verfassung, 2014, S. 187 (198 ff.); *N. Yang*, Leitentscheidung, 2018, S. 37 ff.; aus der älteren Literatur etwa *E. Klein*, ZaöRV 34 (1974), S. 84 (85 ff.); *F. Scharpf*, Grenzen, 1965, S. 5 ff.; *H. Laufer*, Verfassungsgerichtsbarkeit und politischer Prozeß, 1968, S. 1 ff.; außerdem sind zwei eidgenössische Autoren zu nennen: *E. Wolf*, Verfassungsgerichtsbarkeit und Verfassungstreue, 1961, S. 26 ff.; *W. Haller*, Supreme Court und Politik, 1972, S. 121 ff.

[15] *I. Ebsen*, Bundesverfassungsgericht, 1985, S. 109 („Über die Entscheidung und ihren politischen Hintergrund ist Hinreichendes geschrieben worden.").

[16] Siehe dazu etwa *N. Feldman/K. M. Sullivan*, Constitutional Law, 20. Aufl. 2019, S. 1, 15 f. ("interpretation remain(s) subject to debate"); vgl. auch *N. Feldman*, 148 Proc. Am. Phil. Soc'y 28 (2004) ("ambiguity at the heart of *Marbury*"); *K. Newmyer*, Heroic Age of

zuletzt der ständigen Rechtsprechung des U.S. Supreme Court zufolge als Präjudiz für die Kompetenz der US-amerikanischen Bundesgerichte anzusehen ist, verfassungswidrige Bundesgesetze für nichtig zu erklären[17], sind in den letzten Jahren, insbesondere durch solche Autoren, die der sog. „popular constitutionalism"-Bewegung[18] anhängen, revisionistische Lesarten der *Marbury*-Entscheidung aufgegriffen und teils auch neu entwickelt worden, deren Grundtendenz in der eher zurückhaltenden Variante etwa dahin geht, John Marshall habe, als er seine Doktrin 1803 formulierte, judicial review keinesfalls in derjenigen Form instituieren wollen, in der es in der Gegenwart durch die US-Justiz im Allgemeinen und durch den U.S. Supreme Court im Besonderen praktiziert wird. Andere Autoren sind noch kritischer. Sie halten Marshalls Argumentation im Ergebnis für nicht stichhaltig und stellen daher den Status der *Marbury*-Entscheidung als Präjudiz für die gerichtliche Normenkontrolle insgesamt in Frage (unten, B.)[19].

A. Die Entscheidung

Noch in den letzten Stunden seiner Präsidentschaft wollte John Adams einige neu geschaffene Stellen für Friedensrichter im Distrikt von Columbia besetzen. Eine entsprechende, vom Kongress erlassene Rechtsgrundlage trat erst innerhalb der letzten Woche seiner Amtszeit in Kraft. Er beabsichtigte, auch um sein politisches Erbe vor dem Zugriff Thomas Jeffersons und dessen Republikanischer Partei abzusichern[20], die die Kontrolle über das Weiße Haus und den Kongress bald übernehmen würden, mehrheitlich[21] Kandidaten aus den Reihen der Federalists auf die vakanten Posten zu berufen[22].

---

the Supreme Court, 2001, S. 158 ("[T]he uncertainties regarding the decision have not yet been settled."); ferner *J. M. O'Fallon*, 44 Stan. L Rev. 219 (1992); *H. A. Johnson*, Chief Justiceship of John Marshall, 1997, S. 62; *D. Alfange, Jr.*, 1993 Sup. Ct. Rev. 329–330, et passim; näher in diesem Kapitel unter B.

[17] *L. D. Kramer*, 20 Const. Commentary 205 (2003) ("For many long years, conventional wisdom had it that *Marbury v. Madison* invented the modern practice of judicial review."); siehe auch etwa *G. L. Haskins*, in: ders./H. A. Johnson, History of the Supreme Court, Bd. II, 1981, S. 201; *W. W. Van Alstyne*, 1969 Duke L.J. 1; *J. M. O'Fallon*, 44 Stan. L Rev. 219 (1992).

[18] Siehe oben Kapitel 4, Fn. 30.

[19] Vgl. vor allem *R. L. Clinton*, Marbury v. Madison and Judicial Review, 1989, S. 18, et passim; *ders.*, 35 Am. J. Juris. 55–56, et passim (1990).

[20] *B. Schwartz*, History of the Supreme Court, 1993, S. 40.

[21] *D. F. Forte*, 45 Cath. U. L. Rev. 353 (1996) weist darauf hin, dass nicht alle Kandidaten nach parteipolitischen Gesichtspunkten ausgewählt wurden; anders etwa *K. Newmyer*, Heroic Age of the Supreme Court, 2001, S. 152, 158 ("all good Federalists").

[22] Zur Hintergrundgeschichte näher *D. F. Forte*, 45 Cath. U. L. Rev. 352 (1996).

Adams' Plan, ein „Justizbollwerk"[23] gegen die Republikaner und deren Reformagenda zu errichten, ging, wenn überhaupt, nur in Teilen auf.

Dieses ‚Justizbollwerk' sollte mittels eines Legislativpakets errichtet werden, das sich aus dem „Judiciary Act of 1801"[24] und dem sog. „Organic Act"[25] zusammensetzte. Durch den Judiciary Act wurden 16 neue Stellen für Bundesrichter geschaffen. Adams plante, die neu entstandenen Bundesrichterposten mit Federalists zu besetzen[26]. Die Kandidaten, die eilig in diese Ämter berufen worden waren, sollten als sog. „Midnight Judges"[27] in die Geschichte eingehen. Der Judiciary Act sah außerdem Kompetenzerweiterungen für die Bundesgerichtsbarkeit vor und schaffte das von den Richtern am Supreme Court als lästig empfundene „Umherreisen" in den Bundesgerichtsbezirken (*circuit riding*[28]) ab[29]. Der Judiciary Act of 1801 sorgte für erbitterte politische Auseinandersetzungen[30]; ein Jahr nach Inkrafttreten des Judiciary Act gelang es Jefferson, der ob Adams' kurz vor Toreschluss vorgenommener Ernennungen nicht begeistert war[31], schließlich, den Kongress dazu zu bewegen, das Gesetz wieder zurückzunehmen und den Ursprungszustand, wie er sich aus

---

[23] Siehe *W. Brugger*, Jus 2003, S. 320 (321); *R. E. Davies*, 90 Minn. L. Rev. 689 (2006); *W. Hoffmann-Riem*, JZ 2003, S. 269; vgl. aber auch *K. Turner*, 22 Wm. & Mary Q. 3 (1965), die darauf hinweist, dass der Judiciary Act von 1801 schon länger in Arbeit gewesen, und keinesfalls als spontaner politischer Reflex oder als Übersprungshandlung im Angesicht des Machtverlusts zu beurteilen sei ("[T]he Act was clearly not occasioned by the Republican victory in 1800."); zustimmend *K. Newmyer*, Heroic Age of the Supreme Court, 2001, S. 152 f. ("Put forth as a genuine reform, the act struck the Jeffersonians as as a crass, last ditch attempt to resist the will of the sovereign people as expressed in the election of 1801."); Newmyer räumt jedoch ein (S. 143), dass Adams durchaus hoffte, die Justiz werde, wo nur irgend möglich, für Obstruktionen der republikanischen Agenda sorgen.

[24] "An Act to provide for the more convenient organization of the Courts of the United States. Feb. 13, 1801." 2 Stat. 89 (U.S. Statutes at Large, Bd. 2, hrsg. von R. Peters, Boston, 1845, S. 89 ff.); manche Autoren bezeichnen das Gesetz als Circuit Court Act.

[25] "An Act concerning the District of Columbia. Feb. 27, 1801." 2 Stat. 103 (U.S. Statutes at Large, Bd. 2, hrsg. von R. Peters, Boston, 1845, S. 103 ff.).

[26] *B. Friedman*, Will of the People, 2009, S. 49.

[27] Statt vieler etwa *K. Turner*, 109 U. Pa. L. Rev. 494 (1961).

[28] Näher *Ch. Warren*, The Supreme Court in United States History, Bd. 1, 1922, S. 85–90; siehe ferner bereits oben Kapitel 4, Fn. 208.

[29] Zum Judiciary Act of 1801 näher *K. Turner*, 109 U. Pa. L. Rev. 494–523 (1961); *dies.*, 22 Wm. & Mary Q. 3–32 (1965).

[30] Vgl. *L. M. Seidman*, 37 J. Marshall L. Rev. 441 (2004) ("bitter political controversy"); *B. Schwartz*, History of the Supreme Court, 1993, S. 30 ("[T]he statute was an integral part of the controversy between the Federalists and the Jeffersonians that dominated the political scene at the turn of the century."); *B. Friedman*, Will of the People, 2009, S. 52–55; näher *R. E. Ellis*, The Jeffersonian Crisis, 1971, S. 57 ff.

[31] Brief von Thomas Jefferson an Abigail Adams vom 13. Juni 1804, in: A. A. Lipscomb/A. E. Bergh (Hrsg.), The Writings of Thomas Jefferson, Bd. XI, 1904, S. 28 (29) ("I can say with truth, that one act of Mr Adams' life, and one only, ever gave me a moment's displeasure. I did consider his last appointments to office as personally unkind."); vgl. etwa *R. E. Davies*, 90 Minn. L. Rev. 688 (2006) ("Jefferson and the Republicans were unhappy with this maneuver").

dem Judiciary Act von 1789 ergab, im Wesentlichen wiederherzustellen[32]. Dieses Vorgehen hatte freilich die verfassungsrechtlich nicht unproblematische Folge, dass die meisten der gerade erst ernannten Bundesrichter ihre Posten wieder räumen mussten, obwohl ihnen ihre Ämter gemäß U.S. Const., Art. III, §1, „during good behavior" (*quamdiu se bene gesserint*) und gerade nicht „at Congress's pleasure" (*durante bene placito*) übertragen worden waren[33]. Um zu verhindern, dass der Supreme Court die Aufhebung des Judiciary Act von 1801 wegen eines Verstoßes gegen justizverfassungsrechtliche Grundsätze für ungültig erklärt[34], wurden die zwei anstehenden Sitzungsperioden des Gerichts durch den nunmehr von den Republikanern dominierten Kongress kurzerhand ausgesetzt[35].

Bei dem Organic Act, der zwei Wochen nach dem Judiciary Act von 1801 erlassen worden war, handelte es sich um das Organisationsstatut für die Hauptstadt, den District of Columbia. Durch dieses Gesetz wurden unter anderem 42 Stellen für sog. Friedensrichter (*justices of the peace*) im Hauptstadtbezirk errichtet[36]. Jene Posten waren weniger prestigeträchtig, weniger lukrativ, und, auch aus Sicht des Präsidenten, weniger wichtig als diejenigen der „Midnight Judges"[37].

Zu den für die offenen Friedensrichterpositionen nominierten Kandidaten zählte unter anderem ein gewisser William Marbury, einer von vier[38] Klägern im Fall *Marbury v. Madison*. Nachdem Marbury gemeinsam mit den anderen

---

[32] "An Act to repeal certain acts respecting the organization of the Courts of the United States; and for other purposes." March 8, 1802, 2 Stat. 132 (U.S. Statutes at Large, Bd. 2, hrsg. von R. Peters, Boston, 1850, S. 132) (sog. „Repeal Act"); gefolgt von "An Act to amend the Judicial System of the United States," April 29, 1802, 2 Stat. 156 (siehe U.S. Statutes at Large, Bd. 2, hrsg. von R. Peters, Boston, 1850, S. 156) (sog. „Judiciary Act of 1802").

[33] *J. M. O'Fallon*, 44 Stan. L. Rev. 224–227 (1992), dort auch zur zeitgenössischen Diskussion um die Verfassungsmäßigkeit der Rücknahme des Judiciary Act of 1801. Zu den lateinischen Wendungen und ihrer Übersetzung ins Englische siehe die Anmerkung der Herausgeber bei *A. Hamilton*, The Federalist #78, 1788, in: A. Adams/W. P. Adams (Hrsg./Übers.), Die Federalist-Artikel, 1994, S. 469 (470); ferner *J. H. Smith*, 124 U. Pa. L. Rev. 1104 (1976).

[34] Siehe etwa *R. L. Clinton*, 35 Am. J. Juris. 59 (1990); *R. E. Davies*, 90 Minn. L. Rev. 692 (2006); *G. L. Haskins*, in: ders./H. A. Johnson, History of the Supreme Court, Bd. II, 1981, S. 184. – Das Gericht entschied erst in *Stuart v. Laird*, 5 U.S. (1 Cranch) 299 (1803), über die Verfassungsmäßigkeit der Aufhebung des Judiciary Act von 1801. Das Aufhebungsgesetz wurde schließlich für verfassungsgemäß erklärt, vgl. etwa *H. A. Johnson*, Chief Justiceship of John Marshall, 1997, S. 56 f.; *K. Newmyer*, 71 U. Colo. L. Rev. 1381–1382 (2001); siehe zum Zusammenspiel von *Stuart v. Laird* und *Marbury v. Madison* näher *W. E. Nelson*, Marbury v. Madison, 2000, S. 58 („companion case"); ferner *B. Ackerman*, Failure of the Founding Fathers, 2005, S. 163 ff., insbes. S. 181 ff.; außerdem noch unten, Text bei Fn. 94 ff.

[35] Siehe *S. Sherry*, in: M. Tushnet (Hrsg.), Arguing Marbury, 2005, S. 47 (48).

[36] Organic Act (siehe oben, Fn. 25), Sec. 11; siehe auch *W. M. Treanor*, in: V. C. Jackson/J. Resnik (Hrsg.), Federal Courts Stories, 2010, S. 29 (34); streng genommen wurde eine unbestimmte Menge an Stellen geschaffen, die Anzahl der Besetzungen lag im Ermessen des Präsidenten, siehe *W. Zimmerman*, 16 N.C. St. B.J. 24 (2011).

[37] Vgl. *K. Turner*, 109 U. Pa. L. Rev. 517–519 (1961).

[38] Siehe *Marbury v. Madison*, 5 U.S. (1 Cranch) 137 (1803).

von Adams vorgeschlagenen Anwärtern am 3. März 1801 – einen Tag nach der Nominierung und einen Tag vor dem Machtwechsel im Weißen Haus – durch den Senat bestätigt worden war, unterzeichnete Noch-Präsident Adams die Ernennungsurkunden und übersandte diese postwendend an John Marshall. Marshall, in der Adams-Administration Leiter des für die Ausfertigung offizieller Dokumente zuständigen State Department, hatte die Ernennungsurkunden Marburys und der übrigen „midnight justices of the peace"[39] noch eilig gesiegelt. Die Zustellung sämtlicher Urkunden konnte in der Hektik der Amtsübergabe anscheinend nicht mehr veranlasst werden[40]. Marburys Ernennungsurkunde lag noch auf einem Schreibtisch im State Department, als der neue Ressortchef, James Madison, die Amtsgeschäfte übernahm. Madison hatte, wie sein Präsident, nicht auch nur das geringste Interesse daran, den Federalist William Marbury zum Richter zu ernennen. Deshalb hielt Madison die Urkunde – wohl aufgrund einer entsprechenden Weisung des Präsidenten – zurück. Gegen Madisons Weigerung, die Urkunde zuzustellen, rief Marbury schließlich den U.S. Supreme Court an. Marbury beantragte den Erlass eines sog. „writ of mandamus", eine einstweilige Verfügung (bzw. Anordnung), mit der der Secretary of State James Madison zur Herausgabe der Urkunde an William Marbury verpflichtet werden sollte[41].

I. Der politische Marbury: Die ‚Revolution' von 1800

In *Marbury v. Madison* stellte sich die bis hierhin ungeklärte Frage, ob Regierungsbeamte der Vereinigten Staaten durch eine gerichtliche Anordnung zu einem bestimmten Handeln oder Unterlassen angewiesen werden können[42]. Es ging indes nicht nur um die Rolle der Justiz und um ihr Verhältnis zu den übrigen Staatsorganen des Bundes in der neuen Verfassungsordnung. Auch die zwischen den beteiligten Akteuren bestehenden persönlichen Beziehungen spielten eine entscheidende Rolle[43]. Marshall, überzeugter Federalist, hatte die streitbefangene Urkunde 1801 in seiner damaligen Funktion als Secretary of State gesiegelt. Danach wechselte er als Vorsitzender Richter an den U.S. Supreme Court und entschied in *Marbury* kurioserweise über die Rechtsgültigkeit einer Handlung, an deren fehlgeschlagenen Vollzug er selbst

---

[39] *K. Turner*, 109 U. Pa. L. Rev. 519 (1961).
[40] Siehe etwa *H. A. Johnson*, Chief Justiceship of John Marshall, 1997, S. 57.
[41] Siehe *Marbury v. Madison*, 5 U.S. (1 Cranch) 137, 169 (1803).
[42] Dazu etwa *W. W. Van Alstyne*, 1969 Duke L.J. 11; *W. M. Treanor*, in: V. C. Jackson/J. Resnik (Hrsg.), Federal Courts Stories, 2010, S. 29 (30, 50); *G. L. Haskins*, in: ders./H. A. Johnson, History of the Supreme Court, Bd. II, 1981, S. 191 ff.; siehe außerdem oben Kapitel 2, Text bei Fn. 71 ff.
[43] Siehe *K. Newmyer*, Heroic Age of the Supreme Court, 2001, S. 147 f.

in nicht unerheblichem Ausmaß beteiligt gewesen war. Madison, ursprünglich eher den Idealen der Federalists zuneigend, hatte sich, wohl aus Enttäuschung über die Politik der 1790er Jahre und insbesondere aus Abscheu gegenüber den extremen Positionen Hamiltons und seiner Epigonen[44], mit Jefferson verbündet, und war in das Lager der Republikaner übergelaufen. Jefferson wiederum war ein politischer und persönlicher „Erzfeind"[45] Marshalls[46]. Die Geschehnisse rund um die eigentliche causa *Marbury* sind als Episoden im größeren Zusammenhang der sog. „Revolution" von 1800[47] zu sehen. Es war diese Gemengelage um den ersten Machtwechsel in der bundespolitischen Geschichte der Vereinigten Staaten, die die Rahmenbedingungen für *Marbury v. Madison* geschaffen und so – zumindest aus Sicht der traditionellen Historiographie – die Etablierung des richterlichen Prüfungsrechts zu diesem Zeitpunkt in der Geschichte wesentlich begünstigt hat[48]. Auch wenn es sicherlich zutreffend ist, dass sich ohne Kenntnis dieses Hintergrunds „schon die eigentümliche Argumentationsstruktur der Entscheidung und deren konkretes Ergebnis nicht verstehen" lassen[49], so sollte die Bedeutung dieses politisch-historischen Zusammenhangs für eine juristische Analyse des Falles auch nicht überschätzt werden[50]. Jedenfalls die ideengeschichtlich relevanten politiktheoretischen und juristischen Komponenten des *Marbury*-Votums, soweit sie judicial review betreffen[51], stehen doch klar

---

[44] Vgl *K. Newmyer*, Heroic Age of the Supreme Court, 2001, S. 147 f.; siehe auch *W. Heun*, Historische Zeitschrift, Bd. 258 (1994), S. 359 (386); *C. Wawrzinek*, „Wahre Republik", 2009, S. 71 ff.

[45] *E. T. Lee*, Judicial Restraint in America, 2011, S. 1.

[46] *S. Sherry*, in: M. Tushnet (Hrsg.), Arguing Marbury, 2005, S. 47 (48); näher *K. Newmyer*, Heroic Age of the Supreme Court, 2001, S. 148 ff.; *ders.*, 71 U. Colo. L. Rev. 1368–1369 (2001) ("on all counts this was one of the most creative hatreds in American constitutional history – and one of the most deep-seated"); *W. M. Treanor*, in: V. C. Jackson/J. Resnik (Hrsg.), Federal Courts Stories, 2010, S. 29 (35 ff.). Treanor schreibt unter anderem: „The enmity between Jefferson and Marshall was profound and mutual, and long predated the events that were to give rise to *Marbury*."

[47] Siehe bereits oben Kapitel 4, Fn. 204, 442, jeweils mit begleitendem Text.

[48] So lautet jedenfalls die bis heute von vielen Wissenschaftlern für plausibel gehaltene These, vgl. *D. Alfange, Jr.*, 1993 Sup. Ct. Rev. 350; *L. D. Kramer*, People Themselves, 2004, S. 116; *J. M. O'Fallon*, 44 Stan. L. Rev. 219–220, 259 (1992); siehe bereits *E. Corwin*, 9 Mich. L. Rev. 286 (1911).

[49] *W. Heun*, Der Staat 42 (2003), S. 267; siehe auch *C. F. Hobson*, The Great Chief Justice, 1996, S. 48; *D. Alfange, Jr.*, 1993 Sup. Ct. Rev. 349–350; *G. L. Haskins*, in: ders./H. A. Johnson, History of the Supreme Court, Bd. II, 1981, S. 185; zu den politisch-historischen Rahmenbedingungen des Falles neben den zitierten Werken näher *W. M. Treanor*, in: V. C. Jackson/J. Resnik (Hrsg.), Federal Courts Stories, 2010, S. 29 ff.

[50] Vgl. *R. L. Clinton*, Marbury v. Madison and Judicial Review, 1989, S. 13 ("political squabble ... , which has obscured so many other important aspects of the case").

[51] *Marbury v. Madison*, 5 U.S. (1 Cranch) 137, 173–180 (1803).

erkennbar in der bis hierhin kurzen, aber durchaus nicht schwach ausgeprägten Tradition des richterlichen Prüfungsrechts, so wie sie sich in der formativen Phase des US-amerikanischen Konstitutionalismus herausgebildet hatte[52]. Nicht umsonst weisen einige Autoren darauf hin, dass Marshalls *Marbury*-Argumentation der Doktrin Hamiltons, die jener eineinhalb Dekaden zuvor in den Federalist Papers veröffentlicht hatte, im Wesentlichen entspricht[53]. Legt man heutige Standards zu Grunde, hätte Marshall Hamilton eigentlich zitieren müssen[54]. Hamilton wiederum hat Iredells Ausführungen mehr oder weniger „nachgeplappert"[55]. Iredell hatte wohl seinerseits die revolutionäre Agitation eines gewissen James Otis vor Augen. Trotz all dem würde eine isolierte, allein auf die doktrinäre Seite der Entscheidung beschränkte Betrachtung der (rechtsgeschichtlichen) Bedeutung des Falles insgesamt wohl nicht gerecht[56].

Die gerade angesprochene eigentümliche Argumentationsstruktur in Marshalls Votum äußert sich darin, dass Marshall die Begründetheit der von Marbury und seinen Streitgenossen erhobenen Klage vor deren Zulässigkeit erörtert[57]. Je nach dem, wie man zu Marshall und dem richterlichen Prüfungsrecht steht, kann man das entweder als geschickten, weil strategisch klugen Schachzug des „Great Chief Justice"[58] anerkennen, oder aber als grobe handwerkliche Unzulänglichkeit in Marshalls juristischer Argumentation kritisieren. Wie auch immer man sich insoweit positioniert, es war diese Herangehensweise, die es Marshall – in den Worten Thomas Jeffersons

---

[52] So auch *W. M. Treanor*, 58 Stan. L. Rev. 460 (1992); vgl. *S. R. Olken*, 37 J. Marshall L. Rev. 408–409 (2004).

[53] Vgl. *E. Corwin*, Court over Constitution, 1938, S. 66, nach dessen Einschätzung weite Teile des Marbury-Votums „thoroughly Hamiltonian" seien.

[54] *D. P. Currie*, The Constitution in the Supreme Court, 1985, S. 70; deutlich auch *M. S. Paulsen*, 101 Mich. L. Rev. 2711 (2003) ("In *Marbury*, Marshall displays his skills as a subtle and gifted plagiarist, shamelessly borrowing from Hamilton's *The Federalist No. 78*."); siehe ferner *W. Heun*, Der Staat 42 (2003), S. 267 (275) („manche Parallele"); *K. Roosevelt III/H. Khan*, 34 Const. Comment. 268 (2019); *M. N. S. Sellers*, in: D. J. Galligan (Hrsg.), Constitutions and the Classics, 2014, S. 354 (365 f.); *S. Sherry*, in: M. Tushnet (Hrsg.), Arguing Marbury, 2005, S. 47 (52). – Vgl. aber auch *W. Brugger*, Jus 2003, S. 320 (323, dort mit Fn. 23) („Zitiert wird diese Stelle im Urteil nicht, vielleicht, weil das Urteil objektiv sein soll, die Federalist Papers aber eine politische Streitschrift waren?").

[55] So jedenfalls *L. D. Kramer*, 115 Harv. L. Rev. 68 (2001).

[56] So wohl auch die Einschätzung bei *M. Kriele*, Der Staat 4 (1965), S. 195 (207 f.).

[57] *Marbury v. Madison*, 5 U.S. (1 Cranch) 137, 154 (1803) (Marshall, C.J.) ("1st. Has the applicant a right to the commission he demands? 2dly. If he has a right, and that right has been violated, do the laws of this country afford him a remedy? 3dly. If they do afford him a remedy, is it a *mandamus* issuing from this court?" (Hervorhebung ebd.)).

[58] Unter diesem „Titel" ist John Marshall in die US-Geschichtsschreibung eingegangen, siehe dazu etwa *C. F. Hobson*, 27 J. Sup. Ct. Hist. 293 (2002).

– ermöglichte, in einer „obiter dissertation"[59] zu postulieren, dass das Zurückhalten der Ernennungsurkunde materiell rechtswidrig gewesen sei. Nachdem Marshall dem Kläger den Herausgabeanspruch dem Grunde nach zugesprochen hatte – er war der Ansicht, dass die Ernennung Marburys schon durch das Anbringen des Siegels wirksam geworden war[60], und dass Marbury deshalb einen Anspruch auf Herausgabe der Urkunde (bzw. einer Abschrift[61]) habe[62] –, ging er dazu über, die Zulässigkeit der Klage, oder genauer: die Statthaftigkeit des von Marbury ergriffenen Rechtsbehelfs, zu prüfen. Das Gericht gelangte in der Person seines Vorsitzenden Richters zu der Überzeugung, dass der von Marbury beantragte writ of mandamus grundsätzlich statthaft, die Klage im Übrigen zulässig sei[63] – es handele sich bei dem Streit über das Bestehen des auf die Herausgabe der Ernennungsurkunde gerichteten Anspruchs insbesondere nicht um eine politische, allein der Exekutive zur Beantwortung vorbehaltene Frage, sondern um eine reine Rechtsfrage, die gerichtlicher Überprüfung grundsätzlich zugänglich sei (näher unten, III.2)[64].

Die Zulässigkeit der Klage aber entfalle, so Marshall für das Gericht, weil der U.S. Supreme Court von Verfassungs wegen für eine Entscheidung in erster Instanz sachlich unzuständig sei[65]. § 13 des Judiciary Act von 1789[66] eröffnete dem Kläger Marbury nach Ansicht Marshalls zwar einen entsprechenden Rechtsbehelf – die Klage wäre bei Anwendung dieser Norm zulässig gewesen, zumal sich die Vorschrift ohne weiteres dahin interpretieren lässt, dass sie die sachliche Zuständigkeit des U.S. Supreme Court für den Erlass eines writ of mandamus begründet. Dann aber richtet Marshall den Blick auf U.S. Const., Art. III, § 2. Er meint, dass diese Verfassungsnorm eine abschließende Regelung der erstinstanzlichen Zuständigkeiten des U.S. Supreme Court enthalte. So gerieten § 13 des Judiciary Act, der dem Gericht zusätzliche Entscheidungskompetenzen im ersten Rechtszug verlieh, und die Vorschrift aus U.S. Const., Art. III, § 2 in Widerstreit[67]. Dabei ist die von

---

[59] Brief von Thomas Jefferson an Judge William Johnson vom 12. Juni 1803, in: A. A. Lipscomb/A. E. Bergh (Hrsg.), The Writings of Thomas Jefferson Bd. XV, 1904, S. 448 (Hervorhebung ebd.).
[60] *Marbury v. Madison*, 5 U.S. (1 Cranch) 137, 162 (1803).
[61] *Marbury v. Madison*, 5 U.S. (1 Cranch) 137, 170 (1803); näher auch *R. L. Clinton*, 35 Am. J. Juris. 74 (1990).
[62] *Marbury v. Madison*, 5 U.S. (1 Cranch) 137, 168 (1803).
[63] *Marbury v. Madison*, 5 U.S. (1 Cranch) 137, 173 (1803) (Marshall, C.J.) ("This, then, is a plain case for a mandamus ...").
[64] *C. F. Hobson*, The Great Chief Justice, 1996, S. 53.
[65] *Marbury v. Madison*, 5 U.S. (1 Cranch) 137, 176 (1803).
[66] 1 Stat. 73, 80–81 (U.S. Statutes at Large, Bd. 1, hrsg. von R. Peters, Boston, 1845, S. 73 (80–81)).
[67] *Marbury v. Madison*, 5 U.S. (1 Cranch) 137, 174 (1803).

Marshall vorgenommene Auslegung der Verfassung nach Einschätzung vieler Beobachter nicht als zwingend zu beurteilen[68]. Man hätte den in U.S. Const., Art. III, § 2, enthaltenen Katalog nicht als abschließend interpretieren müssen. Die Regelung hätte ebenso gut – wenn nicht besser – als Garantie eines Mindestbestands an erstinstanzlichen Entscheidungszuständigkeiten des U.S. Supreme Court gedeutet werden können. Da Marshall die der Norm zugrundeliegende Regelung aber als abschließend beurteilte, konnte er fortfahren: Sobald zwei in einem zu entscheidenden Rechtsstreit einschlägige Vorschriften zu einander in Widerspruch stehen, so Marshall, müsse sich immer der normenhierarchisch höherrangige Rechtssatz durchsetzen[69]. Diejenige Vorschrift des Judiciary Act, die dem Kläger einen Rechtsbehelf zum U.S. Supreme Court eröffnet hatte, war danach nichtig; die auf den Erlass einstweiliger Verfügungen in erster Instanz bezogene Entscheidungszuständigkeit des Gerichts entfiel. Daher war Marburys Rechtsbehelf nunmehr unzulässig. Eher beiläufig kramte Marshall also die judicial review-Doktrin hervor (näher unten, II.). Der Großteil der Entscheidung wird durch die Behandlung der Fragen nach dem Bestehen des Herausgabeanspruchs und nach der grundsätzlichen Statthaftigkeit des Antrags auf Erlass eines writ of mandamus gegenüber der Exekutivspitze eingenommen. Dadurch, dass Marshall die Klage schließlich als unzulässig abwies, schirmte er sich und das Gericht gegen allzu harsche Kritik weitgehend ab; die verfassungspolitische Sprengkraft der Behauptung, sein Gericht besitze die Kompetenz, Akte des Kongresses für null und nichtig zu erklären, wurde in der öffentlichen Wahrnehmung durch sein obiter dictum, das der Jefferson-Administration die Verletzung einer Amtspflicht[70], einen Rechtsbruch[71], vorwarf, und durch die Behauptung, das Gericht sei dem Grunde nach befugt, einen writ of mandamus gegen Regierungsbeamte erlassen, überlagert[72]. Unabhängig davon, wie man

---

[68] Siehe *W. W. Van Alstyne*, 1969 Duke L.J. 14–16; *D. P. Currie*, The Constitution in the Supreme Court, 1985, S. 67 ff. ("This reasoning is far from obvious."); *J. Nowak/R. Rotunda*, Constitutional Law, 8. Aufl. 2010, S. 6 f.; vgl. außerdem *K. Newmyer*, Heroic Age of the Supreme Court, 2001, S. 167; *G. L. Haskins*, in: ders./H. A. Johnson, History of the Supreme Court, Bd. II, 1981, S. 199; siehe ferner die zahlreichen Nachweise bei *L. Weinberg*, 89 Va. L. Rev. 1310 n. 293 (2003); aus der deutschen Literatur *W. Brugger*, Grundrechte und Verfassungsgerichtsbarkeit, 1987, S. 6 f.; *ders.*, Jus 2003, S. 320 (322 f.); *W. Heun*, Der Staat 42 (2003), S. 267 (271).

[69] *Marbury v. Madison*, 5 U.S. (1 Cranch) 137, 177 (1803).

[70] Es gehört nach U.S. Const., Art. II, § 3, zu den Amtspflichten des Präsidenten, dafür Sorge zu tragen, dass die Gesetze gewissenhaft vollzogen werden ("[H]e shall take Care that the Laws be faithfully executed ...").

[71] *Marbury v. Madison*, 5 U.S. (1 Cranch) 137, 162 (1803) ("To withhold his commission, therefore, is an act deemed by the court not warranted by law, but violative of a vested legal right."); siehe dazu auch *S. R. Olken*, 37 J. Marshall L. Rev. 419, 420 (2004).

[72] Vgl. bereits *Ch. Warren*, The Supreme Court in United States History, Bd. 1, 1922,

das nun im Einzelnen beurteilen mag, Marshalls vermeintlich „raffinierter"[73] Winkelzug dürfte auch einige Zeitgenossen überrascht haben. Jedenfalls kann man davon ausgehen, dass die von der üblichen Prüfungsreihenfolge (in der zuerst über die Zulässigkeit, und dann über die Begründetheit eines Rechtsbehelfs zu entscheiden ist) abweichende Argumentationsstruktur auch für damalige Begriffe als recht ungewöhnliches Vorgehen erscheinen musste[74].

Marshalls politische Absicht bestand, wie gerade angedeutet, wohl darin, der Jefferson-Administration anzukreiden, sie habe sich rechtswidrig verhalten; gleichzeitig wollte er sich aber vor der hereinragenden Gefahr absichern, dass ein der Klage stattgebendes Urteil nicht befolgt werden würde. Viele Historiker halten es zumindest für überwiegend wahrscheinlich, dass Jefferson seinen Secretary of State Madison angewiesen hätte, Marshalls Entscheidung zu ignorieren, falls diese auf eine Herausgabeanordnung hinausgelaufen wäre[75]. Zudem hätte Marshall nach dem Dafürhalten einiger

---

S. 232; siehe außerdem etwa *D. A. Strauss*, in: M. Tushnet (Hrsg.), Arguing Marbury, 2005, S. 38 (39); *C. F. Hobson*, The Great Chief Justice, 1996, S. 47; *J. M. O'Fallon*, 44 Stan. L. Rev. 252 (1992); *G. E. White*, 89 Va. L. Rev. 1485 (2003); *R. E. Ellis*, The Jeffersonian Crisis, 1971, S. 66; *M. Marcus*, in: R. Hoffman/P. J. Albert (Hrsg.), Launching the "Extended Republic", 1996, S. 25 (52); *W. M. Treanor*, in: V. C. Jackson/J. Resnik (Hrsg.), Federal Courts Stories, 2010, S. 29 (54); *R. G. McCloskey*, American Supreme Court, 6. Aufl. 2016, S. 26; *D. M. Douglas*, 38 Wake Forest L. Rev. 380–381 (2003); *K. Newmyer*, Heroic Age of the Supreme Court, 2001, S. 162 f., 170; siehe außerdem die Einschätzung bei *J. N. Rakove*, 43 Wm. & Mary L. Rev. 1513 (2002) ("Perhaps Madison saw Marshall's opinion not as the exalted judicial decision its modern worshippers and idolaters have adored, but simply as an irritatingly adroit but limited political slap at the administration.").

[73] *K. Loewenstein*, Verfassungsrecht und Verfassungspraxis, 1959, S. 422.

[74] *G. E. White*, 89 Va. L. Rev. 1486 (2003); *B. Friedman*, Will of the People, 2009, S. 63 f.; beide m. w. N. aus der zeitgenössischen Presse; vgl. auch etwa *C. F. Hobson*, The Great Chief Justice, 1996, S. 48 ("galling ... irregular proceeding"); siehe außerdem etwa *B. Ackerman*, Failure of the Founding Fathers, 2005, S. 192; *D. P. Currie*, The Constitution in the Supreme Court, 1985, S. 66; *J. M. O'Fallon*, 44 Stan. L. Rev. 219 (1992); vgl. aus der älteren Literatur *E. Corwin*, 9 Mich. L. Rev. 292 (1911). – *W. W. Van Alstyne*, 1969 Duke L.J. 7, weist hin auf *Ex parte McCardle*, 74 U.S. (7 Wall.) 506, 514 (1869) ("Without jurisdiction the court cannot proceed at all in any cause."); siehe aber auch Van Alstynes Bemerkung (S. 8), dass auch die Frage nach der Passivlegitimation, die inzident in der zweiten Frage („Steht dem Kläger ein Rechtsmittel zu?") enthalten ist, in einem weiteren Sinne der Zulässigkeit der Klage zuzurechnen sei. – *D. Alfange, Jr.*, 1993 Sup. Ct. Rev. 390–391, weist hin auf eine Aussage Marshalls in *United States v. More*, 7 U.S. (3 Cranch) 159, 172 (1805) ("A doubt has been suggested respecting the jurisdiction of this Court ..., and this question is to be decided before the Court can inquire into the merits of the case."); *R. Reinstein/M. Rahdert*, 57 Ark. L. Rev. 794–796 (2005), halten Marshalls Vorgehen im Ergebnis für korrekt.

[75] *K. Roosevelt III/H. Khan*, 34 Const. Comment. 291 (2019); *D. A. Strauss*, in:

Autoren wohl mit einem Impeachment-Verfahren zu rechnen gehabt[76]. Auch wenn derartige kontrafaktische Erwägungen in der Geschichtsschreibung grundsätzlich ungerne gesehen werden, ist es hier nicht reine Spekulation, sondern naheliegend, anzunehmen, dass die Missachtung des hypothetischen klagestattgebenden Urteils durch die Jefferson-Administration dem Ansehen und der Autorität des Gerichts womöglich erheblichen Schaden zugefügt, es gar der Lächerlichkeit preisgegeben hätte[77]. Der U.S. Supreme Court wäre vor der nationalen Öffentlichkeit als Papiertiger bloßgestellt worden[78].

Man kann Marshalls Winkelzug letztlich als Teilerfolg beurteilen. Mehr als ein „limited political slap at the administration" (Jack Rakove)[79] war für ihn unter den gegebenen Umständen wohl nicht zu erreichen. Manche Beobachter meinen indessen, dass Marshall in langfristiger Perspektive als Sieger aus der *Marbury*-Posse[80] hervorgegangen sei[81]. Zwar habe er das kurzfristig anvisierte Ziel, die verprellten Kandidaten der Federalist-Partei auf ihre Posten zu hieven, nicht erreichen können, doch sei es ihm durch seinen gegenüber der Exekutive allenfalls „semikonfrontativen" Ansatz (immerhin[82]) gelungen, die judicial review-Doktrin im US-Verfassungsrecht zu verankern[83]. Indem er entschied, dass dem Kläger Marbury jedenfalls im Grundsatz der Rechtsbehelf des writ of mandamus offenstehe, habe Marshall zudem die bis hierhin ungeklärte Frage beantwortet, ob Spitzenbeamte des Bundes durch die aus dem common law überlieferte, aber in der Verfassung der Vereinigten

---

M. Tushnet (Hrsg.), Arguing Marbury, 2005, S. 38; siehe außerdem bereits die Nachweise oben Kapitel 3, Fn. 876.

[76] *J. Nowak/R. Rotunda*, Constitutional Law, 8. Aufl. 2010, S. 2 f.; *W. E. Nelson*, Marbury v. Madison, 2000, S. 63.

[77] Vgl. *L. Fisher*, 25 Suffolk U. L. Rev. 96 (1991); klassisch *A. J. Beveridge*, The Life of John Marshall, Bd. III, 1919, S. 127 ("Jefferson would have ... laughed at the court's predicament.").

[78] Siehe etwa *B. Friedman*, Will of the People, 2009, S. 61; vgl. auch *F. Scharpf*, Grenzen, 1965, S. 6.

[79] Zitat oben, Fn. 72.

[80] Zu der Frage, ob Marshall sich wegen seiner Mitwirkung an Marburys fehlgeschlagener Ernennung hätte für befangen erklären müssen oder sollen, siehe *W. W. Van Alstyne*, 1969 Duke L.J. 8; aus der jüngeren Literatur etwa *K. Gutzman*, 14 U. St. Thomas L.J. 85 (2018); *K. Roosevelt III/H. Khan*, 34 Const. Comment. 293 (2019); *N. Feldman/K. M. Sullivan*, Constitutional Law, 20. Aufl. 2019, S. 11; *W. Zimmerman*, 16 N.C. St. B.J. 25 (2011); zu den bizarren Umständen der mündlichen Verhandlung siehe näher *W. M. Treanor*, in: V. C. Jackson/J. Resnik (Hrsg.), Federal Courts Stories, 2010, S. 29 (47).

[81] So ausdrücklich etwa *F. Scharpf*, Grenzen, 1965, S. 7.

[82] *B. Friedman*, Will of the People, 2009, S. 63 ("Marshall's decision makes the absolute best of a bad situation, in light of the justices' clear understanding of the limits of their power".).

[83] Siehe *A. V. Baker*, 39 Duq. L. Rev. 752 (2001); näher *D. Alfange, Jr.*, 1993 Sup. Ct. Rev. 362–363.

Staaten nicht positivierte[84] Doktrin der sog. sovereign immunity vor Klagen geschützt sind oder ob gegen Handlungen und Unterlassungen der Exekutive Rechtsschutz zur Verfügung steht[85]. Die Botschaft an potentielle Kläger ist deutlich. Sie können sich nunmehr Chancen ausrechnen, dass sie ihre Rechtspositionen auch gegen die Bundesregierung gerichtlich durchsetzen können (sie müssten sich aber an das zuständige Gericht wenden). Indem Marshall also richterliche Kontrollbefugnisse sowohl gegenüber Hoheitsakten des Kongresses als auch gegenüber Maßnahmen der Exekutive des Bundes postulierte, habe er die Suprematie der Justiz in der amerikanischen Institutionenordnung begründet und dem politischen Gestaltungsanspruch der übrigen, damals von politischen Gegnern dominierten staatlichen Teilgewalten klare Grenzen gezogen[86].

Zugleich habe Marshall den politischen Einfluss der letzten „Bastion" der Federalists in der Bundesregierung, namentlich der Justiz, gesichert[87,88]. Er habe, so beurteilt es ein Beobachter, aus der Not eine Tugend gemacht[89], indem er mit *Marbury* ein starkes Präjudiz für judicial review geschaffen hat

---

[84] Der XI. Verfassungszusatz (siehe oben Kapitel 4, Text bei Fn. 195 f.) normiert ausschließlich „state sovereign immunity", betrifft also lediglich die Gliedstaaten.

[85] *S. R. Olken*, 37 J. Marshall L. Rev. 420–421 (2004).

[86] Vgl. etwa *M. Marcus*, in: R. Hoffman/P. J. Albert (Hrsg.), Launching the "Extended Republic", 1996, S. 25 (51).

[87] *R. G. McCloskey*, American Supreme Court, 6. Aufl. 2016, S. 25 ("The decision is a masterwork of indirection, a brilliant example of Marshall's capacity to sidestep danger, while seeming to court it, to advance in one direction while his opponents are looking in another."); *E. Corwin*, 9 Mich. L. Rev. 292 (1911) ("Regarded merely as a judicial decision, the decision of *Marbury v. Madison* must be considered as most extraordinary, but regarded as a pamphlet designed to irritate an enemy to the very limit of endurance, it must be considered a huge success."); vgl. *E. Corwin*, 12 Mich. L. Rev. 542–543 (1914); siehe aus der jüngeren Literatur auch die – wohl die gängige Meinung widerspiegelnde – Einschätzung bei *W. Zimmerman*, 16 N.C. St. B.J. 25–26 (2011); beachte aber *R. E. Ellis*, The Jeffersonian Crisis, 1971, S. 53 ff., der auf die Spaltung der Federalist Party in einen eher elitären, tendenziell aristokratischen („High/Hamilton Federalists") und einen eher moderaten, auf Ausgleich bedachten Flügel („Adams Federalists") hinweist – wenn man also von „den" Federalists spricht, die sich in die „letzte Bastion" zurückgezogen haben, sollte immer berücksichtigt werden, dass es sich hier streng genommen um eine Vereinfachung handelt; einen einheitlichen, machtpolitischen Block bildete die Partei jedenfalls um 1800 nicht mehr.

[88] Bereits 1801, im Jahr seiner Inauguration, bemerkte Thomas Jefferson: „[The Federalists] have retired into the Judiciary as a stronghold ... and from that battery all the works of republicanism are to be beaten down and erased.", siehe Brief von Thomas Jefferson an John Dickinson vom 19. Dezember 1801, in: A. A. Lipscomb/A. E. Bergh (Hrsg.), The Writings of Thomas Jefferson Bd. X, 1903, S. 301 (302).

[89] Siehe *J. M. O'Fallon*, 44 Stan. L. Rev. 242–243 (1992), aus der Erstauflage von Robert McCloskeys „American Supreme Court" (1960) zitierend; in der hier verwendeten sechsten Auflage von 2016 ist diese Passage dem Anschein nach nicht mehr enthalten.

– für eine Kompetenz, die sich für die Justiz künftig noch als nützlich erweisen könne[90]. All dies habe er erreicht, ohne eine unnötige Eskalation des Konflikts herbeizuführen, der seit 1801 zwischen den in der Bundesjustiz verbarrikadierten Federalists und den übrigen, republikanisch beherrschten Teilgewalten ausgefochten wurde.

Taktisch in der Tat klug hatte sich Marshall für die Ausübung des richterlichen Prüfungsrechts mit der Vorschrift aus § 13 des Judiciary Act von 1789 eine Norm ausgesucht, für die sich niemand – weder Republikaner noch Federalists – besonders interessierte[91]. In § 13 war eher *black letter law* kodifiziert. Der Vorschrift lag jedenfalls keine kontroverse politische Entscheidung zu Grunde[92]. So konnte Marshall sich einigermaßen sicher sein, dass jedenfalls derjenige Teil seiner Entscheidung, in dem er die richterliche Normenkontrolle behandelt, zumindest keinen Sturm republikanischer Entrüstung nach sich ziehen würde.

Dass Marshalls Absichten tatsächlich so perspektivisch beschaffen waren, wie bisweilen behauptet wird, bezweifelt etwa der US-Wissenschaftler Bruce Ackerman. Ackerman legt, nachdem er *Marbury* im Zusammenhang mit der Entscheidung *Stuart v. Laird*[93] besprochen hat, in der nur sechs Tage nach der Urteilsverkündung in Sachen *Marbury* affirmativ über die Verfassungsmäßigkeit der Aufhebung des Judiciary Act von 1801 entschieden worden war, plausibel dar, dass Marshalls *Marbury*-Votum eher als episodenhafter, kurzlebiger Moment des konservativen Widerstands gegen die Jefferson-Administration denn als strategisch genialer und epochaler Akt zu beurteilen sei[94]. In *Stuart* hätte es nämlich sowohl eine nachvollziehbare politische Motivation als auch in der Sache mit Blick auf die Garantie der Ämterstabilität tragfähige verfassungsrechtliche Argumente[95] gegeben, um den sog. „Repeal Act" für nichtig zu erklären. Im Übrigen hätte die Schlagkraft der gerade frisch ‚etablierten' judicial review-Kompetenz auf die Probe gestellt werden

---

[90] Vgl. *S. R. Olken*, 37 J. Marshall L. Rev. 435, 438 (2004).

[91] *D. Alfange, Jr.*, 1993 Sup. Ct. Rev. 368–369; *S. Levinson/J. Balkin*, 20 Const. Comment. 261 (2003); *S. R. Olken*, 37 J. Marshall L. Rev. 424–425 (2004); *K. E. Whitthington*, 97 Geo. L.J. 1286 (2009) ("no strong feelings").

[92] Vgl. auch *B. Ackerman*, We the People I, 1993, S. 63 ("minor jurisdictional statute").

[93] *Stuart v. Laird*, 5 U.S. (1 Cranch) 299 (1803); siehe dazu bereits oben, Fn. 34.

[94] *B. Ackerman*, Failure of the Founding Fathers, 2005, S. 194 f. ("It took only one week for the Court to attack and to retreat, to declare itself the privileged representative of the great constitutional past [der Washington- und Adams-Administrationen] and to capitulate before the People's representatives of the constitutional present."); ebenso etwa *S. Levinson/J. Balkin*, 20 Const. Comment. 261–262 (2003).

[95] Siehe *J. Glickstein*, 24 Yale J.L. & Human. 552–555 (2012); *D. A. Strauss*, in: M. Tushnet (Hrsg.), Arguing Marbury, 2005, S. 38 (42 f.); zu den wesentlichen Argumenten näher *D. P. Currie*, The Constitution in the Supreme Court, 1985, S. 76; siehe außerdem oben, Text bei Fn. 32 f.

können. Der amerikanische Autor Leonard Levy bringt die inkonsequente Linie des Marshall Court mit folgender Bemerkung auf den Punkt:

"[In *Stuart*, the Court] refused to hold unconstitutional an act of doubtful validity, while in *Marbury* it held unconstitutional an act of undoubted validity."[96]

Für die an der *Stuart*-Entscheidung beteiligten Richter bestand eigentlich in zweifacher Hinsicht Anlass für ein Einschreiten gegen den Repeal Act. Zum einen hatten die Richter ein persönliches Interesse an der Wiederherstellung des status quo ante. Unter dem Judiciary Act von 1801 entfiel ja das als lästig empfundene Umherreisen in den Bundesgerichtsbezirken[97]. Zum anderen hatten sie – bekanntlich allesamt Anhänger der Federalists – ein macht-, und auch ein parteipolitisches Interesse daran, sich des Aufhebungsgesetzes zu entledigen. Sie hätten durch eine Kassation des Repeal Act die Stärke ihrer Institution zur Schau stellen, und Jefferson und seinen Republikanern zugleich eine politische Niederlage beibringen können. Allein, Marshall und seine Kollegen haben wiederum einsehen müssen, dass ihre Autorität nicht hinreichend gefestigt war, um gegenüber einem ohnehin gereizten und anscheinend zu allem entschlossenen[98] republikanischen Kongress einen offenen Konfrontationskurs einzuschlagen[99]. Der Preis, den das Gericht im Falle eines überwiegend wahrscheinlichen Scheiterns einer solchen offensiven Strategie hätte zahlen müssen, wäre schlicht zu hoch, das Risiko eines verheerenden republikanischen Vergeltungsschlages gegen die Bundesgerichtsbarkeit nicht kalkulierbar gewesen[100]. Das Gericht entschied dann, vor allem aus politischen, nicht aus juristischen Gründen, einen gegenüber dem Kongress deferentiellen Standpunkt zu beziehen und den Repeal Act abzusegnen – Richter Chase und Paterson jedenfalls hielten das Gesetz für verfassungswidrig. Marshall, der an der Entscheidung nicht beteiligt war, weil er als

---

[96] *L. W. Levy*, Original Intent and the Framers' Constitution, 1988, S. 87f.

[97] Siehe zur Umständlichkeit und Lästigkeit des Umherreisens die Schilderungen bei *B. Ackerman*, Failure of the Founding Fathers, 2005, S. 241.

[98] Siehe etwa *D. A. Strauss*, in: M. Tushnet (Hrsg.), Arguing Marbury, 2005, S. 38 ("President Jefferson's Republicans ... were fully prepared to try to intimidate the Federalist-dominated judiciary in ways that went even beyond selectively threatening to defy its decisions.").

[99] Vgl. *L. Fisher*, 25 Suffolk U. L. Rev. 96 (1991); *M. J. Klarman*, 87 Va. L. Rev. 1123–1125 (2001) ("Marbury declared the power of judicial review, but the early Marshall Court was generally too weak to excercise it."); siehe auch etwa *K. Gutzman*, 14 U. St. Thomas L.J. 83 (2018).

[100] *D. Alfange, Jr.*, 1993 Sup. Ct. Rev. 363–364 ("The Court acted out of a fully justified fear of the political consequences [of declaring the Repeal Act unconstitutional]."); *L. D. Kramer*, People Themselves, 2004, S. 122 ("As much as the Court may have wanted to say something that signaled its opposition to what Republicans had done and were doing, anything less than total submission to the Repeal Act would be suicidal.").

umherreisender Richter bereits in der Vorinstanz entschieden hatte[101], das Gesetz aufrechtzuerhalten, hegte zumindest starke Zweifel an der Verfassungsmäßigkeit[102].

Die bundesrichterliche Normenkontrollkompetenz war im Zeitpunkt der *Stuart*-Entscheidung seit einer knappen Woche in der Rechtsprechung des U.S. Supreme Court festgeschrieben. Offenbar war es noch zu früh, um sie weiteres Mal einzusetzen. Es ist, so stellt etwa der US-Rechtswissenschaftler Michael Klarman fest, eine Sache, judicial review-Kompetenzen zu reklamieren; sicherzustellen, dass die Entscheidungen auch befolgt werden, stellt demgegenüber die schwierigere Übung dar. Eine entsprechende Probe aufs Exempel blieb in *Marbury* bekanntlich aus, weil das Gericht keinerlei Anordnung getroffen hatte, die die Jefferson-Administration überhaupt hätte befolgen können[103].

Marshall kam in seiner langen Amtszeit als Vorsitzender Richter nicht mehr dazu, einen weiteren Akt des Kongresses für nichtig zu erklären. Erst sein Nachfolger Roger Taney[104] brachte das Rechtsinstitut der richterlichen Normenkontrolle 1857 – ein halbes Jahrhundert war seit *Marbury* vergangen – in der unrühmlichen Entscheidung *Dred Scott v. Sandford*[105] gegenüber einem Bundesgesetz zum Einsatz[106]. Dass sich der Taney Court in *Dred Scott* nicht veranlasst sah, *Marbury* als Präjudiz für die judicial review-Kompetenz

---

[101] *Stuart v. Laird*, 5 U.S. (1 Cranch) 299, 308 (1803).

[102] Die Korrespondenz unter den Richtern deutet darauf hin; sie legt außerdem die Vermutung nahe, dass Marshall, obwohl er offiziell an der Entscheidung nicht beteiligt war, im Hintergrund die Fäden zog, und die Linie des Gerichts so in seinem Sinne beeinflusste, siehe dazu *B. Ackerman*, Failure of the Founding Fathers, 2005, S. 163 ff.; *J. M. O'Fallon*, 44 Stan. L. Rev. 253 n. 119 (1992); *D. Alfange, Jr.*, 1993 Sup. Ct. Rev. 363–364; *B. Friedman*, Will of the People, 2009, S. 59; vgl. auch *J. Glickstein*, 24 Yale J.L. & Human. 555 (2012); *S. R. Olken*, 37 J. Marshall L. Rev. 412–413 (2004).

[103] *M. J. Klarman*, 87 Va. L. Rev. 1123 (2001).

[104] Zur Biographie Taneys im Überblick *L. Weinberg*, 37 Pace L. Rev. 710–711 (2017).

[105] *Dred Scott v. Sandford*, 60 U.S. (19 How.) 393 (1857); siehe bereits oben Kapitel 3, Fn. 706.

[106] Ob das richterliche Prüfungsrecht in *Dred Scott* tatsächlich zum Einsatz gekommen ist, bleibt in der amerikanischen Literatur umstritten. Taney hatte zunächst festgestellt, dass der Kläger Dred Scott – ein Sklave – über keinerlei Staatsbürgschaft verfüge, was aber im Rahmen der sog. „diversity jurisdiction" zwingend erforderlich gewesen wäre, um die Zuständigkeit der Bundesgerichte zu begründen. Die sich anschließenden Ausführungen, in denen das Gericht dem Kongress die Befugnis zur Regulierung der Sklaverei in den westlichen Territorien abspricht, könnten, legt man diese Sichtweise zu Grunde, als obiter dictum angesehen werden, siehe *D. Fehrenbacher*, Slavery, Law, and Politics, 1981, S. 244 f.; *R. Alexander*, 34 N. Ky. L. Rev. 652 (2007); siehe auch *L. VanderVelde*, 40 J. Sup. Ct. Hist. 278 n. 7 (2015), m. w. N.; zur moralischen Bewertung vgl. etwa *B. Ackerman*, We the People I, 1993, S. 63 ("Dred Scott is the single darkest stain upon the Court's checkered history.").

des Gerichts zu zitieren[107], spricht im Übrigen dafür, dass die *Marbury*-Entscheidung erst im 20. Jahrhundert den enorm hohen Stellenwert erlangt hat, der ihr heute zu Teil wird[108]. Die Antwort auf die Frage danach, ob die Genialität[109] der inzwischen zum „Great Chief Justice" verklärten Ikone[110] John Marshall tendenziell überschätzt wird, und nicht eher andere Akteure oder gar der historische Zufall die Hände beim sagenhaften Aufstieg der US-amerikanischen Bundesjustiz zu einem echten „pouvoir" unter den staatlichen Teilgewalten[111] maßgeblich im Spiel hatten[112], muss am Ende des Tages dem Urteil der US-Geschichtsschreibung überlassen bleiben.

II. Der doktrinäre Marbury: Das richterliche Prüfungsrecht

Marshall hatte also in den Entscheidungsgründen festgestellt, dass der von Marbury behauptete Anspruch auf Herausgabe der Urkunde dem Grunde

---

[107] Siehe auch *D. M. Douglas*, 38 Wake Forest L. Rev. 382–383 (2003); *K. Roosevelt III/ H. Khan*, 34 Const. Comment. 268 (2019); bereits 1808 allerdings ist die *Marbury*-Entscheidung zusammen mit dem *Hayburn's Case*, *Hylton v. United States* und *Cooper v. Telfair* durch ein Bundesgericht als Präjudiz für judicial review zitiert worden, siehe *United States v. The William*, 28 F. Cas. 614, 616–618 n. 1 (D.C. Mass., 1808). – Der U.S. Supreme Court hat die *Marbury*-Entscheidung zwischen 1803 und 1887 kein einziges Mal zitiert, obwohl das Gericht das richterliche Prüfungsrecht in diesem Zeitraum durchaus auch gegenüber Akten des Kongresses in Anspruch genommen hat (siehe nochmals *D. M. Douglas*, 38 Wake Forest L. Rev. 375 (2003)).

[108] Siehe noch die Nachweise unten, Fn. 205.

[109] *R. H. Fallon*, 91 Calif. L. Rev. 10 (2003); die – inzwischen standardisiert erscheinenden – Lobeshymnen auf Marshalls *Marbury*-Votum als „masterpiece of judicial statesmanship" werden wiedergegeben etwa bei *S. R. Olken*, 37 J. Marshall L. Rev. 438 (2004); *S. L. Bloch/M. Marcus*, 1986 Wis. L. Rev. 302; *B. Schwartz*, History of the Supreme Court, 1993, S. 41; *G. L. Haskins*, in: ders./H. A. Johnson, History of the Supreme Court, Bd. II, 1981, S. 203; *D. Alfange, Jr.*, 1993 Sup. Ct. Rev. 368, der *C. B. Swisher*, The Growth of Constitutional Power in the United States, 1946, S. 55, zitiert; vgl. im Übrigen die Bewertung bei *W. Brugger*, Grundrechte und Verfassungsgerichtsbarkeit, 1987, S. 9.

[110] *R. L. Clinton*, 27 J. Sup. Ct. Hist. 223 (2002); siehe dort auch dessen Mahnung vor einem allzu überschwänglichen Geniekult ("[Icons] have the potential to distort our historical vision.").

[111] Vgl. *Cooper v. Aaron*, 358 U.S. 1, 17–18 (1958).

[112] *K. Roosevelt III/H. Khan*, 34 Const. Comment. 263, et passim (2019). Auf diesem Standpunkt stehen auch etwa viele Autoren des Sammelbandes „Seriatim: The Supreme Court Before John Marshall" (hrsg. von S. D. Gerber, 1998); siehe ferner *J. M. O'Fallon*, 44 Stan. L. Rev. 219–220, 242–243, 252, 260 n. 141 (1992), siehe auch dessen dessen Kritik an „Marshalls Apotheose" (S. 220); *S. D. Gerber*, 14 U. St. Thomas L.J. 28, 35 et passim (2018); *S. Sherry*, in: M. Tushnet (Hrsg.), Arguing Marbury, 2005, S. 47 (57 f.) („Marshall's Luck"); vgl. bereits *O. W. Holmes*, John Marshall, 1901, in: *O. W. Holmes*, Collected Legal Papers, 1920 (Ndr. 1952), S. 266 (267 f.) („[P]art of [Marshall's] greatness consists in his being *there*." [Hervorhebung ebd.]).

nach bestehe. Die mangelnde Zuständigkeit des Gerichts allerdings, so Marshall, führe dazu, dass der begründeten Klage nicht stattgegeben werden könne. Um zu dieser letzten Schlussfolgerung zu gelangen, hatte Marshall eine Kollisionslage zwischen einfachem Recht und Verfassungsrecht konstruiert (vgl. oben, I.)[113], und damit die Grundvoraussetzung dafür geschaffen, die judicial review-Doktrin in *Marbury* argumentativ entwickeln zu können. Nachdem er die Entscheidungszuständigkeit des Gerichts für den Erlass einen writ of mandamus gegen den Secretary of State unter Anwendung der Vorschrift aus § 13 des Judiciary Act bejaht hatte, gibt Marshall zu bedenken, dass

"if this Court is not authorized to issue a writ of mandamus to such an officer [i.e., the Secretary of State], it must be because the law is unconstitutional, and therefore absolutely incapable of conferring the authority and assigning the duties which its words purport to confer and assign."[114]

Durch § 13 werde dem U.S. Supreme Court eine von der Verfassung nicht vorgesehene erstinstanzliche Entscheidungbefugnis zugewiesen (näher bereits oben, I.[115]). Deshalb dränge sich nunmehr die Frage auf, ob eine in verfassungswidriger Weise verliehene Kompetenz durch das Gericht überhaupt ausgeübt werden könne. Marshall verallgemeinert diese Frage im nächsten Absatz dahin, dass es darum gehe, ob eine staatliche Handlung, die gegen die Verfassung verstößt, als gültig anzusehen sei[116]. Es handle sich hierbei um eine Frage von allerhöchster Bedeutung, glücklicherweise aber stehe ihr Schwierigkeitsgrad im umgekehrt proportionalen Verhältnis zum entsprechenden Aufklärungsinteresse. Man müsse nur einige hergebrachte Prinzipien heranziehen, um sie beantworten zu können.

Bei dem ersten dieser Prinzipien handelt es sich um die Souveränität – oder genauer: um die verfassungsgebende Gewalt – des Volkes. Es sei das ureigene Recht des Volkes, nach Maßgabe eigener Vorstellungen eine solche dauerhafte verfassungsmäßige Ordnung zu errichten, die das Gemeinwohl nach seinem Dafürhalten am besten zu fördern geeignet sei. Durch den Akt der Verfassungsgebung würden fundamentale Normen geschaffen. Mittels jener fundamentalen Rechtssätze werde die Staatsgewalt konstituiert und organisiert. In seinem kleinen Exkurs in die Gemeinschaftskunde führt Marshall weiter aus, dass die Regierung durch die Verfassung in unterschiedliche

---

[113] So die wohl überwiegende Einschätzung, siehe etwa *W. Brugger*, Jus 2003, S. 320 (323); *S. R. Olken*, 37 J. Marshall L. Rev. 437 (2004); anders etwa *W. M. Treanor*, in: V. C. Jackson/J. Resnik (Hrsg.), Federal Courts Stories, 2010, S. 29 (50 ff.) ("In fact, both aspects of the opinion [sowohl die Auslegung des Statuts als auch die Auslegung der Verfassung] were well grounded.").

[114] *Marbury v. Madison*, 5 U.S. (1 Cranch) 137, 173 (1803).

[115] Text bei Fn. 65 ff.

[116] *Marbury v. Madison*, 5 U.S. (1 Cranch) 137, 176 (1803); dort auch im Folgenden.

Zweige aufgeteilt werde und dass den so errichteten Teilgewalten spezifische Befugnisse zugewiesen seien. Die Kompetenzen der Legislative etwa seien in U.S. Const., Art. I, präzise definiert und deshalb in Umfang und Ausmaß begrenzt. Marshall bemüht an dieser Stelle die bereits mehrfach erwähnte[117] limited government-Theorie[118].

Um Kompetenzüberschreitungen wirksam Einhalt zu gebieten, habe man sich in Amerika für eine geschriebene Verfassung entschieden. Der Zweck der schriftlichen Niederlegung solcher Kompetenzschranken in einer einheitlichen Urkunde bestehe darin, dass eben jene Kompetenzschranken nicht „falsch verstanden werden oder in Vergessenheit geraten". Es gebe, so Marshall, im Wesentlichen zwei theoretische Ansätze für den Umgang mit verfassungswidrigen Staatshandlungen[119]. Die Verfassung sei entweder als höchstrangiges, durch ordentliche Verfahren nicht abänderbares Recht („superior, paramount law, unchangeable by ordinary means"), oder aber als mit einfachen Bundesgesetzen gleichrangig anzusehen, mit der Folge, dass es im Belieben der Gesetzgebung stehe, die Verfassung – auch im Wege sog. Verfassungsdurchbrechungen[120] – zu ändern. Wenn die erstgenannte Alternative zuträfe, dann könne ein verfassungswidriger Legislativakt nicht als Gesetz angesehen werden. Im letztgenannten Fall sei die geschriebene Verfassung nichts anderes als ein „absurder Versuch des Volkes, eine von Natur aus unbeherrschbar scheinende Staatsgewalt zu begrenzen". Es ist jenes argumentum ad absurdum, das Marshall schlussfolgern lässt, dass jeder, der eine geschriebene Verfassung entwirft und verabschiedet – damit bezieht er sich natürlich auf die amerikanischen Gründerväter – dies in der Absicht tut, eine rechtlich verbindliche „fundamentale und höchstrangige" Grundordnung des Staates („fundamental and paramount law of the nation"), also einen pouvoir constitué, zu errichten. Marshall beschließt seine auf den Vorrang der Verfassung bezogenen Ausführungen mit folgendem Ergebnis:

"[C]onsequently, the theory of every such government [wielding authority under a written constitution] must be, that an act of the legislature, repugnant to the constitution, is void."

So einleuchtend diese Ausführungen auch erscheinen mögen, so sagen sie doch nicht mehr aus, als dass eine Verfassung Vorrang vor der Gesetzgebung nur dann beanspruchen könne, wenn verfassungswidrige Legislativakte unwirksam seien, und dass verfassungswidrige Legislativakte *deshalb* unwirk-

---

[117] Siehe oben Kapitel 3, Fn. 153, 508 und begleitenden Text.
[118] *A. Bickel*, Least Dangerous Branch, 1962, S. 3; *H. P. Monaghan*, 83 Colum. L. Rev. 32 (1983); vgl. auch *C. F. Hobson*, The Great Chief Justice, 1996, S. 56; *S. R. Olken*, 37 J. Marshall L. Rev. 430 (2004); *G. L. Haskins*, in: ders./H. A. Johnson, History of the Supreme Court, Bd. II, 1981, S. 188; *E. Klein*, ZaöRV 34 (1974), S. 84 (87).
[119] *Marbury v. Madison*, 5 U.S. (1 Cranch) 137, 177 (1803); dort auch im Folgenden.
[120] Siehe Text und Nachweise oben Kapitel 3, Fn. 517 f.

sam seien[121]. Es handelt sich also streng genommen nur um ein Effektivitätsargument[122], wenngleich als logisch zwingende Schlussfolgerung getarnt.

Nachdem Marshall mit dem Vorrang der Verfassung den materiellen Baustein des richterlichen Prüfungsrechts abgehandelt hatte, musste er noch dessen formelle Komponente, die Entscheidungsbefugnis der Justiz, begründen[123]. Auch dazu bemüht er ein inzwischen überkommenes Institut – die Gewaltenteilung. Könne es sein, dass die Gerichte in einem anhängigen Rechtsstreit eine nichtige, weil in einem verfassungswidrigen Rechtssatz statuierte Regel anzuwenden haben? Natürlich nicht, verfassungswidrige Normen könnten die Justiz bei ihrer Entscheidungsfindung nicht binden, denn es sei – hier folgt der inzwischen berühmt-berüchtigte Halbsatz des Votums –

"emphatically the province and duty of the judicial department, to say what the law is."[124]

Es sei unzweifelhaft die Aufgabe der Gerichte, das Recht anzuwenden. Wenn nun zwei inhaltlich divergente Rechtssätze unterschiedlicher normenhierarchischer Rangstufe auf einen zu beurteilenden Sachverhalt anwendbar seien, dann müsse sich das Gericht für eine der beiden Normen entscheiden, dies sei das „wesentliche Kernelement richterlicher Amtspflicht" (the very essence of judicial duty)[125]. Der Leser begegnet an dieser Stelle einem bekannten Argumentationsmuster. Marshall spielt die beiden denkbaren Szenarien durch: Angenommen, ein Gesetz stehe in Widerspruch zur Verfassung, dann könne das Gericht den Fall entweder anhand des einschlägigen Gesetzes entscheiden, und die Verfassung missachten, oder es könne die Verfassung anwenden, und das einschlägige Gesetz ignorieren. Die erstgenannte Alternative verwirft Marshall als „ungeheuerliche Absurdität" (an absurdity too gross to be maintained). Es würde Sinn und Zweck der geschriebenen Verfassung zuwiderlaufen, wären die Gerichte verpflichtet, Gesetze anzuwenden, die der Kongress in Überschreitung seiner Kompetenzen erlassen hat. Nach diesem Ansatz wäre der Kongress den auf dem Papier begrenzten Befugnissen zum Trotz zwar nicht rechtlich, aber nach Marshalls Dafürhalten jedenfalls praktisch „omnipotent". Wie an dieser Stelle nicht anders zu erwarten, spricht er sich für das zweitgenannte Szenario aus, in dem die Verfassung anstelle des entgegenstehenden einfachgesetzlichen Rechts anzuwenden sei. Er beschließt seine auf die gerichtliche Entscheidungsbefugnis bezogenen Ausführungen wie folgt:

---

[121] *M. Troper*, 1 Int'l J. Const. L. 104 (2003).
[122] Siehe dazu noch unten, Text bei Fn. 171 ff.
[123] *W. Heun*, Der Staat 42 (2003), S. 267 (272).
[124] *Marbury v. Madison*, 5 U.S. (1 Cranch) 137, 177 (1803).
[125] *Marbury v. Madison*, 5 U.S. (1 Cranch) 137, 178 (1803); dort auch im Folgenden.

"If then the courts are to regard the constitution; and the constitution is superior to any ordinary act of the legislature; the constitution, and not such ordinary act, must govern the case to which they both apply."

Marshall begründet die formelle Komponente des richterlichen Prüfungsrecht also mit dem Prinzip der Gewaltenteilung, dem zufolge es die Aufgabe der Gerichte sei, das Recht – das Verfassungsrecht inbegriffen[126] – auszulegen, und mit der conflict of laws-Analogie[127], die, wie schon bei Hamilton, als Entscheidungsregel besagt, dass sich das höherrangige Recht gegen entgegenstehende Akte niedrigerer Rangstufe, solche der Legislative eingeschlossen, durchsetzen muss. Die Gerichte verfügten kraft ihrer ureigenen Kompetenz, das Recht auszulegen, über die Befugnis, verfassungswidrigen Akten der Legislative die Anwendung zu versagen. Kritiker bezeichnen diesen axiomatischen[128] Begründungsansatz des richterlichen Prüfungsrechts etwas herablassend als das „Little Old Judge"-Argument[129].

Marshall fügt hinzu, dass sein – bis hierhin weniger vom Wortlaut der Verfassung als vielmehr durch theoretische Überlegungen angeleitetes[130] – Ergebnis auch durch den Normtext bestätigt werde[131]. U.S. Const., Art. III, § 2[132], legt fest, dass sich die rechtsprechende Gewalt des Bundes unter anderem auf sämtliche Streitigkeiten erstreckt „die sich aus dieser Verfassung, den Gesetzen der Vereinigten Staaten und den Verträgen ergeben, die in ih-

---

[126] Siehe zur Verrechtlichung und zur Justitiabilität der Verfassung bereits den Text oben Kapitel 3, Fn. 458 ff. (Iredell) und Kapitel 3, Fn. 544 ff. (Hamilton). Zum Verfassungsbegriff, also zu der Frage, ob neben den in der geschriebenen Verfassung niedergelegten normativen Gehalten auch naturrechtliche Erwägungen den Maßstab einer verfassungsgerichtlichen Entscheidung bilden können, siehe oben Kapitel 4, Text bei Fn. 284 ff. (Chase-Iredell Kontroverse).

[127] *S. Snowiss*, Judicial Review, 1990, S. 111, siehe zur conflict of laws-Analogie bereits oben Kapitel 3, Fn. 567 und Kapitel 4, Fn 317 mit begleitendem Text.

[128] So auch die Einschätzung bei *L. Tribe*, American Constitutional Law, 3. Aufl. 2001, S. 207 ff.

[129] Siehe *Ch. Eisgruber*, 83 Geo. L.J. 349 (1994); *A. Althouse*, 78 Geo. Wash. L. Rev. 1124 (2010); beide im Anschluss an *L. Sager*, 65 N.Y.U. L. Rev. 898 (1990); *ders.*, 36 Stan. L. Rev. 1098 (1984).

[130] *W. Heun*, Der Staat 42 (2003), S. 267 (272) („Die Argumentation der Entscheidung ist im Kern verfassungstheoretisch.").

[131] Vgl. insoweit auch die Beurteilungen bei *D. P. Currie*, The Constitution in the Supreme Court, 1985, S. 71 f. ("Marshall turned to the Constitution only as an afterthought"), *D. Alfange, Jr.*, 1993 Sup. Ct. Rev. 418–419 (Marshalls Bezugnahmen auf den Verfassungs-wortlaut "only to bolster a conclusion already arrived at" und "for no substantive purpose"); andere Einschätzung etwa bei *L. D. Kramer*, People Themselves, 2004, S. 126 ("Marshall's emphasis on text was unique").

[132] Im Wortlaut: „The judicial power shall extend to all cases, in law and equity, arising under this Constitution, the laws of the United States, and treaties made, or which shall be made, under their authority."

rem Namen abgeschlossen wurden oder künftig geschlossen werden"[133]. Daraus hat sich das sog. „arising under jurisdiction"-Argument entwickelt, das in der Gegenwart regelmäßig von Befürwortern des judicial review vorgetragen wird, um die verfassungstextliche Autorisierung des richterlichen Prüfungsrechts zu begründen[134]. In der Tat deutet die Wendung „all cases ... arising under this Constitution" in U.S. Const., Art. III, § 2, darauf hin, dass dem U.S. Supreme Court verfassungsgerichtliche Kompetenzen zustehen sollen. Marshall begreift die „arising under"-Klausel als unmissverständlichen Hinweis auf den „strikten" Geltungsanspruch der Verfassung, wie er von den Gründervätern angeblich beabsichtigt war. Mit anderen Worten bezieht er die „arising under"-Klausel auf die Normativität der Verfassung, auf ihre Eigenschaft als Maßstab gerichtlicher Kontrolle. Allerdings ist damit noch keine eindeutige Aussage über den normativen Status des richterlichen Prüfungsrechts getroffen. Man kann die Klausel in dem Sinne interpretieren, dass sich die Zuständigkeit der Bundesgerichte auf alle Fälle erstrecken soll, in denen die Prozessparteien die Verfassungswidrigkeit eines Kongressgesetzes geltend machen. Zwingend ist diese Auslegung jedoch nicht. Es sind auch Fälle „arising under this Constitution" denkbar, in denen nicht um die Gültigkeit eines Legislativakts gestritten wird[135]; die Ausgangskonstellation in *Marbury* – es handelte sich um eine Herausgabeklage gegen den Staatssekretär – bildet dafür nur ein Beispiel von vielen.

Nicht nur die in *Marbury* entscheidungserhebliche Vorschrift aus U.S. Const., Art. III, § 2, Cl. 2, die die Zuständigkeiten des U.S. Supreme Court zum Gegenstand hat, auch andere Verfassungsnormen kommen nach Marshall als potentielle Maßstäbe einer gerichtlichen Gesetzesüberprüfung in Betracht[136]. Marshall benennt etwa das Verbot der Besteuerung der Warenausfuhr (U.S. Const., Art. I, § 9[137]), das Rückwirkungsverbot[138], die Vorschriften über (Hoch-)Verrat (U.S. Const., Art. III, § 3[139]) und die bill of attainder-Klausel[140].

---

[133] Übersetzung: *W. Brugger*, Grundrechte und Verfassungsgerichtsbarkeit, 1987, S. 467.

[134] *S. B. Prakash/J. C. Yoo*, 70 U. Chi. L. Rev. 894, 899–903 (2003); siehe bereits oben Kapitel 2, Fn. 32 mit begleitendem Text.

[135] *M. J. Klarman*, 87 Va. L. Rev. 1118 (2001); *W. W. Van Alstyne*, 1969 Duke L.J. 27–28.

[136] *Marbury v. Madison*, 5 U.S. (1 Cranch) 137, 179 (1803); dort auch im Folgenden.

[137] "No Tax or Duty shall be laid on Articles exported from any State."

[138] Siehe oben Kapitel 4, Fn. 246.

[139] "No Person shall be convicted of Treason unless on the Testimony of two Witnesses to the same overt Act, or on Confession in open Court."

[140] Siehe oben Kapitel 3, Fn. 509 und Kapitel 4, Fn. 412 mit begleitendem Text.

A. Die Entscheidung

Der an sich naheliegende Hinweis auf die Supremacy Clause[141], die ja heutzutage im Verbund mit der „arising under"-Klausel als Hauptargument für die verfassungstextliche Fundierung des richterlichen Prüfungsrechts in Stellung gebracht wird[142], taucht in Marshalls Argumentation eher beiläufig[143] auf. Es sei ja im Übrigen nicht von der Hand zu weisen, so Marshall, dass nur solche Legislativakte überhaupt den Rang eines Gesetzes einnehmen könnten, die den Erfordernissen der Supremacy Clause entsprechend, nämlich „im Verfolg" (in pursuance of) der Verfassung, erlassen worden seien[144]. Marshall interpretiert die Supremacy Clause dahin, dass als „im Verfolg" der Verfassung erlassen nur formell verfassungsgemäß zustandegekommene und materiell mit der Verfassung in Einklang stehende Gesetze anzusehen seien. Dass sich, wie oben bereits dargelegt[145], mit durchaus beachtlichen Argumenten auch eine restriktivere Auslegung der Supremacy Clause vertreten lässt[146], darauf kommt Marshall, wenig überraschend, nicht zu sprechen.

---

[141] Siehe oben Kapitel 2, Fn. 29 mit begleitendem Text.

[142] *S. B. Prakash/J. C. Yoo*, 70 U. Chi. L. Rev. 907 (2003); *L. W. Levy*, Original Intent and the Framers' Constitution, 1988, S. 108; siehe auch, mit Nachweisen aus der älteren Literatur, *A. Bickel*, Least Dangerous Branch, 1962, S. 8.

[143] Siehe *A. Bickel*, Least Dangerous Branch, 1962, S. 8 ("[V]ery lightly does Marshall come to rest on the Supremacy Clause of Art. VI."); ähnlich *M. S. Paulsen*, 101 Mich. L. Rev. 2723 (2003) ("a whimper"); *E. Klein*, ZaöRV 34 (1974), S. 84 (88) („mit beinahe wegwerfender Geste").

[144] *Marbury v. Madison*, 5 U.S. (1 Cranch) 137, 180 (1803).

[145] Siehe zu den prozeduralen und substantiellen Deutungen der Supremacy Clause bereits oben Kapitel 2, Fn. 29.

[146] *D. P. Currie*, The Constitution in the Supreme Court, 1985, S. 72f.; dem folgend *M. Stoevesandt*, Aktivismus und Zurückhaltung, 1999, S. 39; *M. J. Klarman*, 87 Va. L. Rev. 1118 (2001). Die beiden zuletzt genannten Autoren weisen darauf hin, dass die Supremacy Clause („diese Verfassung") auch als Abgrenzung zu denjenigen Gesetzen gelesen werden könne, die noch unter den Konföderationsartikeln erlassen wurden. Siehe zur Kritik an Marshalls Art. VI-Argument im Übrigen *A. Bickel*, Least Dangerous Branch, 1962, S. 9; *W. W. Van Alstyne*, 1969 Duke L.J. 20–22. Dass Marshalls Interpretation jedenfalls nicht zwingend ist, deutet sich im Federalist #33 an (1787, A. Hamilton): ("[I]t will not follow from this doctrine [der Suprematie des Bundes, d. V] that acts of the larger society [= des Bundes] which are *not pursuant* to its constitutional powers, but which are invasions of the residuary authorities of the smaller societies [= der Bundesstaaten], will become the law of the land. These acts will be merely acts of usurpation, and will deserve to be treated as such … [T]he clause which declares the supremacy of the laws of the union … expressly confines this supremacy to laws made *pursuant to the constitution*." [Hervorhebung ebd.]). Legt man diesen Passus eng aus, bezieht sich Hamilton hier nur auf einen Teilaspekt der formellen Verfassungsmäßigkeit, nämlich auf die Gesetzgebungskompetenz. In dieser Lesart spricht Hamilton der Supremacy Clause eine insbesondere an der bundestaatlichen Ordnung ausgerichtete Bedeutung zu. Eine extensive Interpretation der Ausführungen Hamiltons könnte dahin gehen, dass durch die allgemein gehaltene Formulierung „constitutional powers" auch materielle Gehalte der Verfassung, etwa in der

Als letzten textlichen Anhaltspunkt für die Richtigkeit seiner Überlegungen führt Marshall den Amtseid an, den die Bundesrichter auf die Verfassung zu leisten haben. Dass aus Amtseiden hergeleitete Argumente für oder gegen das Bestehen einer Kompetenz wenig überzeugen, liegt auf der Hand, zumal Amtseide eben Kompetenzen voraussetzen, und nicht begründen[147]. Marshall zeigt sich von derlei potentiellen Einwänden unbeirrt und schließt den letzten Teil seines Votums mit den Worten:

"Thus, the particular phraseology of the Constitution of the United States confirms and strengthens the principle, supposed to be essential to all written Constitutions, that a law repugnant to the Constitution is void, and that courts, as well as other departments, are bound by that instrument."

Im historischen Rückblick ist und war[148] Marshalls inhaltliche Begründung des judicial review teils scharfer Kritik[149] ausgesetzt – die Kritik stammt auch von solchen Wissenschaftlern[150] und Richtern[151], die das Ergebnis der *Marbury*-Judikatur aus verfassungspolitischer Sicht letztlich für (weitgehend) richtig halten. Es fällt bisweilen schwer, sich mit der inhaltlichen Kritik an Marshalls Konzept auseinanderzusetzen, eben weil seine Argumente dem heutigen – zumal deutschsprachigen – Leser derart einleuchtend erscheinen müssen, dass man sie kaum für kritikwürdig halten kann[152]. Um die inhaltliche Kritik nachzuvollziehen, muss man sich von der Gegenwartsperspek-

---

Gestalt negativer Kompetenznormen (siehe bereits oben Kapitel 4, Fn. 352 und begleitenden Text), erfasst sein sollen. In der deutschsprachigen Übersetzung ist durchweg von „Kompetenzen" die Rede, siehe *A. Hamilton*, The Federalist #33, in: A. Adams/W. P. Adams (Hrsg./Übers.), Die Federalist-Artikel, 1994, S. 187 f.

[147] Siehe etwa *W. W. Crosskey*, Politics and the Constitution, Bd. II, 1953, S. 983; *M. J. Klarman*, 87 Va. L. Rev. 1118 (2001); vgl. auch die Kritik bei *A. Bickel*, Least Dangerous Branch, 1962, S. 8.

[148] Zur zeitgenössischen Kritik *Eakin v. Raub*, 12 Sergeant & Rawle 330, 344–358 (Pa., 1825) (Gibson, C.J., dissenting); siehe zu dieser Entscheidung sogleich unten, Fn. 154.

[149] Deutlich: *L. Carter*, JOP 43 (1981), S. 317 (318) ("a lack of legal integrity bordering on fraud"); etwas freundlicher bereits *L. Hand*, The Bill of Rights, 1958, S. 11 ("the reasoning put forward to support the inference [of judicial review into the Constitution] will not bear scrutiny"); als Klassiker unter den kritischen Stellungnahmen des 20. Jahrhunderts kann mittlerweile *W. W. Van Alstyne*, 1969 Duke L.J. 1–47 gelten; siehe im Überblick außerdem etwa *S. R. Olken*, 37 J. Marshall L. Rev. 391–392, 395–397 (2004); *S. Sherry*, in: M. Tushnet (Hrsg.), Arguing Marbury, 2005, S. 47 (49); näher unten im Text.

[150] *A. Bickel*, Least Dangerous Branch, 1962, S. 1–14.

[151] *F. Frankfurter*, 69 Harv. L. Rev. 219 (1955) ("The courage of Marbury v. Madison is not minimized by suggesting that its reasoning is not impeccable and its conclusion, however wise, not inevitable.").

[152] *W. Haller*, Supreme Court und Politik, 1972, S. 123 („Dass auch die rechtliche Begründung des Entscheids immer wieder als vorzüglich gepriesen wird, lässt sich jedoch nur damit erklären, dass der kritische Sinn vieler durch ihre Billigung" des richterlichen Prüfungsrechts „getrübt wurde".).

A. Die Entscheidung

tive, in der das richterliche Prüfungsrecht als Selbstverständlichkeit erscheint, lösen, und sich in den historischen Moment zurückversetzen, in dem Marshalls judicial review-Theorie nicht unumstritten war, den Zeitgenossen aber auch nicht einfach abwegig erschien[153,154]. Man muss also die Frage aufwerfen, ob das von Marshall im Jahr 1803 auf der Grundlage des normativen Gehalts der US-amerikanischen Bundesverfassung argumentativ entwickelte Ergebnis wirklich absolut zwingend gewesen ist. Lässt man sich darauf ein, gelangt man fast unausweichlich zu dem Schluss, dass Marshalls Gesamtargumentation jedenfalls „nachvollziehbar und plausibel, wenngleich nicht zwingend" daherkommt[155]. Die wesentlichen Kritikpunkte lassen sich in zwei verschiedene Kategorien aufteilen[156].

Zunächst steht Marshalls Argumentationsstruktur inklusive der Ergebnisse aus dem ersten Teil des Votums in der Kritik, in dem er die Fragen nach der Statthaftigkeit des writ of mandamus und nach der Rechtsgültigkeit von Marburys Ernennung erörtert. Viele Autoren weisen darauf hin, dass hier anders hätte entschieden werden müssen[157]. Diese Einwände, so interessant und berechtigt sie auch sein mögen, etwa, dass Marshall einschlägige Präzedenzfälle absichtlich ignoriert oder falsch wiedergegeben habe, um seine Argumentation mit „fiktiven Präjudizien" zu untermauern[158], können hier nicht im Einzelnen nachvollzogen werden[159].

---

[153] Vgl. *P. Graf Kielmansegg*, Instanz des letzten Wortes, 2005, S. 12 a. E.; *W. M. Treanor*, 58 Stan. L. Rev. 555 (2005). Näher, unter Berücksichtigung der gegenüber dem ersten Jahrzehnt der Republik veränderten politischen Gesamtsituation ab 1801, *D. Alfange, Jr.*, 1993 Sup. Ct. Rev. 366–368; vgl. aber auch *J. M. O'Fallon*, 44 Stan. L. Rev. 227 n. 30 (1992).

[154] Siehe etwa *Eakin v. Raub*, 12 Sergeant & Rawle 330, 344–358 (Pa., 1825) (Gibson, C.J., dissenting) zu einer Stimme, die gegen eine verfassungsrechtliche Autorisierung des richterlichen Prüfungsrechts argumentiert. Gemäß dem Sondervotum des Richters am Supreme Court of Pennsylvania John Gibson habe judicial review als eine „Sache des Glaubens, und nicht der juristischen Argumentation" den Status eines „professionellen Dogmas" erlangt. Nicht die Gerichte mittels juristischer Interpretation, sondern das Volk müsse an der Wahlurne darüber entschieden, ob die Legislative gegen die Verfassung verstoßen habe oder nicht; siehe dazu auch etwa *J. R. Siegel*, 97 Iowa L. Rev. 1164 (2012); *L. D. Kramer*, People Themselves, 2004, S. 151.

[155] *W. Brugger*, Jus 2003, S. 320 (324); vgl. insoweit auch *E. Wolf*, Verfassungsgerichtsbarkeit und Verfassungstreue, 1961, S. 36.

[156] Vgl. *Ch. Wolfe*, Rise of Modern Judicial Review, 2. Aufl. 1994, S. 84 ff.; *J. Nowak/ R. Rotunda*, Constitutional Law, 8. Aufl. 2010, S. 6.

[157] Deutlich *M. S. Paulsen*, 20 Const. Comment. 343 (2003) ("Just about everything in *Marbury* is wrong, including the holding.").

[158] *D. Alfange, Jr.*, 1993 Sup. Ct. Rev 404; *S. R. Olken*, 37 J. Marshall L. Rev. 427, 429 (2004); näher *S. L. Bloch/M. Marcus*, 1986 Wis. L. Rev. 311–318.

[159] Vgl. aber noch unten, Text bei Fn. 218 ff.; einige kritische Stellungnahmen zu Marshalls Argumentation prägen den Diskurs bis heute ganz maßgeblich. Angefangen bei

Im vorliegenden Zusammenhang ist vielmehr diejenige inhaltliche Kritik von Interesse, die am dritten und letzten Teil der *Marbury*-Entscheidung geäußert wird, demjenigen Passus also, in dem Marshall die judicial review-Doktrin aus der Verfassung herleitet. Außer den oben bereits angesprochenen Punkten stoßen insbesondere zwei integrale Bestandteile aus Marshalls Entscheidungsbegründung auf literarischen Widerspruch[160]: Erstens der Schluss von der conflicting laws-Analogie auf die Befugnis, verfassungswidrigen Legislativakten die Anwendung zu versagen und zweitens die Behauptung, eine geschriebene Verfassung sei schlichtweg nutzlos, sie verlöre ihre normative Kraft, wenn die rechtsprechende Gewalt nicht in den Stand gesetzt würde, das Verfassungsrecht zur Not auch gegen den Willen der übrigen Staatsorgane durchzusetzen.

Die Kernfrage, die Marshall beantworten muss, lautet nicht, ob ein verfassungswidriger Legislativakt gültig ist, vielmehr muss er erklären, *wer* zur Entscheidung über die Gültigkeit berufen ist[161]. Marshall meint bekanntlich, dass die Gerichte entscheidungsbefugt seien. Er verweist darauf, dass es zu den überkommenen Aufgaben der Gerichte gehöre, Normenkollisionen aufzulösen. Wenn zwei normenhierarchisch gleichrangige Normen unterschiedlichen Inhalts auf ein und denselben Fall anzuwenden seien, dann müsse aufgrund einer schieren Notwendigkeit im Wege der Interpretation ermittelt werden, welche der einschlägigen Normen anzuwenden ist, und welche zurückzutreten hat[162]. Die Notwendigkeit ergibt sich daraus, dass es dem Richter schlechterdings unmöglich ist, einen Rechtsstreit unter Anwendung zwei sich widersprechender Normen zu entscheiden. Marshall geht von der Prämisse aus, dass auch die Vorschriften der Verfassung in diesem Sinne Rechtssätze beinhalteten. Wenn nun ein Gesetz im Widerspruch zur Verfassung stehe, wenn sowohl das Gesetz als auch die Verfassung auf einen Fall anwendbar seien, so Marshall, dann müsse sich das Gericht zwischen Gesetz und Verfassung entscheiden. Die Entscheidung müsse zugunsten der Verfassung ausfallen, weil sie normenhierarchisch einen höheren Rang einnähme als das Gesetz.

W. W. Van Alstyne, 1969 Duke L.J. 6–16, lauten andere Standardreferenzen etwa *D. Alfange, Jr.*, 1993 Sup. Ct. Rev. 368–372, et passim; *J. M. O'Fallon*, 44 Stan. L. Rev. 243–259 (1992).

[160] Siehe zu den übrigen Kritikpunkten insbesondere *A. Bickel*, Least Dangerous Branch, 1962, S. 2 ff.; *W. W. Van Alstyne*, 1969 Duke L.J. 16–33; siehe auch etwa *W. Haller*, Supreme Court und Politik, 1972, S. 123 ff.; bezogen auf Amtseid und Schriftlichkeit der Verfassung bereits *J. B. Thayer*, 7 Harv. L. Rev. 130 (1893).

[161] *A. Bickel*, Least Dangerous Branch, 1962, S. 3 ("He ... already begged the question-in-chief, which was not weter an act repugnant to the Constitution could stand, but who should be empowered to decide that the act is repugnant."); *F. Easterbrook*, 40 Case W. Res. L. Rev. 919 (1989–90).

[162] *Marbury v. Madison*, 5 U.S. (1 Cranch) 137, 177 (1803).

Diese Begründung erfasst jedoch allenfalls sog. logische Normwidersprüche[163], also diejenige Konstellation, in der zwei verschiedene Regelungen an den gleichen Tatbestand zwei miteinander unvereinbare Rechtsfolgen knüpfen[164]. Dieser Schluss vermag die von Marshall umfassend konzipierte, auf sämtliche verfassungswidrigen Legislativakte bezogene Prüfungskompetenz jedoch nicht zu tragen. Ein einfaches Beispiel verdeutlicht die Kritik. Angenommen, es existierte ein Gesetz A, dem zufolge Diebstahl zwingend mit Freiheitsstrafe zu ahnden sei, und ein Gesetz B, dem zufolge Diebstahl zwingend mit einer Geldstrafe zu sanktionieren sei. Ein Richter, der einen Dieb verurteilen will, und dabei den allgemeinen Rechtsgrundsatz *ne bis in idem* beachtet, muss sich notwendigerweise für eine der beiden Normen entscheiden; es liegt ein logischer Normwiderspruch vor. Um diesen Widerspruch aufzulösen, muss er das einfache Recht mithilfe der überlieferten Auslegungsdirektiven interpretieren, oder, in amerikanischer Terminologie, „statutory construction" betreiben. Der lex specialis-Grundsatz wird ihm dabei kaum weiterhelfen, deshalb wird er wohl das jüngere der beiden Gesetze anwenden. Anders liegen die Dinge, wenn man Gesetz B weg- und eine hypothetische Verfassungsnorm X hinzudenkt, der zufolge die Gesetzgebungskompetenz für den Erlass von Strafnormen einem anderen Hoheitsträger zugewiesen ist, etwa den Bundesstaaten. In dieser Konstellation entsteht kein logischer Normwiderspruch, obwohl Gesetz A zweifellos kompetenz- und damit verfassungswidrig ist. Für den Richter ergibt sich, will er den Fall entscheiden, keine zwingende Notwendigkeit, dem Statut die Anwendung zu versagen, weil er sich nicht mit zwei gegensätzlichen Handlungsanweisungen konfrontiert sieht. Der Zugriff auf die kollisionsauflösende lex superior-Regel ist ihm versperrt, denn die Kompetenzverteilungsregel richtet sich ja an die Gesetzgebung, und nicht an die Justiz.

Die conflicting laws-Analogie kann demgemäß nur einen kleinen Ausschnitt der gerichtlichen Normenkontrollkompetenz begründen, nämlich die eher seltene Konstellation eines logischen Widerspruchs zwischen Statut und Verfassung. Nur ein solcher Widerspruch macht die gerichtliche Rechtsanwendung unter Aufrechterhaltung der sich widersprechenden Rechtsbefehle praktisch unmöglich[165]. Eben jene Konstellation des logischen Normwider-

---

[163] Siehe zur Unterscheidung zwischen logischen und sog. axiologischen Normwidersprüchen etwa *M. Kaltenborn/L. Lübben*, Die Verwaltung 47 (2014), S. 125 (135), m. w. N. – Liegt ein lediglich wertungsmäßiger Widerspruch vor, muss nicht kurzerhand der Wertung der Norm A auf Kosten der Norm B der Vorzug gegeben werden; vielmehr ist ein Ausgleich herzustellen.

[164] *M. Kaltenborn/L. Lübben*, Die Verwaltung 47 (2014), S. 125 (135).

[165] Legitim wäre nach der conflicting laws-Logik etwa die gerichtliche Nichtanwendung eines Gesetzes, das gegen U.S. Const., Art. III, §3 ("No Person shall be convicted of Treason unless on the Testimony of two Witnesses to the same overt Act, or on Confession in open Court."), verstößt (so auch *D. Alfange, Jr.*, 1993 Sup. Ct. Rev. 431).

spruchs bildet auch den gedanklichen Ausgangspunkt in Marshalls Überlegungen:

"[I]f both the law and the constitution *apply* to a particular case ... the court must determine which of these *conflicting rules* governs the case."[166]

Bei der überwiegenden Zahl an verfassungswidrigen Gesetzen wird es sich indes um Wertungswidersprüche zwischen Gesetz und Verfassung handeln, die entstehen, wenn ein Gesetz nicht „im Verfolg der Verfassung" (vgl. U.S. Const., Art. VI) erlassen worden, also entweder in formeller oder in materieller Hinsicht verfassungswidrig zustande gekommen ist. Die gerichtliche Annullierung solcher Gesetze erfolgt in Abwesenheit einer klar erkennbaren geschriebenen Kompetenz jedenfalls nicht, wie Marshall behauptet, aus der „zwingenden Notwendigkeit" (of necessity), dass eine von zwei sich logisch widersprechenden Normen zurücktreten muss[167]. Hinzu kommt, dass die Verfassung, jedenfalls im Grundsatz, an den Staat, und hier insbesondere an die Legislative gerichtete Direktiven enthält, während die Rechtsverhältnisse zwischen Privatrechtssubjekten durch einfaches Recht geregelt werden. Auf *Marbury* bezogen bedeutet das: § 13 des Judiciary Act regelt die statthaften Rechtsbehelfe, die potentiellen Klägern zur Durchsetzung ihrer Rechtspositionen offenstehen, hier also den Antrag auf Erlass einer einstweiligen Verfügung/Anordnung, über den zu entscheiden der U.S. Supreme Court in erster Instanz berufen ist. U.S. Const., Art. III, enthält – legt man Marshalls Auslegung zu Grunde – ein an den Kongress adressiertes Gesetzgebungsverbot des Inhalts, dass die erstinstanzlichen Zuständigkeiten des U.S. Supreme Court nicht über den in Art. III normierten Katalog hinaus erweitert werden dürfen. Ein logischer Normwiderspruch ist in der *Marbury*-Konstellation nicht zu erkennen, der entscheidende Richter erhält durch Art. III keine zu § 13 in offenem Widerspruch stehende Handlungsanweisung. Gleichwohl ist die Vorschrift, geht man von Marshalls Norminterpretation aus, verfassungswidrig, weil sie die erstinstanzlichen Zuständigkeiten des Gerichts eines verfassungsrechtlichen Gesetzgebungsverbots zum Trotz erweitert. Ein logischer Normwiderspruch entstünde in *Marbury* nur, wenn man U.S. Const., Art. III, § 2, als direkte Anweisung an die Gerichte (und mittelbar an den potentiellen Kläger bzw. Antragsteller), und nicht als an die Legislative gerichtetes Gesetzgebungsverbot verstehen will.

---

[166] *Marbury v. Madison*, 5 U.S. (1 Cranch) 137, 178 (1803) (meine Hervorhebung).

[167] Siehe, mit etwas anderer Akzentuierung, *R. L. Clinton*, Marbury v. Madison and Judicial Review, 1989, S. 99; *ders*. 35 Am. J. Juris. 80–81 (1990) ("If the provisions in question are *not* addressed to the Court itself, then the court is not *compelled*, as a matter of *logic*, to choose between them *in order to decide the case*." [Hervorhebungen ebd.]); ähnlich auch *D. Alfange, Jr.*, 1993 Sup. Ct. Rev. 423–426. Bereits die zeitgenössischen Beobachter haben diesen Aspekt der Entscheidungsbegründung kritisiert, siehe etwa das Sondervotum des Richters John Gibson in *Eakin v. Raub*, 12 Sergeant & Rawle 330, 348 (Pa., 1825), dazu bereits oben, Fn. 154.

A. Die Entscheidung

Abstrahiert von der Konstellation in *Marbury* hätte Marshall, wenn er einen allgemeingültigen Lehrsatz hätte formulieren wollen – ausgehend von seiner zutreffenden Prämisse[168] – schlussfolgern müssen:

"[It is] emphatically the province and duty of *legislative* departments to say what the law is, and the customary duty of judicial departments [is] merely to apply the law to the case"[169] in accordance with established principles of statutory construction.

Die conflicting laws-Analogie, die ja bereits Hamilton herangezogen hatte, trägt ihren Namen völlig zu Recht. Sie weist eben nur auf die – freilich nicht zu leugnende – Vergleichbarkeit hin, die sich ergibt zwischen der Konstellation zweier sich logisch ausschließender Normen und der Konstellation zweier wertungsmäßig bzw. axiologisch sich widersprechender – und allein in diesem Sinne verfassungswidriger – Normen. Sie kann in den Vereinigten Staaten des Jahres 1803 nur denjenigen von der Existenz eines richterlichen Prüfungsrechts überzeugen, der bereit ist, den Begriff der Normenkollision im weitesten aller denkbaren, eben axiologischen Sinne zu verstehen. Der Richter am General Court of Virginia William Nelson hatte bereits 1793 einen differenzierteren Blick auf die Dinge, als er – Teile der Lehren der Wiener rechtstheoretischen Schule, namentlich die Lehre vom Stufenbau der Rechtsordnung[170], offenbar vorherahnend – den Hinweis gab, dass es schon einen Unterschied mache, ob sich eine Normenkollision auf einfachrechtlicher Ebene zuträgt, oder ob ein Statut in einer mit der Verfassung nicht vereinbaren Weise erlassen worden ist. Er schreibt in der Entscheidung *Kamper v. Hawkins*, dem oben bereits angesprochenen nachkonstitutionellen *state precedent* für judicial review:

"The only difference is, that in one instance that which was once in existence is carried out of existence, by a subsequent act virtually contrary to it, and in the other the prior *fundamental law* has prevented its *coming into existence* as a *law*."[171]

---

[168] Zitat oben, Fn. 166.
[169] *W. W. Van Alstyne*, 1969 Duke L.J. 24 (Hervorhebung ebd.).
[170] *H. Kelsen*, Reine Rechtslehre, 2. Aufl. 1960, S. 228 ff., insbes. S. 275 ff.; vgl. auch *A. Merkl*, VVDStRL 5 (1929), S. 97 (100 f.) (Diskussionsbeitrag); siehe aus der umfangreichen Sekundärliteratur etwa die Beiträge von *P. Koller* und *M. Borowski*, in: S. L. Paulson/M. Stolleis (Hrsg.), Hans Kelsen, 2005, S. 106 ff., 122 ff.; *H. Wendenburg*, Verfassungsgerichtsbarkeit und Methodenstreit, 1984, S. 129 ff.; zusammenfassend *H. Boldt*, in: U. Müßig (Hrsg.), Konstitutionalismus und Verfassungskonflikt, 2006, S. 227 (239).
[171] *Kamper v. Hawkins*, 1 Va. Cas. (3 Va.) 20, 32 (Gen. Ct. 1793) (Nelson, J.) (Hervorhebungen ebd.). Es ist überwiegend wahrscheinlich, dass Marshall die Entscheidung *Kamper v. Hawkins* gekannt hat (so *K. Newmyer*, Heroic Age of the Supreme Court, 2001, S. 171), die Entscheidung stammt immerhin aus seinem Heimatstaat Virginia; zudem ähneln einige Passagen in *Kamper* der Argumentation in *Marbury*. Über die Frage, warum er ausgerechnet die im Nelson-Zitat anklingende kritische Unterscheidung übergangen hat, kann nur spekuliert werden, siehe zu Marshalls *Kamper*-Rezeption näher *C. F. Hobson*, The Great Chief Justice, 1996, S. 65 ff.; *D. Tyler*, 50 Wm. & Mary L. Rev. 2230 (2009).

Mit dieser Feststellung sind die Restzweifel über das Bestehen eines ungeschriebenen richterlichen Prüfungsrechts zwar nicht ausgeräumt, aber immerhin handelt es sich hier im Unterschied zu Marshalls – in diesem Punkt allenfalls lapidaren – Ausführungen um eine präzisere Analyse, die letztlich auch zu der aus Sicht des Rechtspositivisten zutreffenden Prämisse führt, dass das höherrangige Recht die Modalitäten des Zustandekommens der in der Normenhierarchie nachfolgenden Rechtsvorschriften reguliert, freilich ohne dabei abschließende materiell-inhaltliche Vorgaben festzulegen[172].

Marshall bemüht in seiner Argumentation außerdem das oben bereits erwähnte Effektivitätsargument, wonach die Verfassung nichts wert sei, wenn ihre Einhaltung nicht gerichtlich kontrolliert werde (form without substance[173]). Die schriftlich fixierten Kompetenzschranken seien in Abwesenheit einer von dem die Kompetenz ausübenden Organ verschiedenen Kontrollinstanz, die über die Einhaltung jener Schranken wacht, schlichtweg nutzlos – „absurde Versuche", die potentiellen Usurpatoren unter Kontrolle, soll heißen, in ihren verfassungsrechtlich definierten Kompetenzbereichen zu halten[174]. Man wird gegen diese Behauptung zweierlei Einwände erheben können.

Erstens hat eine geschriebene Verfassung durchaus ihren guten Sinn, auch wenn eine richterliche Kontrolle der Legislative nicht stattfindet. Sie dient den zur Gesetzgebung berufenen Staatsorganen dazu, einschätzen zu können, was erlaubt ist und was nicht[175]. Das ist ein erheblicher Fortschritt,

---

[172] Siehe *H. Kelsen*, Reine Rechtslehre, 2. Aufl. 1960, S. 228 ff., 346 ff.; *A. Merkl*, Die Lehre von der Rechtskraft, 1923, S. 216 ff.; vgl. *S. Paulson*, Ratio Juris 16 (2003), S. 223 (234); *U. Volkmann*, Der Staat 54 (2015), S. 35 (50); zum Problem des infiniten Geltungsregresses und der Lösung über die von Kelsen vorgeschlagene (entweder transzendentallogische, hypothetische oder fingierte) „Grundnorm" aus der jüngeren Literatur *M. Jestaedt*, JZ 2013, S. 1009 (1013 ff.).

[173] *Marbury v. Madison*, 5 U.S. (1 Cranch) 137, 174 (1803).

[174] *Marbury v. Madison*, 5 U.S. (1 Cranch) 137, 177 (1803).

[175] Siehe *W. W. Van Alstyne*, 1969 Duke L.J. 18–19; *D. Alfange, Jr.*, 1993 Sup. Ct. Rev. 427; *W. Murphy*, 48 Rev. Pol. 404 (1986); vgl. zur Verfassungsinterpretation durch die Legislative *M. Borowski*, in: J. Isensee/P. Kirchhof (Hrsg.), HStR XII, 3. Aufl. 2014, § 274 Rn. 31 ff.; *Th. von Danwitz*, JZ 1996, S. 481 (489); *E. Garret/A. Vermeule*, 50 Duke L.J. 1277 (2001); außerdem bereits *P. Häberle*, JZ 1975, S. 297 (299); vgl. auch etwa BVerfGE 101, 158 (236) – Finanzausgleich III (dort ist vom „Gesetzgeber als dem Erstinterpreten des Grundgesetzes" die Rede).

verglichen mit den konstitutionellen Zuständen in Großbritannien, wo man zwar ständig über Verfassungen geschrieben und geredet hat, ohne dass allerdings irgendjemand in Ermangelung einer einheitlichen Verfassungsurkunde mit Gewissheit hätte sagen können, was genau denn nun die „fundamentalen" normativen Gehalte dieser vielgepriesenen British Constitution sein sollen[176]. Henry St. John („Lord Bolingbroke"), der als Oppositionspolitiker durchaus Hoffnungen in den normativen Anspruch der Verfassung gesetzt hatte[177], definierte sie in einem oft zitierten Text aus dem Jahr 1734 als

"that assamblage of laws, institutions and customs, derived from certain fixed principles of reason, directed to certain fixed objects of public good, that compose the general system, according to which the community hath agreed to be governed."[178]

Mit „laws" meint Bolingbroke womöglich die wenigen schriftlich überlieferten Verfassungsdokumente wie etwa die (englische) Bill of Rights, den Act of Settlement oder die genauso steinalte wie juristisch zu guten Teilen – wenn auch nicht unbedingt verfassungsideologisch – obsolet gewordene[179], von der

---

[176] Siehe *Kamper v. Hawkins*, 1 Va. Cas. (3 Va.) 20, 24 (Gen. Ct. 1793) (Tucker, J.); *Van Horne's Lessee v. Dorrance*, 2 U.S. (2 Dall.) 304, 308 (C.C.D. Pa. [= United States Circuit Court for the District of Pennsylvania] 1795) (Paterson, J.) ("[I]n England, there is no written constitution, no fundamental law, nothing visible, nothing real, nothing certain."); *Th. Paine*, Rights of Man, 1791, S. 54 ("[W]e may fairly conclude, that though it has been so much talked about, no such thing as a[n English] constitution exists, or ever did exist, and consequently the people have yet a constitution to form."); vgl. aus der Literatur *R. R. Palmer*, Zeitalter der demokratischen Revolution, 1970, S. 158; ferner *A. J. Noll*, Internationale Verfassungsgerichtsbarkeit, 1992, S. 22 („Tatsache bleibt dennoch, dass England keine geschriebene Verfassung besitzt und [abgesehen von erinnerungswürdigen, aber eher antiquarischen Dokumenten] nichts hat, woraus sich die Grund- und Menschenrechte herleiten ließen."); ferner *A. Kley/G. Seferovic*, in: T. Simon/J. Kalwoda (Hrsg.), Schutz der Verfassung, 2014, S. 87 (89 f.) („englische Verfassung nicht die Basis, sondern die Konsequenz der geltenden Ordnung").

[177] *H. St. John* (Lord Bolingbroke), A Dissertation Upon Parties, Letter X, 1734, in: Political Writings, hrsg. von D. Armitage, 1997, S. 88 ("[The] constitution is the rule by which our princes ought to govern at all times ... [It] may remain immutable.").

[178] *H. St. John* (Lord Bolingbroke), A Dissertation Upon Parties, Letter X, 1734, in: Political Writings, hrsg. von D. Armitage, 1997, S. 88.

[179] Vgl. *J. W. Gough*, Fundamental Law, 1961, S. 30; die Bedeutung der Magna Carta für den amerikanischen Konstitutionalismus deutlich hervorhebend *A. E. Howard*, The Road from Runnymede, 1968, S. 370 ff., et passim.

Repräsentativkörperschaft der Provinz Massachusetts während der Stamp Act-Krise tatsächlich hervorgekramte[180] Magna Carta[181].

Zweitens liefert die Verfassung der Wählerschaft zumindest einen ungefähren Maßstab für die Beurteilung, ob die Repräsentanten im Rahmen ihres Mandats gehandelt haben[182]. Sie ist in den Worten James Iredells im Unterschied zur diffusen britischen Verfassung gerade kein „mere imaginary thing" mehr, über das „zehntausend verschiedene Meinungen" kursierten[183]. Marshall selbst gibt ja den entscheidenden Hinweis, die schriftliche Dokumentation der verfassungsrechtlichen Kompetenzschranken diene dazu, dass diese Schranken nicht „falsch verstanden werden oder in Vergessenheit geraten"[184]. Die „Rigidität"[185] der geschriebenen Verfassung folgt also nicht erst aus der gerichtlichen Durchsetzbarkeit ihres normativen Gehalts, sondern schon daraus, dass sie, anders als die ungeschriebene britische Verfassung, normenhierarchisch den Status höchstrangigen Rechts beansprucht und allein deshalb ein Abweichen von der positivierten Kompetenzordnung unter keinen Umständen erlaubt. Im britischen Verfassungsgewohnheitsrecht konnte man sich unterdessen, sofern es denn politisch opportun erschien, über tradierte Regeln („Konventionalregeln"[186], vergleichbar den „customs" bei Boling-

---

[180] Nach einem Bericht des Gouverneurs von Massachusetts, Thomas Hutchinson, meinten die Abgeordneten, der Stamp Act sei „against the Magna Carta and the natural rights of Englishmen, and therefore, according to Lord Coke, null and void" (siehe bereits oben Kapitel 3, Text bei Fn. 410 f.; *E. Corwin*, 9 Mich. L. Rev. 106 ([1910]).

[181] Vgl. *L. D. Kramer*, 148 Proc. Am. Phil. Soc'y 14 (2004); *P. Leyland*, Constitution of the United Kingdom, 2. Aufl. 2012, S. 26 f.; siehe zu diesen Bestandteilen der britischen Verfassungsordnung im Überblick *M. Loughlin*, in: A. von Bogdandy/P. C. Villalón/P. M. Huber (Hrsg.), Handbuch IPE I, 2007, § 4 Rn. 8 (Magna Carta), Rn. 16 (Bill of Rights), und Rn. 21, 30 (Act of Settlement); siehe zu diesem letztgenannten – jedenfalls für die Justiz bedeutsamsten – Verfassungsdokument näher *J. Sosin,* Aristocracy, 1989, S. 113 ff., insbes. S. 118 ff. Weitere Verfassungsdokumente zählt *W. P. Adams*, Republikanische Verfassung, 1973, S. 24, auf, und meint, die britische Verfassung sei im 18. Jahrhundert „zu einem erheblichen Teil sehr wohl" eine „geschriebene" gewesen.

[182] *C. F. Hickox III/A. C. Laviano*, 23 Anglo-Am. L. Rev. 100 (1994); *W. W. Van Alstyne*, 1969 Duke L.J. 19.

[183] Brief von James Iredell an Richard Dobbs Spaight vom 26. August 1787, in: G. J. McRee (Hrsg.), Life and Correspondence of James Iredell, Bd. 2, 1858, S. 172 (174).

[184] *Marbury v. Madison*, 5 U.S. (1 Cranch) 137, 177 (1803).

[185] Vgl. *C. Schmitt*, Verfassungslehre, 1928, S. 17.

[186] *A. V. Dicey*, Introduction to the Study of the Law of the Constitution, 8. Aufl. 1915, S. 413 ff. ("conventions of the constitution"); zur Bedeutung der Konventionalregeln aus der jüngeren Literatur *O. Lepsius*, ZNR 29 (2007), S. 47 ff. (insbes. S. 50 f.); *P. Leyland*, The Constitution of the United Kingdom, 2. Aufl. 2012, S. 32 ff. ("[T]here is no way of knowing with certainty what an established convention is, except from the behaviour of the sovereign, politicians, or other officials responsible for operating it as part of the constitution."); *P. Rädler*, ZaöRV 58 (1998), S. 611 ff.

broke) hinwegsetzen[187]. Man musste, das wusste etwa David Hume, nur Fakten – das heißt: neue Präzendenzfälle – schaffen[188].

Die Erfahrungen aus anderen politischen Ordnungen, die den Vorrang der Verfassung anerkennen, deuten ja darauf hin, dass die richterliche Normenkontrolle – erstens – darin nicht mit Zwangsläufigkeit angelegt ist und – zweitens –, dass sich auf der Grundlage einer geschriebenen Verfassung auch in Abwesenheit gerichtlicher Normenkontrollkompetenzen erträgliche konstitutionelle Zustände entwickeln können[189]. Auch ohne judicial review erfüllt die geschriebene Verfassung demnach wichtige Funktionen[190]. Von Nutzlosigkeit kann nicht die Rede sein. Man wird Marshalls Behauptung immerhin in dem Punkt zuzustimmen haben, dass die Effektivität des Verfassungsvorrangs nachlassen kann, wenn eine gerichtliche Kontrolle der Legislative vollständig ausbleibt[191]. In der Tat haben gewählte Politiker keine weiße Weste vorzuweisen, wenn es darum geht, die Verfassung unparteiisch, sorgfältig und nach den Regeln der hermeneutischen Kunst zu interpretieren. Dem ließe sich jedoch wiederum entgegenhalten, dass man das für eine Vielzahl an verfassungsauslegenden Entscheidungen der Richter am U.S. Supreme Court auch nicht behaupten kann – man denke nur an die in dieser Hinsicht wohl gröbsten Missgriffe in *Dred Scott v. Sandford, Plessy v. Ferguson, Buck v. Bell* und *Korematsu v. United States*[192,193].

---

[187] *J. W. Gough*, Fundamental Law, 1961, S. 41, 226, dort mit Anmerkung K; vgl. außerdem *D. Grimm*, in: M. Rosenfeld/A. Sajó (Hrsg.), Comparative Constitutional Law, 2012, S. 98 (101) ("The Rules forming the 'British Constitution', including the Rights of Englishmen, were fundamental, but not supreme."); *Ph. Hamburger*, Law and Judicial Duty, 2008, S. 398; *G. Stourzh*, Grundrechtsdemokratie, 1989, S. 29 (siehe Zitat oben Kapitel 4, Fn. 108).

[188] Siehe *D. Hume*, History of England, Bd. IV, 1778, S. 355 (Anm. L) ("The English constitution, like all others, has been in a state of continual fluctuation.").

[189] Vgl. etwa *Ch. Starck*, in: ders./A. Weber (Hrsg.), Verfassungsgerichtsbarkeit in Westeuropa, 1986, S. 11 (35); *E.-W. Böckenförde*, NJW 1999, S. 9.

[190] *W. W. Van Alstyne*, 1969 Duke L.J. 25; *H. Dreier*, Idee und Gestalt, 2014, S. 13.

[191] Vgl. dazu auch *A. Kley/G. Seferovic*, in: T. Simon/J. Kalwoda (Hrsg.), Schutz der Verfassung, 2014, S. 87 (90, 101 a. E.), m. w. N.; außerdem oben Kapitel 3, Text bei Fn. 520 f.

[192] *Dred Scott v. Sandford*, 60 U.S. (19 How.) 393 (1857) (siehe oben Kapitel 3, Fn. 706 und in diesem Kapitel, Text bei Fn. 105); *Plessy v. Ferguson* 163 U.S. 537 (1896) (notorisch für „separate but equal"); *Buck v. Bell*, 274 U.S. 200 (1927) (Ermächtigung zur Zwangssterilisation Behinderter durch einzelstaatliches Gesetz verstößt nicht gegen XIV. Verfassungszusatz); *Korematsu v. United States*, 323 U.S. 214 (1944) (siehe unten in diesem Kapitel, Text bei Fn. 387 ff.).

[193] Siehe grds. *E. Chemerinsky*, The Case Against The Supreme Court, 2014; vgl. auch *M. Graber*, New Introduction to American Constitutionalism, 2013, S. 117; *C. Barrett Lain*, 69 Vand. L. Rev. 1019 (2016); *M. Hong*, Menschenwürdegehalt, 2019, S. 60.

Es spricht einiges dafür, dass Marshall die Anfälligkeit seiner Konzeption sehr wohl bewusst war. Wäre er von deren Schlüssigkeit selbst restlos überzeugt gewesen, hätte er auf den vielfachen Einsatz des – methodisch ohnehin verdächtigen[194] – Effektivitätsarguments womöglich verzichtet. Sein teils apodiktisch daherkommender Schreibstil legt im Übrigen die Vermutung nahe, dass er nach Kräften bestrebt war, die Inkonsistenzen in seiner Gesamtargumentation jedenfalls vor dem beiläufigen oder unkritischen Leser zu verbergen.

Auch Marshalls methodischer Ansatz ist aus heutiger Perspektive sicherlich nicht über jeden Zweifel erhaben[195]. Statt unmittelbar an den Normtext anzuknüpfen, entwirft er, wie schon Hamilton zuvor[196], eine allgemeingültige Lehre der geschriebenen Verfassung, aus der sich das richterliche Prüfungsrecht gleichsam zwangsläufig ergeben soll. Der Verfassungswortlaut und die Verfassungsstruktur, die ja einige Hinweise auf das richterliche Prüfungsrecht liefern, treten dahinter zurück, und dienen Marshall lediglich zur Bestätigung seines verfassungstheoretisch begründeten Ergebnisses. Auch wenn Marshall nicht in den Kategorien des Positivismus und des Anti-Positivismus gedacht haben sollte[197], er also von einer Verschmelzung von positivem, Natur- und Gewohnheitsrecht[198] sowie der Geltung gewisser „first principles"[199] ausging[200], ist es doch einigermaßen grotesk, dass er insbesondere die schriftliche Fixierung der verfassungsrechtlichen Kompetenzordnung als ausschlaggebenden Grund für das Bestehen eines richterlichen Prüfungsrechts ausmacht, um den Verfassungswortlaut im Fortgang der Argumentation fast vollständig auszublenden[201]. Seine Ausführungen zur textlichen Fundierung des judicial review bleiben eher oberflächlich, jedenfalls verglichen mit der intensiveren Diskussion im „theoretischen" Teil des Votums.

---

[194] Siehe bereits oben Kapitel 3, Fn. 844 ff., und begleitenden Text.

[195] Vgl. zur Kritik etwa *D. P. Currie*, The Constitution in the Supreme Court, 1985, S. 74.

[196] Siehe oben Kapitel 3, Fn. 522. Hamilton hebt stärker auf den limited government-Gedanken ab, während Marshall dazu tendiert, das Prinzip der Schriftlichkeit der Verfassung in den Mittelpunkt zu rücken. Zwischen beiden Argumentationsmustern besteht indes ein enger innerer Zusammenhang, zumal sie ja beide – im Kern – jeweils auf eine Begrenzung der legislativen Rechtssetzungsmacht gerichtet sind.

[197] Siehe oben Kapitel 4, Text und Nachweise bei Fn. 322 ff.

[198] Siehe oben Kapitel 4, Fn. 319 mit begleitendem Text.

[199] Siehe oben Kapitel 4, Fn. 296 mit begleitendem Text.

[200] *S. Sherry*, in: M. Tushnet (Hrsg.), Arguing Marbury, 2005, S. 47 (54 a. E.).

[201] Vgl. auch die Einschätzung bei *Th. C. Grey*, 27 Stan. L. Rev. 707 n. 11 (1975); *Th. Halper*, 6 Brit. J. Am. Legal Stud. 154 (2017).

A. Die Entscheidung

Ob Marshalls Argumentation in der Gesamtbetrachtung mehr zu bieten hat als die schiere Summe ihrer Teile[202], ist schwierig zu beantworten. Auch wenn man dazu neigt, das richterliche Prüfungsrecht für verfassungspolitisch wünschenswert zu halten, kommt man nicht um die Feststellung herum, dass die Begründung jedenfalls in *Marbury* den einen oder anderen Defekt aufweist[203]. Zudem taugt *Marbury*, auch aller rhetorischen Brillanz des John Marshall zum Trotz, nicht unbedingt als Paradebeispiel für eine methodisch vollkommene juristische Argumentation. Der Umstand, dass die Entscheidung im Übrigen – jedenfalls nach heutigen Maßstäben – verfahrensfehlerhaft zu Stande gekommen ist[204], trägt nicht eben zu ihrer Überzeugungskraft bei. Wenn man *Marbury* etwas Positives abgewinnen will, dann am ehesten, dass die Entscheidung – zumindest aus Sicht der Historiographie[205] – einen doktrinären Meilenstein für die Entwicklung des modernen Verfassungsstaates gesetzt hat.

Dass Marshall seine Lehre vom richterlichen Prüfungsrecht nicht aus dem Stegreif kreiert hat, ist bereits mehrfach angesprochen worden. Die Parallelen insbesondere zu Hamiltons Ansatz sind unübersehbar. Unterschiede zwi-

---

[202] Dafür etwa *S. R. Olken*, 37 J. Marshall L. Rev. 400, 435, 439 (2004) ("in its entirety the decision transcends the sum of individual parts and thus underscores the genius of John Marshall's judicial statecraft."); vgl. aber auch die eher zurückhaltenden *W. W. Van Alstyne*, 1969 Duke L.J. 29; *W. Brugger*, Jus 2003, S. 320 (324).

[203] Sehr kritisch äußern sich etwa *M. J. Klarman*, 87 Va. L. Rev. 1117 (2001) ("Marbury's arguments in defense of judicial review are thoroughly unpersuasive"; "would [not] convince anyone who needed convincing"); *J. M. O'Fallon*, 44 Stan. L. Rev. 256 n. 129 (1992) ("The Weaknesses in Marshall's argument are notorious."); siehe aber auch *C. F. Hobson*, The Great Chief Justice, 1996, S. 57 f.

[204] Siehe oben, Fn. 80.

[205] 19 Entscheidungen des U.S. Supreme Court aus den Jahren 1857 bis 1893 haben Legislativakte des Kongresses für nichtig erklärt, keine der Entscheidungen zitiert dabei *Marbury* (*K. Roosevelt III/H. Khan*, 34 Const. Comment. 268 (2019)). Erst gegen Ende des 19. Jahrhunderts, zu einer Zeit, in der die Idee von der judikativen Suprematie beginnt, in der Rechtspraxis auf breiter Front Platz zu greifen (vgl. *B. Friedman*, in: M. Tushnet (Hrsg.), Arguing Marbury, 2005, S. 65 (68)), fängt der Supreme Court damit an, *Marbury* als Präjudiz für judicial review zu zitieren, siehe *Pollock v. Farmers' Loan & Trust Co.*, 157 U.S. 429, 554 (1895); vgl. dazu *D. M. Douglas*, 38 Wake Forest L. Rev. 375, 413, et passim (2003) ("*Marbury* has become 'great' because, over the years, proponents of an expansive doctrine of judicial review have needed it to assume greatness. ... After ninety years of relative insignificance as a decision associated with judicial review, *Marbury* became an important precedent for courts and commentators seeking to justify the exercise of judicial review."); ähnlich *K. Roosevelt III/H. Khan*, 34 Const. Comment. 267, et passim (2019); siehe außerdem etwa *S. Levinson*, 38 Wake Forest L. Rev. 554–559 (2003); *K. Newmyer*, 56 Wash. & Lee L. Rev. 841 (1999); *M. Schor*, 7 Wash. U. Global Stud. L. Rev. 262 (2008) ("*Marbury* did not become a famous case ... until the latter part of the nineteenth century when the Supreme Court began to flex its power of judicial review."); *ders.*, 87 Tex. L. Rev. 1473 (2009).

schen den beiden Stellungnahmen lassen sich allenfalls in Nuancen feststellen. Insbesondere dem Prinzip der Schriftlichkeit der Verfassung scheint in Marshalls Argumentationsgang stärkeres Gewicht zuzukommen als im Federalist #78[206]. Hamilton betont in seiner Abhandlung insbesondere die Volkssouveränität und die Eigenschaft der Verfassung als durch die Gerichte anzuwendendes Recht, ohne dabei die Bedeutung der schriftlichen Fixierung des normativen Gehalts der Verfassung in einer mit Marshalls Ausführungen vergleichbaren Weise zu unterstreichen. Marshall wiederum akzentuiert die Bedeutung der Volkssouveränität anders als Hamilton. Statt die normativen Gehalte der Verfassung gleichsam als „materialisierten Volkswillen"[207] zu überhöhen, argumentiert er auf einer nüchterneren Ebene, und bietet so, im Unterschied zu Hamilton, weniger Angriffsfläche für solche potentiellen Kritiker, die an der „Identitätsthese"[208] zweifeln, wonach der Wille des souveränen Volkes auch nach dem Akt der Verfassungsgebung als mit dem normativen Gehalt der Verfassung übereinstimmend anzusehen sei. (Dass der auf den ersten Blick einleuchtende Einwand, es handele sich bei der Identitätsthese um eine Irreführung, letztlich ins Leere läuft, ist oben bereits dargelegt worden[209].) Kritik ist aber insoweit berechtigt, als auch Marshalls Ausführungen die verfassungsimmanente Artikulation der Volkssouveränität durch die demokratisch legitimierten Repräsentationskörperschaften unberücksichtigt lassen – zwar äußere sich in der Gesetzgebung der Wille des Volkes, dieser sei aber nur derjenige einer vorübergehenden („transient") Mehrheit – die wahre Volkssouveränität werde allein durch den normativen Gehalt der Verfassung verkörpert[210].

Ein zweiter zentraler Kritikpunkt betrifft den Optimismus, oder, etwas drastischer ausgedrückt, die Naivität, mit der Marshall und auch Hamilton meinen – wahrscheinlich eher: wider besseres Wissen zu meinen vorgeben –, dass sich Recht und Politik bei der gerichtlichen Entscheidung von Verfassungsfragen ohne größere Schwierigkeiten auseinanderhalten lassen, die

---

[206] *Marbury v. Madison*, 5 U.S. (1 Cranch) 137, 177 (1803) ("This theory [according to which an act of the Legislature repugnant to the Constitution is void] is essentially attached to a written constitution.").

[207] So *M. Eberl*, Verfassung und Richterspruch, 2006, S. 256 (bezogen auf Hamilton).

[208] Vgl. Text und Nachweise oben Kapitel 3, Fn. 650 ff.

[209] Siehe oben Kapitel 3, Text bei Fn. 604 f.

[210] *E. T. Lee*, Judicial Restraint in America, 2011, S. 6 ("For Marshall, the reconciliation of judicial review with popular sovereignty was hardly an issue."); siehe außerdem bereits oben Kapitel 3, Text bei Fn. 622 ff.; zu der Frage, wie Marshalls Einstellung zum demokratischen politischen Prozess insgesamt beschaffen war, siehe *G. E. White*, 89 Va. L. Rev. 1569 (2003) ("Marshall was an opponent of democratic theory"), auf der einen, und *W. E. Nelson*, Marbury v. Madison, 2000, S. 59 ("he and his fellow Federalist justices, with the possible exception of Justice Chase, were not elitist antidemocrats"), auf der anderen Seite.

Ausübung verfassungsrechtsprechender Gewalt also „reine Rechtskontrolle" sei[211]. In seinen Ausführungen zum richterlichen Prüfungsrecht geht Marshall auf diesen Punkt nicht näher ein. Er äußert sich aber in derjenigen Passage seines Votums zur Unterscheidbarkeit von Recht und Politik, in der er sich mit der Frage nach der Statthaftigkeit des writ of mandamus beschäftigt (vgl. unten, III.2). Außerdem ignoriert Marshall die allfällige und unten näher zu erörternde Konstellation, dass die Verfassungsauslegung der Legislative sich nicht als eindeutig falsch, und diejenige des kontrollierenden Gerichts sich nicht als eindeutig richtig bezeichnen lässt[212]. Dass sich das Machtmissbrauch-Argument also auch umdrehen, und auf die Justiz beziehen lässt, erwähnt Marshall mit keinem Wort[213]. Diesen Aspekt hat Hamilton im Federalist #78 immerhin kursorisch behandelt[214].

III. Marbury und die Lehre von der richterlichen Zurückhaltung

Betrachtet man die *Marbury*-Entscheidung aus Sicht des judicial restraint-Gedankens, so ergibt sich ein mehrdeutiges Bild. In einer auf den ersten Blick hauptsächlich aktivistischen, „gerichtsexpansiven" Entscheidung lassen sich bei genauerem Hinsehen durchaus „Momente judizieller Zurückhaltung" (Winfried Brugger) ausmachen[215].

Ganz davon abgesehen, dass er in die Prüfung der Erfolgsaussichten in der Sache eingestiegen ist, obwohl die Klage bereits an der Entscheidungszuständigkeit des erkennenden Gerichts scheitert, hat Marshall das grundlegendste aller Gebote der Lehre von der richterlichen Zurückhaltung missachtet: Die durchaus sich eröffnende Möglichkeit, das Verfahren unter Aufrechterhaltung der entscheidungserheblichen einfachgesetzlichen Vorschrift (§ 13 des Judiciary Act von 1789) zu erledigen, hat er nicht ausgenutzt. Einen entsprechenden Lehrsatz, wonach der U.S. Supreme Court nach Mitteln und Wegen zu suchen habe, um einer Entscheidung über die Gültigkeit eines Legislativakts nach Möglichkeit aus dem Weg zu gehen, oder dessen Gültigkeit durch verfassungskonforme Auslegung aufrechtzuerhalten[216], hatte

---

[211] Vgl. *I. Ebsen*, Bundesverfassungsgericht, 1985, S. 104 ff.; dort auch die Bezeichnung dieser Konzeption von Verfassungsgerichtsbarkeit als „naiver Ansatz".
[212] *D. Alfange, Jr.*, 1993 Sup. Ct. Rev. 428–429.
[213] Vgl. auch *M. J. Klarman*, 87 Va. L. Rev. 1117 (2001); ferner *A. Bickel*, Least Dangerous Branch, 1962, S. 3 f.; *D. Alfange, Jr.*, 1993 Sup. Ct. Rev. 431–433.
[214] Siehe oben Kapitel 3, Text bei Fn. 689 ff.
[215] *W. Brugger*, Jus 2003, S. 320 (322); vgl. auch *W. Haller*, Supreme Court und Politik, 1972, S. 121; andere Beurteilung etwa bei *M. Stoevesandt*, Aktivismus und Zurückhaltung, 1999, S. 37 („durch und durch aktivistische Entscheidung").
[216] Vgl. *B. Enzmann*, Der demokratische Verfassungsstaat, 2009, S. 421; *W. Haller*, Supreme Court und Politik, 1972, S. 121.

Richter Louis Brandeis, einer der wichtigsten Fürsprecher des judicial restraint-Gedankens auf der Richterbank des U.S. Supreme Court überhaupt[217], anlässlich der Entscheidung in der Sache *Ashwander v. TVA* aus dem Jahr 1936 aufgestellt:

"The Court will not pass upon a constitutional question, although properly presented by the record, if there is also present some other ground upon which the case may be disposed of. ... Thus, if a case can be decided on either of two grounds, one involving a constitutional question, the other a question of statutory construction or general law, the Court will decide only the latter."[218]

Marshall hätte also, um der judicial restraint-Doktrin gerecht zu werden, zunächst einmal nach Wegen suchen müssen, das einfache Recht so zu interpretieren („statutory construction"), dass ein offener Widerspruch zwischen kongressionalem Statut und US-Bundesverfassung von vorneherein ausbleibt[219]. Ein möglicher Ansatz hätte darin bestanden, § 13 des Judiciary Act verfassungskonform dahin auszulegen, dass die writ of mandamus-Entscheidungskompetenz des U.S. Supreme Court vom Kongress als revisionsgerichtliche Zuständigkeit konzipiert war. Dann hätte die Klage unproblematisch abgewiesen werden können, ohne dass das Statut hätte verworfen werden müssen[220]. Das Gericht hätte die revisionsgerichtliche Zuständigkeit („appellate jurisdiction") in einem untechnischen Sinne auch weit interpretieren können, dann wäre die Klage wohl zulässig gewesen[221]. Plausibel erschiene auch, die verfassungsrechtliche Anordnung aus U.S. Const., Art. III, § 2, in der Weise zu deuten, dass der dort normierte Katalog der erstinstanzlichen Entscheidungsbefugnisse des U.S. Supreme Court gerade nicht als

---

[217] Siehe bereits oben Kapitel 1, Fn. 233 zu Brandeis, aber auch zu Frankfurter und Holmes, den wohl einflussreichsten Vertretern der Lehre von der richterlichen Zurückhaltung in der Geschichte des Gerichts.

[218] Siehe *Ashwander v. Tennessee Valley Authority*, 297 U.S. 288, 347 (1936) (Brandeis, J., concurring); dazu, mit Blick auf das *Marbury*-Votum, *W. W. Van Alstyne*, 1969 Duke L.J. 7; vgl. auch *E. T. Lee*, Judicial Restraint in America, 2011, S. IX, der das „credo" des judicial restraint als die „notion that federal courts must avoid deciding challenges to majoritarian action whenever possible" beschreibt.

[219] *N. Feldman/K. M. Sullivan*, Constitutional Law, 20. Aufl. 2019, S. 11; vgl. auch etwa *D. Alfange, Jr.*, 1993 Sup. Ct. Rev. 395; *W. W. Van Alstyne*, 1969 Duke L.J. 16; *W. Brugger*, Jus 2003, S. 320 (322 f.); *B. Ackerman*, Failure of the Founding Fathers, 2005, S. 192, meint: „It is child's play to construe the suspect statute in ways that avoid all constitutional doubt."; *M. J. Klarman*, 87 Va. L. Rev. 1123–1124 (2001) spricht von „legal gymnastics necessary to manufacture a conflict between the statute and the Constitution"; siehe außerdem die übrigen Nachweise oben in diesem Kapitel, Fn. 68.

[220] *N. Feldman/K. M. Sullivan*, Constitutional Law, 20. Aufl. 2019, S. 11; *W. W. Van Alstyne*, 1969 Duke L.J. 15–16.

[221] Siehe zu diesem Aspekt näher *W. E. Nelson*, Marbury v. Madison, 2000, S. 61 f.

abschließende Regelung beabsichtigt war[222]. Dann wäre § 13 des Judiciary Act nach der von Marshall zugrunde gelegten Interpretation, wonach die einfachgesetzliche Vorschrift eine erstinstanzliche Zuständigkeit des U.S. Supreme Court begründet, ohne weiteres mit der Verfassung vereinbar gewesen. Diese Ansätze waren jedoch für Marshall keine ernsthaften Optionen, sie hätten ihm den Weg zur Verwirklichung seiner beiden vermeintlich übergeordneten politischen Ziele verbaut, namentlich erstens zur politischen Maßregelung der Jefferson-Administration und zweitens zur Etablierung des judicial review[223].

Das ist die eine, oben als aktivistisch bzw. „gerichtsexpansiv" bezeichnete Seite des Falles. Auf der anderen Seite ist die Entscheidung aber auch durch den judicial restraint-Gedanken geprägt. Nicht umsonst behauptet etwa der US-Wissenschaftler Evan Lee, *Marbury* sei gleichermaßen Ursprung sowohl des judicial review als auch des judicial restraint[224]. Davon abgesehen, dass sich das Gericht ja letztlich doch für unzuständig erklärt und damit eine Entscheidung in der Sache vermieden hat[225], lassen sich innerhalb des *Marbury*-Votums zwei wichtige Bezugspunkte für die Lehre von der richterlichen Zurückhaltung ausmachen.

Zum einen ist auf die Trennung von Recht und Politik hinzuweisen, die in der derjenigen Passage der Entscheidung ausdrücklich angelegt ist, in der Marshall die Statthaftigkeit des writ of mandamus thematisiert (unten, 2.).

Zum anderen stellt sich die Frage, was eigentlich aus der „doubtful case rule" geworden ist (nachf., 1.). Die doubtful case rule muss ja nach den Ausführungen im 4. Kapitel als ganz wesentlicher doktrinärer Bestandteil der Normenkontrollentscheidungen angesehen werden, die bis hierhin im US-amerikanischen Frühkonstitutionalismus ergangen waren. Zudem galt sie auch späteren Generationen amerikanischer Verfassungsjuristen, allen voran dem bereits mehrfach erwähnten James Bradley Thayer[226], als Inbegriff des judicial restraint-Gedankens. Die Regel kann sich in der Zwischenzeit – so sollte man meinen – nicht einfach in Wohlgefallen aufgelöst haben.

---

[222] W. W. *Van Alstyne*, 1969 Duke L.J. 30–33; siehe auch *E. Wolf*, Verfassungsgerichtsbarkeit und Verfassungstreue, 1961, S. 38 f.
[223] Siehe *D. Alfange, Jr.*, 1993 Sup. Ct. Rev. 369; *J. M. O'Fallon*, 44 Stan. L. Rev. 252 (1992); *S. R. Olken*, 37 J. Marshall L. Rev. 429 (2004); *D. A. Strauss*, in: M. Tushnet (Hrsg.), Arguing Marbury, 2005, S. 38 (44); vgl. bereits *E. Corwin*, 9 Mich. L. Rev. 292 (1911).
[224] *E. T. Lee*, Judicial Restraint in America, 2011, S. 1.
[225] *K. Heller*, ÖZöR 39 (1988), S. 89 (92) („Sich für unzuständig zu erklären, ist eine extreme Form des judicial self restraint").
[226] *J. B. Thayer*, 7 Harv. L. Rev. 144 (1893); siehe bereits oben Kapitel 1, Text bei Fn. 273 f.

1. Marbury und die Doubtful Case Rule

In *Marbury* sucht man die doubtful case rule vergebens. Jedenfalls hat Marshall sie nicht ausdrücklich postuliert. Das ist insofern verwunderlich, als besagte Regel allem Anschein nach bis hierhin dem abgesicherten dogmatischen Kernbestand der judicial review-Doktrin zuzurechnen war[227], ruft man sich die Entscheidungen der Gerichte der Bundesstaaten und die Rechtsprechung des U.S. Supreme Court während der prä-Marshall-Ära in Erinnerung (oben, Kapitel 4). Aus dem Fehlen einer ausdrücklichen Rezitation der Regel sollte aber nicht der voreilige Schluss gezogen werden, dass sie in *Marbury* nicht gemeinsam mit der richterlichen Normenkontrollkompetenz zum „law of the land" geworden sei.

Unabhängig davon, ob man die unten vertretene Auffassung (nachf., a), wonach die doubtful case rule im *Marbury*-Votum stillschweigend vorausgesetzt ist, für zustimmungsfähig hält oder nicht, scheint immerhin ein Punkt außer Frage zu stehen: Dass das schlichte Nichterwähnen der Regel jedenfalls noch lange nicht gleichbedeutend ist mit der Aufhebung ihres normativen Status[228].

a) Nur implizite Inkorporation in Marbury

Nicht wenig spricht für die Annahme, dass der hinter der doubtful case rule sich verbergende „clear beyond doubt"-Kontrollstandard unausgesprochen in den Entscheidungsgründen des Urteils in der Sache *Marbury v. Madison* enthalten ist. Mindestens drei Argumente lassen sich für die These einer „impliziten Inkorporation" der doubtful case rule in Marshalls *Marbury*-Votum in Stellung bringen.

Erstens beruft sich Marshall in späteren Entscheidungen ausdrücklich auf die doubtful case rule. Das allein deutet schon darauf hin, dass die Regel ein gewichtiger Bestandteil auch in Marshalls Verfassungsjurisprudenz gewesen ist[229].

---

[227] Vgl. *D. Alfange, Jr.*, 1993 Sup. Ct. Rev. 348; *S. D. Griffin*, in: M. Tushnet (Hrsg.), Arguing Marbury, 2005, S. 110 f.; *E. Klein*, ZaöRV 34 (1974), S. 83 (109, dort mit Fn. 161). Sicherlich gab es verschiedene Lesarten der Regel. Zu einem vergleichsweise aggressiven Ansatz siehe *Kamper v. Hawkins*, 1 Va. Cas. (3 Va.) 20, 35–36 (Gen. Ct. 1793) (Roane, J.) ("I now think that the judiciary may and ought not only refuse to execute a law expressly repugnant to the Constitution; but also one which is, by a plain and natural construction, in opposition to the fundamental principles thereof."); siehe dazu auch etwa *J. Radabaugh*, 6 Am. J. Legal Hist. 66 (1962); *S. R. Olken*, 37 J. Marshall L. Rev. 406–407 (2004); *H. J. Powell*, 53 Alb. L. Rev. 295 (1989).

[228] So wohl auch *Ch. Green*, Clarity and Reasonable Doubt, 2015, S. 9 f.

[229] Dazu sogleich näher im Text bei Fn. 246 ff.

Zweitens entsprach die doubtful case rule, wie bereits erwähnt, der weitgehend anerkannten und von den Gerichten bis hierhin vertretenen Normenkontrolldogmatik. Wieso sollte ausgerechnet der gemäßigte, auf Ausgleich bedachte und pragmatische Marshall[230] aus diesem doktrinären Grundkonsens[231] ausbrechen, und das zu einem Zeitpunkt, zu dem sich sein Gericht ohnehin auf dem Rückzug befand? Jede unnötige Provokation der republikanisch beherrschten Staatsorgane, die gegenüber der Justiz offen feindselig[232] eingestellt waren, hätte ja mit einiger Wahrscheinlichkeit umgehend Repressalien nach sich gezogen. Opportun war eine Erweiterung des ‚scope of judicial review' gegenüber der hergebrachten clear beyond doubt-Praxis gewiss nicht[233], gerade in dieser kritischen Phase der Geschichte, in der sich das Gericht in erster Linie mit der Begrenzung derjenigen Schäden zu beschäftigen hatte, die der rechtsprechenden Gewalt des Bundes im Gefolge des Machtwechsels der Jahre 1800 und 1801 entstanden waren.

Nicht zuletzt drittens finden sich im Text der *Marbury*-Entscheidung selbst zumindest einige subtile Andeutungen der doubtful case rule. Hält man Ausschau nach diesen subtilen Andeutungen, wird man nach genauerer Betrachtung bei der Terminologie fündig, für die sich Marshall beim Abfassen seines *Marbury*-Votums entschieden hatte. Er wählt eine jedenfalls für das heutige Empfinden eher ungewöhnliche Formulierung, um zu beschreiben, unter welcher Voraussetzung ein Legislativakt als verfassungswidrig und daher als nichtig anzusehen sei:

"[A]n act of the legislature, *repugnant* to the constitution, is void."[234]

---

[230] *D. Engdahl*, 42 Duke L.J. 329–330 (1992); siehe auch die Charakterisierungen bei *W. E. Nelson*, 37 J. Marshall L. Rev. 350 (2004); *K. Newmyer*, 71 U. Colo. L. Rev. 1381 (2001) ("patience, sensitivity, and humility"); *S. R. Olken*, 37 J. Marshall L. Rev. 413, 415 (2004) ("pragmatic", "moderate").

[231] Vgl. *M. J. Klarman*, 87 Va. L. Rev. 1120–1121 (2001).

[232] Siehe nur das Jefferson-Zitat oben, Fn. 88.

[233] Vgl. aber *S. Snowiss*, Judicial Review, 1990, S. 123 ("Marshall single-handedly transformed judicial review from enforcement of explicit fundamental law against conceded violations into the open-ended exposition of supreme written law."); siehe zur Kritik auch *D. Alfange, Jr.* 1993 Sup. Ct. Rev. 335–349. Alfange weist m. E. zu Recht darauf hin (S. 344), dass Snowiss einen Fehler macht, wenn sie annimmt, die Gerichte hätten, wenn sie vor 1803 auf die doubtful case rule zurückgegriffen hatten, gleichzeitig zu verstehen gegeben, dass sie nicht über die Kompetenz verfügten, die Verfassung genauso auszulegen wie das einfache Recht (vgl. auch *W. R. Casto*, 62 Vand. L. Rev. 387 [2009]). Schon die Prüfung, ob ein Gesetz im Sinne der doubtful case rule eindeutig verfassungswidrig ist oder nicht, erfordert ja ein Mindestmaß an Verfassungsauslegung. Deshalb muss die Schlussfolgerung lauten, dass *Marbury* insoweit, abweichend von Snowiss' Einschätzung, gerade keinen revolutionären Neubeginn der judicial review-Praxis markiert.

[234] *Marbury v. Madison*, 5 U.S. (1 Cranch) 137, 177 (1803) (meine Hervorhebung).

Es ist alles andere als klar, was Marshall mit dem – in diesem Zusammenhang nicht mehr gebräuchlichen[235] – Attribut „repugnant" genau gemeint hat[236]. Klar ist nur, dass „repugnant to the constitution" jedenfalls so viel heißen kann wie „verfassungswidrig" („unconstitutional"). Unter Umständen verbirgt sich aber auch mehr dahinter, etwa ein spezifischer Kontrollstandard im Sinne der doubtful case rule, oder, übersetzt in die gegenwärtige Terminologie, eine dem rational basis test dem Wesen nach vergleichbare Kategorie[237,238].

„Repugnant" weist mehrere Konnotationen auf[239]. Man kann den Begriff im juristischen Kontext mit „zuwider sein", oder, etwas freier, mit „inkonsistent" oder „in Widerspruch zu etwas stehend" übersetzen[240]; dafür dürfte im Übrigen auch der lateinische Ursprung des Wortes sprechen. Dann handelt es sich zugestandermaßen eher um einen neutralen Tonfall. Nimmt man weitere in diversen Wörterbüchern auffindbare Übersetzungen in den Blick, neben „unvereinbar", „zuwiderlaufend" etwa auch „widerwärtig" oder „widerlich"[241], deutet sich an, dass die Verwendung des Begriffs in diesem Zusammenhang nicht unbedingt neutral erfolgt sein musste. Das Wort ist, zumal im untechnischen Laiengebrauch, tendenziell negativ besetzt[242] und könnte auch im vorliegenden juristischen Verwendungskontext über die von einer inhaltlichen Bewertung freie Bedeutungsvariante „zu etwas in Wider-

---

[235] Siehe *M. S. Bilder*, 116 Yale L.J. 504, 563 (2006) ("The word mainly appears in quotations of older court opinions."); dort mit Hinweis auf eine Ausnahme in *United States v. Booker*, 543 U.S. 220, 283 (2005) (Stevens, J., dissenting) (citing *Marbury v. Madison*).

[236] Siehe nochmals *M. S. Bilder*, 116 Yale L.J. 506, 512 (2006) ("simultaneous ambiguity and certainty of the phrase").

[237] *M. S. Bilder*, 116 Yale L.J. 505 (2006) spricht ausdrücklich von einem „repugancy standard [of judicial review for constitutionality]".

[238] Beim „rational basis test" des U.S. Supreme Court handelt es sich um eine Vertretbarkeitskontrolle (siehe oben Kapitel 4, Text bei Fn. 377).

[239] Siehe *J. W. Gough*, Fundamental Law, 1961, S. 36; *Th. Plucknett*, 40 Harv. L. Rev. 34 n. 17 (1926).

[240] Siehe Black's Law Dictionary, 6. Aufl. 1990, S. 1303.

[241] *D. von Beseler/B. Jacobs-Wüstefeld*, Law Dictionary, 4. Aufl. 1986, S. 1429.

[242] Vgl. zum untechnischen Sprachgebrauch im 19. Jahrhundert auch *N. Webster*, An American Dictionary of the English Language, Bd. II, 1828, Eintrag „Abhorrent". Dort benennt Webster „repugnant" als Synonym für „abhorrent" (= abscheulich); siehe aber *M. S. Bilder*, 116 Yale L.J. 513, 563 (2006), die darauf hinweist, die moderne Konnotation habe es in dieser Form jedenfalls im 17. Jahrhundert – als Edward Coke im *Bonham's Case* darauf zurückgriff (näher unten, Text bei Fn. 266 ff.) – noch nicht gegeben. Diese Behauptung scheint angesichts des Eintrags in Websters Wörterbuch angreifbar; ähnlich wie hier auch *R. H. Helmholz*, 1 J. Legal Analysis 340 (2009) (siehe nachfolgend Fn. 243); *Th. Plucknett*, 40 Harv. L. Rev. 34 n. 17 (1926) (siehe unten, Text bei Fn. 292).

spruch stehen" hinausreichen²⁴³. Man kann den Begriff so verstehen, als bringe er gegenüber der mit ihm bezeichneten Sache ein inhärentes Unwerturteil zum Ausdruck, denn, so ein zeitgenössisches Rechtswörterbuch, das „repugnant" eher neutral als „what is contrary to anything said before" erläutert:

"The Common Law abhors Repugnances, and all incongruities."²⁴⁴

Auf der einen Seite ist zuzugestehen, dass die im Lexikon auffindbare Definition eher für die neutrale Variante zu sprechen scheint. Auf der anderen Seite ergibt sich aus dem Wörterbuch aber auch, dass die Begriffe „repugnant" und „inconsistent" nicht vollständig deckungsgleich sind. Unter dem Eintrag „Indictment" ist folgendes zu lesen:

"If one material part of an Indictment is repugnant to *or* inconsistent with another, the whole is void."²⁴⁵

Die Autoren scheinen hier sogar von einem Alternativitätsverhältnis von „repugnant" und „inconsistent" auszugehen. Plausibler erscheint es, eine teilweise Überschneidung der beiden Begriffe anzunehmen²⁴⁶. Will man „repugnant" gewissermaßen als Steigerung von „inconsistent" verstehen, ist es nicht vollkommen abwegig, Marshalls Aussage in der Weise zu interpretieren, dass es unterschiedliche Grade an Verfassungswidrigkeit geben kann und dass jedenfalls aus richterlicher Perspektive ausschließlich solche Legislativakte als nichtig anzusehen sind, die in deutlichem Widerspruch zur Verfassung stehen, um nicht zu sagen: Nur solche Legislativakte sind als verfassungswidrig und gerichtlich aufhebbar anzusehen, die eindeutig oder ohne jeden Zweifel gegen die Verfassung verstoßen²⁴⁷. Zugespitzt formuliert: „Repugnant to the Constitution" bedeutet nicht nur „verfassungswidrig", es bedeutet, dass die Absichten der Legislative im Angesicht der einschlägigen verfassungsrechtlichen Direktiven nachgerade „abstoßend" erscheinen müssen, bevor die Gerichte überhaupt die Möglichkeit in Erwägung ziehen dürfen, einen Akt der Legislative dem Verdikt der Verfassungswidrigkeit preis-

---

²⁴³ Vgl. mit Blick auf Cokes Verwendung des „repugnant"-Begriffs im Bonham's Case *R. H. Helmholz*, 1 J. Legal Analysis 340 (2009) ("strong language").
²⁴⁴ Eintrag „Repugnant", in: *G. Jacob/T. E. Tomlins*, The Law-Dictionary, Bd. II, 11. Aufl. 1797; ebenso in einer einbändigen, von Giles Jacob allein bearbeiteten Vorauflage von 1739.
²⁴⁵ Eintrag „Indictment IV", in: *G. Jacob/T. E. Tomlins*, The Law-Dictionary, Bd. II, 11. Aufl. 1797.
²⁴⁶ Vgl. nochmals die Einträge „Repugnance"/„Repugnancy" und „Repugnant", in: *N. Webster*, An American Dictionary of the English Language, Bd. II, 1828.
²⁴⁷ So im Ergebnis auch *S. D. Griffin*, in: M. Graber/M. Perhac (Hrsg.), Marbury v. Madison, 2002, S. 61 (64).

zugeben[248]. Das scheint sich zu bestätigen, wenn man das Votum des oben bereits zitierten[249] Richters Spencer Roane in der Sache *Kamper v. Hawkins*, entschieden 1793 durch ein Gericht in Virginia, zum Vergleich heranzieht. Dort geht Roane, zehn Jahre nach *Commonwealth v. Caton* und zehn Jahre vor *Marbury*, von zwei unterschiedlichen Rechts- bzw. Verfassungswidrigkeitsbegriffen aus. Freilich entgegen der ‚herrschenden Meinung', die weiterhin von der Geltung der doubtful case rule ausging, schrieb er, dass er nach reiflicher Überlegung zu dem Schluss gekommen sei, dass Gesetze durch die Gerichte auch dann für unanwendbar erklärt werden dürften, wenn sie *nicht* eindeutig gegen die Verfassung verstießen. Die Prüfungs- und Verfwerfungskompetenz sei schon dann eröffnet, wenn nur der Gewährleistungsgehalt einer grundlegenden Verfassungsgarantie durch den Wortlaut der in Frage stehenden einfachgesetzlichen Regelung eindeutig berührt werde:

"My opinion, on more mature consideration, is changed in this respect, and I now think that the judiciary may and ought not only to refuse to execute a law expressly repugnant to the Constitution; but also one which is, by a plain and natural construction, in opposition to the fundamental principles thereof."[250]

Demnach muss zwischen „repugnant" und „in opposition to" unterschieden werden. Verfolgt man die Ursprünge der keineswegs einheitlichen Verwendung des „repugnance"-Begriffs in der anglo-amerikanischen Rechtsprechung und Rechtsgeschichte aus der Zeit vor *Marbury* über 1793 hinaus zurück, ergeben sich durchaus weitere Anhaltspunkte für diese Sichtweise. In der jüngsten Vergangenheit findet sich die Wendung „repugnant to the constitution" in § 25 des Judiciary Act von 1789[251]; vielleicht hat sich Marshall unter anderem und ironischerweise durch diese Norm, die sich in demselben Gesetz befindet, dessen § 13 er ja in *Marbury* einkassiert hatte, dazu inspirieren lassen, den Begriff gewissermaßen als „catch phrase" in das Votum einzubauen.

Außerdem greifen mehrere Einzelstaatsverfassungen, darunter diejenigen von Massachussetts (1780) und New Hampshire (1784), auf das Attribut „repugnant" zurück, um die Kompetenzgrenzen der gesetzgebenden Gewalt zu definieren. Gemäß dem Verfassungsrecht dieser Staaten verfügen deren Gesetzgebungskörperschaften über

---

[248] Siehe dazu ganz allgemein auch die Beschreibung des judicial restraint-Gedankens bei *R. Dworkin*, Taking Rights Seriously, 1977, S. 170 („[C]ourts should allow the decisions of other branches of government to stand, even when they offend the judge's own sense of principles required by the broad constitutional doctrines, except when these doctrines are so offensive to political morality that they would violate the provisions on any plausible interpretation.").

[249] Siehe oben Kapitel 3, Text bei Fn. 654 f.

[250] *Kamper v. Hawkins*, 3 Va. (1 Va. Cas.) 20, 35–36 (1793) (Roane, J.).

[251] 1 Stat. 85–87; Nachweis oben Kapitel 4, Fn. 241.

"full power and authority ... to make ... laws ... not repugnant or contrary to this constitution"[252].

Diejenigen Richter in New Hampshire, die den sog. „Ten Pound Act" im Jahr 1786 mehrfach für unanwendbar erklärt hatten[253], haben also anhand eines durch die geschriebene Verfassung selbst vorgegebenen „repugnance"-Kontrollstandards entschieden. Die Terminologie entspricht derjenigen Alexander Hamiltons aus dem Federalist #78[254]. Die Richter hielten das „repugnance"-Kriterium für erfüllt, weil der „Ten Pound Act" gegen den „manifesten Sinn der Verfassung" verstoßen hatte:

"[The New Hampshire judges in 1786] had stated clearly in their judgments from the outset their declaration that the Ten Pound Act was '*manifestly contrary* to the Constitution' and that, as a consequence, they must disregard it."[255]

Will man diese Schlüsselpassage aus der Ten Pound Act-Judikatur der Richter aus New Hampshire als Konkretisierung des durch die Staatsverfassung vorgegebenen repugnance-Maßstabs deuten, dann liegt es jedenfalls nicht fern, Marshalls eineinhalb Jahrzehnte später ergangene „an act, repugnant to the Constitution, is void"-Sentenz mit „ein Rechtsakt, der *offensichtlich* gegen die Verfassung verstößt, ist nichtig (und von den Gerichten nicht anzuwenden)" zu übersetzen.

In der jüngeren Vergangenheit taucht „repugnant" im Zusammenhang mit der Diskussion um das Ausmaß der kolonialen Normsetzungsbefugnisse und um ihr Verhältnis zu den Gesetzen des englischen Parlaments auf und kann dort sowohl im ‚neutralen' als auch im tendenziell ‚pejorativen' Sinne benutzt worden sein[256]. Auf amerikanischer Seite hat man, das überrascht

---

[252] Mass. Const., Pt. II, § 1, Art. 4 (1780); N. H. Const., Pt. II, Art. 5 (1784) ("not repugnant or contrary to this constitution"); ähnlich auch Georgia Const., § 317 (1789); nachgewiesen bei *J. Dalotto*, 14 U. Pa. J. Const. L. 1333 n. 159, 1336 (2012).
[253] Siehe oben Kapitel 4, Fn. 8.
[254] Siehe oben Kapitel 3, Fn. 577.
[255] So die Einschätzung bei *R. Lambert*, 43 N.H. B.J. 45, 53 (2002), der aus dem einschlägigen „Minute Book" des Rockingham County Inferior Court in Portsmouth für die Sitzungen im Mai 1786 zitiert (meine Hervorhebung). Die „manifestly contrary"-Passage wird auch bei *Ph. Hamburger*, Law and Judicial Duty, 2008, S. 427 ff., gleich in mehreren „Ten Pound Act"-Entscheidungen nachgewiesen. Hamburger zitiert auch aus dem „Minute Book" für Mai 1786. Er bezeichnet (S. 429) die Passage als „Standardformel".
[256] Siehe zu einem zeitgenössischen amtlichen Dokument, in dem der „repugnance"-Standard festschrieben ist, „Commission for Robert Hunter, Esq., to be ... Governor in Chief", 1709, in: J. R. Brodhead/E. B. O'Callaghan (Hrsg.), Documents Relative to the Colonial History of New-York, Bd. V, 1855, S. 92 (94) ("said Laws, Statutes and Ordinances are not to be *Repugnant*, but as near as may be agreeable to the Laws and Statutes of this our Kingdom of Great Britain." [meine Hervorhebung]); siehe bereits oben Kapitel 2, Fn. 179; zum Ganzen auch etwa *M. Schor*, 87 Tex. L. Rev. 1468 (2009), nach dessen Beobachtungen der Terminus „repugnant" aus der Praxis der kolonialen Gerichtsbarkeit

nicht, eher dazu geneigt, „repugnant" im letztgenannten Sinne zu interpretieren. Jeremiah Dummer etwa, Abgesandter der Kolonien Connecticut und Massachusetts am englischen Hof[257], notierte in seiner 1715 entstandenen Schrift „A Defence of the New-England Charters":

"[A] Law in the Plantations may be said to be repugnant to a law made in Great-Britain, when it flatly contradicts it."[258]

Will man sich auf eine vereinzelte Stimme aus der Sekundärliteratur verlassen[259], dann wurde der „repugnance"-Kontrollstandard seinerzeit derart interpretiert, dass geringfügige bzw. nicht eindeutig feststellbare koloniale Abweichungen von der maßstäblichen englischen Rechtsordnung solange hingenommen wurden, als es den Briten machtpolitisch opportun und aufgrund der besonderen Umstände in den Kolonien geboten erschien. Die äußere Grenze der Abweichungsbefugnis wurde in jedem Falle durch das „repugnance"-Kriterium markiert.

„Repugnant" nimmt außerdem einen festen Platz unter den Standardphrasen des für die Juristen der Zeit einflussreichen englischen Rechtslehrers William Blackstone ein[260]. Anders als mitunter behauptet wird, handelt es

---

stammt und im Zusammenhang mit der gerichtlichen Kontrolle von als Satzungen („corporate bylaws") bezeichneten Rechtsakten der kolonialen Vertretungskörperschaften verwendet worden sei (zum Privy Council oben Kapitel 2, Text bei Fn. 171 ff.); aus der Literatur des frühen 18. Jahrhunderts siehe *J. Dummer*, Defence of the New England Charters, 1721, S. 57, Vollzitat sogleich im Text bei Fn. 258. – Eine Lehrmeinung scheint sich bezogen auf die Bedeutung des „repugnant"-Standards im Zusammenhang mit der kolonialen Rechtsetzung nicht herausgebildet zu haben, vgl. etwa *Ph. Hamburger*, Law and Judicial Duty, 2008, S. 259 f., dort mit Fn. 7, S. 312, dort mit Fn. 68, der dem Bedeutungsgehalt von „repugnance" im Verhältnis zu „contradiction" einen „slightly broader degree of incompatibility" zuschreiben will – allerdings trägt er seine Gründe eher zögerlich vor. Wohl zu Recht, denn nimmt man die zitierte „Commission for Robert Hunter" in den Blick, scheint vielleicht eher ein „higher degree of incompatibility" nahe zu liegen. Man könnte die Passage etwa folgendermaßen paraphrasieren: Klare Widersprüche zum höherrangigen Recht sollen vermieden werden, im Übrigen haben sich die kolonialen Gesetze so gut es eben geht in die englische Rechtsordnung einzufügen.

[257] Siehe zur Biographie *N. N.*, Eintrag „Jeremiah Dummer", in: Britannica Academic, online, Stand Februar 2009: academic.eb.com/levels/collegiate/article/Jeremiah-Dummer/31438, letzter Zugriff am 23. September 2020 (Zugangslizenz erforderlich).

[258] *J. Dummer*, Defence of the New-England Charters, 1721, S. 57 (ohne Hervorhebungen).

[259] *S. H. O'Connor/M. S. Bilder*, 104 Law Libr. J. 85 (2012); anders wohl noch *M. S. Bilder*, 116 Yale L.J. 513–515 (2006), die dort noch eher dazu zu neigen schien, dem „repugnance"-Begriff im Zusammenhang mit der kolonialen Rechtssetzung eine neutralere Konnotation – etwa im Sinne eines „einfachen" Widerspruchs – zuzuschreiben.

[260] *W. Blackstone*, Commentaries on the Laws of England, Bd. I, 1765, hrsg. von S. Katz, 1979, S. 105, dort im Zusammenhang mit der Rechtsetzungskompetenz der Kolonien; in anderem Zusammenhang dort S. 59, 269, 411, et passim.

sich jedoch nicht (ausschließlich) um ein „Blackstonian Idiom"[261]. Die begriffsgeschichtlichen Ursprünge reichen weiter zurück, mindestens ins späte 16. Jahrhundert und darüber hinaus bis ins Mittelalter[262].

In einem englischen Lehrbuch über die Gesetzesauslegung, vermutlich vor 1571 erschienen[263], wirft der anonyme Autor die Frage auf, wie zu verfahren sei,

"yf the wordes of an estatute be contraryant or repugnant, what is there then to be saide?"[264]

Die Antwort lautet, dass eine „repugnance" zunächst durch Auslegung behoben werden muss. Falls sie sich nicht durch Auslegung beheben lässt, dann ist, so der Autor, „the thynge repugnant voide"[265]. Ein anderes Lehrbuch der Zeit verzichtet darauf, „repugnant" ausdrücklich als Maßstab für die Entscheidung über die Gültigkeit einer Rechtsnorm zu benennen, stattdessen heißt es:

"[I]f the words and mind of the law be *clean contrary*, that Law or Statute is void."[266]

Sir Edward Coke, dessen Jurisprudenz in Amerika, anders als in England, weiterhin hoch im Kurs stand[267], kann vielleicht nicht als Urheber des Be-

---

[261] *J. O'Neill*, MLR 65 (2002), S. 792 (796).
[262] *M. S. Bilder*, 116 Yale L.J. 513 nn. 37–38, 514–515 nn. 42–50 (2006), m. w. N.
[263] Siehe *S. E. Thorne*, in: ders. (Hrsg.), Discourse upon the Exposicion & Understandinge of Statutes, Introduction, 1942 (Ndr. 2003), S. 11.
[264] *N. N.*, in: S. E. Thorne (Hrsg.), Discourse upon the Exposicion & Understandinge of Statutes, Introduction, 1942 (Ndr. 2003), S. 132.
[265] *N. N.*, in: S. E. Thorne (Hrsg.), Discourse upon the Exposicion & Understandinge of Statutes, Introduction, 1942 (Ndr. 2003), S. 133; *I. Williams*, 27 J. Legal Hist. 117 (2006).
[266] *C. Hatton*, Treatise Concerning Statutes, 1677, S. 18 f.; vgl. aber auch S. 44 f. ("Sometimes Statutes are expounded by Equities, because, Law and Reason, repugn to the open sense of the words, and therefore they are reformed to consonance of Law and Reason."). Das Werk ist vermutlich zwischen 1576 und 1591 entstanden; siehe zum Hintergrund näher *I. Williams*, 27 J. Legal Hist. 117 n. 28 (2006).
[267] Alexander Hamilton etwa bezeichnete Coke als „großartige Koryphäe der Jurisprudenz"; siehe *A. Hamilton*, Rede in der New York Assembly vom 6. Februar 1787, in: The Works of Alexander Hamilton, Bd. VIII, 1904, hrsg. von H. C. Lodge, S. 29; vgl. aus der Literatur *N. Chapman/M. McConnell*, 121 Yale L.J. 1681 (2012) ("[Coke's] influence on early American lawyers was unparalleled"); *A. E. Howard*, 94 N.C. L. Rev. 1416 (2016) (mit Blick auf Blackstone: "totally different concepts of the constitution"). Bemerkenswert ist, dass Coke selbst wohl nie für die Proliferation seiner Verfassungsdoktrin über die Grenzen Englands hinaus eingetreten ist (siehe *D. J. Hulsebosch*, 21 Law & Hist. Rev. 445–446 [2003]), obwohl er an der Ausarbeitung der Virginia Charter von 1606, die den Abkömmlingen der Siedler dieselben Rechte zusicherte wie englischen Untertanen, jedenfalls beteiligt gewesen sein soll (siehe etwa *A. E. Howard*, The Road from Runnymede, 1968, S. 18; *N. Vincent*, Magna Carta, 2012, S. 93; zurückhaltend mit Blick auf Cokes Einfluss *M. S. Bilder*, 94 N.C. L. Rev. 1558–1564 (2016)).

griffs im Sinne eines terminus technicus gelten, aber immerhin kann er als transatlantischer Bote des hinter „repugnant" sich verbergenden Sinngehalts angesehen werden[268]. Auch er hatte den Begriff bemüht, um zu beschreiben, unter welchen Voraussetzungen die Statuten des englischen Parlaments durch das common law derogiert, oder – in Cokes eigenen Worten – „kontrolliert" werden. Das common law kann wahlweise verstanden werden als „transpositives", zwischen Natur- und geschriebenem Recht vermittelndes Recht, als Summe der historisch gewachsenen Fundamentalgesetze des englischen Königreichs oder als Inbegriff des (gottgegebenen) Naturrechts[269].

"And it appeareth in our Books, that in many Cases, the Common Law doth controll Acts of Parliament, and somtimes shall adjudge them to be void: for when an Act of Parliament is against Common right and reason, *or repugnant*, or impossible to be performed, the Common Law will controll it, and adjudge such Act to be void."[270]

Marshall war mit Cokes Lehre vertraut, er kannte natürlich auch den *Bonham's Case*. Dafür sprechen schon die Ähnlichkeiten in der Ausdrucksweise. Marshall schreibt – offenbar angelehnt[271] an Cokes gerade zitierte Sentenz:

"It is a proposition too plain to be contested, that the constitution *controls* any legislative act *repugnant* to it."[272]

Die terminologischen Anleihen sind unübersehbar. Marshall befreit Cokes aus heutiger Sicht etwas umständlich formulierte Doktrin von vermeintlich überflüssigem Ballast und reduziert sie auf das „repugnance"-Kriterium. Zu-

---

[268] Siehe *N. Feldman*, 148 Proc. Am. Phil. Soc'y 29–30 (2004) ("Coke ... seems to have brought these terms ['repugnant' and 'void'] into the vocabulary of English-speaking lawyers.").

[269] Siehe *Calvin's Case*, 7 Coke Rep. 1, 12b, 77 Eng. Rep. 377, 392 (1609) ("The law of nature is that which God at the time of creation of the nature of man infused into his heart, for his preservation and direction; and this is *lex aeterna*, the moral law, called also the law of nature."); vgl. *W. Berns*, 1982 Sup. Ct. Rev. 57; *E. Corwin*, 42 Harv. L. Rev. 369–370 (1929); speziell zum Verhältnis von common law und Naturrecht bei Coke siehe die teils erheblich divergierenden Einschätzungen bei *J. W. Gough*, Fundamental Law, 1961, S. 44 ("Coke and a number of others in the seventeenth century exalted the common law, and indeed sometimes referred to it as fundamental or identified with the law of nature."); *N. Chapman/M. McConnell*, 121 Yale L.J. 1691 (2012) ("Coke knew the difference between the 'law of nature' and the common law."); *R. H. Helmholz*, 1 J. Legal Analysis 333–334 (2009); *K. Kluxen*, Parlamentarismus, 1983, S. 55 f.

[270] *Dr. Bonham's Case*, 8 Coke Rep. 107, 118a; 77 Eng. Rep. 638, 652 (1610) (meine Hervorhebung).

[271] Vgl. allgemein *Th. Halper*, 6 Brit. J. Am. Legal Stud. 149 (2017) ("Perhaps most obviously, Marshall's voice, like all voices, was intertextual, in that it revoices words and phrases and utterances from earlier writers. He did not create his own language, but rather used what others had created, reinforcing this, altering that, and in this way entering into a kind of dialogue with them.").

[272] *Marbury v. Madison*, 5 U.S. (1 Cranch) 137, 177 (1803) (meine Hervorhebung).

dem ersetzt er das common law durch die Verfassung. Danach können eigentlich keine ernsthaften Zweifel daran verbleiben, dass Marshall den *Bonham's Case* als Inspirationsquelle herangezogen hat. Selbst der letzte Skeptiker wird einzugestehen haben: Um mit Cokes Lehre oder dem, was man dafür hielt, vertraut zu sein, musste man im Amerika des späten 18. Jahrhunderts kein Pandektist sein, wie Marshall einer war. Das zeigt nicht zuletzt die oben bereits zitierte, und im Übrigen wohl auch auf Laien zurückgehende Passage aus einer Resolution der kolonialen Vertretungskörperschaft von Massachusetts aus den 1760er Jahren, die sich, streng juristisch gesehen wahrscheinlich in unzutreffender Weise, aber doch ausdrücklich auf „Lord Coke" und dessen aus dem *Bonham's Case* überlieferte Doktrin beruft[273].

An Cokes Sentenz erscheint bemerkenswert, dass er die Voraussetzung „repugnant" im Unterschied zu Marshall nicht attributiv verwendet, also nicht in Relation zum höherrangigen Recht setzt – dafür benutzt Coke „against common right and reason"[274] –, sondern als alleinstehendes, den Maßstab schon in sich selbst tragendes Kriterium[275]. Wie dieser Maßstab im zeitgenössischen Kontext genau beschaffen war, darüber herrscht offenkundig nur in dem Punkt Einigkeit, dass Coke sehr strenge Anforderungen an die Ausübung der – bei ihm schon in ihrer kompetenzrechtlichen Kontur äußerst unscharfen[276] – richterlichen Normverwerfungsbefugnis aufstellt.

"Repugnance may simply be another way of saying that something is against common right and reason, or perhaps it introduces a new category altogether."[277]

(Zusätzliche) Verwirrung stiftet eine Aussage des Lordkanzlers Sir Thomas Egerton alias „Lord Ellesmere" aus dem Jahr 1616 – dem Jahr, in dem Coke

---

[273] Siehe R. Kemp (Hrsg.), Documents of American Democracy, 2010, S. 13 ("[T]he Act of Parliament is against the Magna Carta and the natural rights of Englishmen, and therefore, according to Lord Coke, null and void."); siehe bereits oben Kapitel 3, Text bei Fn. 411 und in diesem Kapitel, Fn. 180.

[274] Vgl. *I. Williams*, 27 J. Legal Hist. 123 (2006) ("Coke's wording does suggest that 'common right and reason', 'impossible to be performed' and 'repugnant' were not necessarily cumulative, but could be alternative."); siehe aber auch die Übersetzung der Passage ins Deutsche bei *Ch. Starck*, in: ders./A. Weber (Hrsg.), Verfassungsgerichtsbarkeit in Westeuropa, 1986, S. 11 (17) (vgl. oben Kapitel 3, Text bei Fn. 383), der „repugnant" in der deutschen Version auslässt – entweder, weil er Cokes Aufzählung als Kumulation aufgefasst hat, oder weil er keine passende deutsche Vokabel hat finden können.

[275] In anderem Zusammenhang, nämlich bei der Rechtmäßigkeitskontrolle von Satzungen, verwendet Coke „repugnant" allerdings schon im Sinne Marshalls; siehe etwa *Chamberlain of London's Case*, 5 Coke Rep. 62b, 63a; 77 Eng. Rep. 150, 151 (1590) ("[A]ll such ordinances, constitutions, or by-laws ... which are contrary or repugnant to the laws or statutes of the realm are void and of no effect."); vgl. *M. S. Bilder*, 116 Yale L.J. 527–528 (2006).

[276] Siehe oben Kapitel 3, Text und Nachweis insbesondere bei Fn. 47.

[277] *N. Feldman*, 148 Proc. Am. Phil. Soc'y 31 (2004).

seinen Platz auf der King's Bench räumen musste[278]. Ellesmere hielt während der Amtseinführung von Cokes Nachfolger am Court of King's Bench eine Rede, in der Ellesmere, an den neuen Richter, Sir Henry Montagu, gewandt, ausführte:

"He [your grandfather[279]] challenged not power for the Judges of this Court to correct all misdemeanors as well extrajudicial as judicial, nor to have power to judge Statutes and Acts of Parliament to be void, if they conceived them to be against common right and reason; but left the King and the Parliament to judge what was common right and reason. I speak not of impossibilities or *direct* repugnances."[280]

Nicht wenige Beobachter lesen in dieser Passage eine direkte Kritik an Cokes *Bonham's Case*-Judikatur[281]. Es ist hier nicht der Ort, die Einzelheiten der vertrackten englischen Justizgeschichte des frühen 17. Jahrhunderts zu diskutieren[282]. Auffällig ist dennoch, dass Ellesmere Coke insoweit folgen will, als dieser im *Bonham's Case* eine gerichtliche Kontrollkompetenz gegenüber Parlamentsgesetzen für Fälle praktischer Unmöglichkeit oder eben für „[directly] repugnant statutes" – was auch immer genau damit gemeint ist – beansprucht[283].

Man kann es aber natürlich auch anders wenden und behaupten, Ellesmere habe Montagu einschärfen wollen, dass Coke mit seiner Lehre, soweit sie auch „Recht und Vernunft" („common right and reason") – „indirect repugnances" in Ellesmeres Terminologie – zum Maßstab der richterlichen Prüfung erklärt, eindeutig über das Ziel hinausgeschossen sei[284]. Jener offenbar mit dem Natur- bzw. Vernunftrecht identifizierte Prüfungsmaßstab[285]

---

[278] Siehe *Ch. M. Gray*, 116 Proc. Am. Phil. Soc'y 51 n. 30 (1972). – Zum vergleichsweise unrühmlichen Ende der Justizkarriere des Sir Edward Coke siehe näher *J. Baker*, Irish Jurist, N.F., Bd. 4 (1969), S. 368 ff., insbes. S. 387 f. ("[T]he whole affair was calculated to humiliate Coke as much as possible.").

[279] Henry Montagus Großvater hatte zwischen 1545 und 1553 den Posten des Chief Justice of the Common Pleas inne; dieselbe Position, die Coke besetzt hatte, als er 1610 den *Bonham's Case* entschied.

[280] The Lord Chancellors Speech to Sir Henry Montague, When He Was Sworn Chief Justice of the Kings-Bench, Moore (K. B.) 828; 72 Eng. Rep. 932 (1616) (meine Hervorhebung).

[281] Siehe *R. H. Helmholz*, 1 J. Legal Analysis 340 (2009); *R. MacKay*, 22 Mich. L. Rev. 229 (1924) ("quite evidently a hit at Coke").

[282] Siehe näher *J. Baker*, Irish Jurist, N.F., Bd. 4 (1969), S. 368 ff.

[283] *B. A. Goldberg*, 12 Pac. L. J. 635–636 (1981) ("a proposition acceptable even to his implacable critic Lord Ellesmere"); vgl. *I. Williams*, 27 J. Legal Hist. 123 (2006) ("Ellesmere's only partial condemnation of *Bonham's Case*").

[284] *Ch. M. Gray*, 116 Proc. Am. Phil. Soc'y 51 (1972); siehe ferner die in Fn. 281 bereits zitierten Arbeiten von Richard Helmholz und Robert MacKay.

[285] Vgl. *E. Corwin*, 42 Harv. L. Rev. 370 (1929) ("'Common right and reason' is, in short, something fundamental; it is higher law.").

A. Die Entscheidung

bleibt bei Ellesmere dem Zugriff der Krone und des „High Court of Parliament"[286] vorbehalten[287].

Nimmt man die postrevolutionäre englische Rechtsprechung des 18. Jahrhunderts in den Blick, in der noch einige letzte doktrinäre ‚Zuckungen' der Lehre des Sir Edward Coke aus dem *Bonham's Case* erkennbar werden[288], scheint vor allem der *Duchess of Hamilton Case* ein wichtiger Referenzpunkt für den repugnance-Begriff zu sein. Dort argumentierte der Anwalt Thomas Powys, dass es aufgrund einschlägiger Präjudizien[289] durchaus denkbar sei, dass ein naturrechtswidriger Legislativakt von den Gerichten als nichtig angesehen und auch so behandelt werden müsse. Schließlich sei das Naturrecht unabänderlich und höchstrangiges Gesetz, behauptet Powys, und zitiert die Aussage des Nachfolgers Edward Cokes am Court of Common Pleas, Chief Justice Henry Hobart, aus einem Fall aus dem Jahr 1614[290]: „Jura Naturae sunt immutabilia, sunt leges legum". Aber, so Powys weiter, die Option, einen Akt des Parlaments für nichtig zu erklären, sei nur in „sehr klaren Fällen" überhaupt in Betracht zu ziehen. Die Richter würden sich zunächst „alle Mühe" geben („strain hard"), bevor sie auf die Idee kämen, ein Gesetz für als von vorneherein ungültig zu erklären[291]. Ohne allzu hohen Interpretationsaufwand betreiben zu müssen – Powys benennt als Voraussetzung für die Aktivierung der Normverwerfungskompetenz einen „sehr klaren Fall" – kann man diese Ausführungen als Plädoyer für einen Kontrollstandard auffassen, der demjenigen, der in der doubtful case rule enthalten ist, im Wesentlichen entsprechen dürfte.

---

[286] *Ch. McIlwain*, The High Court of Parliament, 1910; siehe bereits oben Kapitel 3, Text bei Fn. 40.

[287] *S. E. Thorne*, 54 L. Q. Rev. 551 (1938); vgl. *J. H. Baker*, English Legal History, 4. Aufl. 2011, S. 210; *R. Berger*, 117 U. Pa. L. Rev. 540 (1960); *E. Corwin*, 42 Harv. L. Rev. 374 (1929).

[288] Vgl. *Th. Plucknett*, 40 Harv. L. Rev. 55–56 (1926), bezogen auf *City of London v. Wood*, 88 Eng. Rep. 1592, 1602; 12 Mod. 669, 687–688 (Mayor's Court, 1701). Dort bezeichnet der Vorsitzende Richter, John Holt, Cokes Lehre aus dem Bonham's Case als ein „very reasonable and true saying", um sich anschließend doch auf die Parlamentssouveränität zurückzuziehen ("[A]n Act of Parliament can do no wrong, though it may do several things that look pretty odd."); siehe auch *Rex v. Earl of Banbury*, 90 Eng. Rep. 231, 236; Skinn. 517, 526–527 (1694) ("[T]hey [the judges] adjudge things of as high a nature every day; for they construe and expound Acts of Parliament, and adjudge them to be void.").

[289] Er bezieht sich auf *Day v. Savadge*, 80 Eng. Rep. 235, 237 (K.B., 1614) (Hobart, C.J.) ("[E]ven an Act of Parliament, made against natural equity … is void in it self, for jura naturae sunt immutabilia, and they are leges legum.").

[290] Siehe oben, Fn. 289.

[291] *Thornby, on the Demise of the Duchess of Hamilton v. Fleetwood*, 88 Eng. Rep. 651, 653; 10 Mod. 114, 115 (Common Pleas, 1712).

Kapitel 5: Marbury v. Madison

Hinsichtlich der Frage, was Coke mit „repugnant" genau gemeint hat, ist in der historischen Forschung kein belastbarer Konsens in Sicht. Während der amerikanische Autor Theodore Plucknett behauptet, der Sinngehalt von „repugnant" erschöpfe sich in der Bedeutung von „in den Augen des Gerichts unerfreulich" bzw. „widerwärtig" („distasteful to the court")[292], insistiert der britische Historiker John Wiedhofft Gough:

„Wir müssen es sicherlich noch ernster nehmen als das."[293]

Will man sich dem Urteil dieser Beobachter anschließen[294], dann ist es schon nach der (zurückhaltenderen) Interpretation Plucknetts gewiss nicht abwegig, anzunehmen, dass Marshall, wenn er Coke richtig rezipiert hat, „repugnant" nicht im eher neutralen Sinne als „im Widerspruch zu etwas stehend", sondern in der oben bereits erläuterten negativen Bedeutung („abstoßend", „widerwärtig", usw.) oder eben im Sinne Thomas Powys' synonym für den normativen Gehalt der doubtful case rule verstanden wissen wollte.

Marshall hat sich im Übrigen bewusst für „repugnant" statt für die im zeitgenössischen praktischen Gebrauch vielleicht sogar üblicheren[295] „against"[296], „inconsistent with"[297], „contrary to"[298] oder „in violation of"[299] ent-

---

[292] *Th. Plucknett*, 40 Harv. L. Rev. 34 n. 17 (1926).

[293] *J. W. Gough*, Fundamental Law, 1961, S. 36 ("we must surely take it more seriously than that.").

[294] Andere Einschätzung etwa bei *S. E. Thorne*, 54 L. Q. Rev. 549 (1938) ("A repugnancy, then, is a contradiction; it occurs when a statute provides one thing, and then through oversight perhaps, its opposite."); etwas unklar, und wohl tendenziell anders *R. Vollmer*, Gesetzeskontrolle, 1969, S. 107 (schlägt Übersetzung mit „unvernünftig" oder „absurd" vor); tendenziell wie hier *J. McGinnis*, 84 Geo. Wash. L. Rev. 895 (2016); vgl. auch *R. H. Helmholz*, 1 J. Legal Analysis 337 (2009) (definiert „repugnant" als „contrary to the very nature of legal process").

[295] In den oben (Kapitel 4) diskutierten Fällen taucht „repugnant" dem Anschein nach nur in *Commonwealth v. Caton* und andeutungsweise in der – womöglich tendenziösen – Berichterstattung James Varnums über *Trevett v. Weeden* auf, siehe "Edmund Pendleton's Account of the 'Case of the Prisoners'," 1782, in: D. Mays (Hrsg.), Letters and Papers of Edmund Pendleton, Bd. II, 1967, S. 416 (417) (Zitat oben Kapitel 4, Text bei Fn. 56); *J. M. Varnum*, The Case Trevett Against Weeden, 1787, S. 27. Der Begriff schien einigermaßen fest etabliert gewesen zu sein – allerdings im Sinne eines klaren Normwiderspruchs. In der Verfassungsdebatte benutzte der Delegierte Rufus King „repugnant" im Zusammenhang mit der richterlichen Gesetzeskontrolle, siehe M. Farrand (Hrsg.), Records of the Federal Convention of 1787, Bd. 1, 1911, S. 109; vgl. auch *J. Wilson*, Lectures on Law, Kap. XI, 1791, in: The Collected Works of James Wilson, Bd. I, hrsg. von K. L. Hall/M. D. Hall, 2007, S. 742; *J. Kent*, Commentaries on American Law, Bd. I, 1826, S. 293 f.

[296] James Otis im *Writs of Assistance Case*, 1761, in: Ch. F. Adams (Hrsg.), The Works of John Adams, Bd. II, 1856, S. 521, 525 a. E. (siehe oben Kapitel 3, Text bei Fn. 355 ff.).

[297] Brutus XV, 1788, in: H. J. Storing (Hrsg.), The Complete Anti-Federalist, Bd. 2, 1981, S. 440.

[298] *Hylton v. United States*, 3 U.S. (3 Dall.) 171, 175 (1796) (Chase, J.); Publius (*A. Ha-*

schieden – er verwendet den Begriff im Verlauf seiner Argumentation insgesamt fünf Mal[300]. Es ist nur schwer vorstellbar, dass es sich dabei um einen Zufall handelt, insbesondere dann, wenn man bedenkt, dass die (meisten) Richter ihre Worte auch vor 200 Jahren schon mit einiger Sorgfalt ausgesucht haben[301] und dazu noch die rhetorische Brillanz in Rechnung stellt, die Marshall allenthalben bescheinigt wird[302].

Das so beschaffene Verständnis des repugnance-Begriffs scheint sich schließlich und vor allem auch dann zu bestätigen, wenn man den Gesamtzusammenhang der *Marbury*-Argumentation in den Blick nimmt. Marshall benennt insgesamt vier hypothetische Verstöße gegen Verfassungsnormen, denen ohne weiteres das Prädikat „zweifellos verfassungswidrig" im Sinne von „repugnant" verliehen werden kann: (1) Verstoß gegen das Verbot der Besteuerung der Warenausfuhr, (2) Verstoß gegen das Verbot rückwirkender (Straf-[303])Gesetzgebung, (3) Bill of Attainder-Verbot und schließlich (4) eine Missachtung des Gebots, dass wegen (Hoch-)Verrats nur derjenige verurteilt werden darf, gegen den entweder mindestens zwei Zeugenaussagen vorliegen, oder derjenige, der in öffentlicher Sitzung ein Geständnis ablegt[304]. Es ist unschwer erkennbar, dass keine der genannten Verfassungsgarantien einer allzu ausgeklügelten Interpretation bedarf, um einen gerichtlich handhabbaren Maßstab für die Normenkontrolle zu liefern. Legislative Verstöße gegen diese Normen bieten in der Tat Paradebeispiele für die von Marshall so bezeichneten „acts, repugnant to the Constitution"[305]. Es ist natürlich kein Zufall, dass die von Marshall ins Spiel gebrachten Normen allesamt und ausschließlich Regeln, nicht aber Prinzipien enthalten[306].

In *Fletcher v. Peck*, einer Entscheidung aus dem Jahr 1810, in der es um die Vereinbarkeit eines Gesetzes des Staates Georgia mit der US-Bundesverfassung ging, präzisiert Marshall seine in *Marbury* getroffenen Aussagen. Er

---

milton), The Federalist #78, 1788, in: C. Rossiter (Hrsg.), The Federalist Papers, 1961, S. 465 (auf S. 467 spricht Hamilton aber auch von einer „repugnancy").

[299] *Hylton v. United States*, 3 U.S. (3 Dall.) 171, 175 (1796) (Chase, J.).
[300] *Marbury v. Madison*, 5 U.S. (1 Cranch) 137, 176, 177 (x3), 180 (1803).
[301] Siehe *N. Feldman*, 148 Proc. Am. Phil. Soc'y 31 (2004) ("we can be certain there is no coincidence"); *M. Schor*, 87 Tex. L. Rev. 1468 (2009) ("it is no accident that Marshall used the term 'repugnant' in Marbury").
[302] Statt vieler etwa *Th. Halper*, 6 Brit. J. Am. Legal Stud. 147 (2017); *S. R. Olken*, 37 J. Marshall L. Rev. 392, 416 (2004).
[303] *Calder v. Bull*, 3 U.S. (3 Dall.) 386 (1798); siehe außerdem oben Kapitel 4, Text bei Fn. 249 f.
[304] *Marbury v. Madison*, 5 U.S. (1 Cranch) 137, 179 (1803); vgl. oben bei Fn. 136 ff.
[305] Siehe *W. R. Casto*, 62 Vand. L. Rev. 391 (2009); *Th. Grey*, 27 Stan. L. Rev. 707 (1975); *M. J. Klarman*, 87 Va. L. Rev. 1121 (2001); *A. Mason*, Supreme Court, 1962, S. 94.
[306] Zu entsprechenden „Regeln" des deutschen Verfassungsrechts siehe *R. Alexy*, Der Staat 54 (2015), S. 201 (202) (Art. 102, 104 Abs. 2 S. 3 GG; Art. 13 Abs. 3–6 GG).

beschreibt unter anderem, was er sich unter dem Begriff „repugnance" vorstellt:

"The opposition between the Constitution and the law should be such that the judge feels a clear and strong conviction of their incompatibility with each other."[307]

Keinesfalls dürfe ein Gesetz aufgrund einer „schwachen Inferenz" oder allein aufgrund einer „vagen Mutmaßung" für unanwendbar erklärt werden[308]. Marshall definiert in *Fletcher* folgende Entscheidungsregel für die Beurteilung der Verfassungsmäßigkeit eines Legislativakts:

"The question, whether a law be void for its repugnancy to the constitution, is, at all times, a question of much delicacy, which ought seldom, if ever, to be decided in the affirmative, in a *doubtful case*."[309]

In *Fletcher* zitiert Marshall die doubtful case rule also ausdrücklich. Vergleichbare Stellungnahmen Marshalls finden sich in *Dartmouth College v. Woodward*[310] und *Brown v. Maryland*[311]; auch die Entscheidungsbegründung in der Sache *McCulloch v. Maryland*[312] wird, soweit es um die Befugnis des Bundes geht, eine Bank – hier: die sog. „Second Bank of the United States"[313] – zu errichten, zumindest implizit durch den clear beyond doubt-Gedanken getragen[314]. Selten bis gar nicht, so lassen sich Marshalls Aussagen zusammenfassen, sollten die Gerichte in den politischen Prozess eingreifen, wenn sich ein Fall so darstellt, dass die Verfassungsmäßigkeit eines Legislativakts allenfalls zweifelhaft erscheint[315]. Hier reiht sich Marshall in die von Samuel Chase, William Cushing, James Iredell, William Paterson, Bushrod Washington und anderen im ersten Jahrzehnt des U.S. Supreme Court begründete „clear beyond doubt"-Tradition ein[316].

---

[307] *Fletcher v. Peck*, 10 U.S. (6 Cranch) 87, 128 (1810).

[308] *Fletcher v. Peck*, 10 U.S. (6 Cranch) 87, 128 (1810) ("But it is not on slight implication and vague conjecture that the legislature is to be pronounced to have transcended its powers, and its acts to be considered as void.").

[309] *Fletcher v. Peck*, 10 U.S. (6 Cranch) 87, 128 (1810) (meine Hervorhebung).

[310] 17 U.S. (4 Wheat.) 518, 625 (1819).

[311] 25 U.S. (12 Wheat.) 419, 436 (1827).

[312] 17 U.S. (4 Wheat.) 316, 421(1819); Zitat oben Kapitel 4, Fn. 380.

[313] Guter Überblick zum historischen Hintergrund bei *Th. Halper*, 6 Brit. J. Am. Legal Stud. 156–157 (2017).

[314] So jedenfalls die Einschätzungen bei *C. F. Hobson*, The Great Chief Justice, 1996, S. 67; *R. E. Barkow*, 102 Colum. L. Rev. 252–253 (2002); vgl. *K. Roosevelt III/H. Khan*, 34 Const. Comment. 304–305 (2019). In *McCulloch* führte die Anwendung der doubtful case rule freilich zu einem ‚bundesfreundlichen' Ergebnis.

[315] Siehe auch *K. Newmyer*, Heroic Age of the Supreme Court, 2001, S. 172 ("His general attitude, and that of his Court as well ... was to give Congress the constitutional benefit of the doubt."); ähnlich *G. L. Haskins*, in: ders./H. A. Johnson, History of the Supreme Court, Bd. II, 1981, S. 194; anders *S. Snowiss*, Judicial Review, 1990, S. 130–132.

[316] *C. F. Hobson*, The Great Chief Justice, 1996, S. 67.

A. Die Entscheidung

Überträgt man Marshalls in *Fletcher* getroffene Aussage auf *Marbury*, drängt sich die Frage auf, ob der Marshall Court im letztgenannten Fall gegen die Maxime verstoßen hat, nur „eindeutig verfassungwidrige" Gesetze für nichtig zu erklären. Man ist auf den ersten Blick geneigt, die Frage zu bejahen. Bedenkt man allerdings, dass Marshalls – von vielen Kommentatoren heftig kritisierte[317], von einigen anderen aber auch für zutreffend erachtete[318] – Verfassungsinterpretation in *Marbury*, der zufolge die Regelung der erstinstanzlichen Zuständigkeiten des Supreme Court in U.S. Const., Art. III, als abschließend anzusehen sei, jedenfalls nicht nicht völlig abwegig ist, dann erweisen sich die beiden Entscheidungen *Fletcher* und *Marbury* durchaus als konsistent: Die Verleihung zusätzlicher Kompetenzen im ersten Rechtszug entgegen dem nach Marshalls Überzeugung aus Art. III sich ergebenden Verbot stellt einen eindeutigen Verfassungsverstoß dar, der die Aktivierung des richterlichen Prüfungsrechts auch gemäß der doubtful case rule nicht nur rechtfertigt, sondern erzwingt. Wenn es dem Kongress durch die Verfassung verboten ist, den in Art. III normierten erstinstanzlichen Entscheidungskompetenzen weitere Zuständigkeiten hinzuzufügen, dann kann es in *Marbury* nur eine richtige Entscheidung geben, und zwar die Nichtigerklärung des Statuts wegen eines offensichtlichen bzw. unzweifelhaften Verfassungsverstoßes.

Letztlich wird sich die Frage, ob Marshalls Verfassungsinterpretation in *Marbury* einer aufrichtigen Überzeugung entsprungen ist[319], oder ob sie vielmehr auf taktischen Erwägungen beruhte, wohl nicht mehr ohne verbleibende Restzweifel klären lassen. Klammert man etwaige politische Beweggründe aus, und beschränkt sich auf die Analyse des juristischen Kerns der *Marbury*-Judikatur, dann sind jedenfalls einige deutliche Anzeichen dafür erkennbar, dass die doubtful case rule in *Marbury* zumindest stillschweigend vorausgesetzt ist[320].

---

[317] Siehe oben, Fn. 68 f., 220 ff. und begleitenden Text.
[318] *W. M. Treanor*, in: V. C. Jackson/J. Resnik (Hrsg.), Federal Courts Stories, 2010, S. 29 (50–53); *J. E. Pfander*, 101 Colum. L. Rev 1523–1560 (2001), halten Marshalls Auslegung des einfachen Rechts für zutreffend, Marshalls Verfassungsinterpretation beurteilen sie in historischer Perspektive als „vertretbar". Zu diesem Ergebnis kommt, bezogen auf die Verfassungsinterpretation, auch *A. R. Amar*, 56 U. Chi. L. Rev. 463–478 (1989).
[319] Dafür wohl *C. F. Hobson*, The Great Chief Justice, 1996, S. 68.
[320] Deutlich *M. J. Klarman*, 87 Va. L. Rev. 1121 (2001); siehe auch *W. R. Casto*, 62 Vand. L. Rev. 391 (2009) ("Marshall did not mention the doubtful-case corollary in *Marbury*, but in my opinion, Marshall probably agreed with this crucial limitation to judicial review when he wrote his opinion."); *S. D. Griffin*, in: M. Graber/M. Perhac (Hrsg.), Marbury v. Madison, 2002, S. 61 (64); und nochmals *S. D. Griffin*, in: M. Tushnet (Hrsg.), Arguing Marbury, 2005, S. 104 (111); etwas unklar, aber tendenziell wie hier *L. A. Graglia*, 29 Const. Comment. 215 (2014) ("[The Thayerian clear mistake rule] was the rule Chief Justice John Marshall apparently adopted in justifying judicial review in Marbury v. Ma-

b) Doubtful Case Rule und Verfassungsinterpretation

Die doubtful case rule schreibt den Gerichten nicht vor, sich vollständig aus der Verfassungsinterpretation zurückzuziehen[321]. Vielmehr beinhaltet sie die Direktive, dass die Gerichte immer dann an die – womöglich durch Parlamentsdrucksachen und Plenarprotokolle dokumentierte oder in einem Gesetzesbeschluss implizit enthaltene[322] – Interpretationsentscheidung der Legislative[323] gebunden sein sollen, wenn sich mit Hilfe der Verfassungsinterpretation kein unzweifelhaft ‚richtiger' Maßstab für die Beurteilung der Verfassungsmäßigkeit eines angegriffenen Gesetzes erarbeiten lässt. Diese Bindungswirkung ergibt sich also dann, wenn die Verfassungsauslegung der Legislative nicht eindeutig als falsch, und diejenige des kontrollierenden Ge-

---

dison when he gave as an example of an unconstitutional law a law that permitted conviction for treason on the testimony of one witness while the Constitution explicitly requires two. It was also the rule often stated by the Court in early cases, though not the rule always applied when, as in Marbury, a law was held unconstitutional."). Andere Einschätzung etwa bei *S. Snowiss*, Judicial Review, 1990, S. 122 f. ("relaxation of the doubtful case rule"); *S. R. Olken*, 37 J. Marshall L. Rev. 409 n. 95, 425, 437 (2004); ambivalent *H. P. Monaghan*, 83 Colum. L. Rev. 8 n. 45 (1983); vgl. aber auch die jedenfalls nicht unplausiblen Erklärungsansätze bei *W. M. Treanor*, 58 Stan. L. Rev. 561, et passim (2005) und *J. McGinnis*, 84 Geo. Wash. L. Rev. 895, 904–905 (2016). Treanors Argumentation geht (vereinfacht) dahin, Marshall habe – insoweit mit der Tradition der früheren judicial review-Präjudizien übereinstimmend – eine Ausnahme von der doubtful case rule für die Überprüfung solcher Statuten gemacht, die den Funktionsbereich der Justiz beeinträchtigten, und in dieser Konstellation einen strengeren Maßstab angelegt. McGinnis interpretiert repugnance als „clearly or manifestly inconsistent", stellt für diesen Maßstab aber keine erhöhten Anforderungen im Sinne der „all reasonable observers must agree"-Doktrin (siehe Text und Nachweis bei Fn. 327) auf, sondern begreift das Erfordernis der Klarheit als relative Kategorie: Die Richter hätten, bevor sie von einer „repugnance" zwischen Statut und Verfassung ausgehen durften, zunächst mithilfe der im common law anerkannten Auslegungsmethoden versuchen müssen, die Unklarheiten des Bedeutungsgehalts der zu interpretierenden Normen auszuräumen.

[321] Vgl. *Ch. Green*, Clarity and Reasonable Doubt, 2015, S. 23; und oben Kapitel 3, bei Fn. 476 und in diesem Kapitel, Fn. 212; siehe auch *M. S. Paulsen*, 83 Geo. L.J. 336 (1994) ("[Judicial] [d]eference means consideration; it does not mean abdication.").

[322] Siehe *M. Borowski*, in: J. Isensee/P. Kirchhof (Hrsg.), HStR XII, 3. Aufl. 2014, § 274 Rn. 12, 19 („[S]taatliches Handeln [ist] notwendig mit dem Anspruch verbunden, verfassungsgemäß zu handeln, und deswegen liegt in staatlichem Handeln stets eine eine implizite Verfassungsinterpretation."); vgl. aber *P. Häberle*, JZ 1975, S. 297 („Die Frage nach der Methode ... läßt sich nur dort stellen, wo *bewusst* interpretiert wird." [meine Hervorhebung]); siehe ferner *H. Ehmke*, VVDStRL 20 (1963), S. 53 (68 f.); *G. Lawson/Ch. Moore*, 81 Iowa L. Rev. 1274 (1996); *M. S. Paulsen*, 101 Mich. L. Rev. 2727, 2731 (2003).

[323] Interessant: *J. McGinnis*, 84 Geo. Wash. L. Rev. 853 (2016) ("[Judicial deference] should apply only if the political branches have actually deliberated on the constitutional issues."); vgl. zur Verfassungsinterpretation durch die Legislative im Übrigen bereits oben, Fn. 175.

richts nicht eindeutig als richtig zu beurteilen ist[324], wenn es also mehr als nur eine „intersubjektiv vermittelbare" (plausible)[325] Interpretationsentscheidung geben kann und wenn der Gesetzgeber sich für eine der vertretbaren Auslegungen entschieden hat[326]. Das jedenfalls ist der Inhalt der strengsten Version der doubtful case rule (sog. „all-reasonable-observers-must-agree"-Theorie des richterlichen Prüfungsrechts)[327]. Anstelle der Konstruktion einer solchen Bindung der Justiz an die Verfassungsinterpretation der Legislative ließe sich auch eine Entscheidungsregel oder ein rechtsprechungsrechtlicher Imperativ aufstellen. James Bradley Thayer beschreibt diese Entscheidungsregel („rule of administration"[328]) in seinem bekannten Aufsatz mit Blick auf die gerichtliche Normenkontrolle folgendermaßen:

"[The courts] can only disregard the Act when those who have the right to make laws have not merely made a mistake, but have made a very clear one, – so clear that it is not open to rational question. That is the standard of duty to which the courts bring legislative Acts; that is the test which they apply."[329]

In der Konstellation des reasonable disagreement[330], in der „jeweils eine von mehreren möglichen Lösungen/Entscheidungen von der Verfassung zwar gedeckt, aber keineswegs allein und zwingend vorgeschrieben" ist[331], es also um die voluntativ[332] angeleitete Feststellung geht, welche der möglichen Interpretationen die „bessere"[333] ist, erscheint es für den normenkontrollierenden Richter angebracht, den angegriffenen Legislativakt, wenn schon nicht als verfassungsgemäß, dann jedenfalls als nicht verfassungswidrig zu akzeptie-

---

[324] Siehe oben, Fn. 233.

[325] *M. Herdegen*, JZ 2004, S. 873 (877 a. E.); *J. Ipsen*, Richterrecht und Verfassung, 1975, S. 160; siehe auch (mit Blick auf *H. Kelsen*, Reine Rechtslehre, 2. Aufl. 1960, S. 347) *A. Somek*, in: S. L. Paulson/M. Stolleis (Hrsg.), Hans Kelsen, 2005, S. 58 („Rechtsnormen lassen in der Regel ... eine Mehrheit von epistemisch gleichwertigen Auslegungen zu.").

[326] Siehe auch *M. J. Klarman*, 87 Va. L. Rev. 1120–1121 (2001) ("Courts were empowered to strike down only 'clearly unconstitutional' laws; if reasonable people could differ, courts had to sustain the statute."). Zu dieser Konstellation, in der es mehr als nur eine richtige Interpretationsentscheidung geben kann, siehe aus der deutschen Literatur etwa *H. Boldt*, in: U. Müßig (Hrsg.), Konstitutionalismus und Verfassungskonflikt, 2006, S. 227 (251 f.).

[327] *Ch. Green*, Clarity and Reasonable Doubt, 2015, S. 25.

[328] *J. B. Thayer*, 7 Harv. L. Rev. 138, 140, 144, et passim (1893).

[329] *J. B. Thayer*, 7 Harv. L. Rev. 144 (1893).

[330] Vgl. *J. Rawls*, Political Liberalism, 1993, S. 55 ff.; siehe *J. Waldron*, 115 Yale L.J. 1369 n. 60 (2006).

[331] Siehe *E.-W. Böckenförde*, NJW 1976, S. 2089 (2097).

[332] Vgl. BVerfGE 34, 269 (287); außerdem *A. Voßkuhle*, in: H. von Mangoldt/F. Klein/Ch. Starck (Begr.), GG, Bd. III, 7. Aufl. 2018, Art. 93 Rn. 31.

[333] Vgl. *R. Alexy*, Der Staat 54 (2015), S. 201 (212); *J. Ipsen*, Richterrecht und Verfassung, 1975, S. 158 ff.; *R. F. Nagel*, 38 Wake Forest L. Rev. 632 (2003).

ren, solange es rationale Argumente für die legislative Verfassungsinterpretation gibt³³⁴.

Handelt der normenkontrollierende Richter nicht nach dieser Maxime, vollzieht er einen Akt verfassungspolitischer Gestaltung, indem er eine von mehreren vertretbaren Auslegungsvarianten der einschlägigen Verfassungsnorm für verbindlich erklärt. In den Kategorien der Reinen Rechtslehre gesprochen setzt oder „erzeugt" er eine Rechtsnorm³³⁵. Mit H.L.A. Hart ließe sich sagen, der Richter bewegt sich bei der Auslegung der deutungsoffenen Vorschriften der Verfassung nicht mehr im gesicherten normativen Kernbereich („core of certainty"), sondern an der Peripherie beziehungsweise im ‚Halbschatten' („penumbra of doubt")³³⁶. Der amerikanische Rechtstheoretiker Lawrence Solum umschreibt den methodischen Vorgang, der sich dann vollzieht, wenn Richter anhand inhaltlich offener Maßstäbe über die Verfassungsmäßigkeit der Gesetze entscheiden, mit Hilfe der von ihm mit großem Nachdruck gelehrten Unterscheidung zwischen Norminterpretation und Normkonkretisierung³³⁷. Dabei beruft er sich jedenfalls zum Teil auf Hart:

---

³³⁴ *J. B. Thayer*, 7 Harv. L. Rev. 144 (1893) ("whatever choice is rational is constitutional"); siehe auch *S. C. Brubaker*, Review of Politics 49 (1987), S. 570 ("A judge should uphold laws that offend his own sense of the Constitution, if he cannot be confident of his own sense – if, that is, he would have to admit that his own sense of the Constitution's meaning just might be wrong and that of republican government, as manifest in the law, just might be right."); ähnlich *M. S. Paulsen*, 83 Geo. L.J. 333–334 (1994), der auf die u. a. in *Carolene Products* postulierte „presumption of constitutionality" (siehe oben Kapitel 4, Fn. 420) verweist und außerdem auf eine Parallele im US-amerikanischen Verwaltungsrecht aufmerksam macht. Nach der sog. „*Chevron* deference"-Doktrin, die zur Bestimmung der (verwaltungs-)gerichtlichen Kontrolldichte entwickelt worden ist, gilt, dass die exekutive Gesetzesauslegung von den Gerichten respektiert wird, wenn und solange – erstens – die Absicht des Gesetzgebers nicht eindeutig zu ermitteln ist, und – zweitens – die gerichtliche Prüfung ergibt, dass sich die exekutive Gesetzesauslegung im Rahmen des Vertretbaren bewegt (*permissible construction of the statute*), siehe *Chevron, U.S.A., Inc. v. Natural Resources Defense Council, Inc.*, 467 U.S. 837, 843 (1984).

³³⁵ Vgl. *H. Kelsen*, Reine Rechtslehre, 2. Aufl. 1960, S. 353; *ders.*, VVDStRL 5 (1929), S. 30 (32); siehe auch *N. Achterberg*, in: W. Kahl u. a. (Hrsg.), Bonner Kommentar, Art. 92, Stand Apr. 1981, Rn. 213. Die richterliche Rechtserzeugung hat sich selbstverständlich in den Grenzen der vorgeordneten Delegationsnorm zu halten. Ob sie das tut, ist natürlich wiederum eine mitunter schwierig zu beantwortende, von der Beschaffenheit der Delegationsnorm abhängende Auslegungsfrage. Zum Versuch einer von der Reinen Rechtslehre losgelösten Rechtfertigung (verfassungs-)richterlicher Rechtsetzung durch Norminterpretation (in diesem Falle des – von ihm so bezeichneten – „Abwägungsgesetzes") *R. Alexy*, Der Staat 54 (2015), S. 201 (207 ff.) (Verfassungsrechtsprechung als „argumentative Repräsentation des Volkes").

³³⁶ Siehe *H. L. A. Hart*, The Concept of Law, 3. Aufl. 2012, S. 123.

³³⁷ Vgl. etwa *L. Solum*, 27 Const. Comment 105–106 (2010); *L. B Solum*, 113 Nw. U. L. Rev. 1277 (2019), dort mit weiteren Nachweisen; siehe ferner *K. E. Whittington*, Constitutional Construction, 1999, hier S. 5 ff.; siehe ferner *R. E Barnett*, 34 Harv. J. L. & Pub. Pol'y 65–70 (2011).

"In such cases, we might say that [constitutional] interpretation makes its exit and construction enters the scene."[338]

„Constitutional construction", das deutet Solum an, müsse nicht ausschließlich als Geschäft der Justiz angesehen werden. Er stellt den Richtern deshalb die Option anheim, dass sie sich gegenüber einer vertretbaren legislativen Konkretisierung des Verfassungsrechts („construction") in Zurückhaltung üben, das heißt in der amerikanischen Terminologie: eine deferentielle Position beziehen.

Bei alledem ist natürlich zuzugestehen, dass sich das reasonable disagreement auch auf die Frage erstrecken kann, welche Auslegung überhaupt noch als ‚vertretbar' eingestuft werden kann. In die andere Richtung gewendet stellt sich also die Frage, wann ein Verfassungsverstoß abseits der wenigen subsumtionsfähigen Regeln so offensichtlich ist, dass die gerichtliche Kassation eines angegriffenen Gesetzes auch unter der doubtful case rule geboten erscheint. Hier stößt die doubtful case rule in der Tat an diejenigen epistemischen Grenzen, die sie eigentlich überwinden will[339]. Weder das Kriterium der Vertretbarkeit noch das Kriterium der Offensichtlichkeit lässt sich verobjektivieren, abgesehen natürlich von Sachverhalten, die einer empirischen Überprüfung zugänglich sind[340]. Da das Ergebnis einer Verfassungsinterpretation bis auf wenige Ausnahmefälle – etwa: U.S. Const., Art. II, § 1, Cl. 5 oder Art. 54 Abs. 1 S. 2 GG – empirisch nicht überprüfbar ist, wird man sich letzten Endes auf ‚subjektive Evidenzerlebnisse' verlassen müssen[341] („I know it when I see it"[342]).

Das ist sicherlich ein unbefriedigender Befund. Will man die doubtful case rule dennoch kompromisslos angewandt wissen, findet man sich auf der einen Seite damit ab, dass im Laufe der Zeit eine gewisse Zahl an verfassungswidrigen Gesetzen von den Gerichten aufrechterhalten werden wird (sog. „underenforcement"), weil die Verfassungswidrigkeit der überprüften Ge-

---

[338] *L. Solum*, 27 Const. Comment. 106 (2010); siehe bereits oben Kapitel 1, Text bei Fn. 171 ff.

[339] Zur (Un-)Bestimmtheit des Entscheidungskriteriums der Evidenz siehe *A. Steinbach*, AöR 140 (2015), S. 367 (368 ff., hier insbesondere S. 396 ff.)

[340] *A. Steinbach*, AöR 140 (2015), S. 367 (370, dort mit Fn. 13).

[341] *A. Steinbach*, AöR 140 (2015), S. 367 (370, 381).

[342] *Jacobellis v. Ohio*, 378 U.S. 184, 197 (1964) (Stewart, J., concurring) ("I have reached the conclusion ... that, under the First and Fourteenth Amendments, criminal laws in this area [i.e.: obscenity] are constitutionally limited to hard core pornography. I shall not today attempt further to define the kinds of material I understand to be embraced within that shorthand description, and perhaps I could never succeed in intelligibly doing so. But I know it when I see it, and the motion picture involved in this case is not that."); dieser Ansatz ist natürlich nicht unumstritten, vgl. *P. Gewirtz*, 105 Yale L.J. 1023–1047 (1996); vgl. ferner bereits *Fletcher v. Peck*, 10 U.S. (6 Cranch) 87, 128 (1810) (Marshall, C.J.) ("the judge [shall] *feel* a clear and strong *conviction*" [Hervorhebungen von mir]).

setze nicht klar genug erkennbar ist – die Verfassungswidrigkeit der Norm und ihre Gültigkeit fallen dann auseinander[343]. Auf der anderen Seite ist aber zu veranschlagen, und dieser Aspekt kann die doubtful case rule möglicherweise rechtfertigen, dass auch eine gewisse Zahl an verfassungsmäßigen Gesetzen aufrechterhalten werden wird, die anderenfalls einer bestimmten interpretatorischen Präferenz des entscheidenden Gerichts zum Opfer gefallen wären (sog. „overenforcement")[344]. Mit anderen Worten sichert die doubtful case rule im Interesse der Demokratieoptimierung[345] die Konvergenz von Verfassungsgemäßheit und tatsächlicher Gültigkeit der Norm[346].

Trotz der oben umschriebenen Einschränkung, der zufolge die doubtful case rule nicht zu einem generellen Verbot der richterlichen Interpretation deutungsoffener Verfassungsnormen führt, verringern sich die Möglichkeiten der Gerichte, effektiven Rechtsschutz gegen den Gesetzgeber zu gewähren, unter der doubtful case rule verglichen mit einer Interpretationspraxis, die Verfassungsrecht und einfaches Recht im methodischen Zugriff gleichsetzt[347], doch in erheblichem Ausmaß[348]. Das aus dem einfachen und bereits mehrfach erwähnten Grund, dass es in den nach Dworkinscher Terminologie

---

[343] Vgl. *Ch. Moench*, Verfassungswidriges Gesetz, 1977, S. 85, mit Hinweis auf die Entscheidung BVerfGE 16, 130 (142) („Verfassungswidrigkeit [der Norm] ... nicht so eindeutig erkennbar, daß [sie] auch schon ... als ungültig angesehen werden muß"); siehe hier nochmals *J. B. Thayer*, 7 Harv. L. Rev. 150 (1893) ("[T]he ultimate question is not what is the true meaning of the constitution, but whether legislation is sustainable or not.").

[344] Zum gerichtlichen „over-" und „underenforcement" des Verfassungsrechts siehe *R. H. Fallon*, 121 Harv. L. Rev. 1708, et passim (2008); vgl. auch *J. McGinnis*, 84 Geo. Wash. L. Rev. 855 (2016); *K. Roosevelt III*, 91 Va. L. Rev. 1656, 1661 (2005); aus der deutschsprachigen Literatur andeutungsweise (und kritisch) *A. Steinbach*, AöR 140 (2015), S. 368 (404).

[345] Siehe dazu – mit Blick auf die Lehre des Richters Felix Frankfurter (oben Kapitel 1, Fn. 234 ff. und begleitenden Text) – *Th. Halper*, 7 Brit. J. Am. Legal Stud. 119 (2018) („that is the price of democracy").

[346] Dies jedenfalls dann, wenn man davon ausgehen will, dass verfassungswidrige Gesetze de facto erst dann unwirksam werden, wenn ihre Nichtigkeit gerichtlich festgestellt worden ist.

[347] *W. Heun*, Verfassungsordnung, 2012, S. 5 („Das Grundgesetz wird ... in der deutschen Rechtslehre und Rechtsprechung wie eine klassische Kodifikation behandelt."); siehe auch unten, Text und Nachweise bei Fn. 398 ff. Wie sich unter dieser Bedingung ein – scheinbar auch von Heun eingeforderter – „breiter Entscheidungsspielraum für die Gesetzgebung eröffnen" (S. 7, vgl. auch S. 215 ff.) kann, wird allerdings nicht erläutert. Deutliche Kritik am ‚Kodifikationsgedanken' bzw. an der juristischen Methode bei der Verfassungsauslegung daher etwa bei *F. Müller/R. Christensen*, Juristische Methodik I, 11. Aufl. 2013, S. 127; *G. Roellecke*, in: J. Isensee/P. Kirchhof (Hrsg.), HStR III, 3. Aufl. 2005, § 67 Rn. 33 ff.

[348] Siehe *S. Snowiss*, Judicial Review, 1990, S. 190 ff.; *S. D. Griffin*, in: M. Tushnet (Hrsg.), Arguing Marbury, 2005, S. 104 (112).

A. Die Entscheidung 403

sog. schwierigen Fällen (hard cases)[349] eben keine einzig richtige Auslegungsentscheidung[350] geben kann, und so kaum vorstellbar erscheint, dass jemals die Situation eintreten wird, in der ‚vernünftige' Verfassungsinterpreten zu demselben, für zwingend und unbestreitbar richtig erachteten Ergebnis gelangen werden[351].

Das gilt natürlich auch für die Entscheidungsfindung auf einfachrechtlicher Ebene. Allerdings operieren die Gerichte hier unter anderen Bedingungen, namentlich unter einem verstärkten Entscheidungszwang.

Das war auch den Zeitgenossen bewusst[352]. Unter Berufung auf die „Erfahrungen vieler Jahrhunderte" räsonierte James Madison in einer bekannten Passage aus dem Federalist #37:

„Alle neuen Gesetze werden, auch wenn sie mit der größten technischen Fachkenntnis formuliert und so breit und reiflich wie möglich diskutiert wurden, doch als mehr oder weniger unklar und vieldeutig angesehen, bis ihre Bedeutung durch eine Reihe spezieller Anwendungen und Urteile genau festgestellt und ermittelt worden ist."[353]

Für eine Verfassungsrechtsprechung, die unter der doubtful case rule operiert, heißt das aber auch, dass erhöhte Anforderungen an Madisons „Reihe spezieller Anwendungen und Urteile" zu stellen sind: Absolut überzeugt zu

---

[349] *R. Dworkin*, Taking Rights Seriously, 1977, S. 105 ff.; siehe auch etwa *A. Stone Sweet/J. Matthews*, 60 Emory L.J. 804 (2011); *L. Leitmeier*, DRiZ 2013, S. 334 (335).

[350] Siehe *H. Kelsen*, Reine Rechtslehre, 2. Aufl. 1960, S. 349 f.; vgl. auch etwa *G. Haverkate*, Rechtsfragen des Leistungsstaats, 1983, S. 285; *Th. Würtenberger*, VVDStRL 58 (1999), S. 139 (157 f.); zur Gegenansicht *Ch. Hillgruber*, VVDStRL 67 (2008), S. 7 (16 f.); *M. Jestaedt*, Das mag in der Theorie richtig sein…, 2006, S. 48 f. Bei den Amerikanern, so der Eindruck, wird die Frage nach der „einzig richtigen Entscheidung" etwas anders gestellt; die Antwort lautet aber im Kern gleich, nämlich dass ein fähiger Richter das Recht so auslegen und anwenden kann, dass jedwede sich ihm (unter politischen, moralischen, ökonomischen Gesichtspunkten usw.) wünschenswert darstellende Fallösung gerechtfertigt erscheint (sog. „legal indeterminacy"); siehe hier etwa *Ch. Yablon*, 13 Cardozo L. Rev. 1608 (1992), m. w. N.

[351] *Katzenbach v. Morgan*, 384 U.S. 641, 668 (1966) (Harlan, J., dissenting) ("In all such cases there is room for reasonable men to differ as to whether or not a denial of equal protection or due process has occurred, and the final decision is one of judgment."); siehe auch *J. B. Thayer*, 7 Harv. L. Rev. 144 (1893); ferner *L. Barroso*, 67 Am. J. Comp. L. 142–143 (2019); *Th. von Danwitz*, JZ 1996, S. 481 (484); *J. Ipsen*, Richterrecht und Verfassung, 1975, S. 156 f., 160; *S. Korioth*, Der Staat 30 (1991), S. 549 (567); *A. Rinken*, in: Alternativkommentar GG, 2. Aufl. 1989, vor Art. 93 Rn. 95; *H. Schulze-Fielitz*, AöR 122 (1997), S. 1 (4); *H. Wechsler*, 65 Colum. L. Rev. 1010 (1965).

[352] Siehe bereits oben Kapitel 3, Text bei Fn. 849 f.

[353] *J. Madison*, Federalist #37, in: A. Adams/W. P. Adams (Hrsg./Übers.), Die Federalist-Artikel, 1994, S. 207 (212); vgl. *Ch. Green*, Clarity and Reasonable Doubt, 2015, S. 24.

sein, heißt, keine vernünftigen Zweifel an der Richtigkeit der Entscheidung zu hegen[354].

Während nicht-normenkontrollierende Gerichte aufgrund einer ganzen Reihe an Sachzwängen zugestandenermaßen auf die ‚regulative Idee' von der einzig richtigen Entscheidung[355] angewiesen sind, oder doch berechtigterweise den Anspruch erheben, eine letztverbindliche Auslegung vorzunehmen[356], kann man von einem normenkontrollierenden Gericht durchaus erwarten, dass es sich in einer interpretatorischen ‚non liquet'-Konstellation zurücknimmt und die Auslegungsentscheidung der Legislative respektiert. Will man anerkennen, dass die Verfassung der Legislative die Rolle eines (insbesondere im Verhältnis zur Judikative) gleichrangigen Verfassungsinterpreten zuweist[357], spricht die erhöhte demokratische Responsivität der gesetzgebenden Gewalt in denjenigen Konstellationen, in denen mehrere Auslegungen vertretbar sind, dagegen, dass das normenkontrollierende Gericht der Legislative sein vermeintlich besseres Urteil aufzwingt.

In der interpretatorischen ‚non liquet'-Konstellation hat die Legislative nicht nur deshalb das bessere Mandat zur Interpretation(-sentscheidung), weil sie im Vergleich mit der rechtsprechenden Gewalt über die stärkere demokratische Legitimation verfügt, sondern auch deshalb, weil eine legislative Verfassungsinterpretation im Unterschied zur gerichtlichen Verfassungsinterpretation einfacher rückgängig gemacht werden kann: Wenn die Gerichte die Verfassung mit verbindlicher Wirkung in einer bestimmten Weise interpretiert haben, beschneiden sie die legislative Entscheidungskompetenz in diesem Bereich dauerhaft, oder jedenfalls solange sie an ihrer Rechtsprechung festhalten wollen. Gerade in der Revisibilität einmal getroffener Entscheidungen äußert sich jedoch ein demokratischer Kerngedanke[358]. Aus dem englischen Verfassungsdenken ist der Grundsatz (oder: Gemeinplatz) überliefert, wonach das Parlament gerade nicht im Stande sein soll, in der Zukunft zu wählende Parlamente an seinen Willen zu binden („no Parliament can bind its successor")[359]. Wieso sollte also ausgerechnet ein Gericht in der

---

[354] Ch. Green, Clarity and Reasonable Doubt, 2015, S. 23.

[355] R. Alexy, Theorie der juristischen Argumentation, 2. Aufl. 1991, S. 414; vgl. auch etwa U. Neumann, in: W. Brugger u. a. (Hrsg.), Rechtsphilosophie im 21. Jahrhundert, 2008, S. 235, m. w. N.

[356] Siehe zur Argumentation J. Lege, Pragmatismus und Jurisprudenz, 1999, S. 412.

[357] Eine entsprechende Andeutung findet sich in der deutschsprachigen Literatur etwa bei G. Roellecke, Der Staat 35 (1996), S. 599 (611 a. E.); insbesondere zur amerikanischen Diskussion näher unten, Text bei Fn. 519 ff.

[358] Siehe etwa H. Dreier, RW 1 (2010), S. 11 (35 a. E.).

[359] Siehe O. H. Phillips, 2 Hastings Const. L.Q. 476 (1975); vgl. A. V. Dicey, Introduction to the Study of the Law of the Constitution, 8. Aufl. 1915, S. 65 ff., dort in Fn. 3. Dieser Grundsatz wird natürlich nicht strikt durchgehalten – man denke nur an die Haushaltspolitik und die Laufzeiten von Krediten, die die aktuelle Legislaturperiode regelmäßig

Lage sein, die gegenwärtige und alle zukünftigen Legislativen an eine nicht unzweifelhaft – einzig – „richtige" Verfassungsauslegung zu binden?

Es sind allerdings nicht nur demokratierechtliche Erwägungen, die – jedenfalls für die Verfassungsrechtsprechung – erhebliche Zweifel an der Validität der regulativen Idee von der gerichtlich auffindbaren einzig richtigen Entscheidung aufkommen lassen. Amerikanische Autoren haben schon vor geraumer Zeit darauf hingewiesen, dass die Anforderungen an die Überzeugungskraft eines juristischen Arguments für diese oder jene Auslegung eines Rechtssatzes umso strenger ausfallen, je mehr in der konkreten Entscheidungssituation auf dem Spiel steht. Sowohl die Adressaten einer bestimmten (Auslegungs-)Entscheidung als auch objektive Beobachter werden die Begründung einer solchen Entscheidung in vergleichsweise belanglosen Fällen eher zu akzeptieren bereit sein oder diese sogar für „wahr" halten, als in Fällen, in denen der Entscheidung eine gewisse Tragweite zukommt[360]. Für die Verfassungsrechtsprechunug bedeutet das: Sie muss im Interesse der größtmöglichen Akzeptanz einer normverwerfenden Entscheidung regelmäßig unrealistisch hohe Erwartungen an die Qualität ihrer Argumentation erfüllen, wenn sie konkrete Ableitungen aus inhaltlich offenen Entscheidungsmaßstäben begründen will[361], etwa, wie in der Sache *Obergefell v. Hodges*, dass die staatliche Verweigerung der Anerkennung gleichgeschlechtlicher Ehen gegen die due process-Klausel des XIV. Verfassungszusatzes verstößt[362]. Wenn schon einige Befürworter der *Obergefell*-Entscheidung dazu neigen, sie ‚nur' im Ergebnis für politisch richtig zu halten[363], ist das ein kaum zu übersehendes Anzeichen dafür, dass die Verfassung hier nicht mit „ihrer ganzen Autorität hinter den Richterspruch treten kann"[364] und deshalb nicht die Justiz, sondern die Legislativen der Bundesstaaten zur Entscheidung darüber berufen waren, ob die due process-Klausel der Bundesverfassung ein unbedingtes Recht auf Eheschließung beinhaltet oder nicht[365]. Selbst wenn sie zu dem Ergebnis gelangten, dass sie es nicht tut, bliebe es ihnen unbenommen, die gleichgeschlechtliche Ehe aufgrund einer politischen Entscheidung zu legalisieren.

überdauern –, aber das übergreifende Prinzip bleibt unberührt: Einmal gefundene Antworten auf grundlegende politische Fragen sollen nicht in Stein gemeißelt sein (siehe dazu einschränkend *P. Leyland*, Constitution of the United Kingdom, 2. Aufl. 2012, S. 48).

[360] Vgl. *Ch. Green*, 54 Santa Clara L. Rev. 430 (2014) ("interest-sensitivity of knowledge"); *G. Lawson*, 86 Nw. U. L. Rev. 879 (1992).
[361] So andeutungsweise auch *H.-J. Mengel*, ZG 1990, S. 193 (205 ff.).
[362] *Obergefell v. Hodges*, 576 U.S. __, __ (2015).
[363] An der Stichhaltigkeit der juristischen Argumentation des Gerichts zweifelnd, mit dem Ergebnis gleichwohl sympathisierend etwa *A. Kulick*, JZ 2016, S. 67 ff.
[364] Formulierung: *G. Radbruch*, Die Justiz 1925/1, S. 12 (14).
[365] Vgl. auch *Obergefell v. Hodges*, 576 U.S. __, __ (2015) (Roberts, C.J., dissenting) (slip. op., at 2), Zitat oben Kapitel 2, im Text bei Fn. 219 f.

Zur weiteren Verdeutlichung der vorstehenden Überlegungen sei aus der Vielzahl an denkbaren Beispielen die Durchsetzung der absoluten Gesetzgebungsverbote des US-Verfassungsrechts herausgegriffen. Die Gesetzgebungsverbote liefern einen vermeintlich klaren Maßstab zur Beurteilung der Verfassungsmäßigkeit der Gesetzgebung („Congress shall make no law", U.S. Const., Am. I[366]). Sie lassen sich rechtstheoretisch im ersten Zugriff als Regeln begreifen.

Unterteilt[367] man die potentiellen Maßstabsnormen des Verfassungsrechts zu analytischen Zwecken in volljustitiable[368] Regeln (*rules*) und nur sehr beschränkt justitiable Prinzipien (*standards*)[369], entstehen Schwierigkeiten, weil die Tatbestandsvoraussetzungen der als Regel normierten Gesetzgebungsverbote ihrerseits Prinzipiencharakter aufweisen. Normstrukturell entpuppt sich die vermeintlich klar formulierte Regel bei genauerem Hinsehen als Prinzip[370] – man könnte auch sagen: Es handelt sich um eine Regel, die „gleichsam ein Prinzip inkorporiert"[371]. Die Wahrscheinlichkeit, dass eine Interpretationsentscheidung als allseits intersubjektiv vermittelbar angesehen werden wird, sinkt also bereits auf der Ebene des Tatbestands erheblich. Um ein Beispiel zu nennen: Nicht eindeutig normativ festgesetzt ist, ob die im ersten Verfassungszusatz gegen staatliche Eingriffe geschützte Meinungsfreiheit auch kommerziell motivierte Äußerungen (Werbung, Schmähkritik gegenüber Konkurrenten, usw.) erfasst und falls ja, welche Belange eine Beschränkung rechtfertigen können. Hier sind alle denkbaren Standpunkte vertretbar – und werden von seriösen US-Juristen auch vertreten[372]. Insoweit eine Auswahlentscheidung zu treffen, hieße für das Gericht, nicht nur Verfassungsinterpretation, sondern aktive politische Gestaltung – wenn nicht gar: Verfassungsgesetzgebung – zu betreiben. Legt man Lawrence Solums Interpretations-/Konstruktionsunterscheidung[373] zugrunde, kann man die allfällige

---

[366] Im Wortlaut: „Congress shall make no law respecting an establishment of religion, or prohibiting the free exercise thereof; or abridging the freedom of speech, or of the press; or the right of the people peaceably to assemble, and to petition the government for a redress of grievances."

[367] Grundsätzlich zur Unterscheidung zwischen Regeln und Prinzipien *R. Dworkin*, Taking Rights Seriously, 1977, S. 38 f.; insgesamt kritisch zu einer „Regeln-Prinzipien Dialektik" etwa *P. Schlag*, 33 UCLA L. Rev. 399, et passim (1985).

[368] *A. Scalia*, 56 U. Chi. L. Rev. 1175, 1187 (1989) ("the rule of law as a law of rules").

[369] *K. M. Sullivan*, 106 Harv. L. Rev. 56–69 et passim (1992); siehe außerdem etwa *L. Alexander*, 20 Const. Comment. 374 (2003); *ders./A. Solum*, 118 Harv. L. Rev. 1632 (2005); *M. J. Radin*, 69 B.U. L. Rev. 787 (1989) ("rules have the two characteristics of knowability and performability").

[370] Vgl. nur *H. F. Stone*, 50 Harv. L. Rev. 23 (1936) ("standards ... not statements of specific commands").

[371] *R. Poscher*, RW 1 (2010), S. 349 (355).

[372] Siehe *W. Brugger*, Grundrechte und Verfassungsgerichtsbarkeit, 1987, S. 250 ff.

[373] *L. Solum*, 27 Const. Comment. 106 (2010); siehe bereits oben, Text bei Fn. 337 ff.

Konstruktionsentscheidung unter der doubtful case rule dem Urteil der Gesetzgebung überlassen[374].

Unter der doubtful case rule wird Grundrechtsschutz in Zweifelsfällen der beschriebenen Art, in der mehrere plausible Auslegungsergebnisse miteinander konkurrieren, durch die – in der Rechtsnorm enthaltene – Interpretationsentscheidung der Legislative gewährt. Sie entscheidet im oben genannten Beispiel, ob sie commercial speech überhaupt reglementiert. Entscheidet sie sich dagegen, kann das sowohl juristische als auch politische Gründe haben. Wenn sie sich dafür entscheidet, wird die Interpretations- und Abwägungsentscheidung insbesondere in der Art und Weise der Reglementierung sichtbar. Reglementiert der Gesetzgeber eher schwach und zurückhaltend, spricht das einerseits dafür, dass er den ersten Zusatzartikel für anwendbar hält und andererseits dafür, dass er die grundrechtliche Gewährleistung in der Abwägung stark gewichtet hat. Entscheidet er sich für eine strikte Reglementierung, kann das verfassungsrechtlich damit begründet werden, dass commercial speech unter dem ersten Verfassungszusatz nicht geschützt ist. Denkbar ist auch, dass die Legislative den Schutzbereich des ersten Verfassungszusatzes durch die Regelung zwar als beeinträchtigt ansieht, aber geringere Rechtfertigungsanforderungen stellt als an einen Eingriff in den Kerngehalt der freien Meinungsäußerung.

Unter der doubtful case rule können die Gerichte Rechtsschutz gegen vermeintliches legislatives Unrecht in derartigen Fällen regelmäßig nicht gewähren, weil es ihnen an einem entsprechenden Gestaltungsauftrag fehlt. Die Normenkontrollfunktion der Gerichte ist darauf beschränkt, festzustellen, was als „falsche" Interpretation anzusehen ist. Eine solche Feststellung zu treffen, ist schlechterdings unmöglich, wenn die Gesetzgebung unter mehreren vertretbaren (= plausiblen, = „richtigen") Alternativen ausgewählt hat[375].

Von einem verfassungspolitischen Standpunkt aus betrachtet erweist sich eine so beschaffene Normenkontrollkonzeption in besonders grundrechtssensiblen, eingriffsintensiven Bereichen als heikel, wie etwa bei der Frage, unter welchen gesetzlich festgelegten Voraussetzungen (Haus-)Durchsuchungen und Beschlagnahmen im Sinne von U.S. Const., Am. IV, als „unzumutbar" („unreasonable") anzusehen sind[376]. Die Schwierigkeiten setzen sich auf

---

[374] Vgl. *Dennis v. United States*, 341 U.S. 494, 539–540 (1951) (Frankfurter, J., concurring) ("How best to reconcile competing interests is the business of legislatures, and the balance they strike is a judgment not to be displaced by ours, but to be respected unless outside the pale of fair judgment.").

[375] Siehe etwa *J. H. Wilkinson III*, 95 Va. L. Rev. 267 (2009).

[376] U.S. Const., Am. IV. Im Wortlaut: „The right of the people to be secure in their persons, houses, papers, and effects, against unreasonable searches and seizures, shall not be violated …".

der Rechtfertigungsebene, die im Rahmen der in der Bill of Rights enthaltenen Gesetzgebungsverbote normstrukturell noch dem Tatbestand zuzurechnen sind[377], im Zuge der Güterabwägung (sog. „balancing"[378]) fort. Dass eine von den Gerichten durchgeführte verhältnismäßige Rechtsgüterzuordnung einmal auch nur annäherungsweise ein Ergebnis hervorbringt, das gegen jegliche vernünftige Kritik immun ist[379], und so eine gerichtliche Nullifikation unter der streng verstandenen doubtful case rule rechtfertigen könnte, wird nur selten der Fall sein.

Selten heißt jedoch nicht nie. Aus der Geschichte drängen sich durchaus einige Beispiele für gesetzliche Regelungen (und exekutive Maßnahmen) auf, die so eindeutig gegen das Recht der Verfassung zu verstoßen scheinen, dass sie auch unter der doubtful case rule durch die Gerichte hätten kassiert werden können oder gar hätten kassiert werden müssen. Dass eine gerichtliche Nullifikation in den sogleich zu besprechenden Fällen unterblieben ist (soweit zu den Fällen überhaupt Entscheidungen ergangen sind), ist eine Ironie der Geschichte – und demonstriert einmal mehr die Anfälligkeit insbesondere des normenkontrollierenden Richters dafür, Entscheidungen im Ernstfall eher aufgrund konsequentialistischer Erwägungen statt nach rein juristischen Kriterien zu treffen. Denn erklären lässt sich die gerichtliche Zurückhaltung im Angesicht klarer Verfassungsverstöße eigentlich nur mit den politischen Umständen der jeweiligen Fälle und mit der Beobachtung, dass die Verfassungsinterpretation jedenfalls am kurzen Ende nicht so sehr durch Normativität, sondern vor allem durch Faktizität und Praktikabilität determiniert ist.[380]

Um – abgesehen von den Fällen *Dred Scott*, *Buck v. Bell* und *Plessy v. Ferguson*[381] – nur einige Beispiele zu nennen: Die sog. „writs of assistance", die James Otis zu seinem berühmten Plädoyer für die richterliche Normen-

---

[377] Siehe oben, Text bei Fn. 351 ff.

[378] Siehe *K. M. Sullivan*, 106 Harv. L. Rev. 59–62 (1992); *dies.*, 63 U. Colo. L. Rev. 293–294 (1992); *A. Stone Sweet/J. Matthews*, 60 Emory L.J. 797, 804–806, et passim (2011); kritisch *A. Aleinikoff*, 96 Yale L.J. 1005, passim (1987) ("Constitutional law is suffering in the age of balancing."); vgl. aus der jüngeren Rechtsprechung zur Bill of Rights etwa *Wyoming v. Houghton*, 526 U.S. 295, 306, et passim (1999); *Riley v. California*, 573 U.S. __, __ (2014) (slip. op., at 9) ("balancing of interests"). Zu den strukturellen Unterschieden zwischen dem deutschen Übermaßverbot und dem amerikanischen „balancing test" *M. Cohen-Eliya/I. Porat*, 8 Int'l J. Const. L. 266–270 (2010).

[379] *M. Borowski*, in: J. Isensee/P. Kirchhof (Hrsg.), HStR XII, 3. Aufl. 2014, § 274 Rn. 6.

[380] Vgl. zu diesem Phänomen etwa – freilich bezogen auf die Auslegung des § 80 Abs. 2 Satz 1 Nr. 1 VwGO im deutschen Verwaltungsprozessrecht – *F. Schoch*, in: ders./J.-P. Schneider/W. Bier (Hrsg.), VwGO, Stand Sept. 2018, § 80 Rn. 129 a. E.

[381] *Dred Scott v. Sandford*, 60 U.S. (19 How.) 393 (1857); siehe oben, Text und Nachweise Kapitel 2, Fn. 147 und in diesem Kapitel, Fn. 105, 192 f.; zu *Buck v. Bell* und *Plessy v. Ferguson* oben in diesem Kapitel, Fn. 192 f.

kontrolle veranlasst hatten, griffen derart intensiv in den Gewähleistungsgehalt des späteren IV. Verfassungszusatzes ein, dass dessen Wesenskern nicht nur angetastet, sondern – schlechterdings – zerstört worden wäre[382]. Nun waren die writs of assistance ein Akt der Krone im Parlament und nicht des Kongresses, erlassen zu einer Zeit, da es weder eine US-amerikanische Bundesverfassung noch einen US-amerikanischen Staat gegeben hat. Das Beispiel bietet sich dennoch an, eben weil es auch die Schöpfer der Bill of Rights vor Augen hatten, als sie den IV. Verfassungszusatz entwarfen und ratifizierten[383]. Ein prominentes Beispiel aus der frühen postkonstitutionellen Ära ist der Sedition Act. Mit dem Sedition Act wurde 1798 – zu politisch turbulenten Zeiten – der Straftatbestand der „staatsgefährdenden Verleumdung" (seditious libel)[384] geschaffen. Dieser Tatbestand lief auf ein gesetzliches Verbot nahezu jeglicher Kritik an der Staatsführung hinaus. Dass ein solches Verbot nur schwer mit der Garantie der freien Meinungsäußerung vereinbar ist, liegt auf der Hand[385]. Eine Abwägungsentscheidung zwischen dem öffentlichen Interesse am Bestand der Regelung und den individuellen Freiheitsinteressen fällt jedoch nur dann zwingend zugunsten der freien Meinungsäußerung aus, wenn man einen Konsens darüber voraussetzt, dass die Meinungsfreiheit unveräußerlicher Bestandteil – oberstes Konstitutionsprinzip („first principle") – des Gesellschaftsvertrages ist, ihr normativer Gewährleistungsgehalt also gewissermaßen als absolut interpretiert werden muss[386]. Anderenfalls ließe sich auch argumentieren, dass der spezifische Wert der Meinungsfreiheit das Interesse der Regierung an einer Abschirmung gegen Kritik nicht so eindeutig überwiegt, dass ein entsprechendes Gesetz

---

[382] Vgl. Oben Kapitel 3, Text und Nachweise bei Fn. 367 ff.

[383] *Th. K. Clancy*, 80 Miss. L.J. 1129 (2011); vgl. *O. M. Dickerson*, in: R. Morris (Hrsg.), Era of the Revolution, 1939, S. 40 (41); *J. W. Purcell*, 5 Mass. Legal Hist. 174–175 (1999); anders *A. R. Amar*, The Bill of Rights, 1998, S. 66.

[384] Siehe *L. Fisher*, 25 Suffolk U. L. Rev. 94 (1991) ("Congress passed legislation to punish anyone who spoke or wrote anything 'false, scandalous and malicious' against the federal government, either house of Congress, or the president, with intent 'to defame' those governmental bodies."). Im Sedition Act (oben Kapitel 2, Fn. 151 ff.) wurde die „seditious libel"-Doktrin des englischen common law, freilich in entschärfter Form, positiviert. Insbesondere erfüllte eine erwiesenermaßen wahre Tatsachenbehauptung – anders als nach dem englischen common law (oben, Kapitel 3, Fn. 303) schon nicht den Tatbestand, oder führte immerhin zu einer Rechtfertigung, siehe *D. P. Currie*, The Constitution in Congress I, 1997, S. 260 ("truth was made a defense"); *D. Jenkins*, 45 Am. J. Legal. Hist. 165–166 (2001).

[385] Siehe *New York Times Co. v. Sullivan*, 376 U.S. 254, 305 (1964) (Goldberg, J., concurring) ("the [Sedition] Act would today be declared unconstitutional").

[386] Ein solcher Konsens lässt sich jedenfalls nicht ohne weiteres für das Jahr 1798 voraussetzen. Das zeigt mit einiger Deutlichkeit die Analyse der zeitgenössischen Diskussion im US-Kongress von *D. P. Currie*, The Constitution in Congress I, 1997, S. 260 f.

gemessen an den Anforderungen der doubtful case rule ohne weiteres als verfassungswidrig anzusehen wäre. Es handelt sich bei dem Sedition Act verfassungspolitisch gesehen ganz gewiss um eine Zumutung. Verfassungsrechtlich gesehen handelt es sich, jedenfalls unter der doubtful case rule, um einen Grenzfall. Es sei denn, man nimmt, wie oben angedeutet, den Normtext des ersten Verfassungszusatzes beim Wort und will „Congress shall make no law ... abridging the freedom of speech" als „Congress shall make *no law ... abridging the freedom of speech*" – das heißt: als absolute normative Gewährleistung – verstehen[387]. Dass der Sedition Act in die Freiheit der politischen Meinungsäußerung, die durch den ersten Verfassungszusatz geschützt wird, eingreift, daran kann ausnahmsweise kein vernünftiger Zweifel bestehen.

Ein Grenzfall ist sicherlich auch in der Internierung bestimmter ethnischer Gruppen zu Kriegszeiten zu sehen, so geschehen 1942, im ersten Jahr nach dem Eintritt der Vereinigten Staaten in den Zweiten Weltkrieg. Präsident Franklin D. Roosevelt räumte dem Verteidigungsminister und den von diesem zu ernennenden Militärkommandanten durch Dekret („Executive Order 9066") die Befugnis ein, Japaner und Amerikaner mit japanischen Vorfahren, die sich in bestimmten Regionen der Westküste aufhielten, mittels sog. „Civilian Exclusion Orders" in Internierungslager („relocation centers") zu deportieren[388]. Die Deportationen, von denen bis Oktober 1942 110.000 Personen betroffen waren, sollten der nationalen Sicherheit dienen, befanden sich die Vereinigten Staaten doch im Krieg mit den Japanern. Dass die Maßnahmen unter dem Dekret des Präsidenten die äußeren Grenzen grundlegender Verfassungsgarantien austesten, ist offensichtlich. Auch wenn sie durch Kongressgesetz in vollem Umfang autorisiert gewesen wären, hätten sie sowohl unter dem materiell-verfassungsrechtlichen Gesichtspunkt der Gleichbehandlung („equal protection") als auch im Hinblick auf das fällige und gehörige rechtsstaatliche Verfahren („habeas corpus" und allgemein „due process") schwere juristische Bedenken hervorgerufen[389,390]. Aus heutiger

---

[387] Vgl. *Smith v. California*, 361 U.S. 147, 157 (1959) (Black, J., concurring) ("[The First] Amendment provides, in simple words, that 'Congress shall make no law ... abridging the freedom of speech, or of the press.' I read 'no law ... abridging' to mean *no law abridging*." [Hervorhebung ebd.]).

[388] Siehe *S. Dycus*, 10 J. Nat'l Sec. L. & Pol'y 238–241 (2019); außerdem *R. Daniels*, in: P. Boyer u. a. (Hrsg.), Oxford Companion to U.S. History, 2001, S. 367 f.; *B. Schwartz*, A History of the Supreme Court, 1993, S. 250 f.

[389] Zu den Rügen des Klägers in *Korematsu v. United States*, 323 U.S. 214 (1944) näher *S. Dycus*, 10 J. Nat'l Sec. L. & Pol'y 241 (2019).

[390] Habeas corpus ist in Art. I, § 9, cl. 2 der US-Bundesverfassung geregelt („The privilege of the writ of habeas corpus shall not be suspended..."); „due process" ist im V. Verfassungszusatz garantiert („No Person shall ... be deprived of life, liberty, or property, without due process of law"); das Gleichbehandlungs- und Willkürverbot des XIV. Ver-

Sicht wird ein subjektives Evidenzerlebnis[391] den meisten Juristen die Einsicht diktieren, dass sich die Maßnahmen aufgrund ihrer enormen Eingriffsintensität nach einer Abwägung zwischen dem Interesse an der Bewahrung der nationalen Sicherheit und den individuellen Freiheitsinteressen der betroffenen Zivilisten als unverhältnismäßig erweisen müssen und sohin eindeutig gegen die Verfassung verstoßen.[392] Das heißt aber nicht – man denke an Thayers Regel, wonach jede vernünftige Entscheidung auch eine verfassungsmäßige Entscheidung ist[393] –, dass sich überhaupt keine rationalen Argumente für die Maßnahmen finden ließen. Dass die nationale Sicherheit insgesamt eher zu- statt abnimmt, solange sich potentielle Sympathisanten eines Feindstaates in Gewahrsam befinden, wird man nicht abstreiten können. So sahen es 1944 unter dem Eindruck des Krieges und der durch den Krieg veranlassten Hysterie auch viele Zeitgenossen[394]. Der U.S. Supreme Court entschied in *Korematsu v. United States*[395] mit sechs zu drei Stimmen, die Regelung aufrechtzuerhalten. Ihrem Unbehagen hinsichtlich der von der Bundesregierung gegenüber amerikanischen Japanern ergriffenen Maßnahmen hatten die Richter gleichwohl bereits ein Jahr zuvor klaren Ausdruck verliehen. Chief Justice Harlan F. Stone schrieb in einem Fall namens *Hirabayashi v. United States* für das Gericht:

"Distinctions between citizens solely because of their ancestry are, by their very nature, odious to a free people whose institutions are founded upon the doctrine of equality."[396]

Allerdings, und das sollte nicht unerwähnt bleiben, wird das ‚subjektive Evidenzerlebnis' in den genannten Konstellationen mehr durch Moralvorstellungen oder Ideologie ausgelöst als durch rational einsehbare Rechtserkenntnis. Das heißt nicht, dass subjektive Evidenz immer durch Moralvor-

---

fassungszusatzes ist nicht auf den Bund anwendbar; erst 1954 ist höchstrichterlich entschieden worden, dass dem Gleichbehandlungsgebot des XIV. Verfassungszusatzes entsprechende Anforderungen aus dem normativen Gehalt der „due process"-Klausel des V. Verfassungszusatzes abgeleitet werden können, siehe *Bolling v. Sharpe*, 347 U.S. 497, 499 (1954).

[391] *A. Steinbach*, AöR 140 (2015), S. 367 (370, 381); siehe bereits oben, Text bei Fn. 341.

[392] Das betont Chief Justice John Roberts in seinem Mehrheitsvotum in *Trump v. Hawaii*, 585 U.S. __, __ (2018) (slip. op., at 38) – der „Muslim-Ban"-Entscheidung – in Reaktion auf das Sondervotum der Richterin Sotomayor, die eine Parallele zu *Korematsu* gezogen hatte: „The forcible relocation of U.S. citizens to concentration camps, solely and explicitly on the basis of race, is objectively unlawful and outside the scope of Presidential authority. But it is wholly inapt to liken that morally repugnant order to a facially neutral policy denying certain foreign nationals the privilege of admission."

[393] *J. B. Thayer*, 7 Harv. L. Rev. 144–148 (1893); siehe bereits oben, Text und Nachweise Kapitel 1, Fn. 229, 245; Kapitel 4, Fn. 375; in diesem Kapitel, Fn. 226, 328, 334.

[394] Vgl. *A. M. Kornhauser*, Debating the American State, 2015, S. 91.

[395] *Korematsu v. United States*, 323 U.S. 214 (1944).

[396] *Hirabayashi v. United States*, 320 U.S. 81, 100 (1943).

stellungen oder Ideologie bedingt ist. Beispiele für Konstellationen, in denen die Verfassungswidrigkeit legislativer Handlungen aus rein normativ-technischen Erwägungen offensichtlich feststeht, hatte John Marshall ja in seinem *Marbury*-Votum aufgezählt[397].

Nach dem Gesagten eignet sich die für den liberalen Rechts- oder Nachtwächterstaat des späten 18. und des frühen 19. Jahrhunderts entwickelte doubtful case rule sicherlich nicht ohne weiteres zur bedenkenlosen Rezeption in das *law in action* der Gegenwart des allzuständigen Industrie-, Interventions- oder Wohlfahrtsstaats[398]. Nichtsdestoweniger ist ihr verfassungspolitischer Kerngedanke – die Aufrechterhaltung eines größtmöglichen legislativen Entscheidungsspielraums – heute noch genauso aktuell wie vor 200 Jahren. Will man also nicht die doubtful case rule, sondern allein den ihr zu Grunde liegenden Kerngedanken auf die Gegenwart übertragen, dann kann neben dem oben bereits angesprochenen Verständnis der Verfassung als Rahmen- statt als Gesellschaftsordnung die theoretisch vielleicht nicht zwingende, aber doch plausible Einsicht hilfreich sein, dass die im späten 18. und frühen 19. Jahrhundert verwurzelten und mit Savigny[399] in Verbindung gebrachten Auslegungscanones nicht unbesehen auf das Recht der Verfassung angewandt werden dürfen[400]. Ihre unbesehene Anwendung verkennt die Eigenart des Verfassungsrechts und führt in der funktionell-rechtlichen Konsequenz zu einer nahezu unbegrenzten judikativen Gestaltungsmacht. Die keineswegs neue, oben bereits angesprochene Unterscheidung zwischen volljustitiablen Regeln und begrenzt justitiablen Prinzipien kann dabei helfen, das (in den Köpfen vieler Vefassungsjuristen) immer noch einflussreiche Subsumtionsmodell zurückzudrängen, zumindest insofern, als es der Annahme zu Grunde liegt, die Verfassung sei im methodischen Zugriff mit einer zivil- oder strafrechtlichen Kodifikation gleichzusetzen[401]. Die Konzeption der Verfassung als kodifikationsgleiches Entscheidungsprogramm einerseits und das Desiderat einer demokratie- und gewaltenteilungsfreundlicheren Praxis der richterlichen Normenkontrolle andererseits lassen sich nicht in Einklang bringen.

---

[397] *Marbury v. Madison*, 5 U.S. (1 Cranch) 137, 179 (1803): Verstoß gegen das Verbot der Besteuerung der Warenausfuhr, (2) Verstoß gegen das Verbot rückwirkender (Straf-)Gesetzgebung, (3) Bill of Attainder-Verbot und (4) eine Missachtung des Gebots, dass wegen (Hoch-)Verrats nur derjenige verurteilt werden darf, gegen den entweder mindestens zwei Zeugenaussagen vorliegen, oder derjenige, der sich in der Gerichtsverhandlung geständig eingelassen hat (siehe bereits oben, Text bei Fn. 136 ff.; 302 f.).

[398] So – mit Blick auf Thayers „rule of administration" (siehe oben, Nachweis und Text bei Fn. 328) – auch *H. P. Monaghan*, 83 Colum. L. Rev. 8 (1983).

[399] *F. C. von Savigny*, System des heutigen Römischen Rechts, Bd. I, 1840, § 33, S. 213 ff.

[400] *E.-W. Böckenförde*, NJW 1976, S. 2089 (2090 f., 2097, et passim); vgl. *G. Roellecke*, in: J. Isensee/P. Kirchhof (Hrsg.), HStR III, 3. Aufl. 2005, § 67 Rn. 33.

[401] Siehe dazu *W. Heun*, Verfassungsordnung, 2012, S. 4 ff.; vgl. bereits oben, Fn. 347; zur Kritik etwa *K. Stern*, Staatsrecht, Bd. I, 2. Aufl. 1984, S. 130.

A. Die Entscheidung

Ein Ansatz, der Rahmenordnungsmodell und Regel/Prinzipien-Unterscheidung zu einander in Beziehung setzt, um auf dieser Grundlage Argumente für die Doktrin der richterlichen Zurückhaltung zu entwickeln, begegnet, lässt man die Frage nach der Akzeptabilität des Rahmenordnungsmodells einmal beiseite, zwei naheliegenden und miteinander verzahnten potentiellen Einwänden. Erstens ist es nicht selten der Fall, dass die Verfassung dort, wo die Bedeutung des zu normierenden Sachbereichs eine Regel wünschenswert erscheinen ließe, einen Standard setzt, und umgekehrt dort, wo es sich um eine Materie handelt, die eine strikte Regulierung nicht zwingend geboten erscheinen lässt, eine Regel festlegt[402]. Ein zweiter Einwand könnte lauten, dass sich Regeln und Prinzipien nicht trennscharf von einander abgrenzen lassen. Es handelt sich, wie das Beispiel der absoluten Gesetzgebungsverbote gezeigt hat, zumeist um gleitende Übergänge. Regel und Prinzip bilden die Endpunkte einer gedachten Skala (ein „Kontinuum"); alles was in der Mitte zwischen ihnen liegt, entzieht sich einer klaren Zuordnung. Es werden allenfalls Tendenzen erkennbar[403]. Solchen Einwänden ließe sich entgegenhalten, dass hier, wie Justice Stone in seiner „Fußnote 4" angedeutet hat, die Kriterien des potentiell diskriminierenden Charakters einer Maßnahme bzw. deren Eingriffsintensität, die Eigenart der Regelungsmaterie, das Gewicht der durch die Verfassung geschützten Rechtsgüter und Kosten-Nutzen-Erwägungen geeignete Anknüpfungspunkte bieten, um die gerichtliche Kontrolldichte unter größtmöglicher Schonung des legislativen Entscheidungsspielraums angemessen definieren zu können[404,405]. Je deutlicher dabei allerdings der Rahmencharakter der Verfassung betont wird,

---

[402] Siehe *L. Alexander*, 31 Aust'l. J. Leg. Phil. 7 (2006); *ders./A. Solum*, 118 Harv. L. Rev. 1632 (2005).

[403] *K. M. Sullivan*, 106 Harv. L. Rev. 57–58 n. 231, 61 (1992) ("continuum, not a divide"); vgl. auch etwa *R. Poscher*, RW 1 (2010), S. 349 (371) („gradueller" Unterschied).

[404] *United States v. Carolene Products Co.*, 304 U.S. 144, 152 n. 4 (1938); zur Definition der Kontrolldichte unter Heranziehung der Kosten-Nutzen-Analyse siehe etwa *K. Roosevelt III*, 91 Va. L. Rev. 1661–1663 (2005).

[405] Die durch das Bundesverfassungsgericht im Mitbestimmungsurteil entwickelten Abstufungen der gerichtlichen Kontrolle legislativer Prognoseentscheidungen im Hinblick auf die tatsächlichen Auswirkungen des Gesetzes (BVerfGE 50, 290 [332 f.]) ließen sich etwa auch auf die Erarbeitung des anzulegenden normativen Prüfungsmaßstabs übertragen (siehe *M. Borowski*, in: J. Isensee/P. Kirchhof (Hrsg.), HStR XII, 3. Aufl. 2014, § 274 Rn. 39; in diese Richtung tendiert anscheinend auch *A. Steinbach*, AöR 140 (2015), S. 368 (378 ff.)). *K. Schlaich/S. Korioth*, Bundesverfassungsgericht, 11. Aufl. 2018, S. 399, weisen – wohl nicht ganz zu Unrecht – darauf hin, dass schon die „Kontrolle der Richtigkeit bzw. Vertretbarkeit von Sachverhaltsannahmen und Prognoseentscheidungen in den meisten Fällen urteilsentscheidend" sei. Zur – mittlerweile auch hierzulande bekannten – Typologie der „Stufen" und „Standards" der verfassungsgerichtlichen Kontrolle in den Vereinigten Staaten siehe *W. Brugger*, Öffentliches Recht der USA, 2. Aufl. 2001, S. 101 f. (dort insbesondere zur „strict scrutiny" und zum sog. „rational basis test").

desto eher hat sich die normenkontrollierende Justiz darauf zu beschränken, die Überschreitung äußerster Grenzen (Beispiel: *Korematsu*) zu beanstanden. Liegt ein solcher „Monsterfall"[406], in dem rote Linien klar überschritten werden, nicht vor, bliebe es bei der eingangs erläuterten Thayerschen rule of administration, wonach die Verfassungsrechtsprechung die Interpretationsentscheidung der Legislative im Zweifel hinzunehmen hat[407].

Richtet man den Blick wieder auf das *Marbury*-Votum, dann kann man es aus Sicht des judicial restraint-Gedankens sicherlich bedauern, dass Marshall die historische Gelegenheit nicht dazu genutzt hat, bezogen auf die Intensität der richterlichen Normenkontrolle klare Verhältnisse zu schaffen. Er hätte nur etwa einen Absatz, ähnlich der oben zitierten Passage aus *Fletcher*[408], in das Votum einfügen müssen – dann stünde die Entscheidung heute als Präjudiz für eine gerichtliche Verwerfungskompetenz gegenüber Akten der Legislative allein in Fällen klarer Verfassungswidrigkeit in den Geschichtsbüchern. Was Marshall allerdings – aus Sicht des judicial restraint zu Recht – vermieden hat, waren den (krypto-)natur-rechtlichen Ausführungen des Justice Chase in *Calder v. Bull* vergleichbare Gedankenspiele. Diejenige judicial review-Doktrin, die in *Marbury* ausbuchstabiert wird, folgt strikt dem sog. interpretivistischen Modell. Sie gestattet dem normenüberprüfenden Richter bei der Definition der Kontrolldichte keinen Rückgriff auf – etwa im Naturrecht fundierte[409] – suprakonstitutionelle Prinzipien[410]:

---

[406] Begriff: *W. Hassemer*, JZ 2008, S. 1 (2).

[407] *Ch. Gusy*, JöR N.F. 33 (1984), S. 105 (109 f.); vgl. auch *G. F. Schuppert*, Die verfassungsgerichtliche Kontrolle der Auswärtigen Gewalt, 1973, S. 221; in diese Richtung – wenngleich zurückhaltender – *M. Borowski*, in: J. Isensee/P. Kirchhof (Hrsg.), HStR XII, 3. Aufl. 2014, § 274 Rn. 28. Die grundsätzliche und extrem deferentielle Position findet sich bei *J. B. Thayer*, 7 Harv. L. Rev. 144 (1893); siehe außerdem nochmals Dennis v. United States, 341 U.S. 494, 539–540 (1951) (Frankfurter, J., concurring), Vollzitat oben Fn. 374.

[408] *Fletcher v. Peck*, 10 U.S. (6 Cranch) 87, 128 (1810); siehe oben, Text bei Fn. 306 ff.

[409] Marshall argumentiert dort, wo seine Behauptungen einer eindeutigen textlichen Grundlage entbehren, technischer als etwa Justice Chase. Während Chase die Prinzipien natürlicher Gerechtigkeit im Blick zu haben scheint (siehe oben Kapitel 4, Text bei Fn. 292 ff.), hat Marshall im Falle der vested rights-Lehre (siehe in diesem Kapitel, Fn. 426 mit begleitendem Text) das common law auf seiner Seite; bezogen auf das richterliche Prüfungsrecht kann er sich immerhin auf eine – vergleichsweise ausgefeilte, an das positive Verfassungsrecht angebundene, wenn auch nicht vollends überzeugende – verfassungstheoretische Begründung stützen; vgl. auch *M. S. Paulsen*, 101 Mich. L. Rev. 2741 n. 93 (2003) ("[T]extualism embraces not only specific words and phrases, but the architecture of the text as well. *Marbury* is clearly all about the structure and architecture created by the written text, as well as specific provisions.").

[410] Siehe ausführlich oben Kapitel 4, Text bei Fn. 258–405.

"*Marbury* defends ... the pure interpretive model of judicial review."⁴¹¹

Was nichtsdestoweniger bleibt, ist die Feststellung, dass Marshall in *Marbury* zur doubtful case rule geschwiegen hat. In der Konsequenz stehen die durchaus erkennbaren, freilich subtilen Andeutungen der doubtful case rule im Schatten der Verkündung eines in Ausmaß und Reichweite vermeintlich unbegrenzten⁴¹² richterlichen Prüfungsrechts gegenüber Legislativakten des Bundes.

2. Marbury und die Trennung zwischen Recht und Politik

"It is scarcely necessary for the Court to disclaim all pretensions to such a jurisdiction [that intrudes cabinet and intermeddles with the prerogatives of the Executive]. An extravagance so absurd and excessive could not have been entertained for a moment. The province of the Court is solely to decide on the rights of individuals, not to inquire how the Executive or Executive officers perform duties in which they have a discretion. Questions, in their nature political or which are, by the Constitution and laws, submitted to the Executive, can never be made in this court."⁴¹³

Jedenfalls auf den ersten Blick offenbart sich in dieser Passage des *Marbury*-Votums ein weiterer Moment „judizieller Zurückhaltung" (Winfried Brugger)⁴¹⁴. Kurz gesagt besteht die Aufgabe der Gerichte in Marshalls Überlegungen allein darin, über das Bestehen individueller (bzw. subjektiver) Rechte zu entscheiden⁴¹⁵. Manche US-Autoren meinen, es sei diese Proklamation einer zumal in der Theorie trennscharfen Unterscheidung zwischen Recht und Politik gewesen, die dafür gesorgt habe, dass die *Marbury*-Rechtsprechung von den Zeitgenossen insgesamt mit Zustimmung aufgenommen worden sei. Marshalls Abschichtung des Politischen vom Juristischen habe einer seinerzeit weit verbreiteten Überzeugung entsprochen⁴¹⁶. Man kann die oben zitierte Passage sicherlich als aufrichtige Konzession Marshalls an die Exekutive lesen⁴¹⁷. Naheliegender erscheint es jedoch, anzunehmen, dass Marshall, der hier ja eine Anordungskompetenz gegenüber dem Secretary of

---

⁴¹¹ *Th. C. Grey*, 27 Stan. L. Rev. 707 (1975); vgl. *ders.*, 30 Stan. L. Rev. 846 n. 11 (1978); *W. E. Nelson*, Marbury v. Madison, 2000, S. 63; zu John Marshall allgemein *W. Berns*, 1982 Sup. Ct. Rev. 53 ("Marshall cannot be counted among the friends of judicial power as that term is currently understood [in terms of judicial activism].").

⁴¹² Vgl. dazu auch *W. R. Casto*, 62 Vand. L. Rev. 392 (2009).

⁴¹³ *Marbury v. Madison*, 5 U.S. (1 Cranch) 137, 170 (1803).

⁴¹⁴ *W. Brugger*, Jus 2003, S. 320 (322); siehe bereits oben, Text bei Fn. 215.

⁴¹⁵ Siehe *E. T. Lee*, Judicial Restraint in America, 2011, S. 7.

⁴¹⁶ *M. Schor*, 87 Tex. L. Rev. 1468 (2009); vgl. zur zeitgenössischen Auffassung bezogen auf die Trennung von Recht und Politik *E. T. Lee*, Judicial Restraint in America, 2011, S. IX, 6; den besitzindividualistischen Einschlag dieses Trennungsdenkens hebt *W. E. Nelson*, Marbury v. Madison, 2000, S. 8, hervor ("The right to private property was on the legal side of the [dividing] line [between law and politics].").

⁴¹⁷ *J. M. O'Fallon*, 44 Stan. L. Rev. 250 (1992).

State in Anspruch nimmt, bis an die Grenzen desjenigen gegangen ist, das er angesichts der in den Köpfen der Zeitgenossen durchaus noch präsenten englischen sovereign immunity-Doktrin („the King can do no wrong"[418]) vernünftigerweise an Befugnissen für sein Gericht einfordern konnte[419]. Eine andere Lesart geht dahin, dass Marshall (vergebens) versucht hat, der Jefferson-Administration vorzuspiegeln, es handele sich in der causa *Marbury* um eine alltägliche, rein juristische Angelegenheit und keineswegs um eine Frage von grundsätzlicher verfassungspolitischer Bedeutung[420]. Dieser Erklärungsansatz überzeugt allerdings nicht. Wenn es zuträfe, dass Marshall die Beklagtenseite auf diese Weise gewissermaßen hatte austricksen wollen, bedeutete das, dass entweder Marshall naiv gewesen ist, oder dass er mit Jefferson und Madison zwei der einflussreichsten politischen Theoretiker der Zeit für naiv gehalten hat – beides scheint eher fernliegend.

Wie auch immer man seine Motive beurteilen mag, Marshall überwindet die von ihm selbst aufgestellte Hürde der Recht/Politik-Dichotomie zwar mit beachtlichem, fast demonstrativem Aufwand, ohne sich dabei allerdings in nennenswertem Umfang mit den jedenfalls aus heutiger Sicht naheliegenden potentiellen Einwänden zu beschäftigen.

In nuce lautet Marshalls Ansatz etwa wie folgt: Indem seine Ernennung durch den Präsidenten im Benehmen mit dem US-Senat beschlossen worden ist, habe der Kläger Marbury ein subjektives Recht erlangt. Subjektive Rechte werden von den Gerichten geschützt. Deshalb, so Marshall, sei das Gericht hier zu einer inhaltlichen („meritorischen") Entscheidung befugt.

Marshalls Ausführungen sowohl zur Entstehung des subjektiven Rechts als auch zur Statthaftigkeit des zur Durchsetzung des Rechts ergriffenen Rechtsbehelfs („ubi ius, ibi remedium"[421]) beruhen maßgeblich auf der Erwägung, dass das in der sog. Appointments Clause (U.S. Const., Art. II, § 2,

---

[418] W. *Blackstone*, Commentaries on the Laws of England, Bd. III, 1765–1769, hrsg. von J. Langbein, 1979, S. 254; vgl. bereits oben Kapitel 4, Text und Nachweise bei Fn. 195 und in diesem Kapitel, Fn. 84; siehe zur Rezeption der sovereign immunity-Doktrin in den Vereinigten Staaten *E. Chemerinsky*, 53 Stan. L. Rev. 1201–1203, 1213, et passim (2001); *V. C. Jackson*, 35 Geo. Wash. Int'l L. Rev. 525, et passim (2003).

[419] *D. Alfange, Jr.*, 1993 Sup. Ct. Rev. 369–370 ("Such a bold assertion of judicial authority ... was quite remarkable given the political climate of 1803."); vgl. auch die Einschätzung bei *G. S. Wood*, 56 Wash. & Lee L. Rev. 793 (1999) ("enormous amount of judicial authority").

[420] Vgl. *S. R. Olken*, 37 J. Marshall L. Rev. 420 (2004) ("By deliberately portraying the case as a legal controversy over Marbury's individual rights, Marshall was able to seemingly remove the Court from the political realm.").

[421] *W. W. Van Alstyne*, 1969 Duke L.J. 11. ; vgl. dazu *Marbury v. Madison*, 5 U.S. (1 Cranch) 137, 163 (1803) ("The United States has been emphatically termed a government of laws, and not of men. It will certainly cease to deserve this high appellation, if the laws furnish no remedy for the violation of a vested legal right.").

Cl. 2) vorgeschriebene Verfahren der präsidentiellen Richter- und Beamtenernennung in zwei Abschnitte unterteilt sei, nämlich in Ernennung und Bestellung.

Der erste Teil des Verfahrens – die Ernennung („appointment") – setzt sich wiederum aus zwei Komponenten zusammen: erstens der Nominierung des Kandidaten durch den Präsidenten und zweitens der sich anschließenden Mitwirkung des US-Senats, der die Nominierung entweder zu bestätigen oder abzulehnen hat („advice and consent"). Mit Abschluss dieses politischen, insbesondere durch ein Auswahlermessen des Präsidenten gekennzeichneten Verfahrensschritts der Ernennung erlangt der Ernannte, sofern auch die formalen Ernennungsvoraussetzungen (Ausfertigung, Anbringen des Siegels) vorliegen, nach Marshalls Beobachtungen ein subjektives Recht – einen Anspruch – auf Aushändigung der Ernennungsurkunde („commission") gemäß U.S. Const., Art. I, § 2. Deshalb sei der zweite und abschließende Verfahrensschritt rein administrativer Natur. Bei dem Vollzug der Ernennung, der Bestellung („commission"), handele es sich um um eine gebundene Entscheidung, die dem Präsidenten keinerlei Ermessensspielraum eröffne; der Präsident muss die im vorherigen Verfahresabschnitt getroffene politische Entscheidung vollziehen und Aushändigung bzw. Zustellung der Urkunde veranlassen[422].

Abstrahiert vom konkreten Fall stellt Marshall fest, dass die Exekutive dann, wenn sie eine Rechtspflicht verletzt, durch judikative Anordnung zur Folgenbeseitigung bestimmt werden könne. Solche Pflichtverletzungen seien allerdings ausschließlich in denjenigen Fallkonstellationen denkbar, in denen die vollziehende Gewalt rechtlich gebundene Entscheidungen („ministerial executive action") zu treffen hat. Anders liegen die Dinge nach Marshalls Beobachtungen, soweit der Exekutive politisches Ermessen zusteht („discretionary executive action")[423]. In derlei Fällen, etwa solchen, die die Außenpolitik betreffen, müsse das Gericht die Entscheidungen der Regierung respektieren[424]. In dieser Konstellation ist die Exekutivspitze also keiner ‚Haftung' im juristischen Sinne unterworfen, sie hat hier lediglich die politische Verantwortung für ihr Handeln zu tragen[425]. Wendete man diese Kriterien auf den Fall an, so ergebe sich, dass Marbury durch das Zurückhalten der Urkunde in einem nach Abschluss des politischen Verfahrens entstan-

---

[422] Siehe *Marbury v. Madison*, 5 U.S. (1 Cranch) 137, 157–159, 162 (1803).
[423] Vgl. *H. A. Johnson*, Chief Justiceship of John Marshall, 1997, S. 61.
[424] *Marbury v. Madison*, 5 U.S. (1 Cranch) 137, 166, 169–170 (1803).
[425] *Marbury v. Madison*, 5 U.S. (1 Cranch) 137, 165–166 (1803) ("accountable only to his country in his political character"); siehe dazu im Übrigen *G. L. Haskins*, in: ders./H. A. Johnson, History of the Supreme Court, Bd. II, 1981, S. 193 f.; *W. W. Van Alstyne*, 1969 Duke L.J. 11 ("[N]ot subject to judicial review but subject only to electoral review and perhaps to congressional pressure.").

denen „wohlerworbenen Recht" (*vested right*[426]) verletzt worden sei. Marshall beurteilt dieses wohlerworbene Recht, den Anspruch auf die Bestellung (commission) zum Friedensrichter, gewissermaßen als verfestigte Eigentumsposition, die aufgrund politischer Entscheidung nicht mehr beseitigt werden kann. Die Entscheidung über die Zustellung der Urkunde stehe, anders als die Entscheidung über die Nominierung, nicht im Ermessen der Exekutive, vielmehr handele es sich um eine gebundene Entscheidung, mithin eine eine reine Rechtsfrage, die gerichtlicher Überprüfung grundsätzlich zugänglich sei[427].

Die Trennung zwischen Recht und Politik wird bei Marshall nicht nur angedeutet, sie wird klar und deutlich ausgesprochen. Manche Beobachter halten die Unterscheidung zwischen Recht und Politik sogar für das juristische Leitmotiv der *Marbury*-Judikatur[428]. Wie sich Marshall den Verlauf der Demarkationslinie zwischen dem Hoheitsbereich des Rechts auf der einen und dem exklusiven Verantwortungsbereich der Politik auf der anderen Seite vorstellt, ist oben bereits erläutert worden. Dort, wo ein subjektives (Eigentums-)Recht („individual right" bzw. „vested right") besteht, das entweder auf hoheitliches Handeln oder hoheitliches Unterlassen gerichtet ist, entscheiden die Gerichte als Kontrollinstanz der Exekutive. Dort, wo staatliches Handeln nicht in rigide juristische Kautelen eingebunden ist, also dort, wo mit anderen Worten ein Ermessens- oder Beurteilungsspielraum besteht, entscheidet die vollziehende Teilgewalt abschließend und ist von gerichtlicher Kontrolle freigestellt. Marshall lässt im Übrigen keine Zweifel daran aufkommen, wer die Feststellung darüber trifft, ob eine Frage politischer oder rechtlicher Natur ist. Diese Entscheidung treffen selbstverständlich die Gerichte[429].

---

[426] Siehe zu der Frage, ob die eigentumsrechtliche vested rights-Lehre auf den Vorgang einer Richterernennung überhaupt anwendbar ist, *W. W. Van Alstyne*, 1969 Duke L.J. 9; *J. M. O'Fallon*, 44 Stan. L. Rev. 247 (1992); auch *W. E. Nelson*, Marbury v. Madison, 2000, S. 60.

[427] *Marbury v. Madison*, 5 U.S. (1 Cranch) 137, 167 (1803) ("The power of nominating to the senate, and the power of appointing the person nominated, are political powers, to be exercised by the President according to his own discretion. When he has made an appointment, he has exercised his whole power, and his discretion has been completely applied to the case. ... The question whether a right has vested or not, is, in its nature, judicial, and must be tried by the judicial authority.").

[428] Vgl. *C. F. Hobson*, The Great Chief Justice, 1996, S. 52; *W. E. Nelson*, Marbury v. Madison, 2000, S. 59; *G. S. Wood*, 56 Wash. & Lee L. Rev. 806 (1999); *S. R. Olken*, 37 J. Marshall L. Rev. 414 (2004); siehe dazu ferner *J. O'Neill*, MLR 65 (2002), S. 792 (795).

[429] Vgl. *Marbury v. Madison*, 5 U.S. (1 Cranch) 137, 167, 170–171 (1803); siehe *R. E. Barkow*, 102 Colum. L. Rev. 248–249 (2002); vgl. *R. J. Pushaw, Jr.*, 81 Cornell L. Rev. 445 n. 236 (1996); *J. M. O'Fallon*, 44 Stan. L. Rev. 250 (1992); *W. Heun*, Der Staat 42 (2003), S. 265 (270).

A. Die Entscheidung

Zwei Abgrenzungskriterien stehen nach Marshall zur Verfügung. Als politisch sind einerseits diejenigen Fragen zu beurteilen, die (1) durch Verfassung und Gesetze der Politik zur alleinigen Entscheidung zugewiesen sind und andererseits solche, die (2) ihrer schieren „Natur" gemäß als politische einzustufen sind. Indem Marshall entscheidet, dass der diskretionäre Abschnitt des Ernennungsverfahrens mit Ausfertigung und Siegelung der Urkunde abgeschlossen sei, reklamiert er hier kein Geringeres als die Deutungshoheit über den Charakter des Politischen, so merkwürdig sich das angesichts der eher unspektakulär beschaffenen Streitfrage anhören mag.

In *Marbury* definiert Marshall die Trennlinie zwischen Recht und Politik anhand der in der Verfassung angelegten Differenzierung zwischen „Ernennung" (*appointment*) und „Bestellung" (*commission*). Allein aufgrund dieser verfahrensmäßigen Unterscheidung den Schluss zu ziehen, das Auswahlermessen sei auf das Nominierungsverfahren beschränkt, ist zwar nicht gänzlich unplausibel, erscheint aber auch nicht ohne weiteres zwingend. Angesichts der Vielzahl der denkbaren Regelungsmodelle für das Verfahren der Beamten- und Richterernennung erscheint es demgegenüber auch nicht unvertretbar, die Aushändigung der Urkunde als politischen Akt einzuordnen und das Auswahlermessen des Präsidenten auf diesen abschließenden Verfahrensschritt zu erstrecken[430]. Diese Sichtweise entsprach jedenfalls dem Standpunkt der Jefferson-Administration[431]. In Abwesenheit einer klaren positiv-rechtlichen Regelung – davon, dass ausschließlich die Ernennung durch die Verfassung selbst der Politik „zur alleinigen Entscheidung zugewiesen" sei, kann eigentlich nicht die Rede sein – hätte es in der Tat eher nahe gelegen, im Sinne Jeffersons zu entscheiden: Unter Rückgriff auf das von Marshall selbst ins Spiel gebrachte Abgrenzungskriterium der Natur des Politischen hätte auch die Entscheidung über den Vollzug der „commission" ohne weiteres dem präsidentiellen Ermessen unterstellt werden können.

Die mit Blick auf das richterliche Prüfungsrecht eigentlich interessante Frage ist jedoch, ob die Lehre, die Marshall hinsichtlich der Unterscheidbarkeit von Recht und Politik entwickelt, allein auf die Beziehung zwischen Exekutive und Justiz beschränkt ist, oder ob sie sich auch auf das Verhältnis der Legislative zur Justiz bezieht[432]. Der Wortlaut der Entscheidungsgründe

---

[430] *W. Brugger*, Jus 2003, S. 320 (321 f. mit Fn. 13); vgl. auch *J. M. O'Fallon*, 44 Stan. L. Rev. 246 (1992) ("This conclusion rested, not on analysis of reasons for the distinction between appointment and commission, but on bare assertion.").

[431] *E. T. Lee*, Judicial Restraint in America, 2011, S. 1.

[432] So scheinbar *W. E. Nelson*, Marbury v. Madison, 2000, S. 66 f.; vgl. auch *H. A. Johnson*, Chief Justiceship of John Marshall, 1997, S. 61 ("Normally the court would defer to legislative decisions except when unconstitutionality was clear. Drawing upon Marbury's distinction between ministerial and discretionary executive action, the Court refrained from deciding political questions."); siehe außerdem etwa *G. L. Haskins*, in: ders./H. A.

liefert dazu keinen klaren Hinweis. Zwar legt der systematische Aufbau des *Marbury*-Votums die Annahme nahe, dass Marshall die Ausführungen zur Trennung von Recht und Politik allein bezogen auf das Verhältnis Exekutive/ Judikative verstanden wissen wollte. Dennoch übertragen einige US-Autoren Marshalls Recht/Politik-Unterscheidung auf die konstitutionellen Beziehungen zwischen Legislative und Justiz.

US-Verfassungshistoriker William Nelson etwa meint, die Unterscheidung zwischen Recht und Politik habe Marshall dazu gedient, judicial review als schiere „Gegenüberstellung" (*juxtaposition*) von Verfassung und Statut konzipieren zu können[433]. Aus dieser oben als naiv[434] bezeichneten Konstruktion des richterlichen Prüfungsrechts folgt, dass eine ausschließlich juristische Operation – der Abgleich von Verfassung und Statut – ausreicht, um über die Gültigkeit eines Legislativakts entscheiden zu können[435]. Politische Gestaltungskompetenzen sollen damit selbstverständlich nicht verbunden sein. Man erinnere sich nur an Marshalls Sentenz: „It is emphatically the province and duty of the judicial department, to say what the law is."[436]

In der Tat ist letztlich kein einleuchtender Grund dafür erkennbar, warum Marshall die Trennung zwischen Recht und Politik auf die Beziehungen zwischen vollziehender und rechtsprechender Gewalt hätte beschränken wollen. Nichtdestoweniger findet sich eine eindeutige Aussage des Inhalts, dass der Vorgang der Verfassungsinterpretation bis zu einem gewissen Grad immer auch ein politischer sei, ausgerechnet im dritten Abschnitt des Votums, in dem das richterliche Prüfungsrecht behandelt wird, nicht, obwohl eine solche an dieser Stelle jedenfalls aus heutiger Sicht deutlich besser aufgehoben gewesen wäre als im zweiten Teil. Das Fehlen einer entsprechenden Aussage kann man nicht ernsthaft damit erklären, dass die Zeitgenossen so naiv gewesen seien, zu glauben, die Verfassungsgerichtsbarkeit sei eine gänzlich unpolitische Institution[437]. Es ist sicherlich zutreffend, dass man seinerzeit noch nicht bereit war, die Trennung zwischen Recht und Politik auf breiter Linie

---

Johnson, History of the Supreme Court, Bd. II, 1981, S. 196 a. E.; *E. T. Lee*, Judicial Restraint in America, 2011, S. 6.

[433] *W. E. Nelson*, Marbury v. Madison, 2000, S. 67; siehe außerdem *G. L. Haskins*, in: ders./H. A. Johnson, History of the Supreme Court, Bd. II, 1981, S. 194 f.; *S. R. Olken*, 37 J. Marshall L. Rev. 394 (2004).

[434] Siehe oben, Kapitel 3, Fn. 715 und in diesem Kapitel, Fn. 211, jeweils mit begleitendem Text.

[435] So auch noch *United States v. Butler*, 297 U.S. 1, 62–63 (1936) (Roberts, J.) ("[T]he judicial branch of the Government has only one duty – to lay the article of the Constitution which is invoked beside the statute which is challenged and to decide whether the latter squares with the former.").

[436] *Marbury v. Madison*, 5 U.S. (1 Cranch) 137, 177 (1803).

[437] Dahin tendiert aber *C. Simons*, Grundrechte und Gestaltungsspielraum, 1999, S. 45 f.

A. Die Entscheidung   421

aufzugeben[438], so wie es die deutschen Anhänger der sog. Freirechtsschule und die US-amerikanischen Juristen der sog. legal realism-Schule des ausgehenden 19. und beginnenden 20. Jahrhunderts dann schließlich getan haben[439] („Aussagen über das Recht sind Prophezeiungen dessen, was die Gerichte tun werden"[440]). Ungeachtet ihrer alarmistischen Grundtendenz legt jedoch etwa Brutus' Abhandlung beredtes Zeugnis davon ab, dass den Zeitgenossen sehr wohl bewusst war, dass mit der Befugnis zur Verfassungsinterpretation nicht unerhebliche politische Gestaltungsmacht einhergeht[441,442]. Es handelt sich um eine Einsicht, auf die Brutus und seine Zeitgenossen nicht von selbst gestoßen sind, sondern um eine, die sie vielmehr vorgefunden haben, wie etwa das „he, who is truly the lawgiver"-Zitat des Bischofs Hoadly aus dem Jahr 1717 oder Blackstones Aphorismus, dem zufolge jeder nach dem *ius aequum* urteilende Richter ein Gesetzgeber sei (1765), eindrucksvoll belegen[443]. Auch Hamilton, dessen Abhandlung über die rechtsprechende Gewalt im Federalist ja von vielen als Antwort auf Brutus' Brandbriefe gelesen wird[444], setzt sich mit der politischen Natur der Verfassungsgerichtsbarkeit jedenfalls in Ansätzen auseinander[445].

Der Gedanke, dass das Konzept der Unterscheidung zwischen Recht und Politik bezogen auf das Verhältnis zwischen Legislative und Justiz notwen-

---

[438] Siehe *United States v. The William*, 28 F. Cas. 614, 620 (D.C. Mass., 1808) (differenziert zwischen political / legal discretion); vgl. *W. E. Nelson*, 120 U. Pa. L. Rev. 1172 (1972).

[439] *J. O'Neill*, MLR 65 (2002), S. 792 (794) ("The confident modern equation of law and politics first advanced in the Progressive era and by much contemporary legal theory, in which judging is indistinguishable in any fundamental way from the legislative balancing of interests, was alien to Marshall and the founders."); vgl. auch *K. Hopt*, Die Dritte Gewalt als politischer Faktor, 1969, S. 195 ff.; für die Freirechtsschule siehe *K. Adomeit*, JZ 2003, S. 161 (162) („Hier wurde mit der Vorstellung einer Rechtsanwendung ganz gebrochen, die Findung des Urteils ganz dem richterlichen Voluntarismus ausgeliefert."); in der Beurteilung etwas zurückhaltender *K. Larenz*, Methodenlehre, 6. Aufl. 1991, S. 59 ff.

[440] *O. W. Holmes*, The Path of the Law, 1897, in: ders., Collected Legal Papers, 1920 (Ndr. 1952), S. 167 (173) ("The prophecies of what the courts will do in fact, and nothing more pretentious, are what I mean by the law."); vgl. dazu etwa *K. Roosevelt III*, 91 Va. L Rev. 1651 n. 5 (2005), der diese Position als „predictive theory of law" bezeichnet und sie ideengeschichtlich als Teilströmung der „legal realism"-Bewegung einordnet.

[441] Siehe oben Kapitel 3, insbesondere Fn. 763 ff. und begleitenden Text.

[442] Vgl. auch *D. Alfange, Jr.*, 1993 Sup. Ct. Rev. 348; *K. Newmyer*, 43 Wm. & Mary L. Rev. 1491–1492 (2002); *S. R. Olken*, 37 J. Marshall L. Rev. 401–402 n. 56 (2004).

[443] Siehe *B. Hoadly*, Nature of the Kingdom, 3. Aufl. 1717, S. 12 (Zitat oben Kapitel 3, Text bei Fn. 850); *W. Blackstone*, Commentaries on the Laws of England, Bd. I, 1765, hrsg. von S. Katz, 1979, S. 62 (Zitat oben Kapitel 3, Text bei Fn. 60).

[444] Siehe oben Kapitel 3, Fn. 749 f. und begleitenden Text.

[445] *A. Hamilton*, The Federalist #81, 1788, in: A. Adams/W. P. Adams (Hrsg./Übers.), Die Federalist-Artikel, 1994, S. 488 f.; vgl. bereits oben Kapitel 3, Fn. 572 ff. und begleitenden Text.

digerweise einen Aufruf zur richterlichen Zurückhaltung beinhaltet, lässt sich aus Marshalls Votum nur mittels einer Inferenz entnehmen: Was, wenn nicht die aus dem Prinzip der Gewaltenteilung folgende und in den vorangehenden Abschnitten des Votums in ermüdender Gründlichkeit abgehandelte Trennung zwischen Recht und Politik, soll die theoretische Prämisse für die weithin akzeptierte Annahme bilden, dass Akte der Legislative nur dann für nichtig erklärt werden dürfen, wenn sie unzweifelhaft gegen die Verfassung verstoßen[446]? Andere Motive lassen sich für den in der frühen Republik vorherrschenden restriktiven Ansatz gegenüber dem Institut der richterlichen Normenkontrolle zwar durchaus ausfinding machen. Dass politische Willensbildung jedoch Sache nicht der Justiz, sondern der übrigen Teilgewalten, und hier vor allem der Gesetzgebung ist, hatte Marshall bereits vor seiner Zeit als Vorsitzender Richter am U.S. Supreme Court, noch als Abgeordneter des Repräsentantenhauses, ausdrücklich anerkannt – gleichviel, ob aus demokratischer, republikanischer oder einer wie auch immer beschaffenen Überzeugung.

"Marshall ... once told his constituents, [that] he believed that the people, and hence their agents in the political branches, must sometimes be free to act unbound by fixed legal principles."[447]

Zugestandermaßen muss man schon zwischen den Zeilen lesen, um dem *Marbury*-Votum die Aussage zu entnehmen, dass die Unterscheidung zwischen Recht und Politik die an die Justiz gerichtete Maßgabe in sich berge, Zurückhaltung bei der Normenkontrolle zu wahren und nur dort gegen den Gesetzgeber einzuschreiten, wo eindeutige Verfassungsverstöße erkennbar werden. Für die historische Herleitung und Rechtfertigung des judicial restraint-Gedankens ist die Frage, ob es nun ausgerechnet die Trennung von Recht und Politik gewesen ist, die in den Augen der zeitgenössischen Akteure eine zurückhaltende Handhabung der Normenkontrollkompetenz geboten erscheinen ließ, letztlich nicht von überragender Bedeutung.

---

[446] Vgl. etwa die Stellungnahme des Delegierten John Dickinson aus Delaware auf dem Verfassungskonvent von Philadelphia, in: M. Farrand (Hrsg.), Records of the Federal Convention of 1787, Bd. 2, 1911, S. 108 (dort wohl als „Dickerson" bezeichnet) ("[T]he Judges must interpret the Laws[,] they ought not to be legislators."); dazu auch *K. L. Hall*, Supreme Court and Judicial Review, 1985, S. 8 ("sharp distinction between constitutional interpretation ... and judicial policymaking"); mit Bezug auf *Marbury* siehe *W. M. Treanor*, in: V. C. Jackson/J. Resnik (Hrsg.), Federal Courts Stories, 2010, S. 29 (49) ("Marshall's analysis here [bei der Frage, ob Anordnungen gegen Regierungsbeamte erlassen werden dürfen] turns on the same distinction between law and politics that explains the level of scrutiny in the early judicial review case law.").

[447] *W. E. Nelson*, Marbury v. Madison, 2000, S. 60 a. E; vgl. dazu auch *R. E. Barkow*, 102 Colum. L. Rev. 249 (2002).

Wichtig ist vielmehr, festzuhalten, dass die doubtful case rule in der gerichtlichen Praxis weithin anerkannt gewesen ist. Sei es, dass sie aufgrund demokratischer oder republikanischer Idealismen, sei es, dass sie aus Gründen der Funktionenordnung oder aufgrund verbliebener Spurelemente der britischen Verfassungstradition überzeugend erschien. Besagte Entscheidungsregel blieb auch über das *Marbury*-Votum hinaus in der Rechtsprechung des Marshall Court allgegenwärtig[448]. Sie ist – trotz oder gerade wegen ihrer in den Einzelheiten tendenziell uneinheitlichen Handhabung[449] – das zentrale Strukturmerkmal der Normenkontrollpraxis der frühen amerikanischen Republik. Ob sie nun (auch) aus der Recht/Politik-Dichotomie heraus begründet worden ist oder nicht, ist ohne Restzweifel kaum abschließend zu beurteilen. Nicht ohne Grund besteht seit längerem ein gewisser Konsens darüber, dass die Unterscheidung zwischen Recht und Politik in die Irre führt und kaum geeignet ist, handhabbare Kriterien für die Kompetenzabgrenzung zwischen Legislative und (normenkontrollierender) Justiz zu liefern[450].

Welche doktrinären Spuren haben Marshalls auf Recht und Politik bezogenen Überlegungen also im Verlauf von über 200 Jahren hinterlassen? Manche Autoren meinen, Marshall habe hier das dogmatische Fundament der sog. political question doctrine errichtet[451]. Einfach ausgedrückt besteht der normative Kerngehalt dieser Doktrin in der Befugnis der Bundesgerichte, eine Sachentscheidung zu verweigern, wenn dem Gericht im Rahmen einer an sich ordnungsgemäß erhobenen und auch ansonsten zulässigen Klage („case or controversy") eine sog. „political question" zur Entscheidung vorgelegt wird[452]. Political question im Sinne der Doktrin meint dabei

---

[448] *Fletcher v. Peck*, 10 U.S. (6 Cranch) 87, 128 (1810); *Dartmouth College v. Woodward*, 17 U.S. (4 Wheat.) 518, 625 (1819); *Brown v. Maryland*, 25 U.S. (12 Wheat.) 419, 436 (1827); siehe auch *McCulloch v. Maryland*, 17 U.S. (4 Wheat.) 316 (1819); vgl. näher oben, Fn. 305 ff. und begleitenden Text.

[449] Vgl. oben, Fn. 227.

[450] Siehe bereits oben Kapitel 1, etwa Fn. 293 ff. und begleitenden Text.

[451] Siehe *R. E. Barkow*, 102 Colum. L. Rev. 248 (2002) (Marshall als "vigorous advocate of what came to be known as the political question doctrine"); *R. H. Fallon*, 91 Calif. L. Rev. 28–29 (2003) ("political question doctrine was directly prefigured in *Marbury*"); vgl. auch *R. L. Clinton*, 35 Am. J. Juris. 70 (1990); *W. W. Van Alstyne*, 1969 Duke L.J. 11–12, *S. L. Bloch/M. Marcus*, 1986 Wis. L. Rev. 302; *E. Chemerinsky*, Principles and Policies, 5. Aufl. 2015, S. 135 f.; *D. P. Currie*, The Constitution in the Supreme Court, 1985, S. 67; *L. M. Seidman*, 37 J. Marshall L. Rev. 445 (2004); *M. Stoevesandt*, Aktivismus und Zurückhaltung, 1999, S. 77; *N. Feldman/K. M. Sullivan*, Constitutional Law, 20. Aufl. 2019, S. 11; anders *F. Scharpf*, Grenzen, 1965, S. 7, dort mit Fn. 26.

[452] Siehe *M. H. Redish*, 79 Nw. U. L. Rev. 1031 (1985); *J. Nowak/R. Rotunda*, Constitutional Law, 8. Aufl. 2010, S. 125 f.; *L. Tribe*, American Constitutional Law, 2000, S. 365 ff.; *W. Brugger*, Grundrechte und Verfassungsgerichtsbarkeit, 1987, S. 17 ff.; klassisch etwa *H. Wechsler*, 73 Harv. L. Rev. 7–9 (1959); näher zum klassischen Ansatz auch *F. Scharpf*, 75 Yale L.J. 517–519 (1966); *ders.*, Grenzen der richterlichen Verantwortung, 1965, insbes. S. 389 ff.

nicht jedwede Frage, die in irgendeiner Form politischer Natur ist – dann wären nahezu alle verfassungsrechtlichen Streitigkeiten von der Doktrin erfasst[453] –, sondern nur solche, die dem Gericht entweder aus verfassungsstrukturellen[454] oder materiell-rechtlichen[455] Gründen, oder aufgrund pragmatischer („prudentieller"[456] oder konsequentialistischer) Erwägungen als nichtjustitiabel erscheinen[457].

Die in diesem Zusammenhang getroffene Aussage, dass nahezu jede Verfassungsfrage auf die eine oder andere Weise auch eine politische ist, unterstreicht – von ihren Urhebern gewollt oder nicht – einmal mehr die Binsenweisheit, wonach (Verfassungs-)Recht und (Rechts-)Politik insofern inkommensurable Größen darstellen, als sie unterschiedlich aber – im Zweifel – nicht unterscheidbar sind. Der Versuch einer sinnvollen kategorialen Trennung zwischen ihnen ist ein aussichtsloses Unterfangen[458].

Ob oder inwieweit diejenigen Entscheidungen des Gerichts, in denen die Anwendung der political question doctrine erwogen worden ist, in einer direkten Traditionslinie der *Marbury*-Judikatur stehen, soll hier nicht im Einzelnen untersucht werden[459]. Nicht von der Hand zu weisen ist allerdings, dass sich die oben bereits genannten Kriterien, die Marshall für die Abgrenzung zwi-

---

[453] *E. Chemerinsky*, Principles and Policies, 5. Aufl. 2015, S. 135; *R. E. Barkow*, 102 Colum. L. Rev. 244 (2002); vgl. dazu auch *L. Tribe*, American Constitutional Law, 2000, S. 370 ("An issue is political not because it is one of particular concern to the political branches of government but because the constitutional provisions which litigants would invoke as guides to the resolution of the issue do not lend themselves to judicial application.").

[454] *Baker v. Carr*, 369 U.S. 186, 210 (1962) ("The nonjusticiability of a political question is primarily a function of the separation of powers.").

[455] *Baker v. Carr*, 369 U.S. 186, 217 (1962) ("Prominent on the surface of any case held to involve a political question is found ... a lack of judicially discoverable and manageable standards for resolving it ...").

[456] Siehe *Nixon v. United States*, 506 U.S. 224, 252–253 (1993) (Souter, J., concurring); vgl. näher *R. E. Barkow*, 102 Colum. L. Rev. 253–263 (2002); *M. H. Redish*, 79 Nw. U. L. Rev. 1032 (1985) ("this 'prudential' version of the political question doctrine is characterized by an attitude that could legitimately be called 'realpolitik'.").

[457] *M. H. Redish*, 79 Nw. U. L. Rev. 1031 (1985); vgl. außerdem *W. Brugger*, Grundrechte und Verfassungsgerichtsbarkeit, 1987, S. 17; *L. Tribe*, American Constitutional Law, 2000, S. 366, unterscheidet im Anschluss an *F. Scharpf*, 75 Yale L.J. 538, 548, 555, 558, 566 (1966), zwischen einem „klassischen" (= verfassungsstrukturellen), einem „prudentiellen" (nochmals unterteilt in einen „opportunistischen", „kognitiven" und „normativen"), und einem „funktionalen" Begründungsansatz der Doktrin.

[458] So wohl auch *H. Schulze-Fielitz*, AöR 122 (1997), S. 1 (14 f.); *Th. von Danwitz*, JZ 1996, S. 481 (483); vgl. ferner *N. Achterberg*, DÖV 1977, S. 649 (650 f.); *Ch. Hillgruber*, VVDStRL 67 (2008), S. 7 (8); *H. Ridder*, in: H. Ehmke u. a. (Hrsg.), FS Arndt, 1969, S. 348; *H. Simon*, in: E. Benda/W. Maihofer/H. J. Vogel (Hrsg.), HVerfR, 2. Aufl. 1994, § 34 Rn. 46; anders *W. Hassemer*, JZ 2008, S. 1 (10); zu Recht und Politik bereits oben Kapitel 1, bei Fn. 295 ff.

[459] Siehe dazu näher *R. E. Barkow*, 102 Colum. L. Rev. 248–250 (2002).

schen Recht und Politik anbietet – freilich in vergleichsweise ausgefeilter Gestalt – auch in einer der bekanntesten und wichtigsten[460] Entscheidungen wiederfinden, die im Zusammenhang mit der political question doctrine immer wieder zitiert wird: *Baker v. Carr*[461].

Unmittelbare Bedeutung erlangte die Doktrin im Lauf der Zeit insbesondere als Argumentationstopos zur Rechtfertigung einer Beschränkung[462] der Kontrolle von (außen- und verteidigungspolitischen[463]) Handlungen der Exekutive[464]. Sie tritt als Ausnahme zu dem bereits in *Marbury* angelegten Grundsatz in Erscheinung, dass jede in einem Rechtsstreit ordnungsgemäß

---

[460] Siehe *E. Chemerinsky*, Principles and Policies, 5. Aufl. 2015, S. 136; *L. Tribe*, American Constitutional Law, 2000, S. 366 ("'definitive' statement of the political question doctrine"); vgl. auch *R. B. Jackson*, 44 U. Colo L. Rev. 477–478 (1973). „Die" political question doctrine als solche ist nicht leicht auf den Punkt zu bringen. Sie ist wohl zuerst in *Luther v. Borden*, 48 U.S. 1 (1849) (siehe *L. Weinberg*, 37 Pace L. Rev. 721–738 (2017) und bereits oben Kapitel 4, Fn. 311, und begleitenden Text) aufgetaucht, dann aber bezogen auf ihre Voraussetzungen nicht konsistent fortentwickelt worden, sodass sie insgesamt als „heterogene" (*M. Kau*, United States Supreme Court, 2007, S. 319, vgl. auch *E. Chemerinsky*, Principles and Policies, 5. Aufl. 2015, S. 135 f.) dogmatische Konstruktion angesehen werden muss. Über die Jahrzehnte konstant geblieben ist indes die aus der Doktrin gezogene Konsequenz, nämlich die Befugnis des U.S. Supreme Court, die Nicht-Justitiabilität einer zur Entscheidung vorgelegten Frage festzustellen. Zur Rechtsprechungshistorie der political question doctrine siehe im Überblick etwa *L. Tribe*, American Constitutional Law, 3. Aufl. 2000, S. 366–375.

[461] *Baker v. Carr*, 369 U.S. 186 (1962). Zur Grundlegung der political question doctrine nach *Baker* bereits in Hamiltons Federalist #78 siehe oben Kapitel 3, Fn. 591 f., und begleitenden Text. In *Baker* (S. 217) konkretisiert das Gericht die Voraussetzungen der Doktrin anhand von insgesamt sechs Fallgruppen. Darunter befinden sich auch die beiden von Marshall angedeuteten Fälle: „Prominent on the surface of any case held to involve a political question is found a textually demonstrable constitutional commitment of the issue to a coordinate political department ... or an unusual need for unquestioning adherence to a political decision already made; or the potentiality of embarrassment from multifarious pronouncements by various departments on one question."

[462] *J. Nowak/R. Rotunda*, Constitutional Law, 8. Aufl. 2010, S. 126, meinen, die Doktrin sollte besser „doctrine of nonjusticiablity" heißen; vgl. dazu auch *E. Chemerinsky*, Principles and Policies, 5. Aufl. 2015, S. 135 („misnomer"), ebenso *R. E. Barkow*, 102 Colum. L. Rev. 244 (2002) („unfortunate misnomer").

[463] Siehe *Oetjen v. Central Leather Co.*, 246 U.S. 297, 302 (1918) ("The conduct of the for-eign relations of our government is committed by the Constitution to the executive and legislative – 'the political' – departments of the government, and the propriety of what may be done in the exercise of this political power is not subject to judicial inquiry or decision."); ähnlich *Chicago & Southern Air Lines v. Waterman Steamship Corp.*, 333 U.S. 103, 111 (1948); aus historischer Perspektive *Ch. Wolfe*, Rise of Modern Judicial Review, 2. Aufl. 1994, S. 107 ("Foreign affairs, in fact, in one of the prime sources of political questions.").

[464] Siehe *R. A. Lorz*, Interorganrespekt im Verfassungsrecht, 2001, S. 452; *Ch. Rau*, Selbst entwickelte Grenzen, 1996, S. 86, 92 f.; *J. Riecken*, Verfassungsgerichtsbarkeit in der Demokratie, 2003, S. 430; *W.-R. Schenke*, NJW 1979, S. 1321 (1325).

vorgebrachte („properly presented") entscheidungserhebliche Frage auch entschieden werden muss[465]. Begründet wird diese Ausnahme mit der Verfassungsstruktur, aus der erkennbar werde, dass den politischen Teilgewalten in bestimmten Fragen Letztentscheidungsbefugnisse vorbehalten seien[466]. Die praktische Maßgeblichkeit der Doktrin gilt in der Gegenwart allerdings als tendenziell gering[467]. Außerdem wird sie eher selten direkt mit der hier interessierenden Konstellation der richterlichen Kontrolle der Gesetzgebung in Verbindung gebracht[468]. Die Bedeutung der Doktrin für die Normenkontrolle ist vielmehr eine mittelbare: Dem gedanklichen Kern der Doktrin, dass es nämlich politische (Ermessens-)Entscheidungen geben kann, die von einer (allzu intensiven) judikativen Überprüfung freigestellt sein sollten[469], wächst bei der gerichtlichen Normenkontrolle Bedeutung insbesondere bei der Definition der sog. Kontrolldichte[470] zu: Je offener der von der Verfassung bereitgestellte Kontrollmaßstab beschaffen ist, desto durchlässiger hat die Kontrolle auszufallen. Wo die Verfassung einen Maßstab nicht festlegt, sollen die Gerichte auch keinen entwickeln[471]. Falls die Verfassung aber klare Kontrollstandards normiert, versteht sich von selbst, dass weder für die Doktrin, noch für den ihr zugrunde liegenden Kerngedanken ein nennenswerter

---

[465] *Marbury v. Madison*, 5 U.S. (1 Cranch) 137, 177 (1803); siehe bereits oben, Fn. 119, und begleitenden Text.

[466] *R. E. Barkow*, 102 Colum. L. Rev. 242, 247–248 (2002), et passim; vgl. aus der älteren Literatur *H. Wechsler*, 73 Harv. L. Rev. 7–8 (1959) ("all the doctrine can defensibly imply is that the courts are called upon to judge whether the Constitution has committed to another agency of government the autonomous determination of the issue raised").

[467] Nach *L. Tribe*, American Constitutional Law, 2000, S. 376 und *R. E. Barkow*, 102 Colum. L. Rev. 267–268 n. 195 (2002), hat der U.S. Supreme Court seit *Baker v. Carr*, 369 U.S. 186 (1962), unter Rückgriff auf die political question doctrine nur zweimal entschieden, dass eine Streitfrage nichtjustitiabel sei, siehe *Gilligan v. Morgan*, 413 U.S. 1, 6, 10 (1973); *Nixon v. United States*, 506 U.S. 224, 228–230, 235 (1993); vgl. zur „diminished vitality of the political question doctrine" etwa *Morgan v. Rhodes*, 456 F.2d (Federal Reporter, Second Series) 608, 611 (6th Cir., 1972).

[468] Die oben zitierte *Baker*-Entscheidung (siehe oben, Fn. 461) betrifft allerdings die Wahlkreiseinteilung (sog. „reapportionment") durch das Gesetz eines Bundesstaates, siehe dazu *K. Hopt*, Die Dritte Gewalt als politischer Faktor, 1969, S. 36 ff.

[469] *R. E. Barkow*, 102 Colum. L. Rev. 240 (2002).

[470] Siehe zum Begriff der Kontrolldichte bereits oben Kapitel 1, Fn. 196 ff. und begleitenden Text.

[471] Vgl. *Planned Parenthood v. Casey*, 505 U.S. 833, 980 (1992) (Scalia, J., dissenting in part) ("The issue is whether it is a liberty protected by the Constitution of the United States. I am sure it is not ... the Constitution says absolutely nothing about it."); kritisch hierzu etwa *R. Dworkin*, Freedom's Law, 1996, S. 126 f.; vgl. in diesem Zusammenhang aus deutscher Sicht BVerfGE 62, 1 (51) – Bundestagsauflösung I („Allein dort, wo verfassungsrechtliche Maßstäbe für politisches Verhalten normiert sind, kann das Bundesverfassungsgericht ihrer Verletzung entgegentreten.").

Anwendungsbereich verbleibt[472]. Die Gerichte haben die Entscheidungen der Legislative nur so lange zu respektieren, als diese Entscheidungen klar erkennbaren Festlegungen der Verfassung nicht zuwiderlaufen[473].

Hier schneidet die political question doctrine des *Baker*-Court einen Problemkreis an, der in der deutschen wissenschaftlichen Literatur unter den Stichwörtern „Konvergenz-" und „Divergenzlösung" Anlass zu einer Kontroverse[474] gegeben hat. Bezugspunkt der Debatte ist die Frage, ob Verfassungsbindung und Justitiabilität einander (annäherungsweise) entsprechen (Konvergenz), oder ob sie – etwa in Gestalt von Handlungs- und Kontrollnormen[475] – auseinanderfallen (Divergenz)[476]. Jedenfalls nach der Divergenzlösung ist es denkbar, dass die Verfassung eine normative Leitlinie für die Beantwortung einer Frage bereithält, diese Leitlinie aber allenfalls die Politik zu binden vermag, weil der spezifische normative Gehalt der Leitlinie aufgrund ihrer inhaltlichen Offenheit mit Hilfe des handelsüblichen juristischen Werkzeugs gerade nicht im Sinne der *Baker*-Judikatur in seriöser Weise gerichtlich ‚entdeckt'[477], geschweige denn angewendet werden kann.

Mit der hergebrachten Forderung nach einer durchlässigen richterlichen Kontrolle der Gesetzgebung in solchen Bereichen des Verfassungsrechts, in denen es aus Sicht eines vernünftigen Beobachters mehrere richtige oder zumindest gleichermaßen plausibel erscheinende Interpretationsentscheidungen geben kann, ist der Wesenskern des judicial restraint-Prinzips angesprochen[478].

---

[472] Siehe *J. Nowak/R. Rotunda*, Constitutional Law, 8. Aufl. 2010, S. 138; *F. Scharpf*, 75 Yale L.J. 584 (1966).

[473] Siehe *R. H. Bork*, 47 Ind. L.J. 10–11 (1971); vgl. *L. Hand*, The Bill of Rights, 1958, S. 39, 55; dazu *W. Brugger*, Grundrechte und Verfassungsgerichtsbarkeit, 1987, S. 353.

[474] Siehe bereits oben Kapitel 1, Text bei Fn. 197 f.; außerdem *M. Raabe*, Grundrechte und Erkenntnis, 1998, S. 147 ff.; *J. Riecken*, Verfassungsgerichtsbarkeit in der Demokratie, 2003, S. 439, beide passim und m. w. N.

[475] *K. Hesse*, Funktionelle Grenzen der Verfassungsgerichtsbarkeit, in: Gesammelte Schriften, hrsg. von P. Häberle u. a., 1984, S. 311 (319) (für den Gleichheitssatz und das Verhältnismäßigkeitsprinzip); zur Gegenansicht etwa *W. Heun*, Funktionell-rechtliche Schranken, 1992, S. 49 ff.

[476] *B.-O. Bryde*, Verfassungsentwicklung, 1982, S. 305 ff.

[477] *Baker v. Carr*, 369 U.S. 186, 217 (1962); siehe oben, Fn. 455; vgl. zur deutschen Diskussion etwa *R. Camilo de Oliveira*, Kritik der Abwägung, 2013, insbes. S. 173 ff.; *H. Boldt*, in: U. Müßig (Hrsg.), Konstitutionalismus und Verfassungskonflikt, 2006, S. 227 (249) („Spannungsverhältnisse wie die zwischen individueller Selbstbestimmung und und staatlichen Ordnungserfordernissen lassen sich nicht ‚interpretieren', sondern nur abmildern, ihre Gegensätze nur ‚ausgleichen'.").

[478] *J. McGinnis*, 84 Geo. Wash. L. Rev. 845 (2016); *L. D. Kramer*, 100 Calif. L. Rev. 624–625 (2012) ("reasonable people can disagree reasonably about what that single right answer is – which is all that's necessary to create space for deference or self-restraint"); vgl. *H. Säcker*, BayVBl. 1979, S. 193 (195) („[Judicial restraint bedeutet, dass] die verfas-

B. Marbury als „Law of the Land"

Geht man davon aus, dass verfassungsauslegende Entscheidungen des U.S. Supreme Court im sog. common law-Konstitutionalismus[479] bzw. unter der spezifisch amerikanischen Doktrin der judikativen Suprematie[480] in Gestalt von Präjudizien (precedents)[481] einen normativen Status haben, der demjenigen vollgültigen Verfassungsrechts jedenfalls de facto[482] in nichts nachsteht[483], dann hat *Marbury* im Jahr 1803, wenn die Entscheidung auch rechtstechnisch nicht zum Bestandteil des „supreme Law of the Land" im Sinne von U.S. Const., Art. VI geworden sein mag, dennoch einen entsprechenden Grad an Autorität und Verbindlichkeit erlangt[484]. Über die normativen Gehalte der *Marbury*-Entscheidung herrscht allerdings in zwei nicht unwesentlichen Punkten, die oben bereits angedeutet worden sind, Unklarheit. Darauf ist hier noch einmal genauer einzugehen.

Umstritten ist, wie Marshall Ausmaß und Reichweite des richterlichen Prüfungsrechts konzipiert hat. Es stellt sich mit anderen Worten die Frage nach den konkreten Maßstäben der richterlichen Kontrolle der Gesetzgebung („scope of judicial review"[485]). Anders als noch in der Chase-Iredell-Kontroverse[486] geht es jedoch nicht darum, ob neben dem positivierten Verfassungsrecht auch suprakonstitutionellen Direktiven eine Maßstabsfunk-

---

sungsgerichtliche Überprüfung von Gesetzen nur dann zu einer Beanstandung führen [kann], wenn das Grundgesetz die getroffene Regelung eindeutig verbietet."); siehe auch *K. Heller*, ÖZöR 39 (1988), S. 89 (101); *E.-W. Böckenförde*, NJW 1976, S. 2089 (2099), der diesen Ansatz zu befürworten scheint, ihn aber nicht als Ausprägung des judicial restraint verstehen kann, weil er von einem judicial restraint-Begriff ausgeht, der sich in einem bloßen, normativ nicht abgestützten „Appell" an richterliches Ethos (siehe oben Kapitel 1, Text bei Fn. 287 f.) erschöpfen soll.

[479] Siehe zum Begriff näher etwa *A. Vermeule*, 107 Colum. L. Rev. 1482 (2007).
[480] Vgl. bereits oben Kapitel 3, Text bei Fn. 126.
[481] Näher *Th. G. Walker*, in: K. L. Hall u. a. (Hrsg.), Supreme Court of the United States, 1992, S. 663.
[482] Zur Kritik näher unten, Fn. 522 ff. mit begleitendem Text.
[483] Vgl. *Cooper v. Aaron*, 358 U.S. 1, 18 (1958); siehe dazu *L. Alexander/L. Solum*, 118 Harv. L. Rev. 1630 (2005); vgl. außerdem *A. Bickel*, Least Dangerous Branch, 1962, S. 265; *M. S. Paulsen*, 83 Geo. L.J. 225 (1994); *H. Vorländer*, JöR N.F. 36 (1987), S. 451 (477); *W. R. Casto*, 62 Vand. L. Rev. 391 (2009) ("Supreme Court decisions are the law of the land").
[484] Vgl. etwa *M. Graber*, New Introduction to American Constitutionalism, 2013, S. 112; die – jedenfalls in der amerikanischen (Fach-)Öffentlichkeit – verbreitete Wahrnehmung referiert, freilich mit kritischer Distanz, *M. S. Paulsen*, 101 Mich. L. Rev. 2706 (2003) ("[D]ecisions of the Supreme Court become, in effect, part of the Constitution itself.").
[485] *R. Berger*, 6 Hastings Const. L.Q. 527 (1979).
[486] Siehe oben Kapitel 4, Text bei Fn. 291 ff.

tion zukommt. Marshall hat – jedenfalls in *Marbury* – keine entsprechenden Andeutungen gemacht. Er folgt, wie oben bereits erläutert[487], dem interpretivistischen Ansatz. Umstritten ist vielmehr, ob innerhalb des positiven Verfassungsrechts noch einmal zwischen justitiablen und nichtjustitiablen Normenkomplexen zu unterscheiden ist.

Hier stehen sich im Wesentlichen die klassische Lehre, der zufolge in *Marbury* im Hinblick auf die Maßstäbe eine umfassende, auf das gesamte positive Verfassungsrecht bezogene Befugnis zur Inzidentnormenkontrolle postuliert worden sei, und der sog. revisionistische Interpretationsansatz gegenüber. Vertreter des revisionistischen Ansatzes bestreiten, dass *Marbury* als Präjudiz für ein breit angelegtes richterliches Prüfungsrecht angesehen werden kann[488]. Sie vertreten die Auffassung, dass die judicial review-Doktrin nach *Marbury* vielmehr als spezifisch judikativer Selbstverteidigungsmechanismus[489] gegen legislative Einbrüche in positiv-verfassungsrechtlich garantierte Kernkompetenzen der Rechtsprechung begriffen werden müsse (dazu nachf., I.).

Außerdem – das ist die zweite Unklarheit – geht aus der *Marbury*-Entscheidung nicht eindeutig hervor, wie die Bindungswirkung verfassungsgerichtlicher Judikate gegenüber den politischen Teilgewalten („force of judicial review"[490]) im Einzelnen beschaffen sein soll[491]. Es verbleibt also im Unklaren, ob die „American Doctrine of Judicial Supremacy" bereits in *Marbury* angelegt ist, und, falls ja, welche Gestalt sie dort angenommen hat (unten, II.).

I. Marbury und das Ausmaß der richterlichen Normenkontrolle

Liest man die Entscheidung völlig unbefangen, gelangt man angesichts der klaren Hinweise, die Marshall dem Leser an die Hand gibt, geradewegs zu der Gewissheit, dass die Gerichte unter der *Marbury*-Doktrin befugt sein sollen, jeder unterverfassungsrechtlichen Norm, die gegen das höchstrangige Recht der Verfassung verstößt, die Anwendung zu versagen[492]. Diese Lesart, die im

---

[487] Siehe oben in diesem Kapitel, Text bei Fn. 410 f.
[488] *S. D. Griffin*, in: M. Tushnet (Hrsg.), Arguing Marbury, 2005, S. 104 (113) („[T]he contemporary institution of judicial review cannot be justified through the arguments that Marshall used in *Marbury*.").
[489] Vgl. *L. Fisher*, 25 Suffolk U. L. Rev. 91, 92 (1991); *M. Franck*, Imperial Judiciary, 1996, S. 67.
[490] *L. Alexander*, 20 Const. Comment. 370 (2003).
[491] Siehe etwa *N. Feldman/K. M. Sullivan*, Constitutional Law, 20. Aufl. 2019, S. 20 („ambiguous"); *S. R. Olken*, 37 J. Marshall L. Rev. 435 (2004).
[492] Vgl. etwa die Passagen in *Marbury v. Madison*, 5 U.S. (1 Cranch) 137, 177, 180 (1803) („If an act of the legislature, repugnant to the constitution, is void, does it, notwithstanding its invalidity, bind the courts, and oblige them to give it effect?"; „[A] law repugnant to the

Wesentlichen derjenigen der herrschenden Lehrmeinung entspricht, wird von einigen Autoren in Zweifel gezogen. Robert Lowry Clinton etwa behauptet, Marshall habe in *Marbury* ein Präjudiz ausschließlich für die gerichtliche Nullifikation solcher verfassungswidriger Legislativakte geschaffen, die sich unmittelbar auf die Ausübung judikativer Kernkompetenzen auswirkten:

"[T]he most that may be claimed for judicial review in *Marbury* is that the decision entitles the court to disregard legislation in resolving particular controversies *only where such legislation bears directly upon the performance of judicial functions.*"[493]

Er stützt diese enge Auslegung der *Marbury*-Entscheidung auf eine ganze Reihe von Gründen; im Wesentlichen aber sind zwei Argumente von Bedeutung, ein rechtstechnisches und ein rechtshistorisches.

In rechtstechnischer Hinsicht hat Clinton auf den ersten Blick gute Argumente auf seiner Seite. Der quasi-Tenor der *Marbury*-Entscheidung, wonach § 13 des Judiciary Act nichtig sei, ließe bei isolierter Betrachtung eine Deutung zu, nach der die Justiz ausschließlich in ihrer eigenen Kompetenzsphäre über die Verfassungsmäßigkeit der Gesetze zu entscheiden befugt sein soll[494]. In der Tat hat Marshall mit § 13 des Judiciary Act „nur" eine Vorschrift für nichtig erklärt, die den Kompetenzbereich der Gerichte reguliert. Deshalb, so jedenfalls kann man die Argumentation Clintons wohl paraphrasieren, sei *Marbury* als Präjudiz nicht für eine umfassende Normenkontrolle, sondern für eine bereichsspezifische, eben auf solche Legislativakte, die den Hoheitsbereich der Justiz betreffen, beschränkte Prüfungsbefugnis anzusehen.

Im Kern beruht Clintons rechtstechnischer Einwand auf der Prämisse, dass die in den Entscheidungsgründen genannten hypothetischen Anwendungsfälle des richterlichen Prüfungsrechts[495], die ja die Annahme nahe legen, der Maßstab der Normenkontrolle erstrecke sich auf das gesamte Verfassungsrecht, Bestandteil eines obiter dictum seien, und deshalb keine Verbindlichkeit im Sinne der stare decisis- und precedent-Doktrinen beanspruchen könnten.

Präjudizwirkung entfaltet im angelsächsischen Recht nur das sog. holding einer Gerichtsentscheidung[496]. „Holding" meint selbstverständlich nicht die aus sich heraus nicht präjudizfähige Entscheidungsformel, sondern denjenigen Teil eines Votums, der für das Verständnis der getroffenen Sachentschei-

---

constitution is void; and ... *courts*, as well as other departments, are bound by that instrument." [Hervorhebung ebd.]).

[493] *R. L. Clinton*, Marbury v. Madison, 1989, S. 18 (Hervorhebung ebd.).

[494] *R. L. Clinton*, Marbury v. Madison, 1989, S. 99.

[495] *Marbury v. Madison*, 5 U.S. (1 Cranch) 137, 179 (1803); siehe bereits oben im Text bei Fn. 136 ff., 301 ff.

[496] Siehe etwa *M. Abramowicz/M. Stearns*, 57 Stan. L. Rev. 953 (2005).

dung notwendig ist[497]. Man könnte auch von der ratio decidendi oder schlicht von den tragenden Gründen sprechen[498].

Unter diesen Vorzeichen das Argument zu entwickeln, allein Marshalls Normenkontrollpostulat hinsichtlich eines solchen Gesetzes, das die „housekeeping powers"[499] der Justiz betrifft[500], bilde das in *Marbury* enthaltene Präjudiz, überzeugt jedoch dann nicht, wenn man die Struktur des Votums[501] näher in den Blick nimmt. Eindeutig als obiter dictum ist nur derjenige Abschnitt einzustufen, in dem Marshall den von Marbury geltend gemachten Herausgabeanspruch feststellt. Die diesbezüglichen Erwägungen waren unnötig, weil man die Ausführungen zum Herausgabeanspruch hinwegdenken kann, ohne dass das konkrete Entscheidungsergebnis nach dem in der Entscheidung zum Ausdruck gekommenen Gedankengang entfiele[502]. Schon für die Frage nach dem statthaften Rechtsbehelf kann man das nicht mehr behaupten. Erst im Anschluss an die Beantwortung der Frage nach dem statthaften Rechtsbehelf kann überhaupt darauf eingegangen werden, ob diejenige Vorschrift, die dem Kläger den entsprechenden Rechtsbehelf eröffnet bzw. die sachliche Zuständigkeit des angegangenen Gerichts begründet (§ 13 des Judiciary Act), überhaupt gültig und daher anwendbar ist. Marshall kommt bekanntlich zu dem Ergebnis, dass die Norm gegen Art. III der US-Bundesverfassung verstößt. Anschließend stellt er sich – insoweit in handwerklich nicht zu beanstandender Weise – die Frage, wie mit einem solchen verfassungswidrigen Legislativakt umzugehen sei. Je nach dem, ob die Justiz über eine Normprüfungs- und Verwerfungskompetenz verfügt oder nicht, ist § 13 des Judiciary Act gültig oder nichtig, der Rechtsbehelf statthaft oder unstatthaft, zulässig oder unzulässig. Wendet man das oben angesprochene Notwendigkeitskriterium auf das *Marbury*-Votum an, dann erscheint Marshalls Erörterung des richterlichen Prüfungs- und Normverwerfungsrechts als entscheidungserheblich; der Abschnitt kann in seiner Gesamtheit nicht pauschal als dictum bezeichnet werden.

Freilich kann man Clintons Argument auch etwas subtiler fassen. Es scheint in seiner ausdifferenzierteren Form dahin zu gehen, dass innerhalb

---

[497] Siehe *C. Dorf*, 142 U. Pa. L. Rev. 2003 (1994); *K. Greenawalt*, 39 J. Legal Educ. 435 (1989) ("What the court says or determines that is necessary to its decision is holding.").

[498] *K. Pilny*, Präjudizienrecht, 1993, S. 35.

[499] Siehe Zitat in Fn. 506.

[500] Vgl. *R. L. Clinton*, 35 Am. J. Juris. 81 (1990) ("Since 'precedents' are created by holdings on points of law *necessarily* decided in particular cases, it follows that the Court's choice between constitutional and statutory provisions, one or both of which are *not* addressed to the Court, should not be regarded as controlling in the decision of subsequent cases." [Hervorhebungen ebd.]); *R. L. Clinton*, Marbury v. Madison, 1989, S. 18, dort mit Endnote 97.

[501] Siehe dazu bereits oben, Text bei Fn. 56 ff.

[502] Vgl. BVerfGE 115, 97 (110) – Halbteilungsgrundsatz.

desjenigen Abschnitts, in dem Marshall das Prüfungsrecht behandelt, nur diejenigen Gründe am stare decisis-Effekt teilhaben, die die konkret getroffene Verwerfungsentscheidung im Wesentlichen tragen. Damit gelingt es ihm scheinbar, die von Marshall genannten und für die Interpretation des Votums ganz wesentlichen hypothetischen Anwendungsfälle des judicial review[503] aus der Präjudizwirkung der Entscheidung auszuklammern.

Indes bildet die abstrakte Begründung des richterlichen Prüfungsrechts bei Marshall eine in sich geschlossene Einheit. Mag es sich mit Blick auf die von Marshall genannten Beispielsfälle bei rein formaler Betrachtung zugestandenermaßen um bei Gelegenheit der Entscheidung gemachte Rechtsausführungen handeln, so stehen sie doch nicht außerhalb des insoweit maßgeblichen Begründungszusammenhangs[504]. Die hypothetischen Anwendungsfälle dienen Marshall zur theoretischen Rechtfertigung seiner Lehre vom richterlichen Prüfungsrecht. Klammerte man die theoretische Begründung des Instituts der richterlichen Normenkontrolle aus, hinge der Rest der Entscheidung gewissermaßen in der Luft. Der einheitliche Begründungszusammenhang kann demnach nicht künstlich derart aufgespalten werden, dass die Gründe nur insoweit tragen und damit Präjudizwirkung entfalten, als die Entscheidung das die Kompetenzen der Gerichte regulierende Statut für nichtig erklärt.

Nimmt man die tragenden Gründe zur Auslegung des Inhalts der normverwerfenden Entscheidung näher in den Blick, erscheint die von Clinton vertretene restriktive („minimalistische"[505]) Lesart des *Marbury*-Votums umso weniger nachvollziehbar. Wenn Marshall das richterliche Prüfungsrecht tatsächlich im Sinne der Interpretation Clintons konzipiert haben sollte, dann wäre zu erwarten, dass in den Entscheidungsgründen mehr oder weniger eindeutige Hinweise dafür auffindbar sind. Streng genommen finden sich nicht nur keine eindeutigen Hinweise auf Clintons Interpretation, sondern es finden sich im Gegenteil ausschließlich Hinweise, die zu der Schlussfolgerung Anlass geben, dass die klassische Lehre mit ihrer Auffassung richtig liegt. Marshall erteilt Clintons Position eine recht deutliche Absage[506], wenn er die Vorschrift aus U.S. Const., Art. I, §9, die dem Kongress die Besteuerung der Warenausfuhr untersagt, als potentiellen Prüfungsmaßstab

---

[503] Siehe oben, Fn. 495.
[504] Vgl. nochmals BVerfGE 115, 97 (110) – Halbteilungsgrundsatz.
[505] *D. Alfange, Jr.*, 1993 Sup. Ct. Rev. 333; vgl. auch *B. Friedman*, in: M. Tushnet (Hrsg.), Arguing Marbury, 2005, S. 65 (67).
[506] Siehe auch *D. Alfange, Jr.*, 1993 Sup. Ct. Rev. 369, 406–408; *W. W. Van Alstyne*, 1969 Duke L.J. 34–36; *W. W. Crosskey*, Politics and the Constitution, Bd. II, 1953, S. 1035; *G. E. White*, 89 Va. L. Rev. 1484 (2003) ("*Marbury* is not simply an assertion of supremacy over questions related to the housekeeping powers of the judiciary."); anders *M. J. Klarman*, 87 Va. L. Rev. 1122 (2001).

ins Spiel bringt⁵⁰⁷. Dieses an die Legislative adressierte Gesetzgebungsverbot lässt sich kaum noch dem unter der Clinton-Doktrin im Rahmen der Normenkontrolle allein maßstäblichen Justizverfassungsrecht zurechnen.

Clintons rechtshistorischer Einwand nimmt Bezug auf eine vielzitierte Äußerung James Madisons auf dem Verfassungskonvent von Philadelphia. Madison meldete bei den Beratungen über Art. III Bedenken an,

"whether it was not going too far to extend the jurisdiction of the Court generally to cases arising Under the Constitution, & whether it ought not to be limited to cases of a Judiciary Nature. The right of expounding the Constitution in cases not of this nature ought not to be given to that Department."⁵⁰⁸

Dieses Postulat Madisons, wonach die Gerichte nur über verfassungsrechtliche Fragen entscheiden sollen, soweit es sich um „cases of a Judiciary Nature" handelt, scheint in der Tat zunächst eher gegen die Absicht der Delegierten zu sprechen, eine umfassende Normenkontrollbefugnis der Gerichte zu schaffen⁵⁰⁹, zumal Madisons Aussage wohl auch von den übrigen Teilnehmern des Konvents mit einiger Zustimmung aufgenommen worden ist⁵¹⁰. Allerdings ist die Wendung „cases of a Judiciary Nature" mehrdeutig. Was genau Madison mit dem Hinweis auf die „cases of a Judiciary Nature" gemeint hat, bleibt offen⁵¹¹. Andere Autoren sehen in der Aussage eine Betonung des case or controversy-Erfordernisses⁵¹² bzw. der Justitiabilitätsdoktrinen (standing, ripeness, usf.) im Allgemeinen⁵¹³, oder aber den Hinweis auf ein generelles Verbot abstrakter Normenkontrollen und sog. advisory opinions⁵¹⁴. Auf den ersten Blick erscheint es also nicht völlig abwegig, Madisons „cases of a Judiciary Nature" mit der von Clinton favorisierten Kategorie „legislation bear[ing] directly upon the performance of judicial functions" in die gegenwärtige Rechtssprache zu übersetzen. Bei genauerem Hinsehen erweist sich jedoch auch Clintons rechtshistorischer Einwand als substanzlos.

Zum einen lassen sich in den Niederschriften über die Verhandlungen des Konvents von Philadelphia zahlreiche Zitate ausfindig machen, die im Sinne

---

⁵⁰⁷ *Marbury v. Madison*, 5 U.S. (1 Cranch) 137, 179 (1803).

⁵⁰⁸ Zitiert nach M. Farrand (Hrsg.), Records of the Federal Convention, Bd. II, 1911, S. 430.

⁵⁰⁹ *L. Fisher*, 25 Suffolk U. L. Rev. 89 (1991) ("evidently it was less than a full-scale power of judicial review").

⁵¹⁰ Siehe M. Farrand (Hrsg.), Records of the Federal Convention, Bd. II, 1911, S. 430 ("it being generally supposed that the jurisdiction given was constructively limited to cases of a Judiciary nature").

⁵¹¹ *M. Fleisher*, 60 Rutgers L. Rev. 927 (2008) ("unenlightening statement ... notably circular formulation").

⁵¹² *S. B. Prakash/J. C. Yoo*, 70 U. Chi. L. Rev. 945 (2003).

⁵¹³ *L. D. Kramer*, 115 Harv. L. Rev. 85 n. 346 (2001).

⁵¹⁴ *E. Van Loan III*, 47 N.H. B.J. 62 (2006).

einer Forderung nach einem umfassenden richterlichen Prüfungsrecht interpretiert werden können[515]. Zum anderen scheint Madison in seinen Aussagen über die Bedeutung der „arising under"-Klausel – auf die sich das umstrittene Zitat ja bezieht – keine konsistente Linie verfolgt zu haben. Während einer Rede im Ratifikationskonvent von Virginia erklärte Madison etwa, dass unter der „arising under"-Klausel zu verstehen sei, dass den Bundesrichtern eine umfassende Normenkontrollkompetenz jedenfalls gegenüber Legislativakten der Bundesstaaten zustehen solle[516].

Man wird daher nicht umhinkommen, Clinton dafür zu kritisieren, dass er von einer vereinzelten Aussage, nämlich Madisons oben zitierter und sowohl in ihrer Bedeutung als auch in ihrer Tragweite alles andere als klaren Bemerkung über die Vorschrift aus U.S. Const., Art. III, auf die von den Delegierten beabsichtigte verfassungsrechtliche Gesamtkonzeption der normenkontrollierenden Funktion der rechtsprechenden Gewalt schließen will. Das läuft letztlich auf eine methodisch unsaubere, in hohem Maße selektive Verarbeitung der historischen Quellen hinaus. Ein schlüssiges Gesamtbild kann so – zumal in diesem wesentlichen Punkt – nicht entstehen.

Ein klareres Bild ensteht allerdings, wenn man Madisons Aussage in den historischen Kontext einordnet. Die vorkonstitutionelle Rechtsprechung der state courts und diejenige der Bundesgerichte nach 1789 liefert keinen wirklich klaren Hinweis auf eine Beschränkung der Prüfungskompetenz auf „cases of a Judiciary Nature" im Sinne der Lesart Clintons. Die kontrollierten Normen decken ein sehr viel weiteres Spektrum ab[517]; in den zeitgenössischen literarischen Stellungnahmen etwa Iredells und Hamiltons (oben, Kapitel 3) lassen sich entsprechende Hinweise auf eine sachmaterienbezogene Einschränkung des Prüfungsrechts ebenso wenig auffinden. Als bekanntes Gegenbeispiel zu jener von Clinton aus *Marbury* entwickelten These, die Normenkontrollkompetenz sei auf Legislativakte beschränkt, die den Hoheitsbereich der Justiz betreffen, mag die Streitsache *Hylton v. United States*[518] herhalten. Der *Hylton*-Entscheidung aus dem Jahr 1796 lässt sich eine Aussage über das potentielle Ausmaß der Normenkontrolle entnehmen. Indem die durch den Kongress gesetzlich festgesetzte Kutschensteuer einer materiell-inhaltlichen verfassungsgerichtlichen Kontrolle unterzogen worden ist,

---

[515] Siehe oben Kapitel 2, Text bei Fn. 49 ff.; außerdem *S. B. Prakash/J. C. Yoo*, 70 U. Chi. L. Rev. 939–947 (2003).

[516] Siehe *J. Madison*, Speech in the Virginia Ratifying Convention on the Judicial Power, June 20, 1788, in: Writings of James Madison, hrsg. von J. N. Rakove, 1999, S. 393 f.; vgl. etwa *E. Corwin*, 4 Mich. L. Rev. 618 (1906).

[517] Siehe bereits oben, Text und Nachweise oben Kapitel 2, Fn. 157 ff. und Kapitel 4, Fn. 8.

[518] *Hylton v. United States*, 3 U.S. (3 Dall.) 171 (1796); siehe oben in diesem Kapitel, Text bei Fn. 206 ff.

hat der U.S. Supreme Court zu erkennen gegeben, dass seine Kompetenz gerade nicht auf die Überprüfung justizregulatorischer Vorschriften beschränkt sein soll. Zu einem anderen Ergebnis könnte man nur dann gelangen, wenn man die Steuergesetzgebung noch dem Hoheitsbereich der Justiz zurechnet. Zu einer entsprechenden Begründung bedürfte es wohl enormer juristischer Phantasie.

Will man Clintons Deutung des „Judiciary Nature"-Zitats Glauben schenken, dann haben die Richter der frühen Republik Madisons Appell entweder ignoriert oder aber sie haben ihn falsch verstanden. Das richterliche Prüfungsrecht unter der *Marbury*-Doktrin ist jedenfalls weder bezogen auf die Sachmaterie noch bezogen auf seinen Maßstab auf solche Gesetze bzw. Verfassungsnormen beschränkt, die den Kompetenzbereich der Judikative reglementieren.

II. Marbury und richterliche Interpretationshoheit

In der Gegenwart wird die Oberhoheit der Justiz („judicial supremacy"), also die Kompetenz der Rechtsprechung, letztverbindlich über die Verfassungs- bzw. Rechtmäßigkeit sämtlicher Akte der gesetzgebenden und vollziehenden Gewalt zu entscheiden[519], sowohl von der amerikanischen Öffentlichkeit und Politik, als auch von der juristischen Wissenschaft und Praxis weitgehend als etwas Gegebenes, als selbstverständlich akzeptiert[520]. Je nach Sichtweise versteht man die judikative Suprematie entweder im Sinne einer großartigen amerikanischen Errungenschaft im Dienste des Schutzes individueller Freiheit oder aber im Sinne eines vermeintlich unausweichlichen, vielleicht so weit als möglich einzudämmenden[521], aber doch notwendigen Übels für das Prinzip demokratischer Selbstbestimmung[522]. Spannung entsteht in einer ge-

---

[519] *L. Alexander/L. Solum*, 118 Harv. L. Rev. 1608 (2005); *M. Graber*, New Introduction to American Constitutionalism, 2013, S. 104 ff., insbes. S. 111–113; vgl. bereits oben (teilweise mit begleitendem Text) Kapitel 2, Fn. 23 und Kapitel 3, Fn. 126, 756 f., 830.

[520] *L. D. Kramer*, 115 Harv. L. Rev. 6–7 (2001); ähnlich auch *S. D. Griffin*, in: M. Tushnet (Hrsg.), Arguing Marbury, 2005, S. 104; etwas zurückhaltender *M. S. Paulsen*, 83 Minn. L. Rev. 1358–1359 (1999); *ders.*, 101 Mich L. Rev. 2743 (2003); siehe außerdem bereits oben Kapitel 2, Text bei Fn. 24.

[521] Siehe *J. Lee Malcolm*, 26 J.L. & Pol. 36 (2010) ("There is general, if often disgruntled, acceptance that the Constitution is whatever the judges say it is.").

[522] Vgl. *Chambers v. Florida*, 309 U.S. 227, 241 (1940) (Black, J.) ("Under our constitutional system, courts stand against any winds that blow as havens of refuge for those who might otherwise suffer because they are helpless, weak, outnumbered, or because they are nonconforming victims of prejudice and public excitement"). Auch hierbei handelt es sich um eine Art republikanischen Grundkonsens, der „weite Spielräume für alternative Interpretationen und Denkmuster" eröffnet (siehe oben Kapitel 3, Text bei Fn. 92); vgl. zu den vertretenen Positionen *Th. Benditt*, 18 Law & Phil. 243 (1999) („self-government-first camp", auf der einen, und „liberty-first approach" auf der anderen Seite).

waltenteiligen Verfassungsstruktur, in der die Gerichte mit einer Letztentscheidungskompetenz gegenüber den Ergebnissen des politischen Prozesses ausgestattet sind, bekanntlich gleich in mehrfacher Hinsicht. Um nur die wesentlichen Punkte in Erinnerung zu rufen: Die Gerichte können den Inhalt der deutungsoffenen Verfassungsnormen autoritativ festlegen. Dadurch entfaltet nicht nur die Entscheidung im Einzelfall (Bindungs-)Wirkung für dasjenige Staatsorgan, dessen Handlung kontrolliert und verworfen wird. Vielmehr entfaltet die Entscheidung Wirkung in der Breite, indem die anlässlich des Einzelfalls durch ein Gericht festgelegte Interpretation einer Verfassungsnorm Verbindlichkeit für das zukünftige Handeln aller Staatsorgane beansprucht. Dieses Modell, das die Kompetenz zur verbindlichen Verfassungsauslegung bei den Gerichten bündelt, läuft auf eine im Wortlaut der Verfassung nicht ausdrücklich vorgesehene[523] „interpretatorische Suprematie" (interpretive supremacy[524]) der rechtsprechenden Gewalt hinaus.

Immerhin ließe sich jedenfalls zu analytischen Zwecken eine Unterscheidung konstruieren zwischen der weitgehend unbestrittenen Befugnis der Gerichte, in einem Rechtsstreit ordnungsgemäß vorgelegte Verfassungsfragen im Einzelfall letztverbindlich zu entscheiden („judgment"), und der Verpflichtung der übrigen Staatsorgane, die einem verfassungsgerichtlichen Judikat zugrundeliegende Verfassungsinterpretation („judicial opinion") gleichsam als positives Recht[525] zu akzeptieren[526]. Will man aus dieser Unterscheidung Konsequenzen ziehen, dann müsste die Legislative eine Nichti-

---

[523] Deutlich: *M. S. Paulsen*, 101 Mich. L. Rev. 2708 (2003).

[524] *S. B. Prakash/J. C. Yoo*, 103 Mich. L. Rev. 1539 (2005).

[525] Siehe *B. Schlink*, Der Staat 28 (1989), S. 161 (168 f.); *P. Colby*, 61 Tul. L. Rev. 1049 (1987) ("Opinions of the Supreme Court are, in the inductive view, definitive interpretations of the law, at least until the Court overrules itself."); vgl. auch *Th. Merril*, 15 Cardozo L. Rev. 43–45 (1993), der zwei rechtsdogmatische Begründungsansätze für die Anerkennung gerichtlicher Verfassungsinterpretationen als positives Recht identifiziert („binding law position") – und im Ergebnis ablehnt. Zum einen könne die gerichtliche Interpretation bzw. Konkretisierung der Verfassung als Rechtsquelle angesehen werden („incorporation conception"). Zum anderen ließe sich aus der Verfassungsstruktur argumentieren, dass die politischen Teilgewalten, genauso wie die unteren Bundesgerichte durch „vertical stare decisis", an die Präjudizien des U.S. Supreme Court gebunden seien („interbranch stare decisis").

[526] Zur „question of whether constitutional law subsists in the principles and reasons advanced in judicial opinions or whether it is instead confined to the specific holdings of judicial judgments" im Überblick *R. Post/R. Siegel*, 92 Calif. L. Rev. 1040–1041 (2004); *P. Colby*, 61 Tul. L. Rev. 1053–1061 (1987). Für die Bindungswirkung der „judicial opinion" etwa *L. Alexander/F. Schauer*, 110 Harv. L. Rev. 1359, 1376–1383, 1387 (1997) ("obligation to follow judicial interpretations"); *dies.*, 17 Const. Comment. 455 (2000); dagegen zum Beispiel *E. Hartnett*, 74 N.Y.U. L. Rev. 146–148 (1999) ("An opinion, as an explanation of reasons for a judgment, does not direct that anything be done or not be done. There is nothing in it that calls for obedience.").

gerklärung⁵²⁷ eines ihrer Gesetze („judgment") hinnehmen. Insoweit übt das Gericht seine verfassungsmäßige Kompetenz, im Einzelfall zu entscheiden, aus. Gleichzeitig könnte die Legislative aber mit allem Recht auf dem Standpunkt verharren, dass die Interpretation, so wie sie durch das Gericht erfolgt ist, falsch sei. Sie ist nicht verpflichtet, der Interpretation des Gerichts, so, wie sie in den tragenden Gründen festgelegt ist⁵²⁸ („judicial opinion"), Folge zu leisten und diese zum Maßstab künftigen Handelns zu machen. Die – theoretische – Unterscheidung zwischen judikativer Entscheidungshoheit („judgment supremacy") einerseits und judikativer Interpretationshoheit („interpretive supremacy") andererseits ist im US-Schrifttum weit verbreitet⁵²⁹. Dabei ist das Konzept der Entscheidungshoheit von breitem Konsens getragen. Über das Konzept der Interpretationshoheit hingegen wird seit Jahrzehnten heftig gestritten.

---

⁵²⁷ Vgl. *Norton v. Shelby County*, 118 U.S. 425, 442 (1886) ("An unconstitutional act is not a law; it confers no rights; it imposes no duties; it affords no protection; it creates no office; it is, in legal contemplation, as inoperative as though it had never been passed."); siehe zur „faktischen Kassation" bereits oben Kapitel 4, Fn. 445.

⁵²⁸ Vgl. zum deutschen Recht und der in § 31 BVerfGG geregelten Bindungswirkung verfassungsgerichtlicher Judikate BVerfGE 19, 377 (392) – Berlin-Vorbehalt II („über den Einzelfall hinausgehende Bindungswirkung, insofern die sich aus dem Tenor und den tragenden Gründen der Entscheidung ergebenden Grundsätze für die Auslegung der Verfassung von den Gerichten und Behörden in allen künftigen Fällen beachtet werden müssen"); ebenso etwa BVerfGE 40, 88 (93 f.) – Führerschein. Siehe – auch zur Kritik – näher *O. Lepsius*, in: R. Scholz u. a. (Hrsg.), Realitätsprägung durch Verfassungsrecht, 2008, S. 103 (108); ferner *M. Borowski*, in: J. Isensee/P. Kirchhof (Hrsg.), HStR XII, 3. Aufl. 2014, § 274 Rn. 26; *Ch. Gusy*, JöR N.F. 33 (1984), S. 105 (115 f.); *S. Korioth*, Der Staat 30 (1991), S. 549 f., alle m. w. N.

⁵²⁹ *S. B. Prakash/J. C. Yoo*, 103 Mich. L. Rev. 1541–1542, 1543, 1550, 1554–1555 (2005); siehe auch *M. Graber*, New Introduction, 2013, S. 101 ("These two powers are distinct … Judicial review is the power to ignore unconstitutional acts when resolving cases. Judicial supremacy is the power to establish principles that bind all other political actors."); *J. Harrison*, 73 Cornell L. Rev. 371 (1988) ("in the strict legal sense, [Congress and the President] are not obliged to follow precedent as opposed to judgments"); *G. Lawson/Ch. Moore*, 81 Iowa L. Rev. 1327 (1996); *E. Meese III*, 61 Tul. L. Rev. 983 (1987) ("[A Supreme Court] decision does not establish a supreme law of the land that is binding on all persons and parts of government henceforth and forevermore."); *Ch. Wolfe*, Rise of Modern Judicial Review, 2. Aufl. 1994, S. 96 a. E. – Aus der deutschen Literatur *U. Kischel*, AöR 131 (2006), S. 219 (223, 229, et passim) („Kein Auslegungsmonopol des Bundesverfassungsgerichts"); ferner *S. Korioth*, Der Staat 30 (1991), S. 549 (567); *O. Lepsius*, in: R. Scholz u. a. (Hrsg.), Realitätsprägung durch Verfassungsrecht, 2008, S. 103 (104); *W. Heun*, FS BVerfG, Bd. I, hrsg. von P. Badura und H. Dreier, 2001, S. 615 (616 f.), die darauf hinweisen, dass den Gerichten bei unvoreingenommener Betrachtung allein die Kompetenz zur Entscheidung über die Gültigkeit eines Gesetzes, nicht aber zur „authentischen Verfassungsinterpretation" zugewiesen sei.

Sei es mystische Spielerei, sei es hilfreiche Analogiebildung beim Versuch einer Soziologie juristischer Begriffe[530] oder auch nur weiterer Aufweis für die Wechselbezüglichkeit zwischen Religion und politischer Theorie: In Anlehnung an die evangelischen theologischen Doktrinen von *sola scriptura* und vom „Priestertum aller Gläubigen"[531] – und damit im Kontrast zum lateinischen Zentralismus im Allgemeinen und wohl vor allem in Abgrenzung gegenüber dem unfehlbaren Lehramt der römisch-katholischen Kirche[532] – sprechen nicht wenige US-amerikanische Autoren mit Blick auf das judgment supremacy-Konzept teils mit kritischem Unterton, aber überwiegend affirmativ von einem spezifisch protestantischen Interpretationsmodus[533]. Demgegenüber wird das interpretive supremacy-Konzept dem ‚konstitutionellen Katholizismus' zugeordnet[534].

In der Theorie leuchtet der Ansatz durchaus ein. Gleichwohl ergibt sich bezogen auf die Machtverteilung zwischen der Judikative auf der einen und den übrigen Teilgewalten auf der anderen Seite bei rein pragmatischer Betrachtung kaum ein Unterschied zu der überkommenen Sichtweise, wonach die Gerichte den deutungsoffenen Inhalt der Verfassung gelegentlich eines Einzelfalles, aber mit abstrakter und genereller Wirkung festlegen, und, sofern sie eine von mehreren Auslegungsmöglichkeiten der einschlägigen Verfassungsnorm für verbindlich erklären, gewissermaßen authentische[535] Verfas-

---

[530] *C. Schmitt*, Politische Theologie, 8. Aufl. 2004, S. 43 f. („Alle prägnanten Begriffe der modernen Staatslehre sind säkularisierte theologische Begriffe."); kritisch *H. Dreier*, Säkularisierung und Sakralität, 2013, S. 61 ff.

[531] *S. Levinson*, Constitutional Faith, 1988, S. 29; *E. Young*, in: M. Tushnet u. a. (Hrsg.), The Oxford Handbook of the U.S. Constitution, 2015, S. 843 (845).

[532] Siehe zum Lehramt *G. Robbers*, in: D. Merten/H.-J. Papier (Hrsg.), HGRe I, 2004, § 9 Rn. 4 (protestantische Kirchen kennen kein Lehramt, „wie es der Papst für die Katholische Kirche ausüben kann"; „Pluralismus der Auffassungen" sei kennzeichnend für die reformatorische Lehre); vgl. zu den amerikanischen Protestanten und deren Affinität zum Prinzip der Schriftlichkeit aus historischer Sicht *U. K. Preuß*, Revolution, 2. Aufl. 1994, S. 21 f.

[533] *L. Alexander*, 20 Const. Comment. 373 (2003) ("radical protestantism in constitutional interpretation"); *S. Levinson*, 83 Geo. L.J. 373 n. 1 (1994) ("constitutional protestantism"); auch *L. Alexander/F. Schauer*, 110 Harv. L. Rev. 1378 n. 82 (1997). Alexander und Schauer schreiben (S. 1360), es handle sich dabei mittlerweile um die wohl herrschende Meinung ("appears to be the dominant view"); ähnlich *G. Lawson*, 20 Const. Comment. 379–380 (2003) ("departmentalist counterrevolution has enjoyed… remarkable success"); *ders./Ch. Moore*, 81 Iowa L. Rev. 1270 (1996); anders *S. Gant*, 24 Hastings Const. L.Q. 362 (1997); *G. Miller*, 56 Law & Contemp. Probs. 39 (1993).

[534] Vgl. *R. C. van Canegem*, Historical Considerations, 2003, S. 8 ("All this may be called the Catholic way.").

[535] Siehe *C. Schmitt*, Hüter der Verfassung, 1931, S. 45; ferner *E.-W. Böckenförde*, NJW 1976, S. 2089 (2099); *H. Kelsen*, Reine Rechtslehre, 2. Aufl. 1960, S. 346 ff., 351 f.; außerdem etwa *Th. von Danwitz*, JZ 1996, S. 481 f.; *I. Ebsen*, Bundesverfassungsgericht, 1985, S. 117; *Ch. Gusy*, JöR N.F. 33 (1984), S. 105 (117); *A. Heusch*, in: W. Kluth/G. Krings (Hrsg.), Gesetzgebung, 2014, § 36 Rn. 23; *U. Kischel*, AöR 131 (2005), S. 219 (229 ff.); *S. Korioth*, Der Staat 30 (1991), S. 549 (557 f.); zur Kritik am Begriff der „authentischen" Verfassungsinterpretation *M. Jestaedt*, Grundrechtsentfaltung im Gesetz, 1999, S. 363 ff.

sungsinterpretation betreiben[536]. Freilich ist in dieser, etwa von Saikrishna Prakash und John Yoo mit Nachdruck vertretenen Konzeption kein Raum für ein sog. „Normwiederholungsverbot"[537] (an dessen verfassungspolitischer Sinnhaftigkeit und an dessen rechtsdogmatischen Nutzen man ohnehin zweifeln kann[538]). Eine Legislative, die frei von gerichtlich verfügten Normwiederholungsverboten agieren kann, mag gegenüber der Rechtsprechung mit einem gesteigerten Selbstbewusstsein auftreten. Die Letztentscheidungskompetenz der Gerichte kann die Gesetzgebung trotzdem nicht aushebeln. So oder so steht die Gültigkeit eines Legislativ- oder Exekutivakts unter einem (nur durch das Prozessrecht[539] justierbaren) gerichtlichen ‚Erlaubnisvorbehalt'.

In der Tat ließe sich die Bedeutung dieses Befundes mit einem Hinweis auf eine nur relative Letztverbindlichkeit gerichtlicher Entscheidungen im Allgemeinen und verfassungsgerichtlicher Judikate im Besonderen herunterspielen[540]. Gemeint ist, dass demjenigen, dem von Seiten der Justiz eine Handlungs- oder Unterlassungspflicht auferlegt wird, eine ganze Reihe an Optionen offensteht, um die auferlegten Pflichten zu umgehen. Verfassungsgerichte, deren Entscheidungen regelmäßig nicht mit Zwangsmitteln vollstreckbar sind, scheinen hier besonders anfällig. Die Bandbreite denkbarer Vermeidungsstrategien reicht von offener Missachtung der gerichtlichen Entscheidung über subtilere Methoden bis hin zu passivem Widerstand[541]. Der rechtssoziologische Befund der nur relativen Letztverbindlichkeit gerichtlicher Entscheidungen wird jedenfalls im hier interessierenden Zusammenhang aus zwei Gründen nicht relevant. Erstens eignen sich die genannten Strategien nur in

---

[536] Für den U.S. Supreme Court *Cooper v. Aaron*, 358 U.S. 1, 17–18 (1958) (näher unten, Text bei Fn. 621 ff.); vgl. für das Bundesverfassungsgericht E 40, 88 (93) – Führerschein („Funktion des Bundesverfassungsgerichts als maßgeblicher Interpret und Hüter der Verfassung").

[537] Vgl. BVerfGE 1, 14 (36 f.) – Südweststaat, auf der einen, und BVerfGE 77, 84 (103) – Arbeitnehmerüberlassung, auf der anderen Seite; siehe in diesem Zusammenhang näher *S. Korioth*, Der Staat 30 (1991), S. 549 ff.; allgemein auch etwa *U. Kischel*, AöR 131 (2006), S. 219 ff.; *R. A. Lorz*, Interorganrespekt im Verfassungsrecht, 2001, S. 68 ff.; *S. Pieper*, in: M. Morlok u. a. (Hrsg.), HParlR, 2016, § 40 Rn. 204 ff.

[538] Siehe etwa die Argumentation bei *Ch. Gusy*, Bundesverfassungsgericht und parlamentarischer Gesetzgeber, 1985, S. 227.

[539] Zwar könnte die Legislative das Prozessrecht und damit jedenfalls in bedingtem Umfang die Häufigkeit richterlicher Normenkontrollen steuern. Allerdings unterliegt jede gesetzliche Modifikation des Prozessrechts ihrerseits (verfassungs-)gerichtlicher Kontrolle.

[540] *B. Friedman*, 91 Mich. L. Rev. 643–648 (1993); vgl. auch *L. Fisher*, 25 Suffolk U. L. Rev. 87 (1991).

[541] Siehe dazu näher *W. Heun*, Verfassung und Verfassungsgerichtsbarkeit, 2014, S. 305 ff., dort mit Hinweis etwa auf die nur zögerliche Umsetzung der gerichtlichen Entscheidungen, mit denen die Rassentrennung an Schulen aufgehoben wurde (*Brown v. Board of Education*, 347 U.S. 483 (1954)) und Belehrungen von Verdächtigen über ihre Aussagefreiheit durch die Polizei angeordnet wurden (*Miranda v. Arizona*, 384 U.S. 486 (1966)).

sehr begrenztem Ausmaß zur Obstruktion kassatorischer Normenkontrollentscheidungen, denn diejenige gerichtliche Entscheidung, mit der ein Legislativakt für verfassungswidrig erklärt wird, setzt ein Präjudiz, auf das sich zukünftige Kläger berufen können. Zweitens verwechselte ein solcher Ansatz, der zur Beurteilung der Frage, ob die Gerichte über eine Letztentscheidungskompetenz verfügen, auf die politischen Wirkungen gerichtlicher Entscheidungen abstellt, die Unterscheidung zwischen Sein und Sollen. Gerichtliche Einzelfallentscheidungen sind normative Sätze – Rechtsnormen –, sie ordnen ein „Sollen" an. Deshalb ist die Bezeichnung der gerichtlichen Letztentscheidungskompetenz mit „judgment supremacy" auch treffend gewählt – sie ist Ausdruck der bereits von John Marshall namens der Bundesgerichte reklamierten „lawsaying power"[542]. Ob und wie das in dem gerichtlichen Dekret enthaltene „Sollen" tatsächlich umgesetzt wird, lässt sich nur anhand einer Betrachtung des „Realbereichs"[543] (des „Seins") beurteilen. Das allerdings hieße, von einer deskriptiven („Gerichtsentscheidungen werden manchmal nicht befolgt") auf eine normative Aussage („die Gerichte sollen nicht letztverbindlich entscheiden") zu schließen. Ein solcher Schluss geht offensichtlich fehl[544]. Damit ist nicht gesagt, dass der Hinweis auf die (nur) relative Letztverbindlichkeit in Rechtskraft erwachsener gerichtlicher Entscheidungen insgesamt falsch oder überflüssig wäre; das ist er gewiss nicht, zumal er sicherlich dabei helfen kann, die Steuerungsleistungen des Rechts zu reflektieren[545]. Nur kann er, will man nicht die „normative Kraft des Faktischen" bemühen, schwerlich dazu dienen, die auf den Einzelfall bezogene gerichtliche Letztentscheidungskompetenz in einer normativen Perspektive zu relativieren.

Jedenfalls auf den ersten Blick kommt es für die Balance der verfassungsrechtlichen Funktionenordnung bei einer pragmatischen Betrachtung nicht entscheidend darauf an, ob die Legislative zu Recht auf ihrem – von der Justiz für falsch befundenen – Standpunkt beharren darf, solange die Gerichte ihren Standpunkt jederzeit gegen den Willen der Legislative durchsetzen können. Ein Staatsorgan, das am dauerhaften Bestand seiner Rechtsakte interessiert ist, wird sich mangels realistischer Erfolgsaussichten wohl kaum auf eine dauerhafte interpretatorische Auseinandersetzung mit den Gerichten einlassen[546]. So gesehen erscheint die Differenzierung zwischen interpretive supremacy und judgment supremacy als Muster ohne erkennbaren Wert. Die judikative interpretatorische Oberhoheit mag kein normatives Gebot sein, aber de facto[547] gilt die Verfassung gemäß einer weit verbreiteten Binsenweisheit doch so, wie die letztinstanzlich entscheidenden Gerichte sie aus-

---

[542] Vgl. *A. Althouse*, 77 Va. L. Rev. 1182 n. 22, et passim (1991) zu *Marbury v. Madison*, 5 U.S. (1 Cranch) 137, 177 (1803) (Zitat oben bei Fn. 124).

[543] Begriff bei *A. Voßkuhle*, in: W. Hoffmann-Riem u. a. (Hrsg.), Grundlagen des Verwaltungsrechts, Bd. I, 2. Aufl. 2012, § 1 Rn. 29 ff.

[544] *K. F. Röhl/H. C. Röhl*, Allgemeine Rechtslehre, 3. Aufl. 2008, S. 129 ff., m. w. N.

[545] Vgl. *A. Voßkuhle*, in: W. Hoffmann-Riem u. a. (Hrsg.), Grundlagen des Verwaltungsrechts, Bd. I, 2. Aufl. 2012, § 1 Rn. 29.

[546] Vgl. etwa *J. Harrison*, 73 Cornell L. Rev. 371 (1988); zu einer eher positiven Einschätzung siehe *F. V. Lange*, Grundrechtsbindung des Gesetzgebers, 2010, S. 192, m. w. N.

[547] Siehe dazu auch *S. Pieper*, in: M. Morlok u. a. (Hrsg.), HParlR, 2016, § 40 Rn. 204.

legen[548]. Nichts anderes meinen deutschsprachige Autoren, wenn sie die gewaltenübergreifende Direktivwirkung[549] verfassungsgerichtlicher Interpretationsentscheidungen kritisieren oder von Bundesverfassungsgerichtspositivismus und der Deutungsmacht der Verfassungsgerichtsbarkeit schreiben[550]. Nichtsdestoweniger ist es eben jene Diskrepanz zwischen positiv-verfassungsrechtlichem Sollen (judgment supremacy) und verfassungspolitischem Sein (interpretive supremacy), die den Ansatzpunkt für eine im Verlauf dieses Abschnitts zu vertiefende allgemeine Kritik an einer Staatspraxis bietet, die die Befugnis zur verbindlichen Verfassungsinterpretation bei der Judikative monopolisiert[551].

Mittels des interpretive supremacy-Konzepts werden die übrigen Teilgewalten nahezu vollständig aus der ihnen – jedenfalls im Zeitpunkt der amerikanischen Gründung (vgl. sogleich) – zugedachten Rolle als Verfassungsinterpreten herausgedrängt, denn die ihnen in der Theorie zustehenden Interpretations- und Entscheidungsbefugnisse stehen praktisch unter dem Vorbehalt gerichtlicher Zustimmung. Die demokratierechtlichen Bedenken, die gegen einen so gearteten Ordnungsentwurf des gewaltenteilenden Verfassungsstaates vorgetragen werden, sind hinlänglich bekannt[552] und – genauso wie die meisten Argumente für eine gerichtliche Interpretationshoheit, etwa: die Bewahrung der Friedens- und Ordnungsfunktion des Rechts durch die Verfassungsgerichtsbarkeit[553] – in der Tat simpel gestrickt, weil für jedermann unschwer erkennbar. Das allein macht sie jedoch nicht unzutreffend.

Normativ lässt sich die interpretatorische Oberhoheit der Bundesgerichte mit dem Wortlaut der US-Bundesverfassung allein nicht nicht zweifelsfrei begründen. Die einschlägigen Vorschriften, insbesondere Art. III und Art. VI, geben insoweit keine eindeutigen Hinweise. Oben ist bereits mehrfach erläutert worden, dass schon das Kernelement der „American Doctrine of Judicial Supremacy", das richterliche Prüfungsrecht samt der aus diesem Recht folgenden Nullifikationskompetenz (*voiding power*)[554], auf einer instabilen verfassungstextlichen Grundlage aufgebaut ist. Wenn sich die Rechtslage anhand geschriebener Normen nicht klären lässt, bleibt in com-

---

[548] Vgl. *R. Smend*, Das Bundesverfassungsgericht, 1962, in: ders., Staatsrechtliche Abhandlungen, 2. Aufl. 1968, S. 581 (582); außerdem oben Kapitel 1, Zitat bei Fn. 228.
[549] *S. Korioth*, Der Staat 30 (1991), S. 549 (564).
[550] Vgl. oben Kapitel 1, Fn. 184, Kapitel 3, Fn. 692 und in diesem Kapitel, Fn. 525.
[551] Siehe unten, insbesondere Text bei Fn. 640 ff.
[552] Siehe oben, Kapitel 1.
[553] Vgl. etwa *L. Alexander/F. Schauer*, 110 Harv. L. Rev. 1359–1387 (1997), die argumentieren, dass sich die Notwendigkeit einer gewaltenübergreifenden gerichtlichen Interpretationshoheit aus der Friedens- und Ordnungsfunktion des Rechts („settlement function of the law") ergeben müsse.
[554] *S. D. Griffin*, in: M. Tushnet (Hrsg.), Arguing Marbury, 2005, S. 104 (108).

mon law-Rechtsordnungen immerhin der Rückgriff auf das Richterrecht als sekundäre Rechtsquelle: *Marbury* gilt der Rechtsprechung und der klassischen (im Unterschied zur revisionistischen) Lehre bekanntlich als Präjudiz für judicial review. Der Konsens zwischen klassischer Lehre und Gerichtspraxis endet jedoch bei der Frage, inwieweit *Marbury* als Präjudiz nicht nur für judicial review, sondern auch für interpretive supremacy anzusehen ist. Mit der Auffassung, dass der Marshall Court in *Marbury* das Prinzip der Suprematie der Justiz in der Gestalt einer interpretatorischen Oberhoheit postuliert habe[555], vertritt die Rechtsprechung mittlerweile eine Außenseiterposition[556].

Justice Joseph Story, ab 1811 Marshalls Kollege auf der Richterbank des U.S. Supreme Court, schien bereits in den frühen 30er Jahren des 19. Jahrhunderts einem Verfassungsverständnis zuzuneigen, wonach der rechtsprechenden Gewalt gegenüber Legislative und Exekutive eine Funktion zukommt, die der oben angesprochenen Doktrin von der interpretatorischen Oberhoheit der Gerichte im Wesentlichen entspricht. Er schreibt in seinen „Commentaries on the Constitution":

> "[I]t is the proper function of the judicial department to interpret the laws, and by the very terms of the constitution to interpret the supreme law. Its interpretation, then, becomes obligatory and conclusive upon all the departments of the federal government, and upon the whole people ... We find the power to construe the constitution expressly confided to the judicial department, without any limitation or qualification, as to its conclusiveness."[557]

Der erste Satz hätte zweifellos auch dem *Marbury*-Votum entstammen können. Allerdings hören die Gemeinsamkeiten zwischen Marshall und Story damit bereits auf. Ein Hinweis auf die Modalitäten der Bindungswirkung verfassungsgerichtlicher Judikate findet sich in Marshalls Votum in dieser Deutlichkeit nicht. Von einer über den Einzelfall hinausreichenden Bindungswirkung der gerichtlichen Entscheidung im Sinne von interpretive supremacy ist bei Marshall, anders als im zweiten Satz des Story-Zitats, nichts zu lesen; eine entsprechende Behauptung ist in *Marbury* allenfalls zwischen den Zeilen erkennbar, nämlich dann, wenn man Marshalls „It is emphatically the province and duty of the judicial department to say what the law is"-Sentenz so verstehen will, als habe er der interpretive supremacy das Wort reden wollen[558]. Marshall muss damit jedoch nicht gemeint haben, dass die Gerichte den normativen Gehalt der Verfassung gewissermaßen mit Wirkung erga omnes festlegen.

---

[555] *Cooper v. Aaron*, 358 U.S. 1, 17–18 (1958); siehe noch unten, Fn. 640.
[556] Siehe die Nachweise unten, Fn. 625.
[557] *J. Story*, Commentaries on the Constitution, Bd. I, 1833, S. 357 f.
[558] Siehe bereits oben, Text bei Fn. 168 f.

Sicherlich ist eine solche Interpretation nicht völlig abwegig. Gegen sie spricht aber der Umstand, dass sie ihre Plausibilität vor allem dadurch erlangt, dass sie das gegenwärtige Verständnis der Funktion der (Verfassungs-) Rechtsprechung auf die Vergangenheit projiziert. Denn aus heutiger Sicht erscheint eine Lesart, wonach Marshall in *Marbury* interpretive judicial supremacy als verfassungsrechtliches Strukturprinzip verkündet habe, nur allzu naheliegend. Judicial review und interpretive supremacy lassen sich, wie die Erfahrung in vielen Rechtsordnungen, die ein richterliches Prüfungsrecht kennen, zu bestätigen scheint, jedenfalls in der Staatspraxis kaum sinnvoll voneinander trennen. Eine restriktivere Auslegung seiner „It is emphatically the province and duty of the judicial department to say what the law is"-Sentenz muss sich indessen darauf beschränken, dass Marshall eigentlich nur mitteilen wollte, dass sich die Rechtsfindungskompetenz der Gerichte in der Befugnis erschöpft, im Einzelfall verbindlich über das anzuwendende *einfache* Recht zu entscheiden und sei es, dass zwei im Fall einschlägige einfachgesetzliche Normen unterschiedliche Rechtsfolgen anordnen, sei es, dass ein einfachgesetzliches Statut mit dem normativen Gehalt der Verfassung in Widerstreit gerät. Kurz gesagt behauptet Marshall die Kompetenz zur Auflösung von (auch: axiologischen[559]) Normenkollisionen im Einzelfall, nicht eine Kompetenz zur authentischen Verfassungsinterpretation.

In den 1790er Jahren wurde das mit der authentischen Verfassungsinterpretation identifizierte Modell einer judikativen Oberhoheit wohl durchaus von einigen konservativen Federalists als verfassungspolitisches Gegenkonzept zu den vermeintlich ‚vulgärdemokratischen' Funktionsbedingungen der Politik (*popular government*) favorisiert. Konsensfähig war ein solcher Ansatz seinerzeit indes nicht[560]. Allein aus der praktischen Erfahrung der letzten 200 Jahre und aus den Ansichten einer zeitgenössischen – sich zudem auf dem Rückzug befindlichen – politischen Gruppe Rückschlüsse auf Marshalls judicial review-Konzept zu ziehen, scheint allerdings nicht recht zielführend. Die Antwort auf die Frage, ob Marshall eine gewaltenübergreifende Direktivwirkung verfassungsgerichtlicher Judikate befürwortet oder gar gewollt hat, ist in erster Linie in der Entscheidungsbegründung selbst zu suchen.

Dabei spricht ein häufig unter den Teppich gekehrter Satz aus dem *Marbury*-Votum gegen die Annahme, Marshall habe interpretive supremacy im Sinn gehabt, als er das richterliche Prüfungsrecht für die Bundesgerichte reklamierte:

---

[559] Zur Kritik an der „conflict of laws"-Analogie im Zusammenhang mit der rechtsdogmatischen Herleitung und Begründung des richterlichen Prüfungsrechts siehe oben, Text bei Fn. 163 ff.

[560] *D. Engdahl*, 42 Duke L.J. 297–304 (1992); *N. Williams*, 57 Stan. L. Rev. 276 (2004).

"[T]he framers of the constitution contemplated that instrument [i.e., the constitution, d. V.], as a rule for the government of *courts*, as well as of the legislature ... *courts*, as well as other departments, are bound by that instrument."[561]

Hier erkennt Marshall die eigenständige Interpretationskompetenz der Legislative ausdrücklich an[562]. Man neigt als deutschsprachiger Leser womöglich dazu, die zitierte Passage als eher unspektakulären Hinweis auf die allgemeine Verfassungsbindung von Legislative und Judikative zu begreifen. Im Kontext der Entscheidung wirkte ein solcher Hinweis an dieser Stelle indes deplatziert, zumal Marshall den Leser ja bereits zuvor auf den Vorrang der Verfassung und damit auf die Verfassungsbindung der Staatsgewalt insgesamt aufmerksam gemacht hatte[563]. Entsprechend wird jene Passage von vielen Autoren als deutliche Absage an das interpretive supremacy-Konzept aufgefasst[564]. Marshall begnügte sich – je nach Standpunkt des Betrachters vergleichsweise bescheiden oder pragmatisch (es sei an die prekäre Lage der Bundesjustiz in den Jahren um 1800 erinnert) – ausdrücklich und jedenfalls vordergründig damit, das richterliche Prüfungsrecht in seiner oben beschriebenen, auf die Entscheidung von Einzelfällen begrenzten Ausformung zu beanspruchen.

Indem Marshall die Legislative als gleichberechtigten Verfassungsinterpreten anerkennt, spricht er sich implizit für eine gewaltenteilende Ordnung aus, in der sämtliche Staatsorgane Verantwortung für die Verfassungsinterpretation übernehmen. Dieser während der amerikanischen Gründung weit verbreitete und in den Einzelheiten unterschiedlich ausgeprägte sog. „Departmentalismus"-Gedanke geht vor der Prämisse aus, dass die Befugnis zur Verfassungsinterpretation eben nicht bei einem Verfassungsorgan gebündelt, sondern unter den staatlichen Gewalten (*departments*) verteilt ist[565]. Diese

---

[561] *Marbury v. Madison*, 5 U.S. (1 Cranch) 137, 179–180 (1803) (Hervorhebung ebd.).

[562] *L. D. Kramer*, 20 Const. Comment 214–215 (2003); *R. L. Clinton*, Marbury v. Madison and Judicial Review, 1989, S. 98 f.; *N. Williams*, 57 Stan. L. Rev. 274 (2004) ("a statement that expressly *equated* the courts with the other branches." [Hervorhebung ebd.]); vgl. auch *W. Murphy*, 48 Rev. Pol. 405 (1986) ("Article III commands courts to *participate* in the interpretive process, as judges before and since John Marshall have modestly conceded." [meine Hervorhebung]).

[563] *Marbury v. Madison*, 5 U.S. (1 Cranch) 137, 176, et passim (1803) ("This original and supreme will [of the people, embodied in the Constitution] organizes the government, and assigns, to different departments, their respective powers.").

[564] Vgl. *P. Brest*, 21 Ga. L. Rev. 63 (1986) ("[N]othing in Marbury implies that *only* the courts can interpret the Constitution." [Hervorhebung ebd.]); *L. D. Kramer*, People Themselves, 2004, insbes. S. 114 ff. (siehe auch S. 105 ff., 126).

[565] *K. E. Whittington*, Political Foundations of Judicial Supremacy, 2007, S. XI, 29, et passim; siehe ferner *L. Alexander/L. Solum*, 118 Harv. L. Rev. 1609–1610 (2005); *W. W. Crosskey*, Politics and the Constitution, Bd. II, 1953, S. 1035 ("'tripartite' theory of constitutional interpretation"); *L. Fisher*, 25 Suffolk U. L. Rev. 87 (1991) ("coordinate con-

Idee eines arbeitsteiligen Zugriffs[566] auf die Verfassungsinterpretation lässt sich kaum in Form eines in sich geschlossenen Konzepts rekonstruieren, dafür divergieren die quer durch die amerikanische Verfassungsgeschichte vertretenen Ansätze in den Einzelheiten zu stark[567]. Nimmt man nur überschlägig einige Stellungnahmen in den Blick, so lassen sich im Wesentlichen zwei verschiedene Varianten des Departmentalismus-Gedankens herausfiltern und von einander unterscheiden[568], das Modell des „overlapping departmentalism" und das Modell des des „divided departmentalism".

Der eher gemäßigte, von manchen auch als „konkurentiell"[569] bezeichnete Ansatz entspricht im Großen und Ganzen der Trennung zwischen judgment supremacy und interpretive supremacy. Alle drei Teilgewalten sind nach diesem Verständnis eines überlappenden bzw. übergreifenden Departmentalismus („overlapping departmentalism")[570] im Grundsatz als gleichberechtigte und konkurrierende Verfassungsinterpreten konzipiert. Das konkurentielle Modell sieht keine irgendwie geartete Bindung einer der drei Teilgewalten an Interpretationsentscheidungen anderer Verfassungsorgane vor. Die eine Gewalt kann der anderen eine bestimmte Verfassungsinterpretation also nicht vorschreiben[571]. James Madison – Chefarchitekt[572] des der Bundesverfassung zugrundeliegenden Virginiaplans – unterrichtete den Kongress folgendermaßen über sein Verständnis der Verteilung der Interpretationskompetenzen:

"I acknowledge, in the ordinary course of government, that the exposition of the laws and constitution devolves upon the judicial. But, I beg to know, upon what principle it can be contended, that any one department draws from the constitution greater powers than another, in marking out the limits of the powers of the several departments ... I do not see that any one of these departments has more right than another to declare their sentiments on that point."[573]

---

struction"); *S. Gant*, 24 Hastings Const. L.Q. 383–389 (1997); *M. Franck*, Imperial Judiciary, 1996, S. 67; *M. Graber*, New Introduction to American Constitutionalism, 2013, S. 113–118; *M. Hailbronner*, Der Staat 53 (2014), S. 425 (427); *L. D. Kramer*, People Themselves, 2004, S. 201; *G. Lawson/Ch. Moore*, 81 Iowa L. Rev. 1270 (1996); *W. Murphy*, 48 Rev. Pol. 411–412 (1986); *R. Post/R. Siegel*, 92 Calif. L. Rev. 1031 (2004) ("[D]epartmentalism, which is the view that each of the three branches of the federal government possesses independent and coordinate authority to interpret the Constitution.").

[566] *F. V. Lange*, Grundrechtsbindung des Gesetzgebers, 2010, S. 213.

[567] Einen guten Überblick geben etwa *L. Alexander/L. Solum*, 118 Harv. L. Rev. 1610–1615 (2005).

[568] Vgl. *S. Gant*, 24 Hastings Const. L.Q. 384, 389 (1997).

[569] *F. V. Lange*, Grundrechtsbindung des Gesetzgebers, 2010, S. 191 f.

[570] *L. Alexander/L. Solum*, 118 Harv. L. Rev. 1613 (2005).

[571] *A. Harel*, Why Law Matters, 2014, S. 219.

[572] *M. Edling*, in: E. Gray/J. Kamensky (Hrsg.), Oxford Handbook of the American Revolution, 2013, S. 388 a. E.

[573] Siehe *J. Madison*, Speech in Congress on Presidential Removal Power, June 17, 1789, in: Writings of James Madison, hrsg. von J. N. Rakove, 1999, S. 457 (464).

Die Justiz ist demnach dazu befugt, die Verfassung in ihrem Kompetenzbereich – also auch bei der Normenkontrolle – eigenständig zu interpretieren und sie soll zu einem Auslegungsergebnis gelangen dürfen, das von demjenigen der Legislative abweicht[574].

Ausdruck verschafft sich dieses Modell in der zeitgenössischen Rechtspraxis in der Entscheidung *State v. Parkhurst* des New Jersey Supreme Court of Judicature. Der Vorsitzende Richter Andrew Kirkpatrick behauptete in seinem Votum, dass sein Gericht über die Kompetenz verfüge, verfassungswidrigen Gesetzen des Staatsparlaments im Einzelfall die Anwendung zu versagen. Als einschlägiges Präjudiz zitiert er *Holmes v. Walton*[575], und er erläutert:

"[T]he [legislative] act upon solemn argument was adjudged to be unconstitutional and *in that case inoperative*. And upon this decision the act ... was repealed ... This, then, is not only a judicial decision, but a decision recognized *and* acquiesced in by the legislative body of the state."[576]

---

[574] Vgl. *B. Friedman*, 73 N.Y.U. L. Rev. 375 (1998) ("Many of those who accepted the legitimacy of judicial review nonetheless believed that judicial decisions could not bind the other branches of government."); siehe außerdem *R. Post/R. Siegel*, 92 Calif. L. Rev. 1032–1034 (2004); *L. D. Kramer*, People Themselves, 2004, S. 109; – ders., 20 Const. Comment. 229 (2003) und *D. Engdahl*, 42 Duke L.J. 280–281 n. 5, 327, et passim (1992), meinen, es handele sich um ein „Jeffersonian concept of the practice now commonly called judicial review". Es habe sich hier, so Engdahl, wohl so ziemlich um die einzige Gemeinsamkeit der beiden Intimfeinde (oben, Text bei Fn. 44 ff.) gehandelt; vgl. auch *E. Meese III*, 61 Tul. L. Rev. 984–985 (1987); *S. B. Prakash/J. C. Yoo*, 103 Mich. L. Rev. 1561–1562 (2005); *N. Williams*, 57 Stan. L. Rev. 287 (2004), die den „judgment supremacy"-Ansatz der Departmentalisten in Anlehnung an Abraham Lincolns Reaktion auf *Dred Scott v. Sandford*, 60 U.S. (19 How.) 393 (1857) als „Lincoln position" kennzeichnen, siehe *A. Lincoln*, First Inaugural Address, in: Messages and Papers of the Presidents, hrsg. von J. Richardson, Bd. VI, 1897, S. 5 (9) ("I do not forget the position assumed by some that constitutional questions are to be decided by the Supreme Court, nor do I deny that such decisions must be binding in any case upon the parties to a suit as to the object of that suit... And while it is obviously possible that such decision may be erroneous in any given case, still the evil effect following it, being limited to that particular case... the candid citizen must confess that if the policy of the Government upon vital questions affecting the whole people is to be irrevocably fixed by decisions of the Supreme Court, the instant they are made in ordinary litigation between parties in personal actions the people will have ceased to be their own rulers, having to that extent practically resigned their Government into the hands of that eminent tribunal.").

[575] Siehe oben Kapitel 4, Fn. 8.

[576] *State v. Parkhurst*, 4 Halsted 427, 444 (Supreme Court of Judicature, New Jersey 1802/1804) (meine Hervorhebung). Der Zeitpunkt der Entscheidung ist nicht geklärt. In der dem Entscheidungstext vorangestellten Vorbemerkung (S. 427) wird angegeben, dass der Fall aus dem Jahr 1802 stammt, in den textbegleitenden Marginalien der ersten Auflage der Entscheidungssammlung (1828) steht „May Term 1804. The State v. Parkhurst". In der dritten Auflage von 1886 steht dieselbe Vorbemerkung, aber die Marginalien fehlen.

Im Einzelfall ist das Gesetz aufgrund der von Seiten des Gerichts festgestellten Verfassungswidrigkeit also nicht anwendbar. Freilich bleibt die Geltung des Gesetzes von der Entscheidung des Gerichts im Übrigen unberührt. Das Staatsparlament ist der Rechtsauffassung des Gerichts aus (mehr oder weniger) freien Stücken gefolgt und hat das Gesetz aufgehoben. Damit ist der wesentliche Kerngehalt des überlappenden Departmentalismus bereits auf den Punkt gebracht.

Dass sich die rechtsprechende Gewalt mit ihrer Auslegung – der Prämisse einer gleichmäßig verteilten Interpretationsverantwortung zum Trotz – schließlich doch durchsetzt, und in der gewaltenteiligen Verfassungsstruktur gleichsam den Status einer prima inter pares innehat, liegt darin begründet, dass sie bei der Verfassungsinterpretation zuletzt am Zug ist[577]. Die oben referierte – in der Theorie durchaus einigen Sinn stiftende, praktisch aber eher belanglose – Variante des überlappenden Departmentalismus muss, weil sie im Ergebnis doch auf eine de facto-interpretive supremacy hinausläuft[578], unweigerlich Kritiker auf den Plan rufen. Apologeten einer judikativen de facto-Suprematie werden wohl dazu neigen, den Umstand, dass die Gerichte im interpretatorischen Diskurs allein deshalb die Oberhand behaupten, weil sie nun einmal zuletzt auf den Plan treten, als betrüblichen, leider aber unabänderlichen Zufall zu bezeichnen. James Madison, der hier noch einmal stellvertretend für die Kritiker zu Wort kommen soll, hielt dem folgendes entgegen:

"In the state constitutions & indeed in the Fedl. one also, no provision is made for the case of a disagreement in expounding them; and as the Courts are generally the last in making the decision, it results to them, by refusing or not refusing to execute a law, to stamp it with its final character. This makes the Judiciary Dept paramount in fact to the Legislature, which was never intended, and can never be proper."[579]

Als einzig wirkungsvolle Gegenmaßnahme zu der von Madison beklagten de facto-Interpretationshoheit der Gerichte bleibt letztlich nur ein drastisches Mittel, nämlich die grundsätzliche Ablehnung der gerichtlichen Entschei-

---

Siehe zur Frage nach dem Entscheidungszeitpunkt auch *S. D. Gerber*, Distinct Judicial Power, 2011, S. 244, dort mit Fn. 90. Gerber meint, der Fall sei 1804 entschieden worden, weil Kirkpatrick die *Marbury*-Entscheidung – ausgeurteilt in 1803 – zitiert habe. Kirkpatrick zitiert *Marbury* allerdings keinesfalls direkt, er weist nur sehr vage auf „reported decisions involving the same question in the Supreme Court of the United States" hin (S. 444 a. E.). Er könnte also auch etwa *Hylton*, *Calder* oder *Cooper* gemeint haben.

[577] Siehe etwa *Ch. Wolfe*, Rise of Modern Judicial Review, 2. Aufl. 1994, S. 96.
[578] Siehe bereits oben, Fn. 524 ff. und begleitenden Text.
[579] *J. Madison*, Observations on the "Draught of a Constitution for Virginia" (c. Oct. 15, 1788), in: Writings of James Madison, hrsg. von J. N. Rakove, 1999, S. 409 (417); siehe dort (S. 608 (613)) auch *J. Madison*, Report on the Alien and Sedition Acts (Jan. 7, 1800) ("the decisions of the other departments ... must be equally authoritative and final with the decisions of that [judicial] department").

dungshoheit (judgment supremacy) schlechthin[580]. Diese Lesart des Departmentalismus wird von manchen Autoren als „divided departmentalism"[581] bezeichnet. Auch nach diesem Ansatz verfügen die Gerichte über ein Prüfungsrecht. Die Vertreter des geteilten Departmentalismus weigern sich aber, die Verbindlichkeit (verfassungs-)gerichtlicher Judikate für die übrigen Teilgewalten anzuerkennen. Dieser Ansatz beruht, stärker noch als das Modell des überlappenden Departmentalismus, auf der eher trivialen Überlegung, dass alle Teilgewalten von den Gründern als gleichberechtigt bzw. hierarchisch gleichrangig („co-ordinate" bzw. „co-equal"[582]) konzipiert worden seien[583]. Eine Privilegierung der Justiz, die mit der Anerkennung einer verbindlichen gerichtlichen Letztentscheidungsbefugnis zwangsläufig einhergeht, verträgt sich schlicht und ergreifend nicht mit einem streng verstandenen Konzept gleichberechtigter Teilgewalten[584], so, wie es etwa Jefferson und einige andere Republikaner vertreten haben[585]:

"The constitution intended that the three great branches of the government should be co-ordinate, and independent of each other. As to acts, therefore, which are to be done by either, it has given no control to another branch."[586]

---

[580] Vgl. *W. Mendelson*, 29 U. Chi. L. Rev. 330 (1962); *Ch. Wolfe*, Rise of Modern Judicial Review, 2. Aufl. 1994, S. 96.
[581] *L. Alexander/L. Solum*, 118 Harv. L. Rev. 1610 (2005).
[582] Siehe auch oben Kapitel 3, Fn. 801 ff. und begleitenden Text.
[583] *J. Madison*, The Federalist #49, in: A. Adams/W. P. Adams (Hrsg./Übers.), Die Federalist-Artikel, 1994, S. 306; vgl. auch Brief von Thomas Jefferson an William Charles Jarvis vom 28. September 1820, in: A. E. Bergh (Hrsg.), Writings of Thomas Jefferson, Bd. XV, 1907, S. 277 ("The Constitution has erected no such single tribunal, knowing that to whatever hands confided, with the corruptions of time and party, its members would become despots. It has more wisely made all the departments co-equal and co-sovereign within themselves."); aus der Sekundäriteratur *S. Gant*, 24 Hastings Const. L.Q. 383–384 (1997); *A. Harel*, Why Law Matters, 2014, S. 219; *G. Lawson/Ch. Moore*, 81 Iowa L. Rev. 1275 (1996); *W. Murphy*, 48 Rev. Pol. 411–412 (1986); *M. S. Paulsen*, 83 Geo. L.J. 228–229 (1994); *M. Steilen*, 61 Buff. L. Rev. 355–356 (2013) ("equal in status").
[584] Vgl. *M. S. Paulsen*, 83 Geo. L.J. 234 (1994) ("None has 'more right than another'.").
[585] Zu Jeffersons Position bezogen auf die Rolle der Bundesgerichte im Verfassungsgefüge aus der Sekundärliteratur *Ch. G. Haines*, American Doctrine, 2. Aufl. 1959 (Ndr.), S. 241 ff.; *L. D. Kramer*, 20 Const. Comment. 212 (2003); *M. S. Paulsen*, 83 Geo. L.J. 255–256 (1994); *J. B. Staab*, 16 J.L. & Pol. 260 (2000); *U. Thiele*, Der Staat 39 (2000), S. 397 (415 f.); relativierend *R. L. Clinton*, Marbury v. Madison and Judicial Review, 1989, S. 69; *W. Heun*, Historische Zeitschrift, Bd. 258 (1994), S. 359 (382, m. w. N. ebd. in Fn. 141). Eine ausführliche Beurteilung von Jeffersons Einstellung gegenüber judicial review findet sich bei *W. Mendelson*, 29 U. Chi. L. Rev. 327–337 (1962); siehe ferner speziell zu Jeffersons Kritik an der mangelnden demokratischen Responsivität der rechtsprechenden Gewalt *R. E. Ellis*, The Jeffersonian Crisis, 1971, S. 103 f., 238 ff.
[586] Brief von Thomas Jefferson an George Hay vom 2. Juni 1807, in: A. A. Lipscomb/A. E. Bergh (Hrsg.), Writings of Thomas Jefferson, Bd. XI, 1907, S. 213 f.

"[E]ach department is truly independent of the others, and has ... equally the right to decide for itself what is its duty under the Constitution, without any regard to what the others may have decided for themselves under a similar question."[587]

Dass ein derart puristischer gewaltenteiliger Ansatz in der Praxis einen nachgerade „kakophonen Chor rivalisierender Verfassungsinterpreten"[588] auf den Plan rufen würde und angesichts der dezentralisierten Interpretationskompetenzen einige Konfusion stiften dürfte, liegt auf der Hand[589]. Unklar ist vor allem, wie etwa der Kongress in den Stand gesetzt werden könnte, die materielle Rechtskraft („res judicata"), die sich ja in subjektiver Hinsicht (allein) auf den Kreis der Prozessparteien erstreckt[590,591], einer – im geteilten Depart-

---

[587] Brief von Thomas Jefferson an Spencer Roane vom 6. September 1819, in: A. E. Bergh (Hrsg.), Writings of Thomas Jefferson, Bd. XV, 1907, S. 214 f.; vgl. bereits Brief von Thomas Jefferson an Abigail Adams vom 11. September 1804, in: A. A. Lipscomb/A. E. Bergh (Hrsg.), Writings of Thomas Jefferson, Bd. XI, 1904, S. 51 ("[T]he opinion which gives to the judges the right to decide what laws are constitutional, and what not, not only for themselves in their own sphere of action, but for the legislative and executive also, in their spheres, would make the judiciary a despotic branch.").
[588] *M. Herdegen*, JZ 2004, S. 873 (874); vgl. *F. Schorkopf*, AöR 144 (2019), S. 202 (219).
[589] *L. Alexander/L. Solum*, 118 Harv. L. Rev. 1610–1611 (2005); siehe auch *L. Fisher*, 25 Suffolk U. L. Rev. 87 (1991) ("Taken to its extreme, the doctrine could produce legal and political chaos."); *M. Tushnet*, in: ders. (Hrsg.), Arguing Marbury, 2005, S. 1 (8) ("It seems to be a formula for permanent, or at least recurrent, constitutional crisis."); eher optimistisch *G. Lawson/Ch. Moore*, 81 Iowa L. Rev. 1330 (1996); *M. S. Paulsen*, 101 Mich. L. Rev. 2738 (2003) ("A multiplicity of voices is not the end of the world.").
[590] Siehe grundsätzlich etwa *P. Gottwald*, in: Th. Rauscher/W. Krüger (Hrsg.), ZPO, Münchener Kommentar, Bd. 1, 5. Aufl. 2016, § 322 Rn. 1. Eine – im Zuge der inzidenten Normenkontrolle – ergangene normverwerfende Entscheidung entfaltet grundsätzlich keine (subjektive) Rechtskraft gegenüber dem Legislativorgan, dessen Akte überprüft werden, weil dieses regelmäßig nicht Prozesspartei ist (*U. Kischel*, AöR 131 (2006), S. 219 (245); *S. Korioth*, Der Staat 30 (1991), S. 549 (555)). Das deutsche Verfassungsprozessrecht, das Beitrittsrechte für Verfassungsorgane in vielen Konstellationen, so auch etwa im Verfahren der konkreten Normenkontrolle, kennt (§ 82 Abs. 2 i.V.m. § 77 BVerfGG), lässt sich unter dem dogmatischen Blickwinkel der Rechtskraftlehre wohl ohnehin nur schwer erfassen. Zum einen, weil die Frage nach Reichweite und Grenzen der Rechtskraft durch die Vorschrift des § 31 BVerfGG überlagert wird (vgl. *G. Roellecke*, in: J. Isensee/P. Kirchhof (Hrsg.), HStR III, 3. Aufl. 2005, § 68 Rn. 23; *K. Lange*, Jus 1978, S. 1 ff.), zum anderen, weil es keine Systematik der verfassungsgerichtlichen Rechtsbehelfe gibt, die es erlaubte, allgemeingültige Aussagen über die einzelnen Klagearten bzw. Verfahrenstypen zu treffen; entsprechend unterschiedlich fallen die jeweiligen Entscheidungswirkungen – die Rechtskraft eingeschlossen –, aus (so etwa *H. Bethge*, in: Th. Maunz/B. Schmidt-Bleibtreu u. a. (Begr./Hrsg.), BVerfGG, Stand Juni 2019, § 31 Rn. 47).
[591] Siehe etwa *P. Colby*, 61 Tul. L. Rev. 1051 (1987); *D. Engdahl*, 42 Duke L.J. 280–281 (1992); *E. Meese III*, 61 Tul. L. Rev. 983 (1987); *G. Lawson/Ch. Moore*, 81 Iowa L. Rev. 1327–1329 (1996); vgl. auch *L. Alexander*, 20 Const. Comment 371 (2003) ("If similar issues arise in other cases, no official, judicial or non-judicial, including the Court itself, is bound to give any effect to the Court's previous interpretations of the Constitution.").

mentalismus ja bloß als unverbindlich gedachten – gerichtlichen Entscheidung über die Nullifikation eines Gesetzes auszuhebeln[592], ohne wiederum in den Funktionsbereich der Judikative einzubrechen. Außerdem ist zu bedenken, dass es sich bei der Entscheidung über die Gültigkeit eines Gesetzes im Rahmen der inzidenten Normenkontrolle in der Regel um ein vorgreifliches Rechtsverhältnis[593] handeln wird, das nicht ohne weiteres an der objektiven Rechtskraft der gerichtlichen Entscheidung teilhat. Lassen sich diese Probleme nicht lösen, fällt das divided departmentalism-Konzept in sich zusammen und reduziert sich auf den oben besprochenen judgment supremacy-Ansatz: Für die Prozessparteien bliebe es bei der Unanwendbarkeit der verfassungswidrigen Norm; auf ihren Fall ist das Gesetz nicht anwendbar. Dritte, insbesondere potentielle Kläger, können sich nach allgemeinen Regeln zwar nicht auf die allein zwischen den Parteien wirkende materielle Rechtskraft des Urteils, wohl aber auf das durch die normverwerfende Entscheidung gesetzte Präjudiz[594] berufen. Alles, was die Legislative in diesem Szenario gegen judikative Obstruktionen des Gesetzesvollzugs ausrichten kann, ist standhaft zu bleiben, und auf der eigenen, von der Rechtsprechung für verfassungwidrig befundenen Ansicht zu beharren („pertinacious adherence"[595]). Kurzzeitig könne die Justiz den Gesetzesvollzug wohl verhindern, auf Dauer aber werde die gesetzgebende Gewalt schon die Oberhand gewinnen. So jedenfalls lautet die Einschätzung des US-Senators und späteren Justizministers der Vereinigten Staaten, John Breckinridge (eines ausgewiesen radikalen Departmentalisten), anlässlich der Debatte um den „Repeal Act"[596] im Jahr 1802[597].

[592] Vgl. *R. Post/R. Siegel*, 92 Calif. L. Rev. 1034 (2004).

[593] *Ch. Seiler*, in: H. Thomas/H. Putzo (Hrsg./Begr.), ZPO, 40. Aufl. 2019, § 322 Rn. 28; vgl. auch *Ch. Althammer*, in: F. Stein/M. Jonas (Begr.), ZPO, Bd. 4, 23. Aufl. 2018, § 322 Rn. 308.

[594] *P. Gottwald*, in: Th. Rauscher/W. Krüger (Hrsg.), ZPO, Münchener Kommentar, Bd. 1, 5. Aufl. 2016, § 322 Rn. 23 („abstrakte Urteilskraft"; „informelle Leitbildfunktion"); *Ch. Althammer*, in: F. Stein/M. Jonas (Begr.), ZPO, Bd. 4, 23. Aufl. 2018, § 322 Rn. 17.

[595] Rede von Senator John Breckinridge aus Kentucky, 11 Annals of Cong. 180 (1802) (hrsg. von J. Gales, 1851).

[596] Siehe oben, Text bei Fn. 24 ff.

[597] Rede von Senator John Breckinridge aus Kentucky, 11 Annals of Cong. 179–180 (1802) (hrsg. von J. Gales, 1851). Breckinridge lehnte das richterliche Prüfungsrecht insgesamt ab ("I would ask where [the courts] got that power, and who checks the courts when they violate the Constitution? ... I deny the power which is so pretended. If it is derived from the Constitution, I ask gentlemen to point out the clause which grants it. I can find no such grant." – Siehe dort, S. 179). Seine Stellungnahme ist wohl so zu verstehen, dass die Gesetzgebung standhaft zu bleiben habe, sollten die Gerichte sich in verfassungswidriger Weise anmaßen, einen Legislativakt für nichtig zu erklären (vgl. die Beurteilung bei *J. M. O'Fallon*, 44 Stan. L. Rev. 227–228 (1992)). Siehe zur (mangelnden) Verlässlichkeit der „Annals of Congress" *W. Baude/J. Campbell*, Early American History: A Source Guide, 2016, S. 9 ("researchers should be cautions about taking [the Annals] at face value").

Wollte man den Gerichten das Prüfungsrecht entziehen, hätte man zwar die judikative Suprematie beseitigt, sähe sich aber höchstwahrscheinlich mit einer souveränen Legislative konfrontiert – ein Zustand, der sich wiederum mit dem strikten Verständnis der Gleichrangigkeit der Gewalten kaum vereinbaren ließe.

Nicht zuletzt aufgrund derartiger Schwierigkeiten wird eine zwischen den beiden bereits genannten Varianten moderierende Spielart des Departmentalismus gehandelt. Danach sind, wie in der Ausgangskonfiguration der konkurentiellen und der geteilten Verfassungsauslegung, sämtliche Teilgewalten als gleichberechtigte Verfassungsinterpreten anerkannt. Das Modell konzediert den Gerichten im Unterschied zu den bereits diskutierten Ansätzen eine (nur) partielle Entscheidungshoheit. Sie beruht auf dem Regel/Ausnahme-Prinzip: In der Regel interpretieren die drei Gewalten die Verfassung in ihren jeweiligen Hoheitsbereichen eigenverantwortlich, abschließend und frei von verbindlicher Kontrolle durch die übrigen Staatsorgane, aber auch ohne eine Bindung der übrigen Teilgewalten an die eigene Interpretation zu erzeugen. Eine Ausnahme von diesem Grundsatz wird insbesondere für denjenigen Fall anerkannt, in dem die Legislative die sog. „housekeeping powers" der Rechtsprechung reguliert, etwa dadurch, dass sie den Gerichten zusätzliche Zuständigkeiten verleiht (so wie in der *Marbury*-Konstellation) oder bestehende entzieht, das Prozessrecht modifiziert, zum Beispiel durch eine Abschaffung des Geschworenenprozesses, oder ähnliches. Nur in dieser Konstellation, in der Kernkompetenzen der Justiz beeinträchtigt werden, muss eine normenkontrollierende Einzelfallentscheidung der rechtsprechenden Gewalt von der Legislative als autoritativ hingenommen werden: Die Gerichte sprechen also bei der Interpretation derjenigen Verfassungsnormen, die ihren eigenen Kompetenzbereich betreffen, das letzte Wort[598]. Dieser Modus der departmentalistischen Verfassungsinterpretation – im Wesentlichen der gewaltenteilungstheoretische Komplementär[599] zu der oben unter I. diskutierten revisionistischen judicial review-Konzeption – teilt die Schwächen des starren divided departmentalism-Modells. Er liefert insbesondere keine Antwort auf die (Gretchen-)Frage, wie zu verfahren ist, wenn der nicht selten

---

[598] Siehe *M. Franck*, Imperial Judiciary, 1996, S. 67, 74.

[599] Der Unterschied dürfte darin bestehen, dass das revisionistische Verständnis der *Marbury*-Judikatur die Kontrollbefugnis des Gerichts von vorneherein auf Eingriffe in die Kernkompetenzen der Justiz beschränken will, und im Übrigen von der Suprematie der Legislative ausgeht, während die entsprechende departmentalistische Version das Prüfungsrecht – jedenfalls bezogen auf die einschlägigen Maßstäbe – als prinzipiell unbegrenzt ansieht, und die (im Einzelnen wie auch immer beschaffene) Bindungswirkung allein solcher normverwerfender Entscheidungen anerkennen will, die wegen rechtswidriger legislativer Eingriffe in die verfassungsrechtlich abgesicherten Kernkompetenzen der Justiz ergangen sind.

zu erwartende Fall eintritt, dass Uneinigkeit darüber herrscht, wo genau die Trennlinie verläuft zwischen dem Hoheits- bzw. Funktionsbereich der Justiz („purview of the judiciary"[600]) und den Legislative und Exekutive zur eigenverantwortlichen Wahrnehmung zugewiesenen Befugnissen.

Die Beurteilung, inwieweit die Suprematie der Justiz bereits in *Marbury* Gestalt angenommen hat, hängt im Wesentlichen davon ab, welche Variante des Departmentalismus-Gedankens Marshall im Sinn hatte, als er *Marbury* entschied[601]. Es kann dabei nicht um seine persönliche Präferenz gehen – als gemäßigter Federalist und Vorsitzender Richter am U.S. Supreme Court war ihm wohl an einem größtmöglichen Kompetenzzuwachs für die Justiz gelegen. Dabei konnte er den erbitterten politischen Widerstand der inzwischen ja zur dominanten Kraft gewordenen Republikaner nicht einfach ignorieren. Marshall musste sich auf die Suche nach einer konsensfähigen Lösung begeben[602]. Ausdrücklich hat er zu der Frage bekanntlich nicht Stellung bezogen. Rückschlüsse im Hinblick auf Ausmaß und Reichweite der von der (verfassungs-)gerichtlichen Letztentscheidungskompetenz ausgehenden Bindungswirkung lassen sich lediglich aus dem größeren Zusammehang der im *Marbury*-Votum enthaltenen Rechtfertigung des richterlichen Prüfungsrechts ziehen.

Es liegt aus den oben bereits genannten Gründen nahe, den klassischen Ansatz für richtig zu halten, dem zufolge sich der Maßstab richterlicher Normenkontrolle in der Konzeption des *Marbury*-Votums auf sämtliche Verfassungsnormen erstreckt. Mit dieser Konzeption des „scope of judicial review" lassen sich sowohl das gemäßigte (überlappende) als auch die radikale (geteilte) Departmentalismus-Theorie in Einklang bringen. Dass Marshall der radikalen Departmentalismus-Theorie anhing, lässt sich nicht ohne jeden Restzweifel ausschließen, ist aber angesichts einer forschen Behauptung wie „It is emphatically the province and duty of the judicial department to say what the law is" doch eher unwahrscheinlich. Nicht wenig spricht unterdessen dafür, dass Marshall von der überlappenden Theorie und damit von der Entscheidungshoheits-Konzeption („judgment supremacy") ausgegangen ist: Marshall erklärt § 13 des Judiciary Act ausdrücklich für „nichtig" (*void*)[603]. Wäre er der radikalen Theorie gefolgt, hätte es nahegelegen, sich darauf zu beschränken, die Verfassungswidrigkeit des Gesetzes festzustellen. Mit der Nichtigerklärung ist ja ein aus Sicht der strengen Lehre inakzeptabler Übergriff auf den Kompetenzbereich der Legislative verbunden. Außerdem

---

[600] *M. J. Klarman*, 87 Va. L. Rev. 1120–1121 (2001); siehe bereits oben, Fn. 140 ff. und begleitenden Text.

[601] Vgl. *N. Williams*, 57 Stan. L. Rev. 273 (2004).

[602] *L. D. Kramer*, 20 Const. Comment. 228 (2003) ("That Marshall personally believed in the Court's supremacy seems clear.").

[603] *Marbury v. Madison*, 5 U.S. (1 Cranch) 137, 180 (1803).

folgt auf den „duty of the judicial department"-Ausspruch eine (teilweise oben bereits zitierte[604]) Bemerkung, die man durchaus als Hinweis auf die Bindungswirkung verfassungsgerichtlicher Entscheidungen auffassen kann:

"Those who apply the rule to *particular cases*, must of necessity expound and *interpret* that rule. If two laws conflict with each other, the courts must decide on the *operation* of each. So if a law be in opposition to the constitution; if both the law and the constitution apply to a *particular case*, so that the court must either decide that *case* conformably to the law, disregarding the constitution; or conformably to the constitution, disregarding the law; the court must determine *which of these conflicting rules governs the case*."[605]

Marshall macht hier, zwar implizit, aber doch mit einiger Deutlichkeit, darauf aufmerksam, dass die Verbindlichkeit der Verfassungsauslegung, so, wie sie durch das Gericht erfolgt, auf den entschiedenen Fall – und nur auf den entschiedenen Fall – beschränkt ist[606], ganz so, wie auch Chief Justice Kirkpatrick die Wirkungen seiner normverwerfenden Entscheidung in *State v. Parkhurst* erläutert hatte[607]. Marshall beschreibt die Aufgabe des normenkontrollierenden Gerichts dahin, dass es herauszufinden habe, welche der widerstreitenden Normen im Einzelfall („particular case") anwendbar und streitentscheidend („operational") sei. Damit formuliert er namens der dritten Gewalt gleichzeitig den Anspruch, anlässlich einer „case or controversy" verbindlich über die Anwendbarkeit eines Legislativakts entscheiden zu können („determine which of these conflicting rules governs the case"). Anders gewendet: Er erteilt sowohl einem gewaltenübergreifenden interpretive supremacy-Konzept als auch der strengen Departmentalismus-Theorie eine Absage. Seine Ausführungen wirken an dieser Stelle keinesfalls so, als wolle er den übrigen Teilgewalten die eigene Interpretation gleichsam oktroyieren; genausowenig kann man Marshall etwa in der Weise interpretieren, als wolle er seine Entscheidungen lediglich als unverbindliche Empfehlungen an die Legislative verstanden wissen.

Nimmt man den Text der *Marbury*-Entscheidung ernst, lässt sich daraus mit einiger Sicherheit neben dem Rechtsinstitut des judicial review höchstens das judgment supremacy-Konzept, nicht aber das Prinzip der interpretive supremacy herleiten[608]. Die Befugnis, Hoheitsakten der Legislative die Anwendung zu versagen, erscheint so als ein kleiner Ausschnitt aus der in Art. III der US-Bundesverfassung normierten Kompetenz, Rechtsstreitig-

---

[604] Siehe im Zusammenhang mit dem Text bei Fn. 166 ff.
[605] *Marbury v. Madison*, 5 U.S. (1 Cranch) 137, 177–178 (1803) (meine Hervorhebung).
[606] Vgl. etwa *D. Engdahl*, 42 Duke L.J. 324–326 (1992).
[607] *State v. Parkhurst*, 4 Halsted 427, 444 (Supreme Court of Judicature, New Jersey 1802/1804); siehe das Zitat oben im Text bei Fn. 576.
[608] *Ch. Eisgruber*, 83 Geo. L.J. 350 (1994); *W. Heun*, VVDStRL 61 (2002), S. 81 (87); *M. S. Paulsen*, 83 Geo. L.J. 244–245 (1994).

keiten zu entscheiden („to issue judgment")⁶⁰⁹. Sie ist zwar mehr als nur ein „zufälliges Nebenprodukt richterlicher Tätigkeit"⁶¹⁰, aber eben auch weniger als die im 20. Jahrhundert vom U.S. Supreme Court und von vielen Wissenschaftlern reklamierte Funktion eines letztverbindlich über die Auslegung der Verfassung entscheidenden ‚Hüters der Verfassung' (ultimate arbiter of the Constitution's meaning)⁶¹¹. Sie ist, worauf ja bereits James Iredell eineinhalb Jahrzehnte zuvor hingewiesen hatte⁶¹², ganz nüchtern betrachtet Bestandteil der richterlichen Amtspflichten im republikanischen Verfassungsstaat (judicial duty)⁶¹³, und sie bezieht und beschränkt sich, um es noch einmal zu betonen, darauf, Einzelfälle zu entscheiden⁶¹⁴.

Gleichwohl wird man mit Blick auf den ‚modernen' U.S. Supreme Court anzumerken haben, dass jene ‚starre' Entscheidungspflicht inzwischen so nicht mehr besteht. Der U.S. Supreme Court entscheidet nach – wohl im Wesentlichen: freiem – Ermessen, ob er das Rechtsmittel der Revision gegen Entscheidungen der Bundesgerichte zweiter Instanz zulässt.⁶¹⁵ In der Praxis erlässt der U.S. Supreme Court einen sogenannten „writ of certiorari"

---

⁶⁰⁹ *E. Hartnett*, 74 N.Y.U. L. Rev. 148 (1999); vgl. *H. Wechsler*, 65 Colum. L. Rev. 1008 (1965) ("Under *Marbury*, the Court decides a case; it does not pass a statute calling for obedience by all within the purview of the rule that is declared.").

⁶¹⁰ So *C. Simons*, Grundrechte und Gestaltungsspielraum, 1999, S. 40; vgl. auch *M. Stoevesandt*, Aktivismus und Zurückhaltung, 1999, S. 42; aus der US Literatur *H. P. Monaghan*, 82 Yale L.J. 1364 (1973) ("by-products").

⁶¹¹ Vgl. *Cooper v. Aaron*, 358 U.S. 1, 18 (1958); diese Formulierung ist weit verbreitet, sie taucht bereits auf in einem Brief von Thomas Jefferson an William Charles Jarvis vom 28. September 1820, in: A. E. Bergh (Hrsg.), Writings of Thomas Jefferson, Bd. XV, 1907, S. 277 (Jefferson bringt seine Abneigung gegenüber der Vorstellung von „judges as the ultimate arbiters of all constitutional questions" zum Ausdruck) und bei *J. Story*, Commentaries on the Constitution, Bd. I, 1833, S. 359; siehe außerdem noch die Nachweise unten Fn. 640; zum „ultimate arbiter" ferner *G. Apfel*, 46 Rutgers L. Rev. 797 (1994); *B. Friedman*, 73 N.Y.U. L. Rev. 340 (1998); *M. J. Klarman*, 87 Va. L. Rev. 1134, 1181 (2001); *S. B. Prakash/J. C. Yoo*, 103 Mich. L. Rev. 1552 (2005).

⁶¹² „An Elector" (*J. Iredell*), To The Public, 1786, in: G. J. McRee (Hrsg.), Life and Correspondence of James Iredell, Bd. 2, 1858, S. 148; siehe näher oben Kapitel 3, Text bei Fn. 460.

⁶¹³ Vgl. *Marbury v. Madison*, 5 U.S. (1 Cranch) 137, 178 (1803) ("the very essence of judicial duty"); aus der Literatur *A. Althouse*, 78 Geo. Wash. L. Rev. 1123 (2010) ("grandeur of the ordinary"); *H. J. Powell*, 53 Alb. L. Rev. 285 (1989) ("necessary part of the judge's ordinary job of declaring what the law is"); siehe außerdem bereits oben Kapitel 3, Fn. 460 und Kapitel 4, Fn. 159.

⁶¹⁴ Vgl. bereits *Kamper v. Hawkins*, 1 Va. Cas. (3 Va.) 20, 30 (Gen. Ct. 1793) (Nelson, J.) ("[W]hen the cases of individuals are brought before them judicially, [the judges] are bound to decide."); *L. B. Boudin*, Government by Judiciary, Bd. I, 1932, S. 227; siehe auch etwa *H. Wechsler*, 65 Colum. L. Rev. 1006 (1965); aus der Lehrbuchliteratur (zur ‚case or controversy'-Doktrin, hier im Zusammenhang mit *Marbury v. Madison*) siehe *Ch. Wright/ M. Kane*, Law of Federal Courts, 8. Aufl. 2017, S. 57.

⁶¹⁵ Siehe *J. Wieland*, Der Staat 29 (1990), S. 333 (344 ff.).

(eine Art Zulassungsbeschluss), wenn vier der neun Richter des Gerichts für die Zulassung votieren. Dieser Ansatz erscheint angesichts der schieren Zahl der eingelegten Rechtsmittel aus prozesswirtschaftlichen Erwägungen sachgerecht. Jedoch durchbricht diese Praxis der Rechtsmittelzulassung nach freiem Ermessen jenen ehernen Grundsatz des effektiven Rechtsschutzes[616], wonach jeder Rechtsschutzsuchende, wenn denn die gesetzlichen Zulässigkeitsvoraussetzungen des von ihm eingelegten Rechtsbehelfs vorliegen, auch erwarten darf, dass er von dem angerufenen Gericht – früher oder später – eine Sachentscheidung bekommt. Freilich wird ein Antragsteller, dem kein writ of certiorari erteilt wird, nicht rechtsschutzlos gestellt. Ihm standen ja bis zur Antragstellung beim U.S. Supreme Court zwei bundesgerichtliche Instanzen offen. Unter dem Gesichtspunkt der Lehre von der richterlichen Zurückhaltung interessant ist dessen ungeachtet die – in der geschichtlichen Gesamtbetrachtung außergewöhnlich erscheinende – Beobachtung, dass der U.S. Supreme Court sich aktuell unter dem Vorsitz von John Roberts im Vergleich zu der Ära William Rehnquists immer weiter aus dem Geschäft der Normenkontrolle zurückzuziehen scheint: Rehnquists Gericht entschied jährlich im Schnitt neun Verfahren, die eine Normenkontrolle zum Gegenstand hatten; unter Roberts waren es Stand 2018 lediglich vier Normenkontrollverfahren pro Jahr[617]. Dennoch verbleibt auf einer abstrakten Ebene der Eindruck, dass sich das Gericht in dem Maße, in dem es sich zielgerichtet seine eigene Agenda schaffen kann, so sehen es jedenfalls Benjamin Johnson und Keith Whittington, immer mehr zum politischen Akteur entwickelt[618], weil es seine beschränkten Ressourcen nicht zur mühseligen Erledigung politisch vermeintlich uninteressanter Fälle einsetzen muss, sondern sich eben auf Fälle von grundsätzlicher (verfassungspolitischer) Bedeutung konzentrieren kann.

Es ist freilich zuzugestehen, dass sich dieses Ergebnis nur im Wege einer bisweilen spekulativen Interpretation des Votums ermitteln lässt. Marshalls Ausführungen sind nur insoweit unzweideutig, als er den Gerichten die Kompetenz zuspricht, verfassungswidrigen Legislativakten bei der Entscheidung eines konkreten Rechtsstreits die Anwendung zu versagen. Die weiteren Wirkungen einer solchen Nichtanwendung verbleiben im Unklaren, weil Marshall hier nicht ausdrücklich Stellung bezieht[619]; es finden sich nur die oben diskutierten Andeutungen. Entsprechende argumentative Kreativität vorausgesetzt, lassen sich sämtliche Spielarten des Departementalismus in *Marbury* hineininterpretieren. Indes scheint die konkurrentielle Variante (der „überlappende" Departmentalismus) sowohl aus einer historischen Perspektive als auch von einem pragmatischen Standpunkt aus betrachtet die naheliegendste Deutung zu sein[620].

---

[616] Vgl. *B. Johnson/K. E. Whittington*, 2018 U. Ill. L. Rev. 1001, 1030, et passim (2018).
[617] *B. Johnson/K. E. Whittington*, 2018 U. Ill. L. Rev. 1001 (2018).
[618] *B. Johnson/K. E. Whittington*, 2018 U. Ill. L. Rev. 1003 (2018).
[619] So auch die Einschätzung bei *G. Apfel*, 46 Rutgers L. Rev. 783 (1994).
[620] Siehe etwa *M. S. Paulsen*, 83 Geo. L.J. 245 (1994) ("Marshall's logic proves the case for coordinate review by all branches, not judicial supremacy."); ähnlich *ders.*, 101 Mich. L. Rev. 2708–2709 (2003); *S. D. Griffin*, in: M. Graber/M. Perhac (Hrsg.), Marbury v. Madison, 2002, S. 61 (67) ("Marshall never claimed supremacy for the Court in *Marbury*."); anders wohl *B. Enzmann*, Der demokratische Verfassungsstaat, 2009, S. 235 f.

Die Antwort auf die Frage, ob die spezifisch amerikanischen Doktrin der judikativen Suprematie bereits in *Marbury* angelegt ist, lautet also – mit Einschränkungen – „ja". Die Einschränkungen sind angebracht, weil die judikative Oberhoheit des Marshall Court eben eine andere ist als diejenige des modernen U.S. Supreme Court. Aufgrund der scheinbar kleinlichen, aber auf einer analytischen Ebene durchaus wesentlichen Unterscheidung[621] zwischen judicial review und judicial supremacy wird der U.S. Supreme Court noch heute für eine Aussage kritisiert, die er im Jahr 1958 in der Entscheidung *Cooper v. Aaron* getroffen hat – eine Aussage, die der verfassungspolitischen Bedeutung des *Marbury*-Votums wohl in nichts nachsteht.

"In 1803, Chief Justice Marshall, speaking for a unanimous Court, referring to the Constitution as 'the fundamental and paramount law of the nation,' declared in the notable case of Marbury v. Madison, that 'It is emphatically the province and duty of the judicial department to say what the law is.' This decision declared the basic principle that the federal judiciary is supreme in the exposition of the law of the Constitution, and that principle has ever since been respected by this Court and the Country as a permanent and indispensable feature of our constitutional system."[622]

Aus heutiger Perspektive wirken diese paar Zeilen nicht sonderlich spektakulär, spiegeln sie doch die wohl seit dem späten 19. Jahrhundert[623] weitgehend akzeptierte judicial supremacy-Doktrin und damit einen Ausschnitt aus der tatsächlichen („faktischen") Verfassung des Staates wider. Die Aussage in *Cooper* ist in der Rückschau (unter anderem[624]) deshalb so brisant, weil sie sich nach dem Dafürhalten einiger Kritiker zu Unrecht auf das Präjudiz aus *Marbury* beruft[625]. Legt man allein den Wortlaut der *Marbury*-Ent-

---

[621] Vgl. insbesondere *L. D. Kramer*, People Themselves, 2004, S. 249 ff. ("judicial review without judicial supremacy"); siehe auch etwa *L. Alexander/L. Solum*, 118 Harv. L. Rev. 1629 (2005); *B. Friedman*, 73 N.Y.U. L. Rev. 352 (1998); *S. Gant*, 24 Hastings Const. L.Q. 368 (1997); *W. Murphy*, 48 Rev. Pol. 406–407 (1986) ("long step from judicial review … to judicial supremacy"); *K. E. Whittington*, Political Foundations, 2007, S. 5 f. ("Although judicial supremacy entails judicial review, judicial review need not entail judicial supremacy.").

[622] *Cooper v. Aaron*, 358 U.S. 1, 18 (1958).

[623] Siehe *B. Friedman*, 73 N.Y.U. L. Rev. 353 (1998).

[624] Das *Marbury*-Zitat erscheint in diesem Zusammenhang außerdem deshalb zweifelhaft, weil es in *Cooper v. Aaron* um die gerichtliche Kontrolle einzelstaatlichen Handelns ging. Zu dieser Konstellation verhält sich das *Marbury*-Votum allerdings nicht.

[625] *E. Meese III*, 61 Tul. L. Rev. 985 (1987) ("By a flawed reading of our Constitution and *Marbury v. Madison* ... the Court in a 1958 case called *Cooper v. Aaron* appeared to arrive at conclusions about its own power that would have shocked men like John Marshall and Joseph Story." – Der Hinweis auf Story ist aufgrund der oben, Fn. 557, zitierten Passage aus dessen „Commentaries" in diesem Zusammenhang m. E. verfehlt, vgl. auch die Einschätzung bei *W. Murphy*, 48 Rev. Pol. 407 (1986)); ferner *D. Engdahl*, 42 Duke L.J. 281–282 (1992); *Ch. Eisgruber*, 83 Geo. L.J. 348 (1994); *N. Williams*, 57 Stan. L. Rev. 276 (2004) ("[T]he modern Supreme Court is very wrong in reading *Marbury* as establishing the

scheidung zu Grunde, ist diese Kritik berechtigt. Die *Cooper*-Judikatur verkennt die Unterscheidung zwischen judicial review und judicial supremacy. Selbst wenn man bei Marshall wohl fälschlicherweise zwischen den Zeilen die Behauptung einer interpretive judicial supremacy erkennen will[626], ist es doch gewagt, zumindest aber kaum angemessen, *Marbury* als diejenige Entscheidung zu zitieren, in der „das grundlegende Prinzip, dem zufolge allein die Bundesgerichtsbarkeit letztverbindlich über die Auslegung (!) der Verfassung entscheidet, verkündet"[627] worden sei. Das interpretive supremacy-Konzept aus *Cooper v. Aaron* stimmt vielmehr mit der (literarisch verbreiteten) Verfassungslehre eines Justice Story[628] als mit der (ausdrücklichen) jurisprudentiellen Autorität des Marshall Court[629] überein[630].

---

federal courts as the 'supreme' expositor of the Constitution."). Siehe zur Kritik an der Herleitung der Letztentscheidungskompetenz im Sinne eines „ultimate interpreter of the Constitution" aus der *Marbury*-Entscheidung ferner etwa *N. Devins/L. Fisher*, 84 Va. L. Rev. 91 n. 58 (1998); *L. D. Kramer*, 115 Harv. L. Rev. 162–163 (2001); *ders.*, 20 Const. Comment. 229 (2003); *A. R. Amar*, 56 U. Chi. L. Rev. 445–446 (1989); *W. W. Van Alstyne*, 1969 Duke L.J. 37–38. Zum „judicial supremacy"-Topos in *Marbury* außerdem *J. Nowak/ R. Rotunda*, Constitutional Law, 8. Aufl. 2010, S. 9; *R. E. Barkow*, 102 Colum. L. Rev. 239 (2002). Insgesamt zurückhaltender bezogen auf die Beanspruchung einer (interpretatorischen) Letztentscheidungskompetenz durch Marshall *G. L. Haskins*, in: ders./H. A. Johnson, History of the Supreme Court, Bd. II, 1981, S. 204; *W. Heun*, Der Staat 42 (2003), S. 267 (281); *W. E. Nelson*, Marbury v. Madison, 2000, S. 59. – Deutlich ablehnend gegenüber der Herleitung einer „interpretive judicial supremacy" aus *Marbury* etwa *D. M. Douglas*, 38 Wake Forest L. Rev. 409 (2003); *F. Easterbrook*, 40 Case W. Res. L. Rev. 920 (1989–90); *R. E. Ellis*, Jeffersonian Crisis, 1971, S. 66; *C. F. Hobson*, The Great Chief Justice, 1996, S. 67; *L. D. Kramer*, 148 Proc. Am. Phil. Soc'y 25–26 (2004); *M. S. Paulsen*, 101 Mich. L. Rev. 2738, et passim (2003); *S. Snowiss*, Judicial Review, 1990, S. 112; *W. W. Van Alstyne*, 1969 Duke L.J. 37, die allesamt jeweils in unterschiedlichen Abstufungen meinen, Marshall habe seiner judicial review-Doktrin das Departmentalismus-Konzept zugrunde gelegt.

[626] Dahin tendiert anscheinend etwa *G. E. White*, 89 Va. L. Rev. 1468, 1480–1484, 1556 (2003) ("[Marshall] was saying that the judiciary's interpretations of the Constitution would control those of other branches."); vgl. zu dieser Einschätzung auch etwa *W. Brugger*, Jus 2003, S. 320 (324 f.); *K. L. Hall*, 35 U. Fla. L. Rev. 288 (1983) ("Chief Justice Marshall unequivocally articulated a fundamental proposition of American constitutionalism: the Court alone has the ultimate power to interpret the meaning of the Constitution").

[627] *Cooper v. Aaron*, 358 U.S. 1, 18 (1958) ("This decision declared the basic principle that the federal judiciary is supreme in the exposition of the law of the Constitution").

[628] Siehe oben, Zitat im Text bei Fn. 557.

[629] In *McCulloch v. Maryland*, 17 U.S. (4 Wheat.) 316, 401 (1819) scheint allerdings auch Marshall eine „interpretive supremacy" für die Bundesgerichte zu reklamieren, vgl. *J. Nowak/R. Rotunda*, Constitutional Law, 8. Aufl. 2010, S. 9; siehe auch *D. Engdahl*, 42 Duke L.J. 331 n. 171 (1992), der andeutet, Justice Story habe Marshall in Richtung „interpretive supremacy" beeinflusst.

[630] *L. Alexander/L. Solum*, 118 Harv. L. Rev. 1629 (2005) ("*Marbury v. Madison* does

Der „Kreationsmythos"[631], wonach John Marshall das Institut des judicial review in seiner gegenwärtigen Gestalt – inklusive interpretatorischer Oberhoheit – bereits im Jahre 1803 von der Richterbank dekretiert und zu einem Bestandteil des Verfassungsrechts gemacht habe, erfreut sich noch immer einer gewissen Beliebtheit. Das mag daran liegen, dass dieser klassische Narrativ[632] durch seine schiere Eingängigkeit und sein brennpunktartiges Zulaufen auf die Person des John Marshall eine gewisse Überzeugungs- und, berücksichtigt man den Status John Marshalls als nationale Ikone („The Great Chief Justice")[633], auch eine nicht zu unterschätzende Anziehungskraft zu entfalten vermag. Allen unverkennbaren hagiographischen Tendenzen[634] zum Trotz sind US-Rechtshistoriker allerdings nicht mehr bereit, dieser Deutung in allen Punkten beizupflichten[635]. Sie weisen in jeweils unterschiedlichen Abstufugen darauf hin, dass das Rechtsinstitut des richterlichen Prüfungsrechts vielmehr einen graduellen Entwicklungsprozess durchlaufen habe. Bezogen auf diese Entwicklung sind in der Tat mehrere entscheidende Brüche zu verzeichnen. Wichtige Wendepunkte werden sicherlich durch *McCulloch v. Maryland*[636], die sog. Reconstruction-Ära, das späte 19. und frühe 20. Jahrhundert[637], die sog. Lochner-Ära[638], sowie durch die Phasen des New Deal[639] und der Great Society, und nicht zuletzt durch besagte Entscheidung in der Sache *Cooper v. Aaron* markiert. Es geht hier nicht darum, eine Behauptung darüber aufzustellen, zu welchem Zeitpunkt in der Geschichte genau die US-Bundesgerichtsbarkeit den entscheidenden Schritt in Richtung Interpretationshoheit vollzogen hat. Wichtig ist vielmehr, festzustellen, dass sie es jedenfalls nicht in *Marbury* getan hat: *Marbury* ist nicht das einschlägige Präjudiz oder die passende Autorität, um das Prinzip der interpretatorischen Oberhoheit der Justiz zu begründen. Der U.S. Supreme Court zeigt sich von den oben referierten Argumenten unterdessen sichtlich unbe-

---

not entail *Cooper v. Aaron*."); vgl. im Übrigen nochmals *S. D. Griffin*, in: M. Graber/M. Perhac (Hrsg.), Marbury v. Madison, 2002, S. 61 (67).

[631] *B. Friedman*, in: M. Tushnet (Hrsg.), Arguing Marbury, 2005, S. 65 (67).

[632] Vgl. bereits oben Kapitel 2, Fn. 201 und begleitenden Text.

[633] Siehe oben, Fn. 110 und begleitenden Text.

[634] Vgl. aus der jüngeren Vergangenheit *R. Brookhiser*, John Marshall: The Man Who Made the Supreme Court, 2018; dazu die zustimmende Rezension von *M. Uhlmann*, Claremont Review of Books, Bd. 19 (Heft 1/2019), S. 66 ff.

[635] Vgl. nochmals die Nachweise oben, Fn. 625.

[636] *McCulloch v. Maryland*, 17 U.S. (4 Wheat.) 316, 401 (1819); siehe oben Kapitel 4, Fn. 380 und in diesem Kapitel, Fn. 312, 629, teilweise mit begleitendem Text.

[637] Vgl. *Pollock v. Farmers' Loan & Trust Co.*, 157 U.S. 429, 554 (1895); näher oben, Fn. 205.

[638] *Lochner v. New York*, 198 U.S. 45 (1905); siehe oben Kapitel 4, insbesondere Fn. 371.

[639] Siehe oben Kapitel 4, Fn. 371 a. E. und begleitenden Text.

eindruckt. Das Gericht hält an seinem auf *Marbury* gestützten interpretive supremacy-Postulat aus *Cooper* im Wesentlichen bis heute fest[640].

Marbury v. Madison lässt sich als Präjudiz nach alledem – lediglich – entnehmen, dass die Bundesgerichte über die Kompetenz verfügen, einem verfassungswidrigen Gesetz anlässlich eines konkreten Rechtsstreits im Einzelfall die Anwendung zu versagen („judgment supremacy"). Eine gewaltenübergreifende Bindungswirkung der der Entscheidung zu Grunde liegenden Verfassungsinterpretation über den entschiedenen Einzelfall hinaus („interpretive supremacy") lässt sich aus dem *Marbury*-Votum nicht herleiten.

---

[640] *Cooper v. Aaron*, 358 U.S. 1, 18 (1958); siehe aus der jüngeren Vergangenheit *United States v. Morrison*, 529 U.S. 598, 616–617 n. 7 (2000) ("ever since *Marbury*, this Court has remained the ultimate expositor of the Constitution"); *City of Boerne v. Flores*, 521 U.S. 507, 536 (1997); *Miller v. Johnson*, 515 U.S. 900, 922–923 (1995); vgl. aus der älteren Rechtsprechung neben *Cooper v. Aaron* insbesondere *Powell v. McCormack*, 395 U.S. 486, 549 (1969) und *United States v. Nixon*, 418 U.S. 683, 704–705 (1974). Diese beiden Entscheidungen zitieren jeweils *Baker v. Carr*, 369 U.S. 186, 211 (1962); in *Baker* fehlt das *Marbury*-Zitat.

Schlussbetrachtung

Die Wurzeln der richterlichen Interpretationshoheit über die Verfassung liegen nicht in *Marbury*, sondern in dessen Rezeptionsgeschichte. Vieles an *Marbury* ist Mythos, aber ein Mythos, der im Laufe der Zeit reale verfassungsrechtsdogmatische – oder besser: doktrinäre – Gestalt angenommen hat[1].

"People in the legal community – judges, scholars, and advocates – felt that a great case was needed to promote aggressive judicial review. And so they made one."[2]

Das jedenfalls ist der historische Befund. Ob es wünschenswert oder gar notwendig ist, die Uhren wieder zurückzudrehen und *Marbury* gleichsam zu entmythologisieren, ist nicht leicht zu beantworten[3]. Auf der einen Seite kann man lange über die normative Bedeutung historischer Kontinuitäten streiten[4]: Aus Sicht der amerikanischen Originalisten, aber auch auf bewährte angelsächsische Art und Weise ließe sich argumentieren, dass die ‚alte Ordnung' (ancient constitution) vor neuen und beliebigen Einflüssen um jeden Preis bewahrt werden müsse. Fehlentwicklungen wie der richterliche Griff nach der Interpretationsmacht müssen rückgängig gemacht, die „alte" und einzig für legitim erachtete Ordnung wiederhergestellt werden. Auf der anderen Seite ist die Forderung nach einem ‚Zurück' zur alten Ordnung vor allem dem Vorwurf des doktrinären Anachronismus[5] ausgesetzt. Die „alte Ordnung" – wie auch immer sie im Einzelnen beschaffen gewesen sein mag[6] –

---

[1] Vgl. *R. H. Fallon*, 91 Calif. L. Rev. 4–5 (2003) ("[E]ven if the received teaching about *Marbury* is part myth, that myth has become real in constitutional doctrine an surrounding practices of argument."); zum „Mythos" Marbury siehe *M. S. Paulsen*, 101 Mich. L. Rev. 2706 (2003) (Zitat oben Kapitel 2, Text bei Fn. 205 ff.).

[2] *K. Roosevelt III/H. Khan*, 34 Const. Comment. 265 (2019).

[3] Siehe etwa die Beurteilung von *L. Tribe*, 115 Harv. L. Rev. 304 (2001) ("What the Court needs now is not a curtailment of the power that Marbury established, but a return to the contextual self-awareness that Marbury displayed."), veröffentlicht im Nachgang der – vorsichtig ausgedrückt – polarisierenden Entscheidung in der Sache *Bush v. Gore*, 531 U.S. 98 (2000).

[4] Siehe – für John Lockes antihistorischen Naturalismus – *M. Brocker*, in: ders. (Hrsg.), Geschichte des politischen Denkens, 2006, S. 258 (260).

[5] Begriff: *Planned Parenthood v. Casey*, 505 U.S. 833, 855 (1992).

[6] Vgl. *E. Hobsbawm*, in: ders./T. Ranger (Hrsg.), Invention of Tradition, 1983, S. 1 ff.

ist schließlich auch nicht einfach vom Himmel gefallen, sondern Ergebnis einer Entwicklung. Wer sollte sich schon anmaßen, darüber zu befinden, wann diese Entwicklung abgeschlossen ist?

Wie auch immer man sich hier positionieren will, die historisch gewachsene Unterscheidung zwischen Entscheidungshoheit („judgment supremacy") und Interpretationshoheit („interpretive supremacy") bleibt dogmatisch interessant. Auch wenn die unmittelbar aus dieser Unterscheidung sich ergebenden normativen Wirkungen im status quo durch die überkommene Staatspraxis („we are under a constitution, but the constitution is what the judges say it is") weitgehend marginalisiert worden sind, so lässt sich mit ihrer Hilfe doch immerhin auf einer analytischen Ebene verfassungspolitischer Rechtfertigungsdruck gegen die normenkontrollierende Justiz aufbauen. Begreift man die Verfassungsinterpretation in Einklang mit der oben geschilderten Departmentalismustheorie des Marshall Court nicht als ausschließlich judikative Funktion, sondern vielmehr als offenen, arbeitsteilig-diskursiven und revisionsfähigen Prozess[7], an dessen Ende die Gerichte zwar das letzte, nicht aber das einzig ernstzunehmende, und zudem auf den Einzelfall beschränkte Wort sprechen[8], dann verfolgt man ein legitimes Anliegen, will man diejenigen, bisweilen an richterliche Überheblichkeit grenzenden Auswüchse auf ein moderates Maß zurückstutzen[9], die unter Berufung auf *Marbury* etwa in Entscheidungen wie *Cooper v. Aaron*, *City of Boerne v. Flores* oder *United States v. Morrison* zum Ausdruck kommen[10]. Eine „konsequente Beschränkung" der Gerichte auf die punktuelle Wiederherstellung der gestörten Rechtsordnung[11] entspricht am ehesten der in *Marbury* postulierten Normenkontrolldoktrin. Sie weist den Gerichten auf der Grundlage des „judgment supremacy"-Gedankens eine privilegierte interpretatorische Position, nicht aber eine interpretatorische Oberhoheit zu[12] – und versetzt die Gerichte in eine Position, in der ihre einzigartige (Deutungs-)Macht[13] zumindest im Ansatz[14] gewissen Schranken unterworfen ist.

---

[7] Vgl. bereits *P. Häberle*, JZ 1975, S. 297 ff., hier S. 300; außerdem etwa *R. Steinberg*, JZ 1980, S. 385 ff.; *K. Schlaich/S. Korioth*, Das Bundesverfassungsgericht, 11. Aufl. 2018, S. 47; *F. Schorkopf*, AöR 144 (2019), S. 202 (228 f.).

[8] Siehe *L. D. Kramer*, 115 Harv. L. Rev. 13 (2001) ("There is ... a world of difference between having the last word and having the only word: between judicial supremacy and judicial sovereignty.").

[9] Vgl. *G. E. White*, 89 Va. L. Rev. 1529 (2003).

[10] *Cooper v. Aaron*, 358 U.S. 1, 18 (1958); *City of Boerne v. Flores*, 521 U.S. 507, 536 (1997); *United States v. Morrison*, 529 U.S. 598, 616–617 n. 7 (2000).

[11] *S. Korioth*, Der Staat 30 (1991), S. 549 (564).

[12] *N. Williams*, 57 Stan. L. Rev. 260 (2004) ("[W]e are better off with a system in which the judiciary occupies a privileged but nonsupreme interpretive position.").

[13] Siehe etwa die Beiträge in H. Vorländer (Hrsg.), Die Deutungsmacht der Verfassungsgerichtsbarkeit, 2006; ähnlich *H. Simon*, in: E. Benda/W. Maihofer/H. J. Vogel (Hrsg.), HVerfR, 2. Aufl. 1994, § 34 Rn. 56.

Gleichzeitig wird die der Legislative ursprünglich einmal zugewiesene Interpretationskompetenz wiederbelebt. Die Gesetzgebung wächst aus ihrer Rolle als schieres ‚Vollzugsorgan' der Verfassung heraus; und sie wird aus der Einkreisung durch die Verfassungsgerichtsbarkeit jedenfalls insoweit befreit, als sie aus einer prestigeträchtigeren Position der Stärke, und nicht der Unterordnung, in einen interpretatorischen Diskurs mit der Verfassungsgerichtsbarkeit eintritt[15]. Normenkontrollierende Gerichte haben nicht allein die vielbeschworene politische Gestaltungsprärogative der Gesetzgebung, sondern auch ihre juristische Interpretationskompetenz zu respektieren. Einer in Ausübung dieser legislativen Kompetenz festgelegten Verfassungsauslegung haben die Gerichte in den oben genannten Zweifelsfällen, in denen die Legislative unter mehreren intersubjektiv vermittelbaren (plausiblen) Interpretationsentscheidungen eine vertretbare ausgesucht hat[16], idealerweise Folge zu leisten. Auf diese Weise erfüllt sich auch ein Desiderat der deliberativen Demokratietheorie: Verfassungsinterpretation ist nicht exklusiv das Geschäft der „Eliten", die „als Experten mit Recht umgehen", sondern Sache „aller Beteiligten"[17].

Das historisch gewachsene Modell der departmentalistischen Verfassungsinterpretation und der judicial restraint-Gedanke lassen sich nicht nur demokratietheoretisch begründen, sondern auch phänomenologisch erklären: Nämlich als Konsequenz aus dem im Unterbewusstsein vorhandenen Verständnis oder der positiv formulierten theoretischen Abstraktion vom freiheitlichen Verfassungsstaat als „riskanter Ordnung" (Horst Dreier)[18]. Eines der Risiken, das in dieser Ordnung mit einer gewissen Zwangsläufigkeit angelegt ist, lässt sich in etwa so beschreiben: Wer sich für die Errichtung einer ‚riskanten' Ordnung entscheidet, der geht das Wagnis ein, zu akzeptieren – oder: akzeptieren zu müssen –, dass es die eine richtige Antwort auf verfassungsrechtliche Fragen nicht immer gibt und erkennt an, dass die Findung von Wahrheit(en) den sog. exakten Wissenschaften vorbehalten bleiben muss. Dass sich die Interpretation der Verfassung schwerlich als exakte Wis-

---

[14] Vgl. *M. Brenner*, AöR 120 (1995), S. 248 (256).
[15] Vgl. *H. Wechsler*, 65 Colum. L. Rev. 1003 (1965); siehe auch *N. Devins/L. Fisher*, 84 Va. L. Rev. 104 (1998); *S. Gant*, 24 Hastings Const. L.Q. 393–394 (1997); *U. Kischel*, AöR 131 (2006), S. 219 (224 ff., et passim); *F. V. Lange*, Grundrechtsbindung des Gesetzgebers, 2010, S. 216 f.; *M. S. Paulsen*, 83 Geo. L.J. 344 (1994); *S. B. Prakash/J. C. Yoo*, 103 Mich. L. Rev. 1565 (2005).
[16] Siehe oben Kapitel 5, Fn. 321 ff. mit begleitendem Text.
[17] Vgl. *J. Habermas*, Faktizität und Geltung, 5. Aufl. 2014, S. 536, 163; siehe außerdem etwa *L. Barroso*, 67 Am. J. Comp. L. 143 (2019).
[18] *H. Dreier*, RW 1 (2010), S. 11 ff.; auch in: *ders.*, Idee und Gestalt, 2014, S. 459 ff.; vgl. außerdem *J. Isensee*, AöR 140 (2015), S. 169 (196) („Vom Ideal der Rationalität her gesehen gehört die konstitutionelle Demokratie zu den defizitären, den nur zweitbesten Staatsformen.").

senschaftsdisziplin einstufen lässt, darüber dürfte noch immer breiter Konsens herrschen. Es kann niemanden geben, der, reflexive Demokratietheorie hin, Modell der argumentativen Repräsentation her, auch nur annäherungsweise mit naturwissenschaftlicher Genauigkeit[19] dort letztverbindlich über den Inhalt der Verfassung entscheidet, wo ihr normativer Status bestenfalls noch als prekär[20] bezeichnet werden kann[21]. Abgesehen natürlich von Dworkins Herkules.

Diese Einsicht zieht sich – überwiegend unausgesprochen – wie ein roter Faden durch die (frühe) Geschichte der richterlichen Normenkontrolle. Für diejenigen Zeitgenossen, die das Projekt des Verfassungsstaates vor über 200 Jahren als „riskante Ordnung" begründet und maßgeblich vorangetrieben haben, lässt sich sagen, dass sie, verglichen mit denjenigen Akteuren, die das Erbe heute verwalten, in sehr viel höherem Maße bereit waren, die normative Ungewissheit des Konstitutionellen als Gegebenheit zu akzeptieren. Neben den realpolitischen Sachzwängen war es diese mentale Prädisposition der Zeitgenossen, die sich auf die Gestaltung des Verhältnisses zwischen gesetzgebender und rechtsprechender Gewalt im Amerika des späten 18. Jahrhunderts und über weite Strecken des 19. Jahrhunderts so entscheidend ausgewirkt hat. Über dieses Verhältnis, das oben im Einzelnen diskutiert worden ist, kann man kurz und bündig festhalten: richterliches Prüfungsrecht – unter Beachtung der Einschränkungen der doubtful case rule – ja, richterliche Interpretationshoheit nein, denn

„die Verfassung gehört[e] nicht allein den Richtern"[22].

---

[19] Vgl. dazu die (gegen den die klassische ‚juristische Methode' verteidigenden Ernst Forsthoff gerichtete) Polemik bei *A. Hollerbach*, AöR 85 (1960), S. 241 (260 ff.).

[20] Siehe oben Kapitel 1, Text bei Fn. 197 ff.

[21] Vgl. *Katzenbach v. Morgan*, 384 U.S. 641, 668 (1966) (Harlan, J., dissenting) (Vollzitat oben Kapitel 5, Fn. 351); siehe auch *W. Hassemer*, JZ 2008, S. 1 (10) („Wo etwa die Grenzen ... der Verhältnismäßigkeit ... verlaufen, kann nicht errechnet, sondern muß entschieden werden."); außerdem *M. Borowski*, in: J. Isensee/P. Kirchhof (Hrsg.), HStR XII, 3. Aufl. 2014, § 274 Rn. 28 („Die Ermittlung der Bedeutung von Rechtsnormen ist nicht in dem gleichen Sinne exakt wie viele Aspekte der Naturwissenschaften."); vgl. für juristisches Entscheiden im Allgemeinen *Ch. Bumke*, JZ 2014, S. 641 (649).

[22] *J. Lee Malcolm*, 26 J.L. & Pol. 37 (2010) ("The Constitution does not only belong to the judges.").

Literaturverzeichnis

Abraham, Henry J.: Line-Drawing between Judicial Activism and Restraint: A 'Centrist' Approach and Analysis, in: Stephen C. Halpern / Charles M. Lamb (Hrsg.), Supreme Court Activism and Restraint, Lexington (Mass., U.S.) und Toronto: Lexington Books, 1982, S. 201–219.
ders.: The Judicial Process. An Introductory Analysis of the Courts of the United States, England and France, New York und Oxford: Oxford University Press, 7. Aufl. 1998.
ders.: John Marshall's Associate Justices, in: Journal of Supreme Court History, Bd. 27 (2002), S. 286–292 (zit. 27 J. Sup. Ct. Hist. 286 [2002]).
Abramowicz, Michael / Stearns, Maxwell: Defining Dicta, in: Stanford Law Review, Bd. 57 (2005), S. 953–1094 (zit. 57 Stan. L. Rev. 953 [2005]).
Abromeit, Heidrun: Volkssouveränität, Parlamentssouveränität, Verfassungssouveränität – Drei Realmodelle der Legitimation staatlichen Handelns, in: Politische Vierteljahresschrift (PVS) 36 (1995), S. 49–66.
Achterberg, Norbert: Bundesverfassungsgericht und Zurückhaltungsgebote. Judicial, political, processual, theoretical self-restraints, in: DÖV 1977, S. 649–659.
ders.: Art. 92, in: Wolfgang Kahl u. a. (Hrsg.), Bonner Kommentar zum Grundgesetz, Loseblatt, Heidelberg: C. F. Müller, Zweitbearbeitung, Stand April 1981.
Ackerman, Bruce: The Storrs Lectures: Discovering the Constitution, in: Yale Law Journal, Bd. 93 (1984), S. 1013–1072 (zit. 93 Yale L.J. 1013 [1984]).
ders.: We the People, Bd. 1, Foundations, Cambridge (Mass., U.S.) und London: The Belknap Press of Harvard University Press, 1993.
ders.: The Failure of the Founding Fathers. Jefferson, Marshall, and the Rise of Presidential Democracy, Cambridge (Mass., U.S.) und London: The Belknap Press of Harvard University Press, 2005.
Adair, Douglass: Authorship of the Disputed Federalist Papers, Part II, in: William and Mary Quarterly, Dritte Folge, Bd. 1 (1944), S. 235–264 (zit. 1 Wm. & Mary Q. 235 [1944]).
Adams, John: Works of John Adams, Second President of the United States, by his Grandson, hrsg. von Charles Francis Adams, 10 Bde., Boston: Little, Brown and Co., 1851–1856.
Adams, Samuel: Writings of Samuel Adams, Bd. I, 1764–1769, Bd. II, 1770–1773, hrsg. von Harry Cushing, New York und London: G. P. Putnam's Sons, 1904 / 1906.
Adams, Willi P.: Republikanische Verfassung und bürgerliche Freiheit. Die Verfassungen und politischen Ideen der amerikanischen Revolution, Darmstadt und Neuwied: Luchterhand, 1973.
ders.: Die USA vor 1900, München: Oldenbourg Verlag, 2. Aufl. 2009.
Adler, Matthew D.: Judicial Restraint in the Administrative State: Beyond the Countermajoritarian Difficulty, in: University of Pennsylvania Law Review, Bd. 145 (1997), S. 759–892 (zit. 145 U. Pa. L. Rev. 759 [1997]).
Adomeit, Klaus: Der Rechtspositivismus im Denken von Hans Kelsen und Gustav Radbruch, in: JZ 2003, S. 161–166.

Alexander, Larry: Constitutional Rules, Constitutional Standards, and Constitutional Settlement: Marbury v. Madison and the Case for Judicial Supremacy, in: Constitutional Commentary, Bd. 20 (2003), S. 369–378 (zit. 20 Const. Comment. 369 [2003]).
ders.: What Is the Problem of Judicial Review?, in: Australian Journal of Legal Philosophy, Bd. 31 (2006), S. 1–13 (zit. 31 Aust'l. J. Leg. Phil. 1 [2006]).
ders. / Schauer, Frederick: On Extrajudicial Constitutional Interpretation, in: Harvard Law Review, Bd. 110 (1997), S. 1359–1387 (zit. 110 Harv. L. Rev. 1359 [1997]).
dies.: Defending Judicial Supremacy, in: Constitutional Commentary, Bd. 17 (2000), S. 455–482 (zit. 17 Const. Comment. 455 [2000]).
Alexander, Larry / Solum, Lawrence B.: Popular? Constitutionalism?, in: Harvard Law Review, Bd. 118 (2005), S. 1594–1640 (zit. 118 Harv. L. Rev. 1594 [2005]).
Alexander, Roberta: Dred Scott: The Decision That Sparked a Civil War, in: Northern Kentucky Law Review, Bd. 34 (2007), S. 643–661 (zit. 34 N. Ky. L. Rev. 643 [2007]).
Alexy, Robert: Theorie der juristischen Argumentation. Die Theorie des rationalen Diskurses als Theorie der juristischen Begründung, Frankfurt a. M.: Suhrkamp, 2. Aufl. 1991.
ders.: Grundrechte, Demokratie und Repräsentation, in: Der Staat 54 (2015), S. 201–212.
Alfange, Dean Jr.: Marbury v. Madison and Original Understandings of Judicial Review: In Defense of Traditional Wisdom, in: Supreme Court Review 1993, S. 329–446 (zit. 1993 Sup. Ct. Rev. 329).
Alleweldt, Ralf: Die Idee der gerichtlichen Überprüfung von Gesetzen in den Federalist Papers, in: ZaöRV 56 (1996), S. 205–239.
Allison, J. W. F.: History in the Law of the Constitution, in: Journal of Legal History, Bd. 28 (2007), S. 263–282 (zit. 28 J. Legal Hist. 263 [2007]).
Alschuler, Albert W. / Deiss, Andrew G.: A Brief History of the Criminal Jury in the United States, in: University of Chicago Law Review, Bd. 61 (1994), S. 867–928 (zit. 61 U. Chi. L. Rev. 867 [1994]).
Althouse, Ann: Standing, in Fluffy Slippers, in: Virginia Law Review, Bd. 77 (1991), S. 1177–1200 (zit. 77 Va. L. Rev. 1177 [1991]).
dies.: Enforcing Federalism after United States v. Lopez, in: Arizona Law Review, Bd. 38 (1996), S. 793–823 (zit. 38 Ariz. L. Rev. 793 [1996]).
dies.: The Historical Ordinariness of Judicial Review, in: George Washington Law Review, Bd. 78 (2010), S. 1123–1128 (zit. 78 Geo. Wash. L. Rev. 1123 [2010]).
Amar, Akhil R.: Marbury, Section 13, and the Original Jurisdiction of the Supreme Court, in: University of Chicago Law Review, Bd. 56 (1989), S. 443–499 (zit. 56 U. Chi. L. Rev. 443 [1989]).
ders.: The Fourth Amendment, Boston, and the Writs of Assistance, in: Suffolk University Law Review, Bd. 30 (1996), S. 53–80 (zit. 30 Suffolk U. L. Rev. 53 [1996]).
ders.: The Bill of Rights. Creation and Reconstruction, New Haven (Conn., U.S.) und London: Yale University Press, 1998.
Antieau, Chester: Natural Rights and the Founding Fathers – The Virginians, in: Washington and Lee Law Review, Bd. 17 (1960), S. 43–79 (zit. 17 Wash. & Lee L. Rev. 43 [1960]).
Apfel, Gary: Whose Constitution Is It Anyway? The Authority of the Judiciary's Interpretation of the Constitution, in: Rutgers Law Review, Bd. 46 (1994), S. 771–819 (zit. 46 Rutgers L. Rev. 771 [1994]).
Appleby, Joyce: Republicanism in Old and New Contexts, in: William and Mary Quarterly, Dritte Folge, Bd. 43 (1986), S. 20–34 (zit. 43 Wm. & Mary Q. 20 [1986]).
Arena, Valentina: Popular Sovereignty in the Late Roman Republic, in: Popular Sovereignty in Historical Perspective, hrsg. von Richard Bourke und Quentin Skinner, Cambridge (England): Cambridge University Press, 2016, S. 73–95.

Arendt, Hannah: Über die Revolution, dt. 1965, zitiert nach der ungekürzten Taschenbuchausgabe, München und Zürich: Piper, 4. Aufl. 2011.

von Arnauld, Andreas: Rechtsstaat, in: Otto Depenheuer / Christoph Grabenwarter (Hrsg.), Verfassungstheorie, Tübingen: Mohr Siebeck, 2010, § 21.

von Arnim, Hans H.: Staatslehre der Bundesrepublik Deutschland, München: Franz Vahlen, 1984.

Augat, Armin: Die Aufnahme der Lehren Samuel von Pufendorfs (1632–1694) in das Recht der Vereinigten Staaten von Amerika, diss. iur., Kiel, 1985.

Augsberg, Ino / Unger, Sebastian (Hrsg.): Basistexte: Grundrechtstheorie, Baden-Baden: Nomos, 2012.

Aul, Francis J.: Statutory Rules of Constitutional Interpretation and the Original Understanding of Judicial Power and Independence, in: The Georgetown Journal of Law & Public Policy, Bd. 17 (2019), S. 287–316 (zit. 17 Geo. J.L. & Pub. Pol'y 287 [2019]).

Babcock, Charles L.: The Role of the Court and Jury in Libel Cases, in: South Texas Law Review, Bd. 47 (2005), S. 325–342 (zit. 47 S. Tex. L. Rev. 325 [2005]).

Badura, Peter: Staatsrecht, München: Beck, 7. Aufl. 2018.

Bailyn, Bernard (Hrsg.): Pamphlets of the American Revolution, Bd. I, 1750–1765, Cambridge (Mass., U.S.): Harvard University Press, 1965.

ders.: The Ideological Origins of the American Revolution, Cambridge (Mass., U.S.): The Belknap Press of Harvard University Press, 1967.

Baker, Anthony V.: "So Extraordinary, So Unprecedented an Authority:" A Conceptual Reconsideration of the Singular Doctrine of Judicial Review, in: Duquesne Law Review, Bd. 39 (2001), S. 729–768 (zit. 39 Duq. L. Rev. 729 [2001]).

Baker, John H.: The Common Lawyers and the Chancery: 1616, in: Irish Jurist, N.F. Bd. 4 (1969), S. 368–392.

ders.: An Introduction to English Legal History, Oxford, New York u. a.: Oxford University Press, 4. Aufl. 2007 (Ndr. 2011).

Balkin, Jack M.: "Wrong the Day It Was Decided": Lochner and Constitutional Historicism, in: Boston University Law Review, Bd. 85 (2005), S. 677–725 (zit. 85 B.U. L. Rev. 677 [2005]).

ders. / Levinson, Sanford: Understanding the Constitutional Revolution, in: Virginia Law Review, Bd. 87 (2001), S. 1045–1109 (zit. 87 Va. L. Rev. 1045 [2001]).

Barkow, Rachel E.: More Supreme Than Court? The Fall of the Political Question Doctrine and the Rise of Judicial Supremacy, in: Columbia Law Review, Bd. 102 (2002), S. 237–336 (zit. 102 Colum. L. Rev. 237 [2002]).

Barnett, Randy E.: Who's Afraid of Unenumerated Rights?, in: University of Pennsylvania Journal of Constitutional Law, Bd. 9 (2006), S. 1–22 (zit. 9 U. Pa. J. Const. L. 1 [2006]).

ders.: Interpretation and Construction, in: Harvard Journal of Law and Public Policy, Bd. 32 (2011), S. 65–72 (zit. 34 Harv. J. L. & Pub. Pol'y 65 [2011]).

Barroso, Luis R.: Countermajoritarian, Representative, and Enlightened: The Roles of Constitutional Courts in Democracies, in: The American Journal of Comparative Law, Bd. 67 (2019), S. 109–143 (zit. 67 Am. J. Comp. L. 109 [2019]).

Barry, James T. III: The Council of Revision and the Limits of Judicial Power, in: University of Chicago Law Review, Bd. 56 (1989), S. 235–261 (zit. 56 U. Chi. L. Rev. 235 [1989]).

Baude, William / Campbell, Wesley J.: Early American History: A Source Guide, 2016, über SSRN: http://ssrn.com/abstract=2718777, letzter Abruf am 23. September 2020.

Beard, Charles A.: The Supreme Court and the Constitution, New York: Macmillan, 1912.

ders.: An Economic Interpretation of the Constitution of the United States, New York: Macmillan, 1913.

Becker, Carl L.: The Declaration of Independence. A Study on the History of Political Ideas, New York: Harcourt, Brace and Co., 1922.
Benda, Ernst / Klein, Eckart / Klein, Oliver: Verfassungsprozessrecht, Heidelberg: Müller, 3. Aufl. 2012.
Benditt, Theodore: Modest Judicial Restraint, in: Law and Philosophy, Bd. 18 (1999), S. 243–270 (zit. 18 Law & Phil. 243 [1999]).
Benedict, Michael L.: To Secure These Rights: Rights, Democracy, and Judicial Review in the Anglo-American Constitutional Heritage, in: Ohio State Law Journal, Bd. 42 (1981), S. 69–85 (zit. 42 Ohio St. L.J. 69 [1981]).
Bennet, Robert W.: Counter-Conversationalism and the Sense of Difficulty, in: Northwestern University Law Review, Bd. 95 (2001), S. 845–906 (zit. 95 Nw. U. L. Rev. 845 [2001]).
Berg, Manfred: German Scholarship on American Constitutional History, in: Amerikastudien 54 (2009), S. 405–423.
Berger, Raoul: Congress v. The Supreme Court, Cambridge (Mass., U.S.): Harvard University Press, 1969.
ders.: Doctor Bonham's Case: Statutory Construction or Constitutional Theory?, in: University of Pennsylvania Law Review, Bd. 117 (1969), S. 521–545 (zit. 117 U. Pa. L. Rev. 521 [1969]).
ders.: The Scope of Judicial Review, in: Hastings Constitutional Law Quarterly, Bd. 6 (1979), S. 527–635 (zit. 6 Hastings L.Q. 527 [1979]).
ders.: Justice Samuel Chase v. Thomas Jefferson: A Response to Stephen Presser, in: Brigham Young University Law Review 1990, S. 873–908 (zit. 1990 BYU L. Rev. 873).
Berns, Walter: Judicial Review and the Rights and Laws of Nature, in: Supreme Court Review 1982, S. 49–83 (zit. 1982 Sup. Ct. Rev. 49).
Bessette, Joseph M.: Deliberative Democracy: The Majority Principle in Republican Government, in: Robert A. Goldwin / William A. Schambra (Hrsg.), How Democratic Is the Constitution?, Washington, D.C. und London: American Enterprise Institute for Public Policy Research, 1980, S. 102–116.
Beth, Loren P.: The Judicial Committee of the Privy Council and the Development of Judicial Review, in: American Journal of Comparative Law, Bd. 24 (1976), S. 22–42 (zit. 24 Am. J. Comp. L. 22 [1976]).
Beveridge, Albert J.: The Life of John Marshall, Bd. III, Conflict and Construction, 1800–1815, Boston und New York: Houghton Mifflin Company / Riverside Press, 1919.
Bickel, Alexander M.: The Supreme Court 1960 Term, Foreword: The Passive Virtues, in: Harvard Law Review, Bd. 40 (1960), S. 40–79 (zit. 75 Harv. L. Rev. 40 [1961]).
ders.: The Least Dangerous Branch. The Supreme Court at the Bar of Politics, 1962, Ndr. New Haven (Conn., U.S.): Yale University Press, 1986.
Bickenbach, Christian: Die Einschätzungsprärogative des Gesetzgebers, Tübingen: Mohr Siebeck, 2014.
Bilder, Mary S.: The Corporate Origins of Judicial Review, in: Yale Law Journal, Bd. 116 (2006), S. 502–566 (zit. 116 Yale L.J. 502 [2006]).
dies.: English Settlement and Local Governance, in: Michael Grossberg / Christopher Tomlins (Hrsg.), The Cambridge History of Law in America, Bd. I, Early America, 1580–1815, Cambridge (England), New York u. a.: Cambridge University Press, 2008, S. 63–103.
dies.: Expounding the Law, in: George Washington Law Review, Bd. 78 (2010), S. 1129–1144 (zit. 78 Geo. Wash. L. Rev. 1129 [2010]).
dies.: Charter Constitutionalism: The Myth of Edward Coke and the Virginia Charter, in: North Carolina Law Review, Bd. 94 (2016), S. 1545–1597 (zit. 94 N.C. L. Rev. 1545 [2016]).

dies.: The Relevance of Colonial Appeals to the Privy Council (Boston College Law School Research Paper Series #436), 2017, über SSRN: https://ssrn.com/abstract=2927205; letzter Abruf am 23. September 2020.

Bird, Wendell: New Light on the Sedition Act of 1798: The Missing Half of the Prosecutions, in: Law and History Review, Bd. 34 (2016), S. 541–614 (zit. 34 Law & Hist. Rev. 541 [2016]).

ders.: Press and Free Speech under Assault. The Early Supreme Court Justices, the Sedition Act of 1798, and the Campaign against Dissent, New York: Oxford University Press, 2016.

Black, Barbara A.: An Astonishing Political Innovation: The Origins of Judicial Review, in: University of Pittsburgh Law Review, Bd. 49 (1988), S. 691–697 (zit. 49 U. Pitt. L. Rev. 691 [1988]).

Blackstone, William: Commentaries on the Laws of England. A Facsimile of the First Edition of 1765–1769, Bd. I, Of the Rights of Persons, 1765–1769, hrsg. von Stanley Katz, Chicago und London: Chicago University Press, 1979.

ders.: Commentaries on the Laws of England. A Facsimile of the First Edition of 1765–1769, Bd. III, Of Private Wrongs, 1765–1769, hrsg. von John Langbein, Chicago und London: Chicago University Press, 1979.

ders.: Commentaries on the Laws of England. A Facsimile of the First Edition of 1765–1769, Bd. IV, Of Public Wrongs, 1765–1769, hrsg. von Thomas Green, Chicago und London: Chicago University Press, 1979.

Bloch, Susan L. / Marcus, Maeva: John Marshall's Selective Use of History in Marbury v. Madison, in: Wisconsin Law Review 1986, S. 301–338 (zit. 1986 Wis. L. Rev. 301).

Böckenförde, Ernst-W.: Der deutsche Typ der konstitutionellen Monarchie im 19. Jahrhundert, 1967, in: Ernst-W. Böckenförde, Recht, Staat, Freiheit. Studien zur Rechtsphilosophie ..., Frankfurt/M.: Suhrkamp, 2. Aufl. 1992, S. 273–305.

ders.: Entstehung und Wandel des Rechtsstaatsbegriffs, in: Horst Ehmke / Carlo Schmid / Hans Scharoun (Hrsg.): Festschrift für Adolf Arndt zum 65. Geburtstag, Frankfurt a. M.: Europäische Verlagsanstalt, 1969 (zit. FS Arndt), S. 53–76.

ders.: Die Bedeutung der Unterscheidung von Staat und Gesellschaft im demokratischen Sozialstaat der Gegenwart, 1972, in: Ernst-W. Böckenförde, Recht, Staat, Freiheit. Studien zur Rechtsphilosophie ..., Frankfurt/M.: Suhrkamp, 2. Aufl. 1992, S. 209–243.

ders.: Die Methoden der Verfassungsinterpretation – Bestandsaufnahme und Kritik, in: NJW 1976, S. 2089–2099.

ders.: Gesetz und gesetzgebende Gewalt. Von den Anfängen der deutschen Staatsrechtslehre bis zur Höhe des staatsrechtlichen Positivismus, Berlin: Duncker & Humblot, 2. Aufl. 1981.

ders.: Der Begriff des Politischen als Schlüssel zum staatsrechtlichen Werk Carl Schmitts, 1988, in: Ernst-W. Böckenförde, Recht, Staat, Freiheit. Studien zur Rechtsphilosophie ..., Frankfurt/M.: Suhrkamp, 2. Aufl. 1992, S. 344–366.

ders.: Grundrechte als Grundsatznormen. Zur gegenwärtigen Lage der Grundrechtsdogmatik, in: Der Staat 29 (1990), S. 1–31.

ders.: Verfassungsgerichtsbarkeit: Strukturfragen, Organisation, Legitimation, in: NJW 1999, S. 9–17.

ders.: Schutzbereich, Eingriff, verfassungsimmanente Schranken: Zur Kritik gegenwärtiger Grundrechtsdogmatik, in: Der Staat 42 (2003), S. 165–192.

ders.: Demokratie als Verfassungsprinzip, in: Josef Isensee / Paul Kirchhof (Hrsg.), Handbuch des Staatsrechts, Bd. II, Heidelberg: Müller, 3. Aufl. 2004, § 24.

ders.: Wie werden in Deutschland die Grundrechte im Verfassungsrecht interpretiert?, in: EuGRZ 2004, S. 598–603.

ders.: Geschichte der Rechts- und Staatsphilosophie. Antike und Mittelalter, Tübingen: Mohr Siebeck, 2. Aufl. 2006.
Boden, Robert: The Colonial Bar and the American Revolution, in: Marquette Law Review, Bd. 60 (1976), S. 1–28 (zit. 60 Marq. L. Rev. 1 [1976]).
von Bogdandy, Armin: Parlamentarismus in Europa: eine Verfalls- oder Erfolgsgeschichte?, in: AöR 130 (2005), S. 445–464.
Boldt, Hans: Verfassungsgerichtsbarkeit zur Lösung von Verfassungskonflikten?, in: Ulrike Müßig (Hrsg.), Konstitutionalismus und Verfassungskonflikt. Symposion für Dietmar Willoweit, Tübingen: Mohr Siebeck, 2006, S. 227–255.
Bork, Robert H.: Neutral Principles and Some First Amendment Problems, in: Indiana Law Journal, Bd. 47 (1971), S. 1–35 (zit. 47 Ind. L.J. 1 [1971]).
ders.: The Tempting of America. The Political Seduction of the Law, New York: Touchstone, 1991.
Borowski, Martin: Subjekte der Verfassungsinterpretation, in: Josef Isensee / Paul Kirchhof (Hrsg.), Handbuch des Staatsrechts, Bd. XII, Heidelberg: Müller, 3. Aufl. 2014, § 274.
von Bose, Harald: Republik und Mischverfassung. Zur Staatsformenlehre der Federalist Papers, Frankfurt a. M. u. a.: Lang, 1989.
Boudin, Louis B.: Government by Judiciary, Bd. I, 1932, Ndr. New York: Russel & Russel, 1968.
Boyer, Allen D.: "Understanding Authority, and Will:" Sir Edward Coke and the Elizabethan Origins of Judicial Review, in: Boston College Law Review, Bd. 39 (1997), S. 43–93 (zit. 39 B.C. L. Rev. 43 [1997]).
Boyer, Paul S. (Hrsg.), The Oxford Companion to United States History, Oxford, New York u. a.: Oxford University Press, 2001.
[Bradford, Alden, Hrsg., o. N. erschienen]: Speeches of the Governors of Massachusetts from 1765 to 1775 …, Boston: Russell and Gardner, 1818.
Brandon, Mark E.: Constitutionalism, in: Mark Tushnet / Mark A. Graber / Sanford Levinson (Hrsg.), The Oxford Handbook of the U.S. Constitution, Oxford, New York, u. a.: Oxford University Press 2015, S. 763–784.
Brandt, Hartwig: Landständische Repräsentation im deutschen Vormärz. Politisches Denken im Einflußfeld des monarchischen Prinzips, Neuwied und Berlin: Luchterhand, 1968.
Brenner, Michael: Die neuartige Technizität des Verfassungsrechts und die Aufgabe der Verfassungsrechtsprechung, in: AöR 120 (1995), S. 248–268.
Brest, Paul: The Fundamental Rights Controversy: The Essential Contradictions of Normative Constitutional Scholarship, in: Yale Law Journal, Bd. 90 (1981), S. 1063–1109 (zit. 90 Yale L.J. 1063 [1981]).
ders.: Congress as Constitutional Decisionmaker and Its Power to Counter Judicial Doctrine, in: Georgia Law Review, Bd. 21 (1986), S. 57–105 (zit. 21 Ga. L. Rev. 57 [1986]).
Brettschneider, Corey: Popular Constitutionalism Contra Populism, in: Constitutional Commentary, Bd. 30 (2015), S. 81–88 (zit. 30 Const. Comment. 81 [2015]).
Breyer, Stephen G.: America's Supreme Court: Making Democracy Work, Oxford, New York u. a.: Oxford University Press, 2010.
Brocker, Manfred: Die Grundlegung des liberalen Verfassungsstaates. Von den Levellern zu John Locke, Freiburg i. Br. und München: Verlag Karl Alber, 1995.
ders.: John Locke, Zwei Abhandlungen über die Regierung (1690), in: Manfred Brocker (Hrsg.), Geschichte des politischen Denkens, Frankfurt/M.: Suhrkamp, 2006, S. 258–272.
Brodhead, John R. / O'Callaghan, E. B. (Hrsg.): Documents Relative to the Colonial History of New-York; Procured in Holland, England, and France, Bd. V, Albany: Weed, Parsons and Company, 1855.

Brodocz, André: Die Macht der Judikative, Wiesbaden: GWV / Verlag für Sozialwissenschaften, 2009.
Brogan, Hugh: Longman History of the United States of America, London u. a.: Book Club Associates, 1985 (Ndr. 1994).
Brookhiser, Richard: John Marshall. The Man Who Made the Supreme Court, New York: Basic Books, 2018.
Broß, Siegfried: Kontrolle des Parlamentes bei Entscheidungen „in eigener Sache" durch das Bundesverfassungsgericht, in: Zeitschrift für Parlamentsfragen (ZParl) 2000, S. 424–428.
Brown, Darryl K.: Jury Nullification Within the Rule of Law, in: Minnesota Law Review, Bd. 81 (1997), S. 1149–1200 (zit. 81 Minn. L. Rev. 1149 [1997]).
Brubaker, Stanley C.: Reconsidering Dworkin's Case for Judicial Activism, in: Journal of Politics (JOP), Bd. 46 (1984), S. 503–519.
ders.: Republican Government and Judicial Restraint, in: Review of Politics, Bd. 49 (1987), S. 570–573.
ders.: Judicial Self-Restraint, in: Kermit L. Hall / James W. Ely, Jr. / Joel B. Grossman / William M. Wiecek (Hrsg.), The Oxford Companion to the Supreme Court of the United States, New York und Oxford: Oxford University Press, 1992, S. 470–472.
Brugger, Winfried: Grundrechte und Verfassungsgerichtsbarkeit in den Vereinigten Staaten von Amerika, Tübingen: Mohr Siebeck, 1987.
ders.: Verfassungsstabilität durch Verfassungsgerichtsbarkeit? Beobachtungen aus deutsch-amerikanischer Sicht, in: Staatswissenschaften und Staatspraxis (StWStP), Bd. 4 (1993), S. 319–347.
ders.: Verfassungsinterpretation in den Vereinigten Staaten von Amerika, in: JöR N.F. 42 (1994), S. 571–593.
ders.: Rezension, Der Staat 39 (2000), S. 135–137.
ders.: Amerikanische Verfassungstheorie, in: Der Staat 39 (2000), S. 425–453.
ders.: Der moderne Verfassungsstaat aus Sicht der amerikanischen Verfassung und des Grundgesetzes, in: AöR 126 (2001), S. 337–402.
ders.: Einführung in das Öffentliche Recht der USA, München: Beck, 2. Aufl. 2001.
ders.: Freiheit, Repräsentation, Integration – Zur Konzeption politischer Einheitsbildung in den „Federalist Papers", in: Joachim Bohnert u. a. (Hrsg.), Verfassung – Philosophie – Kirche, Festschrift für Alexander Hollerbach, Berlin: Duncker & Humblot, 2001 (zit. FS Hollerbach), S. 515–532.
ders.: Kampf um die Verfassungsgerichtsbarkeit: 200 Jahre Marbury v. Madison, in: Jus 2003, S. 320–325.
ders.: Angloamerikanischer Einfluß auf die Grundrechtsentwicklung in Deutschland, in: Josef Isensee / Paul Kirchhof (Hrsg.), Handbuch des Staatsrechts, Bd. IX, Heidelberg: Müller, 3. Aufl. 2011, § 186.
Brunhöber, Beatrice: Die Erfindung „demokratischer Repräsentation" in den Federalist Papers, Tübingen: Mohr Siebeck, 2010.
von Brünneck, Alexander: Verfassungsgerichtsbarkeit in den westlichen Demokratien. Ein systematischer Verfassungsvergleich, Baden-Baden: Nomos, 1992.
Brunner, Otto: Der Historiker und die Geschichte von Verfassung und Recht, in: Historische Zeitschrift, Bd. 209 (1969), S. 1–16.
Bryde, Brun-Otto: Verfassungsentwicklung. Stabilität und Dynamik im Verfassungsrecht der Bundesrepublik Deutschland, Baden-Baden: Nomos, 1982.
ders.: Die Rolle der Verfassungsgerichtsbarkeit in Umbruchsituationen, in: Joachim Jens Hesse / Gunnar Folke Schuppert / Katharina Harms (Hrsg.), Verfassungsrecht und Verfassungspolitik in Umbruchsituationen, Baden-Baden: Nomos, 1999, S. 197–210.

Bumke, Christian: Rechtsdogmatik. Überlegungen zur Entwicklung und zu den Formen einer Denk- und Arbeitsweise der deutschen Rechtswissenschaft, in: JZ 2014, S. 641–649.
Bundesarchiv / Institut für Zeitgeschichte (Hrsg.): Akten zur Vorgeschichte der Bundesrepublik Deutschland, 1945–1949, Bd. 3, Juni–Dezember 1947, bearbeitet von Günter Plum, München und Wien: R. Oldenbourg, 1982.
Bungert, Hartwin: Zeitgenössische Strömungen in der amerikanischen Verfassungsinterpretation, in: AöR 117 (1992), S. 71–99.
Burchardt, Daniel: Grenzen verfassungsgerichtlicher Erkenntnis. Zur Prozeduralität der Verfassungsnormativität, Berlin: Duncker & Humblot, 2004.
ders.: Zur Reformulierung der verfassungsgerichtlichen Kompetenz, in: Robert Christian van Ooyen / Martin H. W. Möllers (Hrsg.), Das Bundesverfassungsgericht im politischen System, Wiesbaden: Verlag für Sozialwissenschaften, 2006, S. 497–517.
Burke, Edmund: Mr. Burke's Reflections on the Revolution in France ..., 1790, in: ders., The Works of the Right Hon. Edmund Burke ..., Bd. I, London: Holdsworth and Ball, 1832, S. 382–475.
Burns, James M.: Packing the Court. The Rise of Judicial Power and the Coming Crisis of the Supreme Court, New York: The Penguin Press, 2009.
Butler, Paul: Racially Based Jury Nullification: Black Power in the Criminal Justice System, in: Yale Law Journal, Bd. 105 (1995), S. 677–725 (zit. 105 Yale L.J. 677 [1995]).
Butterfield, Herbert: The Whig Interpretation of History, 1931, Ndr. London: G. Bell & Sons, 1963.
Calabresi, Steven / Berghausen, Mark E. / Albertson, Skylar: The Rise and Fall of Separation of Powers, in: Northwestern University Law Review, Bd. 106 (2012), S. 527–549 (zit. 106 Nw. U. L. Rev. 527 [2012]).
Camilo De Oliveira, Renata: Zur Kritik der Abwägung in der Grundrechtsdogmatik, Berlin: Duncker & Humblot, 2013.
Caminker, Evan H.: Thayerian Deference to Congress and Supreme Court Supermajority Rule: Lessons from the Past, in: Indiana Law Journal, Bd. 78 (2003), S. 73–122 (zit. 78 Ind. L.J. 73 [2003]).
Campbell, John: The Lives of the Chief Justices of England. From the Norman Conquest Till the Death of Lord Tenterden, 4 Bde., Bd. 1, London: John Murray, 3. Aufl. 1874.
Campbell, Jud: Republicanism and Natural Rights at the Founding, in: Constitutional Commentary, Bd. 32 (2017), S. 85–112 (zit. 32 Const. Comment. 85 [2017]).
van Canegem, Raoul C.: Historical Considerations on Judicial Review and Federalism in the United States, With Special Reference to England and the Dutch Republic, Brüssel: Koninklijke Vlaamse Academie van België voor Wetenschappen en Kunsten, 2003.
Cappelletti, Mauro / Ritterspach, Theodor: Die gerichtliche Kontrolle der Verfassungsmäßigkeit der Gesetze in rechtsvergleichender Betrachtung, in: JöR N.F. 20 (1971), S. 65–109.
Cardozo, Benjamin N.: The Nature of the Judicial Process, New Haven (Conn., U.S.) und London: Yale University Press, 1921.
Carrington, Paul D.: The Revolutionary Idea of University Legal Education, in: William & Mary Law Review, Bd. 31 (1990), S. 527–574 (zit. 31 Wm. & Mary L. Rev. 527 [1990]).
Carter, Lief H.: Think Things, Not Words, in: Journal of Politics (JOP), Bd. 43 (1981), S. 317–321.
Casper, Gerhard: An Essay in Separation of Powers: Some Early Versions and Practices, in: William and Mary Law Review, Bd. 30 (1989), S. 211–261 (zit. 30 Wm. & Mary L. Rev. 211 [1989]).
ders.: Changing Concepts of Constitutionalism, in: Supreme Court Review 1989, S. 311–332 (zit. 1989 Sup. Ct. Rev. 311).

ders.: Die Karlsruher Republik, in: ZRP 2002, S. 214–219.
Castiglione, Dario: The Origin of Civil Government, in: James A. Harris (Hrsg.), The Oxford Handbook of British Philosophy in the Eighteenth Century, Oxford, New York u. a.: Oxford University Press, 2013, S. 491–528.
Casto, William R.: James Iredell and the American Origins of Judicial Review, in: Connecticut Law Review, Bd. 27 (1995), S. 329–363 (zit. 27 Conn. L. Rev. 329 [1995]).
ders.: The Supreme Court in the Early Republic. The Chief Justiceships of John Jay and Oliver Ellsworth, Columbia (SC, U.S.): University of South Carolina Press, 1995.
ders.: There Were Great Men before Agamemnon, in: Vanderbilt Law Review, Bd. 62 (2009), S. 371–405 (zit. 62 Vand. L. Rev. 371 [2009]).
ders.: If Men Were Angels, in: Harvard Journal of Law and Public Policy, Bd. 35 (2012), S. 663–670 (zit. 35 Harv. J. L. & Pub. Pol'y 663 [2012]).
Chapman, Nathan / McConnell, Michael: Due Process as Separation of Powers, in: Yale Law Journal, Bd. 121 (2012), S. 1672–1807 (zit. 121 Yale L.J. 1672 [2012]).
Chemerinsky, Erwin: Against Sovereign Immunity, in: Stanford Law Review, Bd. 53 (2001), S. 1201–1224 (zit. 53 Stan. L. Rev. 1201 [2001]).
ders.: The Case Against the Supreme Court, New York: Penguin Books, 2014.
ders.: Constitutional Law. Principles and Policies, New York: Wolters Kluwer, 5. Aufl. 2015.
Chernow, Ron: Alexander Hamilton, New York: Penguin Press, 2004.
Christie, Ian: A Vision of Empire: Thomas Whately and the Regulations Lately Made Concerning the Colonies, in: The English Historical Review, Bd. 113 (1998), S. 300–320.
Chroust, Anton-H.: The Legal Profession in Colonial America, Part I, in: Notre Dame Lawyer, Bd. 33 (1957), S. 51–97 (zit. 33 Notre Dame Law. 51 [1957]).
Chryssogonos, Kostas: Verfassungsgerichtsbarkeit und Gesetzgebung. Zur Methode der Verfassungsinterpretation bei der Normenkontrolle, Berlin: Duncker & Humblot, 1987.
Cicero, Marcus Tullius: De legibus, um 50 v. Chr., online: https://la.wikisource.org/wiki/De_legibus, letzter Abruf am 23. September 2020.
Clancy, Thomas: Introduction to the James Otis Lecture, in: Mississippi Law Journal, Bd. 80 (2011), S. 1129–1130 (zit. 80 Miss. L.J. 1129 [2011]).
ders.: Introduction to the James Otis Lecture, in: Mississippi Law Journal, Bd. 81 (2012), S. 1357–1358 (zit. 81 Miss. L.J. 1357 [2012]).
Clinton, Robert L.: Marbury v. Madison and Judicial Review, Lawrence (Kans., U.S.): University Press of Kansas, 1989.
ders.: Precedent as Mythology: A Reinterpretation of Marbury v. Madison, in: The American Journal of Jurisprudence, Bd. 35 (1990), S. 55–86 (zit. 35 Am. J. Juris. 55 [1990]).
ders.: Game Theory, Legal History, and the Origins of Judicial Review: A Revisionist Analysis of Marbury v. Madison, in: American Journal of Political Science, Bd. 38 (1994), S. 285–302 (zit. 38 Am. J. Polit. Sci. 285 [1994]).
ders.: Classical Legal Naturalism and the Politics of John Marshall's Constitutional Jurisprudence, in: John Marshall Law Review, Bd. 33 (2000), S. 935–971 (zit. 33 J. Marshall L. Rev. 935 [2000]).
ders.: The Supreme Court Before John Marshall, in Journal of Supreme Court History, Bd. 27 (2002), S. 222–239 (zit. 27 J. Sup. Ct. Hist. 222 [2002]).
Clinton, Robert N.: The Proclamation of 1763: Colonial Prelude to Two Centuries of Federal-State Conflict over the Management of Indian Affairs, in: Boston University Law Review, Bd. 69 (1989), S. 329–385 (zit 69 B.U. L. Rev. 329 [1989]).
ders.: A Brief History of the Adoption of the United States Constitution, in: Iowa Law Review, Bd. 75 (1990), S. 891–913 (zit. 75 Iowa L. Rev. 891 [1990]).
Coenen, Dan T.: A Rhetoric for Ratification: The Argument of the Federalist and Its Impact on Constitutional Interpretation, in: Duke Law Journal, Bd. 56 (2006), S. 469–543 (zit. 56 Duke L.J. 469 [2006]).

Cohen-Eliya, Moshe / Porat, Iddo: American Balancing and German Proportionality: The Historical Origins, in: International Journal of Constitutional Law, Bd. 8 (2010), S. 263–286 (zit. 8 Int'l J. Const. L. 263 [2010]).

Coke, Edward: The Selected Writings and Speeches of Sir Edward Coke, Bd. 1, hrsg. von Steve Sheppard, Indianapolis, Ind.: Liberty Fund, 2003.

Colby, Paul L.: Two Views on the Legitimacy of Nonacquiescence in Judicial Opinions, in: Tulane Law Review, Bd. 61 (1987), S. 1041–1069 (zit. 61 Tul. L. Rev. 1041 [1987]).

Colby, Thomas B. / Smith, Peter J.: Living Originalism, in: Duke Law Journal, Bd. 59 (2009), S. 239–307 (zit. 59 Duke L.J. 239 [2009]).

Collings, Justin: What Should Comparative History Compare?, in: University of Illinois Law Review 2017, S. 475–496 (zit. 2017 U. Ill. L. Rev. 475).

Conley, Patrick C.: Rhode Island's Paper Money Issue and Trevett v. Weeden (1786), in: Rhode Island History, Bd. 30 (1971), S. 95–108.

Connor, H. G.: James Iredell: Lawyer, Statesman, Judge. 1751–1799, in: University of Pennsylvania Law Review, Bd. 60 (1912), S. 225–253 (zit. 60 U. Pa. L. Rev. 225 [1912]).

Conrad, Clay S.: Jury Nullification. The Evolution of a Doctrine, Durham (N. Car, U.S.) und Washington, D.C.: Carolina Academic Press / The Cato Institute, 1998 (Ndr. 2014).

Constant, Benjamin: Betrachtungen über Constitutionen, über die Vertheilung der Gewalten, und die Bürgschaften in einer constitutionellen Monarchie, hrsg. und übersetzt von Johann Jakob Stolz, Bremen: J. G. Heyse, 1814.

Cornell, Samuel: Mobs, Militias, and Magistrates: Popular Constitutionalism and the Whiskey Rebellion, in: Chicago-Kent Law Review, Bd. 81 (2006), S. 883–903 (zit. 81 Chi.-Kent L. Rev. 883 [2006]).

Corson, James C.: John Locke, in: Juridical Review, Bd. 44 (1932), S. 315–328 (zit. 44 Jurid. Rev. 315 [1932]).

Corwin, Edward S.: The Supreme Court and Unconstitutional Acts of Congress, in: Michigan Law Review, Bd. 4 (1906), S. 616–630 (zit. 4 Mich. L. Rev. 616 [1906]).

ders.: The Supreme Court and the Fourteenth Amendment, in: Michigan Law Review, Bd. 7 (1909), S. 643–672 (zit. 7 Mich. L. Rev. 643 [1909]).

ders.: The Establishment of Judicial Review, Pt. 1, in: Michigan Law Review, Bd. 9 (1910), S. 102–125 (zit. 9 Mich. L. Rev. 102 [1910]).

ders.: The Establishment of Judicial Review, Pt. 2, in: Michigan Law Review, Bd. 9 (1911), S. 283–316 (zit. 9 Mich. L. Rev. 283 [1911]).

ders.: Marbury v. Madison and the Doctrine of Judicial Review, in: Michigan Law Review, Bd. 12 (1914), S. 538–572 (zit. 12 Mich. L. Rev. 538 [1914]).

ders.: The "Higher Law" Background of American Constitutional Law II, in: Harvard Law Review, Bd. 42 (1928), S. 365–409 (zit. 42 Harv. L. Rev. 365 [1929]).

ders.: Court over Constitution. A Study of Judicial Review as an Instrument of Popular Government, Princeton (N.J., U.S.): Princeton University Press, 1938.

Cremer, Wolfram: Freiheitsrechte. Funktionen u. Strukturen, Tübingen: Mohr Siebeck, 2003.

Crosskey, William W.: Politics and the Constitution in the History of the United States, Bd. II, Chicago: The University of Chicago Press, 1953.

Cuddihy, William J.: The Fourth Amendment. Origins and Original Meaning 602–1791, New York u. a.: Oxford University Press, 2009.

Currie, David P.: The Constitution in the Supreme Court. The First Hundred Years, 1789–1888, Chicago und London: University of Chicago Press, 1985.

ders.: Die Verfassung der Vereinigten Staaten von Amerika, Frankfurt a. M.: Metzner, 1988.

ders.: Lochner Abroad: Substantive Due Process and Equal Protection in the Federal Republic of Germany, in: Supreme Court Review 1989, S. 333–372 (zit. 1989 Sup. Ct. Rev. 333).

ders.: The Constitution in Congress. The Federalist Period, 1789–1801, Chicago und London: University of Chicago Press, 1997 (zit. Constitution in Congress I).
Cushman, Barry: Teaching the Lochner Era, in: Saint Louis University Law Journal, Bd. 62 (2018), S. 537–567 (zit. 62 St. Louis U. L.J. 537 [2018]).
Dahl, Robert A.: How Democratic Is the American Constitution?, New Haven (Conn., U.S.) und London: Yale University Press, 2. Aufl. 2003.
ders.: A Preface to Democratic Theory. 50th Anniversary Edition, 1956, Ndr. mit neuem Vor- und Nachwort, Chicago und London: University of Chicago Press, 2006.
Daley, John: Defining Judicial Restraint, in: Tom D. Campbell / Jeffrey Goldsworthy (Hrsg.), Judicial Power, Democracy and Legal Positivism, Aldershot: Ashgate / Dartmouth, 2000, S. 279–314.
Dalotto, Juliana G.: American State Constitutions of 1776–1787: Antecedents of the Necessary [and Proper] Clause, in: University of Pennsylvania Journal of Constitutional Law, Bd. 14 (2012), S. 1315–1349 (zit. 14 U. Pa. J. Const. L. 1315 [2012]).
Dann, Philipp: Verfassungsgerichtliche Kontrolle gesetzgeberischer Rationalität, in: Der Staat 49 (2010), S. 630–646.
von Danwitz, Thomas: Qualifizierte Mehrheiten für normverwerfende Entscheidungen des BVerfG? Thesen zur Gewährleistung des judicial self-restraint, in: JZ 1996, S. 481–489.
Davies, Ross E.: A Certain Mongrel Court: Congress's Past Power and Present Potential to Reinforce the Supreme Court, in: Minnesota Law Review, Bd. 90 (2006), S. 678–726 (zit. 90 Minn. L. Rev. 678 [2006]).
De Beer, Esmond Samuel: The English Revolution, in: John Selwyn Bromley (Hrsg.), The New Cambridge Modern History, Bd. VI, The Rise of Great Britain and Russia, 1688–1715/25, Cambridge (England) u. a.: Cambridge University Press, 1970, S. 193–222.
Denninger, Erhard: Freiheitsordnung – Wertordnung – Pflichtordnung, in: JZ 1975, S. 545–550.
Denzer, Horst: Pufendorf, in: Hans Maier / Heinz Rausch / Horst Denzer (Hrsg.), Klassiker des politischen Denkens, Bd. II, München: Beck, 3. Aufl. 1974, S. 27–52.
Depenheuer, Otto: Funktionen der Verfassung, in: ders. / Christoph Grabenwarter (Hrsg.), Verfassungstheorie, Tübingen: Mohr Siebeck, 2010, § 16.
Desan, Christine A.: Contesting the Character of the Political Economy in the Early Republic, in: Kenneth R. Bowling / Donald R. Kennon (Hrsg.), The House and Senate in the 1790s: Petitioning, Lobbying, and Institutional Development, Athens (Oh., U.S.): Ohio University Press, 2002, S. 178–232.
Deutscher Bundestag / Bundesarchiv (Hrsg.): Der Parlamentarische Rat, 1948–1949, Akten und Protokolle, Bd. 13, Ausschuss für Organisation des Bundes / Ausschuss für Verfassungsgerichtshof und Rechtspflege, Teilbd. I, bearbeitet von Edgar Büttner und Michael Wettengel, München: Oldenbourg, 2002.
Deutscher Juristentag (Hrsg.): Verhandlungen des dritten Deutschen Juristentages. Zweiter Band, Berlin: G. Jansen, 1863.
Deutscher Juristentag (Hrsg.): Verhandlungen des vierten Deutschen Juristentages. Erster Band, Berlin: G. Jansen, 1863.
Devins, Neal / Fisher, Louis: Judicial Exclusivity and Political Instability, in: Virginia Law Review, Bd. 84 (1998), S. 83–106 (zit. 84 Va. L. Rev. 83 [1998]).
Diamond, Ann: The Anti-Federalist "Brutus", in: Political Science Reviewer, Bd. 6 (1976), S. 249–281 (zit. 6 Pol. Sci. Rev. 249 [1976]).
Diamond, Martin: Democracy and The Federalist: A Reconsideration of the Framers' Intent, in: The American Political Science Review (APSR) 53 (1959), S. 52–68.
Dicey, Albert V.: Introduction to the Study of the Law of the Constitution, London: Macmillan and Co., 8. Aufl. 1915.

Dickerson, Oliver M.: Writs of Assistance as a Cause of the Revolution, in: Richard B. Morris (Hrsg.), The Era of the American Revolution, New York: Columbia University Press, 1939 (Ndr. New York: Harper & Row, 1965), S. 40–75.

Dickinson, John: Writings of John Dickinson, Bd. I, Political Writings, 1764–1774, hrsg. von Paul Leicester Ford, Philadelphia: The Historical Society of Pennsylvania (Memoirs of the Historical Society of Pennsylvania, Bd. XIV), 1895.

Dietze, Gottfried: Das Problem der Demokratie bei den Amerikanischen Verfassungsvätern, in: Zeitschrift für die gesamte Staatswissenschaft (ZgS), Bd. 113 (1957), S. 301–313.

Di Fabio, Udo: Gewaltenteilung, in: Josef Isensee / Paul Kirchhof (Hrsg.), Handbuch des Staatsrechts, Bd. II, Heidelberg: Müller, 3. Aufl. 2004, § 27.

Dionisopoulos, P. Allan / Peterson, Paul: Rediscovering the American Origins of Judicial Review: A Rebuttal to the Views of Stated By Currie and Other Scholars, in: John Marshall Law Review, Bd. 49 (1984), S. 49–76 (zit. 18 J. Marshall L. Rev. 49 [1984]).

Dippel, Horst: Die Amerikanische Revolution 1763–1787, Frankfurt a. M.: Suhrkamp, 1985.

ders.: Sicherung der Freiheit – Limited Government versus Volkssouveränität in den frühen USA, in: Günter Birtsch (Hrsg.), Grund- und Freiheitsrechte von der ständischen zur spätbürgerlichen Gesellschaft, Göttingen: Vandenhoeck & Ruprecht, 1987, S. 135–157.

ders.: Die amerikanische Verfassung in Deutschland im 19. Jahrhundert. Das Dilemma von Politik und Staatsrecht, Goldbach bei Aschaffenburg: Keip, 1994.

ders.: Constitutional History as the History of Modern Constitutionalism: Germany since 1871, in: Giornale di Storia Costituzionale, Bd. 37 (2019), S. 27–54.

Dodge, Joseph M.: What Federal Taxes Are Subject to the Rule of Apportionment Under the Constitution, in: University of Pennsylvania Journal of Constitutional Law, Bd. 11 (2009), S. 839–956 (zit. 11 U. Pa. J. Const. L. 839 [2009]).

Doehring, Karl: Der „pouvoir neutre" und das Grundgesetz, in: Der Staat 3 (1964), S. 201–219.

von Doemming, Klaus-B. / Füßlein, Rudolf W. / Matz, Werner: Entstehungsgeschichte der Artikel des Grundgesetzes, in: JöR N.F. 1 (1951), S. 1–941.

Donovan, Thomas A.: John Marshall Has Made His Decision, Now Let Him Enforce It, Attributed to President Andrew Jackson, 1832, in: The Federal Lawyer, Bd. 59 (September 2012), S. 4 ff.

Dorf, Michael C.: Dicta and Article III, in: University of Pennsylvania Law Review, Bd. 142 (1994), S. 1997–2069 (zit. 142 U. Pa. L. Rev. 1997 [1994]).

Douglas, Davison M.: The Rhetorical Uses of Marbury v. Madison: The Emergence of a "Great Case", in: Wake Forest Law Review, Bd. 38 (2003), S. 375–413 (zit. 38 Wake Forest L. Rev. 375 [2003]).

Dreier, Horst: Das Majoritätsprinzip im demokratischen Verfassungsstaat, in: ZParl 1986, S. 94–118.

ders.: Demokratische Repräsentation und vernünftiger Allgemeinwille. Die Theorie der amerikanischen Federalists im Vergleich mit der Staatsphilosophie Kants, in: AöR 113 (1988), S. 450–483.

ders.: Dimensionen der Grundrechte. Von der Wertordnungsjudikatur zu den objektivrechtlichen Grundrechtsgehalten, Hannover: Schriftenreihe der Juristischen Studiengesellschaft, 1993.

ders.: Naturrecht und Rechtspositivismus. Pauschalurteile, Vorurteile, Fehlurteile, in: Wilfried Härle / Bernhard Vogel (Hrsg.), „Vom Rechte, das mit uns geboren ist." Aktuelle Probleme des Naturrechts, Freiburg, Basel und Wien: Herder, 2007, S. 127–170.

ders.: Der freiheitliche Verfassungsstaat als riskante Ordnung, in: Rechtswissenschaft (RW) 1 (2010), S. 11–38.
ders.: Säkularisierung und Sakralität. Zum Selbstverständnis des modernen Verfassungsstaates, Tübingen: Mohr Siebeck, 2013.
ders. (Hrsg.): Grundgesetz. Kommentar, 3 Bde., Tübingen: Mohr Siebeck, 3. Aufl. 2013–2018.
ders.: Idee und Gestalt des freiheitlichen Verfassungsstaates, Tübingen: Mohr Siebeck, 2014.
Dreier, Ralf: Der Begriff des Rechts, in: NJW 1986, S. 890–896.
Droege, Michael: Buchbesprechung, in: Der Staat 45 (2006), S. 456–459.
Drossel, Jan-M.: Das letzte Wort des Bundesverfassungsgerichts – Ein undemokratischer Mechanismus?, in: Dominik Elser u. a. (Hrsg.), Das letzte Wort. Rechtssetzung und Rechtskontrolle in der Demokratie, Baden-Baden und Basel: Nomos und Helbing Lichtenhahn, 2014, S. 255–274.
Dummer, Jeremiah: A Defence of the New-England Charters, London: J. Peele, 1721.
Dworkin, Ronald M.: Taking Rights Seriously, London: 1977, hier zitiert nach der Taschenbuchausgabe, London und New York: Bloomsbury, 2013.
ders.: Freedom's Law. The Moral Reading of the American Constitution, Oxford, New York u. a.: Oxford University Press, 1996 (Ndr. 2005).
Dycus, Stephen: Requiem for Korematsu?, in: Journal of National Security Law and Policy, Bd. 10 (2019), S. 237–254 (zit. 10 J. Nat'l Sec. L. & Pol'y 237 [2019]).
Dyevre, Arthur: Technocracy and Distrust: Revisiting the Rationale for Judicial Review, 2012, über SSRN: http://ssrn.com/abstract=2043262; letzter Abruf am 23. September 2020.
Easterbrook, Frank H.: Presidential Review, in: Case Western Reserve Law Review, Bd. 40 (1989/90), S. 905–929 (zit. 40 Case W. Res. L. Rev. 905 [1989–90]).
Eberl, Matthias: Verfassung und Richterspruch. Rechtsphilosophische Grundlegungen zur Souveränität, Justiziabilität und Legitimität der Verfassungsgerichtsbarkeit, Berlin: De Gruyter, 2006.
Ebsen, Ingwer: Das Bundesverfassungsgericht als Element gesellschaftlicher Selbstregulierung, Berlin: Duncker & Humblot, 1985.
Edlin, Douglas E.: Judges and Unjust Laws. Common Law Constitutionalism and the Foundation of Judicial Review, Ann Arbor: University of Michigan Press, 2008.
Edling, Max M.: A More Perfect Union: The Framing and Ratification of the Constitution, in: Edward G. Gray / Jane Kamensky (Hrsg.), The Oxford Handbook of the American Revolution, Oxford, New York u. a.: Oxford University Press, 2013, S. 388–406.
Edwards, E. A.: Bonham's Case: The Ghost in the Constitutional Machine, in: Denning Law Journal, Bd. 11 (1996), S. 63–90 (zit. 11 Denning L.J. 63 [1996]).
Egerer, Claudia: Verfassungsrechtsprechung des Supreme Court der USA: die Wurzeln des Prinzips des „judicial review" in Marbury v. Madison, in: ZVglRWiss 88 (1989), S. 416–432.
Ehmke, Horst: Wirtschaft und Verfassung. Die Verfassungsrechtsprechung des Supreme Court zur Wirtschaftsregulierung, Karlsruhe: Müller, 1961.
ders.: Prinzipien der Verfassungsinterpretation, in: VVDStRL 20 (1963), S. 53–102.
Eisgruber, Christopher L.: The Most Competent Branches: A Response to Professor Paulsen, in: Georgetown Law Journal, Bd. 83 (1994), S. 347–371 (zit. 83 Geo. L.J. 347 [1994]).
Eldridge, Larry D.: Before Zenger: Truth and Seditious Speech in Colonial American, 1607–1700, in: American Journal of Legal History, Bd. 39 (1995), S. 337–358 (zit. 39 Am. J. Legal Hist. 337 [1995]).

Elhauge, Einer: Statutory Default Rules. How to Interpret Unclear Legislation, Cambridge (Mass., U.S.) und London: Harvard University Press, 2008.

Elliot, Johnathan (Hrsg.): The Debates in the Several State Conventions on the Adoption of the Federal Constitution, As Recommended by the General Convention at Philadelphia, in 1787…, 5 Bde., published under the sanction of Congress, jeweils 2. Aufl. 1836, auch online: http://oll.libertyfund.org/titles/1904; letzter Abruf am 23. September 2020.

Ellis, Richard E.: The Jeffersonian Crisis: Courts and Politics in the Young Republic, New York: Oxford University Press, 1971.

Elsner, Thomas: Das Ermessen im Lichte der Reinen Rechtslehre. Rechtsstrukturtheoretische Überlegungen zur Rechtsbindung und zur Letztentscheidungskompetenz des Rechtsanwenders, Berlin: Duncker & Humblot, 2011.

Ely, John H.: The Wages of Crying Wolf: A Comment on Roe v. Wade, in: Yale Law Journal, Bd. 82 (1973), S. 920–949 (zit. 82 Yale L.J. 920 [1973]).

ders.: Toward a Representation-Reinforcing Mode of Judicial Review, in: Maryland Law Review, Bd. 37 (1978), S. 451–487 (zit. 37 Md. L. Rev. 451 1978]).

ders.: Democracy and Distrust. A Theory of Judicial Review, Cambridge (Mass., U.S.) und London: Harvard University Press, 1980.

ders.: The Apparent Inevitability of Mixed Government, in: Constitutional Commentary, Bd. 16 (1999), S. 283–292 (zit. 16 Const. Comment. 283 [1999]).

Emde, Ernst Th.: Die demokratische Legitimation der funktionalen Selbstverwaltung. Eine verfassungsrechtliche Studie anhand der Kammern, der Sozialversicherungsträger und der Bundesanstalt für Arbeit, Berlin: Duncker & Humblot, 1991.

Engdahl, David E.: John Marshall's 'Jeffersonian' Concept of Judicial Review, in: Duke Law Journal, Bd. 42 (1992), S. 279–339 (zit. 42 Duke L.J. 279 [1992]).

Enzmann, Birgit: Der demokratische Verfassungsstaat zwischen Legitimationskonflikt und Deutungsoffenheit, Wiesbaden: Verlag für Sozialwissenschaften, 2009.

Epstein, David F.: The Political Theory of The Federalist, Chicago und London: University of Chicago Press, 1984.

Eskridge, William N. Jr.: All About Words: Early Understandings of the "Judicial Power" in Statutory Interpretation, 1776–1806, in: Columbia Law Review, Bd. 101 (2001), S. 990–1106 (zit. 101 Colum. L. Rev. 990 [2001]).

Fallon, Richard H.: Marbury and the Constitutional Mind: A Bicentennial Essay on the Wages of Doctrinal Tension, in: California Law Review, Bd. 91 (2003), S. 1–55 (zit. 91 Calif. L. Rev. 1 [2003]).

ders.: The Core of an Uneasy Case for Judicial Review, in: Harvard Law Review, Bd. 128 (2008), S. 1693–1736 (zit. 128 Harv. L. Rev. 1693 [2008]).

Farber, Daniel / Sherry, Suzanna: A History of the American Constitution, St. Paul: Thomson Reuters / West, 3. Aufl. 2013.

Farrand, Max (Hrsg.): The Records of the Federal Convention of 1787, 3 Bde., New Haven (Conn., U.S.): Yale University Press, 1911.

ders.: The Framing of the Constitution of the United States, New Haven (Conn., U.S.) und London: Yale University Press, 1913 (zitiert nach dem 21. Nachdruck 1965).

Farrell, James M.: The Writs of Assistance and Public Memory: John Adams and the Legacy of James Otis, in: New England Quarterly, Bd. 79 (2006), S. 533–556 (zit. 79 New Engl. Quart. 535 [2006]).

Fehrenbacher, Don E.: Slavery, Law, and Politics. The Dred Scott Case in Historical Perspective, Oxford, New York u. a.: Oxford University Press, 1981.

Feldman, Noah: The Voidness of Repugnant Statutes: Another Look at the Meaning of Marbury, in: Proceedings of the American Philosophical Society, Bd. 148 (2004), S. 27–37 (zit. 148 Proc. Am. Phil. Soc'y 27 [2004]).

ders. / *Sullivan, Kathleen*: Constitutional Law, New York: Foundation Press, 20. Aufl. 2019.
Fenske, Hans: Eintrag „Gewaltenteilung", in: Geschichtliche Grundbegriffe, Bd. 2, hrsg. von Otto Brunner, Werner Conze und Reinhart Koselleck, Stuttgart: Klett-Cotta, 1975, S. 923–958.
ders.: Der moderne Verfassungsstaat. Eine vergleichende Geschichte von der Entstehung bis zum 20. Jahrhundert, Paderborn u. a.: F. Schöningh, 2001.
Fikentscher, Wolfgang: Methoden des Rechts in vergleichender Darstellung, Bd. IV, Dogmatischer Teil, Tübingen: Mohr, 1977.
Fischbach, Sven: Die verfassungsgerichtliche Kontrolle der Bundesregierung bei der Ausübung der Auswärtigen Gewalt, Baden-Baden: Nomos, 2011.
Fischer-Lescano, Andreas / Eberl, Oliver: Grenzen demokratischen Rechts? Die Entsendeentscheidungen zum Irakkrieg in Großbritannien, den USA und Spanien, Frankfurt a.M.: Hessische Stiftung Friedens- und Konfliktforschung, 2005.
Fisher, Louis: The Curious Belief in Judicial Supremacy, in: Suffolk University Law Review, Bd. 25 (1991), S. 85–116 (zit. 25 Suffolk U. L. Rev. 85 [1991]).
Fiske, John: The Critical Period of American History, 1783–1789, Boston und New York: Houghton, Mifflin & Co., 1888.
Flaherty, Martin S.: The Most Dangerous Branch, in: Yale Law Journal, Bd. 105 (1996), S. 1725–1839 (zit. 105 Yale L.J. 1725 [1996]).
Fleisher, Madeline: Judicial Decision Making Under the Microscope: Moving Beyond Politics Versus Precedent, in: Rutgers Law Review, Bd. 60 (2008), S. 919–969 (zit. 60 Rutgers L. Rev. 919 [2008]).
Fleming, James: Securing Deliberative Autonomy, in: Stanford Law Review, Bd. 48 (1995), S. 1–71 (zit. 48 Stan. L. Rev. 1 [1995]).
Foley, Edward B.: The Bicentennial of Calder v. Bull: In Defense of a Democratic Middle Ground, in: Ohio State Law Journal, Bd. 59 (1998), S. 1599–1632 (zit. 59 Ohio St. L.J. 1599 [1998]).
Forsthoff, Ernst: Die Umbildung des Verfassungsgesetzes, in: Festschrift für Carl Schmitt zum 70. Geburtstag, hrsg. von Hans Barion u. a., Berlin: Duncker & Humblot, 1959, S. 35–62, hier zitiert nach Hans-J. Koch (Hrsg.), Seminar: Die juristische Methode im Staatsrecht, 1977, S. 423–454.
Forte, David F.: Marbury's Travail: Federalist Politics and William Marbury's Appointment as Justice of the Peace, in: Catholic University Law Review, Bd. 45 (1996), S. 349–402 (zit. 45 Cath. U. L. Rev. 349 [1996]).
Fraenkel, Ernst: Das richterliche Prüfungsrecht in den Vereinigten Staaten von Amerika. Eine Untersuchung unter besonderer Berücksichtigung des Arbeitsrechts, in: H. Buchstein / R. Kühn (Hrsg.), Ernst Fraenkel – Gesammelte Schriften, Bd. IV, Amerikastudien, Baden-Baden: Nomos, 2000, S. 49–141, zuerst in JöR N.F. 2 (1953), S. 35–106.
ders.: Louis Brandeis – Reformator der Demokratie, in: Hubertus Buchstein / Rainer Kühn (Hrsg.), Ernst Fraenkel – Gesammelte Schriften, Bd. IV, Amerikastudien, Baden-Baden: Nomos, 2000, S. 260–277, zuerst in: Deutsche Universitätszeitung 12 (20.3.1957) Nr. 5/6, S. 17–20.
Franck, Matthew J.: Against the Imperial Judiciary. The Supreme Court vs. the Sovereignty of the People, Lawrence (KS, U.S.): University Press of Kansas, 1996.
Frankel, Robert P. Jr.: Before Marbury: Hylton v. United States and the Origins of Judicial Review, in: Journal of Supreme Court History, Bd. 28 (2003), S. 1–13 (zit. 28 J. Sup. Ct. Hist. 1 [2003]).
Frankfurter, Felix: John Marshall and the Judicial Function, in: Harvard Law Review, Bd. 69 (1955), S. 217–238 (zit. 69 Harv. L. Rev. 217 [1955]).

Freeman, Joanne B.: The Election of 1800: A Study in the Logic of Political Change, in: Yale Law Journal, Bd. 108 (1999), S. 1959–1994 (zit. 108 Yale L.J. 1959 [1999]).

Frese, Joseph R.: James Otis and Writs of Assistance, in: New England Quarterly, Bd. 30 (1957), S. 496–508 (zit. 30 New Engl. Quart. 496 [1957]).

Friedman, Barry: Dialogue and Judicial Review, in: Michigan Law Review, Bd. 91 (1993), S. 577–682 (zit. 91 Mich. L. Rev. 682 [1993]).

ders.: The History of the Countermajoritarian Difficulty, Part One: The Road to Judicial Supremacy, in: New York University Law Review, Bd. 73 (1998), S. 333–433 (zit. 73 N.Y.U. L. Rev. 333 [1998]).

ders.: The Myths of Marbury, in: Mark Tushnet (Hrsg.), Arguing Marbury v. Madison, Stanford (Calif., U.S.): Stanford University Press, 2005, S. 65–87.

ders.: The Will of the People. How Public Opinion Has Influenced the Supreme Court and Shaped the Meaning of the Constitution, New York: Farrar, Straus & Giroux, 2009.

Friedrich, Carl J.: Verfassungsstaat der Neuzeit, Berlin, Göttingen und Heidelberg: Springer, 1953.

Fritz, Christian G.: Popular Sovereignty, Vigilantism, and the Constitutional Right of Revolution, in: Pacific Historical Review, Bd. 63 (1994), S. 39–66.

Fröhlich, Almut M.: Von der Parlamentssouveränität zur Verfassungssouveränität – Der britische Verfassungswandel am Beispiel des Human Rights Act 1998, Berlin: Duncker & Humblot, 2009.

Frohnen, Bruce (Hrsg.): The American Republic. Primary Sources, Indianapolis, Ind.: Liberty Fund, 2002.

Frost, Bryan-P. / Sikkenga, Jeffrey (Hrsg.): History of American Political Thought, Lanham (MD, U.S.): Lexington Books, 2003.

Fruchtman, Jack Jr.: Book Review, in: Journal of the Early Republic, Bd. 31 (2011), S. 313–318.

Gabin, Sanford B.: Judicial Review, James Bradley Thayer, and the "Reasonable Doubt" Test, in: Hastings Constitutional Law Quarterly, Bd. 3 (1976), S. 961–1014 (zit. 3 Hastings Const. L.Q. 961 [1976]).

ders.: Judicial Review and the Reasonable Doubt Test, Port Washington (NY, U.S.) und London: Kennikat Press, 1980.

Gant, Scott E.: Judicial Supremacy and Nonjudicial Interpretation of the Constitution, in: Hastings Constitutional Law Quarterly, Bd. 24 (1997), S. 359–440 (zit. 24 Hastings Const. L.Q. 359 [1997]).

Garret, Elizabeth / Vermeule, Adrian: Institutional Design of a Thayerian Congress, in: Duke Law Journal, Bd. 50 (2001), S. 1277–1333 (zit. 50 Duke L.J. 1277 [2001]).

Gebhardt, Jürgen: The Federalist, in: Hans Maier / Heinz Rausch / Horst Denzer (Hrsg.), Klassiker des politischen Denkens, Bd. II, München: Beck, 3. Aufl. 1974, S. 75–103.

Gellner, Winand / Kleiber, Martin: Das Regierungssystem der USA. Eine Einführung, Baden-Baden: Nomos, 2007.

Gerber, Scott D.: To Secure These Rights. The Declaration of Independence and Constitutional Interpretation, New York und London: New York University Press, 1995.

ders. (Hrsg.): Seriatim: The Supreme Court Before John Marshall, New York und London: New York University Press, 1998.

ders.: The Myth of Marbury v. Madison and the Origins of Judicial Review, in: Mark Graber / Michael Perhac (Hrsg.), Marbury v. Madison. Documents and Commentary, Washington, D.C.: CQ Press, 2002, S. 1–15.

ders.: The Court, the Constitution, and the History of Ideas, in: Vanderbilt Law Review, Bd. 61 (2008), S. 1067–1126 (zit. 61 Vand. L. Rev. 1067 [2008]).

ders.: The Origins of an Independent Judiciary in North Carolina 1663–1787, in: North Carolina Law Review, Bd. 87 (2009), S. 1771–1818 (zit. 87 N.C. L. Rev. 1771 [2009]).

ders.: A Distinct Judicial Power. The Origins of an Independent Judiciary, 1606–1787, Oxford und New York: Oxford University Press, 2011.
ders.: The Supreme Court before John Marshall, in: University of St. Thomas Law Journal, Bd. 14 (2018), S. 27–55 (zit. 14 U. St. Thomas L.J. 27 [2018]).
Gerhardt, Michael J.: The Lives of John Marshall, in: William & Mary Law Review, Bd. 43 (2002), S. 1399–1452 (zit. 43 Wm. & Mary L. Rev. 1399 [2002]).
ders.: What's Old Is New Again, in: Boston University Law Review, Bd. 86 (2006), S. 1267–1296 (zit. 86 B.U. L. Rev. 1267 [2006]).
Gewirtz, Paul: On "I Know It When I See It", in: Yale Law Journal, Bd. 105 (1996), S. 1023–1047 (zit. 105 Yale L.J. 1023 [1996]).
Geyh, Charles G. / Van Tassel, Emily F.: The Independence of the Judicial Branch in the New Republic, in: Chicago-Kent Law Review, Bd. 74 (1998), S. 31–89 (zit. 74 Chi.-Kent L. Rev. 31 [1998]).
Gienapp, Jonathan: Historicism and Holism: Failures of Originalist Translation, in: Fordham Law Review, Bd. 84 (2015), S. 935–956 (zit. 84 Fordham L. Rev. 935 [2015]).
Glazer, Nathan: Towards an Imperial Judiciary, in: Public Interest, Fall 1975, S. 104–123.
Glensy, Rex D.: Which Countries Count?: Lawrence v. Texas and the Selection of Foreign Persuasive Authority, in: Virginia Journal of International Law, Bd. 45 (2005), S. 357–449 (zit. 45 Va. J. Int'l L. 357 [2005]).
Glickstein, Jed: After Midnight: The Circuit Judges and the Repeal of the Judiciary Act of 1801, in: Yale Journal of Law & the Humanities, Bd. 24 (2012), S. 543–578 (zit. 24 Yale J.L. & Human. 543 [2012]).
Goebel, Julius Jr. (Hrsg.): The Law Practice of Alexander Hamilton, Documents and Commentary, Band I, New York und London: Columbia University Press, 1964.
ders.: History of the Supreme Court of the United States, Bd. I, Antecedents and Beginnings to 1801, zuerst 1971 in New York erschienen, Nachdruck Cambridge, New York u. a.: Cambridge University Press, 2010.
Goldberg, B. Abbot: "Interpretation" of "Due Process of Law" – A Study in Irrelevance of Legislative History, in: Pacific Law Journal, Bd. 12 (1981), S. 621–657 (zit. 12 Pac. L. J. 621 [1981]).
Goldstein, Leslie F.: Popular Sovereignty, the Origins of Judicial Review, and the Revival of Unwritten Law, in: Journal of Politics (JOP), Bd. 48 (1986), S. 51–71.
Golove, David M. / Hulsebosch, Daniel J.: A Civilized Nation: The Early American Constitution, the Law of Nations, and the Pursuit of International Recognition, in: New York University Law Review, Bd. 85 (2010), S. 932–1066 (zit. 85 N.Y.U. L. Rev. 932 [2010]).
Good, Christoph: Emer de Vattel (1714–1767). Naturrechtliche Ansätze einer Menschenrechtsidee und des humanitären Völkerrechts im Zeitalter der Aufklärung, Zürich, St. Gallen und Baden-Baden: Dike und Nomos, 2011.
Gough, John W.: Fundamental Law in English Constitutional History, Oxford u. a.: Clarendon Press, 1955 (Ndr. 1961).
Graber, Mark A.: The New Fiction: Dred Scott and the Language of Judicial Authority, in: Chicago-Kent Law Review, Bd. 82 (2007), S. 177–208 (zit. 82 Chi.-Kent L. Rev. 177 [2007]).
ders.: A New Introduction to American Constitutionalism, Oxford, New York u. a.: Oxford University Press, 2013.
ders.: James Madison's Republican Constitutionalism, in: Denis J. Galligan (Hrsg.), Constitutions and the Classics, Oxford: Oxford University Press, 2014, S. 327–353.
ders.: Overruling McCulloch, in: Arkansas Law Review, Bd. 72 (2019), S. 79–128 (zit. 72 Ark. L. Rev. 79 [2019]).

Graglia, Lino A.: Constitutional Interpretation, in: Syracuse Law Review, Bd. 44 (1993), S. 631–640 (zit. 44 Syracuse L. Rev. 631 [1993]).
ders.: A Restrained Plea for Judicial Restraint, in: Constitutional Commentary, Bd. 29 (2014), S. 211–227 (zit. 29 Const. Comment. 211 [2014]).
Grawert, Rolf: Eintrag „Gesetz", in: Geschichtliche Grundbegriffe, Bd. 2, hrsg. von Otto Brunner, Werner Conze und Reinhart Koselleck, Stuttgart: Klett-Cotta, 1975, S. 863–922.
ders.: Konstitutiven von Konstitutionen, in: Der Staat 52 (2013), S. 503–533.
Gray, Charles M.: Bonham's Case Reviewed, in: Proceedings of the American Philosophical Society, Bd. 116 (1972), S. 35–58 (116 Proc. Am. Phil. Soc'y 35 [1972]).
Greeley, Horace: The American Conflict: A History of the Great Rebellion in the United States of America, 1860–'65... Bd. I, Hartford und Chicago: Case & Company / Geo. & Sherwood, 1866.
Green, Christopher R.: Constitutional Theory and the Activisometer: How to Think about Indeterminacy, Restraint, Vagueness, Executive Review, and Precedent, in: Santa Clara Law Review, Bd. 54 (2014), S. 403–464 (zit. 54 Santa Clara L. Rev. 403 [2014]).
ders.: Clarity and Reasonable Doubt in Early State-Constitutional Judicial Review, 2015, über SSRN: http://ssrn.com/abstract=2662572, letzter Abruf am 23. September 2020.
Greenawalt, R. Kent: Reflections on Holding and Dictum, in: Journal of Legal Education, Bd. 39 (1989), S. 431–442 (zit. 39 J. Legal Educ. 431 [1989]).
Greene, Jack P.: Law and the Origins of the American Revolution, in: Michael Grossberg / Christopher Tomlins (Hrsg.), Cambridge History of Law in America, Bd. I, Early America, 1580–1815, Cambridge (England), New York u. a.: Cambridge University Press, 2008, S. 447–481.
ders.: Constitutional Origins of the American Revolution, Cambridge (England) u. a.: Cambridge University Press, 2011.
Grey, Thomas C.: Do We Have an Unwritten Constitution?, in: Stanford Law Review, Bd. 27 (1975), S. 703–718 (zit. 27 Stan. L. Rev. 703 [1975]).
ders.: Origins of the Unwritten Constitution: Fundamental Law in American Revolutionary Thought, in: Stanford Law Review, Bd. 30 (1978), S. 843–893 (zit. 30 Stan. L. Rev 843 [1978]).
Griffin, Stephen M.: The Idea of Judicial Review in the Marshall Era, in: Mark Graber / Michael Perhac (Hrsg.), Marbury v. Madison. Documents and Commentary, Washington, D.C.: CQ Press, 2002, S. 61–71.
ders.: The Age of Marbury: Judicial Review in a Democracy of Rights, in: Mark Tushnet (Hrsg.), Arguing Marbury v. Madison, Stanford (Calif., U.S.): Stanford University Press, 2005, S. 104–146.
Gröpel, Christoph / Georg, Yves: Die Begriffe „Eltern" und „Familie" in der neueren Rechtsprechung des Bundesverfassungsgerichts aus methodischer und verfassungstheoretischer Sicht. Zu den Grenzen zwischen Verfassungsauslegung und Verfassungsrevision, in: AöR 139 (2014), S. 125–151.
Gröschner, Ralf: Republik, in: Josef Isensee / Paul Kirchhof (Hrsg.), Handbuch des Staatsrechts, Bd. II, Heidelberg: Müller, 3. Aufl. 2004, § 23.
Großfeldt, Bernhard: Götterdämmerung? Zur Stellung des Bundesverfassungsgerichts, in: NJW 1995, S. 1719–1723.
Grimm, Dieter: Rechtswissenschaft und Geschichte, 1976, in: Recht und Staat der bürgerlichen Gesellschaft, Frankfurt/M.: Suhrkamp, 1987, S. 399–427.
ders.: Deutsche Verfassungsgeschichte, 1776–1866, Frankfurt/M.: Suhrkamp, 1988.
ders.: Die Zukunft der Verfassung, Frankfurt/M.: Suhrkamp, 1991.
ders.: Eintrag „Verfassung, Teil II", in: Geschichtliche Grundbegriffe, Bd. 6, hrsg. von Otto Brunner, Werner Conze und Reinhart Koselleck, Stuttgart: Klett-Cotta, 1990, S. 863–899.

ders.: Ursprung und Wandel der Verfassung, in: Josef Isensee / Paul Kirchhof (Hrsg.), Handbuch des Staatsrechts, Bd. I, Heidelberg: Müller, 3. Aufl. 2003, § 1.
ders.: Souveränität. Herkunft und Zukunft eines Schlüsselbegriffes, Berlin: Berlin University Press, 2009.
ders.: Types of Constitutions, in: Michel Rosenfeld / András Sajó (Hrsg.), Oxford Handbook of Comparative Constitutional Law, Oxford, New York u. a.: Oxford University Press, 2012, S. 98–132.
ders.: Was ist politisch an der Verfassungsgerichtsbarkeit?, in: ZfP 66 (2019), S. 86–97.
Grossmann, Rudolf H.: Die staats- und rechtsideologischen Grundlagen der Verfassungsgerichtsbarkeit den Vereinigten Staaten von Amerika und in der Schweiz. Eine Studie in amerikanischem und schweizerischem Staats- und Rechtsdenken, Zürich: Schulthess & Co., 1948.
Grzeszick, Bernd: Rationalitätsanforderungen an die parlamentarische Rechtssetzung im demokratischen Rechtsstaat, in: VVDStRL 71 (2012), S. 49–112.
Gunther, Gerald: Learned Hand. The Man and the Judge, New York: Knopf, 1994.
Gusy, Christoph: Das Mehrheitsprinzip im demokratischen Staat, in: AöR 106 (1981), S. 329–354.
ders.: Die Offenheit des Grundgesetzes, in: JöR N.F. 33 (1984), S. 105–130.
ders.: Parlamentarischer Gesetzgeber und Bundesverfassungsgericht, Berlin: Duncker & Humblot, 1985.
ders.: Richterliches Prüfungsrecht. Eine verfassungsgeschichtliche Untersuchung, Berlin: Duncker & Humblot, 1985.
ders.: Vergleichende Verfassungsgeschichte als Desiderat und Aufgabe, in: Grundrechtsdemokratie und Verfassungsgeschichte, hrsg. von Kay Waechter, Halle a. d. Saale: Universitätsverlag Halle-Wittenberg, 2009, S. 39–57.
ders.: Die Weimarer Verfassung und ihre Wirkung auf das Grundgesetz, in: Zeitschrift für neuere Rechtsgeschichte (ZNR), Bd. 32 (2010), S. 208–224.
Gutzman, Kevin: The Jeffersonian Republicans vs. The Federalist Courts, in: University of St. Thomas Law Journal, Bd. 14 (2018), S. 56–104 (zit. 14 U. St. Thomas L.J. 56 [2018]).
Haas, Evelyn: Rechtsstaat – Richterstaat, in: Rechtsstaat und Justizhoheit, Festschrift für Götz Landwehr, hrsg. von Volker F. Drecktrah und Dietmar Willoweit, Köln u. a.: Böhlau, 2016 (zit. FS Landwehr), S. 423–448.
Häberle, Peter: Die offene Gesellschaft der Verfassungsinterpreten. Ein Beitrag zur pluralistischen und „prozessualen" Verfassungsinterpretation, in: JZ 1975, S. 297–305.
ders.: Verfassungslehre als Kulturwissenschaft, Berlin: Duncker & Humblot, 2. Aufl. 1998.
ders.: Wechselwirkungen zwischen deutschen und ausländischen Verfassungen, in: Detlef Merten / Hans-J. Papier (Hrsg.), Handbuch der Grundrechte in Deutschland und Europa, Bd. I, Entwicklung und Grundlagen, Heidelberg: Müller, 2004, § 7.
Habermas, Jürgen: Faktizität und Geltung. Beiträge zur Diskurstheorie des Rechts und des demokratischen Rechtsstaates, Frankfurt a. M.: Suhrkamp, 5. Aufl. 2014.
Hailbronner, Michaela: We the Experts. Die geschlossene Gesellschaft der Verfassungsinterpreten, in: Der Staat 53 (2014), S. 425–443.
dies.: Rethinking the Rise of the German Constitutional Court: From Anti-Nazism to Value Formalism, in: International Journal of Constitutional Law, Bd. 12 (2014), S. 626–649 (zit. 12 Int'l J. Const. L. 626 [2014]).
Haines, Charles G.: The American Doctrine of Judicial Supremacy, Nachdruck der 2. Aufl. von 1932, New York: Russel & Russel, 1959.
Hall, Kermit L.: "Think Things, Not Words:" Judicial Review in American Constitutional History, in: University of Florida Law Review, Bd. 35 (1983), S. 281–295 (zit. 35 U. Fla. L. Rev. 281 [1983]).

ders.: Supreme Court and Judicial Review in American History, Washington, D.C.: American Historical Ass'n., 1985.
ders.: The Courts, in: Michael Grossberg / Christopher Tomlins (Hrsg.), The Cambridge History of Law in America, Bd. II, The Long Nineteenth Century (1789–1920), Cambridge (England), New York u. a.: Cambridge University Press, 2008, S. 106–132.
Hall, Kermit L. / Ely, James W. Jr. (Hrsg.): Oxford Guide to United States Supreme Court Decisions, Oxford, New York u. a.: Oxford University Press, 2. Aufl. 2009.
Hall, Timothy L.: Supreme Court Justices. A Biographical Dictionary, New York: Facts on File, 2001.
Haller, Benedikt: Repräsentation. Ihr Bedeutungswandel von der hierarchischen Gesellschaft zum demokratischen Verfassungsstaat, Münster (Westf.) u. a.: LitVerlag, 1987.
Haller, Walter: Supreme Court und Politik in den USA. Fragen der Justiziabilität in der höchstrichterlichen Rechtsprechung, Bern: Stämpfli, 1972.
Halper, Thomas: Marshall's Voice, in: British Journal of American Legal Studies, Bd. 6 (2017), S. 147–176 (zit. 6 Brit. J. Am. Legal Stud. 147 [2017]).
ders.: Felix Frankfurter and the Law, in: British Journal of American Legal Studies, Bd. 7 (2018), S. 115–136 (zit. 7 Brit. J. Am. Legal Stud. 115 [2018]).
Haltern, Ulrich R.: Verfassungsgerichtsbarkeit, Demokratie und Mißtrauen. Das Bundesverfassungsgericht in einer Verfassungstheorie zwischen Populismus und Progressivismus, Berlin: Duncker & Humblot, 1998.
ders.: Was bedeutet Souveränität?, Tübingen: Mohr Siebeck, 2007.
Hamburger, Philip: Natural Rights, Natural Law, and American Constitutions, in: Yale Law Journal, Bd. 102 (1993), S. 907–960 (zit. 102 Yale L.J. 907 [1993]).
ders.: Law and Judicial Duty, in: George Washington Law Review, Bd. 72 (2003), S. 1–41 (zit. 72 Geo. Wash. L. Rev. 1 [2003]).
ders.: Law and Judicial Duty, Cambridge (Mass., U.S.) und London: Harvard University Press, 2008.
ders.: A Tale of Two Paradigms, in: George Washington Law Review, Bd. 78 (2010), S. 1162–1177 (zit. 78 Geo. Wash. L. Rev. 1162 [2010]).
Hamilton, Alexander: The Works of Alexander Hamilton, Federal Edition, 12 Bde., hrsg. von Henry Cabot Lodge, New York und London: G. P. Putnam's Sons, 1904.
Hamilton, Alexander / Madison, James / Jay, John: The Federalist Papers, zuerst erschienen als „The Federalist", 1788, hrsg. von Clinton Rossiter, mit einer Einleitung von Charles R. Kesler, 1961, Ndr. New York u. a.: Penguin Books, 2003.
dies.: Die Federalist-Artikel, zuerst erschienen als „The Federalist", 1788, hrsg. und übersetzt von Angela Adams und Willi Paul Adams, Paderborn u. a.: F. Schöningh, 1994.
Hand, Learned: The Contribution of an Independent Judiciary to Civilization, 1944, in: The Spirit of Liberty. Papers and Adresses of Learned Hand, hrsg. von Irving Dilliard, New York: Knopf, 1952, S. 172–182.
ders.: The Bill of Rights (Oliver Wendell Holmes Lectures), Cambridge (Mass., U.S.): Harvard University Press, 1958 (Ndr. 1967).
Hanses, Mathias: Antikenbilder im „Federalist" / „Anti-Federalist", in: Antike als Modell in Nordamerika? Konstruktion und Verargumentierung 1763–1809, Historische Zeitschrift (HZ) Beiheft N.F. 55 (2011), S. 85–110.
Harel, Alon: Why Law Matters, Oxford: Oxford University Press, 2014.
Harrington, Matthew P.: Judicial Review before John Marshall, in: George Washington Law Review, Bd. 72 (2003), S. 51–94 (zit. 72 Geo. Wash. L. Rev. 51 [2003]).
Harrison, John: The Role of the Legislative and Executive Branches in Interpreting the Constitution, in: Cornell Law Review, Bd. 73 (1988), S. 371–374 (zit. 73 Cornell L. Rev. 371 [1988]).

ders.: Substantive Due Process and the Constitutional Text, in: Virginia Law Review, Bd. 83 (1997), S. 493–558 (zit. 83 Va. L. Rev. 493 [1997]).

ders.: The Constitutional Origins and Implications of Judicial Review, in: Virginia Law Review, Bd. 84 (1998), S. 333–387 (zit. 84 Va. L. Rev. 333 [1998]).

Hart, H. L. A.: The Concept of Law, Oxford: Oxford University Press, 3. Aufl. 2012.

Hart, John F.: Human Law, Higher Law, and Property Rights: Judicial Review in the Federal Courts, 1789–1835, in: San Diego Law Review, Bd. 45 (2008), S. 823–862 (zit. 45 San Diego L. Rev. 823 [2008]).

Hartnett, Edward A.: A Matter of Judgment, Not a Matter of Opinion, in: New York University Law Review, Bd. 74 (1999), S. 123–160 (zit. 74 N.Y.U. L. Rev. 123 [1999]).

Haskins, George L. / Johnson, Herbert A.: History of the Supreme Court of the United States, Bd. II, Foundations of Power: John Marshall, 1801–15, New York und London: Macmillan, 1981.

Hassemer, Winfried: Politik aus Karlsruhe?, in: JZ 2008, S. 1–10.

Hatton, Christopher: A Treatise Concerning Statutes, or Acts of Parliament: And the Exposition thereof, London: Richard Tonson, 1677.

Haverkate, Görg: Rechtsfragen des Leistungsstaats. Verhältnismäßigkeitsgebot und Freiheitsschutz im leistenden Staatshandeln, Tübingen: Mohr Siebeck, 1983.

Heideking, Jürgen: Arbeitsgesetzgebung und Supreme Court während des New Deal, in: Der Staat 23 (1984), S. 86–105.

ders.: Verfassungsgebung als politischer Prozess. Ein neuer Blick auf die amerikanische Verfassungsdebatte der Jahre 1787–1791, in: Historische Zeitschrift (HZ), Bd. 246 (1988), S. 47–88.

ders.: Die Verfassung vor dem Richterstuhl. Vorgeschichte und Ratifizierung der amerikanischen Verfassung 1787–1789, Berlin und New York: De Gruyter, 1988.

ders. / Mauch, Christoph: Geschichte der USA, Tübingen und Basel: A. Francke, 5. Aufl. 2007.

Heideking, Jürgen / Sterzel, Paul: Entstehung und Ausformung des Verfassungssystems, in: Wolfgang Jäger / Christoph Haas / Wolfgang Welz (Hrsg.), Regierungssystem der USA, München und Wien: Oldenbourg, 3. Aufl. 2007, Kapitel 3.

Helfman, Tara: Crown and Constitution (Book Review), in: Harvard Law Review, Bd. 128 (2015), S. 2234–2254 (zit. 128 Harv. L. Rev. 2234 [2015]).

Heller, Kurt: Judicial self restraint in der Rechtsprechung des Supreme Court und des Verfassungsgerichtshofes, in: (österreichische) Zeitschrift für öffentliches Recht (ÖZöR), Bd. 39 (1988), S. 89–136.

ders.: Die Stellung des Supreme Courts der Vereinigten Staaten und europäischer Verfassungsgerichte in der Gesellschaft, in: Waldemar Zacharasiewicz (Hrsg.), Transatlantische Differenzen – Transatlantic Differences, Wien u. a.: Böhlau, 2004, S. 223–236.

Helmholz, Richard H.: Bonham's Case, Judicial Review, and the Law of Nature, in: Journal of Legal Analysis, Bd. 1 (2009), S. 325–354 (zit. 1 J. Legal Analysis 325 [2009]).

Helms, Ludger: Ursprünge und Wandlungen der Verfassungsgerichtsbarkeit in den konsolidierten liberalen Demokratien, in: Zeitschrift für Politik (ZfP), Bd. 53 (2006), S. 50–73.

Henke, Wilhelm: Verfassung, Gesetz und Richter (Das Normenkontrollverfahren), in: Der Staat 3 (1964), S. 433–454.

Henkin, Louis: John Marshall Globalized, in: Proceedings of the American Philosophical Society, Bd. 148 (2004), S. 53–63 (zit. 148 Proc. Am. Phil. Soc'y 53 [2004]).

Hensel, Albert: Die Rangordnung der Rechtsquellen, insbesondere das Verhältnis von Reichs- und Landesgesetzgebung, in: Gerhard Anschütz / Richard Thoma (Hrsg.), Handbuch des Deutschen Staatsrechts, Bd. II, Tübingen: Mohr Siebeck, 1932, § 84.

Herbert, Ulrich: Geschichte Deutschlands im 20. Jahrhundert, München: Beck, 2014.
Herbst, Tobias: Die These der einzig richtigen Entscheidung. Überlegungen zu ihrer Überzeugungskraft insbesondere in den Theorien von Ronald Dworkin und Jürgen Habermas, in: JZ 2012, S. 891–900.
Herdegen, Matthias: Verfassungsinterpretation als methodische Disziplin, in: JZ 2004, S. 873–928.
ders.: Verfassungsgerichtsbarkeit als pouvoir neutre, in: ZaöRV 69 (2009), S. 257–266.
Herrmann, Dietrich: „It Is, Emphatically, The Province and Duty of the Judicial Department, To Say What the Law Is." Zur Begründung der Verfassungsgerichtsbarkeit in den USA, in: André Brodocz u. a. (Hrsg.), Institutionelle Macht, Genese – Verstetigung – Verlust, Köln u. a.: Böhlau, 2005, S. 105–120.
Herrmann, Nadine: Entstehung, Legitimation und Zukunft der konkreten Normenkontrolle im modernen Verfassungsstaat. Eine verfassungsgeschichtliche Untersuchung des richterlichen Prüfungsrechts in Deutschland unter Einbeziehung der französischen Entwicklung, Berlin: Duncker & Humblot, 2001.
Herz, Dietmar: Die wohlerwogene Republik. Das konstitutionelle Denken des politisch-philosophischen Liberalismus, Paderborn u. a.: F. Schöningh, 1999.
Herzog, Roman: Offene Fragen zwischen Verfassungsgericht und Gesetzgeber, in: Zeitschrift für Gesetzgebung (ZG), Bd. 2 (1987), S. 290–300.
Hesse, Konrad: Funktionelle Grenzen der Verfassungsgerichtsbarkeit, in: Gesammelte Schriften, hrsg. von Peter Häberle u. a., Heidelberg: Müller, 1984, S. 311–322.
ders.: Die verfassungsgerichtliche Kontrolle der Wahrnehmung grundrechtlicher Schutzpflichten des Gesetzgebers, in: Herta Däubler-Gmelin u. a. (Hrsg.), Gegenrede, Aufklärung – Kritik – Öffentlichkeit, Festschrift für Ernst Gottfried Mahrenholz, Baden-Baden: Nomos, 1994 (zit. FS Mahrenholz), S. 541–559.
ders.: Stufen der Entwicklung der deutschen Verfassungsgerichtsbarkeit, in: JöR N.F. 56 (1998), S. 1–23.
ders.: Grundzüge des Verfassungsrechts der Bundesrepublik Deutschland, Heidelberg: Müller, Nachdruck der 20. Aufl., 1999.
Heun, Werner: Das Mehrheitsprinzip in der Demokratie. Grundlagen – Struktur – Begrenzungen, Berlin: Duncker & Humblot, 1983.
ders.: Original Intent und Wille des historischen Verfassungsgesetzgebers, in: AöR 116 (1991), S. 185–209.
ders.: Funktionell-rechtliche Schranken der Verfassungsgerichtsbarkeit. Reichweite und Grenzen einer dogmatischen Argumentationsfigur, Baden-Baden: Nomos, 1992.
ders.: Die politische Vorstellungswelt Thomas Jeffersons, in: Historische Zeitschrift, Bd. 258 (1994), S. 359–396.
ders.: Das Konzept der Gewaltenteilung in seiner verfassungsgeschichtlichen Entwicklung, in: Christian Starck (Hrsg.), Staat und Individuum im Kultur- und Rechtsvergleich, Baden-Baden: Nomos, 2000, S. 95–114.
ders.: Normenkontrolle, in: Festschrift 50 Jahre Bundesverfassungsgericht, Bd. I, Verfassungsgerichtsbarkeit, Verfassungsprozess, hrsg. von Peter Badura und Horst Dreier, Tübingen: Mohr Siebeck, 2001, S. 615–639.
ders.: Verfassungsrecht und einfaches Recht – Verfassungsgerichtsbarkeit und Fachgerichtsbarkeit, in: VVDStRL 61 (2002), S. 80–118.
ders.: Die Geburt der Verfassungsgerichtsbarkeit – 200 Jahre Marbury v. Madison, in: Der Staat 42 (2003), S. 267–283.
ders.: Eintrag „Gewaltenteilung", in: Evangelisches Staatslexikon (EvStL), hrsg. von Werner Heun, Martin Honecker, Martin Morlok und Joachim Wieland, Stuttgart: Kohlhammer, Neuausgabe, 2006, Sp. 800–804.

ders.: Vorrang der Verfassung, Gewaltenteilung und Richterliches Prüfungsrecht im deutschen Konstitutionalismus des 19. Jahrhunderts, zuerst engl. in: Ratio Juris, Bd. 16 (2003), S. 195 ff., hier zitiert nach *Werner Heun*, Verfassung und Verfassungsgerichtsbarkeit im Vergleich, Tübingen: Mohr Siebeck, 2014, S. 77–86.

ders.: Die Struktur des deutschen Konstitutionalismus des 19. Jahrhunderts im verfassungsgeschichtlichen Vergleich, zuerst in: Der Staat 45 (2006), S. 365 ff., hier zitiert nach *Werner Heun*, Verfassung und Verfassungsgerichtsbarkeit im Vergleich, Tübingen: Mohr Siebeck, 2014, S. 19–37.

ders.: Die politischen Wirkungen verfassungsgerichtlicher Entscheidungen, zuerst in: Verfassungsgerichtsbarkeit im Rechtsvergleich, hrsg. von Werner Heun und Christian Starck, Baden-Baden: Nomos, 2008, S. 225 ff., hier zitiert nach *Werner Heun*, Verfassung und Verfassungsgerichtsbarkeit im Vergleich, Tübingen: Mohr Siebeck, 2014, S. 301–317.

ders.: Die drei Wurzeln der deutschen Verfassungsgerichtsbarkeit, in: Werner Heun / Christian Starck / Tzung-jen Tsai (Hrsg.), Rezeption und Paradigmenwechsel im öffentlichen Recht, Baden-Baden: Nomos, 2009, S. 55–66.

ders.: Die Antike in den amerikanischen politischen Debatten in der zweiten Hälfte des 18. Jahrhunderts, in: Antike als Modell in Nordamerika? Konstruktion und Verargumentierung 1763–1809, Historische Zeitschrift (HZ) Beiheft N.F. 55 (2011), S. 65–84.

ders.: Die Verfassungsordnung der Bundesrepublik Deutschland, Tübingen: Mohr Siebeck, 2012.

Heusch, Andreas: Verfassungsgerichtliche Gesetzeskontrolle, in: Winfried Kluth / Günter Krings (Hrsg.), Gesetzgebung. Rechtssetzung durch Parlamente und Verwaltungen sowie ihre gerichtliche Kontrolle, Heidelberg: C. F. Müller, 2014, § 36.

von der Heydte, Friedrich A.: Judicial Self-Restraint eines Verfassungsgerichts im freiheitlichen Rechtsstaat?, in: Gerhard Leibholz u. a. (Hrsg.), Menschenwürde und freiheitliche Rechtsordnung. Festschrift für Willi Geiger, Tübingen: Mohr Siebeck, 1974 (zit. FS Geiger), S. 909–924.

Hickox, Charles F. III / Laviano, Andrew C.: James Iredell and the English Origins of American Judicial Review, in: Anglo-American Law Review, Bd. 23 (1994), S. 100–112 (zit. 23 Anglo-Am. L. Rev. 100 [1994]).

Hillgruber, Christian: Die Herrschaft der Mehrheit. Grundlagen und Grenzen des demokratischen Majoritätsprinzips, in: AöR 127 (2002), S. 460–473.

ders.: Verfassungsrecht zwischen normativem Anspruch und politischer Wirklichkeit, in: VVDStRL 67 (2008), S. 7–56.

ders.: Ohne rechtes Maß? Eine Kritik der Rechtsprechung des Bundesverfassungsgerichts nach 60 Jahren in: JZ 2011, S. 861–871.

ders. / Goos, Christoph: Verfassungsprozessrecht, Heidelberg: Müller, 4. Aufl. 2015.

von Hippel, Ernst: Das richterliche Prüfungsrecht, in: Gerhard Anschütz / Richard Thoma (Hrsg.), Handbuch des Deutschen Staatsrechts, Bd. II, Tübingen: Mohr Siebeck, 1932, § 99.

Hoadly, Benjamin: The Nature of the Kingdom, Or Church, of Christ. A Sermon Preach'd Before the King … on Sunday, March 31, 1717, London: James Knapton, 3. Aufl. 1717.

Hobbes, Thomas: Leviathan, or, The Matter, Form, and Power of a Commonwealth, Ecclesiastical and Civil, 1651, hrsg. von Henry Morley, London und New York: George Routledge and Sons, 2. Aufl. 1886.

Hobsbawm, Eric: Inventing Traditions, in: ders. / Terence Ranger (Hrsg.), The Invention of Tradition, Cambridge (England), New York u.a.: Cambridge University Press, 1983, S. 1–14.

Hobson, Charles F.: The Great Chief Justice. John Marshall and the Rule of Law, Lawrence: The University Press of Kansas, 1996.
ders.: Remembering the Great Chief Justice, in: Journal of Supreme Court History, Bd. 27 (2002), S. 293–303 (zit. 27 J. Sup. Ct. Hist. 293 [2002]).
Hofer, Florian: Die ideengeschichtlichen Quellen der Grundrechte des Grundgesetzes, Konstanz: Hartung-Gorre, 2005.
Höffe, Otfried: Wofür braucht das positive Recht ein Naturrecht?, in: Der Staat 58 (2019), S. 275–291.
Hoffer, Peter C.: Book Review, in: William and Mary Quarterly, Dritte Folge, Bd. 47 (1990), S. 467–470 (zit. 47 Wm. & Mary Q. 467 [1990]).
ders.: Rutgers v. Waddington. Alexander Hamilton, the End of the War for Independence and the Origins of Judicial Review, Lawrence (KS, U.S.): University Press of Kansas, 2016.
Hoffmann-Riem, Wolfgang: Das Grundgesetz – zukunftsfähig?, in: DVBl. 1999, S. 657–667.
ders.: Das Ringen um die verfassungsgerichtliche Normenkontrolle in den USA und Europa, in: JZ 2003, S. 269–275.
Höfling, Wolfram: Demokratische Grundrechte – Zu Bedeutungsgehalt und Erklärungswert einer dogmatischen Kategorie, in: Der Staat 33 (1994), S. 493–509.
Hofmann, Hasso: Zur Idee des Staatsgrundgesetzes, in: ders. (Hrsg.), Recht – Politik – Verfassung. Studien zur Geschichte der politischen Philosophie, Frankfurt a. M.: Metzner, 1986, S. 261–295.
ders.: Über Volkssouveränität. Eine begriffliche Sondierung, in: JZ 2014, S. 861–868.
Hollerbach, Alexander: Auflösung der rechtsstaatlichen Verfassung? Zu Ernst Forsthoffs Abhandlung „Die Umbildung des Verfassungsgesetzes" in der Festschrift für Carl Schmitt, in: AöR 85 (1960), S. 241–270.
Holmes, Oliver W.: Collected Legal Papers, 1920, New York: Peter Smith, 1952, Nachdruck des bei Harcourt, Brace and Company ebenfalls in New York erschienenen Werks.
Hong, Mathias: Der Menschenwürdegehalt der Grundrechte. Grundfragen, Entstehung und Rechtsprechung, Tübingen: Mohr Siebeck, 2019.
Hopt, Klaus: Die Dritte Gewalt als politischer Faktor. Eine Fallstudie zur Reform der Wahlkreiseinteilung in den USA, Berlin: Duncker & Humblot, 1969.
Höreth, Marcus: Die Selbstautorisierung des Agenten. Der europäische Gerichtshof im Vergleich zum U.S. Supreme Court, Baden-Baden: Nomos, 2008.
ders.: Die Etablierung verfassungsgerichtlicher Streitschlichtung: „Marbury v. Madison" als richterliche Selbstautorisierung und sanfte Revolution, in: Amerikastudien 54 (2009), S. 211–228.
ders.: Verfassungsgerichtsbarkeit in der Bundesrepublik Deutschland, Stuttgart: Kohlhammer, 2014.
Horowitz, Morton J.: The Supreme Court 1992 Term, Foreword: The Constitution of Change: Legal Fundamentality Without Fundamentalism, in: Harvard Law Review, Bd. 107 (1993), S. 30–117 (zit. 107 Harv. L. Rev. 30 [1993]).
Howard, A. E.: The Road from Runnymede. Magna Carta and Constitutionalism in America, Charlottesville (Va., U.S.) und London (England), University of Virginia Press, 1968, Ndr. 2015.
ders.: Magna Carta's American Adventure, in: North Carolina Law Review, Bd. 94 (2016), S. 1413–1422 (zit. 94 N.C. L. Rev. 1413 [2016]).
Huber, Ernst R.: Deutsche Verfassungsgeschichte seit 1789, Bd. I, Reform und Restauration, 1789 bis 1830, Stuttgart: Kohlhammer, 1957 (Ndr. 1961).

ders. (Hrsg.): Dokumente zur deutschen Verfassungsgeschichte, Bd. I, Verfassungsdokumente 1803–1850, Stuttgart, Berlin u. a.: Kohlhammer, 3. Aufl. 1978.
Hughes, Charles E.: Addresses and Papers of Charles Evan Hughes. Governor of New York 1906–1908, hrsg. von Jacob G. Schurman, New York und London: G. P. Putnam's Sons, 1908.
Hulsebosch, Daniel: The Ancient Constitution and the Expanding Empire: Sir Edward Coke's British Jurisprudence, in: Law and History Review, Bd. 21 (2003), S. 439–482 (zit. 21 Law & Hist. Rev. 439 [2003]).
ders.: Constituting Empire. New York and the Transformation of Constitutionalism in the Atlantic World 1664–1830, Chapel Hill: The University of North Carolina Press, 2005.
ders.: A Discrete and Cosmopolitan Minority: The Loyalists, the Atlantic World, and the Origins of Judicial Review, in: Chicago-Kent Law Review, Bd. 81 (2006), S. 825–866 (zit. 81 Chi.-Kent L. Rev. 825 [2006]).
Hume, David: The History of England from the Invasion of Julius Caesar to the Revolution in 1688, 6 Bde., Bd. 4, 1778, Indianapolis, Ind.: Liberty Fund, 1983 („Based on the Edition of 1778, with the Author's Last Corrections and Improvements").
Hutson, James: Country, Court, and Constitution: Antifederalism and the Historians, in: William and Mary Quarterly, Dritte Folge, Bd. 38 (1981), S. 337–368 (zit. 38 Wm. & Mary Q. 337 [1981]).
Hwang, Shu-Perng: Verfassungsgerichtlicher Jurisdiktonsstaat?, Berlin: Duncker & Humblot, 2005.
Imboden, Max: Montesquieu und die Lehre der Gewaltentrennung, Berlin: De Gruyter, 1959.
Ipsen, Jörn: Richterrecht und Verfassung, Berlin: Duncker & Humblot, 1975.
Iredell, James: Life and Correspondence of James Iredell: One of the Associate Justices of the Supreme Court of the United States, hrsg. von Griffith J. McRee, 2 Bde., New York: D. Appleton, 1857–1858.
ders.: The Papers of James Iredell, hrsg. von Dan Higginbotham, Bd. I–II, 1767–1777, 1778–1783, Raleigh (N. Car., U.S.): Division of Archives and History / Department of Cultural Resources, 1976.
ders.: The Papers of James Iredell, hrsg. von Donna Kelly und Lang Baradell, Bd. III, 1784–1789, Raleigh (N. Car., U.S.): Office of Archives and History / North Carolina Department of Cultural Resources, 2003.
Isensee, Josef: Bundesverfassungsgericht – quo vadis?, in: JZ 1996, S. 1085–1093.
ders.: Staat und Verfassung, in: Josef Isensee / Paul Kirchhof (Hrsg.), Handbuch des Staatsrechts, Bd. II, Heidelberg: Müller, 3. Aufl. 2004, § 15.
ders.: Positivität und Überpositivität der Grundrechte, in: Detlef Merten / Hans-J. Papier (Hrsg.), Handbuch der Grundrechte in Deutschland und Europa, Bd. II, Grundrechte in Deutschland – Allgemeine Lehren I, Heidelberg: Müller, 2006, § 26.
ders.: Verfassungsrecht als „politisches Recht", in: Josef Isensee / Paul Kirchhof (Hrsg.), Handbuch des Staatsrechts, Bd. XII, Heidelberg: Müller, 3. Aufl. 2014, § 268.
ders.: Die Rationalität des Staates und die Irrationalität des Menschen. Prämissen der Demokratie, in: AöR 140 (2015), S. 169–197.
Jackson, R. Brooke: The Political Question Doctrine: Where Does It Stand After Powell v. McCormack, O'Brien v. Brown and Gilligan v. Morgan?, in: Colorado Law Review, Bd. 44 (1973) S. 477–511 (zit. 44 U. Colo. L. Rev. 477 [1973]).
Jackson, Vicki C.: Suing the Federal Government: Sovereignty, Immunity, and Judicial Independence, in: George Washington International Law Review, Bd. 35 (2003), S. 521–609 (zit. 35 Geo. Wash. Int'l L. Rev. 521 [2003]).
Jacob, Giles: A New Law-Dictionary: Containing the Interpretation and Definition of Words and Terms used in the Law…, [London]: E. and R. Nutt / R. Gosling, etc., 1739.

ders. / Tomlins, T. E.: The Law-Dictionary: Explaining the Rise, Progress, and Present State, Of the English Law, In Theory and Practice ..., Bd. II, London: A. Strahan, etc., 11. Aufl. 1797.

Jacobsohn, Gary: E.T.: The Extra-Textual in Constitutional Interpretation, in: Constitutional Commentary, Bd. 1 (1984), S. 21–42 (zit. 1 Const. Comment. 21 [1984]).

Jakab, András: Staatslehre – Eine deutsche Kuriosität, Kommentar in: *Christoph Schönberger*, Der „German Approach", Tübingen: Mohr Siebeck, 2015, S. 75–121.

Jefferson, Thomas: The Writings of Thomas Jefferson, hrsg. von Andrew Lipscomb / Albert E. Bergh, 20 Bde., Washington, D.C.: The Thomas Jefferson Memorial Ass'n., 1903–1907.

ders.: The Works of Thomas Jefferson, 12 Bde., hrsg. von Paul Leicester Ford, New York und London: G. P. Putnam's Sons, 1904–1905.

Jeffrey, William Jr.: The Letters of Brutus – A Neglected Element in the Ratification Campaign 1787–88, in: University of Cincinnati Law Review, Bd. 40 (1971), S. 643–663 (zit. 40 U. Cin. L. Rev. 643 [1971]).

Jeffries, John C. Jr.: Justice Lewis F. Powell. A Biography, 1994, Ndr. New York: Fordham University Press, 2001.

Jellinek, Georg: Allgemeine Staatslehre, Berlin: Häring, 3. Aufl. 1914.

Jellinek, Walter: Das richterliche Prüfungsrecht in den drei Ländern der amerikanischen Zone, in: Festschrift zu Ehren von ... Rudolf Laun ..., hrsg. von Gustav Hernmarck, Hamburg: J. P. Toth, 1948 (zit. FS Laun), S. 269–274.

Jenkins, David: The Sedition Act of 1798 and the Incorporation of Seditious Libel into First Amendment Jurisprudence, in: American Journal of Legal History, Bd. 45 (2001), S. 154–213 (zit. 45 Am. J. Legal Hist. 154 [2001]).

Jestaedt, Matthias: Grundrechtsentfaltung im Gesetz. Studien zur Interdependenz von Grundrechtsdogmatik und Rechtsgewinnungstheorie, Tübingen: Mohr Siebeck, 1999.

ders.: Verfassungsrecht und einfaches Recht – Verfassungsgerichtsbarkeit und Fachgerichtsbarkeit, in: DVBl. 2001, S. 1309–1322.

ders.: Verfassungsgerichtspositivismus – Die Ohnmacht des Verfassungsgesetzgebers im verfassungsgerichtlichen Jurisdiktionsstaat, in: Nomos und Ethos – Hommage an Josef Isensee, hrsg. von Otto Depenheuer u. a., Berlin: Duncker & Humblot, 2002 (zit. FS Isensee), S. 183–228.

ders.: Das mag in der Theorie richtig sein ... Vom Nutzen der Rechtstheorie für die Rechtspraxis, Tübingen: Mohr, 2006.

ders.: Die Verfassung hinter der Verfassung. Eine Standortbestimmung der Verfassungstheorie, Schönburger Gespräche zu Recht und Staat, Bd. 12, Paderborn u. a.: F. Schöningh, 2009.

ders.: Geltung des Systems und Geltung im System. Wozu man die Grundnorm benötigt – und wozu nicht, in: JZ 2013, S. 1009–1021.

ders. / Lepsius, Oliver / Möllers, Christoph / Schönberger, Christoph: Das entgrenzte Gericht. Eine kritische Bilanz nach sechzig Jahren Bundesverfassungsgericht, Berlin: Suhrkamp, 2011.

Johnson, Benjamin / Whittington, Keith E.: Why Does the Supreme Court Uphold So Many Laws, University of Illinois Law Review 2018, S. 1001–1048 (zit. 2018 U. Ill. L. Rev. 1001 [2018]).

Johnson, Herbert A.: The Chief Justiceship of John Marshall, 1801–1835, Columbia (SC, U.S.): University of South Carolina Press, 1997.

Jones, Robert L.: Lessons from a Lost Constitution: The Council of Revision, the Bill of Rights, and the Role of the Judiciary in Democratic Governance, in: Journal of Law and Politics, Bd. 27 (2012), S. 459–555 (zit. 27 J.L. & Pol. 459 [2012]).

Kägi, Werner: Die Verfassung als rechtliche Grundordnung des Staates. Untersuchungen über die Entwicklungstendenzen im modernen Verfassungsrecht, Zürich: Polygraphischer Verlag, 1945.

ders.: Rechtsstaat und Demokratie – Antinomie und Synthese, zuerst in: Festgabe für Zaccaria Giacometti, Zürich: Polygraphischer Verlag, 1953, S. 107–142, hier zitiert nach Ulrich Matz (Hrsg.), Grundprobleme der Demokratie, Darmstadt: Wissenschaftliche Buchgesellschaft, 1973, S. 107–152.

Kahn, Paul W.: The Reign of Law. Marbury v. Madison and the Construction of America, New Haven (Conn., U.S.) und London: Yale University Press, 1997.

ders.: Verfassungsgerichtsbarkeit und demokratische Legitimation, in: JöR N.F. 49 (2001), S. 571–585.

Kaltenborn, Markus: Streitvermeidung und Streitbeilegung im Verwaltungsrecht. Verfassungsrechtlicher Rahmen und verfahrensrechtliche Ausgestaltung der außergerichtlichen Konfliktschlichtung im Verhältnis zwischen Verwaltung und Privaten, Baden-Baden: Nomos, 2007.

ders. / Lübben, Lukas: Kohärenz und Kooperation im Organisationsrecht der Entwicklungszusammenarbeit, in: Die Verwaltung 47 (2014), S. 125–149.

Kang, John M.: Appeal to Heaven: On the Religious Origins of the Constitutional Right of Revolution, in: William & Mary Bill of Rights Journal, Bd. 18 (2009), S. 281–326 (zit. 18 Wm. & Mary Bill Rts. J. 281 [2009]).

Kau, Marcel: United States Supreme Court und Bundesverfassungsgericht. Die Bedeutung des United States Supreme Court für die Errichtung und Fortentwicklung des Bundesverfassungsgerichts, Berlin u. a.: Springer, 2007.

Kauper, Paul G.: Judicial Review of Constitutional Issues in the United States, in: Hermann Mosler (Hrsg.), Verfassungsgerichtsbarkeit in der Gegenwart. Länderberichte und Rechtsvergleichung, Köln und Berlin: Heymanns, 1962, S. 568–642.

Kellog, Frederic R.: Holmes, Common Law Theory, and Judicial Restraint, in: John Marshall Law Review, Bd. 36 (2003), S. 457–505 (zit. 36 J. Marshall L. Rev. 457 [2003]).

Kelsen, Hans: Vom Wesen und Wert der Demokratie, 2. Aufl. 1929, Ndr. Aalen: Scientia, 1963.

ders.: Wesen und Entwicklung der Staatsgerichtsbarkeit, in: VVDStRL 5 (1929), S. 30–88.

ders.: Reine Rechtslehre, Wien: Franz Deuticke, 2. Aufl. 1960.

ders.: Wer soll der Hüter der Verfassung sein?, 1931, hrsg. von Robert Ch. van Ooyen, Tübingen: Mohr Siebeck, 2008.

Kemp, Roger (Hrsg.): Documents of American Democracy. A Collection of Essential Works, Jefferson (N. Car., U.S.) u. a.: McFarland & Co., 2010.

Kempny, Simon: Die Staatsfinanzierung nach der Paulskirchenverfassung. Eine Untersuchung des Finanz- und Steuerverfassungsrechts der Verfassung des deutschen Reiches vom 28. März 1849, Tübingen: Mohr Siebeck, 2011.

Kens, Paul: Lochner v. New York. Tradition or Change in Constitutional Law?, in: New York University Journal of Law & Liberty, Bd. 1 (2005), S. 404–431 (zit. 1 N.Y.U. J.L. & Liberty 404 [2005]).

Kent, James: An Introductory Lecture to a Course of Law Lectures. Delivered November 17, 1794, New York: Francis Childs, 1794, hier zitiert nach Kent's Introductory Lecture, in: Columbia Law Review, Bd. 3 (1903), S. 330–343 (zit. 3 Colum. L. Rev. 330 [1903])

ders.: Commentaries on American Law, Bd. I, New York: O. Halsted, 1826.

Kenyon, Cecilia M.: Men of Little Faith: The Anti-Federalists on the Nature of Representative Government, in: William and Mary Quarterly, Dritte Folge, Bd. 12 (1955), S. 3–43 (zit. 12 Wm. & Mary Q. 3 [1955])

dies.: Robert Yates, The Letters of Brutus, in: dies. (Hrsg.), The Antifederalists, 1966, Ndr. Boston: Northeastern University Press, 1985.

Kernell, Samuel: "The True Principles of Republican Government": Reassessing James Madison's Political Science, in: ders. (Hrsg.), James Madison. The Theory and Practice of Republican Government, Stanford (Calif., U.S.): Stanford University Press, 2003.

Kersch, Ken I.: Book Review, in: The Journal of Policy History, Bd. 23 (2011), S. 586–593.

Kersting, Wolfgang: Eintrag „Vertrag, Gesellschaftsvertrag, Herrschaftsvertrag", in: Geschichtliche Grundbegriffe, Bd. 6, hrsg. von Otto Brunner, Werner Conze und Reinhart Koselleck, Stuttgart: Klett-Cotta, 1990, S. 901–946.

Kidwell, Erin R.: The Paths of the Law: Historical Consciousness, Creative Democracy, and Judicial Review, in: Albany Law Review, Bd. 62 (1998), S. 91–146 (zit. 91 Alb. L. Rev. 91 [1998]).

Kielmansegg, P. Graf: Die Instanz des letzten Wortes. Verfassungsgerichtsbarkeit und Gewaltenteilung in der Demokratie, Stuttgart: Stiftung Bundespräsident-Theodor-Heuss-Haus, 2005.

ders.: Alexander Hamilton / James Madison / John Jay, Der Federalist (1788), in: Manfred Brocker (Hrsg.), Geschichte des politischen Denkens, Frankfurt a. M.: Suhrkamp, 2006, S. 349–363.

Kingreen, Thorsten / Poscher, Ralf: Grundrechte, Heidelberg: Müller, 35. Aufl. 2019.

Kirchhof, Paul: Das Grundgesetz – ein oft verkannter Glücksfall, in: DVBl. 2009, S. 541–552.

Kirsch, Martin: Monarch und Parlament im 19. Jahrhundert. Der monarchische Konstitutionalismus als europäischer Verfassungstyp – Frankreich im Vergleich, Göttingen: Vandenhoeck & Ruprecht, 1999.

Kischel, Uwe: Darf der Gesetzgeber das Bundesverfassungsgericht ignorieren? Zum erneuten Erlass für nichtig erklärter Gesetze, in: AöR 131 (2006), S. 219–254.

ders.: Der menschliche Faktor: Der Mythos der Jury im common law, in: Mensch und Recht. Festschrift für Eibe Riedel zum 70. Geburtstag, hrsg. von Dirk Hanschel u. a., Berlin: Duncker & Humblot, 2013 (zit. FS Riedel), S. 631–643.

Klarman, Michael J.: How Great Were the "Great" Marshall Court Decisions?, in Virginia Law Review, Bd. 87 (2001), S. 1111–1184 (zit. 87 Va. L. Rev. 1111 [2001]).

Klein, Eckart: Das richterliche Prüfungsrecht in den Vereinigten Staaten zu Beginn des vorigen Jahrhunderts. Zur Auslegung von Art. VI Abs. 2 US-Verfassung, in: ZaöRV 34 (1974), S. 83–111.

Klein, Hans H.: Gedanken zur Verfassungsgerichtsbarkeit, in: Verfassungsstaatlichkeit, Festschrift für Klaus Stern, hrsg. von Joachim Burmeister u. a., München: Beck, 1997 (zit. FS Stern, 1997), S. 1135–1154.

Kley, Andreas / Seferovic, Goran: Joseph Emanuel Sieyès – Verfassungsgerichtsbarkeit in der volonté générale, in: Thomas Simon / Johannes Kalwoda (Hrsg.), Schutz der Verfassung: Normen, Institutionen, Höchst- und Verfassungsgerichte (Der Staat, Beiheft 22), Berlin: Duncker & Humblot, 2014, S. 87–114.

Kloepfer, Michael: Verfassungsrecht, 2 Bde., München: Beck, 2010–2011.

Kluxen, Kurt: Geschichte und Problematik des Parlamentarismus, Frankfurt/M.: Suhrkamp, 1983.

Knapp, Aaron T.: Law's Revolutionary: James Wilson and the Birth of American Jurisprudence, in: Journal of Law and Politics, Bd. 29 (2014), S. 189–307 (zit. 29 J.L. & Pol. 189 [2014]).

Kocka, Jürgen / Haupt, Hans-G.: Comparison and Beyond. Traditions, Scope, and Perspectives of Comparative History, in: Hans-G. Haupt / Jürgen Kocka (Hrsg.), Comparative and Transnational History. Central European Approaches and Perspectives, New York und Oxford: Berghahn, 2009, S. 1–30.

Kommers, Donald P.: The Federal Constitutional Court in the German Political System, in: Comparative Political Studies (Comp. Pol. Stud.) 26 (1994), S. 470–491.

ders. / *Miller, Russell A.*: The Constitutional Jurisprudence of the Federal Republic of Germany, Durham (N. Car., U.S.) und London: Duke University Press, 3. Aufl. 2012.

Konig, David Th.: Theory and Practice of Constitutionalism in Pre-Revolutionary Massachusetts Bay: James Otis on the Writs of Assistance 1761, in: Dalhousie Law Journal, Bd. 8 (1984), S. 25–42 (zit. 8 Dalhousie L.J. 25 [1984]).

Kopp, Ferdinand O.: Handlungsspielräume der Verwaltung und Kontrolldichte gerichtlichen Rechtsschutzes, in: Volkmar Götz u. a. (Hrsg.), Die öffentliche Verwaltung zwischen Gesetzgebung und richterlicher Kontrolle, München: Beck, 1985, S. 146–164.

Korioth, Stefan: Die Bindungswirkung normverwerfender Entscheidungen des Bundesverfassungsgerichts für den Gesetzgeber, in: Der Staat 30 (1991), S. 549–571.

Kornhauser, Anne M.: Debating the American State. Liberal Anxieties and the New Leviathan, 1930–1970, Philadelphia: University of Pennsylvania University Press, 2015.

Kornhauser, Marjorie E.: Legitimacy and the Right to Revolution: The Role of Tax Protests and Anti-Tax Rhetoric in America, in: Buffalo Law Review, Bd. 50 (2002), S. 819–930 (zit. 50 Buff. L. Rev. 819 [2002]).

Kozinski, Alex / Williams, J. D.: It Is a Constitution We Are Expounding: A Debate, in Utah Law Review 1987, S. 977–994 (zit. 1997 Utah L. Rev 977).

Kozlowski, Mark: The Myth of the Imperial Judiciary. Why the Right is Wrong about the Courts, New York und London: New York University Press, 2003.

Kramer, Larry D.: Madison's Audience, in: Harvard Law Review, Bd. 112 (1999), S. 611–679 (zit. 112 Harv. L. Rev. 611 [1999]).

ders.: The Supreme Court 2000 Term, Foreword: We the Court, in: Harvard Law Review, Bd. 115 (2001), S. 5–169 (zit. 115 Harv. L. Rev 5 [2001]).

ders.: Marbury and the Retreat from Judicial Supremacy, in: Constitutional Commentary, Bd. 20 (2003), S. 205–230 (zit. 20 Const. Comment. 205 [2003]).

ders.: Understanding Marbury v. Madison, in: Proceedings of the American Philosophical Society, Bd. 148 (2004), S. 14–26 (zit. 148 Proc. Am. Phil. Soc'y 14 [2004]).

ders.: The People Themselves. Popular Constitutionalism and Judicial Review, Oxford, New York u. a.: Oxford University Press, 2004.

ders.: Judicial Supremacy and the End of Judicial Restraint, in: California Law Review, Bd. 100 (2012), S. 621–634 (zit. 100 Calif. L. Rev. 621 [2012]).

Kramnick, Isaac: Republican Revisionism Revisited, in: American Historical Review, Bd. 87 (1982), S. 629–664 (zit. 87 Am. Hist. Rev. 629 [1982]).

Kranenpohl, Uwe: Die Bedeutung von Interpretationsmethoden und Dogmatik in der Entscheidungspraxis des Bundesverfassungsgerichts, in: Der Staat 48 (2009), S. 387–409.

Kraus, Hans-Ch.: Englische Verfassung und politisches Denken im Ancien Régime, 1689 bis 1789, München: Oldenbourg Verlag, 2006.

Kriele, Martin: Der Supreme Court im Verfassungssystem der USA. Ein kritischer Bericht über neuere amerikanische Literatur, in: Der Staat 4 (1965), S. 195–214.

ders.: Recht und Politik in der Verfassungsrechtsprechung. Zum Problem des judicial self-restraint, in: NJW 1976, S. 777–783.

ders.: Theorie der Rechtsgewinnung. Entwickelt am Problem der Verfassungsinterpretation, Berlin: Duncker & Humblot, 2. Aufl. 1976.

Krüper, Julian: Das Glück der größten Zahl. Zum Mehrheitsprinzip als Funktionsregel im Verfassungsstaat, in: Zeitschrift für das juristische Studium (ZJS) 2009, S. 477–486.

ders.: Vier Wege zur Verfassungsgeschichte. Das Verhältnis von Staat, Religion und Kirchen im Spiegel verfassungsgeschichtlicher Methoden, in: Zeitschrift für das juristische Studium (ZJS) 2012, S. 9–23.

ders.: Die Verfassung der Berliner Republik. Verfassungsrecht und Verfassungsrechtswissenschaft in zeitgeschichtlicher Perspektive, Frankfurt a. M.: Max Planck Institute for European Legal History, Research Paper Series #8, 2015, über SSRN: http://ssrn.com/abstract =2660771, letzter Abruf am 23. September 2020.

Kulick, Andreas: Der Kristallisationspunkt moderner Verfassungstheorie: Werte, Verfassungsinterpretation und Gewaltenteilung in Obergefell v. Hodges, in: JZ 2016, S. 67–76.
Kurland, Philip B.: Mr. Justice Frankfurter and the Constitution, Chicago und London: The University of Chicago Press, 1971.
ders.: Judicial Review Revisited: "Original Intent" and "The Common Will", in: University of Cincinnati Law Review, Bd. 55 (1987), S. 733–743 (zit. 55 U. Cin. L. Rev. 733 [1987]).
Lacchè, Luigi: History & Constitution. Developments in European Constitutionalism: The Comparative Experience of Italy, France, Switzerland and Belgium (19th–20th Centuries), Frankfurt a. M.: Vittorio Klostermann, 2016.
Lachmeyer, Konrad: Verfassungsvergleichung durch Verfassungsgerichte – Funktion und Methode, in: Journal für Rechtspolitik (JRP) 18 (2010), S. 166–175.
Lain, Corinna Barret: Three Supreme Court Failures and a Story of Supreme Court Success, in: Vanderbilt Law Review, Bd. 69 (2016), S. 1019–1074 (zit. 69 Vand. L. Rev. 1019 [2016]).
Lamb, Charles M.: Judicial Restraint on the Supreme Court, in: Stephen C. Halpern / Charles M. Lamb (Hrsg.), Supreme Court Activism and Restraint, Lexington (Mass., U.S.) und Toronto: Lexington Books, 1982, S. 7–36.
Lambert, Richard M.: The "Ten Pound Act" Cases and the Origins of Judicial Review in New Hampshire, in: New Hampshire Bar Journal, Bd. 43 (2002), Heft 1, S. 37–55 (zit. 43 N.H. B.J. 37 [2002]).
Landfried, Christine: Bundesverfassungsgericht und Gesetzgeber. Wirkungen der Verfassungsrechtsprechung auf parlamentarische Willensbildung und soziale Realität, Baden-Baden: Nomos, 1984.
Lange, Friederike V.: Grundrechtsbindung des Gesetzgebers. Eine rechtsvergleichende Studie zu Deutschland, Frankreich und den USA, Tübingen: Mohr Siebeck, 2010.
Lange, Klaus: Rechtskraft, Bindungswirkung und Gesetzeskraft der Entscheidungen des Bundesverfassungsgerichts, in: Jus 1978, S. 1–8.
Larenz, Karl: Methodenlehre der Rechtswissenschaft, Berlin u. a.: Springer, 6. Aufl. 1991.
Lash, Kurt T.: The Lost Original Meaning of the Ninth Amendment, in: Texas Law Review, Bd. 83 (2004), S. 331–429 (zit. 83 Tex. L. Rev. 331 [2004]).
Laufer, Heinz: Verfassungsgerichtsbarkeit und politischer Prozeß. Studien zum Bundesverfassungsgericht der Bundesrepublik Deutschland, Tübingen: Mohr Siebeck, 1968.
Lawson, Gary: Proving the Law, in: Northwestern University Law Review, Bd. 86 (1992), S. 859–904 (zit. 86 Nw. U. L. Rev. 859 [1992]).
ders.: Interpretative Equality as a Structural Imperative (Or "Pucker Up and Settle This!"), in: Constitutional Commentary, Bd. 20 (2003), S. 379–386 (zit. 20 Const. Comment. 379 [2003]).
ders. / Moore, Christopher D.: The Executive Power of Constitutional Interpretation, in: Iowa Law Review, Bd. 81 (1996), S. 1267–1330 (zit. 81 Iowa L. Rev. 1267 [1996]).
Lechner, Hans / Zuck, Rüdiger: Bundesverfassungsgerichtsgesetz, München: Beck, 8. Aufl. 2019.
Lee, Evan T.: Judicial Restraint in America. How the Ageless Wisdom of the Federal Courts Was Invented, Oxford und New York: Oxford University Press, 2011.
Lee Malcolm, Joyce: Whatever the Judges Say It Is? The Founders and Judicial Review, in: Journal of Law and Politics, Bd. 26 (2010), S. 1–37 (zit. 26 J.L. & Pol. 1 [2010]).
Lege, Joachim: Pragmatismus und Jurisprudenz. Über die Philosophie des Charles Sanders Peirce und über das Verhältnis von Logik, Wertung und Kreativität im Recht, Tübingen: Mohr Siebeck, 1999.
Lehnig, Kirsten: Der verfassungsrechtliche Schutz der Würde des Menschen in Deutschland und den USA. Ein Rechtsvergleich, Münster (Westf.) u. a.: LitVerlag, 2003.

Leibholz, Gerhard (Hrsg.), Der Status des Bundesverfassungsgerichts, in: JöR N.F. 6 (1957), S. 109 ff.
Leitmeier, Lorenz: Dworkins Vermächtnis: Die einzig richtige Entscheidung, in: DRiZ 2013, S. 334–337.
Lembcke, Oliver W.: Hüter der Verfassung. Eine institutionentheoretische Studie zur Autorität des Bundesverfassungsgerichts, Tübingen: Mohr Siebeck, 2007.
Lemmings, David: The Independence of the Judiciary in Eighteenth-Century England, in: Peter Birks (Hrsg.), The Life of the Law. Proceedings of the Tenth British Legal History Conference, London (England) und Rio Grande (Ohio, U.S.): Hambledon Press, 1993, S. 125–149.
Lempert, Richard: The American Jury System: A Synthetic Overview, University of Michigan Public Law and Legal Theory Research Paper Series No. 453, 2015, über SSRN: http://ssrn.com/abstract=2595277, letzter Abruf am 23. September 2020.
Leonard, Gerald: Iredell Reclaimed: Farewell to Snowiss's History of Judicial Review, in: Chicago-Kent Law Review, Bd. 81 (2006), S. 867–882 (zit. 81 Chi.-Kent L. Rev. 867 [2006]).
ders.: Jefferson's Constitutions, in: Denis J. Galligan (Hrsg.), Constitutions and the Classics, Oxford: Oxford University Press, 2014, S. 369–388.
Lepsius, Oliver: Verwaltungsrecht unter dem Common Law. Amerikanische Entwicklungen bis zum New Deal, Tübingen: Mohr Siebeck, 1997.
ders.: Die Begründung der Verfassungsrechtswissenschaft in Großbritannien durch A. V. Dicey, in: Zeitschrift für neuere Rechtsgeschichte (ZNR) 29 (2007), S. 47–59.
ders.: Was kann die deutsche Staatsrechtslehre von der amerikanischen Rechtswissenschaft lernen?, in: Helmuth Schulze-Fielitz (Hrsg.), Staatsrechtslehre als Wissenschaft (Die Verwaltung, Beiheft 7), Berlin: Duncker & Humblot, 2007, S. 319–366.
ders.: Zur Bindungswirkung von Bundesverfassungsgerichtsentscheidungen, in: Realitätsprägung durch Verfassungsrecht, Kolloquium aus Anlass des 80. Geburtstages von Peter Lerche, hrsg. von Rupert Scholz u. a., Berlin: Duncker & Humblot, 2008, S. 103–117.
ders.: Anmerkung, in: JZ 2009, S. 260–263.
ders.: Vom Reiz der US-amerikanischen Rechtsgeschichte, in: Rechtsgeschichte (Rg), Bd. 19 (2011), S. 190–199.
ders.: Rechtswissenschaft in der Demokratie, in: Der Staat 52 (2013), S. 157–186.
Lerg, Charlotte: Amerika als Argument. Die deutsche Amerika-Forschung im Vormärz und ihre politische Deutung in der Revolution 1848/49, Bielefeld: transcript, 2011.
Lettow, Renée B.: New Trial for Verdict Against Law: Judge-Jury Relations in Early Nineteenth-Century America, in: Notre Dame Law Review, Bd. 71 (1996), S. 505–553 (zit. 71 Notre Dame L. Rev. 505 [1996]).
Levinson, Sanford: Constitutional Faith, Princeton: Princeton University Press, 1988.
ders.: Constitutional Protestantism in Theory and Practice: Two Questions for Michael Stokes Paulsen and One for His Critics, in: Georgetown Law Journal, Bd. 83 (1994), S. 373–384 (zit. 83 Geo. L.J. 373 [1994]).
ders.: Why I Do Not Teach Marbury (Except to Eastern Europeans) And Why You Shouldn't Either, in: Wake Forest Law Review, Bd. 38 (2003), S. 553–578 (zit. 38 Wake Forest L. Rev. 553 [2003]).
ders.: An Argument Open to All. Reading the Federalist in the Twenty-First Century, New Haven (Conn., U.S.) und London (England): Yale University Press, 2015.
ders. / Balkin, Jack M.: What Are the Facts of Marbury v. Madison, in: Constitutional Commentary, Bd. 20 (2003), S. 255–281 (zit. 20 Const. Comment. 255 [2003]).
Levy, Leonard W.: Did the Zenger Case Really Matter? Freedom of the Press in Colonial New York, in: William and Mary Quarterly, Dritte Folge, Bd. 17 (1960), S. 35–50 (zit. 17 Wm. & Mary Q. 35 [1960]).

ders.: Judicial Review, History, and Democracy, in: Judicial Review and the Supreme Court, hrsg. von Leonard Levy, New York: Harper & Row, 1967, S. 1–42.

ders.: Original Intent and the Framers' Constitution, New York und London: Macmillan, 1988.

Leyland, Peter: The Constitution of the United Kingdom. A Contextual Analysis, Oxford und Portland (OR, U.S.): Hart, 2. Aufl. 2012.

Library of Congress / Ford, Worthington C. (Hrsg.): Journals of the Continental Congress, 1774–1789, Bd. I, 1774, Washington, D.C.: Government Printing Office, 1904.

Limbach, Jutta: Wirkungen der Rechtsprechung des Bundesverfassungsgerichts, in: Richterliches Arbeitsrecht. Festschrift für Thomas Dieterich, hrsg. von Peter Hanau u. a., München: Beck, 1999 (zit. FS Dieterich), S. 337–344.

Linde, Hans: Judges, Critics, and the Realist Tradition, in: Yale Law Journal, Bd. 82 (1972), S. 227–256 (zit. 82 Yale L.J. 227 [1972]).

Lindquist, Stefanie / Cross, Frank B.: Measuring Judicial Activism, Oxford u. a.: Oxford University Press, 2009.

Linke, Tobias: Entstehung und Fortbildung des Enquete- und Untersuchungsrechts in Deutschland. Rechtsentwicklungen aus 200 Jahren, Berlin: Duncker & Humblot, 2015.

Livingston, John C. / Thompson, Robert G.: The Consent of the Governed, New York: Macmillan, 1963.

Locke, John: Two Treatises of Government, 1689, hrsg. von Peter Laslett, London, New York, u. a.: Cambridge University Press, 1960 (Ndr. 1964).

Loewenstein, Karl: Verfassungsrecht und Verfassungspraxis der Vereinigten Staaten, Berlin u. a.: Springer, 1959.

ders.: Staatsrecht und Staatspraxis von Großbritannien, 2 Bde., Berlin u.a.: Springer, 1967.

Lofgren, Charles A.: Original Understanding of Original Intent, in: Constitutional Commentary, Bd. 5 (1988), S. 77–114 (zit. 5 Const. Comment. 77 [1988]).

Long, Carolyn N.: Origins of the Fourth Amendment, in: Insights on Law and Society, Bd. 11/2 (Mai 2011), S. 4–29 (zit. 11 Insights on L. & Soc'y 4 [2/2011]).

Lorz, Ralph A.: Interorganrespekt im Verfassungsrecht. Funktionenzuordnung, Rücksichtnahmegebote und Kooperationsverpflichtungen. Eine rechtsvergleichende Analyse anhand der Verfassungssysteme der Bundesrepublik Deutschland, der Europäischen Union und der Vereinigten Staaten, Tübingen: Mohr Siebeck, 2001.

Loughlin, Martin: Großbritannien, in: Armin von Bogdandy / Pedro Cruz Villalón / Peter M. Huber (Hrsg.), Handbuch Ius Publicum Europaeum, Bd. I, Heidelberg: Müller, 2007, § 4.

ders.: The Constitutional Imagination, in: Modern Law Review (MLR), Bd. 78 (2015), S. 1–25.

Löwer, Wolfgang: Zuständigkeiten und Verfahren des Bundesverfassungsgerichts, in: Josef Isensee / Paul Kirchhof (Hrsg.), Handbuch des Staatsrechts, Bd. III, Heidelberg: Müller, 3. Aufl. 2005, § 70.

Luban, David: Justice Holmes and the Metaphysics of Judicial Restraint, in: Duke Law Journal, Bd. 44 (1994), S. 449–523 (zit. 44 Duke L.J. 449 [1994]).

Lübbe-Wolff, Gertrude: Wie funktioniert das Bundesverfassungsgericht?, Osnabrück: Universitätsverlag Osnabrück, 2015.

Luhmann, Niklas: Verfassung als evolutionäre Errungenschaft, in: Rechtshistorisches Journal, Bd. 9 (1990), S. 176–220.

Lundmark, Thomas: Stare decisis vor dem Bundesverfassungsgericht, in: Rechtstheorie 28 (1997), S. 315–345.

Lusky, Louis: Footnote Redux: A Carolene Products Reminiscence, in: Columbia Law Review, Bd. 82 (1982), S. 1093–1109 (zit. 82 Colum. L. Rev. 1093 [1982]).

MacKay, Robert: Coke. Parliamentary Sovereignty or the Supremacy of the Law?, in: Michigan Law Review, Bd. 22 (1924), S. 215–247 (zit. 22 Mich. L. Rev. 215 [1924]).

Macpherson, Crawford B.: Political Theory of Possessive Individualism. Hobbes to Locke, London, Glasgow u. a.: Oxford University Press, 1962.

Madison, James: The Writings of James Madison Comprising His Public Papers and His Private Correspondence, Including His Numerous Letters and Documents Now for the First Time Printed, Bd. VIII, 1808–1819, hrsg. von Gaillard Hunt, New York und London: G. P. Putnam's Sons, 1908.

ders.: Madison's "Detached Memoranda", hrsg. von Elizabeth Fleet, in: William and Mary Quarterly, Dritte Folge, Bd. 3 (1946), S. 534–568 (zit. 3 Wm. & Mary Q. 534 [1987]).

ders.: Writings, hrsg. von Jack Rakove, New York: The Library of America, 1999.

Maggs, Gregory E.: A Concise Guide to the Federalist Papers as a Source of the Original Meaning of the United States Constitution, in: Boston University Law Review, Bd. 87 (2007), S. 801–847 (zit. 87 B.U. L. Rev. 801 [2007]).

Maier, Hans: Dritte Gewalt und Grundgesetz. Nach vierzig Jahren, in: NJW 1989, S. 3202–3205.

Maier, Pauline: Ratification. The People Debate the Constitution, 1787–1788, New York, London u. a.: Simon & Schuster, 2010.

Main, Jackson T.: The Antifederalists. Critics of the Constitution 1781–1788, Raleigh (N.C., U.S.): University of North Carolina Press, 1961.

ders.: Political Parties before the Constitution, Chapel Hill und Williamsburg: University of North Carolina Press / Institute of Early American History and Culture, 1973.

Maitland, Frederic W.: Domesday Book and Beyond. Three Essays in the Early History of England, Cambridge (England), u. a.: Cambridge University Press, 1897 (Ndr. 1907).

ders.: The Constitutional History of England. A Course of Lectures, Cambridge (England): Cambridge University Press, 1908 (Ndr. 1909).

von *Mangoldt, Hermann / Klein, Friedrich / Starck, Christian* (Begr.), Grundgesetz, 3 Bde., München: Beck, 7. Aufl. 2018.

Mansell, John N. K.: Flag State Responsibility. Historical Development and Contemporary Issues, Heidelberg u. a.: Springer, 2009.

Marcic, René: Vom Gesetzesstaat zum Richterstaat. Recht als Maß der Macht / Gedanken über den demokratischen Rechts- und Sozialstaat, Wien: Springer, 1957.

ders.: Verfassung und Verfassungsgericht, Wien: Springer, 1963.

Marcus, Maeva: Judicial Review in the Early Republic, in: Ronald Hoffman / Peter J. Albert (Hrsg.), Launching the "Extended Republic." The Federalist Era, Charlottesville (VA, U.S.) und London: University Press of Virginia, 1996, S. 25–53.

dies. u. a. (Hrsg.): The Documentary History of the Supreme Court of the United States, 1789–1800, Bd. VII, Cases: 1796–1797, New York und Chichester (England): Columbia University Press, 2003.

Marke, Julius J.: Peter Zenger's Trial, in: Litigation, Bd. 6, 4. Ausgabe 1980, S. 41–44, 54–55 (zit. 6 Litigation 41 [Issue 4, 1980]).

Marshall, John: The Papers of John Marshall, Bd. 1, Correspondence and Papers, November 10–June 23, 1788, Account Book, September 1783–June 1788, hrsg. von Herbert A. Johnson / Charles T. Cullen / Nancy G. Harris, Chapel Hill und Williamsburg: University of North Carolina Press / Institute of Early American History and Culture, 1974.

Martin, James P.: When Repression Is Democratic and Constitutional: The Federalist Theory of Representation and the Sedition Act of 1798, in: University of Chicago Law Review, Bd. 66, S. 117–182 (zit. 66 U. Chi. L. Rev. 117 [1999]).

Marx, Karl: Zur Kritik der politischen Ökonomie, 1859, in: Karl Marx – Friedrich Engels – Werke, Bd. 13, hrsg. vom Institut für Marxismus-Leninismus beim ZK der SED (zit. MEW), Berlin: Dietz, 1961, S. 3 ff.

Mason, Alpheus Th.: Understanding the Warren Court: Judicial Self-Restraint and Judicial Duty, in: Political Science Quarterly, Bd. 81 (1966), S. 523–563 (zit. 81 Pol. Sci. Q. 523 [1966]).
ders.: The Supreme Court. Palladium of Freedom, Ann Arbor: The University of Michigan Press, 1962.
Maunz, Theodor / Schmidt-Bleibtreu, Bruno / Klein, Franz / Bethge, Herbert (Hrsg.), Bundesverfassungsgerichtsgesetz. Kommentar, 2 Bde., München: Beck, Loseblatt, Stand Juni 2019.
Maunz, Theodor / Dürig , Günther (Begr.): Grundgesetz, 7 Bde., München: Beck, Loseblatt, Stand Aug. 2019.
Maurer, Hartmut: Das richterliche Prüfungsrecht zur Zeit der Weimarer Verfassung. Ein Beitrag zum historischen Vorverständnis des Art. 100 GG, in: DÖV 1963, S. 683–688.
Maus, Ingeborg: Zur Aufklärung der Demokratietheorie. Rechts- und demokratietheoretische Überlegungen im Anschluss an Kant, Frankfurt a. M.: Suhrkamp, 1994 (zuerst 1992).
Mayer, David: English Radical Whig Origins of American Constitutionalism, in: Washington University Law Quarterly, Bd. 70 (1992), S. 131–208 (zit. 70 Wash. U. L. Q. 131 [1992]).
McAffee, Thomas C.: Book Review, in: American Journal of Legal History, Bd. 36 (1992), S. 399–401 (zit. 36 Am. J. Legal Hist. 399 [1992]).
McClanahan, Jon P.: The 'True' Right to Trial by Jury: The Founders' Formulation and Its Demise, in: West Virginia Law Review, Bd. 111 (2009), S. 791–830 (zit. 111 W. Va. L. Rev. 791 [2009]).
McCloskey, Robert G.: The American Supreme Court, Chicago und London: The University of Chicago Press, (von S. Levinson überarbeitete) 6. Aufl. 2016.
McDonald, Forrest (Hrsg.): Empire and Nation: Letters from a Farmer in Pennsylvania (John Dickinson). Letters from the Federal Farmer (Richard Henry Lee), Indianapolis, Ind.: Liberty Fund, 2. Aufl. 1999.
McGinnis, John: The Duty of Clarity, in: George Washington Law Review, Bd. 84 (2016), S. 843–919 (zit. 84 Geo. Wash. L. Rev. 843 [2016]).
McGowan, David: Ethos in Law and History: Alexander Hamilton, the Federalist, and the Supreme Court, in: Minnesota Law Review, Bd. 85 (2001), S. 755–898 (zit. 85 Minn. L. Rev. 755 [2001]).
McIlwain, Charles H.: The High Court of Parliament and Its Supremacy. An Historical Essay on the Boundaries Between Legislation and Adjudication in England, New Haven (Conn., U.S.) und London: Yale University Press / Oxford University Press, 2010.
ders.: The American Revolution. A Constitutional Interpretation, New York: Macmillan, 1924, Nachdruck, Clark (NJ, U.S.): The Lawbook Exchange, 2006.
ders.: The Tenure of the English Judges, 1912, in: *ders.*, Constitutionalism & the Changing World. Collected Papers, Cambridge (England): Cambridge University Press, 1939, Nachdruck 1969, S. 294–307.
ders.: The Transfer of the Charter to New England and Its Significance in American Constitutional History, 1929, in: Constitutionalism & the Changing World. Collected Papers, Cambridge (England): Cambridge University Press, 1939, Nachdruck 1969, S. 231–243.
ders.: Constitutionalism. Ancient and Modern, Ithaca (NY, U.S.): Cornell University Press, Revised Edition 1947.
McWhinney, Edward: A Supreme Court in a Federal State. Its Organization and Philosophy, in: JöR N.F. 7 (1958), S. 155–166.
Meese, Alan J.: Will, Judgement, and Economic Liberty: Mr. Justice Souter and the Mistranslation of the Due Process Clause, in: William & Mary Law Review, Bd. 41 (1999), S. 3–61 (zit. 41 Wm. & Mary L. Rev. 3 [1999]).

Meese, Edwin III: The Law of the Constitution, in: Tulane Law Review, Bd. 61 (1987), S. 979–990 (zit. 61 Tul. L. Rev. 979 [1987]).
Mendelson, Wallace: Jefferson on Judicial Review: Consistency Through Change, in: University of Chicago Law Review, Bd. 29 (1962), S. 327–337 (zit. 29 U. Chi. L. Rev. 327 [1962]).
ders.: The Influence of James B. Thayer upon the Work of Holmes, Brandeis, and Frankfurter, in: Vanderbilt Law Review, Bd. 31 (1978), S. 71–87 (zit. 31 Vand. L. Rev. 71 [1978]).
Mengel, Hans-J.: Die verfahrensmäßigen Pflichten des Gesetzgebers und ihre verfassungsgerichtliche Kontrolle, in: ZG 1990, S. 193–212.
Merkl, Adolf: Die Lehre von der Rechtskraft. Entwickelt aus dem Rechtsbegriff, Leipzig und Wien: Deuticke, 1923.
Merrill, Thomas W.: Judicial Opinions as Binding Law and As Explanations for Judgments, in: Cardozo Law Review, Bd. 15 (1993), S. 43–79 (zit. 15 Cardozo L. Rev. 43 [1993]).
Meßerschmidt, Klaus: Gesetzgebungsermessen, Berlin: Berliner Wissenschafts-Verlag, 2000.
Michael, Helen K.: The Role of Natural Law in Early American Constitutionalism: Did the Founders Contemplate Judicial Enforcement of "Unwritten" Individual Rights?, in: North Carolina Law Review, Bd. 69 (1991), S. 421–490 (zit. 69 N.C. L. Rev. 421 [1991]).
Mihm, Stephen: Funding the Revolution: Monetary and Fiscal Policy in Eighteenth-Century America, in: Edward Gray / Jane Kamensky (Hrsg.), The Oxford Handbook of the American Revolution, Oxford, New York u. a.: Oxford University Press, 2013, S. 327–351.
Miliopoulos, Lazaros: Atlantische Zivilisation und transatlantisches Verhältnis. Politische Idee und Wirklichkeit, Wiesbaden: Verlag für Sozialwissenschaften, 2007.
Mill, John St.: Betrachtungen über [die] Repräsentativ-Regierung, 1861, in: John Stuart Mills Gesammelte Werke, Bd. VIII, hrsg. und übersetzt von Theodor Gomperz, Leipzig: Fues's Verlag, 1873.
Miller, Geoffrey P.: The President's Power of Interpretation: Implications of a Unified Theory of Constitutional Law, in: Law and Contemporary Problems, Bd. 56 (1993), S. 35–61 (zit. 56 Law & Contemp. Probs. 35 [1993]).
Miller, Joshua: The Ghostly Body Politic. The Federalist Papers and Popular Sovereignty, in: Political Theory, Bd. 16 (1988), S. 99–119.
Millet, Thomas: The Supreme Court, Political Questions, and Article V – A Case for Judicial Restraint, in: Santa Clara Law Review, Bd. 23 (1983), S. 745–768 (zit. 23 Santa Clara L. Rev. 745 [1983]).
Moeller, Svend: Kontrollen im öffentlichen Recht und Demokratiegebot in Schweden. Eine Besonderheit in Europa. Offentlig rättskontroll och inställningen till demokratin i Sverige. Ett specialfall i Europa, Münster (Westf.) u. a.: LitVerlag, 2004.
Moench, Christoph: Verfassungswidriges Gesetz und Normenkontrolle. Die Problematik der verfassungsgerichtlichen Sanktion, dargestellt anhand der Rechtsprechung des Bundesverfassungsgerichts, Baden-Baden: Nomos, 1977.
von Mohl, Robert: Das Bundes-Staatsrecht der Vereinigten Staaten von Nord-Amerika, Erste Abtheilung: Verfassungs-Recht, Stuttgart und Tübingen: J. G. Cotta, 1824.
ders.: Die Geschichte und Literatur der Staatswissenschaften. In Monographieen dargestellt, erster Band, Erlangen: Ferdinand Enke, 1855.
ders.: Ueber die rechtliche Bedeutung verfassungswidriger Gesetze, in: Staatsrecht, Völkerrecht und Politik, Monographieen von Robert von Mohl, Erster Band, Staatsrecht und Völkerrecht, Tübingen: Laupp, 1860.

Mohnhaupt, Heinz / Grimm, Dieter: Verfassung. Zur Geschichte des Begriffs von der Antike bis zur Gegenwart, Berlin: Duncker & Humblot, 2. Aufl. 2002.
Möllers, Christoph: Staat als Argument, München: Beck, 2000.
ders.: Gewaltengliederung. Legitimation und Dogmatik im nationalen und internationalen Rechtsvergleich, Tübingen: Mohr Siebeck, 2005.
ders.: Der vermisste Leviathan. Staatstheorie in der Bundesrepublik, Frankfurt a. M.: Suhrkamp, 2008.
ders.: Methoden, in: Grundlagen des Verwaltungsrechts, Bd. I, Methoden – Maßstäbe – Aufgaben – Organisation, hrsg. von Wolfgang Hoffman-Riem / Eberhard Schmidt-Aßmann / Andreas Voßkuhle, München: Beck, 2. Aufl. 2012, § 3.
ders.: Die Drei Gewalten. Legitimation der Gewaltengliederung in Verfassungsstaat, Europäischer Integration und Internationalisierung, Weilerswist: Velbrück, 2. Aufl. 2015.
Moltmann, Günter: Amerikanische Beiträge zur deutschen Verfassungsdiskussion 1848, in: Jahrbuch für Amerikastudien 12 (1967), S. 206–226.
Monaghan, Henry: Constitutional Adjudication: The Who and When, in: Yale Law Journal, Bd. 82 (1973), S. 1363–1397 (zit. 82 Yale L.J. 1363 [1973]).
ders.: Marbury and the Administrative State, in: Columbia Law Review, Bd. 83 (1983), S. 1–34 (zit. 83 Colum. L. Rev. 1 [1983]).
de Montesquieu, Charles: Vom Geist der Gesetze, 1748, übers. und hrsg. von Friedrich A. Frhr. von der Heydte, Berlin: De Gruyter, 1950.
ders.: Vom Geist der Gesetze, 1748, übers. und hrsg. von Kurt Weigand, Stuttgart: Reclam, 2. Aufl. 1994 (bibliographisch ergänzte Ausgabe von 2011).
Morgan, Edmund S.: Inventing the People. The Rise of Popular Sovereignty in England and America, New York und London: W.W. Norton, 1988.
ders. / Morgan, Helen M.: The Stamp Act Crisis. Prologue to Revolution, Williamsburg (VA, U.S.) und Chapel Hill: Institute for Early American History and Culture / University of North Carolina Press, 1953, Nachdruck mit neuem Vorwort 1995.
Morlok, Martin: Was heißt und zu welchem Ende studiert man Verfassungstheorie?, Berlin: Duncker & Humblot, 1988.
Mückl, Stefan: Abstrakte Normenkontrolle, in: Rechtsschutz im Öffentlichen Recht, hrsg. von Dirk Ehlers und Friedrich Schoch, Berlin: De Gruyter, 2009, § 15.
Müller, Friedrich: Arbeitsmethoden des Verfassungsrechts, 1972, hier zitiert nach Hans-J. Koch (Hrsg.), Seminar: Die juristische Methode im Staatsrecht, 1977, S. 508–552.
ders. / Christensen, Ralph: Juristische Methodik, Bd. I, Grundlegung für die Arbeitsmethoden der Rechtspraxis, Berlin: Duncker & Humblot, 11. Aufl. 2013.
Müller, Reinhard: Der Karlsruher Blick, in Frankfurter Allgemeine Zeitung Nr. 90 vom 16. 4. 2014, S. 1.
von Münch, Ingo / Kunig, Philip (Hrsg.), Grundgesetz. Kommentar, 2 Bde., München: Beck, 6. Aufl. 2012.
Murphy, Walter F.: Who Shall Interpret? The Quest for the Ultimate Constitutional Interpreter, in: Review of Politics, Bd. 48 (1986), S. 401–423 (zit. 48 Rev. Pol. 401 [1986]).
Murswiek, Dietrich: Der Umfang der verfassungsgerichtlichen Kontrolle staatlicher Öffentlichkeitsarbeit. Zum „Grundsatz des judicial self-restraint", in: DÖV 1982, S. 529–541.
ders.: Paradoxa der Demokratie. Über Volkssouveränität und Normbindung, in: JZ 2017, S. 53–61.
Muß, Florian: Präsident und Ersatzmonarch. Die Erfindung des Präsidenten als Ersatzmonarch in der amerikanischen Verfassungsdebatte und Verfassungspraxis, München: Herbert Utz Verl., 2013.
Nagel, Robert F.: Marbury v. Madison and Modern Judicial Review, in: Wake Forest Law Review, Bd. 38 (2003), S. 613–633 (zit. 38 Wake Forest L. Rev. 613 [2003]).

Narret, David E.: A Zeal for Liberty: The Antifederalist Case Against the Constitution in New York, in: New York History, Bd. 69 (1988), S. 285–317.

Nawiasky, Hans: Die Gleichheit vor dem Gesetz im Sinne des Art. 109 der Reichsverfassung, in: VVDStRL 3 (1927), S. 25–43.

Nelson, Eric: The Royalist Revolution. Monarchy and the American Founding, Cambridge (Mass., U.S.) und London: Belknap / Harvard University Press, 2014.

Nelson, William E.: Changing Conceptions of Judicial Review: The Evolution of Constitutional Theory in the States, 1790–1860, in: University of Pennsylvania Law Review, Bd. 120 (1972), S. 1166–1185 (zit. 120 U. Pa. L. Rev. 1166 [1972]).

ders.: Marbury v. Madison. The Origins and Legacy of Judicial Review, Lawrence (KS, U.S.): University Press of Kansas, 2000.

ders.: The Province of the Judiciary, in: John Marshall Law Review, Bd. 37 (2004), S. 325–356 (zit. 37 J. Marshall L. Rev. 325 [2004]).

ders.: The Historical Foundations of the American Judiciary, in: Kermit L. Hall / Kevin T. McGuire (Hrsg.), The Judicial Branch, Oxford, New York u. a.: Oxford University Press, 2005, S. 3–31.

ders.: The Lawfinding Power of Colonial Juries, in: Ohio State Law Journal, Bd. 71 (2010), S. 1003–1029 (zit. 71 Ohio St. L.J. 1003 [2010]).

ders.: Political Decision Making by Informed Juries, in: William and Mary Law Review, Bd. 55 (2014), S. 1149–1166 (zit. 55 Wm. & Mary L. Rev. 1149 [2014]).

Newmyer, R. Kent: Chief Justice Marshal in the Context of His Times, in: Washington and Lee Law Review, Bd. 56 (1999), S. 841–848 (zit. 56 Wash. & Lee L. Rev. 841 [1999]).

ders.: John Marshall as an American Original: Some Thoughts on Personality and Judicial Statesmanship, in: University of Colorado Law Review, Bd. 71 (2000), S. 1365–1383 (zit. 71 U. Colo. L. Rev. 1365 [2000]).

ders.: John Marshall and the Heroic Age of the Supreme Court, Baton Rouge: Louisiana State University Press, 2001.

ders.: A Judge for All Seasons, in: William & Mary Law Review, Bd. 43 (2002), S. 1463–1494 (zit. 43 Wm. & Mary L. Rev. 1463 [2002]).

Neumann, Ulfrid: Theorie der juristischen Argumentation, in: Winfried Brugger / Ulfrid Neumann / Stephan Kirste (Hrsg.), Rechtsphilsophie im 21. Jahrhundert, Frankfurt a. M.: Suhrkamp, 2008.

Nicoletti, Cynthia: The American Civil War as a Trial by Battle, in: Law and History Review, Bd. 28 (2010), S. 71–110 (zit. 28 Law & Hist. Rev. 71 [2010]).

Noll, Alfred J.: Internationale Verfassungsgerichtsbarkeit. Fragen der Verfassungsgerichtsbarkeit in Großbritannien, der USA, Frankreich, Italien und Japan, Wien: Verlag der Österr. Staatsdruckerei, 1992.

Novak, Daniel: Economic Activism and Restraint, in: Stephen C. Halpern / Charles M. Lamb (Hrsg.), Supreme Court Activism and Restraint, Lexington (Mass., U.S.) und Toronto: Lexington Books, 1982, S. 77–101.

Nowak, John E. / Rotunda, Ronald E.: Constitutional Law, St. Paul: Thomson Reuters / West, 8. Aufl. 2010.

O'Connor, Sharon Hamby / Bilder, Mary: Appeals to the Privy Council before American Independence: An Annotated Digital Catalogue. A Tribute to Morris L. Cohen (1927–2010), Law Library Journal, Bd. 104 (2012), S. 83–97 (zit. 104 Law Libr. J. 83 [2012]).

O'Fallon, James M.: Marbury, in: Stanford Law Review, Bd. 44 (1992), S. 219–260 (zit. 44 Stan. L. Rev. 219 [1992]).

Ogorek, Renate: Richterliche Normenkontrolle im 19. Jahrhundert: Zur Rekonstruktion einer Streitfrage, in: Zeitschrift für neuere Rechtsgeschichte (ZNR) 11 (1989), S. 12–38.

Olken, Samuel R.: The Ironies of Marbury v. Madison and John Marshall's Judicial Statesmanship, in: John Marshall Law Review, Bd. 37 (2004), S. 391–439 (zit. 37 J. Marshall L. Rev. 391 [2004]).

O'Neill, Johnathan: Marbury v. Madison at 200: Revisionist Scholarship and the Legitimacy of American Judicial Review, in: The Modern Law Review (MLR), Bd. 65 (2002), S. 792–802.

van Ooyen, Robert Ch.: Der Begriff des Politischen des Bundesverfassungsgerichts, Berlin: Duncker & Humblot, 2005.

ders.: Der Streit um die Staatsgerichtsbarkeit in Weimar aus demokratietheoretischer Sicht: Triepel – Kelsen – Schmitt – Leibholz, in: Robert Christian van Ooyen / Martin H. W. Möllers (Hrsg.), Das Bundesverfassungsgericht im politischen System, Wiesbaden: Verlag für Sozialwissenschaften, 2006, S. 99–113.

Orth, John V.: Exporting the Rule of Law, in: North Carolina Journal of International Law and Commercial Regulation, Bd. 24 (1998), S. 71–82 (zit. 24 N.C.J. Int'l L. & Com. Reg. 71 [1998]).

ders.: Did Sir Edward Coke Mean What He Said?, in: Constitutional Commentary, Bd. 16 (1999), S. 33–38 (zit. 16 Const. Comment. 33 [1999]).

Ossenbühl, Fritz: Verfassungsgerichtsbarkeit und Gesetzgebung, in: Verfassungsgerichtsbarkeit und Gesetzgebung. Symposion aus Anlaß des 70. Geburtstages von Peter Lerche, hrsg. von Peter Badura und Rupert Scholz, München: Beck, 1998, S. 75–98.

Paine, Thomas: Common Sense, 1776, in: The Writings of Thomas Paine, Bd. I, 1774–1779, hrsg. von Moncure D. Conway, New York: G. P. Putnam's Sons, 1894, S. 67–120.

ders.: Rights of Man: Being an Answer to Mr. Burke's Attack on the French Revolution, London: J. Johnson, St. Paul's Church-Yard, 1791.

Palmer, Robert R.: Das Zeitalter der demokratischen Revolution. Eine vergleichende Geschichte Europas und Amerikas von 1760 bis zur Französischen Revolution, zuerst 1959 in englischer Sprache erschienen, übersetzt von Herta Lazarus, Frankfurt a. M.: Akad. Verlagsges. Athenaion, 1970.

Parmenter, Andrew J.: Nullifying the Jury: "The Judicial Oligarchy" Declares War on Jury Nullification, in: Washburn Law Journal, Bd. 46 (2007), S. 379–428 (zit. 46 Washburn L. J. 379 [2007]).

Patterson, C. Perry: The Development and Evaluation of Judicial Review, in: Washington Law Review and State Bar Journal, Bd. 13 (1938), S. 75–80 (zit 13 Wash. L. Rev. & St. B. J. 75 [1938]).

Paulsen, Michael S.: The Most Dangerous Branch: Executive Power to Say What the Law Is, in: Georgetown Law Journal, Bd. 83 (1994), S. 217–345 (zit. 83 Geo. L.J. 217 [1994]).

ders.: Nixon Now: The Courts and the Presidency after Twenty-five Years, in: Minnesota Law Review, Bd. 83 (1999), S. 1337–1404 (zit. 83 Minn. L. Rev. 1337 [1999]).

ders.: Abrogating Stare Decisis by Statute: May Congress Remove the Precedential Effect of Roe and Casey?, in: Yale Law Journal, Bd. 109 (2000), S. 1535–1602 (zit. 109 Yale L.J. 1535 [2000]).

ders.: The Irrepressible Myth of Marbury, in: Michigan Law Review, Bd. 101 (2003), S. 2706–2707 (101 Mich. L. Rev. 2706 [2003]).

ders.: Marbury's Wrongness, in: Constitutional Commentary, Bd. 20 (2003), S. 343–357 (zit. 20 Const. Comment. 343 [2003]).

Paulson, Stanley L.: Constitutional Review in the United States and Austria. Notes on the Beginnings, in: Ratio Juris 16 (2003), S. 223–239.

Peine, Franz-J.: Normenkontrolle und konstitutionelles System, in: Der Staat 22 (1983), S. 521–549.

Pendleton, Edmund: The Letters and Papers of Edmund Pendleton, 1734–1803, Bd. 2, hrsg. von David J. Mays, Charlottesville: The University Press of Virginia (Published for the Virginia Historical Society), 1967.

Pfander, James: Marbury, Original Jurisdiction, and the Supreme Court's Supervisory Powers, in: Columbia Law Review, Bd. 101 (2001), S. 1515–1612 (zit. 101 Colum. L. Rev. 1515 [2011]).

von der Pfordten, Dietmar: Normativer Individualismus und das Recht, in: JZ 2005, S. 1069–1080.

Phillips, O. Hood: Self-Limitation by the United Kingdom Parliament, in: Hastings Constitutional Law Quarterly, Bd. 2 (1975), S. 443–478 (zit. 2 Hastings Const. L.Q. 443 [1975]).

Pieper, Stefan U.: Gesetzgebungsverfahren, in: Martin Morlok / Utz Schliesky / Dieter Wiefelspütz (Hrsg.): Parlamentsrecht. Praxishandbuch, Baden-Baden: Nomos, 2016, §40.

Pieroth, Bodo: Amerikanischer Verfassungsexport nach Deutschland, in: NJW 1989, S. 1333–1337.

Pilny, Karin L.: Präjudizienrecht im anglo-amerikanischen und im deutschen Recht, Baden-Baden: Nomos, 1993.

Plasencia, Madeleine M.: No Right to Lie, Cheat, or Steal: Public Good v. Private Order, in: University of Miami Law Review, Bd. 68 (2014), S. 677–761 (zit. 68 U. Miami L. Rev. 677 [2014]).

Plucknett, Theodore: Bonham's Case and Judicial Review, in: Harvard Law Review, Bd. 40 (1926), S. 30–70 (zit. 40 Harv. L. Rev. 30 [1926]).

Pocock, J. G. A.: Machiavelli, Harrington, and English Political Ideologies in the Eighteenth Century, in: William and Mary Quarterly, Dritte Folge, Bd. 22 (1965), S. 549–583 (zit. 22 Wm. & Mary Q. 549 [1965]).

ders.: The Ancient Constitution and the Feudal Law. A Study of English Historical Thought in the Seventeenth Century, Cambridge (England) und New York: Cambridge University Press, 2. Aufl. 1987.

Pole, Jack R.: The Pursuit of Equality in American History, Berkley (Calif., U.S.) u. a.: University of California Press, 1978.

Polybios: Die Verfassung der römischen Republik. Historien, VI. Buch, übersetzt und herausgegeben von Karl F. Eisen und Kai Brodersen, Stuttgart: Reclam, 2. Aufl. 2012.

Polzin, Monika: Irrungen und Wirrungen um den pouvoir constituant. Die Entwicklung des Konzepts der Verfassungsidentität im deutschen Verfassungsrecht seit 1871, in: Der Staat 53 (2014), S. 61–94.

Poscher, Ralf: Grundrechte als Abwehrrechte. Reflexive Regelung rechtlich geordneter Freiheit, Tübingen: Mohr Siebeck, 2003.

ders.: Theorie eines Phantoms – Die erfolglose Suche der Prinzipientheorie nach ihrem Gegenstand, in: Rechtswissenschaft (RW) 1 (2010), S. 349–372.

ders.: Funktionenordnung des Grundgesetzes, in: Grundlagen des Verwaltungsrechts, Bd. I, Methoden – Maßstäbe – Aufgaben – Organisation, hrsg. von Wolfgang Hoffman-Riem / Eberhard Schmidt-Aßmann / Andreas Voßkuhle, München: Beck, 2. Aufl. 2012, §8.

Posner, Richard A.: The Meaning of Judicial Self-Restraint, in: Indiana Law Journal, Bd. 59 (1983), S. 1–24 (zit. 59 Ind. L.J. 1 [1983]).

ders.: The Federal Courts. Crisis and Reform, Cambridge (Mass., U.S.) und London: Harvard University Press, 1985.

ders.: The Supreme Court 2004 Term, Foreword: A Political Court, in: Harvard Law Review, Bd. 119 (2005), S. 32–102 (zit. 119 Harv. L. Rev. 32 [2005]).

ders.: Rise and Fall of Judicial Self-Restraint, in: California Law Review, Bd. 100 (2012), S. 519–556 (zit. 100 Calif. L. Rev. 556 [2012]).

Post, Robert: Democracy, Popular Sovereignty, and Judicial Review, in: California Law Review, Bd. 86 (1998), S. 429–443 (zit. 86 Calif. L. Rev. 429 [1998]).

ders. / *Siegel, Reva*: Popular Constitutionalism, Departmentalism, and Judicial Supremacy, in: California Law Review, Bd. 92 (2004), S. 1027–1043 (zit. 92 Calif. L. Rev. 1027 [2004]).

Pound, Roscoe: The Development of Constitutional Guarantees of Liberty, Pt. III – In the American Colonies, in: Notre Dame Lawyer, Bd. 20 (1945), S. 347–396 (zit. 20 Notre Dame Law. 347 [1945]).

Powell, H. Jefferson: The Original Understanding of Original Intent, in: Harvard Law Review, Bd. 98 (1985), S. 885–948 (zit. 98 Harv. L. Rev. 885 [1985]).

ders.: The Uses of State Constitutional History: A Case Note, in: Albany Law Review, Bd. 53 (1989), S. 283–295 (zit. 53 Alb. L. Rev. 283 [1989]).

Prakash, Saikrishna B. / *Yoo, John C.*: The Puzzling Persistence of Process-Based Federalism Theories, in: Texas Law Review, Bd. 79 (2001), S. 1459–1523 (zit. 79 Tex. L. Rev. 1459 [2001]).

dies.: The Origins of Judicial Review, in: University of Chicago Law Review, Bd. 70 (2003), S. 887–982 (zit. 70 U. Chi. L. Rev. 887 [2003]).

dies.: Questions for the Critics of Judicial Review, in: George Washington Law Review, Bd. 72 (2003), S. 354–380 (zit. 72 Geo. Wash. L Rev 354 [2003]).

dies.: Against Interpretive Supremacy, in: Michigan Law Review, Bd. 103 (2005), S. 1539–1566 (zit. 103 Mich. L. Rev. 1539 [2005]).

Presser, Stephen B.: The Original Misunderstanding: The English, the Americans, and the Dialectic of Federalist Constitutional Jurisprudence, in: Northwestern University Law Review, Bd. 84 (1990), S. 106–185 (zit. 84 Nw. U. L. Rev. 106 [1990]).

ders.: Samuel Chase: In Defense of the Rule of Law and Against the Jeffersonians, in: Vanderbilt Law Review, Bd. 62 (2009), S. 349–370 (zit. 62 Vand. L. Rev. 349 [2009]).

Prest, Wilfrid: William Blackstone and the 'free Constitution of Britain', in: Denis J. Galligan (Hrsg.), Constitutions and the Classics, Oxford: Oxford University Press, 2014, S. 210–230.

Preuß, Ulrich K.: Revolution, Fortschritt und Verfassung. Zu einem neuen Verfassungsverständnis, Frankfurt a. M.: Fischer, 2. Aufl. 1994.

Priel, Dan: Toward Classical Legal Positivism, in: Virginia Law Review, Bd. 101 (2015), S. 987–1022 (zit. 101 Va. L. Rev. 987 [2015]).

von Pufendorf, Samuel: De iure naturae et gentium libri octo, 1672 / Acht Bücher vom Natur- und Völcker-Rechte, Bd. I, übers. und hrsg. von Johann N. Hertius, Jean Barbeyrac, u. a., Frankfurt am Main: Verlag Friedrich Knochen, 1711.

Puhl, Thomas: Entparlamentarisierung und Auslagerung staatlicher Entscheidungsverantwortung, in: Josef Isensee / Paul Kirchhof (Hrsg.), Handbuch des Staatsrechts, Bd. III, Heidelberg: Müller, 3. Aufl. 2005, § 48.

Purcell, Jeffrey W.: James Otis: "Flame of Fire" Revolutionary Opposing the Writs of Assistance and Loyal British Subject?, in: Massachusetts Legal History, Bd. 5 (1999), S. 147–178 (zit. 5 Mass. Legal Hist. 147 [1999]).

Pushaw, Robert J. Jr.: Justiciability and Separation of Powers: A Neo-Federalist Approach, in: Cornell Law Review, Bd. 81 (1995), S. 393–512 (zit. 81 Cornell L. Rev. 393 [1995]).

Putney, Albert H.: United States Constitutional History and Law, Chicago: Illinois Book Exchange, 1908.

Püttner, Günter: Handlungsspielräume der Verwaltung und die Kontrolldichte gerichtlichen Rechtsschutzes, in: Volkmar Götz u. a. (Hrsg.), Die öffentliche Verwaltung zwischen Gesetzgebung und richterlicher Kontrolle, München: Beck, 1985, S. 131–145.

Quincy, Josiah, Jr.: Reports of Cases Argued and Adjudged in the Superior Court of Judicature of the Province of Massachusetts Bay, Between 1761 and 1772, hrsg. von Samuel M. Quincy, Boston: Little, Brown and Company, 1865.
Quint, Peter E.: "The Most Extraordinarily Powerful Court of Law the World Has Ever Known"? – Judicial Review in the United States and Germany, in: Maryland Law Review, Bd. 65 (2006), S. 152–170 (zit. 65 Md. L. Rev. 152 [2006]).
Raabe, Marius: Grundrechte und Erkenntnis. Der Einschätzungsspielraum des Gesetzgebers, Baden-Baden: Nomos, 1998.
Radabaugh, John: Spencer Roane and the Genesis of Virginia Judicial Review, in: American Journal of Legal History, Bd. 6 (1962), S. 63–70 (zit. 6 Am. J. Legal Hist. 63 [1962]).
Radbruch, Gustav: Richterliches Prüfungsrecht?, in: Die Justiz 1925, Heft 1, S. 12–16.
Radin, Margaret: Reconsidering the Rule of Law, in: Boston University Law Review, Bd. 69 (1989), S. 781–819 (zit. 69 B.U. L. Rev. 781 [1989]).
Rädler, Peter: Verfassungsgestaltung durch Staatspraxis. Ein Vergleich des deutschen und britischen Rechts, in: ZaöRV 58 (1998), S. 611–646.
Rakove, Jack N.: Gordon S. Wood, the "Republican Synthesis," and the Path Not Taken, in: William and Mary Quarterly, Dritte Folge, Bd. 44 (1987), S. 617–622 (zit. 44 Wm. & Mary Q. 617 [1987]).
ders.: The Origins of Judicial Review: A Plea for New Contexts, in: Stanford Law Review, Bd. 49 (1997), S. 1031–1064 (zit. 49 Stan. L. Rev. 1031 [1997]).
ders.: Judicial Power in the Constitutional Theory of James Madison, in: William & Mary Law Review, Bd. 43 (2002), S. 1513–1547 (zit. 43 Wm. & Mary L. Rev. 1513 [2002]).
ders.: Original Meanings. Politics and Ideas in the Making of the Constitution, New York: Vintage Books, 1997.
ders.: Once More Into the Judicial Branch, in: George Washington Law Review, Bd. 72 (2003), S. 381–386 (zit. 72 Geo. Wash. L. Rev. 381 [2003]).
Raphael, Ray: The Democratic Moment: The Revolution and Popular Politics, in: Edward G. Gray / Jane Kamensky (Hrsg.), The Oxford Handbook of the American Revolution, Oxford, New York u. a.: Oxford University Press, 2013, S. 121–138.
Rau, Christian: Selbst entwickelte Grenzen in der Rechtsprechung des United States Supreme Court und des Bundesverfassungsgerichts, Berlin: Duncker & Humblot, 1997.
Rauscher, Thomas / Krüger, Wolfgang (Hrsg.): Münchener Kommentar zur Zivilprozessordnung, 3 Bde., München: Beck, 5. Aufl. 2016/17.
Redish, Martin H.: Judicial Review and the "Political Question", in: Northwestern University Law Review, Bd. 79 (1985), S. 1031–1061 (zit. 79 Nw. U. L. Rev. 1031 [1985]).
ders.: Response: Good Behavior, Judicial Independence, and the Foundations of American Constitutionalism, in: Yale Law Journal, Bd. 116 (2006), S. 139–158 (zit. 116 Yale L.J. 139 [2006]).
Rehnquist, William H.: The Notion of a Living Constitution, in: Texas Law Review, Bd. 54 (1976), S. 693–706 (zit. 54 Tex. L. Rev. 693 [1976]).
Reid, John Ph.: Constitutional History of the American Revolution, Bd. I, The Authority of Rights, Madison, Wisc., und London: University of Wisconsin Press, 1986.
ders.: Constitutional History of the American Revolution, Bd. IV, The Authority of Law, Madison, Wisc., und London: University of Wisconsin Press, 1993.
ders.: Law and History, in: Loyola of Los Angeles Law Review, Bd. 27 (1993), S. 193–223 (zit. 27 Loy. L.A. L. Rev. 193 [1993]).
Reinhard, Wolfgang: Geschichte der Staatsgewalt. Eine vergleichende Verfassungsgeschichte Europas von den Anfängen bis zur Gegenwart, München: Beck, 1999.
Reinstein, Robert J. / Rahdert, Mark C.: Reconstructing Marbury, in: Arkansas Law Review, Bd. 57 (2005), S. 729–833 (zit. 57 Ark. L. Rev. 729 [2005]).

Rennert, Dominik: Die verdrängte Werttheorie und ihre Historisierung. Zu „Lüth" und den Eigenheiten bundesrepublikanischer Grundrechtstheorie, in: Der Staat 54 (2014), S. 31–59.

Richardson, James D. (Hrsg.): A Compilation of the Messages and Papers of the Presidents 1789–1897, Bd. VI, Washington, D.C.: Government Printing Office, 1. Aufl. 1897.

Ridder, Helmut: In Sachen Opposition: Adolf Arndt und das Bundesverfassungsgericht, in: Horst Ehmke / Carlo Schmid / Hans Scharoun (Hrsg.): Festschrift für Adolf Arndt zum 65. Geburtstag, Frankfurt a. M.: Europäische Verlagsanstalt, 1969 (zit. FS Arndt), S. 323–348.

Riecken, Jörg: Verfassungsgerichtsbarkeit in der Demokratie. Grenzen verfassungsgerichtlicher Kontrolle unter besonderer Berücksichtigung von John Hart Elys prozeduraler Theorie der Repräsentationsverstärkung, Berlin: Duncker & Humblot, 2003.

Rinken, Alfred: Vorbemerkung zu Artikel 93 und 94, in: Autorenkollektiv (Hrsg.), Kommentar zum Grundgesetz für die Bundesrepublik Deutschland (Reihe Alternativkommentare), Bd. II, Neuwied und Frankfurt a. M.: Luchterhand, 2. Aufl. 1989, S. 965–1028 (zit. Alternativkommentar GG).

Robbers, Gerhard: Emmanuel Joseph Sieyès – Die Idee der Verfassungsgerichtsbarkeit in der Französischen Revolution, in: Walther Fürst / Roman Herzog / Dieter C. Umbach (Hrsg.), Festschrift für Wolfgang Zeidler, Bd. 1, Berlin und New York: De Gruyter, 1987 (zit. FS Zeidler I), S. 247–263.

ders.: Die historische Entwicklung der Verfassungsgerichtsbarkeit, in: Jus 1990, S. 257–263.

ders.: Menschenrechte aus der Sicht des Protestantismus, in: Detlef Merten / Hans-J. Papier (Hrsg.), Handbuch der Grundrechte in Deutschland und Europa, Bd. I, Entwicklung und Grundlagen, Heidelberg: Müller, 2004, § 9.

Roedel, Jeff: Stoking the Doctrinal Furnace: Judicial Review and the New York Council of Revision, in: New York History, Bd. 69 (1988), S. 261–283.

Roellecke, Gerd: Konstruktionsfehler der Weimarer Verfassung, in: Der Staat 35 (1996), S. 599–613.

ders.: Aufgabe und Stellung des Bundesverfassungsgerichts im Verfassungsgefüge, in: Josef Isensee / Paul Kirchhof (Hrsg.), Handbuch des Staatsrechts, Bd. III, Heidelberg: Müller, 3. Aufl. 2005, § 67.

ders.: Aufgabe und Stellung des Bundesverfassungsgerichts in der Gerichtsbarkeit, in: Josef Isensee / Paul Kirchhof (Hrsg.), Handbuch des Staatsrechts, Bd. III, Heidelberg: Müller, 3. Aufl. 2005, § 68.

Röhl, Klaus F. / Röhl, Hans C.: Allgemeine Rechtslehre, 3. Aufl. 2008, Köln und München: Heymanns, 3. Aufl. 2008.

Roosevelt, Kermit III: Constitutional Calcification: How the Law Becomes What the Court Does, in: Virginia Law Review, Bd. 91 (2005), S. 1649–1720 (zit. 91 Va. L. Rev. 1649 [2005]).

ders. / Khan, Heath: Mcculloch v. Marbury, in: Constitutional Commentary, Bd. 34 (2019), S. 263–312 (zit. 34 Const. Comment. 263 [2019]).

Rosanvallon, Pierre: Demokratische Legitimität. Unparteilichkeit – Reflexivität – Nähe, Hamburg: Hamburger Edition Verlagsges., 2010 (frz. zuerst 2008).

Rosenman, Samuel I. (Hrsg.): The Public Papers and Addresses of Franklin D. Roosevelt, With a Special Introduction and Explanatory Notes by President Roosevelt, 1937 Volume, The Constitution Prevails, New York: Macmillan, 1941.

Rostow, Eugene V.: The Democratic Character of Judicial Review, in: Harvard Law Review, Bd. 66 (1952), S. 193–224 (zit. 66 Harv. L. Rev. 193 [1952]).

Roth-Stielow, Klaus: Die Auflehnung des Richters gegen das Gesetz. Eine Studie zur Auslegung des Gesetzes zwischen den Werten Gerechtigkeit und Ordnung am Beispiel aktueller Rechtsprobleme, Villingen/Schwarzwald: Ring-Verlag, 1963.

Rupp-von Brünneck, Wiltraut: Verfassungsgerichtsbarkeit und gesetzgebende Gewalt. Wechselseitiges Verhältnis zwischen Verfassungsgericht und Parlament, in: AöR 102 (1977), S. 1–26.
Russell, Elmer B.: Review of American Colonial Legislation by the King in Council, New York: Farrar, Straus & Giroux, 1976 (zuerst 1915).
Rüthers, Bernd: Geleugneter Richterstaat und vernebelte Richtermacht, NJW 2005, S. 2759–2761.
ders.: Methodenfragen als Verfassungsfragen?, in: Rechtstheorie 40 (2009), S. 253–283.
ders.: Die unbegrenzte Auslegung. Zum Wandel der Privatrechtsordnung im Nationalsozialismus, Tübingen: Mohr Siebeck, 7. Aufl. 2012.
ders. / *Fischer, Christian* / *Birk, Axel*: Rechtstheorie mit Juristischer Methodenlehre, München: Beck, 11. Aufl. 2020.
Sachs, Michael (Hrsg.): Grundgesetz. Kommentar, München: Beck: 8. Aufl. 2018.
Säcker, Horst: Die Rechtsmacht des Bundesverfassungsgerichts gegenüber dem Gesetzgeber, in: BayVBl. 1979, S. 193–200.
ders.: Die Verfassungsgerichtsbarkeit im Konvent von Herrenchiemsee, in: Walther Fürst / Roman Herzog / Dieter C. Umbach (Hrsg.), Festschrift für Wolfgang Zeidler, Bd. 1, Berlin und New York: De Gruyter, 1987 (zit. FS Zeidler I), S. 265–279.
Sager, Lawrence G.: What's a Nice Court Like You Doing in a Democracy Like This?, in: Stanford Law Review, Bd. 36 (1984), S. 1087–1106 (zit. 36 Stan. L. Rev. 1087 [1984]).
ders.: The Incorrigible Constitution, in: New York University Law Review, Bd. 65 (1990), S. 893–961 (zit. 65 N.Y.U. L. Rev. 893 [1990]).
Sandefur, Timothy: In Defense of Substantive Due Process, or the Promise of Lawful Rule, in: Harvard Journal of Law and Public Policy, Bd. 35 (2012), S. 283–350 (zit. 35 Harv. J. L. & Pub. Pol'y 283 [2012]).
von Savigny, Friedrich C.: System des heutigen Römischen Rechts, Bd. I, Berlin: Veit, 1840.
Scalia, Antonin: Originalism: The Lesser Evil, in: University of Cincinnati Law Review, Bd. 57 (1989), S. 849–865 (zit. 57 U. Cinn. L. Rev. 849 [1989]).
ders.: The Rule of Law as a Law of Rules, in: University of Chicago Law Review, Bd. 56 (1989), S. 1175–1188 (zit. 56 U. Chi. L. Rev. 1175 [1989]).
ders. / *Garner, Bryan A.*: Reading Law: The Interpretation of Legal Texts, St. Paul (MN., U.S.): Thomson / West, 2012.
Schäffer, Heinz: Landesbericht Österreich, in: Christian Starck (Hrsg.), Grundgesetz und Verfassungsrechtsprechung im Spiegel ausländischer Verfassungsentwicklung, Baden-Baden: Nomos, 1990, S. 41–83.
Scharpf, Fritz W.: Grenzen der richterlichen Verantwortung. Die political-question-Doktrin in der Rechtsprechung des amerikanischen Supreme Court, Karlsruhe: Müller, 1965.
ders.: Judicial Review and the Political Question: A Functional Analysis, in: Yale Law Journal, Bd. 75 (1966), S. 517–597 (zit. 75 Yale L.J. 517 [1966]).
Schenke, Wolf-R.: Die Verfassungsorgantreue, Berlin: Duncker & Humblot, 1977.
ders.: Der Umfang der bundesverfassungsgerichtlichen Prüfung, in: NJW 1979, S. 1321–1329.
ders.: Art. 19 IV, in: Wolfgang Kahl u. a. (Hrsg.), Bonner Kommentar zum Grundgesetz, Loseblatt, Heidelberg: C. F. Müller, Zweitbearbeitung, Stand Dezember 1982.
ders.: Art. 68, in: Wolfgang Kahl u. a. (Hrsg.), Bonner Kommentar zum Grundgesetz, Loseblatt, Heidelberg: C. F. Müller, Viertbearbeitung, Stand November 2017.
Scheuner, Ulrich: Die Überlieferung der deutschen Staatsgerichtsbarkeit im 19. und 20. Jahrhundert, in: Christian Starck (Hrsg.), Bundesverfassungsgericht und Grundgesetz. Festgabe aus Anlaß des 25jährigen Bestehens des Bundesverfassungsgerichts,

Bd. 1: Verfassungsgerichtsbarkeit, Tübingen: Mohr Siebeck, 1976 (zit. FG 25 Jahre BVerfG), S. 1–62.

Scherzberg, Arno: Wertkonflikte vor dem Bundesverfassungsgericht. Zur Bewältigung politisch-moralischer Streitfragen im Verfassungsprozess, in: DVBl. 1999, S. 356–366.

Schiffers, Reinhard: Die Entstehung des Gesetzes über das Bundesverfassungsgericht und die Erfahrungen aus der Weimarer Zeit, in: Lothar Albertin / Werner Linck (Hrsg.), Politische Parteien auf dem Weg zur parlamentarischen Demokratie in Deutschland. Entwicklungslinien bis in die Gegenwart, Düsseldorf: Droste, 1981, S. 277–300.

Schild, Georg: Bedrohungswahrnehmung und Freiheitsvorstellungen in der Rechtsprechung des Amerikanischen Obersten Gerichtshofs in First Amendment-Fällen im 20. Jahrhundert, in: Der Staat 58 (2019), S. 535–553.

Schlag, Pierre: Rules and Standards, in: UCLA Law Review, Bd. 33 (1985), S. 379–430 (zit. 33 UCLA L. Rev. 379 [1985]).

Schlaich, Klaus / Korioth, Stefan: Das Bundesverfassungsgericht. Stellung, Verfahren, Entscheidungen, München: Beck, 11. Aufl. 2018.

Schlesinger, Arthur M. Jr.: The Imperial Presidency, Boston: Houghton Mifflin Co., 1973.

Schlink, Bernhard: Die Entthronung der Staatsrechtswissenschaft durch die Verfassungsgerichtsbarkeit, in: Der Staat 28 (1989), S. 161–172.

ders.: Der Grundsatz der Verhältnismäßigkeit, in: Peter Badura / Horst Dreier (Hrsg.), Festschrift 50 Jahre Bundesverfassungsgericht, Bd. II, Klärung und Fortbildung des Verfassungsrechts, Tübingen: Mohr Siebeck, 2001 (zit. FS BVerfG II), S. 445–465.

Schmidt, Christian H.: Vorrang der Verfassung und konstitutionelle Monarchie. Eine dogmengeschichtliche Untersuchung zum Problem der Normenhierarchie in den deutschen Staatsordnungen im frühen und mittleren 19. Jahrhundert (1818–1866), Berlin: Duncker & Humblot, 2000.

Schmidt, Manfred G.: Demokratietheorien, Wiesbaden: Verlag für Sozialwissenschaften, 5. Aufl. 2010 / Wiesbaden: Springer VS, 6. Aufl. 2019.

Schmitt, Carl: Verfassungslehre, München und Leipzig: Duncker & Humblot, 1928.

ders.: Der Hüter der Verfassung, Tübingen: Mohr, 1931.

ders.: Politische Theologie. Vier Kapitel zur Lehre von der Souveränität, Berlin: Duncker & Humblot, 8. Aufl. 2004 (1. Aufl. München u.a., 1922).

ders.: Die Tyrannei der Werte, Berlin: Duncker & Humblot, 3. Aufl. 2011 (zunächst Privatdruck, 1960, 1. Aufl. 1967).

ders.: Der Begriff des Politischen. Text von 1932 mit einem Vorwort und drei Corollarien, Berlin: Duncker & Humblot, 9. Aufl. 2015.

Schmitt, Gerhard: Die Richterregeln des Olavus Petri. Ihre Bedeutung im allgemeinen und für die Entwicklung des schwedischen Strafprozeßrechts vom 14. bis 16. Jahrhundert, Göttingen u. Stockholm: Vandenhoeck & Ruprecht / P. A. Nordstedt, 1966.

Schneider, Hans-P.: Verfassungsgerichtsbarkeit und Gewaltenteilung, NJW 1980, S. 2103–2111.

Schönberger, Christoph: Vom Verschwinden der Anwesenheit in der Demokratie. Präsenz als bedrohtes Fundament von Wahlrecht, Parteienrecht und Parlamentsrecht, in: JZ 2016, S. 486–494.

Scholz, Rupert: Karlsruhe im Zwielicht. Anmerkungen zu den wachsenden Zweifeln am Bundesverfassungsgericht, in: Joachim Burmeister u. a. (Hrsg.), Verfassungsstaatlichkeit. Festschrift für Klaus Stern zum 65. Geburtstag, München: Beck, 1997 (zit. FS Stern, 1997), S. 1201–1225.

Schor, Miguel: Mapping Comparative Judicial Review, in: Washington University Global Studies Law Review, Bd. 7 (2008), S. 257–287 (zit. 7 Wash. U. Global L. Rev. 257 [2008]).

ders.: Judicial Review and American Constitutional Exceptionalism, in: Osgoode Hall Law Journal, Bd. 46 (2008), S. 535–563 (zit. 46 Osgoode Hall L.J. 535 [2008]).
ders.: The Strange Cases of Marbury and Lochner in the Constitutional Imagination, in: Texas Law Review, Bd. 87 (2009), S. 1463–1497 (zit. 87 Tex. L. Rev. 1463 [2009]).
Schorkopf, Frank: Gesetzgebung durch Höchstgerichte und Parlamente. Zu Anspruch und Versuch einer gewaltenübergreifenden Korrektur von Rechtsprechungsrecht, in: AöR 144 (2019), S. 202–233.
Schröder, Hans-C.: Die Amerikanische Revolution. Eine Einführung, München: Beck, 1982.
Schulze-Fielitz, Helmuth: Das Bundesverfassungsgericht in der Krise des Zeitgeists. – Zur Metadogmatik der Verfassungsinterpretation, in: AöR 122 (1997), S. 1–31.
Schuppert, Gunnar F.: Die verfassungsgerichtliche Kontrolle der Auswärtigen Gewalt, Baden-Baden: Nomos, 1973.
ders.: Self-restraints in der Rechtsprechung. Überlegungen zur Kontrolldichte in der Verfassungs- und Verwaltungsgerichtsbarkeit, in: DVBl. 1988, S. 1191–1200.
ders. / Bumke, Christian: Die Konstitutionalisierung der Rechtsordnung. Überlegungen zum Verhältnis von verfassungsrechtlicher Ausstrahlungswirkung und Eigenständigkeit des „einfachen" Rechts, Baden-Baden: Nomos, 2000.
Schwartz, Bernard: The New Right and the Constitution. Turning Back the Legal Clock, Boston: Northeastern University Press, 1990.
ders.: A History of the Supreme Court, Oxford und New York: Oxford University Press, 1993.
Scott, Austin: Holmes vs. Walton: The New Jersey Precedent. A Chapter in the History of Judicial Power and Unconstitutional Legislation, in: The American Historical Review, Bd. 4 (1899), S. 456–469 (zit. 4 Am. Hist. Rev. 456 [1899]).
van der Schyff, Gerhard: Constitutional Review by the Judiciary in the Netherlands: A Bridge Too Far?, in: German Law Journal, Bd. 11 (2010), S. 275–290 (zit. 11 GLJ 275 [2010]).
Seidman, Louis M.: The Secret Life of the Political Question Doctrine, in: John Marshall Law Review, Bd. 37 (2004), S. 441–480 (zit. 37 J. Marshall L. Rev. 441 [2004]).
Seiler, Hansjörg: Gewaltenteilung. Allgemeine Grundlagen und schweizerische Ausgestaltung, Bern: Stämpfli, 1994.
Sellers, Mortimer N.: The Constitutional Thought of Alexander Hamilton, in: Denis Galligan (Hrsg.), Constitutions and the Classics, Oxford: Oxford University Press, 2014, S. 354–368.
Semel, Wendy A.: Defender of the Natural Rights Faith (Rezension), in: Yale Law Journal, Bd. 105 (1996), S. 1427–1432 (zit. 105 Yale L.J. 1427 [1996]).
Semmler, Jörg: Das Amt des Speaker of the House of Representatives im amerikanischen Regierungssystem, Berlin: Duncker & Humblot, 2002.
Shalhope, Robert: Toward a Republican Synthesis: The Emergence of an Understanding of Republicanism in American Historiography, in: William and Mary Quarterly, Dritte Folge, Bd. 29 (1972), S. 49–80 (zit. 29 Wm. & Mary Q. 49 [1972]).
ders.: Republicanism and Early American Historiography, in: William and Mary Quarterly, Dritte Folge, Bd. 39 (1982), S. 334–356 (zit. 39 Wm. & Mary Q. 334 [1982]).
Shears, Peter / Stephenson, Graham: James' Introduction to English Law, London u. a.: Butterworths, 13. Aufl. 1996.
Shemtob, Zachary B.: Following Thayer: The Many Faces of Judicial Restraint, in: Boston University Public Interest Law Journal, Bd. 61 (2011), S. 61–84 (zit. 21 B.U. Pub. Int. L.J. 61 [2011]).
Sherry, Suzanna: The Founders' Unwritten Constitution, in: University of Chicago Law Review, Bd. 54 (1987), S. 1127–1177 (zit. 54 U. Chi. L. Rev. 1127 [1987]).

dies.: The Intellectual Origins of the Constitution: A Lawyers' Guide to Contemporary Historical Scholarship, in: Constitutional Commentary, Bd. 5 (1988), S. 323–347 (zit. 5 Const. Comment. 323 [1988]).

dies.: The Intellectual Background of Marbury v. Madison, in: Mark Tushnet (Hrsg.), Arguing Marbury v. Madison, Stanford (Calif., U.S.): Stanford University Press, 2005, S. 47–58.

Sherwin, Emily: Rules and Judicial Review, in: Legal Theory, Bd. 6 (2000), S. 299–321.

Sidney, Algernon: Discourses Concerning Government, Printed from an Original Manuscript of the Author, o. Verl.: London, 1698.

Siegel, Johnathan R.: The Institutional Case for Judicial Review, in: Iowa Law Review, Bd. 97 (2012), S. 1147–1199 (zit. 97 Iowa L. Rev. 1147 [2012]).

Sieyès, Emanuel J.: Was ist der dritte Stand? Ausgewählte Schriften, hrsg. von Oliver W. Lembcke / Florian Weber, Berlin: Akademie Verlag, 2010.

Simon, Helmut: Verfassungsgerichtsbarkeit, in: Ernst Benda / Werner Maihofer / Hans-J. Vogel (Hrsg.), Handbuch des Verfassungsrechts der Bundesrepublik Deutschland, Berlin und New York: De Gruyter, 2. Aufl. 1994, § 34.

Simons, Cornelius: Grundrechte und Gestaltungsspielraum. Eine rechtsvergleichende Untersuchung zum Prüfungsinstrumentarium von Bundesverfassungsgericht und US-amerikanischem Supreme Court bei der Normenkontrolle, Berlin: Duncker & Humblot, 1999.

Slauter, Eric: Rights, in: Edward G. Gray / Jane Kamensky (Hrsg.), The Oxford Handbook of the American Revolution, Oxford, New York u. a.: Oxford University Press, 2013, S. 447–464.

Slonim, Shlomo: The Federalist Papers and the Bill of Rights, in: Constitutional Commentary, Bd 20 (2003), S. 151–161 (zit. 20 Const. Comment. 151 [2003]).

Slotnick, Elliot E.: The Place of Judicial Review in the American Tradition: The Emergence of an Eclectic Power, in: Judicature, Bd. 71 (1987), S. 68–79 (zit. 71 Judicature 68 [1987]).

Smend, Rudolf: Das Bundesverfassungsgericht. Festvortrag zur Feier des zehnjährigen Bestehens des Bundesverfassungsgerichts am 26. Januar 1962, in: Festschrift Bundesverfassungsgericht, Karlsruhe: Müller, 1962, S. 23–37, hier zitiert nach: Rudolf Smend (Hrsg.), Staatsrechtliche Abhandlungen und andere Aufsätze, Berlin: Duncker & Humblot, 2. Aufl. 1968, S. 581–593.

Smith, Craig: The Scottish Enlightenment's Reflection on Mixed Government, in: Giornale di Storia Costituzionale, Bd. 20 (2010), S. 121–133.

Smith, Joseph H.: An Independent Judiciary: The Colonial Background, in: The University of Pennsylvania Law Review, Bd. 124 (1976), S. 1104–1156 (zit. 124 U. Pa. L. Rev. 1104 [1976]).

Snowiss, Sylvia: Judicial Review and the Law of the Constitution, New Haven (Conn., U.S.) und London: Yale University Press, 1990.

dies.: The Marbury of 1803 and the Modern Marbury, in: Constitutional Commentary, Bd. 20 (2003), S. 231–254 (zit. 20 Const. Comment. 231 [2003]).

Solum, Lawrence B.: The Interpretation-Construction Distinction, in: Constitutional Commentary, Bd. 27 (2010), S. 95–118 (zit. 27 Const. Comment 95 [2010]).

ders.: The Positive Foundations of Formalism: False Necessity and American Legal Realism, in: Harvard Law Review, Bd. 127 (2014), S. 2464–2497 (zit. 127 Harv. L. Rev. 2464 [2014]).

ders.: Originalism versus Living Constitutionalism: The Conceptual Structure of the Great Debate, in: Northwestern Law Review, Bd. 113 (2019), S. 1243–1296 (zit. 113 Nw. U. L. Rev. 1243 [2019]).

Somek, Alexander: Ermächtigung und Verpflichtung. Ein Versuch über Normativität bei Hans Kelsen, in: Stanley L. Paulson / Michael Stolleis (Hrsg.), Hans Kelsen. Staatsrechtslehrer und Rechtstheoretiker der 20. Jahrhunderts, Tübingen: Mohr Siebeck, 2005, S. 58–79.

Sommermann, Karl-P.: Widerstandsrecht und demokratische Selbstbestimmung, in: Der Staat 54 (2015), S. 575–589.

Spaeth, Harold J.: The Judicial Restraint of Mr. Justice Frankfurter – Myth or Reality, in: Midwest Journal of Political Science, Bd. 8 (1964), S. 22–38.

Sosin, Jack M.: The Aristocracy of the Long Robe. The Origins of Judicial Review in America, New York u. a.: Greenwood Press, 1989.

Staab, James B.: The Tenth Amendment and Justice Scalia's "Split Personality", in: Journal of Law & Politics, Bd. 16 (2000), S. 231–379 (16 J.L. & Pol. 231 [2000]).

Starck, Christian: Das Bundesverfassungsgericht im politischen Prozeß der Bundesrepublik, Tübingen: Mohr Siebeck, 1975.

ders.: Vorrang der Verfassung und Verfassungsgerichtsbarkeit, in: ders. / Albrecht Weber (Hrsg.), Verfassungsgerichtsbarkeit in Westeuropa, Baden-Baden: Nomos, 1986, S. 11–40.

ders.: Verfassung und Gesetz, in: ders. (Hrsg.), Rangordnung der Gesetze, Abhandlungen der Akademie der Wissenschaften in Göttingen, Philologisch-Historische Klasse, Dritte Folge Nr. 210, Göttingen: Vandenhoeck & Ruprecht, 1995, S. 29–38.

ders.: Rechtsvergleichung im öffentlichen Recht, in: JZ 1997, S. 1021–1030.

ders.: Maximen der Verfassungsauslegung, in: Josef Isensee / Paul Kirchhof (Hrsg.), Handbuch des Staatsrechts, Bd. XII, Heidelberg: Müller, 3. Aufl. 2014, § 271.

Steilen, Matthew: Collaborative Departmentalism, in: Buffalo Law Review, Bd. 61 (2013), S. 345–411 (zit. 61 Buff. L. Rev. 345 [2013]).

Stein, Friedrich / Jonas, Martin (Begr.): Kommentar zur Zivilprozessordnung, Bd. 4 (§§ 271–321), Tübingen: Mohr Siebeck, 23. Aufl. 2018.

Steinbach, Armin: Evidenz als Rechtskriterium. Versuch einer dogmatischen Verortung, in: AöR 140 (2015), S. 367–414.

Steinberg, Rudolf: Verfassungspolitik und offene Verfassung, in: JZ 1980, S. 385–392.

Steinberger, Helmut: Konzeption und Grenzen freiheitlicher Demokratie, Berlin u. a.: Springer, 1974.

ders.: 200 Jahre amerikanische Bundesverfassung. Zu Einflüssen des amerikanischen Verfassungsrechts auf die deutsche Verfassungsentwicklung, Schriftenreihe der Juristischen Gesellschaft zu Berlin, Heft 103, Berlin und New York: De Gruyter, 1987.

ders.: Bemerkungen zu einer Synthese des Einflusses ausländischer Verfassungsideen auf die Entstehung des Grundgesetzes mit deutschen verfassungsrechtlichen Traditionen, in: 40 Jahre Grundgesetz. Entstehung, Bewährung und internationale Ausstrahlung, hrsg. von Klaus Stern, München: Beck, 1990, S. 41–70.

Stern, Klaus: Das Staatsrecht der Bundesrepublik Deutschland, Bd. II, Staatsorgane, Staatsfunktionen, Finanz- und Haushaltsverfassung, Notstandsverfassung, München: Beck, 1980.

ders.: Grundideen europäisch-amerikanischer Verfassungsstaatlichkeit, Schriftenreihe der Juristischen Gesellschaft zu Berlin, Heft 91, Berlin und New York: De Gruyter, 1984.

ders.: Das Staatsrecht der Bundesrepublik Deutschland, Bd. I, Grundbegriffe und Grundlagen des Staatsrechts, Strukturprinzipien der Verfassung, München: Beck, 2. Aufl. 1984.

ders.: Außenpolitischer Gestaltungsspielraum und verfassungsrechtliche Kontrolle – Das Bundesverfassungsgericht im Spannungsfeld zwischen Judicial Activism und Judicial Restraint, in: NWVBl. 1994, S. 241–249.

ders.: Das Staatsrecht der Bundesrepublik Deutschland, Bd. V, Die geschichtlichen Grundlagen des deutschen Staatsrechts. Die Verfassungsentwicklung vom Alten Deutschen Reich zur wiedervereinigten Bundesrepublik Deutschland, München: Beck, 2000.

Stern, Simon: Forensic Oratory and the Jury Trial in Nineteenth-Century America, 2015, über SSRN: http://ssrn.com/abstract=2595436, letzter Abruf am 23. September 2020.

[*St. John, Henry* [„Lord Bolingbroke"]]: Remarks on the History of England. From the Minutes of Humphry Oldcastle, Esq., London: R. Francklin, 2. Aufl. 1747.

ders.: Political Writings, hrsg. von David Armitage, Cambridge (England): Cambridge University Press, 1997.

Stoevesandt, Martin: Aktivismus und Zurückhaltung im United States Supreme Court. Eine Studie zur Rechtsprechung des amerikanischen Supreme Court im System der Gewaltenteilung zwischen Judikative und Legislative, Berlin: Duncker & Humblot, 1999.

Stolleis, Michael: Geschichte des öffentlichen Rechts in Deutschland, Bd. II, Staatsrechtslehre und Verwaltungswissenschaft, 1800–1914, München: Beck, 1992.

ders.: Judicial Review, Administrative Review, and Constitutional Review in the Weimar Republic, in: Ratio Juris 16 (2003), S. 266–280.

ders.: Rechtsgeschichte schreiben. Rekonstruktion, Erzählung, Fiktion?, Reihe Jacob Burckhardt-Gespräche auf Castelen, Bd. 21, Basel: Schwabe, 2008.

ders.: Geschichte des öffentlichen Rechts in Deutschland, Bd. IV, Staatsrechtswissenschaft in West und Ost, 1945–1990, München: Beck, 2012.

ders.: Concepts, Models and Traditions of a Comparative European Constitutional History, in: Giornale di Storia Costituzionale, Bd. 19 (2010), S. 45–56.

Stone, Harlan F.: The Common Law in the United States, in: Harvard Law Review, Bd. 50 (1936), S. 4–26 (zit. 50 Harv. L. Rev. 4 [1936]).

Stone Sweet, Alec: Constitutional Courts, in: Michel Rosenfeld / András Sajó (Hrsg.), Comparative Constitutional Law, Oxford, New York u. a.: Oxford University Press, 2012, S. 816–830.

ders. / *Matthews, Jud*: Proportionality Balancing and Global Constitutionalism, in: Columbia Journal of Transnational Law, Bd. 47 (2008), S. 72–164 (zit. 47 Colum. J. Transnat'l L. 72 [2008]).

dies.: All Things in Proportion? American Rights Review and the Problem of Balancing, in: Emory Law Journal, Bd. 60 (2010), S. 797–875 (zit. 60 Emory L.J. 797 [2010]).

Storing, Herbert J. (Hrsg.): The Complete Anti-Federalist, 7 Bde., Chicago und London: Chicago University Press, 1981.

Story, Joseph: Commentaries on the Constitution of the United States; With a Preliminary Review of the Constitutional History of the Colonies and States, Before the Adoption of the Constitution, Bd. I., Boston und Cambridge (Mass., U.S.): Hilliard, Gray & Co. / Brown, Shattuck & Co., 1833.

ders.: Commentaries on the Constitution of the United States; With a Preliminary Review of the Constitutional History of the Colonies and States, Before the Adoption of the Constitution, Bd. II, hrsg. von Thomas M. Cooley, Boston Little, Brown, And Company, 4. Aufl. 1873 (1. Aufl. 1833).

Stourzh, Gerald: Alexander Hamilton and the Idea of Republican Government, Stanford (Calif., U.S.): Stanford University Press, 1970.

ders.: Wege zur Grundrechtsdemokratie. Studien zur Begriffs- und Institutionengeschichte des liberalen Verfassungsstaates, Wien und Köln: Böhlau, 1989.

ders.: Naturrechtslehre, leges fundamentales und die Anfänge des Vorrangs der Verfassung, in: Christian Starck (Hrsg.), Rangordnung der Gesetze, Abhandlungen der Akademie der Wissenschaften in Göttingen, Philologisch-Historische Klasse, Dritte Folge Nr. 210, Göttingen: Vandenhoeck & Ruprecht, 1995, S. 13–28.

ders.: Constitution: Changing Meanings of the Term from the Early Seventeenth to the Late Eighteenth Century, in: ders. (Hrsg.), From Vienna to Chicago and Back: Essays on Intellectual History and Political Thought in Europe and America, Chicago: University of Chicago Press, 2007.
Strauss, David A.: On Having Mr. Madison as a Client, in: Mark Tushnet (Hrsg.), Arguing Marbury v. Madison, Stanford (Calif., U.S.): Stanford University Press, 2005, S. 38–44.
ders.: The Living Constitution, Oxford und New York: Oxford University Press, 2010.
Sullivan, Kathleen M.: Post-Liberal Judging: The Roles of Categorization and Balancing, in: University of Colorado Law Review, Bd. 63 (1992), S. 293–317 (zit. 63 U. Colo. L. Rev. 293 [1992]).
dies.: The Supreme Court 1991 Term, Foreword: The Justices of Rules and Standards, in: Harvard Law Review, Bd. 106 (1992), S. 22–123 (zit. 106 Harv. L. Rev. 22 [1992]).
Sunstein, Cass R.: Lochner's Legacy, in: Columbia Law Review, Bd. 87 (1987), S. 873–919 (zit. 87 Colum. L. Rev. 873 [1987]).
ders.: Beyond the Republican Revival, in: Yale Law Journal, Bd. 97 (1988), S. 1593–1590 (zit. 97 Yale L.J. 1539 [1988]).
ders.: Originalism, in: Notre Dame Law Review, Bd. 93 (2018), S. 1671–1698 (zit. 93 Notre Dame L. Rev. 1671 [2018]).
Surrency, Erwin C.: The Courts in the American Colonies, in: The American Journal of Legal History, Bd. 11 (1967), S. 253–276, 347–376 (zit. 11 J. Am. J. Legal Hist. 253 [1967]).
Sydow, Gernot: Parlamentssuprematie und „rule of law": Britische Verfassungsreformen im Spannungsfeld von Westminster Parliament, Common-Law-Gerichten und europäischen Einflüssen, Tübingen: Mohr Siebeck, 2005.
Taylor, John: An Inquiry into the Principles and Policy of the Government of the United States, 1814, hrsg. von W. Stark, London: Routledge and Kegan Paul, 1950.
Teubner, Werner: Kodifikation und Rechtsreform in England. Ein Beitrag zur Untersuchung des Einflusses von Naturrecht und Utilitarismus auf die Idee einer Kodifikation des englischen Rechts, Berlin: Duncker & Humblot, 1974.
Thayer, James B.: The Origin and Scope of the American Doctrine of Constitutional Law, in: Harvard Law Review, Bd. 7 (1893), S. 129–156 (zit. 7 Harv. L. Rev. 129 [1893]).
ders.: Cases on Constitutional Law, With Notes, Bd. I, Cambridge (Mass., U.S.): Charles W. Sever, 1895.
Thiele, Ulrich: Verfassungsgebende Volkssouveränität und Verfassungsgerichtbarkeit – Die Position der Federalists im Fadenkreuz der zeitgenössischen Kritik, in: Der Staat 39 (2000), S. 397–424.
Thoma, Richard: Das richterliche Prüfungsrecht, in: AöR 43 (1922), S. 267–286.
Thomas, Heinz / Putzo, Hans (Begr.): Zivilprozessordnung, München: Beck, 40. Aufl. 2019.
Thorne, Samuel E.: Dr. Bonham's Case, in: Law Quarterly Review, Bd. 54 (1938), S. 543–552 (zit. 54 L. Q. Rev. 543 [1938]).
ders. (Hrsg.): Discourse upon the Exposicion & Understandinge of Statutes; with Sir Thomas Egerton's Additions. Edited from Manuscripts in the Huntington Library, 1942, Nachdruck Clark, N.J.: Lawbook Exchange, 2003.
Tiedeman, Christopher G.: The Unwritten Constitution of the United States. A Philosophical Inquiry into the Fundamentals of American Constitutional Law, New York und London: G. P. Putnam's Sons, 1890.
de Tocqueville, Alexis: Über die Demokratie in Amerika, 1835, hrsg. von J. P. Mayer, Stuttgart: Reclam, 1985 (bibliographisch ergänzte Ausgabe von 2011).
Tomlins, Christopher: Republican Law, in: Edward Gray / Jane Kamensky (Hrsg.), The Oxford Handbook of the American Revolution, Oxford, New York u. a.: Oxford University Press, 2013, S. 540–559.

Treanor, William M.: The Case of the Prisoners and the Origins of Judicial Review, in: University of Pennsylvania Law Review, Bd. 143 (1994), S. 491–570 (zit. 143 U. Pa. L. Rev. 491 [1994]).
ders.: Judicial Review Before Marbury, in: Stanford Law Review, Bd. 58 (2005), S. 455–562 (zit. 58 Stan. L. Rev. 455 [2005]).
ders.: The Story of Marbury v. Madison: Judicial Authority and Political Struggle, in: Vicki C. Jackson / Judith Resnik (Hrsg.), Federal Courts Stories, New York: Thomson Reuters / Foundation Press, 2010, S. 29–56.
[*Trenchard, John / Gordon, Thomas*]: Cato's Letters, or Essays on Liberty, Civil and Religious, and other Important Subjects, Bd. II, London: J. Walthoe, 6. Aufl. 1755.
Tribe, Laurence H.: American Constitutional Law, New York: Foundation Press, 3. Aufl. 2001.
ders.: Bush v. Gore and Its Disguises. Freeing Bush v. Gore from Its Hall of Mirrors, in: Harvard Law Review, Bd. 115 (2001), S. 170–304 (zit. 115 Harv. L. Rev. 170 [2001]).
Triepel, Heinrich: Wesen und Entwicklung der Staatsgerichtsbarkeit, in: VVDStRL 5 (1929), S. 2–29.
Troper, Michel: The Logic of Justification of Judicial Review, in: International Journal of Constitutional Law, Bd. 1 (2003), S. 99–121 (zit. 1 Int'l J. Const. L. 99 [2003]).
Trute, Heinrich: Demokratische Legitimation der Verwaltung, in: Grundlagen des Verwaltungsrechts, Bd. I, Methoden – Maßstäbe – Aufgaben – Organisation, hrsg. von Wolfgang Hoffman-Riem / Eberhard Schmidt-Aßmann / Andreas Voßkuhle, München: Beck, 2. Aufl. 2012, § 6.
Tschentscher, Axel: Demokratische Legitimation der dritten Gewalt, Tübingen: Mohr Siebeck, 2006.
ders.: Supreme Court und Schweizerisches Bundesgericht als Modelle integrierter Verfassungsgerichtsbarkeit, in: Thomas Simon / Johannes Kalwoda (Hrsg.), Schutz der Verfassung: Normen, Institutionen, Höchst- und Verfassungsgerichte (Der Staat, Beiheft 22), Berlin: Duncker & Humblot, 2014, S. 187–212.
Tsesis, Alexander: Self-Government and the Declaration of Independence, in: Cornell Law Review, Bd. 97 (2012), S. 693–751 (zit. 97 Cornell L. Rev. 693 [2012]).
Tucker, St. George: View of the Constitution of the United States, in: ders. (Hrsg.), Blackstone's Commentaries: With Notes of Reference, to the Constitution and Laws, of the Federal Government of the United States; and of the Commonwealth of Virginia, Bd. I, Philadelphia: William Young Birch and Abraham Small, 1803, Anhang, S. 140–377.
Turner, Kathryn: The Midnight Judges, in: University of Pennsylvania Law Review, Bd. 109 (1961), S. 494–523 (zit. 109 U. Pa. L. Rev. 494 [1961]).
dies.: Federalist Policy and the Judiciary Act of 1801, in: William and Mary Quarterly, Dritte Folge, Bd. 22 (1965), S. 3–32 (zit. 22 Wm. & Mary Q. 3 [1965]).
Tushnet, Mark: Policy Distortion and Democratic Debilitation: Comparative Illumination of the Countermajoritarian Difficulty, in: Michigan Law Review, Bd. 94 (1995), S. 245–301 (zit. 94 Mich. L. Rev. 245 [1995]).
ders.: Taking the Constitution Away from the Courts, Princeton (NJ, U.S.): Princeton University Press, 1999.
ders.: Introduction, in: ders. (Hrsg.), Arguing Marbury v. Madison, Stanford (Calif., U.S.): Stanford University Press, 2005, S. 1–9.
ders.: The Constitution of the United States of America. A Contextual Analysis, Oxford und Portland (OR, U.S.): Hart, 2. Aufl. 2015.
Tyler, Amanda L.: Assessing the Role of History in the Federal Courts Canon: A Word of Caution, in: Notre Dame Law Review, Bd. 90 (2015), S. 1739–1751 (zit. 90 Notre Dame L. Rev. 1739 [2015]).

Tyler, David W.: Clarifying Departmentalism: How the Framers' Vision of Judicial and Presidential Review Makes the Case for Deductive Judicial Supremacy, in: William and Mary Law Review, Bd. 50 (2009), S. 2215–2264 (zit. 50 Wm. & Mary L. Rev. 2215 [2009]).
Ubbelohde, Carl: The Vice-Admiralty Courts and the American Revolution, Williamsburg (VA, U.S.) und Chapel Hill: Institute for Early American History and Culture / University of North Carlonia Press, 1960.
Uhlmann, Michael M.: The Last of the Founders, in: Claremont Review of Books, Bd. 19 (Heft 1/2019), S. 66–68.
Unger, Sebastian: Das Verfassungsprinzip der Demokratie. Normstruktur und Norminhalt des grundgesetzlichen Demokratieprinzips, Tübingen: Mohr Siebeck, 2008.
ders.: Verfassung im Nationalstaat: Von der Gesamtordnung zur europäischen Teilordnung?, in: DVBl. 2015, S. 1069–1076.
von Ungern-Sternberg, Jürgen: Gedanken zur athenischen Demokratie, in: ders., Griechische Studien, Berlin und New York: De Gruyter, 2009, S. 171–197.
von Unruh, Georg-C.: Grundgedanken zur Entwicklung des neuzeitlichen Verfassungsstaates, in: BayVBl. 1999, S. 11–13.
Unruh, Peter: Der Verfassungsbegriff des Grundgesetzes. Eine verfassungstheoretische Rekonstruktion, Tübingen: Mohr Siebeck, 2002.
Van Alstyne, William W.: A Critical Guide to Marbury v. Madison, in: Duke Law Journal 1969, S. 1–47 (zit. 1969 Duke L.J. 1 [1969]).
Vander Velde, Lea: The Dred Scott Case in Context, in: Journal of Supreme Court History, Bd. 40 (2015), S. 263–281 (zit. 40 J. Sup Ct. Hist. 263 [2015]).
Van Loan, Eugene M. III: Judicial Review and Its Limits, Part I (Legitimacy), in: New Hampshire Bar Journal, Bd. 47 (2006), Heft 3, S. 52–71 (zit. 47 N.H. B.J. 62 [Fall 2006]).
Varnum, James M.: The Case Trevett Against Weeden. On Information and Complaint (…), Providence (RI, U.S.): John Carter, 1787.
Varol, Ozan O.: Stealth Authoritarianism, in: Iowa Law Review, Bd. 100 (2015), S. 1673–1742 (zit. 100 Iowa L. Rev. 1673 [2015]).
de Vattel, Em(m)er(rich): The Law of Nations; or, Principles of the Law of Nature, Applied to the Conduct and Affairs of Nations and Sovereigns, 1758, übers. und hrsg. von Joseph Chitty und Edward D. Ingraham, Philadelphia: T. & J.W. Johnson, Law Booksellers, 1852.
Vermeule, Adrian: Saving Constructions, in: The Georgetown Law Journal, Bd. 85 (1997), S. 1945–1977 (zit. 85 Geo. L.J. 1945 [1997]).
ders.: Common Law Constitutionalism and the Limits of Reason, in: Columbia Law Review, Bd. 107 (2007), S. 1482–1532 (zit. 107 Colum. L. Rev. 1482 [2007]).
Viator, James É.: Give Me That Old-Time Historiography: Charles Beard and the Study of the Constitution, Part II, in: Loyola Law Review, Bd. 43 (1997), S. 311–420 (zit. 43 Loy. L. Rev. 311 [1997]).
Vile, M.J.C.: Constitutionalism and the Separation of Powers, Indianapolis, Ind.: Liberty Fund, 2. Aufl. 1998.
Vincent, Nicholas: Magna Carta. A Very Short Introduction, Oxford u. a.: Oxford University Press, 2012.
Vogenauer, Stefan: Die Auslegung von Gesetzen in England und auf dem Kontinent. Eine vergleichende Untersuchung der Rechtsprechung und ihrer historischen Grundlagen, 2 Bde., Tübingen: Mohr Siebeck, 2001.
Volkmann, Uwe: Leitbildorientierte Verfassungsanwendung, in: AöR 134 (2009), S. 157–196.
ders.: Bausteine zu einer demokratischen Theorie der Verfassungsgerichtsbarkeit, in: Demokratie-Perspektiven. Festschrift für Brun-Otto Bryde zum 70. Geburtstag, hrsg. von Michael Bäuerle u. a., Tübingen: Mohr Siebeck, 2013, S. 119–138.

ders.: Rechts-Produktion oder: Wie die Theorie der Verfassung ihren Inhalt bestimmt, in: Der Staat 54 (2015), S. 35–62.

ders.: Krise der konstitutionellen Demokratie? Reflexionen anlässlich der Lektüre einschlägiger Literatur, in: Der Staat 58 (2019), S. 643–658.

Vollmer, Rudolf: Die Idee der materiellen Gesetzeskontrolle in der englischen Rechtsprechung, Bonn: Bouvier & Co., 1969.

Vorländer, Hans: Kontinuität und Legitimität der Verfassung der Vereinigten Staaten von Amerika 1787–1987, in: JöR N.F. 36 (1987), S. 451–488.

ders.: Hegemonialer Liberalismus. Politisches Denken und politische Kultur in den USA 1776–1920, Frankfurt a. M. und New York: Campus Verl., 1997.

ders.: Die Suprematie der Verfassung. Über das Spannungsverhältnis von Demokratie und Konstitutionalismus, in: Wolfgang Leidhold (Hrsg.), Politik und Politeia. Formen und Probleme politischer Ordnung, Festschrift für Jürgen Gebhardt, Würzburg: Königshausen & Neumann, 2000, S. 373–383.

ders.: Deutungsmacht. Die Macht der Verfassungsgerichtsbarkeit, in: ders. (Hrsg.), Die Deutungsmacht der Verfassungsgerichtsbarkeit, Wiesbaden: Verlag für Sozialwissenschaften, 2006, S. 9–33.

Voßkuhle, Andreas: Verfassungsstil und Verfassungsfunktion. Ein Beitrag zum Verfassungshandwerk, in: AöR 119 (1994), S. 35–60.

ders.: Die politischen Dimensionen der Staatsrechtslehre, in: Helmuth Schulze-Fielitz (Hrsg.), Staatsrechtslehre als Wissenschaft (Die Verwaltung, Beiheft 7), Berlin: Duncker & Humblot, 2007, S. 135–157.

ders.: Der europäische Verfassungsgerichtsverbund, in: NVwZ 2010, S. 1–8.

ders.: Stabilität, Zukunftsoffenheit und Vielfaltssicherung. Die Pflege des verfassungsrechtlichen „Quellcodes" durch das Bundesverfassungsgericht, in: Christian Hillgruber / Christian Waldhoff (Hrsg.), 60 Jahre Bonner Grundgesetz – eine geglückte Verfassung?, Göttingen: Bonn University Press / V&R unipress, 2010, S. 97–116.

ders.: Neue Verwaltungsrechtswissenschaft, in: Grundlagen des Verwaltungsrechts, Bd. I, Methoden – Maßstäbe – Aufgaben – Organisation, hrsg. von Wolfgang Hoffman-Riem / Eberhard Schmidt-Aßmann / Andreas Voßkuhle, München: Beck, 2. Aufl. 2012, § 1.

Wahl, Rainer: Der Vorrang der Verfassung, in: Der Staat 20 (1981), S. 485–516.

ders.: Die praktische Wirksamkeit von Verfassungen: Der Fall des Grundgesetzes, in: Michael Sachs / Helmut Siekmann (Hrsg.), Der grundrechtsgeprägte Verfassungsstaat, Festschrift für Klaus Stern zum 80. Geburtstag, Berlin: Duncker & Humblot, 2012 (zit. FS Stern, 2012), S. 233–255.

Waldhoff, Christian: Entstehung des Verfassungsgesetzes, in: Otto Depenheuer / Christoph Grabenwarter (Hrsg.), Verfassungstheorie, Tübingen: Mohr Siebeck, 2010, § 8.

Waldron, Jeremy: Law and Disagreement, Oxford und New York: Oxford University Press, 1999.

ders.: The Core of the Case against Judicial Review, in: Yale Law Journal, Bd. 115 (2006), S. 1346–1406 (zit. 115 Yale L.J. 1346 [2006]).

Wallace, J. Clifford: The Jurisprudence of Judicial Restraint: A Return to the Moorings, in: George Washington Law Review, Bd. 50 (1981), S. 1–16 (zit. 50 Geo. Wash. L. Rev. 1 [1981]).

ders.: Whose Constitution? An Inquiry into the Limits of Constitutional Interpretation, in: Joseph S. McNamara / Lissa Roche (Hrsg.), Still the Law of the Land? Essays on Changing Interpretations of the Constitution, Hillsdale (Mich., U.S.): Hillsdale College Press, 1987, S. 1–13.

Walters, Mark D.: The Common Law Constitution in Canada: Return of Lex Non Scripta as Fundamental Law, in: University of Toronto Law Journal, Bd. 51 (2001), S. 91–141 (zit. 51 U. Toronto L.J. 91 [2001]).

Warren, Charles: The Supreme Court in United States History, Bd. 1, 1789–1821, Boston: Little, Brown & Company, 1922.
Wassermann, Rudolf: Der politische Richter, München: Piper, 1972.
Wasserstrom, Silas J.: The Fourth Amendment's Two Clauses, in: American Criminal Law Review, Bd. 26 (1989), S. 1389–1396 (zit. 26 Am. Crim. L. Rev. 1389 [1989]).
Wawrzinek, Cora: Die „wahre Republik" und das „Bündel von Kompromissen": Die Staatsphilosophie Immanuel Kants im Vergleich mit der Theorie des amerikanischen Federalist, Berlin: Duncker & Humblot, 2009.
Weber, Max: Grundriss der Sozialökonomik, III. Abteilung. Wirtschaft und Gesellschaft, Tübingen: Mohr, 1922.
Webster, Noah: An American Dictionary of the English Language …, 2 Bde., Bd. 2, New York: S. Converse, 1828.
Wechsler, Herbert: Toward Neutral Principles of Constitutional Law, in: Harvard Law Review, Bd. 73 (1959), S. 1–36 (zit. 73 Harv. L. Rev. 1 [1959]).
ders.: The Courts and the Constitution, in: Columbia Law Review, Bd. 65 (1965), S. 1001–1014 (zit. 65 Colum. L. Rev. 1001 [1965]).
Weinberg, Louise: Our Marbury, in: Virginia Law Review, Bd. 89 (2003), S. 1235–1412 (zit. 89 Va. L. Rev. 1235 [2003]).
dies.: Luther v. Borden: A Taney Court Mystery Solved, in: Pace Law Review, Bd. 37 (2017), S. 700–764 (zit. 37 Pace L. Rev. 700 [2017]).
Welzel, Hans: Naturrecht und materiale Gerechtigkeit, Göttingen: Vandenhoeck & Ruprecht, 4. Aufl. 1962.
Wember, Viktor: Verfassungsmischung und Verfassungsmitte. Moderne Formen gemischter Verfassung in der politischen Theorie des beginnenden Zeitalters der Gleichheit, Berlin: Duncker & Humblot, 1977.
Wendenburg, Helge: Die Verfassungsgerichtsbarkeit und der Methodenstreit der Staatsrechtslehre in der Weimarer Republik, Göttingen: Otto Schwartz & Co., 1984.
Werner, Michael / Zimmermann, Bénédicte: Vergleich, Transfer, Verflechtung. Der Ansatz der Histoire croisée und die Herausforderung des Transnationalen, in: Geschichte und Gesellschaft 28 (2002), S. 607–636.
Wesel, Uwe: Der Gang nach Karlsruhe. Das Bundesverfassungsgericht in der Geschichte der Bundesrepublik, München: Karl Blessing, 2004.
Wewer, Göttrik: Das Bundesverfassungsgericht – eine Gegenregierung? Argumente zur Revision einer überkommenen Denkfigur, in: Bernhard Blanke / Hellmut Wollmann (Hrsg.), Die alte Bundesrepublik. Kontinuität und Wandel, Leviathan Sonderheft, Bd. 12, Opladen: Westdeutscher Verlag, 1991, S. 310–335.
Wharton, Francis (Hrsg.): State Trials of the United States during the Administrations of Washington and Adams …, Philadelphia: Carey and Hart, 1849.
Whately, Thomas: The Regulations Lately Made concerning the Colonies and the Taxes Imposed upon Them, considered, London: J. Wilikie, 1765.
Whichard, Willis P.: Justice James Iredell, Durham (N. Car., U.S.): Carolina Academic Press, 2000.
White, G. Edward: Revisiting James Bradley Thayer, in: Northwestern University Law Review, Bd. 88 (1993), S. 48–83 (zit. 88 Nw. U. L. Rev. 48 [1993]).
ders.: The Constitutional Journey of Marbury v. Madison, in: Virginia Law Review, Bd. 89 (2003), S. 1463–1573 (zit. 89 Va. L. Rev. 1463 [2003]).
Whittington, Keith E.: Constitutional Construction. Divided Powers and Constitutional Meaning, Cambridge (Mass., U.S.) und London: Harvard University Press, 1999.
ders.: Judicial Review and Interpretation: Have the Courts Become Sovereign When Interpreting the Constitution?, in: Kermit L. Hall / Kevin T. McGuire (Hrsg.), The Judicial Branch, Oxford, New York u. a.: Oxford University Press, 2005, S. 116–141.

ders.: Political Foundations of Judicial Supremacy. The Presidency, the Supreme Court, and Constitutional Leadership in U.S. History, Princeton (NJ, U.S.) und Oxford (England): Princeton University Press, 2007.

ders.: Judicial Review of Congress before the Civil War, in: Georgetown Law Journal, Bd. 97 (2009), S. 1257–1331 (zit. 97 Geo. L.J. 1257 [2009]).

Wieland, Joachim: Der Zugang des Bürgers zum Bundesverfassungsgericht und zum U.S. Supreme Court, in: Der Staat 29 (1990), S. 333–353.

Wigard, Franz (Hrsg.): Stenographischer Bericht über die Verhandlungen der Deutschen Constituirenden Nationalversammlung zu Frankfurt am Main, Bd. 5, Frankfurt/M.: David Sauerländer, 1848.

Wilkinson, J. Harvie III: Of Guns, Abortions, And the Unraveling Rule of Law, in: Virginia Law Review, Bd. 95 (2009), S. 253–323 (zit. 95 Va. L. Rev. 253 [2009]).

ders.: Cosmic Constitutional Theory. Why Americans Are Losing Their Inalienable Right to Self-Governance, Oxford und New York: Oxford University Press, 2012.

Williams, Ian: Dr. Bonham's Case and 'Void' Statutes, in: Journal of Legal History, Bd. 27 (2006), S. 111–128 (zit. 27 J. Legal Hist. 111 [2006]).

Williams, Norman R.: The Failings of Originalism: The Federal Courts and the Power of Precedent, in: University of California at Davis Law Review, Bd. 37 (2004), S. 761–842 (zit. 37 U.C. Davis L. Rev. 761 [2004]).

ders.: The People's Constitution, in: Stanford Law Review, Bd. 57 (2004), S. 257–290 (zit. 57 Stan. L. Rev. 257 [2004]).

Willoweit, Dieter: Rechtsprechung und Staatsverfassung, in: JZ 2016, S. 429–434.

Wilson, James: Collected Works of James Wilson, 2 Bde., hrsg. von Kermit L. Hall / Mark D. Hall, Indianapolis, Ind.: Liberty Fund, 2007.

Winkler, Heinrich A.: Geschichte des Westens. Von den Anfängen in der Antike bis zum 20. Jahrhundert, München: Beck, 4. Aufl. 2015 (zit. Geschichte des Westens, Bd. I).

Wittmann, Johann: Self-restraint als Ausdruck der Gewaltenteilung, in: Fünfzig Jahre freiheitlich-demokratischer Rechtsstaat, im Auftrag der Hanns-Seidel-Stiftung hrsg. von Bernd Rill, Baden-Baden: Nomos, 1999, S. 109–124.

Wolf, Ernst: Verfassungsgerichtsbarkeit und Verfassungstreue in den Vereinigten Staaten. Eine Untersuchung über die Entwicklung des amerikanischen Verfassungsrechts auf Grund der gerichtlichen Überprüfung der Verfassungsmässigkeit der Bundesgesetze, Basel: Helbing & Lichtenhahn, 1961.

Wolfe, Christopher: The Rise of Modern Judicial Review. From Constitutional Interpretation to Judge-Made Law, Lanham (Md., U.S.) und London: Rowman & Littlefield, 2. Aufl. 1994.

Wolff, Christian: Grundsaetze des Natur- und Voelckerrechts, worinn alle Verbindlichkeiten und alle Rechte aus der Natur des Menschen in einem bestaendigen Zusammenhange hergeleitet werden, Halle (Saale): Rengerische Buchhandlung, 1754.

Wolff, Heinrich A.: Das Verhältnis von Rechtsstaats- und Demokratieprinzip, Speyer: Dt. Hochschule für Verwaltungswissenschaften, 1998.

Wood, Gordon S.: The Creation of the American Republic 1776–1787, 1969, Ndr. New York: W. W. Norton & Company, 1972.

ders.: Ideology and the Origins of Liberal America, in: William and Mary Quarterly, Dritte Folge, Bd. 44 (1987), S. 628–640 (zit. 44 Wm. & Mary Q. 628 [1987]).

ders.: The Origins of Judicial Review, in: Suffolk University Law Review, Bd. 22 (1988), S. 1293–1307 (zit. 22 Suffolk U. L. Rev. 1293 [1988]).

ders.: The Radicalism of the American Revolution, 1991, Ndr. New York: Alfred A. Knopf, 1993.

ders.: Launching the "Extended Republic." The Federalist Era, in: Ronald Hoffman / Peter J. Albert (Hrsg.), Launching the "Extended Republic." The Federalist Era, Charlottesville (VA, U.S.) und London: University Press of Virginia, 1996, S. 1–24.

ders.: The Origins of Judicial Review Revisited, or How the Marshall Court Made More out of Less, in: Washington & Lee Law Review, Bd. 56 (1999), S. 787–809 (zit. 56 Wash. & Lee L. Rev. 787 [1999]).
ders.: Empire of Liberty. A History of the Early Republic, 1789–1815, New York und Oxford: Oxford University Press, 2009.
Wright, Charles A. / Kane, Mary K.: Law of Federal Courts, St. Paul: West, 8. Aufl. 2017.
Wulffen, Bernd: Richterliches Prüfungsrecht im Heiligen Römischen Reich Deutscher Nation des 18. Jahrhunderts, diss. iur., Frankfurt a. M., 1968.
Wunder, Bernd: Landstände und Rechtsstaat. Zur Entstehung und Verwirklichung des Art. 13 DBA, in: Zeitschrift für Historische Forschung (ZHF), Bd. 5 (1978), S. 139–185.
Würtenberger, Thomas: An der Schwelle zum Verfassungsstaat, in: AUFKLÄRUNG, Bd. 3, Heft 2 (1988), S. 53–88.
ders.: Rechtliche Optimierungsgebote oder Rahmensetzungen für das Verwaltungshandeln?, in: VVDStRL 58 (1999), S. 139–176.
Wyszynski, James E. Jr.: In Praise of Judicial Restraint: The Jurisprudence of Justice Antonin Scalia, in: Detroit College of Law Review 1989, S. 117–162 (zit. 1989 Det. C.L. Rev. 117).
Yablon, Charles: Timeless Rules: Can Normative Closure and Legal Indeterminacy Be Reconciled?, in: Cardozo Law Review, Bd. 13 (1992), S. 1605–1618 (zit. 13 Cardozo L. Rev. 1605 [1992]).
Yang, Nele: Die Leitentscheidung. Zur Grundlegung eines Begriffs und seiner Erforschung im Unionsrecht anhand des EuGH-Urteils Kadi, Berlin: Springer, 2018.
Yirush, Craig B.: The Imperial Crisis, in: Edward G. Gray / Jane Kamensky (Hrsg.), The Oxford Handbook of the American Revolution, Oxford, New York u. a.: Oxford University Press, 2013, S. 85–102.
Young, Ernest A.: Constitutionalism Outside the Courts, in: Mark Tushnet / Mark A. Graber / Sanford Levinson (Hrsg.), The Oxford Handbook of the U.S. Constitution, Oxford, New York, u. a.: Oxford University Press 2015, S. 843–862.
Zimmerman, Ward: The Political Nature of John Marshall's Fight for the Court in Marbury v. Madison, in: The North Carolina State Bar Journal, Bd. 16 (2011), Heft 3, S. 23–27 (zit. 16 N.C. St. B.J. 23 [2011]).
Zippelius, Reinhold: Allgemeine Staatslehre. Politikwissenschaft, München: Beck, 17. Aufl. 2017.
ZoBell, Karl: Division of Opinion in the Supreme Court: A History of Judicial Disintegration, in: Cornell Law Quarterly, Bd. 44 (1959), S. 186–214 (zit. 44 Cornell L. Q. 186 [1959]).
Zuck, Rüdiger: Political-Question-Doktrin, Judicial-self-restraint und das Bundesverfassungsgericht, in: JZ 1974, S. 361–368.

Register

4. Verfassungszusatz, 407 ff., *siehe auch* Writs of Assistance Case; Otis, James
5. Verfassungszusatz, *siehe* due process of law
6. Verfassungszusatz, 153
11. Verfassungszusatz, *siehe* Chisholm v. Georgia
14. Verfassungszusatz, *siehe* due process of law

Act of Settlement, 148 (Fn. 258), 243, 373
Adams, John (2. Präsident der Vereinigten Staaten), 345 ff.
Adams, Willi Paul (Historiker), 106
Adamson v. California, 178 (Fn. 433), 307 (Fn. 276), 308 (Fn. 287), 319 (Fn. 341)
Adkins v. Children's Hospital, 48 (Fn. 232)
Aktivismus, *siehe* judicial activism
Amar, Akhil, 152
amending power, 218 (Fn. 645), 241 (Fn. 777)
Amtseid (als Argument), 289, 366
Amtsenthebung, *siehe* impeachment
Anti-Federalists, 119
– als Radikaldemokraten, 144, 188 f.
– consent of the governed, 144
– Ratifikationsgegner, 142 ff.
– *siehe auch* Jeffersonian Republicans
Anti-Positivismus, 309, 318 ff., 376
appeal to heaven, *siehe* Gottesurteil
arising under jurisdiction-Klausel, 67, 364 f., 433
Aristokratie, 14 (Fn. 24), 25, 73, 78 (Fn. 93), 79, 126 (Fn. 120), 130, 152, 233, 355 (Fn. 87)
Articles of Confederation, *siehe* Konföderationsartikel

Ashwander v. Tennessee Valley Authority, 265, 332 (Fn. 419), 380
Aufklärung, 105, 116
Auslegung
– Entgrenzung der Verfassungsauslegung, 28, 35, 38, 41, 178
– funktionell-rechtliche, 199
– grammatische, 28, 329
– historische, 28, *siehe auch* Originalismus
– juristische Methode, 36
– objektiv-teleologische, 35
– subjektiv-teleologische, 324
– systematische, 28
– teleologische, 199, 204, 253, 322, 324
– und Normkonkretisierung, 36 ff.
– und Interpretation, 36 f., 225 ff., 398 ff., pp.
– und Vorstellungen der amerikanischen Gründer, 253
– *siehe auch* Billigkeit (als Auslegungstopos)

Baker v. Carr, *siehe* political question doctrine
Barroso, Luis, 39 f.
Bayard v. Singleton, 283 ff.
Baylin, Bernard (Historiker), 140 (Fn. 212)
Beard, Charles (Historiker), 70
Berufsrichter, 147
„bicentennial" (*Marbury v. Madison*), 344
Bickel, Alexander, 23, 25 (Fn. 92), 49 f., 64, 192
bill of attainder, 262 (Fn. 8), 323 (Fn. 362), 330 ff., 364, 395
– Begriff, 193 (Fn. 509)
Billigkeit (als Auslegungstopos), 67, 113 f., 169, 194, 201, 239 f., *siehe auch* equity; ius aequum

Bill of Rights, 87, 153, 193 f., 305 ff., 408
Bill of Rights (England), 373
Black, Hugo (Richter), 186 (Fn. 474), 306
Blackstone, William, 90 (Fn. 152), 111 ff., 124, 128, 176, 194, 203 ff., 239, 279, 317, 318, 320, 323, 388 f., 421
Böckenförde, Ernst-Wolfgang, 21, 229
Bolingbroke, Lord, 124, 373
Bolling v. Sharpe, 411 (Fn. 390)
Bonham's Case, siehe Coke, Edward
Bowers v. Hardwick, 306 (Fn. 275)
Brandeis, Louis D., 48, 265, 380, siehe auch Zurückhaltung, richterliche
Brearley, David (Richter), 72
Breckinridge, John (US-Senator), 450
British Railways Board v. Pickin, 115 (Fn. 67)
Brown v. Board of Education, 439 (Fn. 541)
Brown v. Maryland, 396
Brugger, Winfried, 29 ff., 40, 379, 415
„Brutus", 98, 163, 205 f., 211, 228 (Fn. 703), 229 ff., 325, 421, siehe auch Anti-Federalists
Buck v. Bell, 375, 408
Bundesgerichte („article III courts"), 117 ff., 261 ff., pp.
– Organisation der B., 118 (Fn. 82)
– und Anti-Federalists, 230 ff.
Bundesverfassungsgericht, 9 ff., 33 ff., 135, 305
– und U.S. Supreme Court, 18 f., 25, 61 ff.
Bundesverfassungsgerichtspositivismus, 441
Bürgerkrieg, amerikanischer, 88, 120
Bush v. Gore, 461 (Fn. 3)

Caton, John, 268 ff.
Calder v. Bull, 294, 297, 301 ff., pp.
Chase, Samuel (Richter), 150, 153, 296 ff., 309 ff., 333 ff., 357, 396, 414, 428, pp.
– impeachment, 227 f. (Fn. 703)
Chambers v. Florida, 435 (Fn. 522)
Chandler v. Secretary of War, 294 (Fn. 201)
checks and balances, siehe Gewaltenteilung; Mischverfassung
Chevron, U.S.A., Inc. v. Natural Resources Defense Council, Inc., 400 (Fn. 334)

Chicago & Southern Air Lines v. Waterman Steamship Corp., 425 (Fn. 463)
case or controversy-Klausel, 63 (Fn. 14), 210, 423, 433, 453
Chisholm v. Georgia, 241 (Fn. 777), 293, siehe auch amending power
Cicero, 78 (Fn. 91)
circuit riding, 295 (Fn. 208), 346, 357
City of Boerne v. Flores, 459 (Fn. 640), 462
City of London v. Wood, 169 (Fn. 379), 393 (Fn. 288)
civilian exclusion orders, siehe „executive order 9066"
clear beyond doubt-Kontrollstandard, 187, 291, 295 ff., 323 f., 326, 332 f.
– und *Marbury v. Madison*, 382 ff., 396
– siehe auch doubtful case rule; concededly unconstitutional act
Clinton, Robert Lowry (Historiker), 430 ff.
Coke, Edward (engl. Richter), 80 ff., 110 ff., 169 f., 174, 176, 266, 279, 284
– und John Marshall, 389 ff.
Collins v. Harker Heights, 306 (Fn. 272)
Washington v. Glucksberg, 306 (Fn. 272)
colonial charters, 95
– „charter constitutionalism", 95
Commentaries on the Laws of England, siehe Blackstone, William
common law, 68, 80, 114, 155 ff., 170, 199, 203, 264 ff., 272, 279, 291, 354, 385, 390 f., pp.
– „common law-Konstitutitonalismus", 173, 176, 428
– und Natur- und Verfassungsrecht, 165 ff.
– und verfassungsrechtlicher Status, 169
Commonwealth v. Caton, 268 ff.
Confiscation Acts, 330 ff.
concededly unconstitutional act, 187, 290, siehe auch doubtful case rule
conflict of laws-Analogie, 204, 313, 363, 368 ff.
Connecticut, 301 ff., 388
Cooper v. Aaron, 456 ff.
Cooper v. Telfair, 294, 330 ff., pp.
Corwin, Edward (Historiker), 71, 89 (Fn. 145)
Council of Revision, 239 (Fn. 766), 255, 256 (Fn. 861)

counter-majoritarian difficulty, 23, 40, 49, 69, 245, pp., *siehe auch* Bickel, Alexander
Country-Ideologie, 124, 141
- Court/Country-Dichotomie, 312 (Fn. 312)
Country-Party, *siehe* Country-Ideologie
Court of Common Pleas, 392 (Fn. 279), 393
Court of King's Bench, 392
Crosskey, William Winslow, 261
curia regis, 93, *siehe auch* Privy Council
Currie, David, 298, 305
Cushing, William (Richter), 331, 336, 396
customary constitution, 278 ff., 311 ff., 321, *siehe auch* ancient constitution

von Danwitz, Thomas, 35
Dartmouth College v. Woodward, 396
Day v. Savadge, 169 (Fn. 379), 393 (Fn. 289)
Deferentialismus (judicial deferentialism), 45, 208, 290, 299 f., 326 ff., 339, 357, 401
deklaratorische Rechtstheorie, *siehe* Naturrecht
Demokratie
- als organisatorisch-formales Formprinzip, 21
- als Rechtsbegriff, 20 ff.
- deliberative D., 122, 133 ff., 249, 463
- dezisionistisches Modell der D., 21
- und Rechtsstaat, *siehe* Normenkollision
- *siehe auch* counter-majoritarian difficulty; Konstitutionalismus; Madisonian dilemma
demokratische Legitimation der Staatsgewalt
- als juristische Fiktion, 215 f.
- in Sonderheit der Justiz, 73, 221, 404, 448 (Fn. 585), pp.
- expertokratische L., 210
- institutionelle L., 196
- Legitimationsniveau, 215
- Legitimationsvorsprung, 212
- materielle L., 213
- mittelbare L., 245
- personelle L., 197
- prozedurale L., 213
- unmittelbare L., 245
- und ‚postmoderne' Demokratietheorie, 21 (Fn. 67)
- *siehe auch* Legitimität

demokratische Sanktion, 83, 180, 246, 255, *siehe auch* Stimmzettelargument
Dennis v. United States, 407 (Fn. 374), 414 (Fn. 407)
Departmentalismus (departmentalism), 69 (Fn. 45), 197, 444 ff., 450 ff., 462
Deutungshoheit
- Historiograhpie, 162 (Fn. 346), 266
- über den Begriff des Politischen, 419
- über die Verfassungsinterpretation 41, 225 f.
Devolutiveffekt, 227
Dezision(ismus), 21, 27, 36, 88, 228, 229 (Fn. 710)
Dicey, Albert Venn, 115
Dickinson, John, 315
doctrine of consent, 139, 178, *siehe auch* Locke, John
Doktrinarismus, 268
doubtful case rule, 187, 207, 290, 299 ff., 323, 332 f., 335 ff., 381 ff., 423, 464
- als „law in action", 412
- implizite Inkorporation in *Marbury v. Madison*, 382 ff.
- und *Dr. Bonham's Case*, 389 ff.
- und *Duchess of Hamilton Case*, 393
- und *Fletcher v. Peck*, 395 f.
- und Grundrechtsschutz, 407
- und James Otis, 168 ff.
- und „overenforcement", 402
- und Verfassungsinterpretation, 398 ff.
- *siehe auch* clear beyond doubt
Dr. Bonham's Case siehe Bonham's Case
Dred Scott v. Sandford, 358, 375, 408
Dreier, Horst, 463
Duchess of Hamilton v. Fleetwood, 169 (Fn. 379), 393 (Fn. 291)
due process of law, 102, 405, 410, pp.
- Begriff, 304 (Fn. 261)
- procedural due process, 304
- substantive due process, 304 ff., 310, 325 f.
Dummer, Jeremiah, 388
Durchsuchungsbefehl, 167 ff., 407, *siehe auch* writ of assistance
Dworkin, Ronald, 402, 464

Eakin v. Raub, 366 (Fn. 148), 367 (Fn. 154), 370 (Fn. 167)
Earl of Oxford's Case, 113 (Fn. 57)
Egerton, Thomas (alias Lord Ellesmere), 391 ff.
Eigentum, 84 f. (Fn. 125), 134 f., 136 ff., 140, 286 ff., 418 f., pp.
– Eigentumsfreiheit, 277
– „Freiheit und Eigentum", 76
– *siehe auch* vested right
Eilverfahren, 276
Einzelstaatsgerichte, *siehe* state courts
Einzelstaatsverfassungen, *siehe* state constitutions
„einzig richtige Entscheidung", 403 ff.
– als regulative Idee, 404
electoral college, 123
Ely, John Hart, 49, 311, 327
equal protection-Klausel, 30, 305, 403 (Fn. 351), 410
equity, 114, 239 f., 244
estates of the realm, 127 ff.
Evidenzerlebnis, 401, 411
Ex parte McCardle, 353 (Fn. 74)
ex post facto-Klausel, 302 ff., 321, 324, 364, 395, 412 (Fn. 397)

Fall der sieben Bischöfe, 155
favor legis, 327
„Federal Farmer", 152, 158, 163, 211, 229, 234 ff.
Federalist Papers, *siehe* Federalists
Federalists
– als Ratifikationsbefürworter, 119 ff.
– als politische Partei, 150, 292 f., 294 f., 345 ff., 355 (Fn. 87), pp.
– „The Federalist" (Federalist Papers), 98 (Fn. 199), 161 ff.
– und politischer Konservati(vi)smus, 188 f.
– *siehe auch* Hamilton, Alexander; Jay, John; Madison, James; Anti-Federalists
Fletcher v. Peck, 395 ff.
Föderalismus, 104 ff., 117, 230 ff., 336 f., pp.
Framers, 69, 100, 161 ff., 189 f., 230, 243, 266, 444
– und judicial review, 71
Frankfurter, Felix (Richter), 48
Freirechtsschule, 421

Friedensrichter, 345 ff.
„Freund/Feind"-Schema, *siehe* trial by battle
Fundamentalgesetz(e), 79, 82, 85, 93, 97, 165 ff., pp.
„Fußnote vier", 326 f., 332, 413

Garcia v. San Antonio Metro. Transit Auth., 343 (Fn. 10)
„Geist von 1776", 147, 188
Gemeinwohl, 30 ff., 131, 140, 183, 239 (Fn.766), 326, 360
Generalklausel, 26, 34, 37 f.
Georg I. (König von England), 254
Georg II. (König von England), 167
Georg III. (König von England), 106, 153 (Fn. 290), 185
Georgia, 330 ff., 395
Geschworenenprozess, *siehe* trial by jury
Gesellschaftsvertrag, 86, 131, 138, 310, 314, 335, 409
Gesetzesvorbehalt, 75 f.
Gesetzgebung
– nachkonstitutionelle, 118, 334
– revolutionäre, 334
– Verfahren, 28 (Fn. 118), 38
Gesetzgebungsstaat, 38 f.
Gesetzgebungsverbot (nach US-Verfassungsrecht), 321, 370 f., 406 ff., 413, 433, *siehe auch* ex post facto law-Klausel
Gesinnungsethik, 35
Gewaltenteilung, 38, 362 f., pp.
– als bürgerliches Prinzip, 125
– als Gewaltentrennung, 123 f.
– als Gewaltenverschränkung, 123 ff.
– funktionale G., 125 ff., 183
– und Alexander Hamilton, 190 ff.
– und Aristokratie, 78 f.
– und „Brutus", 244 ff.
– und *Calder v. Bull*, 302
– und *Cooper v. Telfair*, 331 ff.
– und checks and balances, 122 f.
– und Departmentalismus, 445 ff.
– und James Varnum, 281 ff.
– und judicial supremacy, 441
– und *Marbury v. Madison*, 361 f., 441
– und Methodik der Verfassungsinterpretation, 47, 237 ff., 412

- und Mischverfassung, 78 f., 124
- und Normenkontrolle, 183 ff., 190 ff., 227 ff., pp.
- und Repräsentation, 134 f.
- und Trennung zwischen Recht und Politik, 419 ff.
- und Samuel Chase, 333

Gewohnheitsrecht, 374
‚Glorreiche' Revolution, *siehe* Revolution von 1688/89
Gottesgnadentum, 113
Gottesurteil, 87, 113, *siehe auch* Widerstandsrecht
Gough, John Wiedhofft, 394
Great Society, 458
Grenzen der Verfassungsgerichtsbarkeit, 41 ff.
- funktionell-rechtlicher Ansatz, 43, 56
- materiell-rechtlicher Ansatz, 43, 55 f.

Grey, Thomas, 308
Griswold v. Connecticut, 186 (Fn. 474), 307 (Fn. 276)
Gründerväter, *siehe* Framers
Grundgesetz
- als Gerechtigkeitsordnung, 28
- als Gerechtigkeitsreserve, 305
- und Kompetenzverteilung, 41
- und Positivierung der Normenkontrolle, 61 f.
- und Rechtsprechungsföderalismus im Vergleich zur US-Verfassung, 118
- und Sozialpolitik, 29
- und Tradition, 3 (Fn. 8)
- und Widerstandsrecht, 92
- *siehe auch* Konstitutionalisierung der Rechtsordnung

Grundkonsens, republikanischer, 120 f., 183, 188 f., 219
Grundmandat, 147
Grundrechte
- als Abwehrrechte, 28, 87 (Fn. 140), 321
- als subjektive Rechte, 26, 29 f., 86 f., 171
- Eingriff, 29
- Grundrechtskatalog, 193, 234
- Grundrechtskollision, 26
- Grundrechtsschutz und richterliche Zurückhaltung, 407 ff.
- Konstitutionalisierung der G., 171 f.

- und Deutungsoffenheit, 226
- und Konstitutionalismus, 21 f.
- und New Deal, 328
- und Normenkontrolle im 18. Jahrhundert, 88 ff.
- und Rechtsstaat, 21
- und Verfassung als Rahmenordnung, 28
- und Verhältnismäßigkeitsgrundsatz, 29
- *siehe auch* Bill of Rights; Liberalismus (dort Grundrechtsdemokratie)

habeas corpus, 194, 410
Haines, Charles Grove, 127, 262
Hamilton, Alexander, 349, 371, 376 ff., pp., *siehe auch* Identitätsthese
Hand, Learned (Richter), 48
Handlungsnorm, 427
Harrington, James, 141 (Fn. 213)
Hart, H.L.A., „Halbschatten", 400
Hausdurchsuchung, *siehe* Durchsuchungsbefehl
Haus Stuart 85 f.
Haus Tudor 111
Hayburn's Case, 293, 294 (Fn. 201)
Helmholz, Richard (Historiker), 160
Henry, Patrick, 103 (Fn. 4), 212 (Fn. 605), 231, 232 (Fn. 727)
Hesse, Konrad, 36
Heun, Werner, 200
„High Court of Parliament", 96, 111, 393
Hirabayashi v. United States, 411
Hoadly, Benjamin (Geistlicher), 34, 254, 421
Hobart, Henry (engl. Richter), 393
Hobbes, Thomas, 113, 138 ff.
holding-Doktrin, 430 f.
Holmes, Oliver Wendell Jr. (Richter), 29 (Fn. 123), 48, 54, 303, *siehe auch* Lochner-Ära
Holmes v. Walton, 72 (Fn. 64), 262 (Fn. 8), 286 (Fn. 143), 446
Homogenitätsklausel, 312
Hughes, Charles Evan (Richter), 47
Hume, David, 375
Hutchinson, Thomas (Gouverneur), 174, 374 (Fn. 180)
Hüter der Verfassung, 178, 454
Hylton v. United States, 295 ff., 341, pp.

Identitätsthese (Hamilton), 213 ff., 378
impeachment, 211, 221 (Fn. 666), 227, 237, 354, *siehe auch* Chase, Samuel
Industriestaat, 412
Interpretationshoheit, *siehe* judicial supremacy
interpretivism, 54, 308, 328, 414, 429, *siehe auch* Deferentialismus (judicial deferentialism); Textualismus
interstate commerce clause, 328
Interventionsstaat, 412
Invalid Pensions Act, *siehe Hayburn's Case*
Iredell, James (Richter), 73, 98, 163, 176 ff., 195, 199, 206 f., 221, 243, 255, 259, 280, 286 ff., 296 ff., 301 ff., 350, 374, 396, 428, 434, 454
ius aequum, 240, 421, *siehe auch* equity; Billigkeit
ius gentium, 35

Jackson, Andrew (7. Präsident der Vereinigten Staaten), 198, 259
– Jacksonian Democracy, 129 (Fn. 141)
– und Departmentalismus, 89 f.
Jacobellis v. Ohio, 401 (Fn. 342)
Jakob (James) II. (König von England), 86 (Fn. 131), *siehe auch* Haus Stuart
Jay, John, 98 (Fn. 199), 132 (Fn. 159), 161, 163, 215
Jeffrey, William, 236, 248
Jeffersonian Republicans, 159, 198, 247, 294, 338 f., 345 ff. 356 f., 383, *siehe auch* Anti-Federalists
Jefferson, Thomas (3. Präsident der Vereinigten Staaten), 90 (Fn. 152), 159, 198, 259, 294, 338, 345 ff., 416, 419, 448
Josiah Philips's Case, 262 (Fn. 8)
judicial activism, 54, 250, 303, 329, pp.
judicial duty
– und James Iredell, 183, 288, 454
– und John Marshall, 362
judicial review
– Begriff, 60 ff.
– scope of, 52, 383, 428, 452
judicial (self-) restraint, *siehe* Zurückhaltung, richterliche
judicial supremacy, 65, 127, 234, 236, 428, 435 ff.

– interpretive supremacy, 436 ff., 457 f., pp.
– judgment supremacy, 436 ff., 459, pp.
– *siehe auch Cooper v. Aaron*
Judiciary Act (1789), 343 ff., 379, 386
Judiciary Act (1801), 248, 346 ff., 356
Judiciary Act (1802), 347 (Fn. 32), *siehe auch* Repeal Act
Jurisdiktionsstaat, 33 (Fn. 147), 39
Juristenrecht, 97, 158
jury, *siehe* trial by jury
jury nullification, 150, 154, 157
Justiz
– im 18. Jahrhundert, 147 ff.
– koloniale, 93, 154 ff., 157

Kamper v. Hawkins, 220 (Fn. 655), 263 (Fn. 8), 275 (Fn. 72), 285 (Fn. 140), 343, 371, 386
Katholizismus, 438
Katzenbach v. Morgan, 403 (Fn. 351), 464 (Fn. 21)
Kelsen, Hans, 18 (Fn. 53), 372 (Fn. 172)
King's Bench, *siehe* Court of King's Bench
Kirkpatrick, Andrew (Richter), 446
Klarman, Michael, 358
Klientelpolitik, 121
Kompetenznorm, negative, 321
Konföderationsartikel, 103 ff., 117 ff., 122, 188, 212 (Fn. 605), 365 (Fn. 146), pp.
Kongress, 246, *siehe auch* US-Repräsentantenhaus; US-Senat
Konstitutionalisierung der Rechtsordnung, 27 f.
Konstitutionalismus
– angelsächsischer (anglo-amerikanischer), 83 ff., 93, 105 f., 254 f.
– antebellum-K., 89
– Begriffe, 20
– deutscher (hist.), 2 (Fn. 3), 74 ff.
– englischer/britischer, 105, 123, 127 f., 179, 278, 314
– und Demokratie, 4, 20 ff.
– US-amerikanischer, 73, 77, 143, 164, 202, 254, 255, 258, 264, 291, 309, 350, 381
– *siehe auch* common law
Konterrevolution, 92, 147
Kontrolldichte, 41, 329, 334, 413 f., 426
Kontrollnorm, 427

Konventionalregeln, 374
Konvent von Philadelphia, 70 ff., 103 f., 119, 163, 176, 185 f., 214, 219, 231, 236, 252, 285, 433
Korematsu v. United States, 375, 411, 414
Kramer, Larry D. (Rechtswissenschaftler), 64, 251 (Fn. 830), 267 (Fn. 30), 312, 319, *siehe auch* popular constitutionalism; judicial supremacy
Kritische Periode, 116
„Krone im Parlament", *siehe* Parlamentssouveränität

legal realism, 421
leges fundamentales, *siehe* Fundamentalgesetz
Legitimation, *siehe* demokratische Legitimation
Legitimität, 136, 206, 214 f., 222, 257, 267, pp.
– der richterlichen Normenkontrolle, 68, 102, 240 f., 280, 290, 305, pp.
Letztentscheidungskompetenz, 14, 15, 33, 38, 41, 65 f., 199, 225, 228, 343, 435 f., 439, 448, 451, pp.
level of scrutiny, 329
– rational basis test, 326, 384, 413 (Fn. 405)
– strict scrutiny, 413 (Fn. 405)
– *siehe auch* Kontrolldichte; rule of administration
Leviathan, *siehe* Hobbes, Thomas
Levy, Leonard, 357
lex fundamentalis, *siehe* Fundamentalgesetz
lex posterior-Regel, 203 ff.
lex superior-Regel, 203, 369
Liberalismus, 3 (Fn. 7), 32, 57, 135, 137 ff.
– und ‚Grundrechtsdemokratie', 22, 87
– und Kapitalismus, 120
– und Republikprinzip, 140 f.
– liberale Demokratie, 17, 22 (Fn. 73)
– liberaler Rechtsstaat, 3 (Fn. 8), 75, 412
– *siehe auch* Locke, John (dort Besitzindividualismus); Nachwächterstaat
„Liberties of Englishmen", *siehe* „Rights of Englishmen"
life tenure, *siehe* richterliche Unabhängigkeit
limited government, 131, 191 ff., 361

Lincoln, Abraham (16. Präsident der Vereinigten Staaten), 198, 446 (Fn. 574)
„Little Old Judge"-Argument, 363
„living constitution", 101, 307
Lochner-Ära, 120, 258, 303, 325, 327, 458, *siehe auch* Holmes, Oliver Wendell; substantive due process
Lochner v. New York, *siehe* Lochner-Ära
Locke, John, 85, 113, 139 f., 461 (Fn. 4)
– und Besitzindividualismus, 137
– und James Iredell, 177
– und Kontraktualismus, 137
Lord Ellesmere *siehe* Egerton, Thomas
Loyalisten, 286 ff., 330 ff.
– Herausgabeklagen, 287
Luther v. Borden, 312 (Fn. 311), 425 (Fn. 460)
Lyon, Matthew, *siehe Trial of Matthew Lyon*

Madison, James (4. Präsident der Vereinigten Staaten), 121, 133 ff., 138, 161, 163, 198, 215, 222, 318, 403, 416
– als Beklagter in *Marbury v. Madison*, 348 ff., pp.
– als „Chefarchitekt" des Virginiaplans, 445
– über U.S. Const., Art. III, 433 ff.
– und „Council of Revision", 255 f.
– und Departmentalismus, 445
– und „extended republic", 145
– und „Madisonian Dilemma", 23
Magna Carta, 105 (Fn. 12), 174, 315, 317 (Fn. 333), 374
Magor and St. Mellons Rural District Council v. Newport Corp., 206 (Fn. 575)
Maitland, Frederic (Historiker), 160
Marbury, William, 347 ff.
Massachusetts, 154, 166 f., 174, 374, 388, 391
– Massachusetts Circular Letter, 96
Marxismus, 137, 147 (Fn. 254)
Maryland, 164 (Fn. 352), 230
Maus, Ingeborg, 54
Michael H. v. Gerald D., 101 (Fn. 216)
„Midnight Judges", 346
„Midnight justices of the peace", 348
Militärdiktatur, 146
Miller v. Johnson, 459 (Fn. 640)

Mischverfassung, 78, 110, 113, 124 ff.
- republikanische, 122 ff.
- siehe auch Gewaltenteilung
mixed government, siehe Gewaltenteilung
Marshall, John (Richter), 4, 208, 273, 292
- als ‚Begründer' der Lehre vom richterlichen Prüfungsrecht, 97 ff., 267 f., 341 ff., 376, 457
- als „Great Chief Justice", 350, 359, 458
- als Ikone, 359, 458
- als Secretary of State, 348
- und Alexander Hamiltons Federalist #78 216, 258, 308, 376 ff.
- und Andrew Jackson, 90
- und Edward Coke, 389 ff.
- und *Fletcher v. Peck*, 395 f.
- und James Iredell, 221, 308
- und *Marbury v. Madison*, 341 ff.
- und *McCulloch v. Maryland*, 396
- und richterliche Interpretationshoheit (‚judicial supremacy'), 436 ff.
- und richterliche Zurückhaltung, 379 ff.
- und Thomas Jefferson, 349, 381
Maßstabsbildung, 304, 329
McCulloch v. Maryland, 396, 458
Mehrheitsprinzip, 21 f., 26, 73, 123, 129, 131 f., 143, 151, 249, 327, 378
- Diktatur der Mehrheit, 11
- Pöbelherrschaft, 132
- Tyrannei der Mehrheit, 132
- und James Madison, 133 ff.
Meinungsfreiheit, 406 ff.
Minge v. Gilmour, 308 (Fn. 287), 319 (Fn. 343), 321 (Fn. 353), 322 (Fn. 355)
Miranda v. Arizona, 439 (Fn. 541)
von Mohl, Robert, 2 (Fn. 2), 162
Monarchie, 92, 93, 106, 113, 124, 142, 167, 194, pp.
- monarchisches Prinzip, 75 ff., 126
- siehe auch Mischverfassung
„Monsterfall", 414
Montagu, Henry (engl. Richter), 392
Montesquieu, Charles, 135, 145, 192, 231, 244
Moore v. Cherry, 149 (Fn. 268)
Moore v. East Cleveland, 306 (Fn. 275)
mootness-Doktrin, 270
Morgan v. Rhodes, 426 (Fn. 467)

Morris, Gouverneur, 130, 156
Mossmann v. Higginson, 341 (Fn. 3)
Munn v. Illinois, 247 (Fn. 810), 325 (Fn. 371)

Nachtwächterstaat, 412
National Federation of Independent Business v. Sebelius, 186 (Fn. 474)
Naturrecht
- „Geist der Verfassung", 238, 242, 252
- in der Amerikanischen Revolution, 201 f.
- in der frühen Amerikanischen Republik, 295, 313 ff.
- konstitutionalisiertes, 201
- status naturalis/Naturzustand, 138 f., 278, 315
- transpositives, 390
- und Alexander Hamilton, 194, 201 f.
- und *Calder v. Bull*, 304 ff.
- und „deklaratorische Rechtstheorie", 315 ff.
- und *Duchess of Hamilton Case*, 393
- und Edward Coke, siehe *Bonham's Case*
- und Geschworenenprozess, 278, 318
- und James Iredell, 318 ff.
- und James Madison, 318
- und „jury nullification", 158
- und Kontraktualismus, 138, 170
- und *Marbury v. Madison*, 414
- und Normenhierarchie, 79 ff., 165
- und Parlamentssouveränität, 168 ff.
- und Positivismus, 202, 308 f., 318, pp.
- und Samuel Chase, 309 ff., 329 f., 334
- und Samuel Pufendorf, 320
- und substantive due process, 304 ff.
- und *Trevett v. Weeden*, 284
- und William Blackstone, 317 ff.
ne bis in idem, 369
necessary and proper-Klausel, 246
Nelson, William (Historiker), 158, 420
Nelson, William (Richter), 371
Neuengland, 157, 167
New Deal, 49, 328, 458, siehe auch *United States v. Carolene Products Co.*
New Hampshire, 85 (Fn. 129), 244 (Fn. 791), 263 (Fn. 8), 283 (Fn. 128), 386 ff.
New Jersey, 72, 446
New State Ice Co. v. Liebman, 48 (Fn. 233)
New York, 47, 102 (Fn. 219), 155, 230

- New York Council of Revisions, 239 (Fn. 766)
- „New York Romans", 164 (Fn. 352)
- Ratifikationsdebatte, 119, 161 ff., 223, 251

New York Times Co. v. Sullivan, 90 (Fn. 152), 91 (Fn. 157), 409 (Fn. 385)

Nihilismus, 49, 53

Nomos, 79

Normativität, 28, 32, 47, 61, 68, 200, 236, 308, 335, 364, 408
- prekäre N., 41, 97, 464

Normenhierarchie, 78, 96, 170, 178, 203, 279 f., 288, 313, 368, 372 pp.

Normenkollision, 203 ff., 360, 368, 369, 443
- Grundrechtskollision, 26
- zwischen Demokratie- und Rechtsstaatsprinzip, 4, 21 f.
- zwischen Natur- und positivem Recht, 112 (Fn. 50)
- *siehe auch* conflict of laws-Analogie; Normwiderspruch

Normverwerfung
- Begriffe, 18 f., 42 (Fn. 203), 89 (Fn. 145)
- durch Geschworene, *siehe* jury nullification
- durch Richter, 82, 220, 391, 392 f., pp.
- Wirkung erga omnes, 337 (Fn. 445), 442
- Wirkung inter partes, 337 (Fn. 445)
- *siehe auch* Rechtskraft

Normwiderspruch
- logischer, 369 ff.
- axiologischer, 369 (Fn. 163), 371, 443

Normwiederholungsverbot, 439

North Carolina, 176 ff., 286 ff.

Norton v. Shelby County, 437 (Fn. 527)

Obergefell v. Hodges, 35 (Fn. 159), 88 (Fn. 142), 102, 405

Oberhaus (Legislative), 124 (Fn. 108), 244, 269

obiter dictum, 258, 271 (Fn. 50), 298, 352, 430 f., *siehe auch* holding-Doktrin

obiter dissertation, 351

Oetjen v. Central Leather Co., 425 (Fn. 463)

Organic Act, 346

Originalismus, 100 ff., 307, 324, 461, *siehe auch* living constitution

Otis, James, 98, 163 ff., 178, 202, 279, 284, 350, 408

Owings v. Speed, 331 (Fn. 412)

Pacific States Telephone & Telegraph Co. v. Oregon, 312 (Fn. 311)

Palmer, Robert (Historiker), 105

Palmzweigpetition, 107 (Fn. 19), 185

Papiergeld, 134, 276 f.

Parlament, englisches/britisches, 106 ff., 110 ff., 163, 164, 167, 175, pp.

Parlamentssouveränität, 115 f., 126, 164, 168, 271, 280, 310, 313, 320, 323, pp.

Parsons, Theophilius (Richter), 154

passive obedience-Doktrin, 113

Paterson, William (Richter), 149, 296, 331, 335, 357, 396

Paulskirchenverfassung, 2, 73 (Fn. 67), 75

Pendelton, Edmund (Richter), 46 (Fn. 222), 174 (Fn. 408), 272 ff.

Penhallow v. Doane's Administrators, 294 (Fn. 201)

per curiam, 302 (Fn. 251)

Petitionsrecht, 83, 179, 182, 185

Planned Parenthood v. Casey, 257 (Fn. 866), 426 (Fn. 471), 461 (Fn. 5)

Plaut v. Spendthrift Farm, Inc., 178 (Fn. 433), 186 (Fn. 474), 326 (Fn. 373), 332

Plessy v. Ferguson, 375, 408

Plucknett, Theodore, 394

political question-Doktrin, 44, 50, 74, 209, 423 ff.

Pollock v. Farmers' Loan & Trust Co., 186 (Fn. 474), 377 (Fn. 205), 458 (Fn. 637)

Polybios, 78, 125

popular constitutionalism, 83 f., 85, 267 (Fn. 30), 345, *siehe auch* Kramer, Larry D.

popular government, 137 (Fn. 183), 443

Positivismus, 202, 307 f., 309, 318 f., 372, 376, pp.

Posner, Richard, 55

pouvoir constituant, 81

pouvoir constitué, 81, 131, 361

pouvoir neutre, 34

Powell v. McCormack, 65 (Fn. 25), 459 (Fn. 640)

precedent-Doktrin, 68, 266, 337 (Fn. 445), 428, 430, pp., *siehe auch* stare decisis-Doktrin
Pressefreiheit, 90 (Fn. 152), 155, 226, *siehe auch* Zenger, John Peter
presumption of constitutionality, 327, 332, *siehe auch* favor legis
Privy Council, 93, 158, 388 (Fn. 256)
„Publius", 98 (Fn. 199), *siehe auch* Federalists
Pufendorf, Samuel, 316 (Fn. 331), 320

qui tam-Klageverfahren, 276

R. *(Miller) v. Secretary of State for Exiting the EU*, 115 (Fn. 68)
Rahmenordnungsmodell, 28, 412
Rakove, Jack, 354
Randolph, Edmund, 128 (Fn. 135), 268, 299
Randolph, John, 247
Ratifikation (Bill of Rights), 87
Ratifikation(sdebatte) (US-Bundesverfassung), 71, 98, 119, 151, 161, 176, 211, 234, 248, pp.
– durch Konvente 101, 154, 212 ff., 223, 230
Rechtsbehelf, 13 (Fn. 23), 83, 93, 179, 182, 185, 255, 351 ff., 370, 416, 431, 449 (Fn. 590), 455, *siehe auch* writ of mandamus
Rechtskraft, 440
– materielle, 449
– objektive, 450
– subjektive, 449 (Fn. 590)
Rechtsmittel, 118 (Fn. 83), 227, 233, 277, 301, 330, 454
– section 25-jurisdiction, 301
– *siehe auch* writ of certiorari; writ of error
Rechtspositivismus, *siehe* Positivismus
Rechtsquellenlehre, 307, 324
Rechtssetzung, koloniale, 72 (Fn. 62), 387 ff.
Rechtsstaats(prinzip) 21 f., 27, 31, 75, 260, 291, 305, 410, *siehe auch* Konstitutionalismus
Reconstruction, 458
Regeln und Prinzipien, 406, 412
Regelungsdichte, 41, 43
regimen commixtum, *siehe* Mischverfassung

Reichsgericht, 42 (Fn. 203), 75
Reichshofrat, 57
„Reiten im Walde", 26, 251 (Fn. 830)
remedy, *siehe* Rechtsbehelf; Rechtsmittel
Reno v. Flores, 306 (Fn. 272)
Repeal Act, 347 (Fn. 32), 356 f., 450
Repräsentantenhaus, *siehe* US-Repräsentantenhaus
Repräsentationsprinzip, 133 ff., 146
– Repräsentationsdefizit, 50, 327, 329
– und Geschworene, 152 f.
– und Gewaltenteilung, 134
– und Federalists, 128 ff.
– virtuelle R., 108
– *siehe auch* Mehrheitsprinzip
Republican Party of Minnesota v. White, 257 (Fn. 866)
Republik 23, 127, 130, 133, 140 ff., 179, 310, 312, 319, 422, pp.
– Großflächenstaat, 122, 146
– Republikaner, *siehe* Jeffersonian Republicans
– römische, 78
– „small republic"-Argument, 145
– Tugenden, 134
– und Anti-Federalists, 142 f., 230, 243, 245
– und customary constitution, 321
– und Geschworenenprozess, 152 f.
– *siehe auch* Grundkonsens, republikanischer; Harrington, James; Homogenitätsklausel
Republikanismus-These, 140
,repugnant', 383 ff.
res judicata, *siehe* Rechtskraft
Revolution, französische, 129
Revolution von 1688/89, 80, 85, 94, 115, 168 (Fn. 375), 243 (Fn. 789), 312 (Fn. 312), *siehe auch* Parlamentssouveränität
,Revolution' von 1800, 4, 294, 348, 383, *siehe auch* Jefferson, Thomas
Revolution von 1848/49, 75, *siehe auch* Paulskirche
Revolutionskrieg, 103 (Fn. 5), 104, 116, 176, 268, 275 (Fn. 77), pp.
Rex v. Earl of Banbury, 393 (Fn. 288)
Rhode Island, 103, 275 ff., 287, pp.
– „Rogue Island", 134

richterliche Unabhängigkeit, 184, 190, 227, 228 (Fn. 703), 232, 237, 243 ff., 255, 257
– Amtsdauer „at (the King's) pleasure" / „durante bene placito", 347
– Amtsdauer „during good behavior" / „quamdiu se bene gesserint", 190, 227, 347
– Ernennung auf Lebenszeit, 190, 243, 247
– siehe auch impeachment
Richterstaat, siehe Jurisdiktionsstaat
„Rights of Englishmen", 109, 194 (Fn. 517), 202, 279
Riley v. California, 408 (Fn. 378)
Roane, Spencer (Richter), 220, 386
Roberts, John (Richter), 102, 411 (Fn. 392), 455
Rochin v. California, 307 (Fn. 276)
Roe v. Wade, 305 (Fn. 270), 306 (Fn. 274)
Roosevelt, Franklin D. (32. Präsident der Vereinigten Staaten)
– „Court Packing Plan", 71, 325 (Fn. 371)
– Departmentalismus, 198
– „Executive Order 9066", 410
royal prerogative, 93, 107
Rückwirkungsverbot, *siehe* ex post facto-Klausel
rule of administration (Thayer), 329, 399, 414
rule of law, 64, 105 (Fn. 12), 406 (Fn. 368), *siehe auch* Konstitutionalismus; Rechtsstaat
Rutgers v. Waddingion, 201 (Fn. 552), 262 (Fn. 8), 273 (Fn. 59), 296 (Fn. 211)
Rüthers, Bernd, 47

Satzung, *siehe* Rechtssetzung; colonial charter
Scalia, Antonin, 35 (Fn. 159), 406 (Fn. 368), 426 (Fn. 471)
Schwartz, Bernard, 342
Schwurgerichtsbarkeit, *siehe* trial by jury
Second Bank of the United States, *siehe McCulloch v. Maryland*
Sedition Act, 90, 148 (Fn. 263), 150, 339, 409
Seegerichte, *siehe* vice-admiralty courts
Selbstregierung, 20, 23, 31, 129, 142
Selbstverwaltung, 109, 143, 151, 157

– koloniale, 72 (Fn. 62), 94
Senat, *siehe* US-Senat
seriatim, 302 (Fn. 251)
Sezession (Amerikas von Großbritannien), 85, 92, 107, 177, *siehe auch* Bürgerkrieg, amerikanischer
Shays' Rebellion, 85
Sidney, Algernon 85, *siehe auch* Widerstandsrecht
Sieyès, Emmanuel Joseph „Abbé", 81, 166 (Fn. 358)
Smith v. California, 410 (Fn. 387)
Snowiss, Sylvia, 200, 285 (Fn. 137), 313 ff.
Snyder v. Massachusetts, 306 (Fn. 272)
sola scriptura, 438
„Son of Liberty", 315, 317
Sosin, Jack (Historiker), 235, 250
Souveränität, 250 (Fn. 830), 288, 360
– der Legislative, *siehe* Parlamentssouveränität
– der Verfassung, 250 (Fn. 830),
– des Volkes, *siehe* Volkssouveränität
sovereign immunity, 293, 355, 416
Spirit of '76, *siehe* „Geist von 1776"
Staatsrechtslehre, 22 (Fn. 74), 42, 55, 75
Stamp Act, 104 (Fn. 9), 105 (Fn. 13), 106, 174, 315, 374
Stände(ordnung), *siehe* estates of the realm
stare decisis-Doktrin, 68, 337 (Fn. 445), 430, 432, *siehe auch* precedent-Doktrin
state constitutions (Einzelstaatsverfassungen), 89 (Fn. 127), 95, 128 (Fn. 130), 153, 177 (Fn. 424), 178, 261, 386, 447
state courts (Einzelstaatsgerichte), 63 (Fn. 17), 66, 164, 241, 261, 264, 297, 301, 434
State Department, 348
State v. Parkhurst, 182 (Fn. 454), 217 (Fn. 641), 446, 453
statutory construction, 252 (Fn. 837), 265, 290, 369, 371, 380
– als common law-konforme Auslegung des einfachen Rechts, 264
– und Edward Coke in *Dr. Bonham's Case*, 112 (Fn. 47)
Stern, Klaus, 82
Stevens, John Paul (Richter), 186 (Fn. 474), 332

Stewart, Potter, 401 (Fn. 342)
Stimmzettelargument, 246
St. John, Henry *siehe* Bolingbroke
Stone, Harlan Fiske (Richter), 48, 326 ff., 332, 411, 413, *siehe auch* „Fußnote vier"
Story, Joseph (Richter), 442, 456 (Fn. 625), 457
Stourzh, Gerald, 128
Stuart v. Laird, 347 (Fn. 34), 356
Stufenbau der Rechtsordnung, 371
Sunstein, Cass, 142
supremacy-Klausel, 63 (Fn. 17), 66, 218, 301, 365
Supreme Court of the United States, *siehe* U.S. Supreme Court
Symsbury('s) Case, 262 (Fn. 8), 263 (Fn. 8)

Taney, Roger (Richter), 358
Telos, 160, 209, 254 (Fn. 846), *siehe auch* Auslegung
Ten Pound Act Case, 262 (Fn. 8), 283 (Fn. 128), 286 (Fn. 143), 387
Textualismus, 54, 274, 290, 307, pp.
– und James Iredell, 319
Thacher, Oxenbridge, 166
Thayer, James Bradley, 48 ff., 54, 273 f., 290 f., 326, 329, 381, 399, 411, 414, *siehe auch* rule of administration
Tories, 86 (Fn. 131), 109 (Fn. 28), 312 (Fn. 312), 330, *siehe auch* Country-Ideologie unter Court- / Country-Dichotomie
Totalitarismus, 104 (Fn. 8)
Treanor, Michael, 261
trial by battle, 88, *siehe auch* Bürgerkrieg, amerikanischer
trial by jury, 91 ff., 148 ff., 233, 264, 277 ff., 287 ff., 299, 318, 331, pp., *siehe auch* jury nullification unter Naturrecht
Trennung von Staat und Gesellschaft, 31, 76
Trennung zwischen Recht und Politik, 41, 57 f., 74, 208, 378 f., 381, 415 ff.
Trevett v. Weeden, 275 ff.
trial courts, 147
Trial of Matthew Lyon, 150 (Fn. 272), 297 (Fn. 222), *siehe auch* Sedition Act
Trial of the Seven Bishops, *siehe* Fall der sieben Bischöfe
Trump v. Hawaii, 411 (Fn. 392)

Tucker, St. George, 274, 284, 299

Unabhängigkeit, *siehe* richterliche Unabhängigkeit
Unabhängigkeitserklärung, 31, 85, 92, 153, 261
United States v. Booker, 384 (Fn. 235)
United States v. Butler, 420 (Fn. 435)
United States v. Carolene Products Co., 326 f., 332, 400 (Fn. 334), *siehe auch* „Fußnote vier"; favor legis
United States v. Ferreira, 294 (Fn. 201)
United States v. Lopez, 326 (Fn. 379), 328
United States v. More, 353 (Fn. 74)
United States v. Morrison, 65 (Fn. 25), 459 (Fn. 640), 462
United States v. Nixon, 65 (Fn. 25)
United States v. Ravara, 46 (Fn. 221), 322 (Fn. 360)
United States v. The William, 359 (Fn. 107), 421 (Fn. 438)
United States v. Yale Todd, 294 (Fn. 201), 341 (Fn. 3)
US-Repräsentantenhaus, 126 (Fn. 120), 147, 248, 318, 422
US-Senat, 71, 123, 126 (Fn. 120), 227 (Fn. 703), 247, 293, 348, 416, *siehe auch* Oberhaus (Legislative)
U.S. Supreme Court
– als Rechtsmittelgericht, 292
– als Verfassungsgericht, 61 ff.
– als Vorbild, 18
– *siehe auch* supremacy clause; „arising under"-jurisdiction; counter-majoritarian difficulty
Unverletzlichkeit der Wohnung, 168

Van Horne's Lessee v. Dorrance, 116 (Fn. 69), 182 (Fn. 454), 219 (Fn. 653), 295 (Fn. 208), 297, 373 (Fn. 176)
Varnum James (General der Kontinentalarmee), 172 (Fn. 395), 276 ff.
de Vattel, Emer(ich), 80 ff., 165 ff., 177, 182, 279
Verfassung
– Änderung, *siehe* amending power
– als Rahmenordnung, *siehe* Rahmenordnungsmodell

- ancient constitution, 279, 461
- authentische Interpretation der V., 36 (Fn. 171), 162 (Fn. 346), 438, 443
- britische V., 105, 373, pp.
- der Vereinigten Staaten, 29 f., 49, 61, pp.
- Deutungsoffenheit der V., 36 ff., 41, 67, 102, 226, 400, 402, 436, 438
- englische V., 80, 106 ff., 168 (Fn. 375), pp.
- „first principles", 310, 376, 409
- geschriebene V., 79 f., 372 ff., pp.
- Gewohnheitsrecht, *siehe* customary constitution
- Interpretationskompetenzen, 206, 444 ff., 449, 463, *siehe auch* Departmentalismus
- Justitiabilität, 28 ff., 41, 47, 201 ff., 209, pp.
- landständische V., 2 (Fn. 3), 75 f.
- „materialisierter Volkswillen", 214, 378
- Ordnungsanspruch der V., 19
- Rigidität der V., 195, 374
- Schöpfer der V., *siehe* Framers
- Steuerungsanspruch der V., 29, 50
- ungeschriebene V., 80, 97, 106, 112, 170, 280 f., 311, pp.
- Vagheit der V., 37, 41, 226, 239
- Vorrang der V., 62 ff., 78 ff., 136, 170 ff., 195, 265 ff., 361, pp.
- *siehe auch* Auslegung; Paulskirchenverfassung

Verfassungsgebende Gewalt, 81, 165, 181, 212 ff., 312, 360,
Verfassungsgerichtshof (Österr.), 18
Verfassungsgerichtsverbund, 25
verfassungskonforme Auslegung, 114, 264 f., 272, 379 f., *siehe auch* statutory construction
Verfassungskonvent, *siehe* Konvent von Philadelphia
Verfassungsstaat, 2, 4 f., 13, 18 f., pp.
Verfassungswidrigkeit
- als Argumentationstopos, 173 ff., 195 f.
Versteinerungstheorie, 100
Verteilungsprinzip, 31
vested right-Doktrin, 418
vice-admiralty courts, 156
Virginia, 91, 119, 174, 220, 231, 268 ff., 277, 279, 284, 343, 371, 386, 434

- Virginia and Kentucky Resolution, 90 (Fn. 152), 339 (Fn. 453)
- Virginia Charter, 389 (Fn. 267)
- Virginia Declaration of Rights, 85
- Virginia Plan, 255 f., 445

Volkssouveränität, 19, 77, 123, 132, 142, 170, 187 f., 191, 196, 321, 378, pp.
Vorbehalt des Gesetzes, *siehe* Gesetzesvorbehalt
Vorländer, Hans, 40
Vormärz, 75
Vorzensur, *siehe* Pressefreiheit
Voßkuhle, Andreas, 27

Washington, Bushrod (Richter), 331, 333, 335 f., 396
Washington, George, 293
Washington v. Glucksberg, 306 (Fn. 272)
Wertungsjurisprudenz, 37 f.
West Coast Hotel Co. v. Parrish, 325 (Fn. 371), 327
West Virginia v. Barnette, 48 (Fn. 234)
Whigs, 86 (Fn. 131), 108, 109 (Fn. 28), 141, 312 (Fn. 312), 313
- Whig-Historiker, 161
Whiskey-Aufstand, 85
Widerstandsrecht, 113, 255
- und Normenkontrolle, 83 ff., 91 f., 180, 182, 185
Wiener Schule, 218 (Fn. 642), 371
Wilhelm III. (König von England), 167
Wilhelm von Oranien, *siehe* Wilhelm III.
Williamson v. Lee Optical, Inc., 247 (Fn. 810)
Wilson, James (Richter), 98, 186
Wohlfahrtsstaat, 412
Wood, Gordon S., 160, 171, *siehe auch* Republikanismus-These
Worcester v. Georgia, 90, 198 (Fn. 535), *siehe auch* Jackson, Andrew
writ(s) of assistance, 166 ff., 172 ff., 202, 408
writ of certiorari, 454
writ of error, 301
writ of mandamus, 348 ff., 360, 367, 379 ff.
Writs of Assistance Case, 172, *siehe auch* Otis, James
Ware v. Hylton, 63 (Fn. 17), 294 (Fn. 197), 301, 303

Wyoming v. Houghton, 408 (Fn. 378)
Wythe, George (Richter), 275

Zenger, John Peter, 155 ff.
Zurückhaltung, richterliche, 5, 10, 43, 48 ff., 50 ff., 379 ff.
– als „Chamäleon", 55
– als „Schleusenbegriff", 55
– als „Demokratieoptimierung", 50
– als Doktrin, 52
– bei Alexander Bickel, 49
– bei Alexander Hamilton, 206 ff., 229
– bei James Bradley Thayer, 54
– bei James Iredell, 187
– bei James Otis 168 f.
– bei John Hart Ely, 49
– und *Commonwealth v. Caton*, 275
– und *Cooper v. Telfair*, 333, 336
– und Demokratietheorie, 53 f.
– und Departmentalismus, 462
– und Edmund Pendleton, 274
– und Felix Frankfurter, 48
– und *Hylton v. United States*, 299
– und Learned Hand, 48
– und Louis D. Brandeis, 48, 380
– und *Marbury v. Madison*, 379 ff., 414, 422
– und Methodenlehre, 53 f.
– und *Obergefell v. Hodges*, 102
– und Oliver Wendell Holmes, 48
– und political question doctrine, 74
– und Rahmenordnungsmodell, 27 f., 412 f.
– und die Unterscheidung von Regeln und Prinzipien, 412 f.
– und „strict construction", 54
– und „Textualismus", 54
– und writ of certiorari, 454 f.
„Zweite Amerikanische Revolution", *siehe* ,Revolution' von 1800